J.B.METZLER

Daniel Schubbe / Matthias Koßler (Hg.)

Schopenhauer-Handbuch
Leben – Werk – Wirkung

2., aktualisierte und erweiterte Auflage

J. B. Metzler Verlag

Die Herausgeber
Daniel Schubbe ist Wissenschaftlicher Mitarbeiter an der Fakultät für Kultur- und Sozialwissenschaften der FernUniversität in Hagen, Vorstandsmitglied der Schopenhauer-Gesellschaft.
Matthias Koßler ist apl. Professor für Philosophie an der Universität Mainz, Leiter der Schopenhauer-Forschungsstelle, geschäftsführender Herausgeber des *Schopenhauer-Jahrbuchs* und Präsident der Schopenhauer-Gesellschaft.

Bibliografische Information der Deutschen Nationalbibliothek
Die Deutsche Nationalbibliothek verzeichnet diese Publikation in der Deutschen Nationalbibliografie; detaillierte bibliografische Daten sind im Internet über http://dnb.d-nb.de abrufbar.

ISBN 978-3-476-04558-4
ISBN 978-3-476-04559-1 (eBook)

Dieses Werk einschließlich aller seiner Teile ist urheberrechtlich geschützt. Jede Verwertung außerhalb der engen Grenzen des Urheberrechtsgesetzes ist ohne Zustimmung des Verlages unzulässig und strafbar. Das gilt insbesondere für Vervielfältigungen, Übersetzungen, Mikroverfilmungen und die Einspeicherung und Verarbeitung in elektronischen Systemen.

J. B. Metzler ist ein Imprint der eingetragenen Gesellschaft Springer-Verlag GmbH, DE und ist Teil von Springer Nature
www.metzlerverlag.de
info@metzlerverlag.de

Einbandgestaltung: Finken & Bumiller, Stuttgart
Satz: Claudia Wild, Konstanz, in Kooperation mit primustype Hurler GmbH, Notzingen

J. B. Metzler, Stuttgart
© Springer-Verlag GmbH Deutschland, ein Teil von Springer Nature, 2018

Inhalt

Vorwort zur zweiten Auflage VII
Vorwort zur ersten Auflage VIII

I Leben

1 Die Familie Schopenhauer Robert Zimmer 2
2 ›Europäische Erziehung‹ und das Leiden an der Welt Robert Zimmer 8
3 Akademische Karriere und das Verhältnis zur akademischen Philosophie Robert Zimmer 13

II Werk

4 *Ueber die vierfache Wurzel des Satzes vom zureichenden Grunde*
   Matteo Vincenzo d'Alfonso 20
5 *Ueber das Sehn und die Farben*
   Olaf Breidbach 33
6 *Die Welt als Wille und Vorstellung* 40
   6.1 Zur Entwicklung des Hauptwerks
       Matthias Koßler / Maurizio Morini 40
   6.2 Konzeptionelle Probleme und Interpretationsansätze der *Welt als Wille und Vorstellung* Jens Lemanski / Daniel Schubbe 43
   6.3 Erkenntnis- und Wissenschaftstheorie
       Dieter Birnbacher 51
   6.4 Metaphysik Friedhelm Decher 60
   6.5 Ästhetik Brigitte Scheer 68
   6.6 Ethik Oliver Hallich 80
   6.7 »Kritik der Kantischen Philosophie«
       Margit Ruffing 92
7 *Ueber den Willen in der Natur*
   Martin Morgenstern 98
8 *Die beiden Grundprobleme der Ethik* 106
   8.1 »Preisschrift über die Freiheit des Willens«
       Dieter Birnbacher 106
   8.2 »Preisschrift über die Grundlage der Moral«
       Dieter Birnbacher 113

9 *Parerga und Paralipomena* 120
   9.1 »Skitze einer Geschichte der Lehre vom Idealen und Realen« Valentin Pluder 120
   9.2 »Fragmente zur Geschichte der Philosophie«
       Konstantin Alogas 124
   9.3 »Ueber die Universitäts-Philosophie«
       Matthias Koßler 128
   9.4 »Transscendente Spekulation über die anscheinende Absichtlichkeit im Schicksal des Einzelnen« Stephan Atzert 132
   9.5 »Versuch über das Geistersehn und was damit zusammenhängt«
       Damir Barbarić 134
   9.6 »Aphorismen zur Lebensweisheit«
       Heinz Gerd Ingenkamp 136
   9.7 Der zweite Band der *Parerga und Paralipomena*
       Matteo Vincenzo d'Alfonso 140
10 Spätwerk und Nachgelassenes 150
   10.1 Der handschriftliche Nachlass und der junge Schopenhauer Yasuo Kamata 150
   10.2 Logik und »Eristische Dialektik«
        Jens Lemanski 160
   10.3 Die Berliner Vorlesungen: Schopenhauer als Dozent Thomas Regehly 169
   10.4 Briefe Domenico M. Fazio / Matthias Koßler 179
   10.5 Die Übersetzung von Graciáns *Handorakel* Elena Cantarino 181

III Einflüsse und Kontext

11 Asiatische Philosophien und Religionen
   Urs App 186
12 Platon Heinz Gerd Ingenkamp 192
13 Philosophie des Mittelalters
   Matthias Koßler 196
14 Christentum und Mystik Jens Lemanski 200
15 Moralistik Robert Zimmer 207
16 Baruch de Spinoza Ortrun Schulz 210

17 Immanuel Kant Matthias Koßler / Margit Ruffing **215**
18 Jakob Friedrich Fries, Gottlob Ernst Schulze, Friedrich Heinrich Jacobi Valentin Pluder **221**
19 Johann Wolfgang von Goethe Theda Rehbock **226**
20 Johann Gottlieb Fichte Alessandro Novembre **231**
21 Georg Wilhelm Friedrich Hegel Matthias Koßler **238**
22 Friedrich Wilhelm Joseph Schelling Sebastian Schwenzfeuer **242**
23 Medizin: Naturphilosophie und Experimentalphysiologie Jürgen Brunner **248**
24 Romantik Søren R. Fauth **256**

IV Wirkung

A Personen
25 Ludwig Feuerbach Michael Jeske **264**
26 Søren Kierkegaard Philipp Schwab **271**
27 Die ›Schopenhauer-Schule‹ Domenico M. Fazio **276**
28 Voluntarismus im Anschluss an Schopenhauer: Philipp Mainländer, Julius Bahnsen, Eduard von Hartmann Winfried H. Müller-Seyfarth **282**
29 Wilhelm Dilthey Sarah Kohl / Daniel Schubbe **288**
30 Friedrich Nietzsche Barbara Neymeyr **293**
31 Sigmund Freud Günter Gödde **305**
32 Georg Simmel Sarah Kohl **314**
33 Henri Bergson Arnaud François **318**
34 Carl Gustav Jung Martin Liebscher **324**

B Philosophische Strömungen / Wissenschaften
35 Geometrie Jens Lemanski **329**
36 ›Evolutionstheorie‹ Jens Lemanski **334**
37 Phänomenologie Daniel Schmicking **339**
38 Analytische Philosophie Wolfgang Weimer **345**
39 Existenzphilosophie Daniel Schubbe **350**
40 Hermeneutik Daniel Schubbe **357**
41 Philosophische Anthropologie Gabriele Neuhäuser **362**
42 Kritische Theorie Michael Jeske **368**
43 Neurophilosophie Dirk Göhmann **375**
44 Tierethik Dieter Birnbacher **379**

C Kunst
45 Literatur Søren R. Fauth / Børge Kristiansen **384**
46 Bildende Kunst Martina Koniczek **398**
47 Musik Günter Zöller **404**

D Rezeption in einzelnen Ländern
48 USA Christa Buschendorf **409**
49 Italien Fabio Ciracì **414**
50 Großbritannien David Woods **421**
51 Frankreich Arnaud François **427**
52 Indien Michael Gerhard **433**

V Hilfsmittel
53 Werkausgaben (Auswahl) **438**
54 Auswahlbibliographie **439**
55 Institutionen der Schopenhauer-Forschung **440**
56 Seitenkonkordanzen für die Werkausgaben Stefan Kirschke **441**

VI Anhang

Zitierweise **468**
Autorinnen und Autoren **469**
Personenregister **472**

Das Register der Originalausgabe des Buches wurde korrigiert.

Vorwort zur zweiten Auflage

Das *Schopenhauer-Handbuch* erscheint in einer aktualisierten und erweiterten Auflage. Wir freuen uns, dass dieses Handbuch eine derart große Resonanz erfährt und als hilfreiche Unterstützung bei der Beschäftigung mit der Philosophie Schopenhauers angenommen wird – einer Philosophie, deren Bedeutung nicht nur in systematischer Perspektive, sondern auch für die Philosophie- und allgemeine Ideen- und Geistesgeschichte gerne unterschätzt wurde und wird.

Für die vorliegende zweite Auflage sind nicht nur Fehler korrigiert sowie Aktualisierungen und Ergänzungen vorgenommen, sondern auch vier neue Beiträge hinzugefügt worden. Mit den Artikeln zur »Anthropologie« (Gabriele Neuhäuser), »Evolutionstheorie« (Jens Lemanski), »Geometrie« (Jens Lemanski) und »Tierethik« (Dieter Birnbacher) ist es gelungen, insbesondere den Blick auf die Wirkungsgeschichte Schopenhauers zu vertiefen. Hervorzuheben ist auch, dass die Kapitel 10.2 und 23 im Vergleich zu den ursprünglichen Artikeln der ersten Auflage beträchtlich erweitert wurden und infolgedessen neue Titel erhalten haben, nämlich »Logik und ›Eristische Dialektik‹« (Jens Lemanski) sowie »Medizin: Naturphilosophie und Experimentalphysiologie« (Jürgen Brunner). Auch der Beitrag zu »Nietzsche« (Barbara Neymeyr) wurde um einen interessanten Abschnitt erweitert. Die vielfältigen Aktualisierungen und Ergänzungen der Bibliographien zeigen, dass die Schopenhauerforschung derzeit sehr lebendig ist und immer wieder neue Felder eröffnet.

Wir danken den Autorinnen und Autoren für das Engagement, mit dem sie durch die Prüfung, Überarbeitung oder Neufassung der Artikel die Entstehung der zweiten Auflage unterstützt haben. Ein besonderer Dank gilt Franziska Remeika und Ferdinand Pöhlmann vom Verlag J. B. Metzler für das hervorragende Lektorat und die Betreuung der Herstellung.

Mainz und Hagen im Oktober 2017
Matthias Koßler und Daniel Schubbe

Vorwort zur ersten Auflage

Es liegt in der Natur eines Handbuchs, dass es zwar die größtmögliche Breite und Tiefe eines Themas wiedergeben möchte, dies aber immer unter dem Vorbehalt pragmatisch schneller und nützlicher Handhabung, das heißt erforderlicher Kürze, tun muss. Dies führt dazu, dass Themen notwendigerweise auf der Strecke bleiben. Die Herausgeber des vorliegenden *Schopenhauer-Handbuchs* hoffen, dieses Problem auf zweierlei Weise abgemildert zu haben: Zum einen durch eine sinnvolle Auswahl der Themen, die sowohl dem Laien als auch dem Kenner einen guten Überblick über die Philosophie Schopenhauers geben sollen, zum anderen durch die Bereitstellung von geeigneten ›Sprungbrettern‹, die jeweils schnell Anknüpfungspunkte für weitergehende Lektüre und Forschung ermöglichen.

Besonders das dritte und vierte Kapitel (»Einflüsse und Kontext« und »Wirkung«) erforderten die Auswahl von Schwerpunkten. Die Lektüre Schopenhauers ist historisch, systematisch und kulturell breit angelegt gewesen, entsprechend vielfältig sind die jeweiligen Einflüsse. Auf der anderen Seite gehört Schopenhauer auch zu den wirkungsmächtigen Vertretern seines Faches, die nicht nur in die Philosophie, sondern auch in viele andere Disziplinen hinein gewirkt haben. Interessanterweise wird Schopenhauer aber nicht immer als entsprechende Inspirationsquelle oder Bezugspunkt gewürdigt oder er wird systematisch auch dort übergangen, wo Anknüpfungen naheliegen. Es findet sich daher im vierten Kapitel auch eine Vielzahl an ›verpassten Gesprächen‹, die zwar keine direkte Wirkung zur Grundlage haben, aber dennoch deutlich machen, dass eine Auseinandersetzung mit Schopenhauer hätte fruchtbar sein können.

Das fünfte Kapitel bietet abschließend Hilfsmittel für die Forschung, wobei insbesondere die Konkordanz von Stefan Kirschke hervorgehoben werden soll. Da es nach wie vor keine Kritische Gesamtausgabe der Werke Schopenhauers gibt, ist die Forschung auf eine Vielzahl verschiedener Ausgaben angewiesen, die letztlich alle ihre Mängel haben. Die hier vorgelegte Konkordanz hilft daher zumindest, die unterschiedlichen Werke zu vergleichen.

Wir danken den beteiligten Autorinnen und Autoren ausdrücklich für ihr Engagement und die Ausdauer, die sie diesem Projekt entgegengebracht haben. Frau Hechtfischer und Frau Remeika danken wir herzlich für das ausgezeichnete Lektorat und die kompetente Begleitung der Fertigstellung.

Mainz und Hagen im Juni 2014
Matthias Koßler und Daniel Schubbe

I Leben

1 Die Familie Schopenhauer

Herkunft und Stand

Arthur Schopenhauer war ein Patriziersohn: Er entstammt dem gebildeten, politisch eigenständigen und finanziell unabhängigen Stadtbürgertum. Das hieraus erwachsene Selbstbewusstsein, von niemandem abhängig und niemandem untertan zu sein, war Teil seiner Familienkultur und prägte sowohl sein soziales Auftreten als auch den Gestus seiner Schriften.

Arthur Schopenhauer wurde am 22. Februar 1788 als Sohn des Kaufmanns Heinrich Floris Schopenhauer und seiner Frau Johanna Schopenhauer, geb. Trosiener, in Danzig geboren. Eine lange Geschichte bürgerlichen Freiheitsstrebens prägte die Geschichte seiner Geburtsstadt. Danzig war von 1454 bis zur Annexion durch Preußen 1793 eine Freie Stadt unter Oberhoheit der polnischen Krone und genoss weitgehende Autonomie. Über Jahrhunderte der Hanse zugehörig und ein Drehkreuz des Ostseehandels, hatte sie sich im Verlauf ihrer Geschichte eine republikanische Verfassung gegeben und auch das Recht erhalten, eigene diplomatische Vertretungen zu entsenden.

Danzig war eine offene, kosmopolitische und multiethnische Stadt, doch beherrscht wurde sie von einem deutschsprachigen Patriziat. Ihm gehörten auch die Familie und die Vorfahren Schopenhauers an. Beide Eltern entstammten alteingesessenen und angesehenen Danziger Kaufmannsfamilien, waren jedoch in ihrem sozialen Rang nicht ganz gleichwertig. Heinrich Floris Schopenhauer, dessen Vorfahren schon seit dem 17. Jahrhundert in Danzig ansässig waren, gehörte dem zahlenmäßig eng begrenzten Ratsherrenkollegium, dem eigentlichen Machtzentrum, an und besaß überdies den vom polnischen König verliehenen Hofrattitel. Neben den Ratsherren und dem Schöffenkollegium gab es aber auch noch eine Vertretung für den etwas weniger einflussreichen Mittelstand, die sogenannte »Dritte Ordnung«. Sie repräsentierte die innerstädtische Opposition gegen das alteingesessene Patriziat. In ihr hatte auch Johanna Schopenhauers Vater, Christian Heinrich Trosiener, einen Sitz. Erst durch eine 1761 durchgeführte politische Reform hatten die Mitglieder der »Dritten Ordnung« Zugang zum Stadtrat erhalten, wodurch auch Schopenhauers Schwiegervater die Stellung eines Ratsherrn erhielt.

Die Schopenhauers sind im Danziger Umland als Ackerbauern bereits im 15. Jahrhundert nachweisbar. Arthur Schopenhauers Urgroßvater väterlicherseits, Johann Schopenhauer aus Petershagen (geb. 1670), war der erste gelernte Kaufmann der Familie. Er wurde im Jahr 1695 Danziger Bürger und pachtete 1708 bis 1724 zusammen mit seinem Bruder Simon die Stadtdomäne Stutthof. Sein Sohn Andreas, der Großvater Arthur Schopenhauers (geb. 1720), begründete den Wohlstand der Familie und erwarb den Ruf eines »Danziger Fuggers«. Er besaß u. a. zwei Stadthäuser in Danzig und ein Landgut in Ohra. Auch als Mäzen der Künste machte er sich in der Stadt einen Namen. 1745 heiratete er Anna Renata Soermanns, die Tochter des niederländischen Gesandten in Danzig. Schopenhauers Großmutter väterlicherseits brachte in die Ehe ein erhebliches Vermögen, aber auch eine Neigung zur psychischen Instabilität, Angstzuständen und Depression ein, die sich bei mehreren ihrer Nachkommen, auch bei Schopenhauers Vater und bei Schopenhauer selbst bemerkbar machen sollte. Auf die Großmutter gründet sich aber auch der mehrfach von Arthur Schopenhauer geäußerte Stolz, von niederländischen Vorfahren abzustammen.

Von den, zum Teil früh verstorbenen, fünfzehn Kindern des Andreas und der Anna Renata Schopenhauer war Heinrich Floris (geb. 1747), der spätere Vater Schopenhauers, der zweitälteste. Ab 1770 übernahm er zusammen mit seinem ein Jahr jüngeren Bruder Johann Friedrich gemeinsam das väterliche Unternehmen. Als der langjährige Junggeselle mit knapp vierzig Jahren ans Heiraten denkt, ist er einer der ersten Handelsherren der Stadt, ein geschäftstüchtiger Kaufmann mit Kontakten nach West- und Osteuropa, ein stolzer Republikaner und ein gebildeter Mann, bei dem sich pietistische Strenge mit ausgesprochener Weltoffenheit verbindet. Er besaß mehrere Schiffe, eine Stadtwohnung in der Danziger Heiligengeistgasse, sowie als Landgut einen der großen Pelonker Höfe in Oliva, nordwestlich von Danzig. Später fielen ihm noch Einnahmen aus dem von seinem Vater hinterlassenen Landgut in Ohra zu.

Politisch gehörte der Voltaire-Leser Heinrich Floris zu den Unterstützern einer aufklärerischen Reformpolitik. Gegenüber Preußen und seinem König Friedrich II., der schon früh ein Auge auf Danzig geworfen hatte, hegte er wie sein Vater eine ausgesprochene Abneigung. Als Friedrich II. ihm anlässlich eines Besuchs 1773 in Berlin die preußische Staatsbürgerschaft und unbegrenzte Niederlassungsfreiheit in Preußen anbot, machte er davon keinen Gebrauch. Für ihn war der Wappenspruch der Familie Schopenhauer verpflichtend: »Point de bonheur sans liberté« – »Kein Glück ohne Freiheit«. Als Heinrich Floris Schopenhauer 1785 um die Hand der zwanzig Jahre jüngeren Johanna Trosiener anhielt, wurde dies von der Familie Trosiener durchaus als Ehre und als Möglichkeit zum weiteren sozialen Aufstieg angesehen. Heinrich Floris Schopenhauer galt als einer der besten Partien der Stadt.

Christian Heinrich Trosiener (geb. 1730), Schopenhauers Großvater mütterlicherseits, hatte bereits einen sozialen Aufstieg hinter sich. Er war der erste Kaufmann der Familie und der erste, der sich in Danzig angesiedelt hatte. Auch sein Haus befand sich in der Heiligengeistgasse. Sein Vater, der Schuhmacher Christian Trosiener, war in dem Dorf Altschottland im Danziger Umland ansässig. Dessen Vater wiederum hatte sich aus Ostpreußen hier angesiedelt. Seine um fünfzehn Jahre jüngere Frau Elisabeth Trosiener (geb. 1745) war die Tochter des Apothekers Georg Lehmann und dessen Frau Susanna Concordia Lehmann, geborene Neumann. 1788, im Geburtsjahr Arthur Schopenhauers, pachtete Christian Heinrich Trosiener den Gutshof Stutthof, den bereits Schopenhauers Urgroßvater väterlicherseits in Pacht gehabt hatte. Auch er gehörte zu den angesehenen Bürgern Danzigs. Zeitweise übte er die Funktion des Fischereiquartiermeisters und Vorstehers der Johanniskirche aus.

Schopenhauers Mutter, Johanna Trosiener, wurde 1766 als ältestes überlebendes Kind geboren. Ihr folgten noch drei weitere Schwestern, Elisabeth Charlotte, Anna und Julia Dorothea. Johanna erhielt eine für die damalige Zeit sehr gründliche und vielseitige Bildung und erwarb u. a. umfassende Kenntnisse in Kunst und Literatur. Dies betraf auch das Erlernen von Fremdsprachen. Über ihr Kindermädchen lernte sie Polnisch, in der Kinderschule der Familie Chodowiecki Französisch. Dr. Jameson, ein aus Edinburgh zugezogener Geistlicher, der die englische Gemeinde in Danzig betreute, vermittelte ihr ausgezeichnete Kenntnisse im Englischen und führte sie in die englische Literatur ein. Ihr Wunsch, Malerin zu werden, wurde ihr als Mädchen allerdings verwehrt. Dennoch blieb Johanna Schopenhauer ihr Leben lang den Künsten und der Literatur eng verbunden und gab diese Verbundenheit auch an ihren Sohn weiter.

Die engere Familie bis zum Tod des Vaters 1805

Schopenhauers Eltern, Heinrich Floris Schopenhauer und Johanna Trosiener, heirateten am 16. Mai 1785 in der Danziger Kirche »Aller Gottes Engel«. Es war eine standesgemäße Vernunftehe, der keine tiefe emotionale Bindung zugrunde lag. Republikanischer Bürgerstolz und eine der Aufklärung verpflichtete fortschrittliche politische Grundhaltung prägte die Gesinnung beider Eltern. So weigerte sich Johanna bei einem Aufenthalt der Schopenhauers in Bad Pyrmont im Jahr 1787, die Bekanntschaft der Herzogin von Braunschweig zu machen, weil von ihr als bürgerlicher Frau der Kniefall erwartet wurde. Der Ausbruch der Französischen Revolution wurde in der Familie begrüßt, das preußische Annexionsstreben dagegen mit großem Misstrauen betrachtet. Als politisches Vorbild galt sowohl Heinrich Floris als auch seiner Frau der britische Parlamentarismus.

Der weltanschaulichen Harmonie zwischen den Eltern standen Disharmonien im Alltag und in den gesellschaftlichen Lebensbedürfnissen gegenüber. Dies war einerseits dem unterschiedlichen Alter der beiden Ehepartner geschuldet, aber auch unterschiedlichen persönlichen Interessen und Mentalitäten. Heinrich Floris konzentrierte sich auf seine Geschäftstätigkeiten und deren standesgemäßer Repräsentation. Er neigte, vor allem in späteren Jahren, zu Depressionen und privater Isolation. Seine junge Frau dagegen sehnte sich nach einem interessanten, abwechslungsreichen und kulturell befruchtenden Gesellschaftsleben. In den ersten, noch in Danzig verbrachten Jahren der Ehe hielt sich Johanna mit ihrem 1788 geborenen Sohn Arthur häufig in den Landgütern Oliva und Stutthof auf. Gäste waren selten. Häusliche Pflichten und Erziehungsaufgaben füllten sie nicht aus. Als Höhepunkte empfand sie lediglich die gemeinsam unternommenen Reisen, wie die, die sie während ihrer ersten Schwangerschaft 1787 nach England unternahmen. Johanna langweilte sich in ihrer Ehe.

Kurz vor der Einnahme Danzigs durch preußische Truppen siedelten die Schopenhauers 1793 nach Hamburg über. Das Haus in der Heiligengeistgasse wurde verkauft. Verwandte beider Seiten sowie ein Teil der Vermögenswerte blieben jedoch in Danzig. 1797 wurde in Hamburg die Tochter Louise Adelaide Lavinia geboren, im Familien- und Bekanntenkreis »Adele« genannt. In Hamburg wurde deutlich, dass sich die beiden Eheleute zunehmend auseinander entwickelten. Heinrich Floris Schopenhauer durchlebte eine Periode des geistigen und körperlichen Verfalls, während Johanna ein offenes Haus hielt, Verbindungen zum Kulturleben knüpfte und bestrebt war, in die gute Gesellschaft Hamburgs Eingang zu finden.

Die elterliche Erziehung vermittelte dem Sohn, durch Reisen, soziale Kontakte und ausgedehnte Lektüre, einen über die standesgemäßen Fähigkeiten weit hinausgehenden kulturellen Horizont (s. Kap. 2). Doch es mangelte ihr an emotionaler Wärme. Auch wurde den geistigen Neigungen Arthurs nur bedingt Rechnung getragen. Der Vater beabsichtigte von Anfang an, seinen Sohn zu seinem Nachfolger zu erziehen. Er schickte ihn in die für Kaufmannskinder eingerichteten Schulen und ließ ihn im Kontor befreundeter Kaufleute ausbilden. Er wachte auch streng über den Erwerb gesellschaftlicher Fähigkeiten, die diesem Ziel dienten, so die Vervollkommnung der Handschrift, eine gerade Körperhaltung und die Fähigkeit, gesellschaftlichen Umgang in einer angenehmen und verbindlichen Form zu pflegen. Dabei litt der Sohn unter der Strenge des Vaters.

Zu den positiv prägenden Erfahrungen seiner Kindheit und Jugend gehörten für den jungen Schopenhauer die Auslandsaufenthalte. Dazu zählen nicht nur die gemeinsam mit den Eltern unternommenen Reisen, sondern auch der beinahe zweijährige Aufenthalt bei Geschäftsfreunden des Vaters, der Familie Grégoire de Blésimaire im französischen Le Havre, von 1797 bis 1799. Hier liegt auch eine wichtige Komponente der europäischen Erziehung Schopenhauers (s. Kap. 2). Die Teilnahme an der großen, von den Eltern unternommenen Europareise 1803 bis 1804 verknüpfte der Vater allerdings mit der Bedingung, dass Arthur sich nun endgültig für die Kaufmannslehre entscheiden sollte. Der junge Arthur Schopenhauer ging darauf ein, doch seine Wünsche entsprachen nicht denen des Vaters. Er fühlte sich in die falsche Richtung gedrängt und entwickelte schon sehr früh das Bedürfnis, die Gelehrtenlaufbahn einzuschlagen. Auch in seinem öffentlichen Auftreten entsprach er nicht den elterlichen Erwartungen. Von heftigem und aufbrausendem Charakter, neigte er dazu, apodiktische Urteile zu fällen und Auseinandersetzungen zu provozieren.

Im Jahr 1805 riss der Tod des Vaters die Familie auseinander. Heinrich Floris Schopenhauer, krank, depressiv und isoliert, stürzte sich aus einem Speicherfenster seines Hauses. Sein Freitod wurde nach außen als Unfall hingestellt, seine Tochter Adele erfuhr erst im Erwachsenenalter die wahre Todesursache. Der Tod des Vaters setzte eine Zäsur in der Familiengeschichte und beendete mehrere Generationen der Schopenhauerschen Kaufmanns- und Patrizierdynastie. Er hinterließ eine Familie, in der sich viel Spannungspotential aufgebaut hatte. Vor allem zwischen Mutter und Sohn entstand ein Graben. Während Arthur zuvor unter der Strenge und emotionalen Distanz des Vaters gelitten hatte, sprach er fortan von ihm nur noch voller Hochachtung als dem Mann, dem er die Grundlagen für seine spätere Philosophenexistenz verdanke. Der Mutter warf er nun vor, den Vater an seinem Lebensende im Stich gelassen zu haben: »Meine Mutter«, so äußerte er in späteren Jahren, »gab Gesellschaften, während er in Einsamkeit verging, und amüsierte sich, während er bittere Qualen litt« (Gespr, 152). Das entstandene Ressentiment gegen die Mutter sollte das Verhältnis beider bis zum Tode Johanna Schopenhauers bestimmen.

Die Geschichte der Familie 1805–1838

Während zu Lebzeiten des Vaters sich das Leben der Familie noch ganz im bürgerlich kaufmännischen Milieu abspielte, traten nach dessen Tod die intellektuellen und künstlerischen Interessen der verbliebenen Schopenhauers in den Mittelpunkt. Dabei zeigt sich das Bild einer Familie von schwierigen und zugleich hochbegabten Charakteren, die alle, zu unterschiedlichen Zeiten und mit unterschiedlicher Nachhaltigkeit, durch intellektuelle Leistungen hervortraten, sich aber auch im Strudel persönlicher und finanzieller Zwistigkeiten das Leben gegenseitig schwer machten. Insgesamt liest sich die Familiengeschichte nach 1805 »wie die eines katastrophalen Zerfalls« (Lütkehaus 1998, 11).

Johanna Schopenhauer begann nach dem Tode ihres Mannes ein neues Leben. Sie strebte nun eine Existenz an, in der sie ihre künstlerischen und gesellschaftlichen Bedürfnisse verwirklichen konnte. Sie ließ das Haus der Familie in Hamburg verkaufen und das Schopenhauersche Unternehmen aus dem Handelsregister löschen. Sie erkundete mögliche neue Wohnorte und zog schließlich 1806 nach Weimar, wo die befriedigendste und erfolgreichste Zeit ihres Lebens begann. Johanna, die nun den Hofratstitel ihres Mannes führte, wurde Gastgeberin eines Salons, in dem sich regelmäßig die Elite der Weimarer Kultur traf und dessen Mittelpunkt Goethe wurde. Auch machte sie sich in den kommenden Jahren einen Namen als Reiseschriftstellerin und Romanautorin. Ihr bedeutendster, auch heute noch gedruckter Roman *Gabriele* (1819/20) ist von Goethes *Wilhelm Meisters Lehrjahre* inspiriert.

Die damals erst neunjährige Adele Schopenhauer lebte weiterhin im Haushalt der Mutter. Für sie wurde Weimar zur eigentlichen Heimat. Sie befreundete sich eng mit Ottilie von Pogwisch, der späteren Schwiegertochter Goethes, und sah Goethe wie einen Ersatzvater an.

Arthur Schopenhauer blieb zunächst in Hamburg und setzte zähneknirschend seine Kaufmannsausbildung fort. Er fühlte sich durch sein Versprechen gegenüber dem Vater gebunden. Erst 1807 bricht er mit Einverständnis der Mutter die Lehre ab, um das Abitur nachzuholen und sich auf die lange gewünschte Gelehrtenlaufbahn hin zu orientieren. Er besucht einige Monate das Gymnasium in Gotha, das er nach einem Konflikt mit dem Lehrkörper jedoch verlässt. Auf die 1809 abgelegte Gymnasialprüfung wird er von nun an in Weimar durch Privatlehrer vorbereitet.

Aus Heinrich Floris' Vermögen erbten Johanna und jedes ihrer Kinder jeweils ein Drittel. Johanna verwaltete das Erbe bis zur Volljährigkeit der Kinder treuhänderisch. Dazu gehörten auch Zinseinkünfte von ererbten Landgütern in Danzig. Querelen um Johannas Umgang mit dem Vermögen, um die Danziger Verwalter und das bei dortigen Geschäftsfreunden angelegte Geld sollten die Familienbeziehungen über Jahrzehnte bestimmen.

Mit Erreichen der Volljährigkeit 1809 erhielt Arthur Schopenhauer von seiner Mutter die Verfügung über seinen Vermögensanteil. Die Zinseinkünfte aus den Danziger Gütern wurden zunächst weiterhin über sie abgewickelt. Ebenso behielt sie noch die Verfügung über den Anteil ihrer Tochter. Zu diesem Zeitpunkt lebte die Mutter bereits über ihre Verhältnisse und hatte einen großen Teil ihres eigenen Vermögensanteils ausgegeben. Im Gegensatz zu seiner Schwester Adele hat Arthur Schopenhauer dem Umgang der Mutter mit dem Vermögen von Anfang an misstraut und sich hartnäckig für seine eigenen finanziellen Interessen eingesetzt.

Nach vierjährigem Studium in Göttingen und Berlin und anschließender Promotion an der Universität Jena (s. Kap. 3) kehrt Arthur Schopenhauer im Herbst 1813 nach Weimar zurück und nimmt, auf Bitten der Mutter, Wohnung in deren Haus. Dort brechen die schwelenden Konflikte zwischen Mutter und Sohn offen aus. Streitpunkte sind vor allem die Anwesenheit des Schriftstellers und Weimarer Regierungsrats Müller von Gerstenbergk im Hause der Mutter und der von Arthur erhobene Vorwurf, die Mutter veruntreue das väterliche Erbe. Nach einer heftigen persönlichen Auseinandersetzung kommt es im Mai 1814 zum endgültigen Bruch zwischen Mutter und Sohn, die sich beide nie mehr wiedersehen sollten. Bis 1818 und dann wieder in den frühen 1830er Jahren gab es zwischen beiden noch Briefverkehr, in dem es jedoch meist um Vermögensfragen ging.

Am 22. Mai 1814 verließ Arthur Schopenhauer Weimar und siedelte für vier Jahre nach Dresden über, wo sein Hauptwerk *Die Welt als Wille und Vorstellung* entstand. Im September 1818 begab er sich auf seine erste Italienreise, die er allerdings im Frühjahr 1819 abbrechen musste, weil die Familie von der Insolvenz des Danziger Handelshauses Muhl erschüttert wurde. Die unterschiedlichen Reaktionen der Familienmitglieder auf diese finanzielle Katastrophe vertieften den Riss innerhalb der Familie.

Mutter und Tochter hatten bei Muhl ihr gesamtes verbliebenes Kapitalvermögen angelegt, wobei es sich in Wahrheit nur noch um Adeles Anteil handelte, da der mütterliche Teil bereits verbraucht war. Arthur war lediglich mit einem Drittel seines Kapitals betroffen. Während sich Mutter und Tochter auf einen Vergleich einließen, bei dem sie 70 % ihres Vermögens verloren, verweigerte Arthur den Vergleich und konnte schließlich seinen Anteil vollständig retten. Obwohl Mutter und Tochter bei Muhl noch eine kleine Leibrente aushandeln konnten, bedeutete die Muhlsche Insolvenz für sie einen finanziellen Absturz und ein erhebliches Absinken ihres Lebensstandards.

Zu diesem Zeitpunkt lief der innerfamiliäre Kontakt nur noch über einen Briefwechsel zwischen Bruder und Schwester. Adele Schopenhauer, intellektuell ebenso begabt wie Mutter und Bruder und mit großen künstlerischen Fähigkeiten ausgestattet, ist die eigentlich tragische Figur der Familie. Zerrieben zwischen einer Mutter, die auf Pump lebte, das Vermögen ihrer Tochter und damit deren Mitgift verschleuderte, und einem Bruder, der die Schwester misstrauisch auf Distanz hielt, vermochte sie nicht, ein selbstbestimmtes Leben zu führen und einen Platz in der Gesellschaft einzunehmen, der ihren Fähigkeiten und Bedürfnissen entsprach. Wie dieser, neigte sie zu psychischer Instabilität und Depressionen.

Adele war im Streit zwischen Mutter und Bruder an der Seite der Mutter geblieben, versuchte aber, auch ohne Wissen der Mutter, mit dem Bruder in Kontakt zu bleiben. Während der ersten Italienreise kam es zur brieflichen Annäherung zwischen den beiden Geschwistern. Adele, die Italienisch gelernt hatte, eine eigene Reise aus finanziellen Gründen aber nicht unternehmen konnte, war an Arthurs Erfahrungen mit der Kunst und Kultur des Landes leidenschaftlich interessiert. 1820 besuchte sie ihren Bruder in Berlin. Durch Arthurs Misstrauen jedoch, geschürt von der Annahme, sie stehe mit ihren finanziellen Interessen mit der Mutter im Einvernehmen, fühlte sie sich gekränkt und zog sich wieder zurück.

Aber auch in den frühen 1820er Jahren, als der Bruder in Berlin vergeblich versuchte, den Weg einer akademischen Karriere einzuschlagen, um sich ein weiteres finanzielles Standbein zu schaffen (s. Kap. 3), und auch nach seiner zweiten Italienreise, die zwischen Mai 1822 und Mai 1823 stattfand, versuchte Adele immer wieder, ihrem Bruder näher zu kommen und ein Treffen zu arrangieren. Arthur Schopenhauer hat diese Bemühungen seiner Schwester regelmäßig abgewehrt. Zwischen 1824 und 1831, für Arthur Schopenhauer eine Zeit geprägt von zahlreichen Ortswechseln, öffentlicher Missachtung, akademischer Erfolglosigkeit, Liebesenttäuschungen und Depressionen, ist kein Briefverkehr mehr zwischen den Geschwistern nachgewiesen.

Der Kontakt zwischen Arthur Schopenhauer und seiner Familie wurde erst wieder aufgenommen, nachdem Johanna und Adele Schopenhauer von Thüringen an den Rhein gezogen waren und Arthur sich seinerseits in Frankfurt niedergelassen hatte. Finanzielle Gründe hatten Mutter und Schwester 1829 bewogen, den Weimarer Haushalt aufzugeben. Adeles Verbindung zu der vermögenden Kunstsammlerin Sybille Mertens-Schaaffhausen eröffnete die Möglichkeit, im Sommer das Landhaus von Sybille Mertens in Unkel am Rhein, den »Zehnthof«, zu beziehen. Den Winter verbrachte man jeweils in Bonn.

Im September 1831 war Arthur Schopenhauer in Frankfurt eingetroffen. Kurz darauf nahm er wieder brieflichen Kontakt zur Schwester auf, deren erster nachgewiesener Brief aus Bonn von Oktober 1831 datiert. Geplagt von alten und neuen Krankheiten, von dem Bewusstsein, dass seine akademische Karriere gescheitert (s. Kap. 3) und sein Werk unbeachtet geblieben war, teilte Arthur Adele seine verzweifelte Lage mit. Diese hatte ihrerseits mit der Möglichkeit eines glücklichen Lebens abgeschlossen. Sie litt am Leben und fühlte sich, wie sie es selbst formulierte, ›unbenutzt‹: »Ich lebe ungern, scheue das *Alter*, scheue die mir gewiß bestimmte *Lebenseinsamkeit*« (Lütkehaus 1998, 319) schrieb sie 1831 an ihren Bruder. In Anbetracht ihrer prekären finanziellen Lage hatte sie mit 34 Jahren kaum noch Heiratschancen. Versuche und Angebote der Schwester, man könne sich treffen, um vielleicht sogar ein gemeinsames Leben ins Auge zu fassen, blockte Arthur wiederum ab.

Im Gegensatz dazu stand Johanna Schopenhauer Anfang der dreißiger Jahre auf der Höhe ihres literarischen Ruhms. Ihre Werke wurden 1831 im Verlag Brockhaus in 24 Bänden veröffentlicht. Die Einnahmen aus dem Verkauf konnten jedoch die finanzielle Lage der beiden Frauen kaum verbessern. Inzwischen führte Adele den Haushalt der Mutter und hatte die Kontrolle über die täglichen Ausgaben. Ihre Haltung zur Mutter war in dem Maße kritischer geworden, in dem sie Einblick in deren finanzielle Haushaltsführung gewonnen hatte. Ihre ›Scheinwohlhabenheit‹, d. h. der nach außen demonstrierte Anschein von Wohlstand bei gleichzeitiger Armut, bedrückte ihr Leben ebenso wie die Tatsache, dass der Bruder jede menschliche Annäherung verweigerte. Durch kleinere Publikationen, Übersetzungsarbeiten und den Verkauf von Wertgegenständen versuchte Adele, die von der Mutter angehäuften Schulden abzubauen. Auch in dem zwischen 1832 und 1835 wieder aufgenommenen Briefverkehr zwischen Mutter und Sohn stehen die Vermögenseinnahmen, insbesondere die Einkünfte aus den Danziger Besitzungen, im Mittelpunkt. Arthur Schopenhauer hat hartnäckig, und häufig zu Recht, sowohl an der Korrektheit der Mutter als auch an der der Danziger Vermögensverwalter gezweifelt.

In den gesamten 1830er Jahren überschattete Geldnot die Lage von Mutter und Schwester, bis beide schließlich vor dem finanziellen Bankrott standen. Die Wohnung in Bonn war zu teuer geworden. Johanna und Adele Schopenhauer vermissten Weimar. Für Johanna war dies der Ort ihrer gesellschaftlich glänzendsten Zeit und für Adele die eigentliche Heimat. Bereits 1835 hatte Adele an ihren Bruder geschrieben: »Ich muß in Thüringen leben, nur dort ist mir wohl« (Lütkehaus 1998, 369). Auf Johannas Bitten hin gewährte ihnen der Weimarer Großherzog 1837 eine kleine Pension, offenbar jedoch mit der Auflage, dass sie sich in Jena und nicht in Weimar ansiedeln sollten. Im Herbst 1837 siedeln die beiden Frauen nach Jena um. Adele Schopenhauer blieb, ungeachtet aller emotionalen Distanz, bis zum Tod der Mutter an deren Seite. Als Johanna nach einem Schlaganfall gebrechlicher wurde, pflegte sie sie. Johanna Schopenhauer starb am 16. April 1838. Als späten Versuch der Wiedergutmachung gegenüber Adele hatte sie ihr gesamtes Restvermögen ihrer Tochter vermacht und damit ihren Sohn enterbt. Doch sie hinterließ nur Schulden. Arthur Schopenhauer kam nicht zur Beerdigung, doch bewahrte er in seiner Frankfurter Wohnung ein Ölbild seiner Mutter sowie zwei ihrer Bücher aus der Zeit vor ihrem Zerwürfnis.

Das Ende der Familie Schopenhauer: 1838–1860

Wie der Tod des Vaters für die Mutter, so war der Tod der Mutter für die Tochter eine Befreiung. Adele trug in den folgenden Jahren die Schulden der Mutter ab und trat zunehmend mit eigenen literarischen Arbeiten an die Öffentlichkeit. Ihre Begabung war vielfältig. Schon in Weimar war sie als eine Meisterin des Scherenschnitts anerkannt. Nun veröffentlichte sie zahlreiche Aufsätze zur Kunst, Opernlibrettos, Novellen, Romane sowie eine Sammlung von *Haus-, Wald- und Feldmärchen* (1844). 1845 erschien ihr Roman *Anna*. An den literarischen Erfolg der Mutter, deren nicht vollendete Memoiren sie herausgab, konnte sie jedoch nicht heranreichen.

Mit Sybille Mertens hatte sie endlich auch jenen Menschen gefunden, von dem sie voll angenommen wurde. Bei ihr legte sie auch den kleinen Rest von Vermögen an, der ihr nach Abbau der mütterlichen Schulden geblieben war. Überschattet wurden ihre letzten Jahre durch einen sich verschlimmernden Unterleibskrebs. Als die Krankheit 1844 endgültig ausbrach, gab sie ihre Wohnung in Jena auf und zog für drei Jahre nach Italien, wo sich auch Sybille die meiste Zeit aufhielt. In der dortigen deutschen Gelehrten- und Intellektuellenszene wurde sie eine bekannte Figur. Die Beschäftigung mit Kunst wurde ihr Hauptanliegen.

Adele und Arthur Schopenhauer blieben in den 1840er Jahren brieflich in Verbindung. Neben dem unvermeidlichen Thema der familiären Vermögensverwaltung wurde nun auch Adeles Krankheit zum Thema. Arthur Schopenhauer hat dennoch seine Schwester nie zu nah an sich herangelassen, obwohl diese großes Verständnis für das Werk des Bruders entwickelte, den sie als »tiefen, heiligen Denker« (Lütkehaus 1998, 458 f.) bezeichnete und dessen Mitleidsethik sie unterstützte. Sie besuchte ihn 1842 in Frankfurt, wo er sich, nach einem Jahr in Mannheim, seit 1833 endgültig und für den Rest seines Lebens niedergelassen hatte. Es sollte einer von zwei Besuchen im letzten Lebensjahrzehnt der Schwester bleiben. 1849, kurz vor ihrem Tod, hat sie den Bruder noch einmal besucht und mit ihm Testamentarisches besprochen. Arthur hatte sich ganz auf das Leben eines vom eigenen Vermögen lebenden Privatiers eingestellt. Eine zu enge räumliche Nähe zur Schwester betrachtete er als Störung. Sein vorrangiges Lebensinteresse war sein Werk und dessen finanzielle Absicherung – menschliche Bindungen standen dahinter zurück.

Adele Schopenhauer zog in den letzten beiden Jahren ihres Lebens wieder nach Bonn und wurde dort von Sybille Mertens gepflegt. Sie starb am 25. August 1849. Ihr Begräbnis in Bonn fiel auf den 100. Geburtstag Goethes. Adele vermachte ihrem Bruder verschiedene Gegenstände aus dem Familieneigentum und Teile ihres Geldvermögens. Die Abwicklung ihrer Erbschaftsangelegenheiten übernahm Sybille Mertens. Obwohl Arthur Schopenhauer an dem Begräbnis seiner Schwester nicht teilnahm, hat er ihren Tod bedauert. Sie war diejenige in der Familie, die ihm letztlich am nächsten stand, auch wenn er sie auf Distanz gehalten hatte.

Arthur Schopenhauers grandioses philosophisches Werk ist auf den Trümmern einer zerrütteten Familie entstanden, die mit seinem Tod 1860 endgültig erlosch. Auch von den näheren Danziger Verwandten lebte keiner mehr. »Du wirst der letzte der Abenceragen« (Lütkehaus 1998, 430), hatte ihm schon die Schwester in Anspielung auf Chateaubriand prophezeit. Die eigenen Erfahrungen waren eine Ursache dafür, dass Schopenhauer die Gründung einer Familie für eine Form der Fremdbestimmung und für unvereinbar mit einer philosophischen Existenz hielt: »Zu dem, was einer hat«, schreibt er in den »Aphorismen zur Lebensweisheit«, »habe ich Frau und Kinder nicht gerechnet; da er von diesen vielmehr gehabt wird« (P I, 374).

Literatur

Bergmann, Ulrike: *Johanna Schopenhauer – »Lebe und sei so glücklich als Du kannst«*. Leipzig 2004.
Büch, Gabriele: *Alles Leben ist Traum – Adele Schopenhauer*. Berlin 2002.
Cartwright, David E.: *Schopenhauer. A Biography*. New York 2010.
Detemple, Siegfried u. a.: *Die Schopenhauer-Welt. Ausstellungskatalog der Staatsbibliothek Preußischer Kulturbesitz*. Frankfurt a. M. 1988.
Hübscher, Arthur: Adele an Arthur Schopenhauer. Unbekannte Briefe I. In: *Schopenhauer-Jahrbuch* 58 (1977), 133–186.
Hübscher, Arthur: Adele an Arthur Schopenhauer. Unbekannte Briefe II. In: *Schopenhauer-Jahrbuch* 59 (1978), 110–165.
Lütkehaus, Ludger (Hg.): *Die Schopenhauers. Der Familienbriefwechsel von Adele, Arthur, Heinrich Floris und Johanna Schopenhauer* [1991]. München 1998.
Safranski, Rüdiger: *Schopenhauer und Die wilden Jahre der Philosophie. Eine Biographie*. München 1987.
Schopenhauer, Adele: *Tagebuch einer Einsamen*. München 1985.
Schopenhauer, Johanna: *Im Wechsel der Zeiten, im Gedränge der Welt. Jugenderinnerungen, Tagebücher, Briefe* [*Ihr glücklichen Augen. Jugenderinnerungen, Tagebücher, Briefe*. Berlin (DDR) 1979]. Düsseldorf/Zürich 2000.
Siegler, Hans Georg: *Der heimatlose Arthur Schopenhauer. Jugendjahre zwischen Danzig, Hamburg, Weimar*. Düsseldorf 1994.
Steidele, Angela: *Geschichte einer Liebe: Adele Schopenhauer und Sybille Mertens*. Berlin/Frankfurt a. M. 2010.
Zimmer, Robert: *Arthur Schopenhauer. Ein philosophischer Weltbürger*. München 2010.

Robert Zimmer

2 ›Europäische Erziehung‹ und das Leiden an der Welt

Die elterliche und schulische Erziehung

Der junge Arthur Schopenhauer besaß zum einen eine außerordentlich ausgeprägte Sensibilität für menschliche Leiderfahrung, die noch verstärkt wurde durch eine von väterlicher Seite ererbte Disposition zu Angstzuständen und Depressionen.

Zum anderen erlebte der junge Schopenhauer im Elternhaus eine große Offenheit gegenüber kulturellen Einflüssen aus Westeuropa, die auch seine eigene Einstellung prägen sollte. Anders als die meisten zeitgenössischen Philosophen in Deutschland hat Arthur Schopenhauer eine Erziehung genossen, die, begünstigt durch mehrere Reisen und Ortswechsel, weit über den nationalen kulturellen Horizont hinausging und ihm Erfahrungen zugänglich machte, die nicht auf das beschränkt blieben, was in einer normalen schulischen und häuslichen Erziehung vermittelt werden konnte. Der junge Schopenhauer wurde früh mit der Welt konfrontiert – mit dem Leben und der Kultur der europäischen Nachbarn ebenso wie mit den Schattenseiten des Lebens. Er verdankte dies nicht zuletzt der kulturellen Aufgeschlossenheit seiner Eltern.

Schopenhauers Eltern, beide aus begüterten Danziger Kaufmannsfamilien stammend (s. Kap. 1), sympathisierten mit dem Denken der Aufklärung und waren kulturell nach Westeuropa, insbesondere nach England hin orientiert. Sie öffneten ihrem Sohn schon sehr früh den Blick für die gesamteuropäische Kultur. Andererseits machten sich in der Erziehung des Vaters, in der Schule, aber auch in der Lektüreerfahrung pietistische Einflüsse geltend, die einem pessimistischen und resignativen Weltbild Vorschub leisteten und die Empfänglichkeit für Leiderfahrung förderten. Philosophisch bestätigt wurde dies in späteren Jahren noch durch die Bekanntschaft mit indischem Denken, die Arthur Schopenhauer in jenen Jahren machte, als er bereits an seinem Hauptwerk arbeitete und seinem Denken eine systematische Form gab. All dies führte dazu, dass Schopenhauers intellektuelles Profil eine doppelte Prägung erfuhr: Sein metaphysischer Pessimismus war zeit seines Lebens von einem kulturellen Kosmopolitismus begleitet.

Grundlage der Weltläufigkeit Schopenhauers war eine, wie seine Mutter es in einem Brief von 1807 formulierte, »elegante Erziehung« (Lütkehaus 1998, 149), die auf Standesbewusstsein und Lebenstüchtigkeit, und nicht, wie bei vielen zeitgenössischen deutschen Intellektuellen, auf eine theoretische, akademische Ausbildung ausgerichtet war. Verbunden mit der Absicht, den Sohn zum Erben und Nachfolger des Schopenhauerschen Handelshauses zu erziehen, war es zunächst das Bemühen des Vaters, ihn zu einem gewandten und gebildeten Gesellschaftsmenschen zu machen. Dem anglophilen Vater schwebte das Bild des erfolgreichen Geschäftsmanns mit dem Profil eines englischen Gentleman vor. Der Sohn sollte ein Mann von Welt werden.

Der junge Arthur Schopenhauer lernte Reiten, Tanzen, Fechten, Schwimmen und das Musizieren auf der Flöte, dazu die Umgangsformen der höheren Stände. Er wurde vom Vater ermahnt, sich bei Tisch gerade zu halten, um nicht als »verkleideter Schuster oder Schneider« zu gelten (Lütkehaus 1998, 64), sich sprachlich vollendet auszudrücken und eine korrekte Handschrift einzuüben. Auf Reisen sollte er Tagebuch führen und den Eltern brieflich Bericht erstatten. Aber auch Literatur, Kunst und Theater gehörten früh zum elterlichen Erziehungsprogramm. Allerdings wurde der junge Arthur Schopenhauer immer wieder ermahnt, der schönen Literatur nicht zu viel Gewicht beizumessen. Kunsterfahrung war standesgemäßer Dekor und sollte als Repertoire in der gesellschaftlichen Konversation zur Verfügung stehen. Doch nicht Gelehrsamkeit war gewünscht, sondern Weltläufigkeit, Gewandtheit und Sinn für Nützlichkeit.

Die europäische Ausrichtung dieser Erziehung wird vor allem über kulturelle Erfahrungen, über Fremdsprachen und über Reisen vermittelt. Bereits zur Zeit der ersten Schwangerschaft seiner Frau hatte das Ehepaar Schopenhauer von November 1887 bis Februar 1888 eine Englandreise unternommen. Heinrich Floris Schopenhauer erwog ernsthaft den Gedanken, seinen Sohn in England zur Welt bringen zu lassen, damit er die dortige Staatsbürgerschaft erhalten könne. Dass er sich schließlich anders entschied und noch rechtzeitig vor der Geburt nach Danzig zurückkehrte, hat sein Sohn später immer bedauert.

Beide Eltern verfolgten die politischen und literarischen Entwicklungen des späten 18. Jahrhunderts mit Aufmerksamkeit. Sie sympathisierten mit den Errungenschaften der konstitutionellen Monarchie in England ebenso wie mit der Französischen Revolution. Heinrich Floris Schopenhauer, der Vater, galt als passionierter Voltaire-Leser, die Mutter, Johanna Schopenhauer, war in ihrer Kindheit früh mit der zeitgenössischen englischen Literatur, darunter Swift und Sterne, vertraut geworden. Sie besaß besonders gute Kenntnisse des Englischen, da sie als junges Mädchen vom Prediger der Danziger englischen Gemeinde,

Dr. Jameson, in dessen Muttersprache und in englischer Literatur unterrichtet worden war.

Der junge Arthur Schopenhauer konnte auch erste Fremdsprachenkenntnisse bereits von seinen Eltern erhalten. Französisch, die damalige *lingua franca* der gebildeten Stände, sprachen und schrieben beide Eltern. So waren es für den jungen Arthur Schopenhauer nicht die Grundsprachen der akademischen Welt, Griechisch und Latein, die er zuerst erlernt, sondern die lebenden Sprachen der europäischen Nachbarn, Französisch und Englisch. Auch seine Lesegewohnheiten wurden auf diese Art bereits in jungen Jahren europäisch ausgerichtet. Er verfolgte noch viele Jahre später das Projekt, Laurence Sterne ins Deutsche zu übersetzen.

Dass Schopenhauer Englisch und Französisch fließend sprechen und schreiben lernte, verdankt er jedoch vor allem ausgedehnten Auslandsaufenthalten. 1797 nahm Heinrich Floris seinen Sohn auf eine nach Frankreich und England führende Geschäftsreise mit und setzte ihn bei französischen Geschäftsfreunden in Le Havre ab, der Familie Grégoire de Blésimaire. Hier bleibt der junge Arthur Schopenhauer zwei Jahre lang, taucht in die französische Zivilisation ein, wird auf Französisch unterrichtet und liest französische Literatur. Auf diese Weise lernt er die Sprache perfekt. Zudem macht er, trotz der Wirren der napoleonischen Kriege, positive Erfahrungen mit der französischen Zivilisation. Die französische Gastfamilie vermittelt ihm jene emotionale Wärme, die er im eigenen Elternhaus nicht erlebt hatte. Mit dem gleichaltrigen Sohn der Familie, Anthime, liest er gemeinsam französische Autoren und knüpft mit ihm eine Freundschaft, die bis ins Alter halten sollte.

Es war die erste längere Auslandserfahrung, die Arthur Schopenhauer schon in sehr frühem Alter machte, aber es war keineswegs die letzte. Nach seiner Rückkehr unternahmen die Eltern mit dem Sohn eine vergleichsweise kleinere Reise, die sie von Juli bis Oktober 1800 nach Mitteldeutschland und Böhmen führte. Die für Schopenhauer prägendste und längste Reise ging von März 1803 bis August 1804 wiederum ins westeuropäische Ausland. Sie führte über die Niederlande zu einem längeren Aufenthalt in England und von dort wieder nach Kontinentaleuropa, über Frankreich, die Schweiz, Österreich, Böhmen zurück nach Deutschland. Um an ihr teilnehmen zu können, hatte der Sohn seinem Vater versprechen müssen, den Kaufmannsberuf zu erlernen und auf sein Vorhaben, sich auf ein akademisches Studium vorzubereiten, zu verzichten.

Arthur Schopenhauer lernt auf dieser Reise die großen europäischen Metropolen wie Amsterdam, London, Paris und Wien nicht nur mit ihrem Kunst- und Kulturleben, sondern auch in ihrer Alltagskultur kennen. Von besonderer Bedeutung für seine Bekanntschaft mit der englischen Gesellschaft und Kultur war dabei der dreimonatige Besuch eines englischen Internats, dem »Eagle House« des Reverend Lancaster in Wimbledon. Wie das Französische lernt er bei dieser Gelegenheit auch das Englische im Land selbst perfekt sprechen und schreiben, eine damals keineswegs selbstverständliche Fähigkeit, die sich Schopenhauer in späteren Jahren immer wieder zunutze machte. So wurde er zu einem regelmäßigen Leser der englischen Presse, las englische Bücher im Original und bot sich bei Verlagen als Übersetzer an. Noch wichtiger jedoch war eine grundlegende anglophile kulturelle Orientierung, die er sein Leben lang beibehielt. Arthur Schopenhauer suchte, sowohl auf Reisen als auch in Deutschland selbst, immer die Kommunikation mit Engländern und beurteilte auch die kulturelle Landschaft in Deutschland von einer den englischen Erfahrungen entnommenen Außenperspektive her.

Nach Beendigung des Internatsbesuchs setzte der junge Arthur Schopenhauer die große Europareise gemeinsam mit seinen Eltern fort, wobei er auch mehrfach Zeuge von Armut, Grausamkeit und Leid wurde – in einem Europa, dessen Unterschichten Lebensbedingungen unterworfen waren, die den Verhältnissen in der Dritten Welt zu Beginn des 21. Jahrhunderts entsprachen. Hier machte er Erfahrungen, die dazu beitrugen, sein späteres pessimistisches Weltbild zu grundieren. In London wird er Zeuge einer Hinrichtung, das Amphitheater von Nîmes ruft in ihm »den Gedanken an die Tausende längst verwester Menschen herbey« (Schopenhauer 1987, 133), die diese Ruinen in der Vergangenheit betreten haben. Im südfranzösischen Toulon prägt sich ihm das Bild der angeketteten Galeerensträflinge ein. Gerade dieses Erlebnis wird Schopenhauer nie vergessen und Jahre später zur Geburtsstunde seines metaphysischen Pessimismus ausdeuten: »In meinem 17ten Jahre, ohne alle gelehrte Schulbildung, wurde ich vom Jammer des Lebens so ergriffen, wie Buddha in seiner Jugend, als er Alter, Krankheit, Schmerz und Tod erblickte [...] und mein Resultat war, daß diese Welt kein Werk eines allgütigen Wesens seyn könnte, wohl aber die eines Teufels, der Geschöpfe ins Daseyn gerufen, um am Anblick ihrer Qual sich zu weiden [...]« (HN IV (1), 96). Ob der damals 17-Jährige sich tatsächlich schon in der Nachfolge Buddhas sah, ist im Nachhinein schwer zu entscheiden. Tatsache ist jedoch, dass der junge Arthur Schopenhauer, im Gegensatz zu seiner Mutter, seine Aufmerksamkeit während der Reise immer wieder auf die menschliche Leidenserfahrung und auf das Thema ›Vergänglichkeit‹ lenkt.

Nachdem die Familie 1793 von Danzig nach Hamburg gezogen war, wird Arthur Schopenhauer von seinem Vater in die Hamburger Privatschule des Dr. Runge geschickt, ein wohlhabenden Kaufmannssöhnen vorbehaltenes Erziehungsinstitut. Johann Heinrich Christian Runge war im Geiste des Franckeschen Pietismus in Halle ausgebildet worden und brachte an seine Hamburger Schule den Geist einer aufgeklärten Volksbildung mit, verbunden mit einem pietistischen Humanismus, der Religion als praktisches Moralbewusstsein verstand.

Eine Verbindung von praktischer Moralität und gleichzeitiger Weltdistanz kommt auch beispielhaft im Werk des »Wandsbeker Boten« Matthias Claudius zum Ausdruck, den Arthur Schopenhauer über seinen Vater kennenlernt. Dieser schenkt ihm die kleine 1799 erschienene Broschüre *An meinen Sohn J.*, die Matthias Claudius für seinen Sohn Johannes geschrieben hatte, ein kleines Brevier von Lebensregeln im pietistischen Geist, das sich noch in Schopenhauers Nachlass fand. Auch ein Bild des Matthias Claudius hing in der Frankfurter Wohnung des alten Schopenhauer.

Claudius wird für den jungen Schopenhauer in einer Phase wichtig, in der er befürchten muss, dass seine geistigen Interessen und seine Sehnsucht nach einer intellektuellen Existenz den Wünschen des Vaters zum Opfer fallen werden, der ihn als Nachfolger in der Leitung seines Handelshauses vorgesehen hatte. Er ist in keiner Weise mit sich im Reinen und spiegelt sein Leiden an der Welt in der Literaturerfahrung. In diesem Zusammenhang steht auch seine intensive Lektüre der Romantiker, insbesondere Tiecks und Wackenroders. So wird Weltdistanz vermischt mit romantischem Weltschmerz zu einem Grundgefühl des jugendlichen Arthur Schopenhauer: »Nichts soll Stand halten im vergänglichen Leben [...] Alles löst sich auf im Strohm der Zeit [...] Es wird mit nichts Ernst im Leben: weil der Staub es nicht werth ist« (Lütkehaus 1998, 115), schreibt der 18-Jährige 1806 an seine Mutter in Weimar.

Die pessimistische Grundstimmung wird durch die ersten sexuellen Erfahrungen nicht korrigiert, sondern verstärkt. Schopenhauer erlebt sie als Kontrollverlust und als Herabsinken in kreatürliche Ohnmacht. In dem frühen Gedicht »O Wollust, o Hölle [...] Da lieg ich in Fesseln« (HN I, 1) deutet er Sexualität bereits als im Gewand der Lust erfahrenes Leiden, als eine Form der existentiellen Abhängigkeit, die in seiner Willensmetaphysik philosophischen Ausdruck finden sollte.

Reisen und Bildungserfahrungen nach 1807

Das Jahr 1807 markiert auf Schopenhauers Erziehungsweg eine Zäsur. Es ist das Jahr, in dem ihm endlich erlaubt wird, die ungeliebte Kaufmannsausbildung abzubrechen und einen akademischen Ausbildungsweg einzuschlagen. Erst in seinem 19. Lebensjahr kann er sich diesen lange gehegten Wunsch mit Zustimmung seiner Mutter erfüllen (s. Kap. 3). Innerhalb von zwei Jahren holt er das Abitur nach. 1809 schreibt er sich zum Studium der Medizin und Naturwissenschaften an der Universität Göttingen ein. Von 1811 bis 1813 studiert er Philosophie an der Berliner Universität und schließt 1813 mit einer an der Universität Jena eingereichten Dissertation ab. In dieser Zeit holt er die klassische Bildung, insbesondere die Kenntnis des Griechischen und Lateinischen, so gründlich nach, dass er sich in den alten Sprachen vollendet schriftlich ausdrücken konnte.

Dabei hat er seine naturwissenschaftlichen und anthropologischen Studien auch durch außerakademische Erfahrungen zu ergänzen versucht. So besuchte er im Winter 1812/13 mehrfach die Berliner Charité, um sich ein Bild von psychiatrischen Patienten in der damaligen »melancholischen Station« zu machen. Wie im Falle der Toulouner Galeerensträflinge war er vom Los dieser Menschen tief betroffen, die sich teilweise ihrer Situation voll bewusst waren und auch schriftliche Aufzeichnungen hinterließen. Er nahm zu einzelnen von ihnen persönlich Kontakt auf, wie zu dem Patienten Haefner, dem er eine Bibel schenkte. Für den Studenten Schopenhauer hatte diese Erfahrung durchaus auch eine persönliche Komponente, da er in seiner väterlichen Familie den Ausbruch psychischer Krankheiten und Depressionen in jeder Generation beobachten konnte. Anknüpfend an solche Erfahrungen rückte das menschliche Leiden ins Zentrum seiner Metaphysik und Ethik.

Sensibilität und Leidensanschauung hatten also die Fundamente einer pessimistischen philosophischen Weltdeutung längst gelegt, als Schopenhauers Weltdistanz noch vor Erscheinen seines Hauptwerkes *Die Welt als Wille und Vorstellung* 1818 eine entscheidende Fundierung in der Begegnung mit ostasiatischer Philosophie und Religion erfuhr.

Schopenhauer hatte bereits während seines Studiums erste Kenntnisse der indischen Kultur erhalten (s. Kap. 3; 11). Nach Abschluss seiner Promotion, während seines Aufenthalts in Weimar 1813/14, begann er, u. a. durch Anregung des Reußischen Rats Friedrich Majer, sich intensiver mit indischer Religion und insbesondere mit dem sogenannten *Oupnek'hat*, der von dem Franzosen Anquetil-Duperron vorgelegten lateinischen Übersetzung der *Upanischaden*, zu beschäftigen. Es handelte sich um eine Übersetzung, die sich selbst wieder auf eine persische Übertragung des ursprünglichen Sanskrit-Textes stützte und die *Upanischaden* in buddhistischem Gewand präsentierte. Auf diesem Weg wurde Schopenhauer mit Grundgedanken des Hinduismus und des Buddhismus bekannt, deren Kern für ihn die moralische Deutung der Welt als einen erlösungsbedürftigen Ort des Leidens und ihre erkenntnistheoretische Deutung als ein Ort der Täuschung war. Diese pessimistische Deutung floss ebenso in seine Philosophie ein wie die Forderung, durch Kontemplation, Weltdistanz, Mitleid und Askese den Zirkel des Leidens zu überwinden, den Schleier der Individuation zu lüften und zur Einheit aller Lebewesen vorzudringen.

Über das Studium von Fachzeitschriften, u. a. der *Asiatic Researches*, und Fachliteratur erweitert Schopenhauer in den kommenden Jahren seine Kenntnis östlicher Weisheitslehren, insbesondere des Buddhismus. Im Alter hat er sich selbst als »Buddhaist« bezeichnet und eine vergoldete Buddhastatue für seine Wohnung erworben. In den Augen der Zeitgenossen galt er als der »Buddha von Frankfurt«. In der Auseinandersetzung mit den östlichen Weisheitslehren findet Schopenhauers »Leiden an der Welt« ihre endgültige ideologische Grundierung, die durch das Studium europäischer Mystiker wie Madame de Guyon, Meister Eckhart oder des »Franckforters«, des Autors der *Theologia Deutsch*, ergänzt wurde. Schopenhauer nahm für sich in Anspruch, den rationalen Kern der u. a. im Buddhismus und der christlichen Mystik formulierten pessimistischen Weltdeutung erstmals philosophisch zur Klarheit gebracht zu haben: »Buddha, Eckhardt und ich«, so schrieb er 1856, »lehren im Wesentlichen das Selbe, Eckhardt in den Fesseln der christlichen Mythologie. Im Buddhaismus liegen die selben Gedanken, unverkümmert durch solche Mythologie, daher einfach und klar, soweit eine Religion klar sein kann. Bei mir ist volle Klarheit« (HN IV (2), 29). Die im *Tat twam asi* (»Dies bist du«) ausgedrückte Grundeinheit aller Lebewesen war für ihn wie die Seelenwanderungslehre Ausdruck der Erkenntnis der metaphysischen Einheit des Willens.

Schopenhauer hat auch nach Fertigstellung von *Die Welt als Wille und Vorstellung* sowohl seine kosmopolitische ›europäische‹ Orientierung als auch seine pessimistische Weltsicht fortlaufend mit neuen Bildungserfahrungen, u. a. durch Reisen, das Erlernen von Sprachen und durch Lektüre, komplementiert. Seinen europäischen Bildungshorizont erweitert er durch die intensive Beschäftigung mit zwei weiteren europäischen Kulturen: Das Italienische erlernt er auf zwei ausgedehnten Italienreisen, die er jeweils zwischen 1818 und 1819 und zwischen 1822 und 1823 unternahm. Neben dem Besuch der antiken Stätten wurde dabei vor allem die Begegnung mit dem Werk Giacomo Leopardis wichtig, den er als einen der großen europäischen Pessimisten neben sich selbst gelten ließ.

1825, als Schopenhauer in Berlin lebte und vergeblich eine akademische Karriere anstrebte (s. Kap. 3), begann er außerdem, Spanisch zu lernen. Grund dafür war, dass er die wichtigen Autoren des spanischen *Siglo de Oro* im Original lesen wollte, so u. a. Calderón, der sowohl im Kreis der Jenenser Frühromantiker als auch im Weimar Goethes hoch geschätzt wurde und den er als Pessimisten im christlichen Gewand las. Noch folgenreicher war allerdings die Begegnung mit dem Pessimismus Baltasar Graciáns, den er zum Lieblingsautor erkor. Schopenhauer übersetzte in den folgenden Jahren Graciáns *Oráculo manual* und Teile des allegorischen Romans *El Criticón*. Gracián wurde für Schopenhauer nicht nur wegen seiner pessimistischen Weltsicht, sondern auch als Vertreter der Tradition der Moralistik wichtig, der ihn zur Entwicklung einer pragmatischen Klugheitslehre in den *Aphorismen zur Lebensweisheit* anregte (s. Kap. 9.6; 15).

Schopenhauer bewegte sich gleichermaßen in der englischen, französischen, spanischen und italienischen Literatur und Philosophie. Dabei blieben Mystik, Moralistik und Aufklärung auf europäischer Ebene drei der für ihn einflussreichsten ideengeschichtlichen Entwicklungen. Unter den Aufklärern waren es in England Hume, in Frankreich Voltaire und Rousseau, die er am höchsten schätzte. In seiner Berliner Zeit verfolgte er u. a. das Projekt, englische Werke wie Sternes *Tristram Shandy* und religionsphilosophische Schriften Humes zu übersetzen. Als regelmäßiger Leser der europäischen Presse wie der *Times* blieb er kulturell ein Europäer, der die deutsche kulturelle Szene mit der Distanz des Kosmopoliten betrachtete. Er lese »wenig deutsches« (GBr, 413) beschied er noch in einem Brief von 1857.

Seine in Kindheit und Jugend erfahrene »elegante Erziehung« hatte zudem zur Folge, dass Schopenhauer sich auch in seinem Lebensstil von der professoralen Existenz der meisten deutschen Philosophen abhob. Er wurde nie ein reiner Stubengelehrter, sondern blieb, ästhetisch vielseitig interessiert, immer Teil einer urbanen, kunst- und kulturrezipierenden Öffentlichkeit. Sein Auftreten war immer das eines Mannes aus dem gehobenen Bürgertum. Zwar fiel es ihm von früher Jugend an schwer, sein cholerisches Temperament zu zügeln und zuweilen den Rahmen der Höflichkeit zu wahren. Doch noch im Alter wird Schopenhauer von Zeitgenossen und Besuchern als ein, wenn auch etwas altmodischer, »Herr« wahrgenommen, der perfekt im Stile des späten 18. Jahrhundert gekleidet ist und die Kunst der Konversation beherrscht. In der Philosophie seiner Zeit war Schopenhauer ein Solitär, in seiner kulturellen Orientierung und seinem sozialen Auftreten blieb er ein Mann von Welt.

Doch auch seine pessimistische Weltdeutung hatte lebenspraktische Konsequenzen. So einzelgängerisch seine Existenz auf den ersten Blick erscheinen mag, so führte die Anschauung des Leides doch zu einer umfassenden und auch tätigen Solidarität mit anderen Lebewesen.

Aus der Überzeugung, dass alle Wesen miteinander in einer tieferen Einheit verbunden sind, alle Wesen im Leiden vereint und jede moralisch gute oder schlechte Handlung jedes andere Wesen mitbetrifft, hat Schopenhauer ein enges Verhältnis zu Tieren und zum Tierschutz entwickelt. Im Zusammenhang mit seiner Beschäftigung mit indischer Philosophie notierte er bereits 1826: »Das Thier, das du jetzt tödtest bist du selbst, bist es jetzt« (HN III, 281). Die christliche Auffassung, der Mensch sei zur Herrschaft über die Natur bestimmt und Tiere müssten als vernunftlose Wesen zweiter Klasse angesehen werden, lehnte er strikt ab. Tiere waren für ihn Mitleidende an der Welt. Deshalb wandte er sich vehement gegen alle Handlungen und Tierversuche, die für das betreffende Tier mit Leiden verbunden waren. Sein ganzes Erwachsenenleben hindurch hielt er Pudel. Jedem davon gab er den Beinamen »Atman« und betonte dadurch dessen enge Beziehung zur buddhistischen Weltseele. Schopenhauer gehörte auch zu den Mitbegründern des Frankfurter Tierschutzvereins und unterstützte andere Tierschutzvereine im In- und Ausland. Sein Leiden an der Welt und deren philosophische Ausdeutung machten ihn zu einem auf Weltüberwindung, aber auch auf Leidenslinderung ausgerichteten Weisheitslehrer, der damit auch zu einem Anreger ökologischen Denkens wurde.

Literatur
App, Urs: Schopenhauers Begegnung mit dem Buddhismus. In: *Schopenhauer-Jahrbuch* 79 (1998), 35–58.
App, Urs: Schopenhauer's Initial Encounter with Indian Thought. In: *Schopenhauer-Jahrbuch* 87 (2006), 35–76.
Cartwright, David E.: *Schopenhauer. A Biography*. Cambridge 2010.
Hübscher, Arthur: Jugendjahre in Hamburg. In: *Schopenhauer-Jahrbuch* 51 (1970), 3–21.
Hübscher, Arthur: *Denker gegen den Strom. Schopenhauer: Gestern – Heute – Morgen*. Bonn [3]1987.
Klamp, Gerhard: Schopenhauer als Europäer und Weltbürger. In: *Schopenhauer-Jahrbuch* 34 (1951/52), 48–54.
Lütkehaus, Ludger (Hg.): *Die Schopenhauers. Der Familienbriefwechsel von Adele, Arthur, Heinrich Floris und Johanna Schopenhauer* [1991]. München 1998.
Safranski, Rüdiger: *Schopenhauer und Die wilden Jahre der Philosophie. Eine Biographie*. München 1987.
Schopenhauer, Arthur: *Reise-Tagebücher*. Hg. von Ludger Lütkehaus. Zürich 1987.
Schopenhauer, Johanna: *Reise durch England und Schottland*. Frankfurt a. M. 1980.
Schopenhauer, Johanna: *Promenaden unter südlicher Sonne. Die Reise durch Frankreich 1804*. Wien 1993.
Stollberg, Jochen (Hg.): *»das Tier, das du jetzt tötest, bist du selbst...«. Arthur Schopenhauer und Indien. Begleitbuch zur Ausstellung anlässlich der Buchmesse 2006*. Frankfurt a. M. 2006.
Zimmer, Robert: *Arthur Schopenhauer. Ein philosophischer Weltbürger*. München 2010.

Robert Zimmer

3 Akademische Karriere und das Verhältnis zur akademischen Philosophie

Arthur Schopenhauer hat, von seiner Dissertation abgesehen, sein Werk außerhalb der akademischen Institutionen und weitgehend unbeachtet von ihnen geschaffen. Die Bedeutung der akademischen Welt für die Verbreitung von Philosophie konnte aber in einem Land, in dem es bis 1871 kein nationales kulturelles Zentrum und keine in nationalen Medien gebündelte kritische Öffentlichkeit gab, kaum überschätzt werden. Die weitaus überwiegende Zahl der bedeutenden deutschen Philosophen des späten 18. und des 19. Jahrhunderts waren Professoren im akademischen Dienst. Dies trifft insbesondere auf Kant, die Vertreter des Deutschen Idealismus, Fichte, Schelling, Hegel und deren Schüler zu, also Vertreter jener philosophischen Richtungen, die die öffentlichen Debatten bestimmten. Die akademische Welt war in Deutschland das Forum, das die Rezeption von Philosophie maßgeblich bestimmte.

Arthur Schopenhauer hingegen gilt als der Philosoph, der wie kein anderer die akademische Philosophie und ihre Vertreter aggressiv attackiert und diskreditiert hat. In einer Zeit, in der Staat und Kirche noch nicht getrennt waren und die christlichen Konfessionen und Landeskirchen noch großen Einfluss auf die ideologische Ausrichtung der staatlichen Bildungsinstitutionen ausübten, sah Schopenhauer, der den jüdisch-christlichen Monotheismus radikal ablehnte, die akademische Philosophie in einem unauflösbaren Dilemma. Kern des Schopenhauerschen Vorwurfs, wie er ihn u. a. in seiner berühmten Abhandlung »Ueber die Universitäts-Philosophie« (s. Kap. 9.3) formulierte, war, die akademische Philosophie sei *ab ovo* korrumpiert. Sie könne nicht der ihr eigenen Aufgabe der unbestechlichen Wahrheitssuche nachgehen, weil sie vom Staat finanziert werde und sich dadurch an die Erwartung der Obrigkeit verkauft habe, die christliche Lehrmeinung rational zu stützen. »In Folge hievon wird«, so Schopenhauer, »so lange die Kirche besteht, auf den Universitäten stets nur eine solche Philosophie gelehrt werden dürfen, welche [...] doch im Grunde und in der Hauptsache nichts Anderes, als eine Paraphrase und Apologie der Landesreligion ist« (P I, 150 f.). Dennoch hat Schopenhauer, vor allem aus Gründen der Existenzsicherung, zeitweise selbst ernsthaft versucht, an der Universität Fuß zu fassen. Erst als dies scheiterte und sein Werk weiterhin von der akademischen Welt ignoriert wurde, begann seine Haltung gegenüber der Universitätsphilosophie eine radikale und polemische Form anzunehmen.

Akademisches Studium

Schopenhauer war von seinem Vater ursprünglich für den Kaufmannsberuf bestimmt worden (s. Kap. 1). Seine in Hamburg auf der Privatschule des Johann Heinrich Christian Runge (s. Kap. 2) erworbene Schulbildung war auf praktische Fähigkeiten hin orientiert. So waren kaufmännisches Rechnen und neuere Fremdsprachen Teil des Schulcurriculums, nicht jedoch die klassischen Bildungssprachen Griechisch und Latein. Der junge Schopenhauer hatte jedoch schon sehr früh seinen Eltern gegenüber den Wunsch geäußert, die Gelehrtenlaufbahn einschlagen zu dürfen, musste aber zunächst eine Kaufmannslehre beginnen. Erst nach dem Tode des Vaters wurde dem 19-Jährigen mit Hilfe der inzwischen von Hamburg nach Weimar umgesiedelten Mutter die Möglichkeit gegeben, den gewünschten akademischen Weg einzuschlagen. Von 1807 bis 1809 hat Schopenhauer, in einem nach kurzer Zeit abgebrochenen Aufenthalt am Gymnasium in Gotha, vor allem aber mit Hilfe von Privatlehrern in Gotha und Weimar, die Grundlagen für ein aufzunehmendes Studium nachgeholt.

Er folgte zunächst der mütterlichen Empfehlung, entweder Medizin oder Jura zu studieren, um später einen Brotberuf ergreifen zu können. Zum Wintersemester 1809/1810 schrieb er sich im Fach Medizin an der Universität Göttingen ein. Die 1734 gegründete Georgia Augusta galt als eine der fortschrittlichsten Universitäten im deutschsprachigen Raum und hatte vor allem auf dem Gebiet der Naturwissenschaften einen hervorragenden Ruf. Hier lehrte u. a. Johann Friedrich Blumenbach, der »Praeceptor Germaniae« der Naturwissenschaften, Professor für Medizin und Mitglied der britischen Royal Society, der auch als der Begründer der Zoologie und Anthropologie gilt, aber auch der Philosoph Gottlob Ernst Schulze, einer der wichtigsten Kritiker des philosophischen Idealismus. Schulze hatte mit seinem 1792 erschienenen *Aenesidemus* eine viel beachtete Auseinandersetzung mit dem transzendentalen Idealismus Kants vorgelegt. Fichtes Rezension dieses Buches wurde zu einer der Initialzündungen des Deutschen Idealismus.

Schopenhauer absolvierte in den vier Göttinger Semestern ein naturwissenschaftliches Studium Generale, besuchte aber auch Veranstaltungen zur Philosophie und Geschichte. Für die Entwicklung der

Schopenhauerschen Philosophie ist entscheidend, dass sie auf einem intensiven Studium der empirischen Wissenschaften aufbaut und sich nicht, wie u. a. bei Schelling oder Hegel, aus theologischen Denkmustern entwickelt hat. Im Wintersemester 1809/10 hörte er u. a. »Naturgeschichte und Mineralogie« bei Johann Friedrich Blumenbach, »Anatomie« bei Adolf Friedrich Hempel und »Geschichte der Kreuzzüge« bei dem Historiker und Ethnographen Arnold Hermann Ludwig Heeren. Im Sommersemester 1810 folgten »Chemie« bei Friedrich Strohmeyer, »Physik« bei Johann Tobias Mayer und »Botanik« bei Schrader. Im Wintersemester 1810/11 kamen »Physische Astronomie und Metereologie« bei Mayer und »Vergleichende Anatomie« bei Blumenbach hinzu.

Ab dem Wintersemester 1810/11 begann Schopenhauer, bei Gottlob Ernst Schulze Vorlesungen über Metaphysik und Psychologie zu hören. Schulze weckte endgültig Schopenhauers Interesse an der Philosophie. Er empfahl ihm, mit dem Studium Platons und Kants zu beginnen und prägte damit Schopenhauers Blick auf die Philosophiegeschichte nachhaltig. Auch ist Schopenhauer über Schulze auf Fichte aufmerksam geworden. Im Sommersemester 1811, seinem letzten Göttinger Semester, hört Schopenhauer Schulzes »Grundsätze der allgemeinen Logik«. Er belegt außerdem »Physiologie« bei Blumenbach, »Reichsgeschichte« bei Lüder und »Ethnographie« bei Arnold Heeren. Heeren war ein in Deutschland anerkannter Fachmann für asiatische Kulturen. In seinem Ethnographiekurs hat Schopenhauer erste Kenntnisse über die indische Gesellschaft erhalten, wenn auch indische Philosophie und Religion nicht im Mittelpunkt standen (s. Kap. 2).

Nach vier Semestern entschloss sich Schopenhauer, Philosophie zum Hauptstudium zu machen. Angeregt durch die Reputation Fichtes, der damals im Zenith seines Ruhms stand, wechselte er zum Wintersemester 1811/12 auf die noch junge, 1809 gegründete Berliner Universität, deren Rektor Fichte inzwischen geworden war. Schopenhauer betrieb aber auch hier seine Studien auf einer thematisch sehr breiten Basis und nutzte das von renommierten, an die neue Universität berufenen Fachgelehrten wie dem Zoologen Martin Hinrich Lichtenstein, dem Altertumsforscher Friedrich August Wolf oder dem Theologen Friedrich Schleiermacher vorgelegte Lehrangebot.

Im Wintersemester 1811/12 beginnt er sein Studium der Fichteschen Wissenschaftslehre mit dem Kolleg »Ueber die Thatsachen des Bewußtseyns und die Wissenschaftslehre«, eine der vielen Variationen, in denen Fichte seine Philosophie präsentierte. Er versieht die Kollegmitschrift mit zahlreichen Randbemerkungen, in denen seine zunehmende Distanz zu Fichte sichtbar wird. Er hört zwar auch Veranstaltungen zu Platon und zur Nordischen Poesie, doch es sind weiterhin die empirischen Wissenschaften, denen er viel Zeit widmet. Er hört Experimentalchemie bei Martin Heinrich Klaproth, über Elektromagnetismus bei Paul Ermann und Ornithologie bei Martin Hinrich Lichtenstein. Spätestens seit diesem Zeitpunkt datiert Schopenhauers Beschäftigung mit Galvanismus und Magnetismus, mit denen er sich auch später im Zusammenhang mit seinem Willensbegriff auseinandersetzte.

Im Sommersemester 1812 setzt Schopenhauer einen geisteswissenschaftlichen Schwerpunkt. Er besucht mehrere Veranstaltungen Friedrich August Wolfs zur griechischen und römischen Literatur sowie eine Vorlesung »Zur Geschichte der Philosophie während der Zeit des Christenthums« bei Schleiermacher. Auch August Boeckhs Kolleg über Platon hat er, wenn auch nicht regelmäßig, besucht. Zu den nachgewiesenen naturwissenschaftlichen Veranstaltungen dieses Semesters gehören die Vorlesung über »Geognosie« bei Christian Samuel Weiß sowie »Zoologie« und »Entomologie« bei Lichtenstein.

Mit Fichte als akademischem Lehrer hatte er inzwischen abgeschlossen. Für das Wintersemester 1812/13 ist noch einmal eine von einem Kommilitonen übernommene Kollegnachschrift zu Fichtes Rechts- und Sittenlehre erhalten, die mit Schopenhauers sarkastischen Randglossen versehen ist. Schopenhauer hat zu diesem Zeitpunkt sowohl mit einer optimistischen Sicht der menschlichen Entwicklung und der Menschheitsgeschichte, als auch mit der christlichen Gottesvorstellung gebrochen. Fichte wird für ihn ein Beispiel jener von ihm geschmähten akademischen Philosophen bleiben, die die Philosophie dazu benutzen, der Religion ein rationales Mäntelchen umzuhängen.

Die einzige geisteswissenschaftliche Veranstaltung, die Schopenhauer im Wintersemester 1812/13 besucht, ist die über »Griechische Alterthümer« bei Wolf. Ansonsten widmet er sich wieder ganz den Naturwissenschaften: »Physik« bei Ernst Gottfried Fischer, »Astronomie« bei Johann Elert Bode und »Allgemeine Physiologie« bei Johann Horkel.

Schopenhauers Studium fällt in die politisch turbulente Zeit der napoleonischen Kriege und der politischen Neuordnung in Deutschland, in der auch die Universitäten politisiert wurden. Doch Schopenhauer betrachtete diese Ereignisse, sowohl während seines

Studiums als auch nachher, als Zaungast. Es gibt keine Zeugnisse dafür, dass er an diesen Ereignissen aktiv teilnahm. Er war ein fleißiger und politisch in keiner Weise engagierter Student, der in einer Zeit, die durch nationale Emotionen aufgeladen war, sich ganz der Lektüre und dem Studium widmete. An antifranzösischen Kundgebungen der Studenten in Göttingen, damals Teil des von Napoleon geschaffenen Königreichs Westphalen, beteiligte er sich ebenso wenig wie an der nationalen Begeisterung, die an der Berliner Universität den Befreiungskriegen voranging.

Es waren jedoch genau diese politischen Ereignisse, die Schopenhauers Besuch von Lehrveranstaltungen an der Universität nicht nur unterbrachen, sondern beendeten. Bereits das Sommersemester 1813 konnte nicht mehr ordnungsgemäß durchgeführt werden, so dass das Wintersemester 1812/13 das letzte Semester wurde, in dem Schopenhauer Veranstaltungen an der Universität besuchte.

Im März 1813 war in Preußen bereits der Landsturm einberufen worden, um die aus Russland heimkehrenden Truppen Napoleons zu bekämpfen. Im Mai 1813 flieht Schopenhauer die politisch aufgeladene Situation in Berlin, geht zunächst nach Dresden, kurze Zeit später zur Mutter nach Weimar und quartiert sich schließlich im Juni 1813 im Gasthaus »Zum Ritter« in Rudolstadt ein. Dort, versorgt mit Büchern aus der Herzoglichen Weimarischen Bibliothek, verfasst er in wenigen Monaten seine Dissertation *Ueber die vierfache Wurzel des Satzes vom zureichenden Grunde*. Wegen der kriegerischen Auseinandersetzungen auf dem Weg nach Berlin und der dortigen unsicheren politischen Lage sendet er am 24. September 1813 die Dissertation an Heinrich Abraham Karl Eichstätt, den Dekan der nahen Universität Jena. Von dort erhält er am 13. Oktober 1813 das Doktordiplom mit der Bewertung »magna cum laude«. Die Dissertation ließ er in der Rudolstädter Druckerei Juncker in 500 Exemplaren drucken.

Versuch einer akademischen Karriere

Im Anschluss an die Promotion unterbrach Schopenhauer für einige Jahre den unmittelbaren Kontakt zur Universität. Finanziell war er inzwischen von den Einkünften einer akademischen Lehrtätigkeit unabhängig, da er seit 1809 von seiner Mutter die Verfügung über seinen Anteil des väterlichen Erbes erhalten hatte. So siedelte er nach dem endgültigen Zerwürfnis mit der Mutter (s. Kap. 1) 1814 nach Dresden über und verfasste dort sein großes Werk *Die Welt als Wille und Vorstellung*. Im Mai 1818 schließt er bei Brockhaus einen Vertrag über 800 Exemplare des Buches ab und bricht im September 1818 zu einer Italienreise auf. Die finanziellen Turbulenzen, in die die Familie 1819 durch die Insolvenz des Danziger Handelshauses Muhl gestürzt wurde (s. Kap. 1), veranlassten ihn allerdings, Pläne für eine bürgerliche Existenz als Hochschullehrer zu schmieden, um sich zusätzliche Einnahmequellen zu verschaffen. Dass er nun den Kontakt zur Universität eher gezwungenermaßen und aus rein pekuniären Gründen sucht, wird in einem Brief an Muhl klar, in dem er dessen Zahlungsunfähigkeit für die Lage verantwortlich macht, die ihn zwinge, Philosophie gegen Bezahlung zu lehren: »Ihre Stockung«, so Schopenhauer an Muhl am 28. Februar 1820, »zwingt mich mit meinem Wissen Handel zu treiben« (GBr, 61).

Bereits unmittelbar nach seiner Rückkehr nach Deutschland zieht er im Juni 1819 über Ernst Anton Lewald, einen alten Studienfreund, der inzwischen in Heidelberg lehrte, Erkundigungen über die Möglichkeit ein, sich an der dortigen Universität als Privatdozent zu etablieren. Ebenso wendet er sich an seinen alten akademischen Lehrer Blumenbach in Göttingen und an Lichtenstein in Berlin. Letzteren hatte er auch in Weimar in privatem Rahmen kennengelernt. Lichtensteins Antwort ermutigt ihn, einen Versuch in Berlin zu machen, wo, anders als z. B. in Heidelberg, keine zusätzliche Habilitationsarbeit gefordert wurde, sondern lediglich eine Probevorlesung, die in einer *disputatio pro venia legendi* verteidigt werden musste.

Am 31. Dezember 1819 richtete Schopenhauer ein Habilitationsgesuch mit beigefügtem Lebenslauf an den Dekan der Berliner philosophischen Fakultät, August Boeckh. Er bittet diesen außerdem, ihn bereits für das Sommersemester 1820 in den Vorlesungskatalog aufzunehmen und seine Veranstaltung genau zu jener Zeit anzusetzen, in der Hegel auch seine Hauptvorlesung hielt – eine Forderung, die sich als unklug und für seine akademische Karriere hinderlich erweisen sollte.

Schopenhauers Probevorlesung wurde für den 23. März 1820, 13 Uhr angesetzt. Thema waren die vier Arten von Ursachen, die auch im Mittelpunkt seiner Dissertation gestanden hatten. Dem Habilitationsausschuss unter Vorsitz von Boeckh gehörten u. a. auch Hegel und Lichtenstein an. Mit Hegel kam es zu einem kleineren Disput über den Begriff des »Motivs« und der »animalischen Funktionen«, bei dem Schopenhauer durch Lichtenstein unterstützt wurde. Trotz des Disputs wurde ihm die *venia legendi* erteilt, vorbehaltlich einer weiteren von Schopenhauer diesmal öffentlich zu haltenden Probevorlesung, die noch im März 1820 stattfand.

Schopenhauer durfte nun an der Universität lehren, musste aber Zuhörer finden, die bereit waren, für die Teilnahme an seinen Veranstaltungen zu bezahlen. Für das Sommersemester 1820 kündigte er im Lektionskatalog an, »universam philosophiam seu doctrinam de essentia mundi et mente humana« zu behandeln. Die Veranstaltung fand, vor lediglich fünf Zuhörern, an sechs Wochentagen statt. Im folgenden Wintersemester kündigte er eine Veranstaltung unter dem gleichen Titel, diesmal fünfstündig an. Sie kam wegen mangelnder Zuhörerschaft nicht zustande. Ebenso erging es den angekündigten Veranstaltungen für die folgenden drei Semester. Formal gehörte Schopenhauer 24 Semester lang der Berliner Universität an. Doch die vom Wintersemester 1826/27 bis zum Wintersemester 1831/32 angekündigte Vorlesung über »Die Grundlegung der Philosophie oder die Theorie der gesammten Erkenntnis« kam nie mehr zustande.

So war sein erster Anlauf an der Berliner Universität trotz erfolgreicher Habilitation gescheitert. Arthur Schopenhauer hat in den 1820er Jahren noch mehrfach versucht, auch außerhalb Berlins akademisch Fuß zu fassen, auch nachdem sich seine finanzielle Lage wieder so gefestigt hatte, dass er auf ein zusätzliches Einkommen nicht mehr angewiesen war. Im Herbst 1821 stand er kurz vor einer Berufung in Gießen, doch diese ging an Joseph Hillebrand. 1823 bewarb sich Schopenhauer mit Unterstützung Goethes, aber dennoch vergeblich, in Jena, wo man Jakob Friedrich Fries aus politischen Gründen suspendiert hatte. Nach dem Vorlesungsdebakel in Berlin hatte er beschlossen, die Stadt für einige Zeit zu verlassen. Bereits im Januar 1822 kündigt er seiner Schwester an, er werde den Sommer in Dresden verbringen, »denn hier habe ich doch keine Zuhörer und habe seit 1 1/2 Jahren nicht gelesen« (Lütkehaus 1998, 316). Im Mai 1822 bricht er zu seiner zweiten Italienreise auf. Nach weiteren mehrmonatigen, von Krankheit geprägten Aufenthalten u. a. in München und Bad Gastein kehrt Schopenhauer 1825 nach Berlin zurück, um noch einmal den Versuch zu unternehmen, sich als Dozent an der Universität zu etablieren. Vom Wintersemester 1826/27 bis zum Wintersemester 1831/32 hat Schopenhauer, immer genau zu der Zeit, in der Hegel sein Hauptkolleg las, regelmäßige Vorlesungen über die »prima philosophia« angeboten. Keine davon fand statt.

Mehrfache Versuche in den späten 1820er Jahren einen Ruf an eine deutsche Universität zu erhalten, schlugen ebenfalls fehl. 1827 erkundigte sich Schopenhauer, zunächst über Friedrich Wilhelm Tiersch, dann auf eigene Faust, nach Möglichkeiten einer Dozentur in Würzburg. Die von der Würzburger Universität eingeholten Informationen über ihn waren jedoch ungünstig. Sowohl der bayrische Gesandte in Berlin, der Graf von Luxburg, als auch Karl von Savigny, der Schopenhauer noch aus seiner Berliner Zeit kannte, vermittelten negative Eindrücke seiner Person, wenn sie auch nichts über Schopenhauers Philosophie sagen konnten. Auch das in einem Schreiben an Georg Friedrich Creutzer 1828 geäußerte Ansinnen, die Chancen in Heidelberg noch einmal zu sondieren, führte zu nichts. Schopenhauer blieb noch drei Jahre in Berlin, bis ihn die Cholera 1831 endgültig aus der Stadt vertrieb.

Die Abwendung von der Universität und der Universitätsphilosophie

Schopenhauers akademische Karriere war nicht nur daran gescheitert, dass eine hegelianisch dominierte Universitätsphilosophie ihn ignorierte. Auf seiner Seite trugen auch fehlende soziale Netzwerke und ein sozial ungeschicktes Auftreten dazu bei. Der ehemalige Hegelianer Karl Fortlage, selbst bestallter Philosophieprofessor, hat später die Unwilligkeit der akademischen Philosophie zugegeben, sich mit dem »Kernbeißer« Schopenhauer auseinanderzusetzen (GBr, 583).

Mit der endgültigen Übersiedlung nach Frankfurt am Main 1833 hatte Schopenhauer die Hoffnung auf eine akademische Karriere endgültig aufgegeben, zumal auch sein Werk nur sehr wenige Rezensionen hervorgerufen hatte. Die andauernde Nichtbeachtung seines Werks in der akademischen Öffentlichkeit verbitterte ihn zusehends und färbte auch seinen Blick auf die akademische Philosophie. In Erwartung einer baldigen zweiten und ergänzten Auflage seines Hauptwerks *Die Welt als Wille und Vorstellung* hatte Schopenhauer bereits seit 1821 Entwürfe für eine neue Vorrede verfasst, in denen der Ton gegen die akademische Philosophie zunehmend schärfer wird. 1825 beklagt er sich, er sei der einzige Leser seines Werks gewesen, »denn die Leutchen vom Fach auf den Universitäten sind nicht für Leser zu rechnen« (HN III, 199).

Ab 1832 fokussiert sich Schopenhauers Polemik zusehends und explizit auf den Stand der Philosophieprofessoren. Den Tenor seiner Haltung gegenüber der akademischen Philosophie, die sich in seiner zweiten Lebenshälfte verfestigte, formulierte er in seinem

Cholerabuch: »Man wird schon ein Mal einsehn, welch ein radikaler Unterschied ist zwischen einem Philosophen, dessen letzter Zweck die Wahrheit, und einem, dessen letzter Zweck die Professur ist« (HN IV (1), 97). Schopenhauer sieht sich auf der Seite der unkorrumpierten Wahrheitssucher gegenüber einer Phalanx bezahlter Lohndiener, die »von« der Philosophie, aber nicht »für« die Philosophie lebt. Es ist die Philosophie Hegels und seiner Nachfolger, in der sich für ihn eine akademisch korrumpierte Philosophie im Dienste der Staatsideologie idealtypisch verkörpert, während er sich selbst, als der in seinen Augen bedeutendste Philosoph der Zeit und legitime Nachfolger Kants, von der akademischen Welt bewusst ignoriert und verfolgt fühlt. In der schließlich 1844 veröffentlichten Vorrede zur zweiten Auflage der Welt als Wille und Vorstellung fasst er die Gründe für seine ablehnende Haltung gegenüber der akademischen Philosophie noch einmal zusammen: »Machen nun die Regierungen die Philosophie zum Staatszwecke; so sehn andererseits die Gelehrten in philosophischen Professuren ein Gewerbe« (W I, XVIII). Seine eigene Philosophie sei hingegen explizit nicht darauf eingerichtet, »daß man von ihr leben könne« (W I, XXVII). Es ist dies der Grundton, der auch Essays wie »Ueber die Universitäts-Philosophie« (s. Kap. 9.3) und »Ueber Gelehrsamkeit und Gelehrte« beherrscht.

Dennoch hat Schopenhauer auch in der Frankfurter Zeit den Kontakt mit Hegelianern nicht ganz gemieden und er blieb auch für akademische Anerkennungen keineswegs unempfänglich. 1837 wendet er sich an die Königsberger Herausgeber einer geplanten neuen Kant-Ausgabe, Karl Rosenkranz und Wilhelm Schubert, und fordert sie auf, die erste, nach Schopenhauers Meinung unverfälschte Version der Kritik der reinen Vernunft abzudrucken und kenntlich zu machen. Als Rosenkranz seine Vorschläge weitgehend berücksichtigt, fühlt Schopenhauer sich seit Jahren zum ersten Mal von der akademischen Community anerkannt und spricht dem »Geehrtesten Herrn Professor« artig seinen »herzlichen Dank« aus – auch wenn er sich in einem Brief vom 25. September 1837 die Bemerkung nicht hatte verkneifen können, er hoffe, dass Rosenkranz »das wankende Gebäude der Hegelei verlassen« (GBr, 169) werde.

Exemplarisch für Schopenhauers Schwanken zwischen einer aggressiven Polemik gegen die hegelianisch dominierte Universitätsphilosophie einerseits und einem Streben nach akademischer Anerkennung andererseits ist sein Verhalten gegenüber der norwegischen bzw. der dänischen Sozietät der Wissenschaften. Beiden hatte er in den Jahren 1837/38 jeweils eine Preisschrift zur Moralphilosophie (»Über die Freiheit des Willens«/»Über die Grundlage der Moral«, s. Kap. 8) zukommen lassen. Die norwegische Akademie zeichnete ihn aus und verlieh ihm die Mitgliedschaft, während die dänische seinen Beitrag u. a. mit dem Hinweis ablehnte, er habe »summos philosophos« – gemeint sind die Vertreter des Deutschen Idealismus – abschätzig behandelt. Während er nie versäumte, die norwegische Sozietät zu rühmen und seine Mitgliedschaft plakativ herauszustellen, warf er der dänischen vor, die Wahrheit unterdrückt und dem »Ruhm der Windbeutel und Scharlatane« (E, XL) gedient zu haben. Akademische Reaktionen auf sein Werk waren ihm keineswegs gleichgültig.

Späte Würdigungen

Schopenhauers Philosophie hat nie die Universitäten dominiert. Doch wurde er im letzten Jahrzehnt seines Lebens, seit dem Erscheinen der Parerga und Paralipomena 1851, zunehmend auch von der akademischen Welt wahrgenommen. Diejenigen, die dem Deutschen Idealismus nahestanden, blieben allerdings kritisch. So kritisierte ihn Rosenkranz 1854 in dem in der Deutschen Wochenschrift erschienenen Aufsatz »Zur Charakteristik Schopenhauers«. Ludwig Noack, ein junger Gießener Privatdozent, der zwischen Theologie und Philosophie hin- und herpendelte, sah in seinem zweibändigen Schelling und die Philosophie der Romantik von 1859 Schopenhauer weiterhin in der direkten Nachfolge Fichtes und Schellings. Doch das Schweigekartell war gebrochen. Schopenhauer wurde zunehmend zum Gegenstand der Lehre und zum Thema von Preisschriften und Philosophiegeschichten. Karl Fortlage, Lehrstuhlinhaber in Heidelberg, diskutierte ihn ausführlich in seiner 1852 erschienenen Genetischen Geschichte der Philosophie seit Kant. 1856 schrieb die Universität Leipzig einen Essaywettbewerb über die Philosophie Schopenhauers aus, den der Theologiestudent Rudolf Seydel gewann. Während Schopenhauer Seydels Beitrag als ›Machwerk‹ ablehnte, gewann er in dem Autor eines anderen Beitrags mit dem Titel Die Schopenhauersche Philosophie in ihren Grundzügen dargestellt und beleuchtet, dem jungen Jurastudenten Carl Georg Bähr, einen seiner treuesten und von ihm hoch geschätzten Anhänger (s. Kap. 27). Er lobte die Schrift als »die erste gründliche Diskussion meiner Lehre« (GBr, 409). 1857 schließlich wurden sowohl in Bonn als auch in Breslau Lehrveranstaltungen über die Schopenhauersche Philosophie abgehalten.

Dennoch hat Schopenhauer bis zum Ende seines Lebens aus seiner Verachtung für die von Staat und Kirche domestizierten Professoren keinen Hehl gemacht und sich über deren Versorgungsmentalität mokiert, die er als ›Stallfütterung‹ bezeichnet. »Blicke ich zurück«, so schrieb er am 21. März 1856 an den »Erzevangelisten« unter seinen Anhängern, Julius Frauenstädt, »so sehe ich, wie meine Philosophie ganz allein durch Nicht-Professoren dem Publiko bekannt geworden und mein Ruhm durch sie entstanden ist« (GBr, 389). Entsprechend rekrutiert sich die Mehrzahl seiner Anhängerschaft bis heute aus der außerakademischen Leserschaft.

Literatur

Cartwright, David E.: *Schopenhauer. A Biography*. New York 2010.

d'Alfonso, Matteo Vincenzo: *Schopenhauers Kollegnachschriften der Metaphysik- und Psychologievorlesungen von G. E. Schulze (Göttingen 1810–11)*. Würzburg 2008.

Estermann, Alfred: *Arthur Schopenhauer. Szenen aus der Umgebung seiner Philosophie*. Frankfurt a. M./Leipzig 2000.

Hübscher, Arthur: Schopenhauer als Hochschullehrer. In: *Schopenhauer-Jahrbuch* 39 (1958), 172–175.

Hübscher, Arthur: *Denker gegen den Strom*. Bonn ³1987.

Jimenez, Camillo: Tagebuch eines Ehrgeizigen. Arthur Schopenhauers Studienjahre in Berlin (11.8.2006). In: http://www.avinus-magazin.eu/2006/08/11/jimenez-schopenhauers-studienjahre/ (9.7.2014).

Koßler, Matthias: Philosophie im Auftrage der Natur und Philosophie im Auftrage der Regierung – Schopenhauers Kritik der Universitätsphilosophie. In: *Schopenhauer-Jahrbuch* 94 (2013), 217–228.

Lütkehaus, Ludger (Hg.): *Die Schopenhauers. Der Familienbriefwechsel von Adele, Arthur, Heinrich Floris und Johanna Schopenhauer* [1991]. München 1998.

Safranski, Rüdiger: *Schopenhauer und Die wilden Jahre der Philosophie. Eine Biographie*. München 1987.

Segala, Marco: Einführung: Auf den Schultern eines Riesen. Arthur Schopenhauer als Student Johann Friedrich Blumenbachs. In: Jochen Stollberg/Böker, Wolfgang (Hg.): *»... die Kunst zu sehn«. Arthur Schopenhauers Mitschriften der Vorlesungen Johann Friedrich Blumenbachs (1809–1811)* (= Schriften zur Göttinger Universitätsgeschichte, Bd. 3). Göttingen 2013, 13–40.

Robert Zimmer

II Werk

4 Ueber die vierfache Wurzel des Satzes vom zureichenden Grunde

Die Studienjahre

Schopenhauers Dissertation *Ueber die vierfache Wurzel des Satzes vom zureichenden Grunde* ist der Schlussakt im Studium des jungen Philosophen. Schopenhauer schrieb sich 1809 an der medizinischen Fakultät der Universität Göttingen ein, entschied sich aber sehr bald – auch unter dem Einfluss des Professors für Metaphysik, empirische Psychologie und Logik Gottlob Ernst Schulze (1761–1833) – für die Philosophie. 1811 beschloss Schopenhauer, nach Berlin zu ziehen, um die Vorlesungen von Johann Gottlieb Fichte (1762–1814), der Spitzenfigur der neugegründeten Universität in der preußischen Hauptstadt, zu hören.

Schopenhauer war ein guter Kenner des Fichteschen Denkens, hatte fast alle seine Werke gelesen und kannte sogar in groben Zügen den Inhalt der Berliner Lehrveranstaltungen; diese hatte Schulze auf der Basis der *Wissenschaftslehre in ihrem allgemeinen Umrisse* (1810), ein Büchlein, welches die Schlussvorlesung aus Fichtes erstem Berliner Kurs wiedergab, in seinem Metaphysikkurs vorgestellt. Nach einer ersten Phase gebündelter Aufmerksamkeit für die Vorlesungsinhalte zeigt Schopenhauer eine wachsende Enttäuschung, die in Hohnsprüche auf dem Rand der Vorlesungsnotizen mündet.

Neben den Vorlesungen Fichtes nahm Schopenhauer an verschiedenen Kursen teil, sowohl bei Naturwissenschaftlern als auch bei Geisteswissenschaftlern und insbesondere beim Philosophen und Religionswissenschaftler Friedrich Schleiermacher (1768–1834). In dieser Zeit hatte er darüber hinaus die Möglichkeit, seine Kenntnisse der kantischen Philosophie zu vertiefen und sowohl die Philosophie von dessen beiden idealistischen Erben Fichte und Schelling, als auch jene von deren Gegnern Jakob Friedrich Fries (1773–1843) und Friedrich Heinrich Jacobi (1743–1819) zu kritisieren. Bei Kriegsausbruch zog er sich in den kleinen Ort Rudolstadt zurück, um die für den Erwerb des Doktortitels der Philosophie notwendige Dissertation zu verfassen. Eine erste kohärente Reihe von Reflexionen über das Thema der Dissertation findet man im letzten Berliner Heft, Bogen L, von 1813 (vgl. HN I, 55–67). Andere Materialien befinden sich in den zeitgenössischen Kommentarheften zu den Werken Schellings und Kants. Er brachte die Arbeit innerhalb weniger Monate zu Ende und legte sie der Universität Jena mit dem Titel *Ueber die vierfache Wurzel des Satzes vom zureichenden Grunde* vor. Am 2. Oktober 1813 erlangte er so den Doktortitel *in absentia*, und der Text wurde – mit dem Datum des vorigen Jahres – im Januar 1814 veröffentlicht. Das Manuskript der Dissertation und eventuelle vorbereitende Fassungen sind verlorengegangen.

Unter den Bekannten, welchen er eine Kopie seiner Arbeit zukommen ließ, befinden sich Schulze – welcher das Buch rezensierte – und Goethe. Zusätzlich zu dieser Rezension entstanden zwei weitere (vgl. Piper 1916, 167–186). Goethe war seinerseits dermaßen beeindruckt von der Dissertation des Sohnes seiner Freundin Johanna Schopenhauer – deren literarischen Salon er seit Jahren regelmäßig frequentierte –, dass er wünschte, sich privat mit dem jungen Philosophen unterhalten zu können. Daraus entstanden regelmäßige Treffen von Schopenhauer und Goethe, im Zuge derer Goethe dem jungen Freund auch seine Experimente zur Farbenlehre zeigte (s. Kap. 19), und welche sich über den ganzen Winter 1813/14 hinzogen. Aus diesen Gesprächen entstand, nachdem Schopenhauer infolge eines letzten heftigen Streits mit seiner Mutter nach Dresden gezogen war, seine Studie *Ueber das Sehn und die Farben* (1816) (s. Kap. 5).

Die beiden Ausgaben (1813 und 1847)

Es existieren zwei Fassungen der Schrift *Ueber die vierfache Wurzel des Satzes vom zureichenden Grunde*, die inhaltlich weitgehend miteinander übereinstimmen und sich trotzdem in vielerlei Hinsicht voneinander unterscheiden. Drei Jahre nachdem er die zweite Fassung von *Die Welt als Wille und Vorstellung* (1844) in Druck gegeben hatte, legte sich der sechzigjährige Schopenhauer – der damals schon seit über fünfzehn Jahren in Frankfurt lebt – seine Dissertation abermals vor, um sie mit weitreichenden Umarbeitungen und in verdoppeltem Umfang erneut zu veröffentlichen. Er selbst kommentierte den eigenen Umgang mit seinem Jugendtext mit folgenden Worten: »Mancher [wird vielleicht] den Eindruck davon erhalten […], wie wenn ein Alter das Buch eines jungen Mannes vorliest, jedoch es öfter sinken läßt, um sich in eigenen Exkursen über das Thema zu ergehn« (G, VI).

Seitdem zirkulierte sowohl in Deutschland als auch im Ausland vor allem diese zweite Fassung und erst 1912 wurde die erste Niederschrift, dank der Werkausgabe von Paul Deussen, wieder veröffentlicht. Am Ende des Kapitels wird noch auf die Unterschiede zwischen den beiden Versionen in einem Absatz eingegangen werden, der der vergleichenden Analyse beider Texte gewidmet ist, um so die Auswirkungen des schon vollendeten Systems auf die in der *Vierfachen Wurzel* dargestellten methodologischen Prämissen deutlich zu machen.

In diesem Kapitel wird die Darstellung der Themen der Dissertation vorzugsweise nach der ersten Ausgabe durchgeführt, und zwar aus zwei verschiedenen Gründen: einem historischen und einem systematischen. Vom historischen Standpunkt aus muss man nämlich bedenken, dass Schopenhauer mehr als dreißig Jahre lang eine Veränderung der Inhalte des Werkes nicht für nötig hielt, das er schon in der ersten Auflage von *Die Welt als Wille und Vorstellung* als Pflichtlektüre für das richtige Verständnis des eigenen Systems empfohlen hatte. In systematischer Hinsicht ist die Tatsache bedeutsam, dass Schopenhauer weder sein System noch seine Theorie des Willens ausformuliert hatte, als er seine Dissertation verfasste. Da seine Überarbeitung von 1847 mit dem spezifischen Ziel durchgeführt wurde, die epistemologischen Grundlagen des Systems angesichts der Theorie des Willens zu aktualisieren, erscheint es besser, zuerst die Reflexion über das Prinzip vom zureichenden Grunde in Angriff zu nehmen, wobei man von den Inhalten des Systems zunächst absieht, um erst in einem zweiten Schritt zu überprüfen, in welchem Maße diese Grundlagen von einer Neuinterpretation bereichert werden können, welche die Willensmetaphysik mitberücksichtigt. Die Darstellung der ersten Ausgabe ermöglicht es also, den Wert zu betrachten, den die Untersuchung des Prinzips vom zureichenden Grunde für die Genese des Systems innehat, somit auch ihre Rolle als Einführung in das System. Einer Analyse der zweiten Ausgabe käme dagegen eher die Funktion zu, darzustellen, wie das System die alte Abhandlung über das Prinzip vom zureichenden Grunde bestätigt oder widerruft.

Die Entstehung der Dissertation

Seit der Veröffentlichung der Manuskripte der Berliner und Dresdner Periode – zunächst durch Frauenstädt und später durch Hübscher – interpretierte man in der Forschung die Jahre unmittelbar vor und nach der Dissertation als jenen Zeitraum, in dem Schopenhauer eine erste Form von »Erlösungslehre« ausarbeitet, die um den – anschließend fallengelassenen – Begriff des ›besseren Bewusstseins‹ kreist. Zeitlich gesehen stellt die Dissertation den Abschluss dieser ersten Schaffensphase dar. Trotzdem wird in dieser Arbeit nur ein Teil der vielen Themen behandelt, die für den jungen Philosophen wichtig waren, und zwar der auf das ›empirische Bewusstsein‹ bezogene, während all das positive Potential, das die Theorie des ›besseren Bewusstseins‹ bot und das das Subjekt mit dem Schönen und Guten verbindet, hier absichtlich ausgeschlossen wird.

›Besseres Bewusstsein‹ ist wahrscheinlich ein Terminus, der dem Begriff des ›höheren Bewusstseins‹ nachempfunden ist, wie ihn Fichte in der *Sittenlehre* und in seinen Vorlesungen über die »Tatsachen des Bewusstseins« (vgl. HN II, 26, 348) verwendet. Aber im Gegensatz zum Fichteschen ›höheren Bewusstsein‹ ist das ›bessere Bewusstsein‹ in keiner Weise mit der theoretischen Tätigkeit verknüpft, denn es offenbart sich nur in der ästhetischen Kontemplation oder in der moralischen Handlung. Es handelt sich um ein Vermögen, durch welches das Subjekt das Übersinnliche in seinen weltlichen Ausprägungen erfassen kann. Dieses ist dem ›empirischen Bewusstsein‹ entgegengesetzt, das sich auf den Bereich bezieht, in dem wir unsere theoretischen Vermögen – Sinnlichkeit, Verstand und Vernunft – ausüben; letztere binden uns an die phänomenale Welt von Raum und Zeit, indem sie die Vorstellungen vom Objekt bilden und verwalten. Der Begriff des ›besseren Bewusstseins‹ verschwindet aus Schopenhauers Notizen gegen Ende 1814, und obwohl Schopenhauer den erlösenden Wert bewahrt, den Kunst und Moralität für den Mensch besitzen, ist er in *Die Welt als Wille und Vorstellung* nicht mehr zu finden.

Man hat daraus gefolgert (vgl. Kamata 1988), dass Schopenhauer sich eben anlässlich der Niederschrift der Dissertation – in der die Formulierung nicht auftaucht – von diesem Begriff distanziert hat. Umgekehrt hat man aber auch die Hypothese aufgestellt, dass Schopenhauer während seiner Arbeit an der Dissertation den Begriff des ›besseren Bewusstseins‹ nicht ablegt, sondern sich eher für eine tiefgehende Untersuchung von dessen Pendant – dem ›empirischen Bewusstsein‹ – entscheidet, um in erster Instanz die epistemologischen Strukturen der Empirie zu analysieren (vgl. De Cian 2002). Die Dissertation würde nämlich noch vollständig zu einer gespaltenen Sicht auf die Welt gehören, deretwegen Schopenhauer gezwungen ist »das Beste im Menschen, ja dasjenige wogegen die ganze übrige Welt sich verhält wie ein Schatten im Traum« (Diss, 132) momentan von seiner Untersuchung auszuschließen. Für die beim Verfassen der Dissertation verwendete Methode gilt also die Vorgabe, die er im Berliner Kommentar der Fichte-Lektüre notiert hatte: »So wird der wahre Kriticismus das beßre Bewußtseyn trennen von dem empirischen, wie das Gold aus dem Erz, wird es rein hinstellen ohne alle Beimengung von Sinnlichkeit oder Verstand [...]: dann wird er das empirische auch rein erhalten, nach seinen Verschiedenheiten klassifiziren« (HN II, 360).

Deshalb wird Schopenhauer den Begriff des ›besseren Bewusstseins‹ erst ungefähr ein Jahr nach der Veröffentlichung der Dissertation definitiv ad acta legen, zu einer Zeit, in der er im Willen den metaphysischen Grund der Welt erkennt und die Gleichwertigkeit von Wille und Ding an sich formuliert (vgl. HN I, § 278, 169; De Cian 2002). Dies wird der theoretische Angelpunkt sein, der dem noch auszuarbeitenden System Einheit verleihen wird (vgl. Decher 1996). Trotz der berühmten Notiz von 1813 – einer der letzten aus Berlin –, die seine ›Schwangerschaft‹ mit einem System ankündigt (vgl. HN I, § 92, 55), ist dessen Geburt noch weit entfernt. Einstweilen muss sich der junge Schopenhauer mit der Niederschrift einer »Elementarphilosophie« begnügen (vgl. G, V), in der er die erkenntnistheoretische Struktur der Welt als bloße Vorstellung darstellt.

Die Wahl des Themas

Dass Schopenhauer – der sich schon in den Jahren an der Universität deutlich in Richtung einer Wiederaufnahme und Vertiefung der transzendentalen Perspektive Kants orientiert hat – dem Problem der Kausalität seine Abschlussarbeit widmet, ist nicht wirklich überraschend. Kant war von der Kausalität ausgegangen mit dem Ziel, ihren Wert als a priori gültigen gegen die empiristische Kritik Humes zu verteidigen und damit die Geltung der modernen Wissenschaften zu retten. Und es war wiederum aufgrund der Kausalität, und zwar besonders im Falle der transzendenten Anwendung, die Kant davon in der Bestimmung des Verhältnisses zwischen Ding an sich und Erscheinung gemacht zu haben schien, dass der kantische Systemaufbau in Schwierigkeiten geriet. Das hatte schließlich Aenesidemus-Schulze – der Göttinger Lehrer Schopenhauers – in seiner Kritik an Kant und Reinhold ans Licht gebracht. Aber bereits Maimon und Jacobi hatten – zusammen mit der Problematik des Begriffs vom Ding an sich – in verschiedenen Hinsichten auf die zweideutige Rolle aufmerksam gemacht, die die Kategorie der Kausalität bei Kant spielt. Diese Debatte hatte gut zwanzig Jahre zuvor den Fichteschen Idealismus und somit schließlich die Systeme von Schelling und Hegel mit angestoßen. Es erscheint daher fast sicher, dass Schopenhauers Ablehnung der idealistischen Wendung des Kritizismus – dessen Geburtsstunde genau die Verneinung des Dings an sich und die Deduktion der Kategorien aus der Aktualität des Ichs war – ihn dazu zwingt, die Kategorie der Kausalität und ihre für die Welt der Vorstellung konstitutive Funktion neu zu definieren. In den Reflexionen, die die Niederschrift der Dissertation vorbereiten und begleiten, ist ein klares Anzeichen dafür die Tatsache, dass die ersten Notizen über die begriffliche Verwechslung des kausalen Verhältnisses mit dem Verhältnis zwischen Grund und Folge genau in den Kommentaren zu den Werken von Kant und Schelling auftreten (vgl. HN II, 272–273, 317–318, 336).

Weniger voraussehbar ist die Radikalität, mit der sich Schopenhauer entscheidet, das Problem in Angriff zu nehmen, und die zur eindeutigen Originalität der gefundenen Lösungen führt. Er zeigt in der Dissertation in der Tat eine außergewöhnliche analytisch-systematische Begabung, deren Hauptergebnisse folgende sind: die Neubestimmung der kantischen Kausalitätskategorie, die Erneuerung der Formen des logischen Vernunftbegriffs, eine Reihe unerwarteter Folgen auf der Ebene der Geometrie und der Arithmetik und schließlich die ebenso originelle wie radikale Formulierung einer neuen Theorie der Motivation als Grundlage des menschlichen Handelns. Die Tatsache, dass er die produktive Fähigkeit des gesamten Spektrums der menschlichen Vermögen – Sinnlichkeit, Verstand, Vernunft und Wollen – vollständig auf vier Aspekte eines einzigen, kategorialen Prinzips zurückführen konnte, stellt eine Vorgehensweise dar, die die Schrift *Ueber die vierfache Wurzel des Satzes vom zureichenden Grunde* aufgrund ihres innovativen Potentials in epistemologischer Hinsicht in die Nähe der kantischen *Dissertatio de mundi sensibilis atque intelligibilis forma et principiis* rückt. Es ist nicht überraschend, dass Schopenhauer genau auf diesen Boden seine systematische Sicht gründen kann, ebenso wie Kant die *Kritik der* reinen Vernunft (1781) auf der Basis der Dissertatio von 1770 entwickeln konnte.

Die Struktur des Textes

In der ursprünglichen Fassung von 1813 ist die *Vierfache Wurzel* ein handliches Bändchen, das in acht Kapitel unterteilt ist, die 59 Paragraphen enthalten. Das Werk setzt sich aus drei Teilen zusammen: einem einleitenden Abschnitt (Kap. 1–3, §§ 1–17), bestehend aus Problemstellung sowie Darstellung und Kritik bisheriger Abhandlungen des Themas durch andere Philosophen; einem zentralen Abschnitt (Kap. 4–7, §§ 18–49), in dem die Untersuchung des Themas im eigentlichen Sinne durchgeführt wird, das heißt die Abhandlung der vier Wurzeln des Satzes vom zureichenden Grunde, von denen jede als zuständig für die Verbindung einer bestimmten Klasse von Vorstellungen dargestellt wird; und aus einem abschließenden Kapitel (Kap. 8, §§ 50–59), in dem Schopenhauer eine Reihe von Metareflexionen über die durchgeführte Untersuchung sowie die daraus folgenden Resultate präsentiert.

Bestimmung des Untersuchungsgegenstandes, Erkundung der historischen Tradition und ihrer Mängel

Die Dissertation beginnt mit einer Erinnerung an die methodologischen Empfehlungen der beiden Hauptleitfiguren Schopenhauers, Platon und Kant, in der Philosophie nach den Gesetzen der Homogenität – *entia praeter necessitatem non sunt multiplicanda* (›man darf die Anzahl der seienden Wesenheiten nicht unnötigerweise vergrößern‹ [Übers. nach Ludger Lütkehaus]) – und der Spezifikation – *entium varietates non temere esse minuendas* (›man darf die Mannigfaltigkeit der seienden Wesenheiten nicht grundlos vermindern‹ [Übers. nach Ludger Lütkehaus]) – vorzugehen. Diese stellt Schopenhauer gleich als transzendentale Regeln des Erkennens dar. Insbesondere sei das Gesetz der Spezifikation nicht erschöpfend auf den Satz vom zureichenden Grunde angewendet worden. Es sei nämlich weder bemerkt worden, in welchem Maße die verschiedenen Bereiche der Anwendung dieses Satzes zur Bestimmung seiner besonderen Formen beitragen, noch die Tatsache, dass diese Formen von Mal zu Mal von einem jeweils anderen Erkenntnisvermögen geleitet werden. Und das trotz der besonderen Bedeutung des Satzes vom zureichenden Grunde, die darin liegt, dass nur seine richtige Anwendung eine Antwort auf die Frage ›Warum‹ erlaubt, welche Schopenhauer als »Mutter aller Wissenschaften« (Diss, 7) bezeichnet. Nur der Satz vom zureichenden Grunde gewährleistet, dass die Verbindung unserer Erkenntnisse die Form eines wissenschaftlichen Systems aufweist, so dass umgekehrt der Mangel an Strenge in seiner Anwendung unmittelbar zu einem Mangel an Wissenschaftlichkeit führt.

Um von einer provisorischen Bestimmung dieses Gesetzes auszugehen, wählt Schopenhauer die Formel des Leibnizianers Wolff: »*Nihil est sine ratione cur potius sit quam non sit. Nichts ist ohne Grund warum es sey*« (Diss, 7). Für den Satz vom Grund kann außerdem nach Schopenhauer kein Beweis vorgebracht werden, da die Gültigkeit jedes Beweises auf ihm beruht, so dass dieser die Voraussetzung der Beweisbarkeit ist und seinerseits nicht bewiesen werden kann.

Schopenhauer lässt dann die verschiedenen Ansätze Revue passieren, in denen man von diesem Gesetz in der gesamten philosophischen Tradition Gebrauch gemacht oder es explizit behandelt hat. Seine schon kurz gehaltenen Argumente zusammenzufassen, lässt sich sagen: Die aristotelische Unterscheidung der Gründe oder Prinzipien (*archai*) hält Schopenhauer für vollends willkürlich; als richtig aufgestellt beurteilt er hingegen dasjenige Axiom der scholastischen Philosophie, nach dem *Nichts ohne Ursache sei*, dieses bleibe aber in seinen Gründen unerforscht; er bemerkt, dass Descartes und Spinoza den Begriff der Ursache nicht deutlich von jenem des Grundes unterschieden haben, obwohl sie beide häufig benutzen; bis schließlich durch Leibniz der Satz vom zureichenden Grunde deutlich als »Grundsatz aller Erkenntniß« definiert werde.

Leibniz führe außerdem als erster eine klare Unterscheidung zwischen zwei Anwendungen des Satzes ein: dem Verhältnis von *Ursache und Wirkung* und dem Verhältnis von *Grund und Folge*. Wolff, der seinerseits nach Schopenhauer auch einiges verwechselt, übernimmt die Leibnizsche Unterteilung und unterscheidet – anhand der Analyse des Begriffs von *principium* als *id quod in se continet rationem alterius*, d. h. etwas, das in sich den Grund eines anderen hat – drei Prinzipien: die eigentliche sogenannte Ursache, das *principium fiendi*, das Prinzip des logischen Schlusses, auch *principium cognoscendi* genannt, und schließlich ein drittes Prinzip, das für die bestimmten Eigenschaften der Dinge verantwortlich ist und deshalb als *principium essendi* gilt. Diese Analyse bleibt für Schopenhauer trotzdem ungenügend, da Wolff einerseits das Motiv einer Handlung, das er *causa impulsiva* oder *ratio voluntatem determinans* nennt, nicht von der physischen Ursache unterscheidet, während er andererseits unter dem Namen des *principium essendi* etwas isoliert, was hingegen zur Welt der physischen Eigenschaften der Objekte gehört und somit mit vollem Recht in den Bereich der Kausalität fallen sollte. Andere Überlegungen wie die von Baumgarten, Lambert, Reimarus und Platner nehmen bisherige Unterscheidungen ohne Erneuerung auf, bzw. tragen für Schopenhauer mehr zur Verwirrung als zur Aufklärung bei.

Kant schließlich, dem Schopenhauer hier das Verdienst zuerkennt, die formale Logik von der Metaphysik (d. h. der Transzendentalen Logik) getrennt zu haben, unterscheide nur implizit die Anwendungen des Satzes vom zureichenden Grunde. Denn in der Logik bestimme er den Satz vom zureichenden Grunde als »Kriterium der äußern logischen Wahrheit oder der Rationabilität der Erkenntniß« (Diss, 18), während er in der Transzendentalen Logik den Satz als »Princip der Kausalität« (ebd.) auftreten lässt. Obwohl also Kant den Unterschied beider Aspekte anerkenne, verwirre er sie durch die Art seiner Analyse wieder. Es handele sich übrigens um eine Ungenauigkeit, auf die schon Schulze und Maimon hingewiesen hätten und die erst in den Logiklehrbüchern der kantischen Schüler korrigiert wurde, vor allem in dem von Kiesewetter, der den ersten als logischen und den zweiten als realen Grund bestimme.

Das Ergebnis dieser historischen Übersicht ist, dass im besten Fall allein zwei Formen des Satzes vom zureichenden Grunde richtig erkannt wurden – *Erkenntnisgrund* und *Ursache*. Dazu meint Schopenhauer zwei weitere Fälle erkannt zu haben, in denen die Frage ›Warum?‹ berechtigterweise gestellt werden könne, ohne dass man auf diese durch Anführen eines *Erkenntnisgrundes* oder durch Vorbringen einer *Ursache* antworten könne. Zum Beispiel kann der Grund, aus dem in einem Dreieck auf die Gleichwinkligkeit notwendigerweise die Gleichseitigkeit folgt, nicht mithilfe der Kausalität beschrieben werden: Denn, da im reinen Raum keine Veränderung stattfindet, kann man in ihm auch kein Verhältnis von Ursache und Wirkung auffinden. Aber auch vor einem Erkenntnisgrund steht man hier nicht, denn es geht gar nicht um einen rein begrifflichen Zusammenhang. Die notwendige Verbindung zwischen Gleichwinkligkeit und Gleichseitigkeit muss daher an anderer Stelle gesucht werden, und zwar in der *Seinsmodalität* des Dreiecks. Nur weil das Dreieck genau so und nicht anders *ist*, besteht ein bestimmtes Verhältnis zwischen Winkeln und Seiten, und dieses Verhältnis betrifft diese selbst, ihr reines Existieren im Raum.

Ein wiederum anderer Fall betrifft das ›Warum‹ einer bestimmten Handlung. Als Antwort bringt man Gründe vor, welche genau genommen weder mit mechanischen Ursachen noch mit einem Erkenntnisgrund identifizierbar sind: Einerseits kann man aus keiner vorgebrachten Ursache einfach auf mechanische Weise irgendeine Entscheidung folgen lassen, andererseits haben aber die Entscheidungen ihren Wert nicht im Bereich des Erkennens, sondern in dem der Realität. Diese zwei Beispiele sollen zeigen, dass der Satz der Spezifikation bislang nur unzureichend auf den Satz vom Grunde angewendet wurde.

Die Vorzüge und die Grenzen dieser historiographischen Erkundung hat Rudolf Laun sehr gut gezeigt. Insbesondere hat er auf eine gewisse Einseitigkeit in der Abhandlung des aristotelischen Standpunkts, sowie auf die Übergehung von Crusius' *Entwurf der Nothwendigen Veernunftwahrheiten* (1745 und 1766) aufmerksam gemacht: »[Diese] fällt umso mehr ins Gewicht, als gerade dasjenige, was Schopenhauer in erster Linie als Neues in seiner Arbeit betrachtet, die Lehre vom Grunde des Seins, sich in ähnlicher Weise bereits bei Crusius findet« (Laun 1956, 36). Ein Mangel, für den auch die Tatsache eine Rolle spielt, dass Schopenhauer seltsamerweise die Habilitationsschrift Kants *Principiorum primorum cognitionis metaphysicae nova dilucidatio* von 1755 nicht zur Kenntnis genommen hat, in der Kant bereits Crusius' Standpunkt lobte.

Aber der Wert der Dissertation geht weit über die einfache Unterscheidung der vier Formen oder über ihre Neubestimmung hinaus. Er besteht in der Darstellung der transzendentalen Funktion des Satzes vom zureichenden Grunde und dessen Fähigkeit, dank seiner vier Wurzeln die ganze Welt der Erfahrung des erkennenden Subjekts zu begründen und ausführlich zu gliedern. Nur innerhalb der vom Kritizismus eröffneten transzendentalen Perspektive erhält diese Unterscheidung ihr ganzes Gewicht. Und so kann Schopenhauer, als er zwölf Jahre nach der Veröffentlichung seiner Abhandlung Kenntnis von Crusius' Text erhält, diesbezüglich in seinem Manuskriptbuch »Foliant« die Worte des Aelius Donatus notieren: »*Pereant qui ante nos nostra dixerunt*« (›es mögen wohl diejenigen sterben, die vor uns das, was wir sagen, schon mal sagten‹) (HN III, *Foliant II*, 297–298).

Die vierfache Wurzel des Satzes vom zureichenden Grunde

»Unser Bewußtseyn, so weit es als Sinnlichkeit, Verstand, Vernunft erscheint, zerfällt in Subjekt und Objekt, und enthält, bis dahin, nichts außerdem. Objekt für das Subjekt seyn, und unsre Vorstellung seyn, ist dasselbe. [...] Aber nichts für sich Bestehendes und Unabhängiges, auch nichts Einzelnes und Abgerissenes, kann Objekt für uns werden: sondern alle unsre Vorstellungen stehn in einer gesetzmäßigen und der Form nach a priori bestimmbaren Verbindung. Diese Verbindung ist diejenige Art der Relation, welche der Satz vom zureichenden Grund allgemein genommen ausdrückt« (Diss, 18).

Mit diesen Worten resümiert Schopenhauer sowohl die grundlegenden Annahmen als auch die These seiner Dissertation. Die erste erkenntnistheoretische Annahme ist die des transzendentalen Idealismus: In seiner Formulierung klingt noch die Reinholdsche Definition der Vorstellung als jene elementare Tatsache des Bewusstseins mit, in welchem Subjekt und Objekt sich gleichzeitig voneinander unterscheiden und miteinander in Verbindung treten. In der Formulierung der folgenden Annahmen aber zeigt Schopenhauer, dass er sich dem Idealismus viel weitergehender als Reinhold anschließt. Die zweite lautet nämlich, dass die Welt der Objekte völlig mit der Welt der Vorstellungen übereinstimmt: Das Objekt ist die Vorstellung. Die dritte negiert, dass es Vorstellungen vom Ganzen geben kann, losgelöst von einer Kette von Verbindungen mit anderen Vorstellungen. Schopenhauer behauptet somit, dass jedes Objekt – egal welcher Art – immer mit einem anderen Objekt durch eine Relation verbunden ist, die vom Satz vom zureichenden Grunde in einer seiner Formen bestimmt wird. Der Begriff eines Absoluten, als etwas, was vollständig von jeder kausalen oder logischen Kette losgelöst wäre, ist insofern absurd. Schließlich bestimmt Schopenhauer auf der Basis der traditionellen Unterteilung unseres Erkenntnisvermögens in Sinnlichkeit, Verstand und Vernunft, drei verschiedene Klassen von Vorstellungen, oder Objekten, die in Verbindung gesetzt werden dank jeweils einer besonderen Form des *principium rationis sufficientis*. Eine vierte Klasse besteht allein aus dem wollenden Subjekt, dessen Entscheidungen wiederum einer vierten Wurzel des Satzes vom Grunde unterworfen sind.

Das Prinzip vom zureichenden Grunde des Werdens. Die objektive Welt unserer Erfahrung und der Verstand

Die erste Klasse von Objekten ist die »der vollständigen, das Ganze einer Erfahrung ausmachenden Vorstellungen« (Diss, 21). Das sind jene Vorstellungen, welche die physische Welt darstellen und Kants Definition zufolge »sowohl das Materiale als [auch] das Formale der sinnlichen Erscheinung [begreifen]. [...] Sie sind, was die objektive reale Welt genannt wird« (ebd.). Form dieser Gegenstände sind Raum und Zeit: Raum, da nur in diesem die Gleichzeitigkeit und dann auch die Dauer möglich ist; Zeit, weil nur in dieser die Veränderung und daher auch die Abfolge der Zustände stattfindet. Das Vermögen, das solch eine Synthese von Raum und Zeit als radikal heterogener Elemente erlaubt, ist *der Verstand*. Dank ihm, der allein den Objekten Existenz verleihe, herrsche in dieser Klasse von Vorstellungen das Prinzip vom zureichenden Grunde des Werdens, die eigentliche *Kausalität*. Schopenhauer bemerkt, dass die kausale Reihenfolge nicht zwischen einzelnen Objekten gilt, sondern zwischen Zuständen, das heißt zwischen Konfigurationen komplexer Vorstellungen (in Bezug auf neuere Ansätze vgl. Brunner 2008, 47 ff.), betont aber die Veränderung, ein Zusammentreffen bestimmter Voraussetzungen. Eine Verbrennung beispielsweise geschieht im Zuge des Zusammentreffens bestimmter Voraussetzungen, welche den Übergang von einem Zustand A in einen Zustand B herbeiführen: Hierunter fallen u. a. die Anwesenheit von Sauerstoff und einer Wärmequelle – aber keines dieser beiden Elemente kann für sich allein genommen als Ursache der Verbrennung gelten, da nach Schopenhauer nur der ganze Zustand A insgesamt die Verbrennung als seine notwendige Wirkung bestimmt.

Die Tatsache, dass Vorstellungen dieser Klasse für das Subjekt reale Objekte sind und nicht bloße Phantasmen, d. h. rein aus unserer Einbildungskraft geschöpfte Bilder, hängt ihrerseits auch von der Anwendung des Kausalitätsprinzips ab. Vollständige Vorstellungen stehen nämlich in einem *kausalen* Verhältnis zu einer besonderen Vorstellung – der unseres *Leibes*, den Schopenhauer als unmittelbares Objekt beschreibt. Im Wachsein ist nämlich der Leib für unser Bewusstsein unmittelbar anwesend, jede andere Vorstellung hingegen ist dies nur in vermittelter Weise, also in einer irgendwie gearteten Verbindung zum Leib. Der Verstand schreibt also einer Vorstellung objektive Existenz in Raum und Zeit zu, indem er unbewusst das Prinzip vom zureichenden Grunde des Werdens auf die Beziehung zwischen dieser Vorstellung und der unmittelbaren Vorstellung unseres Leibes anwendet. Dementsprechend werden auch die Veränderungen der Sinne – wobei die Vorstellungen in Zusammenhang mit diesen auftreten – als Wirkungen einer äußerlichen Ursache auf den ›eigenen‹ Leib interpretiert. Dank dieser ständigen Anwendung des Kausalitätsprinzips nehmen wir eine uns äußerliche Welt als Ansammlung realer Gegenstände wahr, anstatt nur Veränderungen eines einzigen Objekts – unseres Leibes – festzustellen. Es ist schließlich das Bewusstsein jener kausalen Verbindung zwischen dem *Leib* und den anderen Vorstellungen, das es uns erlaubt, auch das Wachsein vom Traum zu unterscheiden. Der Fluss von Vorstellungen in diesen beiden Zuständen würde sich nämlich in der Art und Weise des einfachen Aufeinanderfolgens der Vorstellungen im Bewusstsein gar nicht unterscheiden. Das Einzige, was sich dabei verändert, ist die Möglichkeit, eine kausale Verbindung zwischen den einzelnen Vorstellungen und dem Leib zu stiften; denn im Wachsein können wir uns diese Verbindung stets wieder ins Bewusstsein rufen, im Schlaf jedoch nicht.

Analog zum Traum erzeugt auch die absichtliche Wiedergabe der Vorstellungen durch die *Einbildungskraft* einen Fluss von Vorstellungen, die mit unserem Leib nicht in kausaler Verbindung stehen: die *Phantasmen*. Da es sich um willkürliche Erzeugnisse handelt, ist ihr Auftreten und Aufeinanderfolgen dennoch nicht der Kausalität unterworfen, sondern einer anderen Wurzel des Satzes vom zureichenden Grunde, die Schopenhauer später darlegt, nämlich der *Motivation*.

Schließlich widmet sich ein langer Paragraph aus dem Kapitel über den Satz des zureichenden Grundes des Werdens einer gründlichen Kritik der kantischen Kategorie der Kausalität. Es handelt sich dabei um eine erste Reihe von Einwänden gegen die Kategorienlehre Kants, die Schopenhauer innerhalb weniger Jahre im berühmten Anhang mit dem Titel »Kritik der Kantischen Philosophie« von *Die Welt als Wille und Vorstellung* erarbeiten wird (s. Kap. 6.7).

Hier beschränkt er sich darauf, Kants Beweis der Apriorität der Kausalität anzugreifen, der in der *Kritik der reinen Vernunft* als einziges Kriterium *a priori* fungiert, um eine *bestimmte* Folge festzulegen. Schopenhauer kritisiert Kant, weil dieser einerseits die Kausalität zu sehr intellektualisiert habe und weil er andererseits geschlossen habe, dass in jeder vom zeitlichen Gesichtspunkt her objektiv bestimmten Folge die Vorstellungen mit der Kategorie der Ursache in Verbindung stehen müssten. Man kann die Kritik Schopenhauers am besten verstehen, wenn man sie an dem Beispiel betrachtet, das Kant vorbringt, um die *objektive* Apprehension der Reihe der Vorstellungen von der *subjektiven* zu unterscheiden. Die *subjektive Apprehension* wird durch die Abfolge der Vorstellungen erläutert, die man aus der Beobachtung eines Hauses ableiten kann; dies kann gleichermaßen sowohl durch einen Blick vom Dach bis zur Grundmauer als auch umgekehrt geschehen. Diese Operationen rufen zwei Reihenfolgen von Vorstellungen ins Leben, die die gleiche Erfahrung betreffen, einen gleichen Wert an Realität haben, aber umgekehrt verlaufen und daher für Kant in einer willkürlichen Weise gebildet sein müssen. Die *objektive Apprehension* erläuterte Kant hingegen durch die Beobachtung eines Schiffes, welches vom Strom eines Flusses getragen wird. Hier verläuft die Reihe der Vorstellungen ausschließlich vom höheren Punkt des Flusses zum niedrigeren und nur in der Phantasie kann man die Objektivität dieser Reihenfolge umkehren, d. h. das Schiff aufwärts fahren lassen. Die Objektivität der Folge wäre nämlich nach Kant durch den Beitrag der Kategorie der Kausalität abgesichert, die die jeweiligen Vorstellungen in einer festen Folge aneinander reiht, während die Reihenfolge bezüglich der Apprehension des Hauses das Ergebnis einer willkürlich vom Subjekt durchführten Synthese sei. Schopenhauer hält diesen von Kant gemachten Unterschied für falsch. Denn in beiden Beispielen wäre eine objektive Veränderung zu beobachten, mit dem einzigen Unterschied, dass im Fall des Schiffes auf dem Fluss, diese Veränderung zwischen zwei vermittelten Objekten – Schiff und Strom – besteht, während sie im Fall des Hauses zwischen einem vermittelten Objekt, dem Haus, und dem unmittelbaren Objekt, dem Auge, das es beobachtet, stattfindet. Diese beiden Folgen haben daher denselben objektiven Wert und die Kausalität spielt keine Rolle in der Bestimmung der Reihenfolge ihrer Apprehension.

Die falsche Einschätzung Kants beruht, wie Schopenhauer darlegt, auf der unkorrekten Annahme, dass die Reihenfolge der Vorstellungen ausschließlich in zwei Weisen stattfinden könne: entweder nach einer *objektiven* Regel, der Kausalität, oder nach einer *subjektiven*, bzw. rein willkürlichen. Schopenhauer ergänzt hingegen, dass es auch eine dritte Möglichkeit gibt, die Kant nicht in Betracht zieht, nämlich die *zufällige* Reihenfolge zweier Ereignisse. Es handelt sich um unsere zeitlich aufeinanderfolgende objektive Wahrnehmung objektiv unabhängiger Ereignisse. Schopenhauer nennt als Beispiel die Apprehension der Reihenfolge des Sich-Lösens eines Dachziegels und meines Heraustretens aus der Tür, so dass dieser meinen Kopf trifft. Zwischen dem Lösen des Ziegels und meinem Heraustreten aus der Tür gibt es eindeutig keine kausale Verbindung, dennoch bleibt die Reihenfolge der Vorstellungen nicht subjektiv, d. h., sie ist nicht durch einen willkürlichen Willensakt von mir erzeugt worden, denn sonst hätte ich sie gerne ganz anders bestimmt und dabei meinen Kopf gerettet.

Das Prinzip vom zureichenden Grunde des Erkennens. Die Begriffe und die Vernunft

Die zweite Klasse der Vorstellungen ist die der *Begriffe*. Diese werden durch Abstraktion von den vollständigen, empirischen Vorstellungen gewonnen, indem deren individuelle Eigenschaften fallengelassen werden, um nur ihre allgemeinen Züge zu bewahren. Schopenhauer bezeichnet sie als *Vorstellungen von Vorstellungen*, weil sie in der Lage sind, individuelle Vorstellungen zu repräsentieren, indem sie deren Platz im Gedankengang übernehmen. Die Begriffe können anschließend zu Urteilen verknüpft, und letztere können ihrerseits zu Schlüssen verkettet werden. Darin besteht das Denken, und die *Vernunft* ist das Vermögen, das sowohl für die Erschaffung der Begriffe, als auch für ihre Verbindung zu Urteilen bis hin zu Schlüssen zuständig ist. Diese kommt nur dem Menschen zu, während der Verstand – wenngleich weniger entwickelt – auch bei Tieren zu finden ist. Um Begriffe zu verbinden und aufzubewahren, bedient sich die Vernunft der Sprache, die daher ihr direkter Ausdruck ist. Zwar ist es aufgrund ihrer geringeren Menge an Merkmalen viel leichter, im Denken anstatt vollständiger Vorstellungen Begriffe zu verarbeiten, aber diese sind nie in der Lage, unsere Erkenntnis zu bereichern, da sie nur Derivate der intuitiven Verstandeserkenntnis sind. Schließlich ist der richtige Umgang mit den Begriffen die Grundlage der Wissenschaften, welche aus ihnen und aus der Wiedergabe ihrer korrekten Verknüpfungen bestehen.

Ziel der Wissenschaften ist es, zwischen Begriffen *notwendige Verbindungen* herzustellen, wodurch wahre Urteile formuliert werden können. Die Wahrheit eines Urteils hängt nun von einer besonderen Form des Prinzips vom zureichenden Grunde ab, welche die richtige Verbindung zwischen Begriffen gewährleistet: Es ist das *Prinzip vom zureichenden Grunde des Erkennens*, welches es erlaubt, diese Notwendigkeit zu stiften und die Frage zu beantworten, *warum* ein gewisses Urteil wahr ist. Je nachdem, ob die Antwort auf ein anderes Urteil oder auf einen empirischen Zustand oder auf die Prinzipien der Logik oder schließlich auf das metaphysische Prinzip des zureichenden Grundes verweist, definiert Schopenhauer die Wahrheit jenes Urteils als logisch, empirisch, metalogisch oder metaphysisch.

Logisch oder formell ist die Wahrheit eines Urteils, wenn sie auf einem Schluss beruht. In diesem Fall wird ein fragliches auf ein unumstrittenes Urteil zurückgeführt, das den zureichenden Grund der Wahrheit des ersteren darstellt. Schopenhauer, der sich auf seine Logikstudien bei Schulze und auf die Lehrbücher der kantischen Logik stützt, stellt hier *in nuce* seine Theorie des Schlusses dar, die er in *Die Welt als Wille und Vorstellung* detaillierter ausführen wird. Diese Theorie beruht auf der Interpretation des Begriffs als diejenige Menge von Vorstellungen, die eine bestimmte Eigenschaft aufweisen. Die Zurückführung von einem Urteil auf ein anderes hängt für Schopenhauer mit der ›Subsumption‹ der entsprechenden Begriffe untereinander zusammen.

Empirische Wahrheit besitzt hingegen das Urteil, wenn sein Fundament die Erfahrung ist. Dazu muss man sich versichern, dass die zwischen den Begriffen ausgedrückten Verhältnisse mit den zwischen den Gegenständen existierenden Verbindungen übereinstimmen. Daher müssen nach Schopenhauer ebenso viele Arten der Verknüpfung zwischen Begriffen wie zwischen Vorstellungen existieren, die bei Kant durch die Kategorien und ihren Zusammenhang mit der Urteilstafel zum Ausdruck gebracht werden.

Man kann hier den Unterschied zwischen der kantischen Kategorie der Kausalität und dem Prinzip vom zureichenden Grunde des Werdens bei Schopenhauer deutlich erkennen. Die kantische *Kategorie der Kausalität* wird nach Schopenhauer tatsächlich nur zu einer begrifflichen Kopie der Kausalität als *Prinzip vom zureichenden Grunde des Werdens*. Letzteres stellt Verbindungen zwischen vollständigen, dem Ganzen der Erfahrung zugehörigen Vorstellungen her und verleiht diesen Verbindungen außerdem durch die Herstellung einer kausalen Verbindung zwischen ihnen und unserem Leib die Existenz als Objekte in der realen Welt; die Kategorie der Kausalität verbindet dagegen nur Begriffe, das heißt abstrakte Vorstellungen in der Welt der Erkenntnis. Was diesen Punkt angeht, wird Schopenhauer in der Revision von 1847 eine tiefgreifende Veränderung vornehmen, indem er die gesamte kantische Kategorientafel abwerten und die Kausalität als einzige wahre Kategorie bewahren wird. Für eine ausführliche Darstellung der Kritik an der kantischen Auffassung der Kategorien, die in der Dissertation nur implizit vorgetragen wird, muss man aber bis 1819 zum besagten Anhang von *Die Welt als Wille und Vorstellung* warten.

Als dritten möglichen Grund eines wahren Urteils führt Schopenhauer die Voraussetzungen jeder möglichen Erfahrung an. Es handelt sich um die einzigen synthetischen Urteile a priori, wie die Axiome der

Geometrie und die Urteile der Arithmetik, oder auch die Urteile »[n]ichts geschieht ohne Ursache« oder »[z]wischen Ruhe und Bewegung ist kein Mittelzustand« (Diss, 57). In Schopenhauers Klassifizierung haben diese Urteile *metaphysische Wahrheit*.

Schließlich können auch die Gesetze, die die Voraussetzungen des Denkens bilden, als Grund der Wahrheit eines Urteils gelten und stellen somit die *metalogische Wahrheit* dar. Schopenhauer listet vier Gesetze auf, die historisch zwar induktiv gewonnen worden sind, aber wider die man unmöglich denken kann:

> »1) ein Subjekt ist gleich der Summe seiner Prädikate, oder a = a; 2) Keinem Subjekt kommt ein Prädikat zu, welches ihm widerspricht, oder a = −a = 0; 3) Von jeden zwei kontradiktorisch entgegengesetzten Prädikaten muß jedem Subjekt eines zukommen; 4) Die Wahrheit ist die Beziehung eines Urtheils auf etwas außer ihm. Dieses letztere ist eben der Satz vom zureichenden Grunde des Erkennens« (Diss, 57).

Das Prinzip vom zureichenden Grunde des Seins. Die reinen Anschauungen von Raum und Zeit, die Mathematik und die Geometrie

Als dritte Klasse der für das Subjekt bestehenden Objekte identifiziert Schopenhauer den formalen Teil der vollständigen Vorstellungen, d. h. »die a priori gegebenen Anschauungen der Formen des äußern und innern Sinnes, des Raums und der Zeit« (Diss, 62). In der Zeit ist jeder Augenblick durch die Reihenfolge aller vorherigen bestimmt und trägt dazu bei, alle folgenden zu bestimmen. Gleichfalls bestimmt im Raum die Lage jedes seiner Teile – Punkte, Linien, Flächen, Volumen – eindeutig jeglichen anderen Teil und wird von diesen aufgrund eines Analogons der Reziprozität bestimmt. Aus diesem Grund hängen die Eigenschaften der räumlichen Figuren ausschließlich davon ab, dass sie so und nicht anders aussehen. Schopenhauer bezeichnet den Satz, der die gegenseitigen Verhältnisse der Teile der Zeit und des Raumes regelt, als *Satz vom Grunde des Seins*.

Genau darauf gründen sich die beiden Wissenschaften der Arithmetik und der Geometrie. Wenn er auf die zeitliche Reihenfolge angewendet wird, ruft der Satz vom Grunde des Seins die Reihenfolge der Zahlen und die Arithmetik als Disziplin ihrer Verbindungen ins Leben, während aus seiner Anwendung auf räumliche Objekte die Geometrie als Wissenschaft von deren Eigenschaften entsteht. Schopenhauer hat hier Gelegenheit, gegen die Art und Weise zu polemisieren, in der die Geometrie seit Euklid praktiziert und gelehrt wurde. Da sie mit Gegenständen der reinen Anschauung zu tun hat, sollte das Ziel dieser Wissenschaft in der anschaulichen Darstellung der notwendigen Verbindungen zwischen Teilen des Raumes bestehen, weshalb auch die Demonstration der Eigenschaften ihrer Figuren ohne Begriffe und allein mithilfe der Anschauung durchgeführt werden sollte. Dagegen sind die Sätze der Geometrie – also die Theoreme –, von den Axiomen abgesehen, traditionell deduziert, also in begrifflicher Weise bewiesen. Damit stützt sich allerdings diese Wissenschaft auf den Satz vom zureichenden Grunde des Erkennens und stellt eher eine Verbindung zwischen geometrischen Begriffen dar, als eine Anschauung der wirklichen Eigenschaften geometrischer Körper. In der Geometrie führt dies nach Schopenhauer aber dazu, dass man zwar die Überzeugung hat, dass sich etwas so verhält, nicht aber die Einsicht, warum. Letzteres bewirkt nur die Erkenntnis des »Seynsgrundes« über die Anschauung. Es war diese allgemeine Aufwertung der Anschauung – für Schopenhauer die einzige Quelle wahrer Erkenntnis, auf die in jedem Fall das begriffliche Element zurückzuführen sei – die Goethe so positiv beeindruckte.

Das Prinzip vom zureichenden Grunde des Handelns. Motiv, Charakter und Wollen

Die letzte Klasse von Objekten wird nur durch ein einziges Element gebildet – das Subjekt des Wollens. Das erkennende Subjekt selbst, insofern es nicht erkennbar ist, denn es kann in keiner Weise zum Objekt gemacht werden, kann sich selbst nur als wollendes erkennen. Schopenhauer erklärt, dass der Satz ›Ich erkenne‹ analytisch sei und über das bloße ›Ich‹ hinaus nichts aussage. Auch die Tatsache, dass man in unserem erkennenden Ich verschiedene Vermögen wie Sinnlichkeit, Verstand und Vernunft unterscheiden kann, stellt keine Ausnahme dar. Solche Vermögen sind das bloß subjektive Korrelat bestimmter Klassen von Objekten, die durch Induktion erkannt werden und keine Qualitäten des vom erkannten Objekt unabhängig gedachten Ichs sind.

Im Gegensatz dazu ist der Satz ›Ich will‹ synthetisch a posteriori, denn er wird formuliert dank der inneren Erfahrung, die wir über die willentlichen Bewegungen unseres Leibes machen. Nun wirken die Willensakte auf die Gegenstände der äußerlichen Welt durch die willkürlichen (d. h. vom Willen vollzogenen) Bewegungen unseres Leibes ein und erzeugen so Wirkungen, die sich in die von der Kausalität beherrschte Vorstellungskette eingliedern. Dies ist aber nicht der Fall für unser Wollen a parte priori, d. h. den Grund der Entscheidung, so und nicht anders zu handeln. Denn wenn wir jemanden fragen, *warum* er eine bestimmte Handlung vollzogen hat, wird uns seine einfache Darstellung eines der Handlung vorausgehenden Zustands wohl nicht reichen: Diese kann nämlich nicht in eindeutiger Weise seinen Entschluss begründen, so und nicht anders zu handeln. Vielmehr bleibt bei jeder Entscheidung – mit irgendeinem ihr vorangehenden Stand der Dinge – die Gewissheit, dass er anders hätte handeln können, wenn er es nur gewollt hätte. Für unsere willentlichen Handlungen erklärt also die Beschreibung des vorausgehenden Zustands nicht die Entscheidung, eine gewisse Handlung tatsächlich zu vollbringen, sondern vielleicht bestenfalls den Wunsch, sie zu unternehmen. Der Grund einer willentlichen Handlung muss also anders bestimmt werden, es muss ein besonderes *Prinzip vom zureichenden Grunde des Handelns* geben, welches als *Gesetz der Motivation* gilt.

Um dann zu erklären, wie das Motiv in spezifischer Weise auf das individuelle Wollen wirkt, greift Schopenhauer zur kantischen Charaktertheorie, die ursprünglich in der *Kritik der reinen Vernunft* dargelegt und schon von Schelling in seiner *Freiheitsschrift* (1809) wieder aufgenommen wurde. Kant definierte als *intelligiblen Charakter* die Bestimmung des Charakters eines jeden Individuums an sich, außerhalb der Zeit und des Raumes, und bezeichnete als *empirischen Charakter* die Manifestation des ersteren Charakters in Raum und Zeit, das heißt jene Reihe von Handlungen, die jeder im Anschluss an bestimmte Gründe von Mal zu Mal vollzieht. Es ist aber die Interpretation Schellings (und Fries') dieser Theorie Kants, die für Schopenhauer besonders wichtig war, denn sie erlaubte ihm, dem intelligiblen Charakter eine stärkere ontologische Färbung in Form »[eines] außer der Zeit liegende[n] universale[n] Willensakt[s]« (Diss, 76) zu geben (vgl. Koßler 1995; Hühn 1998). Infolgedessen besitzt jedes Individuum einen eindeutig bestimmten Charakter, der – wenn ein bestimmtes Motiv vorliegt – es dazu führt, unweigerlich in einer bestimmten Weise zu handeln. Wenn man ein zweites Mal vor denselben Voraussetzungen stehen würde, würde deshalb auch jeder wiederum genau dieselben Entscheidungen treffen. Der empirische Charakter ist nur aus der Handlungsweise eines jeden erkennbar, er zeigt sich nicht dem inneren Sinn und bleibt etwas Unerkennbares, da die Handlungen eines Individuums immer in fragmentarischer Art und Weise und nie als kontinuierlicher Fluss erscheinen:

> »Das Motiv ist also dem empirischen Charakter zureichender Grund des Handelns. Doch sind die Umstände, welche eben Motive zum Handeln werden, nicht Ursache dieses als ihrer Wirkung, weil die Handlung nicht aus ihnen, sondern aus dem von ihnen *sollicitirten* empirischen Charakter erfolgt, welcher selbst nichts unmittelbar Wahrnehmbares, sondern eben nur wieder aus den Handlungen zu Erschließendes und unvollkommen Zusammenzusetzendes ist« (Diss, 78).

Um dieses Phänomen zu veranschaulichen, verwendet Schopenhauer eine Analogie zum Brechungsgesetz der Optik. Das Treffen eines gewissen Motivs auf den Charakter erzeugt eine Wirkung, welche gleich der Wirkung ist, die ein Lichtstrahl erzeugt, wenn er einen bunten Körper trifft und von diesem nur partiell reflektiert wird, so dass dieser nur das Spektrum wiedergibt, das mit seiner Farbe übereinstimmt. Wenn wir tatsächlich den Charakter eines Subjekts genau erkennen könnten, dann wären wir im Falle der Kenntnis der auf dieses einwirkenden Motive in der Lage, jede seiner Handlungen einwandfrei und mit der gleichen Gesetzmäßigkeit vorauszusehen, mit der wir in der Welt der Objekte anhand bestimmter Ursachen das Auftreten bestimmter Wirkungen unfehlbar voraussehen.

Diese Analogie hat aber nur einen partiellen Wert, da wir beim menschlichen Handeln keine Phänomene beobachten, die in die Welt der Gesetzmäßigkeit fallen, sondern den Bereich der Freiheit berühren, die ein Faktum ohne Grund darstellt. Die einzige Orientierung, die wir besitzen, beschränkt sich daher auf die allgemeinen Hinweise, die die empirische Psychologie uns bietet, eine Sammlung von Informationen über die gemeinsamen charakterlichen Züge verschiedener Subjekte. Ihr Nutzen ist aber nicht epistemologischer, sondern lediglich pragmatischer Art, sie hilft uns, die Handlungen eines bestimmten Menschen in nur allgemeiner Weise vorauszusehen, basierend darauf, wie dieser – oder andere, die mit ähnlichen Eigenschaften ausgestattet sind – in der Vergangenheit schon gehandelt hat.

Schließlich behandelt Schopenhauer die Kausalität, die das Wollen auch auf das erkennende Subjekt in der Form von willentlicher Reproduktion von Vorstellungen und Gedankenreihen ausübt. Hier wirkt das Gesetz der Motivation in Gestalt der *Ideenassoziation*. Man könnte zwar den Eindruck gewinnen, dass das Erscheinen solcher phantastischer Vorstellungen losgelöst von jeglicher Verbindung auftritt, sofern wir nicht auf den Willensakt achten, der ihrem Wiederauftreten unterliegt. Aber die Ideenassoziation beruht ihrerseits auf der Tatsache, dass jede Vorstellung in unserem Geist in uns den Wunsch hervorruft, vergangene, ihr ähnliche Vorstellungen zurückzurufen, um unsere Erkenntnis zu bereichern. Diese »Uebungsfähigkeit« der zunehmend einfacheren »Vergegenwärtigung von Vorstellungen« (Diss, 84f.) nennt Schopenhauer *Gedächtnis*. Dieses sorgt nicht etwa dafür, dass in unseren Geist jedes Mal wieder die gleiche Vorstellung zurückgerufen wird; das Gedächtnis ist vielmehr die Fähigkeit, diese Vorstellung jedes Mal im Ganzen nochmals zu erzeugen. Das wird im Übrigen durch die Tatsache bestätigt, dass die vom Gedächtnis reproduzierten Vorstellungen sich voneinander leicht unterscheiden und ein erinnertes Bild auf lange Sicht vom Original sehr verschieden sein kann.

Die letzten Objekte, die Schopenhauer behandelt, sind die Gefühle, die Zuneigungen und die Leidenschaften, die von ihm auf zwei Bereiche zurückgeführt werden: körperliche Gefühle, wie Schmerz und Lust, und Willensakte, wie »Begierde, Furcht, Haß, Zorn, Betrübniß, Freude und alle ähnlichen [...] [die] ein heftiges Wollen, daß etwas geschehe oder nicht geschehe, sind« (Diss, 83). Von *Leidenschaften* redet man schließlich, wenn das wollende Subjekt beim Empfinden eines Gefühls nicht in der Lage ist, es durch das Heraufbeschwören seines Gegenteils zu kontrollieren, und sich aufgrund dessen sein Wille als völlig dem Gefühl unterworfen erweist.

Zwei Hauptresultate

Im abschließenden Paragraphen, in dem die beiden Hauptresultate der Dissertation dargestellt werden, zeigt sich insbesondere die polemische Absicht seiner Arbeit gegenüber den zeitgenössischen Idealisten, vor allem Fichte und Schelling. Tatsächlich ist es sein Wunsch, dass von nun an die Philosophen erklären, welchen der vier Typen sie meinen, wenn sie über Verhältnisse der Abhängigkeit, Ursache oder Grund sprechen; so würden sie dann diese Begriffe nur in deren Zuständigkeitsbereich benutzen. Alle vier Formen des Satzes vom zureichenden Grunde finden nämlich ihre Anwendung ausschließlich innerhalb der phänomenalen Welt der Vorstellungen, und außerhalb dieses Bereichs ist die Verwendung dieses Prinzips transzendent und daher sinnwidrig. Bereits Kant beging – wie schon Aenesidemus-Schulze gezeigt hatte – diesen Fehler, indem er von dem *Ding an sich* als *Grund der Erscheinung* sprach. Dies eröffnete den Idealisten die Möglichkeit, die Begriffe von *Grund-Folge* und *Princip-Principiat* in einem weiterhin unbestimmten bis transzendenten Sinne zu benutzen.

Aus diesem ersten Ergebnis folgert Schopenhauer das zweite, wesentlich wichtigere: dass man nicht mehr vom *Grund schlechthin* sprechen darf, außer im abstrakten Sinne. Somit sollte einer der Schlüsselbegriffe der idealistischen Philosophie, zusammen mit dem Begriff des Absoluten, dessen Verwendung Schopenhauer in seinen nachfolgenden Schriften überaus bissig ironisieren wird, aus dem philosophischen, wissenschaftlich begründeten Gespräch verbannt werden.

Die zweite Auflage der Dissertation im Jahre 1847

Die zweite Auflage der *Vierfachen Wurzel* wird erst vierunddreißig Jahre nach der ersten veröffentlicht, zu einer Zeit, als Schopenhauer sich nach Frankfurt zurückgezogen hatte und dort ein geregeltes Leben als Privatgelehrter führte. Der Umfang des Werks verdoppelt sich im Vergleich zur ersten Ausgabe, und obwohl sich die Hauptbegriffe anscheinend nicht geändert haben, zeigt der Vergleich der beiden Fassungen – ebenso wie die einfache Durchsicht von Schopenhauers persönlicher Kopie der Erstausgabe – eine große Menge an Korrekturen und Eingriffen. Deren Hauptzweck ist die Rechtfertigung der *Vierfachen Wurzel* als Einleitung zu *Die Welt als Wille und Vorstellung* und somit die Herstellung der Kompatibilität von Schopenhauers »Elementarphilosophie« mit der Metaphysik des Willens sowie mit der »Erlösungslehre«, die im System dargestellt werden.

Die Änderungen kann man in vier Bereiche unterteilen. Eine erste Serie von Ergänzungen muss auf die persönliche Biographie des Philosophen zurückgeführt werden, unter anderem auf die tiefe Enttäuschung, die er in Bezug auf die Intellektuellen seiner Zeit entwickelte und auf die ›Philosophieprofessoren‹ insbesondere. Dies beruht auf dem Scheitern seiner akademischen Bemühungen in Berlin, auf der Schmach, dass seine »Preisschrift über die Grundlage der Moral« nicht mit einem Preis ausgezeichnet wurde (obwohl er als einziger an der Ausschreibung teilgenommen hatte), sowie auf der seiner Meinung nach verschwörungsartigen Nichtbeachtung, die seine Philosophie erfuhr. Auf diese Sachverhalte gründen sich die heftigen – und in der ersten Ausgabe überhaupt nicht vorkommenden – Schmähreden, die er an die auf Kant folgenden Philosophen Fichte, Schelling und Hegel sowie allgemein an alle professionellen Philosophen richtet, die er ohne Ausnahme als Söldner der staatlichen Macht und Diener der religiösen Ideologie darstellt. 1813 beschränkte sich die Polemik – wenngleich durchzogen von subtilem Sarkasmus – auf den Bereich der Lehre, während sie nun in persönliche Beleidigungen ausufert, deren Übermaß Schopenhauer so bewusst war, dass er vor der Veröffentlichung einen Rechtsanwalt konsultierte, um keine rechtlichen Konsequenzen zu riskieren.

Eine zweite Gruppe von Ergänzungen stammt aus den Untersuchungen, die Schopenhauer in diesen Jahren durchgeführt hatte und die ihm erlaubten, die historische Darstellung des Satzes vom zureichenden Grunde zu vervollständigen. Es erscheint ein ganzer Paragraph über Hume, der Spinoza gewidmete Paragraph wird vertieft, und schließlich überarbeitet Schopenhauer teilweise sein Urteil über Leibniz und Wolff; nach wie vor fehlt jedoch die Erwähnung Crusius', obwohl Schopenhauer 1826 dessen *Entwurf der nothwendigen Vernunftwahrheiten, wiefern sie den zufälligen entgegengesetzt werden* (vgl. HN III, *Foliant II*, 297–298) gelesen hatte und dies auch am Rande seines Handexemplars notierte.

Eine dritte Kategorie der Änderungen und Verbesserungen entspringt aus der Vertiefung einiger besonderer Aspekte der Theorie von der Entstehung der Vorstellungen, die er in verschiedenen Werken umformuliert hatte. Aus der Schrift *Ueber das Sehn und die Farben* (1816) nimmt er die physiologisch-transzendentale Analyse des Auftretens der Bilder im Gehirn wieder auf, die es ihm erlaubt, seine Theorie des *Verstandesschlusses* erfolgreich zu erläutern, um die Welt der Erfahrung darzulegen. Der Verstand mache schon dann einen unbewussten Gebrauch vom Satz vom zureichenden Grunde des Werdens, wenn er die Vorstellungen eines stehenden Objekts aus dem Bild aufbaut, das im Auge spiegelverkehrt auf die Netzhaut projiziert wird. Darüber hinaus werden in der Ausgabe von 1847 alle Kategorien bis auf die der Kausalität verworfen; eine Kritik, die sich schon in den Manuskripten von 1814 ankündigte. Dementsprechend kommt in *Ueber das Sehn und die Farben* nur die Kausalität vor, und in der »Kritik der Kantischen Philosophie« (1818) wurde allen Kategorien bis auf die Kausalität jegliche Funktion ausdrücklich abgesprochen. Inzwischen hat sich auch die Bedeutung der Materie verändert: 1813 war sie die »Wahrnehmbarkeit« von Raum und Zeit (Diss, 21), während sie 1847 zur »Kausalität überhaupt und sonst nichts« wird (G, 82).

Aus *Ueber den Willen in der Natur* (1836) führt Schopenhauer die Theorie der ›Steigerung‹ in die Dissertation ein, die er auf die Arten anwendet, in denen sich die Kausalität offenbart. Diese wird übrigens jetzt auch zur eigentlichen Form des *Satzes vom zureichenden Grunde*, so dass sie stellenweise fast ein Synonym für diesen zu sein scheint: In der mechanischen Welt ist sie bloß mechanische Kausalität, im Pflanzenreich erscheint sie als *Reiz*, in der Tierwelt als *Erregung* und erhebt sich schließlich in der Menschenwelt – die mit Vernunft versehen ist – zum *Motiv*. Somit verliert allerdings der Satz vom zureichenden Grunde stillschweigend eine seiner vier Wurzeln.

Weiter übernimmt Schopenhauer aus *Die beiden Grundprobleme der Ethik* (1841) die strenge Determiniertheit des Handelns, während er sich im § 46 der ersten Auflage darüber nur in einer Anspielung und im Grunde zweideutig geäußert hatte. 1813 wurde über die Notwendigkeit der empirischen Handlung gesprochen und zwar mittels der Verortung der Freiheit in einer besonderen Sphäre – die dennoch nicht die Sphäre des Dinges an sich ist. In der zweiten Ausgabe verweist Schopenhauer diesbezüglich hingegen auf seine »Preisschrift über die Freiheit des Willens«.

Die vierte, und vielleicht wichtigste Art von Eingriffen schließlich betrifft speziell die Neuinterpretation der Bedeutung des Satzes vom zureichenden Grunde in Bezug auf die Theorie des Willens, insbesondere was seine vierte Wurzel angeht – dem Gesetz der Motivation in seinem Verhältnis zum empirischen Charakter. Die Tatsache, dass es sich hier um den Satz vom zureichenden Grunde hinsichtlich des menschlichen Willens handelt – das heißt um jene Ausprägung, in welcher der Wille, die metaphysische Grundlage der Welt, sich ohne Schleier erkennt –, ermöglicht es Schopenhauer nun, den Wert des Motivs umzuinterpretieren. An dieser Stelle liegt das Gesetz der Motivation nicht mehr auf der gleichen Ebene wie die anderen drei Formen des Satzes vom zureichenden Grunde, sondern es wird neu bestimmt als »von innen gesehn[e]« (G, 145) Kausalität. Wenngleich das Motiv als autonome Wurzel verschwindet, wird es andererseits diejenige Form des zureichenden Grundes, die uns im eigentlichen Sinne den Mechanismus des Willens offenbart (vgl. Koßler 2008).

Literatur

Boll, Karl F.: *Das Verhältnis der ersten und zweiten Auflage der Schopenhauerschen Dissertation »Über die vierfache Wurzel des Satzes vom zureichenden Grunde«. Ein Beitrag zur Entwicklungsgeschichte der Schopenhauerschen Philosophie*. Diss. Rostock 1924.

Brunner, Jürgen: Schopenhauers Kausalitätstheorie. Teil I: Empirische Ereigniskausalität und transzendentale Akteurskausalität. In: *Schopenhauer-Jahrbuch* 89 (2008), 41–64.

d'Alfonso, Matteo V.: *Schopenhauers Kollegnachschriften der Metaphysik- und Psychologievorlesungen G. E. Schulzes (Göttingen 1810).* Würzburg 2008.

Decher, Friedhelm: Das »bessere Bewusstsein«. Zur Funktion eines Begriffes in der Genese der Schopenhauerschen Philosophie. In: *Schopenhauer-Jahrbuch* 77 (1996), 65–83.

De Cian, Nicoletta: *Redenzione, colpa, salvezza. All'origine della filosofia di Schopenhauer.* Trento 2002.

Hühn, Lore: Die intelligible Tat. Zu einer Gemeinsamkeit Schellings und Schopenhauers. In: Christian Iber/Romano Pocai (Hg.): *Selbstbesinnung der philosophischen Moderne. Beiträge zur kritischen Hermeneutik ihrer Grundbegriffe.* Cuxhaven/Dartford 1998, 55–94.

Kamata, Yasuo: *Der junge Schopenhauer. Genese des Grundgedankens der Welt als Wille und Vorstellung.* Freiburg/München 1988.

Koßler, Matthias: Empirischer und intelligibler Charakter: von Kant über Fries und Schelling zu Schopenhauer. In: *Schopenhauer Jahrbuch* 76 (1995), 195–201.

Koßler, Matthias: Life is but a Mirror: On the Connection between Ethics, Metaphysics and Character in Schopenhauer. In: *European Journal of Philosophy* 16/2 (2008), 230–250.

Laun, Rudolf: *Der Satz vom Grunde. Ein System der Erkenntnistheorie.* Tübingen 1956.

Novembre, Alessandro: Die Dissertation 1813 als Einleitung zu einer geplanten »größeren Schrift« über das »bessere Beswußtseyn«. In: *Schopenhauer-Jahrbuch* 97 (2016), 133–146.

Piper, Reinhard: Die zeitgenössischen Rezensionen der Werke Arthur Schopenhauers. I. Teil. In: *Jahrbuch der Schopenhauer-Gesellschaft* 5 (1916), 167–186.

Schopenhauer, Arthur: *De la quadruple racine du principe de raison suffisante. Édition complète (1813–1847).* Textes traduits et annotés par F.-X. Chenet. Introduits et commentés par F.-X. Chenet et M. Piclin. Paris 1991.

Tielsch, Elfriede: Vergleich der ersten mit der zweiten Auflage. In: Michael Landmann/Dies. (Hg.): *Arthur Schopenhauer: Über die vierfache Wurzel des Satzes vom zureichenden Grunde.* Hamburg 1957, XXXV–XLV.

White, Frank C.: The Fourfold Root. In: Christopher Janaway (Hg.): *The Cambridge Companion to Schopenhauer.* Cambridge 2000, 63–85.

Matteo Vincenzo d'Alfonso
(aus dem Italienischen übersetzt von Ilaria Massari)

5 Ueber das Sehn und die Farben

Schopenhauers Farbenlehre steht in der Nachfolge Goethes (s. Kap. 19). Von Goethe selbst in dessen Gedankengebäude eingeführt, beginnt dessen Schüler Schopenhauer allerdings nur zu bald – und zum Verdruss seines Lehrmeisters – den Goetheschen Ansatz in einem Punkt konsequent weiterzuverfolgen. Die Subjektivität des Betrachtens, die bei Goethe noch in Koinzidenz eines Naturwesens mit einer Natur gedacht ist, löst sich bei Schopenhauer aber in das Naturale des die Natur betrachtenden Wesens auf: »Könnte man«, schreibt er, »nur solchen Herren begreiflich machen, daß zwischen ihnen und dem wirklichen Wesen der Dinge ihr Gehirn steht, wie eine Mauer, weshalb es weiter Umwege bedarf, um nur einigermaßen dahinter zu kommen« (F, VI). Diese Grundthese gibt den Ansatz und die Essenz der Schopenhauerschen Farbenlehre. Hier ist von Schopenhauer, vor dem Hintergrund der Physiologie der Jahre um 1818, die Idee einer vom Gehirn bedienten Interpretation dessen, was uns die Sinnesorgane zeigen, ausformuliert. Schopenhauer steht dabei in der expliziten Tradition einer wissenschaftlichen Anthropologie, wie sie die Mediziner seiner Zeit ausweisen: der Idee, ein physikalisches Prinzip des Wahrnehmens und, darüber, der Hirnfunktionen annehmen zu können. In diesem wird dann erfahrbar, was es bedeutet, zu erfahren, und was ein aus der Erfahrung getragenes Denken auszeichnet, das ja an einen Leib gebunden ist und sich in seiner Rationalität eben nach den hierdurch vorgegebenen Strukturierungen auszeichnet. Person, Emotion und Kognition schienen so vor aller Einsicht in die zellularphysiologische Organisation der Verrechnungseigenheiten des Gehirns ausbuchstabierbar zu werden. Die zelluläre Organisation des Hirngewebes war noch unbekannt. Ganglienkörper wurden zwar schon in den ersten Jahrzehnten des 19. Jahrhunderts beschrieben, so bei Carl Gustav Carus und Jan E. Purkinje, ein Verständnis der Zellfunktionen erwuchs aber erst sehr viel später. Damit war eine funktionelle Interpretation der neuronalen Gewebeorganisation und ein Verständnis der Organisation der Reizaufnahme im Auge begrenzt auf eine präzise Darstellung der optischen Eigenschaften des lichtbrechenden Organs, dessen Okulomotorik, Fragen der topologischen Repräsentation von Bildprojektionen auf dem Augenhintergrund und etwaige Darstellungen der Konsequenzen von Schädigungen dieses Organs.

Schopenhauer war in diesem Bereich wohlausgebildet. Am 9. Oktober 1809 begann er in Göttingen sein Studium der Medizin. Ausgewiesen sind – allein im Bereich des Naturwissens – Besuche der Vorlesungen zur Medizin, Anatomie und Physik; er hört bei Blumenbach Naturgeschichte und Mineralogie, bei Thibaut Mathematik. Weiter hört er Chemie, Botanik, vergleichende Anatomie, physische Astronomie, Physik und Physiologie und wechselt dann 1811 nach Berlin, wo aber die Philosophie seinen Studienplan bestimmt. Schopenhauer stand also auf dem naturwissenschaftlichen Niveau seiner Zeit. Er führt denn auch ein Verfahren der Farbanalyse an, das mittels der Demonstration, im Experiment, im expliziten Sinne vor Augen geführt wird. Seine Vorstellung, über Farbexpositionen die Komplementärfarben zu besehen, setzt er für seine daraufffolgenden theoretischen Schlussfolgerungen voraus: Er demonstriert im Experiment und nutzt die Pathologie, um so in der Analyse des Effekts der Fehlfunktionen ein Funktionsverständnis zu erarbeiten. Das Licht in seiner Farbigkeit ist demnach – nach all diesen Demonstrationen – für ihn nicht an sich, sondern nach den Funktionswerten des dieses Licht erfahrenden Organs, der Retina, darzustellen. Das Nachbild, das, was erscheint, wenn wir über Minuten auf eine Farbfläche gestarrt haben, die uns dann entzogen wird, demonstriert, dass das, was wir sehen, nicht einfach ein Spiegel dessen ist, was uns umgibt. Vielmehr ist das, was wir sehen, Resultat einer Verarbeitungsfunktion, die durch solch intelligente Experimente, wie sie Schopenhauer ansetzt, als solche demaskiert und in ihrer Funktionalität entschlüsselt zu werden vermag. Das, was wir sehen, ist – so Schopenhauer – zunächst das, was wir im Kopfe haben. Insoweit wird die Farbenlehre zu einer aussagekräftigen Präambel seines Generalkonzepts von einer Welt als Wille und Vorstellung.

Entsprechend wird seine Naturlehre aus der Darstellung des in den Sinnen dem Verstand Offerierten bestimmt und ist so nicht einfach nach Maßgabe der ›äußeren‹ Natur, sondern nach Maßgabe der Natur des Geistes vorgestellt. Damit ist die fundamentale Differenz zu Goethe offenkundig: Nicht das Phänomen, sondern das sich phänomenal imaginierende Ich gibt die Natur, die nach Schopenhauer für uns einsichtig ist. So steht dann in der Tat das Gehirn nicht nur zwischen der Anschauung und der Welt, sondern auch zwischen Schopenhauer und Goethe.

Schopenhauer sieht das Subjektive der Farben – und hierin gibt er Goethe gegen Newton recht. Farbe – so folgt Schopenhauer Goethe – ist in ihrer ihr eigenen Qualität zunächst ein Erfahrungsphänomen. Schließlich ist sie auch nach Goethe in ihrem ihr eigenen Wert erst im Auge abgebildet. Dabei ist sie dann aber nach Goethe etwas, das an sich dem Auge vorgesetzt ist. Farbe ist damit für ihn so zwar etwas, das nach der Abbildung im Auge zu erfassen ist – damit aber für dieses die Welt in der ihr eigenen, derart unserem Erfahren vermittelten Phänomenologie verfügbar macht. Insoweit ist die Farbe als das, was sie nach dem Erfahrungswert ist, in dem wir sie finden und aus dem heraus wir sie bewerten, an sich darzustellen. Diese Einsicht interpretiert Schopenhauer nun aber in sehr eigener Weise. Das Subjektive, in dem sich nach Goethe das Ich als Teil der Welt zu dieser Welt als etwas, in dem es sich befindet, verhält, und so in sich das, was ist, widerspiegelt, kocht Schopenhauer ein. Das Subjektive ist ihm schlicht die physiologisch verortete Erfahrungsbestimmtheit der Species Mensch im Gefüge der diesen affizierenden, aber an sich gar nicht zugänglichen Elemente eines Außenraums. Dieser wird nach Schopenhauer erst im Erfahrungskontext des Ichs zu einer Welt. Insoweit ist Welt eben als Wille und Vorstellung. Auch das Farbige ist demnach nicht an sich, als Phänomen der Welt, sondern nur als Produkt, als Vorstellung von der Welt, zu beschreiben.

Soweit streicht Schopenhauer das ›Urphänomen‹ Goethes. Das Farbige, das in seiner Materialität die Arbeit eines Künstler bestimmt oder den Designer an Rezepturen bindet, mittels derer er die Färbung eines Gewebes ebenso wie die Wirkung einer Glasur vorab zu bestimmen vermag, interessiert ihn nicht. Es war aber diese ›Natur‹ der Farbe, von der Goethe ausging und in der er an einen ganzen Kanon von Schriften zum Umgang und zur Bewertung der Farben anschloss. Für uns heute ist dieser Kontext, der von Goethe in seiner Auseinandersetzung mit Newton selbst kaum eingehender expliziert wurde, eingehender zu rekonstruieren, um den Goetheschen Ansatz neu verständlich zu machen. Schließlich zeigt sich Goethe als Sachwalter einer eigenen Tradition der Farberfahrungen, mit der er selbst durch seine Studien der Mineralien und deren Nutzung bestens vertraut war. Das Kolorit eben nicht nur einer Malerei, sondern auch der Proben der von ihm untersuchten Natur, war ihm schon lange – und immer wieder neu – Thema. Die erste, in Jena erarbeitete mineralogische Handreichung des von ihm protegierten Johann G. Lenz, in der die Mineralien nach ihren Farben klassifiziert sind, exemplifiziert, wie hier an Goethes Universität diese Phänomene systematisiert und expliziert wurden.

Schopenhauer kam, nach seinen Studien, im November 1813 zu näherer Bekanntschaft mit Goethe, der ihn selbst in einer Art Exklusivunterricht mit seiner Farbenlehre bekannt machte. Schon Anfang 1814 entstanden, etwa in einer Diskussion um die Darstellung des Weißen, inhaltliche Differenzen, die das Verhältnis von Lehrer und Schüler zerrütteten. Schon am 9. Januar 1814 wird Goethe in seinen Tagebucheintragungen deutlich: Bezogen auf Schopenhauer schreibt er: »als Jüngling anmaßlich und stutzig«. So musste es Goethe wohl sehen. Denn Schopenhauer modernisierte die Idee des von Goethe noch umfassend umgriffenen Subjekts zum Subjektiven im Sinne der wissenschaftlichen Anthropologie und begriff den Bezug von Subjekt und Welt schlicht auf der Ebene einer Physiologie.

Schopenhauer selbst war die damit getroffene Eingrenzung und der damit aufgeworfene Graben wohl kaum einsichtig. Im Tunnelblick der eigenen Theoriefolgerungen befangen, schreibt er am 11. November 1815 an Goethe:

> »Meine Theorie verhält sich zu Ihrem Werke völlig wie die Frucht zum Baum. – Was aber diese Theorie beitragen kann Ihrer Farbenlehre Gültigkeit und Anerkennung zu verschaffen, das möchte nicht wenig seyn [...]. Jene alte Burg [die Lehre Newtons] haben Sie von allen Seiten berannt und stark angegriffen: der Kundige sieht sie wanken und weiß daß sie fallen muß: aber die Invaliden drinnen wollen nicht kapituliren« (GBr, 21).

Goethe bekommt folglich auch das Manuskript der von Schopenhauer fortentwickelten Farbenlehre zugesandt, doch bleibt eine weitergehende Reaktion zunächst aus: Schopenhauers Schrift erscheint im Mai 1816 bei Hartknoch in Leipzig. Sie blieb – so Schopenhauer selbst – zunächst weitgehend unbeachtet, doch konnte Schopenhauer in seinen letzten Lebensjahren, in denen die Öffentlichkeit überhaupt erst auf seine Philosophie reagierte, auch diese inzwischen fast vergessene Farbenlehre noch einmal edieren. 1854 schrieb er: »Inzwischen habe ich vierzig Jahre Zeit gehabt, meine Farbentheorie auf alle Weise und bei mannigfaltigen Anlässen zu prüfen« (F, IV). Schon zuvor hatte Schopenhauer versucht – zuerst in seiner 1830 erschienenen erweiterten Übersetzung ins Lateinische, die er in der Hoffnung auf eine internationale Rezeption seiner Ideen unternahm (*Theoria colorum physiologica eademque primaria*), dann 1851 im zweiten Band seiner *Parerga und Paralipomena* – seine Ideen zur Farbenlehre noch weiter zu konsolidieren. Und, wie bei ihm üblich, erschien das, was er vormals gedacht hatte, ihm nunmehr auch nach reiflicher Überlegung schlicht approbiert, und so offerierte er 1854 eine durch Ergänzungen, nicht aber durch umfassende Exkurse oder Korrekturen erweiterte zweite Auflage seines Werkes.

Das Auge, das hier, wie bei Goethe, zu dem Organ wird, in dem sich die Welt abbildet, ist Schopenhauer aber nicht einfach sonnenhaft, sondern als ein physiologisch zu kennzeichnendes Organ begriffen. Die für die Bildperzeption sensible Schicht, die Retina, ist in der Naturkunde um 1820 aber noch nicht eingehender verstanden. Die für die funktionale Interpretation tierischer Gewebe zentrale Zelltheorie erwächst erst Ende der 1830er Jahre und ist letztlich erst mit der Rezeption von Virchows Zellularpathologie Ende der 1850er Jahre wirklich akzeptiert. Insofern ist denn auch die Rolle der Nervenzelle unverstanden. Weiterhin existieren keine Vorstellungen über die funktionelle Organisation des Reiz aufnehmenden Gewebes. Allerdings formulierte Thomas Young schon 1811 die Hypothese, dass das Auge drei verschiedene Typen von Reiz aufnehmenden Strukturen besitze, von denen jede auf eine der drei Primärfarben Blau, Grün und Rot reagiert, und dass die übrigen Farbqualitäten durch additive Mischung unterschiedlicher Primärfarben erzeugt werden. Schopenhauer erwähnt diese Vorstellungen nicht. Allerdings entspricht dieser Vorstellung zumindest vom Ansatz her die Goethesche Auffassung der drei Grundfarben Gelb, Rot und Blau, aus denen durch Mischung jede weitere Farbe hergestellt werden kann. Abgestuft über die Bildung der Mischfarben zwischen zwei dieser Grundfarben, die sich dann zur dritten jeweils als Komplementärfarbe verhalten, erhält Goethe einen Farbkreis, in dem die Verhältnisse der Farben zueinander bestimmt sind. Damit entwickelt Goethe eine umfassende Phänomenologie der Farbe, in der er nun Farbwahrnehmung und Farbqualitäten nicht einfach nur als Fragmentierungen eines Lichtteilchengefüges, sondern als in sich stehende Qualitäten begreift. Das ist denn auch der Ansatz seines massiven Vorgehens gegen die Newtonsche Theorie, in der Farbe – seiner Auffassung nach – letztlich nur als Resultat einer Entmischung einer an sich dann nicht weiter interessierenden Qualität nebeneinandergesetzter Qualia (der Lichtkorpuskeln), aber eben nicht als der den Wahrnehmungsforscher interessierende Farbwert gesehen wurde. Im Sinne einer Darstellung optischer Gesetzmäßigkeiten bleibt so auch die faktisch mögliche Analyse auf der Ebene von Strahlengangsdarstellungen und – ganz auch im Sinne der Goetheschen und späteren Schopenhauerschen Versuche – anzusetzenden Darlegungen über Spektralempfindlichkeiten und dadurch verständlich zu machenden Reaktionen des Auges. Helmholtz wies dann in den 1850er Jahren nach, dass es für die Farbwahrnehmung verschiedene Typen mit der für jeden Sensorentyp charakteristischen Spektralwertfunktion gibt, deren Maximum jeweils in einem bestimmten Spektralbereich liegt. Dabei gab dann – ganz wie dies im vorliegenden Text auch Schopenhauer unternimmt – die Darstellung von Farbfehlsichten das Material zu einer Identifikation und Darstellung der Extensität etwaiger Farbsichtkomponenten.

Gegen die Helmholtzsche Vorstellung setzte Ewald Hering in den 1870er Jahren seine Vierfarbentheorie, nach der jeweils eine der miteinander verkoppelten Gegenfarben Rot-Grün, Blau-Gelb und Weiß-Schwarz registriert und ans Hirn vermittelt wurde. Dazwischen stand Johannes Müllers Theorie der spezifischen Sinnesenergien, der zufolge die verschiedenen Sinnesqualitäten als solche in unterschiedlicher Kennung ins Hirn vermittelt würden. Vor einer eingehenden Analyse der Zellularphysiologie der Rezeptoren und der deren Erregung weiterleitenden Nervenzellen war hier ein physiologisch basiertes Verständnis auf eine exakte Darstellung der Phänomenologie des Wahrnehmens, speziell auch auf eine entsprechende Analyse der Sinneserfahrungen selbst, angewiesen.

Die von Schopenhauer so eindringlich an den Beginn seiner Darlegungen gestellte Forderung, die Erfahrung der Nachbilder nicht nur theoretisch zu rezipieren, sondern selbst zu erfahren, um so die Intensität eines entsprechenden Eigenlebens der physiologischen Reaktion sich selbst explizit vor Augen zu führen, zeigt, dass sich Schopenhauer dieser Forderung selbst stellt. Es ist diese Erfahrung einer nach Wegfall des Reizes zu registrierenden Reaktion, die abgestimmt auf den Eingangsreiz erscheint, ihn aber nicht reproduziert, sondern nunmehr nach dessen Wegfall eine spezifische Komplementärreaktion erkennen lässt, die Schopenhauer die Physiologie des Farbempfindens selbst empfindbar macht. Schopenhauer registriert eine Reaktion, die die Physiologie des Rezeptors erfahrbar macht. Er deutet das Nachbild als Resultat einer Anstrengung. Wie für ihn Licht und das in ihm gesehene Weiße als maximale Intensivierung einer Lichtempfindung gedeutet und entsprechend das Schwarze als Fehlen einer Aktivierung des Auges beschrieben wird, so sind die Farbwerte in ihrer jeweiligen Helligkeit als relative Wahrnehmungsintensitäten zu verstehen. Wenn auf das helle Gelb im Nachbild das dunkle Violett folgt, so wird im Violett deutlich, dass die um einen Wert x gegenüber dem Maximum (mit 100 %) einer möglichen Aktivierung geschwächte Wahrnehmungskraft des Auges so ermüdet ist, dass es nunmehr in einem weiteren Aufmerken zunächst nur noch den Restbestand der ihm verfügbaren Energie – das heißt den Wert 100 minus x – zu aktivieren vermag. Die anderen in der vorigen Wahrnehmung verbrauchten Energiebestände müssen sich erst wieder aufbauen. So lange bleibt das Nachbild bestehen. Im Extrem der Hell-Dunkel-Kontraste haben wir denn auch eine Inversion eines schwarz-weißen Bildes im Nachbild, das sich in seinem dunklen Teil gegebenenfalls dann sogar über eine Folge vom Schwarzen und Violetten in helle Farbnachwirkungen auflöst. Damit stehen die Farbwerte in einer eben auch quantitativen Beziehung zueinander, und der Farbkreis Goethes, der sich nach den Mischungsverhältnissen bestimmt sah, ist nunmehr in der von Schopenhauer dargelegten physiologischen Gesetzmäßigkeit auch quantitativ zu beschreiben. Darauf ist noch einmal zurückzukommen.

Farben sind für Schopenhauer also Empfindungswerte, die nach Maßgabe der Funktion des physiologischen Apparates definiert sind und so die Welt nach Maßgabe von deren intrinsischen Reaktionsvorgaben des Reiz aufnehmenden Apparates als Anschauung konstituieren, und dabei gilt: »Alle Anschauung ist eine intellektuelle« (F, 7). D. h. nach Schopenhauer:

> »Zur Anschauung, d. i. zum Erkennen eines Objekts, kommt es allererst dadurch, daß der Verstand jeden Eindruck, den der Leib erhält, auf seine Ursache bezieht, diese im a priori angeschauten Raum dahin versetzt, von wo die Wirkung ausgeht, und so die Ursache als wirkend, als wirklich, d. h. als eine Vorstellung der selben Art und Klasse, wie der Leib ist, anerkennt« (F, 7).

Und damit gilt dann: »Die Anschauung also, die Erkenntniß von Objekten, von einer objektiven Welt, ist das Werk des Verstandes« (F, 8). Entsprechend konstatiert er: »Demnach könnte auch der Gehörnerv sehn und der Augennerv hören, sobald der äußere Apparat beider seine Stelle vertauschte« (F, 9). Womit er sich 1854 explizit gegen die Auffassung von Johannes Müller stellt: Schließlich sei »die Modifikation, welche die Sinne durch solche Einwirkung erleiden, noch keine Anschauung, sondern [es] ist erst der Stoff, den der Verstand in Anschauung umwandelt« (F, 9). Und so gibt es denn auch ohne Verstand nur die Empfindung »einer sehr mannigfaltigen Affektion seiner Retina« (F, 9). Diese ist nach Maßgabe der ihr eigenen Verrechnungsmöglichkeiten zu erfassen. Für Schopenhauer zeigt sich so etwa in der Raumwahrnehmung, in der das Hirn die aus zwei Augen übermittelten Datensätze zu einem Bild zusammensetzt, dass erst der Verstand – d. h. die physiologisch zu begreifende Interaktion der Reize verrechnenden Elemente – aus den angereichten Sinnesdaten ein Bild der Welt konstruiert. So ist auch die Welt der Sinne eine Welt der Vor-Stellungen. Entsprechend ist die Farbe zunächst nichts als eine »besonders modificirte Thätigkeit« (F, 19) der Retina. »»Der Körper ist roth«« – so schreibt er – »bedeutet, daß er im Auge die rothe Farbe bewirkt« (F, 20). Schließlich, so Schopenhauer weiter, sind die Sinne »bloß die Ausgangspunkte dieser Anschauung der Welt. Ihre Modifikationen sind daher vor aller Anschauung gegeben« (F, 19). Das Auge reagiert – so Schopenhauer – in Bipartitionen. Es sieht das volle Licht und blickt ins Weiße, oder es sieht gar nichts, bleibt demnach auch ohne jede Affektion und verbleibt so in Finsternis. Farbe ist dann ein relativer Wert solchen Affiziert-Werdens, nicht in der vollen Intensität des Lichtes, aber in einer bestimmten Qualität dieses Ganzen, das Auge maximal Affizierenden. Farbe ist damit zu beschreiben als ein Ansprechen des Auges auf diesen Teil des Lichtes, der im Auge immer wieder auf das Ganze hin ergänzt, und in dieser so in Blick auf das mögliche Ganze festzustellenden Partition als in sich bestimmter Wert erkannt ist. Farbe in ihrer so zu findenden Bestimmtheit gewinnt ihren Farbwert in solcher Differenz als das Komplement eines Ganzen. Aus der so möglichen Ergänzbarkeit auf dieses Ganze gewinnt es einen quantitativen Wert, der die Farbe dann auch als Farbwert in ein Empfindungsgefüge einordnet: »Das die volle Einwirkung des Lichts empfangende Auge äußert also die volle Thätigkeit der Retina«: Das Auge sieht entweder eine flirrende, spiegelnde Oberfläche, oder, wenn die das Licht reflektierenden Körper dieses klare Glänzende leicht dispergieren lassen, so entsteht Weiß – als Farbeindruck. »Mit Abwesenheit des Lichtes, oder Finsterniß, tritt [dagegen] Unthätigkeit der Retina ein« (F, 23). Diesem Funktionswert korrespondiert das Schwarze.

Schopenhauer unterscheidet Abstufungen in der Intensität solcher Aktivierung und kommt so zu der Darstellung der »intensiv geteilten Thätigkeit der Retina« (F, 24), in der er die Abstufungen der Aktivierung vom Weißen zum Schwarzen über das Graue (in verschiedener Intensität) beschreibt, wobei nun das Nachbild einer solchen Reizung zeigt, dass nicht einfach eine Intensität des Außenraumes aufgenommen und ins Zentralhirn weitergeleitet wird. Die Nachbilder deutet Schopenhauer schließlich als Resultat der physiologischen Tätigkeit der Retina. Das durch ein längeres Ansprechen erschöpfte, vorab gereizte Feld der Retina ist bei einer neuen Bildwahrnehmung zunächst nur insoweit zu reizen, wie es noch Energien verfügbar hat. Das Nachbild entspricht also in einem umgekehrt proportionalen Verhältnis der vormaligen Abbildungsintensität. Die maximal gereizte Retina erscheint denn auch im ersten Moment des Nachbildes als Schwarz. Sie ist durch ihre vorherige Tätigkeit maximal erschöpft und kann nun nicht mehr in neue Tätigkeit versetzt werden. Sie ist für den Moment notwendig untätig. Übertrage ich diese Idee nun auch auf die Qualitäten der verschiedenen Erregungszustände, so gewinnt sich die Farbwahrnehmung insgesamt als eine Darstellung von Verhältnisbestimmungen der das Auge erreichenden Reizungen, die nach Maßgabe der ihm vorgegebenen Reaktionsräume dann nicht nur einen Eindruck, sondern gleichsam eine Art von Relationalität des möglichen Bildeindruckes im Sinne einer Bestimmtheit des ihm möglichen sensorischen Ansprechens darzustellen erlaubt. Mit dieser Darstellung sind wir so im Kern der Schopenhauerschen Farbenlehre, die nur deshalb so komplex erscheint, da er sie aus der bloßen Darstellung der Phänomenologie des Erfahrens und nicht aufgrund einer weder ihm noch seinen Zeitgenossen möglichen Einsicht in die Funktionsmorphologie der Retina aufzubauen suchte. Er verbleibt denn auch in Bildern und beschreibt anhand der Empfindungen, die z. B. ein auf einer Hand verdampfender Tropfen von Schwefeläther induziert, wie die Hand eben nur an der Stelle abkühlt, an der dieser Tropfen aufliegt.

Das Rationale der so darzulegenden Ansicht entspricht dabei dem je vorhergehenden physiologischen Prozess. Dieser ist nur mittels der Erfahrung aufzulösen, d. h. hier speziell aus der Anschauung der Farbwahrnehmung. Dabei zeigt sich für ihn in der Darstellung des Komplementärkontrastes eine relative Beziehung der Farbwerte aufeinander, die gegebenenfalls noch um einen je zuzugebenden Grauwert zu ergänzen sind, nach denen sich dann die Farbwerte ganz im Sinne der Rungeschen Farbkugeln ordnen lassen. Dabei werden in dieser Zuordnung die Farben in ihrem jeweiligen Verhältnis zueinander auch bemessbar: Der Schattenwert der Farben ist bei Rot und Grün identisch – das expliziert Schopenhauer anhand der Analyse der Rot-Grün-Blindheit.

> »Wie nämlich Roth und Grün die beiden völlig gleichen qualitativen Hälften der Thätigkeit der Retina sind, so ist Orange 2/3 dieser Thätigkeit, und sein Komplement Blau nur 1/3; Gelb ist 3/4 der vollen Thätigkeit, und sein Komplement Violett nur 1/4. Es darf uns hiebei nicht irre machen, daß Violett, da es zwischen Roth, das 1/2 ist, und Blau, das 1/3 ist, in der Mitte liegt, doch nur 1/4 seyn soll: es ist hier wie in der Chemie: aus den Bestandtheilen läßt sich die Qualität der Zusammensetzung nicht vorhersagen« (F, 30 f.). »Violett« – so Schopenhauer – »ist die dunkelste aller Farben, obgleich es aus zwei hellern, als es selbst ist, entsteht; daher es auch, sobald es nach einer oder der andern Seite sich neigt, heller wird. Dies gilt von keiner andern Farbe: Orange wird heller, wenn es zum Gelben, dunkler, wenn es zum Rothen sich neigt; Grün, heller nach der gelben, dunkler nach der blauen Seite; Gelb, als die hellste aller Farben, thut umgekehrt das Selbe, was sein Komplement, das Violett: es wird nämlich dunkler, es mag sich zur orangen oder zur grünen Seite neigen. – Aus der Annahme eines solchen, in ganzen und den ersten Zahlen ausdrückbaren Verhältnisses, und zwar allein daraus, erklärt es sich vollkommen, warum Gelb, Orange, Roth, Grün, Blau, Violett feste und ausgezeichnete Punkte im sonst völlig stetigen und unendlich nüancirten Farbenkreise, wie ihn der Aequator der Runge'schen Farbenkugel darstellt, sind« (F, 31).

Entsprechend sind diese in einen Ordnungszusammenhang einzubinden; dabei erlaubt es die Beobachtung, die Zuordnung der Farbwerte aufzuweisen und sie in ihrem relativen Verhältnis zueinander zu bestimmen, so »daß in ihnen die Bipartition der Thätigkeit der Retina sich in den einfachsten Brüchen darstellt. Gerade so, wie auf der Tonleiter […] als Prime, Sekunde, Terz u. s. w.« (F, 31). Die Farbe ist demnach also »qualitativ getheilte Thätigkeit der Retina. […] die Zahl der möglichen Farben [ist dabei hinsichtlich ihrer möglichen Mischungsverhältnisse] unendlich«, wobei aber jede »nach ihrer Erscheinung, ihr im Auge zurückgebliebenes Komplement zur vollen Thätigkeit der Retina« (F, 32) bringt. Damit gibt die Zuordnung des Weißen und des Schwarzen das Funktionsmodell für die Ordnung der verschiedenen Farbwerte. Diese sind nach dem Wert ihrer relativen Abstimmung auf ihr jeweiliges Komplement in eine Ordnung zu bringen. Insoweit sind diese Farbwerte auch nicht abgeleitet, sondern als gegebene Grundlagen einer Farbdarstellung durch das Auge »gewissermaßen a priori erkannt« (F, 33). Dieses Apriori besteht nun aber in der angeborenen Verrechnungseigenschaft des Organs, das eben in seiner im Komplementärkontrast darstellbaren Abstimmung nicht nur die Farbe überhaupt, sondern die einzelne Farbe in ihrer Zuordnung und dabei als eine quantitativ bestimmbare Zuordnung in einen Erfahrungsordnungszusammenhang der Farbintensitäten einbindet. Diesen bestimmt Schopenhauer als ein so auch quantitativ darzustellendes Verhältnis. Es ist dabei das relative Helle einer Farbe, in dem diese in der Zuordnung zur anderen Farbe steht. Dadurch, dass sich die Komplementärfarben in einer derart quantifizierbaren Hinsicht zueinander und miteinander verhalten, gewinnt Schopenhauer für sie eine auch relative Ordnung. Grün und Rot – das zeigt ihm auch die Pathologie des Rot-Grün-Blinden – sind in ihrem Helligkeitswert einander entsprechend. Sie verhalten sich wie 1 zu 1, und sind demnach bezogen auf das Maximum des möglichen Farbeindruckes, des Weißen, jeweils als 1/2 der maximal insgesamt zu erfahrenden Farbintensität zu bewerten. Blau und Orange stehen in ihrem Dunkel- respektive Helligkeitswert zwischen Grün und Violett zum einen, und Rot und Gelb zum anderen, wohingegen Violett und Gelb jeweils den maximalen Farbgegensatz im Bereich der zueinander komplementären Farben darstellen. Entsprechend unterteilt Schopenhauer sein Schema der Tätigkeit der Retina in drei Farbenpaare (s. Tabelle unten).

Er beschreibt in dieser Bipartition der Farben eine diesen eigene Polarität, die nun nicht ein prinzipielles Naturverhältnis, sondern die jeweils aus der Erfahrung abzuleitende Bestimmtheit des physiologischen Verhältnisses der die Farbe abbildenden Verrechnungsstruktur darstellt. Diese relative Farbintensität, die von Schopenhauer so genannte »schattige Natur der Farbe«, beschreibt derart die Tätigkeit der Retina »der Intensität nach« (F, 37). Insoweit ist für ihn die Farbe dann wesentlich ein »Schattenartiges« (F, 38).

Der Bezug oder besser die Abgrenzung zu Newton ist damit eindeutig. Es ist nicht die Auftrennung eines physikalisch in seiner Farbigkeit darzustellenden Lichtes, es ist vielmehr die relative Perzeptibilität des Lichtes, über die sich die Farbordnung und damit die relative Bestimmung der Farbwerte erschließt. Damit ergibt sich nun aber auch ein spezielles Problem, die Frage der Herstellung des Weißen aus Farbe. Nach Schopenhauer werden die jeweils polaren Bereiche der Farbe sich immer zum Weißen ergänzen. Es ist nicht einfach die Facette der prismatischen Vielfalt, es ist immer das Komplement der bipartierten Farben in seiner Gesamtintensität, auf 100 % seiner Intensität und damit zum Weißen ergänzt.

Nun wird solch ein Weiß in der Mischung der chemischen Farben nicht erreicht. Dies erklärt sich nach Schopenhauer daraus, dass die chemischen Farben in ihrer materiellen Bindung etwas wesentlich Trübes angenommen haben, und so können sie sich denn auch nicht zum Weißen, sondern nur zu einem eingetrübten Weißen überlagern. Zu gewinnen wäre so bestenfalls ein Grauwert. Dieses ›Trübe‹ der chemischen Farben erklärt sich Schopenhauer wie folgt:

> »Eine allgemeine Erklärung der chemischen Farben scheint mir in Folgendem zu liegen. Licht und Wärme sind Metamorphosen von einander. Die Sonnenstrahlen sind kalt, so lange sie leuchten: erst wann sie, auf undurchsichtige Körper treffend, zu leuchten aufhören, verwandelt sich ihr Licht in Wärme [...]. Die, nach Beschaffenheit eines Körpers, speciell modificirte Weise, wie er das auf ihn fallende Licht in Wärme verwandelt, ist, für unser Auge, seine chemische Farbe« (F, 76 f.).

Chemische Farben sind ihm denn auch »eine eigenthümliche Modifikation der Oberfläche der Körper« (F, 74). Diese sei so fein, dass sie nur in der Farbveränderung zu registrieren sei: So werde Zinnober nach Sublimation feuerrot. Und es zeigen sich für Schopenhauer in den so rasch wechselnden Farben von Indikatorflüssigkeiten oder in den Farbwechseln bei Pflanze und Tier solch feine Variationen der Farbveränderungen eingefangen.

Schließlich führt er in einer längeren Passage Befunde zu pathologischen Farbwahrnehmungen an, um von daher seine Darstellung zur Physiologie der Farbwahrnehmung zu unterstützen. Dabei lässt sich das in solcher Farbblindheit erhaltene Bild für ihn auch noch einmal direkt, in einem technischen Verfahren, vor Augen führen: Die Daguerrotypie, so Schopenhauer, ist jenes technische Verfahren einer bloß quantitativen Registratur von Lichtdifferenzen; sie zeigt dann auch direkt augenfällig »alles Sichtbare [...] nur nicht die Farbe« (F, 65) und belegt so für ihn auch noch einmal indirekt, dass die Bestimmtheit des perzipierenden Organs die relative Farbintensität des Beobachtbaren als physiologisch nachzuzeichnende Reaktion interpretiert.

Der Farbwert ist also ein physiologisch qualifizierter Schattenwert. Das, was sich hier relativ bestimmt, ist damit an ein die Sensorik Ansprechendes gebunden, das dann von dieser aber nach dessen Maßgabe als Farbe identifiziert, das heißt im Kontinuum der

Schwarz	Violett	Blau	Grün	Roth	Orange	Gelb	Weiß
0	1/4	1/3	1/2	1/2	2/3	3/4	1

möglichen relativen Retinatätigkeiten als Intensität wahrgenommen und darin als Farbe bestimmt ist. Der Farbwert erscheint als Schattenwert. Das Blaue in seinem Verhältnis zum Gelb bestimmt sich nicht mehr aus der Polarität einer grundsätzlichen Anlage der der Farbe eigenen Materialität, sondern überführt sich nach Schopenhauer in der qualitativen Abstufung der dem Rezeptor möglichen Bestimmungsverhältnisse in eine objektivierbare Farbordnung. Die Farbe wird darin zu einer Vorstellung, die in ihrer Intensität zwar durch das Sonnenhafte des Auges, d. h. für Schopenhauer dessen physiologische Prädisposition, bestimmt ist. Das Hirn steht so in der Tat vor der Welt. Die Konsequenz dieser Bestimmung einer Welt als Vorstellung ist die Konsequenz einer neurophysiologischen Darstellung der Wahrnehmung, die das, was die Sinne an das Verrechnungsgefüge herantragen, als Komposit der dem Organ eigenen Möglichkeiten bestimmt. Das Weltbild mit seinen Qualifizierungen und den erfahrungsbezogenen Zuordnungen ist insoweit eine Projektion nach Maßgabe der Affektionen, aber in den Formen des physiologisch verstandenen inneren Sinnes. Die Farbe wird mit ihrer greifbaren Pathophysiologie für Schopenhauer so zum Testfall seiner Philosophie, die den Erfahrungswert als Resultat der einfachen Grundbestimmtheit des Erfahrenden ausweist. Ganz im Sinne Goethes bleibt der Erfahrende dabei in seiner Natur, die für Schopenhauer dann aber schlicht immer seine physiologische ist.

Der Grundansatz, den Schopenhauer in seiner Farbenlehre offeriert, ist 1816 formuliert, die weiteren Jahrzehnte werden für Verdeutlichungen genutzt. Die Chance, mit der Physiologie über die Details des so möglichen Bildes der Erfahrung zu ringen, hat Schopenhauer nicht genutzt – und vielleicht auch nicht nutzen wollen. Ist ihm doch das Exemplum einer Welt, die sich in dieser Form nach den uns eigenen Vorstellbarkeiten konstituiert, auch in ihrer Abstraktion zureichend, um nun von den Sinnen zu der Frage der Konstitution und der Objektivierung des Vorstellens überhaupt vorzustoßen.

Literatur

Breidbach, Olaf: *Goethes Naturverständnis*. München 2011.
Burwick, Frederick: *The Damnation of Newton: Goethe's Color Theory and Romantic Perception*. Berlin 1986.
Elie, Maurice: *Sur la lumière et les couleurs*. In: *Schopenhauer-Jahrbuch* 53 (1972), 114–123.
Finger, Stanley: *Origins of Neuroscience*. New York 1994.
Grigenti, Fabio: *Natura e rappresentazione. Genesi e struttura della natura in Arthur Schopenhauer*. Napoli 2000.
Hübscher, Arthur: Um Schopenhauers Farbenlehre. Ein Brief und ein Bericht. In: *Schopenhauer-Jahrbuch* 31 (1944), 83–90.
Hübscher, Arthur: Arthur Schopenhauer. Ein Lebensbild. In: Arthur Schopenhauer: *Sämtliche Werke*. Bd. 1. Hg. von Arthur Hübscher. Wiesbaden 1966, 29–142.
Regenspurger, Katja/van Zantwijk, Temilo (Hg.): *Wissenschaftliche Anthropologie um 1800?* Stuttgart 2005.
Sachs-Hombach, Klaus: *Philosophische Psychologie im 19. Jahrhundert. Ihre Entstehung und Problemgeschichte*. Freiburg 1993.
Wagner, Karl: Goethes Farbenlehre und Schopenhauers Farbentheorie. In: *Schopenhauer-Jahrbuch* 22 (1935), 92–176.

Olaf Breidbach

6 Die Welt als Wille und Vorstellung

6.1 Zur Entwicklung des Hauptwerks

Die Welt als Wille und Vorstellung entstand in den Jahren 1814 bis 1818 in Dresden und erschien im Dezember 1818 mit der Jahreszahl 1819 bei Brockhaus in Leipzig. Unmittelbar nachdem das Hauptwerk erschienen war, habilitierte sich Schopenhauer mit seinem Buch an der Berliner Universität und wurde dort Privatdozent. Für seine Vorlesungen arbeitete er die darin niedergelegte Philosophie didaktisch und auch inhaltlich aus (s. Kap. 10.3). Schon bald zog er eine zweite Auflage des Werks in Erwägung, doch aufgrund der fehlenden Resonanz war der Verleger abgeneigt, und das Vorhaben musste immer wieder verschoben werden. Von 1821 an finden sich im Nachlass Entwürfe zu Vorreden zu einer zweiten Auflage des Hauptwerks – sieben allein bis zur Ankunft in Frankfurt 1833 –, die zum einen die zunehmende Verbitterung gegenüber den ihn ignorierenden Zeitgenossen dokumentieren, zum anderen die immer wieder enttäuschte, aber ungebrochen bleibende Erwartung einer breiten Wirkung seiner Philosophie. In diesem Vertrauen hat Schopenhauer in seinen Manuskriptbüchern Reflexionen, Beobachtungen, Exkurse gesammelt, die viel später in die zweite Auflage der *Welt als Wille und Vorstellung* als deren zweiter Band eingehen sollten. Erst 1844 war es so weit, und die um diesen Band erweiterte und auch im ersten Band erheblich überarbeitete zweite Auflage erschien. Noch einmal erweitert wurde die *Welt als Wille und Vorstellung* schließlich in dritter Auflage 1859 – von Schopenhauer noch selbst veröffentlicht.

Alle heute im Umlauf befindlichen Ausgaben geben den Text der dritten Auflage wieder, häufig auch mit den Zusätzen, die Julius Frauenstädt in seiner posthumen Gesamtausgabe aus Schopenhauers Handexemplar und Notizen hinzugefügt hatte. Für die wissenschaftliche Bearbeitung der *Welt als Wille und Vorstellung* ist das von großem Nachteil, zumal die erheblichen Veränderungen in den späteren Auflagen nicht kenntlich gemacht sind und Variantenverzeichnisse – wenn überhaupt vorhanden – unvollständig sind. Wenn die erste Auflage von *Die Welt als Wille und Vorstellung* nicht noch vorhanden wäre (sie wurde 1988 von Rudolf Malter als Faksimile herausgegeben, auch dieses ist aber längst vergriffen), wäre der ursprüngliche Text nicht rekonstruierbar. Es fehlt immer noch eine zuverlässige historisch-kritische Ausgabe. Das gilt übrigens noch mehr von den übrigen Werken Schopenhauers, denn dort – besonders bei den *Parerga und Paralipomena* – sind die Unterschiede zwischen der Ausgabe letzter Hand und den posthumen Ausgaben mit den Zusätzen meist noch gravierender. *Die Welt als Wille und Vorstellung* wurde immerhin 1919 einmal in einer vorbildlichen Edition von Otto Weiß vorgelegt, der nicht nur die Varianten der verschiedenen Auflagen genau verzeichnete, sondern auch alle Zusätze aus den Handexemplaren Schopenhauers verwendete und kenntlich machte. Diese Ausgabe, die als Teil einer niemals fertiggestellten Gesamtausgabe der Werke Schopenhauers konzipiert war, fand zwar seinerzeit Anerkennung, aber weder gingen die Resultate der Editionsarbeit in die nachfolgenden Editionen ein und wurden in diesem Zusammenhang überprüft (vgl. Lütkehaus 2006, 26; Hübscher 1946, 383) noch wurden sie philosophisch ausgewertet. Eine partielle Überprüfung ergab indessen, dass auch diese Ausgabe unvollständig ist. Die Handexemplare sind übrigens heute noch erhalten und werden in sechs Bänden an der Fondation Bodmer in Cologny in der Schweiz aufbewahrt.

Aufgrund dieser unbefriedigenden Editionslage existiert bis heute keine vergleichende Untersuchung zu den drei Auflagen von Schopenhauers Hauptwerk. Im Folgenden können daher nur allgemeine Aussagen getroffen werden, deren Überprüfung im Einzelnen noch aussteht. Um die Entwicklung des Hauptwerks detailliert nachzeichnen zu können, müssen neben den drei Auflagen auch Schopenhauers Handexemplare, die Vorlesungsmanuskripte und der handschriftliche Nachlass berücksichtigt werden. Die auffälligste Veränderung besteht zweifellos darin, dass die zweite Auflage einen zweiten Band erhalten hat, der, wie gesagt, aus den Notizen und Entwürfen der seit der ersten Auflage verstrichenen 25 Jahre hervorgegangen ist.

Schopenhauer selbst hat sich in den Vorreden zu den späteren Auflagen zu Veränderungen geäußert. Zur zweiten Auflage schreibt er, die Modifikationen im ersten Band, der den Text des ursprünglichen ganzen Werks enthält, beträfen »theils nur Nebendinge« (W I, XXI), meist bestünden sie aber in kurzen erläuternden Zusätzen. Lediglich der die »Kritik der Kantischen Philosophie« enthaltende Anhang habe »bedeutende Berichtigungen und ausführliche Zusätze erhalten« (ebd.). Wenn Schopenhauer betont, dass die Veränderungen im Haupttext des ersten Bandes nur unwesentlich seien, so ist seine Begründung für die Zugabe eines zweiten Bandes mitzubedenken. Er bezieht sich dabei auf Unterschiede im Stil, in der »Darstellungsweise und im Ton des Vortrags« (ebd.), die sich seit der Abfassung in der Jugendzeit so stark geändert hätten, dass durch Umarbeitung kein einheitlicher Text mehr entstehen könne. Soweit es möglich war, hat er den ursprünglichen Wortlaut beibehalten wollen, auch wenn er nun manches »ganz anders ausdrücken würde« (W I, XXII). Es ist klar, dass sich ›ganz anders auszudrücken‹ in philosophischen Texten durchaus gravierendere Folgen haben kann, als es hier den Eindruck erweckt. Schopenhauer ist indessen davon überzeugt, dass sich die nötigen Klarstellungen dem Leser durch die Lektüre des zweiten Bandes von selbst ergeben. Umgekehrt bezieht sich der zweite Band mit seinen einzelnen Kapiteln als Ergänzung unmittelbar auf bestimmte Teile des ersten, der aus diesem Grunde auch eine neue Einteilung in Paragraphen erhielt. Demnach verhalten sich beide Bände derart ergänzend zueinander, »daß nicht bloß jeder Band Das enthält, was der andere nicht hat, sondern auch, daß die Vorzüge des einen gerade in Dem bestehn, was dem anderen abgeht« (ebd.). Dabei kommt dem ersten Band der Entwurf des Ganzen in seinem systematischen Zusammenhang zu, dem zweiten dagegen die ausführlichere Begründung und Entwicklung der einzelnen Teile. Wie man diese Zuordnung zu bewerten hat, hängt mit dem schwierigen Problem der Methodologie Schopenhauers zusammen (s. Kap. 6.2). Er selbst gibt immerhin doch einen Hinweis auf den Vorrang des ersten Bandes, wenn er empfiehlt, ihn wenigstens einmal gelesen zu haben, bevor man an die Lektüre des zweiten geht (vgl. W I, XXIII). Andererseits hebt er – aus verständlichen Gründen – in seinem Gesuch an den Verleger Brockhaus um den Druck einer zweiten Auflage die »bedeutende[n] Vorzüge« des zweiten Bandes vor dem ersten hervor, zu dem sich jener verhalte, »wie das ausgemalte Bild zur bloßen Skitze« (GBr, 195). In der Vorrede zur dritten Auflage schließlich betont Schopenhauer, er habe die zweite nur um weitere Zusätze bereichert, zu denen eigentlich die Gedanken gehörten, die zuvor im zweiten Band der *Parerga und Paralipomena* veröffentlicht worden waren.

Freilich sind diese Ausführungen des Autors nicht ausschlaggebend für die Frage nach den tatsächlichen Entwicklungen und Modifikationen innerhalb des Hauptwerks. Eine in der Forschung seit langem bestehende Diskussion betrifft mögliche Veränderungen in Schopenhauers Materiebegriff und in seiner Stellung zum Materialismus (vgl. Cornill 1856, 60 ff.; Volkelt 1923, 84 ff.; Schmidt 2004, 129 f.). Als eine bemerkenswerte Modifikation wurde auch festgestellt, dass Schopenhauer ab der zweiten Auflage die Begriffe »Ethik« und »ethisch« an allen Stellen, an denen sie auf moralisches Handeln, also auf die Tugenden der Gerechtigkeit und Menschenliebe bezogen waren, durch »Moral« und »moralisch« ersetzte (vgl. Koßler 1999, 391).

Die Änderungen, die Schopenhauer an dem Anhang »Kritik der Kantischen Philosophie« vorgenommen hat, sind zum Teil darauf zurückzuführen, dass er frühestens im Jahr 1826 die erste Auflage von Kants *Kritik der reinen Vernunft* kennengelernt hatte. Da für ihn die Überarbeitung Kants »einen verstümmelten, verdorbenen, gewissermaßen unächten Text« (W I, 516) hervorgebracht hatte, musste die Entdeckung des ursprünglichen Textes zu Modifikationen seiner Kritik an Kant führen, die an anderer Stelle behandelt werden (s. Kap. 6.7; 17).

Einen Hinweis darauf, dass möglicherweise Teile aus dem zweiten Band mehr enthalten als bloße Ausführungen und gründlichere Durcharbeitungen des im ersten Band Dargelegten, könnte man in dem Umstand erblicken, dass bei manchen Kapiteln kein Verweis auf entsprechende Paragraphen des ersten Bandes zu finden sind. Das betrifft die Kapitel »Von den wesentlichen Unvollkommenheiten des Intellekts«, »Von der Materie«, »Transzendente Betrachtungen über den Willen als Ding an sich«, »Vom Instinkt und Kunsttrieb«, »Leben der Gattung«, »Erblichkeit der Eigenschaften«, »Metaphysik der Geschlechtsliebe«, »Die Heilsordnung« und »Epiphilosophie«. *Cum grano salis* lässt sich aus diesen Themen ersehen, dass Schopenhauer das Verhältnis zwischen seiner Philosophie und den Naturwissenschaften zumindest in besonderem Maße beschäftigt hat. Schon in der Schrift *Ueber den Willen in der Natur* von 1836, die zwischen der ersten und der zweiten Auflage des Hauptwerks erschienen war, war es ihm ein Anliegen, die Übereinstimmung seiner Lehre mit den rasant fortschreitenden naturwissenschaftlichen Erkenntnissen nachzuweisen (s. Kap. 7). Zugleich zeigen die im Vergleich mit der ersten Auflage wesentlich präziseren Ausführungen über seine philosophische Methode mit dem Anspruch auf eine ›immanente‹ Metaphysik in den Kapiteln »Ueber das metaphysische Bedürfniß des Menschen« und »Epiphilosophie« des zweiten Bandes des Hauptwerks, dass sich Schopenhauer um eine genauere Bestimmung des Anspruchs der Philosophie gegenüber und dennoch im Einklang mit den Naturwissenschaften bemühte.

Sieht man von der »Kritik der Kantischen Philosophie« ab, so lassen sich drei Bereiche festhalten, in denen die Modifikationen der späteren Auflagen über eine bloße Ergänzung bzw. ausführlichere Darstellung des in der ersten Auflage Vorgebrachten hinauszugehen scheinen: (1) der Vorstellungsbegriff, (2) das Verhältnis zwischen Philosophie und Wissenschaft und (3) die Behandlung der Materie.

1) Das Wort ›Vorstellung‹, das Kant eher unspezifisch verwendet, spielt in Schopenhauers System eine zentrale Rolle in verschiedenen Teilen seiner Lehre. Im Hinblick darauf hat er in der zweiten Auflage seines Hauptwerks bei der Bestimmung der Vorstellung vieles vertieft und erläutert. Ausführlichere Behandlung in diesem Zusammenhang erhielten das Verhältnis der anschauenden zur abstrakten Erkenntnis, die Bestimmung von Vernunft und Verstand, die Lehre von der empirischen Anschauung und die Funktionsweise der Vernunft (z. B. spielt der Syllogismus in der ersten Auflage eine geringere Rolle; s. Kap. 10.2).

Im Allgemeinen kann man sagen, dass Schopenhauer, obwohl er betont, die kantische Unterscheidung zwischen Erscheinung und Ding an sich beizubehalten, eine radikale Veränderung der transzendentalen Methode vornimmt, die in der zweiten Auflage akzentuiert wird. Diese Neufassung des Transzendentalismus kann man als »physiologische Orientierung« (Mandelbaum 1980) des Philosophieverständnisses Schopenhauers kennzeichnen, die bereits in dem Werk *Ueber den Willen in der Natur* bemerkbar ist.

Es ist bezeichnend, dass das zweite Buch im zweiten Band des Hauptwerks (»Die Objektivation des Willens«, d. h. die ausgebildete Willensmetaphysik) den Teil der Lehre ausmacht, der am stärksten verändert wurde. Das Problem, das Schopenhauer hier zu lösen hat, ist eine neue Begründung der Naturphilosophie, nachdem er Schellings Projekt derselben für unzulänglich erklärt hatte (vgl. Segala 2009, 258–348).

2) In diesem Zusammenhang stellt sich auch die Frage nach dem Verhältnis zwischen Wissenschaft und Philosophie. Dieses Problem wird besonders im Kapitel 17 »Ueber das metaphysische Bedürfniß des Menschen« behandelt. Einerseits wird die Forderung erhoben, die wissenschaftlichen Erkenntnisse seien die »berichtigte *Darlegung des Problems* der Metaphysik, [...] daher soll Keiner sich an diese wagen, ohne zuvor eine, wenn auch nur allgemeine, doch gründliche, klare und zusammenhängende Kenntniß aller Zweige der Naturwissenschaft sich erworben zu haben« (W II, 198). Andererseits ist die Aufgabe der Philosophie die Entzifferung der Welt, und die Metaphysik soll ihr Kriterium der Wahrheit im Hinblick auf einen Zusammenhang, den die Wissenschaften nicht gewährleisten, haben (vgl. Mollowitz 1989): »Das Ganze der Erfahrung gleiche einer Geheimschrift, und die Philosophie der Entzifferung derselben, deren Richtigkeit sich durch den überall hervortretenden Zusammenhang bewährt« (W II, 202 f.).

3) In Bezug auf die Auffassung der Materie findet sich ihre grundlegende Bestimmung als die Verknüpfung von Raum und Zeit durch den Verstand schon in der ersten Auflage von 1819. Allerdings scheint es, als ob damit die Erörterung des Materiebegriffs noch nicht abgeschlossen war, denn es finden sich zu dieser Zeit auch abweichende Fassungen. Erst in der zweiten Auflage werden diese verschiedenen Ansätze klarer differenziert und in einen umfassenden metaphysischen Rahmen gestellt. »Die Lehre von der Materie ist ein besonders schwieriges und dunkles Stück der Schopenhauerschen Erkenntnistheorie. Die Materie bietet bei Schopenhauer mehrere Anblicke dar je nach dem Gesichtswinkel, unter dem man sich ihr nähert« (Volkelt 1984, 382). Diese Schwierigkeit und Dunkelheit hängt nicht nur damit zusammen, dass Schopenhauer das Thema im Lauf der Jahre aus verschiedenen Perspektiven betrachtet, sondern auch damit, dass er auf verschiedene Quellen zurückgegriffen hat. Letzteres zeigt sich sowohl in den vielen Bezugnahmen auf die klassisch-aristotelische Lehre als auch auf die Lehren über die Materie bei Giordano Bruno und Plotin. Das Problem der Materie ist in den Kapiteln 1 (»Die Lehre von der anschaulichen Vorstellung«) und 4 (»Von der Erkenntnis a priori«) der zweiten Auflage behandelt, besonders ausführlich und gründlich aber im Kapitel 24 (»Von der Materie«), das nicht auf bestimmte Teile des ersten Bandes referiert. Das deutet darauf hin, dass die Materie in Schopenhauers System immer wichtiger wird, bis zu dem Punkt, an dem sie zum Anknüpfungspunkt des empirischen Teils unserer Erkenntnis an den der reinen und der apriorischen wird:

> »Demzufolge ist die Materie Dasjenige, wodurch der Wille, der das innere Wesen der Dinge ausmacht, in die Wahrnehmbarkeit tritt, anschaulich, sichtbar wird. In diesem Sinne ist also die Materie die bloße Sichtbarkeit des Willens, oder das Band der Welt als Wille mit der Welt als Vorstellung« (W II, 349).

Die Auseinandersetzung mit dem Materialismus ist ein weiterer Aspekt in Schopenhauers Behandlung der Materie. Er verwarf schon in der ersten Auflage den Materialismus, d. h. die Auffassung der Materie als ontologische Struktur der Wirklichkeit. Man muss bei all dem daran erinnern, dass die Veränderung in den späteren Auflagen nicht nur in den Zusätzen im zweiten Band bestehen, sondern dass auch viele Formulierungen des ersten Bandes erst in den nachfolgenden Auflagen hinzugefügt wurden. Die Entwicklung der Naturwissenschaften und der Physik, die vor allem in den 1820er und 30er Jahren des neunzehnten Jahrhunderts aufgetreten ist, führt bei Schopenhauer zu einer starken Reaktion gegen das reduktionistische Denken. Die Widerlegung des Materialismus, unter welchem Schopenhauer den mechanistischen Materialismus versteht, zeigt sich in den späteren Auflagen in der Ablehnung der Atomtheorie. Ein Teil der Sekundärliteratur sieht Schopenhauer aber als einen Denker mit starken materialistischen Tendenzen an (vgl. Schmidt 2004), so dass sein Platz in der philosophiehistorischen Entwicklung noch genauer zu bestimmen ist.

Literatur
Cornill, Adolph: *Arthur Schopenhauer als Übergangsform von einer idealistischen in eine realistische Weltanschauung*. Heidelberg 1856.
Hübscher, Arthur: Die kritische Schopenhauer-Ausgabe. In: *Zeitschrift für philosophische Forschung* 1 (1946), 380–387.
Koßler, Matthias: *Empirische Ethik und christliche Moral. Zur Differenz einer areligiösen und einer religiösen Grundlegung der Ethik am Beispiel der Gegenüberstellung Schopenhauers mit Augustinus, der Scholastik und Luther*. Würzburg 1999.
Lütkehaus, Ludger: Einleitung zu Schopenhauers Werken nach den Ausgaben letzter Hand. In: Arthur Schopenhauer: *Werke in fünf Bänden. Beibuch*. Hg. von Ludger Lütkehaus. Frankfurt a. M. 2006, 7–34.
Mandelbaum, Maurice: The Physiological Orientation of Schopenhauer's Epistemology. In: Michael Fox (Hg.): *Schopenhauer. His Philosophical Achievement*. Sussex 1980, 50–67.
Mollowitz, Gerhard: Bewährung aus-sich-selbst als Kriterium der philosophischen Wahrheit. In: *Schopenhauer-Jahrbuch* 70 (1989), 205–225.
Morgenstern, Martin: *Schopenhauers Philosophie der Naturwissenschaft*. Bonn 1985.
Morini, Maurizio: *Trascendentalismo e immantismo nelle tre edizioni del Mondo come volontà e rappresentazione di Arthur Schopenhauer*. Macerata 2017.
Schmidt, Alfred: Schopenhauer und der Materialismus. In: Ders.: *Tugend und Weltlauf. Vorträge und Aufsätze über die Philosophie Schopenhauers (1960–2003)*. Frankfurt a. M. 2004, 105–149.
Segala, Marco: *Schopenhauer, la filosofia, le scienze*. Pisa 2009.
Volkelt, Johannes: *Arthur Schopenhauer. Seine Persönlichkeit, seine Lehre, sein Glaube*. Stuttgart ^{5}1923.
Volkelt, Johannes: Korrelativismus und Materialismus. In: Volker Spierling (Hg.): *Materialien zu Schopenhauers »Die Welt als Wille und Vorstellung«*. Frankfurt a. M. 1984, 371–386.

Matthias Koßler / Maurizio Morini

6.2 Konzeptionelle Probleme und Interpretationsansätze der *Welt als Wille und Vorstellung*

Nicht nur der Inhalt und die Argumentation des ersten Bandes von Schopenhauers Hauptwerk *Die Welt als Wille und Vorstellung* (= WWV) sind ausschlaggebend für ein Verständnis des Werks, sondern auch der Aufbau, die Gliederung, die Argumentationsform und die Systematisierung. Allerdings herrscht in der Forschung hinsichtlich der strukturellen Interpretation kein Einvernehmen. Im Wesentlichen drehen sich die Diskussionen um vier Fragen oder Konfliktfelder: (1) Wie ist Schopenhauers Hinweis zu verstehen, dass sein Werk einen einzigen Gedanken mitteilt? Welche Rolle spielt dieser für das Werk? (2) Wie hängen die einzelnen Bücher der WWV zusammen? Architektonisch, systematisch, organisch? (3) In welchem Verhältnis steht das Werk zum Leser und zur Welt? Normativ in Bezug auf den Leser oder deskriptiv in Bezug auf die Welt? (4) Wie verhält es sich mit den oft beanstandeten Widersprüchen und Aporien im Werk? Folgen Sie einem Konzept oder sind sie Denkfehler?

Die folgenden Darstellungen sollen die verschiedenen Positionen, die in den Diskussionen aufgetaucht sind, konturieren und einen Überblick über zum Teil alte, aber nach wie vor ungelöste Probleme der Schopenhauer-Forschung geben.

Der eine Gedanke

Gleich im zweiten Satz der Vorrede zur ersten Auflage der WWV findet sich eine Formulierung, die eine breite Kontroverse bestimmt: »Was durch dasselbe [das Buch; J. L./D. S.] mitgetheilt werden soll, ist ein einziger Gedanke« (W 1, V). Obgleich das Werk nur einen Gedanken artikuliere – so Schopenhauer weiter –, lasse sich dieser nur mittels Zergliederung in vier Teile – die vier »Bücher« des ersten Bandes – mitteilen; allerdings habe man sich nach Schopenhauer »zu hüten, nicht über die nothwendig abzuhandelnden Einzelheiten den Hauptgedanken dem sie angehören und die Fortschreitung der ganzen Darstellung aus den Augen zu verlieren« (W 1, VIII; vgl. auch HN I, 386 f.). Da Schopenhauer nirgends eine explizite Formulierung derart anbietet, dass der eine Gedanke dieses oder jenes sei (vgl. Atwell 1995, 18; Janaway 1999, 4), so scheint es eine in der Forschung allerdings umstrittene Interpretationsleistung zu bleiben, diesen Gedanken zu finden und als solchen zu erläutern. Dabei könnte es – wie Rudolf Malter vermerkt – nicht unwichtig sein, zwischen Sätzen und Gedanken zu unterscheiden; der eine Gedanke sei »obzwar selber kein Satz, nur in Sätzen, bestehend aus abstrakten Vorstellungen, präsent« (Malter 1991, 47). Im Wesentlichen lassen sich in der Forschung drei Positionen voneinander unterscheiden (zur Diskussion des »einen Gedankens« im französischsprachigen Raum s. Kap. 51):

1) Eine weit verbreitete Lesart versteht den einen Gedanken als eine Art inhaltliches Extrakt der zentralen Lehrstücke der WWV, dem sich über eine pointierte Zusammenfassung nahekommen lässt. So versteht Rudolf Malter den einen Gedanken über den Satz: »[D]ie Welt ist die Selbsterkenntniß des Willens« (W I, 526 (Lü); vgl. Malter 2010, 32). Dieser Satz lässt sich auf eine Äußerung Schopenhauers zurückbeziehen, die sich auf 1817 datiert in seinen Manuskripten finden lässt (»Meine ganze Ph[ilosophie] läßt sich zusammenfassen in dem einen Ausdruck: die Welt ist die Selbsterkenntniß des Willens«, HN I, 462) und schließlich – wie zitiert – auch Eingang in das Hauptwerk gefunden hat. Wolfgang Weimer erweitert diese Bestimmung des einen Gedankens noch um den Zusatz: »Die Welt ist die Selbsterkenntnis des Willens von seiner Leidhaftigkeit. Dieses Leiden kann in Stufen aufgehoben werden« (Weimer 1995, 17). Volker Spierling sieht den einen Gedanken in der Formulierung ausgedrückt, dass »diese Welt, in der wir leben und sind, ihrem ganzen Wesen nach, durch und durch Wille und zugleich durch und durch Vorstellung ist« (W I, 227 (Lü); vgl. Spierling 1998, 63). Einen anderen Kandidaten für den einen Gedanken sieht beispielsweise Jochem Hennigfeld (2006, 465) in dem als Grundsatz interpretierten Schopenhauerschen Lemma: »Der Wille als das Ding an sich macht das innere, wahre und unzerstörbare Wesen des Menschen aus« (W II, 232 (Lü)).

John Atwell merkt hinsichtlich des Versuchs einer Formulierung des einen Gedankens an, dass auch die entscheidenden Erkenntnisse des dritten und vierten Buches berücksichtigt werden müssen (vgl. Atwell 1995, 30; Janaway 1999, 5). Nachdem er einige Kandidaten und deren Konsequenzen diskutiert hat, kommt er schließlich zu der Formulierung: »The double-sided world is the striving of the will to become fully conscious of itself so that, recoiling in horror at its inner, self-divisive nature, it may annul itself and thereby its self-affirmation, and then reach salvation« (Atwell 1995, 31).

Fraglich ist bei dieser ersten Lesart, die versucht den einen Gedanken über eine inhaltliche Zusammenfassung einzufangen, aber, inwiefern sie Stellen im Werk Schopenhauers integrieren kann, die betonen, dass zwischen den mitgeteilten Gedanken als Teile des einen Gedankens und dem einen Gedanken selbst zu unterscheiden ist (vgl. HN I, 387). Zu fragen wäre also, ob die Annahmen der erwähnten Autoren zutreffen, dass erstens der eine Gedanke abstrakt und direkt mitteilbar ist und zweitens in der Zusammenfassung der einzelnen Werkteile besteht (vgl. Schubbe 2010, 51 f.).

2) Einer anderen Lesart zufolge ist die Mitteilung eines einzigen Gedankens zwar ebenfalls zentrales Ziel der WWV, allerdings leugnet diese Lesart die Möglichkeit, den einen Gedanken in einem Satz zusammenzufassen oder aus der WWV zu extrahieren. Vielmehr verweise das Werk auf den einen Gedanken: Dem Werk ist somit gleichsam ein performativer Zug zu eigen. So betont beispielsweise Matthias Koßler mit Blick auf die »Thebenmetapher« (s. u.), dass der eine Gedanke »im Mittelpunkt der sich kreuzenden, jedoch nicht ineinanderlaufenden Richtungen zu suchen ist« (2006, 375). Von einer explizit performativen Deutung des einen Gedankens spricht Daniel Schubbe. Die Vorgabe des einen Gedankens hat in seiner Aussprache selbst die Aufgabe, die vier Perspektiven des Werkes, die sich in den vier Büchern bieten, zu bündeln. Demzufolge verbürgt der eine Gedanke nicht einen Inhalt, sondern die Einheit des Werks selbst. Die verschiedenen Perspektiven der vier Bücher der WWV auf die Mensch-Welt-Bezogenheit werden durch den einen Gedanken derart zusammengehalten, dass dieser vielmehr die »Gemeinsamkeit der verschiedenen Perspektiven oder Wirklichkeitsbereiche« verbürgt (Schubbe 2010, 195). Der eine Gedanke ist somit auf theoretischer Ebene eine Art Parallelbegriff zur Welt, in der ebenfalls die einzelnen auszulegenden und zu beschreibenden Gehalte gemeinsam vorliegen.

3) Eine dritte Lesart lokalisiert dagegen die von Schopenhauer vorgegebene und für die Erfassung des einen Gedankens maßgebende Zielsetzung der WWV nicht in der Vorrede, sondern erst am Ende von § 15. Die Vorrede stellt mit dem »einen Gedanken« nur ein Traditionsargument dar, das zum einen aus der bislang noch ungenügend erforschten Ideengeschichte des einen Gedankens von beispielsweise Descartes, Spinoza, Jacobi oder Fichte übernommen wurde (vgl. Lemanski 2011, 316; Koßler 2006) und das zum anderen nur für die Beantwortung der Frage, wie das Buch

zu lesen ist, instrumentalisiert wird. Die eigentliche Zielsetzung Schopenhauers finde man dagegen in § 15: Schopenhauer erklärt dort, dass es die Aufgabe seiner Philosophie sei, »alles Mannigfaltige der Welt überhaupt, seinem Wesen nach, in wenige abstrakte Begriffe zusammengefaßt, dem Wissen zu überliefern« (W I, 131 (Lü)). Er beruft sich dabei, wie auch bei der Parallelstelle in der Ethik (vgl. W I, 494 (Lü)), auf Francis Bacon und bekennt sich somit sowohl zu einem empirischen Ansatz (vgl. Koßler 1999) als auch zu einer neuzeitlich-aufklärerischen Tradition, die das philosophische Buch über die Welt an die Stelle der Bibel setzt (vgl. Blumenberg 1986, bes. Kap. VIII).

Die Zielsetzung, d. h. die »vollständige Wiederholung, gleichsam Abspiegelung der Welt in abstrakten Begriffen« (W I, 131 (Lü)), verdeutlicht sich in einer Analogie: Wenn der »Erkenntnißgrund« für die philosophischen Urteile »unmittelbar die Welt selbst« (W I, 131) sei und diese durch die WWV abgespiegelt werde, dann umfasst »Welt« als höchster Begriff (conceptus summus) alle anderen Begriffe der WWV (conceptus inferiores) ebenso wie auch die reale-unmittelbare Welt alle anderen Entitäten in sich umfasst (vgl. Lemanski 2017). Ähnlich bringt für Arthur Hübscher auch schon der Titel »Die Welt als Wille und Vorstellung« den einen Gedanken »auf eine kurze Formel«: Er »kommt, in jeder Zeile gegenwärtig, in vier Büchern wie in vier symphonischen Sätzen zur allseitigen Entfaltung« (Hübscher 1952, 69). Sieht man auf die letzten Sätze von § 15, so findet man eine Verbindung der beiden zuletzt genannten Ansätze: Wille und Vorstellung inklusive der darunter enthaltenen Glieder sind allesamt Teilbegriffe des Begriffs ›Welt‹, d. h. in dessen Begriffsumfang enthalten. Als höchster Begriff soll somit hier der Weltbegriff zwischen den an sich widersprüchlichen Dichotomien vermitteln; »ihre Harmonie zu einander, vermöge welcher sie sogar zur Einheit *eines* Gedankens zusammenfließen, [...] entspringt aus der Harmonie und Einheit der anschaulichen Welt selbst« (W I, 132 (Lü)).

Architektonik, System oder Organismus?

Die Forschungskontroverse, wie der Zusammenhang der vier Bücher der WWV zu verstehen ist, eröffnet sich an den drei Metaphern ›Architektur‹, ›System‹ und ›Organismus‹, die im Kontext des einen Gedankens auftauchen:

> »Ein System von Gedanken muß allemal einen architektonischen Zusammenhang haben, d. h. einen solchen, in welchem immer ein Theil den andern trägt, nicht aber dieser auch jenen, der Grundstein endlich alle, ohne von ihnen getragen zu werden, der Gipfel getragen wird, ohne zu tragen. Hingegen ein einziger Gedanke muß, so umfassend er auch seyn mag, die vollkommenste Einheit bewahren. Läßt er dennoch, zum Behuf seiner Mittheilung, sich in Theile zerlegen; so muß doch wieder der Zusammenhang dieser Theile ein organischer, d. h. ein solcher seyn, wo jeder Theil ebenso sehr das Ganze erhält, als er vom Ganzen gehalten wird [...]« (W I, 7).

Obgleich es kontrovers ist, ob Schopenhauer den Begriff ›System‹ synonym zu ›architektonisch‹ und als Gegenbegriff zu ›organisch‹ (vgl. Schubbe 2010, 50) oder ob er ›System‹ als Oberbegriff für die beiden konträren Teilbegriffe ›architektonisch‹ oder ›organisch‹ verwendet (vgl. Strub 2011, 106; ferner Bloch 1985, 369), lässt sich festhalten, dass in beiden Fällen ›architektonisch‹ die Gegenmetapher zu ›organisch‹ bleibt, so dass wir im Folgenden nur diese Dichotomie verwenden. Somit lässt sich generell sagen: Schopenhauer möchte sein Werk explizit nicht als Architektur verstanden wissen, sondern als Organismus. Der Unterschied: Während die Architektur nach Schopenhauer linear konstruiert ist, trägt in einem Organismus jeder Teil den anderen, sie sind aufeinander verwiesen. Schopenhauer versteht sein Werk also so, dass der letzte Teil ebenso den ersten trägt, wie der erste den letzten. Die Zergliederung des Werks in vier Teile liegt nach Schopenhauer somit nicht in der Sache, sondern in der Problematik ihrer Mitteilung: Da nach ihm ein Buch eben eine erste und letzte Zeile haben müsse, bliebe kein anderer Weg, aber dies dürfe nicht mit dem Gegenstand, mit dem einen Gedanken selbst verwechselt werden. Dadurch kommt es nach Schopenhauer zwangsläufig zu einem Widerspruch zwischen Inhalt und Form (vgl. W I, 8 (Lü)), der aber mit einer (mindestens) zweimaligen Lektüre des Buches behoben werden könne.

Allerdings wird in der neueren Forschung diskutiert, ob der Widerspruch zwischen Inhalt und Form nicht weitreichendere Konsequenzen hat, als Schopenhauer einzugestehen bereit ist. So hebt Martin Booms (vgl. Booms 2003, 141–146) hervor, dass es bei Schopenhauer zwei unterschiedliche Selbsteinschätzungen bezüglich der Anfangsproblematik gibt: Zum einen ist dies die berühmte Thebenanalogie aus dem Jahr 1841 (vgl. E, 327 f. (Lü), häufig auch »Thebenmetapher«), derzufolge der Einstieg in Schopenhauers Philosophie beliebig sei, da man von überall zum Mittelpunkt kommen könne; zum anderen ist dies der im zweiten Band der *Parerga und Paralipomena* formulierte Gedanke, dass »jede Philosophie anzuheben [hat] mit Untersuchung des Erkenntnißvermögens, seiner Formen und Gesetze, wie auch der Gültigkeit und der Schranken derselben« (P II, 24 f. (Lü)). Nach Booms kommt es damit bereits am Anfang zu einer antinomischen Verwicklung – er spricht von einer Methodenantinomie –, da die eine Bestimmung die andere ausschließt. Mehr noch: Nach Booms ist die Form inhaltsprägend, so dass der Beginn mit der Erkenntnislehre – die er transzendentalistisch interpretiert – derart theorieinitiierend wirkt, dass Schopenhauers Philosophie insgesamt zu einer Transzendentalphilosophie wird. Die Primärstellung der Erkenntnislehre werde damit zu einer Fundamentalstellung. Für Booms trägt die Anfangsproblematik entscheidend zur Frage nach einer Charakterisierung des Werks insgesamt bei.

Angesichts der gegenseitigen Abhängigkeit von Form und Inhalt fragt Schubbe gegenüber Booms zunächst danach, was denn bei Schopenhauer überhaupt als Inhalt und Form bestimmt werden soll (vgl. Schubbe 2010, 25–31). Indem Schubbe den deskriptiven Charakter der Erkenntnislehre und den von Schopenhauer herausgestellten didaktischen Sinn des Beginns mit der Erkenntnislehre betont, versucht er zu zeigen, dass der Erkenntnislehre weder ein Begründungsstatus zukommt, noch diese die Form des Werks festlegt; vielmehr müsse die Gesamtform des Werks als die Form angesehen werden, von der der Inhalt nicht abstrahiert werden kann. Da Schubbe zwischen dem performativ-indirekten einen Gedanken und vielen direkten Gedanken unterscheidet, liegen für ihn die Thebenanalogie und die Anfangsbestimmtheit schlicht auf verschiedenen Ebenen: Die Thebenanalogie bezieht sich auf den einen Gedanken, die didaktisch verstandene Anfangsbestimmtheit auf die direkten Gedanken, durch die hindurch der eine Gedanke im günstigen Fall provoziert wird.

Doch zurück zur Frage, was für die Metapher der Architektonik (1) oder des Organismus (2) spricht.

1) Trotz der expliziten Vereinnahmung der Organismusmetapher für sein Werk findet man (a) bei Schopenhauer selbst (vgl. z. B. W II, 420 (Lü)) und (b) in der Forschung eine Annäherung an die Architekturmetapher.

a) Die meisten gesperrt gesetzten Allgemeinbegriffe in der WWV bilden eine der klassischen Begriffslogik entsprechende hierarchische Struktur (vgl. z. B. W II, 76 (Lü); VN I, 259–276), die vom abstraktesten Begriff wie ›Welt‹ bis beispielsweise zu den konkreten Vernunftdefinitionen von ›Lachen‹, ›Witz‹ und ›Narrheit‹ (vgl. W I, 102 f. (Lü)) reicht. Aufgrund dieser stufenförmigen Begriffsstruktur, die sich durch die ganze WWV hindurchzieht, ist es ratsam, anhand einschlägiger Stellen zu verfolgen, dass Schopenhauer mit der Architekturmetapher eine aus Allgemeinbegriffen und Prinzipien nur ableitende Philosophie kritisiert (vgl. W I, 130 (Lü)), wie er sie exemplarisch für die Neuzeit bei Spinoza oder Wolff sieht (vgl. Strub 2011, 106 f.). Die Begriffsstruktur der WWV ist somit eine der bedeutenden Leistungen des Werks, aber sie kann nur ein Gesamtresultat und nicht die Methode der WWV sein, da Schopenhauer sonst wiederum an Spinoza und Wolff anknüpfen würde. Die genaue Struktur ist in der gegenwärtigen Forschung noch nicht ausgearbeitet (vgl. Lemanski 2017).

b) Die Forschung hat sich hingegen bislang intensiver mit der Themenstruktur beschäftigt, die einerseits für die noch genauer zu untersuchende Linearität von Bedeutung ist, andererseits sich teilweise der Architekturmetapher dadurch annähert, dass sie die Position bestimmter Themen innerhalb des Werks festsetzt: Wie am Beispiel von Booms bereits gezeigt, steht von einigen Interpreten die Behauptung im Raum, dass der Anfang der WWV mit der Erkenntnislehre nicht ohne weiteres beliebig sei, da »[j]eder transzendente Dogmatismus [...] vermieden werden« soll (Spierling 1998, 49), bzw. weil sie »das Teilstück der Darstellung des prozessualen Geschehens [ist], wodurch dieses Geschehen eröffnet wird« (Malter 1991, 53). Ebenso festgesetzt erscheint für viele Interpreten der Schluss der WWV. Besonders einschlägig für diese Position war Franz Rosenzweigs Rede von der Schopenhauerschen Innovation eines »systemerzeugten Heiligen des Schlußteils«, der »den Systembogen schloß, wirklich als Schlußstein schloß, nicht etwa als ethisches Schmuckstück oder Anhängsel ergänzte« (Rosenzweig 1921, 8 f.). Eduard von Hartmann spricht ebenfalls von einer Hervorhebung des Nichts, die von Schopenhauer »wiederholentlich und mit Nachdruck als der Gipfel nicht nur seiner Ethik, sondern auch seines ganzen philosophischen Systems bezeichnet worden« ist (Hartmann 1924, 54). Schopenhauers Religionsphilosophie, der Heilige und das Nichts werden, so Hans Zint, somit zum »leuchtenden Schlußpunkt seiner ganz Philosophie« (Zint 1930, 63). Insofern weist auch Gerhard Klamp darauf hin, dass das dritte Buch nur eine »Vorschule« für die »eindrucksvolle[n] Schlusspartien« (Klamp 1960, 83) des vierten Buchs sein könne. Das feste Themenarrangement ausgehend von der Erkenntnistheorie bis hin zur ›mystischen Ontologie‹ geht bei den meisten Forschern mit einem linearen Verständnis des Aufbaus der WWV einher.

Ein anderes architektonisches Bild, das die Position der Ethik festsetzt, kann aber auch mit der Thebenanalogie erreicht werden, wenn man auf das Verhältnis von Peripherie und Zentrum rekurriert: Johann August Becker (vgl. Becker 1883, 4) und Karl Werner Wilhelm (vgl. Wilhelm 1994, 10) interpretieren die Thebenanalogie so, dass die ersten drei Bücher der WWV periphere Zugangswege bilden, alle Zugänge aber zum zentralen Kern führen, welcher die Ethik im letzten Buch sei.

2) An die Vereinnahmung der Organismusmetapher für sein Werk halten sich sowohl (a) Schopenhauer selbst an vielen Stellen als auch (b) in jüngerer Zeit immer mehr Forscher.

a) Schopenhauer selbst hebt hervor: Wenn man den einen Gedanken »von verschiedenen Seiten betrachtet, zeigt er sich als Das, was man Metaphysik, Das, was man Ethik und Das, was man Aesthetik genannt hat« (W I, 7 (Lü)).

b) Aus diesem Grund, meint Robert Jan Berg, gebe es »prinzipiell beliebige Zugangswege« (Berg 2003, 99) in den Organismus des Werks. Obwohl Schopenhauer im ersten Buch der WWV die Welt als Wille aus der Welt als Vorstellung argumentativ entwickelt, könnte ein Leser doch ebenso gut mit dem zweiten Buch beginnen, da Schopenhauer dort anders herum auch die Welt als Vorstellung aus der Welt als Wille genetisch erklärt und beide Bücher sich somit wechselseitig ergänzen, also die Priorität der jeweiligen ›Welt‹ nur durch die Methodik des Themas – Erkenntnistheorie oder Naturphilosophie – entschieden wird. Die beliebige Stellung der Schlusspassagen wird zudem durch die Neuformulierung der WWV in den *Vorlesungen* Schopenhauers deutlich, in der Schopenhauer nicht mit »Nichts«, sondern mit einem metaphilosophischen Thema endet (vgl. VN IV, 271 ff.). Innerhalb der organischen Lesart wäre somit auch eine alternative Fassung der WWV denkbar, die nicht mit der Verneinung, sondern mit der Bejahung des Willens endet.

Die WWV: Normatives, axiologisches oder deskriptives Gedankengebäude?

Sehr früh hat die architektonische Festsetzung und Fokussierung auf das Ende der WWV die lineare Interpretation mit einer normativen gekoppelt: Wenn Schopenhauer am Ende seines Werks den Asketen und dessen Flucht ins Nichts beschreibt, so war es für viele Interpreten naheliegend, dass der Autor seinem Leser »zumuthe[.], den Willen zum Leben [...] zu verneinen« (Weigelt 1855, 156). Daher erklärt auch Paul Deussen, dass Schopenhauers Ethik zuletzt doch »eine Imperativische Form hat. Sie liegt für ihn darin, dass er die Verneinung des Willens zum Leben der Bejahung durchweg als das Höhere, Bessere gegenüberstellt« (Deussen 1917, 555). Allerdings wird in diesem Zitat eine Differenz verwischt, die anderen Interpreten zufolge einen »Zwischenweg« zwischen einer normativen oder deskriptiven Lesart aufzeigen kann: Es ist durchaus möglich, einzuräumen, dass Schopenhauer sein Werk deskriptiv verstanden wissen will, aber dennoch den Figuren der Weltüberwindung einen wertvolleren, höheren Status einräumt als den Lebensbejahern. Eine solche axiologische Lesart ist wertend, aber nicht präskriptiv. Eine deskriptive Lesart ist hingegen weder normativ noch axiologisch. Da sich die drei Lesarten am deutlichsten in der Interpretation der Schopenhauerschen Willensverneinung zeigen, kann man orientierungsweise festhalten:

(1) Normative Interpretation: Schopenhauer will seinen Leser von der Willensverneinung überzeugen, so dass dieser sie praktisch umsetzt.
(2) Axiologische Interpretation: Schopenhauer beschreibt die Willensverneinung nur, bewertet sie aber als besser im Vergleich zur Lebensbejahung.
(3) Deskriptive Interpretation: Schopenhauer beschreibt Willensverneinung und -bejahung nur und zwar beide gleichwertig.

Das von Schopenhauer nicht verwendete, aber in der Forschung intensiv diskutierte Reizwort ›Soteriologie‹ (bzw. Erlösungslehre, ferner: Befreiungslehre) fällt in den Bereich der Willensverneinung und kann daher (1) normativ, (2) axiologisch oder aber (3) deskriptiv interpretiert werden. Prinzipiell divergieren aber alle drei Lesarten auch an anderen Fragestellungen, beispielsweise an der Interpretation von Idealismus und Empirismus im ersten Buch der WWV.

Zu den Vertretern einer axiologischen Interpretation der Soteriologie könnte man Malter zählen, demzufolge das Hauptwerk als ein vom Autor beschriebener Prozess der Befreiung zu verstehen ist: »Die formelhafte Nennung des einen Gedankens indiziert einen Prozeß: den Prozeß, in welchem die Befreiung des Subjekts von seiner negativen Befindlichkeit stattfindet« (Malter 1991, 52). Der Fortgang erfolgt nach Malter über verschiedene Krisen bis zur Erlösung:

»Die Philosophie Schopenhauers kann sich nur deswegen als Soteriologie [...] artikulieren, weil das befreiend-erlösende Moment schon ursprünglich im Subjekt angelegt ist. Nachzuzeichnen, wie es zu seiner Aktivierung kommt und wie der Wille – trotz seiner ihm eigenen Substantialität – das Subjekt nicht mehr bestimmt, ist das Ziel, auf das hin sich das Schopenhauersche System dank des Transzendentalismus, der es leitet, bewegt« (Malter 1991, 55).

Hieran sieht man, dass der Zusammenhang zwischen ›Transzendentalismus‹ (Leitgedanke) und ›Erlösungslehre‹ (Ziel) zu einer linearen Interpretation des Werks führt. Die zielgerichtete Interpretation Malters schränkt den Ausdruck ›Soteriologie‹ auf eine normative oder axiologische Interpretation ein, da auch Malter zwischen den beiden Interpretationsrichtungen schwankt. Entsprechende Konnotationen finden sich auch bei Alfred Schmidt: »Resignation ist die schwer beschreibbare Grundstimmung, in die Schopenhauers Denken einmündet« (Schmidt 1986, 75). Die Metapher des »Einmündens« drückt hier eben diese Zielgerichtetheit aus, die entweder eine Prävalenz der Willensverneinung ausdrücken kann (axiologisch) oder eine Lenkung zu derselben bewirken soll (normativ). Ein Verständnis des Werks im Zeichen einer Linearität und Normativität oder Axiologie speist sich somit vor allem aus einer spezifischen Interpretation des Stils, des Kontextes der Schlusspasssagen und aus späteren Selbstaussagen Schopenhauers. Komplementär zur axiologischen oder normativen Soteriologie in der Ethik, die besonders in der deutschsprachigen Forschung diskutiert wird (Stichwort: ›Erlösung durch Erkenntnis‹), wird in der spanisch- und besonders in der englischsprachigen Forschung eine axiologische oder normative Befreiungslehre in der Ästhetik diskutiert (Stichwort: ›art as liberation‹).

Vertreter einer rein deskriptiven Lesart berufen sich dagegen vor allem auf die Anfangspassagen des vierten Buchs der WWV, in denen Schopenhauer erklärt, dass auch seine Ethik nur theoretisch-betrachtend bleibt und nichts vorzuschreiben empfiehlt (W I, 357 f. (Lü)). Für Koßler ist dies der Grund von einer »empirischen Ethik« zu sprechen und mehrfach zu betonen, dass Schopenhauer auch »Ethik nicht praeskriptiv, sondern ›deskriptiv‹ versteht« (1999, 434). Nicoletta De Cian und Marco Segala behaupten, dass besonders die englischsprachige Schopenhauer-Forschung eine simplifizierte und verzerrte Interpretation und Rezeptionsgeschichte beschworen hat, während Schopenhauers hauptsächliches Ziel lautet: »discovery of what the world is, disclosure of the world's essence« (De Cian/Segala 2002, 31). Jens Lemanski versucht in diesem Zusammenhang zu zeigen, dass die normative Interpretation, die die WWV auch im deutschen Sprachraum als negatives, pessimistisches und lebensverneinendes Werk deutet, selbst durch Schopenhauers Spätschriften und Überarbeitungen begünstigt wurde und sich aufgrund der Fehlinterpretationen Mainländers, Hartmanns und besonders Nietzsches in der Philosophiegeschichte etablieren konnte. Deutlich wird dies Lemanski zufolge an der sogenannten »Weigelt-Becker-Kontroverse«, in der Schopenhauer und seine engsten Schüler in den 1850er Jahren sich selbst gegen die linear-normative Lesart wehren und zur Deutlichkeit der Erstauflage der WWV zurückfinden, in der die Abspiegelung der Welt stärker heraussticht als im Spätwerk (vgl. Lemanski 2013, 153–161).

Einen weiteren Gegenpart findet die linear-soteriologische Interpretation in einer morphologischen Lesart (vgl. Schubbe 2010 und 2012). Nach dieser sind die in den vier Büchern der WWV explizierten Erkenntnisformen und Mensch-Welt-Beziehungen erkenntnistheoretisch und ontologisch als gleichrangig zu betrachten (vgl. Schubbe 2012).

Allerdings könnte es sein, dass die Rede von einer reinen Deskriptivität der WWV noch von einer anderen Seite als der einer normativen oder axiologischen Lesart eingeschränkt werden muss: Da Schopenhauer in Bezug auf seine Metaphysik nicht nur von einer Beschreibung der Welt spricht, sondern auch von ihrer Auslegung (s. Kap. 40), knüpft sich hier die schließlich auch im Kontext der Phänomenologie und Hermeneutik viel diskutierte Frage an, inwiefern ›Beschreibung‹ und ›Auslegung‹ sich gegenseitig ausschließen oder aufeinander verweisen.

Widersprüche und Aporien in der WWV

Sehr früh – so bereits 1819 von einem anonymen Rezensenten – wurde in der Schopenhauer-Rezeption auf Aporien oder Widersprüche in der WWV aufmerksam gemacht. Diese Diskussion durchzieht die Schopenhauer-Forschung bis in die Gegenwart, wobei auffällt, dass weder Einigkeit darüber herrscht, welche Sachverhalte denn als ›Widersprüche‹ anerkannt werden sollen, noch wie diesbezüglich terminologisch verfahren werden soll – so ist beispielsweise von Widersprüchen, Aporien, Antinomien und Zirkeln die Rede. Zudem lassen sich verschiedene Einschätzungen und Bewertungen der Problematik finden, die sich grob in vier Gruppen einteilen lassen (zu einer Zusammenstellung von Autoren, die sich zu dem Thema geäußert haben vgl. Malter 1991, 48, Anm. 25; zur folgenden Systematisierung vgl. auch Booms 2003, 23 f.): Während einige Interpreten die ›Widersprüche‹ bei Schopenhauer als Missverständnisse der Ankläger zu entlarven versuchen bzw. diese wohlwollend hinter den Leistungen Schopenhauers zurücktreten sehen (z. B. Hübscher 1988, 254–265), lesen andere Interpreten die ›Widersprüche‹ als Ausdruck einer misslungenen Theorie (z. B. Booms 2003; Hösle 2002, 78). Während diese beiden Gruppen trotz ihrer Divergenzen die ›Widersprüche‹ einheitlich als negativ oder problematisch erachten, lässt sich eine dritte Gruppe identifizieren, die diese als konstitutiven, positiven Bestandteil des Denkens Schopenhauers versteht (vgl. z. B. Spierling 1998, 223–240; Schubbe 2010). Eine vierte Gruppe bilden diejenigen, die die begrifflichen Widersprüche in der WWV als Abbild einer realen Widersprüchlichkeit in der Welt auffassen (vgl. Haucke 2007; Lemanski 2013, 170 ff.).

Die jüngere Forschung ist wesentlich durch den Zugang zu diesem Problem geprägt, den Volker Spierling 1977 mit seiner Dissertation *Schopenhauers transzendentalidealistisches Selbstmißverständnis* in die Diskussion eingebracht und nachfolgend wiederholt aufgegriffen und präzisiert hat. Im Kern dieses Ansatzes, der zugleich einen Blick auf die Gesamtkonzeption der WWV eröffnet, macht Spierling auf sich wiederholende Stellen im Gesamtwerk Schopenhauers aufmerksam, an denen dieser davon spricht, dass jeder Gedanke in der Philosophie gleichsam durch einen Perspektivenwechsel in seiner Einseitigkeit kompensiert werden müsse (vgl. z. B. P II, 39 (Lü)). Mit diesem Hinweis versucht Spierling zu zeigen, dass das Werk Schopenhauers an drei entscheidenden Stellen eben jene Form der Kompensation – die von Spierling sogenannten »Kopernikanischen Drehwenden« – aufweist, und die ›Widersprüche‹ vielmehr methodologisch als »Standpunktwechsel« im Sinne einer »vergessenen Dialektik« (so ein Teil des Untertitels von Spierling 1977) zu verstehen sind. Die Wechsel zwischen Materialismus und Idealismus, zwischen metaphysischer und hermeneutischer Betrachtung des Dinges an sich und des Lebens als zu bejahend und verneinend – so die drei »Drehwenden« nach Spierling – lassen sich damit als konzeptionelle Figuren des Aufbaus der WWV verstehen. Der konstitutiv-positive Sinn der Drehwenden besteht für Spierling darin, dass diese einer Ambivalenz Rechnung tragen, die es vermeiden hilft, einen absoluten Standpunkt zu postulieren. Vielmehr sei Schopenhauer ein Philosoph, »der besonnen reflektiert, der der Differenz von Begriff und Sache methodisch eingedenk bleibt, der dem apriorisch-idealistischen Identitätsdenken Einhalt gebietet« (Spierling 1998, 240).

Im Anschluss an die Rede von der »vergessenen Dialektik« hat Matthias Koßler den Versuch unternommen, anhand eines Vergleichs mit Hegels *Phänomenologie des Geistes* eine implizite, durch die Widersprüche hindurchgehende spekulativ-dialektische Entwicklung in der WWV nachzuweisen, die in der »Erfahrung des Charakters« kulminiert (vgl. Koßler 1990 und 2002).

In neuerer Zeit ist das Problem der Aporien insbesondere von Booms, Kai Haucke und Schubbe aufgegriffen worden (zu den folgenden Ausführungen vgl. Bernardy/Schubbe 2011, 250 ff.). Martin Booms (vgl. Booms 2003) radikalisiert die transzendentalistische Lesart Rudolf Malters, indem er die verschiedenen transzendentalen Ebenen, die Malter bei Schopenhauer ausgemacht hat, zu *einem* Transzendentalismus verbindet. Allerdings handelt es sich nach Booms – darin wird seine pejorative Bewertung der Aporetik sichtbar – um einen fehlerhaften Transzendentalismus, der sich aus einem Missverständnis der Philosophie Kants seitens Schopenhauers ergibt. Aus einer falschen Konzeption des Transzendentalismus im ersten Buch ergibt sich eine Aporetik zwischen subjektivistischen und materialistischen Aspekten. Die drei folgenden Bücher des Hauptwerks versuchen nach Booms nichts anderes als den jeweiligen Bruch im nächsten Buch wieder aufzuheben. Da der Fehler sich aber auf jeder Ebene wiederhole, erzeuge jedes Buch einen neuen Versuch, bis das Werk – derart in sich selbst verwickelt – schließlich im Nichts endend sich selbst erlöse (vgl. Booms 2003, 153).

Der zweite hier vorzustellende Versuch, sich der Aporetik in Schopenhauers Hauptwerk im Sinne einer Gesamtinterpretation des Werks zu nähern, ist der von Kai Haucke (vgl. Haucke 2007). Wie Haucke zu zeigen versucht, ist die grundlegende Aporie bei Schopenhauer in seinem Pessimismus zu suchen. Dieser ist nur zu verstehen, wenn man seine beiden Bestandteile – nämlich einen Maximalismus und einen Aktivismus – berücksichtige: Überzogene Erwartungshaltung kombiniert mit dem Anspruch, diese auch erreichen zu können. Gerade aber weil diese Kombination faktisch nicht gelingen kann, komme es bei Schopenhauer zu einem Umschlag von Allmacht in Ohnmacht, aus dem sich die einzelnen Aporien ergeben. Ihren Sinn erhalten die Aporien in der »Wunschlogik« (Haucke 2007, 109) des Pessimismus.

Wie bereits erwähnt, versucht Schubbe im Anschluss an Spierling den Aporien einen systematischen Status zu verleihen (vgl. Schubbe 2010). Im Zentrum seiner Auslegung steht der Versuch, Schopenhauers Philosophie nicht von den in den einzelnen Büchern explizierten Polen (Subjekt, Objekt; Selbstbewusstsein/Leib, Ding an sich; reines Subjekt des Erkennens, Idee; Mitleidender, Leidender) her zu lesen, sondern von den Beziehungen zwischen diesen Polen: Korrelation, Analogie, Kontemplation und Mitleid. Im Mittelpunkt steht somit ein »Zwischen«, aus dem die einzelnen Pole erwachsen. Die Aporien zeigen sich schließlich als Figuren, die dieses Zwischen deutlich werden lassen sollen. Indem die Aporien Grenzen der jeweiligen Position aufzeigen, weisen sie über diese hinaus in einen Bereich, der sich sprachlich-begrifflich oder propositional nicht oder nur eingeschränkt verdeutlichen lässt. Wie bei Spierling werden die Aporien so zu einem Bestandteil der Explikationsform des Werks.

Literatur

Atwell, John: *Schopenhauer on the Character of the World: The Metaphysics of Will*. Berkeley 1995.

Becker, Johann Karl: *Briefwechsel zwischen Arthur Schopenhauer und Johann August Becker*. Leipzig 1883.

Berg, Robert Jan: *Objektiver Idealismus und Voluntarismus in der Metaphysik Schellings und Schopenhauers*. Würzburg 2003.

Bernardy, Jörg/Schubbe, Daniel: Aktuelle Ansätze und Themen der Schopenhauer-Forschung. In: *Allgemeine Zeitschrift für Philosophie* 36/2 (2011), 238–256.

Bloch, Ernst: *Leipziger Vorlesungen zur Geschichte der Philosophie (1950–1956)*. Bd. 4. Frankfurt a. M. 1985.

Blumenberg, Hans: *Die Lesbarkeit der Welt*. Frankfurt a. M. 1986.

Booms, Martin: *Aporie und Subjekt. Die erkenntnistheoretische Entfaltungslogik der Philosophie Schopenhauers*. Würzburg 2003.

De Cian, Nicoletta/Segala, Marco: What is Will? In: *Schopenhauer-Jahrbuch* 83 (2002), 3–43.

Deussen, Paul: *Allgemeine Geschichte der Philosophie mit besonderer Berücksichtigung der Religionen*. Bd. II/3. Leipzig 1917.

Hartmann, Eduard von: *Phänomenologie des sittlichen Bewusstseins. Eine Entwickelung seiner mannigfaltigen Gestalten in ihrem inneren Zusammenhange*. Berlin ³1924.

Haucke, Kai: *Leben und Leiden. Zur Aktualität und Einheit der schopenhauerschen Philosophie*. Berlin 2007.

Hennigfeld, Jochem: Metaphysik und Anthropologie des Willens. Methodische Anmerkungen zur Freiheitsschrift und zur Welt als Wille und Vorstellung. In: Lore Hühn (Hg.): *Die Ethik Arthur Schopenhauers im Ausgang vom Deutschen Idealismus (Fichte/Schelling)*. Würzburg 2006, 459–472.

Hösle, Vittorio: Zum Verhältnis von Metaphysik des Lebendigen und allgemeiner Metaphysik. Betrachtungen in kritischem Anschluss an Schopenhauer. In: Ders. (Hg.): *Metaphysik. Herausforderungen und Möglichkeiten*. Stuttgart-Bad Cannstatt 2002, 59–97.

Hübscher, Arthur: *Schopenhauer. Biographie eines Weltbildes*. Stuttgart 1952.

Hübscher, Arthur: *Denker gegen den Strom. Schopenhauer: Gestern – Heute – Morgen*. Bonn 1988.

Janaway, Christopher: Introduction. In: Ders. (Hg.): *The Cambridge Companion to Schopenhauer*. Cambridge 1999, 1–17.

Klamp, Gerhard: Die Architektonik im Gesamtwerk Schopenhauers. In: *Schopenhauer-Jahrbuch* 41 (1960), 82–97.

Koßler, Matthias: *Substantielles Wissen und subjektives Handeln, dargestellt in einem Vergleich von Hegel und Schopenhauer*. Frankfurt a. M. 1990.

Koßler, Matthias: *Empirische Ethik und christliche Moral. Zur Differenz einer areligiösen und einer religiösen Grundlegung der Ethik am Beispiel der Gegenüberstellung Schopenhauers mit Augustinus, der Scholastik und Luther*. Würzburg 1999.

Koßler, Matthias: Die Philosophie Schopenhauers als Erfahrung des Charakters. In: Dieter Birnbacher/Andreas Lorenz/Leon Miodonski (Hg.): *Schopenhauer im Kontext. Deutsch-polnisches Schopenhauer-Symposium 2000*. Würzburg 2002, 91–110.

Koßler, Matthias: Schopenhauer als Philosoph des Übergangs. In: Marta Kopij/Wojciech Kunicki (Hg.): *Nietzsche und Schopenhauer. Rezeptionsphänomene der Wendezeiten*. Leipzig 2006, 365–379.

Koßler, Matthias: Die eine Anschauung – der eine Gedanke. Zur Systemfrage bei Fichte und Schopenhauer. In: Lore Hühn (Hg.): *Die Ethik Arthur Schopenhauers im Ausgang vom Deutschen Idealismus (Fichte/Schelling)*. Würzburg 2006, 349–364 [2006a].

Lemanski, Jens: *Christentum im Atheismus. Spuren der mystischen Imitatio Christi-Lehre in der Ethik Schopenhauers*. Bd. 2. London 2011.

Lemanski, Jens: The Denial of the Will-to-Live in Schopenhauer's World and his Association of Buddhist and Christian Saints. In: Arati Barua/Michael Gerhard/Matthias Koßler (Hg.): *Understanding Schopenhauer through the Prism of Indian Culture. Philosophy, Religion and Sanskrit Literature*. Berlin 2013, 149–187.

Lemanski, Jens: Schopenhauer's World: The System of The World as Will and Presentation I. In: *Schophaueriana. Revista española de estudios sobre Schopenhauer* 2 (2017), 297–315.

Malter, Rudolf: *Arthur Schopenhauer. Transzendentalphilosophie und Metaphysik des Willens*. Stuttgart-Bad Cannstatt 1991.

Malter, Rudolf: *Der eine Gedanke. Hinführung zur Philosophie Arthur Schopenhauers*. Darmstadt 2010.

Rosenzweig, Franz: *Stern der Erlösung*. Frankfurt a. M. 1921.

Schmidt, Alfred: *Die Wahrheit im Gewande der Lüge. Schopenhauers Religionsphilosophie*. München 1986.

Schubbe, Daniel: *Philosophie des Zwischen. Hermeneutik und Aporetik bei Schopenhauer*. Würzburg 2010.

Schubbe, Daniel: Formen der (Er-)Kenntnis. Ein morphologischer Blick auf Schopenhauer. In: Günter Gödde/Michael

B. Buchholz (Hg.): *Der Besen, mit dem die Hexe fliegt. Wissenschaft und Therapeutik des Unbewussten*. Bd. 1: *Psychologie als Wissenschaft der Komplementarität*. Gießen 2012, 359–385.

Spierling, Volker: *Schopenhauers transzendentalidealistisches Selbstmißverständnis. Prolegomena zu einer vergessenen Dialektik*. Diss. München 1977.

Spierling, Volker: Die Drehwende der Moderne. Schopenhauer zwischen Skeptizismus und Dogmatismus. In: Ders. (Hg.): *Materialien zu Schopenhauers »Die Welt als Wille und Vorstellung«*. Frankfurt a. M. 1984, 14–83.

Spierling, Volker: *Arthur Schopenhauer. Eine Einführung in Leben und Werk*. Leipzig 1998.

Strub, Christian: *Weltzusammenhänge. Kettenkonzepte in der europäischen Philosophie*. Würzburg 2011.

Weigelt, G[eorg Christian]: *Zur Geschichte der neueren Philosophie. Populäre Vorträge*. Hamburg 1855.

Weimer, Wolfgang: Ist eine Deutung der Welt als Wille und Vorstellung heute noch möglich? In: *Schopenhauer-Jahrbuch* 76 (1995), 11–51.

Wilhelm, Karl Werner: *Zwischen Allwissenheitslehre und Verzweiflung. Der Ort der Religion in der Philosophie Schopenhauers*. Hildesheim 1994.

Zint, Hans: Das Religiöse bei Schopenhauer. In: *Jahrbuch der Schopenhauer-Gesellschaft* 17 (1930), 3–76.

Jens Lemanski / Daniel Schubbe

6.3 Erkenntnis- und Wissenschaftstheorie

Schopenhauers Erkenntnis- und Wissenschaftstheorie ist kein einheitlicher und zusammenhängender Entwurf. Wie seine Philosophie insgesamt weist sie Ambivalenzen und Unentschiedenheiten auf, begründet in der Mittlerstellung dieser Philosophie zwischen der kantischen Transzendentalphilosophie und einem neuen Typus von Philosophie, dem einer auf die Existenzphilosophie vorausweisenden Welt-Hermeneutik. Auf der einen Seite übernimmt Schopenhauer von Kant den transzendentalphilosophischen Rahmen und stellt die a priori und unabhängig von der Erfahrung zu erkennenden »Bedingungen der Möglichkeit« der Erfahrung in den Mittelpunkt. Auf der anderen Seite erweitert er diesen Rahmen um weitere Erkenntnisarten intuitiver Art, auf die er zur Begründung der Willensmetaphysik nicht verzichten kann: die Selbsterkenntnis des Subjekts als Wille, die Erkenntnis der Welt als Ausprägung (»Objektivierung«) des »Willens«, nicht zuletzt diejenigen Formen der Erkenntnis, von denen er die Erlösung aus der Tretmühle des Willens erhofft.

Die Vielfalt der »Erkenntnisformen« in Schopenhauers Philosophie (vgl. Schubbe 2012, 364 ff.) bedingt eine entsprechende Vielgestaltigkeit seiner Theorie der Erkenntnis. Zwar zielt Erkenntnis stets auf Wahrheit; Erkenntnistheorie darauf, die Kriterien zu bestimmen, nach denen Erkenntnisansprüche auf ihren Wahrheitsgehalt zu beurteilen sind. Aber diese Wahrheit wird bei Schopenhauer in verschiedenen Zusammenhängen unterschiedlich verstanden, einmal als die Wahrheit von Aussagen über die Welt (in heutiger Terminologie: propositionale Wahrheit), andererseits, in einem quasi religiösen Sinn, als Wahrheit der Erlösung und des richtigen Lebens. In Zusammenhängen, in denen es um propositionale Wahrheit geht, bedient sich Schopenhauer – wie die moderne Erkenntnistheorie – vorwiegend einer normativen Sprache. Die Frage lautet hier: An welchen Maßstäben müssen sich Erkenntnisansprüche messen lassen? Sobald es um Erkenntnis als Erlösung geht, bedient sich Schopenhauer einer vorwiegend psychologischen Sprache: Wie stellen sich die zu erreichenden Erkenntniszustände dar und wie kommen sie zustande? Wie Kant und die Philosophie seiner Zeit generell trennt Schopenhauer dabei nicht ganz konsequent zwischen den normativen und den psychologischen Aufgabenstellungen der Erkenntnistheorie. Die Frage nach den Maßstäben der Erkenntnis wird nicht immer unterschieden von der Frage, wie Erkenntnis – in ihren verschiedenen Arten – *de facto* funktioniert. Und noch in einem weiteren Punkt, der die Darstellung seiner Erkenntnistheorie erschwert, laboriert Schopenhauers Erkenntnistheorie an einer Hypothek seines Lehrmeisters Kant, der engen Verzahnung von Erkenntnistheorie und Metaphysik. Auch bei Schopenhauer wird Erkenntnis von vornherein in einen metaphysischen Rahmen gestellt und mit Überlegungen zum metaphysischen Verhältnis zwischen Ich, Welt und Wesen der Welt verbunden.

Im Folgenden seien zunächst die Züge von Schopenhauers Erkenntniskonzeption genannt, die er von Kant – zumeist leicht modifiziert – übernimmt. Im Anschluss wende ich mich dann den für Schopenhauer eigentümlichen Aspekten seiner Erkenntnistheorie sowie seiner Wissenschaftstheorie zu. Gerade mit der letzteren macht Schopenhauer einen großen Schritt über Kant hinaus und kommt zu Einsichten, die gemeinhin erst späteren Denkern zugeschrieben werden.

Das Erbe Kants

Für Schopenhauer wie für Hume und Kant unterscheiden sich die Kriterien, aber auch die Quellen und Verfahrensweisen der einzelnen Erkenntnisarten, und zwar nach ihren Gegenständen und den Arten von

Wahrheit und Wissen, auf die sie jeweils zielen. Das heißt nicht, dass es nicht auch einige allgemeine Merkmale der Erkenntnis gibt. Diese Gemeinsamkeiten sind allerdings mehr oder weniger formal. So geht Schopenhauer wie Kant davon aus, dass Erkenntnis eine Bewusstseinsleistung ist und dass das Subjekt der Erkenntnis (die Person, das Ich) notwendig bewusst ist. Eine unbewusste Erkenntnis lässt auch Schopenhauer, der Philosoph des Unbewussten, nicht zu. Außerdem teilt Schopenhauer die Annahme seiner Vorgänger, dass Erkenntnis jedes Mal eine Relation zwischen einem Erkenntnissubjekt und einem Erkenntnisobjekt ist, wobei sich dieses Verhältnis allerdings verschieden darstellt, je nachdem, ob es sich bei den Objekten um analytische Sachverhalte handelt (wie in der Logik), um transzendentale (wie in der nach den Bedingungen der Erfahrung überhaupt fragenden Transzendentalphilosophie) oder um empirische (wie in den Wissenschaften).

Die auffälligsten Übereinstimmungen mit Kant zeigen sich bei Schopenhauer in drei Punkten: in dem, was er über die für die Logik und für die Transzendentalphilosophie zuständigen Erkenntnisarten zu sagen hat sowie in seiner konstruktivistischen Theorie der Wahrnehmung empirischer Sachverhalte.

Die *Logik* hat es für Schopenhauer mit analytischen Relationen zwischen Aussagen zu tun, und zwar mithilfe deduktiver Ableitungs- und Schlussregeln. Insofern sei die Logik nicht nur gänzlich a priori, sondern sogar »abgeschlossen«, »in sich vollendet« und »vollkommen sicher« (W I, 55). Allerdings führe eine Ableitung, auch wenn sie gültig ist, nur dann zu wahren Aussagen, wenn auch die Voraussetzungen, mit denen sie operiert, wahr sind. Eine logisch gültige Schlussfolgerung ist insofern nur dann ein Beweis, wenn unabhängig die Wahrheit der Prämissen gesichert ist. Dass die Logik »vollkommen sicher« ist, heißt allerdings auch, dass sie keinerlei neuen Gehalte hervorbringt. Sie arbeitet stets nur das heraus, was an Gehalten in den Prämissen – möglicherweise verborgen – enthalten ist. Sie erweitert die Erkenntnis über die Erkenntnis der Prämissen hinaus nur in dem Sinne, dass sie explizit macht, was vorher implizit war.

Daraus ergeben sich zwei wichtige und von Schopenhauer immer wieder betonte Folgerungen: Erstens kann die Logik, da ihre Erkenntnis stets nur Relationen betrifft, nicht selbst die Voraussetzungen begründen, von denen sie ausgehen muss. Diese müssen anderweitig begründet sein, etwa, wie in der Logik selbst, in unmittelbar evidenten Sätzen wie dem Satz vom ausgeschlossenen Widerspruch. Zweitens ist die Logik auf Aussagen beliebiger Art anwendbar, vor allem auch auf aus der Anschauung gewonnene empirische Aussagen. Die Axiome, von denen sie ausgeht, sind nicht notwendig ihrerseits apriorischer Art. Schopenhauer geht sogar so weit, das axiomatische System, bei dem eine Vielzahl von Aussagen aus einer begrenzten Zahl von Prämissen abgeleitet wird, zum schlechthinnigen Modell und Ideal der empirischen Wissenschaft zu erklären. Erst in ihrer abstrakten Gestalt, als System, in dem das Einzelne und Konkrete aus »obersten Sätzen« (W I, 75) abgeleitet werden kann, erreichen wissenschaftliche Theorien die Vollständigkeit, die sie über das stets bruchstückhafte Alltagswissen erhebt: »Die Vollkommenheit einer Wissenschaft als solcher, d. h. der Form nach, besteht darin, dass so viel wie möglich Subordination und wenig Koordination der Sätze sei« (W I, 75 f.). Die Folge davon ist, dass Schopenhauer Wissenschaften wie die Physik, die eine solche axiomatische Behandlung zulassen, deutlich höher bewertet als Wissenschaften wie die Geschichtswissenschaft, die überwiegend Einzeltatsachen und ihre Hintergründe erforschen und insofern hinter dem Ideal des durchstrukturierten Systems zurückbleiben. Zwar betont Schopenhauer immer wieder den unersetzlichen Wert der Anschauung, sowohl bei den a priori erkennbaren Wahrheiten der Mathematik als auch bei den empirischen Wahrheiten der Naturwissenschaften (»Die ganze Welt der Reflexion ruht auf der anschaulichen als ihrem Grunde des Erkennens«, W I, 48 f.). Aber seine Forderung, mathematische Begründungen so weit wie möglich durch anschauliche Begründungen zu ersetzen, bezieht sich, sieht man genauer hin, durchweg auf den Aspekt der Vermittlung und nicht auf die systematische Begründung. So sollen etwa die Wahrheiten der Geometrie im Unterricht vorzugsweise nicht mithilfe ihrer Ableitung aus der euklidischen Axiomatik, sondern aus der unmittelbaren Anschauung erklärt werden, oder die Fallgesetze aus der anschaulichen Demonstration ihrer konkreten Erscheinungsformen statt durch ihre Ableitung aus den Newtonschen Axiomen. Zu einem wirklichen Verständnis eines Lehrsatzes bedürfen wir in der Regel einer anschaulicheren Erklärung, als sie eine logische Ableitung aus den Axiomen bieten kann. Diese bleibt eine »Krücke für gesunde Beine« (W I, 86). Das durch wie immer überzeugende Einzelbefunde erreichte Wissen ist jedoch noch kein eigentliches wissenschaftliches Wissen. Dieses erfordert für Schopenhauer zwingend die logische Zurückführung des Einzelnen auf die obersten Grundsätze.

Kant ist Schopenhauer auch in seiner Darstellung des *transzendentalen Wissens* verpflichtet. Transzendentales Wissen bezieht sich auf a priori erkennbare Wahrheiten, die gleichzeitig synthetisch sind, insofern sich bei ihnen die Folgerungen nicht aus den impliziten Gehalten ihrer Voraussetzungen ergeben, sondern diesen Gehalt erweitern und etwas über die Erfahrungswelt aussagen. Als Aussagen über die grundlegenden Strukturen der Erfahrungswelt sind sie zugleich für jede Art von empirischem Wissen verbindlich. Dazu gehören für Schopenhauer sowohl die raumzeitliche Struktur der Erfahrungswelt (das »principium individuationis«) als auch das Kausalprinzip, verstanden als das Prinzip, dass jede Veränderung eine Ursache hat, aus der sie mit Notwendigkeit folgt (wobei »Veränderung« bei Schopenhauer so zu verstehen ist, dass ausnahmsweise die gleichförmige Bewegung eines Körpers im Raum *keine* Veränderung, sondern lediglich die Änderung seiner Bewegungsart oder -richtung eine Veränderung bedeutet). Erkannt werden diese Prinzipien nach Schopenhauer aufgrund ihrer Evidenz: »Die Apriorität eines Theils der menschlichen Erkenntniß wird von ihr [der Metaphysik] als eine gegebene *Thatsache* aufgefasst« (W II, 201). Ebenso wenig, wie wir eine unräumliche und unzeitliche Erfahrungswelt denken können, sollen wir uns auch eine Welt ohne die universale Geltung des Kausalprinzips denken können. Zur Erklärung greift Schopenhauer auf den kantischen transzendentalen Idealismus zurück: Die Sicherheit darüber, dass die Grundstruktur der Erfahrungswelt nicht anders sein kann, als wir sie vorfinden, liege in ihrem »subjektiven Ursprung« (ebd.), darin, dass die Formen der Welt in uns selbst, in unserem Erkenntnisapparat angelegt sind und wir diese in den Strukturen der Welt lediglich widergespiegelt finden.

Die Reichweite der transzendentalen Erkenntnis ist bei Schopenhauer wie bei Kant auf die formalen Aspekte der Erfahrungswelt beschränkt. Aus den transzendentalen Wahrheiten lassen sich weder empirische Erkenntnisse im Einzelnen noch Folgerungen für den Bereich der Transzendenz ziehen. Dennoch wirkt sich die transzendentale Geltung des Kausalprinzips gravierend sowohl auf das empirische Wissen wie auf etwaige metaphysische Überlegungen aus. So herrscht für Schopenhauer in der gesamten Erfahrungswelt ein strenger Determinismus. Jedes Ereignis der Erfahrungswelt einschließlich der Welt der psychischen Phänomene lässt sich im Prinzip auf eine vorangehende Ursache zurückführen, aus der sie nach Naturgesetzen folgt. Für die Metaphysik andererseits folgt, dass, soweit das Kausalprinzip auf die Welt der Erfahrung begrenzt ist, eine Metaphysik, die die Erfahrungswelt übersteigen will, auf kausale Erklärungen verzichten muss. Soweit sie darauf zielt, die Existenz und Beschaffenheit der Erfahrungswelt als Ganzer zu erklären, muss sie sich anderer, nichtkausaler Formen der Erklärung bedienen. Auch die Beziehung zwischen dem erkennenden Subjekt und seinen Gegenständen kann nicht als ein Kausalverhältnis gedacht werden, schon deshalb, weil das Subjekt der Erkenntnis notwendig außerhalb der Welt der »Vorstellungen« und damit außerhalb des Anwendungsbereichs der Kausalität liegt: »Das *erkennende und bewußte Ich* [...] hat [...] nur eine bedingte, ja eigentlich bloß scheinbare Realität« (W II, 314 f.). Wir müssen es aus logischen Gründen annehmen, da es eine formale Voraussetzung jeder Erkenntnis ist. Aber seinem Wesen nach ist es unerkennbar. Ebenso wenig lässt es eine Erkenntnis darüber zu, in welcher Weise es am Prozess der Erkenntnis beteiligt ist.

An Kants theoretische Philosophie knüpft auch Schopenhauers *kausale Theorie der Wahrnehmung* an, nach der das von uns scheinbar unmittelbar Wahrgenommene auf unbewusst vollzogene Kausalschlüsse zurückgeht. Wie für Kant ist das, was sich in der Anschauung darbietet, das Ergebnis von komplexen Konstruktionsleistungen (»Synthesis«), mit denen der Verstand (für Schopenhauer weniger das Vermögen des Urteilens als des Wahrnehmens) das Material der unmittelbar gegebenen Empfindungen zu einer geordneten und verständlichen Welt formt. Insofern spricht Schopenhauer von der »Intellektualität der empirischen Anschauung«. Anders als Kant deutet Schopenhauer diesen Prozess jedoch als dem wissenschaftlichen Verfahren analog, mit dem von den Wirkungen (den Symptomen, den Phänomenen, den Indizien) auf die zugrundeliegende Ursache geschlossen wird. So »schließt« der Verstand aus dem auf der Retina umgekehrten Bild der Gegenstände auf ihre tatsächliche Lage, von dem zweidimensionalen Abbild der Gegenstände im Auge auf ihre dreidimensionale Gestalt, von den sich aus verschiedenen Perspektiven bietenden Ansichten eines Gegenstands auf dessen Einheit und von seiner scheinbaren Größe auf seine wirkliche Größe bzw. seine Entfernung vom Wahrnehmenden (vgl. G, 58 ff.). Daraus, dass sich der Verstand bei der Konstitution der Anschauung – obgleich unbewusst – kausaler Schlüsse bedient, glaubt Schopenhauer im Übrigen – fälschlicherweise – eine zusätzliche Begründung für die Apriorität des Kausalprinzips ableiten zu können: Da wir die Gegenstände bereits mithilfe von Kausalschlüssen wahrnehmen, könnten diese gar nicht anders als durchgängig kausal geordnet sein (vgl. G, 52).

Über den Transzendentalismus hinaus

Kant hatte den Verstand als das Vermögen definiert, auf das in der Anschauung Gegebene Begriffe anzuwenden und diese zu Urteilen zu verbinden. Schopenhauer definiert den Begriff des Verstands radikal um, nicht nur dadurch, dass er ihn als die Fähigkeit erklärt, Gegenstände in der Welt *wahrzunehmen*, sondern auch durch eine im Rahmen von Kants Transzendentalphilosophie undenkbare *Naturalisierung*. Indem Schopenhauer den kantischen Begriff des Verstands naturalisiert, überführt er die Transzendentalphilosophie in etwas mit ihr radikal Unvereinbares, eine durch und durch *naturalistische* Erkenntnistheorie. Zwar behält Schopenhauer die grundlegende Intuition Kants bei, dass die raumzeitlich und kausal geordnete Erscheinungswelt erst durch eine Reihe von »synthetischen« Leistungen des Subjekts zustande kommt. Aber während Kant diese Leistungen einem mysteriösen »transzendentalen Subjekt« zuschreibt, das, da es allererst Raum und Zeit konstituiert, außerhalb von Raum und Zeit gedacht werden muss, schreibt Schopenhauer die für die Wahrnehmung erforderlichen synthetischen Leistungen dem empirischen Gehirn als natural-physiologische Vorgänge zu (s. Kap. 43). Das »Subjekt« der transzendentalen Leistungen ist für Schopenhauer nichts anderes als das Gehirn, d. h. ein Teil des leibhaftigen Menschen. In diesem Sinn kommt »Verstand«, da er nicht mehr an die Fähigkeit zu begrifflichem Denken gebunden ist, auch Tieren zu, die zwar über Wahrnehmungen, aber nicht über Begriffe verfügen (vgl. W I, 24 ff.). Nicht das Bewusstsein oder ein wie immer geartetes hinter dem Bewusstsein stehendes transzendentales Subjekt verarbeitet die gegebenen Daten zu artikulierter Anschauung, sondern das *Gehirn*:

> »Alles Objektive, Ausgedehnte, Wirkende, also alles Materielle […] ist ein nur höchst mittelbar und bedingterweise Gegebenes, demnach nur relativ Vorhandenes: denn es ist durchgegangen durch die Maschinerie und Fabrikation des Gehirns und also eingegangen in deren Formen, Zeit, Raum und Kausalität, vermöge welcher allererst es sich darstellt als ausgedehnt im Raum und wirkend in der Zeit« (W I, 33).

Die Leistungen des Verstands in diesem Sinn erfolgen weitgehend unbewusst. In unserem Bewusstsein finden wir von Anfang an das vom Gehirn zugerichtete Produkt vor. Entsprechend besteht das Ausgangsmaterial der Synthesis nicht mehr – wie bei Kant – aus ungeordneten »Empfindungen«, sondern aus den physischen Reizungen der Sinnesorgane. Der Verstand »erschafft« die Welt der materiellen Gegenstände, indem er die empfangenen Sinnesreizungen kausal interpretiert und die verursachenden Gegenstände aus ihren Wirkungen erschließt. Die Beteiligung leiblicher Faktoren geht bei Schopenhauer aber noch einen Schritt weiter. Der jeweils eigene Körper ist an jeder Sinneswahrnehmung nicht nur als »Schaltstelle« zwischen Sinnesreizung und Gegenstandswahrnehmung beteiligt, sondern auch als »unmittelbares Objekt« (W I, 13). Zumindest teilweise sollen die mit der Wahrnehmung erfolgenden Veränderungen des Leibes auch zum Gegenstand eines »unmittelbaren Bewußtseins« (W I, 23) werden können, so dass wir bei allen oder zumindest einigen Wahrnehmungsakten – auch bei denen, die sich auf unsere inneren Erlebnisse richten (vgl. W I, 121) – die damit einhergehenden leiblichen Vollzüge als Hintergrundphänomene mitempfinden. Auf diese Weise übernimmt der Leib nicht nur in Schopenhauers Anthropologie, sondern auch in seiner Wahrnehmungs- und Erkenntnistheorie eine Schlüsselrolle (vgl. Dörpinghaus 2000).

Schopenhauers Erkenntnistheorie vollzieht mit der Naturalisierung der kantischen Synthesis einen entschiedenen, wenn auch von ihm niemals vollständig reflektierten Schritt vom Idealismus zum Realismus. Innerhalb einer idealistischen Metaphysik und Erkenntnistheorie führt die Idee, die Konstitution der Wahrnehmungswelt dem Gehirn zuzuweisen, zwangsläufig zum »Gehirnparadox« – dem Paradox, dass ein Teil der Erfahrungswelt, das Gehirn, zugleich als Bedingung der Möglichkeit der gesamten Erfahrungswelt fungieren soll. Die Naturalisierung des Verstands geht bei Schopenhauer dabei Hand in Hand mit einer funktional-biologischen Erklärung seiner Entstehung: Der Verstand (»Intellekt«) sei eine »Frucht, ein Produkt, ja, insofern ein Parasit des übrigen Organismus«, der »dem Zweck der Selbsterhaltung bloß dadurch dient, dass es die Verhältnisse desselben zur Außenwelt regulirt« (W II, 224).

Eine ähnlich naturalistisch-funktionalistische Umdeutung wie das Vermögen des Verstands erfährt bei Schopenhauer das Vermögen der *Vernunft*, ein Vermögen, das Schopenhauer – wie zuvor Hume – zur Gänze auf die analytische Erkenntnis beschränkt. Abweichend von der gesamten rationalistischen wie auch von der kantischen Philosophie ordnet Schopenhauer der Vernunft nicht nur eine sehr begrenzte Reichweite, sondern auch einen zutiefst unselbständigen und lediglich abgeleiteten Status zu. Schopenhauers naturalistische Sicht der Vernunft erinnert nicht von ungefähr an die Ansätze der modernen evolutionären Erkenntnistheorie. Unter dem Einfluss der französischen Materialisten nähert sich Schopenhauer der darwinistischen Sichtweise von der Emergenz der Vernunft als Ergebnis der Rivalität um knappe Überlebensressourcen und Fortpflanzungschancen. Nicht anders als die physischen Fähigkeiten sei die Vernunft ein Mittel der blinden Natur zur Gewährleistung der Erhaltung und Fortpflanzung ihrer Wesen. Unter ähnlich funktionalen Aspekten sieht Schopenhauer die Emergenz des Bewusstseins. Auch das Bewusstsein und die gesamte Vorstellungswelt sei nur deshalb entstanden, weil sie auf einer bestimmten Entwicklungsstufe der Natur zur Erhaltung des Individuums und der Gattung unerlässlich waren (vgl. W I, 179).

Einen bloß sekundären Status verleiht Schopenhauer der Vernunft aber auch hinsichtlich ihrer Leistungsfähigkeit als Erkenntnisorgan. Als Vermögen der Erfassung der logischen Beziehungen zwischen Begriffen und Urteilen ist sie zur Gewinnung ihres Materials auf die Anschauung angewiesen. Sie ist »weiblicher Natur: Sie kann nur geben, nachdem sie empfangen hat« (W I, 59). Aussagen über eine mögliche Welt jenseits der Erfahrung liegen ebenso jenseits ihres Horizonts wie die Kenntnis oder Konstitution eines »Sittengesetzes«. Aber auch in ihrem angestammten Bereich vermag sie sich nur in höchst begrenztem Maße Respekt zu verschaffen. Als evolutionäres Produkt des »Willens« ist sie auch dann noch Werkzeug unbewusster Willensstrebungen, wenn sie sich über die Anfechtungen des Bedürfnisses erhaben dünkt.

Nicht die Vernunft steuert unsere Gefühle, sondern die Gefühle haben die Vernunft im Griff – erkennbar an der Gewalt, die wir uns antun müssen, wenn wir einen Affekt durch Erkenntnis korrigieren wollen (vgl. W II, 236). Das späteste Produkt der Evolution ist auch das schwächste. Affekte und Wille verhalten sich, so Schopenhauer in einem einprägsamen Bild, zur Vernunft wie »der starke Blinde, der den sehenden Gelähmten auf den Schultern trägt« (W II, 233).

Diese funktional-anthropologische Sichtweise wendet Schopenhauer auch auf die Erkenntnis als Ganze an. Wie die Vernunft ist die Erkenntnis insgesamt ein Notbehelf der Evolution, das Überleben ihrer Geschöpfe zu sichern: »Die Erkenntniß überhaupt, vernünftige sowohl als bloß anschauliche, geht [...] ursprünglich aus dem Willen selbst hervor, gehört zum Wesen der höhern Stufen seiner Objektivation, als eine bloße *mechané*, ein Mittel zur Erhaltung des Individuums und der Art, so gut wie jedes Organ des Leibes« (W I, 181). Dieses Mittel bleibt unauslöschlich mit den Spuren seiner Entstehung behaftet: »Ursprünglich also zum Dienste des Willens, zur Vollbringung seiner Zwecke bestimmt, bleibt sie ihm auch fast durchgängig gänzlich dienstbar« (ebd.). Noch die scheinbar kältesten und reifsten Erkenntnisprozesse sind imprägniert von – zumeist unbewussten – Willensregungen und Gefühlen, etwa als Wunschdenken, Vorurteile und Ideologien (vgl. Birnbacher 1996). Objektivität – die vollständige Befreiung des Kognitiven vom Emotionalen – ist eine seltene Ausnahmeerscheinung. Die Fähigkeit, den Willen – die Affekte – mithilfe der Vernunft in Schach zu halten ist »die ganz exceptionelle [...], die man als Genie bezeichnet« (W II, 247). In diesem Zitat deutet sich bereits etwas für Schopenhauers Philosophie hochgradig Bezeichnendes an: Für ihn fällt die Ehre der Objektivität am ehesten der ästhetischen und philosophischen Kontemplation zu – nicht, wie für viele Erkenntnistheoretiker nach ihm, der Wissenschaft.

Aufgaben und Grenzen der Wissenschaft

Auch wenn Schopenhauer dem Rang nach die Erkenntnisleistungen der Wissenschaft denen der Philosophie und Kunst nachordnet, wertet er sie doch als unerlässliche Vorstufe und Eingangsbedingung zur Philosophie: Niemand solle sich an die Metaphysik wagen, »ohne zuvor eine, wenn auch nur allgemeine, doch gründliche, klare und zusammenhängende Kenntniß aller Zweige der Naturwissenschaft sich erworben zu haben« (W II, 198). Der naturwissenschaftlich gebildete Schopenhauer schätzt dabei nicht nur die Naturwissenschaften insgesamt höher als die Geisteswissenschaften (und insbesondere die Geschichtswissenschaft, die »zwar ein Wissen, aber keine Wissenschaft«, W I, 75, sei). Auch seine Wissenschaftstheorie ist eindeutig am Modell der Naturwissenschaften orientiert. Das zeigt sich bereits daran, dass er zwar die Aufgabenstellung der Wissenschaft sowohl in der Beschreibung als auch in der Erklärung der anschaulich gegebenen Phänomene sieht, die wesentlichere Funktion dessen, was er »induktive Methode« nennt, jedoch allein in der *Erklärung* der Einzelbeobachtungen durch allgemeine Gesetzeshypothesen. Wie sich bereits in seiner Bevorzugung der axiomatischen Methode in den Wissenschaften andeutet, ist für ihn das Paradigma der Wissenschaft die nomologische Wissenschaft, die Naturgesetze (Schopenhauer spricht zumeist von »Naturkräften«) ermittelt und diese auf die Erklärung und Prognose von konkreten Phänomenen anwendet. Naturerkenntnis ist für Schopenhauer primär Gesetzeserkenntnis und die Zurückführung des Einzelnen aufs Allgemeine, des Einzelfalls aufs Prinzip und in diesem Sinne der Folge auf ihren Grund: »Alle empirische Anschauung und der größte Theil aller Erfahrung [geht] [...] von der Folge zum Grunde« (W I, 92).

In seiner Theorie der induktiven Methode verwendet Schopenhauer den Ausdruck »Induktion« in zweifacher Weise (vgl. W I, 79; Morgenstern 1985, 160): Induktion besteht zunächst in der Erzeugung von Gesetzeshypothesen auf dem Hintergrund der Beobachtung von Einzeltatsachen. Dies erfolgt auf zweierlei Weise, einerseits durch die Verallgemeinerung der stets begrenzten Zahl von Einzelbeobachtungen zu einer allgemeinen Gesetzeshypothese (also durch einen »Induktionsschluss«, der »Zusammenfassung des in vielen Anschauungen Gegebenen in ein richtiges unmittelbar begründetes Urtheil«, W I, 79), andererseits durch »Versuch und Irrtum«: durch den Versuch, eine Reihe von zunächst unklar zusammenhängenden Einzelbeobachtungen durch eine einheitliche, typischerweise mathematische Konstruktion abzubilden, so wie es Kopernikus, Kepler, Galilei und Newton in Bezug auf die Planetenbewegungen getan haben (vgl. W I, 80). »Induktion« nennt Schopenhauer aber auch den zweiten Schritt: die gezielte Überprüfung der aufgestellten Gesetzeshypothesen an weiteren Erfahrungen als denen, die zu ihrer Formulierung geführt haben, wobei Schopenhauer wie die moderne Wissenschaftstheorie von »Bestätigung« (W I, 79) spricht. Es reicht nicht, Gesetzeshypothesen aufzustellen, die die verfügbaren Beobachtungen zutreffend beschreiben. Wenn Gesetzeshypothesen ihrer Aufgabe genügen sollen, über die Beschreibung hinaus Erklärungen für die beobachteten Phänomene zu liefern sowie verlässliche Prognosen über erst in der Zukunft liegende Ereignisse und Beobachtungen, bedürfen sie weiterer Überprüfung. Dabei verlieren gut bestätigte Gesetzesaussagen, auch dann, wenn sie »in der Praxis die Stelle der Gewißheit einnehmen« (W I, 92) nicht ihren grundsätzlich hypothetischen Charakter. Schon deshalb, weil sie so allgemein formuliert sind, dass sie auch für zukünftige Fälle Geltung beanspruchen, lassen sie sich niemals vollständig verifizieren: »Da die Fälle [...] nie vollständig beisammen seyn können, so ist die Wahrheit hier auch nie unbedingt gewiß« (W I, 92). Andererseits können sie durch einen einzigen Fall, der ihnen nicht entspricht, widerlegt werden: »So sehr viel leichter ist widerlegen, als beweisen, umwerfen, als aufstellen« (W II, 117; vgl. Morgenstern 1985, 159). Schopenhauer sieht allerdings richtig, dass ein negatives Ergebnis nicht in jedem Fall zur Aufgabe der überprüften Gesetzeshypothese zwingt. Bei jeder scheinbaren Falsifikation einer Gesetzeshypothese bleibt der Ausweg, eine falsche Prognose auf die »Verschiedenheit der Umstände« zurückzuführen und anzunehmen, dass nicht alle im Vordersatz der Gesetzeshypothese aufgeführten Faktoren realisiert waren. Es sei Aufgabe der wissenschaftlichen Urteilskraft zu entscheiden, »ob eine Verschiedenheit der Erscheinung von einer Verschiedenheit der Kraft [der Gesetze], oder nur von Verschiedenheit der Umstände, unter denen die Kraft sich äußert, herrührt« (W I, 166).

Schopenhauers Wissenschaftstheorie nimmt zahlreiche Elemente der modernen, insbesondere durch den Falsifikationismus Poppers geprägten Wissenschaftstheorie vorweg. So sieht Schopenhauer wie Popper den Prozess der Wissenschaft als sukzessive Annäherung an die Wahrheit, paradigmatisch in der sukzessiven Verbesserung und Vereinheitlichung der Theorien der Planetenbewegung von Kopernikus bis Newton (vgl. W I, 80). Erstaunlicher noch ist Schopenhauers Vorwegnahme vieler Details der modernen Theorie der kausalen Erklärung. Dazu gehört erstens, dass Schopenhauer ausschließlich Ereignisse (genauer: Veränderungen) als kausale Relata gelten lässt, während Kant (ähnlich wie Hume) den Kausalitätsbegriff unterschiedslos auf Veränderungen, Dinge, Handlungen und Zustände angewendet hatte (vgl. Brunner 2008, 47). Kausalgesetze (»Naturkräfte«) sind zwar für kausale Erklärungen unabdingbar, übernehmen selbst aber keine kausale Funktion. Ursächlich für ein Wirkungsereignis sind stets nur die vorangehenden Veränderungen, nicht die Gesetze, nach denen sie wirken. Zweitens ist Kausalität für Schopenhauer an Gesetzlichkeit gebunden. Sobald zwei Einzelereignisse kausal aufeinander bezogen werden, wird implizit das Bestehen eines naturgesetzlichen Zusammenhangs behauptet (vgl. ebd., 46). Drittens konzipiert Schopenhauer die kausale Erklärung unverkennbar im Sinne des später so genannten Hempel-Oppenheim-Modells: Jede kausale Erklärung bedarf zweier Elemente, einer Aussage über ein ursächliches Ereignis und eines Kausalgesetzes, das die Beziehung zwischen Ursache und Wirkung formuliert. Erst aus beiden Elementen zusammen folgt eine entsprechende Aussage über das zu erklärende oder zu prognostizierende Folgeereignis. Entsprechend versteht Schopenhauer – allerdings nicht immer ganz konsequent – »Ursache« als das, was John Stuart Mill später »complete cause« oder »Gesamtursache« genannt hat, als kausal hinreichende – aber nicht notwendig auch kausal notwendige – Gesamtheit der zusammen das Wirkungsereignis herbeiführenden Bedingungen (vgl. G, 35).

Historische Bedeutsamkeit kommt Schopenhauers Wissenschaftstheorie vor allem dadurch zu, dass er die induktive Methode über den Bereich der Wissenschaft hinaus erweitert und das Modell einer Metaphysik entwirft, die sich wissenschaftsanaloger Methoden bedient. Was eine solche Metaphysik mit der Wissenschaft verbindet, ist ihr hypothetischer, niemals in Gewissheit übergehender und zwangsläufig vorläufiger Charakter. Dieses Modell einer »induktiven Metaphysik«, wie Oswald Külpe es später genannt hat, finden wir auch bei späteren Denkern des 19. Jahrhunderts wie Hermann Lotze, Gustav Theodor Fechner und Eduard von Hartmann (vgl. Morgenstern 1987, 606 ff.), später dann u. a. bei Alfred N. Whitehead (vgl. Birnbacher 2018) und Karl R. Popper. Auch in diesem Punkt macht Schopenhauer einen mutigen Schritt über Kant hinaus. Für Kant war die Metaphysik vom Begriff her eine apriorische Disziplin und an apodiktische Gewissheit gebunden. Die Grundfrage seiner theoretischen Philosophie war, wie eine Metaphysik als Wissenschaft möglich sein könne. Schopenhauers Idee einer »induktiven« Metaphysik zufolge fallen die Grenzen der Wissenschaft nicht notwendig mit den Grenzen der (methodisch verfahrenden) Metaphysik zusammen. Während die Wissenschaft die innerweltlichen, natürlichen Bedingungen der Phänomene aufsucht, zielt die Metaphysik auf die Strukturen jenseits der erfahrbaren Welt, durch die die natürlichen Bedingungen ihrerseits bedingt sind. Wie die Wissenschaft hat die Metaphysik die Aufgabe, Erklärungen zu liefern, die Phänomene verständlich zu machen. Im Unterschied zur Wissenschaft setzen ihre Erklärungsbemühungen aber erst da ein, wo die Erklärungen der Wissenschaft aufhören. Die Metaphysik soll die Wissenschaft ergänzen, indem sie sich diejenigen Fragen vornimmt, die die Wissenschaft notwendig unbeantwortet lässt, u. a. die Frage nach dem Ursprung und Wesen der Welt als Ganzer sowie die Frage nach Wesen und Ursprung der Naturgesetze (der »Naturkräfte«), die zwar in allen wissenschaftlichen Erklärungen vorausgesetzt werden, aber ihrerseits von der Wissenschaft nicht erklärt werden. Insofern meint Schopenhauer sagen zu können, dass alles zugleich physisch erklärbar und auch wieder nicht physisch erklärbar sei (vgl. W II, 193). Selbst noch das Denken sei einerseits physikalisch erklärbar, da es nach Schopenhauer mit einem Gehirnprozess zusammenfällt. Aber anderseits bleibe letztlich auch das, was derartige physikalische Erklärungen voraussetzen (z. B. Expansion, Undurchdringlichkeit, Beweglichkeit, Härte) »dunkel« (ebd.), eine »qualitas occulta« (W I, 96). Auch hinsichtlich ihrer Motivationen bestehen zwischen Wissenschaft und Metaphysik keine tiefgreifenden Differenzen. In der Metaphysik ist dasselbe Bemühen um Aufhellung des Woher und Warum der Erscheinungen am Werk, das sich auch in den Wissenschaften betätigt, nur dass es sich in der Metaphysik in größerem Umfang intuitiver und spekulativer Mittel bedient. Die methodologischen Bedingungen, denen eine derartige »Vermutungsmetaphysik« genügen muss, hat Schopenhauer in Kapitel I des zweiten Bands der *Parerga und Paralipomena*, »Ueber Philosophie und ihre Methode« (P II, 10 ff.; vgl. Birnbacher 1988, 9 ff.), entwickelt. Es sind dies Mitteilbarkeit, Rationalität, Hypothetizität, Revidierbarkeit und Unvollständigkeit (eine in vielem ähnliche Liste findet sich später bei Whitehead, 1974, 55 ff.). Ebenso wenig wie die Wissenschaft vermag die Metaphysik Letzterklärungen zu liefern, die keine Frage offen lassen:

> »Welche Fackel wir auch anzünden und welchen Raum sie auch erleuchten mag; stets wird unser Horizont von tiefer Nacht umgränzt bleiben. Denn die letzte Lösung des Räthsels der Welt müßte nothwendig bloß von den Dingen an sich, nicht mehr von den Erscheinungen reden. Aber gerade auf diese allein sind alle unsere Erkenntnißformen angelegt« (W II, 206).

»Philosophische Wahrheit«

Schopenhauer liegt es fern, die Kriterien, die er für eine induktive Metaphysik fordert, uneingeschränkt auch für seine eigene Willensmetaphysik gelten zu lassen. Hierin liegt eine der zentralen erkenntnistheoretischen Ambivalenzen seiner Philosophie. Es ist nicht zu verkennen, dass der Grad der Gewissheit, den er für seine Deutung der Welt als Ganzer als Ausformung eines übergreifenden »Willens« beansprucht, die von seiner Konzeption einer »Vermutungsmetaphysik« vorgesehenen Grenzen der Erkennbarkeit deutlich überschreitet. In der Tat soll es neben der logischen, der transzendentalen und der empirischen Wahrheit eine weitere Art von Wahrheit geben, die *sui generis* ist und von Schopenhauer mit dem Namen

»philosophische Wahrheit« (W I, 122) belegt wird. Die Erkenntnis, die zu dieser Wahrheit führt, soll »ganz eigener Art« sein: eine unmittelbare, weder durch logisch noch durch empirisch begründete Schlussfolgerungen vermittelte Form von Intuition (vgl. ebd.). Unter diese Form von Erkenntnis fallen so gut wie alle Kernthesen seiner Metaphysik: die These, dass wir, wenn wir introspektiv in uns hineinsehen, wir uns unserer selbst am unmittelbarsten als Wollende, als Willenssubjekte gewahr werden; die These von der Identität der Willensregungen mit leiblichen Prozessen; schließlich die kühne Deutung der Gesamtheit der Erfahrungswelt als Manifestation (»Objektivation«) desselben Willens, den wir in uns spüren, mit der Folge, dass sich so unser – typischerweise »romantisches« – Gefühl erklärt, mit dem Ganzen der Welt vertraut zu sein und mit allen Wesen, zumindest den lebenden, eine basale Wesensgleichheit zu empfinden.

Bei Schopenhauer finden sich nur wenige Erläuterungen zu der Methode, derer er sich bei der Begründung der Willensmetaphysik bedient. Eindeutig ist allerdings, dass diese Methode weder mit der der Transzendentalphilosophie noch mit der der Wissenschaften zusammenfällt. Während es in der Transzendentalphilosophie um die Formen der Erfahrungswelt geht, geht es der Willensmetaphysik um den Inhalt der Erfahrung (vgl. W I, 144). Und bereits der Name, den Schopenhauer dem »Willen« gibt, nämlich »Ding an sich«, zeigt, dass es sich hier um etwas handelt, das für die Erkenntnismethoden der Wissenschaft unzugänglich ist. Auch unterscheidet sich diese Art metaphysischer Erkenntnis sowohl von der logischen als auch der empirischen Erkenntnisart dadurch, dass sie weder deduktiv noch kausal verfährt (keiner Variante des »Satzes vom Grunde« folgt). Ihre Verfahrensweise ist am ehesten als *hermeneutisch* zu kennzeichnen (vgl. Schubbe 2010, 43 ff.; s. Kap. 40). Worauf sie zielt, ist keine propositionale Wahrheit, sondern Sinnverstehen. Ziel der Metaphysik ist nicht die Ermittlung von Tatsachen, sondern die Erfassung des »Sinnes und Gehaltes« (W II, 204) der Welt. Insofern gehe diese »nie eigentlich über die Erfahrung hinaus, sondern eröffnet nur das wahre Verständniß der in ihr vorliegenden Welt« (ebd.), wobei Schopenhauer sogar so weit geht, sie kurzerhand als »Erfahrungswissenschaft« zu charakterisieren – Erfahrung dabei allerdings nicht als einzelne Erfahrung, sondern als »das Ganze und Allgemeine aller Erfahrung« (ebd.) verstanden.

Damit nähert sich die Erkenntnisart der Metaphysik der der Kunst an. Schopenhauer bestätigt diese Annäherung ausdrücklich: Die Methode der Metaphysik sei »der Kunst fast so sehr als der Wissenschaft verwandt« (W II, 140). Wie beim Künstler zeigt sich die Genialität des Philosophen für Schopenhauer nicht in diskursiven, sondern in intuitiven Fähigkeiten: »Nicht dem Warum gehe der Philosoph nach, wie der Physiker, Historiker und Mathematiker, sondern er betrachte bloß das Was, lege es in Begriffen nieder (die ihm sind wie der Marmor dem Bildner), indem er es sondert und ordnet, jedes nach seiner treu die Welt wiederholend, in Begriffen, wie der Maler auf der Leinwand« (HN I, 154 Anm.). Die richtige Deutung der Phänomene misst sich daran, dass sich aus ihnen ein *Sinn* – ein positiver oder ein negativer – ablesen lässt. Ihr Kriterium ist nicht die Korrespondenz mit den Tatsachen, sondern die adäquate Wiedergabe des Eindrucks, den ein moralisch und ästhetisch sensibler Beobachter von der Welt empfängt, wie die Welt auf ihn *wirkt*. Entscheidend ist, dass die auf die »philosophische Wahrheit« zielende Intuition dasjenige in den Erscheinungen erfasst, was »mächtig«, »bedeutend« und »deutlich« ist (W I, 149), d. h. was den Menschen beeindruckt, ihn interessiert, ihn nicht nur kognitiv, sondern auch affektiv anspricht. Ein weiteres Kriterium – das die so verstandene Metaphysik mit der Wissenschaft teilt – ist Kohärenz. Wie die Kunst soll die Metaphysik danach trachten, die Phänomene in einer einheitlichen, zusammenhängenden Weise zu beschreiben, sie auf ein zentrales Organisationsprinzip als ihren Kern zurückzuführen. Die verwirrende und rätselhafte Vielfalt der Phänomene, die uns in der Welt begegnen, ist für Schopenhauer ein Rätsel, eine Geheimschrift (vgl. W II, 202), die entziffert werden muss, wenn sie in ihrer Bedeutung erfasst und verständlich gemacht werden soll. Kohärenz ist der Maßstab, der darüber entscheidet, welcher Schlüssel das Rätsel am besten auflöst: »Das gefundene Wort eines Räthsels erweist sich als das rechte dadurch, daß alle Aussagen desselben zu ihm passen« (W II, 206).

Erkenntnis als Zustand und Vollzug

Außer der hermeneutischen Erkenntnisform der Metaphysik kennt Schopenhauer noch zwei weitere Formen der Erkenntnis, die über die dem »Satz vom Grund« folgende logische und kausale Erkenntnis hinausgehen: die Erkenntnis der platonischen Ideen in der ästhetischen Kontemplation und die mit der Selbstverneinung des Willens einhergehende Erkenntnis der letztlichen All-Einheit aller Wesen. Beide Erkenntnisformen haben gemeinsam, dass sie nicht wie die Logik und die kausale Erklärung lediglich Relationen zu erkennen erlauben und »nichts weiter, als das Verhältniß einer Vorstellung zur anderen kennen« (W I, 34) lehren. Beiden ist eigentümlich, dass sie sich auf das Wesen der Dinge selbst richten. Eine weitere Gemeinsamkeit ist, dass es sich bei ihnen beiden um nicht-propositionale Erkenntnisformen handelt und dass ihr Sinn und Wert nicht in dem Erwerb von Wissen über Sachverhalte, d. h. in ihren Ergebnissen liegt, sondern in ihrer inhärenten Qualität als Zustände und Vollzüge. Darin sind sie (wie bereits Schopenhauers Benennung »platonische Idee« nahelegt) sowohl der platonischen Ideenschau als auch der aristotelischen *theoria* verwandt, der Betrachtung der ewigen Wahrheiten um ihrer selbst (und nicht um eines irgendwie gearteten Ergebnisses) willen (vgl. Hamlyn 1999, 56). Mit der Erkenntnis der platonischen Ideen und der Erkenntnis der All-Einheit der Welt als Wille zeichnet Schopenhauer insofern zwei Formen von Erkenntnis aus, bei denen es – mit Russell gesprochen – eher um ein *knowledge by acquaintance* als um ein *knowledge by description* geht (vgl. Schubbe 2012, 374 f.). Ausschlaggebend bei dem ersteren ist die *Bekanntschaft* mit etwas, bei dem letzteren das *Wissen* über etwas. Beide sind weitgehend unabhängig voneinander. Man kann mit etwas gut bekannt sein, ohne viel über es zu wissen. Andererseits kann man viel über etwas wissen, ohne mit ihm bekannt zu sein. Wesentlich für die nicht-propositionalen Wissensformen ist die Präsenz des Gegenstands, die konkrete Begegnung mit ihm in der Erfahrung. Die Kenntnis des Gegenstands muss unmittelbar sein. Sie muss auf einer konkreten Wahrnehmung beruhen und nicht nur auf Hörensagen. Das bedeutet allerdings nicht, dass diese Kenntnis nicht durchaus in anderer Hinsicht vermittelt sein kann oder sogar muss. So ist die Erkenntnis der platonischen Ideen – der idealisierten Prototypen des Wirklichen als Gegenstände der Kunst – nicht denkbar ohne die Kenntnis des Mediums (etwa der bildlichen Darstellungen), in denen diese Idealisierungen jeweils – mehr oder minder vollkommen – zur Erscheinung kommen. Der vollkommene Körper von Michelangelos David bedarf des Marmors, aus dem er geformt ist, um Wirklichkeit zu werden. Auch die Einsicht in die Nichtigkeit der Welt im Zustand der Willensverneinung, in der das »Rad des Ixion« (W I, 231) stillstellenden Kontemplation, ist in gewisser Weise vermittelt, nämlich durch die intensive Bekanntschaft mit der Welt als Unheilszusammenhang. Obwohl Voraussetzungen dieser Erkenntnisformen, rücken diese doch beide Male in den Hintergrund: Das Subjekt wird von sich selbst und dem Gedanken an das eigene Ich weggezogen, »verliert« (W I, 210) sich an den Gegenstand, überwindet auf diese Weise die Spaltung zwischen Subjekt und Objekt und erlebt diesen Zustand als »Ekstase, Entrückung, Erleuchtung, Vereinigung mit Gott« (W I, 485). Da mit dem Subjekt zugleich das Objekt verschwindet, ist dieses nicht mehr eindeutig zu charakterisieren. Deshalb schwankt Schopenhauer auch, ob er diesen Zustand überhaupt noch Erkenntnis nennen soll. Einerseits ist er Erkenntnis insofern, als die Erlösung bzw. die Begegnung mit der Idee nicht mehr von der »überlegten Willkür«, dem intentionalen Handeln, religiös gesprochen: von den »Werken« abhängt (W I, 482). Andererseits ist er, indem die Subjekt-Objekt-Differenz aufgehoben (und der Gehalt dieser Erfahrung nicht mehr mitteilbar ist), »nicht eigentlich Erkenntniß zu nennen« (W I, 485). Als eine Form visionärer Erkenntnis geht er über das, was üblicherweise Erkenntnis genannt wird, ein Stück weit hinaus.

Literatur

Birnbacher, Dieter: Induktion oder Expression? Zu Schopenhauers Metaphilosophie. In: *Schopenhauer-Jahrbuch* 69 (1988), 7–19.

Birnbacher, Dieter: Schopenhauer als Ideologiekritiker. In: Ders. (Hg.): *Schopenhauer in der Philosophie der Gegenwart*. Würzburg 1996, 45–58.

Birnbacher, Dieter: Whitehead und die Tradition der induktiven Metaphysik. In: Christoph Kann/Dennis Sölch (Hg.): *Whitehead und Russell*. Freiburg/München 2018 (im Erscheinen).

Brunner, Jürgen: Schopenhauers Kausalitätstheorie. Teil I: Empirische Ereigniskausalität und transzendentale Akteurskausalität. In: *Schopenhauer-Jahrbuch* 89 (2008), 41–64.

Dörpinghaus, Andreas: Der Leib als Schlüssel zur Welt. Zur Bedeutung und Funktion des Leibes in der Philosophie Arthur Schopenhauers. In: *Schopenhauer-Jahrbuch* 81 (2000), 15–32.

Hamlyn, David: Schopenhauer and knowledge. In: Christopher Janaway (Hg.): *The Cambridge Companion to Schopenhauer*. Cambridge 1999, 44–62.

Langnickel, Robert: Schopenhauers Theorie der empirischen Vorstellung: Eine zu Unrecht vergessene Wahrnehmungstheorie? In: *Schopenhauer-Jahrbuch* 93 (2012), 221–238.

Malter, Rudolf: *Arthur Schopenhauer. Transzendentalphilosophie und Metaphysik des Willens*. Stuttgart-Bad Cannstatt 1991.

Morgenstern, Martin: *Schopenhauers Philosophie der Naturwissenschaft. Apriorität slehre und Methodenlehre als Grenzziehung naturwissenschaftlicher Erkenntnis*. Bonn 1985.

Morgenstern, Martin: Schopenhauers Begriff der Metaphysik und seine Bedeutung für die Philosophie des 19. Jahrhunderts. In: *Zeitschrift für Philosophische Forschung* 41 (1987), 592–612.

Schubbe, Daniel: *Philosophie des Zwischen. Hermeneutik und Aporetik bei Schopenhauer.* Würzburg 2010.

Schubbe, Daniel: Formen der (Er-)Kenntnis. Ein morphologischer Blick auf Schopenhauer. In: Günter Gödde/ Michael B. Buchholz (Hg.): *Der Besen, mit dem die Hexe fliegt. Wissenschaft und Therapeutik des Unbewussten.* Bd. 1: *Psychologie als Wissenschaft der Komplementarität.* Gießen 2012, 359–385.

Whitehead, Alfred N.: *Die Funktion der Vernunft* [1929]. Stuttgart 1974.

Dieter Birnbacher

6.4 Metaphysik

Schopenhauer bekennt sich im ersten Buch der *Welt als Wille und Vorstellung* zu der idealistischen Grundansicht, der zufolge die Welt meine Vorstellung, also Objekt in Beziehung auf ein sie erkennendes Subjekt ist. Zu Beginn des zweiten Buchs akzentuiert er nun, diese »erste Thatsache des Bewußtseyns« (W I, 40) deute auf ein Problem hin. Denn wenn die Welt nichts anderes als meine Vorstellung ist, dann drängt sich doch der Verdacht auf, dass sie nur Schein, dass sie ein bloßes Phantasma, ein leeres Phantomgebilde sein könnte. Wodurch unterschiede sich das erkennende Subjekt dann von einem Träumenden, dem im Traum Phantasiegestalten und Chimären vorgegaukelt werden? Dieses Problem wird Schopenhauer zum Anlass, der Frage nachzugehen, ob die Welt, außer dass sie Vorstellung ist, nicht noch etwas anderes, von der Vorstellung Verschiedenes ist. Hierbei ist für ihn die Annahme leitend, dass die Dinge, die uns in der Anschauung als Vorstellungen gegeben sind, über sich hinausweisen zu dem, was sie an sich selbst, das heißt unabhängig davon, dass das Subjekt sie vorstellt, sind. Diese Annahme hat ihre Wurzel in der kantischen Unterscheidung von Ding an sich und Erscheinung. Kant verneinte bekanntlich die Möglichkeit der Erkenntnis der Dinge an sich. Schopenhauer hingegen nimmt für sich in Anspruch, in *Die Welt als Wille und Vorstellung* das Ding an sich »in seinem Verhältniß zur Erscheinung« (GBr, 291; zu dieser Einschränkung vgl. auch W II, 228) bestimmt und bezeichnet zu haben. In diesem Sinne versteht er seine Philosophie als Fortführung der kantischen.

Ein Idealist Berkeleyscher Prägung könnte gegen Schopenhauers Auffassung die Frage stellen: Wieso weisen die Vorstellungen über sich hinaus zu etwas, was von der Vorstellung verschieden ist? Die Welt existiert nur als meine Vorstellung; eine anderweitige Realität kann ihr nicht zugesprochen werden. Dieser mögliche Einwand ist von Schopenhauer nicht unberücksichtigt gelassen worden. Er führt zwei Argumente gegen ihn ins Feld.

Erstens sieht er die Welt als Vorstellung als durchgängig relativ an. Diese »Relativität« (W I, 41) zeigt sich ihm in zweifacher Hinsicht. Zum einen ist die vorgestellte Welt relativ auf ein erkennendes Subjekt. Zum anderen unterliegt die Welt als Objekt dem Satz vom Grunde: Für jede Erscheinung, die in der Vorstellung gegeben ist, muss sich ein Grund angeben lassen, warum sie ist. Die in diesen zwei Hinsichten deutlich werdende Relativität soll laut Schopenhauer nun darauf hinweisen, dass die Welt als Vorstellung gleichsam nur die »äußere Seite der Welt« (W I, 36) ist und dass ihr innerster Kern etwas von der Vorstellung grundsätzlich Verschiedenes sein muss. Dieses Argument ist jedoch nicht sonderlich stichhaltig, denn es setzt schon das voraus, wohin erst noch geführt werden soll: nämlich dass es ein Ansich der Welt gibt, dessen Erscheinung in der Anschauung als Vorstellung gegeben ist.

Zweitens: Dass die Welt noch mehr sein muss als mein bloßes Vorstellungsprodukt, legt sich für Schopenhauer allein schon deswegen nahe, weil wir ein »Interesse« an unseren Vorstellungen nehmen und ihre »Bedeutung« fühlen. Denn, wie er hervorhebt, die uns in der Vorstellung gegebenen »Bilder« ziehen nicht »völlig fremd und nichtssagend« an uns vorüber, sondern sprechen uns »unmittelbar« an (W I, 113). Bloß die Frage ist: Wie gelangt man über die »gefühlte Bedeutung« der Vorstellungen (ebd.) zu deren realem Inhalt? Wie kommt man von den Erscheinungen zur Welt an sich? Ein Weg ist von vornherein versperrt: Wie die Dinge an sich selbst beschaffen sind, kann nicht am Leitfaden des Satzes vom Grunde aufgefunden werden, denn dieser ist auf den Bereich der Erscheinungen eingeschränkt und kann infolgedessen nicht herangezogen werden, wenn Aufschluss erlangt werden soll über das, was außerhalb dieses Bereichs liegt.

Also wendet sich Schopenhauer der philosophischen Tradition sowie der Mathematik und den Naturwissenschaften zu und befragt sie daraufhin, ob sie Aufschluss geben können über die Bedeutung der Vorstellungen. Was nun zunächst die Philosophie anbetrifft, so räumt Schopenhauer ein, dass die verschiedenen Schulen – von einigen wenigen Ausnahmen abgesehen – darin übereinkommen, dass sie ein Objekt annehmen, das der Vorstellung zugrunde liegen soll, ihr aber doch ähnlich ist. Für Schopenhauer jedoch sind ›Objekt‹ und ›Vorstellung‹ austauschbare Begriffe, setzt doch jedes Objekt ein Subjekt voraus und bleibt somit Vorstellung. Folglich ist der erhoffte Aufschluss von der traditionellen Philosophie nicht zu erlangen.

Auch die Mathematik vermag nicht weiterzuhelfen, denn sie betrachtet die Vorstellungen nur insofern, als sie Raum und Zeit füllen, das heißt insofern sie Größen sind. Die Mathematik setzt lediglich Größen miteinander in Beziehung; sie stellt aber nicht einmal die Frage, ob es etwas von den Vorstellungen Verschiedenes geben könne.

Eben so wenig wie die Mathematik vermögen die Naturwissenschaften den gesuchten Aufschluss über die Bedeutung der Vorstellung zu liefern. Schopenhauer unterscheidet zwei große Gattungen der Naturwissenschaften: die Morphologie und die Ätiologie. Der Morphologie (gr. *morphé*: Form, Gestalt) geht es um die Beschreibung von Formen und Gestalten, die Ätiologie (gr. *aitia*: Grund, Ursache) betreibt Ursachenforschung und versucht die Veränderungen zu erklären, die sich in der Natur antreffen lassen. Sie ist auf die Regel aus, gemäß der auf einen Zustand der Materie notwendig ein bestimmter anderer erfolgt. Sie unternimmt es mithin, Kausalerklärungen der Natur zu geben und Naturgesetze aufzustellen. Nun zeigt sich für Schopenhauer, dass die Morphologie den erhofften Aufschluss nicht zu geben vermag, denn sie führt in ihren genealogischen Aufzählungen, also in ihrer Aufstellung von Stammbäumen der Lebewesen, immer nur Vorstellungen vor. Auch die Befragung der Ätiologie führt zu einem negativen Ergebnis: Sie legt dar, wie ein bestimmter Zustand der Materie einen anderen herbeiführt und sieht damit ihre Aufgabe als beendet an. Folglich gibt auch sie keinen Aufschluss über das Wesen und die Bedeutung der vorgestellten Erscheinungen. Sie hat zwar einen Namen für das, was die materiellen Veränderungen bewirkt – nämlich ›Naturkraft‹; diese zu erklären liegt allerdings außerhalb ihres Gebiets und wird von ihr auch gar nicht versucht.

Um dennoch die Frage nach der Bedeutung der Vorstellungen beantworten zu können, schlägt Schopenhauer einen bis dato völlig neuartigen Weg ein. Dieser Weg führt bei ihm über den *Leib* (vgl. Schöndorf 1982; Tiemersma 1995; Dörpinghaus 2000; Dörflinger 2002; Jeske/Koßler 2012). Damit rückt er eine Entität ins Zentrum der Betrachtung, die in der abendländischen Philosophie bislang mehr als stiefmütterlich behandelt worden ist. Der Leib, so betont Schopenhauer, ist auf *zweifache* Weise gegeben; wir haben eine *zweifache* Erfahrung von ihm. Einerseits nämlich ist er mir gegeben als Vorstellung, also als Objekt unter Objekten. Als solcher unterliegt er, wie alle Objekte, den Gesetzen der phänomenalen Welt, allem voran dem Satz vom Grunde. Darüber hinaus erfahre, erlebe ich meinen Leib andererseits auf eine noch ganz andere Weise: nämlich als »Wille«, der, wie Schopenhauer meint, das »Jedem unmittelbar Bekannte« ist (W I, 119). Schopenhauer gelangt zu dieser Einsicht im Ausgang von den »willkürlichen Bewegungen dieses Leibes«. Diese sind für ihn nichts anderes als die »Sichtbarkeit der einzelnen Willensakte« (W I, 126), in denen sich »mein Wille selbst überhaupt und im Ganzen« ausspricht (W I, 127).

Mit dem Gegebensein des Leibes als Wille gibt Schopenhauer also zu verstehen: Die einzelnen Bewegungen des Leibes sind Erscheinungen, sind Ausdruck von einzelnen Willensakten. Diese Willensakte ihrerseits sind nun keine bloß subjektiven Phantasmen, sondern müssen als in den Bewegungen des Leibes in die Erscheinung tretende Akte meines Willens überhaupt angesehen werden. Was mir so in der Vorstellung als leibliche Bewegung gegeben ist, enthüllt sich demzufolge seiner inneren Seite nach als Wille. Daher kann Schopenhauer mit gutem Grund von einer »Identität« (W I, 121) von Leib und Wille sprechen, einer Identität, die er in vierfacher Hinsicht entfaltet (vgl. W I, 119 ff.). Erstens ist jeder Willensakt sofort und unausbleiblich auch eine Bewegung des Leibes. Man kann den Akt, wie Schopenhauer festhält, »nicht wirklich wollen, ohne zugleich wahrzunehmen, daß er als Bewegung des Leibes erscheint« (W I, 119). Schopenhauer unterscheidet streng zwischen Wünschen und Wollen. Umgekehrt ist zweitens jede Einwirkung auf den Leib sofort und unmittelbar auch Einwirkung auf den Willen. Ist sie dem Willen zuwider, erlebt man sie als »Schmerz«; ist sie ihm hingegen gemäß, als »Wohlbehagen« und »Wollust« (W I, 120). Zudem wirkt drittens jede heftige und übermäßige Bewegung des Willens ganz unmittelbar auf den Leib und seine vitalen Funktionen ein. Und viertens schließlich ist die Erkenntnis, die ich von meinem Willen habe, von der meines Leibes gar nicht zu trennen. Mein Leib, sagt Schopenhauer, ist die Bedingung der Erkenntnis meines Willens, denn ich kann diesen Willen ohne meinen Leib doch eigentlich gar nicht vorstellen.

Was in der Vorstellung als Bewegung des Leibes gegeben ist, enthüllt sich mithin seiner inneren Seite nach als Wille. Mein Leib als ganzer ist »mein sichtbar gewordener Wille«, ist »mein Wille selbst« (W I, 128). Oder wie Schopenhauer mit einem von ihm geprägten Begriff auch sagt: Der Leib ist die »*Objektität des Wil-*

lens« (W I, 120), ist das Sichtbarwerden oder Sichdarstellen des Willens in der Erscheinungswelt. Aus dieser so verstandenen Identität von Leib und Wille leitet Schopenhauer ab, die Teile des Leibes müssten den »Hauptbegehrungen, durch welche der Wille sich manifestiert, vollkommen entsprechen, müssen der sichtbare Ausdruck derselben seyn« (W I, 129). Als Beispiele führt er an: Zähne, Schlund und Darmkanal seien der objektivierte Hunger, die Genitalien der objektivierte Geschlechtstrieb, und die greifenden Hände und die raschen Füße entsprächen dem schon mehr mittelbaren Streben des Willens, welches sie darstellen.

Schopenhauers Vorgehen, den Leib zur Erkenntnisbedingung des Willens zu machen, wirft ein Problem auf. Zu der Erkenntnis des Willens gelangt das Subjekt Schopenhauer zufolge *unmittelbar*, betont er doch, der Wille sei das »Jedem unmittelbar Bekannte« (W I, 119). Hiermit stellt er darauf ab, die Erkenntnis des Willens sei nicht durch Anschauung vermittelt. Vielmehr, so seine Überlegung, wird die Identität von Leib und Wille im unmittelbaren Bewusstwerden des Willens erfasst. Dieser Akt des Bewusstwerdens des Willens ist ein unmittelbares, gleichsam ›inneres‹ Erkennen, das die Entgegensetzung von Subjekt und Objekt von sich ausschließt, ist die unmittelbare Gewissheit, welche jeder von seinem Willen hat. Die so verstandene Erkenntnis des Willens kann nach Schopenhauer immer nur nachgewiesen, im Sinne von ›aufgezeigt‹ werden. Niemals jedoch, so hebt er hervor, könne man sie beweisen, »d. h. als unmittelbare Erkenntniß aus einer andern unmittelbarern« (W I, 122) ableiten. Damit stellt sich die Frage nach ihrem Wahrheitsgehalt.

Dem Schopenhauerschen Wahrheitsbegriff liegt das Verständnis von Wahrheit als »Beziehung eines Urtheils auf etwas von ihm Verschiedenes, das sein Grund genannt wird« (G, 105), zugrunde. Die Beziehung eines Urteils auf seinen zureichenden Grund teilt sich nach Schopenhauer in vier Arten auf. Diesen vier Arten entsprechend verzweigt sich Wahrheit vierfach in logische, empirische, transzendentale und metalogische Wahrheit (vgl. G, §§ 30–33). Diesen vierfach entfalteten Wahrheitsbegriff nun kann die Erkenntnis des Willens nicht für sich in Anspruch nehmen, »denn sie ist nicht [...] die Beziehung einer abstrakten Vorstellung auf eine andere Vorstellung, oder auf die nothwendige Form des intuitiven, oder des abstrakten Vorstellens«. Vielmehr wird die Erkenntnis des Willens von Schopenhauer begriffen als »die Beziehung eines Urtheils auf das Verhältnis, welches eine anschauliche Vorstellung, der Leib, zu dem hat, was gar nicht Vorstellung ist, sondern ein von dieser toto genere Verschiedenes: Wille«. Aufgrund ihrer Sonderstellung nennt Schopenhauer sie daher »κατ' ἐξοχὴν *philosophische Wahrheit*« (W I, 122).

Offensichtlich ist sich Schopenhauer des Sachverhalts bewusst gewesen, dass er hiermit das aufgezeigte Problem nicht gelöst, sondern nur mit einem Begriff zugedeckt hat. Denn anders wäre es kaum zu erklären, dass er in Kap. 18 des zweiten Bandes der *Welt als Wille und Vorstellung* erneut darauf zu sprechen kommt und eine etwas modifizierte Antwort anbietet. Dort stimmt er insoweit mit Kant überein, als er es als unmöglich ansieht, das Ding an sich *objektiv* erkennen zu können, denn das hieße »etwas Widersprechendes verlangen. Alles Objektive ist Vorstellung, mithin Erscheinung, ja bloßes Gehirnphänomen«. Folglich, schließt Schopenhauer, kann das Ding an sich »nur ganz unmittelbar ins Bewußtseyn kommen, nämlich dadurch, daß es *selbst sich seiner bewußt* wird« (W II, 219). Die innere Erkenntnis ist zwar frei von den Formen des Raumes und der Kausalität, nicht jedoch von der der Zeit. Deshalb ist der Wille dem Subjekt immer nur in der Sukzession der einzelnen Willensakte gegeben. Insofern stimmt Schopenhauer hier noch mit der vorhin skizzierten, von ihm ursprünglich vertretenen Auffassung überein. Sprach er jedoch im ersten Band vom Willen ausdrücklich als dem jeden *unmittelbar* Bekannten, so nimmt er im zweiten Band eine Einschränkung vor, wenn er statt von ›unmittelbar‹ von ›unmittelbarer‹ spricht. Zwar gibt die innere Wahrnehmung, wie er festhält, keine »erschöpfende und adäquate Erkenntniß des Dinges an sich« (W II, 220). Gleichwohl aber ist diese Wahrnehmung, »in der wir die Regungen und Akte des eigenen Willens erkennen«, so betont er nun, »bei Weitem unmittelbarer, als jede andere: sie ist der Punkt, wo das Ding an sich am unmittelbarsten in die Erscheinung tritt, und in größter Nähe vom erkennenden Subjekt beleuchtet wird« (W II, 220 f.).

Der erkannten Identität von Leib und Wille kommt für den Fortgang der Schopenhauerschen Überlegungen eine heuristische Funktion zu, soll sie doch dazu verhelfen, eine Antwort auf die Frage zu finden: Was ist die Welt, außer dass sie meine Vorstellung ist? Schopenhauers Überlegungen schlagen folgenden Weg ein. Die anhand des Leibes gewonnene Erkenntnis des Willens will er als einen »Schlüssel« zum Wesen aller uns in der Welt begegnenden Erscheinungen gebrauchen. Das besagt nichts weniger, als dass Schopenhauer alle – streng genommen wirklich *alle* – Objekte, die uns als unsere Vorstellungen gegeben, aber nicht unser Leib sind, »nach Analogie« des Leibes beurteilen will (W I, 125). Auch wenn Schopenhauer hier von einer Analogie spricht, so hat diese analogische Beurteilung bei ihm doch keineswegs den Charakter eines bloßen ›Als-ob‹. Vielmehr will er die damit vorgenommene Übertragung und Ausdehnung des Willensbegriffs auf die Welt insgesamt als *notwendige Annahme* verstanden wissen. Vom Ansatz seines Konzepts her kann das ja auch gar nicht anders sein, denn über die Vorstellung und den Willen hinaus ist uns ja nichts außerdem gegeben! »Außer dem Willen und der Vorstellung«, schreibt Schopenhauer, »ist uns gar nichts bekannt noch denkbar. [...] Wir können daher eine anderweitige Realität, um sie der Körperwelt beizulegen, nirgends finden« (ebd.).

Diese Übertragung der Erkenntnis des Willens vom Menschen auf die Welt insgesamt soll durch »fortgesetzte Reflexion« (W I, 131) geleistet werden. Die fortgesetzte Reflexion bringt die Erkenntnis der Erscheinungen und die unmittelbare Gewissheit, welche jeder von seinem Willen hat, zusammen und eröffnet damit die Möglichkeit, zu erkennen, dass ebenso wie in den Bewegungen des Leibes auch in der Vielzahl der Naturerscheinungen es der eine und selbe Wille ist, der erscheint. Zwar tritt der Wille im Selbstbewusstsein am deutlichsten zutage, aber durch die fortgesetzte Reflexion wird das erkennende Subjekt dahin geführt, »auch die Kraft, welche in der Pflanze treibt und vegetirt, ja die Kraft, durch welche der Krystall anschießt, die, welche den Magnet zum Nordpol wendet, die, deren Schlag ihm aus der Berührung heterogener Metalle entgegenfährt, die, welche in den Wahlverwandtschaften der Stoffe als Fliehn und Suchen, Trennen und Vereinen erscheint, ja zuletzt sogar die Schwere, welche in aller Materie so gewaltig strebt, den Stein zur Erde und die Erde zur Sonne zieht« (ebd.), als identisch anzusehen mit dem Willen, der dem erkennenden Subjekt unmittelbar bekannt ist. Demnach sind alle Erscheinungen, die das erkennende Subjekt vorstellt, verschieden nur qua Erscheinungen; ihr inneres Wesen hingegen ist in allen das eine und selbe: Wille. Oder anders gesagt: Die Welt mit der Vielzahl ihrer Erscheinungen ist die Sichtbarwerdung oder Objektivation des Willens.

Mittels dieser Leib-Welt-Analogie kommt Schopenhauer seiner Forderung nach, wir müssten die Natur verstehen lernen aus uns selbst und nicht umgekehrt uns selbst aus der Natur (vgl. W II, 219). Nicht aufgrund der Erkenntnis der Naturerscheinungen, die uns die Naturwissenschaft liefert, können wir Erkenntnisse über das Wesen des Menschen gewinnen. Vielmehr gilt für ihn gerade das Umgekehrte.

Einzig im Ausgang vom Menschen erschließt sich uns die Natur, erschließt sich uns die Welt. »Seit den ältesten Zeiten«, hält Schopenhauer fest, hatte man »den Menschen als Mikrokosmos angesprochen. Ich«, fährt er fort, »habe den Satz umgekehrt und die Welt als Makranthropos nachgewiesen; sofern Wille und Vorstellung ihr wie sein Wesen erschöpft« (W II, 739; vgl. Decher 1992).

Aufgrund ihrer methodischen Vorgehensweise führen die Naturwissenschaften laut Schopenhauer nie zum letzten Grund ihrer Forschungsobjekte (vgl. Morgenstern 1985). So versucht beispielsweise die Physik die Erscheinungen zu erklären anhand des Kausalitätsgesetzes. In der Kette der Ursachen und Wirkungen aber ist – soll das Gesetz der Kausalität sich nicht selbst aufheben – ein erster Anfang dieser Kette nie zu erreichen, so dass die naturwissenschaftlichen Erklärungsversuche auf einen unendlichen Regress hinauslaufen (vgl. W II, 191). Dazu kommt für Schopenhauer: Alle Erklärungen aus Ursachen beruhen letztlich auf einem *Unerklärbaren*. Denn die Tatsache, dass eine Ursache eine Wirkung zeitigt, wird »zurückgeführt auf ein Naturgesetz und dieses endlich auf eine Naturkraft, welche nun als das schlechthin Unerklärliche stehn bleibt« (W II, 195; ähnlich W I, 145 ff.; N, 4). Über dieses schlechthin Unerklärliche führt die naturwissenschaftliche Erklärung nicht hinaus. Sie muss es als unerklärbar hinnehmen und sich dabei bescheiden, denn auch wenn es den Naturwissenschaften im Laufe der Zeit gelungen ist, eine Vielzahl von Naturkräften auf einige wenige zurückzuführen, kann das nach Schopenhauer nicht darüber hinwegtäuschen, dass diese ›Urkräfte‹ letztlich als *qualitates occultae* stehen bleiben müssen (vgl. W I, 149; W II, 191). Daher bildet die Deutung der Welt im Ausgang vom Willen als dem unmittelbar Bekannten für Schopenhauer die »einzige enge Pforte zur Wahrheit« (W II, 219). Da die Naturwissenschaften diese Pforte nicht durchschreiten, gelangen sie nicht auf den Weg, der zur letztgültigen Deutung und Erklärung der Welt führt, derzufolge sich die Kräfte der Natur als Wille enthüllen. Diese von Schopenhauer gelieferte Erklärung geht, indem sie, ausgehend vom Menschen, Aufschluss gibt über das innere Wesen der Dinge und der Welt, über die physikalische Erklärung der Erscheinungen hinaus. Für Schopenhauer ist dies eine *metaphysische* Erklärung (vgl. W I, 167; Morgenstern 1986; 1987; 1988; Malter 1988; Zöller 1996; Dürr 2003).

Der Metaphysik weist er als Aufgabe die Zusammenfügung von äußerer und innerer Erfahrung sowie die Deutung des so verstandenen Ganzen zu. Damit ist Metaphysik, wie er sie versteht und konzipiert, »ein Wissen, geschöpft aus der Anschauung der äußern, wirklichen Welt und dem Aufschluß, welchen über diese die intimste Thatsache des Selbstbewußtseyns liefert, niedergelegt in deutliche Begriffe« (W II, 204). Eine so verstandene Metaphysik, schreibt er, »bleibt daher immanent und wird nicht transzendent. Denn sie reißt sich von der Erfahrung nie ganz los, sondern bleibt die bloße Deutung und Auslegung derselben« (W II, 203; zu Interpretationen der Metaphysik Schopenhauers, die diese methodologisch als »hermeneutisch« auffassen, vgl. u. a. Schubbe 2010; s. auch Kap. 40). Die Metaphysik reißt sich von der Erfahrung nie ganz los, sofern sie in der inneren und äußeren Erfahrung fundiert ist. Sie geht gleichzeitig aber über die Erfahrung hinaus, indem sie diese nach Analogie des Leibes deutet und den Willen als »das Ansich der gesammten Natur« erkennt (W I, 155). Während Kant in der *Kritik der reinen Vernunft* die Erkennbarkeit der Dinge an sich abstritt (vgl. KrV, A 190), nimmt Schopenhauer demgegenüber für sich in Anspruch, das Ding an sich mit der erwähnten Einschränkung erkannt und bezeichnet zu haben. Geradezu lapidar erklärt er: »*Kanten* war es = x, mir *Wille*« (P II, 96). Und der Wille allein ist das Ding an sich (vgl. W I, 131). Schopenhauer schließt also die Möglichkeit, dass in den Erscheinungen etwas anderes erscheinen könne als der Wille, dezidiert aus.

Als das Ding an sich, als das Ansich der gesamten Natur nun unterscheidet sich der Wille von seiner Erscheinung und ist völlig frei von deren Formen (vgl. W I, 134). Dies bedeutet zunächst, dass er nicht von dem Auseinanderfallen in Subjekt und Objekt berührt wird. Das besagt für Schopenhauer insbesondere: Er kann nicht erkannt werden als ein dem Subjekt entgegenstehendes Objekt. Es bedeutet ferner, dass der Wille nicht in Raum und Zeit ist und nicht am Leitfaden des Kausalitätsprinzips erkannt werden kann. Für den Willen als Ding an sich lässt sich demnach kein Grund angeben, warum er ist. Insofern ist er »grundlos« (W I, 162). Grundlossein ist für Schopenhauer eine Bedeutung von Freiheit (vgl. z. B. W I, 337). Der Wille als Ding an sich ist daher als frei zu bezeichnen (zu dem sich damit stellenden Problem der menschlichen Willensfreiheit s. Kap. 8.1). Verschiedensein von seiner Erscheinung bedeutet schließlich, dass der Wille an sich jegliche Vielheit von sich abweist. Folglich muss er gedacht werden als »*einer*« (W I, 152).

Wie indessen ist diese Einheit des Willens zu verstehen? Vorgestellt werden doch immer nur die vielen einzelnen Erscheinungen, in denen sich der Wille objektiviert. Ist demnach die Einheit des Willens zu verstehen als ein aus der Vielheit abgezogenes Abstraktum? Eine so verstandene Einheit des Willens weist Schopenhauer zurück. Der Wille ist einer, weil er außerhalb von Raum und Zeit, mithin außerhalb des *principium individuationis*, also außerhalb der *Möglichkeit* der Vielheit liegt. »Er selbst ist Einer«, schreibt Schopenhauer, »jedoch nicht«, wie er sogleich hervorhebt, »wie ein Objekt Eines ist, dessen Einheit nur im Gegensatz der möglichen Vielheit erkannt wird: noch auch, wie ein Begriff Eins ist, der nur durch Abstraktion von der Vielheit entstanden ist: sondern er ist Eines als das, was außer Zeit und Raum, dem principio individuationis, d. i. der Möglichkeit der Vielheit, liegt« (W I, 134).

Mit der Einheit des Willens ist für Schopenhauer zugleich dessen *Unteilbarkeit* gegeben. Weil alle Vielheit nur in Raum und Zeit liegt, der Wille an sich davon aber nicht berührt wird, bleibt er der Vielheit ungeachtet unteilbar. »Nicht ist etwan«, führt Schopenhauer aus, »ein kleinerer Theil von ihm im Stein, ein größerer im Menschen: da das Verhältniß von Theil und Ganzem ausschließlich dem Raume angehört und keinen Sinn mehr hat, sobald man von dieser Anschauungsform abgegangen ist; sondern auch das Mehr und Minder trifft nur die Erscheinung; d. i. die Sichtbarkeit, die Objektivation: von dieser ist ein höherer Grad in der Pflanze, als im Stein; im Thier ein höherer als in der Pflanze« (W I, 152). Demzufolge manifestiert sich der Wille in jeder seiner Erscheinungen ganz und ungeteilt. Infolgedessen kann Schopenhauer von der »numerischen Identität des innern Wesens alles Lebenden« (W II, 700) sprechen. Der Wille als das Ansich der Welt ist numerisch einer. Deshalb vermag er sich »eben so ganz und eben so sehr in *einer* Eiche wie in Millionen« (W I, 153) zu offenbaren.

Wenn es dergestalt *ein* Wille ist, der in allen Teilen der Natur erscheint, dann resultiert daraus die Übereinstimmung aller Objektivationen (vgl. W I, 190 ff.), und diese macht für Schopenhauer sowohl die innere als auch die äußere Zweckmäßigkeit aller Naturwesen unleugbar (vgl. W I, 184; W II, 372 ff.). »Angemessen darum«, hält er fest, »ist jede Pflanze ihrem Boden und Himmelsstrich, jedes Thier seinem Element und der Beute, die seine Nahrung werden soll, ist auch irgendwie einigermaßen geschützt gegen seinen natürlichen Verfolger; [...] und so bis auf die speciellsten und erstaunlichsten äußeren Zweckmäßigkeiten herab« (W I, 190). Was so von dem Verhältnis der anorganischen Teile der Natur zu den organischen bzw. von dem der organischen zueinander gilt, nämlich dass durch dieses Verhältnis »die Erhaltung der gesammten organischen Natur oder auch einzelner Thiergattungen« ermöglicht wird »und daher als Mittel zu diesem Zweck unserer Beurtheilung entgegentritt« (W I, 184), gilt nach Schopenhauer in gleichem Maße von dem Verhältnis der Teile im einzelnen Organismus: Aus der »Uebereinstimmung aller Theile eines einzelnen Organismus« geht »die Erhaltung desselben und seiner Gattung« hervor, welches »als Zweck jener Anordnung sich darstellt« (ebd.). Innere und äußere Zweckmäßigkeit in der Natur resultieren so gesehen aus der Identität des Willens in allen seinen Erscheinungen. Weil es in allen Naturprodukten der eine und selbe Wille ist, der in ihnen sich objektiviert, stimmen alle Teile der organischen Wesen überein, sind alle Naturprodukte aufeinander ausgerichtet, passen sie sich gegenseitig an und kommen sie sich so weit wie möglich entgegen. Allerdings haben solche Zweckmäßigkeiten für Schopenhauer nur insoweit Geltung, als es für die Erhaltung der Welt und der in ihr lebenden Wesen vonnöten ist. Jene Harmonie, so stellt er nämlich klar, gehe nur so weit, dass sie den Bestand der Welt und ihrer Wesen möglich macht, welche ohne sie längst untergegangen wären. Folglich erstreckt sie sich nur auf den Bestand der Spezies und der allgemeinen Lebensbedingungen, nicht hingegen auf den der Individuen (vgl. W I, 192).

Bei all dem ist sich Schopenhauer darüber im Klaren, dass er eine Erweiterung des Begriffs ›Wille‹ vorgenommen hat (vgl. W I, 132), wenn er etwa den Kristall oder den Magneten, *anorganische* Erscheinungen also, als Erscheinungen des Willens deutet. Für gewöhnlich nämlich wird, wie Schopenhauer keineswegs verkennt, unter ›Wille‹ der von Erkenntnis geleitete, nach Motiven und unter Leitung der Vernunft sich äußernde Wille verstanden. Für Schopenhauer jedoch ist dies »nur die deutlichste Erscheinung des Willens« (ebd.).

Was die von Schopenhauer vorgenommene Erweiterung des Willensbegriffs konkret bedeutet, lässt sich am besten durch eine Betrachtung der Art und Weise, wie der Wille sich in der Welt objektiviert, veranschaulichen. Und zwar objektiviert er sich in der Welt auf vier großen Stufen, die Schopenhauer auch im Sinne einer zeitlichen Aufeinanderfolge begreift (vgl. P II, 151 ff.), so dass man – nebenbei angemerkt – bei ihm Ansätze eines evolutionären Denkens findet. Die erste, unterste Stufe der Objektivation des Willens bilden die Kräfte der anorganischen Natur. Hier wirkt der Wille »blind, dumpf, einseitig und unveränderlich« (W I, 141), hier fehlt ihm also jegliches Bewusstsein, jegliche Erkenntnis seiner selbst. Auf der nächsthöheren Stufe stellt sich der Wille dar »im stummen und stillen Leben einer bloßen Pflanzenwelt« (P II, 152). Auch hier ist er lediglich als blinder und dumpfer Drang aktiv, »noch völlig erkenntnisloß, als finstere treibende Kraft« (W I, 178). Gleiches gilt vom »vegetativen Theil« animalischen Lebens, welches die dritte große Objektivationsstufe darstellt. Und die vierte Stufe seiner Objektivation erreicht der Wille im Menschen. Auf diese Weise, so könnte man sagen, arbeitet sich der Wille gleichsam Stufe um Stufe empor: Aus dem blinden, dumpfen, erkenntnis- und bewusstlosen Willen wird am Ende ein von Erkenntnis und Bewusstsein begleiteter Wille. Im Menschen als der höchsten Stufe hat sich der Wille gleichsam »ein Licht angezündet« (W I, 179), das heißt differenzierte Erkenntnisorgane und -kräfte geschaffen.

Die Herausbildung dieser Erkenntniskräfte ergibt sich für Schopenhauer aus ihrer primären Funktion, die Erhaltung des Menschen sicherzustellen. Sie sind demnach biologisch bedingt, weil nämlich überlebensnotwendig. In den unteren Bereichen der *scala naturae* erhalten sich die Lebewesen, indem sie sich, auf Reize reagierend, die notwendige Nahrung einverleiben. Im Zuge der Ausbildung höherer Stufen tritt die Individualität der Lebewesen immer deutlicher hervor, bis sie im Menschen ihren höchsten Ausprägungsgrad erreicht. Dabei wird auch die zur Selbsterhaltung unabdingbare Nahrung eine speziellere. Zudem kann auf dieser hohen Entwicklungsstufe der Eintritt eines Reizes nicht abgewartet werden – die Häufigkeit der auf Reize erfolgenden Nahrungsaufnahme wäre nämlich zu gering. Also muss das höher entwickelte Lebewesen seine Nahrung selbst aufsuchen und auswählen. Zu diesem Zweck hat der Wille differenzierte Erkenntnisstrukturen hervorgebracht, hat er sich im Laufe der höherstufigen Entwicklung einen »Intellekt« geschaffen. Von dieser Warte aus betrachtet ist der Intellekt zunächst einmal ein bloßes Hilfsmittel zur Erhaltung des Individuums und der Art wie jedes andere Körperorgan auch (vgl. W I, 181).

Aber der Wille hat es nicht bei dieser lebenserhaltenden Funktion der Erkenntnis und der Erkenntnisorgane belassen. Vielmehr hat er zudem im Menschen über die anschauliche Erkenntnis hinaus eine *abstrakte*, das ist die *Vernunft*, erzeugt, um ihn durch eine »doppelte Erkenntniß« (W I, 180) zu erleuchten. Diese abstrakte Erkenntnis begreift Schopenhauer als eine »höhere Potenz« der anschaulichen, als eine »Reflexion« jener, als »das Vermögen abstrakter Begriffe« (ebd.). Mit Hilfe dieser abstrakten Erkenntnis wird der Mensch zur *Besonnenheit* befähigt, das heißt mit Hilfe der Vernunft vermag er, sich die Vergangenheit präsent zu halten, für die Zukunft zu planen, sich von der Gegenwart zu lösen, die Sorge für seine Existenz zu übernehmen und sich der eigenen Willensentscheidungen als solcher deutlich bewusst zu werden (vgl. ebd.).

Allerdings hat das Licht, das der Wille sich mittels dieser Erkenntniskräfte angezündet hat, auch Schattenseiten, wird doch mit der Vernunft der *Irrtum* möglich. Mit dem Eintritt der Vernunft, so legt Schopenhauer dar, geht die Sicherheit und Untrüglichkeit der Willensäußerungen fast ganz verloren: Der Instinkt tritt mehr und mehr zurück, und die Überlegung, die abstrakte Denktätigkeit, die ihn ersetzen soll, gebiert »Schwanken und Unsicherheit«, wodurch in vielen Fällen die adäquate Objektivation des Willens durch Taten verhindert wird (vgl. ebd., 180 f.). Dergestalt wertet Schopenhauer die Herausbildung von Intellekt und Vernunft durchaus ambivalent. Einerseits sind sie unabdingbar zum Überleben des Menschen. Andererseits bringen sie die unerwünschte Begleiterscheinung mit sich, dass Hand in Hand mit ihnen der Irrtum heraufkommt, wodurch der Mensch anfällig wird für Täuschung, Manipulation und Verführung (vgl. Decher 2011, 154 ff.).

Gleichwohl gilt es zu sehen: Mit Hilfe dieser Erkenntniskräfte vermag sich der Wille sein eigenes Wesen zum deutlichsten Bewusstsein zu bringen und zu erkennen, was dasjenige ist, das er will. Dieses ist die Welt, ist das Leben. Anders gewendet: Die Welt oder das Leben ist der sich in den Formen aller Erscheinung, Raum und Zeit, objektivierende eine Wille. Die Welt ist so gleichsam der »Spiegel«, in den der Wille blickt und in dem er in den unzähligen Erscheinungen immer nur sich selbst gespiegelt findet. Daher ist es, wie Schopenhauer festhält, »einerlei und nur ein Pleonasmus, wenn wir, statt schlechthin zu sagen ›der Wille‹, sagen ›der Wille zum Leben‹« (W I, 323 f.).

Die mit der Willensobjektivation gegebene vierfache Stufung der Welt erfolgt für Schopenhauer mit Notwendigkeit, denn sie entspringt daraus, »daß der Wille an sich selber zehren muß, weil außer ihm nichts daist und er ein hungriger Wille ist« (W I, 183), das heißt ein steter Drang, ein unermüdliches Streben nach Dasein. Dieser Sachverhalt lässt sich bereits auf der Ebene des Anorganischen feststellen, denn schon hier geraten die Erscheinungen des Willens miteinander in Konflikt, indem jede sich der vorhandenen Materie bemächtigen will. Aus diesem Streit geht als Resultat die Erscheinung einer höheren Stufe hervor – jedoch so, dass sie das Wesen der niedrigeren auf eine untergeordnete Weise bestehen lässt, indem sie »ein höher potenzirtes Analogon« (W I, 173) davon in sich aufnimmt. Die jeweils niedrigere Stufe wäre dann in der nächst höheren aufgehoben. Auf dieser höheren Stufe wiederholt sich der Streit der Erscheinungen untereinander von Neuem, so dass aufs Ganze gesehen ein Streben nach immer höherer Objektivation erkennbar wird, bis am Ende im Menschen die ›Spitze der Pyramide‹ (W I, 182) erreicht wird.

Dieses Streben nach immer höherer Objektivation begreift Schopenhauer als *Kampf*, denn der Wille vermag auf einer höheren Stufe nur durch Übermächtigung der niedrigeren in Erscheinung zu treten. So erweist sich der Stufenbau der Natur von seiner dynamischen Seite her als Resultat eines Kampfes um Übermächtigung und Überwältigung, mithin eines Kampfes um Macht (hieran konnte Nietzsche mit seiner Konzeption des Willens zur Macht anschließen; vgl. Decher 1984; s. Kap. 30). Dazu kommt: Wenn die jeweils höhere Stufe ein Analogon der überwältigten in sich aufgehoben hat, dann bleibt die Eigenart der übermächtigten erhalten. Auch sie strebt nach wie vor danach, ihr Wesen adäquat zu äußern. Das lässt sich beispielsweise am menschlichen Organismus studieren, denn in diesem findet ein dauernder Kampf gegen die vielen physischen und chemischen Kräfte statt, die als niedrigere Stufen ein früheres Recht auf jene Materie haben. Indem so die höheren Objektivationsstufen nur sind durch Übermächtigung und Überwältigung der niedrigeren und schwächeren, gleichwohl aber im Tod eben diese schwächeren Objektivationen, die physischen und chemischen Kräfte, wieder die Oberhand gewinnen, wird deutlich, dass die Welt als Wille nichts anderes ist als eine ständige Selbstentzweiung, ja streng genommen Selbstzerfleischung des Willens (vgl. May 1949/50). Der Wille, stellt Schopenhauer in lakonischer Kürze klar, zehrt »durchgängig an sich selber« und ist »in verschiedenen Gestalten seine eigene Nahrung« (W I, 173).

In seinen 1820 in Berlin gehaltenen Vorlesungen hat Schopenhauer diesen Sachverhalt mit einer Reihe von instruktiven, der Natur entnommenen Beispielen zu illustrieren versucht. *Pars pro toto* sei das folgende angeführt: »Sie wissen«, trägt Schopenhauer vor,

> »daß die Fortpflanzung der Armpolypen so geschieht, daß das Junge als Zweig aus dem Alten hervorwächst und nachher sich von ihm absondert. Aber während es noch auf dem Alten als Sprößling festsitzt, hascht es schon nach Beute mit seinen Armen und da geräth es

oft mit dem Alten in Streit über die Beute, so sehr, daß eines sie dem andern aus dem Maule reißt. Ein einfaches deutliches Beispiel des Widerstreites der Erscheinungen des Willens zum Leben gegen einander! So ists in der ganzen Natur« (VN II, 175 f.).

Dieser an sich selber zehrende Wille kennt kein endgültiges Ziel, ist »ein endloses Streben« (W I, 195), dem eine dauernde, letztgültige Befriedigung versagt bleiben muss. Durchaus kennt er vorläufige Ziele; aber jedes, das er erreicht hat, ist ihm »stets nur der Ausgangspunkt eines neuen Strebens« (W I, 365). Wo ihn Erkenntnis beleuchtet, weiß der Wille, was er jetzt und hier will. Nie aber weiß er, was er überhaupt will: »jeder einzelne Akt hat einen Zweck; das gesamte Wollen keinen« (W I, 196). Da nun auch wir Menschen in den Stufengang der Objektivationen des Willens einbezogen sind, müssen auch wir wohl oder übel damit leben, dass auch in uns dessen nie endgültig zu befriedigende Daseinsgier nicht zur Ruhe kommt. Die daraus resultierende Dramatik und Tragik menschlichen Daseins entfaltet Schopenhauer im vierten Buch der *Welt als Wille und Vorstellung* (s. Kap. 6.6).

Schopenhauers Metaphysik ist von einer Reihe von Problemen begleitet. So hat beispielsweise Volker Spierling darauf hingewiesen (vgl. u. a. Spierling 1998, 230 f.), dass es in Bezug auf die Bestimmung des »Dinges an sich« bei Schopenhauer zu einem Standpunktwechsel kommt, insofern er zum einen dieses als unerkennbar und den Willen nur näherungsweise als Entzifferung desselben versteht, zum anderen aber auch den Willen in einem absoluten Sinn als Ding an sich bezeichnet. Dieser »Standpunktwechsel« hat zu einer Vielzahl von Interpretationen geführt, die vom Vorwurf des Widerspruchs über terminologische Differenzierungen bis hin zu einer systematischen oder methodologischen Rollenzuweisung innerhalb des Werks reichen (s. Kap. 6.2).

Eine weitere Frage, die in der Forschung umstritten ist, bezieht sich darauf, ob die Differenz zwischen der Welt als Vorstellung und der Welt als Wille als eine Zwei-Welten- oder Zwei-Aspekte-Lehre zu verstehen ist (vgl. Schubbe 2010a, 195, Anm. 554). Diese Problematik speist sich u. a. aus Schopenhauers nicht eindeutiger Selbstcharakterisierung seiner Metaphysik: So finden sich Stellen, die die Metaphysik als ein Unternehmen kennzeichnen, herauszufinden, was »hinter« der Welt steckt (vgl. u. a. W II, 180). Einen anderen Akzent setzen hingegen Stellen, mit denen Schopenhauer die Metaphysik unter die Leitfrage stellt, »ob diese Welt nichts weiter, als Vorstellung sei« (W I, 118). Je nachdem, wie man hier den Schwerpunkt setzt, ergibt sich ein anderes Bild der Metaphysik: als Fundament oder Ergänzung der Betrachtung der Welt als Vorstellung.

Literatur

Decher, Friedhelm: *Wille zum Leben – Wille zur Macht. Eine Untersuchung zu Schopenhauer und Nietzsche.* Würzburg/Amsterdam 1984.

Decher, Friedhelm: Arthur Schopenhauer. Die Welt als »Makranthropos«. In: Ders./Jochem Hennigfeld (Hg.): *Philosophische Anthropologie im 19. Jahrhundert.* Würzburg 1992, 95–108.

Decher, Friedhelm: *Die rosarote Brille. Warum unsere Wahrnehmung von der Welt trügt.* Darmstadt ²2011.

Dörflinger, Bernd: Schopenhauers Philosophie des Leibes. In: *Schopenhauer-Jahrbuch* 83 (2002), 43–85.

Dörpinghaus, Andreas: Der Leib als Schlüssel zur Welt. Zur Bedeutung und Funktion des Leibes in der Philosophie Schopenhauers. In: *Schopenhauer-Jahrbuch* 81 (2000), 15–32.

Dürr, Thomas: Schopenhauers Grundlegung der Willensmetaphysik. In: *Schopenhauer-Jahrbuch* 84 (2003), 91–119.

Kant, Immanuel: *Kritik der reinen Vernunft* [1781]. In: Ders.: *Werke in sechs Bänden.* Bd. II. Hg. von Wilhelm Weischedel. Darmstadt 1983 [KrV].

Kisner, Manja: *Der Wille und das Ding an sich. Schopenhauers Willensmetaphysik in ihrem Bezug zu Kants kritischer Philosophie und dem nachkantischen Idealismus.* Würzburg 2016.

Jeske, Michael/Koßler, Matthias: *Philosophie des Leibes. Die Anfänge bei Schopenhauer und Feuerbach.* Würzburg 2012.

Malter, Rudolf: Wesen und Grund. Schopenhauers Konzeption eines neuen Typs von Metaphysik. In: *Schopenhauer-Jahrbuch* 69 (1988), 29–40.

Malter, Rudolf: *Arthur Schopenhauer. Transzendentalphilosophie und Metaphysik des Willens.* Stuttgart-Bad Cannstatt 1990.

May, Eduard: Schopenhauers Lehre von der Selbstentzweiung des Willens. In: *Schopenhauer-Jahrbuch* 33 (1949/50), 1–9.

Morgenstern, Martin: *Schopenhauers Philosophie der Naturwissenschaft.* Bonn 1985.

Morgenstern, Martin: Die Grenzen der Naturwissenschaft und die Aufgabe der Metaphysik bei Schopenhauer. In: *Schopenhauer-Jahrbuch* 67 (1986), 71–93.

Morgenstern, Martin: Schopenhauers Begriff der Metaphysik und seine Bedeutung für die Philosophie des 19. Jahrhunderts. In: *Zeitschrift für philosophische Forschung* 41/4 (1987), 592–612.

Morgenstern, Martin: Schopenhauers Grundlegung der Metaphysik. In: *Schopenhauer-Jahrbuch* 69 (1988), 57–66.

Schöndorf, Harald: *Der Leib im Denken Schopenhauers und Fichtes.* München 1982.

Schubbe, Daniel: Der doppelte Bruch mit der philosophischen Tradition – Schopenhauers Metaphysik. In: Michael Fleiter (Hg.): *Die Wahrheit ist nackt am Schönsten. Arthur*

Schopenhauers philosophische Provokation. Frankfurt a. M. 2010, 119–127.

Schubbe, Daniel: *Philosophie des Zwischen. Hermeneutik und Aporetik bei Schopenhauer*. Würzburg 2010a.

Spierling, Volker: *Arthur Schopenhauer. Eine Einführung in Leben und Werk*. Frankfurt a. M. 1998.

Tiemersma, Douwe: *Der Leib als Wille und Vorstellung. Struktur und Grenzen der Schopenhauerschen Philosophie des Leibes*. In: *Schopenhauer-Studien* 5 (1995), 163–172.

Zöller, Günter: Schopenhauer und das Problem der Metaphysik. Kritische Überlegungen zu Rudolf Malters Deutung. In: *Schopenhauer-Jahrbuch* 77 (1996), 51–64.

Friedhelm Decher

6.5 Ästhetik

Der besondere Status der ›Ästhetik‹ in Schopenhauers System

Einen philosophischen Diskurs über die Künste, die Künstler und besondere sinnliche Eigenschaften wie z. B. das Schöne und das Erhabene nennen wir für gewöhnlich eine Ästhetik, vor allem dann, wenn dieser Diskurs Teil eines systematisch aufgebauten Philosophems ist. Arthur Schopenhauer hat zwar im dritten Buch seines Hauptwerks und in den späteren Ergänzungen hierzu, also in einem umfangreichen Teil seines Systems, die Kunst behandelt – die Künstlerpersönlichkeit und die ästhetischen Eigenschaften –, aber der herkömmliche Name ›Ästhetik‹ für die Behandlung dieser Gegenstände will in diesem Fall nicht recht passen. Anders nämlich als in den meisten philosophischen Systemen wird hier die ›Ästhetik‹ nicht allein durch Hinwendung zu einem bestimmten weiteren Gegenstandsbereich motiviert, dessen Behandlung auch fehlen könnte, weil er lediglich in einem additiven Verhältnis zum übrigen System steht und dieses nicht modifiziert. Die uneigentlich so genannte ›Ästhetik‹ in Schopenhauers Werk ist aus der Sicht des Autors vielmehr eine »Metaphysik des Schönen« (VN III, 37; W II, 331 u. ö.), die kein Additum des übrigen Systems ist, sondern dessen integraler, unabdingbarer Bestandteil, ohne den weder die Erkenntnislehre noch die Ethik dieses Philosophen hinreichend verstanden werden können.

Schopenhauers Metaphysik des Schönen untersteht, wie das Werk insgesamt, der totalisierenden, systembildenden Fragestellung: Was ist diese Welt? Was ist das Wesen der Welt? Durch die Beantwortung dieser Frage von Seiten der Kunst und des Schönen erwartet sich Schopenhauer authentische, folgenreiche Beiträge. In Hinsicht auf den metaphysischen Ansatz erweist sich Schopenhauer als ein Spätberufener inmitten der arbeitsteiligen wissenschaftlichen Forschung des 19. Jahrhunderts. Das heißt aber nicht, dass Schopenhauer die einzelwissenschaftliche Forschung in ihrer Bedeutung unterschätzt. Er sieht ihre Fruchtbarkeit vor allem dann, wenn sie sich der Erfassung der Wirklichkeit auf dem Weg der Anschauung nähert, wie dies bei Goethe der Fall war (s. Kap. 19). Unter Anschauung versteht Schopenhauer mehr als die bloße Wahrnehmung. Er unterstellt einen anschauenden Verstand, der die Wahrnehmung bereits deutend verarbeitet (s. Kap. 6.3). Die Wissenschaften tun dies gemäß den Varianten des Satzes vom Grund und gelangen dabei zur Feststellung der Relationen unter den Erscheinungen bzw. den Dingen, nicht aber zur Einsicht in das Wesen der Dinge, um die sich die Metaphysik bemüht. Mit den Konzepten einer Metaphysik des Schönen, bzw. einer Metaphysik der Kunst, behandelt Schopenhauer, strukturell betrachtet, die Mitte seines Systems, von der aus sowohl neue zusätzliche Einsichten in der Rückschau auf seine Erkenntnislehre als auch in der Vorausschau auf seine Ethik möglich werden. Die Stimmigkeit des Systems hängt wesentlich von diesen Bezügen ab, denn Schopenhauer vertritt eine organismische Konzeption seines Systems, für die eigentlich nur eine ganzheitliche Betrachtung angemessen wäre (s. Kap. 6.2). In der Vorrede zur 1. Auflage seines Hauptwerks erklärt er, dass in diesem Werk in Wahrheit nur »ein einziger Gedanke« entwickelt werde, dessen Darstellung in Buchform allerdings notgedrungen die Reihung von Teilen erfordere, obwohl diese sich allesamt gegenseitig bedingten (vgl. W I, VIII).

Trotz dieser selbstkritischen Überlegungen Schopenhauers scheint doch die Mittelstellung der ›Ästhetik‹ mit der Darlegung der eigentlichen, tiefsten und wahrhaftesten Erkenntnis, nämlich der Schau der Ideen, überzeugend gewählt, denn von hier aus gibt es die stärksten Ausstrahlungen in alle Richtungen des Systems, das ja auf der Überzeugung ruht, dass der vorzutragende »einzige Gedanke« inhaltlich lauten kann: »Die Welt ist die Selbsterkenntniß des Willens« (W I, 485). Es geht also überall um die Formen und Grade der Erkenntnisweisen der Welt. Dieses systematische Interesse ist auch in Schopenhauers ›Ästhetik‹ vorherrschend, ohne eine Geringachtung der vielen ästhetischen Einzelbeobachtungen daraus folgern zu müssen.

Schopenhauers Philosophie ist durch eine besondere Hochschätzung der Anschauung gekennzeichnet. Im Begriff ›Anschauung‹ zielt sie sowohl auf die

Methode des Anschauungserwerbs wie auch auf den gewonnenen Gegenstand, das Anschauliche oder das zur Anschauung Gebrachte. Es versteht sich, dass das Konzept der Anschauung für die ›Ästhetik‹ von besonderer Bedeutung ist, und so sind schon Schopenhauers Äußerungen hierzu in seiner Erkenntnis- und Wissenschaftslehre aufschlussreich für die später in der ›Ästhetik‹ zu erörternde Funktion der ›reinen Anschauung‹. Es ist wichtig, dass die als fundamental anzusetzende Tätigkeit der Anschauung, schon als empirische Anschauung, nicht in der bloßen Hinnahme des Angeschauten liegt, sondern bereits in der Anwendung von und der Sensibilität für die Strukturen des Wirklichen. Es geht dabei um das Erkennen eines an ihm selbst nicht sinnlichen Gestaltungsmoments, nämlich der Kausalität, deren Auffassung die Anschauung, d. h. der anschauende Verstand, a priori mächtig ist. Dies führt Schopenhauer zu dem Grundsatz: »Alle Anschauung« ist »intellektual« (W I, 13) und bereitet darauf vor, in der Metaphysik des Schönen von der Erkenntnis der Ideen durch die reine Anschauung zu erfahren. Auch die Ideen können als strukturbildende Faktoren der Wirklichkeit verstanden werden und sich Schopenhauer zufolge in der reinen Kontemplation zeigen.

Im ersten Buch seines Hauptwerks betont Schopenhauer den originären, authentischen und verlässlichen Charakter der Anschauung und kontrastiert ihn mit der Abkünftigkeit der Begriffe, die jeden möglichen Gehalt aus der Anschauung herleiten müssten (vgl. W I, 41). Während dies hier noch klingt wie die Anerkennung der Anschauung als Fundament wissenschaftlicher Redlichkeit, wie sie der Empirist David Hume gefordert hat, weisen andere Äußerungen schon deutlich auf den Selbstwert der Anschauung und die Überlegenheit der Anschauung über die Reflexion hin. In der Vorwegnahme des emphatischen Konzepts der Anschauung, das Schopenhauer in der Metaphysik des Schönen entwickelt, erklärt er in seiner Erkenntnislehre: »Die Anschauung ist sich selber genug; daher was rein aus ihr entsprungen und ihr treu geblieben ist, wie das ächte Kunstwerk, niemals falsch seyn, noch durch irgend eine Zeit widerlegt werden kann denn es giebt keine Meinung, sondern die Sache selbst« (W I, 41 f.). Die Anschauung soll also nicht nur die Quelle aller Erkenntnis, sondern, als reine Anschauung, sogar selbst die Erkenntnis schlechthin sein (vgl. W II, 83), wie Schopenhauer in dem späteren Zusatz zum ersten Buch seines Hauptwerks ausführt.

Damit erfährt der emphatische Begriff der Anschauung seine Bewährung wesentlich in der ›Ästhetik‹, d. h. der Metaphysik des Schönen. Schopenhauer selbst weist darauf hin, dass auch seine Ethik von der hier maßgeblich entwickelten Konzeption der Anschauung ausgeht und betont, dass »die Erkenntniß, aus welcher die Verneinung des Willens hervorgeht, eine intuitive ist und keine abstrakte« (W I, 453). Nur eine solche sei auch in der Lage, unmittelbar die entsprechende Tat oder Verhaltensweise auszulösen (vgl. W II, 83). Auch das ethisch so bedeutsame Gefühl des Mitleids gründet in der Anschauung, d. h. in der intuitiven Erkenntnis des Leidens der Kreaturen, nicht in begrifflicher Argumentation über ihren Zustand oder in Regeln der Moral.

Der Vorrang der Anschauung vor dem begrifflichen Denken, wie ihn Schopenhauer in seiner Erkenntnislehre und Ethik vertritt, erhält seine Bekräftigung und Bewährung im vollen Sinne in der ›Ästhetik‹, denn hier wird das Schöne als eine ›Erkenntnisart‹ bestimmt, aber nicht als irgendeine Form der Erkenntnis, sondern als die tiefste Art des Erkennens, nämlich als reine Anschauung des Wesens oder der Idee der Dinge. Damit kommt der ›Ästhetik‹ im Systemganzen eine ungewöhnlich hohe Bedeutung zu, denn sie findet Schopenhauer zufolge auf dem Weg eines anschauungsbezogenen Philosophierens den Schlüssel zum gesuchten Wesen der Dinge.

Die Idee als ›Hauptgegenstand‹ von Schopenhauers ›Ästhetik‹

Aus Schopenhauers Willensmetaphysik (s. Kap. 6.4) geht hervor, dass der natürlicherweise vom Willen bestimmte Mensch kaum eine Chance hat, der Anschauung um ihrer selbst willen nachzugehen. Er verharrt für gewöhnlich nur so lange bei der Anschauung, als es ihm um die Auswahl der Gegenstände seines Begehrens geht oder um die Feststellung der Relationen unter den Dingen. Ein rein objektives Interesse an dem in der Anschauung Gegebenen liegt fast allen Menschen fern, »weil ihr Erkennen immer an den Dienst des Willens gebunden bleibt« (VN III, 95 f.). Diese Abhängigkeit des Intellekts von den Willensregungen des Menschen führt Schopenhauer darauf zurück, dass entwicklungsgeschichtlich betrachtet der Intellekt als ein Instrument des Willens aus diesem selbst hervorgegangen sei, um die Bedürfnisse des Willens leichter zu befriedigen. Eine der Schwierigkeiten in Schopenhauers System liegt darin zu verstehen, dass sich in besonderen Fällen der Intellekt dennoch vom Willen emanzipieren kann. Schopenhauer erklärt dies mit der Vorstellung eines Überschussphänomens: Bestimmte

Individuen sind von Natur aus mit einem solchen Grad an Intellekt, bzw. ›Gehirnkraft‹, ausgestattet, dass nur ein Teil davon zur Dienstbarkeit am Willen benötigt wird. Ein »Ueberschuß der Erkenntniß wird nun frei« (VN III, 68) und ermöglicht die Abwendung vom willensbestimmten Ich und die völlige Hingabe an das zu erkennende Objekt. Schopenhauer sieht hierin das Kennzeichen der Genialität. Er nennt sie »die Fähigkeit, sich rein anschauend zu verhalten, sich in die Anschauung zu verlieren und die Erkenntniß, welche ursprünglich nur zum Dienste des Willens da ist, diesem Dienste zu entziehn« (W I, 218 f.). Diese geniale Begabung beobachtet Schopenhauer bei den Künstlern und den großen Philosophen. Trotz der unterschiedlichen Darstellungsmittel von Kunst und Philosophie unterstellt Schopenhauer ein beide Disziplinen auszeichnendes Erkenntnisverfahren. Er erklärt, dass »die Fähigkeit zur Philosophie eben darin besteht, worein Plato sie setzte, im Erkennen des Einen im Vielen und des Vielen im Einen« (W I, 98) und dies bei Schopenhauer wie bei Platon mit deutlichem Vorrang des Einen vor dem Vielen.

Es zeigt sich in Schopenhauers ›Ästhetik‹, dass die hier beschriebene »Fähigkeit zur Philosophie« auch die Fähigkeit der Kunst ist; nur verfolgt sie das gemeinsame Ziel mit anderen Methoden. Auch der Philosoph muss wie der Künstler in der Lage sein, einen Reichtum an Anschauungswissen zu erwerben und in der reinen Anschauung das Eine (die Idee) im Vielen zu erkennen. Sowohl das Eine wie das Viele überträgt er als Philosoph in abstrakte Begriffe, während der Künstler dazu fähig ist, die in reiner Anschauung erfasste Idee in einem sinnlichen Gebilde zur Darstellung zu bringen. Dies kann aus Schopenhauers Sicht umso eher gelingen, als in seinem Konzept der Idee ein anschauliches Allgemeines gedacht ist, das im platonischen Sinn das Urbild vieler möglicher Abbilder ist. Daher fügt Schopenhauer dem Begriff der Idee fast überall das Prädikat ›Platonisch‹ bei und vertraut dabei auf das rechte, d. h. ursprüngliche Verständnis von *idea* und *eidos* als schaubare Gestalt. Damit wird die umgangssprachliche Verflachung des Ausdrucks ›Idee‹ abgewehrt, aber auch jegliche Nähe der Idee zum Begriff vermieden. Die hohe Bedeutung des Ideenkonzepts betont Schopenhauer, wenn er erklärt: »Die Platonische Idee« mache den »Hauptgegenstand des dritten Buchs« (W I, 48), also der ›Ästhetik‹ aus. Mit diesen Worten weist Schopenhauer schon im ersten Buch auf den Gegenstand voraus, durch den sein Argument über die Sonderstellung der Anschauung erst völlig eingelöst werden soll.

Schopenhauer nimmt für seine Ausdeutung der platonischen Idee in Anspruch, sie nicht zu mystifizieren und sie nicht auf dogmatische Weise als eine transzendente Entität zu veranschlagen. Sie ist vielmehr Vorstellung, wenngleich das empirische Wissen überschreitend. Wenn man Schopenhauers metaphysischer Hypothese folgt, der Weltprozess sei die Selbsterkenntnis des Willens, so stellen die Ideen einen ersten Ansatz des Willens dar, sich selbst Objekt werden zu können, dies aber noch, ohne sich in Raum und Zeit auslegen zu müssen, sondern nur in unbewegte Prägeformen, die je für bestimmte Stufen der Objektivation des Willens maßgeblich sein sollen. Die Entäußerung des Willens bleibt also hier noch im Formalen, Ungegenständlichen. Schopenhauer nennt sie die adäquate Objektität des Willens je nach den Stufen seiner Bewusstwerdung. Diesen objektiven Gesichtspunkt der Idee entwickelt Schopenhauer in seiner Metaphysik des Willens. Da aber in jeder Erkenntnis eine Korrelation von Subjekt und Objekt herrschen muss und die Ideen erkannt werden, wenn auch nur von den genialischen Menschen, so bedarf es einer Auffassungsmöglichkeit des Subjekts für diese anschaulichen, aber nicht unmittelbar sinnlichen Formen, die Schopenhauer als die platonischen Ideen bezeichnet.

Diese Auffassung nennt Schopenhauer die reine oder ästhetische Kontemplation. Gemeint ist eine solche Steigerung und Intensivierung der Anschauung bei der Betrachtung von Naturdingen, dass das Objekt das Bewusstsein so völlig einnimmt, dass das Subjekt mit ihm in geradezu mystische Vereinigung gelangt, mit ihm Eins wird und sein Selbst, d. h. seinen Willen, darüber vergisst. Der Motor für diese Intensivierung der Anschauung ist Schopenhauer zufolge das rein objektive Interesse, eine Erkenntnisintensität, die den genialen oder zumindest kongenialen Menschen vorbehalten ist und stets nur auf Augenblicke gelingt, in denen alles subjektive Interesse und das willentliche Verfolgen eines Ziels verabschiedet ist. In diesen Augenblicken entspricht das rein erkennende Subjekt, das seinen Willen aufkündigt und sein Erkennen nicht mehr nach dem Satz vom Grund ausrichtet, indem es der Idee gewahr wird, nicht mehr dem Individuum, sondern »ist *reines*, willenloses, schmerzloses, zeitloses *Subjekt der Erkenntniß*« (W I, 210 f.). Dies ist Schopenhauer zufolge nur dadurch möglich, dass »durch die Kraft des Geistes gehoben«, der in reiner Kontemplation Befindliche »die ganze Macht seines Geistes der Anschauung hingiebt« (W I, 210). Die Ausführungen Schopenhauers zu diesem außergewöhnlichen Ereignis der Selbstüberwindung und des Sich-

Offenbarens der Idee oder des Typus einer Klasse von Dingen sind von solcher stilistischer Eindringlichkeit, dass sie sich von selbst als die Schlüsselpassage der ›Ästhetik‹ darbieten und den Vorrang des metaphysischen vor dem ästhetischen Interesse des Autors bezeugen. Zugleich bewährt sich die früher schon behauptete Vorrangstellung der Anschauung vor der Begriffsarbeit, indem die in der Erkenntnislehre festgestellte Intellektualisierung der Anschauung hier zur Vergeistigung der Anschauung im Sinne mystischer Schau gesteigert wird.

Schopenhauers Metaphysik (und seine Lebenserfahrung) lehrt die strikte Korrelation von Willensbestimmtheit und Leiden. Wenn in der ästhetischen Kontemplation wenigstens auf Zeit eine Aufhebung der Willensherrschaft über den Menschen erreicht werden kann, so erfährt sich das rein erkennende Subjekt zugleich als »schmerzlos« und ohne Bedingtheit durch die Zeit. Dieser, einer Erlösung gleichkommende Zustand, in dem sich die Idee als Wesen des Dinges »offenbart«, hat mit seinen Momenten der Befreiung und des Heilbringens eher Verwandtschaft mit religiöser Erfahrung als mit der traditionellen Vorstellung von ästhetischem Genuss an der gegebenen sinnlichen Qualität der Dinge. In der Tat führt Schopenhauer die aus der ästhetischen Kontemplation hervorgehende »Freude« auch primär auf die Entlastung vom Willensdruck zurück und auf die befreiende Erkenntnis der Ideen, die das wahrhaft Seiende bedeuten. Unter dieser Entlastung tritt »Ruhe im Anschauen, Befriedigung in der Gegenwart« ein (W I, 411), also ein Zustand, der normalerweise durch die Begehrungen und das Strebeverhalten des Willens vereitelt wird. Schopenhauer weist auf das Außergewöhnliche der ästhetischen Kontemplation hin, das darin besteht, dass ein vom Willen Abkünftiges, der Intellekt (das Akzidenz), die Herrschaft über das Grundständige, den Willen (die Substanz) gewinnt. Das Ungewöhnliche dieser Begebenheit erklärt ihre Seltenheit. Systematisch hoch bedeutsam ist Schopenhauers Feststellung, dass der Zustand der ästhetischen Kontemplation eine »Analogie und sogar Verwandtschaft« mit der »Verneinung des Willens« (W II, 422) aufweist. Hier ergibt sich ein Erklärungsmoment für das in Schopenhauers Ethik behandelte Verhältnis von Erkenntnis und Resignation und für die außergewöhnlichen Existenzen des Asketen und des Heiligen (s. Kap. 6.6), die sich in der Verneinung des Willens üben. Die hohe ethische und genauer soteriologische Bedeutung der Möglichkeit willensreiner ästhetischer Betrachtung betont Schopenhauer im Rahmen seiner Vorlesung über *Die Metaphysik des Schönen*, wenn er erklärt: »Der Zustand des reinen völlig willenlosen Erkennens ist es auch ganz allein, der uns ein Beispiel giebt, von der *Möglichkeit eines Daseyns, das nicht im Wollen besteht*, wie unser jetziges« (VN III, 96).

Der Doppelaspekt des Schönen und das Verhältnis von ›Ästhetik‹ und Hermeneutik

Der in jeder philosophischen Ästhetik zentrale Begriff des Schönen lässt sich in Schopenhauers ›Ästhetik‹ erst im Anschluss an seine Ideenlehre terminologisch genau entwickeln. So ist auch Schopenhauers Entscheidung, das dritte Buch seines Hauptwerks wie auch die zugehörige Vorlesung als »Metaphysik des Schönen« zu bezeichnen, wohl begründet, denn zunächst muss die Möglichkeit der reinen ästhetischen Betrachtung mit der in ihr ermöglichten Schau der Ideen vorgetragen werden, wenn Schopenhauers Bestimmung des Schönen verständlich werden soll.

Schopenhauer lässt nicht nur in seiner Erkenntnislehre, sondern auch in seiner ›Ästhetik‹ die Position der kritischen Transzendentalphilosophie Kants wirksam werden. Eine Bestimmung des Schönen ›an sich‹ ist daher unmöglich geworden. Sowohl Kant wie Schopenhauer sehen im Schönen oder in der Schönheit nicht länger eine Zuschreibung von dogmatisch bestimmbaren Eigenschaften an Produkte der Kunst oder der Natur. Vielmehr muss die Fähigkeit des Subjekts zur Empfindung und Wertung des Schönen mit veranschlagt werden. In dieser Forderung vereinen sich aus Schopenhauers Sicht transzendentale und hermeneutische Voraussetzungen für die Schönheitserfahrung. Kant hatte die Subjektivierung des Schönen schon so weit vorangetrieben, dass er in seiner *Kritik der Urteilskraft* sagen konnte: »Schönheit ist kein Begriff vom Objekt« (KdU, § 38, 152 Anm.). Für Schopenhauer hat das Schöne dagegen sowohl eine subjektive wie auch eine objektive Voraussetzung. Während Kant das Schöne als Ausweis des begriffslosen Wohlgefallens anlässlich reflektierender Beurteilung und Schätzung von Dingen der Natur und der Kunst dargelegt hatte, bei denen allenfalls eine Vorstufe der Erkenntnis, nämlich deren subjektive Komponenten als eine »Erkenntnis überhaupt« zutage trat, erklärt Schopenhauer das Schöne als eine »ganz besondere Erkenntnißart« (VN III, 38). Zu deren subjektiver Bedingung erläutert Schopenhauer: »Indem wir einen Gegenstand *schön* nennen, sprechen wir dadurch aus, daß er Objekt unserer ästhetischen Betrachtung ist« (W I, 247). Zu dieser ästhetischen Kontemplation gehört, wie dargelegt, dass das Subjekt sich nicht mehr als Individuum bewusst wird, sondern sich zum willenlosen reinen Subjekt des Erkennens verändert. Zugleich wandelt sich auch das Objekt dieses Erkenntnisprozesses in der Weise, »daß wir im Gegenstande nicht das einzelne Ding, sondern eine Idee erkennen. [...] Denn die Idee und das reine Subjekt des Erkennens treten als nothwendige Korrelata immer zugleich ins Bewußtseyn« (W I, 247).

Wenn Schopenhauer in seiner Vorlesung erklärt: »Wir betrachten [...] das Schöne als eine Erkenntniß in uns, eine ganz besondere Erkenntnißart« (VN III, 38), so ist nun deutlich geworden, dass die Erkenntnisart eine intuitive, ganzheitliche Auffassung von etwas sinnlich Gegebenem ist, das aber nicht selbst schon das erkannte Objekt ist, sondern in der reinen ästhetischen Anschauung quasi transparent wird hinsichtlich des im äußeren Objekt sich auswirkenden Wesens oder der Idee. Die Erkenntnisart ist also, kurz gefasst, ein Schauen der Ideen, und eben dies, die Schaubarkeit der Idee, ist das Schöne. Das Schauen selbst ist der Modus des Erkennens der Idee.

Schopenhauer betont in solchem Kontext, dass die Idee, von Zeit und Raum völlig enthoben, gleichwohl aber anschaulich sei, »denn nicht die mir vorschwebende räumliche Gestalt, sondern der Ausdruck, die reine Bedeutung derselben, ihr innerstes Wesen, das sich mir aufschließt und mich anspricht, ist eigentlich die Idee« (W II, 247). Nach dieser Erläuterung wird Schopenhauers Charakterisierung der ästhetischen Erkenntnis als »Erkenntniß in uns« besser verständlich. Die Rede vom »Ausdruck« der Idee, von ihrem Sich-Aufschließen und ihrem Anspruch weist darauf hin, dass es sich bei dieser »Erkenntniß in uns« wesentlich um einen Verstehensprozess, weniger um eine punktuelle Einsicht handeln muss.

Generell lässt sich in Schopenhauers Werk eine enge Beziehung zwischen Ästhetik und Hermeneutik beobachten. Auch wurde mit Bezug auf Schopenhauer mit Recht von einer »hermeneutischen Verschiebung der Philosophie« (Schubbe 2010, 43–49 und passim) überhaupt gesprochen (s. Kap. 40). Trotz der von Schopenhauer vollzogenen transzendentalphilosophischen Wende ist die Erkenntnis nicht in dem Maße als Konstruktion gedacht wie bei Kant, sondern weitgehend als Prozess des Deutens, Verstehens und Seinlassens auf der Grundlage empirischer und reiner Anschauung. In ausdrücklicher Anlehnung an den Mystiker Jakob Böhme, der eine Art Natursprache veranschlagt, in der die Dinge ihre innere Gestalt offenbaren, geht Schopenhauer davon aus, dass der Naturprozess ein Darstellungsgeschehen ist, einsichtig für diejenigen, die ihn in rein kontemplativer Anschauung betrachten. Am Beispiel der rein objektiven Betrachtung der Natur durch die genialen Landschaftsmaler und die Maler der Stillleben setzt Schopenhauer deren absichtslose Hinwendung zu den Naturdingen mit dem Verhalten der Liebe, dem bedingungslosen Seinlassen des Gegenübers, gleich (vgl. W I, 257 ff.). In dieser Betrachtung ›sprechen‹ die Dinge und geben die ihnen zugrundeliegenden Ideen preis. Der Typus einer Gattung von Dingen, d. h. das Charakteristische, wird dabei gestalthaft deutlich. Diese Anschaubarkeit des Wahren, nämlich des Typischen der Entäußerung des Willens auf einer bestimmten Stufe, ist für den Schauenden die Erkenntnis der Ideen, bzw. des Schönen. Bei Erfüllung des subjektiv-objektiven Doppelaspekts des Schönen können alle Dinge prinzipiell schön sein, »denn in jedem Falle ist das Objekt der ästhetischen Betrachtung nicht das einzelne Ding, sondern die in demselben zur Offenbarung strebende Idee« (W I, 246).

Schopenhauers Auffassung des Schönen lehnt sich deutlich an die große Tradition neuplatonischer Schönheitslehre an, wie sie durch Plotin schon in der Antike einsetzte, im christlichen Mittelalter mit der Theologie kompatibel gemacht wurde und in der italienischen Renaissance einen Höhepunkt durch die Verbindung mit der Kunsttheorie erreichte. Wenn Schopenhauer annimmt, dass die Schönheit der Dinge im Bereich von Natur und Kunst durch den möglichst reinen Ausdruck ihres Wesens, also der Idee, gesteigert werde, so folgt er mit dieser Bestimmung der Schönheit genau der neu-platonischen Idea-Lehre des Marsilio Ficino, eines führenden Vertreters des Neu-Platonismus der Renaissance. Ficino formuliert in klarer Anlehnung an Plotin, die Schönheit sei die »deutlichere Ähnlichkeit der Körper mit den Ideen« (zit. nach Panofsky 1960, 28, 92). Analog erklärt Schopenhauer diejenigen Dinge für besonders schön erscheinend, die ihre zugrundeliegende Idee klar zum Ausdruck bringen, ihr also möglichst ähnlich werden. Daher kann er auch sagen, das Schöne sei eine »Erkenntnißart« (VN III, 38), denn die als schön wahrgenommenen Dinge geben in reiner ästhetischer Anschauung ihr Wesen, d. h. die Idee, zu erkennen.

Schopenhauers Metaphysik des Schönen lässt deutlich werden, dass das Schöne keinen im engeren Sinn ästhetischen Eigenwert besitzt. Es hat seine hohe Bedeutung vielmehr durch sein Erscheinen-Lassen der Idee. So wird auch bei Schopenhauers Einzelbeobachtungen über Kunstwerke einsichtig, dass er ihre Schönheit nach dem Grad des Ausdrucks der in ihnen jeweils zur Darstellung gebrachten Ideen bemisst, nicht nach Kunst- oder Schönheitsregeln irgendeiner Art. Schopenhauer verfährt bei der Konzeption des Schönen zwar undogmatisch, und auch in diesem Sinn nicht-ästhetisch, aber nicht kriterienlos, denn das Kriterium des Schönen ist die Anschaubarkeit des Wahren, des Wesens bzw. der Idee der Dinge in Natur und Kunst. Schön sind die Dinge, deren Wesen klar hervortritt. Die große Kunst kann die Offenbarung des Wesens durch die ihr je eigenen Verfahren und Materialien befördern, über die aber allein das künstlerische Genie und nicht der Philosoph oder ›Kunstrichter‹ zu befinden hat. Nach Schopenhauers eigenen Kriterien für das metaphysisch gedeutete Schöne könnte Picassos *Guernica* als schön bezeichnet werden, weil es das Grauen des Krieges unmittelbar zur Anschauung bringt und damit das Wesen der Kriege überhaupt erkennen lässt. Dem Kriegerischen schlechthin als einer Naturmacht kann im Sinne Schopenhauers eine Idee zugesprochen werden als Wesensausdruck des mit sich selbst entzweiten Willens oder als »unvergängliche Gestalt« (W I, 578 f.) des als tragisch konzipierten Weltlaufs.

Nicht zuletzt bei der Vergegenwärtigung dieses oder ähnlicher Beispiele lässt sich fragen, was es mit der ›ästhetischen Freude‹ oder sogar dem ›Genuss‹ bei der reinen ästhetischen Kontemplation auf sich hat. Mancher Interpret der Philosophie Schopenhauers sieht in der Freude am Schönen, die Schopenhauer hervorhebt, einen Widerspruch zu seiner pessimistischen Grundhaltung, die doch eigentlich jede Affirmation des Bestehenden ausschließe (vgl. Schmidt 2005, 11, 17). Schopenhauer erklärt, dass die »ästhetische Freude [...] der Hauptsache nach, ganz im subjektiven Grunde des ästhetischen Wohlgefallens wurzelt und Freude über das reine Erkennen und seine Wege ist« (W I, 236). Diese Erkenntnisfreude ist eine intellektualisierte Freude, bei der man kaum mehr von Empfindung sprechen kann, denn das reine Subjekt der ästhetischen Kontemplation ist sich seines Leibes nicht mehr bewusst. Schopenhauer konzipiert offensichtlich einen Intellekt, der nicht in purer Ratio aufgeht, sondern so etwas wie ein Selbstgefühl besitzt. Entscheidend ist für Schopenhauer, dass es bei der ästhetischen Freude um die Freude an der Erkenntnis, nicht um die Freude an sinnlicher Brillanz oder technischer Perfektion als solcher geht, wie unter anderem aus seinen Bemerkungen über gewisse Auswüchse der Stilllebenmalerei der Niederländer hervorgeht. Wo die Opulenz des Sinnlichen einen Eigenwert prätendiert, lehnt Schopenhauer das entsprechende Werk als unkünstlerisch ab. Ein Schlüsselbegriff für die Bewertung des Sinnlichen ist bei Schopenhauer das ›Bedeutsame‹ an dem sinnlichen Material. Nur dort, wo sein Ausdruck durch Artikulation Bedeutung gewinnt, ist es auch in der Lage, die Idee zur Darstellung zu bringen. Das Ausdrucksverstehen sowohl an Produkten der Natur wie an denen der Kunst verankert Schopenhauer letztlich in seiner Metaphysik des Willens: Sowohl der Naturbetrachter wie der Kunstkenner haben ein Gegenüber, das Objektivation des Willens ist, so wie sie selbst »das Ansich der Natur, der sich objektivierende Wille, selbst sind« (W I, 262). Mit Bezug auf Empedokles weist Schopenhauer darauf hin, dass hier Gleiches von Gleichem erkannt werde, ein Prinzip, das Schopenhauer von seinem metaphysischen Ansatz her teilt, da er den Weltprozess als einen Prozess des Sich-selbst-Begreifens des Willens ansieht.

Für die Verschränkung von ›Ästhetik‹ und Hermeneutik gibt Schopenhauer ein eindrucksvolles Beispiel im Rahmen seiner Wissenschaftslehre. Den Verstehens- und Deutungscharakter anschauungsgebundener Erkenntnis, wie sie in ästhetischer Betrachtung vorliegt, erläutert Schopenhauer unter anderem an dem Verfahren der Physiognomik. Er behandelt sie im Kontext seiner Kritik an der spezifischen Beschränkung begrifflicher Erkenntnis, die er vom Erkennen durch Anschauung absetzt, bei dem es um die Erkenntnis der »*signatura rerum*« und um »die feinen Modifikationen des Anschaulichen« (W I, 67) gehe. Am Beispiel der Deutung des Ausdrucks eines menschlichen Antlitzes wird Schopenhauers Gewichtung nichtbegrifflichen Erkennens, hier des Ausdruck-Verstehens, deutlich. Die Physiognomik liefert wie die ›Ästhetik‹ Beispiele für die enge Beziehung von Schönheit und Erkenntnis. In einer Anmerkung, die Schopenhauer über den Erkenntnisgewinn der Physiognomik macht, die für ihn eine Mittelstellung zwischen Wissenschaft und Metaphysik einnimmt, charakterisiert er die in einem menschlichen Antlitz aufscheinende Schönheit »als Angemessenheit zu dem Typus der Menschheit« (W I, 68 Anm.). Hier bestätigt sich für Schopenhauer die Konzeption des Schönen als Anschaubarkeit des Wahren, hier des wahren, alle menschlichen Individuen prägenden Typus. Das Schöne erweist sich als Anschauung eines Allgemeinen mit Hilfe einer individuellen Erscheinung, die zum Repräsentanten der Idee geworden ist und damit als schön empfunden wird.

Schopenhauers terminologisch erarbeiteter Begriff des Schönen ist allein anzuwenden auf die in reiner ästhetischer Kontemplation sich offenbarende Idee, d. h.

auf die Schaubarkeit des Wahren, auf die sich selbst im willensfreien Schauen anschaulich präsentierende Erkenntnis. Damit wird ausgesprochen, dass die entscheidende Erkenntnis, nämlich die des Wesens der Dinge, nicht aus einer willentlichen Anstrengung, sondern aus der intensivierten Aufnahmebereitschaft und Hingabe des Menschen hervorgeht, in deren Gefolge sich das Schöne plötzlich, »mit Einem Schlage« (W I, 211), von ihm selbst her auftut. Der Gedanke, dass das Schöne sich wesentlich von ihm selbst her zeigt, ist eine wichtige Annahme in Platons Dialog *Phaidros*, auf den Schopenhauer des Öfteren in seinem Werk hinweist. In diesem Dialog wird ein Mythos von der Ideenschau der menschlichen Seele vor ihrer Inkarnation erzählt. In dem Reigen der Ideen, dem die Seele zuschaut, wird die Idee der Schönheit als die »Hervorleuchtendste« (250c-e) bezeichnet, wodurch auch in allen schönheitlichen Gebilden das Schöne »durch den deutlichsten unserer Sinne« [durch das Auge] vermittelt werde (ebd.). Das Schöne befördert also offensichtlich die Schau der Ideen, sofern es um die sichtbaren Dinge geht. Die Überzeugung, dass das empirisch Schöne den Weg zur Erfassung der Ideen erleichtert, findet sich auch in anderen Dialogen Platons, nicht zuletzt im *Symposion*. Für Schopenhauer ist dieser Gedanke in dem Moment ausschlaggebend, in dem man sich fragen muss, in welchem Verhältnis der strenge, apriorische Begriff des Schönen zum ästhetischen Prädikat ›schön‹ bzw. zu den umgangssprachlichen Gebrauchsweisen von ›schön‹ steht. In Schopenhauers Einzelbeobachtungen über Naturerscheinungen oder Kunstwerke werden diese gebräuchlichen Versionen von ›schön‹ reichlich angewandt. Es ist offensichtlich, dass die Macht der Umgangssprache auch in den ästhetischen Diskurs hineinreicht. Schopenhauer belässt es jedoch nicht bei einem beziehungslosen Nebeneinander von terminologisch bestimmtem Schönheitsbegriff und den vortheoretisch verwandten Begriffen des Schönen. Am Beispiel der Malerei erörtert er eine »untergeordnete Art der Schönheit« (W II, 482), die dazu geeignet sei, den Betrachter durch spezifische Mittel der Malkunst leichter in den Zustand der reinen willenlosen Kontemplation gelangen zu lassen. Wenngleich Schopenhauer hier von einer »untergeordneten Art« des Schönen spricht, weil es nicht schon Resultat der Ideenschau ist, so billigt er diesen künstlerischen Mitteln der Malerei durchaus »eine davon unabhängige und für sich gehende Schönheit zu« (W II, 481). Beispielhaft sind ihm die »Harmonie der Farben, das Wohlgefällige der Gruppierung, die günstige Vertheilung des Lichts und Schattens und der Ton des ganzen Bildes« (W II, 481 f.). In anderen Kunstgattungen lassen sich Äquivalente für diese Mittel zur Entfaltung des empirisch Schönen finden. Ihr Effekt ist »nicht das Wesentliche, aber das zuerst und unmittelbar Wirkende« (W II, 482). Indem Schopenhauer dem empirisch Schönen eine propädeutische Funktion zuerkennt – es erleichtert das Hineinfinden in die reine ästhetische Kontemplation –, hat er einen theoretisch plausiblen Bezug zwischen dem metaphysisch-apriorisch Schönen und dem Schönen der Erfahrung hergestellt.

Der späte Schopenhauer hat sich nicht gescheut, an die Etymologie des Ausdrucks ›schön‹ eine metaphysische Spekulation im Sinne seiner eigenen Theorie anzuschließen: »›Schön‹ ist, ohne Zweifel, verwandt mit dem Englischen to shew und wäre demnach shewy, schaulich, what shews well, was sich gut *zeigt*, sich gut ausnimmt, also das deutlich hervortretende Anschauliche, mithin der deutliche Ausdruck bedeutsamer (Platonischer) Ideen« (P II, 451).

Die zweite üblicherweise zentrale Kategorie der Ästhetik, das Erhabene, erfährt im Vergleich zum Schönen bei Schopenhauer eine recht knappe Behandlung. Das liegt nicht an einer Geringschätzung dieser Empfindung im Gefolge der reinen ästhetischen Betrachtung als vielmehr an der weitgehenden systematischen Äquivalenz der subjektiven Seite dieses Zustands sowohl beim Schönen wie beim Erhabenen. In beiden Fällen kommt es bei der reinen ästhetischen Kontemplation zu einer Selbstüberwindung, d. h. zu einem Ausschalten jeder Bedrängung durch den Willen und zu der vollen Konzentration auf das rein Objektive bei der Betrachtung des Gegenstands. Eine Differenz bei den beiden Empfindungsqualitäten tritt jedoch dadurch ein, dass es sich beim Erhabenen um solche Gegenstände handelt, die das Wollen bzw. das Nicht-Wollen unmittelbar herausfordern, sei es durch Bedrohung der leiblichen Unversehrtheit oder starker Einwirkung auf das Affektleben des Menschen, wie es beim Trauerspiel der Fall sein kann. Es muss also bei scheinbar überwältigenden Natureindrücken wie auch Darstellungen der Kunst die ästhetische Distanz gewahrt werden können, was beim Erhabenen einer gewissen Anstrengung und stärkerer Selbstkontrolle bedarf, bei der der allgemeine Willensanspruch, dem der Mensch qua leiblichem Wesen ausgesetzt ist, stets im Bewusstsein bleibt, während beim Schönen die »untergeordnete Art« des empirisch wahrgenommenen Schönen den Betrachter fast »unmerklich« in den Zustand ästhetischer Betrachtung hinüberleitet und der Willensdruck völlig aus dem Bewusstsein weicht (vgl. W I, 238). Schopenhauer beschränkt sich auf eine relativ kurze Erörterung des Erhabenen, weil dasjenige, was ihn aus systematischen Gründen interessiert, nämlich die Möglichkeit der reinen ästhetischen Kontemplation, bei beiden Empfindungen gleichartig begründet werden kann. Entscheidend ist in beiden Fällen das Sich-über-den-Willen-Erheben-Können, das einmal fast unbewusst, das andere Mal bewusst vollzogen wird. In der ästhetischen Literatur vor Schopenhauer, vor allem im angelsächsischen Bereich (Burke, Hutcheson, Hume) und auch bei Kant hat man sich noch viel mehr für die psychologische Differenz beider ästhetischer Gefühle interessiert, insbesondere auch für die zwiespältige Gefühlslage beim Erhabenen.

Die Kunst und die Künstlerpersönlichkeit

Unter Schopenhauers zahlreichen Charakterisierungen der Kunst findet sich eine Bestimmung geradezu rigoristischer Art. Ihr voran steht nicht von ungefähr ein knappes Resümee über die Erkenntnismöglichkeit der Wissenschaften mit dem Fazit, dass sämtliche ihrer Disziplinen mit den verschiedenen Gestaltungen des Satzes vom Grunde operieren und hierbei allein bei den Erscheinungen und deren Relationen verbleiben. Zum Wesentlichen der Welt, den Ideen, finden sie mit ihrem Erkenntnisverfahren keinen Zugang.

Gegen dieses Versagen der Wissenschaften stellt Schopenhauer die als höherrangig erachtete Erkenntnisart, die zur Betrachtung des wahren Gehalts der Erscheinungen, dem Wesentlichen der Welt vordringt und es zur Darstellung bringt: »Es ist die Kunst, das Werk des Genius [...] Ihr einziger Ursprung ist die Erkenntniß der Ideen; ihr einziges Ziel Mittheilung dieser Erkenntniß« (W I, 217). Zum einen verleiht die Gegenstellung zur Wissenschaft der Kunst ein Moment des Reaktiven, das ihre Selbständigkeit einschränkt, zum andern schaltet Schopenhauers rigoristische Definition von Ursprung und Ziel jede Bedeutung der Geschichtlichkeit der Kunst aus. Selbstverständlich ist sich Schopenhauer bewusst, dass dasjenige, was in der Neuzeit Kunst genannt wird, auch andere Funktionen erfüllt hat als die in seiner Definition dekretierte. Die geschichtliche Entwicklung erreicht aus Schopenhauers Sicht jedoch nur eine ›äußere Bedeutsamkeit‹ und bleibt den Zufällen unterworfen. Eine verbindliche Begründung der Möglichkeit und Wirklichkeit der Kunst ist nur von ihren genialen Schöpfern und der genialischen Rekonstruktion ihres Schaffens zu erwarten. Nur dies lässt die ›innere Bedeutsamkeit‹ der Kunst und der Kunstproduzenten erkennen und behaupten. Schopenhauer selbst traut sich diese genialische Rekonstruktion zu und ist durch intuitives Erkennen davon überzeugt, dass der sich selbst bewusst werdende Wille im Künstler und dessen Kreationen eine entscheidende hohe Stufe seiner Objektivation oder Selbsterkenntnis erreicht, weil es hier um die Erkenntnis und Darstellung (oder Mitteilung) der unmittelbaren Objektität des Willens, nämlich der Ideen geht.

Das oben so rigoros, weil ausschließlich auf diese Weise bestimmte Ziel der Kunst scheint sie auf die immer gleiche Aufgabe, nämlich die Darstellung der selbst zeitlosen Ideen zu verpflichten. Kann die Kunst dann überhaupt etwas anderes als Traditionspflege sein? Kann das Neue, das uns im Leben begegnet, überhaupt für sie zum Gegenstand werden? Schopenhauers Antwort hierauf könnte lauten, dass es bei den eigentlichen Gegenständen der künstlerischen Darstellung, die ja zeitenthoben sind, in der Tat kein Neues geben kann, wohl aber bei den Darstellungsmitteln und Methoden, die das Schauen der Idee ermöglichen und erleichtern sollen. Vor allem bei der Auswahl des empirisch Schönen, das als idealer Repräsentant seiner Gattung die Idee aufscheinen lassen soll, ist eine größtmögliche Vielfalt denkbar.

In Schopenhauers Definitionsversuch wird die Kunst als »Werk des Genius« bezeichnet. Was aber ist Genialität abgesehen davon, dass sie angeboren ist? Zur weiteren Erläuterung führt Schopenhauer aus, Genialität sei »nichts Anderes, als die vollkommenste Objektivität« (W I, 218). Das »rein objektive Interesse« wurde von Schopenhauer schon zur Erklärung der Möglichkeit der reinen ästhetischen Kontemplation vorgestellt und als außergewöhnliche und seltene Eigenschaft der Menschen bezeichnet. Das völlige Aufgehen des Subjekts in der Betrachtung seines Gegenstands, das völlige Vergessenkönnen der Willensbestimmtheit des Menschen waren ebenso plötzlich wie selten sich ereignende Zustände, die nicht unbedingt zu kreativen Handlungen führten. Das Genie dagegen sieht Schopenhauer dadurch ausgezeichnet, dass es »eben in der überwiegenden Fähigkeit zu solcher Kontemplation« (W I, 218) besteht. Es löst die Erkenntnis völlig vom Dienst des Willens ab, ist sich seiner Persönlichkeit nicht mehr bewusst, sondern wird zum »rein erkennenden Subjekt«, bzw. »klaren Weltauge«. Was aber für den Künstler, bzw. das Genie, das Entscheidende ist: Dies geschieht »nicht auf Augenblicke: sondern so anhaltend und mit so viel Besonnenheit, als nöthig ist, um das Aufgefaßte durch überlegte Kunst zu wiederholen« (W I, 219). Es wird deutlich, dass beim Genie schon in der ästhetischen Kontemplation ein kreativer Impuls ausgelöst wird, der danach verlangt, die reine Anschauung bis zur Reife einer, wenn auch noch vagen, Vorstellung der Wiedergabe des Geschauten auszudehnen.

Der von Schopenhauer reklamierte »einzige Ursprung« der Kunst liegt in dieser genialischen Kontemplation mit der Erkenntnis der Ideen. Zum einzigen Ziel der Kunst erklärt Schopenhauer die »Mittheilung« dieser Erkenntnis. Bei der Verfolgung dieses Ziels stellen sich jedoch etliche Probleme ein, die dem Rezipienten von Schopenhauers Kunsttheorie Verständnisschwierigkeiten bereiten können. Es stellt sich die Frage, mit welcher Art künstlerischer Tätigkeit der Schritt von der kontemplativen Auffassung der Ideen zu ihrer ›Übertragung‹ (dies sei eine möglichst neutrale Bezeichnung) in das Kunstwerk vollzogen wird. Schopenhauer benutzt einen ganzen Katalog von Ausdrücken, die diese Arbeit des Künstlers bezeichnen sollen. Es ist unter anderem die Rede vom Wiederholen der zuvor aufgefassten Ideen, vom Spiegeln, vom Mitteilen, vom Abbilden und vom Darstellen. Die künstlerische Antwort auf das Erlebnis der ästhetischen Kontemplation, zu der das Genie sich herausgefordert fühlt, steht unter der Bedingung, im Medium der Anschauung zu verbleiben, denn »die Ideen [...] sind wesentlich ein Anschauliches und daher, in seinen nähern Bestimmungen, Unerschöpfliches. Die Mittheilung eines solchen kann daher nur auf dem Wege der Anschauung geschehen, welches der der Kunst ist« (W II, 466).

Unter den von Schopenhauer angebotenen Begriffen zur Bezeichnung der künstlerischen Produktion, die eine Konsequenz aus der ästhetischen Kontemplation ist, scheint der Begriff der Darstellung am ehesten tauglich. Es geht darum, dem Geschauten in einem selbst geschaffenen Anschauungskontext eine erkennbare Existenz zu verschaffen, mit andern Worten: solche sinnlichen Gebilde zu schaffen, die den zuvor geschauten Idealtypus klar zum Ausdruck bringen. Aus Schopenhauers Sicht führt dies zu einer leichteren Auffassung der Ideen als dies unter äußeren Naturbedingungen der Fall wäre. Dass damit bereits das Kunstschöne bei Schopenhauer einen höheren Rang einnähme als das Naturschöne, sei hier nicht behauptet, denn es gibt in seinem Werk Schilderungen des Naturschönen, die geradezu das vollkommen Schöne feiern.

Mit der Aufgabe des Künstlers zur Darstellung der Ideen ergibt sich für den Interpreten das Problem, Schopenhauers Position in Bezug auf die traditionelle Mimesis-Konzeption zu klären. Obgleich sowohl Schopenhauer wie zuvor schon Kant den Künstlern Genialität zusprechen, folgert Schopenhauer nicht ebenso wie Kant hieraus die völlige Ablehnung des Mimesis-Konzepts für die künstlerische Produktion. Kant hatte erklärt: »Darin ist jedermann einig, daß Genie dem *Nachahmungsgeiste* gänzlich entgegenzusetzen sei« (KdU, § 47, 161). Sofern es bei der Nachahmung um *imitatio* geht, ist Schopenhauer gleicher Meinung. Seinen Unmut hierüber drückt er durch die Kritik an der Wachsbildnerei aus. Das pure Nachbilden der individuellen äußeren Form führt im Effekt zum Grauen über die leichenhaften Figuren, die aus diesem Prozess hervorgehen. Schopenhauer kennt jedoch eine Nachahmung höherer Ordnung, die sich nicht auf die individuelle Erscheinung der Naturdinge oder Artefakte bezieht, sondern auf die gestaltbildenden Ideen in den Gattungen des Seienden, deren Darstellung Schopenhauer als den Zweck der Künste ansieht. Das tiefere Verständnis der künstlerischen Mimesis, wie es sich bei Aristoteles und Thomas von Aquin findet, hatte das *ars imitatur naturam* ohnehin nicht als bloße Nachbildung von Naturgegenständen verstanden, sondern als methodische Anleitung, so zu verfahren wie die Natur, die gewisse Mittel zum Erreichen eines Zwecks einsetzt (vgl. Panofsky 1960, 22). In der Kunsttheorie des Mittelalters wurde das Prinzip des *ars imitatur naturam* als Nachahmung des Produktionsverfahrens der Natur und nicht als Nachahmung von individuellen Gegebenheiten verstanden. Fasst man die Ideen bei Schopenhauer einmal als generative Kräfte für die Erzeugung und Erkennbarkeit von Individuen einer bestimmten Gattung auf (Schopenhauer spricht vom Urbild-Abbild-Verhältnis), so nimmt er das letztlich auf Aristoteles zurückgehende Prinzip in einer platonistischen Variante auf. Das Modell einer Erkenntnis durch Abbildlichkeit verwendet Schopenhauer in der Konsequenz seiner Hochschätzung der Anschauung nicht nur für die Künste, mit Ausnahme der Musik, sondern auch für die Philosophie: »Das ganze Wesen der Welt abstrakt, allgemein und deutlich in Begriffen zu wiederholen, und es so als reflektiertes Abbild in bleibenden und stets bereit liegenden Begriffen der Vernunft niederzulegen; dieses und nichts anderes ist Philosophie« (W I, 453).

Auch der Philosoph muss sich zunächst der Anschauung hingeben, um das Wesen (die Ideen) der Weltinhalte zu erfassen, muss aber dann, anders als der Künstler, die Transponierung des Geschauten in den Begriff leisten. Die Kategorie des »reflektierten Abbilds«, mit dem der Philosoph sich des Wirklichkeitsbezugs seines Denkens versichert, könnte auch für den Künstler eine Hilfsvorstellung für die Möglichkeit sein, das in der reinen Kontemplation Geschaute zunächst zu bewahren und dann in eigener Produktion anschaulich zu machen. Das »reflektierte Abbild« kann aus der von Schopenhauer immer wieder hervorgehobenen notwendigen Besonnenheit des Künstlers hervorgehen. Unter ›Besonnenheit des Künstlers‹ versteht Schopenhauer unter anderem die Fähigkeit, »das Aufgefaßte durch überlegte Kunst zu wiederholen« (W I, 219), wobei der Begriff »wiederholen« zu inhaltsleer und blass bleibt, um die Leistung des Künstlers zu würdigen. Das »reflektierte Abbild«, das gewissermaßen zwischenzeitlich stillgestellt wird, muss sich dann in der künstlerischen Darstellung der Idee wieder verflüssigen, denn die Idee ist »unerschöpflich« und voller Lebendigkeit, weil sie in unendlich vielen Verkörperungen auftreten kann. Diese ihre Möglichkeit wird der Phantasie des Künstlers und des Betrachters bewusst und gehört notwendig zur Erkenntnis der Ideen wie auch zur Sensibilisierung für die Kunst. Für die Darstellungsweise des Künstlers bedeutet das, dass sein anschauliches Gebilde nicht plakativ und mit quasi behauptendem Gestus daher kommen darf, sondern genügend Raum für die Phantasie lassen muss, mit der man sich stets auch andere Verwirklichungen der Idee soll vorstellen können.

Die Phantasie ist für den Künstler von höchster Bedeutung, denn die vorrangige Erkenntnisweise der Anschauung scheint das Genie allein auf die Ideen von augenblicklich Gegenwärtigem festzulegen. Diese vermeintliche Einschränkung wird durch die Kraft der Phantasie aufgehoben. Sie erweitert den Horizont »weit über die Wirklichkeit« hinaus auf das Mögliche, das in imaginären Bildern ins Bewusstsein tritt (W I, 219). Die herausragende Bedeutung, die Schopenhauer der Phantasie zuspricht, wird nicht erst bei der Darstellungsproblematik der Ideen offenbar, sondern ist schon mit der grundsätzlichen Konzeption der Idee verbunden. Schopenhauer spricht von der platonischen Idee im Sinne einer Vorstellung, »welche durch den Verein von Phantasie und Vernunft möglich wird« (W I, 48). Mit der Phantasie als dem Bildvermögen und dem Vermögen des Imaginierens hatten die meisten Interpreten Schopenhauers hier kein Problem, wohl aber mit dem Erfordernis der Vernunft, um die platonische Idee zu konzipieren, nachdem in Schopenhauers Erkenntnis- und Wissenschaftslehre die Vernunft fast bis auf das Niveau ihrer Unterbewertung durch die Empiristen herabgewürdigt worden ist. Es ist jedoch hilfreich, wenn man sich bei der obigen Definition der *Möglichkeit* der platonischen Idee klarmacht, dass es hier um eine ganz grundsätzliche Strukturbestimmung der Idee gehen soll. Das anschauliche Moment ist durch die Phantasie abgedeckt. Sie vertritt auch das potentiell Viele, in dem die Idee sich verkörpern und ausdrücken kann; die Vernunft, als Vermögen der Vereinheitlichung im Begriff, vertritt dagegen das Eins-Sein der Idee, wobei die Vernunft offensichtlich auch das Einheitliche der Gestalt, nicht nur der Zahl, schätzen kann.

Schopenhauers grundsätzliche Äußerung über die platonische Idee spielt auch auf sein Konzept der umfassenden gemeinsamen Aufgabe von Philosophie und Kunst an, die darin besteht, die wahren Verhältnisse zwischen Einheit und Vielheit zu erkennen. Das Eine, das bedeutsam wird für das Viele, bezeichnet die Denkbewegung der Philosophie, es bezeichnet aber auch das Anschauungsgeschehen zwischen apriorischer und empirischer Anschauung.

Schopenhauers Satz über die Möglichkeit der platonischen Ideen ist auch eine Hilfe für die Abwehr von Missverständnissen hinsichtlich des Status der Ideen. Werden sie als transzendente Entitäten missinterpretiert, so ist die ›Sperre‹ des heutigen Lesers gegenüber der ›Ästhetik‹ Schopenhauers nicht zu überwinden. Was Schopenhauer selbst anbietet, sind die platonischen Ideen als Vorstellungen einer rein anschaulichen und damit künstlerisch fruchtbaren Auslegung der Welt. Zu einer vorurteilsfreien Lektüre ermutigen die zahlreichen Beispiele der sehr produktiven Rezeption dieser Ästhetik durch Künstler aller Kunstgattungen, die den durch Thomas Mann vergebenen Ehrentitel einer »Künstlerästhetik« rechtfertige (s. Kap. IV.C).

Die Sonderstellung der Musik

Die stärkste Zustimmung erfuhr Schopenhauers Philosophie der Kunst von Seiten der Komponisten und Musiker, die sich durch Schopenhauers Metaphysik der Musik in ihrer eigenen Musikerfahrung bestätigt sahen (s. Kap. 47), vielleicht aber auch der Verführung durch Schopenhauers Apotheose der Musik erlagen (vgl. Adamy 1980, 72). Er nannte die Musik eine »überaus herrliche Kunst« (W I, 302) und eine »wunderbare Kunst« (W I, 303). Dabei erweist sich Schopenhauers ›Ästhetik‹ zunächst als ungenügend für die philosophische Deutung des Wesens der Musik, denn in ihrer Sprache der Töne geht es gar nicht um die Darstellung der Ideen bestimmter Erscheinungen in der Welt. Das Urbild-Abbild-Paradigma, welches das Verfahren der übrigen Künste begründet, scheint dieser ›ungegenständlichen‹ Kunst nicht gemäß zu sein.

Ein ähnliches Problem hatte sich auch schon bei Schopenhauers Behandlung der Architektur ergeben, deren Produktionen er nur sehr bedingt als Darstellung von Ideen bestimmter Gegenstandsbereiche ansehen konnte. Schopenhauer half sich mit der Feststellung, hier würden statt der Ideen von Gegenständen die Ideen der wesentlichen Qualitäten der Materie, also der Naturkräfte, zur Darstellung kommen. Im Fall der schönen Baukunst nämlich Schwere und Starrheit, deren widersprüchliche Energien dort zu einem augenscheinlichen Ausgleich im Verhältnis von Stütze und Last gelangen müssten.

Während Schopenhauer in der Architektur die Erfahrung der Schönheit mit der reinen Anschauung der Ideen von Naturkräften begründet, die auch schon im rohen Material herrschen, muss er einräumen, dass die Musik in ihrem tonalen Material keine Ideen zur Darstellung bringt. Damit kommt ihr unmittelbar eine Sonderstellung zu. Schopenhauer betont, dass »im systematischen Zusammenhang« seiner bisherigen Darstellung »gar keine Stelle für sie passend war« (W I, 302; vgl. VN III, 214), ein erstaunliches Eingeständnis für einen Philosophen, dem so viel an der Einheitlichkeit des Systems liegt. Es wird sich erweisen, dass nur im Analogieverfahren oder im Parallelismus zu den anderen Künsten und schließlich durch Bezugnahme auf den grundlegenden »einen Gedanken« (s. Kap. 6.2) die auffallende Sonderstellung der Musik begründet werden kann. Auch versucht Schopenhauer die systembedingte Lücke zwischen der Tonkunst und den anderen Künsten durch einen Bericht über sein eigenes exzeptionelles Musikverstehen zu schließen (vgl. W I, 303 f.): Aus einem in völliger Hingabe verlaufenen Musikhören, bei dem offenbar alles Individuelle des Hörenden aus dem Bewusstsein verschwunden war, kehrt dieser zur Reflexion zurück und gewinnt, noch unter dem Eindruck des völligen Aufgegangenseins in der Musik, die Überzeugung, dass auch sie ein nachbildliches Verhältnis zur Welt habe, aber zu ihr nicht als Summe von Erscheinungen, sondern zu ihrem Ansich, das heißt zum Willen. Es geht also um »ein Verhältniß der Musik, als einer Vorstellung, zu Dem, was wesentlich nie Vorstellung seyn kann« (ebd., 303). Diese Konstellation scheint selbst Schopenhauers transzendentalphilosophische Einsicht außer Kraft setzen zu wollen. Wie lässt sich gleichwohl Schopenhauers Intention nachvollziehen?

Die sinnlichen Eindrücke der Musik erzeugen im Rezipienten unmittelbar Vorstellungen, jedoch nicht Vorstellungen von Objekten, sondern von den wesentlichen Atmosphären, Gefühlslagen und Stimmungen, wie sie das Erleben der konkreten Ereignisse und Dinge der Welt begleiten. Sie sind vertraut, ohne bezeichnet werden zu können. Diese Vorstellungen, die Schopenhauer andernorts auch »primäre« Vorstellungen nennt (W II, 76), verbleiben im Fall der Musikrezeption ganz im Modus des sinnlichen Nachempfindens und der unbestimmten Bilder. Der ideale Musikhörer erzeugt dabei nicht in sich selbst die Affekte und Leidenschaften, deren Ausdruck ihm die Musik vermittelt, sondern bleibt ein rein Erkennender, der quasi die »Quintessenz« der jeweiligen Gefühlslagen sich bildhaft vergegenwärtigt (vgl. W II, 516). In der Musik wird so etwas wie die Grundierung bestimmter Gefühle ausgedrückt. Diese Möglichkeit der Musik, das Wesen der bewegten Innerlichkeit zu gestalten, nähert sich dem Verfahren der übrigen Künste, die Ideen darzustellen. Im Erkennen der Gefühle *als solcher* durch die Musik Hörenden wird das Individuationsprinzip überwunden, eine wichtige Voraussetzung für alles ethische Handeln.

Die musikalischen Vorstellungen werden vom Verstand nicht vergegenständlicht und erlauben keine Übersetzung in den abstrakten Begriff. Bei der Musik sind daher der Philosophie deutlichere Grenzen der theoretischen Bearbeitung gesetzt als bei den bildenden Künsten, philosophisch kann sie von der Musik nur als Metaphysik handeln (vgl. W I, 312 f.), denn anstelle gegenständlicher Erfahrung ist der Musik Hörende auf seine innere Empfindung verwiesen. In dieser inneren Wahrnehmung löst sich zugleich mit dem Fluss der Töne die Begrenzung eines bestimmbaren Objektiven auf. Ähnlich wie in dem Prozess des fühlenden Erkennens, in dem Schopenhauer zufolge das Innere des Menschen als Wille zum Bewusstsein kommt (vgl. W I, 121 f.), wird in einer empfindenden Rezeption der Musik deren Dynamik und universale Ausdruckskraft zum Erfühlen der Gestimmtheit des Willens schlechthin. In der Musik verleiht der Wille Schopenhauer zufolge noch vor aller Objektivation sich selbst unmittelbaren Ausdruck. In dieser Ungeteiltheit ist er zugleich Ausdruck oder Abbild der Welt.

Mit der Musik thematisiert Schopenhauer den Ausdruck der unerschöpflichen Quelle aller Transformationen der Willensenergie selbst, aus der die Ideen als adäquate Objektivationen des Willens erst hervorgehen sollen. Somit vereinigt er in seiner Metaphysik der Künste ein statisches Konzept des wahrhaft Seienden (die Idee) mit einem bewegten, ursprünglicheren des Energieflusses. Letzteres ist eine Vorstellung eher der asiatischen (vor allem chinesischen) Metaphysik, während die alteuropäische, griechische Metaphysik die Vorstellung der zeitlosen Idee als *ratio essendi* des Seienden und der Kunst im Besonderen favorisiert (vgl. Jullien 2012 passim). So gewinnt Schopenhauer einen doppelten Begriff des Schönen, zum einen das Schöne der Form, das sich anschaulich veräußern lässt und zum andern das Schöne des Miteinanders der Bewegungsimpulse, das im inneren Gefühl aufgenommen und wohl verstanden wird, aber unsagbar bleibt. Unter diesen Voraussetzungen nennt Schopenhauer auch die Musik trotz ihrer Sonderstellung »eine schöne Kunst« (W I, 302), das heißt, es muss mit ihr die Möglichkeit gegeben sein, ein Erkennen im Modus der Anschauung zu erlangen. Inwiefern geben Töne, Rhythmus und Melodien der Musik zwar keine Ideen, aber gleichwohl ein Inhaltliches, das nicht Erscheinung ist, als Selbstausdruck des Willens zu erkennen?

Schopenhauer sucht den Verstehensprozess bei der Musikrezeption wie bei der Aufnahme anderer Kunstwerke durch eine Analogie mit verbalsprachlichem Verstehen zu erläutern. Während in Schopenhauers Einschätzung »Worte [...] für die Musik eine fremde Zugabe« (W II, 512) sind, kommen die nicht-signifikativen Momente der Sprache, also vor allem Laut-, Bewegungs- und Ausdrucksqualitäten, in der Musik voll zum Tragen. Der späte Schopenhauer resümiert nochmals die schon im Hauptwerk herausgestellten Momente der Allgemeinverständlichkeit der Musik und hebt hervor, dass dieses Verstehen ganz und gar auf der Ansprechbarkeit und Empfindsamkeit des Gefühls eines jeden Menschen beruht:

> »Die *Musik* ist die wahre allgemeine Sprache, die man überall versteht. [...] Jedoch redet sie nicht von Dingen, sondern von lauter Wohl und Wehe, als welche die alleinigen Realitäten für den *Willen* sind: darum spricht sie so sehr zum Herzen, während sie dem Kopfe *unmittelbar* nichts zu sagen hat« (P II, 457).

Schopenhauer hatte schon im Hauptwerk betont, dass die Menschen in der Musik »das tiefste Innere unsers Wesens zur Sprache gebracht sehn« (W I, 302). Das tiefste Innere der Menschen, ihr Wesen, ist erklärtermaßen der Wille.

Schopenhauer hatte diejenigen Werke der bildenden Kunst als besonders schön angesehen, deren sinnliche Gestalt eine Art Durchlässigkeit zur Idee, zum Wesen des dargestellten Gegenstandes gewährte, aber mehr noch scheint die Musik durch ihren Rückzug aus dem Raum und durch das monistische Material der Töne eine vergleichbare, wenn nicht stärkere Durchlässigkeit hin zum Wesen, nämlich im Überspringen der Ideen, hin zum Willen selbst zu ermöglichen. Schopenhauer warnt allerdings davor, diese und andere Analogien zwischen den bildenden Künsten und der Musik als zu direkt einzuschätzen, »da sie nie die Erscheinung, sondern allein das innere Wesen, das Ansich aller Erscheinung, den Willen selbst, ausspricht« (W I, 308).

Gemessen an dem *einen* Gedanken, der Schopenhauers gesamte Metaphysik bestimmen und entfalten soll, nämlich die Überzeugung: »Die Welt ist die Selbsterkenntnis des Willens« (W I, 485), lässt sich sagen, dass in der Musik ein erstes Zu-sich-selbst-Kommen des kosmischen Willens in seinem irrationalen Streben ausgedrückt sei und zwar in einem permanenten Bewegtwerden zwischen den Polen von Wohl und Wehe, wie es auch der individuelle Wille erlebt. Der geniale Komponist leistet es, diese gesamte Gefühlswelt in eine musikalische Ordnung, das heißt in eine nicht-signifizierende Sprache, zu versetzen und sie damit für sich selbst und die Rezipienten erkennbar zu machen. Dieses Erkennen beschreibt Schopenhauer wie ein Wiedererkennen, weil der Ausdruck vertrauter Gefühle im Medium der Töne keine Verfremdung durch Diskursivität erfährt, sondern der Gefühlsausdruck der inneren Willensnatur bleibt.

Schopenhauers Philosophie der Musik ist wesentlich Metaphysik der Musik, womit auch gesagt werden soll, dass der doktrinäre Teil seiner Musiktheorie eher unwesentlich, das heißt zeitgebunden, dogmatisch und übermäßig bemüht ist, die metaphysische Auslegung der Musik als anschlussfähig an gängige Musiklehren zu erweisen.

Literatur

Adamy, Bernhard: Schopenhauer und einige Komponisten. In: *Schopenhauer Jahrbuch* 61 (1980), 70–89.
Baum, Günther/Birnbacher, Dieter (Hg.): *Schopenhauer und die Künste*. Göttingen 2005.
Jacquette, Dale (Hg.): *Schopenhauer, philosophy, and the arts*. Cambridge 1996.
Jullien, Francois: *Die fremdartige Idee des Schönen*. Wien 2012 (frz. 2010).
Jung, Joachim: *Die Bewertungskriterien in der Ästhetik Schopenhauers*. Diss. Mainz 1985.
Korfmacher, Wolfgang: *Ideen und Ideenerkenntnis in der ästhetischen Theorie Arthur Schopenhauers*. Pfaffenweiler 1992.
Koßler, Matthias: Zur Rolle der Besonnenheit in der Ästhetik Arthur Schopenhauers. In: *Schopenhauer-Jahrbuch* 83 (2002), 119–133.
Koßler, Matthias (Hg.): *Musik als Wille und Welt. Schopenhauers Philosophie der Musik*. Würzburg 2011.
Malter, Rudolf: *Der eine Gedanke. Hinführung zur Philosophie Arthur Schopenhauers*. Darmstadt 1988.

Neymeyr, Barbara: *Ästhetische Autonomie als Abnormität. Kritische Analysen zu Schopenhauers Ästhetik im Horizont seiner Willensmetaphysik*. Berlin/New York 1996.
Panofsky, Erwin: *Idea. Ein Beitrag zur Begriffsgeschichte der älteren Kunsttheorie* [1924]. Berlin ²1960.
Pothast, Ulrich: *Die eigentlich metaphysische Tätigkeit. Über Schopenhauers Ästhetik und ihre Anwendung durch Samuel Beckett*. Frankfurt a. M. 1982.
Schmidt, Alfred: Wesen, Ort und Funktion der Kunst in der Philosophie Schopenhauers. In: Baum/Birnbacher 2005, 11–55.
Schubbe, Daniel: *Philosophie des Zwischen. Hermeneutik und Aporetik bei Schopenhauer*. Würzburg 2010.
Wilhelm, Karl Werner: *Zwischen Allwissenheitslehre und Verzweiflung. Der Ort der Religion in der Philosophie Schopenhauers*. Hildesheim 1994.

Brigitte Scheer

6.6 Ethik

Schopenhauers Ethikverständnis

In genauer Entsprechung zu dem für die Willensmetaphysik grundlegenden Ansatz einer hermeneutischen – also die Erfahrungswelt als Text deutenden und sie erklärenden – Metaphysik charakterisiert Schopenhauer auch sein Vorgehen im Bereich der Ethik als deutend und erklärend (vgl. W I, 321): Aufgabe der Ethik ist es demnach nicht, moralische Sollensforderungen zu formulieren, sondern vielmehr, das als gegeben vorausgesetzte Phänomen der Moral zu rekonstruieren und zu systematisieren, es durch Rückführung auf seine Ursprünge moralpsychologisch zu erklären und im Kontext der Willensmetaphysik auf seine metaphysische Bedeutung hin zu befragen. Schopenhauers Ethik wird daher häufig als eine *deskriptive Ethik* eingestuft (vgl. z. B. Malter 1991, 393) und als solche sowohl von der deontologischen Ethik Kants als auch von konsequentialistischen, insbesondere utilitaristischen Ethiken als den beiden wichtigsten Theoriesträngen der normativen Ethik abgegrenzt.

Auch für eine Ethik, die ihre Aufgabe in der Deutung und Erklärung des Moralphänomens sieht, ist jedoch die Frage nach den Kriterien moralischen Handelns, die gemeinhin der normativen Ethik zugeordnet wird, unabweisbar. Zum einen nämlich gilt, dass, wenn das Phänomen der Moral als gegeben vorausgesetzt werden soll, moralische Handlungen zunächst einmal spezifiziert und von nicht-moralischen abgegrenzt werden müssen; das aber erfordert eine Aussage darüber, ›was das Moralische ist‹, die als solche nicht wertfrei ist. Zum anderen ist mit dem Hinweis auf den Ursprung einer als gegeben vorausgesetzten moralischen Handlung – sofern damit gesagt ist, dass eine Handlung dann und nur dann als moralische gelten kann, wenn sie diesen Ursprung aufweist – eine notwendige und hinreichende Bedingung für die Moralität der Handlung und somit ein Kriterium moralischen Handelns benannt. So ist für Schopenhauer Mitleid nicht nur der Entstehungsgrund moralischer Handlungen, sondern auch Kriterium der Moralität. Es erstaunt daher nicht, dass Schopenhauers Ethik, seiner programmatisch verkündeten normativen Abstinenz zum Trotz, von häufig hochgradig emotional gefärbten moralischen Stellungnahmen wertender oder normativer Art durchzogen ist: Da der von der Ethik zu erklärende und zu deutende Phänomenbereich sich nicht anders als mittels inhaltlicher moralischer Aussagen erfassen lässt, ist – und hierüber sollte die Bezeichnung der Schopenhauerschen Ethik als deskriptiv nicht hinwegtäuschen – eine Beschreibung der Erfahrungswelt für Schopenhauer notwendig *auch* expressiv, d. h. Ausdruck moralischer Wertungen und normativer Überzeugungen.

Freiheit und Notwendigkeit

Eine vorherrschende moralische Intuition besagt, dass moralische Verantwortlichkeit Freiheit voraussetzt. Daraus ergibt sich als eine zentrale Frage einer jeden Ethik diejenige, ob der Mensch frei ist oder seine Handlungen determiniert sind. Schopenhauer beantwortet diese Frage in *Die Welt als Wille und Vorstellung*, ausführlicher dann in der »Preisschrift über die Freiheit des Willens« (s. Kap. 8.1), im Sinne einer Vereinbarkeitstheorie, behauptet also die Möglichkeit des Zusammenbestehens von Freiheit und Notwendigkeit. Anders als Hume, der in seiner klassischen Variante des Kompatibilismus zu zeigen versucht, dass die Notwendigkeit der Willensakte mit Handlungsfreiheit, also der Abwesenheit von Zwängen, kompatibel ist (vgl. Hume 1984, Abschn. VII und VIII), lokalisiert Schopenhauer jedoch Freiheit und Notwendigkeit auf verschiedenen Ebenen: Der metaphysische Wille ist, als außerhalb von Raum und Zeit stehend und dem Satz vom Grunde nicht unterworfen, frei; der in den Erscheinungen objektivierte Wille hingegen befindet sich in Kausalrelationen und ist determiniert. Jede menschliche Handlung findet mit naturgesetzlicher Notwendigkeit statt.

Als handlungsdeterminierende Faktoren setzt Schopenhauer dabei die auf den Menschen einwirkenden Motive und seinen Charakter an, aus deren

Zusammentreffen die Handlung »ganz nothwendig hervorgeht« (W I, 340). Unter »Motiven« versteht Schopenhauer also nicht – wie in der jüngeren Handlungstheorie üblich – Erklärungsmuster für Handlungen, sondern Gegenstände, die als (anschauliche oder abstrakte) Vorstellungen gegeben sind. In Bezug auf den Charakterbegriff unterscheidet er, an Kant anknüpfend, zwischen dem empirischen und dem intelligiblen Charakter. Der empirische Charakter ist derjenige, der sich uns durch Erfahrung enthüllt; der intelligible Charakter hingegen, dessen determinierte Erscheinung der empirische ist, wird als Ausdruck des metaphysischen Willens, also eines »außerzeitliche[n] Willensaktes« (W I, 355) aufgefasst; er legt fest, »was der Mensch eigentlich und überhaupt will« (W I, 347). Während in der aristotelischen, in jüngerer Zeit z. B. von Ryle (vgl. Ryle 1969) fortgeführten Tradition der Charakterbegriff als bloße Abstraktion aus Handlungsbeschreibungen interpretiert und angenommen wird, dass Charaktereigenschaften vollständig von Handlungen abhängen (»esse sequitur operari«), fasst Schopenhauer den intelligiblen Charakter als handlungsvorgelagert auf: Was der Mensch tut, lässt sich aus dem erklären, was er ist (»operari sequitur esse«). Anders als der empirische und der intelligible Charakter ist die dritte von Schopenhauer angesetzte Form des Charakters, der erworbene Charakter, keine Handlungsdisposition und erklärt keine Handlungen; es handelt sich vielmehr um die Kenntnis des eigenen empirischen Charakters: Wer einen erworbenen Charakter hat, ein ›Mensch von Charakter‹ ist, ›weiß, was er will‹, ist sich über seine Neigungen, Stärken und Schwächen bewusst und wird sich entsprechend zu verhalten wissen.

Warum schreibt Schopenhauer dem Menschen einen intelligiblen Charakter zu? Der Grund hierfür wird im Hauptwerk nur angedeutet, in der »Preisschrift« (E, 93 f.) hingegen ausführlich erläutert: Er liegt im Bewusstsein der *Verantwortlichkeit* für eigene Taten, welches voraussetzt, dass wir »jede einzelne That [der Person] dem freien Willen zuschreiben« (W I, 340) können. Der intelligible Charakter verbürgt diese Möglichkeit: Er ist frei, weil der Wille als Ding an sich, dessen Ausdruck der intelligible Charakter ist, frei ist. Für Schopenhauer ist also das Sprachspiel der Verantwortlichkeit an Freiheitsunterstellungen gebunden: Soll jenes aufrechterhalten werden, muss auch an diesen festgehalten werden. Anders als in den auf Hume zurückgehenden kompatibilistischen Theorien, die fast durchweg für eine Entkopplung von Verantwortlichkeit und Freiheit plädieren und infolgedessen Verantwortungszuschreibungen ›instrumentalistisch‹, also als soziale Regulationsmechanismen auffassen, hält Schopenhauer damit am stärkeren Verständnis menschlicher Verantwortlichkeit fest: Diese liegt nur vor, wenn Handlungen Personen als ihre eigenen und freien Handlungen zugeschrieben werden können. Um diese Verantwortlichkeit im intelligiblen Charakter verankern zu können, muss dieser als – vorpersonal – gewählt aufgefasst werden (vgl. E, 96). Die Schwierigkeit dieser Konstruktion besteht – abgesehen von ihrer Bindung an kontroverse willensmetaphysische Prämissen – darin, dass unklar ist, wer als Subjekt dieses Wahlaktes namhaft gemacht werden kann. Offensichtlich kann es sich dabei nicht um das empirische Subjekt handeln. Vermutlich wird man, analog zur Figur der ›Wendung des Willens gegen sich selbst‹ bei der Willensverneinung, diese vorpersonale Wahl als eine Art Selbstobjektivierung des metaphysischen Willens auffassen müssen (s. Kap. 8.1) – womit dann aber personale Verantwortlichkeit gerade nicht begründet wäre.

Für die Determiniertheit des Willens im Bereich der Erscheinungen, also der willentlichen menschlichen Handlungen, führt Schopenhauer im Hauptwerk drei Argumente an:

1) Der Wille im Bereich der Erscheinungen steht notwendig in Kausalrelationen. »Verursacht sein« und »notwendig sein« aber sind nach Schopenhauer »durchaus identisch« und »Wechselbegriffe« (W I, 338); daher sei alles, was verursacht ist, auch notwendig. Diese Gleichsetzung von »verursacht sein« und »notwendig sein« ist keinesfalls selbstverständlich; gerade in der jüngeren Diskussion zur Willensfreiheit wird zunehmend die Möglichkeit erwogen, dass es *nicht*-determinierende Handlungsursachen geben könnte (vgl. hierzu Keil 2007, 39–42); insbesondere Handlungs*gründe* scheinen Kandidaten hierfür zu sein.

2) Den »Schein einer empirischen Freiheit des Willens« (W I, 342) erklärt Schopenhauer damit, dass uns unser Charakter als determinierender Faktor unseres Handelns entweder gar nicht oder erst nach der Handlung epistemisch zugänglich ist. Der intelligible Charakter tritt, weil er der in einem Individuum erscheinende Wille als Ding an sich ist, überhaupt nicht in den Erkenntnisbereich des Intellekts (W I, 342 f.). Der empirische Charakter andererseits ist uns erst a posteriori, d. h. nach unseren Entscheidungen, epistemisch zugänglich. So könnten wir im Januar darüber nach-

denken, ob wir uns im Juli für eine Urlaubsreise in die Berge oder für eine Großstadtreise entscheiden werden. Wie wir uns im Juli tatsächlich entscheiden werden, hängt von unserem intelligiblen Charakter ab, der uns aber grundsätzlich nicht zugänglich ist. Unseren empirischen Charakter werden wir erst nach der Entscheidung im Juli kennen, da wir erst an unseren Taten erkennen, was wir wollen. Weil uns also zum früheren Zeitpunkt weder intelligibler noch empirischer Charakter zugänglich sind, werden wir uns, so Schopenhauer, zu diesem Zeitpunkt (fälschlich) für frei halten. Damit ist sicherlich kein zwingendes Argument für den Determinismus formuliert, aber eines, das geeignet ist, ein allzu naives Vertrauen in unsere vorphilosophische Unterstellung menschlicher Willensfreiheit zu untergraben: Es könnte sein, dass die determinierenden Faktoren unseres Handelns uns aus prinzipiellen Gründen epistemisch nicht zugänglich sind.

3) Angedeutet wird auch ein drittes, für die sprachanalytische Debatte um Willensfreiheit im 20. Jahrhundert zentrales Argument (vgl. W I, 343; ausführlicher E, 41–44): Selbst wenn die Überzeugung, dass wir anders hätten handeln können – auf die wir uns im Alltagsverständnis zu berufen pflegen, um Willensfreiheit zu begründen – wahr ist, heißt das nicht, dass wir frei gehandelt hätten, denn es könnte sein, dass das ›Können‹ in dem Satz »Ich hätte anders handeln können« ›falls-gebunden‹ ist, d. h. dass dieser Satz auszubuchstabieren ist als »Ich hätte anders handeln können, *falls* X der Fall gewesen wäre«, und die im Konditionalsatz genannten Bedingungen können ihrerseits determiniert sein. Schopenhauer plädiert, eine spätere Debatte zwischen G. E. Moore und Austin (vgl. hierzu Pothast 1978, 137–200) andeutungsweise antizipierend, für eine konditionale Analyse von ›Können‹, um zu zeigen, dass die auf die Wahrheit des Satzes »Ich hätte anders handeln können« insistierende Auffassung des Alltagsverstandes nicht ausreichend ist, um Freiheit zu beweisen; sie lässt außer Acht, dass diese Aussage wahr sein, aber das ›Können‹ selbst durch Faktoren, die ihrerseits determiniert sind, restringiert sein könnte.

Wenn der Charakter gemäß dem Prinzip *operari sequitur esse* Handlungen gesetzmäßig erklären soll, kann er nicht in Abhängigkeit von Handlungen variieren, sondern muss konstant sein (vgl. Koßler 2002, 93). Schopenhauer, dessen Charakterlehre eine ausgeprägt nativistische Tendenz hat, erklärt daher den Charakter für angeboren und unveränderlich: *Velle non discitur*. Scheinbare Änderungen des Charakters werden von ihm auf Änderungen der Motive zurückgeführt, die durch das Medium der Erkenntnis auf den Menschen einwirken: Nicht das Wollen ändert sich, sondern, bedingt durch die Einwirkung anderer Motive, das Handeln. So könnte jemand einen Mord begehen wollen, sich aber hiervon durch den Gedanken abhalten lassen, dass ihm eine empfindliche Strafe droht. Die Tatsache, dass er unter dem Eindruck seiner möglichen Bestrafung von seinem Plan Abstand nimmt, ließe nach Schopenhauer nicht den Schluss darauf zu, dass er diesen nicht mehr ausführen *will*, sondern nur darauf, dass sein Handeln sich unter dem Eindruck des neuen Motivs (der vorgestellten Strafe) geändert hat. Da beim Menschen – anders als beim Tier, auf das nur anschauliche Vorstellungen als Motive wirken können – auch abstrakte Vorstellungen als Motive wirken können, ist sein Handeln ungleich komplexer und schwerer berechenbar als das des Tieres; dies ändert nichts daran, dass »was der Mensch eigentlich und überhaupt will« (W I, 347) konstant bleibt. Schopenhauers Festhalten an der These von der Unveränderlichkeit des Charakters führt jedoch auch zu einigen Forcierungen, wie insbesondere seine kaum überzeugende Erklärung des Phänomens der Reue zeigt: Während wir Reue im Allgemeinen gerade als Indikator für eine Veränderung des Wollens auffassen – der reuige Täter ist jemand, der jetzt etwas fundamental anderes will als der Täter und der entsprechend andere Handlungsdispositionen hat als die frühere Person –, bestimmt Schopenhauer sie als Einsicht darin, dass ich »etwas Anderes that, als meinem Willen gemäß war« (W I, 349). Damit werden bestimmte Formen des Bedauerns darüber, dass man eigentlich Gewolltes nicht getan hat, erfasst, aber das Phänomen der Reue wird verfehlt, da der Reuige erkennt, dass das, was er einst getan hat, seinem früheren Willen durchaus gemäß war, sich aber *jetzt* von diesem distanziert.

So eindeutig deterministisch die Argumentation Schopenhauers in Bezug auf menschliche Handlungen auch ist, scheint er doch an mindestens zwei Stellen diesen Determinismus einzuschränken. Zum einen billigt er dem Menschen, der im Gegensatz zum Tiere auch von abstrakten Vorstellungen als Motiven geleitet werden kann, eine *Wahlentscheidung* zwischen den Motiven zu. Allerdings ist der Stellenwert dieser »Wahlentscheidung« unklar. Wenn es sich um eine genuine *Wahl*, also eine Vorzugsentscheidung zwischen mindestens zwei Alternativen, handeln soll, wird damit ein Freiheitsspielraum zugestanden, der mit einem Determinismus schwer in Einklang zu bringen ist. Es fragt sich dann, ob diese Wahl nicht – im Rahmen des Determinismus konsequent – ihrerseits als determiniert zu gelten hat, so dass der Eindruck, dass wir zwischen verschiedenen Motiven wählen könnten, als ebenso illusionär einzustufen ist wie derjenige der Willensfreiheit. Wenn andererseits kein Freiheitsspielraum zugestanden werden soll, sondern der Mensch lediglich »Kampfplatz des Konflikts der Motive ist« (W I, 355), »davon das stärkere ihn dann mit Notwendigkeit bestimmt« (W I, 351), scheint der Ausdruck »Wahlentscheidung« zur Bezeichnung dieses Motivkonflikts irreführend. Möglicherweise lässt sich Schopenhauers Hinweis auf die Möglichkeit einer Wahlentscheidung wie folgt verstehen: Spezifikum des Menschen ist, dass er durch Ursachen einer bestimmten Art, nämlich durch »Gründe« (W I, 351), die er als besser oder schlechter, mehr oder weniger überzeugend einstufen kann, bestimmt werden kann, und dies rechtfertigt es, ihm die Möglichkeit einer »Wahlentscheidung« zuzusprechen. Um von einer (eingeschränkten) Freiheit im Bereich menschlichen Handelns sprechen zu können, wäre demnach weder Akausalität noch eine spezifische Akteurskausalität erforderlich, sondern lediglich, dass bestimmte Kausalfaktoren – eben Gründe – eine Handlung determinieren (vgl. hierzu auch E, 33–36).

Noch in anderer Hinsicht schränkt Schopenhauer einen strengen Determinismus ein. Er streitet ab, dass die Unveränderlichkeit des Charakters es überflüssig mache, sich um dessen Besserung zu bemühen: Man müsse sich um die Besserung des eigenen Charakters bemühen, weil die Tatsache, dass man dies tue, eben Teil der Ursachen dafür sei, dass die Handlung als Produkt von Motiv und Charakter dann notwendig stattfinde. Da wir unseren Charakter erst a posteriori, aus unseren Handlungen, erkennen, können wir ihm auch nicht »vorgreifen«, sondern müssen genau das tun, was wir später als Teil einer notwendig zur Handlung führenden Ursachenkette erkennen werden. In diesen Ausführungen kann man ein Argument angedeutet sehen, das im 20. Jahrhundert von Vertretern des epistemischen Indeterminismus formuliert wird (vgl. bes. MacKay 1978): Wenn, wie der Determinismus behauptet, unsere Handlungen determiniert sind, ändert dies nichts daran, dass diese Handlungen von *unseren* Entscheidungen abhängen und wir diese nicht an eine Schicksalsmacht »delegieren« können. Die Entscheidungen sind Teil der Kausalkette, die dann zu der – unter Voraussetzung des Determinis-

mus – notwendig eintretenden Handlung führen. Die Determination unserer Handlungen ändert also nichts daran, dass wir uns notwendig für frei halten müssen, weil *wir* uns entscheiden müssen, eben diese Handlungen herbeizuführen.

Philosophischer Pessimismus

Dem Etikett ›philosophischer Pessimismus‹ verdankt Schopenhauers Philosophie einen Großteil ihrer Popularität. Schopenhauers Pessimismus formuliert eine Antwort auf die Frage nach dem Wert des Lebens (vgl. Janaway 1999a, 318). Er besagt im Kern, dass das Leben »etwas ist, das besser nicht wäre« (W II, 662), und dass das Nichtsein dem Dasein vorzuziehen ist (W II, 661). Zur Begründung dieser Ansicht, die auch in der jüngeren philosophischen Diskussion Anhänger findet (vgl. z. B. Benatar 2006), werden im Wesentlichen die folgenden Behauptungen angeführt:

(1) Alles Leben ist Leiden.
(2) Individuelles Glück ist unmöglich.
(3) Die Nutzenbilanz eines jeden Lebens ist negativ.
(4) Angesichts der bloßen Existenz von Übel und Leiden ist das Dasein abzulehnen.

Die erste These wird aus der schon im zweiten Buch des Hauptwerks fixierten Bedeutung der Ausdrücke »Wille« und »Leiden« abgeleitet. Der Anwendungsbereich des Ausdrucks »Wille« war mit dem Analogieschluss in § 19 über den Bereich der mit Bewusstsein ausgestatteten und zu intentionalen Akten befähigten Wesen hinaus auf die gesamte Vorstellungswelt ausgedehnt worden, so dass »die Welt« – nicht nur die bewusstseinsfähigen Wesen in ihr – als Wille aufgefasst werden konnte. Gilt aber die Welt als Wille und gilt weiterhin, wie Schopenhauer definitorisch festsetzt, jede »Hemmung des Willens durch ein Hindernis, welches sich zwischen ihn und sein einstweiliges Ziel stellt« (W I, 365), als Leiden, so ist auch Leiden nicht notwendig empfundenes Leiden. Schopenhauers Ethik ist eine Leidensethik in dem Sinne, dass sie die Welt als Leidens*geschehen* auffasst. Ebenso wie die Welt auch dort Wille ist, wo keinerlei Intentionalität oder Bewusstsein vorliegt, ist das Dasein auch dort Leiden, wo dieses nicht als solches empfunden wird.

Allerdings bedeutet dies – worüber Schopenhauers suggestive Verwendung des Leidensbegriffs leicht hinwegtäuscht –, dass die Frage, wieso dieses Leidensgeschehen nicht sein soll, als eine offene, d. h. nichttriviale und nicht bereits durch die Bedeutung des

Ausdrucks ›Leiden‹ beantwortete Frage anzusehen ist. Aus der Annahme, dass alles Leben Leiden ist, folgt, setzt man Schopenhauers weiten Leidensbegriff voraus, weder, dass Leben nicht sein sollte, noch auch nur, dass Leiden beseitigt oder gelindert werden sollte. Sie ist kompatibel mit einer trotzigen Lebens- und Leidensbejahung, etwa im Sinne von Nietzsches »Jasagen ohne Vorbehalt, zum Leiden selbst, zur Schuld selbst, zu allem Fragwürdigen und Fremden des Daseins selbst« (*Geburt der Tragödie*, § 2; KSA 6, 311). Ein philosophischer Pessimismus wird also durch (1) allein nicht begründet.

Das Argument für These (2) entwickelt Schopenhauer konsequent aus seiner Anthropologie, insbesondere der Behauptung eines Primats des Wollens gegenüber dem Erkennen (vgl. W II, Kap. 19). Es lässt sich wie folgt rekonstruieren: Da der Mensch ein primär wollendes, erst sekundär erkennendes Wesen ist, liegt der Grund dafür, dass wir bestimmte Dinge anstreben, nicht darin, dass wir zunächst erkennen würden, dass sie Werteigenschaften hätten, die ihnen unabhängig von unserem Wollen zukämen; vielmehr gilt umgekehrt, dass sie uns wertvoll erscheinen, weil wir sie wollen, also ihren Besitz wünschen. Wenn aber ein begehrtes Objekt erlangt wird, entschwindet damit auch das Begehren. Ein Wunsch, der erfüllt wird, hört auf zu existieren, weil wir diesen Wunsch nur solange besitzen, wie er nicht erfüllt wird. Also entschwindet mit der Erfüllung eines Wunsches auch genau das, was das gewünschte Objekt wertvoll erscheinen ließ. Wo wir erreichen, was wir erstrebten, verliert dieses Objekt seinen Reiz, denn es erschien uns nur deswegen wertvoll, weil wir es erstrebten, und nur solange, wie wir es begehrten: »Das Ziel war nur scheinbar: der Besitz nimmt den Reiz weg« (WI, 370). Statt einer Glücksempfindung kann daher nach der Erfüllung eines Wunsches nur entweder ein neues Wollen entstehen oder aber Langeweile eintreten; letztere beschreibt Schopenhauer eindringlich als einen Zustand, in dem die Dinge uns farblos und uninteressant erscheinen, eben weil wir sie nicht mehr erstreben. So ist das Leben des Menschen, das mit Glücksversprechungen lockt, die es nicht einhalten kann, ein »Pendeln zwischen Schmerz und Langeweile« (W I, 368), ein »fortgesetzter Betrug« (W II, 657).

Schopenhauers Leugnung von Glück ist mit mindestens drei Problemen konfrontiert: Erstens zeigt er keinesfalls die Unmöglichkeit von Glück, sondern allenfalls die Unmöglichkeit *andauernden* Glücks (vgl. Soll 2012, 304–306). Dass die Erfüllung eines Begehrens zumindest kurzzeitig als Glück empfunden werden kann, streitet Schopenhauer nicht ab (vgl. W I, 376). Damit provoziert er den Einwand, dass individuelles Lebensglück statt von der Anzahl und Dauer von Glücksmomenten von deren Intensität abhängt und dass eine kurzzeitige Glücksempfindung dermaßen intensiv sein könnte, dass das vorhergehende Leiden durch sie kompensiert wird. Zweitens beruht Schopenhauers Analyse auf der Annahme, dass wir, wenn wir etwas erstreben, notwendig der intellektualistischen Illusion anheimfallen würden, dass wir es erstreben würden, weil es von unserem Wollen unabhängige Werteigenschaften besitzt. Es ist aber nicht ersichtlich, warum wir dieser Illusion anheimfallen müssten. Häufig empfinden wir das Streben selbst als positiv und beglückend (vgl. Janaway 1999a, 333; Birnbacher 2009, 106 f.; Soll 2012, 303; kritisch hierzu in Anknüpfung an Schopenhauer: Benatar 2006, 76–81). Jemand kann z. B. illusionslos der Tatsache ins Auge blicken, dass die Erreichung eines lang erstrebten beruflichen Ziels ihm kein langandauerndes Glück bescheren wird, aber das Erstreben dieses Ziels und die Überwindung von Hindernissen auf dem Weg zu seiner Erreichung als beglückend empfinden. Drittens nimmt Schopenhauer an, dass Güter und Vorteile – etwa Jugend, Gesundheit und Freiheit – uns, solange sie präsent sind, nicht bewusst sind, sondern nur, wenn wir ihrer ermangeln, d. h. wenn wir sie entweder erstreben, also noch nicht besitzen, oder wenn wir sie verloren haben, also nicht mehr besitzen. Glück, so drückt es Schopenhauer aus, ist wesentlich negativ (vgl. W I, 376). Gegenstand einer Glücksempfindung könne nur die Aufhebung eines Mangels sein, aber nicht das Gut selbst, dessen wir ermangeln. Das stimmt jedoch nur eingeschränkt: Selbst wenn wir bestimmte Güter, sofern wir sie besitzen, nicht aktual wahrnehmen, können wir uns ihrer dennoch – zumindest dispositional – bewusst sein. Der Gesunde nimmt zwar im Allgemeinen seine Gesundheit nicht in gleicher Weise wahr wie deren Einschränkung oder Verlust, aber er kann sich des Besitzes dieses Gutes durchaus in dem Sinne bewusst sein, dass ihn Stimmungen wie Dankbarkeit oder Zufriedenheit mit der eigenen Lebenssituation auch dann begleiten, wenn er das fragliche Gut nicht aktual wahrnimmt.

These (3) wird als »Bestätigung *a posteriori*« (W I, 382) der in (2) aufgestellten Behauptung über die Unmöglichkeit des Glücks aufgefasst. »Das Leben«, so Schopenhauer, sei auch für den Einzelnen »ein Geschäft, das nicht die Kosten deckt« (W II, 658), und wohl niemand würde am Ende seines Lebens aufrichtig wünschen können, es noch einmal durchzumachen (W I, 382). Dies ist eine empirische Behauptung, und sie ist, in dieser Allgemeinheit – auf *jedes* Leben bezogen – formuliert, empirisch sehr unplausibel. Ihre Begründung würde erfordern, die Selbstauskunft zumindest einiger Individuen, die von ihrem Leben behaupten würden, dass es eine positive Nutzenbilanz aufweist, als irrig nachzuweisen. Zudem wird mit ihr ausgeblendet, dass der Wert des Lebens sich an anderen Faktoren bemessen könnte als der individuellen Nutzenbilanz. Auch ein Leben mit einer negativen Nutzenbilanz könnte insgesamt als positiv eingestuft werden, etwa weil in ihm von der Empfindung des Subjekts ganz unabhängige Werte – z. B. Erkenntnis oder die Produktion eines Kunstwerks – realisiert wurden. Schopenhauers Eudämonismus, d. h. die hedonistische Wertbasis seiner Ethik (vgl. Janaway 1999a, 334; Birnbacher 2009, 93), die erstmals von Nietzsche kritisiert wurde (vgl. Gemes/Janaway 2012, 290 f.), lässt ihn die Möglichkeit ignorieren, dass ein Leben als Ganzes auch dann als glücklich eingestuft werden könnte, wenn in ihm die Momente subjektiven Unglücks diejenigen des Glücks überwiegen.

Die in (4) ausgedrückte Überzeugung, dass die Welt angesichts der bloßen Existenz des Übels nicht gerechtfertigt sei, richtet sich, mit polemischem Bezug vor allem auf Leibnizens *Theodizee*, gegen den Versuch, vorhandenes Leiden als notwendig zur Förderung eines überindividuellen Gesamtglücks zu rechtfertigen. Solche leidensquantifizierenden Argumente lehnt Schopenhauer ab, denn »dass Tausende in Glück und Wonne gelebt hätten, höbe ja nie die Angst und Todesmarter eines Einzigen auf« (W II, 661). Den Versuch, vorhandenes Leiden dadurch zu relativieren, dass es als einem Gesamtglück zuträglich nachgewiesen wird, sieht er als kennzeichnend für den philosophischen Optimismus an, den er eben deswegen als eine »wahrhaft ruchlose Denkungsart« (W I, 385), als einen Zynismus gegenüber individuellem Leiden, brandmarkt. So verstanden, läuft These (4) auf einen Appell hinaus, das vorhandene Leiden der Welt nüchtern und illusionslos zur Kenntnis zu nehmen (vgl. Birnbacher 2009, 92 f.).

Allerdings ist damit nicht gezeigt, dass die Welt grundsätzlich nicht sein sollte, sondern allenfalls, dass sie *so, wie sie ist* – angesichts des in ihr vorhandenen Leidens –, nicht sein sollte. Es kennzeichnet Schopenhauers Neigung zu rhetorischer Überspitzung, dass er von der Verneinung der Leibnizschen These, die Welt sei die beste aller möglichen Welten, recht umstandslos zu derjenigen übergeht, dass sie die schlechteste aller möglichen Welten sei, und damit die kontradiktorische Verneinung der Optimismusthese zu einer konträren verschärft. Die Annahme, dass die Welt die schlechteste aller möglichen Welten sei, ist allerdings – wenngleich Schopenhauer sie durch kosmologische und biologische Erwägungen zu stützen versucht (vgl. W II, 669–671) – intuitiv ebenso wenig einleuchtend wie diejenige, dass sie die beste aller möglichen sei, da zu jedem Weltzustand sowohl ein besserer als auch ein schlechterer zumindest denkbar ist. Die Mahnung, das Leiden in der Welt ernstzunehmen, kann daher schwerlich die Hauptthese des philosophischen Pessimismus begründen, dass die Welt *schlechthin* nicht sein sollte.

Unvergänglichkeit

Die pessimistische Stoßrichtung der Ethik Schopenhauers wird nicht dadurch abgeschwächt, dass diese auch eine Lehre der »Unzerstörbarkeit unseres Wesens« durch den Tod beinhaltet. Deren Kernaussage ist, dass der Tod nur dem Bereich der Erscheinungen zugehört, der Wille als Ding an sich hiervon jedoch unberührt bleibt. Zwar ist das Leben des Individuums als »stetes Sterben« auf den Tod als dessen Ziel- und Endpunkt bezogen (W I, 367). Der Tod des Individuums steht jedoch in zeitlichen Relationen, ist also dem Bereich der Erscheinungen zugeordnet. Der Wille als Ding an sich hingegen steht außerhalb von Zeit und Raum und ist insofern »ewig«. Er wird vom Tod nicht berührt: Unser Wesenskern, der metaphysische Wille, ist unvergänglich (vgl. hierzu z. B. Jacquette 1999, 293–300).

Aus zwei Gründen ist diese Unvergänglichkeitsthese mit keinerlei Trostfunktion verbunden. Zum einen geht mit ihr kein Gedanke an individuelle Seelenunsterblichkeit einher, weshalb Schopenhauer den »prahlerischen Namen der Unsterblichkeit« (W II, 551) zur Bezeichnung dieses Theoriebestandteils ablehnt. Die Unvergänglichkeit des Willens als Ding an sich fällt für das Individuum mit der Fortdauer der Außenwelt zusammen, und aus der Einsicht hierin lässt sich keine Hoffnung auf individuelles Fortleben gewinnen. Sie bietet auch keinen Trost für den Egoismus des Individuums, da sie nichts daran ändert, dass die Erfüllung individueller Interessen und Wünsche mit dem Tod des Individuums unterbunden wird (vgl. W I, 333). Zudem bietet Schopenhauers Unvergänglichkeitslehre keinen Ansatzpunkt dafür, gerade in der Auflösung der Individualität durch den Tod und dem Überdauern des überindividuellen Wesenskerns, des Willens als Ding an sich, einen Trost zu erblicken. Da der Wille als Ding an sich bei Schopenhauer als ziel- und zweckloses Streben negativ konnotiert und als Urgrund des Leidensgeschehens geradezu zu verneinen ist, ist sein Überdauern frei von jeder Heilsverprechung. Das Fortbestehen des Wesenskerns des Menschen angesichts seines individuellen Untergangs enthält daher nichts Hoffnungsvolles.

Bejahung des Willens und Staatsphilosophie

Die Ausdrücke »Bejahung des Willens zum Leben« und »Verneinung des Willens zum Leben« werden von Schopenhauer in einem sehr eigenwilligen Sinne verwendet. Während man intuitiv dazu neigt, den damit bezeichneten Gegensatz als konträren aufzufassen – also einen Zwischenbereich anzusetzen, in dem man dem Willen zum Leben weder bejahend noch verneinend, sondern z. B. in der Haltung der Indifferenz oder der Ironie gegenübertreten kann –, wird er bei Schopenhauer als kontradiktorischer verstanden, so dass gilt, dass wir den Willen zum Leben notwendig entweder bejahen oder verneinen: *tertium non datur*. Diese strikte Dichotomisierung ergibt sich aus den willensmetaphysischen Prämissen der Schopenhauerschen Ethik, da es auch hier zu Wollen oder Nicht-Wollen keine Alternative gibt. Zudem versteht man unter »Bejahung« im Allgemeinen eine – mehr oder minder reflektierte – Einstellung oder Haltung zu dem, was bejaht wird. Schopenhauer hingegen fasst Willensbejahung, wenngleich er sie gelegentlich auch als »Haltung« bezeichnet, im Allgemeinen und primär gerade nicht als Haltung, geschweige denn als eine reflektierte Haltung zum Wollen auf, sondern identifiziert sie mit dem Wollen: »Die Bejahung des Willens ist das von keiner Erkenntniß gestörte beständige Wollen selbst« (W I, 385). Unmittelbarer Ausdruck der Willensbejahung ist nicht etwa ein positiv wertendes Urteil über das Wollen, sondern das Wollen selbst, wie es sich für Schopenhauer am deutlichsten im Geschlechtstrieb kundtut, dessen eingehender Erörterung er das berühmte Kapitel »Metaphysik der Geschlechtsliebe« im zweiten Band der *Welt als Wille und Vorstellung* widmet.

Der Mensch ist, so die grundlegende These Schopenhauers, als Objektivation des Willens ein durch und durch wollendes, also (normalerweise) den Willen zum Leben bejahendes Wesen. Darüber hinaus vertritt er die weitergehende Ansicht, dass die Bejahung des Willens beim Menschen normalerweise, d. h. sofern er im Individuationsprinzip verharrt, die Form des *Egoismus* annimmt. Der Mensch hat demnach die Tendenz, sein Wollen auf Kosten des Wohlergehens der anderen durchzusetzen und in deren Willensbestrebungen einzugreifen. Grundlage dieser sozialanthropologischen Annahme ist die erkenntnistheoretische These, dass dem Individuum die anderen Individuen im Normalfall nur Erscheinungen, Objekte unter anderen Objekten sind und deren Wohlergehen und Leiden daher für das eigene Handeln stets geringere Bedeutung haben als das eigene. Nur in dem Ausmaß, in dem das Individuationsprinzip durchschaut wird und die anderen Individuen nicht mehr nur als Erscheinungen, sondern als ›Ich noch einmal‹ wahrgenommen werden, kann der Egoismus überwunden werden.

Die These, dass der Mensch von Natur aus ein egoistisches, auf die Förderung des eigenen Wohls auch auf Kosten des Wohls der anderen bedachtes Wesen ist, erinnert an die pessimistische Sozialanthropologie, die Hobbes – auf den sich Schopenhauer in diesem Zusammenhang zustimmend beruft (W I, 393, 408) – seiner Staatsphilosophie zugrunde legt. Auch die im § 62 dargestellte Staats- und Rechtsphilosophie Schopenhauers bewegt sich weitgehend in den Spuren der von Hobbes entwickelten kontraktualistischen Theorie, wenngleich die Rechtfertigungsfigur des Vertrags bei Schopenhauer nicht die gleiche zentrale Rolle spielt wie im klassischen Kontraktualismus. Das Grundanliegen des Kontraktualismus ist es nachzuweisen, dass die Einrichtung eines Staates und seiner Institutionen im aufgeklärten Eigeninteresse des Individuums liegt. Dieser Idee folgt Schopenhauer: Ihm zufolge liegt die Aufgabe des positiven Rechts nicht etwa darin, den Egoismus der Menschen zu überwinden – was eine illusionäre Zielvorgabe wäre –, sondern darin, das wohlverstandene Eigeninteresse des Individuums zu schützen, indem es die negativen Folgen eines unbegrenzten Egoismus unterbindet. Bliebe der individuelle Egoismus ungezügelt, müssten Individuen, ähnlich wie es im Hobbesschen Urzustand des *bellum omnium contra omnes* der Fall ist, stets mit Übergriffen anderer Individuen in ihre Willensbestrebungen rechnen. Das egoistische Interesse der Individuen daran, dass solche Übergriffe vermieden werden, kann am effektivsten geschützt werden, wenn jeder bereit ist, sich selbst Restriktionen bei der Verfolgung eigener Willensbestrebungen aufzuerlegen, und dafür der Etablierung einer mit Sanktionsmacht ausgestatteten Gewalt, des Staates und seiner Institutionen, zustimmt, die sicherstellt, dass auch andere sich diesen Restriktionen zu unterwerfen haben. Positives Recht hat es also – anders als Recht und Unrecht als moralische Kategorien – nicht mit den Gesinnungen der Menschen, sondern ausschließlich mit den Auswirkungen ihrer Handlungen auf andere zu tun. Der Staat hat nicht zur Moral zu erziehen, sondern als ›Nachtwächterstaat‹ die vitalen Interessen des Einzelnen zu schützen. Er ist ein Instrument des aufgeklärten Egoismus.

Auch die Rechtfertigung einzelner staatlicher Institutionen orientiert sich bei Schopenhauer an der Idee des Schutzes individueller Interessen vor den Übergriffen anderer. Die staatliche Institution des Strafens rechtfertigt er – in Abgrenzung zur Vergeltungstheorie der Strafe, welche die Strafe als eine angemessene Reaktion auf ein bereits geschehenes Übel legitimiert – durch eine Theorie der negativen Generalprävention (vgl. hierzu Hoerster 1972). Ihr zufolge liegt die Rechtfertigung der Strafe in dem Ausmaß, in dem sie durch Abschreckung (›negativ‹) zukünftige Straftaten nicht nur des bestraften Täters, sondern jedes potentiellen zukünftigen Täters (›generell‹) zu verhindern oder unwahrscheinlich zu machen geeignet ist. Die Leidenszufügung durch die Strafe wird dabei als ein in Kauf zu nehmendes Übel angesehen, das notwendig ist, um das Interesse der Bürger daran, in Zukunft keine Opfer von Straftaten zu werden, bestmöglich zu schützen. Schopenhauer geht so weit zu sagen, dass, »wo möglich, das scheinbare Leiden [der Strafe] das wirkliche überwiegen sollte« (W II, 686), so dass, wenn eine fingierte Strafvollstreckung den gewünschten Abschreckungseffekt zeitigt, auf deren faktische Vollstreckung verzichtet werden kann. Im Hintergrund dieser Straftheorie steht Schopenhauers Willensdeterminismus: Wenn der Charakter eines Menschen, seine Disposition, auf Motive auf eine bestimmte Weise zu reagieren, und sein charakterbedingtes Wollen unveränderlich sind, kann eine Strafe niemals im strengen Sinne als verdient gelten, weil der Straftäter ja nicht anders konnte, als die Straftat zu begehen. Darum kann die Strafe nicht eigentlich auf die Person, die ja zu ihrem Handeln determiniert war, sondern nur auf deren beobachtbare Taten gerichtet und der Täter »bloß der Stoff [sein], *an dem* die That gestraft wird; damit dem Gesetze, welchem zu Folge die Strafe eintritt, die Kraft abzuschrecken bleibe« (W II, 685).

Ewige Gerechtigkeit

Während der Staat für die zeitliche Gerechtigkeit zuständig ist, betrifft die Lehre von der ›ewigen Gerechtigkeit‹ die Betrachtung des Leidens *sub specie aeternitatis*. In ihr kommt das Leiden als Ausprägung *eines* Willensgeschehens in den Blick. Unter der Perspektive eines Willensmonismus muss das gesamte Leidensgeschehen als Ausprägung dieses *einen* metaphysischen Prinzips, des Willens, gesehen werden. Metaphysisch betrachtet besteht daher zwischen dem Leiden Zufügenden und dem es Erleidenden kein Unterschied: »Der Quäler und der Gequälte sind Eines« (W I, 419). Jede Zufügung von Leiden ist demnach ein Zeichen dessen, dass der Wille »die Zähne in sein eigenes Fleisch schlägt, nicht wissend, daß er immer nur sich selbst verletzt« (W I, 418). Es herrscht metaphysische Gerechtigkeit, so dass aus dieser Perspektive über das Geschehen »von keiner Seite weiter eine Klage zu erheben« ist« (W I, 390).

Irritierend ist die Lehre von der ewigen Gerechtigkeit, weil sie die Annahme nahelegt, Schopenhauer wolle jegliches Leiden als selbstverschuldet und vom Leidenden verdient kennzeichnen (vgl. Hauskeller 1998, 69–82). Dieser Eindruck täuscht jedoch. Für den Bereich der Erscheinungen, in dem der Unterschied zwischen dem Leiden Zufügenden und dem es Erleidenden gewahrt bleibt, und die in diesem Bereich stattfindenden Zuschreibungen von Schuld und Verdienst hat die These von der metaphysischen Gerechtigkeit keine Konsequenzen und ist nicht schuldentlastend. Nur aus der Perspektive dessen, der das Individuationsprinzip durchschaut, der sich also nicht mehr auf den Bereich der Erscheinungen und Individuationen des Willens bezieht, wird das Leidensgeschehen sich als eines enthüllen, in dem zwischen Quäler und Gequältem nicht mehr unterschieden werden kann und in dem daher keinerlei Anhaltspunkte dafür bestehen, individuelle Schuld zuzuschreiben. Zudem sollte ›Gerechtigkeit‹ im Kontext der Lehre von der ewigen Gerechtigkeit eher als ein quasi-ästhetischer denn als ein normativer Ausdruck aufgefasst werden. Er hat keinerlei präskriptive Implikationen, besagt also nicht, dass das in dieser Weise als gerecht Bezeichnete sein soll. Vielmehr akzentuiert der Ausdruck hier das sich in metaphysischer Hinsicht einstellende Gleichgewicht zwischen zugefügtem und erlittenem Leiden. Die Affinität zur Ästhetik wird auch dadurch unterstrichen, dass die Erkenntnis ewiger Gerechtigkeit mit der Schau der Ideen gleichgesetzt, also mit ästhetischer Kontemplation analogisiert wird (vgl. W I, 418).

Die Lehre von der ewigen Gerechtigkeit verweist auf ein wesentliches Element der Lehre von der Willensverneinung: Indem sie das Leidensgeschehen über Individuengrenzen hinweg als Ausprägung *eines* metaphysischen Willens in den Blick nimmt, macht sie deutlich, dass eine Überwindung dieses Leidens nur durch eine Verneinung des Willens als *Ganzem* möglich ist (vgl. Malter 1991, 375). Sie verweist auf die Beschränktheit der Rolle der zeitlichen Gerechtigkeit bei der Überwindung des Leidens: Wer das Leidensgeschehen durchbrechen will, kann dies angesichts der metaphysischen Identität von Quäler und Gequältem nicht durch die Verneinung des Individualwillens des Täters tun, sondern nur durch die Verneinung des metaphysischen Willens selbst.

Schopenhauers Tugendlehre

Ein wesentlicher Bestandteil der Ethik Schopenhauers ist seine Tugendlehre, in deren Zentrum die Fragen nach dem Ursprung moralischen Handelns und den Kriterien der Moralität stehen. Sie ist aufs engste mit seiner Metaphysik verknüpft, denn der moralische Wert einer Handlung wird nach dem Ausmaß bemessen, in dem der Handelnde zur Durchschauung des Individuationsprinzips gelangt und die metaphysische Einheit aller Wesen als Willensobjektivationen zu erkennen vermag. Der »böse Wille« ist, nebst seiner Heftigkeit, durch seine Befangenheit im Individuationsprinzip gekennzeichnet; die anderen Individuen sind ihm bloße Erscheinungen. Der tugendhafte Charakter hingegen wird dadurch charakterisiert, dass er »weniger, als sonst geschieht, einen Unterschied macht zwischen Sich und Andern« (W I, 439), also das Individuationsprinzip als scheinhaft erkennt. Da das Leben essentiell Leiden ist, wird ihm damit auch der Unterschied zwischen eigenem und fremdem Leiden weniger bedeutsam. Der das Individuationsprinzip Durchschauende wird, anders als der darin Befangene, vom Leiden der anderen in gleicher Weise motiviert werden wie sonst nur von seinem eigenen. Darum identifiziert Schopenhauer echte Menschenliebe mit Mitleid und erhebt – in *Die Welt als Wille und Vorstellung* nur in einem Paragraphen, ausführlicher und weitgehend unabhängig von willensmetaphysischen Prämissen dann in der »Preisschrift über die Grundlage der Moral« (s. Kap. 8.2) – Mitleid zum Zentralbegriff seiner Ethik. Seine Tugendlehre ist also gesinnungsethischer Natur; der moralische Wert einer Handlung bemisst sich ihr zufolge nicht etwa an ihren Folgen, sondern einzig an der Motivlage, aus der heraus sie vollzogen wird.

Indem Schopenhauer als Grundlage der Tugendhaftigkeit die *Erkenntnis* der Scheinhaftigkeit des Individuationsprinzips ansetzt, akzentuiert er die kognitive Komponente moralischen Handelns. Zwar ist der Erkenntnisbegriff bei Schopenhauer auf problematische Weise unterbestimmt; es lässt sich hierüber jedoch immerhin so viel sagen: (1) Die dem tugendhaften Handeln zugrunde liegende Erkenntnis ist intuitiv. Das bedeutet nicht, dass zu ihrer Erklärung ein besonderes Erkenntnisvermögen der Intuition in Anspruch genommen werden müsste, sondern zum einen, dass es sich um eine anschauliche, d. h. nicht abstrakt-diskursive Erkenntnis, zum anderen, dass es sich um eine nicht-inferentielle, also nicht aus anderen Erkenntnissen abgeleitete und insofern »unmittelbare« Erkenntnis handelt. (2) Schopenhauer glaubt, mit dem Hinweis auf Mitleid – anders als Kant, der eben dies versäumt habe – eine Motivationsquelle der Moral nachgewiesen zu haben. Die Erkenntnis, auf der Mitleid als »kognitives Gefühl« (Hauskeller 1998, 46) basiert, muss daher selbst als handlungsmotivierend gedacht werden. Sie kann nicht ein rein propositionales Wissen, *dass* jemand anders leidet, sein (da dieses nicht handlungsmotivierend wäre), sondern muss *eo ipso* mit einer Handlungstendenz in Form des Bestrebens, Leiden zu minimieren, verbunden sein. Eine genauere Explikation des Erkenntnisbegriffes hätte zu erläutern, wie dies möglich ist.

Zwar ist es angesichts der prozessualen Darstellung der Abfolge von Gerechtigkeit, Menschenliebe und Mitleid im Hauptwerk exegetisch unklar, ob Schopenhauer hier ebenso wie in der »Preisschrift« auch Gerechtigkeit auf Mitleid zurückführen möchte, aber der Sache nach besteht kein Zweifel, dass auch gerechtes Handeln – als Handeln, das uneigennützig ist und vom Leiden des anderen, auf dessen Vermeidung es abzielt, motiviert ist – als mitleidsbasiert verstanden wird. Dies wirkt intuitiv unplausibel, würde man doch z. B. die Handlungen des Gerechtigkeit ausübenden Richters gerade nicht als Handlungen aus Mitleid einstufen. Der Anschein der Kontraintuitivität verschwindet jedoch, wenn man berücksichtigt, dass Mitleid für Schopenhauer kein bloßes Gefühl, sondern in dem Sinne universalisierbar ist, dass es sich nicht nur auf aktuell wahrnehmbare Leidenszustände, sondern auch auf antizipiertes oder vergangenes, also nicht unmittelbar wahrgenommenes Leiden beziehen kann (vgl. Birnbacher 1990, 30 f.). Auch das Handeln des Richters kann daher insofern als mitleidsbasiert verstanden werden, als er bei seiner Verurteilung die Leidensfähigkeit potentieller weiterer Opfer des zu verurteilenden Täters berücksichtigt. Dass Mitleid für Schopenhauer nicht an unmittelbares affektives Betroffensein gebunden ist, zeigen einige der von ihm gewählten Beispiele, etwa der Verweis auf Fälle von Selbstaufopferung zugunsten dessen, »was der gesammten Menschheit zum Wohle gereicht« (W I, 443). Der von Tugendhat (vgl. Tugendhat 1993, 177–196) gegen die Mitleidsethik erhobene Vorwurf, Mitleid sei als ein bloß punktuelles Gefühl nicht universalisierbar, geht daher an der Konzeption Schopenhauers vorbei. Der universalistische Anspruch der Mitleidsethik zeigt sich auch in der Einbeziehung der Tiere, die nach Schopenhauer – der als einer der Pioniere der Tierethik gilt – als leidensfähige Wesen ebenso als Objekte der moralischen Rücksichtnahme zu gelten haben wie Menschen. Hieran knüpft in neuerer Zeit z. B. Ursula Wolf in ihrer Konzeption des generalisierten Mitleids an (vgl. Wolf 1990, Kap. III. 6, 7).

Auch für die gegenwärtige moralphilosophische Diskussion ist Schopenhauers Tugendlehre noch von Interesse. Dabei bemüht man sich, ihre Grundideen so zu formulieren, dass sie auch unabhängig von willensmetaphysischen Prämissen akzeptabel sind. Die These, dass gutes Handeln sich an dem Ausmaß bemisst, in dem der Handelnde das Individuationsprinzip zu durchschauen vermag, kann z. B. im Sinne des metaethischen Prinzips verstanden werden, dass moralische Urteile aus begriffslogischen Gründen universalisierbar sind und ihre Gültigkeit daher unabhängig von individuellen Rollenverteilungen ist. Für Konzeptionen, die sich auf ein solches Prinzip berufen, spielt auch der von Schopenhauer als Mitleid beschriebene Empathievorgang eine bedeutende Rolle. Anders als bei Schopenhauer wird dieser jedoch meist nicht als Identifikationsvorgang im wörtlichen Sinne, also als Übernahme der Leiden *des anderen* – der dann mit dem Mitleidenden metaphysisch identisch sein muss – aufgefasst, sondern so, dass wir, um Zugang zu den Leidenszuständen des anderen zu finden, *in propria persona* Präferenzen ausbilden müssen, die denen des anderen an Intensität entsprechen (vgl. Hare 1992, Kap. 5). Darüber hinaus ist Schopenhauers Mitleidsethik für Probleme der modernen Medizinethik fruchtbar gemacht und mit neueren rekonstruktivistischen Ansätzen verbunden worden (vgl. Birnbacher 1990).

Willensverneinung

Schopenhauers praktische Philosophie umfasst eine »Ethik im engeren« und eine »Ethik im weiteren Sinne« (vgl. Cartwright 1999, 252 f.). Erstere ist identisch mit der Tugendlehre, letztere umfasst die in den §§ 68–71 des Hauptwerks entfaltete Soteriologie. In ihr wird die Verneinung des Willens, das Aufhören allen Wollens als Kulminationspunkt und als »der letzte Zweck« (W II, 698) des menschlichen Daseins dargestellt. Für Schopenhauer ist also nicht Moralität der höchstmögliche zu erreichende Zustand des Menschen, sondern Willensverneinung. Exemplifiziert wird Willensverneinung durch die Lebensweise der Asketen und Heiligen, deren Zustand Schopenhauer als einen hedonisch eindeutig positiv getönten beschreibt, als »unerschütterliche[n] Friede[n], [...] tiefe Ruhe und innige Heiterkeit« (W I, 461).

Auch das Verhältnis der Ethik im engeren zur Ethik im weiteren Sinne ist nicht frei von Spannungen. Die Lehre von der Willensverneinung geht aus der Tugendlehre einerseits zwanglos hervor, denn Willensverneinung wird als eine weitergehende Folge jener Durchschauung des Individuationsprinzips verstanden, die schon die Möglichkeit des Mitleids erklärt hatte. Sie ist insofern eine Steigerung der Moralität: Werden jemandem die Grenzen zwischen Ich und Nicht-Ich nicht nur teilweise, sondern vollkommen durchsichtig, so »folgt« nach Schopenhauer »von selbst«, dass er nicht nur Mitleid empfinden, sondern den Willen verneinen wird (vgl. W I, 447). Andererseits besteht zwischen Mitleid und Willensverneinung ein Gegensatz: Während der Mitleidige das Leiden des anderen zu mildern bemüht ist, gilt dies für den den Willen verneinenden Asketen nicht. Vielmehr verhält er sich, da er gar nichts mehr will, indifferent gegenüber dem Leiden des anderen und ist – hierin dem Egoisten verwandt – auf seinen eigenen Zustand bezogen, da er, Genüsse verabscheuend, einen Zustand der Freiheit von allem Wollen, der mit einem Zustand der Leidensfreiheit zusammenfällt, anstrebt.

Das Verständnis der Willensverneinungslehre wird dadurch erschwert, dass mit »Willensverneinung« bei Schopenhauer kein einheitliches Phänomen bezeichnet wird (vgl. Koßler 2014). Der Ausdruck bezeichnet sowohl – und dies primär – einen *Zustand*, in dem alles Wollen überwunden ist, als auch eine *Praxis* der Willensverneinung. Zum Zustand der Willensverneinung führen nach Schopenhauer zwei Wege: erstens die aus der Durchschauung des Individuationsprinzips resultierende reine Erkenntnis des Leidens (vgl. W I, 447) und zweitens – weit häufiger – die Erfahrung eigenen Leidens (vgl. W I, 463 f.). In Bezug auf den ersten Weg behauptet Schopenhauer, dass der das Individuationsprinzip gänzlich Durchschauende alle Lebewesen als Objektivationen des Willens, somit als leidend erkennen wird, so dass er die Leiden der anderen als seine eigenen betrachten und den Willen zum

Leben verneinen wird. Zur Plausibilisierung der These, dass dieser Übergang »von selbst folgt«, wäre allerdings auch hier eine genauere Explikation des Erkenntnisbegriffs erforderlich. Ohne den Nachweis, dass und wie diese Erkenntnis handlungsmotivierend sein kann, liegt folgender Einwand nahe: Weder muss, wer erkennt, dass die anderen leiden, sich deren Leiden notwendig zu eigen machen – er könnte sie weiterhin als Erscheinungen und ihre Leiden als ihm selbst nicht zugehörig betrachten –, noch muss, wer sich die Leiden der anderen zu eigen macht, diese deswegen verneinen, denn auch die Übernahme der Leiden des anderen schließt keinesfalls eine Bejahung des Leidens und damit des Lebens aus (vgl. Hallich 1998, 32–34). Auch der zweite geschilderte Übergang zum Zustand der Willensverneinung beruht auf psychologischen Kontingenzen und hat, wie Schopenhauer selbst betont, nicht den Charakter eines notwendigen Übergangs (vgl. W I, 467): Infolge des eigenen Leidens *kann* eine Willensverneinung (die dann gar nicht auf Tugendhaftigkeit als vorhergehende Stufe angewiesen ist) erreicht werden, muss es aber nicht.

Bezieht man sich auf Willensverneinung nicht als Zustand, sondern als Praxis der Askese, so fällt auf, dass diese von Schopenhauer als ein durchaus *aktiver* Prozess geschildert wird, als eine »vorsätzliche Brechung des Willens« (W I, 463), bei der der Asket seine eigenen Begierden »absichtlich« (W I, 451) unterdrückt und einen »beständigen Kampf mit dem Willen zum Leben« (W I, 463) zu führen hat. Dies zieht das Problem eines Widerspruchs zwischen Willenlosigkeit und Motivation nach sich: Wieso kann der Asket – da er nichts mehr will – dieses Nicht-mehr-Wollen wollen? Schopenhauer reagiert hierauf, indem er das in der Askesis zum Ausdruck kommende Wollen entindividualisiert: Im Wollen des den Willen Verneinenden zeige sich die Freiheit des metaphysischen Willens, des Dings an sich, welche hier ausnahmsweise in die Erscheinung trete (vgl. W I, 467, 476). In der Willensverneinung wendet sich demnach der metaphysische Wille gegen sich selbst. Auch diese Konstruktion ist jedoch mit Schwierigkeiten verbunden, denn dass der Wille sich gegen sich selbst wendet, unterstellt zum einen eine Intentionalität des metaphysischen Willens, die seiner Charakterisierung als nicht intentional gerichtet widerspricht; zum anderen wird der Widerspruch zwischen der Willenlosigkeit des Asketen und seinem Wollen dadurch kaum aufgehoben, denn es ist immer noch das Individuum, nicht der Wille als Ding an sich, das den »beständigen Kampf der Verneinung« zu kämpfen hat.

Zu fragen ist auch, wie sich der Freiheitsspielraum, der in der Willensverneinung zum Ausdruck zu kommen scheint, mit der Lehre von der Totaldetermination des Willens im Bereich der Erscheinungen vereinbaren lässt. Wieso können wir überhaupt den Willen verneinen, wo doch Schopenhauer für die These plädiert, dass jede Handlung ein notwendiges Produkt von Motiv und Charakter ist? Schopenhauer beantwortet diese Frage mit dem Hinweis darauf, dass es im Falle der Willensverneinung nicht zu einer Änderung, sondern zu einer »gänzlichen Aufhebung des Charakters« (W I, 477) käme. Damit ist gemeint, dass Willensverneinung nicht auf die Wirkung *bestimmter* Motive, sondern darauf zurückzuführen ist, dass ein Zustand erreicht wird, in dem Motive grundsätzlich nicht mehr wirksam werden. Das ›Quietiv‹, als das die Einsicht in das Leiden oder dessen Erfahrung wirken soll, ist kein Motiv einer bestimmten Art, sondern gar kein Motiv. Diese Aufhebung des Charakters aber geht nicht vom Willen des Individuums aus, sondern vielmehr von einer veränderten Erkenntnisweise, eben der Durchschauung des Individuationsprinzips. Daher ist die Möglichkeit der Willensverneinung mit der deterministischen Annahme der Unausweichlichkeit der Handlungen bei gegebenem Motiv und Charakter kompatibel: Kommt es zur Willensverneinung, ist die Voraussetzung dafür, dass Motive überhaupt wirken können, aufgehoben.

Allerdings wird das Problem, wie Willensverneinung möglich ist, damit nur auf die Frage verschoben, wie jene veränderte Erkenntnisweise möglich ist, in deren Folge es zur Aufhebung des Charakters als Ganzem kommt. Zur Beantwortung dieser Frage greift Schopenhauer auf religiöse, aus dem Fundament christlicher Erlösungslehre geschöpfte Topoi zurück. Die Veränderung der Erkenntnisweise sei nur als eine »Wiedergeburt« und eine Art der »Gnadenwirkung« verstehbar, analog dazu, dass in der christlichen Heilslehre der die Erlösung ermöglichende Glaube als »Werk der Gnade« (W I, 477 f.) aufgefasst würde. Entgegen Schopenhauers eigenen abschwächenden Bemerkungen hat die Inanspruchnahme theologischer Motive, insbesondere des Motivs der Gnade, im Rahmen der Lehre von der Willensverneinung nicht nur illustrative Funktion und geht über eine bloße Analogie hinaus (vgl. Malter 1991, 414 f.). Ohne den Bezug auf die Gnadenwirkung wäre die Möglichkeit einer veränderten Erkenntnisweise, somit auch die der Willensverneinung, überhaupt nicht verständlich. In der Angewiesenheit der philosophischen Soteriologie Schopenhauers auf die theologische Kategorie der Gnadenwirkung kann man ein Indiz dafür sehen, dass Schopenhauers Erlösungslehre mit der christlichen konvergiert, zumindest mit ihr kompatibel ist (zu Differenzen zwischen der Schopenhauerschen und der christlichen Ethik und ihren Gemeinsamkeiten vgl. grundlegend Koßler 1999; zum Erlösungsbegriff bei Schopenhauer vgl. auch Sauter-Ackermann 1994). Verlangt man allerdings, dass die Lehre von der Willensverneinung auch ohne Rekurs auf Bestandteile der christlichen Erlösungslehre konsistent erläuterbar sein muss, so wird man hierin einen Ausdruck der Aporie sehen, in den die Willensverneinungslehre schließlich gerät.

Eine weitere Schwierigkeit der Willensverneinungslehre betrifft die Frage, ob diese sich mit Schopenhauers Ablehnung des Suizids (vgl. W I, § 69) in Einklang bringen lässt oder letztere nicht vielmehr als der Versuch angesehen werden muss, der letzten Konsequenz des eigenen Systems, nämlich einer Empfehlung des Suizids, auszuweichen. Zwar übernimmt Schopenhauer Humes Zurückweisung der traditionellen metaphysisch-theologischen Argumente gegen den Suizid, lehnt aber die Selbsttötung aus willensmetaphysischen Gründen ab: Da der Suizident, verzweifelt über seine Lebensumstände, sich vom Bild eines glücklichen Lebens, das ihm allerdings unerreichbar sei, leiten lasse, sei seine Handlung – weit entfernt davon, das Leben zu verneinen – gerade ein Ausdruck der Willensbejahung. Diese Ausgrenzung suizidaler Handlungen aus dem Bereich der Willensverneinung ermöglicht es zwar, die Lehre von der Willensverneinung aufrechtzuerhalten, ohne hieraus eine Empfehlung des Suizids ableiten zu müssen, ist aber mit dem Preis erkauft, dass Schopenhauer nur einen Teilbereich suizidaler Handlungen erfasst, da er dem Suizidenten eine Motivlage unterstellen muss, die dieser zwar haben kann und häufig haben wird, aber keinesfalls notwendig haben muss: Warum eine Suizidhandlung nicht z. B. aus einer bloßen Einsicht in die Vergeblichkeit menschlichen Strebens oder als Bilanzsuizid begangen werden kann, bleibt unklar.

Angesichts der teleologischen Struktur der Lehre von der Willensverneinung – die diese als Zweck und Kulminationspunkt des menschlichen Daseins auffasst – ist Zurückhaltung gegenüber der Bezeichnung Schopenhauers als eines ›Nihilisten‹ angebracht. Diese Einstufung wird durch den Abschlussparagraphen des Hauptwerks, in dem das Wort ›Nichts‹ eine prominente Rolle spielt, durchaus nahegelegt. Nachdem Schopenhauer hier an die Relativität des Ausdrucks ›nichts‹ erinnert hat (vgl. hierzu Lütkehaus 1999, 627–635), formuliert er mit dessen Hilfe zwei Thesen: erstens, dass, was nach der Aufhebung der Welt der Erscheinungen übrig bleibt, für den den Willen Bejahenden ›nichts‹ sei, zweitens, dass die Welt der Erscheinungen für den den Willen Verneinenden ›nichts‹, d. h. nicht mehr von Bedeutung, kein Objekt seines Willens mehr sei. Keine dieser Verwendungsweisen rechtfertigt es aber, Schopenhauer als einen Nihilisten zu bezeichnen, jedenfalls dann nicht, wenn man etwa die später von Nietzsche formulierte Bestimmung von ›Nihilismus‹ zugrunde legt, der zufolge Nihilismus bedeutet, dass »die obersten Werthe sich entwerthen« (KSA 12, 350): »es fehlt das Ziel. Es fehlt die Antwort auf das ›Warum?‹« (ebd.). Da die Aufhebung des Willens bei Schopenhauer als letzte und höchste Stufe eines Erlösungsprozesses verstanden wird und die Willensverneinungslehre insofern gerade eine Antwort auf das ›Warum?‹ formuliert, ist Schopenhauer zumindest in diesem Sinne von ›Nihilismus‹ kein Nihilist.

Literatur

Benatar, David: *Better never to Have Been. The Harm of Coming into Existence.* Oxford 2006.

Birnbacher, Dieter: Schopenhauers Idee einer rekonstruktiven Ethik (mit Anwendungen auf die moderne Medizin-Ethik). In: *Schopenhauer-Jahrbuch* 71 (1990), 26–44.

Birnbacher, Dieter: *Schopenhauer.* Stuttgart 2009.

Cartwright, David E.: Schopenhauer's Narrower Sense of Morality. In: Janaway 1999, 252–292.

Gemes, Ken/Janaway, Christopher: Schopenhauer and Nietzsche on Pessimism and Asceticism. In: Vandenabeele 2012, 280–299.

Hallich, Oliver: *Mitleid und Moral. Schopenhauers Leidensethik und die moderne Moralphilosophie.* Würzburg 1998.

Hare, Richard: *Moralisches Denken: seine Ebenen, seine Methode, sein Witz.* Frankfurt a. M. 1992.

Hauskeller, Michael: *Vom Jammer des Lebens. Einführung in Schopenhauers Ethik.* München 1998.

Hoerster, Norbert: Zur Verteidigung von Schopenhauers Straftheorie der Generalprävention. In: *Schopenhauer-Jahrbuch* 53 (1972), 101–113.

Hume, David: *Eine Untersuchung über den menschlichen Verstand.* Hamburg 1984 (engl. 1748).

Jacquette, Dale: Schopenhauer on Death. In: Janaway 1999, 293–317.

Janaway, Christopher (Hg.): *The Cambridge Companion to Schopenhauer.* Cambridge 1999.

Janaway, Christopher: Schopenhauer's Pessimism. In: Ders. 1999, 318–343 [1999a].

Keil, Geert: *Willensfreiheit.* Berlin/New York 2007.

Koßler, Matthias: *Empirische Ethik und christliche Moral. Zur Differenz einer areligiösen und einer religiösen Grundlegung der Ethik am Beispiel der Gegenüberstellung Schopenhauers mit Augustinus, der Scholastik und Luther.* Würzburg 1999.

Koßler, Matthias: Die Philosophie Schopenhauers als Erfahrung des Charakters. In: Dieter Birnbacher/Andreas

Lorenz/Leon Miodonski (Hg.): *Schopenhauer im Kontext. Deutsch-polnisches Schopenhauer-Symposion 2000.* Würzburg 2002, 91–110.

Koßler, Matthias: Schopenhauers Soteriologie (WI §§ 68–71). In: Matthias Koßler/Oliver Hallich (Hg.): *Arthur Schopenhauer. Die Welt als Wille und Vorstellung* (= *Klassiker Auslegen*, Bd. 42). Berlin 2014.

Lütkehaus, Ludger: *Nichts. Abschied vom Sein. Ende der Angst.* Zürich 1999.

MacKay, Donald M.: Freiheit des Handelns in einem mechanistischen Universum. In: Pothast 1978, 303–321.

Malter, Rudolf: *Arthur Schopenhauer. Transzendentalphilosophie und Metaphysik des Willens.* Stuttgart-Bad Cannstatt 1991.

Nietzsche, Friedrich: *Sämtliche Werke. Kritische Studienausgabe in 15 Bänden* [1967 ff.]. Hg. von Giorgio Colli und Mazzino Montinari. München 1999 [KSA].

Pothast, Ulrich (Hg.): *Seminar: Freies Handeln und Determinismus.* Frankfurt a. M. 1978.

Ryle, Gilbert: *Der Begriff des Geistes.* Stuttgart 1969 (engl. 1949).

Sauter-Ackermann, Gisela: *Erlösung durch Erkenntnis? Studien zu einem Grundproblem der Philosophie Schopenhauers.* Cuxhaven 1994.

Soll, Ivan: Schopenhauer on the Inevitability of Unhappiness. In: Vandenabeele 2012, 300–313.

Tugendhat, Ernst: *Vorlesungen über Ethik.* Frankfurt a. M. 1993.

Vandenabeele, Bart (Hg.): *A Companion to Schopenhauer.* Oxford 2012.

Wolf, Ursula: *Das Tier in der Moral.* Frankfurt a. M. 1990.

Oliver Hallich

6.7 »Kritik der Kantischen Philosophie«

Schopenhauer schließt sein Hauptwerk *Die Welt als Wille und Vorstellung* (= WWV) mit einem Anhang ab, der »Kritik der Kantischen Philosophie«, den er bereits in der »Vorrede« zur ersten Auflage der WWV von 1818 ankündigt. Dort werden von dem jungen selbstbewussten Autor drei Forderungen an die Leser erörtert: erstens, das vorliegende Werk zwei Mal zu lesen, zweitens, die Dissertation *Ueber die vierfache Wurzel des Satzes vom zureichenden Grunde* und drittens, Kants Hauptschriften gründlich studiert zu haben. Dass Schopenhauer der Auseinandersetzung mit der kantischen Philosophie im Anschluss an die Präsentation des eigenen philosophischen Systems ein in sich beschlossenes Schriftstück von mehr als 100 Seiten widmet, begründet er in der »Vorrede« damit, »nicht [die] eigene Darstellung durch häufige Polemik gegen Kant zu unterbrechen und zu verwirren« (W I, XII). Insofern von Schopenhauer zum Verständnis seiner eigenen Philosophie die intensive Auseinandersetzung mit der kantischen vorausgesetzt wird, aber auch deren »bedeutende Fehler« (W I, XI) berücksichtigt werden müssen, wird die Lektüre des Anhangs sogar vor derjenigen der *Welt als Wille und Vorstellung* nahegelegt. Diese Vorgehensweise lässt keinen Zweifel daran, dass Kants Philosophie Schopenhauer entscheidend geprägt hat (s. auch Kap. 17) – ob sein eigenes Denken nun von ihr aus- oder über sie hinausgeht, auf ihr aufbaut oder sie widerlegt.

In den ersten einleitenden Bemerkungen des Anhangs behauptet Schopenhauer, »unmittelbar an ihn [Kant] anknüpfen« zu müssen, weil die »wirkliche und ernstliche Philosophie noch da steht, wo Kant sie gelassen hat« (vgl. W I, 493), es seither also keine ernstzunehmende Entwicklung des Denkens gegeben habe. Die Tatsache, dass der junge Denker sich selbst als *den* Philosophen betrachtet, der den ›großen‹ Kant zu Ende denkt – ungeachtet des vergleichbaren Anspruchs der berühmten Kollegen des deutschen Idealismus, Fichte und Hegel –, bildet den Hintergrund dieses ungewöhnlichen Rahmens seines Hauptwerkes. Allein dadurch werden die in allen Schriften aufzufindenden Lobpreisungen der Leistungen Kants relativiert, auch wenn die »Kritik der Kantischen Philosophie« noch vom »größten Verdienst« (W I, 494) im Bereich der Erkenntnistheorie ausgeht. Der größte Teil der Schopenhauerschen »Kritik« bezieht sich infolgedessen auf Kants *Kritik der reinen Vernunft*, in der zwar bahnbrechende Einsichten vorgelegt worden seien, diese aber entscheidender Korrekturen bedürften. Richtigstellungen und kritische Kommentare bezogen auf die beiden weiteren Kritiken Kants, die der praktischen Vernunft und der Urteilskraft, nehmen nur ein knappes Fünftel des Anhangs ein. Schopenhauers detaillierte kritisch-polemische Auseinandersetzung mit Kants Ethik findet erst in der moralphilosophischen Schrift »Preisschrift über die Grundlage der Moral« statt (s. Kap. 8.2).

Auf wenigen Seiten zu Beginn erörtert Schopenhauer Kants Verdienste, beginnend mit dem größten, der erkenntnistheoretischen Einsicht, dass die Erscheinung vom Ding an sich zu unterscheiden ist (vgl. W I, 494), und schließend mit der Konsequenz dieser Unterscheidung für die praktische Philosophie, die »ethische Bedeutsamkeit der Handlungen« von der Erscheinung und der naturgesetzlichen Kausalität zu trennen (vgl. W I, 503). Es wird sich im weiteren Verlauf des Anhangs zeigen, dass sich nahezu alle Kritikpunkte auf – aus Schopenhauers Sicht – falsche Folgerungen Kants aus dieser grundlegenden transzendentalphilosophischen Einsicht zurückführen lassen. Der

Text selbst ist in nicht weiter gekennzeichnete, unbetitelte Abschnitte gegliedert, im Überblick ergibt sich folgende Struktur: Auf eine kurze Einleitung (W I, 491–494) folgt das Hervorheben der Verdienste Kants, der sich nach einer kurzen Überleitung zu den Fehlern die Kritik des Grundgedankens, bzw. der falschen Schlussfolgerungen daraus, nach systematischen Aspekten geordnet anschließt. Die Durchführung der Kritik erfolgt danach mit Bezugnahme auf die *Kritik der reinen Vernunft*, geordnet nach deren Schwerpunkten. Schopenhauer beginnt mit dem ihm zufolge gelungenen Teil, der Transzendentalen Ästhetik, kommentiert dann die Irrtümer der Analytik, sich konzentrierend auf die Kategorientafel und die Deduktion der reinen Verstandesbegriffe insgesamt; zusammen mit einem kleineren Absatz zur Beharrlichkeit der Substanz bildet dieser Abschnitt den Schwerpunkt des Anhangs. Es folgt ein systematischer Einschub zu den Formen des Denkens, wodurch Schopenhauer zu seiner Analyse der »Transzendentalen Dialektik« in der *Kritik der reinen Vernunft* überleitet. Er kritisiert in verhältnismäßig kurzen Abschnitten Kants unbedingten Vernunftbegriff, seine Ideenkonzeption, die Antinomien sowie das transzendentale Ideal und kommentiert kurz die kantische Widerlegung der spekulativen Theologie. Der Anhang wird beschlossen mit Schopenhauers kritischen Bemerkungen zum Begriff der praktischen Vernunft, wie ihn Kant in der *Kritik der praktischen Vernunft* entwickelt, zur Ethik, insbesondere der Rechtslehre, die Kant in der *Metaphysik der Sitten* vorstellt, und schließlich einem kurzen Kommentar zur *Kritik der Urteilskraft*. – Die folgende Darstellung einzelner Aspekte und Argumente der »Kritik der Kantischen Philosophie« orientiert sich an dieser Struktur.

Auf den ersten Seiten erläutert Schopenhauer die Absichten, die er mit dem Anhang verfolgt, der »eigentlich nur eine Rechtfertigung« der eigenen Lehre sei, insofern diese »in vielen Punkten« zu Kants Philosophie im Widerspruch steht (vgl. W I, 492). Um nicht undankbar oder gar bösartig zu erscheinen, schicke er der durchaus notwendigen, da ernsthafter und angestrengter Wahrheitssuche geschuldeten »Polemik gegen Kant« eine Würdigung der Verdienste des »Riesengeistes« (W I, 493) voraus.

Die »Unterscheidung der Erscheinung vom Dinge an sich« aufgrund der Unterscheidung der Erkenntnis *a priori* von derjenigen *a posteriori* wird zwar als »Kants größtes Verdienst« bezeichnet (W I, 494), zugleich aber auch relativiert als eine Bestätigung und Erweiterung von Erkenntnissen Lockes und Humes, auf die Kant zurückgreifen konnte. Doch neu und originell sei der Nachweis aus der Analyse der Erkenntnisvermögen selbst, dass aus den Gesetzen der Erfahrung das Dasein weder abgeleitet noch erklärt werden kann, dass diese Gesetze und die aus ihnen verstandene natürliche Welt vielmehr »als durch die Erkenntnißweise des Subjects bedingt« verstanden werden müssen (W I, 498). Damit ist das Fundament gelegt für die kritische, bzw. Transzendentalphilosophie, deren Untersuchung die dogmatischen Prinzipien der traditionellen Philosophie, d. h. die *veritates aeternas*, als Ausdruck subjektiver Formen des Erkennens entlarvt und über diese hinausführt: Das, was wir für die objektive Welt halten, erkennen wir, bedingt durch die apriorischen Formen unseres Verstandes, nur wie sie uns erscheint, nicht wie sie an sich ist. Soweit das »größte Verdienst«.

Auch wenn Kant, so Schopenhauer weiter, nicht zur Erkenntnis gelangt sei, »daß die Erscheinung die Welt als Vorstellung und das Ding an sich der Wille sei« (W I, 499), habe er die Moralität des Menschen als von der erscheinungshaften Welt zu trennen dargestellt, »als etwas, welches das Ding an sich unmittelbar berühre« (W I, 500). Das wird als zweiter Aspekt der verdienstvollen Einsicht gewürdigt. Der dritte besteht nach Schopenhauer darin, durch den Verzicht auf »ewige Wahrheiten« der spekulativen Theologie und der rationalen Psychologie jegliche Grundlage entzogen zu haben; Kants Lehre der Unterscheidung von Erscheinung und Ding an sich habe einem in der Philosophie verbreiteten, jahrhundertelang wirksamen wahnhaften und falschen Realismus erfolgreich eine »idealistische Grundansicht« entgegengesetzt, der zufolge die Dogmen der traditionellen Metaphysik als unhaltbar und unbeweisbar anzusehen sind. Das impliziert auch die Entwertung metaphysischer Begriffe, die im Rahmen der Ethik verwendet wurden (insbesondere den der Vollkommenheit), als »Gerede« und »gedankenleere Worte« (W I, 503). Ebenso wenig wie die Gesetze der Erscheinungswelt zu metaphysischen Wahrheiten erhoben werden können, darf die Bedeutung moralischen Handelns nach Maßgabe der Erscheinung und ihrer Gesetze beurteilt werden. Damit erneut auf das zweite Verdienst Bezug nehmend schließt Schopenhauer seine Darstellung der positiven Aspekte der kantischen Transzendentalphilosophie ab – um sich mit der ihm eigenen Polemik ihren Mängeln und Fehlern zuzuwenden. Diese lassen sich in formaler Hinsicht kurz zusammenfassen: Da Kant kein vollständiges System entwickelt habe, musste seine Philosophie »negativ und einseitig« bleiben und »die größte Revolution in der Philosophie« letztlich scheitern, was die Philosophiegeschichte deutlich belege (W I, 505 f.).

Inhaltlich besteht der grundlegende Fehler Kants darin, die Metaphysik, die das Wesen der Welt erkennen und verständlich machen will, kategorisch von der Erfahrung, d. h. der Weise unseres Zugangs zur Welt, zu trennen. Schopenhauer folgert, dass die Erkenntnis der Welt und des Daseins aus etwas von diesen Verschiedenem hervorgehen muss, wenn sie nicht aus empirischen Quellen stammt; ein derart gewonnenes Selbst- und Weltverständnis ist damit nicht unmittelbar und gewiss, sondern mittelbar und aus abgeleiteten Begriffen erschlossen. Schopenhauer zufolge ist gerade »die innere und äußere Erfahrung«, die Kant aus der Metaphysik ausschließt, die »Hauptquelle aller Erkenntniß« (W I, 507). Eine »Lösung des Räthsels der Welt« ist daher nicht von einer Metaphysik zu erwarten, die mit Erkenntnis a priori gleichgesetzt wird, sondern es bedarf vielmehr einer Philosophie, die erklären kann, wie äußere und innere Erfahrung verknüpft sind, d. h. wie aus der formalen Struktur unseres Erkenntnisapparates und dem der äußeren Erfahrung zugänglichen ›Material‹ das ›richtige‹ Verständnis der Welt erlangt werden kann. Was Schopenhauer fordert, ist eine neue Auffassung von ›Metaphysik‹ als erfahrungsbasierter philosophischer Weltdeutung. Diesem Anspruch kann Kants Konzeption der Metaphysik als ›reine‹, rationale Philosophie, die *per definitionem* erfahrungsunabhängig sein muss, nicht genügen. Es scheint für Schopenhauer nicht nachvollziehbar, wieso Kant trotz der Unterscheidung von Wesentlichem und Erscheinungshaftem, Ding an sich und Erscheinung, übersieht, dass der Zugang zum innersten Wesen des Daseins nur über die (nicht *über der*) Welt, die wir wahrnehmen, nicht jenseits der Erfahrung zu suchen ist.

Daraus ergeben sich für die Vorgehensweise ebenso wie für die daraus folgende Argumentationsstruktur notwendige Konsequenzen, die Kant ignoriere: Die Fragen nach der Eigenart von Anschauung und Reflexion, nach den Funktionen von Verstand und Vernunft wurden nicht gestellt, die Untersuchung und Abgrenzung von intuitiver und abstrakter Erkenntnis nicht vorgenommen. Stattdessen, so Schopenhauers Deutung, folgt Kant zum Teil unbesonnen – man möchte sagen: unbewusst – seiner Vorliebe zur Symmetrie, eine »ganz individuelle Eigenthümlichkeit des Geistes Kant« (W I, 509). Einem formalen Ordnungsstreben ist die Urteilstafel, die »logische Grundlage seiner ganzen Philosophie«, geschuldet, von ihr werden 4 × 3 Kategorien abgeleitet. Die Symmetrie dieser Tafel wiederholt sich auf verschiedenen Ebenen: Die Tätigkeit des Verstandes, seine Begriffe (die ihn strukturierenden apriorischen Kategorien) auf die Sinnlichkeit anzuwenden, soll die Erfahrung und deren Grundsätze a priori erklären. Die Tätigkeit der Vernunft, ihre Schlüsse auf die Verstandesbegriffe anzuwenden, bringt Vernunftbegriffe oder Ideen hervor, den drei Modi des relationalen Schließens entsprechen die drei transzendentalen (traditionell metaphysischen) Ideen Seele, Welt und Gott. Gemäß den vier Titeln der Kategorien lassen sich vier Thesen über die Welt und die jeweiligen Antithesen aufstellen.

Die polemisch vorgestellten Ableitungen beruhen auf Kants Konzeption von Verstand und Vernunft – Schopenhauer fasst zusammen: Beide sind Denk- und Urteilsvermögen. Ist der Grund des Urteils empirisch, transzendental oder metalogisch, ist es vom Verstand hervorgebracht; ein rein logisches Urteil – so die Definition des Schlusses – ist Sache der Vernunft. Der Verstand verfährt nach Regeln, die Vernunft nach Prinzipien. All diese Bestimmungen, die durch zahlreiche Zitate aus der *Kritik der reinen Vernunft* belegt werden, hält Schopenhauer für irreführend, die Sache verdunkelnd, ja, willkürlich; denn ihre Bedeutung ist rein begrifflich, besteht in Worten und Wortverbindungen. Darüber, »wie [...] die empirische Anschauung ins Bewußtseyn kommt« (W I, 511), wird nichts ausgesagt.

Die Hauptabschnitte der Schopenhauerschen »Kritik an der Kantischen Philosophie« sind daher der »Transscendentalen Ästhetik« und der »Transscendentalen Analytik« gewidmet, wobei die Lehre von den apriorischen Anschauungsformen gewürdigt wird, auch wenn die Ableitung des Dinges an sich nach Schopenhauer fehlerhaft ist. Die Analytik der Verstandesbegriffe sowie ihre Deduktion, die Kategorienlehre, finden vor ihm keine Gnade. Seinem eigenen philosophischen Anspruch nach müssten die Wahrnehmungslehre und die Begriffsanalytik verbunden werden, und wie im ersten Buch der WWV dargelegt, ist die Kausalitätskategorie (als die einzig sachlich begründete) in die Lehre von den reinen Anschauungsformen Zeit und Raum zu integrieren, um das Entstehen der materialen empirischen Anschauung zu erklären. Dass Kant die Genese der Wahrnehmung, das heißt die Verbindung von äußerer und innerer Erfahrung, gar nicht thematisiert, sondern mit der Aussage übergeht, der empirische Inhalt der Anschauung sei »gegeben«, wird wiederholt moniert. So ist für Schopenhauer schon die Trennung einer Wahrnehmungslehre, wie sie in der »Transzendentalen Ästhetik« dargelegt wird, von einer Begriffslehre wie die der »Transzendentalen Analytik« ein fataler Irrtum – ist es doch die Kausalitätserkenntnis des Verstandes, die eine Erklärung der Entstehung von Wahrnehmung bzw. Erfahrung im Ausgang vom unmittelbaren Bewusstsein einer Gegenstandswelt ermöglichen soll.

Der Schwerpunkt der Kritik, die Schopenhauer an der Transzendentalen Ästhetik übt, setzt genau dort an: Es ist Kant vorzuwerfen, dass er die Intellektualität der Anschauung leugnet. Bereits in der Anschauung – und nicht durch etwas zu ihr hinzu Gedachtes – sind die Gegenstände gegeben, die Kant dem Denken zuschreibt (vgl. W I, 524 f.). Kants Aussage wird zitiert, dass etwas »wenn gleich nicht angeschaut, dennoch als Gegenstand überhaupt gedacht« (KrV, B 125) werden könne; für Schopenhauer zeigt sich in der Annahme eines solchen »absoluten Objekts«, das durch den denkenden Verstand erst konstituiert wird und durch die Hinzufügung der apriorischen, begrifflichen Kategorien die objektive Welt bedingt, »ein altes, eingewurzeltes, aller Untersuchung abgestorbenes Vorurtheil in Kant« (WI, 524).

Die empirische Realität oder Erfahrung entsteht nach Schopenhauer dadurch, dass die Verstandeserkenntnis von Ursache-Wirkungsverhältnissen, also von Kausalität, schon auf die Sinnesempfindung angewendet wird. Daraus ergibt sich auch die richtige Beweisführung der (von Kant richtig erkannten, aber falsch bewiesenen) Apriorität des Kausalitätsgesetzes, nämlich »aus der Möglichkeit der objektiven empirischen Anschauung selbst« (W I, 527). Durch seine Funktion der Kausalitätserkenntnis macht der Verstand aus dumpfen Empfindungen für uns verständliche oder begreifbare Anschauung und konstituiert die Wirklichkeit, nicht indem er unter Anwendung von 12 Kategorien die »in der Anschauung gegebenen« Dinge denkt, wodurch sie uns zu »Erfahrung« werden. Der Gegenstand der Kategorien, *in concreto* das angeschaute Einzelding, wird *in abstracto* als »absolutes Objekt« oder »Objekt an sich« (nicht gleichzusetzen mit dem Ding an sich) vorgestellt, das nicht Anschauung, also nicht in Zeit und Raum, aber auch kein Begriff ist. Statt der begründeten Unterscheidung der Vorstellung – anschaulich oder abstrakt – vom Ding an sich, werde, so Schopenhauers Vorwurf, von Kant unberechtigterweise ein Drittes eingeschoben, und Vorstellung, Gegenstand der Vorstellung und Ding an sich unterschieden. Der Grund dafür liegt nicht in der Sache, sondern in der – im Wortsinne gegenstandslosen und ebenfalls sachlich unbegründeten – Kategorienlehre: Schemata der reinen Verstandesbegriffe haben keinen Zweck; als reine (formale, also inhaltslose) Verstandesbegriffe können sie die eigentliche Funktion von Schemata nicht erfüllen, den materialen Inhalt von Begriffen denkend zu strukturieren, wozu sie von der empirischen Anschauung abstrahiert werden müssten.

Insofern Kant die völlige Unabhängigkeit der Kategorien von erfahrbaren Objekten fordert, ist aus Schopenhauers Perspektive grundsätzlich nicht nachvollziehbar, dass die Annahme von derartigen Schemata – die etwas anderes sein sollen als »Repräsentanten unserer wirklichen Begriffe durch die Phantasie« (W I, 534) – irgendeinen Nutzen für die Erfahrungserkenntnis haben könnte. In folgendem Satz, dessen Anfang berühmt ist und oft zitiert wird, fasst Schopenhauer als Konsequenz seiner Kritik an Kant den eigenen Standpunkt zusammen:

> »Ich verlange demnach, daß wir von den Kategorien elf zum Fenster hinauswerfen und allein die Kausalität behalten, jedoch einsehn, daß ihre Thätigkeit schon die Bedingung der empirschen Anschauung ist, welche sonach nicht bloß sensual, sondern intellektual ist, und daß der so angeschaute Gegenstand, das Objekt der Erfahrung, Eins sei mit der Vorstellung, von welcher nur noch das Ding an sich zu unterscheiden ist« (W I, 531).

Die grundsätzliche Ablehnung der kantischen Wahrnehmungstheorie wird ausgedehnt zu einer umfassenden Fehleranalyse, die die gesamte Erkenntnistheorie betrifft: Schopenhauer sieht als Quelle zahlreicher Widersprüche der Transzendentalen Logik eine unzulässige »Vermischung« der Erkenntnisarten, nämlich der anschaulichen und der abstrakten, oder anders ausgedrückt, eine mangelnde Differenzierung der Vermögen und Funktionen von Verstand und Vernunft, was entsprechend falsche Ableitungen und die Verdunkelung von einfachen philosophischen Sachverhalten nach sich zieht. Vorgeführt wird das z. B. an der »synthetischen Einheit der Apperception«, die sich in dem kantischen Diktum »Das ›Ich denke‹ muß alle meine Vorstellungen begleiten können« ausdrückt, und eine irreführende Identität von Vorstellen und Denken, Anschauung und Begriff nahelege. Die kategoriale Bestimmung von Urteilen durch Quantität, Qualität, Relation und Modalität lehnt Schopenhauer mit detaillierten Argumenten als überflüssig und grundlos ab: All diese »Kategorien« lägen in der Natur der abstrakten Begriffe, und die vorgenommenen Differenzierungen der Begriffs- und Urteilseigenschaften seien nur im Rückgriff auf die intuitive Erkenntnis möglich, nicht aber umgekehrt ein Begreifen der Erfahrung von der abstrakten Erkenntnis aus, wie Kant glaubte vorgehen zu müssen. Die angeblichen Verstandesbegriffe beschreiben entweder als »Qualität« das völlige Getrenntsein der Begriffssphären durch Bejahung und Verneinung oder das partielle Getrenntsein und Ineinandergreifen der Begriffssphären als »Quantität«. Und die Formen der Urteile, die Kant unter der Kategorie der Modalität anführt – wie die problematische, assertorische oder apodiktische Urteilsform – seien zweifelsohne von den jeweiligen Begriffen des Möglichen, Wirklichen und Notwendigen hervorgebracht; in keinem der genannten Fälle handle es sich aber um apriorische Erkenntnisformen des *Verstandes*, sondern um Beschaffenheiten von Begriffen, der »Hauptform« aller reflexiven, abstrakten Erkenntnis der *Vernunft*. Besonderen Wert legt Schopenhauer auf die kritische Analyse der Relationskategorie, unter der drei völlig heterogene Bestimmungen von Urteilen zusammengefasst worden seien, die aber nichts anderes als »metalogische Principien« oder Denkgesetze zum Ausdruck brächten – das kategorische Urteil die Sätze der Identität und des Widerspruchs, das disjunktive den Satz des Ausgeschlossenen Dritten und das hypothetische die »allgemeinste Form aller unserer Erkenntnisse«, den Satz vom Grund selbst. Schopenhauer verweist in diesem Kontext darauf, dass seine Dissertation »als eine gründliche Erörterung der Bedeutung der hypothetischen Urtheilsform anzusehn« sei (W I, 542).

Schopenhauers Auseinandersetzung mit den von Kant als Kategorien des Verstandes falsch verstandenen und zu einer Tafel systematisierten Aspekten einer rationalen Metalogik oder Abstraktionstheorie nimmt in der »Kritik der Kantischen Philosophie« eine zentrale Stelle ein: Es liegt nun nämlich auf der Hand, dass die »grundlose« Kategorientafel nicht auch noch auf die Naturwissenschaft und deren Grundsätze hätte angewendet, oder gar deren Erkenntnisstruktur auf die dialektisch verfahrende Vernunft hätte übertragen werden dürfen. Kants bereits für Verfahrensfehler verantwortlich gemachte Liebe zur Symmetrie lässt ihn – so Schopenhauer – undifferenziert alle Dinge, ob physische oder moralische, durch die Brille der Kategorientafel sehen. Das führt nicht nur in der theoretischen, sondern auch in der praktischen Philosophie bis hin zur Theorie des Geschmacksurteils in der *Kritik der Urteilskraft* zu falschen Ergebnissen als Konsequenz aus der falschen Grundannahme, dass aus abstrakten Verstandesbegriffen und abgeleiteten Denkgesetzen unmittelbare Wirklichkeitserkenntnis gewonnen werden kann.

Ein weiterer Ausdruck des kantischen Irrtums ist die in der »Transzendentalen Dialektik« der *Kritik der reinen Vernunft* dargestellte Suche nach dem Unbedingten, das dem »Vernunftprincip« folgend in synthetischen Sätzen *a priori* erfassbar sein soll: Schopenhauer bestreitet als »Unding«, dass die Vernunft in der Lage sein soll, erkenntniserweiternde Aussagen über etwas zu machen, das nicht erfahrbar ist. So wird aus der transzendentalphilosophischen Reflexion über die Vollständigkeit aller Bedingungen die Idee des Unbedingten, die Idee Gottes, erklärt, aus der Totalität der Erscheinungen die Idee der Welt mit den ihr eigenen Antinomien und aus der falschen Forderung nach einem unbedingten Substanzbegriff die Idee der Seele. Die kantische Vernunftkritik endet also wieder bei den traditionellen metaphysischen Disziplinen, der Theologie, Kosmologie – und der (rationalen) Psychologie, und ihren Gegenständen Gott, Welt und Ich oder Seele, die zudem noch als »Ideen« bezeichnet werden, verstanden als Produkte der Vernunft, die als solche mit Schopenhauers Ideenbegriff, dem von Platon entlehnten ›Original‹, völlig unvereinbar sind. Schopenhauer würdigt zwar in diesem Zusammenhang, dass Kant die rationale Psychologie auf einen Fehlschluss (»Paralogismus«) der Vernunft zurückführt und damit widerlegt, nimmt aber gerade diesen Abschnitt auch zum Anlass, zum wiederholten Mal auf den Qualitätsverlust in der zweiten Auflage der *Kritik der reinen Vernunft* von 1787 im Vergleich zur ersten von 1781 hinzuweisen (s. auch Kap. 17).

Den Abschluss der auf die *Kritik der reinen Vernunft* bezogenen Kommentare bildet die Problematik des Freiheitsbegriffes, dessen Ursprung Schopenhauer im Willen und dessen unmittelbarer Präsenz im menschlichen Bewusstsein sieht; Kant dagegen habe auch die Freiheit unnötigerweise zunächst als Idee der spekulativen, dann der praktischen Vernunft erschlossen, vergeblich zu beweisen versucht und letztlich als notwendige Bedingung der Moralität gesetzt.

Bei aller Dankbarkeit für die Einsichten in die Unterscheidung von Ding an sich und Erscheinung sowie die Apriorität des Kausalitätsgesetzes – den Schwerpunkt der Schopenhauerschen Kritik bilden ungnädige Analysen von Kants Fehlern in Ableitungen und Beweisführung, die falschen Voraussetzungen und Prämissen geschuldet sind: »Er setzt nicht, wie es die Wahrheit verlangte, einfach und schlechthin das Objekt als bedingt durch das Subjekt, und umgekehrt; sondern nur die Art und Weise der Erscheinung des

Objekts als bedingt durch die Erkenntnißformen des Subjekts [...]« (W I, 596). Statt die unmittelbar erkannte, in Zeit und Raum kausal geordnete Materie als wahr und wirklich zu akzeptieren, und den Willen als das unmittelbar dem menschlichen Bewusstsein bekannte Ding an sich auszumachen, entwickelt Kant wirklichkeitsfremde abstrakte Begriffssysteme, seien es die Kategorien des Verstandes, die Ideen der Vernunft oder deren praktische Postulate und kategorisches Moralgesetz – und verstellt sich den Weg in eine neue, erfahrungsbasierte Philosophie, die das Welträtsel zu lösen im Stande ist.

In diesem Sinne wurde Schopenhauers Kant-Kritik Ende des 19., Anfang des 20. Jahrhunderts auch rezipiert und ins eigene Denken integriert – von Geisteswissenschaftlern, die die Auseinandersetzung mit Kant zur Entwicklung und Ausbildung einer eigenen Position suchten, und die von der Philosophie, vergleichbar mit Schopenhauer, einen deutlichen Welt- und Lebensbezug erwarteten, oder ihr sogar soziologische oder politische Funktionen zusprachen. Der bekannteste von Schopenhauer inspirierte Kant-Kritiker ist sicher Friedrich Nietzsche (s. Kap. 30). Aber auch der Neukantianer Hermann Cohen ist hier zu nennen, der mit dem Ziel der »Neubegründung des kritischen Idealismus« u. a. über *Kants Theorie der Erfahrung* (1871) arbeitet, in der er Schopenhauers Kritik folgend eine veritable Wahrnehmungstheorie vermisst; oder etwa Cohens jüngerer Zeitgenosse Georg Simmel, der 1881 mit *Über das Wesen der Materie nach Kants Physischer Monadologie* promoviert, sein philosophisches Schaffen 1907 aber mit *Schopenhauer und Nietzsche* abschließt, bevor er sich der Soziologie zuwendet (s. Kap. 32). Ebenso widmet sich Salomo Friedlaender Schopenhauers Analysen, was seine Dissertation von 1902 belegt: *Versuch einer Kritik der Stellung Schopenhauers zu den erkenntnistheoretischen Grundlagen der »Kritik der reinen Vernunft«*. Er befasst sich als Philosoph und literarischer Schriftsteller immer wieder mit den konfligierenden Positionen Schopenhauers, Kants und Nietzsches. Bis heute ist Schopenhauers »Kritik der Kantischen Philosophie« ein Schlüsseltext der kritischen Kant-Rezeption, der nicht nur in unnachahmlicher Weise die Schwächen der transzendentalphilosophischen Erkenntnistheorie und die spezifische Manier kantischen Argumentierens darstellt, sondern einen ganz besonderen Zugang zum System der WWV anbietet, den jeder Schopenhauer-Leser nutzen sollte.

Literatur

Bäschlin, Daniel Lukas: *Schopenhauers Einwand gegen Kants Transzendentale Deduktion der Kategorien* (= *Zeitschrift für philosophische Forschung*, Beiheft 19). Meisenheim 1968 (Diss. Bern 1967).

Baum, Günther: Ding an sich und Erscheinung. Einige Bemerkungen zu Schopenhauers Kritik der Kantischen Philosophie. In: Wolfgang Schirmacher (Hg.): *Zeit der Ernte. Festschrift für Arthur Hübscher*. Stuttgart-Bad Cannstatt 1982, 201–211.

Bozickovic, Vojislav: Schopenhauer and Kant on Objectivity. In: *International Studies in Philosophy* 28 (1996), 35–42.

Dotzer, Wilhelm Josep: *Über Schopenhauers Kritik der Kant'schen Analytik*. Diss. Erlangen 1891.

Fleischer, Margot: *Schopenhauer als Kritiker der Kantischen Ethik*. Würzburg 2003.

Friedlaender, Salomo: *Versuch einer Kritik der Stellung Schopenhauer's zu den erkenntnistheoretischen Grundlagen der »Kritik der reinen Vernunft«*. Diss. Jena 1902.

Königshausen, Johann-Heinrich: Schopenhauers »Kritik der Kantischen Philosophie«. In: *Perspektiven der Philosophie* 3 (1977) [erschienen 1978], 187–203.

Koßler, Matthias: »Ein kühner Unsinn« – Anschauung und Begriff in Schopenhauers Kant-Kritik. In: Stefano Bacin/Alfredo Ferrarin/Claudio La Rocca/Margit Ruffing (Hg.): *Kant und die Philosophie in weltbürgerlicher Absicht. Akten des XI. Internationalen Kant-Kongresses Pisa 2010*. Bd. 5. Boston/Berlin 2013, 569–578.

Nussbaum, Charles: Schopenhauer's Rejection of Kant's Analysis of Cause and Effect. In: *Auslegung* 11 (1985), 33–44.

Philonenko, Alexis: Schopenhauer critique de Kant. In: *Revue International de Philosophie* 42 (1988), 37–70.

Philonenko, Alexis: *Schopenhauer critique de Kant*. Paris 2005.

Richter, Raoul: *Schopenhauer's Verhältnis zu Kant in seinen Grundzügen*. Leipzig 1893.

Ruffing, Margit: »Muss ich wissen wollen?« – Schopenhauers Kant-Kritik. In: Norbert Fischer (Hg.): *Kants Metaphysik und Religionsphilosophie*. Hamburg 2004, 561–582.

Salaquarda, Jörg: Schopenhauers kritisches Gespräch mit Kant und die gegenwärtige Diskussion. In: *Schopenhauer-Jahrbuch* 56 (1975), 51–69.

Schweppenhäuser, Hermann: Schopenhauers Kritik der Kantischen Moralphilosophie. In: Ders.: *Tractanda. Beiträge zur kritischen Theorie der Kultur und Gesellschaft*. Frankfurt a. M. 1972, 22–33 (Nachdr. in: *Schopenhauer-Jahrbuch* 69 [1988], 409–416).

Tsanoff, Radoslev Andrea: *Schopenhauer's Criticism of Kant's Theory of Experience* (= *Cornell studies in philosophy*, Bd. 9). New York 1911.

Wartenberg, Mścisław: Der Begriff des »transscendentalen Gegenstandes« bei Kant – und Schopenhauers Kritik desselben (I). In: *Kant-Studien* 4 (1900), 202–231; (II) in: *Kant-Studien* 5 (1901), 145–176.

Weimer, Wolfgang: *Schopenhauer*. Darmstadt 1982.

Margit Ruffing

7 Ueber den Willen in der Natur

Die Entstehung der Schrift

Mit der 1836 erschienenen Schrift *Ueber den Willen in der Natur* bricht Schopenhauer, wie er in der 1835 geschriebenen Einleitung erläutert, sein 17-jähriges Schweigen. Seit der Veröffentlichung des Hauptwerks *Die Welt als Wille und Vorstellung* im Jahr 1818 hatte er vergeblich auf eine öffentliche Resonanz und Würdigung seiner Philosophie gewartet, und in der Hoffnung, bei einer anstehenden zweiten Auflage des Hauptwerks weitere Erläuterungen und Ergänzungen vornehmen zu können, hatte er jahrelang Material gesammelt. Als er sich im April 1835 bei seinem Verleger Brockhaus nach dem Verkauf seines Hauptwerks in den letzten Jahren erkundigte, erhielt er die desillusionierende Antwort, dass von einer Nachfrage überhaupt keine Rede mehr sein könne (vgl. GBr, 141, 523). Nachdem damit die Perspektive für eine zweite Auflage des Hauptwerks in unbestimmte Ferne gerückt war, entschloss er sich, den Teil des angesammelten Materials, der sich als Ergänzung seiner Metaphysik eignete, in einem eigenen Buch zu veröffentlichen. Da er offenbar nicht damit rechnete, dass Brockhaus Interesse an einer weiteren Publikation des bislang erfolglosen Autors haben würde, ließ Schopenhauer die Schrift bei dem Frankfurter Buchhändler Siegmund Schmelder erscheinen.

Die Intention der Schrift

Angesichts der weitgehend ausgebliebenen Rezeption seines Hauptwerks verfolgt Schopenhauer in der Schrift *Ueber den Willen in der Natur* das Ziel, den Zeitgenossen die Vorzüge seiner Philosophie zu demonstrieren. Dazu liefert er Erläuterungen und Ergänzungen seines metaphysischen Systems, wozu insbesondere Ausführungen zum Willensbegriff gehören. Den entscheidenden Vorzug sieht er jedoch in den Bestätigungen, die seine Metaphysik durch die empirischen Wissenschaften erhalten hat. Durch diese empirischen Bestätigungen soll sich seine metaphysische Position positiv von den metaphysischen Spekulationen Hegels und Schellings unterscheiden. Anstatt wie letztere in das Gebiet der Wissenschaften hineinzureden und dadurch die entschiedene Ablehnung der empirischen Forscher herauszufordern, will Schopenhauer nicht nur die Unabhängigkeit der Wissenschaften unangetastet lassen, sondern er will auch zeigen, dass die empirischen Wissenschaften sich seiner Metaphysik angenähert haben.

Empirisch-wissenschaftliche Bestätigungen glaubt Schopenhauer in erster Linie für die metaphysische Grundthese vom Willen als Ding an sich liefern zu können. Die Zeugnisse unabhängiger empirischer Forscher betrachtet er als den denkbar größten Beweis, den ein philosophisches System überhaupt erfahren kann. Diese Bestätigungen werden von ihm in verschiedener Weise umschrieben. Metaphorisch spricht er von dem »Berührungspunkt zwischen Physik und Metaphysik« (N, 5), dem beide sich unabhängig voneinander annähern – ähnlich wie zwei Bergleute, die von verschiedenen Seiten Stollen in einen Berg graben und sich schließlich treffen (vgl. N, 2, 5). Eine mehr wissenschaftstheoretische Auslegung liefert er, wenn er die Naturkräfte als den Grenzpunkt zwischen Metaphysik und Naturwissenschaft herausstellt. Alle empirischen Wissenschaften gelangen demnach bei der Erforschung der Welt zuletzt zu bestimmten Naturkräften, die sie in ihren Erklärungen verwenden, aber selbst nicht mehr weiter erklären können. Diese ursprünglichen Naturkräfte sind daher, eben weil sie wissenschaftlich unerklärbar sind, das Thema der Metaphysik (vgl. N, 4).

Vor dem Hintergrund dieser Grenzbestimmung der Naturwissenschaften lassen sich zwei Aspekte der von Schopenhauer zusammengetragenen empirisch-wissenschaftlichen Bestätigungen seiner Metaphysik differenzieren. Einerseits versucht er zu zeigen, dass empirische Wissenschaften wie Biologie und Physik jeweils Naturkräfte voraussetzen, die der Metaphysik als Themen zugewiesen werden und von dieser als Wille gedeutet werden (müssen). Zu diesem Nachweis gehört auch, dass die von den Wissenschaften vorausgesetzten Naturkräfte Stufen der Natur bilden, die sich metaphysisch als verschiedene Objektivationen des Willens deuten lassen. Soweit liefern die Wissenschaften also Vorarbeiten für die Metaphysik. Andererseits will Schopenhauer aber auch zeigen, dass Wissenschaftler an den von ihnen erreichten Grenzen der Erkenntnis nicht immer stehenbleiben, sondern hin und wieder auch Blicke über diese Grenzen ins Reich der Metaphysik werfen, indem sie selber bereits die Naturkräfte als Willen interpretieren (vgl. N, 4). Es ist dieser zweite, engere Sinn von Bestätigung, auf den seine Ausführungen vor allem abzielen.

Die Art von Bestätigung, die Schopenhauer in den Naturwissenschaften für seine Metaphysik sucht, sollte mit Bestätigung im Sinne moderner Wissenschaftstheorie nicht verwechselt werden. Wenn Wissenschaftler von ›Bestätigungen‹ reden, dann geht es um Beobachtungen und Experimente, die eine (empirische) Theorie stützen, wobei freilich das Risiko besteht, dass andere Erfahrungen die Theorie auch erschüttern oder widerlegen können. Im Gegensatz dazu hält Schopenhauer jedoch eine empirische Korrektur seiner Metaphysik durch den weiteren wissenschaftlichen Fortschritt für ausgeschlossen (vgl. W I, 167; GBr, 378). Die Fortschritte der Naturwissenschaft führen nach seiner Ansicht lediglich dazu, dass die Naturkräfte als wissenschaftlich nicht erklärbare Grundprinzipien offengelegt und damit der Metaphysik zur weiteren Deutung überlassen werden. Diese Metaphysikkonzeption schließt allerdings aus, dass auch die Naturkräfte – im Zuge einer radikalen positivistischen Eliminierung aller metaphysischen Elemente – aus den Basisannahmen der Wissenschaften verschwinden könnten. Metaphysik als interpretatorische Ergänzung der Naturwissenschaften bleibt daher von den wissenschaftlich vorgegebenen Naturkräften zwar abhängig, doch hat sie, weil Schopenhauer die Naturkräfte gerade als wissenschaftlich irreduzibel betrachtet, einen partiell unabhängigen Status.

Aufbau und Themen der Schrift

Die Schrift besteht aus einer für die zweite Auflage von 1854 verfassten Vorrede, einer (die Intention des Buchs erklärenden) Einleitung, einer Schlussbemerkung sowie aus acht unterschiedlich umfangreichen Kapiteln, in denen Schopenhauer sich mit den empirischen Bestätigungen befasst, die seine Metaphysik in verschiedenen Bereichen erfahren hat. Die einzelnen Kapitel heißen: »Physiologie und Pathologie«, »Vergleichende Anatomie«, »Pflanzen-Physiologie«, »Physische Astronomie«, »Linguistik«, »Animalischer Magnetismus und Magie«, »Sinologie« und »Hinweisung auf die Ethik«.

Wie den Kapitelüberschriften zu entnehmen ist, befasst sich Schopenhauer nicht nur mit Bestätigungen seiner Metaphysik durch die Naturwissenschaften, sondern er geht auch auf Phänomene wie Sprache und Religion ein, um seine metaphysische Konzeption durch kulturelle Zeugnisse zu stützen. Daraus erklärt sich zum Teil der etwas heterogene Charakter dieser Schrift.

Als Erläuterung und Ergänzung seiner Metaphysik befasst sich die Schrift vor allem mit Themen, die bereits im zweiten Buch der *Welt als Wille und Vorstellung* behandelt werden. Thematisiert werden insbesondere die Naturkräfte als Grenze der Naturwissenschaft und die metaphysische Grundthese vom Willen als Ding an sich sowie die Ausdeutung dieser These in der Lehre von den Stufen der Natur. Wie im zweiten Buch des Hauptwerks befasst sich Schopenhauer ferner mit der Unterscheidung der drei Formen der Kausalität und mit der teleologischen Deutung der Natur.

Zu den metaphysischen Themen des zweiten Buchs, die in der Schrift nicht oder nur beiläufig vorkommen, gehören die Lehre von dem (auf der Selbstentzweiung des Willens beruhenden) Streit der Naturwesen und die Theorie der Leib-Seele-Identität. Ebenfalls keine besondere Rolle spielt die anthropologisch akzentuierte Lehre vom Primat des Willens und die Betonung der Macht der Sexualität, die im zweiten Band des Hauptwerks von 1844 eine zentrale Rolle erhalten. Auch metaphysische Themen mit ethischem oder religiösem Einschlag, die zum Themenkomplex des vierten Buchs gehören, wie das Problem der Willensfreiheit, die Fragen nach Tod und Unvergänglichkeit des Ich und die ganze Thematik von Leid und Erlösung, spielen so gut wie keine Rolle. Daher fehlt auch der pessimistische Grundton in dieser primär naturphilosophischen Schrift fast völlig.

Der unbewusste Wille in den vegetativen Lebensfunktionen

In dem Kapitel »Physiologie und Pathologie« (N, 9–33) sammelt und zitiert Schopenhauer Zeugnisse einiger, heute meist unbekannter zeitgenössischer Wissenschaftler, die einen unbewussten Willen als Urquelle der Lebensfunktionen annehmen (vgl. N, 9 ff., 29 ff.). Im Kontext dieser Zeugnisse liefert er auch Erläuterungen seines Willensbegriffs und seiner Willensmetaphysik.

Zunächst weist Schopenhauer daraufhin, dass Fortschritte der Physiologie im Verständnis der Lebensfunktionen lange Zeit durch den alten Begriff der Seele behindert wurden. Nach traditioneller Auffassung, die er noch in Kants Vernunft-Idee der Seele findet, ist die Seele die Instanz, die den Körper mittels des Willens beherrscht und steuert; Bewusstsein und Wille sind demnach untrennbar verknüpft. Gegen diese traditionelle Konzeption versucht Schopenhauer zu zeigen, dass die Seele nicht etwas Einfaches ist, sondern aus zwei heterogenen Bestandteilen besteht, nämlich aus Bewusstsein (Intellekt) und Wille. Durch die Trennung dieser beiden Komponenten wird es nach seiner Ansicht möglich, einen vom Bewusstsein unabhängigen Willen anzunehmen. Die Tätigkeit des Willens ist daher nicht auf die bewusst-absichtlich agierende Willkür des Menschen beschränkt. Diesen Begriff eines unbewussten Willens betrachtet Schopenhauer als eine große Errungenschaft seiner Metaphysik, ja er sieht darin geradezu eine begriffliche Revolution von eminenter metaphysischer und wissenschaftlicher Bedeutung. Denn einerseits setzt dieser Willensbegriff, wie er ausdrücklich betont, bereits seine ganze Philosophie voraus, und andererseits eröffnet er nach seiner Ansicht auch neue Perspektiven für die Wissenschaften (vgl. N, 21). Entgegen seiner programmatischen Idee, die darauf abzielt, Bestätigungen seiner Metaphysik durch die empirischen Wissenschaften aufzuzeigen, ist es hier also umgekehrt so, dass die Metaphysik durch eine begriffliche Neuerung den Wissenschaften bei der theoretischen Klärung ihrer empirischen Phänomene helfen soll.

Mit der Anerkennung eines unbewussten Willens erhält die Physiologie nach Schopenhauer die Möglichkeit, einen unbewusst agierenden Willen bei vegetativen Lebensfunktionen wie Herzschlag oder Verdauung anzunehmen (vgl. N, 19 ff., 24 f.). Im Lichte dieser Konzeption erläutert er seine Lehre von den drei Formen der Kausalität und betont, dass bei Ursache, Reiz und Motivation der Wille jeweils das eigentliche Agens ist, obgleich nur die Motivation mit Bewusstsein verbunden ist (vgl. N, 22 f.). Die Auffassung, dass auch unbewusst erfolgende Körperprozesse durch einen Willen erfolgen, versucht er durch verschiedene Argumente zu stützen. So beruft er sich auf bekannte Beispiele mentaler Beeinflussung vegetativer Körperfunktionen, wie etwa die Verengung oder Erweiterung der Pupillen oder das Herzklopfen bei Furcht oder Freude (vgl. N, 26 f., 28 f.).

Im Kontext dieser Ausführungen zum Willensbegriff nimmt Schopenhauer eine metaphysische Deutung des Intellekts vor, die eine ausgesprochen materialistische Tendenz aufweist. Unter Berufung auf den französischen Physiologen Pierre Jean Georges Cabanis (s. Kap. 23) entwickelt er hier erstmals die für sein späteres Werk charakteristische Auffassung vom Intellekt als »Gehirnfunktion«. Während der Wille das metaphysisch Ursprüngliche ist und als Ding an sich dem Organismus zugrunde liegt, ist der Intellekt Produkt oder Funktion des Organismus und hat damit sogar tertiären Charakter (vgl. N, 20). Schopenhauer beeilt sich jedoch hinzuzufügen, dass damit die idealistische Grundansicht von der »Welt als Vorstellung« keineswegs aufgehoben wird, weil die ganze objektiv-materielle Welt stets durch ein Subjekt bedingt bleibt. Der damit drohende zirkuläre Charakter seiner Konzeption (s. Kap. 6.3; 43) wird von ihm an dieser Stelle jedoch nicht weiter kommentiert (vgl. N, 20 f.).

In einer wissenschaftstheoretischen Bemerkung verdeutlicht Schopenhauer das Verhältnis von Physiologie, Psychologie und Metaphysik. Die Physiologie gelangt nur bis zur Annahme von Lebenskräften, die sie unerklärt stehen lassen muss. Doch bereits die (für die Alltagspsychologie charakteristische) Konzeption eines Willens, der den menschlichen Körper bewegt, liegt nach seiner Ansicht außerhalb des Kompetenzbereichs der Physiologie. Der Willensbegriff ist daher nicht das Ergebnis von wissenschaftlichen Experimenten, sondern von menschlicher Selbstbeobachtung (vgl. N, 28). Analog lassen sich nach seiner Ansicht auch die wissenschaftlich unerklärbaren Lebenskräfte metaphysisch nur verständlich machen, wenn man sie von innen versteht und auf den Willen zurückführt (vgl. N, 31).

Die Zweckmäßigkeit der organischen Natur

In dem Kapitel »Vergleichende Anatomie« (N, 34–58) befasst sich Schopenhauer mit dem Problem der Teleologie. Er führt zahlreiche Beispiele für das Phänomen der zweckmäßigen Organisation und Anpassung der Lebewesen an und betont besonders die zweckmäßige Abstimmung zwischen der Gestalt und den Organen eines Tieres und seiner Lebensweise. Ziel seiner Ausführungen ist es zu zeigen, dass seine metaphysische Auffassung der Zweckmäßigkeit der organischen Natur ebenfalls wissenschaftlich bestätigt worden ist (vgl. N, 34 f.).

Um den Weg zum richtigen Verständnis der Zweckmäßigkeit zu ebnen, geht Schopenhauer auch auf den physikotheologischen Gottesbeweis ein, der von der Zweckmäßigkeit der Natur auf Gott als ihren Urheber schließt (vgl. N, 37 f.). Schopenhauer stimmt zunächst zu, dass die Zweckmäßigkeit nicht zufällig und planlos entstanden sein kann, doch mit Berufung auf die Kritiken Humes und Kants bestreitet er, dass zur Erklärung der Zweckmäßigkeit ein bewusst-planender, übernatürlicher Geist angenommen werden muss. Dagegen stellt er die These, dass nicht ein Intellekt die Welt geschaffen hat, sondern dass umgekehrt die Natur Geist und Bewusstsein hervorgebracht hat. Geist ist daher ein untergeordnetes Prinzip und außerdem, wie er in einem Zusatz von 1854 sagt, ein »Produkt spätesten Ursprungs« (N, 39). Eine bewusstplanende Intelligenz kommt daher zur Erklärung der Zweckmäßigkeit der Natur nicht infrage. Wie er mit Verweis auf das instinktive Verhalten von Tieren, z. B. den Nestbau von Vögeln, zeigt, ist für die Entstehung zweckmäßiger Produkte eine intelligente Planung auch gar nicht erforderlich (vgl. N, 39).

Die geeignete wissenschaftliche Erklärung der Zweckmäßigkeit findet Schopenhauer in der Auffassung, dass die Gestalten und Organe von Tieren sich nach ihrer Lebensweise, d. h. nach ihren Neigungen und Begierden richten (vgl. N, 35, 40 ff., 45 ff.). Gemäß dieser Auffassung erfolgt nach einer Veränderung der Umwelt zuerst eine Veränderung der Lebensweise und der Bedürfnisse der Tiere, bevor infolge des veränderten Gebrauchs der Organe die Organe selbst sich verändern. Er bezieht sich auf Lamarck als Kronzeugen dieser Auffassung, ohne freilich dessen Lehre von der Vererbung individuell erworbener Eigenschaften zu erwähnen (vgl. N, 43). Als empirischen Beleg der Annahme, dass das Verhalten der Tiere stets der Veränderung ihrer Organe vorhergeht, verweist er unter anderem auf heranwachsende Tiere wie junge Stiere oder Böcke, die bereits ein (instinktives) Stoß-Verhalten zeigen, bevor die dafür notwendigen Hörner ausgebildet sind (vgl. N, 42).

In der auf Lamarck zurückgehenden wissenschaftlichen Erklärung der Zweckmäßigkeit sieht Schopenhauer eine Bestätigung seiner Metaphysik. Die Erklärung der Zweckmäßigkeit durch Neigungen und Begierden läuft nach seiner Ansicht auf die Annahme hinaus, dass ein Tier »so ist, weil es so will« (N, 35). Gestalt und Organe einer Tierspezies sind also Ausdruck oder Abbild ihrer Willensbestrebungen (vgl. N, 45). Die Zurückführung der Zweckmäßigkeit der Organisation von Lebewesen auf einen (unbewusst agierenden) Lebenswillen ist der erste, einleitende Teil von Schopenhauers metaphysischer Deutung. Eine weitergehende metaphysische Deutung nimmt er vor, wenn er die Zweckmäßigkeit der organischen Natur durch die (außer Raum und Zeit zu denkende) Einheit des Willens erklärt. Danach drückt sich der außerzeitliche Willensakt einer Tierspezies empirisch als Zweckmäßigkeit ihrer Organisation aus. Die Objektivierung des Willens bringt gleichsam als Erbe der metaphysischen Einheit die Zweckmäßigkeit der (organischen) Natur mit sich. Auf diese Weise erklärt sich nach seiner Ansicht die ausnahmslose Zweckmäßigkeit und Harmonie aller Organe. Diese strengere metaphysische Deutung schließt, wie er ausdrücklich betont, die Möglichkeit überflüssiger oder funktionslos gewordener Organe aus, womit er aus heutiger Sicht allerdings zu viel erklärt (vgl. N, 34, 40 f., 45, 54, 57 f.).

In Schopenhauers Ausführungen zum evolutionsbiologischen Thema der Zweckmäßigkeit stehen traditionelle und vorwärtsweisende Momente nebeneinander. Der traditionellen Ansicht von der Konstanz der Arten bleibt er verhaftet, wenn er Lamarcks Auffassung, dass sich die Gestalten und Organe der Tiere erst im Laufe der Zeit gebildet haben, nicht zuletzt mit dem transzendentalphilosophisch-metaphysischen Argument ablehnt, dass der die Organisation bestimmende Wille ein außerzeitlicher Akt ist (vgl. N, 44). An dieser Stelle zeigt sich, wie die metaphysische These von der Einheit des Willens die weitere Entfaltung des evolutionären Denkens bei Schopenhauer behindert. Ansätze evolutionären Denkens zeigen sich vor allem in den Zusätzen zur zweiten Auflage von 1854, und zwar z. B. in der (älteren) These vom Intellekt als Werkzeug des Willens (vgl. N, 48), sodann in den Erläuterungen der verschiedenen Ausprägungen der Intelligenz bei Tieren (vgl. N, 49 f.) und in der Hypothese, dass die gleiche Anzahl von Knochen bei Wirbeltieren durch ihre Abstammung von einem gemeinsamen Vorfahr (»Grundtypus«) erklärt werden kann (vgl. N, 54).

Der Wille in der Pflanzenwelt und die Stufen der Natur

Das Kapitel »Pflanzen-Physiologie« (N, 59–79) befasst sich mit Belegen für Willensäußerungen bei Pflanzen. Schopenhauer beruft sich vor allem auf französische Forscher wie Geoffroy Saint-Hilaire und Georges Cuvier, die das Wachstum und die Bewegungen von Pflanzen mithilfe von Begriffen wie »Empfindungen« und »Willen« beschreiben (vgl. N, 59 ff.). Schopenhauer gesteht jedoch zu, dass die diesbezüglichen Formulierungen der französischen Wissenschaftler häufig nicht mit der nötigen Klarheit erfolgt seien, wofür er deren empiristische Ausrichtung und Befangenheit im alten Willensbegriff verantwortlich macht. Nehme man dagegen eine klare Trennung der Begriffe von Bewusstsein und Willen vor, dann lässt sich nach seiner Ansicht klar formulieren, dass Pflanzen zwar Willensäußerungen zeigen, aber kein Bewusstsein haben. Da Pflanzen ohne Bewusstsein reagieren, handelt es sich bei der sogenannten »Wahrnehmung« von Pflanzen nur um einen metaphorischen Ausdruck oder um ein Analogon von Bewusstsein. Tatsächlich erfolgen die Bewegungen von Pflanzen als Reaktionen auf Reize, im Unterschied zu dem durch (bewusste) Motive erfolgenden Verhalten von Tieren (vgl. N, 56, 67 ff., 70). Seine Feststellung eines unbewussten Willens bei Pflanzen nimmt Schopenhauer zum Anlass, die Stellung des Bewusstseins in den Stufen der Natur insgesamt zu verdeutlichen. Er beschreibt die zunehmende Entfaltung des Bewusstseins, beginnend bei rudimentären Formen von

Bewusstsein bei niederen Tieren bis zu seiner höchsten Ausprägung im Menschen (vgl. N, 67 f., 74 ff.).

Im Kontext dieser Erläuterungen zur Stellung des Bewusstseins im Stufenbau der Natur reflektiert Schopenhauer auch den systematischen Status des Intellekts im Rahmen seiner Philosophie insgesamt (vgl. N, 70 ff.). Er betont, dass die Beschreibung des Intellekts als Teil (oder Produkt) der Natur auf einem empirisch- oder objektiv-realistischen Standpunkt erfolgt, im Unterschied zum transzendental- oder subjektiv-idealistischen Standpunkt Kants, von dem aus die Welt als Vorstellung thematisiert wird. Beide Standpunkte betrachtet er als einander ergänzend und vereinbar, und zwar vor allem deshalb, weil beide zu demselben Resultat führen, nämlich zur Begrenzung menschlicher Erkenntnis auf die Erscheinungswelt. Bei Kant folgt diese These aus den (im Subjekt angelegten) apriorischen Anteilen der Erkenntnis; die empirisch-physiologischen Betrachtungen führen dagegen zu derselben These, indem sie den Intellekt als ein Produkt der Natur nachweisen, das ursprünglich nur als Werkzeug des Lebenswillens entstanden ist und als ein auf praktische Zwecke angelegtes Werkzeug zur Erkenntnis des Wesens der Welt gar nicht fähig ist (vgl. N, 72 f.).

Der Wille in der anorganischen Natur und die drei Formen der Kausalität

In dem Kapitel »Physische Astronomie« (N, 80–94) geht es Schopenhauer um Belege für Willensäußerungen in der anorganischen Natur. Dabei betont er gleich zu Anfang, dass für diesen Teil am wenigsten mit wissenschaftlichen Zeugnissen zu rechnen gewesen sei. Umso mehr ist er erfreut, ein solches Zeugnis bei dem Astronomen John Herschel gefunden zu haben. Bei dem Versuch, die Naturkraft der Gravitation verständlich zu machen, habe Herschel sie als eine Art von Willen gedeutet (vgl. N, 81). Dieser Beleg bleibt freilich der einzige in diesem Kapitel.

Nach dem Verweis auf Herschel verteidigt Schopenhauer noch einmal seine metaphysische Grundthese, indem er betont, dass auch das »Streben« in der anorganischen Natur nur als Willensäußerung verstanden werden kann, ohne damit die feste Grenze zwischen belebter und unbelebter Natur auflösen zu wollen (vgl. N, 83 f.). Daran anschließend erläutert er seine Auffassung, dass Bewegungen nicht nur eine (äußere) Ursache haben, sondern zugleich durch einen (inneren) Willen erfolgen (vgl. N, 84 ff.). In den weiteren Ausführungen dieses Kapitels befasst er sich mit der für seine Metaphysik zentralen Auffassung der umgekehrten Proportionalität von Apriorität (Rationalität) und Realität. Danach sind die apriorischen Bestandteile der Erkenntnis zwar klar und verständlich, aber als (im Subjekt angelegte) apriorische Formen haben sie keine metaphysische Bedeutung für das Ding an sich; umgekehrt zeigt sich in den empirischen Bestandteilen der Erkenntnis zwar ein solcher metaphysischer Bezug zum Ding an sich, doch geht dies auf Kosten der Verständlichkeit (vgl. N, 87 ff.).

Auch die drei Formen der Kausalität analysiert Schopenhauer hier noch einmal unter dem Aspekt der Verständlichkeit. Die mechanische Kausalität ist am verständlichsten, da hier das Verhältnis von Ursache und Wirkung gleichartig und außerdem mathematisch exakt fassbar ist. Demgegenüber geht die Verständlichkeit bei den beiden anderen Formen der Kausalität (Reiz, Motiv) mehr und mehr verloren, weil hier Ursache und Wirkung immer heterogener werden und der Zusammenhang zwischen Reiz und Reaktion bzw. zwischen Motiv und Handlung zunehmend undurchsichtiger wird. Von außen gesehen erscheint das durch abstrakte Motive erfolgende menschliche Handeln geradezu als grundlos oder frei (vgl. N, 90). Doch während die Kausalität auf der Stufenleiter der Natur zunehmend unverständlicher wird, tritt der Wille im ›Innern der Natur‹ zunehmend deutlicher hervor, bis er im menschlichen Selbstbewusstsein als das wahre Agens am deutlichsten erfasst wird. Zum Schluss seiner Ausführungen erläutert Schopenhauer noch einmal seine Grundidee, dass in der richtigen Verknüpfung von äußerer und innerer Erfahrung der Schlüssel zum metaphysischen Verständnis der Natur liegt (vgl. N, 91 f.). Dieses Kapitel betrachtete Schopenhauer selbst als die gelungenste Darstellung seines metaphysischen Ansatzes (vgl. WII, 213).

Die magische Wirkung des Willens

In dem umfangreichen Kapitel »Animalischer Magnetismus und Magie« (N, 99–127) sucht Schopenhauer nach Bestätigungen seiner Metaphysik auf einem Gebiet, das heute zur Parapsychologie gerechnet wird. Er bezieht sich auf den von Franz Anton Mesmer im 18. Jahrhundert begründeten animalischen Magnetismus, wobei er, für den heutigen Leser etwas überraschend, die Kenntnis dieser Lehre weitgehend voraussetzt. Seine Ausführungen gehen davon aus, dass es sich dabei um eine Behandlungsmethode von Krankheiten handelt, die Mesmer anfangs durch Verwendung von Magneten und später durch Handauflegen und Suggestion praktizierte. Eine besondere Rolle in Schopenhauers Ausführungen spielen Fälle von Hypnose, wobei er in einem Zusatz von 1854 einen Fall aus eigener Erfahrung berichtet (vgl. N, 102). Dass es sich bei diesen Phänomenen im Wesentlichen um Tatsachen handelt, steht für ihn fest.

Im Zentrum von Schopenhauers weiteren Überlegungen steht die Frage, wie sich diese Phänomene erklären lassen und worauf insbesondere der (hypnotische) Einfluss eines »Magnetiseurs« auf andere Personen beruht. Er verweist auf frühere physische Erklärungen, zu denen er auch Mesmers Erklärung durch einen Weltäther zählt (vgl. N, 99). Er betrachtet solche Erklärungen als verfehlt, da äußerliche Hilfsmittel wie Magnete oder Hände, aber auch die Manipulation durch Worte nach seiner Ansicht für die jeweils erzielten Wirkungen ganz unwesentlich sind. Unter Berufung auf Selbstzeugnisse erfolgreicher Magnetiseure setzt er dagegen die These, dass das entscheidend Wirksame allein der Wille des Magnetiseurs ist (vgl. N, 109). Weil die verwendeten äußerlichen Hilfsmittel unwesentlich und verzichtbar sind, handelt es sich bei der magnetisierenden Wirkung, durch die z. B. eine Person in der Hypnose einer anderen Person ihren Willen aufzwingt, um einen unmittelbaren – den Raum zwischen beiden Individuen ohne materielle Hilfe überwindenden – Einfluss auf einen fremden Willen. Schopenhauer glaubt, dass magnetisierende (oder hypnotische) Wirkungen die gewöhnlichen Naturgesetze aufheben und spricht daher ausdrücklich von »übernatürlicher« und »magischer Wirkung«. In diesen Phänomenen handelt es sich nach seiner Ansicht um Fälle, wo der Wille seine natürliche Wirkungsform überspringt und unmittelbar als Ding an sich wirkt. Daher bezeichnet er den animalischen Magnetismus auch als »praktische Metaphysik« und sieht darin eine bedeutende empirische Bestätigung seiner Metaphysik (vgl. N, 104 f., 115).

Mit der Anerkennung magischer Wirkung distanziert Schopenhauer sich auch vorsichtig von der rein negativen Einstellung der Aufklärung zur Magie. Er gesteht zwar zu, dass das, was in der Geschichte als Magie gelehrt und praktiziert wurde, großenteils Aberglauben gewesen ist, aber er sieht darin eben nicht nur Aberglauben. Die mit der traditionellen Magie häufig verknüpften Vorstellungen von Göttern, Dämonen oder Teufeln betrachtet er allerdings als verfehlte metaphysische Ausdeutungen, die mit den magischen Wirkungen selbst nichts zu tun haben (vgl. N, 108 f., 113 ff.). In ausführlichen Nachweisen (N, 117–126) versucht er schließlich zu zeigen, dass es auch in Zeiten größten Aberglaubens tiefersehende Denker wie Paracelsus oder Jakob Böhme gab, die zur Einsicht in die magische Wirksamkeit des Willens gelangten und damit seine Metaphysik antizipierten.

Schopenhauers Auseinandersetzung mit okkulten Phänomenen, die er vor allem in den Kapiteln »Versuch über das Geistersehn und was damit zusammenhängt« (s. Kap. 9.5) und »Transscendente Spekulation über die anscheinende Absichtlichkeit im Schicksale des Einzelnen« (s. Kap. 9.4) im ersten Band der *Parerga und Paralipomena* fortgesetzt hat, zeichnen sich durch eine aufgeklärte Grundhaltung und ein wissenschaftliches Interesse aus. Dennoch macht sich in ihnen auch sein metaphysisches Interesse geltend, wenn er die okkulten Phänomene als Bestätigungen seiner Metaphysik zu verstehen versucht. Daher zeigt Schopenhauer neben seiner Aufgeschlossenheit für das Okkulte bisweilen auch eine gewisse Leichtgläubigkeit, wenn er Berichte über rätselhafte Phänomene wiedergibt.

Sprachliche und kulturelle Bestätigungen der Willensmetaphysik

In den restlichen, vergleichsweise kurzen Kapiteln befasst sich Schopenhauer mit kulturellen und geisteswissenschaftlichen Zeugnissen, die die Übereinstimmung seiner Lehre mit Sprache und Religion anderer Völker und Kulturen zeigen sollen. In dem Kapitel »Linguistik« (N, 95–98) weist er daraufhin, dass in fast allen Sprachen das Wirken in der unbelebten Natur als Wollen begriffen wird, worin er eine Bestätigung für seine Auffassung sieht, dass es gar keine andere Möglichkeit gibt, um die inneren Triebe und Bestrebungen der Natur zu verstehen. Das Kapitel »Sinologie« (N, 128–139) geht auf kulturwissenschaftliche Studien zu China ein, um zu zeigen, dass die Religionen des Taoismus, Konfuzianismus und Buddhismus in zentralen Punkten wie Idealismus, Pessimismus und (offenem oder latentem) Atheismus mit seiner Philosophie übereinstimmen. In dem Kapitel »Hinweis auf die Ethik« (N, 144–144) geht es ihm schließlich um den Nachweis, dass seine Metaphysik – in Übereinstimmung mit allen Religionen, aber im Gegensatz zum Materialismus – eine moralische Bedeutung des Lebens annimmt und daher auch und vor allem eine Stütze der Ethik ist. In dem Kapitel »Schluss« (N, 145–147) äußert Schopenhauer die Hoffnung, dass seiner Philosophie die Zukunft gehören wird, womit er eine Polemik gegen die Philosophieprofessoren verbindet, die er für das Verschweigen seiner Philosophie verantwortlich macht.

Die Vorrede der zweiten Auflage

Ein wichtiges Dokument für das Selbstverständnis des späten Schopenhauer ist die Vorrede zur zweiten Auflage der Schrift von 1854. Während er in der ersten Auflage den Zeitgenossen die Vorzüge seiner Philosophie demonstrieren will und dabei seine Hoffnung noch ganz auf die Zukunft setzt, stellt er nun mit Blick auf die beginnende Rezeption seines Werks voller Stolz fest: »man hat angefangen, mich zu lesen, – und wird nun nicht wieder aufhören« (N, XIII). Er beschreibt sich als den »Kaspar Hauser« der Philosophie, dem es nach jahrzehntelangem Verschwiegenwerden endlich gelungen sei, Gehör zu finden, und verbindet damit eine scharfe Polemik gegen die Philosophieprofessoren, denen er mangelnde Wahrheitsliebe und »Zeitdienerei« vorwirft, da sie aus persönlichen Interessen an ihrer akademischen Karriere ihre Lehren der jeweiligen Landesreligion anpassen und die Philosophie damit korrumpieren (vgl. N, 6 f., 16 ff.). Indem er den Vorrang der Wahrheit vor allen Interessen betont, bekennt er sich ganz als Aufklärer und bedauert, dass das Wort »Aufklärung« zu einem Schimpfwort geworden ist (vgl. N, 16).

Schopenhauer liefert auch eine passende Erklärung für die beginnende Wirkung seines Werks, indem er behauptet, dass seine Metaphysik geeignet sei, das Bedürfnis nach »ernstlicher Philosophie« zu befriedigen, das durch den wissenschaftlichen Fortschritt einerseits und den allgemeinen Glaubensverlust andererseits entstanden sei. Der neue Materialismus, den er wegen seines naiven Realismus und seiner (vermeintlichen) fragwürdigen moralischen Folgen direkt attackiert, ist dazu seiner Ansicht nach nicht in der Lage (vgl. N, IX ff.).

Den sachlichen Grund der Misere der zeitgenössischen deutschen Philosophie sieht Schopenhauer in der Vernachlässigung der Errungenschaften der Philosophie Kants, zu denen er insbesondere die Lehre des transzendentalen Idealismus rechnet. Der größte Teil der Vorrede ist dem Nachweis gewidmet, dass die philosophische Fehlentwicklung seit Kant vor allem auf die Unkenntnis der kantischen Philosophie zurückzuführen ist. Diese Ausführungen sind nicht nur von Schopenhauers Anspruch getragen, der eigentliche Nachfolger Kants zu sein, sondern sie enthalten auch die implizite Aufforderung »Zurück zu Kant!«. Damit dürfte er den beginnenden Neukantianismus mit angestoßen haben (vgl. N, XVI–XXIX).

Die Stellung der Schrift in Schopenhauers Werk

Um die Stellung der Schrift *Ueber den Willen in der Natur* in Schopenhauers Werk und philosophischer Entwicklung bestimmen zu können, muss vor allem geklärt werden, welche Auffassungen eine besondere Betonung oder Akzentuierung erhalten und welche in der Schrift überhaupt neu vertreten werden.

Einen neuen Akzent gibt Schopenhauer in der Schrift seiner Auffassung vom unbewussten Willen. Stand vorher die These vom Willen als Ding an sich im Vordergrund, so betont er nun stärker den unbewussten Charakter des Willens und die philosophische und wissenschaftliche Bedeutung dieser Konzeption. Auch das Verhältnis von Wille und Ursachen wird nun im Licht der Lehre von der umgekehrten Proportionalität von Rationalität und Realität weiter ausgedeutet.

Eine neue Thematik der Schrift besteht in biographisch-rezeptionsgeschichtlicher Hinsicht darin, dass Schopenhauer bei der Suche nach Bestätigungen seiner Metaphysik auf frühe Spuren seines Wirkens trifft, die bewusst verschwiegen wurden. Einen Plagiatsvorwurf erhebt er gegen den österreichischen Mediziner Anton Rosas und gegen den dänischen Arzt Joachim Dietrich Brandis. Letzteren hatte Schopenhauer in der ersten Auflage noch als Bestätigung seiner Auffassungen zitiert, bevor er ihn dann, nach genaueren Nachforschungen, zuerst 1844 im zweiten Band des Hauptwerks (vgl. W II, 295 f.) und sodann in der zweiten Auflage von 1854 des Plagiats beschuldigt (vgl. N, 13 f.).

Einer neuen Thematik von besonderer systematischer Tragweite wendet sich Schopenhauer zu, wenn er sich in der Schrift erstmals mit okkulten Phänomenen befasst, um seine Metaphysik zu untermauern. Wie die zahlreichen Zusätze zum Kapitel »Animalischer Magnetismus und Magie« von 1854 (vor allem N, 100–113) und die bereits genannten beiden Kapitel in den *Parerga und Paralipomena* deutlich machen, hat sein Interesse an dieser Thematik von da an fortgedauert.

Die wichtigste systematische Neuerung der Schrift geht auf die Rezeption der zeitgenössischen Physiologie zurück. Mit Bezugnahme auf Cabanis entwickelt Schopenhauer hier erstmals seine physiologische Deutung des Intellekts als Gehirnfunktion und seine darauf sich stützende metaphysische These vom tertiären Charakter des Intellekts (vgl. N, 20). Zugleich zeigt sich in dieser Schrift, dass er ungeachtet dieser materialistischen Wendung an der idealistischen Grundansicht festhält und auch weiterhin den Materialismus ablehnt (vgl. N, X, 44).

Schopenhauers *Ueber den Willen in der Natur* steht zwar zeitlich zwischen dem frühen Hauptwerk und den späteren Schriften, doch kann man die Schrift wegen der genannten inhaltlichen und systematischen Ergänzungen seiner metaphysischen Position bereits zum Spätwerk zählen.

Die Wirkung der Schrift

Mit seiner Metaphysik hat Schopenhauer die Strömungen der Willensmetaphysik und Lebensphilosophie, aber auch die philosophische Anthropologie und Tiefenpsychologie maßgeblich beeinflusst und insbesondere Denkern wie Eduard von Hartmann, Nietzsche, Bergson, Scheler und Freud entscheidende Anstöße gegeben (s. die entsprechenden Kapitel in Teil IV). Der Einfluss der Schrift *Ueber den Willen in der Natur* lässt sich jedoch von der allgemeinen Schopenhauer-Rezeption und der Rezeption seines Hauptwerks im Besonderen nur schwer trennen.

Zunächst wurde die Schrift ebenso wie das Hauptwerk kaum beachtet. Als nach der Veröffentlichung der *Parerga und Paralipomena* (1851) die große Schopenhauer-Rezeption begann, wurde auch *Ueber den Willen der Natur* als Ergänzung und Erläuterung seiner Metaphysik zur Kenntnis genommen. Im Unterschied zu den beiden Abhandlungen über die »Freiheit des Willens« und über die »Grundlage der Moral«, die in ethischen Diskussionen der Moderne immer Beachtung gefunden haben, wurde die Schrift nur selten als eigenständiges Werk neben dem Hauptwerk wahrgenommen. Von einer selbständigen Rezeption kann am ehesten bezüglich Schopenhauers Auseinandersetzung mit der Thematik des Okkulten gesprochen werden, und zwar insbesondere bei dem Naturphilosophen Hans Driesch, dem Tiefenpsychologen C. G. Jung und dem Parapsychologen Hans Bender. Von solchen vereinzelten Anknüpfungen einmal abgesehen, hat es eine eigenständige, vom Hauptwerk unabhängige Wirkung der Schrift auf die Diskussion metaphysisch-naturphilosophischer Fragen kaum gegeben.

Literatur

Bender, Hans: Telepathie und Hellsehen als wissenschaftliche Grenzfrage. In: *Schopenhauer-Jahrbuch* 48 (1967), 36–52.

Birnbacher, Dieter: Schopenhauer und die moderne Neurophilosophie. In: *Schopenhauer-Jahrbuch* 86 (2005), 133–148.

Birnbacher, Dieter: *Schopenhauer*. Stuttgart 2009.

Brann, Henry Walter: C. G. Jung und Schopenhauer. In: *Schopenhauer-Jahrbuch* 46 (1965), 76–87.

Brun, Jean: Schopenhauer et le Magnétisme. In: *Schopenhauer-Jahrbuch* 69 (1988), 155–167.

Driesch, Hans: Schopenhauers Stellung zur Parapsychologie. In: *Schopenhauer-Jahrbuch* 23 (1936), 15–99.

Gödde, Günter: *Traditionslinien des Unbewußten. Schopenhauer, Nietzsche, Freud*. Tübingen 1999.

Malter, Rudolf: Schopenhauer und die Biologie. Metaphysik der Lebenskraft auf empirischer Grundlage. In: *Berichte zur Wissenschaftsgeschichte* 6 (1983), 41–58.

Malter, Rudolf: *Arthur Schopenhauer. Transzendentalphilosophie und Metaphysik des Willens*. Stuttgart-Bad Cannstatt 1991.

Morgenstern, Martin: *Schopenhauers Philosophie der Naturwissenschaft. Apriorizitätslehre und Methodenlehre als Grenzziehung naturwissenschaftlicher Erkenntnis*. Bonn 1985.

Morgenstern, Martin: Die Grenzen der Naturwissenschaft und die Aufgabe der Metaphysik bei Schopenhauer. In: *Schopenhauer-Jahrbuch* 67 (1986), 71–93.

Morgenstern, Martin: Schopenhauers Grundlegung der Metaphysik. In: *Schopenhauer-Jahrbuch* 69 (1988), 57–66.

Schmidt, Alfred: Schopenhauer und der Materialismus. In: Ders.: *Drei Studien über den Materialismus*. München 1977, 21–79.

Schmidt, Alfred: Physiologie und Transzendentalphilosophie bei Schopenhauer. In: *Schopenhauer-Jahrbuch* 70 (1989), 43–53.

Schmidt, Alfred: Schopenhauers subjektive und objektive Betrachtungsweise des Intellekts. In: *Schopenhauer-Jahrbuch* 86 (2005), 105–132.

Martin Morgenstern

8 Die beiden Grundprobleme der Ethik

8.1 »Preisschrift über die Freiheit des Willens«

Schopenhauers »Preisschrift über die Freiheit des Willens« ist eine der wenigen Einsendungen zu einem Wettbewerb, die nachhaltige Berühmtheit erlangt haben. Die Norwegische Sozietät der Wissenschaften in Trondheim hatte 1839 die Preisfrage gestellt »Lässt sich die Freiheit des menschlichen Willens aus dem Selbstbewusstsein beweisen?«, und Schopenhauers anonym eingesandte Abhandlung – die einzige – bekam den Preis zugesprochen. Zusammen mit der zweiten Preisschrift, der »Preisschrift über die Grundlage der Moral« aus dem darauffolgenden Jahr, eingereicht bei der Königlich Dänischen Sozietät der Wissenschaften, veröffentlichte er beide Schriften zusammen in erster Auflage im Jahr 1841, in zweiter, mit einer neuen Vorrede und zahlreichen Ergänzungen versehenen Auflage im Todesjahr 1860, unter dem zusammenfassenden und seitdem eingebürgerten Titel *Die beiden Grundprobleme der Ethik*. Beide Preisschriften verraten deutlich die Handschrift ihres Autors, zugleich aber auch, dass er sich bemühte, als Autor des in *Die Welt als Wille und Vorstellung* präsentierten und auf Kritik gestoßenen metaphysischen Systems unerkannt zu bleiben. Die Folge ist, dass beide Schriften weitgehend auf eigenen Füßen stehen und unabhängig vom Hauptwerk gelesen und gewürdigt werden können. Indem sie so wenig wie möglich auf die eigenwillige Terminologie des Hauptwerks und das darauf errichtete Theoriegebäude zurückgreifen, sprechen sie auch Leser an, die der Willensmetaphysik skeptisch gegenüberstehen. Nicht nur die Sprache Schopenhauers ist in den Preisschriften durchweg eingängiger als im Hauptwerk. Auch der Sache nach versucht Schopenhauer, sich so weit wie möglich auf allgemein akzeptierte Voraussetzungen zu berufen. Gänzlich hat Schopenhauer allerdings auf die Herstellung eines Nexus zwischen dem in diesen Abhandlungen, wie er meinte, rein »analytisch und a posteriori« (E, V) Entwickelten und seiner ureigenen Metaphysik nicht verzichtet. Beide Abhandlungen kulminieren in Ausblicken auf eine Fundierung und Abrundung im Rahmen der Willensmetaphysik.

Nicht nur mit ihrer Anknüpfung an geläufige Begriffe und Vorstellungen weist die »Preisschrift über die Freiheit des Willens« Affinitäten einerseits zur Methode der aristotelischen Philosophie, andererseits zur analytischen Philosophie des 20. Jahrhunderts auf. Mit Aristoteles verbindet Schopenhauer, dass er sich in dieser Schrift als scharfer Begriffsanalytiker betätigt, mit der analytischen Philosophie, dass er sich als Sprachkritiker zeigt – als Kritiker von gezielten oder schlicht nachlässigen philosophischen Missdeutungen der Sprache. Anlass dafür besteht genug, denn wie Schopenhauer richtig sieht, gehört nicht nur der Begriff der Freiheit, sondern besonders auch der Begriff der Willensfreiheit zu den mehrdeutigsten der philosophischen Tradition. In diesem Punkt hatte insbesondere Kant für Verwirrung gesorgt, indem er den Ausdruck ›Freiheit‹ sowohl als Gegenbegriff zur kausalen Bestimmtheit des Willens, wie sie der Determinismus behauptet, als auch als Gegenbegriff zur Abhängigkeit des Willens von sinnlichen Auslösern (den »Neigungen«) gebraucht hatte. Daraus hatte sich in Kants Moralphilosophie das Paradox ergeben, dass jeder, der frei handelt, damit auch schon moralisch richtig (nämlich nach moralischen Grundsätzen statt nach seinen »Neigungen«) handelt, und jeder, der moralisch falsch handelt, unfrei handelt und dementsprechend für sein Handeln nicht getadelt werden dürfte. Vor einer Prüfung, ob bzw. wie weit dem Menschen Freiheit zugesprochen werden kann, muss also zunächst zwischen den sehr verschiedenen mit dem vieldeutigen Wort ›Freiheit‹ bezeichneten Begriffen unterschieden werden. In einem zweiten Schritt kann dann untersucht werden, wie weit sich die eine oder andere behauptete Lösung des Freiheitsproblems dadurch als Scheinlösung entpuppt, dass sie sich auf eine Konfusion zwischen diesen verschiedenen Begriffen zurückführen lässt.

Nach Schopenhauer hat es die Philosophie primär mit der anschaulichen Erfahrung und deren Deutung und nicht mit Begriffen und deren Analyse zu tun. Aber die Preisschrift zur Willensfreiheit zeigt, dass er auch auf diesem Feld Beachtliches zu leisten imstande war und die scharfe Waffe der Kritik nicht nur destruktiv, in Angriffen auf seine intellektuellen Widersacher, sondern auch konstruktiv, zur Klärung von Sachfragen, einzusetzen verstand. Statt die Frage der Norwegischen Akademie nach den Möglichkeiten eines introspektiven Zugangs zur Willensfreiheit unmittelbar aufzugreifen, diskutiert er zunächst zwei Vorfragen: ›Wie verhält sich Willensfreiheit zu anderen Formen von Freiheit?‹ und ›Welche Art von Freiheit lässt sich dem Menschen begründet zusprechen?‹ Sollte der Mensch über Willensfreiheit gar nicht verfügen – das wird Schopenhauers Ergebnis sein –, lässt sie sich *a fortiori* auch nicht erkennen, weder durch das Selbstbewusstsein noch anderweitig.

Dem folgt die Gliederung der Preisschrift, indem sie in einem ersten Kapitel mit dem Titel »Begriffsbestimmungen« zunächst sowohl eine allgemeine Charakterisierung der Begriffe »Freiheit« und »Selbstbewusstsein« gibt sowie eine Unterteilung des Freiheitsbegriffs in drei »Unterarten«, die »physische«, die »intellektuelle« und die »moralische«. Dabei fällt die letztere mit dem zusammen, was herkömmlich als »Willensfreiheit« diskutiert worden ist. Daraufhin wird in weiteren Kapiteln untersucht, was der Blick nach innen (»Der Wille vor dem Selbstbewusstsein«) und der Blick nach außen (»Der Wille vor dem Bewusstsein anderer Dinge«) über das Bestehen und Nicht-Bestehen von Willensfreiheit aussagen. Schopenhauer scheint auch erwogen zu haben, das mehrdeutige Wort *conscientia* in der lateinisch formulierten Preisfrage im Sinne von ›Gewissen‹ zu verstehen, sieht aber von dieser Deutung, die auf Kants Begründung des Freiheitspostulats zielen würde, bewusst ab, da er sich von ihr nichts verspricht (vgl. E, 10). Die weiteren Abschnitte dieses Kapitels dienen der Vertiefung der gegebenen Antworten, wobei explizit oder implizit weitere Differenzierungen eingeführt werden. Explizit fügt Schopenhauer den drei anfänglich unterschiedenen Begriffen zwei weitere Freiheitsbegriffe hinzu: den der »relativen Freiheit« und den der »transzendentalen Freiheit«, implizit – in Zusammenhang mit seiner Charakterlehre – einen weiteren, den man mit ›innerer Freiheit‹ bezeichnen könnte. Es schließt sich ein doxographischer Durchgang durch die »Vorgänger« an, aus dem erhellt, dass die große Mehrzahl der Philosophen die Annahme der Willensfreiheit abgelehnt hat, sowie ein die Hauptthese der Preisschrift teilweise relativierender metaphysischer Ausblick auf die »transzendentale Freiheit«, eine Hypothese, die Schopenhauer in erster Linie mit der Gegebenheit des Schuldgefühls bei Moralverstößen motiviert.

In der Lehre von der transzendentalen Freiheit wie auch in der Charakterlehre greift Schopenhauer am deutlichsten auf Gedanken seines Hauptwerks zurück. Von ihnen lässt sich noch am ehesten sagen, was Schopenhauer in der Vorrede zur ersten Auflage behauptet: dass beide Abhandlungen zur Ethik »als Ergänzung des vierten Buches meines Hauptwerks anzusehen« (E, VI) sind.

Drei Arten von Freiheit und Unfreiheit

Was ist die Grundbedeutung von »Freiheit«, die alle einzelnen Freiheitsbegriffe miteinander verbindet? Nach Schopenhauer ist diese Grundbedeutung negativ: die Abwesenheit eines Hindernisses. Je nachdem, worin dieses Hindernis jeweils besteht, unterscheidet Schopenhauer zwischen der »physischen« Freiheit, der Abwesenheit eines die Ausführung des Gewollten verhindernden physischen Hindernisses, der »intellektuellen« Freiheit, der Abwesenheit eines Mangels an Wissen bzw. eines Mangels an geistiger Steuerungsfähigkeit, und der »moralischen« Freiheit, der Abwesenheit einer Ursache, aus der das jeweilige Wollen mit kausaler Notwendigkeit folgt. So erhellend diese Unterscheidungen sind, so unglücklich sind die Benennungen, die Schopenhauer für die einzelnen Varianten der Freiheit wählt. Was Schopenhauer mit »physischer« Freiheit meint, ist in erster Linie Handlungsfreiheit, die Freiheit, das, was man will, im Handeln zu verwirklichen. Diese kann jedoch nicht nur durch äußere oder innere physische Hindernisse wie Ketten oder Lähmung beschränkt sein, sondern auch durch psychische, etwa neurotische Zwänge. Wer einen Waschzwang hat, ist ähnlich wie der in Ketten Liegende oder Gelähmte daran gehindert, das, was er will, in Handlungen umzusetzen. Der innere Zwang schränkt ihn in seiner Handlungsfreiheit möglicherweise in demselben Maße ein wie äußere Freiheitsbeschränkungen. Zwang (etwa auch durch Gesetze und Strafandrohungen) kann die Freiheit des Handelns aber auch durch anderweitige nicht-physische Mittel beschränken, nämlich durch die Androhung von Übeln, physischen wie psychischen. Hier ist dann der Akteur nicht nur in seinem Handeln unfrei, sondern in einer bestimmten Hinsicht auch in seinem Wollen. Wer unter einer Drohung etwas tut, was er nicht will, macht die Erfahrung einer Unfreiheit nicht nur seines Handelns, sondern auch seines Wollens. Wer – unter den gegebenen Umständen – etwas will, was er unter normalen Umständen niemals wollen würde, kann unter den gegebenen Bedingungen nicht nur nicht tun, was er will, sondern auch nicht wollen, was er wollen will. Auch wer »intellektuell« unfrei ist, will und tut nicht das, was er eigentlich will, weil er nicht weiß, was er tut, oder (aufgrund eines Irrtums oder einer Falschinformation) die Folgen seines Handelns falsch einschätzt. Aber auch hier beruht das Unwissen nicht notwendig auf einem intellektuellen Defizit, etwa einem Mangel an Kenntnissen oder Intelligenz. Es kann auch durch ein Übermaß an Emotionalität, durch Voreiligkeit oder Impulsivität bedingt sein. Auch die »moralische« Freiheit ist in gewisser Weise ein *misnomer*, wenn sie, wie Schopenhauer meint, die Willensfreiheit bezeichnen soll. Denn zwar ist herkömmlich Willensfreiheit vor allem in moralischen Zusammenhängen von Interesse, vor allem bei der Zuschreibung von Verantwortlichkeit und Schuld bei moralwidrigen Handlungen. Aber es fragt sich, ob Willensfreiheit, falls sie besteht, nur für moralisch bewertete oder bewertbare Handlungen oder überhaupt nur im Zusammenhang mit moralischen Bewertungen und Zuschreibungen gilt. Falls sie besteht, sollte sie für alle Handlungen gelten, die bestimmte Anforderungen an Selbsttätigkeit erfüllen, auch in Kontexten, in denen es nicht primär um moralische Bewertungen geht, z. B. für künstlerische oder anderweitig kreative Handlungen.

Eine wichtige Einsicht, die in Schopenhauers anfänglicher Aufreihung der Freiheitsbegriffe enthalten ist, ist der abgeleitete Status der Idee der Willensfreiheit: Willensfreiheit ist eine hochgradig abstrakte und dem in der Alltagspraxis vorherrschenden Freiheitsverständnis weit entrückte Idee. Sie ist ein typisch philosophisches Konstrukt. Die ursprüngliche und psychologisch am leichtesten zu fassende Idee der Freiheit ist die Idee der physischen Freiheit: ›Ich kann tun, was ich will.‹ Für diese Art von Freiheit ist das Hindernis, das die Freiheit beschränkt oder nicht beschränkt, am unmittelbarsten greifbar. Bei der ›moralischen‹ Freiheit ist viel weniger evident, wo hier das ›Hindernis‹ liegt. Ist Kausalität ein Hindernis? Kann ein Wollen dadurch, dass es durch Motive verursacht ist, eingeschränkt sein? Bereits an dieser Stelle kündigt sich an, dass Schopenhauer – ähnlich wie sein Vorgänger Hume – den Determinismus des Willens in der Preisschrift zwar als einzig gangbare Option, aber nicht als metaphysisches oder ethisches Desaster beschreibt. Auch wenn dem Mensch Willensfreiheit aberkannt werden muss, erfordert das keine dramatische Änderung der menschlichen Praxis. Verantwortlichkeit, Lob und Tadel, Belohnung und Strafe müssen nicht abgeschafft werden. Sie müssen lediglich auf eine neue Grundlage gestellt werden.

Innen- versus Außenperspektive

Angesichts der Tatsache, dass die Preisschrift als Ganze die von der Norwegischen Akademie gestellte Frage beantworten will, macht Schopenhauer mit dieser Frage erstaunlich kurzen Prozess. Seine Antwort ist ein lapidares Nein: Das Selbstbewusstsein kann uns nichts zu den Ursachen unseres Wollens sagen. Wenn es um Auskünfte über die kausalen Bedingungen unseres Wollens geht, ist das Selbstbewusstsein schlicht die falsche Instanz: »Da draußen liegt vor seinen [des Selbstbewusstseins; D. B.] Blicken große helle Klarheit. Aber innen ist es finster, wie ein gut geschwärztes Fernrohr: kein Satz a priori erhellt die Nacht seines eigenen Innern; sondern diese Leuchtthürme strahlen nur nach außen« (E, 22). Der Blick nach innen kann uns weder zeigen, dass das Wollen verursacht ist, noch dass es unverursacht ist. Und selbst wenn er uns zeigen könnte, dass er verursacht ist, könnte er uns nicht zeigen, welches die Ursachen im Einzelnen sind. Das einzige, was sich dem Selbstbewusstsein entnehmen lässt, sind zwei Arten von Daten: erstens die Faktizität unseres Wollens, die Tatsache, dass wir etwas wollen; zweitens bestimmte Überzeugungen über dieses Wollen, insbesondere die Überzeugung, dass wir das, was wir wollen, ausführen können, also die Überzeugung ›Ich kann tun, was ich will‹; und die Überzeugung, dass wir vollständig frei sind, zwischen zwei entgegengesetzten Willensregungen zu wählen – eine Überzeugung, die wir typischerweise aus Situationen kennen, in denen zwei alternative Handlungsmöglichkeiten unseren Zwecken ebenso gut entgegenkommen und es lediglich an unserer willkürlichen Wahlentscheidung zu liegen scheint, zu welcher Seite sich die Waage neigt.

Diese Daten sind, so Schopenhauer, ungeeignet, über Determinismus oder Indeterminismus zu entscheiden. Die Kenntnis, die wir davon haben, dass wir etwas wollen, verrät uns nichts über die Ursachen (oder über die Ursachenlosigkeit) des Wollens. Und auch die beiden Überzeugungen, die wir regelmäßig oder unter bestimmten Bedingungen über dieses Wollen haben, sind in dieser Hinsicht wenig ergiebig. Die Überzeugung, tun zu können, was wir wollen, könnte, wenn sie wahr wäre, allenfalls etwas über das Bestehen von Handlungsfreiheit, nicht aber über das Bestehen von Willensfreiheit aussagen. Allerdings ist diese Überzeugung nicht selbstverifizierend. Dass wir diese Überzeugung üblicherweise haben, sagt nichts darüber, ob sie zutrifft. Wir könnten uns über die Fähigkeit, unseren Willen im Handeln auszuführen, auch täuschen. Auch die Überzeugung, dass wir in typischen ›Buridans Esel‹-Situationen völlig frei wählen können, könnte eine Illusion sein. Das Selbstbewusstsein zeigt uns stets nur das Ergebnis unserer Wahl, nämlich die ausgeführte Handlung; es sagt nichts über die kausalen Prozesse, die zu dieser Handlung geführt haben, oder über deren Abwesenheit.

Die Frage nach Determiniertheit und Indeterminiertheit des Willens durch vorhergehende Ursachen lässt sich also nicht introspektiv entscheiden. Entscheiden lässt sie sich ausschließlich mittels Überlegungen, die sich auf die kausale Struktur der Welt insgesamt beziehen. Dazu müssen wir uns nach Schopenhauer den Phänomenen der äußeren Welt zuwenden – vorausgesetzt, dieser Weg ist für die Frage nach den kausalen Bedingungen von Willensregungen relevant. Dies ist nicht selbstverständlich, denn es ist ja nicht ausgemacht, dass etwaige zwischen Ereignissen der Außenwelt bestehende Kausalbeziehungen auch für psychische Vorgänge, wie es Willensregungen sind, gelten.

Diese Voraussetzung ist nach Schopenhauer allerdings erfüllt. Für ihn steht fest, dass der Wille wie auch alle übrigen psychischen Phänomene nicht nur an das Gehirn als Teil der physischen Welt gebunden sind, sondern dass sie auch in einem bestimmten Sinn mit Gehirnprozessen identisch sind. In den Willensregungen wie in allen anderen psychischen Phänomenen, derer wir uns im Selbstbewusstsein vergewissern können, manifestieren sich Gehirnprozesse. Was sich im Selbstbewusstsein zeigt, ist für Schopenhauer lediglich die »Innenansicht« eines Gehirnvorgangs. Deshalb ist das Gehirn als physiologisches Substrat des Bewusstseins auch an der kausalen Genese unseres Willens beteiligt, und nicht nur als einer von mehreren, sondern als der einzige Akteur. Entscheidend für die Frage der kausalen Bedingungen des Willens ist allein, ob die den Willensphänomenen zugrunde liegenden Gehirnvorgänge kausal miteinander verknüpft sind. Falls die Naturphilosophie besagt, dass alle Ereignisse in der Natur durch vorgängige Ursachen bedingt sind und durch diese erklärt werden können, muss dies auch für den menschlichen Willen gelten. Anders als Kant annahm, kommt dem Menschen in Schopenhauers Sicht keine metaphysische Sonderstellung zu. Er ist vielmehr ebenso Teil der Natur wie die Tiere und die übrigen Lebewesen und denselben Naturgesetzen unterworfen.

Für Schopenhauer hat diese Überlegung die Konsequenz, dass auch der menschliche Wille durch die ihm jeweils vorhergehenden Ereignisse lückenlos determiniert ist. Insofern ist Willensfreiheit eine schlichte Illusion.

Dass Schopenhauer diese Konsequenz zieht, könnte allerdings zunächst überraschen. Denn in seiner Dissertation über den Satz vom Grund hatte er die Begründung, die Kant für die Unausweichlichkeit des Determinismus (sowohl in der äußeren Natur als auch im Bereich der Bewusstseinsphänomene) gegeben hatte, erfolgreich kritisiert: Eine zeitliche Aufeinanderfolge von Erfahrungsinhalten ist sehr wohl zu denken ohne eine kausale Verknüpfung. Jeder kenne Beispiele für zufällige Sukzessionen ohne gesetzmäßigen Zusammenhang, etwa wenn sich zwei getrennt verlaufende Kausalketten schneiden und ein sich lockernder Dachziegel einem aus dem Haus tretenden Mann auf den Kopf fällt (vgl. G, 88; s. Kap. 4). Auch wenn jedes einzelne der Ereignisse, die im Augenblick des Unfalls zusammentreffen, in auf Naturgesetzen beruhende Kausalketten eingebettet ist, ist doch die zeitliche Abfolge des Herunterfallens des Ziegels und des Heraustreten des Manns zufällig. Aber trotz seiner Kritik an Kants These, dass der Determinismus eine notwendige Bedingung für die Erkennbarkeit der Naturordnung sei, geht Schopenhauer weiterhin davon aus, dass Kausalität ein notwendiges Konstruktionsprinzip der erfahrbaren Welt und eine notwendige Bedingung der Erkennbarkeit der Natur ist. Der Begriff eines absolut Zufälligen ist für ihn sogar nachgerade undenkbar, es handele sich um einen Begriff, bei dem »ganz eigentlich der Verstand stille steht« (E, 46).

Die Quelle, aus der Schopenhauer seine Sicherheit über die durchgängige kausale Strukturiertheit der äußeren – und indirekt der inneren – Welt schöpft, bleibt an dieser Stelle offen. Zu vermuten ist, dass er sie aus seiner bereits in der Dissertation entwickelten kausalen Wahrnehmungstheorie bezieht, nach der die Erkenntnis äußerer Gegenstände einen (zumeist unbewusst vollzogenen) Kausalschluss beinhaltet, mittels dessen wir aus den uns gegebenen Empfindungen von äußeren Gegenständen auf deren Existenz und Beschaffenheit schließen (vgl. G, 52 f.). Diese Theorie kann allerdings, auch wenn sie zutreffen würde, die universale kausale Bedingtheit der Erscheinungswelt kaum begründen. Dass zwischen den Gegenständen der Erkenntnis und der Erkenntnis notwendig eine kausale Beziehung besteht, impliziert nicht, dass auch zwischen den Gegenständen selbst notwendig eine kausale Beziehung besteht.

Das menschliche Wollen unterscheidet sich damit in seiner Determiniertheit nicht von anderen Naturvorgängen. Es unterscheidet sich jedoch in der Art und Weise der Determination. Es ist nicht nur durch mechanische Ursachen und biologische Reize bestimmt, sondern u. a. auch durch bewusste Wahrnehmungen (»Motive«) und gedankliche Inhalte. Während das Tier im Augenblick lebt und außer seinen Instinkten allein der vom unmittelbar Gegebenen ausgehenden Kausalität unterworfen ist, bestimmt sich der Wille des Menschen u. a. nach gedanklichen Vorstellungen wie Erinnerungen und nach gegenwartsübergreifenden und unanschaulichen Vorstellungen wie Grundsätzen und Maximen. Diese Möglichkeit, sich vom *hic et nunc* Gegebenen zu distanzieren, macht das eigentlich Spezifische des Menschen aus.

Wenn der Mensch über einen freien Willen verfügt, dann nicht in Gestalt der absoluten Freiheit eines unverursachten Willens, sondern in Gestalt einer in diesem Sinn »relativen Freiheit« (E, 35).

Woher kommt der Glaube an die Willensfreiheit?

Wenn die Überzeugung von der Willensfreiheit eine Illusion ist – das ist sie nach Schopenhauer –, stellt sich die Frage, warum diese Illusion so weit verbreitet ist und warum sie sich nicht nur in den Köpfen von Durchschnittsmenschen findet, sondern, wie Schopenhauer feststellt, auch unter »gebildeten, aber nicht tief denkenden Leuten« (E, 35). Nach Schopenhauer handelt es sich insofern um eine »natürliche« Illusion, eine »natürliche Täuschung« (E, 25), die wie alle natürlichen Phänomene eine Ursache haben muss. Schopenhauer meint in der Tat, diese Ursachen angeben zu können, und seine Hypothesen dazu gehören nicht nur zu den für ihn charakteristischsten, sondern auch zu den interessantesten Partien seines Essays.

Nach Schopenhauer sind für die Entstehung und Aufrechterhaltung der Freiheitsillusion im Wesentlichen vier Faktoren verantwortlich:

1) Begriffliche Konfusionen, insbesondere die Verwechslung der Willensfreiheit mit einer der beiden anderen von Schopenhauer unterschiedenen Arten von Freiheit, der Handlungsfreiheit und der dem Menschen eigentümlichen »relativen Freiheit«. Das unbefangene Denken unterscheidet nicht hinreichend zwischen dem in der Regel zutreffenden Gedanken »Ich kann tun, was ich will« und dem in der Regel nicht zutreffenden Gedanken »Ich kann wollen, was ich will«; und es neigt dazu, die Freiheit zur Distanzierung vom hier und jetzt anschaulich Gegebenen (die »relative Freiheit«) mit Willensfreiheit zu verwechseln. Beide Male ist jedoch die Determination des Willens nicht aufgehoben. Sie verläuft nur über einen komplizierten Umweg: Der die Kausalität vermittelnde »Leitungsdraht« (E, 36) ist länger.

2) Das Versäumnis, sich die wenig annehmbaren Konsequenzen der Willensfreiheit klarzumachen, vor allem die Konsequenz, dass jede menschliche Handlung ein »unerklärliches Wunder« (E, 45) wäre. Jede Handlung wäre ein aus dem Augenblick heraus entstandenes Ereignis, ohne Verbindung mit dem Charakter und den überdauernden Motiven des Akteurs. Auch wäre die Annahme der Willensfreiheit mit der weitgehenden Voraussehbarkeit der Reaktionen anderer, von der wir gewöhnlicherweise ausgehen, schlecht vereinbar. Die Voraussetzung des Determinismus, so Schopenhauer, »befolgt Jeder, so lange er nach außen blickt, es mit Andern zu thun hat und praktische Zwecke verfolgt« (E, 41). Lediglich in Bezug auf die eigene Person hängen wir an der Hypothese der Willensfreiheit.

3) Fehldeutungen der inneren Erfahrung, insbesondere der Erfahrung der Unentschlossenheit in Situationen, in denen uns mehrere Möglichkeiten offenstehen (vgl. E, 42), und des Konflikts zwischen zwei oder mehreren unvereinbaren Motiven (vgl. E, 36). Beide Zustände werden nach Schopenhauer fehlgedeutet, wenn sie als Belege für einen unverursachten Willen verstanden werden. Solange die Unentschiedenheit anhält, betätigt sich der Wille nicht – allenfalls wird eine bestimmte Willensentscheidung vorgestellt oder gedacht. Sobald er sich jedoch betätigt, haben wir Grund, eine Ursache für die Entscheidung anzunehmen: im ersten Fall das Motiv, den Zustand der Unentschiedenheit zu beenden, im zweiten Fall das aus dem Kampf der Motive als Sieger hervorgehende stärkere Motiv.

4) Interessengetriebene Verfälschungen. In dieser Erklärung zeigt sich eine für Schopenhauer insgesamt charakteristische ideologiekritische Stoßrichtung seiner Philosophie (vgl. Birnbacher 1996). In der Tradition der »Priestertrugstheorien« der französischen Aufklärer unterstellt Schopenhauer den philosophischen und theologischen Apologeten der Willensfreiheit, dass sie diese als *pia fraus* bewusst in Umlauf setzen, und zwar zur höheren Ehre Gottes: »Wenn nämlich eine schlechte Handlung aus der Natur, d. i. der angeborenen Beschaffenheit, des Menschen entspringt, so liegt die Schuld offenbar am Urheber dieser Natur. Deshalb hat man den freien Willen erfunden« (E, 72). Andernfalls müsste das gesamte von Menschen wissentlich und willentlich verursachte moralische und außermoralische Übel dem Schöpfer zur Last gelegt werden.

»Innere Freiheit«: Der »erworbene Charakter«

Die von Schopenhauer im dritten Kapitel vorgestellte Charakterlehre – eine Weiterentwicklung der Charakterlehre des Hauptwerks (vgl. W I, 339 ff.) – hat eine ausgeprägt nativistische Tendenz: Der Charakter des Individuums sei von Geburt an konstant und unabänderlich. »Empirisch« nennt ihn Schopenhauer deswegen, weil wir und andere ihn erst durch den Vollzug des

Lebens kennenlernen. Erst im Laufe unseres Lebens erkennen wir, wie wir auf neue Situationen reagieren. Deshalb werden wir des Öfteren von uns selbst überrascht – im Positiven wie im Negativen (vgl. E, 49).

Trotz der für ihn beanspruchten Unveränderlichkeit ist der empirische Charakter dennoch offen für Korrekturen und Anpassungen. Indem das Individuum seine ihm eigenen Motive und Verhaltensbereitschaften kennenlernt, verschafft es sich einen begrenzten, aber deshalb um nichts weniger zu schätzenden Raum innerer Autonomie. Da der Einzelne weiß, »was er sich zutrauen und zumuthen darf« (E, 50), vermag er die Ziele, die er sich zu erreichen vornimmt, seinen individuellen Möglichkeiten und Gefährdungen anzupassen. Auf der individuellen Ebene wiederholt sich die dialektische Dynamik von Schopenhauers Willensmetaphysik: »Der blinde Wille« des empirischen Charakters wird sehend, indem er, seiner selbst ansichtig, sich selbst transzendiert und sich auf höherer Stufe mit sich selbst versöhnt. In der Auffassung von Selbsterkenntnis als Selbstbefreiung trifft sich Schopenhauers Konzeption der inneren Freiheit mit den Konzeptionen Spinozas und Freuds, dezidierten psychologischen Deterministen wie Schopenhauer (vgl. Birnbacher 1993; s. Kap. 16; 31).

Transzendentale Freiheit

Mit der metaphysischen Lehre vom transzendentalen Charakter weicht Schopenhauer ein gutes Stück weit von der Grundlinie der Preisschrift und der auf die Preisfrage gegebenen Antwort ab. Während uns der introspektive Blick nach innen nach Schopenhauer keine Hinweise auf das Ob und Wie der Verursachung unserer Handlungen geben kann, soll er uns doch sehr wohl Hinweise auf das Ob und Wie der Verursachung unseres Charakters geben können. Der Schlüssel dazu soll die Erfahrung der spontanen Selbstzuschreibung von Verantwortlichkeit sein. Während uns das Freiheitsbewusstsein in Bezug auf unsere Handlungen über die wahren Verhältnisse täuscht, weist uns das Gefühl der Verantwortlichkeit in Bezug auf den Charakter, aus dem sich unsere Handlungen notwendig und unausweichlich ergeben, den richtigen Weg: »Eine Thatsache des Bewußtseins [...] ist das völlig deutliche und sichere Gefühl der Verantwortlichkeit für Das was wir thun, der Zurechnungsfähigkeit für unsere Handlungen, beruhend auf der unerschütterlichen Gewißheit, daß wir selbst die Thäter unserer Thaten sind« (E, 93). Das Gefühl der Verantwortlichkeit ist für Schopenhauer ein Hinweis auf eine überempirische, »transzendentale« Freiheit, die mit der Unfreiheit des Menschen auf der Ebene der Handlungen zusammenbestehen können soll. Damit entspricht die »höhere Ansicht«, die Schopenhauer im letzten Kapitel eröffnet, in gewisser Weise der kantischen Freiheitsantinomie, allerdings mit dem Unterschied, dass Schopenhauer eine echte Antinomie zu vermeiden sucht. Bei Kant kommt es zu einer Antinomie durch das Zusammentreffen der theoretisch notwendigen Annahme universaler empirischer Kausalität mit der praktisch notwendigen Annahme von Willensfreiheit. Schopenhauer geht zwar ebenso wie Kant von einer unaufhebbaren Spannung zwischen theoretischem Determinismus und praktischer Freiheitsüberzeugung aus, versucht diese Spannung aber mithilfe einer Ebenenunterscheidung aufzulösen: Auf der Ebene der Handlung herrscht Determinismus, nicht aber auf der Ebene des Charakters. Während unsere Handlungen durch unseren Charakter determiniert sind, ist der Charakter selbst frei gewählt.

Die Frage ist freilich, wie weit sich eine derartige »transzendentale Freiheit« konsistent denken lässt. Wer ist das Subjekt dieser Charakterwahl? Offenbar kann dieses nicht mit dem empirischen Subjekt, das Träger des einmal gewählten Charakters ist, identisch sein. Im Rahmen von Schopenhauers Metaphysik kann es nicht einmal individuell gedacht werden, da lediglich das empirische Subjekt in der Zeitordnung existiert, das »transzendentale Subjekt« aber unzeitlich sein soll, »außer aller Zeit« (E, 96). Letztlich muss es mit dem metaphysischen Willen als überzeitlicher Entität zusammenfallen. Damit werden auf diese Strukturen übertragen, die wir aus der christlichen Prädestinationslehre kennen: Der Wille »wählt« für jeden Menschen einen Charakter, so wie in der Prädestinationslehre Gott für jeden Menschen ein Lebensschicksal wählt. Allerdings kann diese Analogie so nicht gelten: Von einem als personal gedachten Gott lassen sich Handlungen wie Wahlakte ohne begriffliche Probleme aussagen, nicht aber von einem apersonalen Subjekt wie Schopenhauers metaphysischen Willen.

Rezeption

Schopenhauers Versuch der Herleitung einer »transzendentalen Freiheit« aus dem Faktum des Schuldbewusstseins ist bei späteren Denkern nicht nur auf Ablehnung, sondern teilweise auch auf Anerkennung gestoßen – im Sinne der Anerkennung einer letzten und unaufhebbaren Dialektik zwischen dem Determinismus des naturwissenschaftlichen Weltbilds und der Unleugbarkeit der Überzeugung eines ›Ich hätte anders handeln können‹. In diesem Sinn hat sich etwa Johannes Volkelt mit Bezug auf Kant und Schopenhauer geäußert:

> »Besonders [...] erblicke ich ein Verdienst beider darin, dass sie die Freiheit, zu deren Annahme sie durch das Verantwortlichkeitsgefühl getrieben werden, nicht nach der üblichen Verhüllungs- und Abschwächungsmethode als notwendige Entwicklung aus inneren Trieben und Bedingungen heraus, nicht als ein innerlich notwendiges Wollen aus Einsicht und Selbstbewusstsein ansehen, sondern dass sie den Mut des Irrationalismus besitzen und Verantwortung und Moralität nur auf Grundlage einer Freiheit, die ganz ernsthaft das Freisein von aller Notwendigkeit, auch von innerer Gebundenheit bedeutet, für möglich halten. Freilich betreten sie dadurch den Boden des transzendenten Geheimnisses« (Volkelt 1900, 332 f.).

Analytischer gesonnene Kommentatoren waren allerdings weniger bereit, Schopenhauer derartige »Irrationalismen« zuzugestehen und haben viele seiner Annahmen als allzu dogmatisch kritisiert, insbesondere seinen Anspruch, über einen Beweis für die universale kausale Determiniertheit aller Ereignisse (einschließlich der Willensereignisse) zu verfügen (vgl. etwa Vollmer 1987, 173).

Insgesamt sehr viel positiver sind seine begrifflichen Unterscheidungen und seine phänomenologische Analyse des subjektiven Freiheitsbewusstseins aufgenommen worden (vgl. z. B. Gehlen 1965). Es sind allerdings auch Zweifel an der Vollständigkeit seiner Analyse des introspektiven Zugangs zur Willensfreiheit angemeldet worden (vgl. Voigt 1966, 75; Birnbacher 2010, 483 f.). Offensichtlich unterschätzt Schopenhauer das Ausmaß, in dem bereits der Blick nach innen uns nicht nur Aufschlüsse über die Faktizität unseres Wollens, sondern auch über deren kausale Einbettung vermittelt. Unsere Willensregungen sind in der Mehrzahl nicht aus dem Augenblick entsprungen, sondern ordnen sich als Glieder einer Kette in übergreifende Zwecksetzungen und Handlungsstrategien ein. Was wir wollen, geht zu einem großen Teil auf Überlegungen, Gründe und Motive zurück, die, weil sie zu Routinen oder Automatismen geworden sind, uns nicht mehr als solche bewusst werden. Kraft dieser Einbettung in umfassende motivationale Zusammenhänge finden wir unsere Willensregungen überwiegend nicht einfach vor, sondern *verstehen* sie.

Indem wir sie verstehen, erfahren wir aber zugleich etwas über ihre Bedingtheit (vgl. Bieri 2001, 295 ff.). Auch wenn wir auf diese Weise die Reihe der Ursachen, die unserem Wollen zugrunde liegen, nicht im Einzelnen erfassen, verfügen wir damit doch über einen Anhaltspunkt dafür, dass unser Wollen durch übergreifende Zwecksetzungen, Planungen und Motivzusammenhänge bedingt ist.

Eine gewisse Bestätigung hat Schopenhauers Sicht des Willensfreiheitsproblems insbesondere durch die einschlägigen Beiträge der neueren Neurophilosophie erfahren (vgl. Walter 1998; s. Kap. 43). Eine Reihe von neuropsychologischen Experimenten haben bestätigt, dass scheinbar spontane Willensentscheidungen zu Körperbewegungen bereits einige Zeit vor dem bewussten Willensakt im Gehirn vorbereitet werden, der Willensakt also nur ein Durchgangspunkt eines Prozesses ist, der mit neuronalen Ereignissen beginnt und in anderen neuronalen Ereignissen terminiert, die ihrerseits Körperbewegungen auslösen (vgl. Libet 1983; Haggard/Eimer 1999). Damit ist keineswegs gezeigt, dass der Mensch in jeder Hinsicht unfrei und für sein Handeln nicht verantwortlich ist – vor einem derartigen Kurzschluss kann gerade Schopenhauers differenzierte Diskussion bewahren. Solange der Mensch über die »relative Freiheit« verfügt, sein Verhalten durch Überlegung und insbesondere durch Klugheits-, moralische oder strafrechtliche Normen zu steuern, bleibt es ganz unabhängig von der Frage nach Determiniertheit oder Indeterminiertheit des Willens sinnvoll, ihm Verantwortung für sein Handeln zuzuschreiben (vgl. E, 99). Leugnung von Willensfreiheit bedeutet nicht die Leugnung der für das Sprachspiel der Zuweisung von Verantwortlichkeit notwendigen, aber auch ausreichenden »Ellbogenfreiheit« (Dennett 1986).

Andere in der neueren Neurophilosophie intensiv diskutierte Befunde werfen aus heutiger Sicht die Frage auf, ob Schopenhauers Antwort auf die Preisfrage der Norwegischen Akademie bei aller Entschiedenheit entschieden genug war. Denn zwar bezweifelt Schopenhauer, dass uns das Selbstbewusstsein Aufschlüsse über die Ursachen unserer Willensregungen geben kann. Er zweifelt aber nicht daran, dass es uns Auskunft über die kausalen Beziehungen zwischen Willensregungen und Körperbewegungen geben kann. Auch wenn uns das Selbstbewusstsein nicht sagen kann, woher unsere Willensregungen kommen, soll es uns doch zumindest sagen können, wohin sie führen, nämlich zu Handlungen in Gestalt von Körperbewegungen: »Die Abhängigkeit unsers Thuns, d. h. unserer körperlicher Aktionen, von unserm Willen, [wird durch] das Selbstbewußtsein allerdings aus[ge]sagt« (E, 16). Hinsichtlich der Kausalität des Bewusstseins auf Körperbewegungen bei (äußeren) Handlungen hält Schopenhauer das Selbstbewusstsein als Erkenntnisquelle für mehr oder weniger untrüglich. Allerdings passt dieses Vertrauen nur wenig zu Schopenhauers ansonsten bewiesener Skepsis hinsichtlich der Auskünfte des Selbstbewusstseins. Zusätzlich passt es nur wenig zu seiner ansonsten sorgfältig beachteten Unterscheidung zwischen Sukzession und Kausalität. Das Selbstbewusstsein lässt uns lediglich erkennen, dass zwischen bewussten Willensregungen und Körperbewegungen (als Vorgänge verstanden) eine Beziehung der regelmäßigen Aufeinanderfolge besteht, dass also immer dann, wenn wir den Arm heben wollen, der Arm tatsächlich hochgeht. Diese Korrelation ist jedoch kein schlüssiges Indiz für eine kausale Beziehung. Wie Schopenhauer selbst in seiner Kritik an Kants Argumenten für eine universale Kausalität gezeigt hatte, lässt sich aus dem *post hoc* einer regelmäßigen Abfolge nicht ohne weitere Voraussetzungen auf das *propter hoc* einer Verursachungsbeziehung schließen. Eine regelmäßige Aufeinanderfolge kann auch so aufgefasst werden, dass beide Phänomene, die bewusste Willensregung wie die Körperbewegung, zeitlich versetzte Folgen einer gemeinsamen dritten Ursache sind – eine Auffassung, die auch mit Schopenhauers ausdrücklicher Ablehnung einer Kausalbeziehung zwischen Willensakt und leiblicher Aktion (vgl. G, 79, 145; W II, 42) besser harmoniert.

Literatur

Bieri, Peter: *Das Handwerk der Freiheit. Über die Entdeckung des eigenen Willens*. München 2001.
Birnbacher, Dieter: Freiheit durch Selbsterkenntnis: Spinoza – Schopenhauer – Freud. In: *Schopenhauer-Jahrbuch* 74 (1993), 87–102.
Birnbacher, Dieter: Schopenhauer als Ideologiekritiker. In: Ders. (Hg.): *Schopenhauer in der Philosophie der Gegenwart*. Würzburg 1996, 45–58.
Birnbacher, Dieter: Arthur Schopenhauer – Freiheit und Unfreiheit des Willens. In: Ansgar Beckermann/Dominik Perler (Hg.): *Klassiker der Philosophie heute*. Stuttgart ²2010, 478–496.
Dennett, Daniel C.: *Ellenbogenfreiheit. Die wünschenswerten Formen von freiem Willen*. Meisenheim 1986.
Ebeling, Hans: Schopenhauers Theorie der Freiheit. In: Arthur Schopenhauer: *Preisschrift über die Freiheit des Willens*. Hg. von Hans Ebeling. Hamburg 1978, VII–XXII.
Gehlen, Arnold: Theorie der Willensfreiheit. In: Ders.: *Theorie der Willensfreiheit und frühe philosophische Schriften*. Neuwied 1965, 54–238.
Haggard, Patrick/Eimer, Martin: On the Relation Between Brain Potentials and the Awareness of Voluntary Movements. In: *Experimental Brain Research* 126 (1999), 128–133.
Libet, Benjamin u. a.: Time of Conscious Intention to Act in Relation to Onset of Cerebral Activities (Readiness-potential); the Unconscious Initiation of a Freely Voluntary Act. In: *Brain* 106 (1983), 623–642.
Voigt, Hans: Zur Preisschrift über die Freiheit des Willens. In: *Schopenhauer-Jahrbuch* 47 (1966), 72–84.
Volkelt, Johannes: *Schopenhauer. Seine Persönlichkeit, seine Lehre, sein Glaube*. Stuttgart 1900.
Vollmer, Gerhard: Schopenhauer als Determinist. In: Volker Spierling (Hg.): *Schopenhauer im Denken der Gegenwart. 25 Beiträge zu seiner Aktualität*. München 1987, 165–178.
Walter, Henrik: *Neurophilosophie der Willensfreiheit. Von libertarischen Illusionen zum Konzept natürlicher Autonomie*. Paderborn 1998.

Dieter Birnbacher

8.2 »Preisschrift über die Grundlage der Moral«

Schopenhauers »Preisschrift über die Grundlage der Moral« ist wie die »Preisschrift zur Freiheit des Willens« die Einsendung (wiederum die einzige) zu einem Wettbewerb, diesmal der Königlich Dänischen Sozietät der Wissenschaften, wurde anders als die erste allerdings des Preises nicht für würdig befunden. Zur Begründung führte die Akademie mehrere Gründe an, vor allem, dass der Einsender dem Zusammenhang zwischen Moralprinzip und Metaphysik zu wenig Raum gegeben habe, aber auch, dass er mit den darin enthaltenen Ausfälligkeiten gegen »mehrere hervorragende Philosophen der Neuzeit« (gedacht ist wohl vor allem an Hegel) Anstoß errege. Möglicherweise hatte die dänische Akademie aber auch nicht akzeptieren wollen, dass Schopenhauer in seiner Antwort eine wesentliche Voraussetzung der von ihr 1837 gestellten Preisfrage geleugnet hatte. Die Preisfrage hatte gelautet, ob die Grundlage der Moral »in einer unmittelbar im Bewusstsein liegenden Idee der Moralität« oder »in einem andern Erkenntnißgrunde« zu sehen sei. Schopenhauer bestreitet, dass es diesen von der Akademie vorausgesetzten »Erkenntnisgrund« gibt oder geben kann.

Die »Preisschrift zur Grundlage der Moral« ist die erste und wichtigste Quelle für das geworden, was man herkömmlich Schopenhauers »Mitleidsethik« nennt. Zwar findet sich der Kernsatz »Alle Liebe [...] ist Mitleid« (W I, 443) auch bereits im vierten Buch von *Die Welt als Wille und Vorstellung*, aber dort lediglich im Rahmen eines Exkurses – Schopenhauer spricht von

»Abschweifung« (W I, 446) –, der die Idee der Mitleidsethik entwirft, aber nicht ausbuchstabiert. Die Preisschrift führt diese Idee nicht nur näher aus, sie zieht aus ihr auch eine Reihe für die individuelle wie die gesellschaftliche Praxis bedeutsame Konsequenzen. Veröffentlicht hat Schopenhauer die Schrift zusammen mit der »Preisschrift über die Freiheit des Willens« in erster Auflage 1841, in zweiter, mit einer neuen Vorrede und Ergänzungen versehenen Auflage im Todesjahr 1860 unter dem zusammenfassenden Titel *Die beiden Grundprobleme der Ethik*. In der Tat sind die beiden Schriften in formaler Hinsicht eng miteinander ›verschwistert‹. Auch die zweite Preisschrift bedient sich einer »analytischen« Methode (E, 110), die ihren Ausgang von gängigen Begriffen, Vorstellungen und Erfahrungen nimmt. Wie die erste hält sie sich mit metaphysischen Postulaten zurück und zieht erst in einer Art Anhang (Kap. IV) Verbindungslinien zwischen Mitleidsethik und Willensmetaphysik. Gleichzeitig fallen zwei signifikante Unterschiede auf. Erstens ist sie deutlicher als die erste *konstruktiv* angelegt. Aus der Kritik an vorherrschenden Anschauungen entwickelt sie weitergehend als die Preisschrift zur Willensfreiheit eine eigenständige Theorie. Zweitens konzentriert sie ihre Kritik nahezu ausschließlich (bis auf einen Exkurs zu Fichte, vgl. E, 179 ff.) auf eine einzige philosophische Konzeption, die Moralphilosophie Kants. Schopenhauer hat dafür vor allem zwei Gründe: Ihn stört, dass man sich »seit mehr als einem halben Jahrhundert« auf dem »bequemen Ruhepolster« der kantischen Ethik ausgeruht habe, ohne, wie es seiner Ansicht nach erfordert wäre, deren Grundlagen zu hinterfragen (E, 115). Andererseits ist Schopenhauer davon überzeugt, dass die Ethik Kants – bei aller Wertschätzung von dessen theoretischer Philosophie – sowohl in den Grundlagen wie in der konkreten Ausführung unrettbar verfehlt, wenn nicht gar eine »intellektuelle Katastrophe« (Cartwright 1999, 254) ist, die dringend danach verlangt, ihr ein radikal anderes Modell von Ethik und Moral entgegenzusetzen. Die Kritik an der Ethik Kants ist der sich durchhaltende *cantus firmus* dieser Preisschrift. Die einzelnen Punkte, an denen Schopenhauer von Kant abweicht, liefern, was die Darstellung ihres Inhalts betrifft, das naheliegendste Gliederungsprinzip.

Jenseits der Sollensethik

Schopenhauers grundlegende Abkehr von Kants praktischer Philosophie zeigt sich in zwei zentralen metaethischen Thesen: erstens in der These von der Unmöglichkeit einer »imperativischen« oder im engeren Sinn normativen Ethik, die bestimmte – begründete – Forderungen an das menschliche Handeln stellt; zweitens in der These der Unmöglichkeit des Bestehens einer wie immer gearteten objektiv gültigen Instanz, in deren Autorität diese Forderungen fundiert sein könnten. Nach der ersten These übersteigt es die Grenzen der Philosophie, ein normatives Prinzip wie den kantischen kategorischen Imperativ aufzustellen und damit zu beanspruchen, dem Menschen ein Pflichtprinzip vorzugeben, das ihm verbindlich sagt, wie er sich zu verhalten hat. Jedes solche Prinzip wäre eine auf Selbstüberschätzung beruhende Anmaßung. Nach der zweiten erliegt die Ethik einer schlichten Illusion, wenn sie sich bei der Begründung ihrer Imperative auf ein vermeintliches »Sittengesetz« beruft, das vergleichbar den Naturgesetzen unabhängig vom menschlichen Wollen besteht und diesem als objektiv vorgegebene Autorität dienen kann. Eine solche Autorität gibt es für Schopenhauer nicht. Auch die von Kant zu diesem Zweck eingesetzte praktische Vernunft kann nach Schopenhauer diese Aufgabe nicht erfüllen. So wenig es ein objektiv existierendes moralisches Gesetz gibt, so wenig ist dessen Inhalt a priori, d. h. mit den Mitteln der reinen Vernunft einsehbar. Die Vernunft könne – hier folgt Schopenhauer Hume – stets nur hypothetische Imperative begründen, also für gegebene Zwecke die geeigneten Mittel aufzeigen, nicht aber zwischen mehreren verschiedenen Zwecken eine begründete Auswahl treffen.

Von Schopenhauers Argumenten für diese Unmöglichkeitsthesen (zur kritischen Würdigung im Einzelnen vgl. Hallich 2006) verdienen vor allem zwei hervorgehoben zu werden, die auch in der Ethik der Gegenwart eine Schlüsselrolle gespielt haben. Das erste ist das Argument, dass die Begriffe »Sollen«, »Gesetz«, »Gebot«, »Pflicht« usw. aus der theologischen Ethik stammen und von daher Hintergrundüberzeugungen über das Bestehen eines göttlichen Gesetzgebers oder einer vergleichbaren normativen Instanz voraussetzen, die spätestens seit der Aufklärung nicht mehr von allen, an die sich die entsprechenden Sollensnormen richten, geteilt werden (vgl. E, 120). Mit einer ähnlichen These ist später G. E. M. Anscombe bekannt geworden (vgl. Anscombe 1958). Schopenhauer geht davon aus, dass diese Begriffe gar nicht sinnvoll und verständlich sind außerhalb eines objektivistischen Denkrahmens, nach dem normative Forderungen in irgendeiner Form von außermenschlicher Realität verankert sind. Zwar hatte Kant versucht, die menschliche Vernunft – unter dem Titel »praktische Vernunft« – ersatzweise mit dieser Funktion zu betrauen. Aber damit hatte er Schopenhauer zufolge die Möglichkeiten der Vernunft weit überschätzt. Wie Schopenhauer im weiteren Verlauf der Preisschrift im Einzelnen zeigt, gelingt es Kant deshalb in der Durchführung seiner Ethik auch nicht, nachzuweisen, dass das Zuwiderhandeln gegen das von ihm aufgestellte »Sittengesetz« in irgendeiner Weise selbstwidersprüchlich oder in anderer Weise vernunftwidrig und deshalb moralisch unzulässig ist. Zielscheibe der Kritik ist vor allem Kants Postulat, dass bei den Rechtspflichten (den vollkommenen Pflichten) es unmöglich sei, eine ihnen entgegengesetzte Maxime nicht nur verallgemeinert *wollen*, sondern sogar verallgemeinert *denken* zu können. Eine allgemeine Ungerechtigkeit sei alles andere als undenkbar, sie sei »eigentlich das wirklich und faktisch in der Natur herrschende Gesetz [...], nicht etwan nur in der Thierwelt, sondern auch in der Menschenwelt« (E, 159). Ein zweites vielfach wiederaufgegriffenes Argument, mit dem Schopenhauer die Idee einer »imperativischen« Ethik ablehnt, ist, dass normative Forderungen immer nur in Beziehung auf *Sanktionen* verstanden werden können. Sie können deshalb ein bestimmtes Verhalten lediglich in Hinblick auf bestimmte Zwecke fordern, die der Adressat der Forderung verfolgt. Dadurch appellieren sie jedoch letztlich an das Interesse des jeweiligen Adressaten an der Verwirklichung seiner wie immer gearteten Zwecke. Das Motiv zu ihrer Befolgung ist bloße Klugheit, eine egoistische Motivation. Damit sei ihre Befolgung gerade nicht der Moral gemäß, denn diese verlange ein selbstloses Motiv: »Eine gebietende Stimme, sie mag nun von Innen, oder von Außen kommen, ist es schlechterdings unmöglich, sich anders, als drohend, oder versprechend zu denken: Dann aber wird der Gehorsam gegen sie zwar, nach Umständen, klug oder dumm, jedoch stets eigennützig, mithin ohne moralischen Werth sein« (E, 123). An dieser Stelle zeigt sich bereits, dass Schopenhauer – wie Kant – *gesinnungsethisch* denkt: Kennzeichnend für das spezifisch Moralische der Moral ist nicht die faktische Befolgung von Geboten, sondern die Motivation, aus denen diese Befolgung entspringt. Während dieses genuin moralische Motiv für Kant das Pflichtbewusstsein war (das Tun der Pflicht »aus Pflicht«), ist es bei Schopenhauer das Motiv der Selbstlosigkeit, des Altruismus (des »Mitleids«).

Ethik als moralische Anthropologie

Schopenhauer zieht aus dieser Kritik die radikale Konsequenz, dass eine Ethik niemals normativ, sondern allein deskriptiv verfahren könne. Statt Sollensforderungen oder Imperative aufzustellen, könne sie stets nur – im Sinne der empirischen Ethik des 18. Jahrhunderts (Smith, Hutcheson, Hume) – das tatsächliche moralische Bewusstsein rekonstruieren. Entsprechend verschiebt sich die Bedeutung, in der bei Schopenhauer von einer »Begründung« der Moral die Rede ist. Die Frage nach der »Begründung« der Moral ist nicht mehr die Frage nach der Begründung der Gültigkeit oder der Wahrheit bestimmter moralischer Forderungen, sondern die nach der psychologischen Grundlage der Befolgung dieser Forderungen, die Frage nach der moralischen Motivation. Nicht um die Berechtigung oder Nicht-Berechtigung von Geltungsansprüchen geht es bei dieser »Begründung«, sondern um den Aufweis der der moralischen Motivation zugrundeliegenden psychischen Kräfte (vgl. E, 195).

Die Lösung dieser selbstgesetzten Aufgabe erleichtert sich Schopenhauer dadurch, dass er die inhaltliche Komplexität der geltenden Moral holzschnittartig auf nicht mehr als zwei Prinzipien reduziert, von denen das erste in allen Fällen Vorrang vor dem letzteren haben soll: das Prinzip der »Gerechtigkeit«: »neminem laede« (Verletze niemanden) und das Prinzip der »Menschenliebe«: »omnes, quantum potes, iuva« (Hilf allen, soweit du kannst). Von diesen beiden Prinzipien meint Schopenhauer nicht nur, dass sie so »allgemein anerkannt« seien, dass sie keiner besonderen Diskussion bedürften, er lässt auch erkennen, dass er – weit entfernt davon, sich als Moralpsychologe in eine reine Beobachterposition zu begeben – diese Prinzipien voll und ganz teilt. In der Tat macht er sie sich so weit zu eigen, dass er wichtige Teilstücke seiner praktischen Ethik, etwa seine Ethik des Umgangs mit Tieren, unmittelbar auf diese Prinzipien gründet.

Mit der These, dass der Kern der Moral in den beiden altruistischen Prinzipien der Gerechtigkeit und der Menschenliebe zu sehen ist, widerspricht Schopenhauer einem weiteren charakteristischen Zug der kantischen Ethik: dem Primat der selbstbezogenen Pflichten. Pflichten sind für Kant letztlich sämtlich »Pflichten gegen sich selbst«, insofern sie gegenüber der praktischen Vernunft bestehen, die jeder Mensch in sich selbst vorfindet. Die göttliche Autorität der theologischen Ethik wird bei Kant gewissermaßen – unter dem Namen »Würde« – ins Innere des Menschen verlegt. Für Schopenhauer stellt Kant damit die wirklichen Verhältnisse auf den Kopf: In Wirklichkeit richten sich alle moralischen Pflichten auf andere, und weder eine Pflicht zur Selbsterhaltung (mit der Konsequenz eines Verbots der Selbsttötung) noch ein »Verbot widernatürlicher Wollust«, also von Onanie,

Päderastie und Sodomie haben Bestand. Pflichten gegen sich selbst könne es schon deshalb nicht geben, weil sich diese weder als Rechtspflichten noch als Liebespflichten begründen lassen. Rechtspflichten (Pflichten, denen Rechte gegenüberstehen) können sie nicht sein, da wir uns selbst kein Unrecht tun können. Unrecht setzt stets Unfreiwilligkeit voraus. Wenn wir uns selbst schaden oder mit unserem Leben leichtsinnig umgehen, tun wir das jedoch in der Regel freiwillig. Liebespflichten (unvollkommene Pflichten, denen keine Rechte gegenüber stehen) können sie ebenso wenig sein, da ein moralisches Gebot der Selbstliebe widersinnig wäre. Die Moral soll die Selbstliebe gerade einschränken. Außerdem seien wir von Natur aus bereits so durchgehend egoistisch motiviert, dass eine Forderung, uns noch mehr zu lieben, als wir uns ohnehin lieben, ins Leere liefe.

Noch in zwei weiteren Punkten widerspricht Schopenhauer ausdrücklich und emphatisch Thesen, die Kant seinerseits mit einem besonderen Pathos vertreten hatte: die Selbstzweckhaftigkeit des Menschen (»Menschenwürde«) und das apodiktische Lügenverbot. »Selbstzweck« und »Menschenwürde« sind in Schopenhauers Augen das, was sie auch für viele spätere Skeptiker gewesen sind: »Leerformeln«, die es erlauben, mehr oder weniger beliebige Wertungen mit dem Nimbus eines unangreifbaren Tabus zu umgeben (vgl. W I, 412; Birnbacher 2013; Brandhorst 2013). Den Menschen, wie Kant es tut, als »Selbstzweck« zu bezeichnen, sei nicht nur ungrammatisch und sogar ein »Ungedanke« (E, 161), sondern werde insbesondere auch den leidensfähigen Tieren nicht gerecht, die nach Kant eben deshalb, weil sie keine Selbstzwecke sind, bloße Mittel zum Nutzen des Menschen sein sollen. Auch gegenüber der Lüge ist Schopenhauer sehr viel lässlicher als Kant (vgl. J.-C. Wolf 1988). Jeder habe sogar ein »Recht zur Lüge« (E, 222), wenn er sich nicht anders gegen die Neugier oder Zudringlichkeit anderer wehren kann: Ich bin nicht verpflichtet, dem, »der unbefugt in meine Privatverhältnisse späht, Rede zu stehen« (E, 223).

Schopenhauers Rekonstruktion der Moral verbindet in gewisser Weise die beiden wohlunterschiedenen Bedeutungen, in denen – mit einem von Comte eingeführten Begriff – von »Altruismus« gesprochen werden kann: Als *Norm* entspricht Altruismus den beiden Prinzipien der Nichtschädigung (»Gerechtigkeit«) und der Fürsorge (»Menschenliebe«). Diesen Prinzipien genügt man durch ein entsprechendes Verhalten – einerseits durch die Respektierung ihres Lebens, ihrer körperlichen Integrität, ihrer Freiheit, ihres Eigentums und ihres guten Rufs, anderseits durch die Leistung von Hilfe und Unterstützung bei Bedürftigkeit und in Notlagen. In seiner anderen Bedeutung bezeichnet »Altruismus« das *Motiv*, aus dem diese Normen befolgt werden, sei es im Sinn einer längerfristigen Einstellung und Handlungsbereitschaft, sei es im Sinn einer akuten Emotion. Schopenhauer ist sich sicher – erstaunlich sicher –, dass es diese Form von Altruismus ist, die die Moral im Kern ausmacht. Wie Kant ist auch Schopenhauer bedeutend mehr an den Motiven – an den Gesinnungen – interessiert als an ihren äußeren Manifestationen: Als eigentlich »moralisch« soll nur dasjenige Handeln gelten können, das sich – ausschließlich oder zu wesentlichen Anteilen – genuin altruistischen Motiven verdankt, d. h. Motiven, die unmittelbar oder mittelbar auf das Wohl anderer zielen statt auf das eigene Wohl.

Implizit verwendet Schopenhauer zwei Kriterien, um das gesuchte moralische Motiv von anderen Motiven (mit denen es zumeist in einem gewissen Maße vermischt ist) zu unterscheiden: (1) Es muss intrinsisch gut sein; (2) Es muss unter Realbedingungen motivierende Kraft haben. Das erste Kriterium entspricht Kants Kriterium des »unbedingt Guten«, das für Kant ausschließlich der »gute Wille« erfüllt – das Motiv, das Gute um seiner selbst willen zu tun. Und wie Kant ist Schopenhauer zutiefst skeptisch, was den Anteil der äußerlich moralisch richtigen Handlungen betrifft, die durch genuin moralische Motive bedingt sind. Es wäre ein »großer und jugendlicher Irrthum« zu meinen, dass »alle gerechten und legalen Handlungen der Menschen moralischen Ursprungs wären« (E, 187). Sehr viel häufiger spielen die Einhaltung der »gesetzlichen Ordnung« und die »erkannte Nothwendigkeit des guten Namens« die Hauptrolle (ebd.). Diese Motive können allerdings nicht als intrinsisch gut gelten. Sie sind pervertierbar und können – je nachdem, was Gesetze und Konventionen vorschreiben – zum genauen Gegenteil von Moral verleiten. Soweit folgt Schopenhauer Kant, aber nicht weiter. In seinen Augen kann das von Kant formulierte »Sittengesetz«, der kategorische Imperativ, zwar das erste, nicht aber das zweite Kriterium einlösen. Es ist zu abstrakt und – als a priori, d. h. mithilfe der reinen Vernunft einzusehende Wahrheit – zu rationalistisch, um psychologisch wirksam zu sein. Kants Behauptung, dass es mittels des Gefühls der Achtung verhaltenswirksam werden kann, ist aus Schopenhauers Sicht weltfremd:

> »Die moralische Triebfeder muss schlechterdings, wie jedes den Willen bewegende Motiv, eine sich von selbst

ankündigende, deshalb positiv wirkende, folglich *reale* seyn; [...] muß die moralische Triebfeder [...] von selbst auf uns eindringen, und dies mit solcher Gewalt, daß sie die entgegenstehenden, riesenstarken, egoistischen Motive wenigstens möglicherweise überwinden kann. Denn die Moral hat es mit dem *wirklichen* Handeln und nicht mit apriorischem Kartenhäuserbau zu thun, an dessen Ergebnisse sich im Ernste und Drange des Lebens kein Mensch kehren würde« (E, 143).

Als intrinsisch gutes und zugleich wirksames Motiv kommt für Schopenhauer nur eins in Frage: das Mitleid.

Was heißt »Mitleid«?

Auch wenn sie keine Imperative aufstellt, verzichtet Schopenhauers Ethik nicht darauf, menschliches Handeln zu *bewerten*. Wenn Schopenhauer behauptet, dass Mitleid als Motiv das einzige ist, was Handlungen einen moralischen Wert verleiht (vgl. E, 227), ist diese Redeweise von »moralischem Wert« keineswegs in einem bloß beschreibenden Sinn, als eine moralsoziologische These, sondern durchaus im Sinne einer Bewertung zu verstehen. Schopenhauer stellt dabei insbesondere Handlungen (wie die Befreiung der Sklaven, vgl. E, 230) als moralisch verdienstvoll heraus, die nicht nur in hohem Maße Gutes bewirken, sondern zugleich auch über die zu ihrer Zeit geltenden Moralnormen hinausgehen, also gewissermaßen moralische Pionierleistungen darstellen.

Was ist bei Schopenhauer mit »Mitleid« gemeint? Dieser Begriff wird – ähnlich wie Schopenhauers Begriff des »Willens« – leicht missverstanden. Zunächst ist klar, dass »Mitleid« mehr ist als das, was die Alltagssprache zumeist als solches bezeichnet – der Zustand gefühlsmäßiger Anteilnahme an fremdem Leid. Es ist eher ein bestimmtes Motiv, d. h. eine auf ein Handeln bezogene Willensrichtung. Es hat über die kognitive und affektive Dimension hinaus eine volitive Dimension. Noch in zwei weiteren wichtigen Hinsichten weicht Schopenhauers »Mitleid« vom alltagssprachlichen Begriff ab. Erstens darf »Mitleid« im Rahmen der »Mitleidsethik« nicht im Sinne einer akut erlebten Emotion verstanden werden. »Mitleid« soll vielmehr eine längerfristige Haltung oder Einstellung sein. Es ist »keineswegs erforderlich, daß in jedem einzelnen Fall das Mitleid wirklich erregt werde; wo es auch oft zu spät käme: sondern aus der Ein für alle Mal erlangten Kenntniß von dem Leiden, welches jede ungerechte Handlung nothwendig über Andere bringt, [...] geht in edlen Gemüthern die Maxime *neminem laede* hervor« (E, 214). Zweitens ist »Mitleid« nicht gebunden an die *anschauliche Gegebenheit* fremden Leidens (vgl. Birnbacher 2006). »Mitleid« richtet sich auch auf *entferntes* und lediglich *gewusstes* Leiden. Anders als der Ausdruck »Mitleidsethik« nahelegt, stuft diese Ethik nicht nach Dimensionen ab, nach denen das üblicherweise sogenannte Gefühl abstuft: Anschaulichkeit und Unanschaulichkeit, raumzeitliche Nähe und Ferne, psychische und soziale Distanz. »Mitleid« geht insofern bei Schopenhauer über in das, was er »Herzensgüte« nennt, das »universelle Mitleid mit Allem was Leben hat, zunächst aber mit dem Menschen« (E, 253). Dafür, dass die Dimension der Anschaulichkeit für Schopenhauer beim Mitleid keine entscheidende Rolle spielt, spricht vor allem, dass er bereits bei der ersten Einführung des Begriffs in der Preisschrift neben der *Aufhebung* des Leidens eines anderen auch die *Verhinderung* des Leidens eines anderen nennt. Mitleid sei über die Anteilnahme am Leiden eines anderen hinaus auch die Anteilnahme an der »Verhinderung [...] dieses Leidens« (E, 208). Mitleid bezieht sich demnach nicht nur auf das anschaulich gegebene und bereits eingetretene Leiden, sondern auch auf das lediglich mögliche und gedachte Leiden anderer.

Wie Schopenhauer in der »Preisschrift über die Freiheit des Willens« der Willensfreiheit unter dem Namen »transzendentale Freiheit« am Ende eine metaphysische Fundierung zu geben versucht, versucht er in dieser Preisschrift dem Mitleid eine Erklärung im Rahmen der Willensmetaphysik zu geben, indem er es als einen Akt der *Identifikation* des Mitleidenden mit dem Bemitleideten auffasst, mit dem die Grenzen des *principium individuationis* – die Trennung der Individuen in Raum und Zeit – überwunden werden. Mitleid setzt voraus, »daß ich bei *seinem* Wehe als solchem geradezu mit leide, *sein* Wehe fühle, wie sonst nur meines, und deshalb sein Wohl unmittelbar will, wie sonst nur meines. Dies erfordert aber, daß ich auf irgendeine Weise *mit ihm identifizirt sei*, d. h. daß jener gänzliche *Unterschied* zwischen mir und jedem Andern, auf welchem gerade mein Egoismus beruht, wenigstens in einem gewissen Grade aufgehoben sei« (E, 208). Das setzt voraus, dass Mitleid ein außergewöhnliches Motiv ist, das in der Normalität des menschlichen Lebens nur selten vorkommt. Das ist nach Schopenhauer in der Tat der Fall. Mitleid sei nicht nur ein zutiefst seltenes (vgl. E, 191), es sei auch ein zutiefst »mysteriöses« (E, 209) Phänomen. Es ist in der Einrichtung der Welt nicht vorgesehen. Dominant sind vielmehr die »antimoralischen Triebfedern« (E, 196): einerseits der Egoismus, der eigenes Leben, Überleben und Wohlleben will (»Der Egoismus ist kolossal: er überragt die Welt«, E, 197), anderseits die Boshaftigkeit in ihren Ausprägungen als Grausamkeit, Übelwollen, Rache, Neid, Schadenfreude usw., die das fremde Wehe auch dann will, wenn für das eigene Selbst kein Gewinn oder sogar Schaden zu erwarten ist. Insofern kommt dem Mitleid nach Schopenhauer unter den Motiven eine absolute Sonderstellung zu. Es könne nur als eine Form der Erkenntnis der metaphysischen Wesensidentität alles Seienden – zumindest aller leidensfähigen Wesen – verstanden werden: Der Mitleidende erkennt, dass der Unterschied zwischen ihm und dem anderen ein scheinbarer ist. Als das »Ansich« seiner eigenen und der fremden Erscheinung erkennt er beider Identität als Verkörperungen ein- und desselben metaphysischen Prinzips, des »Willens« (E, 270).

Wirkung

Schopenhauers Ethik war nicht nur in der Zeit seines größten kulturellen Einflusses, also von 1850 bis zum Ende des Ersten Weltkriegs, für die Philosophen dieser Periode häufiger und mehr oder weniger selbstverständlicher positiver oder negativer Bezugspunkt. Man denke etwa an den Anti-Schopenhauerianer Nietzsche, der für das Mitleid hauptsächlich Verachtung übrig hatte; an Simmels *Schopenhauer und Nietzsche*, an Schelers Auseinandersetzung mit Schopenhauers Mitleidsbegriff in *Wesen und Formen der Sympathie* oder auch an Schlick, der seinen eigenen empirischen Ansatz in der Ethik bei Schopenhauer vorgezeichnet sah. Auch auf spätere Denker hat die »Preisschrift über die Grundlage der Moral« einen intensiven und nachhaltigen Eindruck gemacht (so etwa auf Richard Taylor, vgl. Taylor 1970, XIII).

Insgesamt ist Schopenhauers Mitleidsethik jedoch sehr viel weniger rezipiert worden als seine Willensmetaphysik, seine Lehre von der Selbsterlösung durch Willensverneinung und die *Aphorismen zur Lebensweisheit*. Das mag nicht zuletzt an einem Missverständnis liegen. Schopenhauers Ethik ist immer wieder und bis in unsere Tage hinein als eine Situationsethik des spontanen Mitleids verstanden und entsprechend kritisiert worden. So verstanden, ist der Mitleidsbegriff in der Tat offensichtlich unzureichend, Schopenhauers Ziel zu erreichen, »die in moralischer Hinsicht höchst verschiedene Handlungsweise der Menschen zu deuten, zu erklären und auf ihren letzten Grund zurückzuführen« (E, 195). Ein bekanntes Beispiel ist das Interview, das Hans Jonas auf dem Höhepunkt der sogenannten Singer-Affäre, in der es um die Frage nach Zulässigkeit oder Unzulässigkeit aktiver Sterbehilfe an schwerstbehinderten Säuglingen ging, den damaligen *ZEIT*-Redakteuren Marion Gräfin Dönhoff und Reinhard Merkel gab. Einer der Kernsätze Hans Jonas', mit dem er gegen die von Peter Singer behauptete Zulässigkeit einer aktiven Tötung (statt eines passiven Sterbenlassens) dieser Säuglinge argumentierte, lautete: »Man darf sich nicht vom Gesichtspunkt einer Mitleidsethik bestimmen lassen, sondern nur von der Verantwortung für die Folgen, die aus unserer Einstellung resultieren, aus unserer Bereitschaft, unsere Willigkeit zu erwägen, hier und da das Mittel des Tötens zu gebrauchen. Damit soll man und darf man gar nicht anfangen« (Jonas 1989, 7). Dieser Art von Folgenüberlegung hätte Schopenhauer zweifellos zugestimmt: Spontanes Mitleid ist, was die längerfristigen und über die konkrete Situation hinausgehenden Folgen betrifft, keineswegs immer der beste Ratgeber. Bei näherem Hinsehen ähnelt Schopenhauers Ethik jedoch weniger einer Situationsethik des spontanen Mitleids als vielmehr dem u. a. von Karl R. Popper (1957, 387) vertretenen negativen Utilitarismus. Nicht nur die beiden von Schopenhauer als Kern der Moral rekonstruierten Prinzipien des Nicht-Schadens (»Gerechtigkeit«) und der Fürsorge (»Menschenliebe«), sondern gerade auch sein als eine Einstellung universalisierter Leidensvermeidung und -minderung verstandenes »Mitleid« rücken Schopenhauers Ethik in die Nähe einer Konzeption, für die neben dem unmittelbar gegebenen und akuten Leiden auch räumlich und zeitlich entferntere Erscheinungsformen von Leiden zu berücksichtigen sind sowie auch lediglich mehr oder weniger wahrscheinliches zukünftiges Leiden, soweit es durch gegenwärtiges Handeln oder Unterlassen zu beeinflussen ist. Ein so verstandenes Mitleidsprinzip hat bedeutend mehr Ähnlichkeit mit einem komplexen Kalkül der Leidensvermeidung und -minderung auf lange Sicht als mit dem spontanen Samaritertum, an das der Begriff »Mitleidsethik« zunächst denken lässt. Das erklärt, dass die gegen diese Variante des Utilitarismus gerichtete Kritik – etwa, dass sie die Leidensvermeidung über das Tötungsverbot stellt (von Seiten der christlichen Ethik), dass sie über der Leidensminderung Rechte und Gerechtigkeitsaspekte vernachlässigt (von Seiten der Vertreter des Primats von Rechten) oder dass sie, konsequent verstanden, zur schnellen schmerzlosen Tötung aller leidensfähigen Wesen zwingt (vgl. Smart 1958, 542) – regelmäßig Schopenhauers Ethik unbeachtet gelassen hat.

Literatur

Anscombe, G. E. M.: Modern Moral Philosophy. In: *Philosophy* 33 (1958), 1–19 (dt. Moderne Moralphilosophie. In: Günther Grewendorf/Georg Meggle (Hg.): *Seminar: Sprache und Ethik. Zur Entwicklung der Metaethik*. Frankfurt a. M. 1974, 217–243).

Birnbacher, Dieter: Nahmoral und Fernmoral. Ein Dilemma für die Mitleidsethik. In: Lore Hühn (Hg.): *Die Ethik Arthur Schopenhauers im Ausgang vom Deutschen Idealismus (Fichte/Schelling)*. Würzburg 2006, 41–58.

Birnbacher, Dieter: Menschenwürde-Skepsis. In: Jan C. Joerden/Eric Hilgendorf/Felix Thiele (Hg.): *Menschenwürde und Medizin. Ein interdisziplinäres Handbuch*. Berlin 2013, 159–175.

Brandhorst, Mario: Würde des Menschen – »hohle Hyperbel«? Eine Fallstudie zu Schopenhauers Moralkritik. In: Dieter Birnbacher/Andreas Urs Sommer (Hg.): *Moralkritik bei Schopenhauer und Nietzsche*. Würzburg 2013, 155–180.

Cartwright, David E.: Schopenhauer's Narrower Sense of Morality. In: Christopher Janaway (Hg.): *The Cambridge Companion to Schopenhauer*. Cambridge 1999, 252–293.

Hallich, Oliver: *Mitleid und Moral*. Würzburg 1998.

Hallich, Oliver: Mitleidsethik oder praktische Vernunft? Schopenhauers Kritik der normativen Ethik. In: Lore Hühn (Hg.): *Die Ethik Arthur Schopenhauers im Ausgang vom Deutschen Idealismus (Fichte/Schelling)*. Würzburg 2006, 59–76.

Jonas, Hans: Mitleid allein begründet keine Ethik. In: *DIE ZEIT*, 25.8.1989, http://www.zeit.de/1989/35/mitleid-allein-begruendet-keine-ethik/ (11.6.2014).

Libell, Monica: *Morality Beyond Humanity. Schopenhauer, Grysanowski and Schweitzer on Animal Ethics*. Lund 2001.

Popper, Karl R.: *Die offene Gesellschaft und ihre Feinde. Band 1: Der Zauber Platons*. Bern 1957.

Smart, R. Ninian: Negative Utilitarianism. In: *Mind* 67 (1958), 542–543.

Taylor, Richard: *Good and Evil*. New York 1970.

Wolf, Jean-Claude: Kant und Schopenhauer über die Lüge. In: *Zeitschrift für Didaktik der Philosophie* 10 (1988), 69–80.

Dieter Birnbacher

9 Parerga und Paralipomena

9.1 »Skitze einer Geschichte der Lehre vom Idealen und Realen«

Kernthema der »Skitze einer Geschichte der Lehre vom Idealen und Realen« (= »Skitze«) ist die angemessene Verortung und Bestimmung des Realen. Dieses Vorhaben ist durchaus komplex und anspruchsvoll wegen der Doppeldeutigkeit des Wortes ›real‹: Es kann sich auf das ausgedehnte und physische Reale innerhalb der Vorstellung beziehen. Es kann aber auch etwas vermeintlich jenseits der Vorstellung Bestehendes und die Vorstellung gegebenenfalls Bedingendes bezeichnen. Schopenhauer entfaltet das Thema durch die Konstruktion einer historischen Debatte, die – nicht immer chronologisch – von Descartes über Malebranche, Leibniz, Spinoza, Berkeley, Locke, Hume und Kant zu Schopenhauer selbst führt. An den Haupttext der »Skitze« schließt sich ein »Anhang« an, der etwa ein Drittel des gesamten Textes einnimmt und in dem Schopenhauer darlegt, warum weder Fichte noch Schelling oder Hegel Eingang in seine Geschichte haben finden können. Der Haupttext der »Skitze« ist von dem Grundton anerkennender Kritik, der Anhang dagegen von Polemik bestimmt.

Ob die Beschreibungen, die Schopenhauer von den einzelnen Philosophien gibt, immer zutreffen, ist nicht Gegenstand der folgenden Ausführungen. Demgemäß wird auf den Gebrauch des Konjunktives beim Referat der Aussagen Schopenhauers verzichtet. Es soll lediglich darum gehen, die mittels der historischen Betrachtung gezogene Argumentationslinie Schopenhauers nachzuzeichnen.

Methodisch setzt Schopenhauer weder mit der Aufklärung der Ambiguität des Begriffs ›real‹ respektive ›objektiv‹ ein noch greift er auf das Ergebnis seiner Untersuchung vor. Er lässt den Leser vielmehr die Reihe historischer (Fehl-)Versuche selbst nachvollziehen. Der Text ist also weniger auf Fakten, als auf den Prozess des Verstehens beim Leser ausgerichtet. Diese Vorgehensweise ermöglicht auf wenigen Seiten einen tiefen Einblick in die Problematik der Bestimmung des Realen. Bedingt durch dieses Vorgehen werden die Bestimmungen ›real‹ und ›ideal‹ jedoch laufend revidiert und in neue Kontexte gesetzt, wodurch der Text durchaus anspruchsvoll wird. »Diese schwankende Fassung der Begriffe ›ideal‹ und ›real‹ erschwert nicht nur das Verständnis ausserordentlich, sondern lässt auch ihr Verhältnis zu einander ganz im Unklaren, zeitigt Widersprüche, türmt unüberwindliche Schwierigkeiten auf« (Heisler 1903, 51).

Die »Skitze« ist der erste Text im ersten Band der *Parerga und Paralipomena* und bildet zusammen mit den auf die »Skitze« folgenden »Fragmenten zur Geschichte der Philosophie« eine Einheit zur Philosophiegeschichte.

Am Beginn seiner »Skitze« definiert Schopenhauer vorläufig das Ideale und das Reale, um sich im Anschluss mittels der Geschichte der Philosophie an diesen Definitionen abzuarbeiten. Insbesondere das Reale wird sich am Ende der »Skitze« als etwas anderes als zunächst ausgegeben herausstellen.

In der Ausgangsbestimmung ist das Ideale dasjenige, was in unserer Erkenntnis subjektiv und damit uns selbst zuzuschreiben und unmittelbar sowie unbedingt gegeben ist (P I, 3 f.). Analog dazu ist in der Ausgangsbestimmung das Reale dasjenige, was in unserer Erkenntnis objektiv ist. So gefasst ist das Reale allerdings an das erkennende Subjekt gebunden. Zu fragen wäre, anhand welcher Kriterien und auf welcher Grundlage sich das in der Erkenntnis beheimatete Reale von dem ebenfalls in der Erkenntnis beheimateten Idealen unterscheiden soll. Dieses Differenzierungsproblem zwischen ›ideal‹ und ›real‹ innerhalb der Vorstellung kennzeichnet die eine Seite des Problems der Bestimmung des Idealen und Realen.

Eine Strategie, dieses Problem zu lösen, ist der Rückgriff auf eine Instanz, die jenseits des Subjekts oder der Vorstellung liegen soll. Das in der Erkenntnis Objektive erschöpft sich dann nicht darin, in der Erkenntnis zu sein. Es korrespondiert darüber hinaus mit subjektexternen Instanzen. Schopenhauer konkretisiert diese Strategie anhand eines Abbildmodells der Erkenntnis: Vom Subjekt völlig gesondert und unabhängig existierende Dinge verursachen Abbilder ihrer selbst innerhalb des Subjekts. Diese Abbilder der Dinge sind dem Subjekt als seine Vorstellungen unmittelbar zugänglich und bekannt, wohingegen die Vorbilder jenseits des Subjekts – wenn überhaupt – nur vermittelt zugänglich wären. Dieses Vermittlungsproblem kennzeichnet die andere Seite der Bestimmung des Idealen und Realen.

Anhand der Abbildtheorie wird die Ambiguität der Bestimmung des Realen bzw. Objektiven deutlich: Es gibt das in der Erkenntnis Reale, d. h. das vorgestellte, insbesondere ausgedehnte Reale – wie die Körper oder den Leib. Es gibt daneben – vermeintlich – das Reale jenseits des Subjekts oder der Vorstellung. Schopenhauer nennt dieses Reale das absolut Reale oder, in Anlehnung an Kant, das an sich Reale (P I, 20). Als

Gegenbegriff muss die Bestimmung des Idealen der jeweiligen Verortung des Realen – entweder innerhalb oder jenseits der Vorstellung – entsprechen. In der »Skitze« fragt Schopenhauer daher die jeweiligen Philosophen nach dem Ort der »Durchschnittslinie« (P I, 12) *zwischen* Idealem und Realem. Sofern von dem vorgestellten und ausgedehnten Realen die Rede ist, liegt die Durchschnittslinie insgesamt innerhalb der Sphäre der Vorstellung. Sofern von dem an sich oder absolut Realen die Rede ist, entspricht die Durchschnittslinie der Grenze der Vorstellung.

Das Reale, auf das Schopenhauer in seiner »Skitze« letztlich abzielt, ist das absolute Reale jenseits der Vorstellung, das »Sein und Wesen an sich selbst« (P I, 29). Nichtsdestoweniger oder gerade deshalb konfrontiert er die Abbildtheorie, kaum dass sie vorgestellt ist, mit drei Fragen. Die ontologische Frage ist, ob die Existenz vollkommen vom Subjekt getrennter und unabhängiger Dinge als gewiss angenommen werden kann. Die epistemologische Frage ist, ob die Vorstellungen als Abbilder Auskunft über die Beschaffenheit subjektexterner Dinge geben können. Die dritte Frage schließlich ist, ob der vermeintliche Vermittlungsgang von subjektexternen Dingen zu deren Abbildern ein Kausalverhältnis darstellt. Alle drei Fragen wird Schopenhauer im Laufe seines Textes verneinen.

Descartes: Historisch beginnt Schopenhauers »Skitze« mit Descartes, und zwar in zweierlei Hinsicht: zunächst und vor allem mit dem von Descartes angestoßenen Außenweltzweifel, d. i. der Zweifel an Existenz und Bestimmungsmöglichkeit einer jenseits der Vorstellungen, an sich bestehenden Realität. Die angemessene Auffassung einer vorstellungsexternen Wirklichkeit ist nach Schopenhauer der eigentliche Dreh- und Angelpunkt der Auseinandersetzung um das Ideale und das Reale. Um einen produktiven Abweg von der eigentlichen Kernfrage handelt es sich dagegen bei der zweiten Auseinandersetzung, die ebenfalls von Descartes ihren Ausgang nimmt: die Frage nach dem Verhältnis von Mentalem zu Physischem, d. i. das Leib-Seele-Problem. Explizit stellt Schopenhauer anhand von Leibniz und Spinoza klar, dass die Gleichsetzung des physisch Ausgedehnten mit dem Realen und des Mentalen mit dem Idealen an der eigentlichen Fragestellung vorbeigeht, also kein Lösungspotential beinhaltet. Die Begründung dafür liefert im Prinzip bereits Descartes, der in den Augen Schopenhauers, wenn auch implizit, alles Ausgedehnte innerhalb der Vorstellung ansiedelt.

Descartes' »cogito ergo sum« weist das Bewusstsein seiner selbst als unmittelbar und unbedingt gewiss aus. Die unmittelbare Gewissheit seiner selbst im Akt des Denkens lässt sich zwanglos ausweiten auf die unmittelbare Gewissheit der eigenen Vorstellungen *als solcher*: Ob und was sich ein Subjekt aktuell vorstellt, weiß unbestreitbar das Subjekt selbst am besten, da es unmittelbar seine eigenen Vorstellungen sind. Es gibt jedoch eine Kehrseite: Im Licht der Gewissheit der unmittelbaren Selbstreferenz wird auch die Ungewissheit alles nicht unmittelbar Zugänglichen deutlich. All jene vorstellungsinternen Bestimmungen, die nicht *ausschließlich* aus dem unmittelbaren Verhältnis zum Subjekt fließen sollen, werden zweifelhaft. Ob und wie die vorgestellte Wirklichkeit auf eine Wirklichkeit jenseits der Vorstellung verweist, ist die Frage, an der sich – nach Schopenhauer – die Philosophie die nächsten 200 Jahre abarbeitet. Es ist schließlich denkbar, dass ein »genius malignus« uns fortwährend über eine tatsächliche Wirklichkeit jenseits der Vorstellungen täuscht. Alles vermeintlich Subjektexterne ist dementsprechend problematisch. Sofern die unmittelbare Bindung an das Subjekt die einzige Quelle der Gewissheit bleibt, gilt daher, dass die Welt *nur* Vorstellung ist, im Sinne von Erscheinung oder sogar von bloßem Schein. Indem Schopenhauer diese Konsequenz aus dem cartesischen »cogito« zieht, kann er seine eigene Philosophie – insbesondere die Auffassung, dass die Welt Vorstellung des jeweiligen Subjekts ist – als dessen Pendant ausweisen (P I, 4).

Zwischen dem subjektgebundenen Idealen und einem Realen, das an sich etwa als Außenwelt jenseits des Subjekts liegt, besteht also eine Kluft. Denn ein solches Reales – sofern es existiert – kann im Gegensatz zu Bewusstseinsinhalten immer nur vermittelt gegeben sein. Damit steht das Tor für die Außenweltskepsis weit offen. Descartes' historisches Verdienst ist das Aufdecken dieser Kluft, das Erzeugen eines fundamentalen Zweifels, mit dem er die Debatte um das Ideale und Reale initiiert. Ungenügend ist nach Schopenhauer dagegen Descartes' Lösungsversuch, d. i. der Verweis auf den gütigen, uns daher nicht täuschenden Gott. Allerdings – so lobt Schopenhauer – bringt dieser umgekehrte Kosmologische Beweis, der aus der Existenz Gottes die Existenz der Welt schließt, in seinem Ungenügen die Tiefe des aufgeworfenen Problems zum Ausdruck.

Malebranche: Auch Malebranche greift zur Überbrückung der Kluft zwischen Idealem und Realem auf Gott zurück. Dieser fungiert hier jedoch nicht nur als Versicherung, sondern übernimmt die Funktion der aktuellen Vermittlung. Diese Vermittlung hat zwei Seiten: Zum einen sehen wir nach Malebranche alle Dinge nur in Gott. Damit ist das Verhältnis von Subjekt zu Gott bestimmt. Zum andern ist Gott die eigentliche Ursache in den Dingen. Damit ist das Verhältnis von den Objekten zu Gott bestimmt. Ein unmittelbares Verhältnis von Subjekt und Objekt besteht dagegen nicht.

Vermeintlich seitens des Subjekts verursachte Änderungen in der Objektwelt sind tatsächlich *causes occasionelles*. Die mentalen Ereignisse nimmt Gott lediglich zur Gelegenheit, selbst Ursache der Veränderung in den physischen Objekten zu sein. Für Schopenhauer bedeutet diese Inanspruchnahme Gottes, ein Unbekanntes durch ein noch Unbekannteres zu erklären.

Leibniz: Bereits mit Malebranche gerät die Kernfrage nach dem an sich Realen jenseits der Vorstellung in den Hintergrund. Zum Thema wird dagegen das Verhältnis von Leib zu Seele oder von ausgedehnt Physischem zu Mentalem. Malebranche lässt Gott die Kluft zwischen beiden Seiten aktuell bei Gelegenheit überbrücken. Leibniz dagegen fasst beide Seiten als unüberbrückbar getrennt und unabhängig. Dennoch stimmen beide Welten augenscheinlich überein. Dies führt Leibniz darauf zurück, dass die Abläufe innerhalb beider Welten bereits bei ihrer Schöpfung vollkommen aufeinander abgestimmt wurden. Beide Welten laufen daher vollkommen synchron oder parallel, befinden sich also in einer prästabilierten Harmonie. Für Schopenhauer ist nicht nur diese Lösung absurd, sondern die ganze Problemstellung fehlgeleitet. Sie ist lediglich Produkt des Dogmas zweier getrennt voneinander existierender Welten (vgl. P I, 9).

Spinoza: Erst nach Leibniz thematisiert Schopenhauer die Philosophie Spinozas. Dieser verfehlt das eigentliche Problem nicht weniger als seine Vorgänger. Er ermöglicht aber über die Radikalität seines Lösungsansatzes, die Frage nach einem vorstellungsexternen, an sich Realen klarer zu fassen und abzugrenzen von der Frage nach dem ausgedehnten und vorstellungsinternen Realen. Spinoza identifiziert Leib und Seele, bzw. erklärt sie als *substantia extensa* und *substantia cogitans* zu zwei Aspekten einer Substanz. Der genaue Parallelismus zwischen ausgedehnter und vorgestellter Welt beruht also nicht auf einer prästabilierten Harmonie, sondern schlicht auf der Identität beider Welten. Begründet liegt die Identität beider Welten in ihrer Gleichheit in Gott und nur in Gott werden alle Dinge sichtbar. Dieser an Malebranche erinnernde Ansatz erhält bei Spinoza eine besondere Wendung: Gott und Welt werden gleichgesetzt, wodurch nach Schopenhauer allerdings zugleich jeder Erklärungsgehalt verloren geht.

Spinoza meint nun, mit der Aufhebung des Unterschieds zwischen Gott und Welt sowie Leib und Seele auch den Unterschied zwischen dem Idealen und dem Realen aufgehoben zu haben (vgl. P I, 27 f.). Letztere Auffassung beruht jedoch – hier setzt die Kritik Schopenhauers ein – auf einer restlosen Identifikation des eigentlich Realen mit dem anschaulichen und ausgedehnten Realen. Ein von der Vorstellung unterschiedenes, an sich Reales wird bei Spinoza nicht thematisch. Angenommen wird vielmehr, die Dinge seien an sich, wie sie vorgestellt sind. Folglich hält Spinoza die ausgedehnten Dinge für unabhängig von der Vorstellung. Tatsächlich jedoch – so wendet Schopenhauer ein – liegt alles Ausgedehnte innerhalb der Vorstellung. »Denn allerdings sind die Dinge nur als Vorgestellte ausgedehnt und nur als Ausgedehnte vorstellbar« (P I, 13). Wenn Spinoza also meint, von dem Realem zu sprechen, spricht er von ausgedehnten Dingen. Er erfasst tatsächlich nur Entitäten, die innerhalb der Sphäre der Vorstellung liegen und damit tatsächlich ideal sind. Die ›Durchschnittslinie‹ zwischen dem Idealen und dem Realen verläuft bei Spinoza also falsch, denn sie liegt insgesamt innerhalb des Reichs des Idealen. Die von Spinoza proklamierte Identität von Idealem und Realem ergibt sich allein aus ihrer gemeinsamen Beheimatung innerhalb der subjektiven Sphäre. Diese Identität erkannt zu haben ist verdienstvoll. Sie entspricht der Einsicht Schopenhauers, dass die Welt – zumindest in einer der beiden Schopenhauerschen Hinsichten – Vorstellung sei. Das eigentliche Problem verfehlt Spinoza jedoch: Es geht um den Aspekt der Welt, der insofern real ist, als er nicht Vorstellung ist.

Berkeley: Die an Spinoza geübte Kritik setzt Berkeley, zu dem Schopenhauer von Spinoza aus springt, um: Er verortet explizit alles Ausgedehnte innerhalb der Vorstellung. Zugleich bestreitet Berkeley die Existenz einer der Vorstellung jenseitigen, insbesondere materiellen Außenwelt. Er ist damit der Urheber des eigentlichen und wahren Idealismus (vgl. P I, 14).

Während Berkeley die Natur des Idealen damit getroffen hat, vernachlässigt er das Reale, im Sinne einer der Vorstellung jenseitigen Instanz. Allerdings entdeckt Schopenhauer auch bei Berkeley zumindest Ansätze eines derartigen Realen und findet damit Aspekte seiner eigenen Philosophie vorweggenommen: Die wollenden und vorstellenden Wesen selbst, das sind die einzelnen Subjekte, insbesondere aber Gott, dessen Willen und Allmacht ganz unmittelbar Ursache aller Vorstellungen sein soll, machen nach Schopenhauer bei Berkeley das eigentlich Reale jenseits der Vorstellung aus. Wiederum verstellt der Gottesgedanke jedoch eher die Einsicht, als dass er sie beförderte.

Locke: Angekommen bei dem Idealismus Berkeleys springt Schopenhauer zurück zu einer anderen Traditionslinie, die er von Bacon über Hobbes zu Locke zieht. Unter strikter Ablehnung des Gedankens eingeborener Ideen lässt Locke seine Philosophie auf der Erfahrung fußen. Ganz im Gegensatz zu dem späteren Berkeley verortete er das eigentliche Sein jedoch nicht in der ideellen Sphäre der Erfahrung bzw. der Vorstellung. Er nimmt vielmehr an, die Vorstellungen seien durch Impuls oder Stoß seitens eines subjektexternen materiellen Seins kausal verursacht. Diese Abbildtheorie fußt auf einem erkenntnistheoretischen und ontologischen Realismus, der nicht nur in Berkeley, sondern auch in Schopenhauer einen Kritiker findet. In Anlehnung an Kant verweist Schopenhauer darauf, dass nicht nur die Ausdehnung, sondern auch die Kausalität innerhalb der Sphäre der Vorstellungen zu verorten sei, und er geht noch einen Schritt weiter, wenn er die Materie als Reifikation kausaler Verhältnisse begreift (vgl. P I, 19). Als vorstellungsinterne Bestimmung ist die Kausalität also nicht geeignet, das Band zu einer vorstellungsexternen Wirklichkeit zu knüpfen.

Auch Locke selbst ist nicht frei von Zweifeln gegenüber seinem Realismus. Er sichert seine Erkenntnistheorie zum einen durch den Verweis auf die gelingende Praxis ab. In den Augen Schopenhauers ist dies ein den Empirismus insgesamt diskreditierender Versuch. Zum anderen differenziert Locke zwischen primären und sekundären Eigenschaften. Primäre Eigenschaften sollen den Dingen unabhängig vom Subjekt zukommen wie etwa Ausdehnung und Gestalt. Sekundäre Eigenschaften dagegen sind sinnlich vermittelt und subjektgebunden wie etwa Farbe und Geschmack. Ein Kriterium zur Differenzierung von primären und sekundären Eigenschaften gibt Locke nicht. Schopenhauer arbeitet heraus, dass die primären Eigenschaften die nicht wegdenkbaren Eigenschaften sind (vgl. P I, 19). Er findet darin jedoch nicht Lockes Differenzierung bestätigt, sondern vielmehr einen Verweis auf die von Kant gezogene Konsequenz, dass letztlich ausnahmslos alle Eigenschaften der vorgestellten Dinge subjektgebunden sind.

Hume: Ebenfalls mit Hinblick auf Kant streift Schopenhauer im Anschluss kurz Hume. Im Angesicht des Unvermögens, strenge Kausalität zu konstatieren, wird auf die Begrenztheit des Empirismus hingewiesen.

Kant: Dieser Konsequenz entgeht Kant, indem er die Kausalität, wie letztlich alle Eigenschaften der vorgestellten Wirklichkeit in der Erkenntnisweise des Subjekts verankert. Die damit gewonnene Möglichkeit, etwa kausale Gesetzmäßigkeiten als ausnahmslos allgemeingültig aufzufassen, wird durch deren Verortung im Bereich des Idealen konterkariert. Primäre wie sekundäre Eigenschaften beschreiben Vorstellungen. Das eigentlich Reale, das ›Ding an sich‹ jenseits der Vorstellung soll zwar einerseits mit der Vorstellung korrespondieren, kann seinem Wesen nach andererseits aber nicht mittels Eigenschaften beschrieben werden, die lediglich dem subjektiven Erkennen geschuldet sind. Das an sich Reale ist damit nicht nur der Bestimmung durch die Kategorie der Kausalität, sondern letztlich aller Bestimmungen entkleidet und muss als unerkennbar ein bloßes X bleiben (vgl. P I, 20). Mit diesem Konzept hat Kant die von Descartes aufgeworfene Frage nach dem Idealen und Realen maximal zugespitzt und bis an den Rand ihrer Beantwortung geführt, die nun durch Schopenhauer selbst geliefert wird.

Schopenhauer: Das Ding an sich respektive das absolut Reale kann nicht vermittelt über die Vorstellung oder die Kategorien der Vorstellung erschlossen werden, denn auf diese Weise bliebe es innerhalb der Sphäre des Idealen verortet und wäre damit selbst ideal. Schopenhauer bemerkt jedoch, dass wir selbst uns dennoch unzweifelhaft und unmittelbar real sind (der Begriff ›Leib‹ fällt in diesem Zusammenhang nicht). Demnach kann unmittelbar aus uns selbst heraus auch die Erkenntnis des an sich Realen geschöpft werden. Dies unmittelbar einsichtig Reale ist als genuin andersartige Instanz neben dem Idealen der Vorstellung der Wille. Schopenhauer löst also das cartesische Problem, indem er Sein und Erkennen, d. i. das an sich Reale und das Ideale auf die beiden Elemente zurückführt, die dem Selbstbewusstsein unmittelbar zugänglich sind: der Wille und die Vorstellung (vgl. P I, 21).

Im auf den Haupttext der »Skitze« folgenden »Anhang« erläutert Schopenhauer, warum Schelling, Fichte und Hegel keinen Platz in der Geschichte des Idealen und Realen eingeräumt bekommen haben. Zunächst bestimmt Schopenhauer dazu das von den Dreien verfehlte Wesen der Philosophie, um anschließend auf die Denker im Einzelnen einzugehen.

Nach Schopenhauer bedarf die Philosophie des freien Intellekts. Dessen ureigenstes Motiv ist die Suche nach der Wahrheit nur um der Wahrheit willen und allem andren zum Trotz. Ein ernsthaft und redlich philosophierender Intellekt darf also nicht dem Willen, d. h. insbesondere den Zwecken der Person, dienstbar sein. Damit sind Schelling, Fichte und Hegel als Philosophen disqualifiziert, denn sie sind Opportunisten, die nicht im Dienst der Wahrheit stehen, sondern willentlich zu ihrem eigenen Nutzen täuschen und mystifizieren: »Das Interesse der Person wird befriedigt, das der Wahrheit ist verrathen« (P I, 24).

Einzig hinsichtlich Schelling schränkt Schopenhauer sein Urteil etwas ein. In dessen Naturphilosophie – und nur dort – erweist Schelling sich als nützlicher Eklektiker, indem er die Philosophie Spinozas mit Kenntnissen um die Naturwissenschaften anreichert (s. Kap. 22). Doch schon mit seiner Identitätsphilosophie, in der das Ideale und Reale wiederum unter Anlehnung an Spinoza miteinander identifiziert werden, fällt Schelling hinter die Entwicklung der Philosophie seit Descartes zurück und appelliert letztlich nur an den gefundenen, d. h. rohen Verstand (vgl. P I, 28).

Nur wenige Worte widmet Schopenhauer Fichte. Denn indem dieser die Vorstellungen ausschließlich als das Produkt des erkennenden Ich auffasst, liefert er lediglich eine Karikatur der kantischen Philosophie (vgl. P I, 27).

Bei Hegel schließlich – so hebt Schopenhauer hervor – fallen Logik und Metaphysik zusammen, weil das Wesen der Dinge und ihr Begriff gleichgesetzt werden. Die Erkenntnis dieser Einheit von Sein und Denken ermöglicht die Selbstbewegung des Begriffs im Denken, der es sich zu überlassen gilt. Nach Schopenhauer ist dieser Ansatz lediglich geeignet zur nachhaltigen Vernichtung der Denkfähigkeit (vgl. P I, 25 Anm.).

Literatur
Campioni, Giuliano: *Der französische Nietzsche*. Berlin 2009.
Cornill, Adolph: *Arthur Schopenhauer als Übergangsform von einer idealistischen in eine realistische Weltanschauung*. Heidelberg 1856.
Fischer, Kuno: *Schopenhauers Leben, Werke und Lehre* [²1898]. Heidelberg ⁴1934 (Neudr.: Nendeln/Lichtenstein 1973).
Frauenstädt, Julius: *Briefe über die Schopenhauer'sche Philosophie. Zwölfter Brief*. Leipzig 1894.
Heisler, Otto: *Schopenhauers Satz vom Subjekt-Objekt*. Königsberg 1903.
Papousado, Denis: *Der Schnitt zwischen dem Idealen und dem Realen. Schopenhauers Erkenntnistheorie*. Bonn 1999.

Schmidt, Alfred: Schopenhauer und der Materialismus. In: Ders.: *Tugend und Weltlauf. Vorträge und Aufsätze über die Philosophie Schopenhauers (1960–2003)*. Frankfurt a. M. 2004, 105–149.

Valentin Pluder

9.2 »Fragmente zur Geschichte der Philosophie«

Die »Fragmente zur Geschichte der Philosophie« wurden 1851 im ersten Band der *Parerga und Paralipomena* publiziert. Schopenhauers Stellung zur Geschichte im Allgemeinen lässt sich besonders anhand von W I, § 51, W II, Kap. 38, und G, § 51, erläutern. Geschichte kann demnach als Summe der phänomenalen Ereignisse in der Welt charakterisiert werden, die aber stets dem ewigen Wesen der Dinge gegenübergestellt ist. Was das bedeutet, zeigt Schopenhauers Bestimmung des Verhältnisses von Geschichte und Poesie: Die Geschichte habe ihre Wahrheit in der einzelnen Erscheinung, wohingegen die Poesie ihre Wahrheit in der Idee habe, die aus allen Einzeldingen spreche (vgl. W II, 288). Alfred Schmidt hat diesbezüglich festgehalten, Schopenhauer »betrachtet die Geschichte als solche, modern gesprochen, als eine überbauhaft-oberflächliche Struktur, die auf einer unbewußten, philosophisch zu enthüllenden Tiefenstruktur beruht: auf dem Willen« (Schmidt 2002, 199 f.). Dieser Standpunkt dokumentiert sich ebenfalls in den »Fragmenten«: Es geht Schopenhauer nicht um eine erschöpfende historische Darstellung der Philosophiegeschichte, sondern um die Darlegung persönlicher »Gedanken, veranlaßt durch das eigene Studium der Originalwerke« (P I, 36). Daher erfolgt die Abhandlung unter ständiger Maßgabe seines eigenen Werks und erhält eine deutliche historisch-genetische Akzentuierung, in deren Verlauf seine Philosophie sich – durch das Medium historischer Systeme hindurch – ›synthetisiert‹.

Methodisch lässt sich das Werk nach der Einleitung (§ 1) zweiteilen: Die Darstellungen der wichtigsten Positionen der westlichen Philosophie (§ 2–11) exponieren in jedem Paragraphen einen für die Philosophie Schopenhauers selbst konstitutiven Aspekt (hier jeweils in Klammern gesetzt). Der zweite Teil (§ 12–14) enthält Abgrenzungen und Auseinandersetzungen mit der Philosophie der Neuzeit (§ 12) und Kant (§ 13), während im letzten Paragraphen (§ 14) einige konzise Anmerkungen zu seiner eigenen Philosophie gemacht werden (eine andere Aufteilung wird von Neymeyr 2008, 1142, vorgeschlagen).

Erster Teil: § 2–11

§ 2: Vorsokratiker (Transzendentale Ästhetik, Ästhetik der Musik): Unter den Vorsokratikern sind es die Eleaten, denen Schopenhauer das Verdienst zuspricht, als erste die Unterscheidung von Phainomenon und Noumenon getroffen zu haben, welches letztere er mit dem ὄντως ὄν identifiziert (vgl. P I, 36). Eine besondere Betonung erfahren daneben Anaxagoras und Empedokles (vgl. P I, 38 ff.), da Schopenhauer im Verhältnis des νοῦς des Anaxagoras zu φιλία (Liebe) und νεῖκος (Haß) bei Empedokles die bedeutsame Entwicklung von einem rationalen (Intellekt) zu einem irrationalen Ordnungsprinzip (Willen) der Welt vorliegen sieht (vgl. P I, 38). Zudem werden wie bereits in E II, 271 f., φιλία und νεῖκος von Schopenhauer als Ausdruck der Differenzierung zwischen Wesenseinheit und empirischer Vielheit gemäß dem *principium individuationis* betrachtet (vgl. P I, 39). Besondere Erwähnung findet ferner die Philosophie des Pythagoras, in dessen Zahlenlehre Schopenhauer die Basis seiner »Metaphysik der Musik« sieht (vgl. P I, 42 ff.).

§ 3: Sokrates (Metaphysik und Empirie): Schopenhauer stellt Sokrates neben Kant, da beide den Dogmatismus verworfen und sich jeder metaphysischen Spekulation enthalten hätten (vgl. P I, 46). Seinen eigenen Standpunkt grenzt er dabei insofern ab, als er die über die Erfahrung hinausgehende Erkenntnis gleichermaßen verleugne, jedoch die der Auslegung fähige Welt »wie eine Schrift entzifferte« (P I, 46). Diese methodologische Anmerkung gehört zu einer Vielzahl über das Werk verteilter Stellen, die eine hermeneutische Lesart Schopenhauers nahezulegen scheinen, wie sie in der neueren Forschung des Öfteren vertreten wurde (s. Kap. 40).

§ 4: Platon (Sinnlichkeit und Verstand): Der Fokus dieses Paragraphen liegt auf der Differenzierung von Erkenntnisform und -inhalt (vgl. P I, 48 ff.), welche erst durch das Konzept der beiden kantischen Erkenntnisstämme Sinnlichkeit und Verstand im transzendentalen Idealismus synthetisiert worden seien (vgl. P I, 50). Damit verbindet Schopenhauer umgekehrt eine dezidierte Kritik an der leibbefreiten Erkenntnis (wie Platons Seelenlehre im *Phaidon*; vgl. P I, 47 f.) sowie andererseits einer ins Extrem getriebenen empiristischen Position, die in eine materialistisch ausformulierte Metaphysik (wie bei Condillac) einmünde (vgl. P I, 50).

§ 5/11: Aristoteles (Induktivismus/Deduktivismus): Inhaltlich bildet dieser Paragraph einen Komplex mit § 11, da in beiden die historischen Positionen von Aristoteles und Bacon einander gegenübergestellt werden (vgl. P I, 54 und 71 f.). Systematisch erfüllt diese Gegenüberstellung den Zweck einer wissenschaftstheoretischen Differenzierung zwischen Deduktivismus und Induktivismus. Dabei gibt Schopenhauer dem Induktivismus (freilich wegen seiner eigenen Methode) den Vorzug vor dem Deduktivismus des Aristoteles (vgl. P I, 72). Schopenhauers Kritik des Deduktivismus bezieht sich explizit auf die Apodiktizität der zugrundeliegenden Allgemeinaussagen (vgl. ebd.).

§ 6: Stoiker (Willensverneinung): Da Schopenhauer in diesem Paragraphen hauptsächlich auf die mangelhafte Quellenlage hinsichtlich der stoischen Ethik zu sprechen kommt, sind zum Verständnis seiner Haltung zur Stoa die Ausführungen in W I, § 16, und W II, Kap. 16, notwendig, auf die er auch selbst verweist (zum Verhältnis von Schopenhauer zur Stoa vgl. Neymeyr 2008). Stoa und Kynismus seien gleichermaßen durch einen immanenten Eudaimonismus geprägt, der auf die leidensfreie Existenz abziele (vgl. W II, 166 f.). Obschon auf diese Weise die jeweils eine Form von Entsagung lehrenden Maximen von Stoa/Kynismus und Christentum/Indische Philosophie oftmals zusammenträfen, so grenzt Schopenhauer doch anhand ihrer Grundsätze beide deutlich voneinander ab. Demzufolge gehen letztere von der Unmöglichkeit einer leidensfreien Existenz aus, was sich im Christentum sowie beim Asketen als Streben nach Weltüberwindung artikuliere (vgl. W II, 174 f.). Diese auch für Schopenhauers Philosophie charakteristische Disjunktion von weltlicher Existenz und Leidensfreiheit dokumentiert sich später erneut in der Konzeption einer ›Eudaimonologie‹ in den »Aphorismen zur Lebensweisheit« (P I, 331–530; s. Kap. 9.6), welche aus diesem Grunde auch keine ›klassische‹, sondern eine ›Sonderform‹ des Eudaimonismus darstellt (vgl. Alogas 2014).

§ 7: Neuplatoniker (Indische Philosophie): In den Lehren der Neuplatoniker liegt nach Schopenhauer keine eigenständige Philosophie vor, sondern der Versuch, Weisheiten in die westliche Philosophie einzuführen, die originär ›indo-ägyptisch‹ (vgl. P I, 63) seien. Zu diesem Zweck instrumentalisieren die Neuplatoniker das Denken Platons, insofern dessen mystische Aspekte als Verbindungsglied zwischen der indischen und der westlichen Philosophie dienen. Schopenhauer stützt diese Auffassung im Anschluss mit Betrachtungen zu Plotin (vgl. ebd.; zu Schopenhauers Plotin-Lektüre vgl. Kiefer 1941) und Iamblichos von Chalkis (vgl. P I, 64).

§ 8: Gnosis (Theodizee): Was die Gnostiker anbelangt, so vertritt Schopenhauer den Standpunkt, dass diese Systeme lediglich zur Vermittlung bzw. Vereinbarung der Allmacht und Allgüte des christlichen Gottes mit der empirischen Faktizität des Übels dienen. Dies bewerkstellige man durch verschiedene Stufenfolgen im Sinne eines normativen Abstiegs von Gott bis zur Welt (vgl. P I, 65). Diese sehr knappe Kennzeichnung der gnostischen Philosophie erhält auch im übrigen Werk kein ausführlicheres Komplement. Dennoch ließen sich als Ergänzungen zu den Aussagen über die Gnosis die Erwähnungen in W II, Kap. 48, anführen, wo er sie im Hinblick auf Pessimismus und Metempsychose zur Geltung bringt.

§ 9: Scotus Eriugena (Ewige Gerechtigkeit): Schopenhauer zählt Scotus Eriugena als Pantheisten nicht zur eigentlichen Scholastik (vgl. Koßler 1999, 172; zu Scotus Eriugena vgl. auch HN III, 461–469). Er sieht das *punctum saliens* in der Auffassung, das endliche Leben habe als Zweck die Erlösung in der Rückkehr zu Gott. Die dabei entstehende Erklärungsnot hinsichtlich Sünde und Übel resultiere aus dem im Christentum verwurzelten, originär jüdischen Optimismus, der aber dem eigentlich indischen Motiv der Welterlösung widerspreche (vgl. P I, 66). Dieser Widerspruch werde nur dadurch aufgelöst, dass die Welt als genuin von übler Beschaffenheit erkannt wird (vgl. ebd.). Dabei verweist Schopenhauer explizit auf E I, implizit jedoch vor allem auf das Motiv der *ewigen Gerechtigkeit* in W I, § 63. Demnach führt das Vorhandensein des Übels nicht – wie eben u. a. bei Scotus Eriugena – auf die Imputabilität des Menschen aufgrund seiner Freiheit zurück. Vielmehr spricht sich der Wille grundsätzlich durch die Handlungen der (im *principium individuationis* befangenen) Individuen in der Vorstellungswelt als Übel aus (vgl. P I, 68 f.). Der Mensch hat durch seine metaphysisch determinierte Urheberrolle als Willenswesen das Übel zu verantworten und aufgrund dieser »Verschuldung« (W I, 419) gerechterweise zu erdulden.

§ 10: Scholastik (Ideenlehre): Schopenhauer definiert die Scholastik hier in erster Linie über den Universalienstreit (vgl. P I, 69; zu Schopenhauers Stellung zur Scholastik vgl. auch Koßler 1999, 170 ff.; Aby 1930). Dabei führe der Nominalismus zum Materialismus, eine Auffassung, die sich bereits bei den englischen Empiristen findet. Der Realismus sei demgegenüber die »Erweiterung« (P I, 70) der platonischen Ideenlehre. Zumindest an dieser Stelle gibt Schopenhauer allerdings keiner der beiden Positionen einen eindeutigen Vorzug. Eine differenziertere Verortung Schopenhauers in der Kontroverse ließe sich etwa anhand von W II, 68 f., vornehmen (vgl. dazu auch Aby 1930, § 8).

Zweiter Teil: § 12–14

§ 12: Die Philosophie der Neueren: Schopenhauer behandelt über den Großteil des Paragraphen hinweg die neuzeitliche Philosophie (nacheinander Descartes, Malebranche, Leibniz und Spinoza) im Hinblick auf die Problematik des Substanzbegriffes, wobei er bei allen historischen Positionen einen »Rest« (P I, 72) feststellt, der in der jeweiligen Systematik nicht aufgehe. Der entscheidende Schritt zur Entschlüsselung der Welt, d. h. der einzig »wahre Eingang des Labyrinthes« (P I, 73) sei die Erhebung des Willens zum inneren Gehalt der Welt. Diesen (eben seinen) Punkt wiederum leitet Schopenhauer anhand einer kurzen Entwicklungsgeschichte her, die zunächst auf Berkeley verweist. Dessen entscheidende Subjektivierung des Denkens mache ihn zum »Vater des Idealismus« (P I, 82). Berkeleys Denken sei die Grundlage für die kantische Sonderung des Subjektiven vom Objektiven durch die Verortung der Substanz als Verstandeskategorie. Das Objektive verbleibe durch diese Subjektivierung als »ganz dunkler Punkt« (P I, 83), als Ding an sich. Sich selbst spricht Schopenhauer den Abschluss dieser Entwicklung zu, nämlich hier noch weiter in das Subjektive, d. h. in Relation zum Objektiven Unmittelbarere, vorgedrungen zu sein und das im Selbstbewusstsein erkennbare Ding an sich mit dem *Willen* identifiziert zu haben (vgl. ebd.).

§ 13: Einige Anmerkungen zur Kantischen Philosophie: Dass Schopenhauer in den *Fragmenten* stets seine eigene Philosophie als Schablone anlegt, dokumentiert sich in diesem Paragraphen dahingehend, dass er nicht ausschließlich auf Kant, sondern auf eine Transzendentalphilosophie überhaupt abhebt (vgl. P I, 88). Vor allem im weiteren Verlauf der Darstellung und Auseinandersetzung mit Kants Philosophie wird deutlich, dass Schopenhauer stets den transzendentalen Idealismus eigener Prägung zur Geltung bringt. Formal lässt sich dieser Paragraph in zwei Teile gliedern: Der erste Teil (P I, 84–103) behandelt die Transzendentalphi-

losophie im Allgemeinen sowie die transzendentale Ästhetik. Im zweiten Teil (P I, 103–145) thematisiert Schopenhauer die transzendentale Dialektik.

a) Transzendentale Ästhetik: Bedeutsam sind in diesem Hinblick besonders die Abhandlung des Verstandes als eines anschauenden Vermögens und die Subsumierung der Kausalität unter die apriorischen Anschauungsformen, welche Modifikationen genuin Schopenhauerscher Provenienz darstellen (vgl. P I, 90, 92). Auch Kants Ableitung des Dings an sich problematisiert Schopenhauer stets durch eine Kontrastierung mit seiner eigenen Philosophie, in welcher er diese Ableitung durch das Kausalitätsprinzip als Anschauungsform vornimmt:

> »Auf jene empfundene Veränderung im Sinnesorgane nämlich wird zunächst, mittelst einer nothwendigen und unausbleiblichen Verstandesfunktion *a priori*, das *Gesetz der Kausalität* angewandt: dieses leitet, mit seiner apriorischen Sicherheit und Gewißheit, auf eine *Ursache* jener Veränderung, [...] wodurch nun also jene nothwendig vorauszusetzende *Ursache* sich sofort anschaulich darstellt, als ein *Objekt* im Raume, welches die von ihr in unsern Sinnesorganen bewirkten Veränderungen als seine Eigenschaften an sich trägt« (P I, 98 f.; vgl. dazu auch G, § 21).

Anschließend werde analog auf den Willen als metaphysisches Seinsprinzip geschlossen, so dass diese Erkenntnis zum »Ausleger des *Bewußtseyns anderer Dinge*« (P I, 100) wird.

b) Transzendentale Dialektik: Schopenhauer behandelt die transzendentale Dialektik grob nach dem von Kant vorgenommenen Aufteilungsschema der transzendentalen Ideen: Seele, Welt, Gott.

Zunächst konzentriert sich Schopenhauer hierbei auf den *Paralogismus der Persönlichkeit* (vgl. KrV, A 361 f.; bereits vorher findet sich die Auseinandersetzung in W I, 559 ff.): Die Beharrlichkeit der Seele zu denken sei nicht möglich, da Fortdauer, Vergehen und Beharrlichkeit nur in Bezug auf die Anschauungswelt (die Kombination aus Zeit, Raum und Kausalität) gelten, während deren Anwendung auf immaterielle Dinge (wie die Seele) eine ›Amphibolie‹ darstelle (vgl. P I, 108 f.).

Hinsichtlich der *rationalen Kosmologie* thematisiert Schopenhauer die erste kantische Antinomie (KrV, A 424 ff.). Wie er bereits in W I zu erkennen gegeben hat, ist die Annahme der Antinomien für ihn ein »Scheinkampf« (W I, 585). In der Auflösung der Antinomie (wie bei allen kantischen Antinomien, vgl. dazu auch W I, Anhang, 585) behauptet Schopenhauer die »Wahrheit der ›Antithese‹« und nimmt so den Standpunkt eines (wie Kant schreibt) dogmatischen Empirismus (vgl. KrV, B 499) ein.

Die Gottesbeweise der *rationalen Theologie* schließlich beruhen nach Schopenhauer auf zwei Formen des Satzes vom Grunde: Der kosmologische (mit dem lediglich als dessen Zusatz definierten physikotheologischen) Beweis verfolge demnach den Satz vom Grunde des Werdens (vgl. P I, 113). Schopenhauers Kritik daran speist sich aus der Auffassung, dass er auf einer fälschlichen Anwendung des Kausalitätsprinzips auf das Verhältnis zwischen Welt und einer Ursache außerhalb der Welt beruhe. Der ontologische Beweis hingegen verfahre nach dem Satz vom Grunde des Erkennens (vgl. ebd.). Der Fehler resultiere dabei aus einer Verwechslung der beiden ersten Formen des Satzes vom Grunde (vgl. P I, 116; G, § 7). Die Prädikation der Existenz beruhe prinzipiell auf der ersten Form (Kausalität), wohingegen der Beweis lediglich einen logischen Grund (d. h. Erkenntnisgrund) angebe.

Seine dezidierte Gegnerschaft mit jeder Vermischung von Philosophie und Religion (vgl. W II, 185) so wie auch der Idee einer *theologia naturalis* (Schopenhauer ›akzeptiert‹ nur die Offenbarungsreligion, vgl. dazu z. B. P I, 138) macht Schopenhauer im Zuge dieses letzten Punktes noch anhand einer Kritik des Theismus deutlich. Diese besteht in dem Versuch, die ›Zugeständnisse‹ Kants an die Religion gegen jede argumentative Nutzbarmachung durch den Theismus abzuschirmen. So dürfe die Einführung Gottes als eines regulativen Prinzips (vgl. KdU, § 87) nicht theistisch beerbt werden, da hierbei die Attribute des Anthropomorphismus, der Intellektualität und der Personalität fehlten, welche konstitutiv für Gott seien (vgl. P I, 122 ff.): »Ein unpersönlicher Gott ist gar kein Gott, sondern bloß ein mißbrauchtes Wort« (P I, 122). Die zweite Stütze des Theismus in der kantischen Philosophie sei dessen Auffassung von der Unwiderlegbarkeit Gottes (vgl. P I, 128 f.). Schopenhauer führt daraufhin drei Argumente gegen eine Annahme Gottes ins Feld, wobei alle mit der Prämisse der Geschöpflichkeit von Mensch und Welt arbeiten: (1) die Theodizee-Problematik (vgl. P I, 129); (2) die Unmöglichkeit moralischer Zurechnungsfähigkeit angesichts der geschöpflichen Determiniertheit des Menschen (vgl. P I, 129 ff.) und (3) die Fortdauer des Menschen nach dem Tode, die nur im Falle menschlicher ›Aseität‹ plausibel denkbar sei und daher wiederum mit dessen Geschöpflichkeit kollidiere (vgl. P I, 131 ff.).

§ 15: *Einige Bemerkungen über meine eigene Philosophie:* Der Schlussparagraph enthält zunächst einen konzisen methodischen Abriss hinsichtlich Schopenhauers eigener Philosophie. Diese könne man als »immanenten Dogmatismus« (P I, 139) bezeichnen, insofern sie zwar dogmatische Lehrsätze enthalte, jedoch keine transzendente Welt beschreibe. Es komme ihm darauf an, die Phänomenwelt auf ihren letzten erfassbaren Gehalt hin zu verfolgen. Sein Verfahren sei insofern nicht synthetisch, sondern analytisch (vgl. P I, 140). Im Gegensatz zu den anderen neuzeitlichen Positionen sei der Wille nichts den Dingen äußerliches, sondern wirke vielmehr *in* ihnen (vgl. P I, 141 f.). Auf diesem Gedanken beruhe auch die Identität von Täter und Dulder (vgl. ebd.), womit Schopenhauer erneut auf das Konzept der *ewigen Gerechtigkeit* in W I, § 63, anspielt. Die Unzeitgemäßheit der sich aus diesem Gedanken speisenden, pessimistischen Perspektive ist ihm dabei durchaus bewusst. Er merkt jedoch an, dass das Leben ihn vor die »Wahl gestellt [habe; K. A.], entweder die Wahrheit zu erkennen, aber mit ihr Niemanden zu gefallen; oder aber, mit den Andern das Falsche zu lehren, unter Anhang und Beifall« (P I, 144).

Literatur

Aby, Heinrich: *Schopenhauer und die Scholastik.* Heidelberg 1930.
Alogas, Konstantin: Enthält Schopenhauers Philosophie einen Eudaimonia-Begriff? In: *Schopenhauer-Jahrbuch* 95 (2014), 71–89.
Kant, Immanuel: *Werke in sechs Bänden.* Hg. von Wilhelm Weischedel. Darmstadt 1983 [KrV: *Kritik der reinen Vernunft.* Bd. II; KdU: *Kritik der Urteilskraft.* Bd. V].
Kiefer, Otto: Schopenhauer und Plotin. In: *Schopenhauer-Jahrbuch* 28 (1941), 247–257.
Koßler, Matthias: *Empirische Ethik und christliche Moral.* Würzburg 1999.
Neymeyr, Barbara: Ataraxie und Rigorismus. Schopenhauers ambivalentes Verhältnis zur stoischen Philosophie. In: Dies./Jochen Schmidt/Bernhard Zimmermann (Hg.): *Stoizismus in der europäischen Philosophie, Literatur, Kunst und Politik.* Bd. 2. Berlin 2008, 1141–1164.
Schmidt, Alfred: Arthur Schopenhauer und die Geschichte. In: *Schopenhauer-Jahrbuch* 83 (2002), 189–203.

Konstantin Alogas

9.3 »Ueber die Universitäts-Philosophie«

Die berühmt-berüchtigte Abrechnung Schopenhauers mit der »Universitäts-Philosophie« (ein Ausdruck, der vermutlich von ihm selbst geprägt wurde, vgl. Schneider 1998, 5) wurde im ersten Band der *Parerga und Paralipomena* veröffentlicht, in dem im Unterschied zum zweiten Band längere, in sich geschlossene Aufsätze ihren Platz haben. Gleich zu Beginn der Schrift stellt Schopenhauer »die Philosophie als Profession der Philosophie als freier Wahrheitsforschung, oder die Philosophie im Auftrage der Regierung der Philosophie im Auftrage der Natur und der Menschheit« (P I, 149) gegenüber. Diese Konfrontation zieht sich durch die ganze Abhandlung hindurch, die zu dem Schluss kommt, dass der Unterricht in Philosophie an den Universitäten derselben eher abträglich ist und daher »streng zu beschränken« sei »auf den Vortrag der Logik, als einer abgeschlossenen und streng beweisbaren Wissenschaft, und auf eine ganz *succinte* vorzutragende und durchaus in Einem Semester von Thales bis Kant zu absolvirende Geschichte der Philosophie, damit sie, in Folge ihrer Kürze und Uebersichtlichkeit, den eigenen Ansichten des Herrn Professors möglich wenig Spielraum gestatte« (P I, 208).

Den Grund für die Schädlichkeit der Universitätsphilosophie sieht Schopenhauer zum einen in der Abhängigkeit der »Kathederphilosophen« von der sie besoldenden Regierung, durch die sie gezwungen sind ihre Lehre nach deren Zwecken auszurichten und insbesondere »mit durchgängiger Rücksicht auf die Landesreligion« (P I, 150) vorzutragen. Zum anderen ist es überhaupt der Umstand, dass die Universitätslehrer die Philosophie zu ihrem »Brodgewerbe« (P I, 164) machen, was – wie Schopenhauer mit einer Reihe von Zitaten antiker Philosophen, angefangen mit Platons Kritik an den Sophisten, belegt – der wahren Philosophie nicht ziemt. Seine eigene Kritik ist allerdings ungleich schärfer, wenn er von »jenen zu Staatszwecken gedungenen Geschäftsmännern der Katheder, die mit Weib und Kind von der Philosophie zu leben haben« (P I, 158) spricht oder von den »Herren der lukrativen Philosophie« (P I, 159). Immer wieder kommt er auf den Punkt zurück, dass diejenigen, »die *von* der Philosophie leben wollen, höchst selten eben Die seyn werden, welche eigentlich *für* sie leben« (P I, 192) weil »die Einsichten bald genug aus dem Felde geschlagen sind, wenn man Absichten gegen sie aufmarschiren läßt« (P I, 178).

Wahre Philosophie aber muss von allen Absichten und Zielsetzungen frei sein: »Nie wird man in der Lösung der Probleme, welche unser so unendlich räthselhaftes Daseyn uns von allen Seiten entgegenhält, auch nur einen Schritt weiter kommen, wenn man nach einem vorgesteckten Ziel philosophirt« (P I, 204). Diese Auffassung von der Philosophie als Selbstzweck greift nicht nur die klassische Autonomie der Wahrheitssuche auf, sondern ist insbesondere auch aus Schopenhauers eigener Lehre zu verstehen. Nach ihr steht das Erkennen normalerweise im Dienst des Willens, d. h. es ist von Absichten und Zwecken geleitet. Nur in seltenen Ausnahmefällen, beim künstlerischen Genie, beim heiligen Asketen und beim echten Philosophen geschieht es, dass das Erkennen sich vom Willen löst und dadurch eine »willensfreie Aktivität des Intellekts« möglich wird, die »die Bedingung der reinen Objektivität und dadurch aller großer Leistungen ist« (P I, 189). Ihnen steht die große Masse der »normalen« Menschen gegenüber, die »Fabrikwaare der Natur«, die Schopenhauer drastisch charakterisiert: »so Einer mit der normalen Ration von drei Pfund groben Gehirns, hübsch fester Textur, in zolldicker Hirnschaale wohl verwahrt, beim Gesichtswinkel von 70°, dem matten Herzschlag, den trüben, spähenden Augen, den stark entwickelten Freßwerkzeugen, der stockenden Rede und dem schwerfälligen Gange, als welcher Takt hält mit der Krötenagilität seiner Gedanken« (P I, 209). Philosophie zu betreiben erfordert besondere, seltene Anlagen: Es ist die »Aristokratie der Natur«, die »den hohen Beruf des Nachdenkens über sie« nur wenigen erteilt (P I, 189).

Die Universität kann dieser Auffassung von einer »Philosophie im Auftrage der Natur« nicht entsprechen. Die Bezahlung von Professoren durch den Staat ist gerade im Fall der Philosophie mit Erwartungen und Absichten verknüpft, weil »kein Lehrfach auf die innere Gesinnung der künftigen gelehrten, also den Staat und die Gesellschaft eigentlich lenkenden Klasse so viel Einfluß habe, wie gerade dieses« (P I, 205 f.). Gegen diese Absichten ist nach Schopenhauer im Grunde auch nichts einzuwenden (vgl. P I, 157), aber für die Philosophie hat das nicht nur zur Folge, dass sie durch unfähige oder mittelmäßige Denker öffentlich repräsentiert wird, sondern dass die Taktiken, ihresgleichen Bedeutung zu verschaffen, und der Eifer, den Interessen des Staats zuwiderlaufende Wahrheiten zu unterdrücken, die wenigen zur Philosophie Befähigten behindern. Zu diesen Taktiken zählt Schopenhauer die Bildung von Cliquen und Koalitionen, innerhalb derer man sich gegenseitig zitiert und hochjubelt, die Ausbildung eines schwierig und gelehrt klingenden »Jargons« (P I, 169), das Verbergen der Inhalts- und Ratlosigkeit unter leeren Phrasen und Worten und die Bemächtigung der Publikationsorgane. Diese auch heute noch durchaus aktuellen Erscheinungen des Wissenschaftsbetriebs fasst Schopenhauer unter dem Ausdruck »Spaaßphilosophie« (P I, 167) zusammen, der er den »furchtbaren Ernst, mit welchem das Problem des Daseyns den Denker ergreift und sein Innerstes erschüttert« (P I, 169) gegenüberstellt.

Wenn die Polemik Schopenhauers gegen die Universitätsphilosophie somit auch sachliche und prinzipielle Argumente enthält, so hat ihre Schärfe doch persönliche und zeitgebundene Hintergründe; freilich ist Schopenhauer bekannt für seinen beißenden Spott und die sprachlich ausgefeilten Grobheiten, aber die Schrift gegen die Universitätsphilosophie ragt in dieser Hinsicht noch heraus; sie liest sich über weite Strecken wie eine bloße Schmähschrift gegen die Philosophen des Deutschen Idealismus, insbesondere gegen den »plumpe[n] und ekelhafte[n] Scharlatan Hegel« (P I, 179) und dessen »Afterphilosophie« (P I, 173). Selbst wo der Name Hegel nicht fällt, etwa bei der oben angeführten Beschreibung des ›Normalmenschen‹, ist der Bezug auf ihn deutlich. Hinzu kommt, dass Schopenhauer nicht immer derart ablehnend gegenüber der Universitätsphilosophie eingestellt war. Als er seine Kaufmannslehre abgebrochen hatte und sich auf die lang ersehnten Studien am Gymnasium und an den Universitäten warf, war es natürlich nicht sein Ziel, Privatgelehrter zu bleiben, sondern er wollte an der Universität lehren, und zwar an der neuen, führenden Universität in Berlin, an der Fichte gelehrt hatte und Hegel gerade lehrte. Auch wenn er bald keine Vorlesungen mehr hielt, so blieb Schopenhauer doch 12 Jahre lang dort Privatdozent. Später versuchte er ohne Erfolg, sich nach Würzburg und Heidelberg umzuhabilitieren (s. Kap. 3). Erst Ende der 1820er Jahre finden sich die ersten Angriffe auf die Universitätsphilosophie (vgl. HN III, 585), die nach dem Tode Hegels, vor allem im Zusammenhang mit den zahlreichen Entwürfen von Vorreden für eine zweite Auflage des Hauptwerks, zahlreicher werden und teilweise später in die veröffentlichte Schrift eingehen (vgl. HN IV (1), 128, 158, 172).

Es liegt nahe, die Wendung gegen die Universitätsphilosophie und die Wut auf die Professoren aus dem Umkreis des Deutschen Idealismus mit Schopenhauers eigenem Misserfolg und dem Scheitern seiner akademischen Karriere zu erklären. Bei seinem Antritt an der Berliner Universität hatte er sich als »Rächer« (VN I, 58) der Philosophie angekündigt, der ihr wieder zu Glanz und Ansehen verhilft; doch der geplante große

Auftritt fiel ins Wasser: Seine zeitgleich mit dem Hauptkolleg Hegels gelegte Vorlesung wurde nicht besucht und sein Hauptwerk in der akademischen Öffentlichkeit kaum zur Kenntnis genommen. Dass seine Abneigung gegen die Universitätsphilosophen von der Verbitterung über dieses Scheitern genährt wurde, wird von Schopenhauer auch gar nicht verhohlen:

»Der Spaaß bei der Sache ist, daß diese Leute sich Philosophen nennen, als solche auch über mich urtheilen, und zwar mit der Miene der Superiorität, ja, gegen mich vornehm thun und vierzig Jahre lang gar nicht würdigten auf mich herabzusehn, mich keiner Beachtung werth haltend« (P I, 152).

Es wäre jedoch falsch, die Abneigung Schopenhauers gegen die Universitätsphilosophie allein auf Verbitterung oder gar Neid zurückzuführen. Bereits geraume Zeit vor den enttäuschenden Ereignissen, als er im Anschluss an seine Promotion zu einer Vorlesungstätigkeit in Jena angeregt wurde, betrachtete er es eher als eine auferlegte »Pflicht [...] eine Akademische Laufbahn anzutreten« (GBr, 10), und später in Briefen, in denen er sich an verschiedenen Universitäten nach der Möglichkeit einer Habilitation erkundigte, ließ er die Empfänger wissen, dass er »ganz außerordentlich gering« von den Philosophen denke, die »unmittelbar in und auf ihre Zeitgenossen eine Wirkungssphäre suchen«, während das »Streben des eigentlichen Gelehrten auf die Menschheit im Ganzen zu allen Zeiten und in allen Ländern gerichtet sein müsse« (GBr, 44 f.). Wie später in der Schrift über die Universitätsphilosophie, so wird auch hier schon dem geschriebenen Werk der Vorrang vor der akademischen Tätigkeit gegeben (vgl. Koßler 2013, 220; Schneider 1998, 43). Letztlich war Schopenhauers Einstellung zur akademischen Anerkennung zwiespältig, wie er in einer Aufzeichnung nach zwei erfolglosen Jahren an der Universität selbst feststellt:

»Wenn ich zu Zeiten mich unglücklich gefühlt, so ist dies mehr nur vermöge einer méprise, eines Irrthums in der Person geschehen, ich habe mich dann für einen Andern gehalten, als ich bin, und nun dessen Jammer beklagt: z. B. für einen Privatdocenten, der nicht Professor wird und keine Zuhörer hat [...] Wer aber bin ich denn? Der, welcher die Welt als Wille und Vorstellung geschrieben und vom großen Problem des Daseyns eine Lösung gegeben hat, welche vielleicht die bisherigen antiquiren, jedenfalls aber die Denker der kommenden Jahrhunderte beschäftigen wird. Der bin ich, und was könnte den anfechten in den Jahren, die er noch zu athmen hat?« (HN IV (2), 109)

Sicher wird auch die unter selbständigen Unternehmern verbreitete Verachtung gegen Staatsdiener und deren Abhängigkeit einen Einfluss auf Schopenhauers Urteil gehabt haben, bedenkt man, dass sein Vater seiner unternehmerischen Freiheit zuliebe das Angebot des preußischen Königs auf die Staatsbürgerschaft ausschlug und die Stadt Danzig verließ; diese Haltung, die in dem Wappenspruch der Familie »Kein Glück ohne Freiheit« (s. Kap. 1) Ausdruck fand, kehrt auch in Schopenhauers Forderung wieder, dass der Wahrheit »die Atmosphäre der Freiheit unentbehrlich« (P I, 161) sei, die das Besoldungsverhältnis des Philosophie-Professors ausschließe. In einer geplanten Widmung der zweiten Auflage des Hauptwerks dankt er seinem Vater für die Erbschaft, die ihn davor bewahrt habe, »wetteifernd mit *médiocre & rampant* vor Ministern und Räthen zu kriechen« (HN III, 379 f., vgl. 538). Darüber hinaus sind jedoch auch die historischen Verhältnisse an den Universitäten zu berücksichtigen. Die *Parerga und Paralipomena* erschienen ein Jahr nach dem Materialismusstreit, auf den Schopenhauer auch implizit Bezug nimmt, wenn er den damaligen philosophischen und literarischen Zustand beschreibt:

»Unwissenheit mit Unverschämtheit verbrüdert an der Spitze, Kamaraderie an der Stelle der Verdienste, völlige Verworrenheit aller Grundbegriffe, gänzliche Desorientation und Desorganisation der Philosophie, Plattköpfe als Reformatoren der Religion, freches Auftreten des Materialismus und Bestialismus, Unkenntniß der alten Sprachen und Verhunzen der eigenen« (P I, 187).

Die Zeit, in der Schopenhauer seine Vorwürfe gegen die Philosophie-Professoren erhebt, ist eine, in der sich in Deutschland die Universitäten und ihr Verhältnis zu Staat und Kirche stark veränderten. 1810 war unter der Ägide von Wilhelm von Humboldt in Berlin die erste Universität eines neuen Typus gegründet worden, die bald weitere Gründungen nach sich zog. Die neuen Universitäten waren größer und weniger auf Ausbildung zu Berufen als auf Bildung und Erziehung des ganzen Menschen ausgerichtet (vgl. Paulsen 1921, 238 f.). Dadurch wurden die unteren Fakultäten aufgewertet, und da das Bildungsideal sich am klassischen Griechentum orientierte, gelangten Philosophie und die klassischen Philologien in eine führende

Stellung an der Universität. Die Philosophie erhob den Anspruch, anstelle der durch die Aufklärung zurückgedrängten Offenbarungsreligion die Welt zu deuten und zu erklären. Damit wurde das Prinzip der Wahrheit, unter dem die unteren Fakultäten standen, mit dem den oberen Fakultäten (Theologie, Jurisprudenz und Medizin) obliegenden gesellschaftlichen Interesse vermengt (vgl. Kopper 1988, 22 f.). Nicht zufällig waren Fichte und Hegel, die mit einer »Wissenschaftslehre« oder einem »System der Wissenschaft« die Totalität der öffentlichen Vernunft repräsentieren wollten, Rektoren der Berliner Universität (vgl. Schneider 1998, 19; Mehring 2008, 271 f.). Die Blütezeit der neuhumanistischen Universität währte indessen nicht lange. Als Schopenhauer Privatdozent wurde, lagen die Karlsbader Beschlüsse, mit denen der Staat restriktiv in das Bildungswesen eingriff, gerade ein Jahr zurück. In der Folgezeit, und verstärkt nach dem Regierungsantritt Friedrich Wilhelms IV. (1840) wurde versucht, die klassische Bildung zugunsten einer wieder stärker an der Religion ausgerichteten Lehre zurückzudrängen, was schließlich nach der gescheiterten Revolution von 1848 in eine reaktionäre Bildungspolitik mündete. Bei der dominanten Rolle der Philosophie geriet sie natürlich in besonderem Maße unter den staatlichen Druck, diese Entwicklung zu tragen und zu befördern.

Schopenhauer sieht die Gefahren, die entstehen, wenn die Philosophie eine so herausgehobene Stellung an der Universität erlangt hat, dass sie für den Staat und seine Zwecke interessant wird (vgl. Schneider 1998, 21). Als freies Denken des Einzelnen kann sie die Erwartungen der Regierung nicht erfüllen, und in vermeintlich unbeschränkter Macht auf dem Gebiet des Wissens den Interessen des Staates dienend droht sie zur Scharlatanerie zu werden, wie sie Schopenhauer Hegel vorwirft (vgl. Kopper 1988, 26 f.). Darin liegt der tiefere Grund für Schopenhauers Forderung nach einer Beschränkung der Lehrtätigkeit von Philosophie-Professoren auf Logik und Philosophiegeschichte, die mit der sich im 19. Jahrhundert vollziehenden »Historisierung der Vernunft« (vgl. Schneider 1998) gewissermaßen erfüllt wird. Auch die Einschätzung Schopenhauers, dass echte Philosophie nicht an den Universitäten, sondern privat betrieben wird, dass »von jeher sehr wenige Philosophen Professoren der Philosophie gewesen sind, und verhältnismäßig noch weniger Professoren der Philosophie Philosophen« (P I, 161) erhält eine Bestätigung durch die Folgen der reaktionären Bildungspolitik: Nach dem Zusammenbruch des Deutschen Idealismus bis zum Ende des 19. Jahrhunderts kamen in der Tat die wesentlichen Impulse für die Philosophie von Denkern, die außerhalb der Universität standen (vgl. Kopper 1988, 21), wie neben Schopenhauer selbst etwa Feuerbach, Marx und Kierkegaard.

Schopenhauers Haltung zu diesen Entwicklungen an den Universitäten ist nicht frei von Vereinfachungen und Widersprüchlichkeiten. So werden von ihm unterschiedslos alle negativen Begleiterscheinungen und Folgen für die Philosophie dem Deutschen Idealismus und insbesondere der »Hegelei« (P I, 177 ff.) angelastet. Hegel ist für ihn paradigmatisch, weil er zum einen die Universität im Sinne der neuen Rolle der Philosophie geradezu unumschränkt beherrschte, und zum anderen, weil er mit seiner »empörenden Lehre [...] daß die Bestimmung des Menschen im *Staat* aufgehe, – etwan wie die der Biene im Bienenstock« (P I, 164) eine »Apotheose des ›Staats‹« (P I, 205) betrieben habe, die genau zu einer Philosophie im Auftrag der Regierung passt. Dabei übersieht er, dass die Vormachtstellung der Philosophie den Reformen zu verdanken war, die von der konservativen Regierung gerade zurückgenommen wurden, und verschweigt, dass die Philosophie Hegels auch religionskritische Momente hat, die im Linkshegelianismus weitergeführt wurden; Schopenhauer wusste sehr wohl, dass auch Hegelianer unter den Repressionen des Staates zu leiden hatten (vgl. P I, 155).

Trotz seiner Kritik an den Folgen, die ihre herausragende Rolle nach der Universitätsreform mit sich bringt, stimmt Schopenhauer aber grundsätzlich dem Anspruch der Philosophie auf Deutungshoheit zu und unterscheidet sich in dieser Hinsicht nicht von Hegel (s. Kap. 21): Indem ihr Problem »das selbe ist, worüber auch die Religion, in ihrer Weise, Aufschluß ertheilt« (P I, 150), begründet die Philosophie »die Denkungsart des Zeitalters« (P I, 166). Aber Schopenhauer sieht dies noch als eine Aufgabe an, die, wenn überhaupt, nicht an der Universität erfüllt werden kann, weil den Beruf dazu »nur die Natur, nicht aber das Ministerium des öffentlichen Unterrichts ertheilen kann« (P I, 193). Zugleich schränkt er – und das unterscheidet ihn von Hegel – den Anspruch der Philosophie auch aufgrund seiner vernunftkritischen Konzeption wieder ein, wenn er als weiteres Argument gegen die Universitätsphilosophie anführt: »Aber eine Wissenschaft, die noch gar nicht existirt, die ihr Ziel noch nicht erreicht hat, nicht einmal ihren Weg sicher kennt, ja deren Möglichkeit noch bestritten wird, eine solche Wissenschaft durch Professoren lehren zu lassen ist eigentlich absurd« (ebd.).

Wenn trotz dieser Skepsis die Philosophie die einheitsstiftende Funktion der Religion übernehmen soll, nicht im Auftrag der Regierung in Form einer »spekulativen Theologie« (P I, 196) oder des »Kentauren« (P I, 153) Religionsphilosophie, sondern indem sie »keinen anderen Zweck als die Wahrheit« (P I, 158) kennt, dann sollte der Staat sich ganz heraushalten, die Philosophie gewähren lassen, »ohne Beihülfe, aber auch ohne Hindernisse« (P I, 208). Dass dann einmal eine Universitätsphilosophie möglich wäre, die anders zu beurteilen wäre als der Zustand, den Schopenhauer zu seiner Zeit geißelt, schließt er nicht aus, wenn er in der Vorrede zum Hauptwerk schreibt: »Damit aber meine Philosophie selbst kathederfähig würde, müßten erst ganz andere Zeiten heraufgezogen seyn« (W I, XXVIII).

Literatur

Kopper, Joachim: Ist Schopenhauers Philosophie kathederfähig? In: *Schopenhauer-Jahrbuch* 69 (1988), 21–28.

Koßler, Matthias: Philosophie im Auftrage der Natur und Philosophie im Auftrage der Regierung – Schopenhauers Kritik der Universitätsphilosophie. In: *Schopenhauer-Jahrbuch* 94 (2013), 217–228.

Mehring, Reinhard: Die Berliner Universitätsphilosophie als Geschichte und als Mythos. In: István M. Fehér/Peter L. Oesterreich (Hg.): *Philosophie und Gestalt der Europäischen Universität*. Stuttgart-Bad Cannstatt 2008, 253–283.

Paulsen, Friedrich: *Geschichte des gelehrten Unterrichts auf deutschen Schulen und Universitäten vom Ausgang des Mittelalters bis zur Gegenwart*. Bd. 2. Berlin/Leipzig ³1921.

Schneider, Ulrich Johannes: *Philosophie und Universität. Historisierung der Vernunft im 19. Jahrhundert*. Hamburg 1998.

Matthias Koßler

9.4 »Transscendente Spekulation über die anscheinende Absichtlichkeit im Schicksal des Einzelnen«

Im ersten Band der *Parerga und Paralipomena* folgt dem hier besprochenen vierten Kapitel der »Versuch über das Geistersehn und was damit zusammenhängt« (s. Kap. 9.5). In beiden Kapiteln bezieht Schopenhauer auch prophetische Träume, Hellsehen und verwandte Phänomene in seine Überlegungen ein. Während der »Versuch« stärker auf empirische Belege zugreift und eine physiologische Traumtheorie entwickelt, hebt Schopenhauer bereits im Titel des hier besprochenen Kapitels den spekulativen Charakter der Abhandlung über die »anscheinende Absichtlichkeit« hervor, in der der immanente, empirische Standpunkt zugunsten einer, so Schopenhauer, »metaphysischen Phantasie« (P I, 203 (Lü)) aufgegeben wird. Doch wäre es verfehlt, aus dem für Sigmund Freuds »Jenseits des Lustprinzips« maßgeblichen Aufsatz (vgl. Atzert 2005) einen unkritischen Hang Schopenhauers zur Esoterik herauszulesen. In der Betonung der Vermeintlichkeit der Absichtlichkeit äußert sich die Skepsis, mit der er nicht erst seiner Erklärung, sondern bereits der Themenstellung begegnet. Hinter dem, was nur scheinbar Absicht ist, eine übernatürliche Lenkung zu vermuten, sei nichts als »das Kind unsrer Bedürftigkeit« (P I, 203 (Lü)). Tatsächlich werde die Welt vom Zufall regiert, wobei allerdings zu berücksichtigen sei, dass der Mensch Situationen, in denen sich ein Unglück erst im Nachhinein als Glück herausstelle, als Irrtümer auffasse, wodurch dieser zum Mitregenten des Weltherrschers Zufall werde (vgl. P I, 204 (Lü)).

Nach diesen einführenden apodiktischen Spitzen verfolgt Schopenhauer umso schlüssiger den nach eigener Aussage verwegensten aller Gedanken, dem Zufall eine Absicht zu unterstellen. Zur philosophischen Begründung zieht er zuerst seine Theorie des demonstrablen Fatalismus heran und entwickelt dann den sogenannten transzendenten Fatalismus. Ersterer bedeutet, dass alles Geschehen strenger Notwendigkeit folge. Der sogenannte freie Wille sei ja deshalb unfrei, weil er, wie aus dem Satz vom Grunde hervorgehe, an Ursachen gebunden sei. Ein tatsächlich freier Wille wäre zwar nicht durch Ursachen bestimmt, aber »bei diesem Begriff geht das deutliche Denken uns deshalb aus, weil der Satz vom Grunde, in allen seinen Bedeutungen, die wesentliche Form unseres Erkenntnißvermögens ist, hier aber aufgegeben werden soll« (E, 48 (Lü)). Insofern sei alles vorherbestimmt, wenn auch aufgrund der Vielzahl der regelförmig ablaufenden Kausalverkettungen nicht überschaubar. Hierzu ist anzumerken, dass der demonstrable Fatalismus keine Antwort auf die Frage nach dem Sinn des Schicksals für das Individuum bietet, er dient nur als propädeutische Vorbemerkung für die Ausführungen Schopenhauers zum transzendenten Fatalismus, der die eigentliche metaphysische Begründung für das Schicksal des Einzelnen liefert.

Der transzendente Fatalismus ergebe sich nicht aus theoretischer Erkenntnis, sondern aus der Erfahrung außergewöhnlicher Situationen und Umstände, deren Außergewöhnlichkeit vom Individuum deshalb bemerkt wird, weil sie ihm förderlich sind und daher von moralischer oder innerer Notwendigkeit gekennzeichnet scheinen, aber auch ganz zufällig sind (vgl. P I, 206 (Lü)). Im Rückblick sehe es aus, als habe eine »fremde Macht« (P I, 210 (Lü)) den Einzelnen mittels der Umstände gelenkt. Dies sei ein Erfahrungswert, der nicht der ordnenden Phantasie zugeschrieben werden könne, denn ein projizierendes Denken wäre nicht in der Lage, sich die ganz besonderen, individuell angepassten Umstände einfallen zu lassen: Das Verwunderliche sei doch, dass Inneres und Äußeres ineinandergriffen, »durch eine im tiefsten Grunde der Dinge liegende Einheit des Zufälligen und Nothwendigen« (P I, 209 (Lü)). Die Einheit von Notwendigkeit und Zufall erkennt Schopenhauer darin wieder, dass sich die »eigenthümliche Individualität jedes Menschen in physischer, moralischer und intellektueller Hinsicht« aus der Verbindung des »moralischen Charakters des Vaters« und »der intellektuellen Fähigkeit der Mutter« ergebe, »die Verbindung dieser Eltern nun aber, in der Regel, durch augenscheinlich zufällige Umstände herbeigeführt worden ist. Hier also drängt sich uns die Forderung, oder das metaphysisch-moralische Postulat, einer letzten Einheit der Nothwendigkeit und Zufälligkeit unwiderstehlich auf« (P I, 211 (Lü)). So ist »das Zufälligste [...] nur ein auf entfernterem Wege herangekommenes Nothwendiges« (P I, 215 (Lü)), jedoch nicht »durch Erkenntniß geleitet, sondern vermöge einer aller Möglichkeit der Erkenntniß vorhergängigen Nothwendigkeit höherer Art« (P I, 214 (Lü)).

Die Überlegungen, die in der »Spekulation« veröffentlicht wurden, stehen zum Teil im 1828 begonnenen Band »Adversaria« des *Handschriftlichen Nachlaß*. Dort lesen wir, dass neben dem objektiven Zusammenhang der natürlichen Bedingungen (dem demonstrablen Fatalismus) auch ein subjektiver Zusammenhang (der transzendente Fatalismus) bestehe,

> »der nur in Bezug auf das sie [d. h. die jeweiligen Umstände; S. A.] erlebende Individuum vorhanden ist, und so subjektiv als dessen eigene Träume, in welchen jedoch ihre Succession und Inhalt ebenfalls nothwendig bestimmt ist, grade so wie der dramatische Dichter die Succession der Scenen willkürlich bestimmt: in diesem Fall aber ist der dramatische Dichter der eigene Wille eines Jeden auf einem Standpunkt, der nicht in sein Bewußtsein fällt. Daß nun jene beiden Arten des Zusammenhangs zugleich bestehn und dieselbe individuelle Begebenheit, als ein Glied zweier ganz verschiedener Ketten, stets in beiden zugleich genau paßt, ist ein Wunder aller Wunder, und die wahre *harmonia praestabilita*« (HN III, 580; vgl. P I, 220 f. (Lü)).

Der Traum dient auch in der »Spekulation« als Beispiel zur Erhärtung der These vom transzendenten Fatalismus. Am Beispiel des Traums werde ersichtlich, dass der Wille dem Individuum als der »heimliche Theaterdirektor seiner Träume« (P I, 219 (Lü)) eine Inszenierung vorführe, aber auch in der Wirklichkeit des Wachens als Schicksal auftrete. Schopenhauer wählt für Traum und Wachen ähnliche Formulierungen. Wie im obigen Zitat aus dem *Handschriftlichen Nachlaß* schreibt er über den Traum, dass der Wille ihn inszeniere, und zwar »von einer Region aus, die weit über das vorstellende Bewußtseyn im Traume hinausliegt und daher in diesem als unerbittliches Schicksal auftritt« (P I, 239 (Lü)). Gleiches könne ebenfalls auf den Wachzustand zutreffen, nämlich dass »auch jenes Schicksal welches unsern wirklichen Lebenslauf beherrscht, irgendwie zuletzt von jenem Willen ausgehe, der unser eigener ist, welcher jedoch hier, wo er als Schicksal aufträte, von einer Region aus wirkte, die weit über unser vorstellendes, individuelles Bewußtseyn hinausliegt [...]« (P I, 219 (Lü)). Dadurch, dass der Wille von einer Region jenseits des individuellen Wachbewusstseins wirkt, ergeben sich Konflikte mit dessen Zielen und dem ihm verbundenen Eigenwillen, der sich verbissen aber aussichtslos gegen das übermächtige Schicksal stemmt. Das Schicksal wird vom Willen bestimmt, als »unserm leitenden Genius, [...] welcher das individuelle Bewußtseyn weit übersieht und daher, unerbittlich gegen dasselbe, als äußern Zwang Das veranstaltet und feststellt, was herauszufinden er demselben nicht überlassen durfte und doch nicht verfehlt wissen will« (P I, 219 f. (Lü)). Dies bedeutet nicht die Umwertung des Willens zu einem Ersatz göttlicher Vorsehung, sondern lediglich, dass sich der Wille der Vergänglichkeit und Endlichkeit der Individualität bewusst ist. Die Endlichkeit wird hierbei nicht abgewertet, es geht nicht um den großen Gegensatz zwischen Scheinbarkeit und Wirklichkeit, sondern darum, dass die große Wahrheit der Vergänglichkeit vom Individuum gelernt werden soll. Sinn der schicksalhaften Fügung ist somit nicht in den spezifischen Umständen und Begebenheiten zu suchen:

> »Bleiben wir bei den einzelnen Fällen stehn; so scheint es oft, daß sie nur unser zeitliches, einstweiliges Wohl im Auge habe. Dieses jedoch kann, wegen seiner Geringfügigkeit, Unvollkommenheit, Futilität und Vergänglichkeit, nicht im Ernst ihr letztes Ziel seyn: also haben wir dieses in unserm ewigen, über das individuelle Leben hinausgehenden Daseyn zu suchen« (P I, 223 (Lü)).

Das Ziel ist weder der Erhalt der *harmonia praestabilita*, noch die Voraussagung des Zukünftigen, die Schopenhauer aufgrund des demonstrablen Fatalismus für durchaus möglich, aber nur in Ausnahmefällen verwirklicht, erachtet. Laut Schopenhauers Philosophem vom Quietiv des Willens liegt die Absicht des »ewigen, über das individuelle Leben hinausgehenden Daseyns« darin, die angesichts des Todes geforderte innere Entsagung zu fördern: »Da wir nun [...] das Abwenden des Willens vom Leben als das letzte Ziel des zeitlichen Daseyns erkannt haben; so müssen wir annehmen, daß dahin ein Jeder, auf die ihm ganz individuell angemessene Art, also auch oft auf weiten Umwegen, allmälig geleitet werde« (P I, 224 (Lü)). Der als Schicksal auftretende Wille stellt sicher, dass das Individuum die von Schopenhauer erkannte Verneinung des Willens erlernt, wozu hauptsächlich die wiederholte Begegnung mit dem Leiden dient: »Da nun ferner Glück und Genuß diesem Zwecke eigentlich entgegenarbeiten; so sehn wir, Diesem entsprechend, jedem Lebenslauf Unglück und Leiden unausbleiblich eingewebt, wiewohl in sehr ungleichem Maaße« (P I, 224 (Lü)). Es lässt sich hinzufügen, dass auch Glück und Genuss dem Leiden verwandt sind, da sie unweigerlich als endlich erfahren werden müssen, da hinter allem der Tod lauert: »So geleitet dann jene unsichtbare und nur in zweifelhaftem Scheine sich kund gebende Lenkung uns bis zum Tode, diesem eigentlichen Resultat und insofern Zweck des Lebens« (P I, 224 (Lü)). Der Tod ist nicht das Ziel, sondern der Zweck des Lebens, er strahlt dadurch, im Sinne Schopenhauers, in das Leben ein, schafft die notwendige Distanz zu Leid und Glück.

Die »Spekulation« ist eine Anwendung der Philosophie Schopenhauers, die außerhalb des eigentlichen Systems steht. Für Schopenhauers Denken gilt grundsätzlich, was er im *Handschriftlichen Nachlaß* schrieb: »Wenn ich mich besinne; so ist es der Weltgeist der zur Besinnung kommen will, die Natur, die sich selbst erkennen und ergründen will. Es sind nicht Gedanken eines andern Geistes, denen ich auf die Spur kommen will: sondern das was ist will ich zu einem Erkannten, Gedachten umwandeln, was es außerdem nicht ist, noch wird« (HN III, 402). Und doch bietet die spekulative Auseinandersetzung mit dem Willen einen bereichernden Wechsel der Perspektive, um von der Todesverbundenheit alles Lebenden zu sprechen. Unter Einbeziehung des Todes lässt sich die Notwendigkeit der wechselhaften Glücksumstände des Daseins verstehen, die Akzeptanz und Lösung vom Eigenwillen erfordern. Schopenhauer unternimmt in der »Spekulation« eine philosophische Gratwanderung, mit der er sich dem Unsagbaren annähert, ähnlich wie es Freud später mit der Annahme der Todestriebe tat, um all die Ereignisse des Seelenlebens, die dem Lustprinzip entgegenstehen, zu erklären (vgl. Freud 1999, 60). Die Idee der Steuerung durch ein intelligentes Unbewusstes wurde zur Grundlage der metaphysischen Konstruktionen sowohl Eduard von Hartmanns in *Philosophie des Unbewußten* als auch Paul Deussens in *Philosophie der Bibel*.

Literatur

Atzert, Stephan: Zwei Aufsätze über Leben und Tod: Sigmund Freuds »Jenseits des Lustprinzips« und Arthur Schopenhauers »Transscendente Spekulation über die anscheinende Absichtlichkeit im Schicksal des Einzelnen«. In: *Schopenhauer Jahrbuch* 86 (2005), 179–194.

Atzert, Stephan: *Im Schatten Schopenhauers. Nietzsche, Deussen und Freud*. Würzburg 2015.

Freud, Sigmund: Jenseits des Lustprinzips. In: Ders.: *Gesammelte Werke*. Bd. XIII. Frankfurt a. M. 1999, 1–69.

Stephan Atzert

9.5 »Versuch über das Geistersehn und was damit zusammenhängt«

Wie bei Kant, Fichte, Friedrich Schlegel, Schelling und Hegel sowie bei beinahe allen prominenten Vertretern der literarischen deutschen Romantik fanden auch bei Schopenhauer die unter dem gemeinsamen Namen »animalischer Magnetismus« zusammengefassten Phänomene starke Beachtung (vgl. Ellenberger 1981, 159). Erstaunt und zutiefst berührt soll er beim Anblick der »wundervollen Beispiele magischer Kraft« (Schröder 1957) gewesen sein, wenn der bekannte italienische Magnetiseur Regazzoni »die unmittelbare, also magische Gewalt seines Willens über andere« (N, 427 f. (Lö); vgl. Cartwright 2010, 445 ff.) ausübte. Schopenhauer war überzeugt, dass die in seinem Hauptwerk systematisch dargelegte Philosophie gerade in diesen rätselhaften, höchst befremdlichen und kaum zu erklärenden Phänomenen ihre glaubwürdigste Bestätigung findet, wie auch umgekehrt diese Phänomene nur vor dem Hintergrund seiner Philosophie verständlich werden. Wie er nicht nur in der Abhandlung »Versuch über das Geistersehn« in *Parerga und Paralipomena I*, sondern auch im Kapitel »Animalischer Magnetismus und Magie« seines Werks *Ueber den Willen in der Natur* ausführt (s. Kap. 7), zeugen solche Phänomene augenscheinlich davon, dass die sogenannte objektive Welt nichts anderes sei als die

Erscheinung, d. h. die zusammenhängende Reihe der auf den Bedingungen von Individuation, Zeit, Raum und Kausalität beruhenden Vorstellungen. Sowohl im somnambulen Hell- bzw. Geistersehen wie auch im magischen Rapport zwischen dem Magnetiseur und seinem Medium verlässt der Wille als Ding an sich den natürlichen Umweg seines vermittelten Manifestierens und tritt unmittelbar und als solcher hervor. Die natürlichen, die Individuen trennenden Schranken der Zeit und des Raumes zeigen sich in diesen übernatürlichen Phänomenen als durchbrochen, so dass die räumliche Trennung zwischen Magnetiseur und Somnambule durch die durchgängige Gemeinschaft ihrer Gedanken und Willensbewegungen überwunden und »im gewissen Grade beseitigt« (P I, 318 (Lö)) wird. Der Hellsehende wird in seinem übernatürlichen Zustand »über die der bloßen Erscheinung angehörenden, durch Raum und Zeit bedingten Verhältnisse, Nähe und Ferne, Gegenwart und Zukunft, hinaus« (N, 429 (Lö)) gesetzt.

Das Geistersehen und alle anderen damit zusammenhängenden übernatürlichen Phänomene, wie etwa somnambules Wahrnehmen, Hellsehen, Vision und zweites Gesicht, können nach Schopenhauer nur unter der Bedingung zustande kommen, dass der erkennende Intellekt und das normale Bewusstsein, samt den dazu gehörenden Formen von Zeit, Raum, Individualität und Kausalität, einmal außer Kraft gesetzt werden. Auf natürliche Weise geschieht dies im Zustand des Schlafs und in den darin vorkommenden Träumen. Der magnetische Zustand ist, obwohl er mit dem Traum eine beträchtliche Verwandtschaft hat, doch von ihm wesentlich verschieden, und könnte eher als die »Steigerung« und die »höhere Potenz desselben« angesehen werden, ebenso wie das Hellsehen »eine Steigerung des Träumens«, oder genauer »ein beständiges Wahrträumen« (P I, 311 (Lö)) ist.

Im Unterschied zum freien Spiel der Einbildungskraft im wachen Zustand, wo wir ständig unserer eigenen darin produktiven Tätigkeit gewahr bleiben, erscheinen sowohl die dem Hellsehen entspringenden Visionen als auch die im Traum sich zeigenden Gesichter als etwas uns Fremdes, was ohne unser eigenes Zutun da ist und sich uns sogar wider unseren Willen aufdrängt. Im Unterschied zu der durch die Außensinne wahrgenommenen Wirklichkeit aber fehlt beiden, sowohl den Gesichtern des Hellsehens wie den Traumbildern, der Zusammenhang mit dem Ganzen unserer Erfahrung und die Fähigkeit zur besonnenen Rückerinnerung, was sie in die Nähe zum Wahnsinn bringt.

Der grundsätzliche Unterschied zwischen Hellsehen und Traum besteht darin, dass das dem Hellsehenden Erscheinende nicht bloß die anzuschauenden Bilder sind, sondern die wirklichen, genauer: als wirklich wahrgenommenen Dinge: »Es ist nicht anders, als ob alsdann unser Schädel durchsichtig geworden wäre, so daß die Außenwelt nunmehr statt durch den Umweg und die enge Pforte der Sinne geradezu und unmittelbar ins Gehirn käme« (P I, 289 (Lö)). Um diesen Unterschied hervorzuheben und diese andere, ganz eigenartige Wahrnehmung von der, die durch die Sinnesorgane vollzogen wird, möglichst scharf zu unterscheiden, bestimmt Schopenhauer das Hellsehen des Näheren als »Wahrträumen«, und das Organ, durch das diese seltsame Wahrnehmung geschieht, als »Traumorgan«.

Die Frage nach dem Wesen und der wahren Natur dieses Traumorgans führt ihn weiter zum Versuch einer metaphysischen Erklärung der Möglichkeit von Magnetismus. Demzufolge entsteht das Hellsehen dann, wenn die natürliche Weise des Wahrnehmens und Erkennens ihren natürlichen Gang umwendet, so dass die Reize und Einflüsse nicht mehr von außen über die Sinnesorgane unserem Inneren übermittelt werden, sondern die Erregungen und Schwingungen umgekehrt vom Inneren her ins Gehirn eindringen, wo sie die ›Gehirnfibern‹ in die entsprechende Bewegung bringen und diese Bewegungen dann auf diesem umgekehrten Weg an die äußerlichen Sinne liefern, wo sie zuletzt in die diesen Sinnen und dem Intellekt eigentümliche Sprache der Bilder, Gestalten und Symbole übersetzt werden.

Bei dem Versuch der metaphysischen Erklärung dieser seltsamen Vorgänge beschränkt sich Schopenhauer ausdrücklich auf eine Vermutung. Nach dieser Vermutung – die wohl mit der alten parodistischen ›Erklärung‹ der Mantik in Platons *Timaeus* (71 f.) ihrer Skurrilität nach wetteifern darf – wirft das »allwissende, dagegen aber gar nicht ins gewöhnliche Bewusstsein fallende, sondern für uns verschleierte Erkenntnisvermögen« im magnetischen Hellsehen und den ihm verwandten Zuständen seinen Schleier ab, und das Ansichsein bricht unmittelbar und unverhüllt hervor. Dies geschieht dann, wenn dieses Vermögen

> »etwas dem Individuo sehr Interessantes erspäht hat, von welchem nun der Wille, der ja der Kern des ganzen Menschen ist, dem zerebralen Erkennen gern Kunde geben möchte, was dann aber nur durch die ihm selten gelingende Operation möglich wird, daß er einmal das Traumorgan im *wachen Zustande* aufgehn läßt und so

dem zerebralen Bewußtsein in anschaulichen Gestalten entweder von direkter oder von allegorischer Bedeutung jene seine Entdeckung mitteilt« (P I, 327 (Lö)).

Über die Tragfähigkeit dieser Erklärung scheint sich Schopenhauer keine Illusionen gemacht zu haben. Die Abhandlung lässt er mit der enthaltsamen Versicherung schließen, ihr Zweck war kein anderer, als »auch nur ein schwaches Licht auf eine sehr wichtige und interessante Sache zu werfen« (P I, 336 (Lö)). In der Tat bleibt es zu fragen, ob die angestrebte *metaphysische* Erklärung überhaupt gelingen könnte unter der unbefragten Voraussetzung der *physiologisch* zu verstehenden ›Gehirn- und Nervenfiebern‹ und ihrer Schwingungen und Erschütterungen, womit Schopenhauer offensichtlich – übrigens wie bereits Kant, der im selben Zusammenhang von der »Erschütterung und Bebung des feinen Elements« (Kant 1960, 957) spricht – letztlich auf Mesmers Lehre von den »tonische[n] Bewegungen der feinen Flut, mit der die Nervensubstanz geschwängert ist« (Mesmer 1814, 119) zurückzugreifen scheint.

Die besondere Wirkung der kurzen Abhandlung auf die nachkommende Philosophie oder Psychologie ist nicht unabhängig vom Ganzen der Schopenhauerschen Philosophie zu ermitteln. In diesem Rahmen haben seine Ansichten über die sogenannten parapsychologischen Phänomene eine beträchtliche Wirkung vor allem auf Eduard von Hartmanns Philosophie des Unbewussten, auf Nietzsches Trieblehre, auf Freuds Psychoanalyse und das Wiener *Fin de Siècle* im Ganzen sowie auf C. G. Jungs Tiefenpsychologie ausgeübt.

Literatur
Barbarić, Damir: »Der Weg durch das Ding an sich«. Schopenhauers *Versuch über das Geistersehn*. In: *Schopenhauer-Jahrbuch* 93 (2012), 175–181.
Becker, Aloys: *Arthur Schopenhauer – Sigmund Freud. Historische und charakterologische Grundlagen ihrer gemeinsamen Denkstrukturen*. Diss. Mainz 1969.
Bender, Hans: Telepathie und Hellsehen als wissenschaftliche Grenzfrage. In: *Schopenhauer-Jahrbuch* 48 (1967), 36–52.
Cartwright, David E.: *Schopenhauer. A Biography*. New York 2010.
Driesch, Hans: Schopenhauers Stellung zur Parapsychologie. In: *Jahrbuch der Schopenhauer-Gesellschaft* 23 (1936), 15–99.
Ellenberger, Henry F.: *The Discovery of the Unconscious. The History and Evolution of Dynamic Psychiatry*. New York 1981.
Faggin, Giuseppe: Schopenhauer e la mistica. In: *Sophia* 1 (1933), 430–435; 2 (1934), 84–105.
Fauconnet, André: Les fondements de la psychoanalyse chez Schopenhauer. In: *Jahrbuch der Schopenhauer-Gesellschaft* 21 (1934), 106–116.
Florschütz, Gottlieb: Arthur Schopenhauer und das Okkulte. Swedenborgs Sehergabe und Kants Morallehre im Rahmen von Schopenhauers Willensmetaphysik. In: *Schopenhauer-Jahrbuch* 77 (1996), 241–254.
Kant, Immanuel: *Träume eines Geistersehers, erläutert durch Träume der Metaphysik*. Werke. Bd. 1. Hg. von Wilhelm Weischedel. Wiesbaden 1960.
Mesmer, Friedrich Anton: *Mesmerimus oder System der Wechselwirkungen. Theorie und Anwendung des thierischen Magnetismus als die allgemeine Heilkunde zur Erhaltung des Menschen*. Hg. von Karl Christian Koch. Berlin 1814.
Meyer, Christoph: An der Schwelle des inneren Seins. In: *Schopenhauer-Jahrbuch* 41 (1960), 16–43.
Noorden, Hans von: Das Rätsel des Hellsehens. Probleme von Kant bis zu C. G. Jung. In: *Schopenhauer-Jahrbuch* 52 (1971), 9–39.
Schröder, William von: Der Frankfurter Skandal um den Magnétiseur Regazzoni. In: *Frankfurter Allgemeine Zeitung*, 31.12.1957, Nr. 302.
Segala, Marco: *I Omi, il cervello, l'anima. Schopenhauer, l'occulto e la scienza*. Firenze 1998.
Urban, Peter: *Schopenhauer und der gegenwärtige Stand der Parapsychologie*. Diss. Wien 1965.
Wolf, Hermann: Schopenhauers Verhältnis zur Romantik und Mystik. In: *Jahrbuch der Schopenhauer-Gesellschaft* 3 (1914), 277–280.
Zint, Hans: Schopenhauers Philosophie des doppelten Bewusstseins. In: *Jahrbuch der Schopenhauer-Gesellschaft* 10 (1921), 3–45.

Damir Barbarić

9.6 »Aphorismen zur Lebensweisheit«

»Aphorismen zur Lebensweisheit« haben in Europa eine lange Geschichte. Sie beginnt mit dem zweiten großen Dichter Griechenlands, Hesiod (um 700 v. Chr.), und endet nicht mit den *Minima Moralia* (Untertitel: *Reflexionen aus dem beschädigten Leben*) Theodor W. Adornos. Schopenhauer selbst nennt eingangs lediglich zwei Vorläufer. Man hört vom zu seiner Zeit hochberühmten und von Lessing (*Zur Philosophie und Kunst*, XVII) ›geretteten‹ Universalgelehrten Hieronymus Cardanus (1501–1576) und seiner in 4 Bücher eingeteilten Schrift *De utilitate ex adversis capienda* (Über den aus widrigen Umständen zu ziehenden Nutzen) und von einem kurzen Abschnitt aus der aristotelischen Rhetorik. Dass Schopenhauer allein vom Titel des 1561 erschienenen Cardanus-Werkes angetan sein musste, liegt auf der Hand; der Untertitel konnte seine Sympathie wohl noch verstärken: *Ex quibus in omni fortuna, rebus secundis & adversis, diligens lector mirabilem ad tranquille feliciterque vivendum (quantum in hac misera miserorum mortalium conditione fieri potest) utilitatem percipiet* (Aus welchem Text der aufmerksame Leser in jeglichem Glücksumstand, in günstigen und widrigen Angelegenheiten, erstaunlichen Nutzen zu einem ruhigen und glücklichen Leben –soweit das in dieser elenden Lage elender Sterblicher der Fall sein kann – gewinnen wird). Wenn wir uns auf die Zitierung des Titels beschränken, so deswegen, weil Schopenhauer sich zu versichern beeilt, dass er die beiden genannten Quellen nicht benutzt habe – Kompilation sei nicht seine Sache, und durch eine solche gehe auch die »Einheit der Ansicht« verloren (P I, 334). Mit der Erwähnung des Aristoteles (er nennt das Kapitel I 5 der *Rhetorik*, nach der üblichen Seitenzählung 1360b4 ff.) hat sich sein Blick ohnehin von der ihm näherstehenden Eudämonologie abgewandt; von Aristoteles erhält der Leser eine nüchterne Aufzählung dessen, was man allgemein als die Elemente von ›Glück‹ ansieht, mit je anschließender Kurzanalyse dieser Elemente.

Kurz zu weiteren Vorläufern: Der zweite Großteil von Hesiods Lehrgedicht *Werke und Tage* (Verse 383–764) gibt Anweisungen zu rechtem Handeln. In den letzten Versen des gelegentlich für unecht erklärten Schlussabschnittes (»Tage«) folgt das Versprechen, dass der, der den erteilten Ratschlägen folgt, »glücklich [*eudaímōn*] und wohlhabend [*ólbios*]« sein wird. Eine Fülle von Ratschlägen zur Eudämonie (d. h. zu dem Zustand, in welchem es um einen wohlbestellt ist) findet sich bei den sogenannten Sokratikern (im weiteren Sinne), zu denen u. a. Diogenes von Sinope gehört; der größte und konzinnste aller Glückslehrer, Epikur, wäre jetzt samt seinen *Kýriai Doxai* (Hauptlehrmeinungen) zu nennen, dann Senecas *Briefe*, Marc Aurels Aufzeichnungen *An sich / mich selbst*, des Thomas a Kempis *Nachfolge Christi*, weite Teile aus Montaignes *Essais*, Graciáns *Handorakel* (s. u.), Teile aus Goethes *Maximen und Reflexionen* und aus Giacomo Leopardis *Zibaldone*; und für die Zeit nach Schopenhauer braucht, neben Adorno, nur an Nietzsches Mittel- und Spätwerk erinnert zu werden – dessen aphoristischer Charakter wohl auch auf die Wirkung der Schopenhauerschen Aphorismen zurückgeführt werden kann. Denn mit deren Veröffentlichung im ersten Band der *Parerga* (1851), und wohl vor allem mit ihnen, beginnt Schopenhauers Breitenwirkung.

Schopenhauers Interesse an der Eudämonologie setzt früh ein. Um 1821 fängt er an, entsprechende Eintragungen in ein Notizenbuch zu machen, das er nach Marc Aurels Werk »Eis heautón« (An sich/mich selbst) nennt (HN IV (2), 106 ff.). Die letzte Eintragung ist »um 1855« (so Arthur Hübscher in seiner Ausgabe) hinzugekommen. Der Testamentsverwalter, Wilhelm von Gwinner, sollte nach eigenen, von anderer Seite später bezweifelten, Angaben das Büchlein vernichten, behauptete auch, dies getan und für seine spätere Schopenhauerbiographie (1862/78) Notizen benutzt zu haben, die er sich gemacht habe, wenn Schopenhauer ihm gelegentlich daraus vorlas. Aus den genannten beiden Auflagen dieser Biographie ist der Text der Schrift mehrfach rekonstruiert worden, zuerst von Eduard Grisebach 1898, zuletzt von Franco Volpi 2006. Hier wird die mit einer umfassenden Erläuterung versehene Rekonstruktion Arthur Hübschers von 1975 (HN IV (2), 106–129) benutzt, die (wenige) Stellen aus den *Parerga und Paralipomena* hinzufügt. Wenn Gwinners Angaben (vgl. Gwinner 1862/1878, 290 f.) stimmen, hatte Schopenhauer wohl wegen der gelegentlichen in die Kladde aufgenommenen sehr offenen Selbstanalysen darum gebeten, den Text zu vernichten. Ansonsten findet sich manches, was in den »Aphorismen« Ausdruck finden wird, z. B. das Wissen um die unerfreulicheren Seiten der Mitmenschen, das Streben nach Freiheit von aufgezwungenen Tätigkeiten, Skepsis der Ehe gegenüber; darüber hinaus mag die recht häufige Rubrizierung des Menschen als »bipes« (Zweifüßer) auffallen. 1826 folgen im Manuskriptbuch »Foliant II« unter der Überschrift »Eudämonik« entsprechende Gedanken, 1828 ebenda, unter dem Titel »Eudämonologie«, bereits der Grundriss des Kapitels I der »Aphorismen«. Das Thema »Eudämonik« wird dann, ebenfalls 1828, im Manuskriptbuch »Adversaria« fortgesetzt.

In den späten 1820er und den frühen 1830er Jahren übersetzt er Baltasar Graciáns *Oráculo manual y arte de prudencia* (Hand-Orakel und Kunst der Weltklugheit) in zwei Anläufen: zuerst Sprüche 1–50, dann alle 300 unter dem Titel *Orakel der Weltklugheit* in endgültiger Fassung (s. Kap. 10.5). Gracián musste ihn, ähnlich wie Cardanus, ansprechen. Die Welt des spanischen Jesuiten entsprach in ihrer absurden Widerwärtigkeit der Schopenhauerschen Willenswelt, und Graciáns Schlussempfehlung rät, wenn wohl auch, trotz allmählicher Zunahme eines frommen Tones, für den Leser überraschend, »ein Heiliger zu seyn«: 10 bis 15 Jahre zuvor hatte Schopenhauer seine Metaphysik veröffentlicht und fand nun bei Gracián gewissermaßen eine Sammlung von Aperçus vor, die, ohne Anspruch auf analytische oder gar metaphysische Begründung, demselben Welt*bild* dieselbe Idee von der Befreiung daraus folgen ließ.

Schopenhauers »Aphorismen« bestehen aus zwei Teilen und einem Anhang. Im ersten Teil geht es um die Beschreibung und Bewertung der Voraussetzungen für ein angenehmes Leben ([»Grundeintheilung«,] Geist, Besitz, Ehre), der zweite Teil behandelt, nach »Allgemeinem«, das zu dem genannten Zweck empfehlenswerte Verhalten. Dieser zweite Teil ist »Paränesen [d. h. Empfehlungen] und Maximen« überschrieben und wirkt, wegen seiner Einordung als »Kapitel V«, unselbstständig. Aber die Gliederung dieses »Kapitels«, A–D, entspricht der Einteilung des ersten Abschnitts auch inhaltlich (s. u.), und es ist nicht wesentlich kürzer als die Kapitel I–IV zusammen (76:96 Hübscher-Seiten). Auf die Paränesen folgt der eigentliche Anhang »Vom Unterschiede der Lebensalter«. Insgesamt bringen es die »Aphorismen« auf stattliche fast 200 Seiten in der Hübscher-Ausgabe.

Schopenhauer beginnt sein wirkungsreiches Werk mit einer schroff herabsetzenden Abgrenzung vom eigenen Hauptwerk: Die Eudämonologie, also die Lehre vom privaten Glück, beruhe auf der Annahme, das Dasein sei dem Nichtsein vorzuziehen – eine Auffassung, die »bekanntlich« seine Metaphysik »verneine«. Somit beruhe die Anleitung zum Glück auf einem »Irrthum«. Er, Schopenhauer, habe sich in seinem folgenden Werk dem gewöhnlichen, also auf Irrtum beruhenden Standpunkt akkomodieren müssen – schon das Wort »Eudämonologie« sei ein »Euphemismus« (P I, 333 f.).

Wie der Leser bald bemerken muss, richten sich die »Aphorismen« nicht an jedermann. Frauen und Kinder sind gewissermaßen ›Accessoires‹ des angesprochenen Publikums und somit als Leser kaum vorausgesetzt. Angesprochen werden Männer ab dem heiratsfähigen Alter und nur solche, die insofern »von Stand« sind, als sie sich vernünftigerweise über Rang und Besitz Gedanken machen werden. Angesprochen fühlen werden sich aber bald nur Männer, denen bestimmte Charakterzüge eigen sind: solche nämlich, die sie mit Schopenhauers eigenem Charakter verbinden oder andere, die nicht zu den eigenen zählen zu können Schopenhauer bedauert hat (vgl. W I, XXI, die Selbstanalyse in »Eis heautón«, Nr. 28, HN IV (2), 120 f.). So stellen sich die »Aphorismen« als eine Sammlung von Überlegungen über die Möglichkeiten eines dem Autor selbst Zufriedenheit schenkenden Lebens dar. Wenn sie trotzdem eine so große Wirkung hatten, wird das einerseits daran liegen, dass sich ähnliche Charaktere bestätigt fühlten, andererseits aber auch daran, dass sich Personen, die sich aus irgendeinem Grund zu einer Art *retraite* entschlossen hatten oder entschließen mussten, in ihnen Trost oder Bestätigung fanden. In der ersten Zeit der Wirkung des Werkes scheint der »Rückzug ins Private« ein Massenphänomen gewesen zu sein, wie sich etwa in Briefen zeigt, die Otto Pflanze in seiner Bismarck-Biographie aus den späteren 1850er Jahren zitiert (vgl. Pflanze 2008, 223 f.), womit auch die zur selben Zeit beginnende breite Rezeption von Schopenhauers Hauptwerken zu erklären sein wird.

Schopenhauer bemüht sich zwar um eine möglichst scharfe Trennung von Hauptwerk und »Aphorismen«, verweist aber einerseits des Öfteren in den »Aphorismen« anmerkungsweise auf das Hauptwerk, was zu Interpretationsproblemen führen kann (vgl. Ingenkamp 2006, 84 ff.), und andererseits wird der Leser des Hauptwerks, gegen den Willen des Autors, hier und da eudämonistische Abweichungen bemerken – ja sogar das Hauptwerk selbst wird, als Ganzes, wohl öfter, wenn vom Autor nicht gerade ausdrücklich verhindert, zu einem eudämonistischen Verständnis der Willensverneinung führen, denn die Epoche der ersten Wirkung war zwar, wie gesagt, u. a. von der Vorstellung eines (Unglück verhindernden) Rückzugs ins Private, nicht aber von einer Tendenz zur Weltabgewandtheit geprägt. Überlappungen zwischen »Aphorismen« und Hauptwerk, die zu einer eudämonistischen Auffassung des letzteren führen können, gibt es durchaus. Schopenhauer ermuntert in den »Aphorismen« den Leser, sich an das Hauptwerk zu erinnern, das (das epikureische Ideal der) Ataraxie (d. h. die unerschütterliche Seelenruhe; das Wort selbst verwendet er nicht) fördere (P I, 436); umgekehrt preist er am Schluss der Metaphysik das wohl allgemein erstrebte Gut der »Meerestille des Gemüths«, die der Willensverneinung folge (W I, 468). Anderswo lässt er den auf dem Weg zur Willensverneinung Befindlichen fragen, »ob die Mühe und Noth seines Lebens und Strebens wohl durch den Gewinn belohnt werde«, und das sei der Punkt, wo er sich eventuell, »beim Lichte deutlicher Erkenntniß« zur Verneinung des Willens entscheide (W II, 656; dazu Ingenkamp 2001, 70 f.). Ferner: In demjenigen, für den der andere ein »Ich noch ein Mal« ist, also in dem, der wahres Mitleid empfindet, walte ein »tiefe[r] Friede« und eine »getroste, beruhigte, zufriedene Stimmung« (E, 275) – und auf eben diese Stelle verweist Schopenhauer in den zum irrtümlichen »Glück« führenden »Aphorismen« (P I, 366), als ob wir lernen sollten, mitleidig zu sein: dann stelle sich der tiefe Friede schon ein.

Es bedarf auf Seiten des Lesers der Bereitschaft, aufmerksam zu differenzieren, um festzustellen, dass z. B.

die »Meeresstille« im Gemüt dessen, der den Willen verneint hat, nicht erstrebt ist, sondern sich von selbst, als Folge der Verneinung, einstellt, während die »Aphorismen« eine innerweltliche Technik bieten, Gemütsruhe unter Einsatz des Willens zu erreichen. Allerdings dürfte der bald nach dem Erfolg der »Aphorismen« einsetzende Erfolg des Hauptwerkes zum Teil auch auf die gewissermaßen technisch-eudämonistische Lektüre des Hauptwerkes zurückzuführen sein.

Das erste Kapitel der »Aphorismen« präsentiert die drei Kriterien, die das Glück eines Menschen bestimmen: Was einer ist (Kap. 2), was einer hat (Kap. 3), was einer vorstellt (Kap. 4), und begründet sie. Das erstgenannte Kriterium ist das bei weitem gewichtigste; wir erfahren, dass zu dem, was einer ist, zunächst die »ächten persönlichen Vorzüge« gehören, nämlich großer Geist (d. h. [schöpferische] Intelligenz) und großes Herz (d. h. Herzens*güte*), dann auch äußere Vorzüge, unter denen Gesundheit an erster Stelle steht.

Kommen wir zum 2. Kapitel, also zur ausführlichen Behandlung des ersten Kriteriums, so finden wir hier als Schopenhauers Ideal den »geistreichen« Menschen, den Heiterkeit (im alten Wortsinn: also ungetrübte Gemütsruhe, dem griechischen *euthymía* entsprechend), die »baare Münze des Glückes« (P I, 344), kennzeichnet, die ihrerseits von der »unabänderlichen Beschaffenheit des Organismus« (P I, 346), nicht zuletzt von der Gesundheit (P I, 345) und tatsächlich auch von gutem Aussehen (P I, 348) abhängt: so weltzugewandt ist hier gedacht. Dieser geistreiche Mensch wird einerseits den Grundübeln der Menschennatur, dem Schmerz und der Langeweile, mit seinem inneren Reichtum begegnen und andererseits die nötige Muße finden, um zu genießen, was er an sich selber hat (P I, 350 f.). Schopenhauerischer wird der Katalog, wenn sich daraus ergibt, dass dieser Mensch »zu seiner Unterhaltung wenig, oder nichts, von außen nöthig hat« – »am Ende bleibt doch Jeder allein, und da kommt es darauf an, wer jetzt allein sei« (P I, 353). Dann geht Schopenhauer passend zu den »Geisteskräften« über und scheint bald ins Schwärmen zu geraten, wenn er einen mit »überwiegenden Geisteskräften« Ausgestatteten »in die Atmosphäre der leicht lebenden Götter« versetzt (P I, 358): »Ein so bevorzugter Mensch führt, [...], neben seinem persönlichen Leben, noch ein zweites, nämlich ein intellektuelles, welches ihm allmälig zum eigentlichen Zweck wird [...]; während den Übrigen dieses schaale, leere und betrübte Daseyn selbst als Zweck gelten muß« (P I, 359). An der Spitze der Pyramide der Begnadeten steht das Genie, wie er es in seiner Ästhetik beschrieben hat – das sich, wie zu erwarten, isolieren wird (P I, 361): Eine Ausnahme war der ihm persönlich bekannte Goethe, dem er hier nicht folgen kann (P I, 355). Die Gefahren, denen ein solcher Mensch ausgesetzt ist, sind Schopenhauer, der sich hier besonders deutlich selbst zum Exempel macht, nicht entgangen: Schmerzempfindlichkeit, leidenschaftliches Temperament, Lebhaftigkeit der Vorstellungen und, wie schon festgestellt, mit all dem einhergehende Entfremdung von den anderen (P I, 363 f.). Das, was folgt, erklärt sich anhand des vorangestellten Ideals. Was den Besitz angeht (Kap. 3), so schwebt Schopenhauer der alte Wert der Autarkie vor. Glücklich der, der von Hause aus so viel besitzt, dass er »vom allgemeinen Frohndienst« befreit ist (P I, 372).

Das bei weitem längste, 4., Kapitel dieses ersten Teils befasst sich mit dem Thema Rang, Ehre und Ruhm. Der »Rang«, also die beruflich-gesellschaftliche, sich gegebenenfalls in Titeln und Sonderrechten ausdrückende Position, wird mit Verachtung und in aller Kürze abgetan. Sehr ausführlich behandelt Schopenhauer dagegen die »Ehre«, welcher er schon im Jahre 1828, also in seiner eudämonologischen Fragen offenen Epoche, eine kleine Schrift gewidmet hatte, die aber von ihm nicht veröffentlicht worden war: »Skitze einer Abhandlung über die Ehre« (HN III, 472–496). Vor allem geht es ihm um die Kritik der »ritterlichen Ehre«; ansonsten behandelt er die von ihm natürlich gutgeheißene bürgerliche Ehre, die in der Achtung der Rechte des anderen besteht, die Amtsehre und die Sexualehre, bestehend in der Treue der Frau und in der entsprechenden Reaktion des Mannes, wenn die Frau die Treue gebrochen hat. Die ritterliche Ehre sei »den Alten« unbekannt gewesen: sie sei ein Produkt »jener Zeit, wo die Fäuste geübter waren, als die Köpfe, und die Pfaffen die Vernunft in Ketten hielten, also des belobten Mittelalters [...]« (P I, 403). Es ist nicht zuletzt der diesem Ehrgefühl unerträgliche Eindruck, Opfer auch einer unbedeutenden (aber dramatisierten) Herabsetzung (noch schrecklicher: einer Tätlichkeit) zu sein, der Schopenhauer zu bissigem Spott reizt. Dies Bild von der Ritterehre geht in Schopenhauers Frühzeit zurück: Bereits 1812 findet sich eine längere Notiz, die den Kern der späteren Kritik enthält (vgl. HN I, 18 f.). Die relative Geringschätzung des Ruhmes sodann beruht dagegen auf nüchterner Betrachtung: Wesentlich sei, ob man ihn verdiene (vgl. P I, 425 u. ö.), heißt es, womit kritisch gesagt ist, dass Ruhm von der Generosität oder der Parteilichkeit der anderen abhängt und das Verdienst für sich zu bewerten ist.

Die den Rahmen des zuvor Behandelten anschaulich-praktisch erweiternden Paränesen und Maximen (der Titel wohl nach Goethes *Maximen und Reflexionen*) empfehlen, zusammengefasst, nach Möglichkeit unabhängig zu leben (B), fremder Wesensart gegenüber eine Art distanzierte Toleranz an den Tag zu legen und, was das eigene Auftreten angeht, Zurückhaltung zu üben (C: Verhalten im sozialen Umfeld), und dass man sich in den – unabänderlichen – Weltlauf finden möge (D: Verhalten angesichts der Lage, in die man hineingeboren oder -geraten ist). Die Schönheit des das Werk abschließenden, den Lebensaltern gewidmeten, aber auf eine Würdigung des Alters hinauslaufenden Kapitels sucht ihresgleichen.

Nietzsche hat im Jahre 1884 einige Verse zu Papier gebracht, die als vergleichende Wertung dessen angesehen werden können, was er, Nietzsche, im Hauptwerk und in den »Aphorismen« vorfand: »Was er lehrte [d. h. das Hauptwerk; H. G. I.] ist abgethan, / Was er lebte, wird bleiben stahn: / Seht ihn nur an! [Zeugnis für die Nachgeborenen: Die »Aphorismen«; H. G. I.] / Niemandem war er unterthan!« (KSA 11, 303). Schopenhauer hat, wie gesagt, seinen in den »Aphorismen« vorgetragenen Lehren gemäß gelebt. Sie sind ein in seltener Weise authentisches Werk. Nietzsches Verse scheinen ihnen ein langes Weiterleben zu prophezeien und werden Recht behalten.

Literatur

Dahl, Edgar: Die Kunst, glücklich zu sein. Arthur Schopenhauer im Lichte der empirischen Glücksforschung. In: *Schopenhauer-Jahrbuch* 89 (2008), 77–89.
Grisebach, Eduard (Hg.): *Schopenhauer's Gespräche und Selbstgespräche nach der Handschrift eis eauton*. Berlin 1898.
Gwinner, Wilhelm von: *Arthur Schopenhauer aus persönlichem Umgange dargestellt* [1862]. Leipzig ²1878.
Hübscher, Arthur: Lebensbild. In: Ders. (Hg.): *Arthur Schopenhauer. Sämtliche Werke*. Bd. I. Wiesbaden ³1972, 31–142.
Ingenkamp, Heinz Gerd: Die Wirtschaftlichkeit des Nichts. In: *Schopenhauer-Jahrbuch* 82 (2001), 65–82.
Ingenkamp, Heinz Gerd: Schopenhauer als Eudaimonologe. In: *Schopenhauer-Jahrbuch* 87 (2006), 77–90.
Ingenkamp, Heinz Gerd: Eudämonologie. In: Michael Fleiter (Hg.): *Die Wahrheit ist nackt am schönsten. Arthur Schopenhauers philosophische Provokation*. Frankfurt a. M. 2010, 191–198.
Neumeister, Sebastian: Schopenhauer, Gracián und die Form des Aphorismus. In: *Schopenhauer-Jahrbuch* 85 (2004), 31–45.
Pflanze, Otto: *Bismarck*. Bd. I: *Der Reichsgründer* [1998]. München 2008.
Volpi, Franco (Hg.): *Arthur Schopenhauer: Die Kunst, sich selbst zu erkennen*. München 2006.

Zimmer, Robert: Philosophie der Lebenskunst aus dem Geiste der Moralistik. Zu Schopenhauers Aphorismen zur Lebensweisheit. In: *Schopenhauer-Jahrbuch* 90 (2009), 45–64.

Heinz Gerd Ingenkamp

9.7 Der zweite Band der *Parerga und Paralipomena*

Schopenhauer konzipierte sein letztes Werk ausdrücklich als »bei Weitem das populärste, gewissermaßen [s]ein ›Philosoph für die Welt‹« (GBr, 244). *Philosoph für die Welt* war der Titel einer wohl berühmten Sammlung populärer philosophischer Schriften der Berlinischen Aufklärung, und Schopenhauer meint damit, dass nun seine im Hauptwerk formulierten Gedanken anhand einer leichteren Formulierung und prägnanter Beispiele vermittelt werden sollen (vgl. Zimmer 2013).

Wenn sein Titel, *Parerga und Paralipomena*, dem literarischen Sinn nach zu verstehen ist, und zwar als eine Sammlung von »Beiwerken und Nachträgen«, dann enthält der zweite Band zweifelsohne die Nachträge, und zwar im Sinne der griechischen Wurzel des Terminus, »das Übergangene«, das im Hauptwerk keinen Platz finden konnte und dennoch dazu gehört. *Paralipomeni* war der Titel der ersten zwei Bücher der Chroniken des Alten Testaments, und als *Paralipomena* wurden auch schon die Aufzeichnungen Goethes betitelt, die weder in *Faust I* noch in *Faust II* eingegangen sind. Das Wort »Nachträge« ist außerdem in den Titeln dreier Kapitel dieses Bandes zu finden.

Es ist bekannt, dass Schopenhauer sein ganzes Leben lang, und zwar fast täglich, Gedanken notierte. Kürzere Sentenzen aus Büchern, alltägliche Erfahrungen, wie der erheiternde Anblick eines lächelnden Mädchens oder der verärgernde Lärm eines Peitschenhiebs, verursachten bei ihm Eindrücke, die er in kürzeren oder längeren Texten verarbeitete. Es hatte sich somit eine große Menge an Notizen angesammelt, die meistens assoziativ entstanden sind und von Schopenhauer sorgfältig aufbewahrt wurden, bis er sie in dicken, mit Titeln versehenen Manuskriptbänden zusammenfassen ließ. Auf diese Materialien griff Schopenhauer beim Verfassen der *Parerga und Paralipomena* zu (vgl. Segala 2013).

Selbst also wenn Schopenhauer den zweiten Band mit dem Untertitel »Vereinzelte, jedoch *systematisch geordnete* Gedanken über vielerlei Gegenstände« versah, ist diese Ordnung relativ frei zu verstehen. In diesem Band sind die Argumente nämlich sehr unterschiedlich gewichtet worden; man kann der systematischen Ordnung der vier Bücher des Hauptwerks allein die ersten fünfzehn Kapitel zuweisen. Erkenntnistheoretischer Art sind die ersten vier Kapitel: 1. »Ueber Philosophie und ihre Methode«, 2. »Zur Logik und Dialektik«, 3. »Den Intellekt überhaupt und in jeder Beziehung betreffende Gedanken«, 4. »Einige Betrachtungen über den Gegensatz des Dinges an sich und der Erscheinung« sowie 7. »Zur Farbenlehre«; eine metaphysische Reflexion über die Natur ist im längeren 6. Kapitel »Zur Philosophie und Wissenschaft der Natur« zu finden; weiterhin betrifft ein großer Teil der systematischen Bemerkungen die ethische Deutung der Welt, das Thema, welches Schopenhauer besonders am Herzen lag: 8. »Zur Ethik«, 9. »Zur Rechtslehre und Politik«, 10. »Zur Lehre von der Unzerstörbarkeit unsers wahren Wesens durch den Tod«, 14. »Nachträge zur Lehre von der Bejahung und Verneinung des Willens zum Leben« sowie die zwei Kapitel religiöser Natur: 5. »Einige Worte über den Pantheismus« und 15. »Ueber Religion«. Ein einziges Kapitel betrifft die Ästhetik im strengsten Sinne, nämlich das 19., »Zur Metaphysik des Schönen und Aesthetik«, wobei Bemerkungen ästhetischer Art auch im 20. Kapitel »Ueber Urtheil, Kritik, Beifall und Ruhm« formuliert wurden.

Neu ist dagegen der anthropologische Ansatz der letzten elf Kapitel, in denen die im ersten Band der *Parerga* bereits geübte Kritik der gegenwärtigen Gesellschaft vertieft wird. Vor allem das Philistertum der zeitgenössischen Gelehrten und Schriftsteller wird hier, wie schon die Philosophieprofessoren im ersten Band (s. Kap. 9.3), heftig angeprangert, und zwar in fünf aufeinander folgenden Kapiteln, die quasi ein Ganzes ausmachen: 21. »Ueber Gelehrsamkeit und Gelehrte«, 22. »Selbstdenken«, 23. »Ueber Schriftstellerei und Stil«, 24. »Ueber Lesen und Bücher« und 25. »Ueber Sprache und Worte«. Weiter bilden die im Kapitel 26 dargestellten »Psychologische[n] Bemerkungen« sowie das 29. Kapitel »Zur Physiognomik« das anthropologische Pendant zu den »Aphorismen zur Lebensweisheit« (s. Kap. 9.6) des ersten Bandes, und schließlich ist sein scharf gesellschaftskritischer Blick in den kürzeren Kapiteln 27. »Ueber die Weiber«, 28. »Ueber Erziehung« und 30. »Ueber Lerm und Geräusch« ausgeführt. Das letzte 31. Kapitel besteht aus »Gleichnisse[n], Parabeln und Fabeln«, die meistens das bittere Schicksal des Genies behandeln. Der Band endet mit einer kurzen Sammlung von Gedichten, die Schopenhauer hauptsächlich in seiner Jugendzeit verfasste.

Einen weiteren Hinweis zur Ordnung der Argumente in diesem Band findet man gleich im ersten Beitrag »Ueber die Philosophie und ihre Methode«. An seinem Anfang steht die Bestimmung des Philosophen und der Erfordernisse des Philosophierens. Philosophen sind diejenigen, die unablässig bedenken, »daß sie ein Mensch sind und welche Korollarien hieraus folgen« (P II, 3). Die zwei Erfordernisse des Philosophierens, die daraus folgen, sind »der Mut, keine Frage auf dem Herzen zu behalten«, und »daß man alles Das, was sich von selbst versteht, sich zum deutlichen Bewußtseyn bringe, um es als Problem aufzufassen« (P II, 4). Darauf basiert der Unterschied zwischen Dichtern und Philosophen und wiederum, unter diesen letzten, der zwischen Rationalisten und Illuministen. Nur der Rationalismus hat die Philosophie im Lauf ihrer Geschichte durchgehend belebt, und zwar in ihrem Fortschritt vom Dogmatismus zum Skeptizismus, und von diesem zunächst zum Kritizismus und schließlich zur Transzendentalphilosophie.

Der Illuminismus hat sich dagegen weitgehend gegen den Rationalismus, je nach dessen Ausprägung, gerichtet, indem seine Vertreter eine innere Erleuchtung unter den Namen »intellektuelle Anschauung, höheres Bewußtseyn, unmittelbar erkennende Vernunft, Gottesbewußtseyn, Unifikation usw. zum Organon des Philosophierens angenommen« (P II, 11) haben. Eindeutig ist hier die Polemik gegen die nachkantische Philosophie zu hören. Nichtsdestoweniger ist der Illuminismus an sich selbst »ein natürlicher und insofern zu rechtfertigender Versuch zur Ergründung der Wahrheit«, wenn man nur »die allein richtige und objektiv gültige Art solches auszuführen« anwendet (P II, 11 f.). Dieser Weg ist schließlich auch derjenige Schopenhauers, weil er »die empirische Tatsache eines in unserm Innren sich kund gebenden, ja, dessen alleiniges Wesen ausmachenden Willens [auffasst], und sie zur Erklärung der objektiven, äußern Erkenntniß« (P II, 12) anwendet.

Zuletzt schlägt Schopenhauer eine Einteilung der Philosophie vor. Die Philosophie hat ihm zufolge mit der Untersuchung des Erkenntnisvermögens anzufangen, die sich in Dianoiologie, bzw. Verstandeslehre, und Logik, bzw. Vernunftlehre, unterteilt und an die Stelle der früheren Ontologie tritt. Darauf folgt die Metaphysik – die »die Natur [...] als eine gegebene, aber irgendwie bedingte Erscheinung [auffasst], in welcher [...] das Ding an sich [...] sich darstellt« (P II, 19) – und wiederum in eine Metaphysik der Natur, des Schönen und der Sitten zerfällt. Schließlich lässt sich anstelle der alten Seelenlehre, der *psychologia rationa-*

lis, die »Anthropologie, als Erfahrungswissenschaft [...] aufstellen, und diese ist aber theils Anatomie und Physiologie, – theils bloße empirische Psychologie, d. i. aus der Beobachtung geschöpfte Kenntniß der moralischen und intellektuellen Aeußerungen und Eigenthümlichkeiten des Menschengeschlechts, wie auch der Verschiedenheit der Individualitäten in dieser Hinsicht« (P II, 20).

Das zweite Kapitel »Zur Logik und Dialektik« beginnt mit einer Definition der analytischen und synthetischen Urteile (»jedes *analytische* Urtheil enthält eine Tautologie, und jedes Urtheil ohne alle Tautologie ist *synthetisch*«, P II, 23) und bietet, nach einer Überlegung über die Art der Beweisführung, einen längeren Paragraphen über das Disputieren. In diesem skizziert Schopenhauer seine bekannte, posthum oft auch separat veröffentlichte »Eristische Dialektik«, in der er »alle die so oft vorkommenden unredlichen Kunstgriffe beim Disputiren« (P II, 27) aufstellt (s. Kap. 10.2).

Die »Den Intellekt überhaupt und in jeder Beziehung betreffende[n] Gedanken« des 3. Kapitels wiederholen die zentrale Rolle des Verstandes für die Konstitution der Erscheinungswelt. Dadurch wird man »zu der tieferen Einsicht geführt, welche der Name *Idealismus* bezeichnet, daß nämlich jene objektive Welt und ihre Ordnung [...] nicht unbedingt und an sich selbst also vorhanden sei, sondern mittels der Funktionen des Gehirns entstehe« (P II, 38 f.). Der Intellekt wird wiederum als Funktion des Willens verstanden und das Gehirn als »Parasit, der vom Organismus genährt wird, ohne direkt zu dessen inneren Oekonomie beizutragen« (P II, 78). Von dieser Ansicht hängt auch Schopenhauers Definition des Genies ab: ein Individuum, dem es im höchsten Grade gelingt, die Unabhängigkeit des Intellekts von seiner Arbeit im Dienste des Willens zu behaupten. Diese Eigenschaft erlaubt ihm, »sich der Welt und den Dingen auf einige Augenblicke so gänzlich zu entfremden, daß [ihm] die allergewöhnlichsten Gegenstände und Vorgänge als völlig neu und unbekannt erscheinen, als wodurch eben ihr wahres Wesen sich aufschließt« (P II, 81).

Die Erläuterung der schöpferischen Kraft des Intellekts im Hinblick auf die Erscheinungen leitet über zu »Einige[n] Betrachtungen über den Gegensatz des Dinges an sich und der Erscheinung«, sieben Paragraphen, die das vierte Kapitel ausmachen. Es ist die doppelte Natur aller Wesen, zugleich Erscheinung und Ding an sich zu sein, die sie auch zu »einer zwiefachen Erklärung, einer *physischen* und einer *metaphysischen*« (P II, 97) befähigt. An dieser Stelle stoßen wir auf die Formulierung des Grundphilosophems Schopenhauers: »der Grundcharakter aller Dinge, [ist] die Vergänglichkeit, ihr eigener Kern [ist] ein zeitloses und dadurch völlig Unverwüstliches, [...] der Wille in uns allen« (P II, 101). Dieses Gebiet bleibt allerdings dem Intellekt völlig fremd. Demnach kann zur metaphysischen Deutung der Phänomene wiederum nur das Genie gelangen, dessen Maß an Intellekt »durch eine Abnormität excedirt wird, [wodurch] sich ein völlig *dienstfreier Ueberschuß*« (P II, 103) einstellt.

Menschen dieser Art sind bestimmt nicht unter den Philosophieprofessoren zu finden, wogegen sich die zwei Paragraphen über den *Pantheismus*, die das fünfte Kapitel ausmachen, richten. Denn »wäre der Intellekt, ursprünglich und seiner Bestimmung nach, metaphysisch; so könnten sie [*scil.* die ›Normalköpfe‹], besonders mit vereinten Kräfte, die Philosophie, wie jede andere Wissenschaft, fördern« (P II, 104). Das beste Beispiel eines solchen vergeblichen Versuchs ist die Kontroverse zwischen Theismus und Pantheismus, die durch »einen Dialog, der im Parterre eines Schauspielhauses in Mailand, während der Vorstellung, geführt würde« (P II, 106) allegorisiert werden kann: eine Komödie zweiter Potenz.

Sehr umfangreich und voller Interpretationen zeitgenössischer wissenschaftlicher Resultate im Licht der Willensmetaphysik ist das sechste Kapitel »Zur Philosophie und Wissenschaft der Natur«, das eine gewisse Nähe zu *Ueber den Willen in der Natur* (1836) aufweist. Aus der Fülle wissenschaftsphilosophischer Bemerkungen, die sich von der Medizin über die Biologie, Physiologie, Chemie bis hin zur Erd- und Menschenkunde erstrecken, mag hier insbesondere auf die Beiträge zur Geschichte der Wissenschaften, und zwar über die Kosmologie, erinnert werden. Schopenhauer vindiziert nämlich dank eines raffinierten psychologischen Arguments Robert Hook die Priorität der Entdeckung des Gravitationsgesetzes gegenüber Newton. Als Newton 1666 die Hypothese der Gravitation zum ersten Mal prüfte, wurden seine Rechnungen von der damalig geltenden, aber bekannterweise ungenauen Messung des Erdumkreises verfälscht. Das Resultat ließ Newton die Hypothese ad acta legen und erst sechzehn Jahre später, nachdem eine genauere Messung des Erdumkreises sie bestätigte, als die eigene erklären. Kein authentischer Entdecker einer wissenschaftlichen Theorie – so Schopenhauer – würde sich so verhalten, denn so geht man »mit fremden, ungern ins Haus gelassenen Kindern, auf die man scheel und mißgünstig hinsieht, und sie, eben nur Amts wegen, zur Prüfung zulässt, schon hoffend, daß sie nicht bestehen werden« um (P II, 157). Also kann Newton die Gravitationslehre nicht ursprünglich erfunden haben, sondern muss die Theorie Robert Hooks übernommen und erst später für die eigene verkauft haben. Somit bleibt als einzige originale Theorie Newtons allein das »siebenfarbige Monstrum« (P II, 158), das Schopenhauer schon vor 35 Jahren beseitigt zu haben behauptet. Die längere Polemik, die der Philosoph im anschließenden siebten Kapitel »Zur Farbenlehre« gegen Newton führt, deutet sich hier schon an.

Hier, im 7. Kapitel, erweitert Schopenhauer seine »physiologische Farbenlehre«, die er als eine Vervollständigung der Beobachtungen Goethes und die einzige korrekte Theorie der Farben darstellt. Jetzt, und zwar fünfundvierzig Jahre nach ihrer ersten Veröffentlichung, liegt es ihm am Herzen, vor allem die Experimente darzustellen, die die Herstellung der Farbe »weiß« aus den »komplementären Farben« bestätigen sollen. Gerade dieses empirische Ergebnis bestritt Goethe zuvor; dessen Grundannahme war, dass die Farben aus einer *objektiven* Mischung zwischen Schatten (*skiéron*) und Licht herrühren, deren nochmalige Vermischung ausschließlich neue Farben aber kein Weiß ergeben könnten. Für Schopenhauer entstehen die Farben aus einer Tätigkeit des *Subjekts*, und zwar aus der im Auge stattfindenden Polarisierung der Netzhaut, die sich durch Superposition gewisser Farben aufheben lässt. Außer den Fortschritten der wissenschaftlichen Debatte über die Optik, stellt Schopenhauer in diesem Kapitel also all die Beobachtungen dar, die seine Theorie bestätigen und die er in diesen Jahren machen konnte. Hinzu bringt er »ein Paar artige Tatsachen [vor], welche zur Bestätigung des von Goethe aufgestellten Grundgesetzes der physischen Farben dienen, von ihm selbst aber nicht bemerkt worden sind« (P II, 209).

Schließlich kommt es zu einem interessanten Vergleich zwischen Goethe und Newton in Bezug auf ihre naturwissenschaftliche Attitüde: »*Goethe* hatte den treuen, sich hingebenden, objektiven Blick in die Natur der Sachen; *Neuton* war bloß Mathematiker, stets eilig nur zu messen und zu rechnen, und zu dem Zweck eine aus der oberflächlich aufgefassten Erscheinung zusammengeflickte Theorie zum Grunde legend« (P II, 211). Dem Mathematiker, der allein über die blind rechnerischen Fähigkeiten des Intellekts verfügt, wird der Mann von Genie gegenübergestellt: Allein seine Einsicht in die Natur öffnet ihm anschaulich ihre verborgene Wahrheit.

Im achten Kapitel »Zur Ethik« stellt Schopenhauer seine moralische Deutung der »höchsten Stufen der Objektivation des Willens« (P II, 215) vor. Die hier formulierte Maxime, die sich auf das moralische Handeln gegenüber dem Nächsten bezieht, lautet: »Man fasse allein die Leiden eines Menschen, seine Noth seine Angst, seine Schmerzen ins Auge: – da wird man sich stets mit ihm verwandt fühlen, mit ihm sympathisieren und, statt Haß oder Verachtung, jenes Mitleid mit ihm empfinden, welches allein die *agape* ist, zu der das Evangelium aufruft« (P II, 216). Dementsprechend kann er seine ganze Empörung gegen die Sklaverei äußern und sogar zu einem »Kreuzzug [...] zur Unterjochung und Züchtigung der sklavenhaltenden Staaten Nordamerika's [...] ein[em] Schandfleck der ganzen Menschheit« aufrufen (P II, 226). In diesem Kapitel fallen auch die meisten Referenzen zu den »Asiatic Researches« auf, die aufgrund ihrer ausgeprägteren Askese die Überlegenheit des Hinduismus und des Buddhismus über das Christentum belegen sollen. Denn die authentisch pessimistische, idealistische und schließlich asketische Lehre des Christentums wurde, nach Schopenhauer, durch den Realismus und Optimismus seiner jüdischen Wurzeln korrumpiert. Und gerade dadurch, dass das Christentum die Schöpfungslehre des Alten Testaments übernahm, wurde von ihm auch eine verkehrte Lehre der Willensfreiheit verteidigt, deren Spuren noch in den gegenwärtigen Philosophien des Abendlandes zu finden wären.

Diese Überlegungen werden im darauf folgenden Kapitel »Zur Rechtslehre und Politik« weitergeführt, in dem der ältere Schopenhauer seinen politischen Konservatismus offenlegt und einerseits das Naturrecht und die Souveränität des Volkes bestreitet, andererseits die Monarchie als *die* natürliche Regierungsform verteidigt. Eine Meinung, die er sowohl anthropologisch und psychologisch, als auch durch die Beobachtung lebendiger Organismen in der Natur begründet. Selbst das »Verwachsensein« zwischen dem Recht des Besitzes und dem Recht der Geburt wird nun gepriesen, während er im Hauptwerk gegen Kants Lehre vom *ius occupationis*, das Recht des Besitzes allein auf die Arbeit gründete. Schließlich findet man hier auch die ersten eindeutig missachtenden Bemerkungen gegen Frauen und Juden, die als Basis der Einschränkung ihrer Rechte dienen sollten. »Alle Weiber, mit seltenen Ausnahmen sind zu Verschwendung geneigt« und dürfen, da sie stets »des Vormundes [bedürfen], [...] nie Vormund sein« (P II, 277); die Juden sind »ein fremdes, orientalisches Volk, müssen daher stets nur als ansässige Fremde gelten. [...] Daß sie mit Andern gleiche bürgerliche Rechte genießen, heischt die Gerechtigkeit: aber ihnen Antheil am Staat einzuräumen, ist absurd« (P II, 281).

Das zehnte Kapitel »Zur Lehre von der Unzerstörbarkeit unseres wahren Wesens durch den Tod« handelt von der Bedeutung der festen Trennung zwischen der Welt der Phänomene und dem Ding an sich. Die sich im Raum und in der Zeit abspielenden Phantasmagorien der Erscheinungen gründen auf dem Willen als einem sich immer erhaltenden Ding an sich. Dieses allein bürgt dafür, dass unser Tod das Ende eines Spektakels ist, das wir zwar betrachten und an dem wir sogar körperlich teilnehmen, das aber unser eigentliches Wesen überhaupt nicht antastet: denn »je deutlicher einer sich der Hinfälligkeit, Nichtigkeit und traumartigen Beschaffenheit aller Dinge bewußt wird, desto deutlicher wird er sich auch der Ewigkeit seines eigenen innern Wesens bewußt« (P II, 288). Schließlich kann man den Tod als Versetzung in jenen »*erkenntnißlosen* Urzustand [verstehen], der aber deshalb nicht ein schlechthin *bewußtloser*, vielmehr ein über jene Form erhabener seyn wird« (P II, 292). Darum kann man auch den Unterschied zwischen »Metempsychose« und »Palingenesie«, zwischen einer Theorie die den »Uebergang der gesammten sogenannten Seele in einen andern Leib« und einer, die die »*Zersetzung* und Neubildung des Individui, indem allein sein Wille beharrt« voraussieht (P II, 294), wie die exoterische und esoterische Darstellung ein und derselben Einsicht verstehen. Die genaue Antwort auf die Frage des Thrasimachos in der »Kleine[n] Dialogische[n] Schlussbelustigung«, »Kurzum, was bin ich nach meinem Tode? – Klar und präcis!«, lautet nämlich: »Alles und Nichts« (P II, 296).

Die für die Überlegungen über die Unzerstörbarkeit unseres wahren Wesens durch den Tod grundlegende Theorie der Idealität der Zeit wird in den »Nachträge[n] zur Lehre von der Nichtigkeit des Daseyns« (11. Kapitel) behandelt: »Was *gewesen ist*, das ist nicht mehr; ist eben so wenig, wie Das, was *nie* gewesen ist. Aber alles, was ist, ist im nächsten Augenblick schon gewesen. Daher hat vor der bedeutendsten Vergangenheit die unbedeutendste Gegenwart die *Wirklichkeit* voraus; wodurch sie zu jener sich verhält, wie Etwas zu Nichts« (P II, 301). Die Größe Kants besteht in seinem Beweis der Idealität von Zeit und Raum, wodurch »für eine ganz andere Ordnung der Dinge, als die der Natur ist, Platz gewonnen wird« (P II, 302). Und gerade das tiefe Verständnis, dass die Zeitlichkeit die alleinige Dimension unserer Existenz ausmacht, und dass »in einer solchen Welt [...] alles in rastlosem Wirbel und Wechsel begriffen ist, alles eilt, fliegt, sich auf dem Seile, durch stetes Schreiten und Bewegen, aufrecht hält« (ebd.) bietet die Möglichkeit, einen Gegensatz dazu anzunehmen. Dies ist ein unendliches Dasein »ohne Wechsel, ohne Zeit, ohne Vielheit und Verschiedenheit [...], wohin die Verneinung des Willens zum Leben den Weg eröffnet« (P II, 303). Also ist die Einsicht in diesem Dasein das wichtigste, was ein Mensch erlangen kann, denn sie allein kann zur *transzendentalen Kehre* führen.

Die Zeit unseres Lebens ist allerdings nicht nur von metaphysischer Sinnlosigkeit, sondern auch von Leiden charakterisiert, wie Schopenhauer in den »Nachträge[n] zur Lehre vom Leiden der Welt« (12. Kapitel) wiederholt. Hier finden sich neben metaphysischen Bemerkungen auch Beobachtungen anthropologischer und psychologischer Art. Die Schmerzen unseres weltlichen Daseins brauchen einerseits eine metaphysische Rechtfertigung, damit unser Leben nicht als eine reine Absurdität erscheint; andererseits führen sie aber auch zur Suche nach Trostmitteln, die uns helfen können, die elende Pendelei zwischen Not und Langeweile zu ertragen. Nicht allein die Menschen, sondern alle lebenden Wesen, insbesondere die Tiere, leiden auf dieser Welt. Diese sind zwar durch »Sorglosigkeit und Gemüthsruhe« charakterisiert, die mit dem Mangel an Reflexionskraft und Zeitgefühl zusammenhängen, nichtsdestoweniger wird ihnen der Schmerz nicht erspart, der sich bei besonders entwickelten Tierwesen sogar zu einem Leiden psychologischer Art entwickeln kann.

Metaphysisch gilt uns das Leiden als Anstoß, den Drang des Willens zu spüren und eindeutig zu erkennen, dass dies die einzige Bedingung dafür ist, dass man sich davon befreien kann. Zu den Trostmitteln rechnet Schopenhauer sowohl das Leiden der Anderen, »der wirksamste Trost, bei jedem Unglück«, als auch die Bemerkung, dass Arbeit, Plage, Mühe und Not die einzigen Mittel sind, die Zeit eines weltlichen Lebens zu erfüllen, ohne das Risiko einzugehen, sich ein größeres Ausmaß an Leiden zuzuziehen. Schließlich gilt die Betrachtung der Welt als »Ort der Buße, also gleichsam als eine Strafanstalt, a *penal colony*, ein *ergastérion*, wie schon die ältesten Philosophen ihn nannten«, als der »sichere Kompaß zur Orientirung im Leben« (P II, 321), denn diese verwandelt das metaphysische Verständnis des Leidens zum höchsten Trostmittel.

Einen anderen Ausweg aus dem Existenzleiden, wie es z. B. der Selbstmord anzubieten scheint, will und kann Schopenhauer absolut nicht billigen, wie er in den vier Reflexionen »Ueber den Selbstmord« (13. Kapitel) erklärt. Entgegen der allgemeinen Meinung der monotheistischen Religionen stuft Schopenhauer den Suizid nicht als ein Delikt ein. Auf diese

Verurteilung kann sich nämlich kein moralisches Argument dagegen stützen, sondern allein auf das Argument, »daß der Selbstmord der Erreichung des höchsten moralischen Zieles entgegensteht, indem er der wirklichen Erlösung aus dieser Welt des Jammers eine bloß scheinbare unterschiebt« (P II, 328).

Eine positive Definition des höchsten moralischen Ziels, die Verneinung des Willens zum Leben, findet man in den »Nachträge[n] zur Lehre von der Bejahung und Verneinung des Willens zum Leben« (14. Kapitel). Die Verneinung des Willens darf »keineswegs die Vernichtung einer Substanz [besagen], sondern den bloßen Aktus des Nichtwollens: das Selbe, was bisher *gewollt* hat, *will* nicht mehr« (P II, 331). Schopenhauer verteidigt insofern seine Ethik als die einzige, die mit der ursprünglich asketischen Lehre des Neuen Testaments übereinstimmt, die wiederum in ihrem Kern indischer Herkunft sei. Nur mit Bezug auf die Askese kann man z. B. das Klosterleben verstehen, dessen einziger Sinn es ist, »daß man sich eines bessern Daseyns, als unseres ist, würdig und fähig erkannt hat, und diese Ueberzeugung dadurch bekräftigen und erhalten will« (P II, 338). Zu den psychischen Bekräftigungen zählt insbesondere die radikale Unterwerfung »eine[s] fremden, individuellen Willen[s] [...] ein[em] passende[n] allegorische[n] Vehikel der Wahrheit« (ebd.). Schließlich besteht – dies ist das Fazit eines kurzen aber prägnanten Dialogs zwischen *Mensch* und *Weltgeist* – »der Werth des Lebens gerade darin, daß es [den Menschen] lehrt, es nicht zu wollen« (P II, 341), und dies ist die höchste Weihe, worauf das Leben selbst uns vorbereiten will. Worin besteht also der Wert der Religion und welche sind die wahren Religionen?

Auf diese Frage antwortet das 15. Kapitel »Ueber Religion«, mit seinen knapp achtzig Seiten das zweitlängste in diesem Band (vgl. Wilhelm 1994). Mehr als die Hälfte des Kapitels besteht aus einem Dialog zwischen Demopheles (Volksfreund) und Philalethes (Wahrheitsfreund). Demopheles verteidigt die Religion und die Religionsstifter, denn diese allein sind in der Lage, dem Volk den Sinn des Menschenlebens beizubringen und durch Mythen und Allegorien das metaphysische Bedürfnis der Vielen zu befriedigen. Philalethes argumentiert dagegen, dass die Religion höchstens als *pia fraus*, d. h. frommer Trug zu verstehen sei, und das Gute in ihr allein in der moralischen Wirkung besteht, die sie auf das Verhalten der Menschen ausübt. Trotzdem bleibt sie aber eine schlichte Lüge, denn sie kann sich nie ausdrücklich als reine Allegorie zeigen, ohne ihren Sinn zu verlieren. Aus diesem Grund ist ihr die Wahrheit immer vorzuziehen, denn so argumentiert Philalethes: »Du hast gewiss recht, das starke metaphysische Bedürfniß des Menschen zu urgiren: aber die Religionen scheinen mir nicht sowohl die Befriedigung, als der Mißbrauch desselben zu seyn« (P II, 381). Letzen Endes teilt Schopenhauer weder die Meinung des Einen, noch die des Anderen vollkommen, und die Schlussbemerkung, die er in den Mund des Demopheles legt, weist auf die konstitutive Zweideutigkeit des religiösen Phänomens hin: die Religion »wie der *Janus* – oder besser, wie der Brahmanische Todesgott Yama – hat zwei Gesichter und eben auch, wie dieser, ein sehr freundliches und ein sehr finsteres« (P II, 382).

Was den Wahrheitsgehalt des Christentums im Besonderen angeht, verdankt es diesen allein dem Pessimismus seiner indischen Inspiration, der allerdings durch eine verkehrte Mischung mit dem jüdischen Optimismus korrumpiert wurde. Als eindeutiges Beispiel für den Unterschied zwischen der auf Mitleid basierenden asketischen Lehre des Hinduismus und der Bejahung des Willens des Judaismus nimmt Schopenhauer die Art und Weise, wie von diesen zwei Religionen die Tiere betrachtet werden: »Die bedeutende Rolle, welche im Brahmanismus und Buddhaismus durchweg *die Thiere* spielen, verglichen mit der totalen Nullität derselben im *Juden-Christenthum*, bricht, in Hinsicht auf Vollkommenheit, diesem letztern den Stab« (P II, 393). Hierauf gründet Schopenhauer auch seinen vehementen Protest gegen die in Europa schon üblich gewordene Vivisektion zu wissenschaftlichen Zwecken, da »die Thiere, *in der Hauptsache und im Wesentlichen, ganz das Selbe sind, was wir*« (P II, 400).

Die folgenden drei Kapitel bilden eine Sammlung verschiedener Betrachtungen über »Sanskritlitteratur« (16.), Archäologie (17.) und Mythologie (18.). Schopenhauer bedauert zunächst die zu seiner Zeit bestehenden Schwierigkeiten, zuverlässige Übersetzungen aus dem Indischen und dem Chinesischen zu erhalten. Eine Ausnahme biete allein die Übersetzung von Anquetil-Duperron aus dem Parsi ins Lateinische, der *Oupnek'hat*, »die Ausgeburt der höchsten menschlichen Weisheit« (P II, 424; s. Kap. 11). Hier formuliert Schopenhauer viele Hypothesen über die Einflüsse der indischen Religion auf die Ägypter und Etrusker, auf die Mythologie der Griechen und der Römer bis hin zur Mythologie des Nordens: denn einiges würde sogar »für die Identität des Buddha mit dem Wodan« (P II, 428) sprechen.

Das Entstehen und die hohe Stellung der griechischen Kultur erklärt Schopenhauer wie folgt: Die Hellenen, eine ursprünglich aus Asien stammende Bevölkerung namens Pelasgier, erlangten »eine ganz naturgemäße Entwickelung und rein menschliche Kultur [...], in einer Vollkommenheit, wie solche außerdem nie und nirgends vorgekommen ist« (P II, 429). Das wichtigste Ziel, in Beziehung auf welches noch in der Gegenwart vom Altertum zu lernen sei, ist die Bildung des Geschmacks, zu der dagegen »die altdeutsche Literatur, *Nibelungen* und sonstige Poeten des Mittelalters« (P II, 431) gar nicht beitragen. Die griechische Mythologie, insbesondere die »ersten, großen Grundzüge[...] des Göttersystems« (P II, 435), soll man allerdings auch ihrem allegorischen Sinn nach interpretieren – eine hermeneutische Tradition, die bereits im 18. Jahrhundert ihre Blüte hatte: »*Uranos* ist der Raum, [...] *Chronos* ist die Zeit, [...] *Zeus* ist die Materie« (P II, 436). Allegorisch und zwar in Sinne einer Bestätigung seines asketischen Standpunkts, deutet Schopenhauer schließlich auch die Fabel *Psyche und Amor* von Apuleios und selbst »daß [die] Eule der Vogel der Athena ist, mag die nächtlichen Studien der Gelehrten zum Anlaß haben« (P II, 439).

Mit dem 19. Kapitel »Zur Metaphysik des Schönen und Aesthetik« kehrt Schopenhauer wieder zu einem der Hauptthemen seines Denkens zurück, der Frage nach der Möglichkeit eines desinteressierten Zugangs zur Welt, die mit einer Form von Genuss verbunden sei »ohne irgend eine Beziehung desselben auf unser Wollen« (P II, 442). Auf diese Frage kann allein die Willensmetaphysik eine adäquate Antwort bieten. Das Subjekt des Erkennens, falls im Besitz eines Überschusses an Erkenntniskräften, ist in der Lage, ein Objekt rein, d. h. ohne Bezug auf irgendeinen Zweck aufzufassen: »Der Intellekt [...] wird *abusive* gebraucht in allen *freien* Künsten und Wissenschaften« (P II, 443). Damit ist das alltägliche Leiden, das mit dem immer weiter nach einem Zweck strebenden Willen zusammenhängt, für einen Moment aufgehoben, und für das Subjekt entsteht einen Genuss besonderer Art. Es ist ein erster Schritt in Richtung Erlösung, denn »[a]uf einem andern Wege kann er [der Intellekt] sogar sich wider den Willen wenden« (ebd.).

Auf die metaphysische Erklärung des ästhetischen Phänomens folgt eine Reihe von Betrachtungen über die verschiedenen Künste, von der Architektur zur Musik, von der Poesie zur Tragödie, welche die im System dargestellte feste hierarchische Folge der Künste ersetzt. Vor allem in den Bemerkungen über die Musik kündigt sich eine polemische Einstellung gegenüber der Gegenwart an, die sich in den nächsten Kapiteln noch verschärfen wird. Der alte Schopenhauer, der sich offensichtlich eher bei den Kunstformen des frühen als späten Jahrhunderts zu Hause fühlte, bei Rossini und Mozart insbesondere, wendet sich hier gegen die große Oper, aber auch gegen die »malende Musik« Haydns und Beethovens, oder, wie im Falle Glucks, gegen die Tendenz die Musik »zum Knechte schlechter Poesie« (P II, 461) zu machen. Man findet hier auch Bemerkungen zur Geschichte der Literatur, von der griechischen Tragödie bis hin zu Dante, Petrarca, Shakespeare, Cervantes, Scott und Goethe. In Bezug auf den berühmten Hamlet-Monolog wagt sich Schopenhauer gar an eine philologische Hypothese heran: »[D]er Ausdruck *when we have shuffled off this mortal coil*, [ist] stets dunkel und sogar räthselhaft befunden [...] worden. Sollte nicht ursprünglich gestanden haben: *shuttled off* [...]: wonach der Sinn wäre: ›Wenn wir diesen Knäuel der Sterblichkeit abgewickelt, abgearbeitet haben‹?« (P II, 474). Auch darauf hat Schopenhauer nie eine Antwort bekommen.

Das 20. Kapitel »Ueber Urtheil, Kritik, Beifall und Ruhm« ist »eine kleine Kritik der Urtheilskraft, aber nur der empirischen gegebenen, [...] um zu sagen, daß es meistentheils keine giebt« (P II, 482). Es ist der Grund, warum die wahren Künstler, Wissenschaftler und Philosophen, denen allein die Menschheit ihre Fortschritte verdankt, von den Zeitgenossen meistens vernachlässigt, wenn nicht ganz ignoriert werden. Schopenhauer, der sein Verdikt über die Mittelmäßigkeit der Menschheit sowohl auf die Biographien von Literaten und Wissenschaftler, als auch auf die Bemerkungen der französischen Moralisten stützt, erarbeitet hier seine Theorie der Unzeitgemäßheit des Genies. Beifall erhalten die »Werke gewöhnliches Schlages, [die] im Fortgang und Zusammenhang der Gesamtbildung ihres Zeitalters entstehen, daher mit dem Geiste der Zeit verbunden sind« (P II, 504). Der einzige Trost besteht schließlich darin, dass »die allermeisten Menschen *nicht* aus eigenen Mitteln, sondern bloß auf fremde Auktorität, urtheilen« (P II, 490), denn der Ruhm, der erst nach seinem Tod auch dem Genie zuerkannt wird, gründet sich ausschließlich darauf (zum Ruhm s. auch Kap. 9.6). Unbeantwortet bleibt allerdings die Frage, worauf die Autorität derjenigen, die die Kunstprodukte eines Genies erkennen sollten, beruht. Denn die Gelehrten »lehren, um Geld zu verdienen und streben nicht nach Weisheit, sondern nach dem Schein und Kredit derselben«; die Studenten lernen »nicht, um Kenntniß und Einsicht zu erlangen, sondern um schwätzen zu können und sich ein Ansicht zu geben«, und schließlich seien beide »in der Regel nur auf Kunde aus; nicht auf Einsicht« (P II, 509).

Diese Oberflächlichkeit des Umgangs mit dem Wissen spiegelt sich in der allgemeinen Vorliebe für das Lesen gegenüber dem Selbstdenken: Die Gelehrsamkeit besteht nämlich in »der Ausstattung [des Kopfes] mit einer großen Menge fremder Gedanken«, weshalb übrigens die Perücke »das wohlgewählte Symbol des reinen Gelehrten« (P II, 511) ist. Diese Kritik des gelehrten Lesers setzt übrigens eine Tradition fort, die schon bei Lichtenberg zu finden ist (vgl. Lamping 1985).

Darauf folgt die Behandlung des »Selbstdenken[s]« im 22. Kapitel. Hier thematisiert Schopenhauer die Ausübung der Fähigkeit, eigene Gedanken zu fassen, eine Fähigkeit, über die jeder Mensch in unterschiedlichem Ausmaß verfügt und die allein den Besitz einer Erkenntnis sichert. Diese kann man allerdings auch leicht verlernen, wenn man sie, wie die meisten es tun, zu selten oder gar nicht ausübt. Für die Philosophen ist das Selbstdenken eine Notwendigkeit und gerade in der Art und Weise, wie sie das tun, ob für sich selbst oder für die anderen, unterscheiden sich wahre Philosophen von den Sophisten. Dieser Unterschied spiegelt sich ausgerechnet im Rahmen des Denk- und Schreibstils.

Bei der Kürze dieses Beitrags kann die Fülle der Betrachtungen nicht wiedergegeben werden, die Schopenhauer, der dem Lesen und Schreiben sein ganzes Leben gewidmet hat, im 23. Kapitel unter dem Titel »Ueber Schriftstellerei und Stil« gesammelt hat. Wenige Bemerkungen müssen daher genügen. Hier werden die Schriftsteller zunächst in zwei Kategorien unterteilt, in »solche, die der Sache wegen, und solche, die des Schreibens wegen schreiben« (P II, 532). Die zweiten sind aber nur am Geld interessiert, weshalb nur die Schriftsteller der ersten Kategorie als ›wertvoll‹ anzusehen sind. Aber auch hier gibt es »erstlich solche, welche schreiben, ohne zu denken [...], zweitens solche, die während des Schreibens denken [...], drittens solche, die gedacht haben ehe sie ans Schreiben giengen« (P II, 533). Schließlich sind in dieser letzten Klasse nur die wenigen, die über die Dinge selbst und nicht bloß über Bücher nachdenken. Somit schrumpfen die Chancen, eine authentische Erkenntnis in einem Buch zu finden auf einen sehr geringen Wert (vgl. Félix 2013). Schopenhauer diagnostiziert hier und im nächsten 24. Kapitel »Ueber Lesen und Bücher« die Defekte der entstehenden kulturellen Industrie (vgl. d'Alfonso 2013). Nachdem das Schreiben zu einem Metier geworden ist, haben sich Schriftsteller, Rezensenten und Verleger allmählich zusammengeschlossen, um das Bedürfnis eines immer mehr wachsenden Publikums von Lesern nach Ablenkung durch schlechte Romane und Zeitungen zu befriedigen, und damit ihre rein ökonomischen Interessen zu schützen. Zweierlei resultiert daraus: Dekadenz der Literatur und »Verhunzung der Sprache« – nach dem Titel eines im Nachlass gelandeten druckfertigen Manuskripts aus den letzten Jahren seines Lebens –, die Schopenhauer anhand von vielerlei Zitaten aus Zeitungen und wissenschaftlichen Artikeln belegt: »Daher ist« – so das Fazit – »in Hinsicht auf unsere Lektüre, die Kunst, *nicht* zu lesen, höchst wichtig« (P II, 592). Ein umso wichtigerer Rat, wenn man in Betracht zieht, dass »während des Lesens [...] unser Kopf doch eigentlich der Tummelplatz fremder Gedanken [ist], so daß wer viel und fast den ganzen Tag liest [...] die Fähigkeit, selbst zu denken, allmälig verliert« (P II, 588).

Die in diesem Kapitel gerügte Dekadenz der deutschen Sprache wird allerdings im 25. Kapitel »Ueber Sprache und Worte« als ein allgemeines Phänomen aller Sprachen erkannt, die »stufenweise immer schlechter werden – vom hohen Sanskrit an bis zum Englischen Jargon herab« (P II, 599). Dieses Ereignis wird anhand der Hypothese erklärt, »daß der Mensch die Sprache *instinktiv* erfunden hat, [...] welcher Instinkt sich nachher, wann die Sprache einmal da ist und er nicht mehr zur Anwendung kommt, allmälig [...] verliert« (P II, 600). Dafür ist das Erlernen der Fremdsprachen, der modernen wie der antiken, ein »unmittelbares, tief eingreifendes, geistiges Bildungsmittel« (P II, 601). Schopenhauer war selbst polyglott, er konnte seit der Kindheit perfekt Französisch, lernte Englisch in seiner Jugend, dann Griechisch und Latein, um in die Universität eintreten zu dürfen, und schließlich auch Italienisch und Spanisch. Große Anerkennung brachte ihm posthum seine Übersetzung des *Oráculo manual* von Gracián ein (s. Kap. 10.5). Seine These ist, dass Wörter, die in unterschiedlichen Sprachen in gleichem oder ähnlichem Wortlaut vorkommen, fast nie genau dieselbe Bedeutung haben, denn sie drücken immer auch die besondere Ansicht aus, unter der sie der Geist der jeweiligen Völker betrachtet. Und es gibt sogar Termini, die in die eigene Sprache unübersetzbar sind. Darum führt das Erlernen fremder Sprachen zu einer eindeutigen Erweiterung unseres Erkenntnis- und Ausdruckspotentials, denn »man erlernt also nicht bloß Worte, sondern erwirbt Begriffe« (P II, 603).

Die Kapitel 26. »Psychologische Bemerkungen«, 27. »Ueber die Weiber«, 28. »Ueber Erziehung« und 29. »Zur Physiognomik« bilden eine letzte Einheit psychologischer Bemerkungen und anthropologischer Argumente, die teilweise von den »Aphorismen zur Lebensweisheit« des ersten Bandes schon vorgenommen wurden. Unter den »Psychologische[n] Bemerkungen« findet man die Beschreibung vielerlei menschlicher Leidenschaften: Hoffnung, Durst nach Rache, Reue, Geduld, Eigensinn, Verdrießlichkeit, Melancholie und Hypochondrie, Zorn, Hass, Verachtung und Hartherzigkeit sind Phänomene des menschlichen Herzens, die Schopenhauer Anlass zu trocken formulierten, aber oft sehr prägnanten Aphorismen geben. Die anthropologischen Betrachtungen betreffen dagegen die unterschiedlichen Fähigkeiten des Menschen. Wie jedes andere Tier bedarf auch der Mensch einer »gewissen Proportion zwischen seinem Willen und seinem Intellekt« (P II, 615), so dass ein heftiger Wille von einem umso helleren Intellekt geleitet werden muss und jede Disproportion einen unglücklichen Menschen ergibt. Somit werden in ihrem lebendigen Zusammenhang mit dem menschlichen Handeln die Vernunft – die »auch ein Prophet zu heißen« (P II, 628) verdient und angesichts der Folgen unseres Tuns uns im Zaum hält –, die Weisheit und die Bescheidenheit sowie die menschliche Abrichtungsfähigkeit und schließlich auch Einbildungskraft, Meinung und Gedächtnis analysiert.

Anthropologischer Art sollten auch seine Reflexionen über die »Weiber« sein, wobei Schopenhauer für die explizite Verachtung, die charakteristisch für den Großteil der Ausführungen ist, keinerlei vernünftige Rechtfertigung anbieten zu können scheint (vgl. dazu Hübscher 1977, 10–12). Genau gesehen ist hier weniger die Rede von den Frauen als solchen oder von den Besonderheiten ihrer Erziehung, wie in der üblichen Literatur über Frauen, die in Deutschland schon eine jahrhundertlange Tradition hatte. Schopenhauer betrachtet hier eher das weibliche Geschlecht in seiner Beziehung zum männlichen, und zwar in Hinblick auf die Propagation der Spezies und auf die Rolle, welche die Gesellschaft dabei spielt bzw. spielen sollte (vgl. Diotima [Herz] 1912).

Wegen ihres Mangels an Besonnenheit würden Frauen nach Schopenhauer in der menschlichen Skala auf eine mittlere Stufe zwischen Kind und Mann gehören und hätten als einzigen objektiven Zweck die Fortführung des menschlichen Geschlechts. Deshalb sei ihr subjektives Ziel die Eroberung eines Mannes, der für die Sicherung ihres Daseins sorge. Trotz ihrer natürlichen intellektuellen Kurzsichtigkeit hält Schopenhauer es allerdings für vernünftig, wie die alten Germanen »in schwierigen Angelegenheiten [...] auch die Weiber zu Rathe zu ziehn [...], denn ihre Auffassungsweise der Dinge ist von der unsrigen ganz verschieden« (P II, 652). Ansonsten ist die europäische Form der monogamischen Ehe eine widernatürliche Lebensgemeinschaft. Daraus folge »eine Unzahl stützeloser Weiber [...], die in den höhern Klassen als unnütze, alte Jungfern vegetiren, in den untern aber unangemessen schwerer Arbeit obliegen, oder auch Freudenmädchen werden« (P II, 660). Unter Berufung auf Thomasius (*De concubinatu*, 1717) schließt Schopenhauer somit auf die Verteidigung der Polygamie: An sich ist dieser Brauch nicht verwerflich, denn »[w]ir Alle leben, *wenigstens* eine Zeit lang, meistens aber immer, in Polygamie« (P II, 661), nur bedarf sie einer strengen Regulierung, damit die Frau ihre Bestimmung erfüllen kann.

Das Kapitel »Ueber Erziehung« ist ein Plädoyer für den natürlichen Erziehungsweg. Dieser geht notwendigerweise von dem niedrigsten Niveau der Erfahrung, den Anschauungen, aus und kann erst durch Abstraktion zu Begriffen gelangen. Nur dieser Weg erlaubt es den Menschen, Jungen wie Alten, eine authentische und sichere Erkenntnis zu erlangen. Dagegen verfährt die Erziehung meistens in die umgekehrte Richtung, und den Kindern werden Begriffe beigebracht, ohne dass sie die entsprechenden Anschauungen je besitzen konnten. Vergeblich werden sie später versuchen, diese nur halb verstandenen Begriffe auf die Erfahrungswelt anzuwenden, denn sie werden ihnen eher ein Hindernis als ein Instrument zum Verständnis der Welt sein.

Das Einzige, was bei solch einer Erziehung zu tun bleibt, ist also das Erlernte zu verlernen, um von allein für sich selbst neue Erkenntnisse zu gewinnen. Nur die wenigsten sind aber in der Lage, diesen mühsamen Prozess zu durchlaufen, die meisten bleiben dagegen Zeit ihres Lebens in den Vorurteilen gefangen, die ihnen in der Kindheit beigebracht wurden. Verschlimmert wird die Lage durch die zu Schopenhauers Zeiten schon üblich gewordene Lektüre von Romanen in der Jugend, denn dabei wird den Jugendlichen »eine ganz falsche Lebensansicht untergeschoben und [es] sind Erwartungen erregt worden, die nie erfüllt werden können« (P II, 670).

Zu den Erkenntnissen, die man allein der Erfahrung verdankt, zählt die Physiognomik: »die Entzifferung des Gesichts [ist] eine große und schwere Kunst [deren] Prinzipien [...] nie *in abstracto* zu erlernen [sind]« (P II, 672). Die Physiognomie eines jeden Menschen ist Ausdruck des Willens in seinem Körper, Charakteristik seiner Individualität. Allerdings gesteht Schopenhauer ein, dass aus der Physiognomie eher auf die intellektuellen Fähigkeiten eines Individuums geschlossen werden kann als auf dessen moralischen Charakter.

Schließlich besteht die vorletzte kurze Abhandlung »Ueber Lerm und Geräusch« aus einer Lamentation des Philosophen über die Tatsache, dass seine Gedankengänge allzu oft von plötzlichen und meist unnötigen Geräuschen unterbrochen werden. Da Ruhe und Silentium Bedingungen des Denkens sind, sollte die Gesellschaft klare Maßnahmen gegen den Lärm treffen, der durch die Ausübung anderer Metiers verursacht wird, um dabei der intellektuellen Tätigkeit die richtige Achtung zu schenken.

Besonders fühlt sich Schopenhauer von dem Brauch der Fuhrleute gequält, ihre Peitsche in der Luft knallen zu lassen: »Kein Ton durchschneidet so scharf das Gehirn, wie dieses vermaledeite Peitschenklatschen: man fühlt geradezu die Spitze der Peitschenschnur im Gehirn [...]. Hammerschläge, Hundegebell und Kinderschrei sind entsetzlich: aber der rechte Gedankenmörder ist allein der Peitschenknall« (P II, 680). Man bekommt hier nicht nur die Empörung und den Zorn des Philosophen vor Augen geführt, sondern auch die Last, die das Leben in der Gesellschaft für ihn bedeutet. Und wenn die meisten der im 31. Kapitel gesammelten »Gleichnisse, Parabeln und Fabeln« von dem Gefühl der Einsamkeit des Genies erzählen, behandelt die letzte unter ihnen, die bekannte ›Stachelschwein-Parabel‹, gerade das Thema des Lebens in der Gesellschaft. Die menschliche Sozietät würde einer Gesellschaft von Stachelschweinen gleichen, die an einem besonders kalten Wintertag aneinander zusammendrängt ihr Dasein fristen, bis jeder die Stachel des Nachbars spürt und alle wieder auf Abstand gehen müssen. Das Hin und Her dauert, bis die Stachelschweine die richtige Entfernung finden, um genug Wärme von den Anderen zu fühlen, ohne dabei gestochen zu werden. Die »ungesellige Gesellschaft«, die anthropologische Konstante, auf die Kant die soziale Dynamik gründete, wird von Schopenhauer auf mechanische Faktoren zurückgeführt, die jede Form von Progress im menschlichen Zusammenleben ausschließen: »Die mittlere Entfernung, die sie [die Menschen] endlich herausfinden [...], ist die Höflichkeit und feine Sitte« (P II, 690 f.).

Schließlich endet der Band mit »Einige Verse«, die zu seinen ersten Kompositionen zählen. Wie Schopenhauer erklärt, fügt er diese Gedichte seiner Jugend hier nur »zu Gunsten Derer, die dereinst, im Laufe der Zeit an meiner Philosophie einen so lebhaften Antheil nehmen werden, daß sie sogar irgend eine Art von persönlicher Bekanntschaft mit dem Urheber derselben wünschen werden« (P II, 692) hinzu. Sollte der Philosoph den Beifall des Publikums etwa geahnt haben, der ihm nach der Publikation der *Parerga und Paralipomena* endlich gezollt wurde? In diesem Sinne könnte vielleicht auch der Hinweis auf den Lorbeer das richtige Schlusswort für das *Finale* anbieten (P II, 698):

> Ermüdet steh' ich jetzt am Ziel der Bahn,
> Das matte Haupt kann kaum den Lorbeer tragen:
> Doch blick' ich froh auf das was ich gethan,
> Stets unbeirrt durch das, was Andre sagen.

Literatur

d'Alfonso, Matteo: »Le coeur et la tête«: les enseignements moraux des *Parerga et Paralipomena*. In: *Schopenhauer-Jahrbuch* 94 (2013), 229–249.

Diotima [Henriette Herz]: Schopenhauer über die Weiber. In: *Schopenhauer-Jahrbuch* 1 (1912), 19–23.

Félix, François: »Er ist ehrlich, auch als Schriftsteller ...«. Schopenhauer en écrivain honnête. In: *Schopenhauer-Jahrbuch* 94 (2013), 169–184.

Hübscher, Angelika: Schopenhauer und »die Weiber«. In: *Schopenhauer-Jahrbuch* 58 (1977), 187–203.

Lamping, Dieter: Selbstdenken und Bücherlesen. Zu Schopenhauers Kritik des Lesens. In: *Schopenhauer-Jahrbuch* 66 (1985), 187–194.

Segala, Marco: Things Added and Things Omitted: The Genesis of *Parerga and Paralipomena* from Schopenhauer's Manuscripts. In: *Schopenhauer-Jahrbuch* 94 (2013), 157–168.

Wilhelm, Karl Werner: *Zwischen Allwissenheitslehre und Verzweiflung. Der Ort der Religion in der Philosophie Schopenhauers*. Hildesheim 1994.

Zimmer, Robert: Schopenhauers zweites Hauptwerk. Die *Parerga und Paralipomena* und ihre Wurzeln in der Aufklärungsessayistik und Moralistik. In: *Schopenhauer-Jahrbuch* 94 (2013), 143–156.

Matteo Vincenzo d'Alfonso

10 Spätwerk und Nachgelassenes

10.1 Der handschriftliche Nachlass und der junge Schopenhauer

Einteilung des handschriftlichen Nachlasses

Schopenhauers handschriftlicher Nachlass im weiteren Sinne umfasst alle von ihm stammenden aber zu seinen Lebzeiten nicht im Druck veröffentlichten Aufzeichnungen und Dokumente jeglicher Art aus all seinen Lebensphasen. Im üblichen und engeren Sinne beschränkt sich die Bezeichnung ›Schopenhauers handschriftlicher Nachlass‹ meist auf die Manuskripte mit philosophischen bzw. wissenschaftlichen Themen. Reisetagebücher, Briefe sowie geschäftliche, amtliche, biographische und ähnliche Dokumente wurden in der Regel getrennt behandelt, ausgewertet und veröffentlicht. Sie geben allerdings oft wichtige Auskünfte über die Entstehungsgeschichte der Schopenhauerschen Philosophie.

Schopenhauers handschriftlicher Nachlass in dem letzteren, engeren Sinne kann nach dem Reifegrad seiner Philosophie, wie sie in seinen Werken vorliegt, zunächst in drei Klassen eingeteilt werden: (1) die Texte in ausgearbeiteter, oft druckreifer Qualität, die entweder als mehr oder weniger in sich geschlossene, selbständige Texte verfasst wurden oder als Teilstücke innerhalb eines veröffentlichten Werkes identifizierbar sind (vgl. HN I, 495–501; HN III, VII–XXI; HN IV (2), 307–312). Schopenhauers Übersetzung von *Gracian's Handorakel und die Kunst der Weltklugheit* (HN IV (2), 131–267, V–XIX) erschien zwei Jahre nach seinem Tod im Jahr 1862 bei Brockhaus. Auch seine Berliner Vorlesungen können in diese Klasse eingeordnet werden. (2) Die Aufzeichnungen, die nicht in seinen Veröffentlichungen aufgenommen wurden, doch inhaltlich als Vorbereitung oder Ergänzung seiner Gedanken gelten können, (3) Fragmente und Notizen, die die Gedankenprozesse und -experimente des Philosophen dokumentieren, Vorlesungsnachschriften in der Studentenzeit und Studienhefte der Bücher bzw. Randschriften zu Büchern verschiedener Autoren usw. Die Grenzen zwischen den drei Klassen sind verständlicherweise nicht immer deutlich zu ziehen. Während die Grenzziehung zwischen (1) und (2) philosophisch kein bedenkliches Problem darstellen, kann die Entscheidung, welche Texte in (2) oder in (3) gehören, d. h. welche für die Ausbildung des Hauptgedankens der Schopenhauerschen Philosophie maßgebend waren und welche bloß temporäre Gedankenexperimente blieben, die bald geändert oder verworfen wurden, das grundsätzliche Verständnis seiner Philosophie beeinflussen. Deshalb gehört die sorgfältige und wechselseitige Auswertung einzelner Aufzeichnungen einschließlich der Reisetagebücher, Briefe und Gedichte auf der einen Seite und die Erarbeitung eines kontinuierlichen und in sich konsistenten Bildes der philosophischen Genese mit Rücksicht auf Schopenhauers Lebensgeschichte und philosophisches Problembewusstsein sowie auf die allgemeinen sozial- und kulturgeschichtlichen Ereignisse auf der anderen Seite zu den wichtigsten Aufgaben der Erforschung des jungen Schopenhauer.

Geschichte und Stand der Nachlass-Forschung

Schopenhauers handschriftlicher Nachlass liegt in unterschiedlichen Ausgaben vor, so z. B. in denen von Julius Frauenstädt (1863, 1864), Eduard Grisebach (1891–93), Paul Deussen (1913, 1916) und Arthur Hübscher (1966–75). Weitere, neu gefundene Nachlassstücke und Briefe wurden einzeln, zum Teil als Faksimile der Originalhandschrift, veröffentlicht. Darüber hinaus wurden Auszüge aus der Nachlasssammlung in verschiedenen Zusammenstellungen und in verschiedenen Sprachen gedruckt. Das Verzeichnis der Nachlassausgaben bis 1980 findet sich in Hübschers *Schopenhauer-Bibliographie* (1981, 48–52) und der neueren in der fortlaufenden »Schopenhauer-Bibliographie« im *Schopenhauer-Jahrbuch*.

Ein großer Teil von Schopenhauers handschriftlichem Nachlass ist bereits verzeichnet (vgl. Estermann 1988). Die frühen Manuskripte, auch Erstlingsmanuskripte genannt, bieten uns die Möglichkeit, den Gedankengang des jungen Schopenhauers dahingehend nachzuvollziehen, welches Problembewusstsein ihn zu seiner Philosophie führte, wie er wichtige philosophische Begriffe wie Wille, Idee und Vorstellung verstand und herausarbeitete und wie er verschiedene Themenbereiche der Erkenntnistheorie, der Naturphilosophie, der Ästhetik und der Ethik in ihrer organischen Einheit konzipierte.

Bisher wurde Schopenhauers handschriftlicher Nachlass in Buchform publiziert. Wegen des dadurch begrenzten Umfangs war es unumgänglich, eine Auswahl zu treffen, wobei das Auswahlkriterium von dem Schopenhauer-Bild des Herausgebers abhing. Insofern bestimmte die Editionsarbeit am Nachlass maßgebend das Verständnis nicht nur der Entstehung, sondern auch des Gesamtbildes der Schopenhauerschen Philosophie mit. Selbst die mit über 3000 Seiten umfangreichste Ausgabe von Hübscher bietet nur einen Teil des erhaltenen Materials auch wenn der Herausgeber mit der Bezeichnung »Vollständige Ausgabe« und mit der Aussage, sie würde »zum ersten Male das gesamte handschriftliche Material auswerten« (HN I, XII), einen anderen Eindruck erweckt. Wie viel zur Vollständigkeit fehlt, wird zum Beispiel an den neulich erschienenen, mit *Senilia* (247 Seiten), *Specilegia* (551 Seiten), *Pandectae* (396 Seiten) und *Cogitata* (350 Seiten) betitelten Manuskript-Konvoluten deutlich, denn sie umfassen in der Hübscher-Ausgabe jeweils lediglich 32, 76, 102 und 96 Seiten.

Dank der rasch voranschreitenden Datenverarbeitungs- und Datenaustauschtechnik steht der gesamte handschriftliche Nachlass als Faksimile bereits in den digitalen Sammlungen der Universitätsbibliothek Frankfurt zur Verfügung und wird in Kürze auf der Plattform »Schopenhauer digital« weiterverarbeitet. Die Schopenhauer-Forschung wird mit Hilfe der Suchfunktion quer durch den ganzen Nachlass eine neue Dimension erreichen, vor allem wenn sie mit den digitalen Ausgaben der Gesamtwerke kombiniert wurde. Als Schopenhauer-Digitalausgabe ist bisher zum Beispiel *Schopenhauer im Kontext III* von Infosoftware erschienen. Diese Digital-Ausgabe enthält *Arthur Schopenhauers Sämtliche Werke* (nach der Ausgabe von Deussen 1911–1942), den handschriftlichen Nachlass nach der Ausgabe von Hübscher, Briefe, Reisetagebücher sowie diverse meist nicht wissenschaftliche Dokumente. Die digitale Datenverarbeitung bereitet darüber hinaus auch den Weg für komplexere linguistische und statistische Analysen der gesamten von Schopenhauer stammenden Texte. Die Digital-Ausgabe hat aber den entscheidenden Vorteil, die erhaltenen Manuskripte umfassend und preisgünstig weltweit zugänglich zu machen. Mit Hilfe der modernen Bildtechnik kann die originaltreue Wiedergabe der Papierqualität und der Tintenfarben, sogar in mikroskopischer Hochauflösung, die textkritische Arbeit insbesondere an vom Archiv weit entfernten Orten erheblich erleichtern.

Hauptergebnisse der neueren Nachlass-Forschung

Die sorgfältige Auswertung des handschriftlichen Nachlasses, insbesondere der frühen Manuskripte, hat gezeigt, dass das Vorverständnis, das der traditionellen, lange als selbstverständlich geltenen Schopenhauer-Interpretation zugrunde liegt, durch die gesamtgesellschaftliche Konstellation der zweiten Hälfte des 19. Jahrhunderts bedingt ist.

Es herrschte damals der allgemeine Trend in der Forschung, ihre Gegenstände in einem genetisch-kausalen Denkmodell zu behandeln. Demnach wurde die Schopenhauersche Philosophie verstanden etwa als die Lehre von der Emanation des weltschaffenden blinden Willens zum Leben, der sich, nach seiner Selbsterhaltung strebend, in Subjekt und Objekt spalte. In diesem Stadium erkenne das reine Subjekt kontemplativ die platonische Idee der Dinge als Objektivation des Willens. Die Idee spalte sich wiederum durch das aus Zeitlichkeit, Räumlichkeit und Kausalität bestehende *principium individuationis* in die konkret-anschaulichen Einzelobjekte.

Man rückte dabei die Naturphilosophie des zweiten Buchs der *Welt als Wille und Vorstellung* in den Mittelpunkt und ordnete ihr die anderen Themen, nämlich die Erkenntnislehre des ersten, die Ideen- und Kunstlehre des dritten und die Ethik und Asketik des vierten Buchs unter. So entstand eine dogmatische Metaphysik des blind-vernunftlosen Willens. Sie erhielt damit den Anschein einer traditionellen Kosmologie, die den Grund, d. h. Ursprung und Ziel der Welt, und den Aufbau der Welt, d. h. die Konstitution der innerweltlichen Erscheinungen, gleichzeitig als Objektivation des Willens beinhaltete. Diese zwei Aspekte der Metaphysik, nämlich Weltentstehung und Weltkonstitution, blieben aber unvermittelt, da der blinde Wille quasi als irrational-vernunftloser Gott weder die Regel des Erscheinens und das Endziel der Welt noch die Regel der innerweltlichen Relationen der Erscheinungen zueinander geschweige denn Auskünfte über die Vermittlungsmöglichkeit beider Aspekte zu geben vermag. Stattdessen wird die Metaphysik gewöhnlich durch die dogmatische Behauptung gerechtfertigt, sowohl in der Welt im Ganzen als auch in jedem innerweltlich Seienden walte ein und derselbe Wille. Auf die ›Analogie des Willens‹, die Schopenhauer 1816, kurz vor dem Beginn der Niederschrift des Hauptwerks, als Schlüsselbegriff seiner Naturphilosophie einführt, soll im Abschnitt »Dresdner Zeit 2« eingegangen werden.

Gerade wegen dieser unvermittelten Identität von Wille und Vorstellung wurde es aber möglich, die Welterscheinungen in sich und durchgängig kausalmaterialistisch zu erklären, ohne die Übermacht des All-Einen Willens als Weltgrund zu verletzen, genauso wie die neuzeitliche Gesellschaft durch Trennung von Kirche und Staat ihre weltliche Selbständigkeit erlangte, ohne den Glauben offiziell aufgeben zu müssen. Diese Schopenhauer-Deutung wurde zur Hauptströmung in der zweiten Hälfte des 19. Jahrhunderts, da diese Doppelstruktur sowohl der traditionell-religiösen, kreationistischen Weltdeutung als auch dem neuzeitlichen, kausal-materialistischen Erklärungsmodell entgegen kam.

Dieses weit verbreitete Schopenhauer-Verständnis verdeckte und verdrängte das ursprüngliche, transzendental-idealistische Problembewusstsein des jungen Schopenhauer, der es als Aufgabe der Philosophie verstand, die auf der natürlichen Einstellung basierende kausale Denkweise noch einmal nach deren Bedingung der Möglichkeit zu befragen. Aus dieser Sicht ist die Themenwahl für sein philosophisches Debüt *Ueber die vierfache Wurzel des Satzes vom zureichenden Grunde* erst recht verständlich. Seine Dissertation sollte nämlich als die transzendentalkritische Analyse der vier anscheinend gleichen und oft miteinander verwechselten Formen des Grund-Denkens verstanden werden, das geschichtlich eben im Satz des zureichenden Grundes zusammengefasst wurde.

Das Vergessen dieser durchaus im Kontext der kantischen Philosophie stehenden Grundfragen machte die Schopenhauersche Philosophie zwar auf der einen Seite zu der gefeierten Populärphilosophie der Zeit, sie erschwerte aber auf der anderen Seite eine in sich konsistente Interpretation und rief verschiedene Einwände und Kritiken hervor (vgl. Kamata 1988, 47–109). So wurde sie vielfach von der akademischen Philosophie verachtet. Aber gerade die Einfachheit und Brüchigkeit dieser populärphilosophischen Schopenhauer-Deutung beeinflusste bekanntlich nicht nur Philosophen, sondern auch zahlreiche andere wissenschaftliche, literarische und künstlerische Geister der Folgezeiten, die sie als ihr Sprungbrett benutzten und dadurch ihrerseits dazu beitrugen, diese populärphilosophische Deutung zu befestigen. Solche kreativen Missverständnisse und Verfälschungen müssen auch als wichtige Bestandteile nicht nur der Schopenhauer-Rezeption, sondern auch der Erneuerung der Philosophiegeschichte angesehen und geschätzt werden.

Die Genese der Schopenhauerschen Philosophie im Spiegel des handschriftlichen Nachlasses

Die wachsende Aufmerksamkeit gegenüber dem handschriftlichen Nachlass in den letzten Jahrzehnten leitete eine Wende in der Schopenhauer-Forschung ein. Am deutlichsten ist sie im Problemkreis der Entstehungsgeschichte der Schopenhauerschen Philosophie zu beobachten. Aus den Jahren vor dem Erscheinen des Hauptwerkes *Die Welt als Wille und Vorstellung* sind, wie bereits erwähnt, umfangreiche Aufzeichnungen zu den unterschiedlichsten Themen, umfangreiche Vorlesungsnachschriften an den Universitäten in Göttingen und in Berlin sowie Studienhefte und Randbemerkungen, die Schopenhauers vielfältige Lektüre dokumentieren, überliefert (HN I, II, V). Heute wissen wir, dass Schopenhauer über seine zugestandene Rezeption der kantischen, platonischen und altindischen Philosophie hinaus auch die zeitgenössischen Philosophen wie Jacobi, Reinhold, Schulze, Fichte, Schelling gründlich studierte und von seinen kritischen Auseinandersetzungen mit ihnen viele wichtige Denkanstöße erhielt. In der Erforschung des jungen Schopenhauer kann man zwar noch von keinen etablierten Theorien sprechen, doch im Folgenden seien einige markante Ergebnisse vorgestellt, um zu demonstrieren, welche Möglichkeiten uns dieses Forschungsgebiet eröffnet.

Die Entstehungsgeschichte der Schopenhauerschen Philosophie lässt sich zunächst in die folgenden drei wichtigen Phasen mit weiteren Unterphasen einteilen:
- Studienzeit (1807–1813)
  - Schulzeit (1807–1809) in Gotha und in Weimar
  - Göttinger Studienzeit (1809–1811)
  - Berliner Studienzeit (1811–1813)
- Rudolstädter Zeit (1813): Abfassung der Dissertation
- Weimarer und Dresdner Zeit (1813–1818)
  - Weimarer Zeit und Dresdner Zeit 1 (1813–1814): Aufarbeitung der in seiner Dissertation gewonnenen Grundansicht
  - Dresdner Zeit 2 (1815–1816): Vollendung des philosophischen Grundrahmens
  - Dresdner Zeit 3 (1817–1818): Niederschrift von *Die Welt als Wille und Vorstellung*

Im vorliegenden Beitrag wird die Herausbildung des Grundgedankens der Schopenhauerschen Philosophie bis zur Dresdner Zeit 2 skizziert. Selbstverständlich kommen in diesem systematischen Überblick nicht alle entwicklungsgeschichtlich relevanten Aspekte des Nachlasses zur Sprache. Hier sei auf neuere Untersuchungen verwiesen, die den handschriftlichen Nachlass mit unterschiedlichen Schwerpunktsetzungen ausgewertet haben, etwa hinsichtlich der Lehre vom »besseren Bewußtsein« (vgl. Bohinc 1989), der Erlösungslehre (vgl. De Cian 2002), des Naturbegriffs (vgl. Grigenti 2000) oder der Rezeption der indischen Philosophie (vgl. App 2011). Heute kann eine wissenschaftliche Arbeit kaum auf die Einbeziehung der Materialien aus dem Nachlass verzichten, wobei jedoch die Diskussion um die Aussagekraft der sehr heterogenen Bestandteile desselben für die Interpretation der Philosophie Schopenhauers erst noch zu führen ist.

Studienzeit (1807–1813)

Im Herbst 1809 schrieb sich Schopenhauer als Medizinstudent an der Universität Göttingen ein, wo er u. a. philosophische Veranstaltungen von Gottlob Ernst Schulze besuchte (vgl. d'Alfonso 2008, 7–34; s. Kap. 3). Dieser war der Verfasser des 1792 anonym erschienenen *Aenesidemus*, in dem er Karl Leonhard Reinholds *Neue Darstellung der Hauptmomente der Elementarphilosophie* (1790), eine Weiterführung der kantischen Philosophie, Satz für Satz kritisch kommentierte und darüber hinaus vor den übertriebenen subjektivistischen Tendenzen des aufkommenden Deutschen Idealismus warnte. Johann Gottlieb Fichtes *Ueber den Begriff der Wissenschaftslehre* erschien 1794 im gedanklichen Anschluss an seine *Recension des Aenesidemus* von 1792. Die kritische Haltung Schulzes gegenüber Kant und dem Deutschen Idealismus gefiel offensichtlich auch dem jungen Schopenhauer. Dessen in Göttingen geschriebene Manuskripte stehen noch unter dem deutlichen Einfluss der durch Pietismus und Spätaufklärung geprägten bürgerlichen Atmosphäre in Hamburg, die er u. a. an Dr. Johann Heinrich Christian Runges Privatschule erhalten hatte. Ludwig Tieck (1773–1853), Wilhelm Heinrich Wackenroder (1773–1798) und Matthias Claudius (1740–1815) gehörten zu Schopenhauers Lieblingsschriftstellern.

Schopenhauers Göttinger Zeit war von der leidenschaftlichen Suche nach einer Lebensform gekennzeichnet, die ihn aus dem in sich verschlossenen, endlichen und vergänglichen Dasein heraus in den anderen Seinsbereich der göttlich-übersinnlichen Welt erhebt.

> »Alle Philosophie und aller Trost, den sie gewährt, läuft darauf hinaus, daß eine Geisterwelt ist und daß wir in derselben, von allen Erscheinungen der Außenwelt getrennt, ihnen von einem erhabenen Sitz mit größter Ruhe ohne Theilnahme zusehen können, wenn unser der Körperwelt gehörender Theil auch noch so sehr darin herumgerissen wird. [...] Tief im Menschen liegt das Vertrauen, daß etwas außer ihm sich seiner bewußt ist wie er selbst« (HN I, 7 f.).

Diese frühen Aufzeichnungen bezeugen gleichzeitig Schopenhauers Nähe zu Schelling, u. a. zu dessen 1809 gerade erst erschienenem ersten Band von *Schelling's philosophische Schriften I*: »Uns allen nämlich wohnt ein geheimes, wunderbares Vermögen bey, uns aus dem Wechsel der Zeit in unser Innerstes, von allem, was von aussenher hinzukam, entkleidetes Selbst zurückzuziehen, und da unter der Form der Unwandelbarkeit das Ewige in uns anzuschauen« (Schelling 1809, 165).

Dieses Selbstbewusstsein, das sich – trotz der grundsätzlichen philosophischen Unterschiede zwischen Schulze und Schelling – in Einklang mit Schulze gegen die Anmaßungen der kantischen Vernunftkritik und Moraltheologie wandte, äußerte sich bei Schopenhauer in den folgenden Sätzen: »Die Kritik der reinen Vernunft könnte der Selbstmord des Verstandes (nämlich in der Philosophie) genannt werden. [...] Kants regulativer Gebrauch der Vernunft ist vielleicht die ärgste Mißgeburt des menschlichen Verstandes« (HN I, 12 f.). Da das anzustrebende, d. h. aus sich selbst bewusst gewählte Leben nicht dogmatisch von außen gegeben werden kann, muss es auch aus sich selbst konstituiert und vorgestellt sein. Das bedeutet, die ganze Welt, in der ich lebe, kann nur in Beziehung auf das lebendig sich selbst bewusst konstituierende Subjekt bestehen.

Diese idealistische Gedankenentwicklung führte Schopenhauer von Göttingen nach Berlin zu Fichte, von dem Schopenhauer glaubte, er führe die kantische Philosophie weiter. Der junge Schopenhauer gab sich Mühe, die Diskrepanz zwischen dem Sinnlich-Vergänglichen und dem Übersinnlich-Göttlichen bewusstseinsimmanent aufzuheben, indem er sie immer weniger als substanzmetaphysische Differenz, sondern zunehmend als bewusstseinsimmanente Differenz zwischen zwei Haltungen des Bewusstseins auffasst: als Duplizität des sich zum Zweck der Lustgewinnung um die kausalen Zusammenhänge der innerweltlichen Dinge kümmernden *empirischen Bewusstseins* – das er polemisch nach 1814 in der »Philosophie als Wissenschaft« und in *Die Welt als Wille und Vorstellung* und in der Berliner Vorlesung in der »Aetiologie« am Werk sieht – und des eigentlich philosophischen – nach seiner früheren Formulierung: »von einem erhabenen Sitz mit größter Ruhe ohne Theilnahme« (HN I, 7 f.) – nach der transzendentalen Bedingung der Möglichkeit dieser empirischen Welt fragenden *besseren Bewusstseins*. Viele in Berlin entstandene Aufzeichnungen verraten uns Schopenhauers mühsame Gedankenexperimente mit inneren Schmerzen und Kompensationsbestrebungen bei seinem immer deutlicher werdenden Abschied von dem jugendlichen metaphysisch-religiösen Erlösungsgedanken. Hübscher verweist treffend darauf, dass Schopenhauer bis zu seinem 24. Lebensjahr im Rahmen seiner Kirche gestanden, aber zumindest die Glaubenslehre bis 1814 aufgegeben habe (vgl. Hübscher 1969, 13; 1973, 13). Dieser Schritt vollzog sich über die Rezeption der Schellingschen und Fichteschen intellektuellen Anschauung, die wiederum auf die Kantisch-Reinholdsche transzendentale Analyse der Erfahrungsstruktur zurückgeht.

In der Berliner Zeit arbeitet Schopenhauer noch einmal *Schelling's philosophische Schriften I* durch. Zu der oben angeführten Stelle schrieb er bestätigend hinzu: »p 165–166 steht große lautre Wahrheit« (HN II, 309), doch an einer vorangehenden Stelle über das Absolute steht eine Anmerkung, die auf eine gedankliche Abweichung von der Göttinger Zeit in Richtung auf den Kantisch-Reinholdschen Idealismus deutet: »Es kommt daher auf die Frage an, ob zwischen Seyn und Erkanntwerden-können ein Unterschied sey, ob nach Abzug aller Erkennbarkeit noch ein Seyn übrig bliebe, ob jenseit Subjekt und Objekt für uns noch etwas ist« (HN II, 309). Die folgende Stelle bezeugt, dass das neue, transzendental-idealistische Verständnis des Seins als Vorstellung-Sein nun feststeht:

> »Der Standpunkt der N[atur]-Philos[ophen] ist der: Man stellt sich die ganze objektive Welt vor, in ihrer Größe, alle drehenden Weltkörper, und in ihrer Mannigfaltigkeit. Dann hält man plözlich inne und sagt: aber alles eben als seyend Gedachte ist nicht als seyend gedacht, wenn nicht eine es wahrnehmende Intelligenz, ein Subjekt zu dieser Objektenwelt ist: denn (dies sagen sie nicht ein Mal deutlich) seyn heißt nur Objekt für ein Subjekt oder Subjekt für Objekte seyn« (HN I, 26).

Damit ist die Bedeutung seiner Untersuchung über die vierfache Wurzel des Satzes vom zureichenden Grunde klar bezeichnet; die Wahrheit des besseren Bewusstseins ist eigentlich die transzendentalphilosophische Frage nach der Konstitution der Erfahrung unter dem Verzicht auf die metaphysisch-religiöse Befriedigung durch das welttranszendente Wesen. So lautet das Gesetz des Bewusstseins wie folgt:

> »Unser Bewußtseyn, so weit es als Sinnlichkeit, Verstand und Vernunft erscheint, zerfällt in Subjekt und Objekt, und enthält, bis dahin, nichts außerdem. Objekt für das Subjekt seyn, und unsre Vorstellung seyn, ist dasselbe. Alle unsre Vorstellungen sind Objekte des Subjekts, und alle Objekte des Subjekts sind unsre Vorstellungen. Aber nichts für sich Bestehendes und Unabhängiges, auch nichts Einzelnes und Abgerissenes, kann Objekt für uns werden: sondern alle unsre Vorstellungen stehn in einer gesetzmäßigen und der Form nach *a priori* bestimmbaren Verbindung« (Diss, 18).

Rudolstädter Zeit (1813)

In seiner Dissertation versucht Schopenhauer eine vertiefte Auseinandersetzung mit dem in der Leibniz-Wolffschen Schulphilosophie wichtigen aber seiner Ansicht nach nicht ausreichend differenzierten Satz vom zureichenden Grund. Auf dieses Hauptthema und den Überblick der gesamten Schrift werden wir hier nicht eingehen (s. Kap. 4). In seiner Dissertation lässt sich allerdings die Herausbildung und anfängliche Bestimmung der Grundbegriffe ›Wille‹ und ›Vorstellung‹ nachverfolgen. Dieser Abschnitt soll sich darauf konzentrieren.

Das oben angeführte Gesetz des Bewusstseins erinnert an den Reinholdschen Satz des Bewusstseins: »Im Bewußtseyn wird die Vorstellung durch das Subjekt vom Subjekt und Objekt unterschieden und auf beyde bezogen« (Reinhold 1790, 167 f.). Doch der idealistisch anmutende Ausdruck »durch das Subjekt« entfällt bei Schopenhauer. Das Studium bei Schulze und Fichte führte Schopenhauer auf den engen Pfad zwischen den substanzmetaphysischen und subjektmetaphysischen Absolutismen zu seiner philosophischen Grunderfahrung. Schopenhauer rezipierte einerseits die Kant-Reinholdsche Tradition, die die natürliche Einstellung über die menschliche Erkenntnis nicht anstandslos gelten lässt, sondern vielmehr dabei nach deren Bedingung der Möglichkeit nachfragt. Insofern teilt Schopenhauer auch ihre Ansicht, dass die Welt nicht substanzhaft als Ding an sich oder als darauf gegründet, sondern lediglich als Vorstellung, d. h. als Objekt in Bezug auf das erkennende Subjekt verstanden und dargestellt werden kann. Andererseits ist die Welt als Vorstellung jedoch nicht als Mittel des machtstrebenden Willens zu verstehen. Insofern war Schopenhauer mit der Kritik an den aufklärerischen Machtansprüchen einverstanden, die er von Schulze, aber auch von Jacobi und Schelling lernte.

Angesichts dieser doppelten Abgrenzung der Welt von den substantiellen und subjektiven Ordnungsprinzipien stellt sich nun eine neue Frage, wie die ganze Welt als Vorstellung, die Schopenhauer in dieser Phase mit Rücksicht auf deren ursprüngliche Beziehung zum erkennenden Subjekt »Gesamtvorstellung« nennt, sich selbst reguliert, d. h. von sich aus bewusstseinsimmanent ihre Einheit und Stabilität verschafft und aufrechterhält. Schopenhauers Antwort eröffnet eine neue Perspektive für seine Philosophie der Welt als Vorstellung. Das Erfahrungsganze besteht nämlich aus dem wechselseitigen Verhältnis der unmittelbaren Gegenwart der deutlichen Vorstellung (Vorgestelltwerden: κατ' εντελεχειαν) und der nicht unmittelbar gegenwärtigen, hintergründigen Vorstellung des Ganzen der Erfahrung (Vorgestelltwerden: κατα δυναμιν) im Bewusstsein (vgl. Diss, 23 f.). Die letztere Vorstellung wird durch Vereinigung der reinen Formen der Sinnlichkeit (Zeit und Raum) und der Kausalität zusammengehalten, und die erstere, unmittelbar gegenwärtige Vorstellung wird tatsächlich als Gegenstand der Erfahrung anerkannt, indem sie mit der letzteren, inaktualen Gesamtvorstellung vermittelt wird. Diese wird in der natürlichen Einstellung als die von außen her uns gegebene »objektive reale Welt« gedeutet (Diss, 21 f.). Der Vermittlungspunkt des inneren Sinns mit dem äußeren Sinn der räumlichen Sichtbarkeit ist der Leib als unmittelbares Objekt für das Subjekt des Erkennens (vgl. Diss, 25 f.).

In der Dissertation gewinnt Schopenhauers Wille, sofern er als transzendentale Bedingung der Möglichkeit der Gesamtvorstellung betrachtet wird, seine ersten originalen Konturen. Anders als bei dem Begriff der Vorstellung distanziert sich Schopenhauer bei der Einführung des Willensbegriffs von Anfang an deutlich von Kant, mit dem er sich 1812 intensiv befasst; eine Distanz, die er in seinem Hauptwerk (W I, 489–633; s. Kap. 6.7) und später in der »Preisschrift über die Grundlage der Moral« (s. Kap. 8.2; 17) ausbauen wird. Denn der von Kant definierte Wille, »welcher ein Vermögen ist, den Vorstellungen entsprechende Gegenstände entweder hervorzubringen oder noch sich selbst zur Bewirkung derselben [...], d. i. seine Kausalität zu bestimmen« (KpV, 29 f.), setzt bereits bestehende Vorstellungen, z. B. eines Moralgesetzes, voraus, denen entsprechend er einen Gegenstand hervorbringen oder bestimmen *soll*. Damit ist der so verstandene Wille nicht mehr in der Lage, als transzendentale Bedingung der Möglichkeit der Gesamterfahrung, d. h. gleichzeitig der Gegenstände derselben, mitzuwirken. Aus der Einbeziehung des handschriftlichen Nachlass ergibt sich, dass Schopenhauer seinen Willensbegriff auf einen anderen kantischen Begriff der Spontaneität des Selbstbewusstseins bzw. der transzendentalen Apperzeption stützt, wie er in der transzendentalen Deduktion der reinen Verstandesbegriffe (vgl. KrV, B 131 f.) verwendet wird, dass der junge Schopenhauer, hier durchaus unter Fichtes Einfluss, Wille und Spontaneität sogar synonym verwendet (vgl. Kamata 2015, 50–55). Der Wille als Spontaneität ist im Selbstbewusstsein und zwar im inneren Sinn und gleichzeitig an dem unmittelbaren Objekt (Leib) als spontane Muskelbewegung unmittelbar gegenwärtig (vgl. HN I, 65; HN II, 349, 358). In seiner Dissertation steht: »Erkannt wird das Subjekt nur als ein Wollendes, eine Spontaneität, nicht aber als ein Erkennendes« (Diss, 68). Auch in Fichtes *Versuch einer Critik aller Offenbarungen* (1792) und im *System der Sittenlehre* (1798), die der junge Schopenhauer durcharbeitete, finden sich die synonyme Behandlung von Wille und Spontaneität (vgl. u. a. Fichte 1971, Bd. V, 22 f.) und die doppelte Willensäußerung im inneren Sinn und am Leib (vgl. u. a. Fichte 1971, Bd. I, 11).

Auf der Ebene der Erkenntnis übt der Wille als Spontaneität seinen Einfluss auf das Erkenntnisvermögen aus, richtet dessen Aufmerksamkeit auf seinen Gegenstand, um verschiedene produktive und reproduktive Synthesen zu vollziehen. Er lässt sogar das Erkenntnisvermögen einen Gegenstand hervorbringen, den es nicht mehr oder noch nicht gibt. Diese Kausalität des Willens auf das Subjekt des Erkennens wird – ganz in Einklang mit Kant (vgl. u. a. KrV, B 151 f.) – Einbildungskraft bzw. Phantasie, deren Gegenstand Phantasma genannt. Das Gesetz der Motivation ist die von außen gesehen weniger verbindliche Regel für diese Willensspontaneität (vgl. u. a. Diss, 80). Dieses Verständnis der Einbildungskraft wird weiterreichende philosophische Konsequenzen haben, wie in den nächsten Abschnitten gezeigt wird. Die hier beschriebene Kausalität des Willens auf das Subjekt des Erkennens (Einbildungskraft) ist der eigentliche Motor, die Einheit und Stabilität der Gesamtvorstellung aufrechtzuerhalten, gehört also zu der transzendentalen Bedingung der Möglichkeit der Erfahrung. Sie ist grundsätzlich zu unterscheiden von der Kausalität des Willens auf das Objekt des Erkennens und der Kausalität der Objekte aufeinander, welche beiden Kausalitäten nur die Verhältnisse der innerweltlich in ihrer empirischen Realität bereits feststehenden Dinge ausdrücken (vgl. Diss, 29 ff., 73). Auch aus diesem Grund ist die Unterscheidung zwischen den zwei Willensverständnissen von großer Wichtigkeit, nämlich zwischen dem transzendental-idealistisch verstandenen *Willen als Bedingung der Möglichkeit der Welt als Vorstellung* (unten abgekürzt als »transzendentaler Wille«) und dem *Willen innerhalb der Welt als Vorstellung* bzw. dem Willen in der Natur (unten abgekürzt als »empirischer Wille«), der die empirische Realität der Welt als Vorstellung als bereits feststehend angenommen hat und als einzelner mit anderen Willenserscheinungen kämpft. Die meisten bisher erhobenen Einwände gegen die angeblichen Inkonsequenzen des Schopenhauerschen Willensbegriffs übersahen diese entscheidende Differenz zwischen der transzendental-idealistischen und empirisch-realistischen Sichtweise. In dieser Duplizität des

Willens ist die Weiterentwicklung und die Abwandlung der Duplizität des Bewusstseins bis zum allmählichen Verschwinden dieses Gedankens angelegt.

Weimarer Zeit und Dresdner Zeit 1 (1813–1814)

Mit der Dissertation standen die beiden Grundbegriffe der Schopenhauerschen Philosophie – Wille und Vorstellung – fest. Das ›bessere Bewusstsein‹ als Leitmotiv der Studienzeit verwandelte sich mit der fortschreitenden Entmetaphysizierung in den Gedanken der Verneinung des Willens: »Seine [= des besseren Bewusstseins; Y. K.] andre Äußerung, die Heiligkeit, besteht darin daß man die Idee der Welt anschaut und sie nicht will« (HN I, 151). Damit sind bereits die Themenbereiche des ersten und vierten Buches von *Die Welt als Wille und Vorstellung* vorgezeichnet.

Die bedeutendste Weiterführung dieser philosophischen Grundlagen in der unmittelbaren Folgezeit war wohl die Herausarbeitung der Ideenlehre. Kant hatte das Ding an sich zwar als der Welt als Erscheinung zugrundeliegend denkbar angesehen, doch in seiner transzendental-idealistischen Ausführung als unerkennbar ausgeklammert. In dem nachkantischen Idealismus wurde dieser substanzmetaphysische Gedanke des Dinges an sich immer konsequenter verdrängt. Der junge Schopenhauer teilte auch, wie oben gesehen, diese allgemeine Ansicht. Der vollständige Ausschluss eines substantiellen Dinges an sich stellte ihn vor die neue Aufgabe, nicht nur die formalen Bedingungen der Möglichkeit der Erfahrung, sondern auch noch die materiellen Bedingungen der Möglichkeit der Erfahrung, die Kant stillschweigend dem Ding an sich zuschreiben konnte, bewusstseinsimmanent aufzuzeigen. Schopenhauers Ideenlehre war seine Antwort auf diese neu gestellte Frage nach der Bedingung der Möglichkeit der Erfahrung. Sie wurde bereits in der Dissertation deutlich zum Ausdruck gebracht:

> »Die Platonischen Ideen lassen sich vielleicht beschreiben als Normalanschauungen, die nicht nur, wie die mathematischen, für das Formale, sondern auch für das Materiale der vollständigen Vorstellungen gültig wären: also vollständige Vorstellungen, die, als solche, durchgängig bestimmt wären, und doch zugleich, wie die Begriffe, Vieles unter sich befaßten; d. h. [...] Repräsentanten der Begriffe, die ihnen aber völlig adäquat wären« (Diss, 63 Anm.).

Die platonische Idee ist zwar eine vollständige, aber nicht das Ganze der Erfahrung ausmachende Vorstellung, d. h. sie ist nicht in der sinnlichen Wahrnehmung gegeben. Diese Vorstellungen nennt Schopenhauer Phantasmata, das Produkt der Einbildungskraft. Sie unterliegen nicht dem Gesetz der Kausalität, sondern dem der Motivation (vgl. Diss, 27):

> »Die Platonische Idee ist eigentlich ein Phantasma in Gegenwart der Vernunft. Sie ist ein Phantasma dem die Vernunft das Siegel ihrer Allgemeinheit aufgedrückt hat; ein Phantasma bei dem sie spricht: ›so sind sie alle‹, d. h. ›das worin dieser Repräsentant seinem Begriff nicht adäquat ist, ist nicht wesentlich.‹ Die Platonische Idee entsteht also durch die vereinte Thätigkeit der Phantasie und der Vernunft« (HN I, 130 f.).

Diese entscheidende Bestimmung der platonischen Idee beim jungen Schopenhauer, die bisher allzu oft übersehen wurde, ist nicht etwa als ein vorübergehendes Gedankenexperiment (3. Klasse nach der Einteilung der Nachlasstexte) anzusehen, sondern als ein fester, ernstzunehmender Bestandteil seiner Philosophie, sofern dieser Gedanke auch in *Die Welt als Wille und Vorstellung* wiedergegeben wird (vgl. W I, 48).

Die Rolle des transzendentalen Willens als Bedingung der Möglichkeit der platonischen Idee und damit auch der wahrnehmbaren, anschaulichen Vorstellungen war die wichtige These, die sich zwar vollständig aus den Resultaten der Dissertation ableiten ließ, doch erst 1814 konsequent ausgesprochen wurde. Auf dieser Ideenlehre gründet sich die Schopenhauersche Kunstlehre. Da die platonische Idee ursprünglich Phantasma ist, kann sie im Bewusstsein des genialen Künstlers antizipiert und in den Kunstwerken so wiederholt werden, wie sie gedacht werden muss, bevor die Natur selbst sie hervorbringt. Die Methexistheorie der platonischen Ideen bleibt in der Kunst wie in der gewöhnlichen Erkenntnis bestehen, doch die Idee selbst wird nicht mehr substanzmetaphysisch von oben herab, sondern hier wiederum ganz im Geist des nachkantischen Idealismus durch die Antizipation der Einbildungskraft und der Vernunft gegeben. Die platonische Idee als Phantasma unterliegt eben deshalb nicht dem Gesetz der Kausalität, sondern dem der Motivation. Das bedeutet, dass sie nicht durch Raum und Zeit und Kausalität gebunden, vielmehr davon befreit ist und insofern bildhaft als ›ewig‹ bezeichnet werden kann.

Diese nunmehr erreichte Dreistufentheorie der Spontaneität des transzendentalen Willens, der platonischen Idee als Phantasma und der einzelnen anschaulichen Vorstellungen macht die Grundlage der

Schopenhauerschen Ideen- und Kunstlehre im dritten Buch von *Die Welt als Wille und Vorstellung* aus.

Dresdner Zeit 2 (1815–1816)

Die Philosophie des jungen Schopenhauer wuchs in den Dresdner Jahren allmählich zu einem organischen Ganzen zusammen. Bis 1814 standen der transzendentale Idealismus, die Ideenlehre und die Willensverneinung als Grundlegung seiner Erkenntnislehre, Ästhetik und Ethik fest. Die philosophische Ausarbeitung seiner Naturphilosophie war aber keine leichte Aufgabe. In der Tradition des nachkantischen Idealismus war die Frage, wie das Selbstbewusstsein sich der Natur als außerhalb des Bewusstseins seiend bewusst werden könne, der Stein des Anstoßes. Bei Schelling und Hegel bildete die Naturphilosophie den prominenten Probierstein, an dem die philosophische Geltung des idealistischen Denkens gemessen werden sollte (vgl. Schelling 1797, SW II, 12 f.).

Schopenhauer war seit seiner Studienzeit sehr an der zeitaktuellen Diskussion über die Natur interessiert, wie seine Vorlesungsbesuche u. a. von Johann Friedrich Blumenbachs Naturgeschichte in Göttingen und Martin Hinrich Lichtensteins Zoologie in Berlin (HN II, Inhaltsverzeichnis Seite V) sowie seine umfangreiche Lektüre zur Naturforschung mit besonderer Vorliebe zu der romantischen Naturphilosophie u. a. von Carl Friedrich Kielmeyer, Lorenz Oken und Gotthilf Heinrich von Schubert bezeugen. Die ersten beiden kannte Schopenhauer persönlich, führte mit ihnen Briefwechsel. Schuberts *Nachtseite der Naturwissenschaft* (1808) entlieh er nachweislich im Oktober 1814 von der Königlichen Bibliothek zu Dresden. Schopenhauer las auch seit seiner Dresdner Zeit bis ins hohe Alter die von Ludwig Wilhelm Gilbert herausgegebenen *Annalen der Physik* und in deren Folge Poggendorfs *Annalen*. Dennoch ist es verfehlt, anzunehmen, dass die Thematik ›Natur‹ bereits eine theoretisch gesicherte Stellung im philosophischen Denken des jungen Schopenhauer eingenommen hätte. Auch wenn er in einem Atemzug von dem Leib des Menschen und des Tieres als seinem Willen in der Erscheinung sprach, fehlte doch noch eine philosophische Darstellung dieser allgemeinen Naturphilosophie. Er musste vorerst seinen grundsätzlichen, idealistischen Vorbehalt gegenüber den »Naturphilosophen« und »Natur-Narren« (HN I, 27) aufarbeiten, d. h. ihn folgerichtig und stringent auf die Resultate seiner Dissertation beziehen. Dies geschah auf der einen Seite durch die an der Reinholdschen Formel (vgl. Reinhold 1789, 177) orientierte kritische Abgrenzung von der naiv-materialistischen Natur-Auffassung im diametralen Gegensatz zu seiner (nicht ganz zu Recht geübten) Kritik am Fichteschen Bewusstseinssolipsismus (vgl. Diss, 72; W II, 16), auf der anderen Seite durch die Beschäftigung mit dem von Fichte übernommenen Problem des Leibes als dem Bewusstsein und Natur vermittelnden unmittelbaren Objekt (vgl. Schöndorf 1982, 107–170). Gerade die letztere bot dem jungen Schopenhauer in dieser ›zweiten‹ Dresdner Zeit den Zugang zu der Frage der Vermittlung von Natur und Bewusstsein in der romantischen Naturphilosophie, vor allem zu der (Wieder-)Entdeckung und Erarbeitung des Analogiebegriffs im kantisch-transzendental-idealistischen Kontext. Die ausstehende philosophische Begründung der Gleichstellung von Mensch und Tier im Hinblick auf ihre Leiblichkeit als ihren Willen in der Erscheinung sollte nun nachgeholt werden (vgl. HN I, 129). Den Analogiebegriff übernahm er aus Schellings Schriften *Ideen zu einer Philosophie der Natur* (1797) und *Von der Weltseele* (1789), mit denen er seit seiner Göttinger Zeit vertraut war.

Der Begriff des Leibes als unmittelbares Objekt wurde zuerst in der Dissertation eingeführt und in der darauf folgenden Weimarer und Dresdner Zeit ausgebaut als die formale Bedingung der Vermittlungsmöglichkeit zwischen der unmittelbaren Gegenwart der Vorstellung im inneren Sinn (als intensive Größe) und der inaktualen Gesamtvorstellung im äußeren Sinn (als extensive Größe), die die räumlichen Zusammenhänge der Objekte sichtbar macht. Die Deutung der platonischen Idee als Phantasma mit Urbildfunktion lieferte die materiale Bedingung der Möglichkeit einzelner Erfahrungsgegenstände. Der Leib und die platonische Idee wurden ferner auf den transzendentalen Willen bezogen und auf je eigene Weise ›Objektität des Willens‹ genannt. Das Gesetz des Bewusstseins, wie es in Anlehnung an den Reinholdschen Satz des Bewusstseins, doch unter Eliminierung des Ausdrucks »durch das Subjekt«, als Korrelation von Subjekt und Objekt konzipiert wurde, sollte den von Schulze kritisierten praktischen Solipsismus überwinden. Dennoch blieb die Gesamtvorstellung transzendental-idealistisch auf das erkennende Subjekt und empirisch-realistisch auf den Leib als Koordinatenursprung der Welt bezogen. Insofern kann die Philosophie des Bewusstseins dem Verdacht eines erkenntnistheoretischen Solipsismus nicht entgehen.

In der natürlichen Einstellung ist aber die Dezentralisierung und die Verdinglichung der Welt als Vorstellung faktisch vollzogen, die Relationen der innerweltlichen Objekte bilden eine selbständige und in sich abgeschlossene materielle Welt, in der der Leib im Relationsganzen der (mittelbaren) Objekte eingebettet ist. Es ist nicht mehr ausreichend, nur die parallele Darstellbarkeit beider Sphären, nämlich der Erkenntnisfunktion und der Erkenntnisgegenstände (vgl. Diss, 70), festzustellen. Die Bedingung der Möglichkeit, unter der die Gesamtvorstellung für das erkennende Subjekt zugleich als die Welt als Vorstellung für alle erkennenden Subjekte dezentralisiert wird, muss nun gezeigt werden. Der junge Schopenhauer stieß hier also auf das Problem der Intersubjektivität, mit der jede Bewusstseinsphilosophie konfrontiert ist. Die Analogie des Willens ist Schopenhauers Antwort auf diese Frage und nicht etwa, wie oft angenommen, die Frage nach der metaphysischen Kosmogonie. Als Schopenhauer in der ›zweiten‹ Dresdner Zeit über die transzendentalphilosophische Leib-Konzeption zum Weltbegriff überging, fielen neben »Analogie« auch die anderen von Schelling verwendeten Ausdrücke wie »Mikrokosmus« (HN I, 229), als Bezeichnung für den Menschen, oder »Potenz« (HN I, 229), die auf sein Interesse an einem dezentralisierten Weltbegriff hindeuten. Schopenhauer ging aber, wohl unzufrieden mit dem auf der einen Seite allzu metaphysisch-dogmatisch erscheinenden und auf der anderen Seite sich mehr mit den Verhältnissen der innerweltlichen Dinge zueinander beschäftigenden Schellingschen Analogiebegriff, weiter zurück auf den kantischen, wie er in der Analogie der Erfahrung behandelt wurde: Nach Kant liefert die philosophische Analogie anders als die mathematische lediglich ein regulatives Prinzip: »Eine Analogie der Erfahrung wird also nur eine Regel sein, nach welcher aus Wahrnehmungen Einheit der Erfahrung [...] entspringen soll, und als Grundsatz von den Gegenständen (der Erscheinungen) nicht *konstitutiv*, sondern bloß *regulativ* gelten« (KrV, B 222 f.).

Schopenhauer äußerte sich nicht direkt zu der Frage, ob sein Verständnis des Analogiebegriffs sich nach dem kantischen richte. Dennoch sprechen mehrere Umstände dafür: In der Phase, in der der Gedanke der Analogie des Willens allmählich seine Gestalt gewann, ist von der subsumierenden Urteilskraft die Rede (vgl. HN I, 299). Nach der Abfassung seines Hauptwerks hielt Schopenhauer noch fest: »Diese [Analogie; Y. K.] ist das Werk der subsumirenden Urtheilskraft« (VN I, 529 (De)). Trotz der Nuancenunterschiede im Verständnis von ›Materie‹ und ›Substanz‹ bei Schopenhauer und Kant verstärkt die auffällige Verwandtschaft des Schopenhauerschen Materie-Begriffs mit dem kantischen Substanz-Begriff in der Analogie der Erfahrung diese Annahme. Schopenhauers wiederholte Definition der Materie als die Wahrnehmbarkeit von Zeit und Raum (vgl. Diss, 21; W I, 10) verweist nämlich eindeutig auf eine Stelle Kants:

»Nun kann die Zeit für sich nicht wahrgenommen werden. Folglich muß in den Gegenständen der Wahrnehmung, d. i. den Erscheinungen, das Substrat anzutreffen sein, welches die Zeit überhaupt vorstellt, und an dem aller Wechsel oder Zugleichsein durch das Verhältnis der Erscheinungen zu demselben in der Apprehension wahrgenommen werden kann« (KrV, B 225; vgl. auch B 277 f.).

Seine vorsichtige Einführung des Willens als Ding an sich erfolgt ganz im Sinne des transzendentalen Willens als Bedingung der Möglichkeit des Zusammenhaltens der Gesamtvorstellung. Er ist das Ding an sich in dem Sinne, dass es die Welt als Vorstellung im Innersten zusammenhält (vgl. HN I, 347 ff.), und bedeutet keine welttranszendente Substanz. Wenn es aber von der transzendental-idealistischen Überlegung abgesehen quasi als objektives Prinzip der empirischen Welt dargestellt werden soll, wird es Wille nur »a potiori« (HN I, 350) genannt. Der in *Ueber das Sehn und die Farben* (1816) eingeführte (vgl. auch F, 28, 33 (De)) und hier erweiterte Ausdruck ›Benennung‹ bzw. *denominatio a potiori* signalisiert, dass die Analogie des Willens als philosophische Analogie lediglich ein regulatives Prinzip ist, das uns ein einheitliches, dezentralisiertes Bild der Welt als Vorstellung ermöglichen soll. Schopenhauers Analogie des Willens steht als Terminus mit den folgenden Sätzen fest:

»Nur aus der Vergleichung mit dem was in mir vorgeht, wenn ich eine Aktion ausübe, und wie diese auf ein Motiv erfolgt, kann ich nach der Analogie verstehn, wie jene todten Körper sich auf Ursachen verändern, und was ihr innres Wesen sei, von dessen Erscheinung nichts als die bloße Zeitfolge aus den äußern Ursachen erklärlich ist. Dies kann ich darum, weil ich selbst, weil mein Leib, das einzige ist, davon ich auch die 2te Seite erkenne, welche ich Wille nenne a potiori« (HN I, 390; vgl. auch W I, 132).

Diesem Gedanken der philosophischen Analogie des Willens ist zu entnehmen, dass der junge Schopenhauer zumindest bis zu seinem Hauptwerk an seiner abgewandelten Duplizität des Bewusstseins festhielt und den Willen primär im strengen Sinn des transzendentalen Idealismus und nicht substanzmetaphysisch als den weltschaffenden Willen verstand.

Der aus seiner früheren Dresdner Zeit stammende Satz: »Die Welt als Ding an sich ist ein großer Wille, der nicht weiß was er will« (HN I, 169), wird oft als der erste Beleg für »die Alleinherrschaft des einen weltschaffenden Willens« angeführt (Hübscher 1973, 137). Allerdings muss gefragt werden, was hier »an sich« meint und welche Stellung der Ausdruck »die Alleinherrschaft des einen weltschaffenden Willens« in der Schopenhauerschen Philosophie einnimmt (vgl. Kamata 1989). Denn aus den bisherigen Überlegungen geht hervor, dass eine solche substanzmetaphysisch erscheinende Formulierung nicht wortwörtlich, sondern vielmehr als ein Analogon verstanden werden kann. In dieser Phase der Dresdner Zeit 1 wird die Thematik ›Wille‹ in den folgenden Problemkreisen behandelt: (1) Lebenwollen als Quelle des Leidens und die Überleitung zur Verneinung des Willens sowohl auf der Ebene des empirischen Willens in der Natur als auch der Ebene des transzendentalen Willens (vgl. u. a. HN I, § 143, § 146, § 148, § 158, § 213, § 218, § 220, § 242, § 246, § 256, § 257, § 260, § 263, § 265, § 266, § 268, § 273, § 274, § 276, § 293, § 294, § 296), ohne allerdings die Beziehung der beiden Ebenen philosophisch darlegen zu können und (2) Leib als Sichtbarkeit/Objektität – nicht zu verwechseln mit der emanationstheoretisch klingenden Erscheinung/Objektivation – des transzendentalen Willens (vgl. u. a. HN I, § 159, § 191, § 206, § 207, § 210, § 260, § 279, § 280, § 282, § 286, § 287, § 288, § 290, § 291, § 292, § 295). Neben den beiden Problemkreisen gibt es einige Stellen, an denen der empirische Wille in der Natur ausführlich (vgl. HN I, 143–146), auch in Bezug auf die psychologischen Themen (vgl. u. a. HN I, § 299, § 302, § 305) dargelegt wird. Es findet sich aber hier keine eindeutig metaphysische Darlegung, sondern es gibt höchstens Andeutungen, dass der Wille auch als Prinzip der Weltdarstellung funktionieren könnte, z. B. mit der Formulierung »Erscheinung eines Willens« oder »Objektivirungen des Willens« (HN I, 144 f.). So ist denn auch verständlich, warum Schopenhauer in dieser zweiten Phase der Dresdner Zeit sich mit dem Problem der Analogie beschäftigen musste. Erst mit dem Gedanken der Analogie des Willens konnte er diesen in seine Naturphilosophie aufnehmen, wobei allerdings für die zukünftige Forschung die Frage offen bleibt, inwieweit der junge Schopenhauer in dieser empirischen Weltbeschreibung den Willen substanzmetaphysisch verstand.

Literatur

d'Alfonso, Matteo Vincenzo: *Schopenhauers Kollegnachschriften der Metaphysik- und Psychologievorlesungen von G. E. Schulze (Göttingen 1810–1811)*. Würzburg 2008.

App, Urs: *Schopenhauers Kompass. Die Geburt einer Philosophie*. Rorschach 2011.

Bohinc, Tomas: *Die Entfesselung des Intellekts. Eine Untersuchung über die Möglichkeit der An-sich-Erkenntnis in der Philosophie Arthur Schopenhauers unter besonderer Berücksichtigung des Nachlasses und entwicklungsgeschichtlicher Aspekte*. Frankfurt a. M. 1989.

De Cian, Nicoletta: *Redenzione, Colpa, Salvezza. All'origine della filosofia di Schopenhauer*. Trient 2002.

Estermann, Alfred: *Die Autographen des Schopenhauer-Archivs*. Stuttgart-Bad Cannstatt 1988.

Fichte, Johann Gottlieb: Recension des Aenesidemus [1792]. In: Ders.: *Werke*. Bd. I. Hg. von Immanuel Hermann Fichte. Berlin 1971, 1–25.

Fichte, Johann Gottlieb: Versuch einer Kritik aller Offenbarung [1792]. In: Ders.: *Werke*. Bd. V. Hg. von Immanuel Hermann Fichte. Berlin 1971, 9–174.

Fichte, Johann Gottlieb: Ueber den Begriff der Wissenschaftslehre [1794]. In: Ders.: *Werke*. Bd. I. Hg. von Immanuel Hermann Fichte. Berlin 1971, 27–81.

Fichte, Johann Gottlieb: System der Sittenlehre [1798]. In: Ders.: *Werke*. Bd. IV. Hg. von Immanuel Hermann Fichte. Berlin 1971, 1–365.

Grigenti, Fabio: *Natura e rappresentazione. Genesi e struttura della natura in Arthur Schopenhauer*. Neapel 2000.

Hübscher, Arthur: Vom Pietismus zur Mystik. In: *Schopenhauer-Jahrbuch* 50 (1969), 1–32.

Hübscher, Arthur: *Denker gegen den Strom*. Bonn 1973.

Hübscher, Arthur: *Schopenhauer-Bibliographie*. Stuttgart-Bad Cannstatt 1981.

Kamata, Yasuo: *Der junge Schopenhauer. Genese des Grundgedankens der Welt als Wille und Vorstellung*. München 1988.

Kamata, Yasuo: Platonische Idee und die anschauliche Welt bei Schopenhauer. In: *Schopenhauer-Jahrbuch* 70 (1989), 84–93.

Kamata, Yasuo: Die Kant-Rezeption des jungen Schopenhauer in *Ueber die vierfache Wurzel des Satzes vom zureichenden Grunde*. In: Dieter Birnbacher (Hg.): *Schopenhauers Wissenschaftstheorie: Der »Satz vom Grund«*. Würzburg 2015, 45–58.

Kant, Immanuel: *Kritik der praktischen Vernunft* [1788]. Darmstadt 1929 [KpV, Seitenangabe nach der Originalausgabe von 1797].

Kant, Immanuel: *Kritik der reinen Vernunft* [1781, ²1787]. Hamburg 1930 [KrV, Seitenangabe nach der Ausgabe B von ²1787].

Novembre, Alessandro: *Il giovane Schopenhauer. L'origine della metafisica della volontà*. Milano/Udine 2018 (im Erscheinen).

Reinhold, Karl Leonhard: *Versuch einer neuen Theorie des menschlichen Vorstellungsvermögens*. Prag/Jena 1789.

Reinhold, Karl Leonhard: Neue Darstellung der Hauptmomente der Elementarphilosophie. In: Ders.: *Beyträge zur Berichtigung bisheriger Mißverständnisse der Philosophen*. Jena 1790, 165–254.

Schelling, Friedrich Wilhelm Joseph: *Philosophische Briefe über Dogmatismus und Kriticismus* [1795]. In: Ders.: *F. W. J. Schelling's Philosophische Schriften I.* Landshut 1809, 115–200.
Schelling, Friedrich Wilhelm Joseph: *Ideen zu einer Philosophie der Natur* [1797]. In: SW II, 11–73.
Schelling, Friedrich Wilhelm Joseph: *Von der Weltseele* [1798]. In: SW II, 345–583.
Schelling, Friedrich Wilhelm Joseph: *Sämtliche Werke.* Stuttgart/Augsburg 1856–1861 [SW].
Schöndorf, Harald: *Der Leib im Denken Schopenhauers und Fichtes.* München 1982.
Schopenhauer, Arthur: *Senilia. Gedanken im Alter.* Hg. von Franco Volpi und Ernst Ziegler. München 2010.
Schopenhauer, Arthur: *Spicilegia. Philosophische Notizen aus dem Nachlass.* Hg. von Ernst Ziegler. München 2015.
Schopenhauer, Arthur: *Pandectae. Philosophische Notizen aus dem Nachlass.* Hg. von Ernst Ziegler. München 2016.
Schopenhauer, Arthur: *Cogitata. Philosophische Notizen aus dem Nachlass.* Hg. von Ernst Ziegler. Würzburg 2017.
Schopenhauer, Arthur: *Cholerabuch. Philosophische Notizen aus dem Nachlass.* Hg. von Ernst Ziegler. Würzburg 2017.
Schopenhauer im Kontext III. CD-ROM/Download. Berlin 2008, http://www.infosoftware.de/ (1.6.2014).
Schubert, Gotthilf Heinrich von: *Nachtseite der Naturwissenschaft.* Dresden 1808.
Schulze, Gottlob Ernst: *Aenesidemus oder über die Fundamente der von dem Herrn Prof. Reinhold in Jena gelieferten Elementar-Philosophie. Nebst einer Vertheidigung des Skepticismus gegen die Anmaaßungen der Vernunftkritik.* Anonym und o. O. 1792.
Segala, Marco: The path to redemption between better consciousness and metaphysics of will. In: *Schopenhauer-Jahrbuch* 98 (2017), 71–98.

Yasuo Kamata

10.2 Logik und »Eristische Dialektik«

Bereits in der ersten Auflage der *Welt als Wille und Vorstellung* (= WWV) hatte Schopenhauer die Logik (W 1, 67–70) zusammen mit der Dialektik bzw. »Ueberredungskunst« (ebd., 70–74) als Teilbereich der Sprache (WWV, § 9) skizziert, die wiederum in dem Vernunftteil (ebd., 51–136) innerhalb der Vorstellungslehre (ebd., 1–136 = 1. Buch) enthalten ist. Im System der WWV gehören Logik und Eristik somit zusammen, nämlich als zwei Teilbereiche der Sprache; im Gesamtwerk sind sie aber nicht immer gemeinsam ausgearbeitet worden. Im Folgenden wird zunächst die Logik und dann die Eristische Dialektik vorgestellt.

Logik

Ebenso wie Kant (KrV, B VIII) erklärt Schopenhauer die Logik für eine »abgeschlossene, für sich bestehende, in sich vollendete, abgerundete und vollkommen sichere Disciplin« (W 1, 68) und verweist darauf, dass sie in »mehreren Lehrbüchern ziemlich gut ausgeführt« sei (s. auch Kap. 6.3); daher sei es nicht notwendig, die gesamte Begriffs-, Urteils- und Schlusslogik dem »Gedächtniß [sc. des Lesers der WWV] aufzuladen« (W 1, 65 f.). Zudem verstehe jeder Mensch naturgemäß die Logik, weshalb sie als spezielle Disziplin nur an Universitäten gelehrt werden müsse (vgl. W 1, 65 f., 68). Schopenhauer hat diese Auffassung ernstgenommen, insofern er seine Logik insbesondere für seine Universitätsvorlesungen in Berlin weiter ausgearbeitet hat.

Es finden sich vier nennenswerte Ansätze zur Logik in Schopenhauers Werken: (1) Eine Logik findet sich in den Kapiteln zum Erkenntnisgrund in *Ueber die vierfache Wurzel* (erstmals 1813), (2) eine Logik in § 9 der WWV I (erstmals 1819), (3) eine Logik in Kap. 3 des ersten Teils seiner *Vorlesungen* aus den 1820er Jahren (VN I, 259–385 (De)) und (4) eine Logik in den Ergänzungen zur zweiten Hälfte des ersten Buchs in WWV I, bes. Kap. 9 und 10 (erstmals 1844). Diese vier Logiken sind bislang im Einzelnen kaum intensiv und noch nie im Zusammenhang erforscht worden.

Schon eine oberflächliche Lektüre zeigt aber, dass Schopenhauer vier unterschiedliche Logiken entwickelt hat, die dann widersprüchlich erscheinen, wenn man versucht, sie als eine kongruente Logik zu interpretieren: (1) 1813 hat Schopenhauer eine rein qualitative Reflexion über die Bestandteile der Logik (Begriff, Urteil, Schluss) vorgelegt; (2) 1819 hat er das Programm einer geometrischen Begriffslogik mit Eulerschen Kreisdiagrammen entworfen; (3) in den 1820er Jahren hat Schopenhauer dieses Programm auf fast 200 Seiten umfangreich ausgearbeitet und (4) 1844 hat er seinen ursprünglichen Programmentwurf von 1819 mit einigen Auszügen zur Urteils- und Schlusslogik ergänzt, aber gleichzeitig ein neues Programm einer diagrammatischen Aussagenlogik skizziert, die mit Stäben und Haken dargestellt werden sollte. Bereits aufgrund des quantitativ sehr unterschiedlichen Umfangs kann man sich der scholastischen Unterscheidung bedienen und bei (3) von einer ›großen Logik‹ sprechen und (1), (2) und (4) als ›kleine Logik‹ oder ›kleine Logiken‹ bezeichnen (vgl. Seifert 1978, bes. 14 ff.).

Die Logikreflexionen und -programme (1), (2) und (4) sind bislang vor allem von Kewe (1907) und ferner von Fischer (1908) untersucht worden. Die folgende Darstellung konzentriert sich allein auf (3) die Logik der Berliner Vorlesungen, die als einzige Logik Schopenhauers den Anspruch erheben kann, umfangreich ausgearbeitet worden zu sein. Dabei darf allerdings nicht vergessen werden, dass Schopenhauer in späteren Jahren, d. h. in den späten Auflagen von (1) und (2) sowie in (4), nicht auf diese Ausarbeitung zurückgreift und sogar in (4) das oben genannte neue Programm skizziert (›Stäbe und Haken‹), das er aber, dem jetzigen Forschungsstand zufolge, nie ausgearbeitet hat. Im Folgenden wird zuerst der Inhalt der großen Logik dargestellt, dann werden einige Besonderheiten herausgegriffen, die bereits ansatzweise in einzelnen Forschungsarbeiten vorgestellt wurden; zuletzt wird Schopenhauers geometrische Methode anhand von Beispielen skizziert. Vergleiche zu den kleinen Logiken (1), (2) und (4) werden im Folgenden ausgespart.

Inhalt der großen Logik (VN I, 259–385 (De))

Die große Logik lässt sich grob in vier Teile einteilen: (A) Begriffs-, (B) Urteils-, (C) Schluss- und (D) Metalogik. Im vorliegenden Kapitel werden jeweils die zentralen Themen und Thesen vorgestellt.

A) Begriffslogik: Die Begriffslogik beginnt mit einer Semantik (VN I, 243–246 (De)) sowie einer skizzenhaften Semiotik (ebd., 247 ff.). Schopenhauer unterteilt Begriffe hierarchisch in Abstrakta und Konkreta sowie in einfache und zusammengesetzte Begriffe (ebd., 252 ff.). Alle Begriffe wurden während der Sprachentwicklung aus der Anschauung abstrahiert. Schopenhauer führt die Theorie der Abstraktion und der Begriffsunterscheidung auf die empiristische Tradition zurück, obwohl er bereits selbst auf wesentliche Unterschiede zu bspw. Locke hinweist; stärker kritisiert er allerdings die rationalistische Redeweise von ›klaren‹ Begriffen (ebd., 253 ff.). Im Anschluss daran führt Schopenhauer die Ausdrücke der Subsumtion (ebd., 255 f.) und der Extension (ebd., 257 f.) ein, und erklärt diese mit Euler-Diagrammen.

B) Urteilslogik: Nach einer einleitenden Definition des ›Urteilens‹ behandelt Schopenhauer das Verhältnis von Subjekt, Prädikat und Copula im Urteil (ebd., 260 f.). Mit der anschließenden Bestimmung der zentralen Denkgesetze (ebd., 262–264), nämlich des Satzes der Identität, des Satzes vom Widerspruch, des Satzes vom ausgeschlossenen Dritten und des Satzes vom zureichenden Grund, führt Schopenhauer vier Wahrheitsbegriffe ein: logische, empirische, metaphysische, metalogische Wahrheit (ebd., 264–26).

Diese Denkgesetze betreffen die Verhältnisse im Urteil, aber auch die Verhältnisse zwischen mehreren Urteilen. Damit ist zum einen die Frage nach der Identität oder dem Unterschied von Subjekt und Prädikat gemeint, also – hier knüpft Schopenhauer an den Anfang von Cap. 2 der Berliner Vorlesungen an (ebd., 122 ff.) – die Bestimmung von analytischen oder synthetischen Urteilen (ebd., 268 f.). Zum anderen betreffen die möglichen Eigenschaften dieser Verhältnisse auch die Quantität, Qualität, Relation oder Modalität der Urteile, die Schopenhauer mit Hilfe von Euler-Diagrammen an sechs Verhältnisformen von Urteilen skizziert (ebd., 270–282). Durch die Untersuchung der grundlegenden Euler-Diagramme kommt er zu den Ergebnissen, dass sich mit einer Kreuzklassifikation von Quantität und Qualität die wesentlichen Verhältnisformen des Urteils bestimmen lassen; die Relation sei hingegen nur ein äußerer Zusatz, der der präziseren Unterscheidung von Urteilsformen diene und die Modalität sei eine nicht vom Urteil, sondern vom Urteilenden abhängige Form (ebd., 282 ff.).

Schopenhauer leitet im folgenden Kapitel aus der Kreuzklassifikation von Quantität und Qualität vier grundlegende Urteilsformen ab: 1) allgemein bejahende Sätze, 2) allgemein verneinende Sätze, 3) partikulär bejahende Sätze, 4) partikulär verneinende Sätze (ebd., 284 ff.). Diese werden wiederum, ähnlich wie bei Euler (1773, 87–92), mit Kreisdiagrammen illustriert und mit den scholastischen Konversionsregeln gegenseitig abgeleitet (ebd., 289–293).

C) Schlusslogik: Die Schlusslogik besteht aus der Untersuchung von Schlüssen, (I) die mit drei Begriffen (ebd., 293–331), (II) die mit mehr als drei Begriffen (ebd., 331–333) und (III) die mit Urteilen gebildet werden (ebd., 333–356). (I) behandelt die Syllogistik, (II) die Sorites, (III) die Aussagenlogik. (I) Schopenhauers Hauptthese in der Syllogistik lautet schlicht: Es gibt nur drei syllogistische Figuren. Diese These teilt er in drei Teilargumente: 1. Kants Reduktion aller vier syllogistischen Figuren auf die erste Figur sei zwar über »Umwege« möglich (ebd., 302 ff., 318 ff.), aber diese Zurückführung untergrabe die Funktion des *terminus medius*. 2. Galens Erweiterung der aristotelischen Syllogistik um eine vierte Figur sei ebenfalls unnütz, weil die vierte Figur nur eine besondere Funktion der ersten Figur darstelle (ebd., 305, 357). 3. Dass es nur drei syllogistische Figuren gebe, lässt sich mittels der aristotelischen Regellehre aus den *Analytica Priora* (ebd.,

324 f.) und ferner mittels der bekannten scholastischen Mnemotechnik (ebd., 287, 303–306) belegen, aber die Richtigkeit dieser These zeige sich vor allem mit Hilfe von Euler-Diagrammen (ebd., 272, 357).

Die Hauptthese verdeutlicht Schopenhauer aber nicht nur mit der scholastischen Mnemotechnik, der aristotelischen Regellehre und vor allem mit Euler-Diagrammen, sondern auch mit Metaphern, die mit den Diagrammen korrespondieren: In der ersten und vierten Figur habe der *medius* die Funktion der »Entscheidung« (ebd., 302 ff., 318 ff., 323, 326), in der zweiten die Funktion der »Unterscheidung« (ebd., 302, 316, 326, 329) und in der dritten die Funktion der »Ausscheidung« (ebd., 316 ff., 327). Das Unterscheidungskriterium der drei Figuren sei somit weniger die gewohnte Subjekt- oder Prädikatstellung von *major*, *minor* und *medius* im Urteil (ebd., 324, 327 f.) oder die damit verbundenen Regeln (ebd., 324–327), als vielmehr die metaphorisch ausgedrückte Funktionsweise des *medius*, die sich im »Schemata der Sphären«, d. h. mit Hilfe von Euler-Diagrammen zeige: In der ersten Figur ist der *medius* die mittlere, in der zweiten die weiteste und in der dritten Figur die engste Sphäre der drei dargestellten Begriffen.

In (II) erklärt Schopenhauer ebenfalls anhand eines Euler-Diagramms Pro- und Episyllogismen, wobei jene mit Senecaschem und diese mit Golcenianischem Sorites korrespondieren.

Während (I) und (II) natürliche Schlüsse aus der Begriffslogik hergeleitet haben und die Begriffe nach der Quantität und Qualität beurteilt wurden, behandelt Abschnitt (III) eine auf der Urteilslogik von (I) und (II) aufbauende Schlusslogik. Hier werden zunächst komplexe Schlüsse mit relationalen Junktoren erklärt (ebd., 333–339) und kurz die Regeln für die Modallogik abgehandelt (ebd., 339 f.).

D) Metalogik: Der metalogische Teil findet sich in der Einleitung und im Schlussteil der großen Logik. In der Einleitung erklärt Schopenhauer vor allem, dass aus anthropologischer Sicht Sprache und Logik eine »Hauptäußerung der Vernunft« neben Wissen(schaft) und praktischer Vernunft darstellen (ebd., 234–242). Der metalogische Schlussteil besteht aus mehreren Teilen: Vor der eigentlichen Metalogik im Schlussteil handelt Schopenhauer noch von unterschiedlichen logischen Themen wie dem sprachlichen Ausdruck von Junktoren (ebd., 340), Enthymemen (ebd., 344–356), Paralogismen und sehr ausführlich von Sophismen (ebd., 344–356). Das, was Schopenhauer selbst als ›Metalogik‹ bezeichnet, beinhaltet zunächst einen kurzen Abriss zur Geschichte unter besonderer Berücksichtigung ihrer jeweiligen Zusätze (ebd., 356 ff.) und beinhaltet die Unterscheidung in Logik (Analytik) und Dialektik (Topik) (ebd., 358 f.) sowie den Wert der Logik (ebd., 359 ff.). Als letzten Teil dieses Abschnitts über Sprache und Logik kann man noch Schopenhauers Ausführungen über die Überredung ansehen, die einige Sophismen wieder aufgreifen und diese durch Euler-Diagramme erläutern (ebd., 363–366; zu den Euler-Diagrammen in der Eristik vgl. Lemanski/Moktefi 2018).

Besonderheiten der großen Logik

Hatten die bisherigen Herausgeber der Berliner Vorlesungen erklärt, dass diese eine »für Anfänger umgearbeitete« oder »didaktische Fassung« des ersten Bandes der WWV seien (vgl. Mockrauer in ebd., VII; Spierling 1986, 11), so kann dies wohl kaum für die Logik gelten. Generell ist diese Einschätzung fragwürdig. Derartige Bewertungen erklären aber, warum Schopenhauers Logiken nur sehr selten wahrgenommen und warum besonders die Berliner Vorlesungen kaum erforscht wurden. Es mag zwar sein, dass Schopenhauer sein Programm aus den kleinen Logiken verwendet hat, um die große um- und auszuarbeiten; aber das heißt nicht, dass sie zwingend auch einen für Anfänger geeigneten Schwierigkeitsgrad besessen hätten. Im Gegenteil, man kann sogar dafür argumentieren, dass Schopenhauer in den Berliner Vorlesungen einen der schwierigsten Logiktexte in der ersten Hälfte des 19. Jahrhunderts konzipiert hat, der sich angesichts seiner Komplexität durchaus mit den Logiken von Kant, Christian Krause, Bernard Bolzano und Moritz Wilhelm Drobisch messen kann. Diese Komplexität rührt größtenteils von der Verbindung einzelner Logiken oder logischer Ansätze her (aristotelische Regellogik, scholastische Mnemotechnik, kantische Kategorienaufteilung, Eulersche Diagrammatik usw.), die Schopenhauer zudem unterschiedlich bewertet und in deren Rezeption er eigene Ideen miteinfließen lässt.

Ich möchte im Folgenden beispielhaft auf drei Neuheiten bzw. Eigenarten eingehen, die herausstellen, dass Schopenhauers Berliner Vorlesungen eine zu Unrecht vergessene Logik beinhalten. Ausgewählt wurde dafür jeweils ein Thema aus der (A) Begriffs-, (B) Urteils- und (C) Schlusslehre, nämlich (A) die gebrauchstheoretische Semantik, (B) die Diagrammatik analytischer Urteile und (C) die syllogistische Beweistheorie. Die Gemeinsamkeit aller drei Beispiele ist, dass sie sich mehr oder minder stark der geometrischen Logik Eulers bedienen und diese fortführen. Diese Beispiele dürfen aber nicht vergessen lassen, dass Schopenhauers Logik noch viele weitere Besonderheiten aufweist, wie bspw. die Rückkehr zur aristotelischen Regellogik, die Kritik der scholastischen Mnemotechnik, die metaphorische und diagrammatische Unterscheidung der drei syllogistischen Figuren usw.

Geometrische Logik

A) Gebrauchstheoretische Semantik: In welchem Verhältnis die einzelnen Themen der Schopenhauerschen Semantik zueinander stehen, ist in der Forschung bislang nicht ausreichend diskutiert worden (vgl. Dümig 2016). Hervorzuheben ist aber, dass Schopenhauer auf der einen Seite beim Spracherlernen eine Gebrauchstheorie der Bedeutung aufgrund eines Kontextualismus vertritt; auf der anderen Seite vertritt er aber auch eine semantische Abstraktionstheorie bei der Sprachentstehung. Obwohl die beiden semantischen Theorien als unvereinbar gelten (vgl. Geach 1957), gelingt es Schopenhauer, beide Ansätze zu harmonisieren: Die Gebrauchstheorie wird zum Verständnis von individuellen Spracherlernungsprozessen herangezogen; die Abstraktionstheorie erklärt den kollektiven Prozess der Sprachentstehung. Beide Theorien werden anhand von Euler-Diagrammen demonstriert.

Die Abstraktionstheorie erklärt die Begriffsentstehung an zwei Beispielen: Im Laufe der Sprachgeschichte könnten aus dem schon gebildeten Begriff (bspw. Vogel) alle Bestimmungen und Unterschiede bis auf einen (bspw. Tier) abstrahiert worden sein, so dass nur noch eine wesentliche Bestimmung übrig blieb (s. Abb. 10.1).

Alternativ könnten aber auch aus einer konkreten Anschauung (bspw. ein Baum) mehrere Bestimmungen entnommen worden sein (›grün‹, ›blüthetragend‹), die miteinander Teilmengen gebildet haben, aber in der konkreten Anschauung eine gemeinsame Schnittmenge aufgewiesen haben (s. Abb. 10.2). Der Schnittmenge ist dann ein Wort zugeordnet worden.

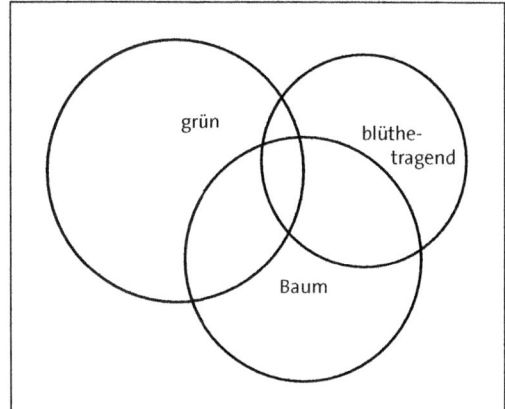

Abb. 10.2

In beiden Fällen ist die Metapher des Begriffs treffend: »jeder Begriff [...] hat was man eine *Sphäre*, einen *Umfang* nennt: d. h. es können durch ihn mehrere andre, bestimmte Begriffe, oder wenigstens viele reale Objekte gedacht werden: die daher innerhalb seines Umfangs liegen: er *begreift* mehrere Dinge« (VN I, 257 (De)).

Die Gebrauchstheorie dient dem Verständnis, was es heißt, einen Begriff oder eine Sprache zu erlernen. Schopenhauer konkretisiert das am Problem der Übersetzung: Einerseits ist es möglich, dass wir einen Begriff haben, aber kein passendes Wort dafür finden, so dass wir auf Fremdwörter zurückgreifen. Andererseits ist es möglich, dass wir ein Wort einer Ausgangssprache haben, dessen Begriff in der Zielsprache aber

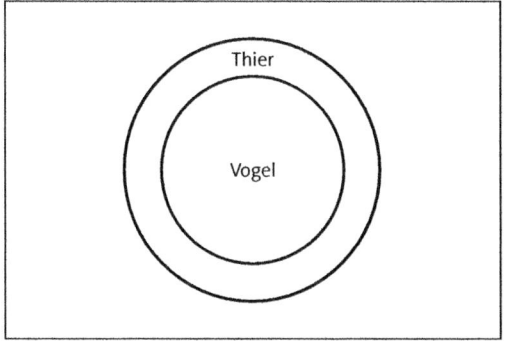

Abb. 10.1

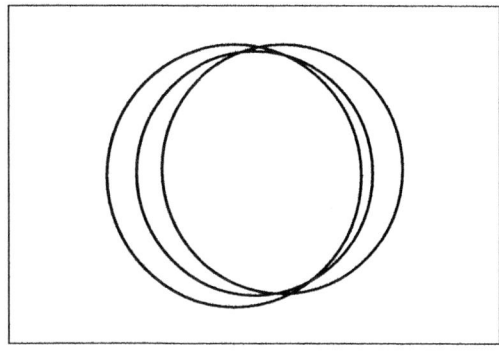

Abb. 10.3

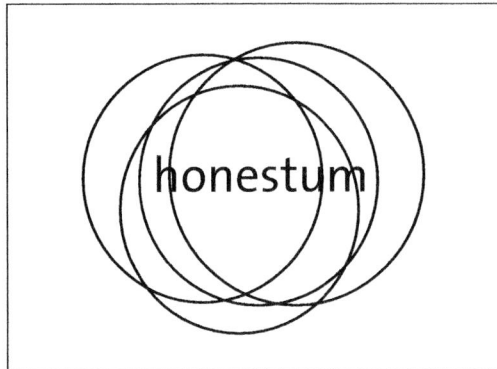

Abb. 10.4

nur durch mehrere Wörter abgedeckt werden kann. Die Wörter »Frappant, auffallend, speciosum« decken sich bspw. durch folgende Begriffssphären (Abb. 10.3).

Das lateinische Wort ›honestum‹ trifft die deutschen Wörter »Ehrenvoll, anständig, ehrbar, geziemend, rühmlich [...] nicht koncentrisch, sondern« wie in Abb. 10.4.

Da es eine fakultative Äquivalenz bei Übersetzungen gibt und man daher die die semantischen Bestandteile einer Sprache nicht rein lexikalisch erlernen kann, kommt Schopenhauer zu dem Schluss:

> »Darum lernt man nicht den wahren Werth der Wörter einer fremden Sprache durch das Lexikon, sondern erst *ex usu* [aus dem Gebrauch], durch Lesen bei Alten Sprachen und durch Sprechen, Aufenthalt im Lande, bei neuen Sprachen: nämlich erst aus dem verschiednen Zusammenhang[,] in dem man das Wort findet[,] abstrahirt man sich dessen wahre Bedeutung, findet den Begriff aus, den das Wort bezeichnet« (ebd., 246).

Lemanski (2016) hat dieses Zitat so interpretiert, dass die Gebrauchstheorie der Bedeutung, die man im ersten Satz des Zitats findet, durch ein Kontextprinzip gestützt wird, das im zweiten Satz expliziert wird; beide zusammen weisen eine Ähnlichkeit mit Wittgensteins Spätphilosophie auf.

B) Analytische Urteile: Eine weitere Besonderheit in Schopenhauers Logik ist die Darstellung analytischer Urteile mit Euler-Diagrammen. Spätestens seit Quines (1961, 20 f.) Angriff auf die Metapher des Enthaltenseins in Kants Definition analytischer Urteile gelten diese als problematisch. Erst in den 2010er Jahren hat man in der Kantforschung davon Abstand genommen, den Ausdruck des Enthaltenseins von seiner uneigentlichen Metaphorik zu befreien und ihn in strenge logische Begriffe zu übersetzen; vielmehr hat man versucht, den Ausdruck des Enthaltenseins als verbale Umschreibung gewisser anschaulicher Diagramme der geometrischen Logik zu verstehen (vgl. Lu-Adler 2012). Neben Kants (1900 ff., Bd. XVI, Nr. 3216) eigenen Diagrammen haben anscheinend nur Schopenhauer und Drobisch (1836, 36 ff.) eine Visualisierung analytischer Urteile bis in die 1840er Jahre vorgenommen.

Schopenhauer zeichnet sich dadurch aus, dass er auch bei analytischen Urteilen eine gewisse ontologische Relativität aufgrund eines epistemischen Kontextualismus im Blick hat: Manche Urteile sind für den einen analytisch, für den anderen synthetisch. Oder, in Schopenhauers Worten: »Vieles dabei [sc. bei der Bestimmung analytischer Urteile] ist offenbar subjektiv-relativ weil es darauf ankommt wie viel[e] Prädikat[e] dem Hörer vom Subjektbegriff schon bekannt sind und was er demgemäß beim Subjekt denkt.« (VN I, 124 (De))

Diese ontologische Relativität zeigt sich bspw. bei klassisch strittigen Urteilen wie »Alles Gold ist gelb«, das für die einen analytisch, für die anderen synthetisch ist (vgl. Rott 2004). Akzeptiert man aber bspw., dass das Urteil »Alles Gold ist gelb« analytisch ist, so bedeutet der Ausdruck des Enthaltenseins in der Definition analytischer Urteile, dass der Begriffsumfang von ›Gold‹ vollständig im Begriffsumfang von ›Gelb‹ enthalten ist (vgl. ebd., 270). Und dieser Ausdruck des Enthaltenseins von ›Gold‹ in ›Gelb‹ ist nichts anderes, als die verbale Beschreibung des analog anschaulichen Euler-Diagramms (Abb. 10.5).

Schopenhauer scheint somit kein Problem mit dem in der modernen Sprachphilosophie problematisch gewordenen Ausdruck des Enthaltenseins zu ha-

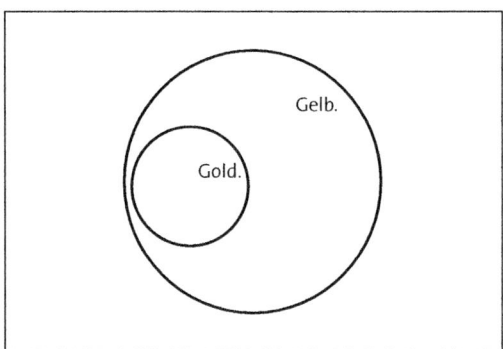

Abb. 10.5

ben, da er ihn nicht als uneigentliche Metapher, sondern als genaue Beschreibung von Euler-Diagrammen ansieht.

C) Syllogistische Beweistheorie: Euler-Diagramme sind in der Geschichte der geometrischen Logik häufig als Hilfsmittel der Beweistheorie genutzt worden, um Schlüsse zu überprüfen oder aus gegebenen wahren Prämissen gültige Schlüsse zu ziehen. Lemanski (2017) hat dafür argumentiert, dass Schopenhauer in der Geschichte der geometrischen Logik der erste Autor war, der Euler-Diagramme höher eingeschätzt hat als seine Vorgänger. Schopenhauer erklärt, dass eine Logik, die auf Euler-Diagrammen aufgebaut ist, einen Beweis »viel besser und viel leichter« leistet als die aristotelische Regellogik (ebd., 272). Die Verbesserung sieht Schopenhauer vor allem in der Vermeidung eines Beweisproblems, das spätestens seit Sextus Empiricus (PH II, 156 ff.) diskutiert wird und von John Stuart Mill (1858, 112–121) in die moderne philosophische Logik tradiert wurde (vgl. bspw. Haack 1982). Schopenhauer drückt dieses traditionelle skeptisch-empiristische Argument, das sich gegen eine Letztbegründung deduktiver Beweisverfahren richtet, wie folgt aus: »Aristoteles gab für jede syllogistische Regel immer einen Beweis, was eigentlich überflüssig, sogar der Strenge nach unmöglich ist; denn der Beweis selbst ist ein Schluß und setzt folglich die Regeln voraus: man kann eigentlich diese Regeln nur deutlich machen« (ebd., 272).

Wie in der Geometrie (s. Kap. 35) sieht Schopenhauer auch in der Logik die Basis rationaler Argumentation in der Anschauung. Das Deutlichmachen, das Schopenhauer vorschlägt, erfolgt schließlich mittels Euler-Diagrammen: Von einem Schluss werden zunächst alle möglichen Begriffssphären der Prämissen eingezeichnet, dann wird überprüft, ob die Konklusion auch mit dem Euler-Diagramm übereinstimmt oder nicht. Lässt sich auch die Konklusion an allen Diagrammen ablesen, ist der Schluss gültig; lässt sie sich nicht ablesen, ist sie ungültig. Als Beispiel kann man in Abb. 10.6 folgenden Schluss (Disamis) sehen: Einige Rochen sind elektrisch. Alle Rochen sind Fische. Also sind einige Fische elektrisch (vgl. ebd., 314).

Eine genaue Beschreibung dieses Beweisverfahrens findet man bei Bernhard (2001, 45–53).

»Eristische Dialektik«

»Eristische Dialektik« (= ED) ist der nachträglich in der Forschung etablierte Titel eines um 1830/31 entstandenen Nachlassfragments Arthur Schopenhauers, das auch unter dem Titel *Die Kunst, Recht zu behalten* (Volpi 1995) bekannt ist. Das Werk bietet einen kurzen historisch-systematischen Teil zur Logik und Dialektik sowie einen Teil mit »ungefähr vierzig« (P II, 37; vgl. Chichi 2002, 169, Anm. 29) argumentativen Kunstgriffen, zum Teil mit praktischen Fallbeispielen. Schopenhauer verwendet selbst den Ausdruck ›Eristische Dialektik‹ und versteht darunter zunächst die »Lehre vom Verfahren der dem Menschen natürlichen Rechthaberei« (HN III, 667). Der Begriff ›Eristik‹ stammt vom griechischen ἐρίζειν (*erizein*) und bedeutet ›(wett)streiten, zanken‹ und wird in der griechischen Mythologie in der Göttin Eris personifiziert. ›Dialektik‹ (gr. διαλεκτική, *dialektiké*) bedeutet so viel wie ›Gespräch‹, ›Unterredung‹ und steht bei Schopenhauer für das »Mittheilen von Meinungen (historische Gespräche ausgeschlossen)« (ebd.). Damit verweist der letztere Begriff auf die philosophische Disziplin, da die Dialektik das dialogische Mittelstück zwischen der monologischen Logik und der polylogischen Rhetorik bildet (vgl. Kewe 1907, 9) und somit auch das verbindende Teilstück dieses zu erneuernden Triviums ausmachen sollte (vgl. W II, 9; P II, 27 (Lü); vgl. auch Chichi 2002, 163). Als derartiges Verbindungsglied ersetzt die eristische Dialektik die Topik des aristotelischen Organons und entspricht damit ungefähr dem, was heutzutage unter der Bezeichnung ›Argumentationstheorie‹ an Universitäten gelehrt wird (vgl. Wohlrapp 1995, 9–27). Der erste Begriff (›Eristik‹) verweist hingegen auf das Ziel der Disziplin ›Dialektik‹, nämlich der Sieg des Streitgesprächs und das Rechthaben, welches nach Schopenhauer ein natürliches Verlangen des Menschen sei.

Sowohl unter Philosophen als auch unter Juristen beansprucht die ED noch heute Gültigkeit. So sagt beispielsweise der analytische Philosoph Nicholas Re-

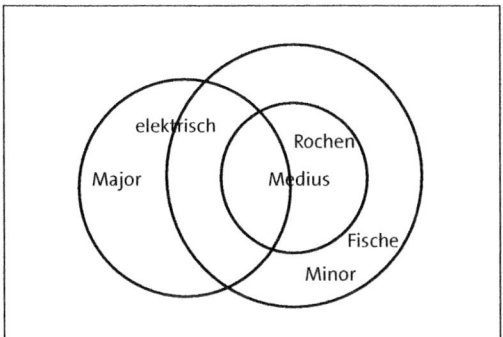

Abb. 10.6

scher, das Werk »retains a substantial interest« (Rescher 1977, 2), und auch der Zivilrechtler Gerhard Struck stellt die ED als »wichtigsten Text« (Struck 2005, 521) seines Fachbereichs dar, für dessen Theorie sich immer wieder aktuelle Fallbeispiele finden lassen.

Im Folgenden soll die ED formal, d. h. in Hinblick auf ihre Einordnung in das Schopenhauersche Gesamtwerk, ihre Entstehungsgeschichte und ihre Bedeutung sowie Interpretation, und dann inhaltlich vorgestellt werden.

Entstehungs-, Text- und Interpretationsgeschichte

Textgeschichtlich ist festzuhalten, dass Julius Frauenstädt das Nachlassfragment erstmals unter dem Titel *Dialektik* (in: *Arthur Schopenhauers handschriftlicher Nachlaß*, Leipzig 1864) veröffentlichte. Für die Forschung gilt bislang die kritische Ausgabe von Arthur Hübscher in HN III als verbindlich. Sowohl Franco Volpi (1995) als auch Gerd Haffmans (1983) haben jeweils besser lesbare Textfassungen vorgelegt, wobei die letztgenannte Ausgabe leicht gekürzt ist.

Obwohl das Werk häufig separat rezipiert wird und sich nur im handschriftlichen Nachlass des Philosophen befindet, lässt es sich eindeutig in Schopenhauers System verorten und ist somit auch für das Gesamtwerk von höchster Bedeutung. Diese Verortung kann sowohl (1) historisch als auch (2) systematisch begründet werden.

1) Im Hinblick auf die Fertigstellung des unter dem Titel »Eristische Dialektik« maßgeblich edierten Fragments begründet der Herausgeber Arthur Hübscher seine Datierung auf die Jahre 1830/31 plausibel und verweist zudem auf eine nicht nur inhaltliche, sondern auch materiale und äußerliche Beziehung zu Schopenhauers Berliner Vorlesungen (vgl. HN III, 700). Die Plausibilität resultiert dabei vor allem aus dem entwicklungsgeschichtlichen Gesamteindruck, da die Eristische Dialektik als Fortsetzung der bereits in der WWV angedachten ›Ueberredungskunst‹ erscheint, die in den Berliner Vorlesungen weiter ausgearbeitet wurde und dann am Ende von Schopenhauers Berliner Zeit ihre heutige Form in dem Nachlassfragment fand.

Überarbeitete Bruchstücke des Fragments sind schließlich auch 1851 in § 26 des zweiten Bandes der *Parerga und Paralipomena* (P II) verwendet worden. In diesem Paragraphen weist Schopenhauer auf das größere Fragment hin, erklärt aber sogleich, dass ihn jetzt das Thema aufgrund der damit einhergehenden unredlichen Natur des Menschen anwidere (vgl. P II, 37 (Lü)). Es liegt nahe, dass Schopenhauer das große Fragment zur Dialektik aus diesem Grund auch zwischen den 1830er und 1850er Jahren nicht vollendet hat.

2) Systematisch gesehen bietet das Nachlassfragment ED somit eine vollständigere Fassung zu § 26 der *Paralipomena*. § 26 ist innerhalb der *Paralipomena* wiederum ein Bestandteil des Kapitels II »Zur Logik und Dialektik« (§§ 22–26). Schopenhauer hat später explizit erklärt (vgl. W I, 27 (Lü)), dass die *Paralipomena*, zusammen mit vielen anderen Werken, sein Hauptwerk WWV und vor allem das darin dargelegte System ergänzen. Wenn die *Paralipomena* thematische Systemergänzungen beinhalten, und wenn § 9 der WWV (2. und 3. Aufl.) bzw. Schopenhauer 1819, 67–74 (WWV, 1. Aufl.) eine verkürzte Darstellung zum Thema ›Logik und Dialektik‹ anbieten, dann ist das Kapitel II der *Paralipomena* eine systemrelevante Ergänzung dieser Absätze von WWV I. Genauer gesagt ist dann die ED (als vollständigere Fassung von § 26 der *Paralipomena*) die vollständige Ausarbeitung von WWV I, 85–89, bzw. Schopenhauer 1819, 70–74, und somit nicht nur inhaltlich, sondern auch systematisch gesehen von größter Relevanz für die Forschung (Ähnliches gilt auch für die von der Schopenhauerwie Logikforschung sträflich vernachlässigten Logik- und Dialektikteile der VN I).

Dass Schopenhauers systematischer Themenbeitrag zur Logik und Dialektik nur aus dem Nachlass interpretatorisch rekonstruiert werden kann, sich dort aber ausführliche Abhandlungen zu beiden Themenbereichen finden, lässt Rückschlüsse entweder auf Schopenhauers Zielgruppe seines Systems oder auf die Regularien des Philosophischen Instituts zu Berlin im frühen 19. Jahrhundert zu. Da Schopenhauer aber die Dialektik unabhängig von seiner Vorlesungspflicht ausgearbeitet hat, ist der erste Rückschluss naheliegend, dass er als Systemautor und Wissenschaftler unterschiedliche inhaltliche Gewichtungen gesetzt hat: Dem Gedächtnis seines allgemeinen Publikums wollte er keine weitläufigen Informationen aufladen, die er aber als akademischer Didaktiker für überaus wichtig erachtete und sie deshalb seinen Studenten möglichst umfassend darbieten wollte.

Inhalt der ED

Die ED ist in 2 Teile unterteilt: Der erste Teil bietet (1) eine historische Auseinandersetzung über die Entstehung, Verbindung und Systematisierung von Logik und Dialektik, die Schopenhauer (2) systematisch verwendet, um daraus seine eigene Dialektik zu entwerfen. Der zweite Teil liefert die eigentliche Dialektik, die »ungefähr vierzig« (s. o.) argumentative Kunstgriffe mit jeweils praktischen Fallbeispielen vorstellt.

Teil 1: Da Schopenhauer das Fragment mehrfach umgeschrieben, ergänzt und vor allem nie druckreif ausgearbeitet hat, ist die genaue Einordnung sowohl der Eristik als auch der Dialektik nur sehr unsicher und kann daher vielleicht nur mittels einer historischen Kontextualisierung geleistet werden (vgl. dazu Volpi 1995). Die Schwierigkeit zeigt sich schon darin, dass Schopenhauer ›Eristische Dialektik‹ mehrfach definiert: Graciela M. Chichi (2002, 165) führt von angeblich fünf Definitionen die 1., 2. und 5. Definition an: Die eristische Dialektik sei (1) das »Verfahren der dem Menschen natürlichen Rechthaberei«, (2) die »Kunst zu disputiren, und zwar so zu disputiren, daß man Recht behält, also per fas et nefas« (HN III, 667) und (5) die »geistige Fechtkunst zum Rechtbehalten im Disputiren« (ebd., 676). Die dritte Definition, die Chichi nicht explizit anführt, kann mit Schopenhauers Behauptung identifiziert werden, dass die eristische Dialektik sich »nicht auf die objektive Wahrheit« beziehe, »sondern auf den Schein derselben, unbekümmert um sie selbst, also auf das Recht behalten« (ebd., 668, Anm.). Eine vierte Definition kann man in der Behauptung sehen, die Dialektik sei »die Kunst Recht zu behalten« (ebd., 675).

Das Fragment selbst wird eröffnet mit der These, dass Logik und Dialektik »von den Alten« als Synonyme gebraucht worden seien. Als Belege führt Schopenhauer Platon, Aristoteles, Cicero und Quintilian für die Antike sowie Petrus Ramus und Kant für das Mittelalter und die Neuzeit an. In Abgrenzung zur Tradition etabliert Schopenhauer nun seine eigene These: Der synonyme Gebrauch der Dialektik und Logik sei »[s]chade« (ebd., 666), da die Logik formal gesehen monologisch agiert, die Dialektik hingegen dialogisch. Die Logik steht für das ›einsame Denken‹ in seiner Auseinandersetzung mit dem »rein apriori, ohne empirische Beimischung bestimmbaren Gegenstand«, womit die »Gesetze des Denkens, das Verfahren der Vernunft (des λόγος)« gemeint sind. In dieser Auseinandersetzung mit der reinen Vernunft stimmen alle Subjekte überein; die Logik ist somit intrasubjektiv. Die Dialektik ist hingegen intersubjektiv und ist somit nicht mehr rein, sondern empirisch, da sie sich mit der »Gemeinschaft zweier vernünftiger Wesen« auseinandersetzt, die »eine Disputation, d. i. ein geistiger Kampf« mit- bzw. gegeneinander führen.

Zur Illustration des Unterschieds der beiden Vernunftdisziplinen bedient sich Schopenhauer des folgenden Bildes: In der Logik verhalten sich zwei Menschen wie »2 gleichgehende Uhren«, die vollkommen übereinstimmen; die Dialektik wird dann benötigt, wenn diese Übereinstimmung nicht gegeben ist (ebd., 667).

Der Grund dafür, dass Menschen in ihrer Meinung nicht übereinstimmen, resultiert aus der natürlichen Veranlagung des Menschen zum Rechthaben (ebd.), aber ferner auch zur »Geschwätzigkeit«, »Unredlichkeit« bzw. zum Reden ohne Nachdenken (ebd., 668 f.). Gäbe es diese angeborene »Schlechtigkeit des menschlichen Geschlechts« nicht, so wäre die Dialektik als eigenständige Disziplin überflüssig, da dann der intersubjektive Dialog nur eine äußerliche Form des intrasubjektiven Monologs der reinen Vernunft und somit Logik wäre. Der Hauptunterschied zwischen Logik und Dialektik besteht also nicht primär in der kommunikativen Form oder in dem Gegenstand, sondern im Umgang und der Zielsetzung mit denselben: Die Logik untersucht Argumente im Modus der Gültigkeit, die Dialektik operiert hingegen zum Zweck der Funktionalität von Begriffen. (Im Sinne der heutigen logischen ›Gültigkeit‹ verwendet Schopenhauer übrigens manchmal ›Wahrheit‹.) Will man zur Verdeutlichung dieses Sachverhalts das Schopenhauersche Uhrenbeispiel noch einmal heranziehen, so könnte man sagen, dass in der Logik an sich zwei Uhren niemals ungleich gehen können, in der Dialektik es aber das Ziel eines jeden ist, dass der andere die jeweils eigene Uhrzeit annehme.

Als Bestandteile der Vernunft stellen die Logik und die Dialektik zwei natürliche Vermögen dar. Allerdings meint Schopenhauer, dass sich beide Disziplinen dadurch unterscheiden, dass der Mensch von Natur aus die logische Praxis auch ohne die Theorie beherrsche, während die Dialektik viel Übung verlange (vgl. ebd., 670). Daher sei die aristotelische Logik, mit der sich Schopenhauer in einem Exkurs genauer beschäftigt (vgl. ebd., 670–675), auch nur eine Propädeutik der Dialektik gewesen. Aufgrund der unterschiedlichen Veranlagung der natürlichen Dialektik besitzt eine theoretische Lehre von der Dialektik – im Unterschied zur Logik – einen »praktischen Nutzen« (ebd., 670, ferner: 676). Wenn nun (ähnlich der kritischen Theorie Adornos) die Vernunft ein neutrales Instrument sei und sowohl zum Guten als auch zum Bösen verwendet werden könne, und wenn zudem jeder Mensch ein individuell stark ausgeprägtes Vernunftvermögen in Form einer natürlichen Dialektik besitze, so sei es nützlich, eine wissenschaftliche Dialektik in Form von »allgemeinen Stratagemata« aufzustellen, die vor dem unlauteren Gebrauch der natürlichen Dialektik schützt:

> »Die wissenschaftliche Dialektik in unserm Sinne hat demnach zur Hauptaufgabe, jene Kunstgriffe der Unredlichkeit im Disputiren aufzustellen und zu analysiren: damit man bei wirklichen Debatten sie gleich erkenne und vernichte. Eben daher muß sie in ihrer Darstellung eingeständlich bloß das Rechthaben, nicht die objektive Wahrheit, zum Endzweck nehmen« (ebd., 676).

Eine eristische Dialektik im Schopenhauerschen Sinne ist also keine ›Kunst, Recht zu haben‹, sondern ein deskriptiver Katalog von Kunstgriffen zu rein präventiven Zwecken (vgl. auch Chichi 2002, 165, 170). Sie vermittelt somit genau genommen die Kunst, sich gegen diejenigen zu wehren, die mit unredlichen Mitteln Recht haben wollen. Ein derartiger Ansatz sei, so Schopenhauer, ein »unbebautes Feld« und der zweite Teil der Abhandlung daher nur ein »*erster Versuch*« (ebd. 676 f.).

Teil 2: Auch der zweite Teil lässt sich in zwei Bereiche unterteilen: HN III, 677 f., stellt eine »Basis aller Dialektik« auf und liefert damit »das Grundgerüst, das Skelett jeder Disputation«. Danach (ebd., 678–695) folgen die 38 Kunstgriffe, die durch die Subsumierung der Kunstgriffe 7–18 unter die erotematische, d. h. sokratische oder Fragen verwendende Methode (vgl. Chichi 2002, 177) wieder in drei Teile unterteilt werden können. Zum Zweck der geordneten Darstellung können wir daher von präerotematischen (Kunstgr. 1–6), erotematischen (7–18) und posterotematischen (19–38) Stratagemata sprechen. Weitere Ordnungskriterien sowie eine gut ausgearbeitete Tabelle aller Kunstgriffe mit ihrer Funktion und ihren jeweiligen aristotelischen Entsprechungen finden sich bei Chichi (vgl. 2002, 177 f., 171–175). Aktuelle Fallbeispiele, die die Praxisnähe der Schopenhauerschen Dialektik belegen, gibt Struck (vgl. 2005).

Die Basis aller Dialektik beschreibt zwei Modi (a, b) und zwei Wege (c, d), um eine These zu widerlegen: (a) Die Widerlegung *ad rem* (objektiv, Semantik) und (b) die *ad hominem* (subjektiv, Pragmatik) gelten als die beiden Modi. (a) Bei der Widerlegung *ad rem* wird die Übereinstimmung einer Aussage mit der Wirklichkeit angegriffen, (b) bei der Widerlegung *ad hominem* wird dem Gegner vorgeworfen, mit seinen vorherigen Aussagen oder mit der allgemeinen Logik in Widerspruch zu stehen.

Hinsichtlich der Wege unterscheidet Schopenhauer zwischen (c) einer direkten und (d) einer indirekten Methode: Die (c) direkte Methode setzt eine vollständige syllogistische Argumentation des Gegners voraus. In diesem Fall wird entweder der Obersatz (*nego maiorem*) oder der Untersatz (*nego minorem*) der Prämissen oder die daraus entspringende Konklusion (*nego consequentiam*) angegriffen. Die (d) indirekte Widerlegung setzt keine vollständige syllogistische Schlussform des Gegners voraus, sondern der Kontrahent ergänzt als sogenannte ›Apagoge‹ entweder die Konklusion des Gegners und zeigt, dass diese einem Modi der Widerlegung entspricht, oder er ergänzt und widerlegt somit als sogenannte ›Instanz‹ einen bereits aufgestellten Obersatz mit einem der »durch direkte Nachweisung einzelner unter seiner Aussage begriffner Fälle« (ebd., 678).

Die ersten drei der präerotematischen Kunstgriffe, (1) die Erweiterung einer gegnerischen Behauptung, (2) die Homonymie, (3) der Versuch, relative Aussagen absolut zu nehmen, besitzen nach Schopenhauer die Gemeinsamkeit, dass »der Gegner eigentlich von etwas anderm redet als aufgestellt worden« (ebd., 681). Die weiteren präerotematischen Kunstgriffe werden angewandt, wenn die Gefahr eines Angriffs auf die Prämissen besteht: So werden bei Kunstgriff (4) die ›Prämissen weitläufig eingestreut‹, bei (5) bedient man sich Prämissen aus der ›Denkungsart des Gegners‹ und bei (6) wird eine versteckte *petitio principii* angewandt.

Unter die erotematischen Kunstgriffe fallen (7) das viel auf einmal und weitläufige Fragen, (8) das Reizen des Gegners, (9) das chaotische Fragen, (10) die heute sogenannte »reverse psychology« und (11) die gegnerische Bestätigung besonderer Fälle zum Zweck eines eigenen Induktionsschlusses. Kunstgriff (12) zeigt den Einsatz von Neologismen, Euphemismen und Pejorationen, (13) von übertriebenen Alternativen, (14) von untergeschobenen Gründen (*fallacia non causae ut causae*), (15) von Paradoxa, (16) von *argumenta ad hominem*, (17) von Definitionen und (18) von Ablenkungen (*mutatio controversiae*).

Wie die präerotematischen, so beziehen sich auch die posterotematischen Kunstgriffe nicht auf Fragen, sondern auf Aussagen: In Kunstgriff (19) wird ins Allgemeine ausgewichen, bei (20) lässt man sich Prämissen bestätigen, zieht aber die Konklusionen selbst, bei (21) werden Scheinargumente *pari pari* beantwortet, bei (22) eine *petitio principii* behauptet, bei (23) Übertreibungen angewandt und in (24) konkretisiert Schopenhauer die Apagoge als »Konsequenzmacherei«. Kunstgriff (25) behandelt ein *exemplum incontrarium*

(Gegenbeispiel) als Instanz für eine Induktion, (26) die *retorsio argumenti*, in der ein Argument des Gegners gegen diesen selbst angewandt wird, (27) behandelt den Nachdruck auf empfindliche Argumente, (28) dagegen die Verwendung von *argumenta ad auditores*, bei denen – wie der Name sagt – das Publikum vereinnahmt wird, und (29) eine Diversion, d. h. eine Ablenkung vom Thema. Unter dem Titel *argumentum ad verecundiam* behandelt Schopenhauer in Kunstgriff (30) den Gebrauch von Autoritäten anstelle von Gründen und in (31) den Gebrauch von Ironie vor dem Publikum. In Kunstgriff (32) werden ähnlich wie in (12) Argumente unter pejorativ konnotierte Kategorien subsumiert, (33) behandelt den Einsatz des Sophisma »Das mag in der Theorie richtig seyn; in der Praxis ist es falsch«, (34) empfiehlt das Nachsetzen beim Ausweichen des Gegners, (35) bespricht das *argumentum ab utili*, das nicht auf den Intellekt, sondern auf den Willen des Gegners zielt, (36) behandelt ähnlich wie (4) einen »sinnlosen Wortschwall«, (37) zeigt wie ein *argumentum ad hominem* als ein *argumentum ad rem* ausgegeben werden kann und (38) beschreibt zuletzt das *argumentum ad personam*, bei dem einer der Disputanten »persönlich, beleidigend, grob« wird.

Das Manuskript schließt mit der dann in P II fast zur Maxime erhobenen Empfehlung, seinen Diskussionspartner weise zu wählen, da »unter Hundert kaum Einer ist, der werth ist daß man mit ihm disputirt« (ebd., 695).

Literatur

Bernhard, Peter: *Euler-Diagramme. Zur Morphologie einer Repräsentationsform in der Logik*. Paderborn 2001.

Chichi, Graciela M.: Die Schopenhauersche Eristik. Ein Blick auf ihr Aristotelisches Erbe. In: *Schopenhauer-Jahrbuch* 83 (2002), 163–183.

Drobisch, Moritz Wilhelm: *Neue Darstellung der Logik nach ihren einfachsten Verhältnissen. Nebst einem logisch=mathematischen Anhange*. Leipzig 1836.

Dümig, Sascha: Lebendiges Wort? Schopenhauers und Goethes Anschauungen von Sprache im Vergleich. In: Daniel Schubbe/Søren R. Fauth (Hg.): *Schopenhauer und Goethe. Biographische und philosophische Perspektiven*. Hamburg 2016, 150–183.

Euler, Leonhard: *Briefe an eine deutsche Prinzessin*. Bd. 2. Leipzig ²1773.

Fischer, Kuno: *Schopenhauers Leben, Werke und Lehre*. Heidelberg ³1908.

Geach, Peter: *Mental Acts. Their Content and Their Objects*. London/New York 1957.

Haack, Susan: Dummett's Justification of Deduction. In: *Mind* 91/362 (1982), 216–239.

Haffmans, Gerd: *Die Kunst, Recht zu behalten, in 38 Kunstgriffen dargestellt*. Zürich 1983.

Kant, Immanuel: *Gesammelte Schriften* (Akademie-Ausgabe). Hg. von der Preußischen/Deutschen/Göttinger/Berlin-Brandenburgischen Akademie der Wissenschaften. Berlin 1900 ff.

Kewe, Adolf: *Schopenhauer als Logiker*. Bonn 1907.

Lemanski, Jens: Schopenhauers Gebrauchstheorie der Bedeutung und das Kontextprinzip. Eine Parallele zu Wittgensteins *Philosophischen Untersuchungen*. In: *Schopenhauer-Jahrbuch* 97 (2016), 171–197.

Lemanski, Jens: Means or End? On the Valuation of Logic Diagrams. In: *Logic-Philosophical Studies / Логико-философские штудии* 14 (2017), 98–122.

Lemanski, Jens/Moktefi, Amirouche: Making sense of Schopenhauer's diagram of Good and Evil. In: *Lecture Notes in Computer Science* (2018) (im Erscheinen).

Mill, John Stuart: *A System of Logic, Ratiocinative and Inductive*. New York 1858.

Lu-Adler, Huaping: *Kant's Conception of Logical Extension and Its Implications*. California 2012.

Quine, Willard Van Orman: Two Dogmas of Empiricism. In: Ders.: *From a Logical Point of View*. New York ²1961, 20–57.

Rescher, Nicholas: *Dialectics. A Controversy-Oriented Approach to the Theory of Knowledge*. Albany, NY 1977.

Rott, Hans: Vom Fließen theoretischer Begriffe. Begriffliches Wissen und theoretischer Wandel. In: *Kant-Studien* 95/1 (2004), 29–51.

Schopenhauer, Arthur: *Die Welt als Wille und Vorstellung*. Leipzig 1819.

Seifert, Arno: *Logik zwischen Scholastik und Humanismus. Das Kommentarwerk Johann Ecks*. München 1978.

Spierling, Volker: Zur Neuausgabe. In: Arthur Schopenhauer: *Philosophische Vorlesungen*. Bd. 1. Hg. von Volker Spierling. München u. a. 1986, 11–14.

Struck, Gerhard: Eristik für Juristen. Konzeptuelle Überlegungen und praktische Beispiele. In: Kent D. Lerch (Hg.): *Die Sprache des Rechts*. Bd. 2: *Recht verhandeln. Argumentieren, Begründen und Entscheiden im Diskurs des Rechts*. Berlin u. a. 2005, 521–549.

Volpi, Franco (Hg.): *Arthur Schopenhauer: Die Kunst, Recht zu behalten. In achtunddreißig Kunstgriffen*. Frankfurt a. M./Leipzig 1995.

Volpi, Franco: Schopenhauer und die Dialektik. In: Ders. 1995, 79–128.

Wohlrapp, Harald: Einleitung. Bemerkungen zu Geschichte und Gegenwart der Argumentationstheorie [...]. In: Ders. (Hg.): *Wege der Argumentationsforschung*. Stuttgart 1995, 9–50.

Jens Lemanski

10.3 Die Berliner Vorlesungen: Schopenhauer als Dozent

Eintritt ins ›praktische‹ Leben

Nach der Probevorlesung »Über die vier verschiedenen Arten der Ursache« (Gespr 47 f.; dort ist allerdings von »drei Arten von Kausalität« die Rede) wurde Schopenhauer in die Dozentenschaft der Berliner Universität aufgenommen (»Nostrification«; s. Kap. 3). Seine erste Vorlesung, welche auch die einzige bleiben sollte, hatte »Die gesamte Philosophie oder die Lehre vom Wesen der Welt und dem menschlichen Geiste« zum Thema und fand sechsmal wöchentlich statt (Ankündigungen im deutschen Lektionskatalog für die Zeit von 1820–1831/32 in De IX, XI–XIII; im lateinischen in De X, 621–623; vgl. Virmond 2011, 221). Da er sie in krasser Überschätzung seiner eigenen Position auf denselben Termin gelegt hatte, zu dem Hegel sein Hauptseminar abhielt, war der Zulauf gering. Immerhin kam sie zustande und wurde bis zum Semesterende abgehalten. Die Fülle des Stoffs, der durch Erweiterungen, methodische und didaktische Hinweise, Vor- und Rückverweise sowie bedeutende Ergänzungen zum Hauptwerk, an dem sich der Vortrag vor allem im 2. bis 4. Teil weitgehend orientierte, stark angewachsen war, führte dazu, dass Schopenhauer am Schluss des Semesters mit der Zeit ins Gedränge kam, wie er dem Dresdner Freund Osann Anfang August 1820 brieflich berichtet (vgl. GBr, 62).

Schopenhauer bietet auch in den folgenden Semestern Vorlesungen an, mit einer Pause in den Jahren 1822 bis 1826, die er – durch leidige Vorkommnisse berlinmüde geworden – zu seiner zweiten Italienreise nutzte. Für den Sommer 1821 lautete die Ankündigung »Die Grundlehren der gesammten Philosophie, d. i. der Erkenntniß vom Wesen der Welt und des menschlichen Geistes«, im Winter 1821/22 »Dianöologie und Logik, d. h. die Theorie des Anschauens und Denkens«, für das Sommersemester 1822 etwas schlichter »Die Grundlehren der gesammten Philosophie«. Laut Akten der Berliner Universität ist er »ausgeschieden Michaelis (i. e. 29.9.) 1822, wiedereingetreten Michaelis 1826 für Philosophie« (Virmond 2011, 842). Nach der Rückkehr wird zunächst »Die Grundlegung zur Philosophie, begreifend Dianoeologie und Logik oder die Theorie der gesammten Erkenntniß« angekündigt, seit dem Sommer 1827 »Die Grundlegung zur Philosophie oder die Theorie der gesammten Erkenntniß mit Inbegriff der Logik« (De IX, XII). Da sich auch zu dieser Vorlesung regelmäßig entweder keine oder zu wenig Zuhörer einfanden (vgl. Hübscher 1958; Zahlen bei Virmond 2011, 842; zum Begriff »Zuhörer« vgl. HN IV (2), 43), kam keine weitere zustande. Der Dozent ist aber erst Ostern 1832 offiziell aus dem Lehrkörper »ausgeschieden« (Virmond 2011, 842), er figurierte seit dieser Zeit auch nicht mehr im Lektionskatalog. Trotz seiner vehementen Kritik an der Universitätsphilosophie (s. Kap. 9.3), die vermutlich mit dazu beigetragen hat, dass die Vorlesungen bis heute ein Schattendasein fristen müssen, unterzeichnet er aber besonders Schreiben offizieller Natur bis ins Jahr 1855 mit »Dr. phil: c. jure leg: in Univ: Berol:« (Doktor der Philosophie mit Recht an der Berliner Universität zu lehren; GBr, 367), weshalb er sich im Scherz Freunden gegenüber den »doyen der deutschen Universitäten« nannte (Gwinner 1963, 74).

Warum verdienen die Vorlesungen auch heute noch unser Interesse?

1) Die Vorlesungen zeigen Schopenhauers Denken in einem anderen Aggregatzustand, der schriftlich fixierten mündlichen Rede, die sich vom Drucktext allein schon durch die Form der Mitteilung wesentlich unterscheidet. Sogar den zentralen Gegenstand des »ernstesten« Teils, die Lehre von der »Resignation«, stellt er dem Urteil der Studenten anheim. »Ich habe über diesen Punkt viele Widersprüche hören müssen und sage es Ihnen, damit Ihr Urteil um so freier bleibe, mir beizustimmen oder nicht« (VN IV, 537 (De)).

2) Sie sind wesentlich ausführlicher als die Erstausgabe, zunächst rein quantitativ, dann aber auch qualitativ, da der angehende Dozent neuere Forschungsliteratur einarbeitet, sich auf seine Mitschriften aus Göttingen und Berlin, Reiseaufzeichnungen, Manuskriptbücher und Randnotizen zum Hauptwerk stützt und bestimmte Gedanken mitunter wesentlich plastischer und prägnanter formuliert. In ihnen kommt der junge Schopenhauer in eindrucksvoller Weise zum Wort.

3) Die Vorlesungen stellen eine eigene Stufe in der Entwicklungsgeschichte dar; sie dokumentieren die beständige, konzentrierte »Arbeit am Text seiner Lehre«, in konsequenter Berücksichtigung externer und eigener Forschungsergebnisse aufgrund von Lektüre und entsprechenden neuen Einsichten. Ohne sie sind weder die Schrift *Ueber den Willen in der Natur* (1836) und die folgenden Schriften, noch die Neuauflagen der frühen Schriften (Diss., F) angemessen einzuordnen und zu verstehen. Sie lassen in einzigartiger Weise die Weiterarbeit an dem »einen Gedanken« erkennen, den er bereits 1817 formulierte: »Die Welt ist die Selbsterkenntnis des Willens« (HN I, 462; vgl. Malter 1988, bes. 14, 26, 32; s. auch Kap. 6.2). Ihre systematische Einbeziehung in eine Interpretation des Werks könnte einer irreführenden Fixierung auf

das gedruckte Spätwerk entgegenarbeiten, die dazu geführt hat, dass die früheren Arbeiten und Manuskripte derzeit in der Regel ausgeblendet werden.

4) Die Vorlesungen zeigen, wie der eine Grundgedanke Schopenhauers nicht nur objektiv dargestellt, sondern subjektiv vermittelt wird. Der Dozent erweist sich als eine Art »Seelenführer«, der seine Studenten mitunter in direkter Ansprache (*exhortatio*) anleitet, den Weg bis zum »Gipfel« des 4. Teils nicht nur gedanklich mit zu vollziehen, sondern die »Selbsterkenntnis des Willen« zur eigenen Sache zu machen.

›Entdeckungsgeschichte‹ der Manuskripte

Julius Frauenstädt war der erste, der auf die Vorlesungsmanuskripte hinwies und Kostproben der akademischen Lehrtätigkeit Schopenhauers veröffentlichte. Unter den »Memorabilien, Briefen und Nachlassstücken«, die er 1863 gemeinsam mit Ernst Otto Lindner in dem Band *Arthur Schopenhauer. Von ihm. Ueber ihn* herausgab, finden sich erste Textstücke aus den Vorlesungen, so Teile der »Einleitung über das Studium der Philosophie« (739–755), des »Exordium[s] über seinen Vortrag und dessen Methode« (756–759), der am Ende einen Ausblick auf den Gang der Vorlesung von 1820 enthält, das »Exordium der Dianoiologie« (759 f.), und, ganz dem Gang des Hauptwerks entsprechend, das Exordium des Kapitels von der »Verneinung des Willens zum Leben oder von der Entsagung und Heiligkeit« (760 ff.). Diesem Band folgte 1864 die Veröffentlichung eines Bandes mit »Abhandlungen, Anmerkungen, Aphorismen und Fragmenten«, der ausschließlich Texte aus dem handschriftlichen Nachlass enthielt. Aus dem reichen Fundus der Vorlesungsmanuskripte steuerte er v. a. für den 3. Teil verschiedene Textstücke bei.

Eduard Grisebach sorgte 1891 bis 1893 für eine neue, auf vier Bände angelegte Edition von Nachlasstexten. Im 2. Band stehen Auszüge aus den Vorlesungen prominent am Anfang, wobei er zunächst sämtliche Texte wiederabdruckt, die er bei Frauenstädt nur verkürzt oder falsch wiedergegeben findet. Erstmals abgedruckt sind die Exordien zu den Teilen II, III und IV. Der 4. Band, *Neue Paralipomena* betitelt, enthält ein Appendix, das erneut verschiedenste Texte aus dem Umfeld der einzigen gehaltenen, großen Vorlesung bietet, die bereits Frauenstädt veröffentlicht hatte, aber unzureichend, wie der Herausgeber nicht müde wird zu betonen.

Im Rahmen der großangelegten Werkausgabe, die Paul Deussen seit 1911 veranstaltete, kam es endlich zu einer kompletten Edition der *Philosophischen Vorlesungen*. Franz Mockrauer, dem wir eine auch heute noch mit gutem Recht als vorbildlich zu bezeichnende Edition verdanken, hatte den Berliner Nachlass entsprechend gesichtet und ausgewertet. Eine Beschreibung des Handschriftenmaterials (De IX, XV) bildet den Ausgangspunkt für die Gruppierung der einzelnen Texte, für die er zunächst eine »systematische Ordnung« vorschlägt, die dann aber nach ausführlicher, höchst umsichtiger Darstellung der zeitlichen Abfolge der Manuskripte (De IX, XVIII–XX) zugunsten einer an der Chronologie orientierten Gliederung aufgegeben wird. Die »Prinzipien der Textbehandlung« werden ausführlich dargestellt (De IX, XXIII–XXX). Von zentraler Bedeutung ist seine gesperrt gedruckte Feststellung: »Der von uns abgedruckte Text ist Wort für Wort eine genaue Wiedergabe des Schopenhauerschen Manuskripts. Jede Veränderung oder Hinzufügung des Herausgebers und jede unsichere Lesart der Worte ist in eckigen Klammern eingeschlossen« (De IX, XXV). Nicht genug damit enthalten die zwei Bände seiner lang erwarteten Edition Anmerkungen zum Textbestand (Zusätze etc.), Übersetzungen und Nachweise der Zitate, einen Nachtrag mit Angaben zu Schopenhauers Lehrtätigkeit (s. o.) sowie einen Nachtrag zur »Chronologie der Manuskripte, der Appendices, Beilagen und Eintragungen« (De X, 623–644), der minutiös versucht, die diversen Textstücke zu datieren. Erstaunlich ist, dass sich in den Konvoluten der Vorlesungen Eintragungen finden, die zeigen, dass Schopenhauer nicht nur in den Berliner Dozentenjahren, sondern auch später noch immer wieder an und mit diesen Aufzeichnungen gearbeitet hat. Mockrauers Datierung der Arbeitsspuren reicht von 1821 bis in das Jahr 1847 (De X, 628 f.); zwei Hinweise beziehen sich sogar auf das vorletzte, in den Jahren 1837 bis 1852 in Frankfurt angelegte Manuskriptbuch »Spicilegia«.

Der Textbestand war damit zunächst gesichert, bis auf die von Damm erwähnte »declamatio in laudem philosophiae« (Damm 1912, 156; Fußnote in De IX, XI), die sich damals nicht unter den Manuskripten der Berliner Königlichen Bibliothek befand. Es ist das Verdienst Hübschers, diese »declamatio« wiederentdeckt und 1948 publiziert zu haben.

Einige kritische Hinweise zu Mockrauers Edition sind allerdings angebracht: (1) Die *Philosophischen Vorlesungen* stehen in einem Netz von internen Bezügen, die allerdings ins Leere gehen, solange die entsprechenden Manuskripte nicht transkribiert sind oder anderweitig (z. B. digital) zur Verfügung stehen. Dieses Referenzsystem erstreckt sich von den frühesten Aufzeichnungen, die unter den Titel »Genesis des Systems« (in der Deussen-Ausgabe Band VI) gestellt wurden, bis zu den Drucken, den Randbemerkungen im Handexemplar des Hauptwerks und den zehn seit Frauenstädts 2. Auflage der *Parerga und Paralipomena* 1862 (P I, IX) bekannten umfangreichen Manuskriptbüchern. Für den Band IX (»Erste Hälfte«) handelt es sich um ein eng geknüpftes Verweisungssystem, das sich auf die frühen Aufzeichnungen, die gedruckten Frühschriften, Anmerkungen im Handexemplar, separate Manuskripte wie die »Eristische Dialektik«, vor allem aber auf die Manuskriptbücher »Reisebuch«, »Foliant«, »Brieftasche«, »Quartant«, »Adversaria« und die »Cogitata« stützt. Im Band X (»Zweite Hälfte«) finden sich entsprechende Hinweise auf die »Genesis des Systems« und die Manuskriptbücher »Reisebuch«, »Foliant«, »Adversaria«, »Cogitata« und – wie erwähnt – die späten »Spicilegia«. Auch auf die Mitschriften der Vorlesungen, die Schopenhauer in Göttingen und Berlin hörte, wird mitunter Bezug genommen. Verweise dieser Art werden zwar genannt, sie werden aber nicht aufgeschlüsselt, so dass dem Leser unklar bleibt, worauf sich Schopenhauer jeweils bezieht. Erschwerend kommt hinzu, dass zwei der drei Bände mit Nachlasstexten (VII, VIII und XII), auf welche der Leser der Vorlesungsbände verwiesen wird, nie erschienen sind (vgl. HN I, XI f.). Auch die internen Verweise, die sich auf andere Passagen des bereits Vorgetragenen beziehen, werden nicht systematisch aufgelöst. (2) Mockrauer stand bei seiner Edition die Bibliothek Schopenhauers nicht zur Verfügung, obwohl die Handexemplare mit den zahlreichen Glossen außerordentlich hilfreich sind, wenn es um eine Aufklärung der Literaturangaben und Hinweise auf die weitere Verarbeitung der Lektüre geht (vgl. Regehly 1992). (3) Ein Vergleich der Vorlesungsmanuskripte mit dem Text des Druckwerks (1. Auflage) fehlt vollständig, so dass in keiner Weise zu sehen ist, an welcher Stelle und in welchem Ausmaß sich der Dozent vom gedruckten Wort löst und mit Exkursen arbeitet, was in den Teilen II bis IV überaus häufig der Fall ist. Nur der I. Teil hat über große Strecken keinerlei Referenzpassagen im Hauptwerk. Allgemein gilt: Wenn diese Notizen sich auch am Gang des Hauptwerks orientieren, so sind die Ergänzungen und Erweiterungen doch sowohl quantitativ erheblich wie qualitativ signifikant. Ein derartiger, minutiöser Vergleich wurde in der Forschung bislang nicht einmal versucht (die Arbeit von Salomon Levi deutet zumindest die Notwendigkeit einer derartigen Untersuchung an). Es bleibt festzuhalten: Nur ein konsequent durchgeführter Vergleich der einzelnen Passagen kann die Vorlesungen aus ihrem mit den Prädikaten »didaktisch«, »Paraphrase« und »Einführung« gezimmerten Gefängnis befreien. (4) Die systematische Bedeutung, der Ort der Vorlesungen im Rahmen des Gesamtwerks, ihre »organische« Funktion als Teil eines Werkganzen, wird nur angedeutet.

Da die Deussen-Ausgabe in der Regel nur in wenigen Exemplaren in öffentlichen oder privaten Bibliotheken zugänglich war und die Vorlesungen in Hübschers Ausgabe des handschriftlichen Nachlasses (1966–1975) wegen der angeblich »befriedigenden« Editionslage (HN I, XII) nicht berücksichtigt wurden, hat Volker Spierling 1984 bis 1986 eine zweifellos verdienstvolle Leseausgabe in vier Bänden vorgelegt. Er verlässt sich bei der Wiedergabe des bloßen Textbestands dabei völlig auf Mockrauers Edition, die gleichwohl in einigen entscheidenden Punkten modifiziert wird.

(1) Dass ›inhaltliche Marginalien und Anmerkungen‹ sowie die Übersetzungen fremdsprachlicher Zitate in eckigen Klammern in den Text integriert wurden, ist weniger störend als das konsequente Weglassen der wichtigen Hinweise auf Manuskripte und Drucke. Das ganze engmaschige, oben angedeutete Netz der Verweise, das den inneren Kontext der Ausführungen bildet, wird dadurch ausgeblendet. (2) Der Herausgeber gibt ferner an, die »Anmerkungen Mockrauers, die hauptsächlich die Zusätze der Vorlesungen gegenüber dem ersten Band der *Welt als Wille und Vorstellung* detailliert bis hin zur genauen Zeilenangabe registrierten«, ausgelassen zu haben (VN II, 16). Nun finden sich aber bei Mockrauer gar keine »Zusätze« dieser Art. Was dieser unter »Zusätzen« versteht, sagt er explizit in seiner Vorrede (vgl. De IX, XXVIII f.). Gemeint sind ausschließlich die handschriftlichen Zusätze am Rand der Manuskriptbögen, nicht die Abweichungen und Ergänzungen gegenüber der ersten Auflage des Hauptwerks. Ein Vergleich mit den Manuskriptbänden fand offensichtlich nicht statt. Die »Zusätze« zum Manuskript der Vorlesungen, auch »Zusätze zu Zusätzen«, Streichungen etc. werden allerdings von Mockrauer durch Fußnoten kenntlich gemacht. Einige Zusätze sind aber vom Neuherausgeber ohne Angabe von Gründen zusammengestutzt worden, einige kleinere Fehler der Edition von 1913 wurden übernommen und weitergeschleppt (ein zu konjizierendes »mehr« fehlt in VN IV, 97 und De X,

612; ebenso ein »es« in VN IV, 230 und De X, 540) oder kamen neu hinzu (das griechische Zitat in VN II, 171, weist mehrere Fehler auf im Unterschied zu De X, 131; VN I, 558 vs. De IX, 538, hat »aber« statt »oder«; in VN IV, 243, ist aus dem »Weggeben« von De X, 554, ein »Weggehen« geworden etc.). Die von Franz Mockrauer in dessen Handexemplar (im Besitz des Schopenhauer-Archivs der UB Frankfurt a. M., Sammlung Arthur Hübscher) eingetragenen Korrekturen wurden von der Forschung bislang nicht berücksichtigt. Das Fehlen von durchgängigen Sacherklärungen erschwerte bereits die Lektüre der Ausgabe von 1913. (3) Die Angabe der Bogennummern entfiel ebenfalls, so dass die Arbeit mit den Manuskripten im Falle von Zweifeln am Wortlaut oder Textstand deutlich erschwert wurde. Die schon für den Erstherausgeber schwierige Textkonstitution wird in der Leseausgabe völlig undurchsichtig. (4) Die romantische Einsicht, dass Philosophie und Philologie zusammengehören und verschwistert sind, die philosophische Arbeit immer auch eine »Arbeit am Text« zu sein hat, wird kurzerhand preisgegeben, wenn Spierling seine Leseausgabe dem »philosophisch-problemgeschichtlich interessierten Leser« zudenkt, den »philologisch-textkritischen Fragestellungen« (VN II, 17) nachgehenden Forscher aber auf die – schwer zugängliche – Ausgabe von 1913 zurückverweist. Der ganze Cursus von 1820 lässt sich in der Tat anhand dieser alten, aber keineswegs veralteten Ausgabe am besten nachvollziehen.

Zur Zeit ist eine neue Studienausgabe der Vorlesungen in Arbeit (vgl. Schopenhauer 2017 ff.), die aber für diesen Artikel nicht mehr berücksichtigt werden konnte.

Der »ganze Cursus« im Überblick

Mockrauers »Übersicht« über das damals wie heute in Berlin verwahrte Handschriftenmaterial geht zunächst von drei systematisch unterschiedenen »Vortragsgruppen« aus, die aus der Probevorlesung, der 1820 gehaltenen Vorlesung über »Die gesammte Philosophie« und der – nicht gehaltenen – Vorlesung über »Die Theorie der gesammten Erkenntnis« (auch »Dianoiologie« oder »Prima philosophia« genannt) bestehen. Diese »systematisch-chronologische Ordnung« wurde im Druck zugunsten einer anderen, am Gang des Hauptwerks orientierten Ordnung modifiziert. Die »Theorie der gesammten Erkenntnis« wurde dem 1. Teil integriert (zur Textkonstitution, dem Zustand der Manuskripte und den Prinzipien der Textbehandlung vgl. De IX, XIV–XXX).

Zum Konvolut der Vorlesungs-Manuskripte gehören neben der Probevorlesung einige kürzere Texte, die einführenden oder vorbereitenden Charakter haben: zunächst die Probevorlesung »über die vier verschiedenen Arten der Ursachen«, die am 23. März 1820 in Berlin stattfand. Der angehende Dozent hatte außerdem eine lateinische Eröffnungsrede anzufertigen. Er schickte die in Dresden ausgearbeitete Fassung seinem Freund Osann, der sie an den Dekan August Boeckh weiterreichte, dessen »vollkommenen Beifall« sie gefunden haben soll (Grisebach 1897, 142). In dieser Rede, die Mockrauer für seine Edition noch nicht vorlag (vgl. De IX, XI Anm. mit Hinweis auf Damm 1912, 156; erstmals veröffentlicht von Hübscher 1945–48, 3–14), gab er einen literarisch ausgefeilten Abriss der Geschichte der Philosophie von den Griechen bis zu Kant. Nach Kant sei – so seine provokante Diagnose – die Philosophie »der Vernachlässigung und Mißachtung« anheimgefallen, aber es könne sein, dass ihr »ein Rächer erstehen werde, der ihr, mit stärkeren Kräften ausgestattet, wieder zu ihrem früheren Glanz und dem gebührenden Zuspruch« verhelfen könne (VN I, 58; es handelt sich um ein verstecktes Platon-Zitat, vgl. W 1, 250, das später als Motto des Pamphlets »Ueber die Universitäts-Philosophie« wiederbegegnet, P I, 147). Diese Passage wurde von den Biographen in der Regel auf den Verfasser selbst bezogen. Ferner liegen drei Einleitungen zur Vorlesung über die »Prima philosophia/Dianoiologie« vor, die grundlegende Gedanken kurz erläutern oder einen Ausblick auf den Gang des für 1821 geplanten Vorlesungsprojekts geben. Zwei separate Kapitel, die sich mit der »anschaulichen Vorstellung« und »Raum und Zeit« befassen und sich dem allgemeinen Verlauf nicht ohne weiteres einfügen ließen, schließen sich in Mockrauers Edition an (vgl. De IX, 46–57 und 571 f.).

Der ersten Vorlesung war ein »Exordium (über meinen Vortrag und dessen Methode)« vorangestellt, in dem Schopenhauer erläutert, warum er die vier Teile in einem einzigen Kursus vortrage. Der Grund liege in der »Natur der Philosophie« selbst, die eine »Einheit und innern Zusammenhang« besitze, wie keine andere Wissenschaft sonst (VN I, 69 (De)). Eine direkte Anrede bildet den Schluss, in der Schopenhauer versucht, die Zuhörer dazu zu motivieren, bis zum Schluss des »ganzen Cursus« auszuharren. Seine materialreiche »Einleitung, über das Studium der Philosophie« beginnt er mit der erstaunlichen These, dass »jeder Mensch ein geborener Metaphysikus ist« (VN I, 79 (De)), bevor er den »natürlichen Gang« der abendländischen Philosophie in großen Zügen nachzeichnet. *En passant* wird auf den »viel kühnern Flug« der Orientalischen Philosophie hingewiesen, deren auch für ihn verbindlicher Grundsatz »Tatoumes« (VN I, 95 (De); später »tat tvam asi« – »Auch das bist du!«) lautet. Über Bruno und Spinoza heißt es sogar »Ihre Geistesheimath war Hindostan« (VN I, 105 (De)). Abschließend nennt er die Geschichte der Philosophie »eine Geschichte von Irrthümern«, auf die er im Zuge seiner Vorlesung bei Gelegenheit näher zu sprechen kommen werde (VN I, 109 (De)).

1) *Theorie des gesamten Vorstellens:* Der 1. Teil der Vorlesung befasst sich mit der »Theorie der gesammten Erkenntnis«. Für die geplante Vorlesung zur Dianoiologie wurde das Manuskript von 1820 umgearbeitet. Mockrauer hat in Anbetracht der weitgehend undurchsichtigen Textlage darauf verzichtet, die geplante Vorlesung separat zum Abdruck zu bringen. Der erweiterte 1. Teil von 1821 wird in seiner Edition deshalb als erster großer, sehr umfangreicher Abschnitt der Vorlesung von 1820 abgedruckt.

Die Vorlesung beginnt nach einem kurzen Vorspann wie das Hauptwerk mit dem Satz »Die Welt ist meine Vorstellung«, der aber gleich auf handfeste Gegenstände – einen Ofen – bezogen wird. Zunächst hält Schopenhauer sich an die Darstellung der entsprechenden Kapitel im Hauptwerk. Auch die Erläuterung der Form der anschaulichen Vorstellung geht von dem gedruckten Text aus, wird dann aber sehr bald durch zahlreiche Ergänzungen und Veranschaulichungen bedeutend erweitert. Raum, Zeit und Kausalität, das Verhältnis von Ursache und Wirkung, Empfindung und Anschauung, die Eigenart der Sinne, insbesondere der Gesichtssinn und das Sehen, werden im Rahmen einer phänomenologisch und entwicklungspsychologisch orientierten Theorie des Vorstellungsvermögens erörtert, wobei der Dozent auf seine Farbenschrift hinweist, auf eigene Erfahrungen Bezug nimmt (»Reisetagebücher«), auf die in Göttingen und Berlin gehörten Vorlesungen zurückgreift (›Doppeltasten‹, vgl. Stollberg/Böker 2013, 116) und sich immer wieder auf Randbemerkungen seines Handexemplars stützt.

Während in der Probevorlesung von »vier Arten der Ursachen« die Rede war (s. o.), werden in der Vorlesung lediglich drei Arten der Kausalität »Ursach, Reiz, Motiv« (VN I, 209 (De)) behandelt. Der Unterschied zwischen den anschaulich gegebenen und den abstrakten Motiven wurde eingezogen, da die Motivation durch kausale Verstandeserkenntnis Tiere *und* Menschen gegenüber den Pflanzen auszeichnet. Der 2. Teil befasst sich zunächst – wie in Lehrbüchern der Logik üblich – mit den Begriffen, bevor Urteile und schließlich Schlüsse thematisiert werden. Die ersten Abschnitte orientieren sich wiederum am Hauptwerk (W 1, 68) bzw. an der Dissertation (Darstellung der »Denk-Gesetze«, VN I, 261 ff. (De)). Seine pädagogische Qualifikation beweist der Dozent dadurch, dass er Begriffsverhältnisse graphisch veranschaulicht, durch »Begriffssphären und ihre Verhältnisse« (VN I, 270 (De)). Zu diesem Zweck hat er vermutlich eine Tafel benutzt, wie verschiedene Hinweise zeigen (z. B. VN I, 272 f. (De)). Dies kam der Verständlichkeit seines Vortrags mit Sicherheit zugute. Der »analytische«, eingestandenermaßen »trockenste« Teil der Gesamtvorlesung wird durch launige Merksätze (z. B. von Gottsched, vgl. VN I, 287 (De)) und ungewöhnliche Beispiele aufgefrischt. Die Syllogistik, so teilt der Dozent mit, könne nicht nur »großen Wert für die philosophische Erkenntnis« haben, sondern sogar »amüsant« sein (VN I, 294 (De)). Die Darstellung der Vernunftschlüsse gerät außerordentlich detailliert. Vermutlich hat Schopenhauer sich dabei an Lehrbücher wie das seines Göttinger Lehrers Schulze gehalten (Schulze 1810; HN V, 156–161; dort sind seine zahlreichen Anmerkungen abgedruckt). Von »scholastischen Spitzfindigkeiten« (VN I, 312 (De)) hält er sich ausdrücklich fern. Er gibt sogar ein Beispiel für Hundelogik: »Wenn der Stock im Winkel steht; so geht mein Herr nicht aus: Wenn es schön Wetter ist; so geht er aus: Wenn es schön Wetter ist; so steht der Stock nicht im Winkel« (VN I, 336 (De)). Seine Äußerungen über Kalauer (Calembourg), Amphibolien, Trugschlüsse, Erschleichungen (mit polemischem Hinweis auf Schelling) und Sophismen verschiedenster Art sind durchaus unterhaltsam. Die Vortragsweise ist souverän, die Beherrschung und anschauliche Darstellung des umfangreichen, trockenen Stoffes höchst beeindruckend. Der Abschnitt über die »Überredungskunst« thematisiert die Schattenseite der Logik, die aber definitiv zur Einsicht in das Verfahren der Vernunft gehört. Die entsprechenden Tricks und »Kunstgriffe« (VN I, 364 (De)) hat Schopenhauer später in dem »Eristische Dialektik« betitelten separaten Konvolut zusammengestellt (s. Kap. 10.2). Die im Vorlesungsskript stark erweiterten Ausführungen über die praktische Vernunft (vgl. W 1, 125 ff.) und die Stoische Ethik (vgl. W 1, 129 ff.) nehmen bereits Gedanken des 4. Teils vorweg, so wenn es heißt, es liege »ein vollkommener Widerspruch darin, Leben zu wollen ohne zu leiden« (VN I, 420 (De)). Sätze wie diese machen den Studenten deutlich, dass seine gesamte Theorie des Erkennens unter einem »soteriologischen Vorbehalt« steht, demzufolge die Vorstellungswelt – willensmetaphysisch betrachtet – nicht nur »nichtig« ist, sondern den Wunsch nach Erlösung generiert, sofern die Selbsterkenntnis des Willens weit genug vorangeschritten ist.

Der folgende Abschnitt »Ueber den Satz vom Grund und seine vier Gestalten« bietet eine konzentrierte Fassung der wesentlichen Gedanken der Dissertation. Er betont zu Beginn seine Entdeckung von zwei – »ja gewissermaßen drei« – neuen Gestalten des Satzes (VN I, 424, 428 (De)), womit er auf die *causa essendi* in ihren beiden Formen (Raum, Zeit) sowie die *causa agendi* hinweist, die allerdings von seinem Lehrer Schulze brieflich angezweifelt wurde (Brief vom 20.1.1814, zit. nach Grisebach 1897, 72–74). Die heute zumindest Mathematiker nicht mehr recht überzeugende Kritik an der Euklidschen Methode wird skizziert (vgl. W 1, 105–110). Die Darlegung der 4. Klasse folgt dabei weitgehend der Dissertation (vgl. Diss, § 41 ff.). Der eindrucksvolle, mit Hinweisen auf die große Tradition der Philosophie (Heraklit, Platon) gestützte Zwischenabschnitt über die »Endlichkeit und Nichtigkeit« der Erscheinungen macht deutlich, inwiefern der Satz vom Grund als »Prinzip aller Erklärung« auf die Welt der Vorstellung beschränkt bleibt. Dieser Grund-Satz erweist sich schon jetzt als mögliche Klammer, die sich um die uns vertraute Welt als Ganzes ziehen lässt.

Der letzte Abschnitt erläutert, was unter Wissenschaft überhaupt zu verstehen ist. Grundlage sind die Abschnitte 14 und 15 des Hauptwerks (vgl. W 1, 92–102 und 115–125). Der Unterschied von Wissen und Wissenschaft, Geschichte und Philosophie wird erläutert und durch eine Lehre von der Definition ergänzt (vgl. VN I, 508–515 (De)). Die Rolle der Anschauung als »Quelle aller Wahrheit, folglich auch die letzte Grundlage der Wissenschaft« (VN I, 515 (De); vgl. VN I, 539 (De)) wird herausgestrichen, die Funktion der Urteilskraft bei der Übersetzung des anschaulich Erkannten in Begriffe betont und durch Zusätze erläutert. Das »große Übergewicht des Willens über die Erkenntnis« sei nicht nur theoretisch, sondern auch in Hinsicht auf das eigene Leben und die »eigne Lebensklugheit« stets in Rechnung zu stellen (VN I, 523 f. (De)). Hier finden sich erste Ansätze zu einer Glückslehre (»Die Kunst, glücklich zu sein«), die erst viel später in den »Aphorismen zur Lebensweisheit« in systematischer Ordnung der Öffentlichkeit vorgeführt werden (s. Kap. 9.6). Der letzte Teil schließt mit der Skizze einer Wissenschaftslehre, in der die Einzelwissenschaften gemäß ihrer jeweiligen Antwort auf die Frage nach dem »Warum« einer bestimmten Gestaltung des Satzes vom Grund zugeordnet werden, und einem emphatischen Hinweis auf die »Aufgabe der Philosophie«, das von jedem Menschen »anschaulich und in concreto Erkannte«, d. h. das bloß gefühlte Wissen, »zu einem abstrakten, deutlichen, sich stets gleich bleibenden Wissen zu erheben« (VN I, 550 (De)). Diese »ganze Aufgabe« werde nun aber erst »vollkommen deutlich, durch ihre Auflösung selbst« (VN I, 551 (De)), wobei hier wohl nicht nur an die Auflösung der skizzierten Rätselaufgabe gedacht war, sondern vermutlich sogar an die Auflösung der Philosophie selbst im Angesicht des Nichts, wie es die letzten Kapitel des Hauptwerks durch den Hinweis auf die Mystik andeuten.

2) Metaphysik der Natur: Den 2. Teil macht »die Lehre vom Dinge an sich« aus, in der dargestellt wird, was »diese Welt und alle Erscheinungen derselben«, die im 1. Teil »bloß als Vorstellung betrachtet« worden waren, »noch außerdem, also an sich sind« (VN I, 74 (De)). Schopenhauer beginnt mit einer Erläuterung des Begriffs der Metaphysik von Aristoteles über Wolff bis zu Kant, der »endlich die große Katastrophe« inszenierte, »die ewig eine Weltperiode in der Geschichte der Philosophie bleiben wird, weil sie »alle jene [sc. bisherige] Weisheit über den Haufen« stürzte, »und zwar so daß sie nie wieder aufstehn wird« (VN II, 18 (De)), wie er überschwänglich formuliert.

Die Darstellung hält sich zunächst relativ eng an den Gang des Hauptwerks. Mathematik und Naturwissenschaften können letztlich keinen Aufschluss über die »Bedeutung« der Vorstellungen geben. Erst der Wille, der neue »Grundbegriff der Metaphysik«, gibt den »Schlüssel« an die Hand. Wille und Leib sind identisch, der Wille ist unmittelbar leibhaft zu erfahren. Diese genuin »philosophische Wahrheit« unterscheidet sich von den Formen der wissenschaftlichen Wahrheit, die sich am Satz vom Grund orientieren. Alle anderen Objekte können »nach Analogie des Leibes« beurteilt werden. Zur »näheren Nachweisung« trägt Schopenhauer seine an Kant angelehnte Charakterlehre vor, bevor er diese »Einsicht« auf die gesamte Natur anwendet. Der Wille wird als neuer »Grundbegriff der Metaphysik« präsentiert, seine negativen Eigenschaften (»Einheit, Grundlosigkeit, Erkenntnislosigkeit«) werden erläutert, bevor Schopenhauer die Erscheinung des Willens in der Stufenfolge abwärts, durch die ganze Natur, nachzuweisen unternimmt, über die Tiere und Pflanzen bis zur unorganischen Natur. Eine höchst anschauliche »Probe« stellt sein über den Text des Hauptwerks (1. Auflage) weit hinausgehender Exkurs zu den Kunsttrieben der Tiere, insbesondere zur »Republik der Bienen«, dar (VN II, 66–74 (De)); weitere Forschungsergebnisse werden immer wieder zur Verdeutlichung verwendet, so über die Zoophyten bzw. »Pflanzenthiere« (VN II, 80 ff. (De)) und den Bau der Pflanzen (VN II, 139–142 (De)), um nur einige zu nennen. Eine Rekapitulation führt zur Kritik der falschen Naturansichten der Aristoteliker und Cartesianer. Das Programm einer Arbeitsteilung zwischen Physiker und Philosoph wird skizziert; ein anti-reduktionistisches Wissenschaftsprogramm muss sich auf den Grundsatz der Selbsterkenntnis des Willens stützen: »Wir müssen die Natur verstehen lernen aus unserm eigenen Selbst, nicht unser eignes Selbst aus der Natur« (VN II, 103 (De); vgl. HN I, 421). Deshalb müsse die 4. Klasse der Objekte des Satzes vom Grund als »Schlüssel« zur Naturerkenntnis dienen, nicht umgekehrt. Die Stufen der Objektivation des Willens setzt er in Parallele zu Platons Ideen, die dann »in aufsteigender Linie« detailliert und unter Benutzung u. a. der Vorlesungsmitschriften höchst anschaulich dargestellt werden. Die »Einheit des Willens« legt den Gedanken einer allumfassenden Harmonie nahe, von dem ausgehend sich die innere, auf den Organismus bezogene, und die äußere, auf die Selbsterhaltung zu beziehende Zweckmäßigkeit darstellen lässt. Auch hier kann er auf seine umfassenden, seit 1809 kontinuierlich betriebenen naturwissenschaftlichen Studien zurückgreifen. Die Schlusserläuterungen binden die vorgetragene Metaphysik der Natur erneut zurück an den einen Gedanken eines Prozesses der »Selbsterkenntnis des Willens« in einer »Vorstellung im Ganzen« (VN II, 171 (De)), worunter die »gesamte anschauliche Welt« zu verstehen sei, als »seine Objektität, seine Offenbarung, sein Spiegel« (ebd.). Die am Satz vom Grund orientierten Fragen »Wozu?« und »Woher?« haben für den Willen als Ding an sich weder eine Bedeutung noch erlauben sie eine Anwendung auf diesen. Damit markiert er noch einmal die Grenze der »wissenschaftlichen« Vorstellungswelt.

3) Metaphysik des Schönen: Der 3. Teil der Vorlesung ist »Metaphysik des Schönen« betitelt, die systematisch gesehen das verbindende »Mittelglied« zwischen der »Metaphysik der Natur« und der sich daran anschließenden »Metaphysik der Sitten« darstellt (VN III, 176 (De)). Dieser Teil enthält die »Lehre von der Auffassung der Ideen, die eben das Objekt der Kunst sind« (VN III, 175 (De)) und lebt in hohem Maße von den »ästhetischen Erfahrungen« der Italienreise 1818/19, auf die immer wieder verwiesen wird. Die briefliche Feststellung »Ich fand, daß Alles was unmittelbar aus den Händen der Natur kommt, [...] hier so ist, wie es eigentlich seyn soll: bei uns nur so, wie es zur Noth seyn kann« (GBr, 87), gilt in gewisser Weise auch für die Werke der italienischen Kunst.

Schopenhauer untersucht »das innre Wesen der Schönheit« in subjektiver wie objektiver Hinsicht. In enger Anlehnung an die Abschnitte des Hauptwerks, ergänzt durch zahlreiche Literaturhinweise, erläutert er sein Verständnis der Ideen. Das »subjektive Korrelat der Idee« (VN III, 188 (De)) ist dem Satz vom Grunde nicht mehr unterworfen, wird vielmehr geläutert und »reines Subjekt des Erkennens« (VN III, 191 (De)). Die Ideen sind grundsätzlich von den Erscheinungen zu unterscheiden. In radikaler Verkürzung, das Ende des ganzen Cursus vorwegnehmend, wird schon hier die »Selbsterkenntnis« des Willens und die darauf sich gründende »Bejahung oder Verneinung« als die »einzige Begebenheit« des Weltlaufs bezeichnet (VN III, 201 (De)). Wir betreten im Ästhetischen erstmals das »Gebiet der Freiheit« (Diss, 79). Pointiert heißt es: »Ihr [sc. der Kunst] einziger Ursprung ist Erkenntnis der Idee: ihr einziger Zweck, Mittheilung dieser Erkenntnis« (VN III, 202 (De)). Im Unterschied zur Wissenschaft ist »die Kunst überall am Ziel« (ebd.). Urheber der Kunst ist das Genie, dessen Eigenarten eindrucksvoll – mit leichtem autobiographischen Unterton – geschildert werden, bis hin zu den Grenzbereichen von Wahnsinn und Melancholie. Das gelungene Kunstwerk hat eine höchst bedeutende kognitive Funktion, es ist ein »sehr mächtiges Erleichterungsmittel zur Erkenntnis der Idee« (VN III, 226 (De)). Nach dieser Skizze der »allgemeinsten Grundlinien der ästhetischen Erkenntnisart« widmet er sich der detaillierten Untersuchung des Schönen und Erhabenen. Von den beiden »unzertrennlichen Bestandteilen« des Schönen wird zunächst der subjektive Anteil mit einer durch verschiedene Zusätze angereicherten Darstellung des Erhabenen behandelt, auch hier ausführlich auf eigene ästhetische Erfahrungen zurückgreifend. Die Darstellung des *objektiven* Anteils beginnt mit der These, dass im Grunde genommen für ein Genie »jedes vorhandene Ding schön« sei, sofern es als Repräsentant einer Idee verstanden werde (VN III, 255 (De)). Der sich anschließende Durchgang durch die gestufte Reihe der Künste ergänzt immer wieder den Text des Hauptwerks durch anschauliche Zusätze und Exkurse (z. B. zur Säulenordnung VN III, 268–275 (De)). Die Vorlesungstexte stellen einen einzigartigen frühen Kommentar zum Drucktext des Hauptwerks dar. Im Abschnitt über die Dichtkunst betont er die Bedeutung der »eignen Erfahrung« und Erkenntnis. Diese sei die »unumgänglich nöthige Bedingung zum Verständnis sowohl der Poesie als der Geschichte: denn sie ist gleichsam das Wörterbuch der Sprache, welche beide reden« (VN III, 325 (De)). Er bezieht sich in diesem Abschnitt unter anderem auf seine Mitschriften zu den Kollegien F. A. Wolfs (vgl. VN III, 335 (De)). Umfangreiche Zusätze sind ferner der Anschaulichkeit der Rede (vgl. VN III, 317–323 (De)) und dem idealischen Charakter der dichterischen Gestalten (vgl. VN III, 338–343 (De)) gewidmet. Der Gipfel der Kunst wird mit dem »Trauerspiel« erreicht, »sowohl in Hinsicht auf die Größe der Wirkung, als auf die Schwierigkeit der Leistung« (VN III, 344 (De)).

Wenig später kommt die Zäsur zur Geltung, die im Hauptwerk als Unterbrechung der Niederschrift quasi-dramaturgisch inszeniert wird. Voraussetzung für ein Verständnis seiner Ausführungen über die Musik sei, sich »oft mit anhaltender Reflexion« seiner Musikphilosophie, vor allem aber der Musik selbst, gewidmet zu haben (vgl. VN III, 351 (De)). Nur dann werde die Sonderstellung der Musik erfasst, die im Unterschied zu allen anderen Künsten nicht »Abbild der Erscheinung«, sondern »unmittelbar Abbild des Willens selbst« sei (VN III, 357 (De)). Nach dieser Betrachtung, im Abspann des 3. Teils, legt Schopenhauer seinen Zuhörern den »Genuß dieser Kunst« (VN III, 363 (De)) sehr ans Herz: »Spielen, Trinken und dgl. überlassen Sie den Philistern. Wenden Sie lieber Geld und Zeit daran in die Oper und ins Konzert zu gehen. Es ist doch ungleich edler und geziemender wenn vier sich setzen zu einem Quartett als zu einer Parthie Wist« (VN III, 364 (De)).

4) Metaphysik der Sitten: Der »Metaphysik der Sitten« überschriebene IV. Teil ist der »ernsteste Theil« (VN IV, 367 (De)). Der Dozent sieht sich hier der einzigartigen Möglichkeit gegenüber, die »Selbsterkenntnis des Willens« nicht nur abstrakt, schriftlich und objektiv darzulegen, sondern lebendigen Menschen gegenüber subjektiv, auf die jeweils eigene Erfahrung bezogen, zu erläutern. Sein Ziel ist es, ausgehend von der »Thatsache der ethischen Bedeutsamkeit des Handelns« das »bloß Gefühlte zur deutlichen Erkenntniß zu erheben« (VN IV, 369 (De)). In-der-Welt-Sein sowie die Fremdheit in der Welt werden, so setzt er voraus, von jedem »gefühlt«, aber sie finden erst in seiner »deskriptiven« Lehre eine zureichende Erklärung: »Wir deuten nur, wir legen die Phänomene aus, wir schreiben nicht vor« (VN IV, 547 (De)).

Die Darstellung orientiert sich wiederum am Gang des Hauptwerks, ohne dabei aber eine bloße Paraphrase zu sein. Als Ausgangspunkt wird versuchsweise der »Standpunkt der gänzlichen Bejahung des Willens zum Leben« genommen, in einer auf Nietzsche vorausdeutenden Passage. Themen wie Freiheit des Willens, Reue, Wahlbestimmung werden behandelt, die Charakterlehre wird – wie im Drucktext – durch einen Exkurs zum Begriff des »erworbenen Karakters« erheblich erweitert, der dann im frühen Entwurf einer Eudämonologie (vgl. Schopenhauer 2009, Lebensregel Nr. 3, 29–37 mit Hinweis auf W 1, 436–443) den Ansatzpunkt für Maximen zur Stärkung der Lebensklugheit für den »Weltgebrauch« und das »Weltleben« bildet. Prägnant heißt es: »Wer Alles seyn will, kann nichts seyn« (VN IV, 414 (De)). In den folgenden Abschnitten wird das »Leiden des Daseyns« dargestellt und in seinen »wesentlichen Grundlinien« (VN IV, 431 (De)) untersucht. Das Ergebnis lautet: »Die Tugend ist ein Fremdling« und die gegenwärtige Welt ein »Jammerthal, vallis lacrimarum« (VN IV, 440 f. (De)), aus welchem eine »Erlösung wünschenswerth« erscheint (VN IV, 442 (De)). Schopenhauer gerät auf seinem Weg immer mehr in das Fahrwasser des »ächten Christenthums«, für welches »Welt und Übel beinahe als Synonyme gebraucht werden« (VN IV, 442 (De)). Die zwei Wege einer Bejahung des Willens zum Leben, Zeugung und Unrechttun, werden ausführlich geschildert.

Die »philosophische Rechtslehre« wird durch eine Zugabe über das »Sexualverhältniß« bereichert (VN IV, 460–463 (De)). Die Behauptung »Kants Rechtslehre ist ein sehr schlechtes Buch« wird in Form eines Exkurses begründet. Die Themen »ewige Gerechtigkeit«, das Böse, Grausamkeit und Gewissensqual leiten über zur Skizze eines guten und edlen Charakters, der sich am Leitfaden des Satzes, »das fremde Individuum, das vor dir steht, das bist du selbst wirklich und in Wahrheit, es ist ein Blendwerk, das dich dieses verkennen läßt« (VN IV, 529 (De)), orientiert. Diese »Selbsterkenntnis« mithilfe des *tat tvam asi* führt zur Einsicht, dass »alle Liebe Mitleid« ist (VN IV, 531 (De)). Mit dem letzten Kapitel, welches von der »Verneinung des Willens zum Lebens« in Entsagung und Heiligkeit handelt, wird das Ziel der gesamten Vorlesung erreicht. Schopenhauer spricht von der »Resignation«, worunter aber kein depressives Sich-Zurückziehen von der Welt verstanden wird, sondern die aktive Neu-Auslegung (*re-signatio*) des Weltzusammenhangs aufgrund seiner Willensmetaphysik, mit entsprechenden praktischen Konsequenzen.

Dies versucht er den Zuhörern durch seine lebendige Darlegung nicht nur klar zu machen, sondern ans Herz zu legen. Dem Heiligen sei »kein Leiden mehr fremd«, ihm sei »Alles gleich nahe« (VN IV, 539 (De)). Die Neigung zur Resignation wandle »zu Zeiten« einen jeden an, aber nicht jeder wende sich bekanntlich von der Tugend zur Askesis. Für diese seien die consilia evangelica charakteristisch, wobei Schopenhauer einen besonderen Akzent dadurch setzt, dass er die »freiwillige Keuschheit« – als schwerste Übung – an die erste Stelle rückt, gefolgt von »absichtlicher Armut« und der »freiwilligen Auflegung körperlicher Beschwerden und Schmerzen« (VN IV, 545 (De)). Seine Darstellung der Verneinung des Willens zum Leben, die »abstrakt und kalt« bleiben müsse, wird nun ergänzt durch eine Fülle von Beispielen von Weltüberwindern aus Orient und Okzident, die – wie bereits im § 68 des Hauptwerks – eine »mystische Internationale« auszumachen scheinen. Frühe Erfahrungen mit mystischen Büchern finden hier ihren Niederschlag, die für die Konzeption des Werks eine bedeutende, noch nicht hinreichend erforschte Rolle gespielt haben dürften. Neben dem »erkannten« bietet das »verhängte« Leiden einen weiteren Weg zur Verneinung des sich selbst erkennenden Willens, der nach seiner Selbst-Erlösung strebt. Auch aus Zeitungen wird zitiert, u. a. um die Aktualität der Äußerungen über den Selbstmord, der von der Resignation streng zu unterscheiden ist, zu belegen. Wie eng sich Schopenhauer hier am Christentum orientiert, zeigt seine Erläuterung der Lehre mithilfe von Dogmen der christlichen Kirche, die ihn und seine Zuhörer allerdings nicht zum Kirchenportal, sondern an die Pforte des Nichts führt.

Der Sinn des Hauptwerks lässt sich jetzt, da der Gipfel erreicht ist, in einem einzigen Satz zusammenfassen, der Anfang und Ende verknüpft: »Die Welt ist […] Nichts«. Am Ende des laut Rudolf Malter soteriologisch orientierten Weges heißt es auch in der Vorlesung plakativ: »Kein Wille; keine Vorstellung: keine Welt« (VN IV, 580 (De)). Ein letzter Passus schließt mit dem Hinweis auf die »Dunkelheit, welche über unser Daseyn verbreitet ist« (VN IV, 583 (De)). Die einzigen Studenten, die der Dozent Schopenhauer je gehabt hat, werden mit dem mystisch getönten Hinweis in die Ferien entlassen, dass die »Finsterniß desto fühlbarer wird, je größer das Licht ist, weil es an desto mehr Punkten die Gränze der Finsterniß berührt« (VN IV, 584 (De)) – sofern Schopenhauer überhaupt noch die Gelegenheit hatte, seinen Cursus, der in der Tat aufs Ganze ging, zu diesem Ende zu bringen.

Fiasko und Ausblick

Dass Schopenhauer mit seiner Lehrtätigkeit »ein augenfälliges und selbstverschuldetes Fiasko« erlitten hat, ist kaum zu bestreiten (Fischer 1934, 61). Kein größerer Kontrast ist denkbar zwischen dem »Feuer der Jugend«, der »Energie der ersten Konception«, die er später für sein Hauptwerk reklamieren wird (W I, XXII f.), und den amtlichen Hinweisen der Universitätsakten, die immer wieder festhalten, dass die Vorlesung »ausgefallen« sei, da sich »gar keine Zuhörer« oder bestenfalls drei gemeldet hätten (Virmond 2011, 440, 481, 588). Der Aschenhaufen dieser offiziellen Notizen ist aber zum Glück nicht das Einzige, was von dem gewaltigen Cursus übriggeblieben ist. Die Manuskripte sind erhalten und sprechen eine höchst anschauliche und eindringliche Sprache, wie sie sonst nirgendwo im Werk überliefert ist. Der Versuch, den »einen Gedanken« von der Welt als Selbsterkenntnis des Willens nicht nur objektiv darzustellen, sondern subjektiv den Hörern nahezubringen, den Erkenntnisprozess als einen Lebensprozess vorzuführen, ist zumindest in der verschrifteten Form in einzigartiger Weise gelungen. Eine Edition, die zumindest die Qualität der Ausgabe von 1913 erreichen sollte, wäre zu wünschen, nicht zuletzt, da Schopenhauers Vorlesungen auch für eine genauere Kenntnis der »Lehrverfassung und -praxis der Berliner Universität«, so Heinz-Elmar Tenorth (zit. nach Virmond 2011, VI), von Interesse sein dürften.

Literatur

Damm, Oskar Friedrich: *Arthur Schopenhauer. Eine Biographie*. Leipzig 1912.

Fischer, Kuno: *Schopenhauers Leben, Werke und Lehre* [1893]. Heidelberg ⁴1934.

Frauenstädt, Julius/Lindner, Ernst Otto (Hg.): *Arthur Schopenhauer. Von ihm. Ueber ihn. Ein Wort der Vertheidigung von Ernst Otto Lindner und Memorabilien, Briefe und Nachlaßstücke von Julius Frauenstädt*. Berlin 1863.

Grisebach, Eduard: *Schopenhauer – Geschichte seines Lebens*. Berlin 1897.

Gwinner, Wilhelm: *Arthur Schopenhauer – Aus persönlichem Umgang dargestellt. Ein Blick auf sein Leben, seinen Charakter und seine Lehre*. Hg. von Charlotte von Gwinner. Frankfurt a. M. 1963.

Hasse, Heinrich: Rezension von Arthur Schopenhauer, »Philosophische Vorlesungen« 1913. In: *Kant-Studien* 19 (1914), 270–272.

Hübscher, Arthur: Schopenhauers Declamatio in laudem philosophiae. In: *Schopenhauer-Jahrbuch* 32 (1945–1948), 3–14.

Hübscher, Arthur: Schopenhauer als Hochschullehrer. In: *Schopenhauer-Jahrbuch* 39 (1958), 172–175.

Levi, Salomon: *Das Verhältnis der »Vorlesungen« Schopenhauers zu der »Welt als Wille und Vorstellung (1. Auflage)«.* Gießen/Ladenburg 1922.
Malter, Rudolf: *Der eine Gedanke. Hinführung zur Philosophie Arthur Schopenhauers.* Darmstadt 1988.
Regehly, Thomas: Schopenhauer, der Weltbuchleser. In: *Schopenhauer-Jahrbuch* 73 (1992), 79–90.
Schopenhauer, Arthur: *Philosophische Vorlesungen.* Im Auftrage und unter Mitwirkung von Paul Deussen zum ersten Mal vollständig hg. von Franz Mockrauer (= *Sämtliche Werke,* Bd. IX, X. Hg. von Paul Deussen). 2 Bde. München 1913 [De IX und De X].
Schopenhauer, Arthur: *Die Kunst, glücklich zu sein. Dargestellt in fünfzig Lebensregeln* [1995]. Hg. von Franco Volpi. München ⁴2009.
Schopenhauer, Arthur: *Vorlesung über Die gesamte Philosophie oder die Lehre vom Wesen der Welt und dem menschlichen Geiste.* Hg. von Daniel Schubbe unter Mitarbeit von Judith Werntgen-Schmidt und Daniel Elon. 4 Bde. Hamburg 2017 ff.
Schulze, Gottlob Ernst: *Grundsätze der allgemeinen Logik.* 2., von neuem ausgearbeitete Ausgabe. Helmstädt 1810.
Stollberg, Jochen/Böker, Wolfgang (Hg.): *»...die Kunst zu sehn« – Arthur Schopenhauers Mitschriften der Vorlesungen Johann Friedrich Blumenbachs (1809–1811)* (= *Schriften zur Göttinger Universitätsgeschichte,* Bd. 3). Mit einer Einführung von Marco Segala. Göttingen 2013.
Virmond, Wolfgang (Hg.): *Die Vorlesungen der Berliner Universität 1810–1834 nach dem deutschen und lateinischen Lektionskatalog sowie den Ministerialakten.* Berlin 2011.

Thomas Regehly

10.4 Briefe

Der Briefwechsel Schopenhauers besteht insgesamt aus 1121 Briefen: 505 Briefe, Briefstücke und Briefentwürfe von Schopenhauer und 616 Briefe an ihn. Er ist in drei verschiedenen Gesamtausgaben vorhanden.

Die erste erschien zwischen 1928 und 1942 in den drei letzten Bänden der Deussen-Ausgabe und enthält insgesamt 866 Briefe: nicht nur 456 Briefe von Schopenhauer, sondern auch 408 Briefe an Schopenhauer. Der erste Band, der den Briefwechsel bis 1849 versammelt, wurde von Carl Gebhardt herausgegeben, der zweite Band, der den Briefwechsel aus dem letzten Jahrzehnt des Lebens Schopenhauers zusammenstellt, und der dritte Band, der die kritischen Apparate enthält, wurden von Arthur Hübscher herausgegeben (= De XIV, XV und XVI).

Die zweite vorhandene Ausgabe ist die von Arthur Hübscher, die zuerst 1978, dann in der zweiten, um zwei Briefe erweiterten Auflage 1987 erschienen ist (= GBr). Sie enthält 505 Briefe von Schopenhauer.

Im Vergleich zu dieser hat die erste Ausgabe den Vorzug einer größeren Vollständigkeit: Sie stellt nämlich einen wahren Briefwechsel, mit Reden und Gegenreden, dar. Ihre schwache Seite ist aber der erste von Carl Gebhardt herausgegebene Band, den Arthur Hübscher als »ein Musterstück editorischer Liederlichkeit, das bis heute seinesgleichen sucht« (GBr, III) bezeichnet hat. Daher hat Hübscher die Deussen-Ausgabe des Briefwechsels sogar als »Unglücksausgabe« (ebd.) bezeichnet. Aber andererseits werden in der Hübscher-Ausgabe, die sich als zuverlässiger darstellt, nur die Briefe von Schopenhauer vollständig wiedergegeben, die Briefe an ihn werden nur gelegentlich und auszugsweise im Kommentar berücksichtigt.

Auf der Grundlage der Hübscher-Ausgabe und unter Hinzuziehung anderer Quellen gaben Angelika Hübscher und Michael Fleiter eine Auswahl in zwei thematisch gegliederten Bänden mit den Titeln *Ein Lebensbild in Briefen* (Hübscher 1987) und *Philosophie in Briefen* (Hübscher/Fleiter 1989) heraus. Diese Bände gleichen den Hauptnachteil der Hübscher-Ausgabe aus, indem auch die Briefe an Schopenhauer abgedruckt sind. Dabei wird nicht nur die Deussen-Ausgabe genutzt, sondern auch nachträglich gefundene Briefe, und es werden auch einige Briefe über Schopenhauer einbezogen (vgl. ebd., 406 f.). Allerdings enthalten sie nur einen Teil der Briefe und bei diesen wiederum häufig nicht den vollen Text. Wegen der thematischen Anordnung ohne Sachregister sind sie für wissenschaftliche Zwecke schwer zu handhaben. Diese Ausgaben richten sich weniger an Forscher als an ein breites Publikum, dem eine authentische und unterhaltsame Einführung in das Leben und die Philosophie Schopenhauers geboten wird. Diesem Ziel dienen auch das jeweils angefügte Glossar und die Erläuterungen zu den Briefpartnern im zweiten Band von 1989.

Die dritte Gesamtausgabe der Briefe ist 2008 auf CD-ROM in *Schopenhauer im Kontext III* erschienen (= BrW). Es handelt sich um die vollständigste Ausgabe des Briefwechsels, die alle Briefe von und an Schopenhauer sammelt und zusätzlich zu den schon in der Deussen-Ausgabe veröffentlichten weitere 208 Briefe enthält, die inzwischen entdeckt und im *Schopenhauer-Jahrbuch* veröffentlicht wurden.

Die meisten Briefe gehen auf die letzten Jahrzehnte des Lebens Schopenhauers zurück, als das System schon aufgebaut war. Schopenhauer selbst schrieb einmal, dass seine Briefe »keine neue[n] Gedanken« enthielten (BrW, B. 909, 22.12.1856). Deshalb ist nicht zu erwarten, dass sich in Schopenhauers Briefwechsel entscheidende Hinweise auf die Herausarbeitung seiner philosophischen Lehren finden lassen. Es ist aber zweifellos der Fall, dass der Philosoph in einigen Fällen durch die an ihn gerichteten Fragen und Kritiken gedrängt wurde, bestimmte Punkte seiner Lehre zu präzisieren und zu erläutern, so dass hier die Briefe auch eine wichtige Rolle für die Interpretation spielen.

Von besonderer Bedeutung sind dabei die Briefwechsel mit Julius Frauenstädt und Johann August Becker. Becker hatte sich 1844 mit Fragen zur Lehre von der Bejahung und Verneinung des Willens zum Leben an Schopenhauer gewandt, worauf sich eine über ein halbes Jahr währende Korrespondenz über zentrale Themen der Moralphilosophie wie Willensfreiheit, Charakterlehre, das Kriterium moralischer Handlungen und die Rolle des heiligen Asketen anschloss, deren Intensität durchaus zur Klärung schwieriger Punkte in Schopenhauers Philosophie beiträgt (vgl. Hübscher/Fleiter 1989, 216 ff.).

Mit Frauenstädt führte Schopenhauer 1852 aus Anlass einer Kritik Karl Fortlages eine ebenso aufschlussreiche Korrespondenz über die Verneinung des Willens, die im Hinblick auf die methodologischen Implikationen seiner ›immanenten Metaphysik‹ in der Literatur fruchtbar gemacht wurde; aus diesem Briefwechsel ist auch ein beträchtlicher Abschnitt in die *Parerga und Paralipomena* aufgenommen worden (vgl. Koßler 1999, 176 ff., 192 ff.).

Bei Schopenhauers Briefwechsel haben wir es weder mit einer Geschichte eines Geistes zu tun, wie zum Beispiel in dem Briefwechsel Nietzsches, noch können wir darin bedeutende Spuren der Entstehungsgeschichte seines Systems finden. Neben den autobiographischen Aufzeichnungen, die mit dem Manuskript »Eis eauton« vernichtet wurden, finden wir im Briefwechsel nur zwei Selbstzeugnisse Schopenhauers: sein auf Latein geschriebenes »Curriculum vitae« aus dem Jahr 1813 (BrW, B. 130, 24.9.1813) und die Notiz über sein Leben, die Schopenhauer 1851 an die Redaktion von *Meyer's Konversations-Lexikon* sandte (BrW, B. 664, 28.5.1851). Außerdem gibt es noch sehr wenige Zeugnisse über die Entwicklungsgeschichte des Systems, wie zum Beispiel den Brief an die Mutter, in dem Schopenhauer die Philosophie mit einer hohen Alpenstraße verglich (BrW, B. 126, 8.9.1811).

Daher sind die Aufzeichnungen aus dem handschriftlichen Nachlass der geeignetere Ort, um nach Spuren der Entstehungsgeschichte seiner Philosophie zu suchen (s. Kap. 10.1; 10.3). Aber wir besitzen im Briefwechsel Schopenhauers nicht nur die maßgebliche Quelle für viele biographische und persönliche Kenntnisse über den Philosophen, wie zum Beispiel über die stürmischen Verhältnisse in der Familie Schopenhauer (vgl. Lütkehaus 1991; s. Kap. 1), die Auseinandersetzungen mit seinen Verlegern (vgl. Lütkehaus 1996) oder die Beziehungen des jungen Schopenhauer zu Goethe (vgl. Zint 1919; Lütkehaus 1992; s. Kap. 19), sondern auch ein hervorragendes Forschungsinstrument für das Studium der Verbreitung der Schopenhauerschen Lehre in der Kultur seiner Zeit und der Entstehung seiner Schule. Wenn wir zwar die Äußerung des ersten Herausgebers dieses Briefwechsels, Carl Gebhardt, nach der »Schopenhauers Briefwechsel in seiner Gesamtheit [...] die Selbstbiographie Schopenhauers [ist]« (De XIV, V) als eine Übertreibung betrachten müssen, so können wir doch Arthur Hübscher zustimmen, wenn er auf die Bedeutung des Briefwechsels Schopenhauers, besonders des letzten Jahrzehnts seines Lebens, für die Wirkungsgeschichte seines Werkes hinweist (vgl. GBr, VIII–X).

Der Briefwechsel ist darüber hinaus eine wichtige Quelle für die Kenntnis der Schopenhauer-Schule (s. Kap. 27). Schopenhauer nannte seine Anhänger, die nicht über ihn schrieben, »Apostel«; wer für ihn die Feder ergriff, war hingegen ein »Evangelist« (vgl. Gespr, 219). Während für das Studium der »Evangelisten« selbstverständlich deren Schriften die Hauptquellen darstellen, ist der Briefwechsel die einzige Quelle für unsere Kenntnis von den Persönlichkeiten der »Apostel« wie Johann August Becker, den Schopenhauer als seinen »gelehrtesten Apostel« betrachtete, und Adam von Doß, den Schopenhauer den »Apostel Johannes« nannte. Ein günstiges Schicksal – wie Hübscher schreibt (vgl. GBr, IV) – hat uns den Briefwechsel mit Johann August Becker und mit Adam von Doß in lückenloser Folge bewahrt. Auch die Briefwechsel mit den anderen Anhängern Schopenhauers Ernst Otto Lindner, Carl Georg Bähr und Julius Bahnsen sind uns ohne Lücken überliefert. Wir besitzen auch einen Brief und drei Brieffragmente an den »Urevangelisten« Friedrich Dorguth und alle Briefe Schopenhauers an den »Erzevangelisten« Julius Frauenstädt sowie an das »neue Apöstelchen« David Asher. Leider sind aber die Gegenbriefe verschollen oder vernichtet worden.

Da die Anhänger Schopenhauers in ihren Briefen an ihn Bezug auf Schriften – Bücher, Aufsätze, Rezensionen – nahmen, die über seine Philosophie handelten, gestattet uns der Briefwechsel tiefere Einblicke in die Wirkungsgeschichte der Werke und der Lehre Schopenhauers zu seiner Zeit und belegt die zunehmende Bedeutung Schopenhauers in der philosophischen Debatte nach 1851. Die Briefe an Frauenstädt dokumentieren aber auch die Zweideutigkeit Schopenhauers gegenüber seinem »Erzevangelisten«, den er für die Bemühungen um die Verbreitung seiner Lehre lobte und gleichzeitig wegen tatsächlicher oder angeblicher Mängel im philosophischen Verständnis rau tadelte: ein Verhalten, das bis zum Bruch im Jahr 1856 führte. Und schließlich bezeugt der Briefwechsel auch schon zu Lebzeiten die Existenz »jener stillen Ketzergemeinde, welche Haym die ›wunderbaren Heiligen‹ zu nennen pflegt« – wie Nietzsche einmal schrieb (KSA Briefe 2, 294) –, in der auch einige Frauen eine Rolle spielten.

Literatur

Estermann, Alfred: »Omisi hoc rescribere«. Die Geschichte des letzten Schopenhauer-Briefs. In: *Schopenhauer-Jahrbuch* 77 (1996), 21–50.
Fazio, Domenico M.: *Arthur Schopenhauer. Carteggio con i discepoli*. 2 Bde. Lecce 2018.
Gruber, Robert: Schopenhauers Briefwechsel mit Dorguth. In: *Jahrbuch der Schopenhauer-Gesellschaft* 3 (1914), 116–120.
Haßbargen, Hermann (Hg.): Dreizehn bisher unbekannte Briefe Schopenhauers. In: *Jahrbuch der Schopenhauer-Gesellschaft* 15 (1928), 211–239.
Hübscher, Angelika (Hg.): *Arthur Schopenhauer. Ein Lebensbild in Briefen*. Frankfurt a. M. 1987.
Hübscher, Angelika/Fleiter, Michael (Hg.): *Arthur Schopenhauer. Philosophie in Briefen*. Frankfurt a. M. 1989.
Koßler, Matthias: *Empirische Ethik und christliche Moral*. Würzburg 1999.
Lütkehaus, Ludger (Hg.): *Die Schopenhauers: der Familien-Briefwechsel von Adele, Arthur, Heinrich Floris und Johanna Schopenhauer*. Zürich 1991.
Lütkehaus, Ludger (Hg.): *Der Briefwechsel mit Goethe und andere Dokumente zur Farbenlehre*. Zürich 1992.
Lütkehaus, Ludger (Hg.): *Das Buch als Wille und Vorstellung. Arthur Schopenhauers Briefwechsel mit Friedrich Arnold Brockhaus*. München 1996.
Nietzsche, Friedrich: *Sämtliche Briefe. Kritische Studienausgabe*. Bd. 2. München 1986 [KSA Briefe 2].
Schemann, Ludwig (Hg.): *Schopenhauer-Briefe. Sammlung meist ungedruckter oder schwer zugänglicher Briefe von, an und über Schopenhauer*. Leipzig 1893.
Zint, Hans: Zum Briefwechsel zwischen Schopenhauer und Goethe. In: *Jahrbuch der Schopenhauer-Gesellschaft* 8 (1919), 184–200.

Domenico M. Fazio / Matthias Koßler

10.5 Die Übersetzung von Graciáns *Handorakel*

Die deutsche Rezeptionsgeschichte von Baltasar Graciáns (1601–1658) Werk und Denken ist überwiegend eine Geschichte von Übersetzungen. Seit dem 17. Jahrhundert wird Gracián höchst unterschiedlich und fragmentarisch ins Deutsche übersetzt. Erstmals am Ende des 20. Jahrhunderts lagen vollständige Fassungen der Werke *El Héroe* (1637), *El Discreto* (1646) und *El Criticón* (1651/53/57) in deutscher Sprache vor. Die erste Übersetzung auf Basis der spanischen Vorlage von *Político* (1672) wurde von Daniel Casper von Lohenstein (1635–1683) angefertigt, der darüber hinaus die Texte *El Héroe* und *Oráculo manual y arte de prudencia* (1647) kannte (zu Daniel Casper von Lohenstein, beinahe Zeitgenosse des aragonischen Jesuiten, und zum Schicksal des »*El Político* en Allemagne« vgl. Briesemeister/Neumeister 1991, 233–248).

Dieses frühe Interesse am Werk des Jesuiten in der deutschen Literatur, wo man ihn vor allem als Theoretiker des politischen Lebens wahrnahm, wurde allerdings schnell durch die an den französischen Fassungen von Joseph François de Courbeville und Amelot de la Houssaie orientierten Übersetzungen überlagert, die auch heute noch als Veröffentlichungen vorliegen. Tatsächlich wurde das Interesse maßgeblich überdeckt, weil sich sämtliche deutsche Übersetzungen des 18. Jahrhunderts aus französischen Fassungen speisten und somit durch Übersetzungsfehler ›abgedämpft‹, um nicht zu sagen ›verstümmelt‹ wurden, die ihren Ursprung wiederum im französischen Klassizismus und im höfischen Leben hatten. Deshalb wurde Gracián vor allem als Autor einer »Hofliteratur« und als »Fürstenspiegel« wahrgenommen.

Es war Christian Thomasius (1635–1728), der sich vermittelt über die französische Literatur mit dem Konzept des Höflings bzw. mit der Idee des *honnête homme* beschäftigte und dabei die Bedeutung des Spaniers Gracián erkannte, merkwürdigerweise um sich so mit der Allgegenwärtigkeit der französischen Kultur in der Welt der deutschen Intellektuellen auseinanderzusetzen. Thomasius schätzte und behandelte die Regeln des Jesuiten wie politische Aphorismen. Er analysierte nicht nur das Konzept des Höflings (*courtisan*), sondern auch das des guten Geschmacks (*bon goût*) in Verbindung mit den Sinnen, Zuneigungen und Neigungen, der menschlichen Fassungskraft und dem Willen (vgl. Thomasius 1687).

Nach einer Phase der Vergessenheit, einhergehend mit einer Zensur seines dunklen und übertriebenen Stils im 18. Jahrhundert, wird das Werk Graciáns von Arthur Schopenhauer mit dessen Übersetzung des *Handorakels* neu entdeckt. Der Philosoph des Willens erkennt in Gracián einen außergewöhnlichen Denker und Philosophen des menschlichen Lebens, wodurch das Werk des Spaniers nicht nur wegen seines Stils ins kulturelle Gedächtnis zurückgeholt wurde (er wurde als barocker Autor in der Tradition der Ästhetik des deutschen Klassizismus bewundert), sondern ebenso als großer Denker der Schule der Weltklugheit und Lebensweisheit gewürdigt wurde. Die Übersetzung des *Oráculo manual y arte de prudencia*, die Schopenhauer zwischen 1831 und 1832 anfertigte, erschien nach dessen Tod im Jahr 1862 und ist bis heute eine der am meisten verbreiteten Übersetzungen: *Balthazar Gracian's »Hand-Orakel und Kunst der Weltklugheit«. Aus dessen Werken gezogen von Don Vicencio Juan de Lastanosa, und aus dem spanischen Original treu und sorgfältig übersetzt von Arthur Schopenhauer* (Leipzig: Brockhaus 1862).

Es gibt immer noch nur wenige Studien, die sich speziell mit dem Verhältnis zwischen Gracián und Schopenhauer befassen. Obwohl die bewanderten Schopenhauer-Kenner und die Gracián-Spezialisten das Interesse Schopenhauers für den Jesuiten und die Relevanz seiner Übersetzung des Handorakels anerkennen, haben sie nicht davon abgelassen, die besondere Beziehung zwischen den beiden Denkern mit einigen wenigen Hinweisen zu Stil, Pessimismus oder zur praktischen Dimension abzuhandeln. Es gibt einige Studien, die das Verhältnis zwischen Gracián und Schopenhauer aus einer größeren Perspektive heraus untersuchen, indem sie deren pessimistische Sichtweise, die praktische Weisheit und die nicht-rationalistischen Züge vergleichen (vgl. Iriarte 1960; Jiménez Moreno 1982; 1991; 1993; García Prada 1988; Villacañas Berlanga 2004). Die ersten Arbeiten einiger deutscher Hispanisten haben zu Recht darauf hingewiesen, dass die Wiederentdeckung von Denken und Werk Graciáns erst durch Schopenhauers Übersetzung möglich gemacht wurde. Jedoch wurden darüber hinaus weder Einfluss noch Rezeption des Jesuiten – mit Ausnahme einiger vergleichender Studien zwischen dem Originaltext und der deutschen Übersetzung des Graciánschen Werks – innerhalb einer gattungsspezifischen Analyse betrachtet (der Hispanist Alfred Morel-Fatio war einer der ersten, der die Übersetzung von Schopenhauer überprüfte und kritisch besprach, vgl. Morel-Fatio 1910). So wird beispielsweise in Karl Borinskis Werk *Baltasar Gracián und die Hoflitteratur in Deutschland* (1894) der unübersehbare Einfluss bei Schopenhauer zwar gewürdigt, ohne dass dabei jedoch eine entsprechende Analyse erfolgt wäre. Das gleiche gilt für die Monographie *Gracians Lebenslehre* von Werner Krauss (1947), die gespickt ist mit Verweisen auf die Überschneidungen der beiden Denker und sich an einigen Stellen auf Begriffe und Passagen aus Schopenhauers Übersetzung beruft.

Andererseits gab es auch kritische Veröffentlichungen wie die von Klaus Heger (1958), der behauptete, dass die Begriffe Graciáns im *Handorakel* falsch interpretiert worden waren und dass die Gedanken desselben unverständlich seien, jedoch im Licht von Schopenhauers Werk zu ihrer Verständlichkeit fänden. In dieser Linie befinden sich auch andere kritische Kommentare, die zu bedenken geben, dass die in die moderne Sprache übersetzte Fassung die konzeptuellen Unterschiede zwischen einigen der wichtigsten Begriffe nivelliere. In seiner Interpretation von Graciáns Genieästhetik, *Das ingeniöse Denken bei Baltasar Gracián. Der »concepto« und seine logische Funktion* (1985), stellt Emilio Hidalgo-Serna fest, dass Schopenhauer weder die Funktionen noch die begrifflichen Funktionsweisen einzelner wesentlicher Begriffe wie Genie oder Klugheit analysiert habe und die Übersetzung aus diesem Grund beliebig sei. Immerhin gibt es auch positive Kritiken und Meinungen wie die von Gerhart Hoffmeister (1976) oder Karl Vossler (1935), die in Schopenhauers Text eine bewundernswerte Übersetzung sehen, zumal unter Berücksichtigung der Schwierigkeit des Graciánschen Stils.

Eine der letzten umfassenden Neubearbeitungen stammt von Sebastian Neumeister, dessen Studie »Schopenhauer als Leser Graciáns« (1991) eine profunde Revision aller historischen und bibliographischen Fakten hinsichtlich Entstehungskontext der Übersetzung und ihrer bisher stärksten Interpretationen unternimmt (zu seiner Auseinandersetzung mit Gracián vgl. auch Neumeister 2003; 2004). Wir verdanken Neumeister auch die erstmalige Übersetzung von *El Discreto* (1996). In jüngster Zeit sind neue Studien zu konkreten Aspekten der Schopenhauerschen Übersetzung erschienen wie der Aufsatz von Heidi Aschenberg (2006) und die Arbeiten von José Luis Losada Palenzuela (2004; 2011). In dessen Werk *Schopenhauer traductor de Gracián* wird der dialogische und interpretative Wechsel von Fragen und Antworten zwischen Schopenhauer und Graciáns Texten untersucht. Außerdem sind mehrere Kapitel folgenden Themen gewidmet: Genese der Übersetzung, textuelle Situation, stilistisches Verhältnis und die Lesart, die Schopenhauer an das *Handorakel* anlegt, indem er es als Handbuch für Charakterbildung in der ›großen Welt‹ mittels praktischer Regeln der *Klugheit* auffasst.

Literatur

Aschenberg, Heidi: Lo bueno, si breve, dos veces, bueno / Das Gute, wenn kurz, ist doppelt gut. Zu Schopenhauers Übersetzung des *Oráculo manual*. In: Klaus-Dieter Ertler/

Siegbert Himmelsbach (Hg.): *Pensées – Pensieri – Pensamientos. Dargestellte Gedankenwelten in den Literaturen der Romania. Festschrift für Werner Helmich*. Wien 2006, 263–285.

Borinski, Karl: *Baltasar Gracián und die Hoflitteratur in Deutschland*. Halle 1894.

Briesemeister, Dietrich/Neumeister, Sebastian (Hg.): *El mundo de Gracián: Actas del Coloquio Internacional de Berlin 1988*. Berlin 1991.

García Prada, J. M.: Sabiduría práctica: Kant, Gracián y Schopenhauer. In: *Estudios Filosóficos* 37 (1988), 101–131.

Heger, Klaus: Genio e ingenio. Herz und Kopf. Reflexiones sobre unos cotejos entre el *Oráculo manual* y la traducción alemana de Schopenhauer. In: *Revista de la Universidad de Madrid* 7 (1958), 379–401.

Hidalgo-Serna, Emilio: *Das ingeniöse Denken bei Baltasar Gracián. Der »concepto« und seine logische Funktion*. München 1985.

Hoffmeister, Gerhart: *Spanien und Deutschland. Geschichte und Dokumentation der literarischen Beziehungen*. Berlin 1976 (Exkurs: Graciáns Nachwirkung auf Schopenhauer und Nietzsche, 47–52).

Iriarte, Joaquín: Schopenhauer, admirador de Gracián y Calderón. In: *Razón y Fe* 755 (1960), 405–418.

Jiménez Moreno, Luis: De Gracián a Schopenhauer (Rasgos no racionalistas en pensadores españoles y extranjeros). In: Antonio Heredia Soriano (Hg.): *Actas del II Seminario de Historia de la Filosofía Española e Iberoamericana*. Salamanca 1982, 81–103 (neu hg. unter dem Titel »Baltasar Gracián (1601–1658)«. In: *Prácticas del saber en filósofos españoles (Gracián, Unamuno, Ortega y Gasset, E. D'Ors, Tierno Galván)*. Barcelona 1991, 33–63).

Jiménez Moreno, Luis: *Práctica del saber en filósofos españoles: Gracián, Unamuno, Ortega y Gasset, E. D'Ors, Tierno Galván*. Barcelona 1991.

Jiménez Moreno, Luis: Presencia de Baltasar Gracián en filósofos alemanes: Schopenhauer y Nietzsche. In: Jorge M. Ayala (Hg.): *Baltasar Gracián. Selección de estudios, investigación actual y documentación*. Barcelona 1993, 125–138.

Krauss, Werner: *Graciáns Lebenslehre*. Frankfurt a. M. 1947.

Losada Palenzuela, José Luis: *Das Handorakel und Kunst der Weltklugheit* de Arthur Schopenhauer: un manual de descripción humana. In: *Estudios Hispánicos* 12 (2004), 45–61.

Losada Palenzuela, José Luis: *Schopenhauer traductor de Gracián: Diálogo y Formación*. Valladolid 2011.

Morel-Fatio, Alfred: Gracián interpreté par Schopenhauer. In: *Bulletin Hispanique* 13 (1910), 377–407.

Neumeister, Sebastian: Schopenhauer als Leser Graciáns. In: Briesemeister/Neumeister 1991, 261–277.

Neumeister, Sebastian: Erfahrungen beim Übersetzen von Gracián. In: Sonsoles Cerviño López/Teresa Delgado/Sabine Kaldemorgen (Hg.): *Aprender a traducir. Una aproximación a la didáctica de la traducción alemán-español*. Berlin 2003, 86–98.

Neumeister, Sebastian: Schopenhauer, Gracián und die Form des Aphorismus. In: *Schopenhauer-Jahrbuch* 85 (2004), 31–45.

Thomasius, Christian: *Von Nachahmung der Franzosen. Ein Collegium über des Gracians Grund-Regeln vernünftig, klug und Artig zu leben*. Leipzig 1687 (wiederabgedruckt in: Ders.: *Deutsche Schriften*. Stuttgart 1970, 5–49).

Villacañas Berlanga, José Luis: Gracián en el paisaje filosófico alemán. Una lectura desde Walter Benjamin, Arthur Schopenhauer y Hans Blumenberg. In: Miguel Grande Yáñez/Ricardo Pinilla Burgos (Hg.): *Gracián: Barroco y modernidad*. Madrid 2004, 283–305.

Vossler, Karl: Introducción a Gracián. In: *Revista de Occidente* 147 (1935), 330–348.

Elena Cantarino
(aus dem Französischen übersetzt von Jörg Bernardy)

III Einflüsse und Kontext

11 Asiatische Philosophien und Religionen

Für die Bestimmung asiatischer Einflüsse auf Schopenhauer ist es unerlässlich, die von Schopenhauer selbst benützten Quellen zu untersuchen. Der Großteil der Sekundärliteratur zu hinduistischen und buddhistischen Einflüssen besteht hingegen aus Vergleichen von Schopenhauers Philosophie mit *heutigem* Wissen über asiatische Religionen und Philosophien. Solche Vergleiche können interessant sein, doch sie tragen nichts zur Frage der Einflüsse bei; denn zur Beantwortung dieser Frage sind allein die von Schopenhauer selbst benützten Quellen und das *damalige* Wissen entscheidend. Das eklatanteste Beispiel für diesen toten Winkel der bisherigen Schopenhauer-Forschung ist sicherlich Schopenhauers Lieblingsbuch, die lateinische Upanischadenübersetzung *Oupnek'hat*. Schopenhauer nannte dieses Werk bereits 1816, d. h. noch *vor* der Niederschrift seines Hauptwerkes, an erster Stelle der Haupteinflüsse: »Ich gestehe übrigens, dass ich nicht glaube, dass meine Lehre je hätte entstehen können, ehe die Upanischaden, Plato und Kant ihre Strahlen zugleich in eines Menschen Geist werfen konnten« (HN I, 422). 35 Jahre später bezeichnete Schopenhauer dieses 1801/02 erschienene lateinische Werk gar als lesenswertestes Buch überhaupt: »Es ist die belohnendeste und erhebendeste Lektüre, die (den Urtext ausgenommen) auf der Welt möglich ist: sie ist der Trost meines Lebens gewesen und wird der meines Sterbens seyn« (P II, 436). Doch in der umfangreichen Forschungsliteratur wurde der Einfluss dieses Werkes auf Schopenhauer bisher von ganzen zwei Autoren untersucht (Piantelli 1986; App 2011), und sogar neueste Bücher über Schopenhauer und indisches Denken basieren stattdessen auf modernen Upanischadenübersetzungen und modernem Wissen (Berger 2004; Kapani 2011; Cross 2013). Dies zeigt, dass die Erforschung asiatischer Einflüsse kaum begonnen hat. Hübscher hat eine Liste der Orientalia in Schopenhauers Privatbibliothek vorgelegt, die trotz einiger Unvollkommenheiten (z. B. bezüglich Sammelwerken und Schopenhauers Randschriften) noch immer als Übersicht und Einführung in Schopenhauers asienbezogene Quellen dienen kann (HN V, 319–352). Im Folgenden werden nur die wichtigsten asiatischen Quellen und Einflüsse in drei Phasen seines Lebens aufgezeigt, wobei unser Hauptaugenmerk Quellen aus der Zeit vor der Niederschrift von Schopenhauers Hauptwerk gilt.

Erste Phase (1800–1819)

Schon als Fünfzehnjähriger hatte Schopenhauer in Amsterdam einen lachenden Putai-Buddha aus China gesucht und stattdessen schöne Buddha-Statuen (»Pagoden«) gefunden (Lütkehaus 1988, 51; App 2010b, 1–4). Ein gewisses Interesse an asiatischen Kulturen zeigt sich auch in den ausführlichen Kolleghenden des Studenten von den Ethnologievorlesungen des Göttinger Professors und Indienspezialisten A. H. L. Heeren (1760–1817; App 2003). Da notierte der Student z. B., dass die Religion des Buddha u. a. in Japan und bei den Birmanen herrsche, doch war es noch unklar ob der Glaube der Lamas in Tibet und die »Religion des Fo« in China zur selben Religion gehören (ebd., 39). Das erste Zeichen eigenständigen Interesses an asiatischem Gedankengut ist Schopenhauers Ausleihe der beiden Bände von Julius Klaproths *Asiatischem Magazin* aus der Weimarer Bibliothek im Winter 1813/14. Darin fand der frischgebackene Doktor der Philosophie nicht nur eine deutsche Übertragung der frühesten Übersetzung eines buddhistischen Sutras (des *42-Kapitel Sutras*) in eine westliche Sprache (App 1998a, 42 f.; 2010b, 6–12), sondern auch Friedrich Majers Verdeutschung des *Bhagavad Gita* aus dem Englischen (App 2006b, 58 f.), aus der Schopenhauer zwei interessante Abschnitte exzerpierte (ebd., 68–75).

Unter den nächsten asienbezogenen Ausleihen Schopenhauers im Frühling 1814 war bereits das *Oupnek'hat*, die zweifellos einflussreichste asiatische Quelle Schopenhauers, deren tiefgreifender Einfluss auf die Systementstehung und den für Schopenhauer zentralen Willensbegriff Urs App in *Schopenhauers Kompass* (2011) erstmals detailliert aufzeigte. Das lateinische *Oupnek'hat* ist eine vom Übersetzer Anquetil-Duperron äußerst reich annotierte und kommentierte lateinische Übertragung von 50 Upanischaden, die nicht direkt auf Sanskrit-Texten beruht, sondern auf einer 1656 entstandenen persischen Übersetzung dieser grundlegenden philosophischen Texte Indiens. Der

Initiator dieser persischen Übersetzung war der damalige Kronprinz der indischen Mughal-Dynastie, Dara Shikoh (1615–1659), der erstgeborene Sohn von Kaiser Shah Jahan und dessen Gattin Mumtaz Mahal, deren Grabmal der weltberühmte Taj Mahal in Agra ist. Prinz Dara war seit seiner Jugend an islamischer Mystik interessiert, übte lange Jahre unter Anleitung von Sufi-Meistern und verfasste mehrere bekannte Werke über den Sufismus (ebd., 100–110). Die Upanischadenübersetzung mit dem Titel *Sirr-i akbar* (Das große Geheimnis), die der Kronprinz mit Hilfe eines hochkarätigen Teams von indischen Gelehrten und Mystikern anfertigte, besteht nicht nur aus ins Persische übersetzten Sanskrit-Upanischadentexten sondern auch aus in den Text eingeflochtenen Sufi-Kommentaren des Prinzen sowie Erklärungen seiner gelehrten Mitarbeiter, die sich u. a. auf Sankaras vedantische Upanischaden-Kommentare stützten. Die von Schopenhauer benützte lateinische Übersetzung des persischen *Sirr-i akbar*, das *Oupnek'hat* (1801/02), enthielt wiederum fast zur Hälfte Kommentare und Erläuterungen von Anquetil-Duperron. So besteht nur etwa ein Drittel von Schopenhauers Lieblingswerk aus übersetztem Upanischadentext, was schlagend die Notwendigkeit des Studiums eben dieses lateinischen Werkes zeigt. Was die Bildung von Schopenhauers Willensmetaphysik so grundlegend beeinflusste waren eben nicht die heute bekannten Upanischaden, sondern das Werk eines begeisterten Sufi-Mystikers und seines hochgelehrten indischen Übersetzerteams, dessen lateinische Übersetzung Anquetil-Duperron für eine wörtliche Übersetzung der ältesten Veda-Weisheit Indiens hielt. Wie Meister Eckharts Bibelpredigten viel mehr als den Bibeltext enthalten, so enthält auch das *Oupnek'hat* viel mehr als die Upanischaden; und in beiden Fällen geht es nicht an, den Text als verhunzte und kontaminierte Heilige Schrift zu betrachten, dessen Leser Fälschern auf den Leim gegangen ist. Vielmehr gilt es, dieses komplexe Werk und nicht die von Schopenhauer später als »verschwebelt und vernebelt« bezeichneten direkten Übertragungen der Upanischaden aus dem Sanskrit (P II, 422) zu untersuchen und dabei Schopenhauers mit zahllosen Unterstreichungen und Randschriften versehenes Handexemplar zu benützen (App 2011).

Mario Piantelli (1986) hat als erster den Stellenwert des islamischen *ishq* im *Oupnek'hat* erkannt: das Urbegehren Allahs zur Selbstoffenbarung in der Weltschöpfung. Prinz Dara zitierte wiederholt den berühmten Satz aus der Tradition des Propheten Mohammed: »Ich war ein verborgener Schatz und ich begehrte, erkannt zu werden« (App 2011, 105 f.). Prinz Daras Werk handelt vom Geheimnis des *Urwillens* des verborgenen Einen Absoluten, sich zu offenbaren als Welt: *maya* als Schöpfungs-Wille. Diese All-Einheit spiegelt sich im Geist des Menschen, wo die Welt als Illusion (*maya*) einer Vielfalt erscheint (ebd., 123 f.). In Schopenhauers erhaltenem Handexemplar des *Oupnek'hat* finden sich zahlreiche Randnotizen, welche klar seine Lesart solcher Gedanken zeigen; so schrieb er beispielsweise auf Seite 395 des ersten Bandes, wo Dara die Mannigfaltigkeit der Welt mitsamt aller Begriffe und Formen als Täuschung (*maya*) bezeichnet, »Ding an sich u. Erscheinung« an den Rand (ebd., 112). Schopenhauers zahllose Unterstreichungen der Worte »voluntas« (Wille) und »nolle« (nicht wollen) sowie sein Verständnis von »Brahm« als Wille sind Indizien dafür, dass Schopenhauers Konzepte des Willens und der Willensverneinung auf dem Boden des *Oupnek'hat* gewachsen sind und dass dies ein Hauptgrund ist für seine Notiz von 1816 über den zentralen Einfluss der Upanischaden auf die Entstehung seines Systems (ebd. 208 f.; HN I, 422).

Nach dem Kauf des *Oupnek'hat* im Sommer 1814 studierte Schopenhauer in der Dresdener Bibliothek zwischen November 1815 und Mai 1816 die ersten neun Bände der *Asiatick Researches*. Diese zwischen 1788 und 1807 erschienenen, umfangreichen Werke markieren den Anfang der modernen indologischen Forschung. Sie standen im Indienschrank der Bibliothek, in dessen Nähe auch K. F. C. Krause – ebenfalls ein passionierter Leser des *Oupnek'hat* – oft studierte. Schopenhauer füllte ein ganzes Heft mit Auszügen aus den *Asiatick Researches* (App 1998b). Sie handeln u. a. von Schlüsselbegriffen wie *maya* und *Brahm* und Quellen wie dem Veda und den Upanischaden, aber auch von indischen Philosophien wie Vedanta und Figuren wie Sankara und Buddha (ebd., 15–21). Als Beispiel mag Schopenhauers Exzerpt aus Band 5 dienen, welches seine Sicht von *Brahm* als universale Kraft oder Wille bestätigte, die am unmittelbarsten durch Introspektion erkennbar ist:

»Ich meditiere über die überströmende Kraft, welche *Brahm selbst* ist und Licht der strahlenden Sonne genannt wird. [Ich bin] geleitet vom geheimnisvollen Licht, das *in mir* wohnt, um zu denken. Genau dieses Licht ist die Erde, der feine Äther und alles, was in der Schöpfung existiert; es ist die dreifache Welt, welche alles enthält was feststeht oder sich bewegt; *es exis-*

tiert innen in meinem Herzen, außen im Rund der Sonne, und da ich eins und identisch bin mit jener überströmenden Kraft, bin ich selbst eine strahlende Erscheinung des höchsten Brahm« (ebd., 19; Übers. U. A.; Hervorh. von Schopenhauer).

Diesen Zugang über das Subjekt und das eigene Innere hatte Schopenhauer bereits im Mai 1814, kurz nach seiner ersten Ausleihe des *Oupnek'hat*, als »indische Methode« bezeichnet:

»Die weisern Indier giengen vom Subjekt vom Atma, Djiv-Atma, aus. Daß das Subjekt Vorstellungen hat, ist das Wesentliche, nicht aber die Verbindung der Vorstellungen unter einander. Wenn wir nach der Methode der Indier vom Subjekt ausgehn, steht uns die Welt, mit sammt dem Satz vom Grund der in ihr herrscht, mit einem Schlage da« (HN I, 107).

Schon gut einen Monat später wurde diese »Methode der Indier« als eigene Methodik präsentiert, die es erlaube, »das ganze Problem des empirischen Bewußtseyns [...] gleichsam beim Schopf« (HN I, 136) zu fassen.

Ebenso aufschlussreich sind Schopenhauers Notizen zu Colebrooke's langem Essay über die Vedas in Band 8. Die deutschen Randnotizen des Philosophen zum kopierten englischen Text zeigen, dass er im Frühling 1816 sein bereits gut ausgearbeitetes System mit indischen Lehren im Einklang sah (App 1998b, 27–33). Schopenhauer fasste das Argument des Engländers wie folgt zusammen: »Das, aus dem alle Dinge geschaffen sind und wodurch sie leben, wenn sie geboren werden; das, woran sie sich halten; und das, in welches sie übergehen: das suche, denn das ist *Brahm*« (ebd., 31). Am Rand schrieb Schopenhauer als Kommentar dazu: »Der Wille zum Leben ist die Quelle und das Wesen der Dinge« (ebd.). Dies bestätigt, dass Schopenhauer *Brahm*, *Parabrahma* und verwandte Begriffe als *Wille* oder *Wille zum Leben* verstand und dass seine Aussage von 1833 über die Wahl seines Schlüsselbegriffes glaubwürdig ist:

»Ich habe das *Ding an sich*, das innre Wesen der Welt, benannt nach dem aus ihr, was uns am *genausten bekannt* ist: *Wille*. Freilich ist dies ein subjektiv, nämlich aus Rücksicht auf das *Subjekt des Erkennens* gewählter Ausdruck: aber diese Rücksicht ist, da wir *Erkenntniß* mittheilen, wesentlich. Also ist es unendlich besser, als hätt' ich es genannt etwa *Brahm*, oder *Brahma*, oder Weltseele oder was sonst« (HN IV (1), 143).

Auch über den Buddhismus machte Schopenhauer im Frühjahr 1816 umfangreiche Auszüge und Notizen, die sich vornehmlich auf Band 6 der *Asiatick Researches* beziehen. Ihn interessierte u. a. eine birmanische Erläuterung über das Nirwana (Pali: *Nibbana*, früher *Nieban*) der Buddhisten:

»Wenn eine Person nicht mehr den Leiden *von Schwere, Altern, Krankheit und Tod* ausgeliefert ist, dann wird gesagt, er habe *Nieban* erlangt. Kein Ding und kein Ort kann uns eine gemäße Idee von *Nieban* geben: wir können nur sagen, dass die Befreiung von den obenerwähnten vier Übeln und das Erlangen der Erlösung *Nieban* ist« (App 2011, 181; Übers. U. A.).

Schopenhauers Exzerpte zeigen, dass ihn drei Jahre vor Publikation seines Hauptwerkes folgende Eigenheiten des Buddhismus interessierten: (1) die Identität ihres Gründers; (2) die Seelenwanderung; (3) dass perfekte Wesen nicht Götter, sondern Menschen sind; (4) dass es viele buddhistische Texte gibt; (5) dass der Buddhismus in Asien sehr verbreitet ist; (6) dass er eine atheistische Religion ist; (7) dass er trotzdem eine ausgezeichnete Ethik hat und (8) dass er Erlösung als Nirwana (*Nieban*) auffasst (App 2010b, 13 f.).

Auch die Ablehnung der positiven, begrifflichen Darstellung von Nirwana fand seinen Beifall: Man könne dies nur negativ ausdrücken, nämlich als Absenz von Krankheit und Leiden (ebd.). Im Herbst 1816, wenige Monate nach seiner Nirwana-Entdeckung, schrieb Schopenhauer vom Ziel seiner frisch konzipierten Willensmetaphysik: »Die Wendung, Aufhebung des Willens ist also identisch mit der Aufhebung der Welt. Was übrig bleibt nennen wir *Nichts*, und gegen diesen Uebergang ins Nichts sträubt sich unsre Natur« (HN I, 411). Dies leitet den frühesten Entwurf für die berühmte Schlusspassage des zwei Jahre später erschienenen Hauptwerkes ein. Während die Europäer kindisch mit Furcht reagieren und den »Uebergang ins Nichts« verdrängen, erklären die Inder – wie Schopenhauer – genau diesen Übergang zum Ziel und sie weichen dem Nichts nicht wie die Europäer in der Sache aus, sondern nur in ihrer Wortwahl. Gemäß Schopenhauer hätten die Inder ihre Erlösung, deren Sicht er teilt, auch gleich ohne Umschweife »Nichts« nennen können:

»Auf diese Weise, nämlich durch Betrachtung der Heiligen [...] wollen wir den finstern Eindruck jenes Nichts, das als das Ziel aller Tugend und Heiligkeit dasteht, und das wir, wie die Kinder das Finstre, fürchten, verscheuchen, statt es zu umgehn wie die Indier, die an seine Stelle bedeutungsleere Worte setzen, die Bramanen, Resorbtion in den Urgeist und die Buddhisten Nieban (siehe *asiatick researches* und *Upnek'hat*). Was nach Aufhebung des Willens übrig bleibt ist für die welche noch wollen freilich *Nichts*: aber für die deren Wille sich gewendet hat, ist eben diese unsre reale Welt, mit allen ihren Sonnen und Milchstraßen – Nichts« (HN I, 411; vgl. W I, 487; App 2006c und die fragwürdige Interpretation in Nicholls 1999).

Im Vorwort zu seinem Hauptwerk erklärte Schopenhauer dann, dass ein Leser, welcher »die Weihe uralter Indischer Weisheit empfangen und empfänglich aufgenommen« habe, auf »das allerbeste bereitet sei« für das Verständnis seines Buches: »Ihn wird es dann nicht, wie manchen Andern fremd, ja feindlich ansprechen; da ich, wenn es nicht zu stolz klänge, behaupten möchte, daß jeder von den einzelnen und abgerissenen Aussprüchen, welche die Upanischaden ausmachen, sich als Folgesatz aus dem von mir mitzutheilenden Gedanken ableiten ließe, obgleich keinesweges auch umgekehrt dieser schon dort zu finden ist« (W I, 12). Schopenhauer war überzeugt, dass er nicht nur den Kern von Platos und Kants Philosophie herausgeschält und dargestellt hatte, sondern auch jenen der indischen Upanischaden. Dieser Anspruch lässt sich bereits aus einer Notiz von Mitte 1816 ersehen, in welcher Schopenhauer die drei Haupteinflüsse auf die Bildung seiner Metaphysik in einem Schema verbindet (HN I, 392):

	Allgemeines	Einzelnes
Metaphysik	Platonische Idee	Das Werdende, nie Seiende
	Kants Ding an sich	Erscheinung
	Weisheit der Vedas	Maja

Über chinesische Religionen und Philosophien wusste Schopenhauer um 1818 noch kaum mehr, als er in Heerens Ethnologie-Vorlesung von 1811 und im Winter 1813/14 in Klaproths *Asiatischem Magazin* erfahren hatte.

Zweite Phase (1819–1836)

Während in Schopenhauers Vorlesungsmanuskripten der frühen 1820er Jahre einige Themen asiatischer Philosophie etwas breiter ausgeführt sind, kam kaum Neues hinzu. Doch in seinem Notizbuch von 1822 finden sich einige Zitate aus dem Chinesisch-Englischen Wörterbuch von Morrison, die den Bezug des ersten Prinzips der chinesischen Philosophie und Religion zum Theismus, die Datierung des Buddha und die Polarität betreffen (HN III, 55; App 2010b, 16–19). Im Jahre 1826 machte Schopenhauer jedoch eine Entdeckung, die ihn die restlichen 34 Jahre seines Lebens beschäftigen sollte. Er schrieb in sein Notizbuch:

> »Im 7ten Band des *Journal Asiatique* Paris 1825 steht eine ziemlich ausführliche und überaus schöne Darstellung des Lebens und der esoterischen Lehre des *Fo* oder *Budda*, oder Schige-Muni, Schakia-Muni, welche wundervoll übereinstimmt mit meinem System. Im 8ten Band [1826] steht als Fortsetzung die exoterische Lehre, die aber ganz mythologisch und viel weniger interessant ist. Beides von *Deshauterayes* gestorben 1795« (HN III, 161).

Deshauterayes Artikel und Übersetzungen waren schon ein halbes Jahrhundert früher entstanden und dürfen (zusammen mit der französischen Version des von Schopenhauer schon 1813 gelesenen *42-Kapitel-Sutras*) als die frühesten in Europa veröffentlichten Übersetzungen chinesischer buddhistischer Texte gelten (App 2010b, 20 f.). Noch als betagter Mann sollte Schopenhauer diese chinesische Buddha-Biographie tief gerührt seinen Besuchern erzählen (Gespr, 104, 147, 236, 311). Während die Deutschen sein Hauptwerk und seine Philosophie ignorierten, sah er seine Lehre nun nicht nur mit der ältesten Philosophie Indiens in Einklang, sondern auch mit der anscheinend größten Weltreligion, dem Buddhismus. Deshauterayes chinesische Quelle war das Werk *Dazang yilan* (»Der buddhistische Kanon auf einen Blick«) aus dem Jahre 1157. Interessant ist u. a., dass sowohl das 1813/14 gelesene *42-Kapitel Sutra* als auch dieser Text mit der chinesischen Zen-Tradition verbunden sind (App 2010b, 10 f., 22 f.). In der »esoterischen Lehre« des Buddha sah Schopenhauer eine perfekte Darstellung seiner Lehre von der Willensverneinung und des »Nichts« am Schluss seines Hauptwerks:

> »Mit meinen Buddha-Augen betrachte ich alle erfassbaren Wesen der drei Welten: die Natur ist in mir, frei aus sich selbst und aller Fesseln entledigt: ich suche irgendetwas Wirkliches in allen Welten, doch finde ich da nichts davon: und weil ich meine Wurzel ins Nichts geschlagen habe, sind auch der Stamm, die Äste und die Blätter gänzlich vernichtet: wenn also jemand vom Unwissen befreit oder erlöst wird, ist er auch von Alter und Tod befreit« (HN III, 305; Übers. U.A.).

Die Seelenwanderung – für Schopenhauer bereits 1817 »der gehaltreichste, bedeutendste, der philosophischen Wahrheit am nächsten stehende, von allen Mythen die je ersonnen worden« und gar das »*non plus ultra* der mythischen Darstellung« (HN I, 479) – fand er in diesem Text ganz in seinem Sinne als Ausdruck eines Grundbegehrens dargestellt: »Ewig schon findet sich von Natur aus die Neigung zum Gut, also Liebe, Habsucht und Begehren (Fleischeslust), in allem, was geboren wird. Daher kommt die Seelenwanderung« (HN III, 305 f.; Übers. U. A.). Auch seine All-Einslehre sah er von allen drei Religionen Chinas bestätigt und zitierte Deshauterayes:

> »Diese drei Sekten [Buddhismus, Taoismus und Konfuzianismus; U. A.] stimmen alle überein im Grundsatz, dass *alle Dinge nur eins sind*, d. h. dass ihre Formen – gleich wie die Materie jedes Wesens ein Teil der ursprünglichen Materie ist – nichts anderes sind als Teile der universellen Seele, welche die Natur ausmacht und welche im Grunde und in Wirklichkeit nicht verschieden ist von der Materie« (HN III, 306; Übers. U. A.).

1828 notierte sich Schopenhauer aus dem *Asiatic Journal and Monthly Register* den Satz »the mind of heaven is deducible from what is the will of mankind« (ebd., 389) und fürchtete gar, er würde des Plagiates angeklagt, weil dies exakt die Grundidee seiner Philosophie wiedergebe. Dies veranlasste ihn, ein Essay über die Sinologie in sein Werk *Ueber den Willen in der Natur* von 1836 (s. Kap. 7) aufzunehmen (App 2010b, 41 f.), in dem er u. a. sein damaliges Wissen über chinesische Philosophie, Religion und insbesondere den Buddhismus ausbreitete. Der Hintergrund dieses Essays ist die »wundervolle Übereinstimmung«, die er im von Deshauterayes übersetzten Zen-Text entdeckt und anschließend in Büchern und Artikeln über verschiedene Formen des Buddhismus bestätigt sah: im chinesischen (HN V, Nr. 1172), mongolischen und tibetischen (Isaak Jakob Schmidt, ebd. Nr. 1186), nepalesischen (Hodgson, ebd. Nr. 1128) und ceylonesischen (Upham, ebd. Nr. 1204). Nach solcher Lektüre fühlte er sich 1832 gar dem jungen Buddha verwandt: »In meinem 17ten Jahre[,] ohne alle gelehrte Schulbildung, wurde ich vom Jammer des Lebens so ergriffen, wie Buddha in seiner Jugend, als er Krankheit, Alter, Schmerz und Tod erblickte« (HN IV (1), 96). Das Essay über Sinologie in *Ueber den Willen in der Natur* hatte den Zweck, Schützenhilfe von Seiten der größten Religion der Welt in Anspruch zu nehmen. Denn Buddhas Lehre, so schrieb er, »herrscht im größten Theile Asiens und zählt, nach Upham, dem neuesten Forscher, 300 Millionen Bekenner, also unter allen Glaubenslehren auf diesem Planeten wohl die größte Anzahl« (N, 129).

Schopenhauer sammelte auch fleißig neu erscheinende Upanischadenübersetzungen, die er mit dem *Oupnek'hat* verglich und als schlechter bis unbrauchbar bezeichnete. Außerdem studierte er erste Übersetzungen von Texten des Sufismus (HN V, Nr. 1199, 1200). Doch sein Hauptinteresse galt zunehmend dem Buddhismus, mit dessen Lehren er zur Zeit der Niederschrift seines Hauptwerkes noch kaum bekannt gewesen war.

Dritte Phase (1837–1860)

Der für Schopenhauers Verständnis buddhistischer Lehren sicherlich wichtigste Forscher war Isaak Jakob Schmidt, ein in St. Petersburg arbeitender deutscher Pionier der Buddhismusforschung. Schopenhauer informierte sich in zahlreichen Abhandlungen und Übersetzungen dieses im mongolischen und tibetischen Buddhismus bewanderten Forschers (HN V, Nr. 1183–1193) über die Philosophie des Mahayana-Buddhismus (App 2008, 53–58), und ab dem 1844 erschienenen zweiten Band seines Hauptwerkes häufen sich Lobesbezeigungen wie:

> »Wollte ich die Resultate meiner Philosophie zum Maaßstabe der Wahrheit nehmen, so müßte ich dem Buddhaismus den Vorzug vor den andern zugestehn. Jeden Falls muß es mich freuen, meine Lehre in so großer Uebereinstimmung mit einer Religion zu sehen, welche die Majorität auf Erden für sich hat; da sie viel mehr Bekenner zählt, als irgend eine andere« (W II, 187).

Während Schopenhauer sein breit angelegtes Studium indischer Religionen und Philosophien fortsetzte (HN V, Nr. 1092–1095, 1104, 1115, 1116, 1119, 1127, 1129, 1130, 1141, 1161, 1162, 1210) und auch fleißig Übersetzungen von chinesischen Texten sammelte (HN V, Nr. 1107–1110, 1112, 1120, 1142, 1143, 1152, 1170–1173; App 2010b), studierte er erstaunlich viele solide pionierhafte Werke über den Buddhismus. Besonders wichtig waren – neben Schmidts Publikationen – Eugène Burnoufs richtungweisendes, auf Sanskrit-Texten beruhendes Buch über den indischen Buddhismus (HN V, Nr. 1102), die großen Aufsätze von Csoma de Körös über den tibetischen Buddhismus und dessen Kanon, Friedrich Köppens *Die Religion des*

Buddha und ihre Entstehung (ebd., Nr. 1139) und die Werke von Robert Spence Hardy (ebd., Nr. 1121, 1122), welche ihn auch mit Schriften und Praktiken des ceylonesischen Theravada-Buddhismus bekanntmachten. In Schopenhauers Werken der 1840er und 1850er Jahre häufen sich lobende Hinweise auf diese Religion, die ihm nun als die beste aller möglichen Religionen erschien. In der zweiten Auflage von *Ueber den Willen in der Natur* (1854) erweiterte er seine Liste empfohlener Schriften über den Buddhismus drastisch von 3 auf 23 (später kamen handschriftlich noch weitere dazu) und informierte seine Leser:

»Diese Religion, welche, sowohl wegen ihrer innern Vortrefflichkeit und Wahrheit, als wegen der überwiegenden Anzahl ihrer Bekenner, als die vornehmste auf Erden zu betrachten ist, herrscht im größten Theile Asiens und zählt, nach Spence Hardy, dem neuesten Forscher, 369 Millionen Gläubige, also bei Weitem mehr, als irgend eine andere« (N, 130).

Das *Oupnek'hat*, Schopenhauers wichtigste Inspiration aus Asien und der Trost seines Lebens und Sterbens, lag immer offen im Frankfurter Studierzimmer des betagten Philosophen. Doch dies war beileibe nicht sein einziger Trost. Während das *Oupnek'hat* von immer mehr Forschern als unzuverlässig kritisiert oder gar gänzlich ignoriert wurde, tauchte Schopenhauers Buddhastatue seinen Lebensabend in ein goldenes Licht. Seine Lobeshymnen inspirierten schon in den 1850er Jahren Bewunderer wie Adam von Doß (Gespr, 149), Georg Herwegh (Gespr, 227) und Richard Wagner zum Buddhismusstudium, und später folgten die Theosophin Helena Blavatsky, Tolstoi und fast alle frühen Buddhisten Europas. Nachdem Schopenhauer kurz vor seinem Tod Schmidts Aufsatz über die höchste Weisheit (*prajna paramita*) des Buddhismus erhalten und gelesen hatte, kritzelte er unter das Wort »Nichts« am Ende des Korrekturexemplares seines Hauptwerks: »Dieses ist eben auch das Pratschna-Paramita der Buddhaisten, das ›Jenseit aller Erkenntniß‹, d. h. der Punkt, wo Subjekt und Objekt nicht mehr sind. (Siehe J. J. Schmidt, ›Ueber das Mahajana und Pratschna-Paramita‹).«

Literatur

Anquetil-Duperron, Abraham Hyacinthe: *Oupnek'hat (id est, secretum tegendum)*. 2 Bde. Strassburg 1801 f.
App, Urs: Schopenhauers Begegnung mit dem Buddhismus. In: *Schopenhauer-Jahrbuch* 79 (1998a), 35–58.
App, Urs: Notes and Excerpts by Schopenhauer Related to Volumes 1–9 of the Asiatick Researches. In: *Schopenhauer-Jahrbuch* 79 (1998b), 11–33.
App, Urs: Notizen Schopenhauers zu Ost-, Nord- und Südostasien vom Sommersemester 1811. In: *Schopenhauer-Jahrbuch* 84 (2003), 13–39.
App, Urs: Schopenhauer's India Notes of 1811. In: *Schopenhauer-Jahrbuch* 87 (2006a), 15–31.
App, Urs: Schopenhauer's Initial Encounter with Indian Thought. In: *Schopenhauer-Jahrbuch* 87 (2006b), 35–76.
App, Urs: NICHTS. Das letzte Wort von Schopenhauers Hauptwerk. In: Stollberg 2006, 51–60 [2006c].
App, Urs: The Tibet of Philosophers: Kant, Hegel, and Schopenhauer. In: Monica Esposito (Hg.): *Images of Tibet in the 19th and 20th Centuries*. Paris 2008, 11–70.
App, Urs: Schopenhauers Nirwana. In: Michael Fleiter (Hg.): *Die Wahrheit ist nackt am schönsten. Arthur Schopenhauers philosophische Provokation*. Frankfurt a. M. 2010a, 200–208.
App, Urs: Schopenhauer and China. A Sino-Platonic Love Affair. In: *Sino-Platonic Papers* 200 (2010b), 1–160.
App, Urs: *Schopenhauers Kompass. Die Geburt einer Philosophie*. Rorschach 2011.
App, Urs: Required Reading: Schopenhauer's Favorite Book. In: *Schopenhauer Jahrbuch* 93 (2012), 65–86.
App, Urs: *Schopenhauer's Compass. An Introduction to Schopenhauer's Philosophy and its Origins*. Will 2014.
Barua, Arati (Hg.): *Schopenhauer and Indian Philosophy: A Dialogue between India and Germany*. New Delhi 2008.
Barua, Arati/Gerhard, Michael/Koßler, Matthias (Hg.): *Understanding Schopenhauer Through the Prism of Indian Culture. Philosophy, Religion and Sanskrit Literature*. Berlin/Boston 2013.
Berger, Douglas: *The Veil of Maya: Schopenhauer's System and Early Indian Thought*. Binghampton 2004.
Cross, Stephen: *Schopenhauer's Encounter with Indian Thought: Representation and Will and Their Indian Parallels*. Honolulu 2013.
Glasenapp, Helmuth von: *Das Indienbild deutscher Denker*. Stuttgart 1960.
Gurisatti, Giovanni: *Arthur Schopenhauer. Il mio oriente*. Milano 2007.
Halbfass, Wilhelm: *Indien und Europa – Perspektiven ihrer geistigen Begegnung*. Basel/Stuttgart 1981.
Kapani, Lakshmi: *Schopenhauer et la pensée indienne. Similitudes et différences*. Paris 2011.
Koßler, Matthias (Hg.): *Schopenhauer und die Philosophien Asiens*. Wiesbaden 2008.
Lütkehaus, Ludger (Hg.): *Arthur Schopenhauer: Die Reisetagebücher*. Zürich 1988.
Nicholls, Moira: The Influences of Eastern Thought on Schopenhauer's Doctrine of the Thing-in-Itself. In: Christopher Janaway (Hg.): *The Cambridge Companion to Schopenhauer*. Cambridge/New York 1999, 171–212.
Piantelli, Mario: La ›Mâyâ‹ nelle ›Upanishad‹ di Schopenhauer. In: *Annuario filosofico* (1986), 163–207.
Stollberg, Jochen (Hg.): *Das Tier, das du jetzt tötest, bist du selbst. Arthur Schopenhauer und Indien*. Frankfurt a. M. 2006.

Urs App

12 Platon

Wie das Verhältnis Schopenhauers zu Platon gesehen wird, hängt von der Entscheidung des Lesers ab, der zwischen zwei ›Sprachen‹ Schopenhauers wählen und das in der je anderen Vorgetragene als modern-kantische bzw. traditionell-platonisierende Version verstehen muss (vgl. Ingenkamp 1985, 1991) – wenn er nicht, wie das wohl durchweg der Fall sein dürfte, das sich so stellende Problem in der Schwebe lässt. In diesem Beitrag wird der platonistische Aspekt der Philosophie Schopenhauers betont; eine aufgrund der anderen Leseweise durchgeführte Analyse liegt in Rudolf Malters Hauptwerk vor (vgl. Malter 1991). Auch das Bild, das man sich von Platon (428/27–349/48 v. Chr.) macht, hängt von der Sichtweise ab: ob man ihn als Endpunkt einer Tradition, also historisch, sieht, oder ob man den späteren Platonismus in ihn hineinliest. Im letzteren Fall wird ihm, aufgrund einer Auswahl aus seinen Texten, eine weitgehend geschlossene, nicht selten religiös amplifizierte Lehre zugeschrieben, was dazu beigetragen haben dürfte, dass ihm früh das Attribut »göttlich« beigelegt wurde (so schon von Cicero [106–43 v. Chr.], *De optimo genere oratorum* § 17). Mit den (u. a. deutlich differenzierenden) Worten »Plato der göttliche und der erstaunliche Kant« beginnt Schopenhauers erstes Werk (1813, vgl. W I, XII). Dergleichen auch noch später (vgl. z. B. Burckhardt 1953). Während der Renaissance stellte man »divinus (göttlich)« nicht selten als eine Art Titel zum Namen »Plato«.

Die beiden Gebiete, auf denen Platon vor allem tätig war, waren die Staatslehre und die bei ihm untrennbar verbundenen Bereiche Erkenntnislehre und Ontologie (s. u. das »Liniengleichnis«). Auf beiden Gebieten überzeugte er seine Zeitgenossen wenig. Sein Staatsentwurf wurde von ihm selbst im hohen Alter revidiert; als Ontologe ließ er sogar seine nur in Ausnahmefällen vorgebildete Leserschaft an den Schwierigkeiten seiner Position, die er selbst sah, teilnehmen und kritisierte sich, im Dialog *Parmenides*, mit großer Offenheit. Sein Meisterschüler Aristoteles ging auf beiden Hauptfeldern andere Wege, löste sich bald aus Platons Schule und gründete eine eigene Lehr- und Forschungsstätte.

Alles, was Platon geschrieben hat, liegt uns vor. Mit Hilfe der Sprachstatistik kann die relative Chronologie seiner Schriften festgelegt werden. Die kaum je wieder erreichte Eleganz seiner Sprache ist immer allgemein anerkannt gewesen; sein pädagogisch-psychagogisches Talent verdient Bewunderung; seine Nachwirkung kann auch der Spezialist nicht überblicken (s. u.).

Platons publiziertes Gesamtwerk ist für eine Leserschaft außerhalb der ›Akademie‹, seiner Schule, verfasst. Sein Alterswerk, das erheblich mehr Anforderungen an den Leser stellt als die früheren und mittleren Werke, richtet sich allerdings an ein philosophisch gebildetes Publikum, das jedoch auch nicht überfordert werden soll. So legt er in seinem später als Hauptwerk gelesenen Dialog *Timaios* seine Kosmologie einem Pythagoreer, also dem Vertreter einer traditionellen und unter Interessierten bekannten Richtung, in den Mund. Aus Zeugnissen seines Schülers Aristoteles und aus Mitteilungen späterer Autoren wissen wir, dass er im Schülerkreis Gedanken vortrug, die sich sachlich zwar nicht von dem unterschieden, was er einer breiteren Öffentlichkeit vorgetragen hatte, wohl aber in der Form und in der Radikalität des Ansatzes und, entsprechend, der Folgerungen über das Veröffentlichte hinausgingen. Die Zeugnisse sind von Konrad Gaiser (vgl. Gaiser 1963, 443 ff.) zusammengestellt worden.

Auf dem Gebiet der Ontologie ist es Platons Ziel, den offensichtlichen Willkürlichkeiten der meisten Philosophen vor ihm und dem erkenntnistheoretischen Nihilismus der Sophistik (»Der Mensch ist das Maß aller Dinge, der seienden, dass sie sind, und der nicht seienden, dass sie nicht sind«, so Protagoras von Abdera) ein Ende zu setzen. Er knüpft bei seinem Versuch an die Pythagoreer an. Diese hatten anhand der Länge von Saitenabschnitten festgestellt, dass allen Tonabständen und Harmonien feste Zahlenverhältnisse zugrunde liegen. Diese Entdeckung vor allem ließ sie hoffen, »die Zahl« als das Wesen von »allem« nachweisen zu können. Die Hoffnung der Pythagoreer ist insofern auch die Hoffnung Platons, als auch er auf feste, exakt erfassbare Prinzipien, eigentlich Anschauungsobjekte, baut, denen gemäß »alles« – für ihn, den zunächst wohl vor allem politischen Denker, besonders (für das Zusammenleben wichtige) Eigenschaften wie Besonnenheit, Tapferkeit, Gerechtigkeit, umsichtige Klugheit – begriffen und reguliert werden kann. Gleich mit der ersten Vorstellung seiner Hauptlehre im frühen Mittelwerk weist er aber auch Dinglichem, z. B. dem Menschen, dem Pferd und den Kleidern (vgl. *Phaidon* 78D f.), solche Prinzipien zu. Diese Prinzipien nennt er *eídē* (d. h. Arten, wie etwas sich darstellt: Gestalten, Formen, »Ideen«). Auf die unumgängliche Tatsache ihrer Existenz hat er seine Leser im Frühwerk geduldig anhand von Einzelfällen vorzubereiten versucht. Hier kam ihm die »Hebammenkunst« des souveränen Lehrers Sokrates zu Hilfe: Sokrates führte seine Gesprächsteilnehmer durch geschicktes Fragen zum Wissen über ihren Wissensstand, und d. h. regelmäßig dahin, dass sie das von ihnen als gewusst Vorgetragene als nicht gewusst erkannten. Das Rätsel, wie man denn überhaupt wissen kann, löst Platon, nach knappen Hinweisen im Frühwerk, dann nach längerer Einführung im Dialog *Phaidon* (vgl. 79 A–D): indem nämlich die Seele, die erkennt, ihrem Gegenstand, den »Ideen«, verwandt ist. An den Ideen orientiert sich auch das Leitungsgremium seines Idealstaates, dem somit keine schädlichen Fehleinschätzungen unterlaufen werden. Im Spätwerk folgt die kritisch-verfeinernde Analyse der eigenen Lehre und Ansätze zu einer Ausgestaltung des Ideen«reiches« (letztere, mit dem Mittel der Diärese, d. h. der Zweiteilung von Begriffen, in den Dialogen *Politikos* und *Sophistes*).

Bei der Ideen«schau«, dem eigentlichen Erkenntnisakt, soll es sich um ein Erkennen handeln, das man mit dem Begreifen geometrischer Figuren vergleichen kann. Allerdings befinden sich die Ideen auf einem erkenntnistheoretisch »höheren« Niveau als alle Mathematica. Am Schluss des 6. Buches der *Politeia* nennt Platon, im sogenannten »Liniengleichnis«, vier Stufen der Erkenntnis, denen vier Arten von Gegenständen entsprechen: Vermutung ↔ Schattenbilder und Bilder auf der Wasseroberfläche u. Ä., Glauben ↔ Gegenstände der sinnlichen Wahrnehmung (bis hierhin haben wir es mit dem Bereich der »Meinung« zu tun; es folgt der Bereich des »Erkennens«), Verstandeseinsicht ↔ »Messkunst«, Vernunfteinsicht ↔ Ideenerkenntnis. Zur klaren Trennung zwischen Ideen und dem Bereich der Zahl und des Messens ist Platon wohl gekommen, weil er gesehen hat, dass sich die Gleichung Harmonie = Zahlenverhältnis nicht leicht auf »alles«, also etwa auf »Tapferkeit« und »Pferd«, beziehen lässt. Es ist offenkundig, dass im Zusammenhang mit dieser als Sublimierung der Ideenlehre verstandenen Abhebung von der Welt der Zahl und mit den (von Platon selbst gesehenen) Unklarheiten der Ideenlehre die Tür für das Gegenteil dessen offensteht, was Platon vor Augen hat, nämlich für die Überhöhung subjektiver, individueller Erleuchtung – und dass folglich die Platonismen der Folgezeit (etwa die Schillers in seinem Gedicht »Das Ideal und das Leben«) ihren Ursprung bei Platon selbst haben.

Wie wenig Platon selbst dieser Tendenz Vorschub leisten will, zeigt sich an seiner Ästhetik, die das genaue Gegenteil dessen vertritt, was ihr, dem gerade über die späteren »Platonismen« Gesagten entsprechend, Schopenhauer und viele vor ihm unterstellen. Zu Anfang des letzten Buches seiner *Politeia* legt Platon, fast ausführlicher als nötig, dar, dass der Künstler nicht mit der Idee verbunden ist. Auffallend oft verwendet er bei seiner Darlegung das komische Beispiel »Bettgestell« (so die Übersetzung Schleiermachers für das originale *klinē*, was ›Bett‹, aber auch ›Liegesofa‹, in der Antike ein Speisezimmermöbel, heißt und auch so, in diesem erhabenen Zusammenhang, auf die Dauer schmunzeln lässt). Allein dies kann einen auf den Gedanken bringen, dass der Sprecher seine Auffassung spöttisch gegen die entgegengesetzte vorträgt, die vielleicht ihm gegenüber zur Sprache gekommen ist. Platon lebte zur Zeit des Höhepunkts der griechischen Dichtung und der bildenden Künste, und so lag es nahe, Meisterwerke des Pheidias oder eine Tragödie des Sophokles auf direkter Ideenschau beruhen zu lassen. So sieht es später wie selbstverständlich Cicero (*Orator*, 8 f.): Pheidias habe keinen lebenden Menschen vor Augen gehabt, als er seinen Zeus schuf, »sondern in seinem Geist befand sich eine alles übertreffende Vorstellung [das lat. *species* ist als Übersetzung des griechischen *eidos*, Idee, zu verstehen] der Schönheit. Diese betrachtete er, von ihr war er gefangen genommen: und so lenkte er seine Kunst und seine Hand zur Ähnlichkeit mit ihr«. Platons Attacke, deren Ziel der Nachweis ist, dass der Künstler das vor ihm stehende, beliebige Bettgestell ›abmalt‹, und zwar (nur) so, wie es ihm erscheint, dass dagegen in Gottes Geist, also als »Idee«, komisch genug, nur ›das‹ Bettgestell vorhanden ist (was Platon selbst so ausführt), und dass es der Tischler war, der dies zu einem irdisch vorhandenen einzelnen Bettgestell machte, liest sich wie eine Verhöhnung der später allgegenwärtigen platonistischen Ästhetik, die er demnach wohl gekannt, aber bekämpft hat.

Schopenhauers Ästhetik, der zufolge der künstlerische Genius die (platonische) Idee schaut, baut also auf einem bestimmten zwar alten, aber in Platons Augen unrichtigen Verständnis von Platons zentraler Lehre (vgl. W II, 144, 552) auf. Nichtsdestoweniger kann Schopenhauer das Recht beanspruchen, seine »Ideen« als »platonisch« zu verstehen und zu präsentieren: Er folgt so, wie gesehen, einer langen, respektablen Tradition die man genauer ›platonistisch‹ nennen sollte. Indessen kann man Schopenhauers Ästhetik, über einen Umweg, doch direkt *mit Platon selbst* verbinden: Platons Schöpfergott erschafft diese Welt nämlich nicht aus nichts, sondern findet sein Material (Raum, Materie, Seele) vor und gestaltet nun den Kosmos aus einem ungeordneten Durcheinander, *indem er auf die Ideen blickt*, und der Kosmos ist *deswegen* ›schön‹: So im *Timaios* (29 A), dem, wie gesagt, später als Hauptwerk gelesenen Dialog. Platons ›Demiurg‹ (Erzeuger, Erschaffender) darf also dem Platoniker als Urkünstler erscheinen, und ein Platoniker, der dies so sieht, hat ein, wohl auch von Platon anzuerkennendes, Recht, an Platons Ästhetik vorbei, nun den Künstler die Idee schauen zu lassen. Schopenhauer spricht im Übrigen wohl auch deswegen von »Platonischer Idee«, weil er sich von Kollegen der eigenen Epoche distanzieren will. Auf diese Weise scheint er nämlich seinen nach eigener Anschauung (vgl. G, 113; W I, 579) historisch korrekten Begriff der »Idee«, die, wie er es sieht, ihrem wahren, Platon selbst noch unfassbaren, Wesen nach »Normalanschauung« (G, 134 Anm.), d. h. »Objektivation des Willens« ist, die sich »durch Zeit und Raum in unzählige Dinge« vervielfältigt (W I, 159), die auch »adäquate Objektität des Willens oder des Dinges an sich« heißen kann, ja, »das ganze Ding an sich, nur unter der Form der Vorstellung« ist (W I, 206), von demjenigen der »Engländer und Franzosen«, besonders aber Kants und Hegels (so an den genannten Stellen, W I, 579; G, 113) unterscheiden zu wollen.

In den übrigen Teilen des Schopenhauerschen Werkes, also in der Erkenntnistheorie, der Metaphysik und der Ethik, wird, als willkommene Bestätigungen eigenen Denkens, zwar verhältnismäßig oft auf Philosopheme Platons verwiesen, aber eine Absicht, das gesamte eigene Denken für den Leser kenntlich mit Platon zu verbinden, ist anhand dieser Passagen nicht festzustellen. Der Tradition gemäß entstammen die Zitate meistens dem Mittel- und Spätwerk Platons. Schopenhauers zahlreiche Platon-Zitate erweisen ihn, Schopenhauer, als einen der Denker, die Platons Rang nicht nur erkannt haben, sondern auch durch eigenes Zeugnis achtungsvoll bestätigen wollen – mehr aber ist ihnen nicht zu entnehmen. Der an Platon orientierte Leser wird allerdings mehr erwartet haben. Denn die Berührungen der Schopenhauerschen Metaphysik (im weiteren Sinne) mit dem Platonismus sind so offenkundig, dass es leicht fällt, Schopenhauer, sicherlich nicht mit seiner ungeteilten Zustimmung, unmittelbar in die platonistische Tradition einzugliedern und den ersten Teil seines Werkes, die an Kant orientierte Erkenntnistheorie, als eine Art Zugeständnis an das Unvermeidliche zu deuten. Einige Beispiele: Zu den Abschnitten im Werk Platons, die den spätantiken Platonismus stark beeinflusst haben, gehören wenige, aber ausdrucksstarke Passagen, in denen eine Art Weltflucht empfohlen wird.

»Das Böse, o Theodoros, kann weder ausgerottet werden, denn es muss immer etwas dem Guten Entgegengesetztes geben, noch auch bei den Göttern seinen Sitz haben. Unter der sterblichen Natur aber und in dieser Gegend [also ›auf Erden‹] zieht es umher der Notwendigkeit gemäß. Deshalb muss man auch trachten, von hier dorthin zu entfliehen auf das schleunigste. Der Weg dazu ist Verähnlichung mit Gott so weit wie möglich, und diese Verähnlichung besteht darin, dass man gerecht und fromm sei mit Einsicht«,

heißt es im *Theaitet* (176 A f., Übers., wie durchweg, nach Schleiermacher). Dass hier die frühen christlichen Denker Verwandtes hörten, versteht sich von selbst; spätere, lutherische, Platoniker werden das »Trachten« etwa durch »auf die Gnade hoffen« ersetzt haben, und von hier aus ist der Schritt zur Willensverneinung »aus Gnade« so naheliegend, dass es nicht wundernehmen könnte, wenn Schopenhauer seine die Ethik umfassende Metaphysik, die »dieser Gegend« eine noch abträglichere Charakterisierung zuteilwerden lässt, als (in seiner Sicht) rationale Interpretation des *Theaitet*-Satzes verstanden hätte. Platon empfiehlt Gerechtigkeit und Frömmigkeit als Weg aus der Welt heraus; es ist leicht zu sehen, dass er hiermit (auch) die Abwendung von egoistischen Interessen meint, aber Schopenhauer, der Platons Ethik zwar rühmend und – sicher gegen Platons Meinung – gar als nicht-eudämonistisch bezeichnet (vgl. E, 11; W II, 174), kritisiert ihn (vgl. E, 226; P II, 368) in diesem Punkt, weil er »die Menschenliebe« noch nicht als Tugend kenne (erst recht das Mitleid nicht, möchte man hinzufügen). Der Platoniker allerdings wird hier nur einen geringen Unterschied, möglicherweise nur von Worten, sehen und, wenn er auch Schopenhaueraner ist, Schopenhauer hier eher Klärung der Begriffe, nicht so sehr Innovation zuschreiben. Bedenkt man also die gelegentlichen Ausbrüche der Verachtung Platons für das ›Hier‹, dann auch die Todessehnsucht des wahren Philosophen, wie sie im *Phaidon* geschildert wird, und die damit zusammenhängende Ablehnung des Leibes als eines Hindernisses beim Erkennen (vgl. *Phaidon*, 64 A ff.), dann kann jedenfalls der Platonschüler nur feststellen, dass dies der Stoff ist, aus dem Schopenhauer seine Metaphysik entwickelt hat:

»Sondern es ist uns wirklich ganz klar, dass, wenn wir etwas rein erkennen wollen, wir uns vom Leib losmachen müssen und mit der Seele selbst die Dinge selbst schauen müssen. Und offenbar dann erst werden wir haben, was wir begehren und wessen Liebhaber wir zu sein behaupten, die Weisheit, wenn wir tot sein werden [...]« (*Phaidon*, 66 D f.).

Was Platon vorträgt – könnte Schopenhauer also geltend machen – ist bei ihm selbst auf ein unangreifbares Fundament gestellt und mit der angemessenen Begrifflichkeit beschrieben worden: Er hat den Schritt »vom Mythos zum Logos« (Titel eines Werkes von Wilhelm Nestle [1940]) getan.

Die Entwicklung des (hauptsächlich an den späten Platon anknüpfenden) Platonismus, dem Schopenhauer hier zugeordnet wird, nahm einen nur anfangs zu einem Umweg führenden Verlauf. Die ersten Schüler Platons führten noch, so gut sie es konnten, die ›Akademie‹ im Geist des späten Platon weiter, aber bald lenkte Arkesilaos (geb. wahrscheinlich 316/5) das Hauptinteresse auf die aporetisch endenden Frühwerke, in denen Sokrates für sicher gehaltenes Wissen als unsicher entlarvt. Die Epoche der skeptischen Akademie setzte nun ein, die ihren Höhepunkt mit Karneades (geb. etwa 214/3) erreichte. Nach der Zerstörung der Akademiegebäude bei der Einnahme Athens durch Sulla (86 v. Chr.) und der Vernichtung der Bibliothek und aller anderen schriftlichen Unterlagen begann mit Antiochos von Askalon (ca. 140/125 v. Chr. – ca. 68 v. Chr.) der Mittlere Platonismus, wie man die Zeit der Rückwendung auf das Denken des späten Platon und seiner unmittelbaren Nachfolger bezeichnet. Diese Periode mündete in den die Spätantike beherrschenden Neuplatonismus, deren herausragende Vertreter Plotin (gest. 270 n. Chr.) und Proklos (gest. 485 n. Chr.) waren. Im Jahre 529 schloß Kaiser Justinian die Akademie, was aber nicht zum Ende (neu)platonischen Philosophierens führte: Der Aristoteleskommentator Johannes Philoponos etwa (gest. 575), von Geburt Christ, machte in seiner Schrift *Über die Ewigkeit der Welt* Platons *Timaios*, gegen die aristotelische Auffassung, zu einer Art Beleg für die Erschaffung der Welt in der Zeit (vgl. Sorabji 1987).

800 Jahre später, in der frühen Renaissance, führten ähnliche Argumentationen zur Ablösung des von der Scholastik als Modell für eigenes Denken herangezogenen Aristoteles durch den, wie man meinte, dem Christentum wesensverwandten Platon; da bereits die antiken Christen ihre Theologie vom Platonismus hatten beeinflussen lassen, lag dieser Gedanke nicht fern. Was nun die Folgezeit angeht, so fällt es schwer, auf eine der berühmtesten Kennzeichnungen der (neueren) Philosophiegeschichte zu verzichten: Alfred North Whiteheads Satz »The safest general characterization of the European philosophical tradition is that it consists of a series of footnotes to Plato« (Whitehead 1929, II 1.1). Das ist so sicher scherzhaft übertrieben; aber dass man (auch) die neuzeitliche europäische Philosophie als eine ständige, wenn auch oft unbewusste, Auseinandersetzung mit der die Spätantike beherrschenden und die christliche Theologie intensiv beeinflussenden Philosophie Platons sehen kann, dürfte unbestreitbar sein. Das kürzlich erschienene Buch von Werner Beierwaltes (2011) macht zusätzlich Mut zu dieser Feststellung. Auch Schopenhauers gesamte Metaphysik (also Ästhetik und Ethik eingeschlossen) kann und darf man als Zeugin für Whiteheads Auffassung der neuzeitlichen Philosophie lesen.

Literatur

Asmuth, Christoph: Musik als Metaphysik. Platonische Idee, Kunst und Musik bei Arthur Schopenhauer. In: Ders./Gunter Scholtz/Franz-Bernhard Stammkötter (Hg.): *Philosophischer Gedanke und musikalischer Klang. Zum Wechselverhältnis von Musik und Philosophie*. Frankfurt a. M./New York 1999, 111–125.

Beierwaltes, Werner: *Fußnoten zu Platon*. Frankfurt a. M. 2011.

Burckhardt, Georg: *Platon, der Göttliche* (Werkauswahl). Zürich 1953.

Gaiser, Konrad: *Platons ungeschriebene Lehre*. Stuttgart 1963.

Ingenkamp, Heinz Gerd: Gestalt als Gestaltung. Zum Fragenkreis »Schopenhauer und der Platonismus«. In: *Schopenhauer-Jahrbuch* 66 (1985), 75–83.

Ingenkamp, Heinz Gerd: Platonismus in Schopenhauers Erkenntnislehre und Metaphysik. In: *Schopenhauer-Jahrbuch* 72 (1991), 45–66.

Malter, Rudolf: *Arthur Schopenhauer. Transzendentalphilosophie und Metaphysik des Willens*. Stuttgart-Bad Cannstatt 1991.

Sorabji, Richard (Hg.): *Philoponus and the Rejection of Aristotelian Science*. Cornell 1987.

Whitehead, Alfred North: *Process and Reality*. Cambridge 1929.

Heinz Gerd Ingenkamp

13 Philosophie des Mittelalters

Mit seinen allgemeinen Urteilen über die Philosophie des Mittelalters steht Schopenhauer ganz in der Tradition der Aufklärung (vgl. Hallich 2002, 163). Das Mittelalter ist ihm das »Millenium der Rohheit und Unwissenheit« (P I, 187), in der Philosophie gekennzeichnet durch den »disputirsüchtigen, beim Mangel aller Realkenntniß, an Formeln und Worten allein zehrenden Geiste der Scholastiker« (W I, 57). Unter Berufung auf den im Sinne der Aufklärung wirkenden Philosophiehistoriker Wilhelm Gottlieb Tennemann sieht er das Charakteristikum der Scholastik in der »Vormundschaft der herrschenden Landesreligion über die Philosophie, welcher eigentlich nichts übrig blieb, als die ihr von jener vorgeschriebenen Hauptdogmen zu beweisen und auszuschmücken« (W I, 500).

Angesichts solcher Pauschalurteile überrascht es, dass Schopenhauer nicht nur einzelne mittelalterliche Denker hoch geschätzt und intensiv studiert, sondern sogar der Scholastik zentrale Begriffe seiner eigenen Lehre entlehnt hat. Unter den beachteten Philosophen ist vor allem Johannes Scotus Eriugena zu nennen, der »bewunderungswürdige Mann«, dem Schopenhauer einen eigenen Abschnitt in seinen »Fragmente[n] zur Geschichte der Philosophie« gewidmet hat (P I, 65–69; s. Kap. 9.2). Von der eingehenden Beschäftigung mit seinem Hauptwerk *De divisione naturae* zeugt eine bereits 1828 von Schopenhauer erstellte »Chrestomathia Scotiana« (HN III, 461–469), die in der späteren Veröffentlichung verarbeitet wurde. Schon in den frühen Manuskripten zeigt sich auch eine differenziertere Sicht, wenn er schreibt: »Aus den *Scholastikern* strahlt bisweilen theilweise die völlige Wahrheit hervor, nur immer wieder verunstaltet und verdunkelt durch die christlich-theistischen Dogmen« (HN I, 256).

Natürlich muss man diese Bemerkung auch im Hinblick auf die später entwickelte Bestimmung der Religion als »Wahrheit im Gewande der Lüge« (P II, 353; vgl. Schmidt 1986) betrachten. Auch ist zu bedenken, dass die scholastischen Mystiker, denen auch Scotus Eriugena in weiterem Sinne zuzurechnen ist, schon deswegen bei Schopenhauer in höherem Ansehen stehen, weil die Mystik für ihn ein kulturell und zeitlich übergreifendes Phänomen ist. So wird von Meister Eckhart, Johannes Tauler, dem »Frankfurter« und anderen christlichen Mystikern behauptet, dass ihre Lehren weitgehend mit hinduistischen, mohammedanischen, neuplatonischen und neuzeitlichen Formen der Mystik identisch sind. Wenn auch die Gegenüberstellung von Mystik und Scholastik heute umstritten ist und insbesondere Schopenhauers Ansicht, die Mystik sei erst »gegen das Ende der scholastischen Philosophie und im Gegensatz derselben« (P II, 11) aufgetreten, nicht zutrifft, so soll dennoch im Folgenden der Schwerpunkt auf die klassischen scholastischen Themen gelegt werden, zumal die Mystik schon an anderer Stelle behandelt wird (s. Kap. 14).

Dass die Scholastik für Schopenhauer nicht nur unter dem allgemeinen Gesichtspunkt der Religion interessant war, lässt sich aus seiner Kenntnis mittelalterlicher Texte ersehen. Im Unterschied zu Hegel, der in seinen Vorlesungen zur Geschichte der Philosophie meinte, es sei wegen der Sprache niemandem zuzumuten, die »Philosophie des Mittelalters aus Autopsie zu kennen« (Hegel 1971, 541), las Schopenhauer die mittelalterlichen Schriften im Original und pries die lateinische Sprache dafür, dass durch sie »z. B. Skotus Erigena aus dem 9. Jahrhundert, Johannes von Salesbury aus dem 12., Raimund Lullus aus dem 13., nebst hundert Andern [...] ganz nahe an mich heran[treten]« (P II, 518). Beim Tod Schopenhauers befanden sich in seiner Bibliothek Werke von Petrus Abaelard, Petrus von Ailly, Albertus Magnus, Alexander von Hales, Bonaventura, Johannes Buridan, Johannes Duns Scotus, Johannes von Salisbury, Magister Martinus, Petrus Lombardus, Raimundus Lullus, Wilhelm von Ockham, Raimund von Sabunde und Thomas von Aquin; darüber hinaus werden in seinen Schriften und Aufzeichnungen Anselm von Canterbury, Roger Bacon, Amalrich von Bena und David von Dinant erwähnt (vgl. Koßler 1999, 171). Nur in wenigen Fällen lässt sich noch feststellen, wie intensiv sich Schopenhauer mit deren Schriften beschäftigt hatte. Eine wichtige sekundäre Quelle für seine Kenntnisse der mittelalterlichen Philosophie waren jedenfalls die *Disputationes metaphysicae* des Neuscholastikers Francisco Suárez, die er während der Arbeit am Hauptwerk und auch später benutzte und als das »wahre Kompendium der Scholastik« (G, 7) bezeichnete.

Die Beschäftigung mit der mittelalterlichen Philosophie schlägt sich allenthalben in der Verwendung scholastischer Begriffe und Formeln nieder (vgl. Aby 1930, 79–110). An zentraler Stelle der Ethik sieht Schopenhauer den »bündigsten Ausdruck« für das Verhältnis von Charakter und Handlung in dem »von den Scholastikern öfter ausgesprochenen Satz [...]: *operari sequitur esse*« (E, 176) und bei der Erörterung der Materie beruft er sich auf die scholastischen Grundsätze »*forma dat esse rei*« (W II, 50) oder »*materia appetit formam*« (W II, 352). Die Idee wird mit der »*forma substantialis*« (W I, 249) gleichgesetzt, und die

Zeitlosigkeit der Gegenwart ist ihm »das *Nunc Stans* der Scholastiker« (W I, 329). Weiter findet er zur Erläuterung der Wirksamkeit der Motive den »sehr guten Ausdruck der Scholastiker, *causa finalis movet non secundum suum esse reale; sed secundum esse cognitum*« (W I, 348), und für Anschauung und Begriff die Bezeichnungen *substantia prima* und *substantia secunda* (W II, 76). Eine gewisse Rolle in der Lehre von der Verneinung des Willens zum Leben, jedoch ohne expliziten Bezug auf ihre Verwendung in der mittelalterlichen Philosophie, spielen die Begriffe »*nolle*« und »*noluntas*« (vgl. Koßler 1999, 175 ff.; Riconda 1972). Neben derartigen postiven Bezugnahmen auf die mittelalterliche Philosophie gibt es freilich auch konkrete Kritik, etwa an den *veritates aeternae* (W I, 39) oder den *quidditates* (W I, 166).

Während diese Beispiele vor allem von der Bildung Schopenhauers auch auf dem Gebiet der mittelalterlichen Philosophie Zeugnis geben und eher der Illustration oder auch Präzisierung seiner Gedanken dienen, gibt es wenigstens zwei Bereiche, in denen man von einer konstruktiven Aufnahme mittelalterlicher Motive in die eigene Lehre sprechen kann: die Frage des Individuationsprinzips und das Problem der Universalien. Im Folgenden sollen diese Einflüsse eingehender betrachtet werden.

Principium individuationis

Die Verwendung des für die scholastische Philosophie paradigmatischen Begriffs *principium individuationis* stellt die auffälligste Reminiszenz an das mittelalterliche Denken dar, weil er in Schopenhauers Lehre von zentraler Bedeutung ist und dementsprechend häufig auftaucht. Schopenhauer führt ihn als Bezeichnung für die Anschauungsformen Raum und Zeit ein, insofern sie bewirken, dass das einheitliche Wesen in einer Vielzahl von Gestalten erscheint:

> »[I]n dieser [...] Hinsicht werde ich, mit einem aus der alten eigentlichen Scholastik entlehnten Ausdruck, Zeit und Raum das *principium individuationis* nennen, welches ich ein für alle Mal zu merken bitte. Denn Zeit und Raum allein sind es, mittelst welcher das dem Wesen und dem Begriff nach Gleiche und Eine doch als verschieden, als Vielheit neben und nach einander erscheint« (W I, 134).

An einer anderen Stelle fügt er noch hinzu, dass er den Begriff des *principium individuationis* verwende, »unbekümmert, ob dies genau der Sinn sei, in welchem die Scholastiker diesen Ausdruck nahmen« (E, 267). Dass letzteres nicht bedeutet, Schopenhauer habe sich nur oberflächlich mit dem Problem der Individuation im Mittelalter beschäftigt und von ihm »nichts als den Ausdruck entlehnt« (Aby 1930, 40 ff.), zeigen die Umstände, unter denen der Begriff in den handschriftlichen Aufzeichnungen auftaucht.

Die erste Erwähnung findet das *principium individuationis* 1815 als »ein Hauptstreitpunkt der Scholastiker« (HN I, 282). In diesem Zusammenhang wird es bereits durch Raum und Zeit, die Formen der Sinnlichkeit, definiert. Einen anderen Ausdruck für die Sinnenwelt als scheinhafte, als »Wahn«, hatte Schopenhauer aber schon ein Jahr früher in den Upanishaden entdeckt, nämlich »Maja« (HN I, 104; s. Kap. 11). Kurze Zeit darauf wird dieser Begriff mit dem Materialismus (von Giordano Bruno) in Verbindung gebracht (vgl. HN I, 136) und schließlich auf das Verhältnis zwischen Idee und Erscheinung in Raum und Zeit bezogen (vgl. HN I, 225). 1816 werden ›Maja‹ und *principium individuationis* in eins gesetzt (vgl. HN I, 389). In den folgenden Jahren beschäftigt sich Schopenhauer u. a. mit den *Disputationes metaphysicae* des Suárez, insbesondere mit *sectio* 3 der fünften Disputation (vgl. Koßler 1999, 171, 214 f.), von der er im Hauptwerk schreibt, dass man in ihr die »Grübeleien und Streitigkeiten der Scholastiker« (W I, 134) über das *principium individuationis* versammelt finde. Interessant ist nun, dass er sich nur auf diesen Abschnitt bezieht, in dem die hauptsächlich von Thomas von Aquin und den Thomisten vertretene Auffassung von der *materia signata* als *principium individuationis* erörtert wird. Bedenkt man, dass Schopenhauer seinen Begriff von Materie als Vereinigung von Raum und Zeit und als Sichtbarkeit des Willens ab 1814 nach und nach entwickelt hat, dann kann man sich vorstellen, dass die mittelalterliche Lehre von der Materie als Individuationsprinzip in diesem Zusammenhang und auch für die Präzisierung dessen, was den ›Schleier der Maja‹ ausmacht, größere Beachtung fand (vgl. Koßler 2011, 24 ff.). Die klassische Definition des *principium individuationis* als »materia, quae facit formam esse hic et nunc [die Materie, die macht, dass die Form hier und jetzt ist]«, etwa bei Albertus Magnus (*Physica* III,2,12), entspricht ganz der Bestimmung Schopenhauers, nach der das Eine als Vielheit »neben und nacheinander erscheint«. Es lässt sich im Einzelnen auch zeigen, dass viele Aspekte der um den Begriff der Materie kreisenden mittelalterlichen Diskussion des *principium individuationis* auch bei Schopenhauer auftauchen, und möglicherweise ist sein für die Neuzeit ungewöhnlich differenzierter Materiebegriff davon auch beeinflusst (vgl. Koßler 1999, 213–308; 2011, 33 ff.; Brandão 2008, 104 ff.).

Die Annahme eines Individuationsprinzips hat nur Sinn auf der Grundlage eines ontologischen Vorrangs des Allgemeinen: Wenn etwas zu dem Wesen der Dinge hinzukommen muss, damit es als Vielheit von Individuen erscheint, dann ist das Wesen ursprünglich einheitlich und allgemein. So hängt die Frage der Individuation unmittelbar mit dem Universalienstreit zusammen, der, wie Schopenhauer auch in seinen »Fragmente[n] zur Geschichte der Philosophie« bemerkt (P I, 70 f.), charakteristisch für das Mittelalter ist (vgl. Koßler 2011, 19 ff.). Der Streit dreht sich um den ontologischen Status des Allgemeinen (der Universalien) und spielt sich zwischen den Extremen des Realismus und des Nominalismus ab. Ganz grob gesagt, wird im Realismus angenommen, dass allgemeine Entitäten, Ideen (z. B. Mensch), das eigentlich Reale sind, während die Einzeldinge (z. B. dieser Mensch) nur deren Abschattungen darstellen; umgekehrt sind für den Nominalismus allein die Individuen real, Allgemeines kommt nur dadurch zustande, dass viele verschiedene Dinge mit einem und demselben Namen bezeichnet und so im Denken unter einen gemeinsamen Begriff gebracht werden. Im ersten Fall sind die Universalien *ante rem* (vor dem Ding) vorhanden, im zweiten *post rem* (nach dem Ding). Die meisten mittelalterlichen Denker nehmen in der Nachfolge von Aristoteles eine zwischen den Extremen vermittelnde Position ein, die als »gemäßigter Realismus« bezeichnet wird und eine ontologische Gleichrangigkeit zu halten sucht, indem die Universalien *in re* (in dem Ding) angenommen werden. Am Ende des Mittelalters setzt sich der Nominalismus durch und wird bestimmend für den neuzeitlichen Empirismus. Umso merkwürdiger mutet die Stellung an, die Schopenhauer als der Empirie verpflichteter Denker zum Universalienstreit einnimmt.

Universalia ante rem und universalia post rem

Suárez, den Schopenhauer als Quelle seiner Kenntnisse über die scholastische Diskussion des *principium individuationis* anführt, lehnt in dem genannten Werk (*Disputatio* V, *sectio* 6,1) selbst ein solches Prinzip und damit den Universalienrealismus ab. Er zieht damit für sich die Konsequenz aus diesen Diskussionen, die charakteristisch für die neuzeitliche Auffassung ist, nämlich dass die Einzeldinge real sind. Diese Ansicht des Autors interessiert Schopenhauer aber so wenig wie die anderen von ihm referierten Thesen, die von einer ontologischen Gleichrangigkeit der Universalien und der Individuen ausgehen, wie etwa die des Johannes Duns Scotus. Ihn scheint nur die einen Universalienrealismus voraussetzende Lehre von der Materie als Individuationsprinzip zu interessieren, die er zur Erklärung der vielfältigen Erscheinungsform der Ideen mehr oder weniger – natürlich auf der dem Mittelalter fremden transzendentalphilosophischen Grundlage – übernimmt. Andererseits ist seine Begriffslehre eindeutig nominalistisch, wenn er Begriffe als »Vorstellungen von Vorstellungen« (W I, 48) definiert, die durch die Vernunft gebildet werden, indem sie »von den verschiedenen Eigenschaften der Dinge Einiges fallen läßt und Anderes behält« (G, 116), und die daher allen Gehalt von der anschaulichen Erkenntnis der Einzeldinge haben (vgl. W I, 41). Das eigentümliche an der Position Schopenhauers ist nun, dass er diesen Nominalismus und einen extremen Realismus, der die Einzeldinge zu bloßem Schein und Trug erklärt, für gleichermaßen berechtigt hält, jenen in Beziehung auf die Begriffe, diesen als »Erweiterung« der platonischen Ideenlehre (P I, 70).

Schopenhauer unterscheidet also zwei Arten von Universalien: »Die *Idee* ist die, vermöge der Zeit- und Raumform unserer intuitiven Apprehension in die Vielheit zerfallene Einheit: hingegen der *Begriff* ist die, mittelst der Abstraktion unserer Vernunft, aus der Vielheit wieder hergestellte Einheit: sie kann bezeichnet werden als *unitas post rem*, jene als *unitas ante rem*« (W I, 277). Auch wenn er hier nicht von Universalien, sondern von der Einheit spricht, ist die Anspielung auf die Positionen des Realismus und Nominalismus deutlich. In einer Erläuterung zu der zitierten Stelle heißt es denn auch, man könne »in der Sprache der Scholastiker, die Ideen als *universalia ante rem*, die Begriffe als *universalia post rem* bezeichnen« (W II, 418 f.; vgl. HN III, 308). Der mittelalterliche Realismus habe auf einer Verwechslung der platonischen Ideen mit den Begriffen beruht und sei vom Nominalismus überwunden worden. In der Tat aber ging es im Universalienstreit um den ontologischen Status des Allgemeinen und Individuellen überhaupt. Dass Begriffe auf Abstraktion beruhen, hatte niemand bestritten, und Schopenhauer selbst erwähnt die auf Aristoteles zurückgehende mittelalterliche Lehre von den *substantiae primae* und den *substantiae secundae* (W II, 76), den realen Wesen und den von ihnen abstrahierten Begriffen. Die von der Aristoteles-Rezeption bestimmte hochmittelalterliche Diskussion drehte sich um die Frage, ob in den realen Wesen, die einzeln wahrgenommen werden, dennoch auch etwas Allgemeines liegen muss, das durch das Abstrahieren von Merkmalen im Begriff freigelegt wird; denn andernfalls hätten unsere Begriffe und unser Denken mit der Wirklichkeit nichts zu tun. Diese erkenntnistheoretische Dimension des Universalienstreits, die sich vor allem in der Position des gemäßigten Realismus zeigt, hat Schopenhauer nicht wahrgenommen. So kommt es, dass er die *substantiae primae* als bloße Einzeldinge bzw. anschauliche Vorstellungen betrachtet und irrtümlicherweise Thomas von Aquin als Urheber des Nominalismus bezeichnet (vgl. HN IV(1), 157; HN II, 387 f.; VN I, 265 f.).

Bei Schopenhauer selbst kehrt das scholastische Problem der Einheit von Allgemeinheit und Individualität im Wesen in seiner Lehre vom intelligiblen Charakter des Menschen wieder, der sowohl Gattungs- als auch Individualcharakter ist (vgl. Koßler 1999, 274 ff.); aber hier werden keine Bezüge zum Mittelalter hergestellt. Dass Schopenhauer an einer Vermittlung zwischen Realismus und Nominalismus nicht interessiert ist, obwohl er beide für berechtigt hält, hängt mit seiner methodischen Konzeption zusammen, widerstreitende Ansätze nicht zu vermitteln, sondern auf unterschiedliche, sich ergänzende Standpunkte zurückzuführen (s. Kap. 6.2). So ist vom Standpunkt der Metaphysik oder der Kunst aus der Universalienrealismus gerechtfertigt, denn hier sind das Reale die platonischen Ideen, während die Einzeldinge bloßer Schein sind. Vom Standpunkt der empirischen Wissenschaften aus dagegen gilt der Nominalismus: Die Einzeldinge bilden die Realität, von der die Allgemeinbegriffe bloße Abstraktionen darstellen. Beide Standpunkte sind berechtigt, und nur ihre gegenseitige Ergänzung ermöglicht ein umfassendes Weltverständnis (vgl. Koßler 2011, 38 f.). Im handschriftlichen Nachlass hat Schopenhauer einige Widersprüche aufgeführt, die in dieser Weise »ihre Ausgleichung nur in der wahren Philosophie finden«, darunter auch den in der Universalienfrage: »Eben so sind eigentlich nur die Ideen; und zugleich nur die Individuen. (Realismus, Nominalismus.)« (HN IV (1), 16).

Das Verhältnis von Metaphysik und Empirie, wie es Schopenhauer in der Form sich ergänzender Standpunkte zu bestimmen sucht, ist verknüpft mit seiner Konzeption einer »immanenten« (W II, 201, 736) Metaphysik, die sich als Deutung und Auslegung der Welt versteht. Dieser ›hermeneutische‹ Charakter der Philosophie Schopenhauers (s. Kap. 40) weist auch Parallelen zur mittelalterlichen Allegorese auf (vgl. Hallich 2002).

Literatur

Aby, Heinrich: *Schopenhauer und die Scholastik*. Heidelberg 1930.

Brandão, Eduardo: *A Concepção de matéria na obra de Schopenhauer*. São Paulo 2008.

Hallich, Oliver: Die Entzifferung der Welt. Schopenhauer und die mittelalterliche Allegorese. In: Dieter Birnbacher/Andreas Lorenz/Leon Miodoński (Hg.): *Schopenhauer im Kontext. Deutsch-polnisches Schopenhauer-Symposion 2000*. Würzburg 2002, 163–189.

Hegel, Georg Wilhelm Friedrich: *Vorlesungen über die Geschichte der Philosophie II* (= Werke, Bd. 19). Frankfurt a. M. 1971.

Koßler, Matthias: *Empirische Ethik und christliche Moral. Zur Differenz einer areligiösen und einer religiösen Grundlegung der Ethik am Beispiel der Gegenüberstellung Schopenhauers mit Augustinus, der Scholastik und Luther*. Würzburg 1999.

Koßler, Matthias: El principium individuationis en Schopenhauer y la Escolástica. In: Faustino Oncina (Hg.): *Schopenhauer en la historia de las ideas*. Madrid 2011, 19–39.

Riconda, Giuseppe: La »Noluntas« e la riscoperta della mistica nella filosofia di Schopenhauer. In: *Schopenhauer-Jahrbuch* 53 (1972), 80–87.

Schmidt, Alfred: *Die Wahrheit im Gewande der Lüge. Schopenhauers Religionsphilosophie*. München/Zürich 1986.

Matthias Koßler

14 Christentum und Mystik

Schopenhauers Auseinandersetzungen mit dem Christentum und der Mystik werden im Folgenden unter drei Aspekten betrachtet: (1) Methodologie und Definitionen, (2) Doxographie der Dogmatik, (3) Mystologie und Hagiologie. In ersten Abschnitt werden Schopenhauers Herangehensweisen und Meinungen im Umgang mit dem Christentum beschrieben. Im zweiten Abschnitt werden einschlägige Belegstellen aus Schopenhauers Werk zu christlich-dogmatischen Themen zusammengestellt und systematisiert. Im dritten Abschnitt wird nach der Funktion und Bedeutung der christlichen Mystiker und Heiligen für Schopenhauers Leben und Werk gefragt.

Methodologie und Definitionen

Schopenhauers Ansichten zum christlichen Glauben sind strikt bis konservativ, wie man beispielsweise an der Eigenwilligkeit sieht, mit der er die christliche Dogmatik abhandelt. Anstatt die zu seiner Zeit maßgebliche Dogmatik der katholischen (beispielsweise Concilium Tridentinum 1572 oder später Denzinger 1854) oder protestantischen Glaubenslehre (heute gesammelt in VELKD 2010) heranzuziehen, beruft er sich fast ausschließlich auf Augustinus und die Kirchenväter sowie Luther und die Reformatoren als verbindliche Quellen für die christliche Dogmatik (vgl. u. a. W II, 193, 701 (Lü); P II, 325 (Lü); Malter 1982; Koßler 1999; Neidert/Lang 2010). Besonders in Hinblick auf die christliche Moraltheologie zeigt sich Schopenhauer konservativer als die moderne Kirche: Die bis heute anhaltende Liberalisierung der katholischen und besonders protestantischen Kirche hin zu einer lebensbejahenden Einstellung lehnt er ab, da sie dem lebensverneinenden Kern des Christentums widerspreche und mit der gelebten christlichen Tradition der Spätantike, des Mittelalters und der frühen Neuzeit in Widerspruch stehe (vgl. W II, 715 f., 726 f., 743 (Lü); HN II, 325 ff.; HN IV (1), 271; dazu Koßler 1999).

Zudem müssen für Schopenhauer Christen auch Theisten sein, d. h. sie müssen an einen persönlichen Gott glauben (Theismus), da ein deistischer (eigentl.: atheistischer) und apersonaler Gott ein Widerspruch in sich sei (vgl. G, 26 (Lü); HN I, 41 f.; HN IV (1), 8, 225; ferner P II, 119 ff. (Lü); HN III, 346 ff., 614 f.; HN IV (1), 153). Der Theist könne sich zudem nur auf die Offenbarung berufen, nicht auf die Vernunft, wie Schopenhauer in Kapitel 5 seiner Schrift *Ueber die vierfache Wurzel des Satzes vom zureichenden Grunde* ausführlich erklärt. Für Schopenhauer sind daher christlicher Glaube und aufklärerische Philosophie unvereinbar: Der Christ muss voraufklärerisch glauben, denken und handeln, sonst ist er kein Christ mehr.

Diese strikten Definitionen des Christentums sind notwendig, um Abgrenzungen gegen andere Religionen (vgl. u. a. W I, 462 (Lü); W II, 197 (Lü)) und Gemeinsamkeiten (vgl. u. a. W I, 311 (Lü); HN III, 654 f.; HN IV (2), 29 ff.) innerhalb der Entwicklungsgeschichte des Christentums vorzunehmen: Für Schopenhauer repräsentieren die indischen Schriften die Urreligion und die höchsten Wahrheiten (E, 585 (Lü)), bes. die Metempsychose-Lehre, die Tierethik und der Idealismus, die dann über die ägyptischen, griechischen und jüdischen Religionen an das Christentum tradiert wurden (vgl. W I, 461 f. (Lü); P I, 46, 65 ff. (Lü); P II, 351 (Lü); E, 535 f., 598 f. (Lü)), das als höchste europäische Religion (vgl. E, 591) nun aber aussterbe (vgl. P II, 300, 308, 344 (Lü); G, 131 (Lü); GBr, 229; HN III, 374 f.; HN IV (1), 127) und daher durch die Philosophie ersetzt werde (vgl. HN I, 77 f.).

Die mittels der strikten Definitionen gewonnenen Unterscheidungskriterien erlauben Schopenhauer auch eine Selbstverortung seiner Philosophie durch ihren Unterschied zur Religion und den christlich verbundenen Philosophiesystemen: Während er den Philosophieprofessoren vorwirft, theologische Themen philosophisch verschlüsselt darzustellen (vgl. u. a. W II, 410 (Lü); P II, 117, 142 ff. (Lü); G, 50 ff., 123, 133 f. (Lü)), ist Schopenhauers eigenes System frei von jeglichem Gottesbegriff. Obwohl Schopenhauers Metapher des Willens eine ähnliche Funktion im System erfüllt wie die Begriffe ›das Absolute‹ oder ›Gott‹ und daher syntaktisch äquivalent gebraucht werden können (vgl. HN II, 364; HN IV (1), 102 f.; ferner HN IV (2), 5), bedarf er keiner Semantik des Gottesbegriffes zur Systementwicklung.

Doxographie der Dogmatik

In diesem Abschnitt werden die christlichen Dogmen und Lehren systematisiert, die Schopenhauer in seinem Gesamtwerk intensiv bespricht. Zu Überblickszwecken lassen sich die in seinem Gesamtwerk zerstreuten Darstellungen und Kritikpunkte zu christlichen Lehren nach den klassischen ›Traktaten‹ der Dogmatik mit untergeordneten Themen wie folgt ordnen und einschlägige Belege sowie weiterführende Literatur für diese Themen angeben (s. Tabelle S. 201).

Traktat	Thema	Belege
Theologie	Trinitätslehre	W II, 732 (Lü); E, 443 (Lü); HN IV (2), 3
	Angelologie	P II, 333 (Lü)
	Schöpfungslehre	W II, 215, 565 f., 588 f. (Lü); P II, 326 ff. (Lü); HN III, 627; HN IV (1), 83, 154 f.; HN IV (2), 10
	Prädestinations- und Gnadenlehre	W I, 384, 519 ff. (Lü); W II, 706 (Lü); P II, 326 f. (Lü); E, 421 ff. (Lü); GBr, 214 ff.; vgl. Koßler 2009
Anthropologie	Erbsündenlehre	W I, 426 ff., 483, 530 f. (Lü); E, 424 ff. (Lü); vgl. Neidert/Lang 2010
	Soteriologie	W I, 489 ff., 520 ff. (Lü); W II 702 ff. (Lü); P II, 278 ff., 328 f. (Lü); VN IV 254 ff.; vgl. Sauter-Ackermann 1994
Christologie	Christus (und Adam)	W I, 427 f., 520 f. (Lü); W II, 730 (Lü); VN IV, 40, 140, 263; GBr, 214; HN I, 85 ff.; HN II, 392; vgl. Lemanski 2011
	Mariologie	W I, 520 f. (Lü); HN I, 103 f.
Ekklesiologie	Sakramentenlehre	HN I, 89; HN IV (2), 5
	Kirchengeschichte	W I, 497 f., 523, 717 ff., 727 (Lü); P II, 283, 307, 313 (Lü); HN IV (1), 264, 296 f.
	Indoktrination, Priesterbetrug und Mission	W I, 467, Anm. (Lü); W II, 83, 218 (Lü); P II, 288 f., 290 f., 301, 309, 313 f., 323 (Lü); E, 591 (Lü); HN IV (1), 297 f.
Schriftlehre	Altes und Neues Testament	W I, 424 (Lü); W II, 566, 674 f., 680, 721 (Lü); P II, 272 f., 279 f., 326, 333 ff., 340 ff. (Lü); E, 587 (Lü); HN IV (1), 166 ff.; HN IV (2), 30; vgl. Schmidt 1986, 142 ff.
	Offenbarungs- und Vernunftlehre	W II, 727 (Lü); P II, 289, 322 f., 327, 337 (Lü); G, 137 (Lü); GBr, 228; HN III, 613
Eschatologie	individuale (Metempsychose, Palingenese etc.)	W I, 471 f., 490 f. (Lü); W II, 583 ff. (Lü); P II, 326 ff. (Lü); GBr, 214 ff.
	universale (Ewige Gerechtigkeit)	W I, 454 ff. (Lü); W II, 701 (Lü); VN IV 179 ff.

Schopenhauers Bezug zu diesen dogmatischen ›Traktaten‹ hat unterschiedliche Funktionen: entweder als rein doxographische Darstellung christlicher Philosopheme (vgl. u. a. E, 423 ff. (Lü); HN III, 464 ff.), in Form eines einfachen Kommentars (vgl. u. a. HN III, 496 f.; HN IV (1), 197) oder als Beleg bzw. historische Vorform eigener Thesen (vgl. u. a. E, 608 (Lü)). Im letzten Fall findet sich häufig die These, dass die Dogmen eine allegorische Vorform der eigentlichen philosophischen Wahrheit darstellen (vgl. u. a. HN IV (1), 171; HN IV (2), 19; dazu Schmidt 1986): So steht Adam beispielsweise für die Bejahung, Jesus für die Verneinung des Willens; die Wiedergeburt steht für die Transformation von der Bejahung zur Verneinung, die Gnadenwirkung für deren Plötzlichkeit und Autonomie, die Palingenese steht für die Gewissensangst.

Die heutigen Resultate der über 150-jährigen Forschung zur Religion und insbesondere zum Christentum bei Schopenhauer zeigen, dass es kaum eine einzige einheitliche oder vorherrschende Meinung darüber gibt, was Schopenhauer zu den einzelnen dogmatischen ›Traktaten‹ und Themen sagt. Nahezu jedes Allgemeinurteil zu einem der genannten Themen hängt von der Lesart des Hauptwerks ab (s. Kap. 6.2): Erst durch die Prämissen der jeweiligen Schopenhauer-Interpretation kann ein Urteil darüber gefällt werden, ob Schopenhauer beispielsweise die Gnadenlehre, die Soteriologie oder Eschatologie nur beschreibt (deskriptive Lesart), selbst bewertet (axiologische Lesart) oder die praktische Umsetzung derselben empfiehlt (normative Lesart). Bereits eine Auswahl, Darstellung und somit Gewichtung auf einzelne ›Traktate‹, Themen oder detaillierte Inhalte derselben lassen sich nicht vornehmen, ohne sich vorab entschieden zu haben, wie Schopenhauer insgesamt zu lesen sei. Das lässt sich beispielsweise dadurch verdeutlichen, dass Interpreten, die der axiologischen und normativen Lesart näher stehen, Themen wie ›Gnadenwahl‹, ›Soteriologie‹, ›Mitleid‹ hervorheben und für wichtiger empfinden als Interpreten der deskriptiven Lesart, die viele dieser Themen nicht als vorrangig ansehen oder sogar betonen, dass sie nur als Exkurse und Nebenbemerkungen zu lesen sind. Kurz gesagt: Was Schopenhauer im Detail zum Christentum und zur Mystik gesagt hat, hängt nicht von einem oder mehreren Zitaten ab, sondern von der Deutung des Kontextes, in dem diese Textstellen zu finden sind.

Wie stark unterschiedlich durch diese Interpretationsprämissen die einzelnen Themen ausfallen, soll in dem folgenden Kapitel an einigen Zentralthemen gezeigt werden.

Hagiologie und Mystologie

In diesem Abschnitt wird die Funktion und Bedeutung der christlichen Heiligen und der Heiligkeit unter dem Stichwort ›Hagiologie‹ sowie der Mystiker und der Mystik unter dem Stichwort ›Mystologie‹ für Schopenhauers Leben und Werk diskutiert. Seit Schopenhauers Lebzeiten stehen sich dabei eine normative und eine deskriptive Interpretationsrichtung gegenüber, die bislang nicht vermittelt werden konnten und deren Disput unweigerlich in die Frage nach dem Gesamtanspruch der Schopenhauerschen Philosophie ausufert.

Die normative Interpretationsrichtung gilt heutzutage als klassisch, da sie seit dem frühen 20. Jahrhundert durch Schopenhauer-Anhänger, -Forscher und vor allem Populärphilosophen vertreten wurde: Dieser Lesart zufolge hatte der Pietismus als Variante der christlichen Mystik einen starken Einfluss auf die Person Schopenhauers, was sich dann positiv in seinem Gesamtwerk widerspiegelt, so dass er seine Rezipienten ausgehend von einem pessimistischen Weltbild zu einer christlich-mystischen Lehre anleitet. Die deskriptive Interpretationsrichtung wurde von Schopenhauer selbst und seinen engsten Bekannten vertreten und wurde erst vor einigen Jahrzehnten rehabilitiert: Dieser Lesart zufolge hatte das Christentum keinen entscheidenden Einfluss auf die Person und das Werk Schopenhauers, da dieser es nur als ein Phänomen von vielen beschreibt (zu einer detaillierten Entwicklungsgeschichte der Forschungsmeinungen vgl. Lemanski 2012).

Da die deskriptive Interpretationsrichtung historisch als Kritik an der normativen auftritt, soll zunächst die normative und dann die deskriptive Lesart herausgestellt werden und jeweils zwischen (1) der Person und (2) dem Werk unterschieden werden. (Die axiologische Lesart wird hier nicht eigens behandelt, sondern nur im Kontrast zu den beiden sich diametral entgegenstehenden Positionen verdeutlicht.)

Zur normativen Interpretationsrichtung: 1) Arthur Schopenhauer wuchs in einem protestantischen Elternhaus auf, wurde am 3. März 1788 in der Marienkirche in Danzig getauft, am 25. August 1804 am selben Ort konfirmiert und am 26. September 1860 kirchlich beerdigt (vgl. Gwinner 1922, 201). Schopenhauers Jugend ist pietistisch geprägt: Bereits der Vater schenkte dem jungen Arthur ein Büchlein von Matthias Claudius mit pietistischen Lebensregeln (vgl. Hübscher 1973, 12 f.). In Hamburg besuchte Schopenhauer von 1799 bis 1803 das ›pietistisch-humane‹ (vgl. ebd.) Privatinstitut von Johann Heinrich Christian Runge, nahm vermutlich am Gottesdienst teil und lernte in dieser Zeit auch christlich und pietistisch geprägte Denker wie Matthias Claudius persönlich kennen.

In der Weimarer Gymnasialzeit um 1808 belegen einige Aufzeichnungen (vgl. HN I, 8) Schopenhauers theistische Einstellung, d. h. sein Glaube an einen personalen Gott (vgl. Zint 1930, 3 f.). Ein weiteres Indiz für die Religiosität des jungen Schopenhauers ist die Bemerkung aus der Göttinger Studentenzeit um 1810, dass die platonischen Ideen Gott inhärieren (vgl. HN I, 12). Schopenhauer stand somit »bis zum 24. Lebensjahr im Rahmen seiner Kirche« (Hübscher 1973, 13). Eine philosophisch-persönliche Kritik am Christentum und am religiösen Denken findet sich erst in Schopenhauers Mitschriften und Kommentaren der Schleiermacher-Vorlesung aus dem Sommer 1812 (vgl. ebd., 15 f.; Zint 1930, 4 f.). Die theistische Jugendphase müsse nach der hier verfolgten Interpretation somit von der religionskritischen Spätphilosophie abgegrenzt werden. Die christliche Erziehung Schopenhauers erklärt aber dann auch sein späteres Interesse am Christentum, das sich beispielsweise in seiner intensiven Bibelexegese niederschlägt (vgl. u. a. Hildebrand 1987). Dem Urteil Paul Deussens zufolge bleibt aber auch Schopenhauers Spätphilosophie trotz der skeptischen Auseinandersetzung in Übereinstimmung mit dem Christentum, was dem Verfasser »für alle Zukunft den Ehrentitel eines *philosophus christianissimus* sichern wird« (Deussen 1917, 562).

2) Unabhängig von den persönlichen Notizen findet sich in den ersten philosophisch-systematischen Entwürfen Schopenhauers bereits der aus der christlich motivierten Philosophie entnommene Ausdruck »bessres Bewußtsein« (HN I, 23 ff.), mit dessen Nachklang er auch in seinem vollendeten System »die kritischen Grenzpfähle so kühn überschreitet« (Zint 1930, 57). Die christlich-theistische Frühphilosophie eröffnet somit den Zugang zu einer linear-aufsteigenden Deutung des Hauptwerks, das über die Stufen der Erkenntnistheorie, Naturphilosophie, Ästhetik und Ethik zur Soteriologie und schließlich zur Mystik führe. Von einer derartigen »Fortschreitung der ganzen Darstellung« spricht Schopenhauer schon in der Vorrede zur ersten Auflage (vgl. W I, 9 (Lü)). Das »Werk der Philosophie« hat das Ziel, die »ganze Denkungsart um[zu]wälzen« (P I, 11 (Lü)): Aus diesem Grund nehme der Philosoph seinen Leser von einem Standpunkt

aus mit, »den sie sicherlich gemein haben« und »sehe nun, wie hoch über die Wolken hinaus er, auf dem Bergespfade, Schritt vor Schritt, mit ihm gelangen könne« (P I, 12 (Lü)). Schopenhauer erklärt daher, dass er »von der Erfahrung und dem natürlichen, Jedem gegebenen Selbstbewußtseyn ausgehe und auf den Willen als das einzige Metaphysische hinleite, also den aufsteigenden, analytischen Gang nehme« (W II, 748 (Lü); auch: P I, 133, 313, 317 (Lü); GBr, 220; HN I, 14). Dieser Aufstieg reicht demnach von der Mannigfaltigkeit der empirischen Erfahrung im ersten Buch des ersten Bandes in *Die Welt als Wille und Vorstellung* bis zum Nichts und Nirwana der Mystiker des vierten Buchs und nimmt somit einen linearen-prozesshaften Gang. Da Schopenhauer als Philosoph weltimmanent bleiben will (vgl. P I, 131 (Lü); GBr, 218, 291; HN I, 256), muss die christliche Mystik als eine Systemergänzung (vgl. Schmidt 1986, 60 ff., 137 f.) oder als eine »ungeschriebene Lehre« (Schirrmacher 1988, 188) verstanden werden: Der erste Band von *Die Welt als Wille und Vorstellung* endet bei einem relativen Nichts, aber das »über die Erkenntnis hinausgehende ist absolut transzendent. Daher die Philosophie hier aufhört, und die Mystik eintritt« (GBr, 288; HN III, 345).

Im Hinblick auf die Interpretation der angeblich ›emphatischen‹ Rede im vierten Buch des ersten Bandes von *Die Welt als Wille und Vorstellung* (vgl. Mühlethaler 1910, 92) und an den wertenden Ausdrücken (vgl. HN IV (1), 281) trennen sich die normative und die axiologische Lesart: Der normativen Lesart zufolge sind die emphatischen und wertenden Ausdrücke ein Indiz dafür, dass Schopenhauer seinen Leser zur Mystik und zum Christentum anleiten wolle, und besonders die Mystik stelle daher eine Systemergänzung dar. Die axiologische Lesart teilt mit der deskriptiven Interpretation, dass Schopenhauers Ziel nicht die Anleitung zur Mystik, sondern die Beschreibung der Welt ist, nähert sich aber der normativen Lesart, da sie mit dieser auch eine positive Wertung der christlichen Religion in Schopenhauers Philosophie sieht. Belege für die emphatische Rede werden zahlreich von beiden Lesarten hervorgebracht: Schopenhauer spricht beispielsweise über das »beneidenswerthe Leben gar vieler Heiligen und schöner Seelen unter den Christen« (W I, 493 (Lü)); er sagt, der Weltüberwinder sei »die größte, wichtigste und bedeutsamste Erscheinung« (W I, 496 (Lü)), auf die wir »nicht ohne die größte Sehnsucht blicken können« (W I, 502, auch: 528 (Lü)), da unser Zustand »ein ursprünglich und wesentlich heilloser ist, der Erlösung aus welchem wir bedürfen« (W I, 523 (Lü)). Die Konsequenz lässt sich klar benennen: »Wahres Heil, Erlösung vom Leben und Leiden, ist ohne gänzliche Verneinung des Willens nicht zu denken« (W I, 511 (Lü); ferner: HN III, 2, 604). Daher sei seine Ethik der »einzig lichte Fleck«, in der der Pessimismus und die Askese das Recht und die Wahrheit seien (HN I, 38; GBr, 219, 364), und Jesus, der Prototyp eines Weltüberwinders und Repräsentant der Willensverneinung (s. o.), gilt als »vortreffliche Gestalt [...], von größter poetischer Wahrheit und höchster Bedeutsamkeit« (W I, 142 (Lü)). Auch wenn Schopenhauer nirgends deontologische Maximen formuliert, wird dem Leser damit dennoch suggeriert, dass die Willensverneinung die wichtigste praktische Konsequenz für sein eigenes Leben sei. Bereits in den 1860er Jahren wurde kritisiert, dass Schopenhauer seinem Leser mithilfe der Mystik zumute, sein Leben zu verneinen (vgl. Weigelt 1855, 156), und bis in die Gegenwart sprechen Forscher aus den genannten Gründen und Belegen von »Schopenhauers Mystik« (Koeber 1888), dem »Mystiker Schopenhauer« (Schewe 1905, 109) und entdecken somit »hinter der Maske des Pessimisten den Mystiker« (Schirrmacher 1988, 183). Dies wird durch Schopenhauers eigene Aussage legitimiert: »Ich werde mystisch [...] am Endes des 4. Buchs [sc. W I]« (HN III, 203; ferner HN IV (2), 8).

Zur deskriptiven Interpretationsrichtung: 1) Trotz der oben skizzierten Beziehung des jungen Schopenhauers zu christlichen Institutionen in Form von Kirche und Schule lässt sich weder ein christlicher noch pietistischer Einfluss nachweisen: Das vom Vater geschenkte Claudius-Büchlein ist kein Indiz für einen derartigen Einfluss, da einerseits Claudius zwar einer lutherischen Frömmigkeit keinesfalls aber dem Pietismus zugerechnet werden kann, andererseits das Geschenk eher auf den biographischen Werdegang des Sohnes anspielt und zudem kein Einfluss nachweisbar ist (vgl. Siebke 1970, 27). Auch in Runges Privatschule wurde höchstens ein modern deistischer Moralunterricht mit christlichen Werten vermittelt (vgl. Safranski 2002, 53 f.). Die Familie Schopenhauer unterhielt in Hamburg ebenso sehr Kontakt zu aufgeklärten wie zu christlichen Kreisen (vgl. ebd., 45 f.). Auch die Aufzeichnungen aus Schopenhauers Weimarer und Göttinger Zeit können genauso gut wertneutral wie positiv gemeint sein: Besonders die genannte Platon-Glosse stellt vermutlich nur ein Memorandum zu einem typischen spätantiken und mittelalterlichen Topos des Schulplatonismus dar. Da die Jugendschriften ebenso religionskritische Äußerungen beinhalten (vgl. ebd., 94 ff.) wie die Spätschriften, finden sich für die beweisbelastete These eines Einflusses von Christentum und Pietismus auf den jungen Schopenhauer keinerlei Belege. Da dies aber nicht den Umkehrschluss legitimiert, Schopenhauer sei Agnostiker, kann die Frage, ob es einen positiven oder negativen Einfluss des Christentums auf Schopenhauers Person gab, nur mit *non liquet* beantwortet werden. Hinsichtlich dieses Aspekts wird somit jeglicher Schluss von der Person auf das Werk problematisch. Umgekehrt lassen sich aber Schopenhauers scheinbar persönlich-atheistische Äußerungen philosophisch interpretieren: Es ist nicht bekannt, dass Schopenhauer sich explizit über den Gottesglauben echauffiert hat (vgl. GBr, 229), da er meistens nur die Gottesnotwendigkeit (vgl. Gespr, 53; W II, 58 f.) und die Konnotation des Wortes ›Gott‹ (vgl. HN III, 331, 343 f.) kritisiert, die sein philosophisches System auszusparen vermag (vgl. W II, 218 (Lü); HN IV (2), 10). Unabhängig von der differenzierten Einschätzung der modernen Forschung findet man aber auch das generelle Urteil, Schopenhauer sei aufgrund der religionskritischen Äußerungen ein »entschiedener Feind des Christentums« (Oettingen 1865, 450) und er verdiene den »Ehrenname[n] eines Fürsten des Atheismus« (Mauthner 1923, 176).

2) Schopenhauers philosophische Auseinandersetzung mit den christlichen Mystikern und Heiligen beruht somit nicht auf seiner persönlichen Entwicklung, sondern auf seinem systematischen Anspruch, der wiederum nur aus der zeitgeschichtlichen Verortung des Hauptwerks erklärbar ist: Nach dem mit der Aufklärung einsetzenden Wegfall der Bibel als Autoritätsquelle für alle praktischen und theoretischen Fragen des Menschen entsprang in der Romantik die Idee, die göttlich offenbarte Bibel durch ein absolutes Buch aus Menschenhand zu ersetzen, das die gesamte Welt repräsentiert (vgl. Blumenberg 1986). Wie viele seiner Zeitgenossen versuchte auch Schopenhauer, »alles Mannigfaltige der Welt überhaupt, seinem Wesen nach, in wenige abstrakte Begriffe zusammengefaßt, dem Wissen zu überliefern« (W I, 131 (Lü); auch GBr, 291; HN I, 115 ff.), um »uns darin [sc. in der Welt] zu orientieren« (GBr, 289). Schopenhauers empiristische und morphologische (vgl. Koßler 1999; Schubbe 2012) Zielsetzung ist somit, die Welt begrifflich abzuspiegeln. Neben beispielsweise den Phänomenen des Lachens (vgl. W I, 102 (Lü)) oder des Selbstmords (vgl. W I, 512 (Lü)) u. v. a. gibt es in der Welt des 19. Jahrhunderts (vgl. W I, 493: »heute«, 500 (Lü); P II, 311 (Lü); VN IV, 244: »noch jetzt«) auch »die Phänomene der Heiligkeit und Selbstverleugnung« (W I, 378 (Lü)). Um seinem Leser ein absolutes Buch präsentieren zu können, müssen also auch ebenso diese wie jene Phänomene begrifflich erfasst und auf ihr Wesen hin analysiert werden: »Dies alles nicht Vorschrift; sondern Darstellung und Erklärung eines ethischen Phänomens der menschlichen Natur« (VN IV, 236). Das Christentum und die christliche Mystik werden somit nicht vorrangig von Schopenhauer analysiert und systematisiert.

Obwohl die deskriptive Lesart diese repräsentationalistische Interpretation mit der axiologischen Lesart teilt, unterscheiden sich aus der Perspektive der deskriptiven Lesart die normative und die axiologische Lesart nur minimal, da beide eine explizite oder implizite Beeinflussung des Lesers in Form von Anleitungen oder Hervorhebungen christlicher Lehren und Werte durch Schopenhauer konstatieren. Anhand von Untersuchungen des historischen Bezugsrahmens (wie gerade gezeigt), systematischen Kontextanalysen und *close reading* versucht die deskriptive Lesart, die Resultate der normativen und axiologischen zu widerlegen und Schopenhauer von dem ›Vorurteil‹ des Idealismus, des Pessimismus, der Mystik u. a. zu befreien. Die Bedeutung der kontextuellen Lesart für die deskriptive Lesart kann am Beispiel von § 68 des ersten Bandes von *Die Welt als Wille und Vorstellung* verdeutlicht werden, der neben Kapitel XV (»Ueber Religion«) im zweiten Band der *Parerga und Paralipomena* der wichtigste Text Schopenhauers zum Christentum ist.

Der § 68 lässt sich in drei Abschnitte unterteilen: 1) Der erste Abschnitt (W I, 487–497 (Lü)) beschreibt »die Tat und den Wandel« (W I, 494 (Lü)) der Asketen, Heiligen usw., so dass Schopenhauer »abstrakt und rein von allem Mythischen, das innere Wesen der Heiligkeit, Selbstverleugnung, Ertödtung des Eigenwillens, Askesis« (W I, 493 (Lü)) aussprechen kann. Schopenhauers deskriptive Ethik schließt von dem Phänomen auf das Wesen, von der Handlung auf die Motive, von der Konsequenz der Tat auf das Antezedens der Handlungsgründe (vgl. W I, 374, 392 f., 395, 493 f. (Lü); E, 592 (Lü)). Neben den in diesem Abschnitt dargestellten Formen der Willensverneinung legitimiert Schopenhauer die These, dass mit der erreichten Willensverneinung des Mystikers auch »die übrige Welt in Nichts« (W I, 490 (Lü)) verschwände, durch Texte der Veden, Angelus Silesius und Meister Eckhart. Da Schopenhauer seine Darstellung der Willensverneinung als »allgemein und daher kalt« (W I, 492, auch: 421 (Lü)) charakterisiert und da man ihre Konkretisierung nicht in der »täglichen Erfahrung antreffen« (W I, 492 (Lü)) kann, fordert er den Leser auf, seine Darstellung mit den Biographien christlicher und orientalischer Heiliger zu vergleichen. Die hier (auch E, 610 f. (Lü)) genannten Schriften von und über Heilige und Mystiker (vgl. Ingenkamp 2005) haben somit eine systemrelevante Funktion: Sie dienen als konkreter Beleg der abstrakten Theorie der Willensverneinung (vgl. GBr, 214, 217; HN III, 350 ff.; HN IV (1), 165), die im vierten Buch gleichwertig mit der Willensbejahung beschrieben wird.

2) Der zweite Abschnitt von § 68 (W I, 497–501 (Lü)) liefert nur eine Betrachtung der »gegebenen ethischen Vorschriften« der Christen (W I, 497 f. (Lü)) und der Hindus (W I, 498–500 (Lü)) und deren Gemeinsamkeiten (W I, 500 f. (Lü)): Die zur Willensverneinung motivierenden Maximen des Christentums sind schon in der Bibel angelegt und reichen von der Nächstenliebe als unterste Stufe bis zur *Imitatio Christi* als höchste und entfalten sich dann in den »Schriften der Christlichen Heiligen und Mystiker« (W I, 498 (Lü); vgl. Lemanski 2011).

3) Der dritte Abschnitt von § 68 (W I, 501–512 (Lü)) liefert dann vermischte Anmerkungen zur »allgemeinen Bezeichnung« des Zustands der Willensverneiner (vgl. W I, 501 (Lü)) und handelt dabei vor allem von der Dauer der Willensverneinung (vgl. W I, 502–504 (Lü)) und der Bekehrung (vgl. W I, 505–512 (Lü)), wobei wiederum Belege aus der christlichen Literatur herangezogen werden (vgl. auch W II, 733 ff. (Lü)).

Der systematische Aufbau und der Kontext zeigen, dass Schopenhauer die christlichen Heiligen und Mystiker nur zu Exemplifizierungszwecken heranzieht und dass die vorhandenen Wertungen entweder nur Beobachtungen zweiter Ordnung sind oder als funktionale Erklärung der beschriebenen Position des Heiligen oder Mystikers dienen. Die deskriptive Lesart stellt somit fest, dass Schopenhauer weder Mystiker war noch eine mystische Lehre vertrat (vgl. Koßler 1999, 100, 211, 370), sondern nur Mystiker und Heilige als Konkretisierung eines ethischen Typus beschrieben hat: Der Lesart, dass Schopenhauers Philosophie durch die Zumutung der Mystik und Willensverneinung aus irgendeinem Pessimismus heraushelfe, entgegnet der Philosoph selbst, dass er »Niemanden irgend etwas zumuthe, sondern bloß die Welt abspiegele, zeige, was Jegliches sei und wie es zusammenhänge, Jedem sein Thun anheimgebend« (GBr, 343).

Fazit

Der hier kurz skizzierte Vergleich der normativen, axiologischen und deskriptiven Lesart zeigt, dass es kaum möglich ist, eine objektive und schulunabhängige Aussage über das Thema ›Christentum und Mystik bei Schopenhauer‹ aufzustellen. Trotz zahlreicher Publikationen stehen die Lesarten und damit die gesamte Erforschung zum Christentum bei Schopenhauer noch in den Anfängen: Die Argumente der normativen Lesart sind bislang noch nicht im vollen reflexiven Bewusstsein ihrer eigenen ideologisch und populärphilosophisch geprägten Traditionsgeschichte dargestellt und untersucht worden; die axiologische Lesart steht vor dem großen Problem, nicht erklären zu können, warum Schopenhauer das Heilige und die Mystik für wertvoller erachtet haben sollte als andere Phänomene, ohne sich dabei zu stark der normativen Lesart anzunähern; und die deskriptive Lesart ist bislang aufgrund ihrer immer wieder unterbrochenen Rezeptionsgeschichte noch gar nicht in ihrer ganzen Tragweite ausgewertet worden. Wissenschaftlich fundiert lässt sich zum Thema somit nur festhalten, dass eine themenorientierte Interpretation von den Prämissen der jeweiligen Lesart abhängen und dass kein Vertreter einer bestimmten Lesart bislang ein allseitig überzeugendes Argument für die Wahl seiner Prämissen vorbringen konnte.

Literatur

Blumenberg, Hans: *Die Lesbarkeit der Welt.* Frankfurt a. M. 1986.
Concilium Tridentinum (Hg.): *Catechismus Romanus Ex Decreto Concilii Tridentini, & Pij. V. Pontificis Maximi iussu primùm editus.* Antwerpen 1572.
Denzinger, Heinrich: *Enchiridion symbolorum et definitionum [...].* Würzburg 1854.
Deussen, Paul: Schopenhauer und die Religion. In: *Jahrbuch der Schopenhauer-Gesellschaft* 4 (1915), 8–16.
Deussen, Paul: *Allgemeine Geschichte der Philosophie mit besonderer Berücksichtigung der Religion.* Bd. 2, Abt. 3: *Die neuere Philosophie von Descartes bis Schopenhauer.* Leipzig 1917.
Gwinner, Wilhelm: *Arthur Schopenhauer. Aus persönlichem Umgang dargestellt.* Leipzig 1922.
Hildebrand, Eugen: Schopenhauer liest die Septuaginta. Unveröffentlichte Randschriften Schopenhauers. In: *Schopenhauer-Jahrbuch* 65 (1984), 177–186; 68 (1987), 189–194.
Hübscher, Arthur: *Denker gegen den Strom. Schopenhauer: Gestern – Heute – Morgen.* Bonn 1973.
Ingenkamp, Heinz Gerd: Plutarch und das Leben der Heiligen. In: Aurelio Pérez Jiménez/Frances Bonner Titchener (Hg.): *Valori letterari delle opere di Plutarco.* Málaga 2005, 225–242.
Koeber, Raphael: Schopenhauers Mystik. In: *Sphinx* 5/2 (1888), 73–81.
Koßler, Matthias: *Empirische Ethik und christliche Moral. Zur Differenz einer areligiösen und einer religiösen Grundlegung der Ethik am Beispiel der Gegenüberstellung Scho-*

penhauers mit Augustinus, der Scholastik und Luther. Würzburg 1999.

Koßler, Matthias: »Eine höchst überraschende Übereinstimmung«. Zur Augustinus-Rezeption bei Schopenhauer (1788–1860). In: Norbert Fischer (Hg.): *Augustinus – Spuren und Spiegelungen seines Denkens. Bd. 2: Von Descartes bis in die Gegenwart.* Hamburg 2009, 111–127.

Lemanski, Jens: *Christentum im Atheismus. Spuren der mystischen Imitatio Christi-Lehre in der Ethik Schopenhauers.* Bd. 2. London 2011.

Lemanski, Jens: The Denial of the Will-to-Live in Schopenhauer's World and His Association of Buddhist and Christian Saints. In: Arati Barua/Michael Gerhard/Matthias Koßler (Hg.): *Understanding Schopenhauer through the Prism of Indian Culture.* Berlin 2012, 149–183.

Malter, Rudolf: Schopenhauers Verständnis der Theologie Martin Luthers. In: *Schopenhauer-Jahrbuch* 63 (1982), 22–53.

Mauthner, Fritz: *Der Atheismus und seine Geschichte im Abendlande.* Bd. 4. Stuttgart/Berlin 1923.

Mühlethaler, Jakob: *Schopenhauer und die abendländische Mystik.* Berlin 1910.

Neidert, Rudolf/Lang, Justin: Weltanschauung ohne ›Welt‹. Das Defizit an politischer Ethik bei Martin Luther und Arthur Schopenhauer. In: *Wissenschaft und Weisheit* 73/1 (2010), 67–102.

Oettingen, A. v.: Schopenhauer's Philosophie in ihrer Bedeutung für christliche Apologetik. In: *Dorpater Zeitschrift für Theologie und Kirche* 7 (1865), 449–487.

Safranski, Rüdiger: *Schopenhauer und Die wilden Jahre der Philosophie. Eine Biographie.* Frankfurt a. M. ²2002.

Sauter-Ackermann, Gisela: *Erlösung durch Erkenntnis? Studien zu einem Grundproblem der Philosophie Schopenhauers.* Cuxhaven 1994.

Schewe, Karl Ludwig: *Schopenhauers Stellung zu der Naturwissenschaft.* Berlin 1905.

Schirmacher, Wolfgang: Der Heilige als Lebensform. Überlegungen zu Schopenhauers ungeschriebener Lehre. In: Ders. (Hg.): *Schopenhauers Aktualität. Ein Philosoph wird neu gelesen.* Wien 1988, 181–199.

Schmidt, Alfred: *Die Wahrheit im Gewande der Lüge. Schopenhauers Religionsphilosophie.* München 1986.

Schubbe, Daniel: Formen der (Er-)Kenntnis: Ein morphologischer Blick auf Schopenhauer. In: Günter Gödde/Michael B. Buchholz (Hg.): *Der Besen, mit dem die Hexe fliegt. Wissenschaft und Therapeutik des Unbewussten.* Bd. 1: *Psychologie als Wissenschaft der Komplementarität.* Gießen 2012, 359–385.

Siebke, Rolf: Arthur Schopenhauer und Matthias Claudius. In: *Schopenhauer-Jahrbuch* 51 (1970), 22–32.

VELKD (Hg.): *Die Bekenntnisschriften der evangelisch-lutherischen Kirche.* Göttingen ¹³2010.

Weigelt, Georg Christian: *Zur Geschichte der neueren Philosophie, Populäre Vorträge.* Hamburg 1855.

Zint, Hans: Das Religiöse bei Schopenhauer. In: *Jahrbuch der Schopenhauer-Gesellschaft* 17 (1930), 3–76.

Jens Lemanski

15 Moralistik

Die Moralistik in der europäischen Philosophie

Arthur Schopenhauer ist der erste deutsche Philosoph, der »die europäische Moralistik im ganzen durchschaut und rezipiert« (Balmer 1981, 152) und gleichzeitig einen maßgeblichen Beitrag zu ihr geleistet hat. Die Moralistik, die ihren Höhepunkt im Frankreich des 17. und 18. Jahrhunderts erlebt, ist aus dem neuzeitlichen Humanismus hervorgegangen und setzt sowohl Traditionen der antiken Eudämonologie als auch die der lebenspraktischen Reflexion der spätantiken Philosophie fort. Als Teil der praktischen Philosophie hat sie es mit jenem, mit Klugheit, Lebensweisheit und Glücksstreben befassten Teil der antiken Ethik zu tun, der in der normativen Ethik der Neuzeit an den Rand gedrängt wurde. Frühe ideengeschichtliche Vorläufer der moralistischen Reflexion finden sich vor allem in der Peripatetik, so im aristotelischen Begriff der *phrónesis* und in der damit verbundenen Typologie sozialer Charaktere bei Theophrast. Moralistik als Weltklugheitslehre hat es mit sozialen Tugenden und Charakterdispositionen, nicht aber mit moralischen Normen zu tun. Sie beschränkt sich auf den Handlungsbereich unterhalb der Moralität. Ihr Thema ist nicht »Moral«, sondern die *mores*, also die Sitten und individuellen Lebensformen.

Methodisch schließt sich die Moralistik an die empirische Neuorientierung der frühneuzeitlichen Wissenschaften an. Sie beruht auf konkreter Beobachtung des Menschen und der ihn prägenden psychologischen und sozialen Bezüge. Im Unterschied zur idealistischen und rationalistischen Systemphilosophie gelangt sie allerdings zu einem skeptischen, bisweilen pessimistischen Menschenbild. Ideengeschichtlich gehört sie in den Zusammenhang der neuzeitlichen Säkularisierung, indem sie menschliches Sozialverhalten und individuelle Selbstverwirklichung unabhängig von theologischen Bezügen in den Blick nimmt. Literarisch trennt sich die Moralistik von den formalen Zwängen akademischen Schrifttums und gibt auch deren systematischen Anspruch auf. Sie artikuliert sich in literarischen Formen, die zum Teil von ihr selbst geschaffen und durchgesetzt werden – wie der von Montaigne ausgehende Essay oder der von La Rochefoucauld zur Blüte geführte Aphorismus. Die Moralistik ist philosophische Weltklugheitsreflexion, die auf einer Bestandsaufnahme der *condition humaine* beruht und sich literarischer Darstellungsmittel bedient.

Die Moralistik beginnt mit Überlegungen taktischer Selbstbehauptung im Umkreis der Hofgesellschaften der Renaissance, so bei Machiavelli oder in Castigliones *Libro del Cortegiano*. Einen frühen Höhepunkt erreicht sie in der Selbstvergewisserung des Individuums bei Montaigne. Die Moralistik ist jedoch nicht auf Beschreibung und Beobachtung des Menschen und seines Sozialverhaltens beschränkt. Sie entwickelt, so bereits bei Castiglione und Gracián, das Leitbild des weltgewandten Hofmanns, der durch kluges Sozialverhalten seine Interessen und seine Autonomie in einer Gesellschaft voller Intrigen durchsetzt. Im 17. Jahrhundert, der klassischen Epoche des Moralistik, wandelt sich, vor allem bei La Rochefoucauld und La Bruyère, dieses Leitbild zum *honnête homme*, dem vielseitig gebildeten, sozial gewandten, im urbanen Umfeld von Hof und Stadt beheimateten Mann von Welt, dessen herausragende Eigenschaft der richtige Takt ist, mit dem er sich gesellschaftlich bewegt und in dem sich ästhetische und soziale Sensibilität verbinden.

Im 18. Jahrhundert macht die moralistische Reflexion den Weltklugen immer mehr zum gesellschafts- und hofkritischen autonomen Individuum, das seine Lebensinteressen im Angesicht menschlicher Schwächen und sozialer Widerstände formulieren und durchsetzen muss. Damit wird die Moralistik zu einem Wegbereiter der Aufklärung. An die Stelle des noch im höfischen Umfeld sozialisierten *honnête homme* treten bürgerliche Lebensformen, bei denen Selbstverwirklichung, wie bei Chamfort, auch gegen den Hof artikuliert wird. Dies ist der geistesgeschichtliche Ort, an dem im frühen 19. Jahrhundert Schopenhauers eigene moralistische Reflexion ansetzt.

Schopenhauers Aufnahme der moralistischen Tradition

Schopenhauer ist bereits 1814 auf die aristotelische Ethik als Ort einer sozialen Klugheits- und Glückslehre aufmerksam geworden. Der Grundsatz der *Nikomachischen Ethik* »in allen Dingen die Mittelstraße zu halten« sei als Moralprinzip untauglich, könne jedoch durchaus als »beste Anweisung zu einem glücklichen Leben« (HN I, 81 f.) dienen. Solche Anweisungen setzen allerdings ein gewisses Maß an Weltzugewandtheit voraus. In Schopenhauers frühem Hauptwerk *Die Welt als Wille und Vorstellung* sind jedoch weder Ansätze zu einer solchen Eudämonologie noch zu einer Weltklugheitslehre sichtbar. Hier entwickelt Schopenhauer, in enger Anlehnung an seine Metaphysik, eine Ethik des Mitleids, der Welt- und Willensverneinung (s. Kap. 6.6). Lediglich im Begriff des »erworbenen Charakters« deutet Schopenhauer die Notwendigkeit der empirischen Selbsterfahrung an, die »nicht sowohl für die eigentliche Ethik, als für das Weltleben wichtig ist« (W I, 362).

Aus der Erkenntnis, dass Weltverneinung und die Existenz des ›Heiligen‹ immer nur eine Sache Weniger sein kann, hat sich Schopenhauer seit den 1820er Jahren zunehmend Fragen des ›Weltlebens‹, der individuellen Lebensgestaltung und der Möglichkeit einer pragmatischen Klugheits- und Glückslehre zugewandt. Damit beginnt auch sein intensiveres Studium der Moralistik, deren pessimistische Anthropologie ihm entgegenkam. Die Schriften des Helvetius und dessen kritische Haltung zum »Durchschnittsmenschen« kannte er schon seit seinem 26. Lebensjahr. Mit La Rochefoucaulds *Maximes et Réflexions* traf er sich in der Einschätzung, dass alles menschliche Handeln seinen Ursprung im Eigennutz habe. Mit Vauvenargues betonte er die Bedeutung der Intuition und Emotionalität gegenüber einem rein rationalen Weltzugang. Mit Chamfort verbindet ihn die Abwendung von gesellschaftlichen und die Hinwendung zu ›inneren‹, d. h. Persönlichkeitswerten. Die moralistische Tradition der Charakterporträts, darunter die *Charaktere* Theophrasts und die gleichnamige, auf einer Übersetzung Theophrasts aufbauende Schrift La Bruyères, lieferte ihm ebenso Material zum Verständnis des »erworbenen Charakters« wie die empirische Menschenbeobachtung in Helvetius' *De l'Esprit* und in den Aphorismen Lichtenbergs.

Der für Schopenhauers Auseinandersetzung mit der Moralistik wichtigste Autor sollte jedoch der spanische Jesuitenpater des 17. Jahrhunderts, Baltasar Gracián, werden. Graciáns strategische Weltklugheitslehre fußt auf einer tief pessimistischen Einschätzung sowohl der Welt als auch der menschlichen Natur und steht im Dienst des *desengaño*, der Desillusionierung und »Ent-Täuschung«. 1825 hatte Schopenhauer damit begonnen, Spanisch zu lernen; drei Jahre später machte er sich an die Übersetzung von Graciáns Aphorismensammlung *Oráculo manual*, die erst aus dem Nachlass publiziert wurde und bis heute das deutsche Gracián-Bild prägt (s. Kap. 10.5). Unvollendet blieb Schopenhauers Übersetzung des großen allegorischen Romans *El Criticón*, aus der er einen kleinen Auszug in die Vorrede zu seiner »Preisschrift über die Freiheit des Willens« integrierte. Eine zweibändige spanischsprachige Ausgabe Graciáns aus dem Jahr 1702, die alle Hauptwerke enthielt, befand sich bis an sein Lebensende in Schopenhauers Besitz.

Bereits seit den 1820er Jahren finden sich, zum Teil inzwischen publizierte, Manuskriptentwürfe, in denen in Notaten, Kurzprosaabschnitten, Maximen und Aphorismen Lebenserfahrung verarbeitet und lebenspraktische Klugheitsstrategien entworfen werden, Lebensregeln, die es dem »Nicht-Heiligen« erlauben, sich mit der Welt zu arrangieren. Ein Beispiel dafür ist das 1821 entstandene, aus dem Nachlass rekonstruierte ›Geheimheft‹ »Eis heautón«. Ab 1826 geht Schopenhauer, angeregt durch Gracián, daran, Materialien für eine eigene »Lebensweisheit als Doktrin« zusammenzustellen, die gleichbedeutend mit einer »Eudämonik« sein und die Extreme sowohl des Stoizismus als auch des Machiavellismus vermeiden sollte (vgl. HN III, 268). In klassischer moralistischer Tradition verknüpft Schopenhauer hier Glücks- und Klugheitslehre. Glücksmöglichkeiten bleiben auf das Verhältnis beschränkt, in das das Individuum sich zu sich selbst setzt. Bereits 1830 notiert Schopenhauer jene Aussage aus Chamforts *Maximes et pensées, caractères et anecdotes*, die er später den »Aphorismen zur Lebensweisheit« als Motto voranstellen sollte: »Le bonheur n'est pas chose aisée: il est très difficile de le trouver en nous, et impossible de le trouver ailleurs« (»Das Glück ist keine einfache Sache: Es ist sehr schwierig, es in uns selbst, und unmöglich, es außerhalb zu finden« [Übers. R. Z.] HN III, 600; P I, 331). Das moralistische Anliegen einer Selbstbehauptung mit Mitteln der taktischen und strategischen Klugheit wird Thema u. a. in der 1828 entstandenen »Skizze einer Abhandlung über die Ehre« oder in der zwischen 1830 und 1831 entstandenen Schrift »Eristische Dialektik« (s. Kap. 10.2).

Aus allen diesen Materialien bediente sich Schopenhauer, als er schließlich in den *Parerga und Paralipomena* die Frucht seiner eigenen moralistischen Überlegungen veröffentlichte.

Obwohl die *Parerga und Paralipomena* im Ganzen kein rein moralistisches Werk sind, sind sie doch, durch ihren an Montaignes *Essais* sich anlehnenden unsystematischen und essayistischen Aufbau und ihre Hinwendung zu Alltagsphänomenen von der moralistischen Tradition geprägt. Dies gilt vor allem für den zweiten Band, dessen Einleitungskapitel »Über die Methode der Philosophie« sich u. a. auf die moralistische Menschenbeobachtung »in den Schriften erlesener Geister, wie das waren Theophrastus, Chamfort, Addison, Shaftesbury, Shenstone, Lichtenberg u. a. M.« (P II, 21) beruft. In diesem Kontext stehen auch Kapitel wie »Psychologische Bemerkungen« und vor allem die »Aphorismen zur Lebensweisheit« (s. Kap. 9.6), die als ein »Meisterwerk der Moralistik in deutscher Sprache« (Zimmer 2009, 64) angesehen werden können. »Lebensweisheit« wird dabei von Schopenhauer nicht im Sinne der aristotelischen *sophía*, sondern der aristotelischen *phrónesis* genommen. Es ist Schopenhauers Übersetzung für Graciáns »saber vivir« (HN V, 493) und bezeichnet die »Kunst, das Leben möglichst angenehm und glücklich durchzuführen« (P I, 333). Der Titel »Aphorismen« wiederum nimmt nicht so sehr Bezug auf die Gattung im engeren Sinne (vgl. Neumeister 2004), als vielmehr auf das »Prinzip der Gedankenführung« (Volpi 2007, XVIII). Er steht für das Strukturmerkmal locker aneinandergereihter, zumeist essayistischer Prosa. In den »Aphorismen« liegt Schopenhauers Ergänzung seiner welt- und willensabgewandten Mitleidsethik durch eine weltzugewandte Individualethik, seine »Philosophie der Lebenskunst aus dem Geist der Moralistik« (Zimmer 2009) vor. Im Zentrum der »Aphorismen« stehen klassische moralistische Themen wie Persönlichkeitsbildung (»Von dem, was einer ist«), Umgang mit dem eigenen Besitz (»Von dem, was einer hat«) und gesellschaftliche Reputation (»Von dem, was einer vorstellt«): Schopenhauer greift hier, der moralistischen Tradition von Castiglione bis Chamfort folgend, das Thema des *honnête homme* auf, der bei ihm »vollkommener Weltmann« (vgl. P I, 506) heißt. Dieser wird, im Anschluss an Chamfort, zum bürgerlichen, von der Gesellschaft distanzierten Privatier, der die materiellen Bedingungen seiner geistigen Freiheit hütet und diese kultiviert.

Mit den »Aphorismen zur Lebensweisheit« hat Schopenhauer das Thema Weltklugheit in der Tradition der Moralistik für die praktische Philosophie in Deutschland rehabilitiert.

Literatur

Balmer, Hans Peter: *Philosophie der menschlichen Dinge. Die Europäische Moralistik*. Bern 1981.

d'Alfonso, Matteo: Les Parerga et Paralipomena dans le tournant éthique schopenhauerien. In: *Schopenhauer-Jahrbuch* 94 (2013), 229–249.

Kruse, Margot: La Rochefoucault en Allemagne. Sa réception par Schopenhauer et Nietzsche. In: Margot Kruse/Joachim Küpper (Hg.): *Beiträge zur französischen Moralistik*. Berlin 2003, 246–262.

Neumeister, Sebastian: Schopenhauer als Leser Graciáns. In: Ders./Dietrich Briesemeister (Hg.): *El Mundo de Gracián. Actas del Coloquio Internacional, Berlin 1988*. Berlin 1991, 261–277.

Neumeister, Sebastian: Schopenhauer, Gracián und die Form des Aphorismus. In: *Schopenhauer-Jahrbuch* 85 (2004), 31–45.

Volpi, Franco: Einleitung. In: Ders. (Hg.): *Arthur Schopenhauer. Aphorismen zur Lebensweisheit*. Stuttgart [16]2007, VII–XIX.

Zimmer, Robert: *Die europäischen Moralisten zur Einführung*. Hamburg 1999.

Zimmer, Robert: Philosophie der Lebenskunst aus dem Geist der Moralistik. Zu Schopenhauers »Aphorismen der Lebensweisheit«. In: *Schopenhauer-Jahrbuch* 90 (2009), 45–64.

Zimmer, Robert: *Arthur Schopenhauer. Ein philosophischer Weltbürger*. München 2010.

Zimmer, Robert: Schopenhauers zweites Hauptwerk. Die »Parerga und Paralipomena« und ihre Wurzeln in der Aufklärungsessayistik und Moralistik. In: *Schopenhauer-Jahrbuch* 94 (2013), 143–155.

Robert Zimmer

16 Baruch de Spinoza

Bereits während seiner Studienjahre wurde Schopenhauer mit Spinozas Denken bekannt, wie seine Kolleghefte belegen. In den philosophischen Vorlesungen G. E. Schulzes und F. L. Bouterweks an der Universität Göttingen wurde er gelehrt. Im Wintersemester 1811/12 zog Schopenhauer um nach Berlin und hörte dort bei Schleiermacher, der ebenfalls über Spinoza vortrug. Außerdem wirkten auf ihn Schellings spinozistisch-pantheistische Naturdeutung ein sowie die persönliche Bekanntschaft mit dem ebenfalls durch Spinoza beeinflussten Goethe. In jenen Jahren war unter Gelehrten und Gebildeten die Inanspruchnahme Spinozas eine Mode.

Schopenhauer besaß Spinozas Werke in der Paulus-Ausgabe von 1802/03. In seiner Dissertation 1813 bespricht er ihn, in seinem Hauptwerk finden sich Referenzen, auch der zweiten Auflage ging eine erneute Auseinandersetzung mit ihm voraus und sogar noch in den späten *Parerga* finden sich etliche Spinoza-Zitate. Der Umfang der Randnotizen zu seinen Büchern wird nur von denen zu Kant und Fichte übertroffen.

Eine in mehreren Zusammenhängen bei Spinoza auftauchende Redewendung lautet »ein und dasselbe«, bzw. man trifft häufig auf den Gebrauch des inklusiven »oder« zur Identifizierung ansonsten unterschiedlicher Bedeutungen. Im ersten Kapitel der *Ethik*, der Schopenhauers Hauptinteresse galt, bildet Spinoza den Begriff eines vollkommenen Wesens, »Gott oder die Substanz« (*Deus, sive substantia*), dem notwendig Existenz zukommen müsse. »Substanz« definiert er als das, »was in sich ist und durch sich begriffen wird; d. h. etwas, dessen Begriff nicht den Begriff eines andern Dinges nötig hat, um daraus gebildet zu werden« (E1Def3). Dieser Begriff, so Schopenhauer, sei leer und »selbstgezimmert«, und Spinozas Pantheismus sei nur die Realisation des ontologischen Gottesbeweises von Descartes (vgl. G, 26 (Lö)). Auch sei das Problem der Philosophie nicht Gott, sondern die Welt, weshalb mit ihr die Philosophie anheben müsse, im Sinne einer »empirischen Metaphysik«. Die Welt mit ihren Erscheinungen folge nicht logisch aus einem Wort und ließe sich nicht aus festen Prinzipien demonstrierend ableiten (vgl. W I, 134 (Lö)). Spinozas geometrische Methode bezeichnet er als »gestelzt«; die Argumente träten in »spanische Stiefel geschnürt« auf. Das dennoch »Wahre und Vortreffliche seiner Lehre« sei unabhängig von den »Mausefallenbeweisen« (W I, 127, Anm. 26 (Lö)).

Bereits 1813 (vgl. G, 23–26 (Lö)) wirft Schopenhauer Spinoza vor, Grund und Ursache gleichgestellt zu haben in der »Absicht, Gott mit der Welt zu identifizieren« (ebd., 24). Das sei ein von Descartes gelernter »Kniff«, den er versucht hätte zu decken durch »achtmaligen Unterschleif« allein auf einer Seite mittels der Formulierung »*ratio seu causa*«. Die Pointe sei, dass die Welt damit aus und durch sich selbst gedacht werden kann, und kein Schöpfergott mehr gebraucht wird, um ihr Dasein zu erklären (»bloß nomineller Theismus«). Damit sei nicht nur alles, was ist, in Gott, sondern umgekehrt gelte auch: »Beim Spinoza steckt Gott selbst in der Welt« (ebd., 27). Aber alles zu vergöttlichen, schaffe Gott ab.

In Schopenhauers Denken vollzieht sich bereits 1814 der Übergang von der platonischen Vielheit der Ideen zu dem *einen* Willensprinzip. Diesem schlägt er 1815 die Eigenschaften der Substanz, *natura naturans* bzw. des Gottes Spinozas zu: »Man vergleiche doch die hier aufgewiesene Einheit der Welt als Erscheinung eines Willens mit der substantia aeterna des Spinoza.« Der Gedanke der All-Einheit verbindet Schopenhauer mit Spinoza besonders, wobei dies seine »einzige positive Lehre« (HN IV (1), 202 f.) und eigentlich auch immer schon dagewesen sei (P I, 14 (Lö)). Spinoza wird von Schopenhauer entsprechend selten alleinstehend erwähnt, also kaum als eigenständiger Denker angesehen, sondern oft mit Bruno oder Descartes, manchmal auch mit Hobbes oder Malebranche zusammengestellt.

Dem Weltwillen schreibt Schopenhauer ›Aseität‹ zu. »*Mein System* verhält sich zu dem des *Spinoza* wie das Neue Testament zum Alten Testament. – Denn: was das alte Testament mit dem neuen gemeinsam hat ist derselbe Gott Schöpfer. Eben so ist bei mir, wie bei Spinoza, die Welt durch sich selbst und aus sich selbst« (HN III, 241). Später beanstandet Schopenhauer aber die von Spinoza als *causa sui* begriffene Substanz. ›Ursache ihrer selbst sein‹ sei ein Widerspruch in sich:

»Ursache und Wirkung gilt innerhalb der Natur, innerhalb des empirischen Bewußtseyns: wer aber nach *der Ursach der Natur* frägt gleicht dem Freyherrn von Münchhausen der zu Pferde durch einen tiefen Strohm schwimmend das Pferd mit den Beinen umklammerte seinen Zopf über den Kopf schlug und mit beyden Händen daran zog um sich mit dem Pferde in die Höhe zu ziehn« (HN II, 370).

Auf Spinozas These, der »Grund also oder die Ursache, weshalb Gott oder die Natur handelt, und weshalb er da ist, ist ein und dasselbe« (Spinoza 1802/03,

200), erwidert Schopenhauer an zahlreichen Stellen, dass es dafür eben weder Grund noch Ursache gäbe.

Schopenhauer erkennt Spinozas Verdienst um die Berichtigung des cartesischen Dualismus von Leib und Seele an. Hatte Descartes noch die zwei parallel laufenden separaten Substanzen *res extensa* und *res cogitans* vertreten, konstituieren Ausdehnung und Denken bei Spinoza die (einzigen uns bekannten) gleichursprünglichen Attribute der einen Substanz. Leib und Seele sind nur Modifikationen von Ausdehnung und Denken und bilden ein einziges ›Ding‹, jeweils nur von zwei verschiedenen Seiten betrachtet. Körperliche und seelische Vorgänge werden gleichartigen Kausalerklärungen unterworfen.

Da somit der menschliche Geist keine Substanz ist, ist er nicht schlechthin unabhängig. Für Spinoza gibt es »in der Natur der Dinge nichts Zufälliges« (E1P29) und folglich auch keinen freien Willen: »der Geist wird zu diesem oder jenem Wollen von einer Ursache bestimmt, welche ebenfalls von einer anderen bestimmt wird und diese wiederum von einer anderen, und so weiter ins Endlose« (E2P48). Darauf beruft sich Schopenhauer in seiner eigenen Widerlegung der Willensfreiheit. »Alles was geschieht, vom Größten bis zum Kleinsten, geschieht notwendig« (E II, 532 (Lö)). Spinoza erklärt den Glauben an die Willensfreiheit zu einer Täuschung, die auf Unwissenheit beruhe, so dass auch »der durch einen Stoß in die Luft fliegende Stein, wenn er Bewußtsein hätte, meinen würde, aus seinem eigenen Willen zu fliegen«. Darauf erwidert Schopenhauer, dass der Stein recht hätte (vgl. W I, 191 (Lö)). Denn für Schopenhauer ist die Freiheit zwar ein Mysterium, aber keine Täuschung. Spinoza hätte die Trennungslinie zwischen Realem und Idealem falsch gezogen und sei bei der Vorstellung stehengeblieben. Das Denken ist bei Spinoza ideal, während er die Ausdehnung als real ansieht. Für Schopenhauer dagegen ist das Räumliche ebenfalls ideal, indem es von uns vorgestellt wird. Real hingegen sind die Dinge, wie sie an sich selbst beschaffen sind. Und an sich sei der Wille eben doch frei, da nach Kant, dem Schopenhauer hier folgt, alle Notwendigkeit und Determination nur im und für den Verstand gelte.

In der Auseinandersetzung mit Descartes' Feststellung, »[d]er Wille und seine Wahrnehmung sind im Grunde nur ein und dasselbe« (Descartes 1984, 35), verschärft Spinoza dessen Position und identifiziert Wille und Intellekt, welche Berechtigung daraus folge, dass ein einzelner Willensakt und seine Idee ein und dasselbe seien: »*voluntas, et intellectus unum, et idem sunt*«. Dazu vermerkt Schopenhauer handschriftlich am Rand: »*quod falsissimum*« (HN V, 166). »Ein ganz krasser und fast toller Irrthum des *Spinoza* (den er aber durch den *Kartesius* erhalten hat) ist der, daß ihm der *Wille* einerlei ist mit dem Vermögen zu Bejahen und zu Verneinen« (HN I, 328). Kein Unterschied käme aber dem zwischen Wille und Vorstellung an Radikalität gleich. Als falsche Konsequenz daraus ergibt sich für ihn, dass der Mensch »danach zuvörderst ein Ding für *gut* erkennen und infolge hievon es wollen [würde]; statt daß er zuvörderst es *will* und infolge hievon es *gut* nennt. Meiner ganzen *Grundansicht* zufolge nämlich ist jenes alles eine Umkehrung des wahren Verhältnisses« (W I, 403 (Lö); Hervorh. O.S.).

Schopenhauer rennt hier aber eine offene Tür ein. Denn in der *Ethik* sagt Spinoza klar und deutlich: »Aus diesem Allen ist also entschieden, daß wir nichts erstreben, wollen, begehren noch wünschen, weil wir es für gut halten, sondern vielmehr, daß wir *deshalb etwas für gut halten, weil wir es erstreben, wollen, begehren und wünschen*« (E3P9S). Somit stellt sich heraus, dass uneingestandenerweise Schopenhauers Grundansicht spinozistisch ist.

Es erstaunt weiter, dass Schopenhauer sich nicht mit mehr Nachdruck auf Spinozas »*conatus in suo esse perseverandi*« beruft, der ganz ähnlich wie bei ihm erklärt wird: »Das Bestreben, womit jedes Ding in seinem Sein zu verharren strebt, ist nichts als das wirkliche Wesen des Dinges selbst« (E3Prop7). Spinoza fasst alle Strebungen zusammen: »Trieb, Wille, Begierde oder Drang«. Ob wir uns des Triebes bewusst seien in der Begierde oder nicht, der Trieb sei doch »ein und derselbe« und bestimme jedes Ding, »zu tun, was zu seiner Erhaltung dient« (E3Ad1Ex). Während man im Strebensbegriff bei Schopenhauer ein für empirische Zwecke funktionales Äquivalent zu demjenigen Spinozas erblicken kann, gilt dies metaphysisch jedoch weder in Bezug auf die Einzeldinge, noch in Bezug auf das Absolute. Denn das Streben hat bei Schopenhauer einen ganz anderen Stellenwert im System. Der Wille zum Leben ist bei ihm, anders als bei Spinoza, etwas Transindividuelles und er ist in jedem Einzelding ganz und ungeteilt vorhanden. Nur auf dieser Basis gilt dann nämlich, dass alle Geschöpfe in ihrer Gesamtheit Ich sind. Und wenn bei Spinoza Gott als vollkommenes Wesen nicht zu streben braucht, um sich in seinem Sein zu erhalten, so wird bei Schopenhauer das blinde, ewig unerfüllbare Streben selbst zum Weltprinzip und zur Grundlage für das untrennbar damit verknüpfte Leid alles Lebens.

Spinoza setzt Ausdehnung und Denken zu bloßen Attributen der einen Substanz herab, die beide parallel verlaufen. Wie die einzelnen ausgedehnten Dinge Modifikationen der Ausdehnung sind, so sind die individuellen geistigen Phänomene Modifikationen eines umgreifenden Geistigen. Dies ermöglicht das Konzept der Allbeseelung der Natur. Schopenhauer schränkt eine solche Reichweite der *cogitatio* drastisch ein und erklärt das Psychische zu einem bloßen Epiphänomen des Physischen. Gedanken ohne denkende Wesen könne es nicht geben und deren Denken sei an materielle Gehirne gebunden. Während bei Spinoza die Einheit zwischen Leib und Seele besteht, besteht die Einheit bei Schopenhauer zwischen dem Leib und dem an sich selbst bewusstlosen Willen zum Leben, dessen Erscheinung er ist.

Aus der Einheit leiblicher und seelischer Vorgänge, d. h. der Einheit der Natur leitet Spinoza die Berechtigung ab, nach einer Einheitsmethode zu verfahren. Die Kausalität in der Natur hatte Aristoteles unterschieden in vorwiegend in der anorganischen Natur geltende Wirkursachen und Zweckursachen in der organischen Natur. Die Wirkursache sagt aus, wodurch etwas ist, woher das Explanandum kommt; die Endursache erklärt, weshalb es ist, wozu das Explanandum dient. Aber schon Spinozas Vorläufer Descartes verbannt die Untersuchung der Zweckursachen aus der Philosophie, und zwar sowohl aus der Naturbetrachtung als auch aus der Spekulation über Gottes Absichten bei der Schaffung der Welt (vgl. Descartes 1965, 10). Spinoza schließt sich ihm an und ergänzt, dass »jene Lehre vom Zweck die Natur gänzlich auf den Kopf stellt. Denn was in Wahrheit Ursache ist, sieht sie als Wirkung an, und umgekehrt. Sodann macht sie das der Natur nach Frühere zum Späteren« (E1P36App). Spinoza ist bereits ein Vertreter der heutigen Auffassung von Design in der Natur ohne Designer. Die Menschen staunten über die Harmonie in der Natur und folgerten in Unkenntnis der wahren Ursache solcher Kunstwerke, dass diese »nicht auf mechanischem Wege, sondern durch göttliches oder übernatürliches Können gebildet« seien (ebd.). Das aber sei ein großer Irrtum, ebenso wie der Wahn, dass alles zum Nutzen der Menschen eingerichtet sei. Damit wendet sich Spinoza gegen den physikoteleologischen Gottesbeweis, dem stärksten Argument des Theismus, dem Spinoza laut Schopenhauer »den Weg verrennen« wollte. Schopenhauer stimmt ihm in diesem Punkt ebenso zu wie darin, dass die Zweckmäßigkeit nicht wie sie für den Intellekt existiert, auch durch den Intellekt zustande gekommen wäre (vgl. W II, 423 f. (Lö)). Dabei hätte Spinoza jedoch alle Zweckmäßigkeit eingeengt auf die göttliche Vorsehung: »*Spinoza* aber wußte sich nicht anders zu helfen als durch den desperaten Streich, die Teleologie selbst, also die Zweckmäßigkeit in den Werken der Natur zu leugnen, eine Behauptung, deren Monstroses jedem, der die organische Natur nur irgend genauer kennengelernt hat, in die Augen springt« (W II, 440 (Lö)).

Der Zweck des Lebens und der Ethik ist für Spinoza die Selbsterhaltung, die Tugend aber vernünftiger Egoismus. Aus der Vernunft versucht er ethische Bestimmungen abzuleiten. So erlange der Vernünftige Kontrolle über seine Leidenschaften, er denke nicht an den Tod, nur er könne in rechter Weise dankbar sein, er sei edelmütig und gütig etc. Zudem folgten daraus Zweckgemeinschaften: »Wohl lehrt uns die Vernunft die Notwendigkeit, um unseres Nutzens willen uns mit den Menschen zu vereinigen, keineswegs aber mit den Tieren oder mit Dingen, deren Natur von der menschlichen gänzlich verschieden ist« (E4Prop37Sc1). Ferner ergibt sich eine streng instrumentalistische Behandlung der Umwelt: »Alles übrige, was es in der Natur der Dinge außer den Menschen gibt, zu schonen, fordert darum die auf unseren Nutzen hinsehende Vernunft nicht; sie lehrt uns vielmehr, es je nach seiner verschiedenen Brauchbarkeit zu schonen, zu zerstören oder auf jedwede Weise unserem Gebrauche anzupassen« (E4App26). Schopenhauer kommentiert: »*Spinoza* klebt bisweilen vermittelst Sophismen eine Tugendlehre an seinen fatalistischen Pantheismus, noch öfter aber läßt er die Moral gar arg im Stich« (N, 472 f. (Lö)). Er hält ihm die Identifikation von Moralität mit Klugheit als Immoralismus vor (vgl. W II, 756 (Lö)). Und die Vernunft sei nur ein Erkenntniswerkzeug, das im Dienste des – moralischen oder nicht moralischen – Willens stehe.

Im *Tractatus theologico-politicus* folgert Spinoza daraus, dass Gottes Macht sein Recht ausmache, dasselbe auch für jedes Einzelding gelte und dieses »von Natur soviel Recht hat, als es zum Sein und Wirken Macht hat« (TTP, 60, Kap. 2, § 3). Die Identifizierung von Recht und Macht veranlasst Schopenhauer, Spinoza als einen Vertreter des »Faustrechts« (P II, 286 (Lö)) anzusehen und er hält dem entgegen: »Das Recht an sich selbst ist machtlos: von Natur herrscht die Gewalt. Diese nun zum Rechte hinüberzuziehn, so daß mittelst der Gewalt das Recht herrsche, dies ist das Problem der Staatskunst – und wohl ist es ein schweres« (P II, 295 (Lö)). Handschriftlich notiert er, dass die großen Fische, welche die kleinen fressen, nicht etwa ein Recht dazu hätten, sondern sie folgten bloß den Gesetzen der Natur (vgl. HN V, 166). Schopenhauers moralischer Rechts- bzw. Unrechtsbegriff orientiert sich am Willen, nicht an der Stärke (vgl. HN V, 171).

Mitleid, für Schopenhauer die Grundlage aller Moral, resultiert für Spinoza nur aus der Imitation der Affekte (vgl. E3Prop27). Spinoza behauptet, dass »der Mensch, der nach dem Gebote der Vernunft lebt, so viel als möglich zu erreichen sucht, von Mitleid nicht berührt zu werden« (E4Prop50Cor). Die mit anderen geteilte Schwäche verdoppelt nur die eigene Ohnmacht. Seine Auffassung wird von der Aussage gekrönt: »Wer richtig erkannt hat, daß alles aus der Notwendigkeit der göttlichen Natur folgt und nach den ewigen Gesetzen und Regeln der Natur geschieht, der wird sicherlich [niemanden] bemitleiden« (E4Prop18). Für Spinoza gilt, dass je mehr der Mensch die Dinge unter dem Gesichtspunkt der Ewigkeit, gleichsam das Göttliche, erkennt, desto vollkommener, glücklicher und freier wird er. Diese Erkenntnis führe dazu, Gott zu lieben, obwohl Spinoza die moralische Indifferenz des Weltprinzips erkannt hat. Schopenhauer konstatiert zusammenfassend: Bei

> »*Spinoza* ist seine *substantia aeterna*, das innere Wesen der Welt, welches er selbst *Deus* betitelt, auch seinem moralischen Charakter und seinem Werthe nach, der Jehova, der Gott-Schöpfer, der seiner Schöpfung Beifall klatscht und findet, daß Alles vortrefflich gerathen sei [...]. Kurz, es ist Optimismus: daher ist die ethische Seite schwach, wie im Alten Testament, ja, sie ist sogar falsch und zum Theil empörend« (W II, 826 f. (Lö)).

Der Pantheismus ist für Schopenhauer nur ein »höflicher Atheismus«, impliziert aber immer noch eine moralische Billigung der Übel. Doch diese Welt voll »zappelnder, leidender Wesen«, das müsste ja ein »sauberer Gott« sein! »Denn gerade die *Ethik* ist es, an der aller *Pantheismus* scheitert« (W II, 756 (Lö)).

Ähnlich wie bei Spinoza führt auch bei Schopenhauer die selbstvergessene Kontemplation einen seligen Zustand herbei. Diese Intuition des Gemeinsamen, Einen und Ewigen ist bei Schopenhauer, strukturell wie bei Spinoza, die höchste Erkenntnisstufe von dreien und besitzt Heilsfunktion. Sie bringt bei ihm jedoch im Gegensatz zu Spinoza keinen *Amor Dei* hervor, sondern Mitleid und Resignation. Denn der Willensmonismus weist die Individuation als bloß scheinhaft aus, was eine notwendige Voraussetzung dafür sei, um »echte, uneigennützige Tugend« zu begründen. So unterstreicht Schopenhauer energisch, sozusagen der bessere Spinozist zu sein:

> »Nur *die* Metaphysik ist wirklich und unmittelbar die Stütze der Ethik, welche schon selbst ursprünglich ethisch ist, aus dem Stoffe der Ethik, dem Willen, konstruiert ist; weshalb ich mit viel besserem Recht meine Metaphysik hätte ›Ethik‹ betiteln können als Spinoza, bei dem dies fast wie Ironie aussieht und sich behaupten ließe, daß sie den Namen wie ›lucus a non lucendo‹ führt, da er nur durch Sophismen die Moral einem System anheften konnte, aus welchem sie konsequent nimmermehr hervorgehn würde: auch verleugnet er sie meistens geradezu mit empörender Dreistigkeit [...]« (N, 473 f. (Lö)).

Zu Spinozas Zeit konnte es lebensgefährlich sein, seine Meinung offen kund zu tun, erst recht wenn sie religionskritisch war. Deshalb gebrauchte Spinoza zur Vorsicht seine Worte so, dass dies nicht gleich auffiel. Schopenhauer bemerkt, dass Spinoza oft irreführende Termini verwendet:

> »Es ist ein angeborener Fehler des Spinoza, Worte zur Bezeichnung von Begriffen zu mißbrauchen, die alle Welt durch andere Worte anzeigt, so nennt er *Gott*, dessen wahrer Name *Welt* ist, er nennt *Recht*, dessen wahrer Name *Gewalt* ist, er nennt *Wille*, dessen wahrer Name *Urteil* ist: er ist also das genaue Ebenbild jenes bestens bekannten Theaterfürsten der Kosaken in der Geschichte ›Graf Benjowski‹« (P I, 23 (Lö)).

Dabei bezieht er sich auf die Figur des Hettmann in Kotzebues *Graf Benjowsky oder die Verschwörung auf Kamtschatka* von 1795. Schopenhauer hat den Zusammenhang richtig erkannt, denn Kotzebue hat Spinoza in der Tat rezipiert und sich mit Franz von Spaun ausgetauscht, der sich sogar Spinozas geometrischer Methode wie dieser bei der Erklärung gesellschaftlicher Beziehungen bediente.

Literatur

Birnbacher, Dieter: Freiheit durch Selbsterkenntnis. Spinoza – Schopenhauer – Freud. In: *Schopenhauer-Jahrbuch* 74 (1993), 87–102.

Brann, Henry Walter: Schopenhauer und Spinoza. In: *Schopenhauer-Jahrbuch* 51 (1970), 138–152.

Descartes, René: *Die Prinzipien der Philosophie*. Hg., übers. und erläutert von Artur Buchenau. Hamburg [7]1965.

Descartes, René: *Die Leidenschaften der Seele*. Hg. und übers. von Klaus Hammacher. Hamburg 1984.

Egyed, Bela: Spinoza, Schopenhauer and the Standpoint of Affirmation. In: *PhaenEx* 2.1 (2007), 110–131.

Feyerabend, Wilhelm: *Schopenhauers Verhältnis zu Spinoza*. Bonn 1910.

Rappaport, Samuel: *Spinoza und Schopenhauer: eine kritisch-historische Untersuchung mit Berücksichtigung des unedierten Schopenhauerschen Nachlasses dargestellt*. Berlin 1899.

Sander, Thorsten: Schopenhauer und Spinozas Affektenlehre. In: Achim Engstler/Robert Schnepf (Hg.): *Affekte und Ethik. Spinozas Lehre im Kontext*. Hildesheim/Zürich/New York 2002.

Schulz, Ortrun: *Wille und Intellekt bei Schopenhauer und Spinoza*. Diss. Hannover. Frankfurt a. M. 1993.

Schulz, Ortrun: *Schopenhauers Anleihen bei Spinoza*. Norderstedt 2014.

Spinoza, Baruch (Spinoza, Benedictus de): *Opera quae supersunt omnia. Iterum edenda curavit, praefationes, vitam auctoris, nec non notitias, quae ad historiam scriptorum pertinent addidit Henr. Eberhard Gottlob Paulus*. Bd. I, II. Jenae 1802/1803.

Spinoza, Benedictus de: *Sämtliche Werke in sieben Bänden*. In Verbindung mit Otto Baensch und Artur Buchenau hg. und mit Einl., Anm. und Reg. versehen von Carl Gebhardt. Bd. 4: *Descartes Prinzipien der Philosophie auf geometrische Weise begründet. mit d. »Anhang, enthaltend metaphysische Gedanken«*. Übers. von Artur Buchenau. Einl. und Anm. von Wolfgang Bartuschat. Hamburg ^{5}1978.

Spinoza, Benedictus de: *Die Ethik; Schriften und Briefe*. Hg. von Friedrich Bülow. Stuttgart 1982 [E].

Spinoza, Benedictus de: *Opera: lateinisch und deutsch* (= *Werke*). Bd. I: *Tractatus theologico-politicus*. Hg. von Günter Gawlick und Friedrich Niewöhner. Darmstadt ^{2}1989 [TTP].

Ucciani, Louis: Schopenhauer critique de Spinoza. In: *Philosophique* 1 (1998), 65–68.

Ortrun Schulz

17 Immanuel Kant

In seiner Selbsteinschätzung war Schopenhauer sowohl einer der besten Kenner der kantischen Philosophie als auch derjenige, der als ihr wahrer Erbe und Vollender anzusehen sei. In einem Brief an die Kant-Herausgeber Rosenkranz und Schubert schreibt er 1837: »Seit 27 Jahren hat Kants Lehre nie aufgehört ein Hauptgegenstand meines Studiums und Nachdenkens zu seyn. Ich möchte wissen, wer unter den Mitlebenden kompetenter in Kantischer Philosophie wäre als ich« (GBr, 166). Im weiteren Briefwechsel mit den Herausgebern stimmt er der Einschätzung des Philosophiehistorikers Tennemann zu, er sei nur einen Schritt weiter gegangen als Kant: »Ich bin meinem Lehrer und Meister treu geblieben, so weit er der Wahrheit treu blieb, habe von da, wo er die Sache hingeführt, Einen Schritt weiter gethan, aber nicht in die Luft, wie alle Luftspringer meiner Zeit, sondern auf festem Grund und Boden [...]« (GBr, 171). Mit diesen Worten reiht sich Schopenhauer unter diejenigen nachkantischen Philosophen ein, die die Philosophie Kants in seinem Geiste fortführen, grenzt sich aber gleichzeitig gegen alle anderen ab, die denselben Anspruch erheben, insbesondere gegen die Vertreter des Deutschen Idealismus.

Der Briefwechsel, aus dem die Zitate entnommen sind, dreht sich um den Vorschlag Schopenhauers, bei der Edition der Gesamtausgabe der Werke Kants die erste Auflage der *Kritik der reinen Vernunft* zugrunde zu legen – ein Vorschlag, der bekanntlich von Rosenkranz und Schubert 1838 auch umgesetzt wurde. Die Gründe, die Schopenhauer dafür anführt, nämlich dass die zweite Auflage der *Kritik* »ein sich selber widersprechendes, verstümmeltes, verdorbnes Buch geworden« (GBr, 167) sei und daher die längst vergriffene erste Auflage der Öffentlichkeit wieder zugänglich gemacht werden müsse, werfen ein erstes Licht auf seine Kant-Rezeption. Was ihn an der zweiten Auflage vor allem stört, ist die Widerlegung des Idealismus, die Kant hinzugefügt hatte, während das Kapitel über die Paralogismen der Seelenlehre, deren vierter den transzendentalen Idealismus als empirischen Realismus erläutert, stark verkürzt und verallgemeinernd neu verfasst wurde. Schopenhauer vermutet, dass Kant einerseits den Vorwurf, seine Lehre sei nur »aufgefrischter Berkleyanischer Idealismus« (GBr, 166) vermeiden wollte und andererseits Repressalien wegen der Kritik der rationalen Psychologie fürchtete. Infolgedessen habe er den »Hauptpunkt aller Philosophie nämlich das Verhältniß des Idealen zum Realen« (GBr, 167) leichtfertig aufs Spiel gesetzt. Wie wichtig ihm dieser Punkt war, wird deutlich, wenn Schopenhauer in der Vorrede zum Hauptwerk seinen Anschluss an die kantische Philosophie daraus erklärt, dass diese allein in der Lage sei, den dem Menschen »angeborenen, von der ursprünglichen Bestimmung des Intellekts herrührenden Realismus wirklich zu beseitigen, als wozu weder Berkeley noch Malebranche ausreichen« (W I, XXIV).

Die erste Auflage der *Kritik* hatte Schopenhauer erst 1826 kennengelernt (vgl. HN V, 94). Auf diesen Umstand vor allem gehen die »bedeutende[n] Berichtigungen und ausführliche[n] Zusätze« (W I, XXI) zurück, die er in der im Anhang des Hauptwerks abgedruckten »Kritik der Kantischen Philosophie« in der zweiten Auflage (1844) formulierte (s. Kap. 6.7). Hatte er Kant zunächst vorgeworfen, den Idealismus verwässert und das Ding an sich zu einem »garstigen Wechselbalg« (W I, 614) gemacht zu haben – und daher in dieser Hinsicht Berkeley vorgezogen, der mit »der einfachen, so naheliegenden, unleugbaren Wahrheit ›*Kein Objekt ohne Subjekt*‹« (W I, 514) eine völlig hinreichende Begründung desselben gegeben habe –, so stellt er nach der Lektüre der ersten Auflage der *Kritik* fest, dass »alle jene Widersprüche verschwinden« und Kant dort einen »entschiedenen Idealismus« (W I, 515) vertritt.

In den zwei Jahre vor Erscheinen der *Welt als Wille und Vorstellung* entstandenen und unter dem Titel »Gegen Kant« zusammengefassten handschriftlichen Aufzeichnungen, die Vorarbeiten zu dem Anhang waren, ist der Vorzug Berkeleys noch deutlicher: Hier wird es als »Grundfehler« (HN II, 398) Kants bezeichnet, den Berkeleyschen Satz ignoriert zu haben. Es deutet sich darin an, dass, obwohl Schopenhauer seine veröffentlichte Kritik an Kant mit der Bemerkung »Kants größtes Verdienst ist die Unterscheidung der Erscheinung vom Dinge an sich« (W I, 494) einleitet, dieser Punkt zu Beginn nicht im Zentrum seiner Auseinandersetzungen mit dem Königsberger Philosophen lag. In der Tat finden sich in den frühen Studienheften zu Kant nur polemische Anmerkungen zum Ding an sich, das Schopenhauer als »die schwache Seite der K(ant)schen Lehre« (HN II, 265) bezeichnete. Dagegen lobt er schon hier, wie auch mehrfach später in den veröffentlichten Schriften, überschwänglich die Lehre vom intelligiblen und empirischen Charakter. Im Folgenden soll zunächst ein Überblick über den Anfang und die Entwicklung von Schopenhauers Kant-Rezeption gegeben werden, um dann auf einige ausgewählte systematische Punkte etwas näher einzugehen.

Schopenhauers Auseinandersetzung mit Kant bis zur Abfassung des Hauptwerks

In dem erwähnten Brief an Rosenkranz schreibt Schopenhauer, er habe »seit 27 Jahren [...] nie aufgehört« (GBr, 166) Kant zu studieren. Demnach hatte er im Jahr 1810 dessen Philosophie kennengelernt; das deckt sich auch mit den Angaben in seinem Lebenslauf, den er 1819 der Bewerbung um die Habilitation in Berlin angefügt hatte (vgl. GBr, 52). Es war das zweite Jahr seines Studiums in Göttingen, in dem ihm, wie er viele Jahre später schreibt, sein Lehrer Gottlob Ernst Schulze »den weisen Rath« gab, »meinen Privatfleiß fürs Erste ausschließlich dem Plato und Kanten zuzuwenden« (GBr, 261). Im selben Jahr lieh er sich auch zum ersten Mal ein Buch von Kant, die *Prolegomena*, in der Bibliothek aus (De XVI, 105), und es taucht die früheste Notiz zu Kant in den Handschriften auf (vgl. HN I, 12 f.). Nach dem Wechsel an die Universität Berlin vertiefte er sein Kant-Studium: 1811 finden sich unter den ausgeliehenen Büchern ein Band mit kleineren Schriften Kants, die *Kritik der praktischen Vernunft* und die *Kritik der Urteilskraft* (2. Aufl.). Zwischen 1811 und 1814 legte sich Schopenhauer Studienhefte an zu *Metaphysische Anfangsgründe der Tugendlehre*, *Metaphysische Anfangsgründe der Rechtslehre*, zur *Logik* (Hg. Gottlob Benjamin Jäsche), den *Prolegomena*, zur *Kritik der reinen Vernunft* (5. Aufl.), der *Kritik der Urteilskraft* (3. Aufl.), der *Anthropologie* und zu *Metaphysische Anfangsgründe der Naturwissenschaft* (vgl. HN II, 251–301). 1813 hatte er sich die *Kritik der reinen Vernunft* (2. Aufl.) und noch einmal die *Kritik der Urteilskraft* (1. Aufl.) und die *Prolegomena* ausgeliehen. Später schaffte er sich nach und nach die Werke Kants selbst an; allerdings ist es schwierig und in einigen Fällen auch unmöglich, das Kaufdatum zu ermitteln. Sicher ist, dass er bei der Arbeit am Hauptwerk (1814–1818) die *Kritik der reinen Vernunft* in der 5. Auflage besaß (vgl. HN V, 94), und die Anstreichungen und Randbemerkungen in den Büchern seiner Bibliothek deuten darauf hin, dass schon früh die *Kritik der Urteilskraft*, die *Prolegomena*, *Metaphysische Anfangsgründe der Naturwissenschaft*, *Zum ewigen Frieden*, die Preisschrift *Welches sind die Fortschritte, die die Metaphysik seit Leibnitzens und Wolff's Zeiten in Deutschland gemacht hat* sowie ein Band *Vermischte Schriften*, der die *Träume eines Geistersehers*, die *Beobachtungen über das Gefühl des Schönen und Erhabenen*, *De mundi sensibilis atque intelligibilis forma et principiis* und *Ideen zu einer allgemeinen Geschichte in weltbürgerlicher Absicht* enthält, in seinen Besitz kamen. Ohne Hinweise auf den Zeitpunkt des Erwerbs befanden sich in der nachgelassenen Bibliothek Schopenhauers außerdem *Metaphysische Anfangsgründe der Rechtslehre*, zwei weitere Ausgaben der *Kritik der Urteilskraft* und eine weitere der *Prolegomena*, die *Kritik der praktischen Vernunft*, die *Grundlegung zur Metaphysik der Sitten* und *Ueber eine Entdeckung, nach der alle neue Kritik der reinen Vernunft durch eine ältere entbehrlich gemacht werden soll*. Später freilich erst kamen die erste Auflage der *Kritik der reinen Vernunft* und die von Rosenkranz und Schubert herausgegebene Ausgabe der *Sämmtliche[n] Werke* hinzu (vgl. HN V, 78–99).

Neben einzelnen Notizen, Anmerkungen und Randschriften gibt es aus der Zeit bis zum Erscheinen des Hauptwerks vier längere, in sich geschlossene Texte Schopenhauers zur Philosophie Kants: (1) Im handschriftlichen Nachlass (HN II, 302–304) befindet sich ein mit der Jahreszahl 1812 und der Überschrift »Zu Kant« versehenes Manuskript, in dem sich Schopenhauer kritisch mit Kants Begriffen von Vernunft und Verstand auseinandersetzt; (2) die Dissertation von 1813 enthält ein Kapitel »Bestreitung von Kants Beweis dieses Satzes [vom zureichenden Grunde des Werdens; M. K.] und Aufstellung eines neuen in gleichem Sinn abgefaßten« (Diss, 31–44); (3) aus der Zeit zwischen 1816 und 1818 vermutlich stammt das bereits erwähnte Manuskript mit dem Titel »Gegen Kant« (HN II, 398–426), aus dem schließlich (4) der in der ersten Auflage der *Welt als Wille und Vorstellung* (1818) veröffentlichte Anhang »Kritik der Kantischen Philosophie« hervorging.

Das Thema, mit dem Schopenhauer seine Auseinandersetzung mit Kant aufnimmt, und das dann auch von zentraler Bedeutung bleibt, ist das Verhältnis von Verstand und Anschauung, von diskursiver und intuitiver Erkenntnis. Bereits in der frühesten handschriftlichen Aufzeichnung zu Kant sieht er den bündigsten Ausdruck für »Kants Mängel« darin, dass dieser »die Kontemplation nicht gekannt« (HN I, 13) habe. Der kantische Kritizismus, den Schopenhauer nicht nur als Selbstkritik der Vernunft, sondern als vernichtende Kritik aller oberen Erkenntnisvermögen, als »Selbstmord des Verstandes« (HN I, 12) auffasst, müsse durch eine Aufwertung des anschaulichen Erkenntnisvermögens ergänzt werden. Das derart »*vollendete* System des Kriticismus« (HN I, 37) bildet das erste aus der Kant-Rezeption hervorgegangene Projekt, in dessen Verlauf Schopenhauer seine Differenzierung zwischen abstrakter und intuitiver Erkenntnis, zwischen dem wissenschaftlichen Denken und der Anschauung des künstlerischen Genies entwickelt (vgl. Koßler 2012).

In diesem Zusammenhang sind auch die beiden ersten ausführlicheren Auseinandersetzungen zu sehen: In dem Manuskript »Zu Kant« wirft Schopenhauer Kant zum einen eine Äquivokation bei der Einführung des Begriffs der praktischen Vernunft und andererseits eine unzulässige Trennung von Verstand und Vernunft vor. Damit wird bereits die gegen Kant gewendete Bestimmung der Vernunft als bloß theoretisches Vermögen zur Bildung des Begriffs, d. h. der »Vorstellung von einer Vorstellung« (HN II, 270) vorbereitet. Dagegen wird die bildhafte Anschauung als »unmittelbare Vorstellung« (ebd.) gesetzt, aus der allein Begriffe ihren Inhalt und Wert erhalten (vgl. HN I, 30).

Die Widerlegung von Kants Beweis der Apriorität des Kausalitätsgesetzes in der Dissertation beruht dann im Wesentlichen auf der Annahme einer von Begriffen unabhängigen vollständigen Erkenntnis der Anschauung, die bis zur Abfassung des Hauptwerks zur Intellektualität der Anschauung (vgl. W I, 15) weiterentwickelt wird; denn um die Konstitution der empirischen Realität durch »Vereinigung« (Diss, 22) der Anschauungsformen Raum und Zeit ohne Begriffe erklären zu können, muss Schopenhauer den Verstand doch wieder von der Vernunft trennen und als ein »Vermögen der Anschauung« (HN II, 402) neu fassen. Kategorien sind dann nicht mehr wie bei Kant Begriffe, sondern Funktionen des anschauenden Verstandes, und Schopenhauer reduziert schon bald nach dem Erscheinen der Dissertation die Kategorien auf eine einzige, nämlich die der Kausalität (vgl. HN I, 201 f.).

Auch die physiologische Begründung der apriorischen Formen der Erkenntnis, die Schopenhauer im Anschluss an die Dissertation in der Schrift *Ueber das Sehn und die Farben* vorgelegt hat (s. Kap. 5) ist im Zusammenhang mit dieser Entwicklung zu sehen. Am Ende dieser ersten Auseinandersetzung steht eine völlige Neubestimmung der Begriffe von Vernunft, Verstand und Anschauung (vgl. Bäschlin 1968; Koßler 2013; Wicks 1993), von der aus Schopenhauer in dem Manuskript »Gegen Kant« und im Anhang zum Hauptwerk immer wieder eine mangelnde Differenzierung zwischen »Anschauung und Denken« (HN II, 406) bei Kant kritisiert.

Erst in der Folge gewinnt der Begriff des Dinges an sich seine später so zentrale Bedeutung. Denn indem Schopenhauer seine neue Bestimmung der Erkenntnisvermögen gegen Kant wendet, kommt er zu einer Kritik an dessen Behandlung des Dinges an sich, die zwar unberechtigt sein mag, ihn selbst aber direkt zu den Grundlagen der Willensmetaphysik führt (vgl. Königshausen 1977, 195 ff.; Koßler 2012, 471 ff.). Dabei schließt er sich auch der Kant-Kritik seines Lehrers Schulze an. Da für ihn in der Anschauung bereits die vollständige empirische Erkenntnis vorliegt, bringt er in »Gegen Kant« Kants Rede von dem Gegebenen der Anschauung (das noch keine Erfahrung ausmacht) und dessen Konzeption des »Objekts überhaupt« (KrV, B 154) (das nur die Verbindung des anschaulich Gegebenen zu einem Gegenstand überhaupt bezeichnet) so zusammen, dass es als die Hypostasierung eines »Objekt[s] ohne Subjekt« (HN II, 403), als eine unzulässige und widersprüchliche Anwendung der Formen der Vorstellung auf das Ding an sich erscheint (vgl. Baumann 1990; Wartenberg 1900/1901). Die Konsequenz aus der Aufdeckung dieses Fehlers liegt für Schopenhauer darin, dass das Ding an sich in keiner Weise als etwas Objektives aufgefasst werden kann, sondern das schlechthin Subjektive, der Wille sein muss: »Statt dessen hätte K[ant] unmittelbar vom Willen ausgehn[,] ihn als das unmittelbar erkannte Ansich unsrer eigenen Erscheinung nachweisen [...] sollen [...] Dies allein leitet auf die Erkenntniß von dem was nicht Erscheinung [...] ist [...]« (HN II, 421).

Die hier angesprochene unmittelbare Erkenntnis des eigenen Ansich als Willen hatte Schopenhauer in der Dissertation vorbereitet, in der er nicht von Kants Unterscheidung zwischen Ding an sich und Erscheinung, sondern von dessen Lehre vom empirischen und intelligiblen Charakter ausgegangen war; dort hatte er den intelligiblen Charakter als »das innerste von allem Andern unabhängige Wesen des Menschen« (Diss, 76) bezeichnet, und im Lauf eines Jahres trat nach und nach der Begriff ›Wille‹ an die Stelle des intelligiblen Charakters (vgl. Koßler 2008). Der Lehre vom intelligiblen Charakter, wie sie Kant in der *Kritik der reinen Vernunft* anlässlich der dritten Antinomie dargelegt hatte (vgl. KrV, B 566 ff.), kommt also eine entscheidende Rolle bei der Herausbildung der Willensmetaphysik zu, und während das Ding an sich zunächst skeptisch von Schopenhauer betrachtet wurde, war seine Begeisterung für die Lehre vom intelligiblen Charakter von Anfang an konstant: Als ein »unvergleichliches, höchst bewundrungswerthes Meisterstück des menschlichen Tiefsinns« (Diss, 77) sieht er es in der Dissertation, zum »Vortrefflichsten was je von Menschen gesagt ist« (HN II, 421) zählt er es in »Gegen Kant« und auch immer wieder in den später veröffentlichten Schriften. Der intelligible Charakter als individuelles Ansichsein des Menschen wird im Hauptwerk mit der Idee gleichgesetzt (vgl. W I, 188), und es ist bezeichnend, dass Schopenhauer in der unmittelbar auf die Dissertation folgenden Zeit der Entstehung der Willensmetaphysik Kants Ding an sich mit der platonischen Idee identifiziert: »Die Identität dieser beiden großen und dunklen Lehren ist ein unendlich fruchtbarer Gedanke, der eine Hauptstütze meiner Philosophie werden soll« (HN I, 132).

Im Anhang zur ersten Auflage der *Welt als Wille und Vorstellung* konzentriert sich die Kritik Schopenhauers dementsprechend auf die kantische Konzeption von Verstand, Vernunft und Anschauung, auf die Kategorienlehre (und damit auch die Auffassungen von Substanz und Materie), die mangelnde Unterscheidung zwischen abstrakter und intuitiver Erkenntnis, die Herleitung des Dinges an sich und die damit zusammenhängende Behandlung der Frage nach der Möglichkeit einer Metaphysik. Dagegen finden Kants *Kritik der praktischen Vernunft* und die *Kritik der Urteilskraft* nur wenig Interesse. Was die Ethik betrifft, so führt Schopenhauer im Wesentlichen die in dem Manuskript »Zu Kant« schon vorgebrachte Kritik an Kants Lehre von der praktischen Vernunft weiter aus. In der Ästhetik sieht er zwar ein Verdienst Kants darin, den Blick auf die subjektive Seite, die Rezeption von Kunst gewendet zu haben, aber aufgrund der fehlenden Kenntnis der Kontemplation habe er sich dabei nicht auf die Anschauung des Schönen, sondern nur auf Urteile darüber bezogen. Obgleich dieser Mangel schon früh von Schopenhauer bemerkt wurde, überrascht die kurze und oberflächliche Abfertigung der kantischen Ästhetik doch angesichts der intensiven frühen Beschäftigung mit der *Kritik der Urteilskraft* und der Tatsache, dass sich drei Exemplare dieses Buchs in seinem Besitz befanden; Kants Konzeption der ästhetischen Idee etwa, die als Anschauung, der kein Begriff adäquat ist, durchaus das Interesse Schopenhauers hätte finden können, wird nicht erwähnt (vgl. Kamata 1988, 168 ff.).

Spätere Auseinandersetzungen mit der kantischen Philosophie

Neben vielen einzelnen Bezugnahmen auf Kant, die sich sowohl in Schopenhauers veröffentlichten Schriften als auch im handschriftlichen Nachlass immer wieder bis zu seinem Lebensende finden, sind nach dem Erscheinen des Hauptwerks wiederum vier relevante Texte größeren Umfangs herauszuheben: (1) das Kapitel »Kritik des von Kant der Ethik gegebenen Fundaments« in der 1839 eingereichten und 1841 publizierten »Preisschrift über die Grundlage der Moral«, (2) die zweite Auflage der *Welt als Wille und Vorstellung*, bei der der Anhang zur »Kritik der Kantischen Philosophie« wie bereits erwähnt beträchtlich verändert und erweitert wurde, (3) das in der zweiten Auflage der Dissertation *Ueber die vierfache Wurzel des Satzes vom zureichenden Grunde* weitgehend neu verfasste Kapitel »Bestreitung des von Kant aufgestellten Beweises der Apriorität des Kausalitätsbegriffes« und (4) der Abschnitt »Noch einige Erläuterungen zur Kantischen Philosophie« aus den in den *Parerga und Paralipomena* enthaltenen »Fragmente[n] zur Geschichte der Philosophie«.

Ein Preisausschreiben der Königlich Dänischen Societät der Wissenschaften gab Schopenhauer die Gelegenheit, sich nach der Entdeckung der ersten Auflage der *Kritik der reinen Vernunft* und ermuntert durch den Erfolg der »Preisschrift über die Freiheit des Willens« nun noch einmal intensiv mit der Moralphilosophie Kants zu beschäftigen. Einer der Gründe dafür, dass die zweite »Preisschrift über die Grundlage der Moral« nicht gekrönt wurde, ist Schopenhauers im II. Kapitel harsch und polemisch vorgebrachte »Kritik des von Kant der Ethik gegebenen Fundaments«; immerhin umfasst dieser Abschnitt mit 8 von 22 Paragraphen mehr als ein Drittel des Gesamtumfangs der Schrift.

Schon im Anhang zur *Welt als Wille und Vorstellung* bringt Schopenhauer zum Ausdruck, dass Kants Fehler, innere und äußere Erfahrung als Quelle der Erkenntnis auszuschließen, insbesondere für den Bereich der Moralphilosophie zu einem falschen Ansatz und eben solchen Konsequenzen führt. Eine auf das Handeln gerichtete Philosophie kann nicht auf empirische Erkenntnis verzichten, ohne in Widersprüche zu geraten. Dieser Hauptvorwurf Schopenhauers gegenüber Kants rationaler Ethik liegt der *en détail* durchgeführten »Kritik des von Kant der Ethik gegebenen Fundaments« zugrunde, wobei zunächst (in § 3, Uebersicht) erläutert wird, warum auf Kants *Grundlegung zur Metaphysik der Sitten* Bezug zu nehmen ist: In »konciser und strenger Form« (E, 119) als die *Kritik der praktischen Vernunft* enthalte dieses Buch das Wesentliche der kantischen Ethik, »streng systematisch, bündig und scharf dargestellt, wie sonst in keinem andern« (E, 118). Die *Kritik der praktischen Vernunft* gibt zu erkennen, »was Kant eigentlich damit gewollt hat« (E, 119), nämlich eine Moraltheologie; die *Metaphysik der Sitten*, insbesondere die Tugendlehre, taugt dagegen für Schopenhauer gar nicht zum Leitfaden seiner kritischen Auseinandersetzung: hier sei »der Einfluß der Altersschwäche überwiegend« (ebd.).

Die wichtigsten Vorwürfe Schopenhauers bestehen darin, dass Kant (1) statt der angestrebten Moralphilosophie eine Moraltheologie vorgelegt habe, indem er zu Inhalten der traditionellen Metaphysik zurückgekehrt sei, die er (bereits in der *Kritik der reinen Vernunft*) als die »drei Kardinalsätze« deklariere; das imperativische Moment, das sich letztlich (sogar die Orthographie bestätige dies) von dem »Du sollst ...« des Dekalogs herleite, verstärke den theologischen Charakter der kantischen Ethik. Damit gehe (2) die Einführung des Eudämonismus einher, die »auf Glückseligkeit ausgehende, folglich auf Eigennutz gestützte Moral [...], welche *Kant* als heteronomisch feierlich zur Hauptthüre seines Systems hinausgeworfen hatte, und die sich nun unter dem Namen *höchstes Gut* zur Hinterthüre wieder hereinschleicht« (E, 124). Kristallisationspunkt der Kritik ist schließlich die Begründung der kantischen Moralphilosophie durch den kategorischen Imperativ, der für Schopenhauer »beim Licht betrachtet, nichts Anderes, als ein indirekter und verblümter Ausdruck des alten, einfachen Grundsatzes, *quod tibi fieri non vis, alteri non feceris*« (E, 158), ist. Weil Kant auch für die Grundlegung der Moralphilosophie die Forderung nach Apriorität aufgestellt habe und folgerichtig den kategorischen Imperativ durch einen erfahrungsunabhängigen, subtilen »Gedankenproceß« (E, 141 ff.) nachweisen wollte, ist ein auf abstrakte Begriffe gegründetes Moralgesetz in den Mittelpunkt der Ethik gelangt, dessen Inhalt nichts mehr als seine Form, nämlich die Verallgemeinerbarkeit, sei. Einer so gearteten »Grundlegung« aber spricht Schopenhauer Wirksamkeit und damit Wirklichkeit selbst ab (vgl. E, 138, 142 ff.).

Dennoch gesteht Schopenhauer Kant ein »glänzendes Verdienst um die Ethik« (E, 174) zu, das in der »Lehre vom Zusammenbestehn der Freiheit mit der Nothwendigkeit« (ebd.) besteht: In der großen Denkleistung im Theoretischen, der Unterscheidung von Ding an sich und Erscheinung, liegt auch der Schlüssel zum richtigen moralischen Selbstverständnis – die Lehre vom erscheinungshaften empirischen Charakter des Individuums, dem der unveränderliche, intelligible Charakter zugrunde liegt. Schopenhauer adaptiert den kantischen Begriff des intelligiblen Charakters und übernimmt das »Zusammenbestehn der Freiheit mit der Nothwendigkeit« (ebd.) als Fazit der kantischen Unterscheidung der im Empirischen wirkenden Kausalität der Natur und der moralitätsbegründenden Kausalität der Freiheit. Im Kontext der geforderten Darstellung der empirischen »Grundlage der Moral« werden die kantischen Reflexionsgänge aber umgedeutet und in eine moralphilosophische Lehre des selbstlosen Mitempfindens auf willensmetaphysischer Grundlage integriert.

Die Änderungen, die Schopenhauer im Anhang des Hauptwerks vorgenommen hat, sind zu einem guten Teil darauf zurückzuführen, dass er inzwischen die erste Auflage der *Kritik der reinen Vernunft* kennengelernt hatte. Diese Korrekturen seines Kant-Bildes betreffen die bereits erwähnte Bewertung des transzendentalen Idealismus im Vergleich zu Berkeley und Locke (vgl. W I, 494 ff., 514 ff.), das Verhältnis von Objekt überhaupt und Ding an sich (vgl. W I, 524 ff.), den Begriff der Kategorie (vgl. W I, 530 ff., 557), die Behandlung der rationalen Psychologie (vgl. W I, 579 ff.) sowie die Stellung zu Schopenhauers eigener Philosophie (vgl. W I, 595 ff.). Hinzu kommen Ergänzungen, die durch die weitere Entwicklung der nachkantischen Philosophie, die Erweiterung der Literaturkenntnisse oder – in selteneren Fällen – erneutes Nachdenken veranlasst wurden. Die Ausführungen zur praktischen Philosophie und zur *Kritik der Urteilskraft* dagegen erhielten abgesehen von Verweisen auf die Kritik an Kant in der »Preisschrift über die Grundlage der Moral« (W I, 610) und in den *Parerga und Paralipomena* (W I, 633) keine nennenswerten Änderungen.

Bei der Bestreitung des kantischen Beweises für die Apriorität des Kausalitätsgesetzes war in der zweiten Auflage der Schrift über den Satz vom Grunde vor allem zu berücksichtigen, dass Schopenhauer in der ersten Auflage noch die Kategorienlehre Kants anerkannt und erst in den folgenden Jahren die Reduktion der 12 Kategorien auf die eine der Kausalität vorgenommen hatte; dies musste zu einer Korrektur der Argumentation führen. Insgesamt aber wurde die Auseinandersetzung eher verkürzt und vereinfacht (vgl. Nussbaum 1985). Zu dieser Zeit (1847) hatte Schopenhauer längst die Skrupel abgelegt, die es ihm in der Jugend noch angebracht zu scheinen ließen, auf allerlei mögliche Einwände gegen seine Kritik an Kant einzugehen.

Dieses erstarkte Selbstbewusstsein wird noch deutlicher in der letzten größeren Auseinandersetzung mit Kant, dem Kapitel »Noch einige Erläuterungen zur Kantischen Philosophie« der *Parerga und Paralipomena*. Die Themen und Kritikpunkte sind im Wesentlichen dieselben wie auch in dem Anhang des Hauptwerks; die Kritik tritt hier weniger als argumentative Auseinandersetzung mit den Lehren Kants auf, sondern wird eher dadurch zum Ausdruck gebracht, dass Schopenhauer demonstrieren will, wie die Gedanken und Absichten Kants auf der Grundlage seiner eigenen Philosophie besser zu erläutern und auszuführen sind. So wird etwa eine klarere Darlegung des Paralogismus der Personalität vorgeschlagen (vgl. P I, 100) oder eine tiefere Fassung des »Begriffs einer Transscendentalphilosophie« im »innersten Geist der Kantischen Philosophie« (P I, 88). Am Ende seines Lebens sieht sich Schopenhauer nicht mehr nur als Vollender, sondern als Überwinder Kants.

Literatur

Bäschlin, Daniel Lukas: *Schopenhauers Einwand gegen Kants transzendentale Deduktion der Kategorien*. Meisenheim 1968.

Baumann, Lutz: Kants Theorie der Gegenstandserkenntnis und Schopenhauers Lehre vom Ding an sich. In: *Schopenhauer-Jahrbuch* 71 (1990), 17–25.

Estermann, Alfred: »...also ist obige Behauptung falsch«: Ein wieder aufgetauchtes Kant-Handexemplar Schopenhauers. In: *Schopenhauer-Jahrbuch* 79 (1998), 57–83.

Hübscher, Arthur: Unbekannte Randschriften Schopenhauers zu Kant. In: *Schopenhauer-Jahrbuch* 44 (1963), 1–22.

Kamata, Yasuo: *Der junge Schopenhauer. Genese des Grundgedankens der Welt als Wille und Vorstellung*. München 1988.

Kisner, Manja: *Der Wille und das Ding an sich. Schopenhauers Willensmetaphysik in ihrem Bezug zu Kants kritischer Philosophie und dem nachkantischen Idealismus*. Würzburg 2016.

Königshausen, Johann-Heinrich: Schopenhauers »Kritik der Kantischen Philosophie«. In: *Perspektiven der Philosophie* 3 (1977) [erschienen 1978], 187–203.

Koßler, Matthias: Life is but a Mirror: On the Connection between Ethics, Metaphysics and Character in Schopenhauer. In: *European Journal of Philosophy* 16/2 (2008), 230–250.

Koßler, Matthias: The ›Perfected System of Criticism‹. Schopenhauer's Initial Disagreements with Kant. In: *Kantian Review* 17/3 (2012), 459–478.

Koßler, Matthias: »Ein kühner Unsinn« – Anschauung und Begriff in Schopenhauers Kant-Kritik. In: Stefano Bacin/Alfredo Ferrarin/Claudio La Rocca/Margit Ruffing (Hg.): *Kant und die Philosophie in weltbürgerlicher Absicht. Akten des XI. Internationalen Kant-Kongresses Pisa 2010*. Bd. 5. Boston/Berlin 2013, 569–578.

Meyer, Werner: *Das Kantbild Schopenhauers*. Frankfurt a. M./Bern/New York u. a. 1995.

Nussbaum, Charles: Schopenhauer's Rejection of Kant's Analysis of Cause and Effect. In: *Auslegung* 11 (1985), 33–44.

Philonenko, Alexis: *Schopenhauer critique de Kant*. Paris 2005.

Ruffing, Margit: »Muss ich wissen wollen?« – Schopenhauers Kant-Kritik. In: *Kants Metaphysik und Religionsphilosophie* (= Kant-Forschungen, Bd. 15). Hg. von Norbert Fischer. Hamburg 2004, 561–582.

Walker, Mark Thomas: *Kant, Schopenhauer and Morality: Recovering the Categorical Imperative*. Basingstoke/New York 2012.

Wartenberg, Mścisław: Der Begriff des »transscendentalen Gegenstandes« bei Kant – und Schopenhauers Kritik desselben (I). In: *Kant-Studien* 4 (1900), 202–231; (II) in: *Kant-Studien* 5 (1901), 145–176.

Weiner, Thomas: *Die Philosophie Arthur Schopenhauers und ihre Rezeption*. Hildesheim/Zürich/New York 2000.

Wicks, Robert: Schopenhauer's Naturalization of Kant's A Priori Forms of Empirical Knowledge. In: *History of Philosophy Quarterly* 10 (1993), 181–196.

Matthias Koßler / Margit Ruffing

18 Jakob Friedrich Fries, Gottlob Ernst Schulze, Friedrich Heinrich Jacobi

Jakob Friedrich Fries

Jakob Friedrich Fries (1773–1843), Professor für Philosophie, Physik und Mathematik, gehört, obwohl bei Fichte promoviert und habilitiert, zu den Antipoden des sogenannten Deutschen Idealismus. Er richtet sich gegen Reinhold, Fichte und Schelling und gilt insbesondere als Gegenspieler Hegels – beide äußern sich wenig anerkennend dem jeweils anderen gegenüber – ohne freilich eine vergleichbare Wirkung zu erreichen, nicht zuletzt wegen seiner Zwangsemeritierung als Philosophieprofessor von 1819 bis 1838 aufgrund politischer Äußerungen. Bereits 1825 konnte er jedoch seine Lehrtätigkeit als Physik- und Mathematikprofessor, deren Einfluss auf seine philosophischen Arbeiten er betont, wieder aufnehmen. Zu seinen philosophischen Hauptwerken gehört die 1807 erschienene *Neue Kritik der Vernunft*, die – wie der Name schon andeutet – als eine Neukonzeption der kantischen Philosophie auf Grundlage von Selbstreflexion angelegt ist. Mit dieser Arbeit hat sich Fries – wohl zu Unrecht – über lange Zeit den von Schopenhauer nicht unterstützen Vorwurf des Psychologismus eingehandelt.

Schopenhauer kommentiert in seinen Studienheften vermutlich in den Jahren 1812/13 – nur die letzten Absätze stammen wohl aus dem Jahr 1817 (vgl. HN II, XXIX, 434) – die Friessche *Neue Kritik*, insbesondere den ersten aber auch den zweiten und dritten Band (vgl. HN II, 361–366). Er untersucht exemplarisch einzelne Aussagen en détail und erschließt sich so die Friessche »Ansicht, die sich als höchst verworren, dumpf und seicht bewährt: obgleich hin und wieder ein Gedanke ist« (HN II, 364). Zu den wenigen als positiv hervorgehobenen Gedanken gehören Fries' Ausführungen zur Unmöglichkeit eines obersten Prinzips allen Wissens und zur Leerheit des Begriffs des Absoluten. »Sehr viel Wahres« schreibt Fries einzig über die Freiheit und nimmt damit in Schopenhauers Augen zum Teil Schellings *Philosophische Untersuchungen über das Wesen der menschlichen Freiheit* von 1809 vorweg (HN II, 364; vgl. Fries 1807, Bd. 2, 242 f.). In seinem Erstlingsmanuskript von 1817 hebt er darüber hinaus noch das, was Fries »über Begründung der Urteile und Beweis« (HN I, 457 Anm.) sagt, als sehr lesenswert hervor. Im Übrigen rechnet Schopenhauer es Fries hoch an, dass er sich der Philosophie Hegels entgegengestellt hat, wenn er auch im gleichen Atemzug vom »Friesischen Altweibergeschwätz« (P I, 194) spricht.

Vorwiegend äußert sich Schopenhauer jedoch ablehnend zu Fries. In seinem Kommentar der Friesschen *Kritik* etwa über dessen »grundfalsche Erklärung der sinnlichen Wahrnehmung« oder den Gedanken unmittelbar dem Gemüt gegebener Erkenntnisse (HN II, 361, 363), in *Ueber die vierfache Wurzel des Satzes vom zureichenden Grunde* über die fälschliche Erklärung der *fallacia non causae ut causa* als die Angabe einer physischen Ursache; letzteres ist ein Vorwurf, den er dort auch Schulze macht (vgl. G, 8). Kritisiert wird auch der Friessche Gedanke, dass Schönheit ein Wert sei, den ein Ding rein in sich selbst trägt und nicht durch ein Anderes erhält (vgl. Fries 1811, 313). Tatsächlich ist Schönheit nach Schopenhauer ein Relationsbegriff. Ihr einen unbedingten Wert zuzusprechen, sei somit unsinnig (vgl. HN I, 435).

Ihren Fokus findet die Schopenhauersche Kritik jedoch in der Bezichtigung des Unverständnisses gegenüber der *Kritik der reinen Vernunft*: Schopenhauer meint, dass Fries die von Kant erledigte Metaphysik mittels der Einführung »angeborener Ideen« wiederbelebt. Der Tatsache, dass die Vorstellungen erkenntnistheoretisch nicht zu übersteigen sind, eine Außenwelt also nicht vernünftig zu fassen ist, setzt Fries, so der nicht überzeugte Schopenhauer, einen festen Vernunftglauben daran entgegen, dass den Vernunftideen auch Gegenstände zugrunde liegen – selbst wenn diese Gegenstände, so lässt Schopenhauer Fries einräumen, von unseren Ideen sehr verschieden sein können. Fries glaubt dementsprechend nicht nur an die Außenwelt, sondern auch an »die Realität unsrer individuellen *unsterblichen* Seele, deren Freiheit und de[n] lieben Gott Schöpfer« (HN II, 366; Hervorh. V. P.; vgl. auch G, 93). An den Vorwurf einer verfälschenden Auffassung der Philosophie Kants reihen sich weitere Bemerkungen, die sich zu Fries im Werk Schopenhauers finden lassen: »Kants hohe Lehre [wird] herabgezogen und verdorben [...], durch Fries, Krug, Salat und ähnliche Leute« (P II, 360), und Kants richtige Einsicht der intuitiven und unmittelbaren Konstruktion des Raumes durch eine Verstandesoperation wird durch Fries geleugnet (vgl. G, 53).

Trotz der überwiegend negativen Äußerungen zu Fries gibt es Hinweise auf eine Aufnahme Friesscher Gedanken in die Philosophie Schopenhauers. So bemerkt Matthias Koßler:

»Weniger bekannt und untersucht ist die Wirkung, die Jakob Friedrich Fries auf Schopenhauer hatte. Möglicherweise hatte dessen anthropologische Umdeutung der *Kritik der reinen Vernunft*, mit der sich Schopenhauer während seines Studiums intensiver beschäftigte, dazu beigetragen, dass er den transzendentalphilosophischen Ansatz durch physikalische Betrachtung des Intellekts und durch empirisch-psychologische Beobachtungen ergänzen zu müssen meinte« (Koßler 2006, 368 f.).

Darüber hinaus könnte der – oben angeführte – positive Hinweis Schopenhauers auf Fries' Ausführungen zur Freiheit ein Indiz dafür sein, dass Friessches Gedankengut in die gegenüber Kant gewandelte, ontologisierte Auffassung vom intelligiblen Charakter eingegangen ist und damit zur Wandlung des Verständnisses transzendentaler Freiheit von Kant zu Schopenhauer beitragen hat (vgl. Koßler 1995, 196 f.). Zumindest auf eine Verwandtschaft zwischen Fries und Schopenhauer verweist auch Papousado: In seinem Aufsatz »Ueber das Verhältnis der empirischen Psychologie zur Metaphysik« postuliert Fries den Aufweis des Apriorischen als notwendig empirisch, mit der Begründung, nur so dem sich ansonsten ergebenden Zirkel einer apriorischen Begründung des Apriorischen entgehen zu können. Genau diese Einsicht schlägt sich nach Papousado (1999, 24) auch in Schopenhauers »induktivem Apriorismus« nieder. Insgesamt kann das Verhältnis von Schopenhauer zu Fries aber noch nicht als ausreichend erforscht gelten.

Gottlob Ernst Schulze

Als Gottlob Ernst Schulze (1761–1833) 1810 Professor in Göttingen wird, wo er bald darauf auch von Schopenhauer gehört wurde, ist er bereits ein berühmter Mann: 1792 hatte er anonym seinen *Aenesidemus* – nach dem antiken Skeptiker – veröffentlicht, in dem er nicht nur die *Elementarphilosophie* Reinholds einer als vernichtend wahrgenommenen Kritik unterzieht, sondern auch eines der wirkmächtigsten Argumente gegen die Stimmigkeit der Philosophie Kants liefert, obgleich er dessen Philosophie zeitlebens mit Hochachtung gegenübersteht. Schulze, dessen Name bald mit seinem berühmtesten Werk verschmilzt, gibt mit seiner Kritik einen wesentlichen Impuls zur Entwicklung des sogenannten Deutschen Idealismus. Denn es ist Fichte, der Schulzes Kritik rezensiert, aufnimmt und sie mit seinem neuen Konzept der Tathandlung zu überwinden meint. Schulze selbst kann den Werken Fichtes wie auch Schellings – Hegel erfährt bei Schulze nie explizit Erwähnung (vgl. d'Alfonso 2008, 12 f., 22 f.) – nichts abgewinnen. Er bleibt vielmehr bei seiner skeptischen Haltung gegenüber den menschlichen Erkenntniskräften, der Transzendentalphilosophie und dem Idealismus überhaupt, die er 1801 in seiner *Kritik der theoretischen Philosophie* noch einmal bestärkt, und tritt in Annäherung an Jacobi – und im Gegensatz auch zur Philosophie Schopenhauers – für einen natürlichen Realismus ein, um dessen Grundlegung er bemüht ist.

Es ist, laut eigener Auskunft, Schulze, der Schopenhauer zur Philosophie und insbesondere zur Philosophie Kants und Platons bringt:

> »1809 [habe ich] die Universität Göttingen bezogen [...], wo ich Naturwissenschaft und Geschichte hörte, als ich im 2ten Semester, durch die Vorträge des G. E. Schulze, Aenesidemus, zur Philosophie auferweckt wurde. Dieser gab mir darauf den weisen Rath, meinen Privatfleiß fürs Erste ausschließlich dem Plato und Kanten zuzuwenden, und, bis ich diese bewältigt haben würde, keine andern anzusehen, namentlich nicht den Aristoteles, oder den Spinoza« (GBr, 260 f.).

Schopenhauer hört in Göttingen bei Schulze drei Kollegia: im Wintersemester 1810/11 die Vorlesungen über Metaphysik und Psychologie, im Sommersemester 1811 die Vorlesung über Logik. Von allen drei Veranstaltungen liegen die Kollegnachschriften Schopenhauers vor (vgl. d'Alfonso 2008, 11). Darüber hinaus ist vor allem der junge Schopenhauer eng mit Schulzes Büchern vertraut, insbesondere mit dem *Aenesidemus*, der *Kritik der theoretischen Philosophie* und den *Grundsätzen der allgemeinen Logik* (1810).

Im Zentrum der Metaphysikvorlesung Schulzes steht die Philosophie Kants. Seinen Hörern muss dementsprechend deren enorme Wichtigkeit für die Philosophie überhaupt vermittelt worden sein, ungeachtet der Tatsache, dass Schulze einer der einflussreichsten Kant-Kritiker ist. Wenig positiv und umso kritischer werden dagegen die nachkantischen Systeme Fichtes und Schellings dargestellt. Positive Aufnahme erfahren wiederum der Kant-Kritiker und Realist Jacobi wie auch Friedrich Ludewig Bouterwek, der selbst Professor in Göttingen ist und ebenfalls einen nicht unerheblichen Einfluss auf den jungen Schopenhauer ausübte (vgl. Schröder 1911, 72 f., der Einflüsse auf Schopenhauers Konzept von Willen und Leib ausmacht). Schopenhauer mag seine Bewertungen der unterschiedlichen Philosophen, die zum Teil noch in seiner Kritik der Professorenphilosophie wiederzufinden sind (vgl. d'Alfonso 2008, 23; s. Kap. 9.3), also von Schulze übernommen haben, auch wenn er 1811 zunächst nach Berlin geht, und zwar nicht zuletzt, um Fichte zu hören, mit dessen damaligen Stand der Wissenschaftslehre er – wiederum durch Schulze – durchaus in Ansätzen vertraut war (vgl. d'Alfonso 2008, 21 f.).

Während sich Schulze sehr lobend zur Dissertation Schopenhauers äußert (vgl. Fischer 1901, 115), sind Schopenhauers Stellungnahmen zu Schulze von eher zurückhaltender Anerkennung: Wenngleich er Schulzes »schwerfällige und weitläufige Manier« (P I, 96) tadelt, nennt er ihn doch einen der scharfsinnigsten Gegner Kants (vgl. W I, 519, 544) und erkennt dessen Differenzierung von Grund und Ursache (vgl. G, 22) oder auch dessen Kritik der Annahme eines inneren Sinns als philosophische Leistung an (vgl. W I, 519). Vor allem aber nennt er ihn – allerdings erst nach dessen Tod 1844 – im Zusammenhang mit Kants »Einführung des Dinges an sich, [...] deren Unstatthaftigkeit von G. E. Schulze im ›Aenesidemus‹ weitläufig dargethan und bald als der unhaltbare Punkt seines [Kants] Systems anerkannt wurde« (W I, 516). Schulze hatte Kant dafür kritisiert, dass dieser in der Ästhetik von einem kausalen Verhältnis zwischen affektierenden Dingen an sich und dem Subjekt ausgehen müsse, während er im weiteren Verlauf der *Kritik der reinen Vernunft* die Kategorie der Kausalität streng als subjektive Denkform bestimmt. Dementsprechend kann von Kausalität nur hinsichtlich des Verhältnisses von Vorstellungen gesprochen werden. Der Gedanke eines subjektexternen und dennoch verursachenden ›Dinges an sich‹ dürfte in der *Kritik der reinen Vernunft* also eigentlich nicht auftreten (vgl. Schulze 1792, 128 f., 263 f., 304 ff.). Indem Schopenhauer diese Kritik an Kant akzeptiert, übernimmt er zugleich das dieser Kritik zugrundeliegende und Kant damit unterstellte Subjektkonzept. Während Schulze jedoch von der kantischen Philosophie zumindest in dieser Hinsicht abrückt, bleibt Schopenhauer ihr und damit auch dem ihr von Schulze zugesprochenen Subjektkonzept im Prinzip treu. Er importiert damit die durch Schulze bei Kant aufgefundene und kritisierte Aporetik und Zirkelhaftigkeit in seine eigene Philosophie:

> »Wenn ein [...] dem Subjektivismus geradezu verdächtiges System, als welches das Kantische in der Folge der Schulzeschen Sichtweise und damit auch von Schopenhauer betrachtet wird, gerade aufgrund seiner subjektiven Verfaßtheit unheilbar krank ist – [mit] Symptomen der Zirkularität und Aporiebehaftetheit –, dann bleibt ein Überwindungsversuch, der gleichwohl den Status der Krankheit nicht in Frage stellt, dieser doch immer unweigerlich verbunden« (Booms 2003, 124 ff.).

Neben diesem Hauptkritikpunkt an Kant durch Schulze übernimmt Schopenhauer weitere Fragestellungen, die Schulze gegenüber der kantischen Philosophie aufwirft, wie etwa die Frage um die Bedeutung der Kausalität und die nach dem Verhältnis reflexiver und intuitiver Erkenntnisart (vgl. Fischer 1901, 101–104). Ganz unabhängig von Kant – so meint Schröder (vgl. 1911, 60) – findet sich bei Schulze und Schopenhauer schließlich der Gedanke, dass Subjekt und Objekt Korrelate sein: Kein Subjekt ohne Objekt, kein Objekt ohne Subjekt (vgl. Diss, 71 f.; Schulze 1801, Bd. 2, 61, 66, 69 u. ö.). Insgesamt kann davon ausgegangen werden, dass die Lehre Schulzes zumindest auf den jungen Schopenhauer einen erheblichen Einfluss hatte.

Friedrich Heinrich Jacobi

Friedrich Heinrich Jacobi (1743–1819) ist ein, vielleicht der Schnittpunkt der literarisch-philosophischen Debatten seiner Zeit. Seine kritische schriftstellerische Arbeit ebnet in gewollt unsystematischer Art u. a. in Brief-, Dialog- und Romanform den zeitgenössischen Geistesgrößen regelmäßig den Weg, geistiges Neuland zu betreten. Seine Arbeiten sind gekennzeichnet von der Ablehnung einer sich alles – einschließlich des Unendlichen – unterwerfenden Rationalität zugunsten eines unmittelbaren, nicht restlos gedanklich erschließbaren Vernehmens von Wirklichkeit, das das Unendliche einschließt. Jacobi führt 1785 – gegen seine Intention – Spinoza wieder in die philosophische Debatte ein und initiiert damit den Pantheismusstreit. Er steht mit seiner Schrift *David Hume* (1787) am Beginn der Debatte um Idealismus und Realismus, wobei sich Jacobi auf die Seite des Realismus stellt und in seiner berühmten »Beilage« wirkmächtig den transzendentalen Idealismus Kants angreift, und zwar je nach Interpretation entweder – wie später bei Aenesidemus-Schulze – weil Kant gezwungen ist, ein kausales Verhältnis jenseits der Vorstellungen anzunehmen, obwohl er dessen Anwendung zugleich auf die Sphäre der Vorstellungen begrenzt, oder weil Kant innerhalb dieser Sphäre der Vorstellungen von Kausalität bzw. Verursachung spricht, also dort, wo es eigentlich lediglich um Begründungen gehen kann. In die Studienzeit Schopenhauers fällt schließlich der 1811 mit Schelling geführte Streit um die ›Göttlichen Dinge‹, dessen Vorläufer sich bis zum Atheismusstreit 1798/99 zurückverfolgen lassen.

Niemand steht zumindest dem frühen Schopenhauer – bis 1814 – philosophisch so nahe, wie Jacobi. So meint jedenfalls Rudolf Haym und macht diese Nähe im Einzelnen an der »Lehre von der Duplicität des Bewußtseins« respektive des »besseren Bewußtseins« fest (Haym 1864, 67; vgl. auch Schröder 1911, 83): »Ich aber sage in dieser Zeitlichen, Sinnlichen, Verständlichen Welt giebt es wohl Persönlichkeit und Kausalität, ja sie sind sogar nothwendig. – Aber das bessere Bewusstsein in mir erhebt mich in eine Welt wo es weder Persönlichkeit noch Kausalität noch Subjekt und Objekt mehr giebt« (HN I, 42; vgl. auch HN II, 369 f.). Schopenhauer selbst bringt sein ›besseres Bewusstsein‹ (unter Verweis auf Jacobi 1811, 18; wenngleich der Begriff dort nicht explizit fällt) mit dem Denken Jacobis in seinen Erstlingsmanuskripten in Verbindung. In einem Atemzug wirft er Jacobi allerdings zugleich vor, dass er das ›bessere Bewusstsein‹ mit dem Instinkt vermische und damit einen Synkretismus an den Tag lege, »dessen nur ein so unphilosophischer Kopf als Jacobi fähig ist« (HN I, 23). In affirmativer Verkehrung kennzeichnet Jacobi freilich selbst seine Philosophie als Unphilosophie. Für Schopenhauer dagegen ist dessen synkretistische Unphilosophie schlicht die »Unfähigkeit zur Ph[ilosophie], welche Kriticismus ist« (HN I, 368).

Neben dem ›besseren Bewusstsein‹ – und abgesehen von einigen Einzelsentenzen – erkennt Schopenhauer lediglich Jacobis Differenzierung von Grund und Ursache als philosophische Leistung an, wenn auch mit der Einschränkung, dass es sich bei Jacobis Ausführungen »wie gewöhnlich bei ihm, mehr [um] ein selbstgefälliges Spiel mit Phrasen, als ernstliches Philosophiren« (G, 22) handele. Darüber hinaus lässt Schopenhauer den Vorwurf Jacobis, Kant hätte sich ignorant gegenüber dem Unterschied von Grund und Ursache gezeigt, nicht gelten, denn diese Differenzierung sei auch schon bei Kant zu finden. Auf die Beilage »Ueber den transcendentalen Idealismus« (Jacobi 1787, 209–230), in der – zumindest nach einer Auslegung – Jacobi den argumentativen Kern dieser Kant-Kritik formuliert, geht Schopenhauer allerdings in dieser Hinsicht nicht ein. Vielmehr wird Jacobi ein generelles Unverständnis gegenüber den Errungenschaften der *Kritik der reinen Vernunft* attestiert.

Dies zeigt sich insbesondere an der Auffassung Jacobis, die Vernunft sei ein Vermögen, zu vernehmen, und zwar nicht als »das Innewerden der durch Worte mitgetheilten Gedanken« (W I, 44), wie bei Schopenhauer. Vielmehr führt die Wortableitung der Vernunft

»die Fasel-Philosophen, Jacobi an der Spitze, auf jene das ›Uebersinnliche‹ unmittelbar vernehmende Vernunft und auf die absurde Behauptung, die Vernunft sei ein wesentlich auf Dinge jenseits aller Erfahrung, also auf Metaphysik angelegtes Vermögen und erkenne unmittelbar und intuitiv die letzten Gründe aller Dinge und alles Daseyns, das Uebersinnliche, das Absolute, die Gottheit u. dergl. m.« (E, 150 f.).

Das ist ein Gedanke, den Kant, nach Schopenhauer, für unterhalb der Schwelle der Kritikwürdigkeit befunden hätte (vgl. ebd.).

Ein prinzipielles Missverständnis der kantischen Philosophie liegt bei Jacobi auch dann vor, wenn er Kant vorwirft, dessen empirischer Realität käme keine eigentliche Wirklichkeit zu. Schopenhauer kontert ganz kantisch, wenn er den Spieß umdreht und darauf verweist, dass die Verankerung der Wirklichkeit in einer dem erkennenden Subjekt jenseitigen Außenwelt, deren Existenz nicht zu beweisen sei, sondern geglaubt werden müsse, der empirisch erfahrbaren Realität den Status eigentlicher Wirklichkeit abspräche. »Jacobi, in seinem Philosophem über die auf Glauben angenommene Realität der Außenwelt, ist ganz genau der von Kant [...] getadelte ›transcendentale Realist, der den empirischen Idealisten spielt‹« (W II, 9).

Nun lässt die Annahme einer dem Subjekt jenseitigen Außenwelt deshalb die erscheinende Welt der Vorstellung fraglich werden, weil der Vermittlungsgang von externer Außenwelt zu vorgestellter Welt systematisch nicht gedanklich nachzuvollziehen ist. Eine solche Abbildtheorie ist bei Jacobi zweifelsfrei zu finden (vgl. etwa Jacobi 1787, 56). Ebenso findet sich jedoch die Idee des unmittelbaren Zuganges zur eigentlichen Wirklichkeit respektive zu dem Aspekt der Wirklichkeit, der nicht nur Vorstellung ist (vgl. ebd., 64). In diesem Zusammenhang tritt wieder die Vernunft auf, denn diese vernimmt bei Jacobi nicht nur metaphysische Entitäten, sondern genauso unmittelbar die eigentliche Wirklichkeit, und zwar an erster Stelle vermittelt über das Vermögen zu handeln (vgl. Jacobi 1787, 102), das an einen physischen Körper bzw. Leib gebunden ist.

Eine ganze Reihe derartiger Parallelen zwischen einzelnen Aspekten des Denkens Schopenhauers und Jacobis können gerade im Hinblick auf Jacobis Schrift *David Hume* ausgemacht werden. So nennt Günther Baum (vgl. 2005, 89 f.) die Thematisierung des Unbewussten, die Assoziation von Traumwahrnehmungen und Wahnsinn, das Hervorheben des Begriffs des Individuums, die Abgestuftheit des Willens sowie die Idee der willenlosen Erkenntnis und eben nicht zuletzt die Komplementarität von Wille und Leiblichkeit bzw. reiner Erkenntnis und Idee sowie auch die Wechselwirkung zwischen Wille und Leib. Letzteres greift allerdings nur, sofern Jacobis Begriff der Seele mit dem Schopenhauerschen Willen gleichgesetzt wird. Die gleiche Strategie findet sich auch bei Schröder (vgl. 1911, 89), der beide Denker zumindest teilweise durch die Identifikation von Jacobis Vernunft mit dem Schopenhauerschen ›besseren Bewusstsein‹ versöhnen möchte. Ob es sich dabei im Einzelnen tatsächlich um direkte Einflüsse oder lediglich um Analogien im ansonsten sehr unterschiedlichen Denken zweier Philosophen handelt, die sich gegen eine Überbetonung der menschlichen Rationalität aussprechen, ist eine noch zu klärende Forschungsfrage.

Literatur

d'Alfonso, Matteo Vincenzo (Hg.): *Schopenhauers Kollegnachschriften der Metaphysik- und Psychologievorlesungen von G. E. Schulze (Göttingen, 1810–11)*. Würzburg 2008.

Baum, Günther: Imagination, Ich und Wille: Zur Rezeption Arthur Schopenhauers in der bildenden Kunst des 19. und 20. Jahrhunderts. In: Ders./Dieter Birnbacher (Hg.): *Schopenhauer und die Künste*. Göttingen 2005, 79–117.

Booms, Martin: *Aporie und Subjekt. Die erkenntnistheoretische Entfaltungslogik der Philosophie Schopenhauers*. Würzburg 2003.

De Cian, Nicoletta/Stollberg, Jochen (Hg.): *G. E. Schulze. Vorlesung über Metaphysik. Corso di metafisica secondo il manuscritto di A. Schopenhauer*. Trento 2009.

Fischer, Ernst: *Von G. E. Schulze zu A. Schopenhauer. Ein Beitrag zur Geschichte der Kantischen Erkenntnistheorie*. Aarau 1901.

Fries, Jakob Friedrich: Ueber das Verhältniß der empirischen Psychologie zur Metaphysik. In: *Psychologisches Magazin* (Hg. von Carl Christian Erhard Schmid) 3 (1798), 156–203 (= *Sämtliche Schriften*, Bd. 2. Hg. von Gert König und Lutz Geldsetzer. Aalen 1982, 251–298).

Fries, Jakob Friedrich: *Neue Kritik der Vernunft*. 3 Bde. Heidelberg 1807.

Fries, Jakob Friedrich: *System der Logik. Ein Handbuch für Lehrer und zum Selbstgebrauch*. Heidelberg 1811.

Haym, Rudolf: *Arthur Schopenhauer*. Berlin 1864.

Jacobi, Friedrich Heinrich: *David Hume über den Glauben oder Idealismus und Realismus* [1787] (= *Werke*, Bd. 2,1). Hg. von Walter Jaeschke und Irmgard-Maria Piske. Hamburg 2004, 5–112.

Jacobi, Friedrich Heinrich: *Von den göttlichen Dingen und Ihrer Offenbahrung*. Leipzig 1811.

Koßler, Matthias: Empirischer und intelligibler Charakter: Von Kant über Fries und Schelling zu Schopenhauer. In: *Schopenhauer-Jahrbuch* 76 (1995), 195–201.

Koßler, Matthias: Schopenhauer als Philosoph des Übergangs. In Marta Kopij/Wojciech Kunicke (Hg.): *Nietzsche und Schopenhauer. Rezeptionsphänomene der Wendezeiten*. Leipzig 2006, 365–379.

Papousado, Denis: *Der Schnitt zwischen dem Idealen und dem Realen. Untersuchungen zu Schopenhauers Erkenntnistheorie*. Bonn 1999.

Schelling, Friedrich Wilhelm Joseph: *Philosophische Untersuchungen über das Wesen der menschlichen Freiheit* [1809]. Hamburg 2001.

Schröder, Wilhelm: *Beiträge zur Entwicklungsgeschichte der Philosophie Schopenhauers*. Rostock 1911.

Schulze, Gottlob Ernst: *Aenesidemus oder über die Fundamente der von dem Herrn Prof. Reinhold in Jena gelieferten Elementar-Philosphie. Nebst einer Vertheidigung des Skepticismus gegen die Anmaaßungen der Vernunftkritik*. Anonym und o. O. 1792.

Schulze, Gottlob Ernst: *Kritik der theoretischen Philosophie*. 2 Bde. Hamburg 1801.

Schulze, Gottlob Ernst: *Grundsätze der allgemeinen Logik* [1802]. Helmstädt ²1810.

Valentin Pluder

19 Johann Wolfgang von Goethe

Biographischer Kontext – psychologische Aspekte

Als Schopenhauer 1807/08 – zu Beginn seines philosophischen Lebens und noch keine 20 Jahre alt – Goethe in Weimar erstmals begegnet, hat Goethe im Alter von fast 60 Jahren den Höhepunkt seiner Laufbahn bereits erreicht (zu den biographischen Details der Bekanntschaft zwischen Goethe und Schopenhauer vgl. u. a. Zimmer 2016). *Faust I* erscheint 1808, die Arbeit an der *Farbenlehre*, der Goethe eine höhere Bedeutung beimaß als seinen literarischen Werken, wird nach mehr als 20 Jahren abgeschlossen und steht ebenfalls kurz vor der Publikation (1810). Schopenhauer liest, bewundert und verehrt Goethe bereits, wird aber von ihm auf den Teegesellschaften im literarischen Salon seiner Mutter Johanna Schopenhauer kaum beachtet. Das ändert sich erst, als er nach seinem Studium in Göttingen und Berlin im Oktober 1813 mit der Schrift *Ueber die vierfache Wurzel des Satzes vom zureichenden Grunde* in Jena promoviert. Goethe liest die Schrift bereits Anfang November 1813 und führt darüber mit Schopenhauer am 6. November bei einem Teeabend seiner Mutter ein längeres Gespräch. »Der junge Schopenhauer« habe sich ihm, wie er Karl Ludwig von Knebel schreibt, »als einen merkwürdigen und interessanten jungen Mann dargestellt [...] Er ist mit einem gewissen scharfsinnigen Eigensinn beschäftigt ein Paroli und Sixleva in das Kartenspiel unserer neuen Philosophie zu bringen [...]; ich finde ihn geistreich« (Goethe 1988, 247). Auch wenn es eine Vielzahl an Möglichkeiten gibt, die Werke Goethes und Schopenhauers miteinander in ein Gespräch zu bringen (vgl. u. a. die Beiträge in Schubbe/Fauth 2016), so dominiert in der Forschung doch die Auseinandersetzung über die Farbenlehre. Dies hat auch historische Gründe: In der Hoffnung, einen Mitstreiter für seinen Kampf gegen die Vorherrschaft der Newtonschen Theorie der Farben und für seine Farbenlehre zu finden, lädt Goethe Schopenhauer bis zum Frühjahr 1814 mehrfach zu gemeinsamen Experimenten und philosophischen Gesprächen ein. Mit einer eigenen kleinen Schrift *Ueber das Sehn und die Farben* (1815; s. Kap. 5) unternimmt Schopenhauer daraufhin den selbstbewussten Versuch, Goethes Farbenlehre zu verteidigen und, wie er meint, sogar zu vollenden, indem er ihr eine theoretische Grundlage verschafft. Er schickt diese Schrift im Juli 1815 an Goethe, verbunden mit der Bitte, er möge die Herausgeberschaft für dieses Werk übernehmen. Goethe aber, zurzeit mit anderen Dingen beschäftigt, lässt ihn warten und reagiert auch auf einen Mahnbrief vom 3. September 1815 zurückhaltend und reserviert. Er lässt durchblicken, dass aus seiner Sicht unüberwindliche sachliche Differenzen bestehen, vermeidet es aber, sich auf eine inhaltliche Auseinandersetzung einzulassen, die er für vergeblich zu halten scheint. »Und so sah ich denn nur allzu deutlich, daß es ein vergebnes Bemühen wäre, uns wechselseitig verständigen zu wollen« (Lütkehaus 1992, 31). Als Schopenhauers Hoffnung auf Goethes Herausgeberschaft »allmählig zerstört« ist, wie er im Januar 1816 Goethe gegenüber feststellt (ebd., 28 f.), erbittet er das Manuskript zurück, um es selbstständig zu veröffentlichen, was noch im selben Jahr geschieht. Es kommt dadurch jedoch zu keinem Bruch zwischen den beiden. Sowohl Goethes Respekt für Schopenhauer als Philosoph als auch Schopenhauers Bewunderung für Goethe als Dichter und Farbenlehrer bleiben bestehen. Goethe gehört zu den von Schopenhauer am meisten zitierten Autoren (zu den gegenseitigen »Wechsellektüren« vgl. Regehly 2016). Der Briefwechsel endet jedoch 1818, eine letzte Begegnung in Weimar findet im August 1819 statt.

Goethes Farbenlehre

Ausgangspunkt und Hintergrund für Goethes großes Interesse an der Farbenlehre ist die Kunsttheorie. Hier findet er zwar eine ausgefeilte Theorie der Zeichnung und der Perspektive, eine vergleichbare Theorie der Farbgebung, des ›Kolorits‹, aber sucht er vergebens (vgl. Rehbock 1995, Kap. VI). Er wendet sich der Physik zu, um hier eine Farbtheorie zu finden, die für die Kunst von Nutzen sein könnte, stößt aber dort auf dieselbe Geringschätzung der Farbe. Die Farben, so lautet die zu Goethes Zeit anerkannte Newtonsche Theorie, seien nichts anderes als verschieden brechbare Lichtstrahlen. Dazu Goethe in seinen *Maximen und Reflexionen*: »Der Newtonische Irrtum steht so nett im Konversationslexikon, daß man die Oktavseite nur auswendig lernen darf, um die Farben fürs ganze Leben los zu sein« (MuR, 463). An die Stelle der sichtbaren Farben tritt hier aus Goethes Sicht ein abstraktes, gewissermaßen farbloses geometrisches Konstrukt als vermeintlich reale Gegebenheit. Die Farben selbst werden zu bloß subjektiven Sinnesempfindungen, die angeblich – durch die Einwirkung der Lichtstrahlen auf das Auge und über die Nervenbahnen auf das Gehirn – im menschlichen Bewusstsein erzeugt werden. Goethe wendet sich gegen diese Subjektivierung der Farben, die Farben *als Farben* sind aus seiner Sicht ebenso unaufhebbar objektive Qualitäten der äußeren Welt wie die quantifizierbaren Eigenschaften der Ausdehnung oder Gestalt. Was die Farben ihrem *Begriff* oder *Wesen* nach sind, sei nicht durch bloßes Denken jenseits der sinnlichen Phänomene, sondern nur durch sinnliche Anschauung in den Phänomenen selbst zu finden: »Das Höchste wäre: zu begreifen, daß alles Faktische schon Theorie ist. Die Bläue des Himmels offenbart uns das Grundgesetz der Chromatik. Man suche nur nichts hinter den Phänomenen: sie selbst sind die Lehre« (MuR, 432). Dieses die Farben konstituierende Grundgesetz der Chromatik formuliert Goethe im »Urphänomen«. Dessen Hauptelemente sind die Polarität zwischen dem Licht bzw. dem Hellen und der Finsternis bzw. dem Dunklen sowie das trübe Mittel (Luft, Rauch, Atmosphäre, Glas, das Prisma usw.) als Vermittlung zwischen den beiden Polen (Goethe 1966, 368). Daraus resultiert das »Schattenhafte der Farbe (σκιερον)« (ebd., 386). Aufgrund dessen seien Farben notwendigerweise dunkler als Weiß und heller als Schwarz, und Farbtöne seien hinsichtlich ihrer Nähe oder Ferne zu Schwarz und Weiß zu ordnen: Blau ist dem Schwarz, Gelb dem Weiß am nächsten (vgl. Rehbock 1995, 228–230). Goethe nimmt zudem eine systematische Einteilung der Farben hinsichtlich ihrer Abhängigkeit von den Funktionen des Auges in physiologische (z. B. Nachbilder), physische (z. B. prismatische Farben, der Regenbogen) und chemische (den Dingen anhaftende) Farben vor. Diese Einteilung bestimmt die Gliederung der Farbenlehre, hinzu kommen allgemeinere Bemerkungen zur Beziehung der Farbenlehre zu verschiedenen Disziplinen und zur ›sinnlich-sittlichen Wirkung der Farbe‹, d. h. zu psychologischen, ästhetisch-symbolischen und ethisch-sittlichen Aspekten.

Aus naturwissenschaftlicher Sicht wurde und wird Goethes Farbenlehre nicht als eine alternative Theorie der Farben angesehen, die mit der Newtonschen Theorie irgendwie konkurrieren könnte. Goethe, so scheint es, hält an einer vorwissenschaftlichen, anschauungsorientierten, poetischen Weltanschauung und Denkweise fest und stellt sich damit dem naturwissenschaftlichen Fortschritt entgegen. Seine Farbenlehre sei, so Emil du Bois-Reymond, die »todtgeborne Spielerei eines autodidaktischen Dilletanten« (vgl. Rehbock 1995, 264–269). Es gibt aber bis heute auch Versuche, Goethes Farbenlehre zu retten, indem man sie, im Sinne einer Fundamentalkritik der klassischen Physik bzw. der Naturwissenschaften überhaupt, als ein alternatives Paradigma von Wissenschaft versteht (vgl. ebd. 277–315). Im Zuge der Entwicklung der Psychologie bzw. Physiologie im 19. Jahrhundert (Johannes Müller, Jan E. Purkinje, Hermann von Helmholtz u. a.) hat man zudem Goethes Farbenlehre nicht als eine physikalische Theorie der Farben verstanden, sondern als eine systematisch geordnete Sammlung von Beobachtungen und Experimenten, die für die Sinnes- und Neurophysiologie der Farben von Nutzen seien (ebd., 269–277). Auf dieser Linie einer physiologischen Deutung liegt auch Schopenhauers Versuch einer Verteidigung der Goetheschen Farbenlehre.

Schopenhauers Theorie der Farben

Schopenhauer lehnt die Newtonsche Theorie der Farben ebenso ab wie Goethe. Er ist jedoch der Meinung, Goethe habe zwar »die Phänomene zuerst und höchst vollkommen dargestellt« (Lütkehaus 1992, 21), er selbst, Schopenhauer, aber habe mit seiner Schrift *Ueber das Sehn und die Farben* »die erste wahre Theorie der Farbe geliefert« (ebd., 20), die es ermögliche, die Phänomene zu »beweisen« (ebd., 21). Diese Theorie sei gewissermaßen die noch fehlende Spitze, welche die von Goethe erbaute Pyramide vollende (vgl. ebd.), »indem sie vor allen Dingen zu erklären sucht, was die Farbe ihrem Wesen nach sei« (F, 200). Dieses Wesen der Farbe liege weder in einer ursprünglichen Teilung des Lichtstrahls, wie für Newton, noch in der Polarität von Licht und Finsternis, wie Goethe meinte, sondern allein im Auge. Auch das Goethesche Urphänomen sei, entgegen Goethes Behauptung, nicht eine ursprüngliche und nicht weiter erklärbare Gegebenheit, sondern nur äußerer Anlass für das »eigentliche Urphänomen« (F, 275) der »qualitativ geteilten Tätigkeit der Retina« (F, § 5), d. h. der »organische[n] Fähigkeit der Retina, ihre Nerventätigkeit in zwei qualitativ entgegengesetzte, bald gleiche, bald ungleiche Hälften auseinandergehn und sukzessiv hervortreten zu lassen« (F, 275). »Die Farben selbst, ihre Verhältnisse zueinander und die Gesetzmäßigkeit ihrer Erscheinung, dies alles liegt im Auge selbst und ist nur eine besondere Modifikation der Tätigkeit der Retina« (F, 270).

Dass Schopenhauer mit dem Anspruch auftritt, in nur wenigen Monaten Goethes Werk, an dem dieser mehr als 20 Jahre gearbeitet hatte, nicht nur zu verteidigen, sondern zu vollenden und zu korrigieren, musste Goethe an sich schon als kaum akzeptable Anmaßung erscheinen. Seinen Unmut darüber äußert er in zwei Epigrammen, die Schopenhauer in der Einleitung zur zweiten Auflage seiner Schrift selbst zitiert: »Trüge gern noch länger des Lehrers Bürden, / Wenn Schüler nur nicht gleich zu Lehrern würden.« Und: »Dein Gutgedachtes, in fremden Adern, / Wird sogleich mit dir selber hadern« (F, 201). Die Gründe für seine Ablehnung der Schopenhauerschen Farbentheorie hat er nicht genauer angegeben, sie lassen sich aber rekonstruieren, wenn man sich das jeweils zentrale Anliegen ihrer Theorien im Gesamtkontext ihres philosophischen Denkens verdeutlicht und dabei auch die Gemeinsamkeiten nicht übersieht.

Anschauung und Begriff

Es wird oft erwähnt, an Schopenhauers Dissertation hätten besonders die Ausführungen zum Begriff der Anschauung Goethes Interesse geweckt (vgl. Döll 1904, 13 f.; Safranski 1990, 266; Kisner 2016). Da ihr Verständnis der Anschauung aber sehr verschieden sei, beruhe dieses Interesse wohl eher auf einem Missverständnis (vgl. Zimmer 2010, 97 f.). Goethes Verständnis von Anschauung sei auf die objektive Welt gerichtet, während sie für Schopenhauer die durch das Subjekt (den Verstand) geformte Erscheinung der »Welt als Vorstellung« ausmache. Damit wird zwar der Gegensatz zwischen beiden zutreffend charakterisiert; es ist aber zu berücksichtigen, dass Goethe keineswegs ein so naiver Realist und Anti-Kantianer ist, als der er, auch durch Schopenhauer selbst, dargestellt wird:

> »Aber dieser Goethe [...] war so ganz *Realist*, daß es ihm durchaus nicht zu Sinne wollte, daß die *Objekte* als solche nur da seien, insofern sie von dem erkennenden Subjekt *vorgestellt* werden. Was, sagte er mir einst, mit seinen Jupiteraugen mich anblickend, das Licht sollte nur da seyn, insofern Sie es sehen? *Sie* wären nicht da, wenn das Licht *Sie* nicht sähe« (Gespr, 31).

Goethe lehnt damit Schopenhauers ›idealistische‹ Auffassung der Welt, und damit auch der Farben, als ›Vorstellung‹ und bloßes Produkt des Verstandes ab, negiert aber nicht die Bedingtheit der Realität der Farben durch das Auge als leibliches Organ. Diese Einsicht dient ihm vielmehr im Gegenteil als Hauptargument gegen Newtons Fiktion einer vom Auge unabhängigen, im Grunde unsichtbaren und farblosen Realität der Farben in Form verschieden brechbarer Lichtstrahlen, wenn er sagt, »die Farbe sei die gesetzmäßige Natur in bezug auf den Sinn des Auges. [...] mit dem Blinden läßt sich nicht von der Farbe reden« (Goethe 1966, 324).

Goethe hat zudem Kants Schriften, auch die *Kritik der reinen Vernunft*, gründlich gelesen (vgl. Vorländer 1907) und sich das Grundanliegen der kantischen Vernunftkritik zu eigen gemacht (vgl. Rehbock 1995, 353–369). Goethe betont selbst, dass die Anschauung begrifflich geformt und strukturiert ist, wenn er sagt, »daß wir schon bei jedem aufmerksamen Blick in die Welt theoretisieren« (Goethe 1966, 317), und wenn er auf die das Anschauen leitenden ›Vorstellungsarten‹ aufmerksam macht, die kritischer Reflexion bedürfen (vgl. Rehbock 1995, 260). Schiller charakterisiert Goethes Methode als eine »rationelle Empirie«, die eine »Erkenntnis der Methode« einschließe und die, wie Goethe mit offensichtlicher Anspielung auf Kant hinzufügt, auf dem »höchsten Punkte auch nur kritisch werden« könne (vgl. ebd., 357). Dass Anschauung ohne Begriffe blind ist, so wie Begriffe ohne Anschauung leer sind, diese kantische Einsicht hat Goethe sich noch entschiedener zu eigen gemacht als Kant selbst.

Vor diesem Hintergrund wird verständlich, dass er auch Schopenhauers über Kant hinausgehende Ausführungen zur wechselseitigen Bedingtheit von Anschauung und Begriff nicht nur verstanden, sondern sie vermutlich mit Sympathie betrachtet hat. Schopenhauer ging es einerseits darum, die vorreflexive, in unserer leiblichen Verfassung gründende Strukturierung der Anschauung durch den Verstand (Raum, Zeit, Kausalität) zu analysieren; er betont aber andererseits auch die Abhängigkeit der Begriffe von der »*anschaulichen* Auffassung der Dinge« (W II, 432; vgl. Spierling 2010, 19 f.). Aufgrund dessen ist auch die ästhetische Dimension seiner Philosophie von großer Bedeutung (vgl. Spierling 2002, 74–85), was ihn ebenfalls mit Goethe verbindet. Es ist daher gerade die besondere Hinwendung zu den Phänomenen in der sinnlichen Anschauung, die umgekehrt Schopenhauer an Goethe besonders schätzt und als notwendiges Korrektiv der kantischen Vernunftkritik betrachtet, wenn er bemerkt: »Wäre nicht mit Kant zu gleicher Zeit Goethe der Welt gesandt, gleichsam um ihm das Gegengewicht im Zeitgeist zu halten, so hätte jener auf manchem strebenden Gemüt wie ein Alp gelegen und es unter großer Qual niedergedrückt, jetzt aber wirken beide aus entgegengesetzten Richtungen und unendlich wohlthätig« (HN I, 13).

Vor diesem Hintergrund lässt sich präzisieren, worin die gleichwohl grundlegenden Differenzpunkte zwischen Goethe und Schopenhauer bestehen.

Die Farben: Subjektive Empfindung (Schopenhauer) oder objektive Qualität (Goethe)?

Für Schopenhauer ist die Welt nicht nur, wie für Kant, durch Anschauungsformen und Verstandeskategorien konstituierte »Erscheinung«. Deren objektive

Realität ist für Kant – als unsere Sinne affizierendes, aber prinzipiell unerkennbares »Ding an sich« – zugleich notwendigerweise vorauszusetzen. Für Schopenhauer ist dagegen die Anschauung der objektiven Welt ein durch den Willen erzeugter trügerischer »Schein«, der mittels der Formen des Verstandes (Raum, Zeit, Kausalität) aus dem rohen Material der sinnlichen Empfindungen erzeugt wird, wie ein Bild durch den Künstler mit Hilfe von »vielerlei Farbflecken auf einer Malerpalette« (F, 206). Zu diesem rohen Stoff der Empfindungen gehören, als Affektionen der Retina, auch die Farben. Sie seien, »im engsten Sinne genommen, Zustände, Modifikationen des Auges [...], welche unmittelbar bloß empfunden werden« (F, 219), nicht aber – bzw. nur scheinbar – objektive Qualitäten der Dinge. Die Formen des Verstandes, die diese Illusion erzeugen, seien »nichts weiter als Funktionen des Gehirns« (W II, 18), die Welt selbst sei ein bloßes »Gehirnphänomen« (G, 71).

Die Auffassung der Farben als bloß subjektive Sinnesempfindung bzw. Vorstellung im Bewusstsein ist nicht nur schon im antiken Atomismus (Demokrit) sowie zu Beginn der Neuzeit bei Galilei, Descartes, John Locke und vielen anderen zu finden, sie stimmt auch mit Newtons Auffassung der Farben völlig überein. Newton betont: »the Rays to speak properly are not coloured«, sie seien nicht eigentlich rot, gelb usw., sondern »Red-making« oder »Yellow-making« (Newton 1952, 124), insofern sie die Disposition besitzen, die Empfindung bzw. Vorstellung der Farbe im Auge bzw. Bewusstsein des Betrachters zu *erzeugen*. Schopenhauers folgende Aussage könnte daher ebenso von Newton stammen: »›Der Körper ist rot‹ bedeutet, daß er im Auge die rote Farbe bewirkt« (F, 218). Auch für Helmholtz – dessen *Handbuch der physiologischen Optik* (1856) eine Schopenhauer nahestehende Theorie der Farben enthält, ohne dass er Schopenhauer nennt, weshalb der Vorwurf des Plagiats bis heute nicht entkräftet werden konnte (vgl. Gerlach 1982, 415) – steht die physiologische Theorie der Farben in keiner Weise im Gegensatz zur Newtonschen Optik. Wilhelm Ostwald macht klar, dass Schopenhauers Theorie, als folgerichtige Ergänzung der Newtonschen Theorie, völlig mit ihr harmoniert. Auch für Newton sei »die Farbe eine Empfindung und das Licht ihre Ursache« (Ostwald 1931, 116).

Diese Auffassung der nicht (direkt) mathematisierbaren »sekundären Qualitäten« (John Locke) als bloß subjektive Sinnesempfindungen im Inneren des Bewusstseins wurde aber von Anfang an in der Philosophie einer Kritik unterzogen, die mit einer fundamentalen Kritik metaphysisch-ontologischer Deutungen der Begriffe und Methoden mathematischer Physik einhergeht, so etwa bei George Berkeley und Gottfried W. Leibniz, schon unter dem Einfluss Goethes bei Georg W. F. Hegel, und im 20. Jahrhundert insbesondere in der philosophischen Phänomenologie Edmund Husserls und der Spätphilosophie Ludwig Wittgensteins. Goethes hartnäckiges Beharren auf der objektiven Realität der Farben lässt sich als ein Beitrag zu dieser philosophischen Kritik des naturwissenschaftlichen Weltbilds begreifen (vgl. Rehbock 1995). Die objektive Realität der Farben hat Goethe aus dieser Sicht dadurch verteidigt, dass er die materialen Strukturen in der sinnlichen Anschauung der Farbphänomene offenlegt, die für die Realität der Dinge nicht weniger konstitutiv und notwendig sind als die formalen Bestimmungen von Raum, Zeit und Kausalität. Wittgenstein vermutet wohl zu Recht, es sei Goethe eigentlich um eine Analyse der unsere sinnliche Anschauung konstituierenden begrifflichen »Grammatik« der Farben gegangen (vgl. Rehbock 1995, Kap. VIII). Schon Hegel hat diese philosophische Bedeutung der Goetheschen Farbenlehre erheblich besser verstanden und umgesetzt als Schopenhauer, wurde aber von den Naturwissenschaftlern des 19. Jahrhunderts, die sich von der aus ihrer Sicht fortschrittsfeindlichen Goetheschen, idealistischen und romantischen Naturphilosophie entschieden abwandten, ebenso wenig verstanden.

Wie die genannten philosophischen Kritiker der Naturwissenschaften ist Goethe allerdings keineswegs ein so radikaler Gegner der mathematischen Physik, als der er oft gesehen wird. Seine Ablehnung beschränkt sich auf Newtons Theorie der Farben. Deren positive Bedeutung für ein physikalisches Verständnis der Farben hat er nicht erkannt und gewürdigt. Seine kritische Sicht auf Newton hat gleichwohl ihre begrenzte Berechtigung, sofern sie sich gegen die Auffassung der Newtonschen Optik als der vermeintlich allein gültigen objektiven Erklärung der Farben *als Farben* versteht. Diese Auffassung verkennt, dass die Anwendung der Mathematik auf die Natur in der Physik mit einer idealisierten und begrenzten Sichtweise auf die Realität verbunden ist. Die Bedingungen und Grenzen dieser Sichtweise sind nur in einem größeren lebenspraktischen Erfahrungskontext zu begreifen. Goethes Farbenlehre lässt sich aus phänomenologischer Sicht als Versuch verstehen, diesen größeren Kontext hinsichtlich der objektiven Realität der Farben begrifflich und theoretisch zu erschließen und als nicht weiter erklärbares »Urphänomen« zu erweisen. Daran hält Goethe mit gutem Grund gegenüber Schopenhauer fest (vgl. Rehbock 2016).

Zwar besteht eine Gemeinsamkeit zwischen Goethe und Schopenhauer darin, dass aus ihrer Sicht auch die kantische Vernunftkritik gegenüber der Newtonschen Physik noch nicht radikal genug verfährt und deshalb zu erfahrungs- und wirklichkeitsfern bleibt, insofern Kants Begriffe der Anschauung, der Erfahrung und der Natur sich zu ausschließlich an der mathematischen Newtonschen Physik orientieren (zu Schopenhauer vgl. Gabriel 1993, 127 f.). Goethe distanziert sich gegenüber Kant in dieser Hinsicht aber erheblich entschiedener als Schopenhauer. Dass auch für Kant Farben »nicht als Beschaffenheiten der Dinge, sondern bloß als Veränderungen unseres Subjekts« (KrV, B 45/A 28) anzusehen sind, ist für ihn ebenso unhaltbar wie die Auffassung, dass sie in der Kunst angeblich nicht zur Schönheit, sondern bloß »zum Reiz« und damit zum bloß »Angenehmen« gehören und »den Gegenstand [...] zwar für die Empfindung belebt, aber nicht anschauungswürdig und schön machen« (KdU, § 14, B 42/A 41 f.) können. Ähnlich wie Kant betont auch Schopenhauer, dass »die Farbe [...] als eine allenfalls entbehrliche Zugabe die angeschauten Körper bekleidet« (F, 217) und dass die »Harmonie der Farben« in der Malerei, hinsichtlich ihres Beitrages zur Erkenntnis der »(Platonischen) Ideen« nur eine »untergeordnete Art der Schönheit« (W I, 303) darstelle. Bei Kant und Schopenhauer ist also – nicht zuletzt unter dem Einfluss der Newtonschen Physik – die gleiche Geringschätzung der Farbe zu finden, die Goethe in der Kunsttheorie seiner Zeit vorfand.

Literatur

Döll, Heinrich: *Goethe und Schopenhauer. Ein Beitrag zur Entwicklungsgeschichte der Schopenhauerschen Philosophie*. Berlin 1904.

Gabriel, Gottfried: *Grundprobleme der Erkenntnistheorie. Von Descartes zu Wittgenstein*. Paderborn 1993.

Gerlach, Joachim: Schopenhauers Farbenlehre und die moderne Sinnesphysiologie. In: Wolfgang Schirmacher (Hg.): *Zeit der Ernte. Studien zum Stand der Schopenhauer-Forschung. Festschrift für Arthur Hübscher zum 85. Geburtstag*. Stuttgart-Bad Cannstatt 1982, 413–421.

Goethe, Johann Wolfgang von: *Zur Farbenlehre. Didaktischer Teil*. In: *Hamburger Ausgabe*. Bd. XIII. Hg. von Erich Trunz. München 1966, 314–523.

Goethe, Johann Wolfgang von: *Maximen und Reflexionen*. In: *Hamburger Ausgabe*. Bd. XII. Hg. von Erich Trunz. München 1973, 365–547 [MuR].

Goethe, Johann Wolfgang von: *Briefe III*. Hg. von Karl Robert Mandelkow. München 1988.

Helmholtz, Hermann von: *Vorträge und Reden I*. Braunschweig 1903.

Kisner, Manja: In der Anschauung liegt die Wahrheit. Eine Analyse von Schopenhauers Intellektualität der Anschauung in ihrem Bezug zu Goethes Naturlehre. In: Schubbe/Fauth 2016, 223–246.

Lütkehaus, Ludger (Hg.): *Arthur Schopenhauer. Der Briefwechsel mit Goethe und andere Dokumente zur Farbenlehre*. Zürich 1992.

Newton, Isaac: *Opticks or A Treatise of the Reflections, Refractions, Inflections & Colours of Light* [1704]. New York 1952.

Ostwald, Wilhelm: *Goethe, Schopenhauer und die Farbenlehre* [1917]. Leipzig 1931.

Regehly, Thomas: ›Licht aus dem Osten‹. Wechsellektüren im Zeichen des *Westöstlichen Divans* und anderer Werke Goethes und Schopenhauers. In: Schubbe/Fauth 2016, 59–97.

Rehbock, Theda: *Goethe und die ›Rettung der Phänomene‹. Philosophische Kritik des naturwissenschaftlichen Weltbilds am Beispiel der Farbenlehre*. Konstanz 1995.

Rehbock, Theda: Hat Schopenhauer Goethes Farbenlehre verstanden? In: Schubbe/Fauth 2016, 371–405.

Safranski, Rüdiger: *Schopenhauer und Die wilden Jahre der Philosophie. Eine Biographie* [1987]. Reinbek bei Hamburg 1990.

Scheer, Brigitte: Goethes und Schopenhauers Ansichten vom Verhältnis zwischen Wissenschaft und Kunst. In: Schubbe/Fauth 2016, 119–149.

Schubbe, Daniel/Fauth, Søren R. (Hg.): *Schopenhauer und Goethe. Biographische und philosophische Perspektiven*. Hamburg 2016.

Spierling, Volker: *Arthur Schopenhauer zur Einführung*. Hamburg 2002.

Spierling, Volker: *Kleines Schopenhauer-Lexikon* [2003]. Stuttgart 2010.

Vorländer, Karl: *Kant – Schiller – Goethe. Gesammelte Aufsätze*. Leipzig 1907.

Zimmer, Robert: *Arthur Schopenhauer. Ein philosophischer Weltbürger*. München 2010.

Zimmer, Robert: Baccalaureus und der Einzige. Schopenhauer und Goethe: Die Geschichte einer Begegnung. In: Schubbe/Fauth 2016, 29–58.

Theda Rehbock

20 Johann Gottlieb Fichte

Die Hoffnung, in Fichte »einen ächten Philosophen und großen Geist« (GBr 1978, 261) finden zu können, soll dem jungen Schopenhauer durch Gottlob E. Schulze gekommen sein. In dessen Metaphysikvorlesungen, die Schopenhauer an der Universität Göttingen im Wintersemester 1810/11 besuchte, bestimmt nämlich Schulze die Philosophie Fichtes und Schellings als den »Versuch, vermittelst einer intellektuellen Anschauung des Absoluten, den Zweck der Metaphysik zu erreichen und das Rätsel der Welt aufzulösen« (d'Alfonso 2008, 100). Dadurch hätten Fichte und Schelling die Grenze ausdrücklich überschreiten wollen, die der kantische Kritizismus dem menschlichen Erkenntnisvermögen gesetzt hatte (vgl. ebd). Auf der Suche nach der Möglichkeit einer solchen Überschreitung war auch der junge Arthur, dem die »Kritik der reinen Vernunft« als »der Selbstmord des Verstandes« und Kant als »ein Alp« (HN I, 12 f.) für jedes nach absoluter Wahrheit strebende Gemüt erschienen.

Im Sommer 1811 entschied er sich, von Göttingen nach Berlin umzuziehen, um Fichtes Vorlesungen hören zu können (zu dieser Zeit hatte Schelling seine akademische Lehrtätigkeit vorübergehend unterbrochen). Er besuchte vier Vorlesungen »Über das Studium der Philosophie«, die in der Woche vor Beginn des Wintersemesters (21. Oktober 1811) gehalten wurden, und anschließend die Vorlesungen »Ueber die Tatsachen des Bewußtseyns« (vom 21. Oktober bis zum 20. Dezember 1811) und »Ueber die Wissenschaftslehre« (vom 6. Januar bis zum 20. März 1812). Er gab aber seine erwähnte Hoffnung ziemlich schnell auf: Wie er selbst erzählt, »verwandelte sich« seine »Verehrung *a priori*« für Fichte bald »in Geringschaetzung und Spott« (GBr 1978, 261), wie auch die von Schopenhauer mit dem Titel »Fichte's bleiernes Märchen *in nuce*« verfasste Parodie auf die Vorlesung »Ueber die Tatsachen des Bewußtseyns« zeigt (HN II, 341 f.; vgl. Zöller 2006, 375 f.).

Schopenhauer hat nicht nur den Vortrag Fichtes aufgeschrieben, sondern auch seine (fast immer durch »Ego« gekennzeichneten) eigenen Bemerkungen notiert (vgl. HN II, 16–216). Seine Hefte dokumentieren also nicht nur das, was er gehört hat, sondern auch seine auf die Vorlesungen bezogenen Einwände und Glossen. Es sei hier nur kurz erwähnt, dass die These Arthur Hübschers, der zufolge die *ganze* Nachschrift Schopenhauers auswendig »nach dem Kollegio niedergeschrieben« worden sei und »eine durchaus selbständige Formung des von Fichte gebotenen Stoffes« (HN II, XV) darstelle, nicht plausibel ist. Hingegen scheint Schopenhauer den Vortrag Fichtes meistens »ziemlich wörtlich« und während der Vorlesung protokolliert zu haben (vgl. HN II, 58 f.; Novembre 2011, 10–21).

Wenn man nun die Auseinandersetzungen des jungen Schopenhauer mit den Vorlesungen und Werken Fichtes untersucht, so findet man als Schopenhauers theoretischen Haupteinwand, dass Fichte einen »transcendenten Gebrauch des Verstandes« mache: Fichtes Versuch, über etwas Übersinnliches und über die Erfahrung Hinausgehendes zu sprechen, sei vom kantischen kritischen Standpunkt aus als unstatthaft zu betrachten (vgl. HN II, 21, 60 f., 143, 346, 356); selbst das Verhältnis zwischen Ich und Nicht-Ich habe Fichte »nach den Gesetzen, die nur innerhalb der Erfahrung gelten, nach Kausalität und Wechselwirkung« (HN II, 340 f.) gedacht, während das Ich und das Nicht-Ich, als »Factoren der Erfahrung«, doch außer jenen Gesetzen liegen (vgl. HN II, 340 f., W I, 16 f., 31 f.). Dieselbe Kritik äußerte Schopenhauer auch gegenüber Schelling (vgl. HN II, 306 f., 325 f., 331 f.).

Zu dieser Zeit war Schopenhauer tief davon überzeugt, dass »der Mensch« durch den »Verstand« nur die »Sinnenwelt«, aber »durch andre Kräfte« doch auch »das Uebersinnliche« »erkennt« (HN I, 20). Demzufolge entwarf er einen ›wahren‹ bzw. ›echten‹ oder auch ›vollkommenen‹ Kritizismus, den er gegenüber dem kantischen Kritizismus und den Philosophien Fichtes und Schellings geltend machte (vgl. HN II, 359–360; auch 311 f., 325 f., 356 f.): Die Aufgabe des ›wahren Kritizismus‹ sollte die genaueste »Sonderung dieser Kräfte [zur Erkenntnis des Übersinnlichen] vom Verstande« und die »Mittheilung des durch sie Erkannten an den Verstand nach Maasgabe seiner Natur (auf immanente Weise)« sein (HN I, 20). Hierbei ist daran zu erinnern, dass Fichtes Ansicht nach die Wissenschaftslehre ebenfalls ein »echter durchgeführter Kritizismus« hätte sein sollen (Fichte I/2, 254). Der junge Schopenhauer scheint daher dasjenige liefern zu wollen, das Fichte und Schelling seiner Meinung nach nur versprochen, aber nicht geleistet hatten, und zwar die Vollendung der Philosophie Kants durch eine neue, kritizistisch berechtigte Metaphysik. Das Vermögen, das Übersinnliche zu erkennen, nannte er ›besseres Bewusstsein‹ und setzte es dem in Verstand und Sinnlichkeit befangenen, ›empirischen‹ Bewusstsein entgegen. Auf diese Weise glaubte er, die kantische Erkenntnisgrenze überschreiten zu dürfen. Gerade mit dem Versuch, diesen ›wahren Kritizismus‹ und mit ihm eine Philosophie des doppelten Bewusstseins aufzubauen, begann 1812 der lange und komplexe Denkprozess, der Schopenhauer schließlich zum System von *Die Welt als Wille und Vorstellung* gebracht hat.

Dass der junge Schopenhauer bei Fichte und Schelling nicht gerade das antreffen konnte, was er zuerst suchte, heißt nicht, dass er bei ihnen überhaupt nichts fand. Seiner Aussage, dass er in seinem Hauptwerk »unmittelbar« an Kant »anknüpfe«, als wäre in der Philosophie zwischen Kant und ihm überhaupt nichts geschehen (W I, 493), darf nicht zu viel Glauben geschenkt werden – wie im Folgenden hinsichtlich der Wirkung Fichtes gezeigt werden soll.

Die Grundidee einer Duplizität des Bewusstseins, aus der sich sein erster Systemversuch entwickelte, scheint Schopenhauer von Fichte, und zwar von dessen Begriff der »absoluten Besonnenheit«, übernommen zu haben. Schopenhauers Aufzeichnungen zufolge bestimmt Fichte in der dritten Vorlesung »Über das Studium der Philosophie« den eigentlichen Standpunkt der Philosophie als »Bewußtseyn des Wissens« (HN II, 26). Letztes wird in der ersten Vorlesung »Ueber die Thatsachen des Bewußtseyns« als »Wahrnehmung der Wahrnehmung« oder »absolute Besonnenheit« (HN II, 30) gekennzeichnet. Fichte unterscheidet dadurch das gemeine Bewusstsein, dessen ›Fokus‹ bloß die Dinge (als solche) sind, von dem philosophischen, »höhern Bewußtseyn«, dessen ›Fokus‹ das Wissen oder das Wahrnehmen der Dinge ist, d. h. die Dinge, insofern sie wahrgenommen oder gewusst sind (vgl. ebd.). Um philosophieren zu können, ist es Fichtes Ansicht nach unbedingt notwendig, dieses zweite Bewusstsein zu erlangen (vgl. ebd.). Zu dieser Stelle des Vortrags schreibt Schopenhauer eine ziemlich lange Glosse, in der er die »absolute Besonnenheit« als ein »für sich bestehendes von der Wahrnehmung nicht abhängiges und nicht durch sie gegebenes Bewußtseyn« (ebd., 30) auslegt. Ungefähr dieselben (metaempirischen) Prädikate wird er kurz darauf dem »bessern Bewußtseyn« zuschreiben (vgl. HN I, 22 f.; Novembre 2013, 60 f.).

Auch im Vortrag »Ueber die Wissenschaftslehre« spricht Fichte ausdrücklich von zwei Arten von Bewusstsein, und zwar von dem faktischen, gemeinen Bewusstsein und *dessen* Bewusstsein: Objekt des Letzteren ist das Wissen der Faktizität, in dem das Erstere aufgeht (vgl. HN II, 83). Der Übergang vom ersten zum zweiten Bewusstsein, oder vom (bloßen) Wissen zum Wissen des Wissens, geschieht nach Fichte durch eine entscheidende Losreißung: Um sich zum höheren Bewusstsein zu »erheben«, muss sich der Lehrling der Wissenschaftslehre von dem Gesetz »losreißen«, dem das faktische Wissen unterworfen ist (vgl. ebd., 83–87). Auf diese Weise wird er frei, sich dem höheren Wissen (der Wissenschaftslehre) »hinzugeben« (ebd., 86). Das Bewusstsein des Wissens (d. h., des Gewussten *als solchen*) nennt Fichte immer noch »innige Besonnenheit« (ebd., 97). Nur von dem, der diesen Standpunkt erlangt, kann »der eine Gedanke« erfasst werden, in dem die Wissenschaftslehre besteht (vgl. ebd., 91, 27).

Es ist sehr bemerkenswert, dass Schopenhauer am Anfang von *Die Welt als Wille und Vorstellung* dem Terminus ›Besonnenheit‹, der traditionell dem Bereich der Tugendlehre angehören sollte, eine theoretische, und zwar mit der Fichteschen verwandte Bedeutung zuschreibt. Dort steht nämlich, die eigentliche »philosophische Besonnenheit« sei durch das Prinzip »Die Welt ist meine Vorstellung« ausgedrückt: Wenn sie eintritt, »wird« es dem Menschen »deutlich und gewiß, daß er keine Sonne kennt und keine Erde; sondern immer nur ein Auge, das eine Sonne sieht, eine Hand, die eine Erde fühlt«, »daß Alles, was für die Erkenntniß daist, also diese ganze Welt, nur Objekt in Beziehung auf das Subjekt ist, Anschauung des Anschauenden, mit einem Wort, Vorstellung« (W I, 3 f.). Die Besonnenheit der Philosophie bestehe also in dem klaren Bewusstsein der Welt als etwas Vorgestelltes, d. h. der vorgestellten Welt *als solcher*. Außerdem kennzeichnet auch Schopenhauer sein eigenes System als »ein[en] einzige[n] Gedanke[n]« (W I, VIII; vgl. Malter 1988; Koßler 2006).

In zwei Glossen zu Fichte behandelt Schopenhauer zwei Themen, die im reifen System eine hohe Relevanz erhalten werden (vgl. d'Alfonso 2006). In Bezug auf die erste Vorlesung »Über das Studium der Philosophie« meint er, das Genie sei zu einer übersinnlichen Erkenntnis fähig und drücke sie in seinen Kunstwerken aus (vgl. HN II, 18 f.). In einer Notiz zur 35. Vorlesung steht sogar, dass der Wille, »als ein Ding an sich, über alle Zeit steht« (HN II, 57; das »als« sollte hier allerdings als »wie« verstanden werden, vgl. Novembre 2012, 28–31). Diesen zwei Glossen scheint aber eher der Einfluss Schellings zugrunde zu liegen, und zwar durch zwei Werke, die Schopenhauer eben im Jahre 1811 gelesen hat: die *Vorlesungen über die Methode des akademischen Studiums* (vgl. insbesondere die 14. Vorlesung) und *Philosophische Untersuchungen über das Wesen der menschlichen Freyheit und die damit zusammenhängenden Gegenstände*.

Nicht zu bezweifeln ist hingegen, dass sich Schopenhauer in der Glosse zur sechsunddreißigsten Vorlesung »Ueber die Thatsachen des Bewußtseyns« (die am 10. Dezember 1811 gehalten wurde) direkt auf den

Vortrag Fichtes bezieht. Hier setzt Fichte einen unendlichen, fortschreitenden Kreis vom menschlichen Streben (oder »Gefühl«, in dem »ein Trieb [liegt,] der strebt«) zur »Erfüllung« oder »Befriedigung« des Triebes, und von dieser wieder zu einem erneuten Streben – woraus »eine unendliche Reihe« (HN II, 59 f.) von Handlungen des Ich entsteht. Der Trieb ist nämlich »der unmittelbare Ausdruck des überfaktischen Seyns«: Daher »kann [...] nicht gesprochen seyn von Aufhebung [d. h. von definitiver Befriedigung] desselben [des Triebes], denn er ist unvergänglich, wie das was er repräsentiert« (HN II, 59). Schopenhauer kommentiert, dass Fichte der menschlichen Seele »einen Trieb« zuschreibt, »der eben so närrisch ist, immer etwas will und wenn ers hat, wieder etwas andres will« (HN II, 60). Dies klingt bereits wie eine Vorwegnahme der späteren Willenslehre. Der junge Schopenhauer interpretiert den Vortrag Fichtes so, als wären »Trieb« und »Wollen« gleichbedeutend.

1812 notiert Schopenhauer, das »Leben« des Menschen, der dem »Scepter« des Erdgeistes unterworfen ist, bestehe in einem »vom Bedürfnis zur Erfüllung« und wieder »von der Erfüllung zum Bedürfnis« (HN II, 340) unaufhörlichen Getriebenwerden. In den Manuskripten von 1814 wird die Sache schließlich tiefgreifender erarbeitet, um das wesentliche Unglück des wollenden Subjekts zu begründen: »Das Wollen [...] kann nie befriedigt werden«, denn »das gewollte Objekt, nimmt sobald es erlangt ist, nur eine andere Gestalt an und ist gleich wieder da« (HN I, 120). Nun erhält bei Fichte der an sich »gestaltlose« Trieb auch eine immer neue »Gestalt«, indem er in einen immer neuen »Zweckbegriff« ins Unendliche übersetzt wird (vgl. HN II, 59 f.). Infolgedessen kann man vermuten, dass die Lehre Fichtes über die Unmöglichkeit einer definitiven »Erfüllung« oder »Befriedigung« des (vom jungen Schopenhauer als Wollen verstandenen) Triebes Schopenhauer den Anstoß gegeben hat, bereits 1812 das endlose Getriebenwerden des Menschen »vom Bedürfnis zur Erfüllung, von der Erfüllung zum Bedürfnis« einzusehen und später seine Grundtheorie darauf aufzubauen: »Dauernde, nicht mehr weichende Befriedigung kann kein erlangtes Objekt des Wollens geben« (W I, 231); »vielmehr ist sie stets nur der Anfangspunkt eines neuen Strebens« (W I, 365), das »ins Unendliche« geht, weil ihm »kein erreichtes Ziel ein Ende macht« (W I, 364).

Nebenbei kann auch angemerkt werden, dass der Zweck des Triebes in Fichtes Vortrag 1811 und das Objekt des Wollens bei Schopenhauer sich wie das »Ding an sich« in der *Grundlage der gesammten Wissenschaftslehre* (1794) Fichtes zu verhalten scheinen: Indem das Ich über das ihm jeweils Äußere und von ihm Unabhängige – das »Ding an sich« – reflektiert und es damit zu einem Produkt seiner eigenen »Denkkraft« macht (d. h. einnimmt), »so ist doch dadurch das Unabhängige nicht gehoben, sondern nur weiter hinausgesetzt, und so könnte man in das unbegrenzte hinaus verfahren, ohne dass dasselbe je aufgehoben würde« (Fichte I/2, 412). Das ist eben ein »Zirkel, den er [der Mensch] in das unendliche erweitern, aus welchem er aber nie herausgehen kann« (ebd.). Daher ist »das Streben« des Ich schlechthin »unendlich«: Es erreicht nie ein letztes Ziel (vgl. ebd., 404 ff.).

Nun kann sich das Ich in Fichtes Vortrag von 1811 dem vom Trieb bedingten endlosen Handeln mit einem Schlag doch entziehen, indem es sich vom Trieb selbst »losreißt« (vgl. HN II, 69 f.). Dadurch erhebt es sich zu einem ›höheren Bewusstsein‹ (oder einer ›höheren Anschauung‹, ›Ansicht‹, vgl. HN II, 63 f.). 1814 schreibt Schopenhauer in seinen Manuskripten, der Übergang vom empirischen zum besseren Bewusstsein sei nur durch ein ›Losreißen‹ vom Wollen möglich (vgl. HN I, 155).

Auch in *Die Welt als Wille und Vorstellung* kann der Mensch sein endloses Streben mit einem Schlage doch unterbrechen, indem er sich vom Wollen losreißt (vgl. W I, 233). Dadurch »erhebt« er sich (W I, 232) zum reinen Subjekt des Erkennens und gibt sich »dem reinen willenlosen Erkennen« (W I, 238) hin – denn der Wille ist eben das, dem die empirische (dem Satz vom Grunde folgende) Erkenntnis unterworfen ist (vgl. W I, 232). Diesen innerhalb desselben Betrachters stattfindenden Gegensatz zwischen dem reinen Subjekt des Erkennens und dem einzelnen Subjekt oder »Individuum« bezeichnet Schopenhauer als »Duplizität seines [des Betrachters] Bewußtseyns« (W I, 241; vgl. Novembre 2016). Im Hauptwerk wird auch die Verneinung des Willens zum Leben als ein Losreißen vom Wollen beschrieben (vgl. W II, 642). Dieser Gebrauch des Ausdrucks ›vom Wollen losreißen‹ in *Die Welt als Wille und Vorstellung* liefert ein bedeutendes Indiz dafür, dass die Figur des reinen Subjekts des Erkennens und die der Willensverneinung aus der Entzweiung der sich widersprechenden Bestimmungen entstanden sind, die das »bessere Bewußtseyn« ausmachten (vgl. Novembre 2011, 435–439).

Den wichtigsten und direktesten Einfluss auf Schopenhauer hat aber Fichte offensichtlich durch sein Werk *Das System der Sittenlehre* ausgeübt. An mehreren Stellen seiner Hefte 1811/12 wendet Schopenhauer gegen Fichtes und Schellings Begriff der »intellektuellen Anschauung« ein, dass die Selbsterkenntnis des Subjekts überhaupt unmöglich ist: »Daß das Subjekt sich nie Objekt werden kann, folgt aus der einfachen Wahrheit daß dann nichts mehr da wäre, dem dies Objekt [das Subjekt] Objekt wäre« (HN II, 335). Daher muss festgestellt werden: »Das Subjekt erkennt sich nicht« (HN II, 336). Diesen Aussagen liegt die Voraussetzung zugrunde, dass der »Begriff Subjekt […] nur ein einziges Merkmal [hat], nämlich daß es Objekte wahrnehme« (HN II, 332), d. h., das Subjekt ist nur ein Wahrnehmendes oder Erkennendes. Wenn das Subjekt nur etwas Erkennendes ist, so würde seine Selbsterkenntnis darin bestehen, dass es sich als erkennend erkennen würde. Dies wäre aber schlechthin widersprüchlich, weil das Subjekt dann in einer und derselben Hinsicht oder *sub eodem* (hinsichtlich des Erkennens) *in actu* (als erkennend) und nicht *in actu* (als erkannt) wäre (vgl. HN II, 348). Mit einem Worte: Wenn das einzige ›Merkmal‹ des Subjekts das Erkennen ist, so muss seine Selbsterkenntnis als widersprüchlich betrachtet und daher ausgeschlossen werden.

In Fichtes *System der Sittenlehre* (das Schopenhauer 1812 las), und zwar in dessen erstem »Lehrsatz«, konnte Schopenhauer aber doch ein *zweites* ›Merkmal‹ des Subjekts finden, und zwar das *Wollen*. Jener Lehrsatz lautet nämlich: »Ich finde mich selbst, als mich selbst, nur wollend« (Fichte I/5, 37). Aus den Glossen Schopenhauers zu diesem Werk (vgl. HN II, 348 f.) wird klar, dass es sich hierbei für ihn um eine große Entdeckung handelte (vgl. Haym 1864, 60): Er konnte nämlich bei Fichte die Antwort auf den Einwand finden, den er selbst gegen Fichte und Schelling erhoben hatte. Wenn nämlich das Subjekt zugleich ein Erkennendes und ein Wollendes ist, so ist seine Selbsterkenntnis kein Widerspruch mehr: Das Subjekt, als das Wollende, kann sich selbst, als dem Erkennenden, ›Objekt werden‹.

Es ist bemerkenswert, dass viele den Willen betreffende Passagen der Dissertation Schopenhauers einigen Stellen aus dem *System der Sittenlehre* Fichtes fast wörtlich entsprechen, was allem Anschein nach in der Forschung lange unbemerkt blieb (vgl. Novembre 2011, 388 ff.) Dies soll kurz an einigen Beispielen gezeigt werden:

Der erste Punkt betrifft die Selbsterkenntnis des Subjekts. In der Dissertation (1813) steht: »Erkannt wird das Subjekt nur als ein Wollendes« (Diss, 71 (De)); in der zweiten Auflage von 1847 lautet es: »Das Subjekt [erkennt] sich nur als ein Wollendes […]. Wenn wir in unser Inneres blicken, finden wir uns immer als *wollend*« (G, 249, 143 (De)). Das »Subjekt des Willens« ist nämlich »das unmittelbare Objekt des Inneren Sinnes« (Diss, 71 (De); vgl. G, 248 (De)). Solche Aussagen ähneln sehr stark dem oben erwähnten Lehrsatz Fichtes. Nun kann sich das Subjekt bei Schopenhauer eben nur als wollend erkennen, weil »das vorstellende Ich, das Subjekt des Erkennens nie selbst Vorstellung oder Objekt werden kann« (Diss, 71 (De); G 249, (De)). Bereits Fichte hatte aber im *System der Sittenlehre* erläutert, dass »Denken«, »im weitesten Sinne des Wortes, Vorstellen oder Bewußtseyn überhaupt« bedeute und »ursprünglich und unmittelbar für sich gar nicht Object eines besonderen neuen Bewußtseyns, sondern das Bewußtseyn selbst« sei (Fichte I/5, 38–39, § 1).

Der zweite Punkt betrifft den Begriff ›Wille‹. »Was *wollen* heiße«, wird von Fichte »als bekannt vorausgesetzt. Dieser Begriff ist keiner Realerklärung fähig, und er bedarf keiner. Jeder muß in sich selbst, durch intellectuelle Anschauung, innewerden, was er bedeute, und er wird es ohne alle Schwierigkeit vermögen« (ebd., 38, § 1). Auch laut Schopenhauer »läßt sich nicht weiter definiren oder beschreiben was *Wollen* sey«, eben »weil nun das Subjekt des Wollens dem innern Sinn unmittelbar gegeben ist […]. Deshalb darf man, und muß sogar, als bekannt voraussetzen was Wollen sey« (Diss, 76 (De); vgl. G, 252 (De)).

Drittens stellt Fichte fest, »[es] giebt […] nur zwei Aeußerungen, die unmittelbar jener Substanz [welche dem Ich entsprechen soll] zugeschrieben werden: *Denken* (im weitesten Sinne des Wortes, Vorstellen oder Bewußtseyn überhaupt) und *Wollen*« (Fichte I/5, 38, § 1). In einer Glosse von 1812 zu dieser Stelle interpretiert Schopenhauer »Denken« als »Erkennen« (vgl. HN II, 348); in der Dissertation von 1813 schreibt er, dass das Wort »Ich« zugleich »das Subjekt des Erkennens« und das »des Wollens […] einschließt und bezeichnet« (Diss, 76 (De); vgl. G, 251 (De)). Das Ich ist für Schopenhauer ein Erkennendes und ein Wollendes. Wie nach Fichte die »bewußtseyende Substanz mir ebendieselbe [ist], welche auch will« (Fichte I/5, 38, § 1), so besteht nach Schopenhauer »eine wirkliche Identität des Erkennenden mit dem als wollend Erkannten« oder »des Subjekts des Wollens mit dem erkennenden Subjekt« (Diss, 76 (De); G, 251 (De)).

Hier muss aber ein sehr bedeutender Unterschied hervorgehoben werden, und zwar dass der Satz »Ich finde mich selbst, als mich selbst, nur wollend« nach Fichte bewiesen werden kann (es ist eigentlich ein »Lehrsatz«), während die Identität des Subjekts des Wollens mit dem erkennenden Subjekt nach Schopenhauer »unmittelbar gegeben«, »schlechthin unbegreiflich«, »das Wunder κατ' εξοχην« ist (Diss, 76 (De); G, 251 (De)).

In dem *System der Sittenlehre* behandelt Fichte auch die Verbindung zwischen Leib, Kausalität und Willen: Letzterer habe auf den Leib »eine unmittelbare Kausalität«, die sich als dessen Bewegung äußert (vgl. Fichte I/5, 28 f.): »Unser Wille wird [...] in unserem Leibe unmittelbar Ursache« (ebd., 196). Nach der Dissertation Schopenhauers von 1813 ist das »Handeln [...] Wirkung des kausal gewordenen Wollens«: Dieses wirkt »ursächlich auf die realen Objekte«, »unter denen das unmittelbare Objekt des Erkennens, der Leib, auch unmittelbares Objekt des Wollens ist« (Diss, 76–77 (De)). In *Die Welt als Wille und Vorstellung* (und in der zweiten Auflage der Dissertation) wird dennoch das Verhältnis zwischen dem »Willensakt« und der »Aktion des Leibes« nicht mehr als Kausalität, sondern als Identität bestimmt (vgl. W I, 119 f. (De)): Der Wille ist »das Wesen an sich« unseres Leibes (W I, 126 (De)).

Ebenfalls anzumerken ist, dass in der Dissertation von 1813 sozusagen eine ›Deduktion‹ des intelligiblen Charakters gegeben wird, deren Grund eine Tatsache des sich als wollend findenden Bewusstseins ist. Der *punctus deductionis a quo* ist nämlich, dass derselbe Mensch »unter ganz gleichen Umständen« immer »auf ganz gleiche Weise« handelt und trotzdem

> »das lebendigste Bewußtseyn hat, daß er auf ganz andre Weise handeln könnte, wenn er nur *wollte*, d. h. daß sein Wille durch nichts Fremdes bestimmt ist und hier also von keinem *Können* die Rede ist, sondern nur von einem Wollen, welches seiner Natur nach im höchsten Grade frey, ja das innerste von allem Andern unabhängige Wesen des Menschen selbst ist« (Diss, 79 f. (De)).

Allein dadurch kann Schopenhauer den Begriff »intelligibler Charakter« in seiner Philosophie überhaupt annehmen, ohne diese zu ›transzendent‹ zu machen. Die Charakterlehre der Dissertation ist aber hinsichtlich vieler wichtiger Elemente auf die von Schelling in der Freiheitsschrift dargelegten Lehre des ›intelligiblen Wesens‹ des Menschen zurückzuführen (vgl. Novembre 2012, 51 ff.).

In weiteren Glossen zum *System der Sittenlehre* erwähnt Schopenhauer die »Vernichtung des ganzen Eigenwillens« als eigentliche Bedeutung des Sittengesetzes (vgl. HN II, 349–350; Zöller 2006, 384 ff.). Dies kann aber keinesfalls als eine Vorwegnahme der Lehre von der Verneinung des Willens zum Leben im Hauptwerk interpretiert werden: Der Wille oder der »Eigenwille«, der hier vernichtet werden soll, bedeutet noch nicht das, was Schopenhauer erst ab 1814 als »Wille zum Leben« bestimmt. Es ist hingegen sehr wahrscheinlich, dass Schopenhauer an diesen Stellen eine mystische ›Selbstvernichtung‹ meint, die er, dem Lehrsatz Fichtes zufolge (»Ich finde mich selbst, als mich selbst, nur wollend«), als eine ›Wollensvernichtung‹ bestimmt.

Da in den Manuskripten Schopenhauers vor 1812 überhaupt keine Spur einer Erarbeitung der Willenslehre auffindbar ist, diese in der Dissertation 1813 aber plötzlich auftaucht, so ist diesbezüglich ein Einfluss durch Fichtes *System der Sittenlehre* zu vermuten. Auch die Lehre, dass – wie in der Dissertation 1813 behauptet – die Anschauung der Außenwelt durch die unbewusste Anwendung der Verstandeskategorie ›Kausalität‹ auf den Stoff der Empfindung geschieht (was in der zweiten Auflage als »Intellektualität der empirischen Anschauung« bezeichnet wird [vgl. G, 159 f. (De)]), könnte Schopenhauer in Auseinandersetzung mit Fichte und zwar mit dessen Werk *Die Bestimmung des Menschen* entwickelt haben (vgl. Zöller 2006, 371 f.; Decher 1990).

In den Manuskripten von 1814 bis 1818 zeigt sich, dass die Charakterlehre der Dissertation in Kombination mit dem Studium der indischen Weisheit Schopenhauer die Tür zu seinen wichtigsten, spekulativen Gedanken öffnet (vgl. Koßler 2011; Novembre 2011; App 2011). In *Die Welt als Wille und Vorstellung* ist die Selbsterkenntnis des Subjekts als Wille (sofern es einen Leib hat oder eher ein Leib ist) der ›Grund‹ des entscheidenden Analogieschlusses: Der Wille kann eben nur in Analogie zu unserem Leib als das Wesen an sich aller Objekte, ja als »das Ding an sich« gedacht werden, wohingegen die Welt »Erscheinung« ist (vgl. W I, 125 f. (De)). Nur insofern das Subjekt *sich selbst* – in einem gewissen Maße – erkennen kann, kann nach Schopenhauer das ›Rätsel der Welt‹ aufgelöst werden.

Auf diese Weise scheint Schopenhauer letztendlich – genau wie die verhassten Fichte und Schelling mit ihrer ›intellektuellen Anschauung‹ – die Selbsterkenntnis des Ich (oder die »unmittelbare Identität des Erkennenden mit dem [...] Erkannten«) als den einzigen magischen ›Schlüssel‹ verstanden zu haben, der das von Kant ›verbotene‹ Reich des »Dinges an sich« – in einem gewissen Maße – doch eröffnen kann.

Abschließend sei zum einen noch erwähnt, dass der menschliche Wille anders als in Fichtes *System der*

Sittenlehre dem reifen Schopenhauer nach überhaupt nicht sittlich-vernünftig zu bestimmen ist, sondern als ein schlechthin »blinder Drang und erkenntnisloses Streben« (W I, 178 (De)): Dem Willen sind die menschliche Erkenntnis und Vernunft umgekehrt »in der Regel immer unterworfen« (W I, 209 (De)).

Zum anderen ist die Selbsterkenntnis des Subjekts Schopenhauer zufolge überhaupt keine absolute Erkenntnis: Der eigene Wille, in dem der Mensch sein eigenes Wesen erkennt, ist doch kein Ding an sich, sondern selbst eine »bloße Erscheinung« des Dings an sich – wenn auch »die vollkommenste, d. h. die deutlichste, am meisten entfaltete« (W I, 131–132 (De)) unter allen. Vielmehr sei das Wort ›Wille‹ nur eine *denominatio a potiori* für das Ding an sich (ebd.). Demzufolge führt die Selbsterkenntnis des Subjekts nach Schopenhauer keinesfalls darauf, die Unterscheidung zwischen Erscheinung und Ding an sich aufzuheben, sondern nur darauf, das bestimmen zu können, was »die Welt als Welt sei« und dadurch »die ganze Erscheinung, ihrem Zusammenhang nach, zu entziffern« (W II, 735 (De)). Auf diese Weise meint Schopenhauer, einen nur »immanenten Dogmatismus« aufgestellt zu haben und daher, trotz seiner Willensmetaphysik, im Gegensatz zu Fichte und Schelling Kant doch treu geblieben zu sein (vgl. P I, 149 (De)).

Literatur

d'Alfonso, Matteo Vincenzo: Schopenhauer als Schüler Fichtes. In: *Fichte Studien* 30 (2006), 201–211.
d'Alfonso, Matteo Vincenzo (Hg.): *Schopenhauers Kollegnachschriften der Metaphysik- und Psychologievorlesungen von G. E. Schulze (Göttingen 1810–11)*. Würzburg 2008.
App, Urs: *Schopenhauers Kompass. Die Geburt einer Philosophie*. Rorschach 2011.
Chenet, François-Xavier: Conscience empirique et conscience meilleure chez le jeune Schopenhauer. In: *Les Cahiers de l'Herne* 69 (1997), 103–130.
Decher, Friedhelm: Schopenhauer und Fichtes Schrift »Die Bestimmung des Menschen«. In: *Schopenhauer-Jahrbuch* 71 (1990), 45–67.
De Cian, Nicoletta: *Redenzione, colpa, salvezza. All' origine della filosofia di Schopenhauer*. Trento 2002.
De Pascale, Carla: Fichtes Einfluß auf Schopenhauer. In: *Fichte-Studien* 36 (2012), 45–59.
Fichte, Johann Gottlieb: *Gesamtausgabe der Bayerischen Akademie der Wissenschaften*. Hg. von Reinhard Lauth, Hans Gliwitzky, Hans Jacob, Erich Fuchs, Peter K. Schneider und Günter Zöller. Stuttgart-Bad Cannstatt 1962 ff. (Bd. I/2: *Werke 1793–1795*, 1965; Bd. I/5: *Werke 1798–1799*, 1977; Bd. II/13: *Nachgelassene Schriften 1812*, 2002; Bd. IV/4: *Kollegnachschriften 1810–1812*, 2004).
Haym, Rudolf: *Arthur Schopenhauer*. Berlin 1864.
Herbart, Johann Friedrich: Rezension der *Welt als Wille und Vorstellung*. In: *Hermes oder Kritisches Jahrbuch der Literatur*. Drittes Stück für das Jahr 1820, Nr. 7, 131–147 (Nachdr. in: *Jahrbuch der Schopenhauer-Gesellschaft* 6 [1917], 89–117).
Hühn, Lore (Hg.): *Die Ethik Arthur Schopenhauers im Ausgang vom Deutschen Idealismus (Fichte/Schelling)*. Würzburg 2006.
Kamata, Yasuo: *Der junge Schopenhauer*. Freiburg/München 1988.
Koßler, Matthias: *Substantielles Wissen und subjektives Handeln, dargestellt in einem Vergleich von Hegel und Schopenhauer*. Frankfurt a. M. u. a. 1990.
Koßler, Matthias: Zur Rolle der Besonnenheit in der Ästhetik Arthur Schopenhauers. In: *Schopenhauer-Jahrbuch* 83 (2002), 119–133.
Koßler, Matthias: Die eine Anschauung – der eine Gedanke. Zur Systemfrage bei Fichte und Schopenhauer. In: Hühn 2006, 350–364.
Koßler, Matthias: »Der Gipfel der Aufklärung«. Aufklärung und Besonnenheit beim jungen Schopenhauer. In: Konstantin Broese/Andreas Hütig/Oliver Immel/Renate Reschke (Hg.): *Vernunft der Aufklärung – Aufklärung der Vernunft. Festschrift für Hans Martin Gerlach*. Berlin 2006a, 207–216.
Koßler, Matthias: Die Entstehung von Schopenhauers Willensmetaphysik. In: Giuliano Campioni/Leonardo Pica Ciamarra/Marco Segala (Hg.): *Goethe, Schopenhauer, Nietzsche. Saggi in memoria di Sandro Barbera*. Pisa 2011, 441–449.
Malter, Rudolf: *Der eine Gedanke. Hinführung zur Philosophie Arthur Schopenhauers*. Darmstadt 1988.
Malter, Rudolf: *Arthur Schopenhauer. Transzendentalphilosophie und Metaphysik des Willens*. Stuttgart-Bad Cannstatt 1991.
Metz, Wilhelm: Der Begriff des Willens bei Fichte und Schopenhauer. In: Hühn 2006, 386–398.
Novembre, Alessandro: *Il giovane Schopenhauer e Fichte. La duplicità della coscienza*. Diss. Lecce/Mainz 2011.
Novembre, Alessandro: Die Vorgeschichte der Schopenhauer'schen Theorie des Willens als Ding an sich. In: *Schopenhauer-Studien* (= Jahrbuch der japanischen Schopenhauer-Gesellschaft) XVII (2012), 19–76.
Novembre, Alessandro: Schopenhauers Verständnis der Fichte'schen »absoluten Besonnenheit«. In: *Schopenhauer-Jahrbuch* 93 (2013), 53–64.
Novembre, Alessandro: Das »Losreißen« des Wissens: Von der Schopenhauer'schen Nachschrift der Vorlesungen Fichtes »Ueber die Tatsachen des Bewusstseins« und »Ueber die Wissenschaftslehre« (1811/12) zur Ästhetik von *Die Welt als Wille und Vorstellung*. In: *Fichte-Studien* 43 (2016), 315–336.
Novembre, Alessandro: *Invito alla libertà: il principio della filosofia. Il corso di Fichte »Sui fatti della coscienza« 1811/12*. Roma 2018 (im Erscheinen).
Schöndorf, Harald: *Der Leib im Denken Schopenhauers und Fichtes*. München 1982.
Schwabe, Gerhard: *Fichtes und Schopenhauers Lehre vom Willen mit ihren Konsequenzen für Weltbegreifung und Lebensführung*. Jena 1887.

Seydel, Rudolf: *Schopenhauers philosophisches System dargestellt und beurtheilt*. Leipzig 1857.
Waibel, Violetta L.: Die Natur des Wollens. Zu einer Grundfigur Fichtes im Ausblick auf Schopenhauer. In: Hühn 2006, 402–422.
Zint, Hans: Schopenhauers Philosophie des doppelten Bewußtseins. In: *Jahrbuch der Schopenhauer-Gesellschaft* 10 (1921), 3–45.
Zöller, Günter: Kichtenhauer. Der Ursprung von Schopenhauers *Welt als Wille und Vorstellung* in Fichtes Wissenschaftslehre 1812 und *System der Sittenlehre*. In: Hühn 2006, 365–386.

Alessandro Novembre

21 Georg Wilhelm Friedrich Hegel

Wenn die Namen Schopenhauer und Hegel zusammen genannt werden, dann stehen in der Regel die Gegensätzlichkeiten im Vordergrund. Der ›Panlogismus‹ Hegels wird dem ›Irrationalismus‹ Schopenhauers gegenübergestellt, die Rolle der Geschichte bei Hegel dem Ahistorismus Schopenhauers, der optimistische Fortschrittsgedanke der pessimistischen Weltverneinung. Infolge der außerordentlichen Wirkung, die beiden Philosophen beschieden war, hatte die Konfrontation philosophiehistorische Dimensionen angenommen. So sprach Ernst Bloch von der Entwicklungslinie »Schopenhauer-Nietzsche-Wagner, der nicht eben heilvollen ›Parallellinie‹ zu Hegel-Feuerbach-Marx« (Bloch 1962, 380), für Rudolf Steiner stehen Hegel und Schopenhauer für Okzident und Orient (vgl. Steiner 1931) und Arthur Hübscher sieht bei der einzigen Begegnung der beiden Philosophen den »Kampf zwischen Schopenhauer und Hegel« beginnen, der »für das kommende Jahrhundert, bis in die Gegenwart hinein, entscheidende Bedeutung erlangen sollte« (Hübscher 1956, 14). Bei Karl R. Popper (1966, 27–80) und Georg Lukács (1962, 172–219) wird der politisch-weltanschauliche Hintergrund dieser Entgegensetzung besonders deutlich. Demgegenüber hat es immer schon Stimmen gegeben, die auf eine innere Verwandtschaft oder ein komplementäres Verhältnis im Denken der beiden Philosophen aufmerksam gemacht haben – Stimmen, die dann vernehmlicher wurden, wenn die politische Konfrontation nicht so stark war.

Derartige Übereinstimmungen sind vor dem Hintergrund der gemeinsamen Einbindung in die klassische deutsche Philosophie zu betrachten. Obwohl Hegel (1770–1831), älter noch als Schelling (1775–1854), einer früheren Generation angehört, gibt es keine Hinweise, die auf einen wie auch immer gearteten Einfluss auf die Entstehung der Philosophie Schopenhauers schließen lassen (vgl. Schmidt 1988, 11 f.). Bis zum Jahr 1814, in dem Schopenhauer nach eigenen Angaben die Grundzüge seiner Philosophie entwickelt hatte, wird Hegel nur einmal in einem Brief erwähnt, in dem Schopenhauer ein ausgeliehenes Exemplar der *Wissenschaft der Logik* mit den Worten zurückschickte: »ich würde diese nicht so lange behalten haben, hätte ich nicht gewußt, daß Sie solche so wenig lesen als ich« (GBr, 6). Im *Handschriftlichen Nachlaß* taucht der Name Hegels erstmals 1818 auf (vgl. HN III, 26), eine im Ansatz inhaltliche Auseinandersetzung ist aber nicht vor 1827 auszumachen. Es ist also nicht anzunehmen, dass Bezüge zwischen den Lehren beider Denker auf eine Aneignung durch Schopenhauer zurückgehen. Umgekehrt ist freilich auch eine Rezeption Schopenhauers bei Hegel ausgeschlossen.

Das einzige Zusammentreffen der beiden Philosophen, auf das sich Hübscher bei seiner Rede vom Beginn des historischen Kampfes beruft, fand anlässlich der Probevorlesung Schopenhauers in Berlin am 23. März 1820 statt: Bei der anschließenden Diskussion, an der Hegel als Prüfer teilnahm, kam es zu einer kurzen Auseinandersetzung über den Begriff der ›animalischen Funktionen‹. Der Vorgang ist aus der Erinnerung Carl Bährs an ein Gespräch überliefert (vgl. Gespr, 47 f.; Grigenti 2000, 533–562), in dem er schon von Schopenhauer selbst aus der Distanz von über 30 Jahren zu einer denkwürdigen Konfrontation stilisiert wurde. Diese Stilisierung wurde später gern aufgegriffen und verstärkt. Wie die Akten der Habilitation (vgl. De XVI, 135 ff.) und andere Quellen zeigen (vgl. Hoffmeister 1956, 587 ff.), war Hegel dem jungen Kandidaten eher wohlgesonnen, denn er unterstützte auch die vorzeitige Ankündigung seiner Lehrveranstaltungen.

Schopenhauer dagegen ging bereits mit dieser Ankündigung auf Konfrontationskurs gegen Hegel, indem er seine Vorlesung auf die Zeit legte, in der dieser sein Hauptkolleg las (vgl. GBr, 55). In der mit dem Antritt seiner Lehrtätigkeit verknüpften »Lobrede auf die Philosophie« zeichnet er – ohne Namen zu nennen – ein Bild des Niedergangs der Philosophie in seiner Zeit, der zu früherem Glanz zu verhelfen, er einen »Rächer« (VN I, 58 (De)) in Aussicht stellt. Hegel wird für ihn bald zur Symbolfigur dieses Niedergangs. Bereits ein Jahr später wird er in den handschriftlichen Aufzeichnungen »Erznarr« (HN III, 87) genannt, und 1827 erhält er erstmals die Bezeichnung »Scharlatan« (HN III, 363), die genau der in der Lobrede beklagten Niedergangsform der Philosophie entspricht und die später auch in den publizierten Schriften gleichsam als Titel verwendet wird. Auch für die »Professoren-Philosophie«, die Schopenhauer in dieser Zeit anzugreifen beginnt (s. Kap. 9.3), wird Hegel zum paradigmatischen Repräsentanten.

Wenn man bei dem Verhältnis zwischen Schopenhauer und Hegel auch nicht von einem »Kampf« oder von »grimmigen Antipoden« (Bloch 1962, 117) sprechen kann, weil Hegel Schopenhauer kaum zur Kenntnis nahm, so geht die einseitige Gegnerschaft des letzteren doch über eine persönliche oder sachliche Auseinandersetzung hinaus ins Prinzipielle (vgl. Schmidt 1988, 16): Der Name Hegel steht (a) für unverständliche, in sich widersprüchliche Gedanken, (b) deren Inhaltslosigkeit durch einen »höchst krausen, prunkenden, vornehmen und hochtrabenden Wortgallimathias« (HN III, 363) verschleiert wird, und die (c) durch die Absicht, der weltlichen und geistlichen Obrigkeit zu gefallen, korrumpiert sind. »Im Ganzen enthält Hegels Philosophie 3/4 baaren Unsinn und 1/4 korrupte Einfälle« (HN III, 364). Es mag sein, dass der Misserfolg der Vorlesung, die kaum besucht wurde, zu dieser Überfrachtung der Gegnerschaft beigetragen hatte. Sicher spielte aber die Vormachtstellung, die die Hegelsche Philosophie in den 1820er Jahren an den deutschen Universitäten gewonnen hatte, eine zentrale Rolle. In dem Zusammenhang ist es interessant, dass in Schopenhauers veröffentlichten Werken die Angriffe auf Hegel erst nach dessen Tod einsetzen und dass auch in den Vorlesungen der Name nie gefallen ist. Dieser Umstand deutet darauf hin, dass sie nicht in erster Linie auf die Person und das Werk, sondern auf die Anhänger und Nachahmer zielten, auf das, was Schopenhauer unter dem Begriff »Hegelei« zusammenfasste (vgl. Kamata 1988, 94 f.). Die ausführlichste, wenn auch rein polemische Auseinandersetzung mit der Hegelschen Philosophie findet sich in der Vorrede zu *Die beiden Grundprobleme der Ethik* (1840); mit ihr reagiert Schopenhauer auf die Ablehnung der Preisschrift »Über die Grundlage der Moral« durch die Königlich Dänische Societät der Wissenschaften, die er in eine Reihe mit den »besoldeten Professoren der Hegelei« stellt (E, XVIII).

Im Gegensatz zur Selbsteinschätzung Schopenhauers steht die Tatsache, dass er in den frühen Rezensionen seines Hauptwerks ganz selbstverständlich in die Nachfolge der von ihm bekämpften Philosophen des Deutschen Idealismus eingereiht wird (vgl. Piper 1917, z. B. 82, 88, 90, 117). Die frühesten Schriften, die ihn mit Hegel in einen Vergleich bringen, sind eher bestrebt, Gemeinsamkeiten herauszustellen (vgl. Koßler 1990, 16 f.; Kamata 1988, 47 ff.), wobei teils die deskriptiv-empirische Darstellungsweise Schopenhauers als Mangel, teils seine Betonung des Leiblichen und Anschaulichen sowie der lebendige Stil als Vorteile gewertet werden.

Erst nach dem Tod Schopenhauers setzt mit der immer größeren Bedeutung, die seine Philosophie erlangt, die Gegenüberstellung der beiden Philosophen ein. Für Eduard von Hartmann sind sie bereits die »polarisch entgegengesetzten Spitzen der bisherigen Entwicklung« (Hartmann 1869, 60). Durch die Zusammenfügung der derart zugespitzten Extreme, »die logische Idee« (Hegel) und »der unlogische Wille« (Schopenhauer), kommt Hartmann zu dem unbewussten »Geist« (ebd., 16, 49 f.), den er seiner einflussreichen *Philosophie des Unbewußten* zugrunde legt (s. Kap. 28). Den Gedanken einer Synthese der Philosophien Hegels und Schopenhauers versuchten auch Julius Bahnsen und später Rudolf Steiner fruchtbar zu machen.

Eine neue Tendenz in der Rezeption der beiden Philosophen kündigt sich bei Josiah Royce an, der, ausgehend von einer »apparently hopeless divergence« zwischen ihnen, dennoch »certain striking similarities« (Royce 1891, 45) insbesondere beim Vergleich von *Die Welt als Wille und Vorstellung* mit Hegels *Phänomenologie des Geistes* bemerkt. Diese Tendenz, trotz der Anerkennung einer grundsätzlichen Diskrepanz (die keine Synthese zulässt) signifikante Parallelen im Denken Hegels und Schopenhauers aufzuzeigen, wird bei Bloch und Johannes Volkelt fortgeführt, die die Gemeinsamkeiten vor allem in der Systemgestalt sehen (Bloch 1962, 201 f.; Volkelt 1923, 59). In der Tat haben ja Hegel und Schopenhauer fast zur gleichen Zeit (die *Enzyklopädie der philosophischen Wissenschaften* Hegels erschien erstmals 1817, *Die Welt als Wille und Vorstellung* 1818) die einzigen Beispiele eines die Totalität aller Erfahrung umfassenden philosophischen Systems vorgelegt, wie es in der Nachfolge Kants gefordert war. In der ersten Hälfte des 20. Jahrhunderts stand die Einordnung in ideologische Zusammenhänge, wie sie eingangs erwähnt wurde (vgl. auch Hübscher 1945–48) im Vordergrund und verhinderte eine sachliche Auseinandersetzung, obwohl auch Max Horkheimer 1961 in seinem Vortrag »Die Aktualität Schopenhauers« darauf aufmerksam machte, dass »der Schopenhauer so verhaßte Hegel [...] ihm nicht so fern« sei (Horkheimer 1974, 260). Auf die Notwendigkeit einer ausführlichen inhaltlichen Untersuchung des Verhältnisses zwischen Hegel und Schopenhauer verwies dann 1977 Wolfgang Weimer in seiner Dissertation *Die Aporie der reinen Vernunft*. Bald darauf entstanden mehrere Aufsätze zu dem Thema (vgl. Koßler 1990, 19 f.), und schließlich kamen drei Monographien der Forderung Weimers in unterschiedlicher Weise nach: Während Alfred Schmidt (1988) aufzeigt, inwiefern sich hinter Schopenhauers Schmähreden gegen Hegel durchaus eine substantielle Kritik verbirgt, versucht Koßler nachzuweisen, »daß beide philosophischen Systeme sich bis auf einen, allerdings wesentlichen Punkt vollständig entsprechen« (Koßler 1990, 15). Wiederum dagegen betont Ramos bei allen zugestandenen Übereinstimmungen einen prinzipiellen »Abgrund«, der die beiden Philosophien trennt, weil ihnen zwei »absolut entgegengesetzte Weltsichten [duas visões de mundo absolutamente opostas]« zugrunde liegen (Ramos 2008, 150, 156).

Das erweckt den Eindruck, als stünden sich in diesen neueren Arbeiten die Auffassungen von der Diversität und der Kongruenz beider Philosophien noch immer so unversöhnlich gegenüber wie in den Anfängen der Schopenhauer-Rezeption. Bei genauerem Hinsehen stellt man aber fest, dass die Auseinandersetzung sachlicher geworden ist: Während eine gewisse Einigkeit über Unterschiede und Gemeinsamkeiten herrscht, konzentriert sich die Debatte mehr auf deren Bewertung und Gewicht. Die philosophischen Systeme Hegels und Schopenhauers stimmen, wie schon bei Volkelt und Bloch angedeutet, darin überein, dass sie eine die Welt in ihrer Totalität umfassende Sicht darbieten, die dadurch entsteht, dass das, was die Welt bestimmt – bei Hegel der Geist, bei Schopenhauer der Wille – sich seiner selbst bewusst wird (vgl. Rotenstreich 1989; Rometsch 2011). Beide beschäftigen sich mit dem »Ganzen der Erfahrung«: Ist für Schopenhauer Philosophie »Lehre vom Bewußtseyn und dessen Inhalt überhaupt, oder vom Ganzen der Erfahrung als solcher« (W II, 140), so lautete der ursprüngliche Titel von Hegels *Phänomenologie des Geistes* »Wissenschaft der Erfahrung des Bewusstseyns« (Hegel 1980, 444). Auf die gemeinsame Rezeption der Naturphilosophie Schellings gehen Parallelen in der spekulativen Naturbetrachtung zurück, die bei Schopenhauer wie bei Hegel die Form einer in Stufen aufsteigenden dialektischen Bewegung der Idee hat (vgl. Koßler 1990, 119 f.; Ramos 2008, 114 ff.). Methodisch werden auch Bezüge zwischen der kreisförmigen Struktur des Hegelschen Systems, bei dem der Anfang, das Prinzip oder das Absolute »wesentlich Resultat« ist (Hegel 1980, 19) und Schopenhauers »organischer« Gestalt des »einzigen Gedankens«, aufgrund derer »auch der kleinste Teil nicht völlig verstanden werden kann, ohne daß schon das Ganze vorher verstanden sey« (W I, VIII), hergestellt (vgl. Koßler 1990, 156). Diese hauptsächlich formalen Übereinstimmungen werden indessen durch die inhaltlichen Bestimmungen relativiert. Dabei ist es zu kurz gegriffen, sich einfach auf die Gegenüberstellung von ›irrationalem Willen‹ und ›rationalem Geist‹ zu stützen (auch Schopenhauer verwendet übrigens, wenn auch nur vereinzelt, Begriffe wie »Geistesphilosophie«, W II, 198, und »Weltgeist«, W II, 370, 574; P II 340 f., für seine eigene Lehre). Auch die Etikettierung Hegels als ›Optimisten‹ und Schopenhauers als ›Pessimisten‹ ist heute als inhaltliches Unterscheidungsmerkmal fragwürdig geworden (vgl. Schmidt 1988, 120 f.).

Der zentrale Punkt, an dem die beiden Philosophen trotz der genannten Parallelen so auseinandergehen, dass grundsätzliche inhaltliche Differenzen, etwa in der Bewertung der Rolle von Leiblichkeit, Geschichte und Kunst zu Tage treten (vgl. ebd.), liegt in der unterschiedlichen Bestimmung des Verhältnisses von Anschauung und Begriff. Wenn man auch die sehr unterschiedlichen Auffassungen von ›Anschauung‹ und ›Begriff‹ berücksichtigt, so lässt sich doch die sekundäre Stellung des Begriffs gegenüber der Anschauung bei Schopenhauer im Verhältnis zur Einordnung der Anschauung in die Bewegung des Begriffs bei Hegel insofern als fundamentale Differenz festhalten, als Schopenhauer damit einen Bereich unmittelbarer Erfahrung in seine Philosophie zu integrieren sucht, der sich aller begrifflichen Vermittlung entzieht (vgl. Rometsch 2011, 84 f.; Koßler 1990, 195 ff.). Dies hat Auswirkungen auf die Bestimmung des Wesens der Welt, das bei allem Bewusstwerden seiner selbst ein unergründliches bleibt, auf die Beschränkung der Rolle der Vernunft und auf das Selbstverständnis philosophischer Erkenntnis, die als Deutung der Welt anhand des »unmittelbarsten« (W II, 221) Gewahrwerdens dieses Unergründlichen kein absolutes Wissen sein kann, sondern sich als bedingt durch die Erfahrung und als relativ zu anderen Zugangsweisen zur Wahrheit wie Kunst oder Mystik weiß.

Literatur
Bloch, Ernst: *Subjekt-Objekt. Erläuterungen zu Hegel* [1951] (= *Gesamtausgabe*, Bd. 8). Frankfurt a. M. ²1962.
Deussen, Paul (Hg.): *Der Briefwechsel Arthur Schopenhauers*. Bd. 3 (= *Sämtliche Werke*, Bd. 16. Hg. von Paul Deussen). München 1942 [De XVI].
Grigenti, Fabio: *Natura e rappresentazione. Genesi e struttura della natura in Arthur Schopenhauer*. Neapel 2000.
Hartmann, Eduard von: *Schelling's positive Philosophie als Einheit von Hegel und Schopenhauer*. Berlin 1869.
Hegel, Georg Wilhelm Friedrich: *Phänomenologie des Geistes* (= *Gesammelte Werke*, Bd. 9). Hg. von Wolfgang Bonsiepen und Reinhard Heede. Hamburg 1980.
Hoffmeister, Johannes (Hg.): *G. W. F. Hegel: Berliner Schriften 1818–1831* (= *Sämtliche Werke*, Bd. 11). Hamburg 1956.
Horkheimer, Max: *Zur Kritik der instrumentellen Vernunft*. Frankfurt a. M. 1974.
Hübscher, Arthur: Hegel und Schopenhauer. Ihre Nachfolge – ihre Gegenwart. In: *Schopenhauer-Jahrbuch* 32 (1945–48), 23–42.
Hübscher, Arthur: *Denker unserer Zeit*. München 1956.
Kamata, Yasuo: *Der junge Schopenhauer. Genese des Grundgedankens der Welt als Wille und Vorstellung*. München 1988.
Koßler, Matthias: *Substantielles Wissen und subjektives Han-

deln, dargestellt in einem Vergleich von Hegel und Schopenhauer. Frankfurt a. M. 1990.

Lukács, Georg: *Die Zerstörung der Vernunft* [1954] (= *Werke*, Bd. 9). Neuwied ²1962.

Piper, Reinhard: Die zeitgenössischen Rezensionen der Werke Arthur Schopenhauers. In: *Jahrbuch der Schopenhauer-Gesellschaft* 6 (1917), 47–178.

Popper, Karl R.: *The Open Society and its Enemies*. Bd. 2: *The High Tide of Prophecy: Hegel, Marx and the Aftermath* [1945]. London ⁵1966.

Ramos, Flamarion Caldeira: *A »miragem« do absoluto. Sobre a contraposição de Schopenhauer a Hegel: Crítica, especulação e filosofia da religião*. São Paulo 2008.

Rometsch, Jens: Wirklichkeitskonstitution und Erkenntniskonstitution bei Hegel und Schopenhauer. In: *Schopenhauer-Jahrbuch* 92 (2011), 69–86.

Rotenstreich, Nathan: Self-Knowledge of the World. In: *Schopenhauer-Jahrbuch* 70 (1989), 66–74.

Royce, Josiah: Two Philosophers of the Paradoxical. In: *Atlantic Monthly* 67 (1891), 45–60 und 161–172.

Schmidt, Alfred: *Idee und Weltwille. Schopenhauer als Kritiker Hegels*. München 1988.

Steiner, Rudolf: Hegel und Schopenhauer. In: *Goetheanum* 10 (1931), 341–349.

Volkelt, Johannes: *Arthur Schopenhauer*. Stuttgart ⁵1923.

Weimer, Wolfgang: *Die Aporie der reinen Vernunft*. Düsseldorf 1977.

Matthias Koßler

22 Friedrich Wilhelm Joseph Schelling

Schopenhauer und Friedrich Wilhelm Joseph Schelling (1775–1854) waren, obwohl man Schopenhauer schon der nachidealistischen Philosophie im 19. Jahrhundert zuordnen mag, Zeitgenossen. Dessen ungeachtet ist ihrer beider Verhältnis, und dies trägt zur Klassifikation des einen als Idealisten und des Anderen als Nachidealisten sicherlich bei, ein asymmetrisches. Schelling als der dreizehn Jahre Ältere hat sich auf Schopenhauer weder in irgendeiner inhaltlichen noch persönlichen Weise bezogen. Zwar weiß man, dass Schopenhauers Hauptwerk *Die Welt als Wille und Vorstellung* in den Auflagen von 1819 und 1844 Teil von Schellings persönlicher Bibliothek war (vgl. Müller-Bergen 2007, 67, 121), er erwähnt Schopenhauer aber weder in seinen Werken noch Briefen auch nur ein einziges Mal. Darüber hinaus besaß er auch eine Ausgabe der Frauenstädtschen *Briefe über die Schopenhauer'sche Philosophie* von 1854 (Schellings letztem Lebensjahr; vgl. Müller-Bergen 2007, 143). Insgesamt darf aber vermutet werden, dass Schelling sich nie mit Schopenhauers Philosophie befasst hat.

Umgekehrt ist die inhaltliche Bezugnahme Schopenhauers auf Schelling, in meist polemischer Form, sehr vielfältig. Nicht nur hat Schopenhauer zahlreiche Schriften von Schelling aus allen Schaffensphasen selbst besessen (vgl. HN V, 143–149), Schopenhauer hat viele dieser Texte auch ausführlich kommentiert. So hat er schon früh eine Reihe von Notizen auf losen Blättern sowie in Studienheften angefertigt (vgl. HN II, 304–341), die unter der Bezeichnung Schelling I, II und III in den von Arthur Hübscher herausgegebenen Nachlassbänden versammelt sind (vgl. HN II, 432 f.) und Kommentare sowie kurze Exzerpte zu Schellings Schriften von 1795 (*Vom Ich als Princip der Philosophie oder über das Unbedingte im menschlichen Wissen*) bis 1809 (*Philosophische Untersuchungen über das Wesen der menschlichen Freiheit*, die sogenannte Freiheitsschrift) enthalten.

Insbesondere den 1809 bei Felix Krüll erschienen Band *F. W. J. Schelling's philosophische Schriften*, der auch Schellings berühmt gewordene *Freiheitsschrift* als einzig neuen Text enthält (wahrscheinlich der wirkmächtigste Text Schellings), hat Schopenhauer mit zahlreichen Anstreichungen und Randglossen versehen. Es ist vor allem die Schellingsche *Freiheitsschrift*, der man einen maßgeblichen Einfluss auf Schopenhauers Philosophie nachsagen kann.

Schelling wird in den Briefen Schopenhauers und in dessen Schriften verschiedentlich erwähnt. Trotz der meist bissigen Bemerkungen zu Schellings Person und Philosophie weist Schopenhauer ihm doch unter den drei Idealisten (Fichte, Schelling und Hegel) einen gewissen Vorrang zu, er sei, so heißt es beispielsweise, »entschieden der Begabteste unter den Dreien« (P I, 34 (ZA)). Im Gespräch verwahrt er Schelling auch gegen den Vorwurf der Unsinnigkeit (vgl. Gespr, 184); in diesem Sinne verteidigt er ihn in einem Brief an Julius Frauenstädt vom 11. September 1854:

> »Vielen Dank für Ihren Aufsatz über Schelling. Was Sie darin sagen, ist Alles wahr: aber Sie sind doch nicht gerecht gegen ihn, sofern Sie das Gute verschweigen, was ihm doch nachzurühmen ist. Trotz allen seinen Possen und den größern seiner Anhänger, hat er doch die Auffassung der Natur überhaupt wesentlich verbessert und gefördert; wie ich denn auch Manches an ihm gelobt habe« (GBr, 350).

Die Entwicklung von Schopenhauers eigener Philosophie geschieht in stetiger Auseinandersetzung mit Schellings Denken. Insbesondere dessen Theorie des Absoluten (vgl. die *Philosophische Briefe über Dogmatismus und Kritizismus* von 1795) regt den jungen Schopenhauer zu eigenen Gedanken über das Subjekt-Objekt-Verhältnis an (vgl. Koßler 2008, 68 f.). Das für den jungen Schopenhauer zentrale Konzept des »bessern Bewußtseyn[s]« (HN I, 23) rekurriert auf Schellings Begriff der intellektuellen Anschauung (vgl. Kamata 1988, 119–128) und die darin gedachte Identität von Subjekt und Objekt.

Es ist dann vor allem die *Freiheitsschrift* Schellings, die beim reiferen Schopenhauer Beachtung findet: In *Die beiden Grundprobleme der Ethik* erwähnt Schopenhauer die Lehre über den intelligiblen Charakter (vgl. E, 123–125 (ZA), nochmals E, 216 (ZA)); diese wird auch im *Satz vom Grund* angeführt (in der Fassung von 1813, vgl. Diss, 80 f. (De)). In den »Fragmenten zur Geschichte der Philosophie« der *Parerga und Paralipomena* kommt er auf die Schellingsche Formel vom Wollen als Ursein zu sprechen (vgl. P I, 150 f. (ZA)). In der »Skitze einer Geschichte des Realen und Idealen« unterstellt er Schelling Eklektizismus und nennt Plotin, Spinoza, Böhme und Kant als maßgebliche Quellen Schellings (vgl. P I, 34 (ZA)), ebendort nennt er die *Freiheitsschrift*, wenig wohlwollend, einen »metaphysischen Versuch« (ebd.), dennoch hebt er auch das »Verdienst Schellings in seiner Naturphilosophie, die eben auch das Beste unter seinen mannigfachen Versuchen und neuen Anläufen« (ebd.) sei, hervor. Er bezieht sich dabei auf Schellings Programm in der *Freiheitsschrift*, dem abstrakten System Spinozas, der »Leblosigkeit seines Systems«, der »Dürftigkeit der Begriffe und Ausdrücke« (SW VII, 349) eine lebendige Naturphilosophie entgegenzusetzen. Wo Schelling in der *Freiheitsschrift* seines Erachtens lediglich die Ergebnisse seiner bereits vor 1809 publizierten identitäts- und naturphilosophischen Schriften zu referieren glaubt, bewertet Schopenhauer dieses Programm differenziert: auf der einen Seite die für ihn maßgebliche und zu würdigende Einsicht in die Natur als einer Ausdrucksform des Wollens, auf der anderen Seite die »falsche [...] Anwendung« (P I, 34 (ZA)) der Naturwissenschaft auf die Philosophie, womit vermutlich vor allem Schellings naturphilosophische Texte vor 1809 kritisch benannt sein dürften.

Aus diesen Verweisen wird ersichtlich, an welchen Themen der reife Schopenhauer interessiert ist: Es sind dies vor allem (1) die willensmetaphysische Deutung der Natur und des Seins überhaupt in Schellings *Freiheitsschrift* sowie (2) die eben dort entfaltete, an Kant und Fichte angelehnte Lehre von der intelligiblen Tat. Beide Theoreme sind für Schopenhauer maßgeblich geworden und in dessen eigene Konzeption der Natur als Objektivation des Willens und des Menschen als intelligiblem Charakter eingegangen (vgl. Hühn 1998, 55 f., 85).

1) »Man hatte aber bis jetzt die Identität des Wesens jeder irgend strebenden und wirkenden Kraft in der Natur mit dem Willen nicht erkannt, und daher die mannigfaltigen Erscheinungen, welche nur verschiedene Species des selben Genus sind, nicht dafür angesehn, sondern als heterogen betrachtet« (W I, 155 (ZA)). Schopenhauer markiert mit dieser Einschätzung im § 22 der *Welt als Wille und Vorstellung* seine eigene herausgehobene Stellung innerhalb der Philosophiegeschichte, zumindest diejenige, die er sich selbst gerne zuschreiben möchte. Die behauptete Originalität, nämlich als Erster die Identität der Naturkräfte mit dem Willen und darüber hinaus vielmehr die Identität des Ansichseins alles Seienden mit dem Willen, wovon die zitierte Gleichsetzung nur ein Spezialfall ist, erkannt zu haben, mag man kritisch betrachten, bildet doch bereits die Schellingsche Philosophie paradigmatisch den Gedanken einer Identifikation des Ansichseins mit der Freiheit aus, welcher den unmittelbaren Vorläufer für Schopenhauers naturphilosophische Überlegungen darstellt.

Schopenhauers naturphilosophischer Grundgedanke ist es, den Willen als Ansichsein in der Natur zu fassen. Er bestimmt den transzendentalen Bezugspunkt einer jeden Vorstellung (das in Anlehnung an Kant sogenannte ›Ding an sich‹) als Willen und damit diesen als Wesen der Objektwelt. Diese Identifikation bildet den Hauptgegenstand des zweiten, der Naturphilosophie gewidmeten Buches der *Welt als Wille und Vorstellung*: »Dieses Ding an sich [...] mußte [...] Namen und Begriff von einem Objekt borgen, von etwas irgendwie objektiv Gegebenem, folglich von einer seiner Erscheinungen; [...] diese aber eben ist des Menschen *Wille*« (W I, 155 (ZA)).

Die Grundzüge der Schopenhauerschen Naturphilosophie zeigen ihn als einen Denker, der die kantisch-idealistische Philosophie aufnimmt und auf einen neuen Boden stellt. Insbesondere am zentralen Terminus seiner Metaphysik, dem Willensbegriff, ist dies überdeutlich abzulesen. Kant bestimmt den Willen anders als Schopenhauer, jener versteht den Willen nämlich noch ganz von der praktischen Vernunft her, d. h. von der Weise wie Vernunft durch Begriffe einen Willen bestimmt. Kants Rede von einer *reinen* praktischen Vernunft ist für Schopenhauer inakzeptabel, da Vernunft ihm zufolge nie im kantischen Sinne willensbestimmend ist und niemals das Fundament der Moral sein kann. Die Vernunft in der Schopenhauerschen Variante ist ganz und gar Diener des an sich seienden Willens, mithin nur zur nachträglichen Erkenntnis des ursprünglichen Willens da und zu diesem Zwecke vom Willen selbst instantiiert.

Dieser gewandelte Begriff des Willens weist auf Schellings Naturphilosophie zurück. Schelling scheint durch seine Fundamentalthese vom Willen als Ursein (»Es gibt in der letzten und höchsten Instanz gar kein anderes Seyn als Wollen. Wollen ist Urseyn«, SW VII, 350) eine nicht unbedeutende Vermittlungsfunktion zwischen der kantischen und der Schopenhauerschen Philosophie zu haben. Den Schritt von der Unerkennbarkeit des Ansichseins bei Kant hin zu Schopenhauers Bestimmung des Ansichseins als Wollen versteht man erst dann, wenn man Schelling als entscheidende, da wegbereitende Stufe dieses Schrittes versteht. In seinen Randnotizen zum Text der Schellingschen Freiheitsschrift notiert Schopenhauer selbst an entscheidender Stelle: »Vorspuk von mir« (HN V, 147; vgl. dazu Regehly 2008, 88, 100). Die These vom Ursein als Wollen (SW VII, 350) hat er im Text deutlich unterstrichen. Die Vorläuferschaft Schellings in Bezug auf seine eigene Metaphysik des Willens ist ihm also nicht entgangen. Die Ähnlichkeit seiner eigenen Metaphysik mit der Schellings erklärt er mit Hinblick auf den gemeinsamen Ausgangspunkt bei Kant (vgl. P I, 150 f. (ZA)) – eine Erklärung, mit der Schopenhauer auch auf Plagiatsvorwürfe reagiert hat, mit denen er sich konfrontiert sah.

Schopenhauers Identifikation von Ding an sich und Wille hat ihre historische Voraussetzung in Schellings Identifikation von Ding an sich und Freiheit. Zwar ist es bezeichnend für die Differenz beider Autoren, dass für Schopenhauer der Freiheitsbegriff weit weniger zentral ist, gleichwohl gehört Schellings Gleichung ›Ding an sich = Freiheit‹ strukturell zu Schopenhauers Theorie. Grundsätzlich ist diese Identifikation aus kantischer Sicht problematisch, da sie bei Schelling wie bei Schopenhauer gleichermaßen über den engen praktischen Gebrauch der Vernunft hinausgeht, der für Kant Bedingung ist, um die Freiheit positiv als Noumenon zu bestimmen.

1809, in den *Philosophischen Untersuchungen über das Wesen der menschlichen Freiheit*, entwickelt Schelling seine Theorie der Freiheit vor dem Hintergrund der kantischen und frühidealistischen Philosophie. Hier wird der kantische Ausdruck des Noumenon, d. h. des Dinges an sich, enggeführt mit dem der Freiheit.

> »Es wird aber immer merkwürdig bleiben, daß Kant, nachdem er zuerst Dinge an sich von Erscheinungen nur negativ, durch die Unabhängigkeit von der Zeit, unterschieden, nachher in den metaphysischen Erörterungen seiner Kritik der praktischen Vernunft Unabhängigkeit von der Zeit und Freiheit wirklich als korrelate Begriffe behandelt hatte, nicht zu dem Gedanken fortging, diesen einzig möglichen positiven Begriff des An-sich auch auf die Dinge überzutragen« (SW VII, 351 f.).

Anders als Kant will Schelling grundsätzlich den Terminus ›Ding an sich‹ mit ›Freiheit‹ übersetzt wissen, d. h. auch über den engen praktischen Zusammenhang hinaus, innerhalb dessen Kant selber schon die Freiheit der Person als intelligibel dartut. Das wird in Schellings Text dort deutlich, wo er fordert, die Ichheit nicht als den Inbegriff von Allem, sondern auch Alles als Ichheit zu verstehen: »[E]s wird vielmehr gefordert, auch umgekehrt zu zeigen, daß alles Wirkliche (die Natur, die Welt der Dinge) Tätigkeit, Leben und Freiheit zu Grunde habe, oder im Fichteschen Ausdruck, daß nicht allein die Ichheit alles, sondern auch umgekehrt alles Ichheit sei« (SW VII, 351; s. Kap. 20). Freiheit ist zunächst der Leitbegriff, unter dem das Subjekt (das Ich bzw. die Ichheit) vorgestellt wird. Es geht dann aber im Kontext der Schellingschen Naturphilosophie darum, alles Seiende, und nicht nur den Menschen, von der Freiheit her zu verstehen. Laut Schelling liegt dies in der emphatischen Erfahrung der Freiheit selbst begründet: »Nur wer Freiheit gekostet hat, kann das Verlangen empfinden, ihr alles analog zu machen, sie über das ganze Universum zu verbreiten« (SW VII, 351). Der Begriff der Freiheit findet damit über den Zusammenhang der Subjektivität hinaus Anwendung, was nach kantischer Vorstellungsweise unmöglich wäre, insofern die Erfahrungswelt durch Naturgesetze geregelt und in diesem Sinne unfrei (heteronom) ist.

Die Möglichkeit einer Ausweitung des Freiheitsbegriffes wird in Schellings *System des transzendentalen Idealismus* von 1800 begründet, indem Freiheit dort nicht mehr an den Begriff praktischer Autonomie im kantischen Sinne gebunden ist, sondern weiter gefasst wird, nämlich als schlechthinnige Produktivität. Es ist Schelling darum zu tun, das transzendentalphilosophische Paradigma des Selbstbewusstseins zu problematisieren, indem die Struktur der Subjektivität auf eine Weise bestimmt wird, die nur schwer als die eines bewussten Subjektes zu identifizieren ist, das einer an sich bewusstlosen Natur gegenübersteht. Das Subjekt rückt als unbewusstes vielmehr Schellings Begriff der schaffend-lebendigen Natur, der *natura naturans*, dem Prinzip seiner Naturphilosophie, so nahe, dass beide letztlich nicht zu unterscheiden sind (vgl. Schwenzfeuer 2012, 146–155). Diese Subjekttheorie bildet den Hintergrund für Schellings Identifikation von Freiheit und Ansichsein, wodurch die (durch Kant vorgezeichneten) Grenzen von Subjekt und Objekt, Geist und Natur, Idealismus und Realismus unterlaufen werden können.

Wo Natur und Subjekt als bloße Produktivität gar nicht zu unterscheiden und daher in letzter Instanz identisch sind, da kann das eine auch je durch das andere begrifflich erläutert werden. In dieser Weise soll der Begriff der Freiheit in der *Freiheitsschrift* verstanden und auf alles Seiende angewendet werden, als ein Begriff der das Sein überhaupt soll erläutern können; menschliche Freiheit ist damit im Gegenzug ein spezieller, wenn auch ausgezeichneter Fall von Freiheit überhaupt und der Mensch dasjenige Seiende, an dem sich das Ganze des Seins erschließen lässt. Die Untersuchung des Seins des Seienden – die nach Kant gar nicht möglich ist, da wie die Dinge an sich sind, nicht gewusst werden kann – wird anhand des Begriffes der Freiheit durchgeführt, was nach Kant genauso unmöglich ist, da Freiheit in theoretischer Hinsicht nur negativ bestimmt werden kann.

Schelling ermöglicht so eine spezifische Form von Naturphilosophie, welche »die verborgene Spur der Freiheit« (SW III, 13) in der Natur aufsucht. Dies kann nur heißen, dass alles Seiende *aus* Freiheit ist und damit anders als bei Kant auch als autonom begriffen werden muss. »Da sie [die Natur] sich selbst ihre Sphäre gibt, so kann keine fremde Macht in sie eingreifen; alle ihre Gesetze sind immanent, oder: *die Natur ist ihre eigne Gesetzgeberin* (Autonomie der Natur)« (SW III, 17). ›Aus Freiheit sein‹ bedeutet aber wiederum ›aus sich selbst heraus sein‹. Willenstheoretisch interpretiert heißt dies, dass das Seiende daraufhin betrachtet wird, dass es selbst sein *will*.

Eine Naturphilosophie bestünde dann darin, das naturhaft Seiende als Offenbarung des Willens der Natur zu verstehen. So dargestellt, sieht dies dem Schopenhauerschen Programm einer Metaphysik der Natur ähnlich, die alles naturhaft Seiende als Objektivationen des Willens interpretiert. In dieser Hinsicht setzt Schopenhauer fort, was bei Schelling bereits grundgelegt ist; diese Fortführung allerdings verlässt die Voraussetzungen des idealistischen Denkens im engeren Sinne. Diese in Schopenhauers Metaphysik der Natur bemerklichen Veränderungen sind auf die semantischen Verschiebungen im Begriff der Freiheit zu beziehen. Schelling hält nämlich am Primat des Intellekts trotz seiner naturphilosophischen Fundierung durchaus fest, das Modell des Selbstbewusstwerdens bleibt stets das leitende und das sich wissende Wissen der Zielpunkt der naturphilosophischen Erkenntnis. Die Priorität der Natur als Fundament des Subjektes ist zu unterscheiden von der Rangordnung: Die Natur bleibt dem Subjekt, das Reale dem Idealen stets untergeordnet, »indem der Verstand eigentlich der Wille in dem Willen ist« (SW VII, 359), d. h. das eigentliche Wesen des Willens ausmacht. Gleichwohl ist die Analogisierung des Willens mit dem Ansichsein der Natur, insofern naturhaft Seiendes als Objektivation des Willens gedacht wird, schon in Schellings Grundlegung der Naturphilosophie ausgearbeitet.

2) Schelling entwickelt in der *Freiheitsschrift* in Auseinandersetzung mit Kant und Fichte eine Theorie der intelligiblen Tat, die eine Vorform von Schopenhauers Lehre vom intelligiblen Charakter darstellt. Dort entwickelt er auch den Begriff menschlicher Freiheit, mit dem er das Prinzip der Fichteschen Philosophie neu zu interpretieren sucht, in zwei Schritten. Zuerst zeigt er die Notwendigkeit des idealistischen Freiheitsbegriffes (d. h. des Begriffes der Autonomie in seiner Fichteschen Auslegung). In einem zweiten Schritt interpretiert Schelling das idealistische Freiheitsverständnis in Anlehnung an Kants *Religionsschrift* als intelligible Tat.

Schelling diskutiert in diesem Zusammenhang den sogenannten formellen Begriff der Freiheit, d. h. den Freiheitsbegriff des Idealismus (namentlich Fichtes), und leitet im Anschluss über in seine Konzeption der intelligiblen Tat (vgl. SW VII, 382–389). Der idealistische Freiheitsbegriff wird trotz seiner Grundlegung und Umdeutung in Schellings Naturphilosophie keineswegs verworfen, denn es gilt nach Schelling: »Überhaupt erst der Idealismus hat die Lehre von der Freiheit in dasjenige Gebiet erhoben, wo sie allein verständlich ist« (SW VII, 383). Der idealistische Begriff der Freiheit besteht aber im Begriff eines selbstgegebenen Gesetzes, d. h. der Autonomie. Dieses Freiheitsverständnis steht in der Mitte zwischen reiner Willkürfreiheit und bloßem Determinismus.

Willkür ist das bloße Unbestimmtsein. Zu Ende gedacht geht Willkür in bloßen Zufall über, da für Entscheidungen und Handlungsoptionen kein Grund außer der bloßen Willkür selbst angeführt werden kann. Der Freiheit als Willkür steht der Determinismus »entgegen, indem er die empirische Nothwendigkeit aller Handlungen aus dem Grunde behauptet, weil jede derselben durch Vorstellungen oder andere Ursachen bestimmt sey, die in einer vergangenen Zeit liegen, und die bei der Handlung selbst nicht mehr in unserer Gewalt stehen« (SW VII, 383). Den Determinismus konsequent zu Ende gedacht, muss man die Freiheit leugnen. Die vollständige und durchgängige Bestimmtheit lässt keinen Raum für Freiheit.

Den eigentlich idealistischen Freiheitsbegriff sieht Schelling als zwischen diesen beiden extremen Konzeptionen in der Mitte stehend. »Beiden gleich unbekannt ist jene höhere Notwendigkeit, die gleich weit entfernt ist von Zufall als Zwang oder äußerem Bestimmtwerden, die vielmehr eine innere, aus dem Wesen des Handelnden selbst quellende Notwendigkeit ist« (SW VII, 383).

Diese Argumentation erlaubt, die Konzeption des Zufalls einerseits und die des äußeren Bestimmtwerdens andererseits zurückzuweisen und die Betrachtung ins Innere des menschlichen Wesens zu verlegen. Der nächste Schritt, das transzendentale Argument der Vorgängigkeit des Intelligiblen, enthebt das menschliche Wesen der äußeren Reihe der Bestimmungen, des Kausalnexus. »Die freie Handlung folgt unmittelbar aus dem Intelligiblen des Menschen. Aber sie ist notwendig eine bestimmte Handlung, z. B. um das Nächste anzuführen, eine gute oder böse« (SW VII, 384). Der

Gedanke, dass die einzelne Handlung unmittelbar aus dem Wesen des Menschen folge, bedeutet modaltheoretisch, dass sie mit Notwendigkeit aus seinem Wesen folgt. Notwendigkeit und Freiheit gehören daher im Begriff menschlicher Freiheit zusammen.

Bewiesen wird diese Zusammengehörigkeit folgendermaßen: »Das Wesen des Menschen ist wesentlich seine eigene Tat« (SW VII, 385). Damit ist, wie Schelling selber gleich bemerkt, nichts anderes als die Fichtesche Tathandlung reformuliert. »Das Ich, sagt Fichte, ist seine eigne That; Bewußtseyn ist Selbstsetzen – aber das Ich ist nichts von diesem Verschiedenes, sondern eben das Selbstsetzen selber« (SW VII, 385). Die Fichtesche Tathandlung besteht gerade in der wechselseitigen Angewiesenheit von Gebundenheit an ein und Ungebundenheit gegenüber einem Gesetz, die nur in der Identität von Notwendigkeit und Freiheit zusammengedacht werden kann. Diese Identität muss sich aber in der Evidenz transzendentalphilosophisch ausgelegter Freiheit demonstrieren lassen. Das Ich ist genau dies: seine eigene Setzung und sein eigenes Gesetz. Die behauptete Identität von Notwendigkeit und Freiheit wird also im Rückgriff auf transzendentalphilosophisches Denken einsichtig gemacht. Soll menschliche Freiheit überhaupt gedacht werden, dann muss sie *zuerst* auf diese idealistische Weise gedacht werden. Die Tathandlung selbst gehört, wie Schelling in zeittheoretischer Hinsicht ergänzt, der Ewigkeit an, wirkt sich aber in der Zeit aus. Was also das Wesen des Menschen ist, ist durch den Menschen selber von Ewigkeit her bestimmt. Die einzelnen Handlungen, die aus dem Wesen sich ergeben, fallen hingegen in die Zeit.

Darauf folgt nun ein weiterer Argumentationsschritt (»Aber in viel bestimmterem als diesem allgemeinen Sinne gelten jene Wahrheiten in der unmittelbaren Beziehung auf den Menschen«, SW VII, 385). Dieser wird in der Interpretation der Tathandlung als intelligibler Tat vorgenommen. Deutlich unterschieden ist dieser Schritt schon allein durch die historische Referenz, hier die kantische *Religionsschrift* (vgl. SW VII, 388), die anzeigt, dass es hierbei um etwas anderes geht, antwortet doch das an Kant angelehnte Theorem der intelligiblen Tat auf ein ganz anderes Problem als die Fichtesche Tathandlung. So bindet Kant die Freiheit in seiner praktischen Philosophie an die Moral, kommt also in Erklärungsnöte hinsichtlich des faktisch Bösen, da scheinbar nur das moralisch gute Handeln ein freies heißen kann. In dem Übergang der Diskussion des idealistischen Begriffs der Freiheit zur Konzeption der Freiheit als intelligibler Tat in der *Freiheitsschrift* muss dann zugleich die Wirklichkeit des Bösen mitbedacht werden. Letztere muss in der intelligiblen Tat wiedererkannt werden.

Die intelligible Tat bringt auf den Begriff, dass die Selbstsetzung des Menschen in die konkreten menschlichen Freiheitsakte als eine unhintergehbare Vorgängigkeit hineinreicht. In diesem Sinne redet Schelling davon, dass die intelligible Tat durch die Zeit hindurch gehe (vgl. SW VII, 385 f.). Dies ist die Weise, wie die Natur das Ich in seinen ihm eigenen Vollzügen ermöglicht. Die Freiheit der Natur ermöglicht nämlich noch die menschliche Freiheit oder anders gesagt: Die Freiheit der Natur wird in der menschlichen Freiheit als deren eigener Grund aufgewiesen, ohne dass dies der menschlichen Autonomie Abbruch tun würde. Dieses Verhältnis von Freiheit der Natur und Freiheit des Menschen ist es, was die zentrale Funktion des Gefühls in der Schellingschen *Freiheitsschrift* erklärt, kommt es doch laut Schelling zunächst darauf an, die »Thatsache der Freiheit«, nämlich »das Gefühl derselben« (SW VII, 336) als Ausgangspunkt philosophischer Reflexion zu bestimmen. Die von der Natur ermöglichte menschliche Freiheit kann als dieses Ermöglichende nur aufgefunden und damit empfunden oder gefühlt werden, da dieser Grund nur gegeben sein kann, gleichwohl er selber Freiheit ist und damit auch *als* Freiheit auftreten muss. Das Gefühl der Freiheit begründet sich demnach seinerseits in der intelligiblen Tat und folgt strukturell aus ihr.

Das an Kant angelehnte Theorem der intelligiblen Tat besagt in seiner weiteren Ausführung, dass die menschliche Freiheit stets im Horizont von Gut und Böse gedacht werden muss – ein Horizont, der durch die Vorgängigkeit der intelligiblen Tat immer schon gegeben ist. Die Selbstsetzung des Ich ist nämlich dasselbe wie das ursprüngliche Böse (theologisch gesehen ist die Selbstsetzung der Sündenfall). So versteht Schelling die Fichtesche Tathandlung ja gerade als »ein Ur- und Grundwollen, das sich selbst zu etwas macht und der Grund und die Basis aller Wesenheit ist« (SW VII, 385), ein solches Wollen aber wiederum als den Anfang der Sünde. »So ist denn der Anfang der Sünde, daß der Mensch aus dem eigentlichen Seyn in das Nichtseyn, aus der Wahrheit in die Lüge, aus dem Licht in die Finsterniß übertritt, um selbst schaffender Grund zu werden« (SW VII, 390). Allerdings ist die Tathandlung nicht *per se* das Böse. »Denn nicht die erregte Selbstheit an sich ist das Böse, sondern nur sofern sie sich gänzlich von ihrem Gegensatz, dem Licht oder dem Universalwillen, losgerissen hat. Aber eben dieses Lossagen vom Guten ist erst die Sünde« (SW VII, 399 f.). Der entscheidende Punkt ist also erst das bewusste Lossagen vom Guten. Insofern das Gute das wahrhaft Seiende ist, ist die Lossagung von diesem zugleich die Wendung ins Nichtsein.

Schopenhauer hat diese Stelle in der *Freiheitsschrift* als bloß »erläuternde Paraphrase« (E, 123 (ZA)) von Kant verstanden und lobt an ihr, dass sie »durch die Lebhaftigkeit ihres Kolorits, dienen [kann], Manchem die Sache faßlicher zu machen« (E, 123 f. (ZA)). Zwar betont Schopenhauer hier zu Recht die sachliche Nähe zu Kant und dessen Vorläuferschaft, übergeht aber andererseits auch einen wesentlichen Unterschied: Schellings Theorie der intelligiblen Tat bekommt ihre Valenz erst vor dem Hintergrund seiner Naturphilosophie. Erst dadurch erhält nämlich menschliche Freiheit Bezug auf das Ganze des Seins und wird Ausdruck der an sich seienden Freiheit der Natur – ein Zusammenhang, den es im Kontext der kantischen Philosophie natürlich nicht geben kann. Gerade dieser Zusammenhang ist es aber, der für Schopenhauer in eigener Sache entscheidend ist, insofern der an sich seiende Wille sich in der Welt als Vorstellung spiegelt und sich erst im Menschen am deutlichsten erkennt (vgl. W I, 347 (ZA)). Auch und gerade die Ethik Schopenhauers baut auf einer Naturphilosophie auf, die wie bei Schelling zur Voraussetzung hat, dass in der menschlichen Freiheit auch das Ganze des Seins auf dem Spiel steht und von der her die negative Grundverfassung der Welt (bei Schelling als Sündenfall, bei Schopenhauer als Leiden) erschlossen werden kann.

Literatur

Berg, Robert Jan: *Objektiver Idealismus und Voluntarismus in der Metaphysik Schellings und Schopenhauers*. Würzburg 2003.

Fehér, István M./Jacobs, Wilhelm G. (Hg.): *Zeit und Freiheit. Schelling – Schopenhauer – Kierkegaard – Heidegger*. Budapest 1999.

Hühn, Lore: Die intelligible Tat. Zu einer Gemeinsamkeit Schellings und Schopenhauers. In: Christian Iber/Romano Pocai (Hg.): *Selbstbesinnung der philosophischen Moderne. Beiträge zur kritischen Hermeneutik ihrer Grundbegriffe*. Cuxhaven/Dartford 1998, 55–94.

Hühn, Lore (Hg.): *Die Ethik Arthur Schopenhauers im Ausgang vom Deutschen Idealismus (Fichte/Schelling)*. Würzburg 2006.

Hühn, Lore/Schwenzfeuer, Sebastian (Hg.): *Schopenhauer liest Schelling. Arthur Schopenhauers handschriftlich kommentiertes Handexemplar von F. W. J. Schelling: »Philosophische Untersuchung über das Wesen der menschlichen Freiheit und die damit zusammenhängenden Gegenstände«*. Stuttgart-Bad Cannstatt (erscheint 2018).

Kamata, Yasuo: *Der junge Schopenhauer. Genese des Grundgedankens der Welt als Wille und Vorstellung*. Freiburg/München 1988.

Kisner, Manja: *Der Wille und das Ding an sich. Schopenhauers Willensmetaphysik in ihrem Bezug zu Kants kritischer Philosophie und dem nachkantischen Idealismus*. Würzburg 2016.

Koßler, Matthias: Empirischer und intelligibler Charakter. Von Kant über Fries und Schelling zu Schopenhauer. In: *Schopenhauer-Jahrbuch* 76 (1995), 195–201.

Koßler, Matthias: ›Nichts‹ zwischen Mystik und Philosophie bei Schopenhauer. In: Günther Bonheim/Thomas Regehly (Hg.): *Philosophien des Willens. Böhme, Schelling, Schopenhauer*. Berlin 2008, 65–80.

Malter, Rudolf: Schopenhauer und die Biologie: Metaphysik der Lebenskraft auf empirischer Grundlage. In: *Berichte zur Wissenschaftsgeschichte* 6 (1983), 41–58.

Müller-Bergen, Anna-Lena (Hg.): *Schellings Bibliothek. Die Verzeichnisse von F. W. J. Schellings Buchnachlaß*. Stuttgart-Bad Cannstatt 2007.

Müller-Lauter, Wolfgang: Das Verhältnis des intelligiblen zum empirischen Charakter bei Kant, Schelling und Schopenhauer. In: Klaus Held/Jochem Henningfeld (Hg.): *Kategorien der Existenz. Festschrift für W. Janke*. Würzburg 1993, 31–60.

Regehly, Thomas: Fabula docet. Vom Oupnek'hat über Irenäus zu Böhme, Schelling und Schopenhauer. In: Günther Bonheim/Ders. (Hg.): *Philosophien des Willens. Böhme, Schelling, Schopenhauer*. Berlin 2008, 81–104.

Schelling, Friedrich Wilhelm Joseph: *Sämmtliche Werke*. Hg. von Karl Friedrich August Schelling. Stuttgart/Augsburg 1856–1861 [SW].

Schwenzfeuer, Sebastian: *Natur und Subjekt: Die Grundlegung der schellingschen Naturphilosophie*. Freiburg 2012.

Ulrichs, Lars-Thade: Das Ganze der Erfahrung. Metaphysik und Wissenschaften bei Schopenhauer und Schelling. In: *Internationales Jahrbuch des deutschen Idealismus* 8 (2012), 251–281.

Zöller, Günther: German Realism. The Self-Limitation of Idealist Thinking in Fichte, Schelling and Schopenhauer. In: Karl Ameriks (Hg.): *The Cambridge Companion to German Idealism*. Cambridge 2000, 200–218.

Sebastian Schwenzfeuer

23 Medizin: Naturphilosophie und Experimentalphysiologie

Im Oktober 1809 begann Schopenhauer an der Universität Göttingen zunächst ein Studium der Medizin. Auch wenn er später zur Philosophie wechselte, verfolgte er zeitlebens die Entwicklungen der Naturforschung und der Medizin. In einem Brief an Julius Frauenstädt vom 12. Oktober 1852 betonte er den Einfluss physiologischer und naturwissenschaftlicher Theorien auf seine Philosophie: »Ueberhaupt zeugen meine Werke von gründlichem Naturstudio, wären auch sonst unmöglich« (GBr, 296). In diesem Brief bezeichnete er die Physiologie als den »Gipfel gesammter Naturwissenschaft und ihr dunkelstes Gebiet« (ebd.). Diese Einschätzung spiegelt den nach der Publikation von Schopenhauers Hauptwerk schrittweise erfolgenden Wandel medizinischer Theorien. Zu Beginn des 19. Jahrhunderts war die Physiologie noch naturphilosophisch und vitalistisch ausgerichtet. Spätestens ab den 1840er Jahren erfolgte eine radikale Abkehr vom Vitalismus. Spekulative naturphilosophische Erklärungen wurden durch empirische Erkenntnisse der Experimentalphysiologie und durch materialistische Modelle der zu dieser Zeit florierenden Naturwissenschaften ersetzt. Bei Schopenhauers Auseinandersetzung mit medizinischen Theorien sind zwei Aspekte besonders relevant: (1) Während der Entstehungszeit des Hauptwerks spielten naturphilosophische und insbesondere vitalistische Theorien in der Medizin eine zentrale Rolle. Zeitgenössische vitalistische Konzepte wie die Lehre von der Lebenskraft hat Schopenhauer aufgegriffen und früh mit seiner Willensmetaphysik verknüpft. Daher verteidigte er die Lebenskraft gegen reduktionistische und materialistische Tendenzen, die in der Mitte des 19. Jahrhunderts in der Physiologie verbreitet waren. (2) Nach der Publikation seines Hauptwerks verfolgte Schopenhauer die Entwicklungen der Medizin und der Naturwissenschaften auf der Suche nach empirischen Belegen, die seine metaphysischen Thesen bestätigen oder zumindest unterstützen sollten. Insbesondere beschäftigte ihn die Frage einer Lokalisation des Willens im Körper.

Vitalismus

Die Hauptthese des Vitalismus lautet, dass alle Lebensphänomene durch ein unhinterschreitbares Lebensprinzip zu erklären seien. Für Vitalisten sind vitale Eigenschaften der belebten Natur nicht auf physikalische und chemische Phänomene der unbelebten Materie reduzierbar. In Deutschland begegnete zur Entstehungszeit von Schopenhauers Hauptwerk der Vitalismus als Lehre von der Lebenskraft, die prominent von Christoph Wilhelm Hufeland (1762–1836) vertreten wurde, einem der wohl bekanntesten und meistgelesenen Ärzte der Goethezeit. Hufeland, zunächst leitender Arzt an der Charité und später Professor der Medizin an der Universität Berlin, wird heute als Wegbereiter der klassischen Naturheilkunde angesehen. Sein Hauptwerk *Die Kunst das menschliche Leben zu verlängern* besaß Schopenhauer in der 2. Auflage von 1798 (vgl. HN V, 261). Darin wird die vitalistische Grundthese aufgestellt, dass »durch den Beytritt der Lebenskraft« ein Körper »aus der mechanischen und chemischen Welt in eine neue, die organische oder belebte versetzt« werde (Hufeland 1798, Bd. 1, 54 f.). In einem belebten Körper sei »kein blos mechanischer oder chemischer Prozess möglich« (ebd., 55). Ähnlich wie Hufeland betrachtete Schopenhauer die Heilkraft der Natur (»vis naturae medicatrix«) als Manifestation der Lebenskraft (vgl. W II, 295, 396; P I, 275, 277; P II, 171) und interpretierte Krankheitssymptome als Reaktionen der Lebenskraft auf pathogene Reize (vgl. W II, 295).

Mit vitalistischen Theorien kam Schopenhauer schon als Medizinstudent in Göttingen in Kontakt. Ab 1809 wurde er beeinflusst von Johann Friedrich Blumenbach (1752–1840), der den Bildungstrieb (*nisus formativus*) in die Physiologie einführte (vgl. Stollberg/Böker 2013, insbesondere den Beitrag von Marco Segala, 13–40). Blumenbachs Monographie *Ueber den Bildungstrieb und das Zeugungsgeschäfte* (1781) besaß Schopenhauer in der 3. Auflage von 1791 (vgl. HN V, 239). Den Bildungstrieb, eine Unterform der Lebenskraft, konzeptualisierte Blumenbach als eine *qualitas occulta*: eine Kraft, die nur durch ihr Ergebnis erkennbar werde. Wirksam sei der Bildungstrieb bei der Zeugung, Fortpflanzung und Regeneration. Auch Schopenhauer versteht die Lebenskraft als *qualitas occulta* (vgl. G, 144; N, 25; W II, 357).

Schopenhauer übernahm das traditionelle Konzept der Lebenskraft als verborgene und nur indirekt aus ihren Wirkungen zu erschließende Naturkraft. Die Lebenskraft agiere teleologisch, sie beherrsche, lenke und modifiziere die physikalischen und chemischen Kräfte der unorganischen Natur auf instinktartige Weise (vgl. Brunner 2014, 207). Irritabilität, Sensibilität und Reproduktionskraft wurden zu Beginn des 19. Jahrhunderts als klassische Manifestationen der Lebenskraft betrachtet (vgl. Hufeland 1798, Bd. 1,

74 f.). Auch in Friedrich Wilhelm Schellings (1775–1854) Naturphilosophie spielen diese Begriffe eine Rolle. Diese von Schelling aufgegriffene Triplizität der Lebenskraft geht zurück auf eine Rede von Carl Friedrich Kielmeyer (1765–1844) aus dem Jahr 1793, die Schopenhauer in gedruckter Form in der 2. Auflage von 1814 besaß (vgl. HN V, 265) und auf die er in den »Pandectae« verwies (vgl. HN IV (1), 182). Auch Schopenhauer betrachtet Sensibilität, Irritabilität und Reproduktionskraft als Erscheinungsformen der Lebenskraft (vgl. N, 31; P II, 173).

Schopenhauer verknüpfte das zeitgenössische Konzept der Lebenskraft mit seiner Transzendentalphilosophie zu einer »Lebenskraftmetaphysik« (Malter 1983, 41; vgl. Schmidt 1989, 47 ff.). Ausgehend von den introspektiv wahrnehmbaren Willensakten etablierte er eine Stufenleiter der Willensobjektivationen und identifizierte die als Naturkraft aufgefasste Lebenskraft (vgl. W II, 539 f.) sowie physikalische und chemische Naturkräfte mit dem Willen (vgl. W II, 335; P II, 172 f.). Die Lebenskraft bezeichnete er als »metaphysisch, Ding an sich, Wille zum Leben« (HN III, 311). Bei seinem Analogieschluss stellt die Lebenskraft eine wichtige Zwischenstufe dar: »Bloß aus der Analogie mit dieser schließen wir, daß auch die übrigen Naturkräfte im Grunde mit dem Willen identisch sind; nur daß er in diesen auf einer niedrigeren Stufe seiner Objektivation steht« (P II, 173). In den »Spicilegia« schreibt er: »Zunächst ist die Lebenskraft identisch mit dem Willen. Nächst ihr sind es auch alle anderen Naturkräfte« (HN IV (1), 288).

Ontologisch ist die als Willensobjektivation interpretierte Lebenskraft für Schopenhauer eine eigene Substanz und nicht eine emergente Eigenschaft der Materie (vgl. Brunner 2014, 206–213). Besonders deutlich wird dies im Kontrast zu dem Konzept der Lebenskraft des philosophischen Arztes Johann Christian Reil (1759–1813), der die Lebenskraft auf physikalische und chemische Eigenschaften der Materie reduziert. Die Lebenskraft ist für Reil nichts anderes als der »Inbegriff der physischen, chemischen und mechanischen Kräfte der organischen Materie« (Reil 1799, 424). Sie wird als Resultat aus »Mischung und Form« (ebd., 425) der Materie aufgefasst. Nach Reils Konzept ist die Lebenskraft keine eigene Substanz, sondern eine »Eigenschaft der organischen Materie« (ebd., 426), also ein emergenter Faktor. Damit wird der Begriff Lebenskraft zu einer *façon de parler*. Schopenhauer setzte sich schon in der Entstehungszeit seines Hauptwerks mit diesem Aufsatz Reils auseinander und lehnte einen derartigen Reduktionismus ab, wie ein Dresdner Manuskript von 1816 belegt (vgl. HN I, 366). Er zieht in seinem Hauptwerk eine direkte Traditionslinie von Reils eliminativistischer Konzeption der Lebenskraft zu dem in der Mitte des 19. Jahrhunderts intensiv diskutierten mechanistischen Materialismus (vgl. W I, 168 ff.). In der ersten Hälfte des 19. Jahrhunderts begann in der Physiologie die sukzessive Abkehr vom Vitalismus. Nachdem Schopenhauer schon früh vitalistische Elemente in seine Philosophie übernommen hatte, verteidigte er den Vitalismus und lehnte die reduktionistische Programmatik ab, die insbesondere in der Mitte des 19. Jahrhunderts virulent wurde (vgl. W II, 357; N, X; E, 37; P II, 119, 535). Weil das Konzept der Lebenskraft einen nicht unwesentlichen Bestandteil seiner Theoriebildung ausmacht, blieb er noch in den 1850er Jahren ein hartnäckiger Verfechter der Lebenskraft, als dieses Konzept bereits von der Mehrheit der Physiologen als obsolet betrachtet wurde (vgl. P II, 171 ff.; GBr, 297).

Eine für Schopenhauer zentrale vitalistische Theorie explizierte der philosophische Arzt Pierre Jean Georges Cabanis (1757–1808) in seinem Werk *Rapports du physique et du moral de l'homme* (1. Auflage 1802). Dieses Buch lernte Schopenhauer 1824 kennen (vgl. HN V, 244). Im Manuskriptbuch »Quartant« (1825) bezeichnet er es als »ein sehr gehaltvolles Buch, dessen Inhalt ein Haupttheil einer ächten Anthropologie ausmachen müßte« (HN III, 227). Cabanis steht in der Tradition des französischen Vitalismus, der von den Ärzten Théophile de Bordeu (1722–1776) und Paul-Joseph Barthez (1734–1806) entwickelt wurde, welche die Schule von Montpellier begründeten. Zwischen den vitalistischen Theorien des »médecin-philosophe« Cabanis und Schopenhauers Willensmetaphysik lassen sich erstaunliche Parallelen nachweisen: Als irreduzibles Vitalprinzip postuliert Cabanis die physische Sensibilität (»sensibilité physique«), die er vage definiert als das letzte Ende (»le dernier terme«), an dem man bei der Erforschung sämtlicher Lebensphänomene ankomme. Die Analyse der intellektuellen Fähigkeiten (»facultés intellectuelles«) und der seelischen Regungen (»affections de l'ame«) ergebe als letztes Ergebnis (»le dernier résultat«) die physische Sensibilität (Cabanis 1805, Bd. 1, 39 f.). Die Zurückführung auf dieses allgemeinste Prinzip (»le principe le plus général«) mache eine immaterielle Seele überflüssig. Die physische Sensibilität sei irreduzibel auf physikalische und chemische Eigenschaften der Materie. Physische Sensibilität, Gravitationskraft und chemische Affinität hält Cabanis für Manifestationen einer Art von universalem Instinkt (»une espèce d'instinct universel«, Cabanis 1805, Bd. 2, 325). In der chemischen Affinität sei die Anziehung nicht nur eine blinde Kraft, sie äußere hier eine Art von Willen (»une sorte de volonté«, Cabanis 1805, Bd. 2, 319). Bei Pflanzen und Tieren zeige sich eine noch stärkere Analogie zu Willensbestimmungen. Möglicherweise, vermutet Cabanis, lassen sich auch intellektuelle Phänomene auf den universalen Instinkt zurückführen. Vielleicht könne sich dieser Instinkt sogar erheben zu den erstaunlichsten Wundern der Intelligenz und des Gefühls (»s'élever jusqu'aux merveilles les plus admirées de l'intelligence et du sentiment«, Cabanis 1805, Bd. 2, 325). Die physische Sensibilität betrachtet Cabanis als Emanation eines allgemeinen Prinzips, das durch Intelligenz und Willen charakterisiert sei. Dieses Prinzip fasst er als unzerstörbare Entität, als real existierende Substanz (»une substance, un être réel«) auf (vgl. Brunner 2015, 50 f.).

Cabanis wählte einen ähnlichen Weg wie später Schopenhauer, indem er vorschlug, von den komplexeren, introspektiv erfahrbaren Phänomenen auszugehen, denn die Introspektion könnte Aufschluss geben über einfachere und entferntere Naturerscheinungen. Die physische Sensibilität sei möglicherweise in primitiver Form auch in der unbelebten Materie omnipräsent. Die Zurückführung biologischer Prozesse auf chemische und physikalische Gesetzmäßigkeiten hält Cabanis nicht für aussichtsreich. Cabanis' Rückschluss von der Introspektion auf biologische, chemische und physikalische Phänomene sowie seine Interpretation von Gravitationskraft und chemischer Affinität als willens- oder instinktähnlich kommt frappierend nahe heran an Schopenhauers *denominatio a potiori*, an sein »revolutionäres Princip«, das er selbst 1816 als »die eigentliche Originalität« seiner Lehre bezeichnete (HN I, 421). Es ist erstaunlich, dass Schopenhauer gerade auf das zehnte, metaphysische Kapitel der *Rapports* in seinen publizierten Schriften nicht eingeht, obwohl er 1825 daraus exzerpierte (vgl. HN III, 230; Cabanis 1805, Bd. 2, 325) – vielleicht weil er seinen Anspruch auf Priorität und Originalität durch den Verweis auf Cabanis' *Rapports* (1. Auflage 1802) gefährdet sah? Zweifellos weist Cabanis' komplexe Konzeption des universalen Instinkts voraus auf Schopenhauers Konzept des ubiquitären Willens (vgl. Brunner 2015, 38). Schopenhauer selbst identifizierte 1825 Cabanis' omnipräsente physische Sensibilität mit dem Willen (vgl. HN III, 230).

Cabanis, der zu den französischen Ideologen zählt und eine »idéologie physiologique« etablierte (vgl. Brunner 2015, 46 ff.), verknüpfte den Vitalismus der Schule von Montpellier mit dem französischen Materialismus zu einem hirnphysiologischen Naturalismus auf vitalistischer Grundlage. Unter dem Einfluss von Cabanis betrachtete Schopenhauer den Intellekt als Gehirnfunktion. Er übernahm Cabanis' Analogie zwischen Gehirn und Verdauungsorganen, die zu einem *locus classicus* des Materialismusdiskurses im 19. Jahrhundert wurde. Cabanis ist überzeugt, dass das Gehirn auf gewisse Weise die Eindrücke verdaue und die Gedanken organisch ausscheide (»que le cerveau digère en quelque sorte les impressions; qu'il fait organiquement la sécrétion de la pensée«, Cabanis 1805, Bd. 1, 154). Entsprechend formuliert Schopenhauer: »Im metaphysischen Sinn bedeutet Geist ein immaterielles, denkendes Wesen. Von so etwas zu reden, den Fortschritten der heutigen Physiologie gegenüber, die ein denkendes Wesen ohne Gehirn gerade so ansehn muß wie ein verdauendes Wesen ohne Magen, ist sehr dreist« (HN IV (1), 265).

Alfred Schmidt verweist auf die vitalistischen Elemente bei Cabanis, rückt ihn aber in die Nähe des mechanistischen Materialismus (vgl. Schmidt 2012, 23 f., 30 ff.). Zutreffender könnte man Cabanis als vitalistischen Materialisten bezeichnen, denn er führt mentale Ereignisse auf ein Vitalprinzip zurück und lehnt eine Reduktion auf physikalische Eigenschaften der unbelebten Materie strikt ab (vgl. Brunner 2015, 48 ff.; Staum 1980, 179 ff.). Ganz in diesem Sinne warnte bereits Schopenhauer davor, Cabanis als mechanistischen Materialisten misszuverstehen. Er betonte, dass nur »Unwissenheit und Vorurtheil gegen diese Betrachtungsweise die Anklage des Materialismus erhoben« (W II, 308) hätten. Wie Materie »als Gehirnbrei denken« kann, ist für Schopenhauer genauso enigmatisch wie das eigentliche Wesen der Gravitationskraft. Mechanische Eigenschaften der Materie seien nicht weniger geheimnisvoll und unbegreiflich als »das Denken im Menschenkopf« (P II, 110 ff.). Auch für Cabanis ist der im Gehirn stattfindende Denkvorgang ähnlich mysteriös wie die Verdauung (vgl. Cabanis 1805, Bd. 1, 153 f.). Für den in der Tradition des Vitalismus stehenden Schopenhauer ist es am Ende die Lebenskraft, »welche im Gehirn Gedanken bildet« (P I, 471; vgl. P II, 173).

Eine herausragende Rolle unter den medizinischen Autoren seiner Zeit spielte für Schopenhauer der in Paris tätige Arzt Marie François Xavier Bichat (1771–1802). Er soll exzessiv gearbeitet und den Sektionssaal, in dem er sogar gewohnt und geschlafen haben soll, kaum noch verlassen haben. Allein im Winter 1801/

1802 soll er 600 Leichen seziert haben (vgl. Haigh 1984, 13). Bichat starb 1802 im Alter von nur 30 Jahren an den Folgen eines Sturzes. Den frühen Tod Bichats erwähnt Schopenhauer (vgl. W II, 299). Bichat amalgamierte den Vitalismus der Schule von Montpellier mit solidarpathologischen Theorien des 18. Jahrhunderts. Bichats 1800 erschienenes Werk *Recherches physiologiques sur la vie et la mort* entdeckte Schopenhauer nach eigener Aussage erst 1838 (vgl. GBr, 297). Dieses Buch betrachtete er geradezu als Bestätigung seiner Philosophie durch die Physiologie: »Seine [Bichats] und meine Betrachtungen unterstützen sich wechselseitig, indem die seinigen der physiologische Kommentar der meinigen, und diese der philosophische Kommentar der seinigen sind und man uns beiderseits zusammengelesen am besten verstehn wird« (W II, 296). Schopenhauer bezieht sich fast exklusiv auf den hochgradig spekulativen ersten Teil der *Recherches*. Der zweite, experimentalphysiologische Teil spielt für seine Bichat-Rezeption kaum eine Rolle. Insofern ist es mehr als gewagt, wenn Schopenhauer Bichats Werk als quasi empirische Bestätigung seiner Philosophie ausgibt. Im ersten Teil vertritt Bichat klassische vitalistische Positionen: Phänomene der unorganischen Natur unterliegen physikalischen und chemischen Gesetzen, während für die belebte Materie besondere vitale Gesetzmäßigkeiten gelten sollen. Für Bichat sind vitale Eigenschaften nicht auf physikalische und chemische Phänomene der unbelebten Materie reduzierbar. Zu den irreduziblen vitalen Eigenschaften oder Kräften (»propriétés vitales«, »forces vitales«) zählt Bichat Sensibilität und Kontraktilität. Hier knüpft er unmittelbar an vitalistische Konzepte des 18. Jahrhunderts an. Unter Sensibilität verstand Albrecht von Haller (1708–1777) die ausschließlich den Nerven zukommende Empfindungsfähigkeit. Irritabilität (Reizbarkeit) ist die Fähigkeit der Muskeln zur Kontraktion. Bichats Kontraktilität entspricht etwa Hallers Irritabilität.

Derartige vitalistische Konzepte sind auch ein fester Bestandteil in Schopenhauers System. In einem für die Genese der Willensmetaphysik relevanten frühen Manuskript von 1814 heißt es, der Leib sei »unmittelbares Objekt des Erkennens«, dies nenne man in der Physiologie »Sensibilität«; zugleich sei der Leib »Erscheinung des Willens«, dies sei identisch mit der »Irritabilität« (HN I, 180). Im Hauptwerk ist Schopenhauer überzeugt, dass sich der Wille insbesondere in der Irritabilität objektiviere (vgl. W II, 281). In den »Pandectae« (1837) wird die Irritabilität mit dem Willen identifiziert (vgl. HN IV (1), 232).

Der Wille im Körper

Schon früh interessierte sich Schopenhauer dafür, welche Strukturen des Körpers bei Phänomenen involviert sein könnten, die er dem Willen zuschrieb. Bereits während seiner Ausbildung zum Kaufmann in Hamburg besuchte er Vorträge des damals berühmten Wiener Arztes und Hirnforschers Franz Joseph Gall (1758–1828) und kam dort mit dessen Organologie (Phrenologie) in Berührung. Später lehnte er dessen Lokalisation moralischer Eigenschaften und des Willens im Gehirn ab (vgl. W II, 302; P II, 181).

1815 lokalisierte Schopenhauer den Willen außerhalb des Gehirns im Gangliensystem. Sein polares Lokalisationsmodell ist beeinflusst von Reils Aufsatz *Ueber die Eigenschaften des Ganglien-Systems und sein Verhältniß zum Cerebral-Systeme* von 1807. Darin lokalisiert Reil die Vernunft im Gehirn, Gefühle aber im gesamten Organismus. Triebe und Instinkte ordnet Reil nicht dem Gehirn zu, sondern den inneren Organen. Unter Berufung auf diesen Text betrachtete Schopenhauer 1815 das Gehirn als materiellen Repräsentanten des Erkennens und ordnete den Willen dem Gangliensystem zu (vgl. HN I, 338). Entsprechend nannte er auch 1821 das Gangliensystem »die unmittelbare Objektivation des Willens« (HN III, 125).

Reils Polaritätsmodell von Cerebral- und Gangliensystem beeinflusste die Naturphilosophie und die Anthropologie in der ersten Hälfte des 19. Jahrhunderts. Sein polares Lokalisationskonzept knüpft an Vorstellungen aus der ersten Hälfte des 18. Jahrhunderts an (vgl. Brunner 2015, 43 f.). Der Anatom Jacques Bénigne Winslow (1669–1760) fasste 1732 die Ganglien als kleine Gehirne (»petits Cerveaux«) auf, die unabhängig vom Großhirn arbeiten. Auch Bordeu bezeichnete 1751 die Ganglien als »petits cerveaux«. In medizinischen Texten des 18. Jahrhunderts wird die Arbeitsweise der Ganglien als analog zum Gehirn beschrieben. Entsprechend schrieb Schopenhauer dem Gangliensystem eine »diminutive Gehirnrolle« (W II, 290) zu. Zur Betonung der Eigenständigkeit gegenüber dem Gehirn nannte Reil das Gangliensystem »cerebrum abdominale« (Reil 1807, 194). Auch Schopenhauer gebrauchte diesen damals geläufigen Begriff.

Das Gangliensystem ist für Reil das morphologische Substrat für Irrationalität, Emotionen und Triebimpulse. Es stellt den instinkthaften unbewussten Gegenpol zum Cerebralsystem als dem Repräsentanten von Bewusstsein, Rationalität, Vernunft und logischem Denken dar. Reil postulierte eine Verbindung zwischen Gehirn und Gangliensystem über einen

»Apparat der Halbleitung« (Reil 1807, 192). Diese Vorstellung übernahm Schopenhauer. Reils polares Lokalisationskonzept ermöglichte eine Erklärung für die Existenz und die Dynamik unbewusster und irrationaler Impulse. Dieses von Schopenhauer übernommene topographische Modell gilt als bedeutender Schritt für die Entwicklung einer Theorie des dynamischen Unbewussten, die sich spätestens im 19. Jahrhundert zu formieren begann (vgl. Brunner 2015, 45 f.).

Nach der Lektüre von Cabanis' *Rapports* verknüpfte Schopenhauer 1825 im Manuskriptbuch »Quartant« (vgl. HN III, 228 ff.) den Polaritätsgedanken Reils mit ganz ähnlichen Vorstellungen bei Cabanis, der periphere Zentren der Sensibilität im Abdomen und im Genitalsystem postulierte, die vom Gehirn unabhängig seien (vgl. Cabanis 1805, Bd. 1, 502 f.). Cabanis' Doktrin von peripheren Zentren der Sensibilität steht in der plurizentristischen Tradition der vitalistischen Schule von Montpellier, die eine Dominanz des Gehirns gegenüber anderen Organen ablehnte. Unter dem Einfluss von Cabanis nahm Schopenhauer 1825 an, dass die inneren Nervenenden unter der Leitung der Ganglien Willensakte ausüben, die unbewusst geschehen, weil die Nerven hier nicht direkt mit dem Gehirn kommunizieren, sondern nur mit den Ganglien. Die Affektionen der inneren Nervenenden wirken unmittelbar auf die Neigungen, also auf den Willen (vgl. HN III, 230 f.). Die Affektionen des inneren Nervenendes bleiben im Wachzustand unbewusst, können aber rational nicht begründbare Stimmungsänderungen verursachen (vgl. P I, 250; HN III, 525 ff.; Cabanis 1805, Bd. 1, 113). In Cabanis' plurizentristischer Theorie wird wie in Reils Polaritätsmodell versucht, die Eigendynamik des Unbewussten neuroanatomisch zu fundieren. Durch die Betonung der somatischen Disposition wird zudem die traditionelle Vorherrschaft des Rationalen erheblich eingeschränkt. Dieses Modell ist daher konform mit Schopenhauers Primat des Willens und der Abstufung des Intellekts als das Sekundäre.

Schopenhauer fertigte in den Jahren 1825 (vgl. HN III, 227–232) und 1828 (vgl. HN III, 524–529) Exzerpte aus Cabanis' *Rapports* an, auf die er 1851 im *Versuch über das Geistersehn und was damit zusammenhängt* zurückgriff. Darin explizierte er am ausführlichsten in seinen publizierten Schriften das damals verbreitete polare Lokalisationskonzept mit dem Gehirn als dem »bewußten Pol« und dem Gangliensystem als dem »unbewußten Pol« (P I, 278). Reils und Cabanis' Modell ermöglichte Schopenhauer eine mit dem damaligen Kenntnisstand vereinbare Erklärung des auf Franz Anton Mesmer (1734–1815) zurückgehenden animalischen Magnetismus. In der Mitte des 19. Jahrhunderts war die Annahme eines vom Gehirn unabhängigen Gangliensystems noch weithin akzeptiert. In dem Kapitel über das Geistersehen formuliert Schopenhauer auch seine auf Cabanis (vgl. Cabanis 1805, Bd. 1, 185 f.) zurückgehende Leibreiztheorie der Traumentstehung, die Sigmund Freud (1856–1939) in seiner *Traumdeutung* (1900) rezipierte (vgl. Brunner 2015, 53). Im Schlaf gelangten die schwachen Eindrücke aus dem »innern Nervenheerde des organischen Lebens« (P I, 250) zum Gehirn und könnten Träume auslösen, weil sie nicht mit äußeren Sinneseindrücken konkurrierten. Dieser Gedanke begegnet 1828 im Manuskriptbuch »Adversaria« (vgl. HN III, 524–529).

In Bichats 1800 publizierten *Recherches*, die Schopenhauer erst 38 Jahre später entdeckte, sah er eine nachträgliche empirische Bestätigung seiner Philosophie durch die Physiologie. Wahrscheinlicher ist, dass Bichats Werk bereits 1815 eine indirekte Quelle für Schopenhauer darstellte, denn zwischen den *Recherches* und Reils Aufsatz über das Cerebral- und Gangliensystem von 1807 lassen sich zum Teil wörtliche Übereinstimmungen nachweisen (vgl. Brunner 2014, 195 f.). Mit hoher Wahrscheinlichkeit kommt Bichat die Priorität zu. Vermutlich hat Reil Bichats Zwei-Leben-Doktrin rezipiert und in sein Konzept des Cerebral- und Gangliensystems integriert, ohne Bichat zu zitieren (vgl. Brunner 2014, 196; Brunner 2015, 64 f.).

Im ersten Teil seiner *Recherches* expliziert Bichat seine Dichotomie zwischen animalem und organischem Leben. Diese Zwei-Leben-Doktrin wurde in der ersten Hälfte des 19. Jahrhunderts vielfach rezipiert. Alle intellektuellen Funktionen rechnet Bichat zum animalen Leben. Allerdings zählt Bichat auch den Willen (»la volonté«) zum animalen Leben. Schopenhauer betont, dass Bichat darunter jedoch »bloß die bewußte Willkür versteht, welche allerdings vom Gehirn ausgeht« (W II, 296). Die Leidenschaften ordnet Bichat dem organischen Leben zu (vgl. Bichat 1800, 61). Die Begriffe Leidenschaft (»passion«) und Gefühl (»émotion«, »affection«) verwendet Bichat synonym (vgl. ebd., 376). Das Gehirn werde durch Leidenschaften nicht direkt affiziert, deren alleiniger Sitz die inneren Organe seien (vgl. ebd., 62). Die Leidenschaften hätten weder ihren Endpunkt noch ihren Ausgangspunkt in den Organen des animalen Lebens (vgl. W II, 297). Leidenschaften übten ihren Einfluss immer auf das organische und nicht auf das animale Leben aus (vgl. Bichat 1800, 67, 232). Die Beschaffenheit der inneren Organe trage zur Entstehung der Leidenschaften bei (vgl. ebd., 69). Das organische Leben sei der Endpunkt, in den die Leidenschaften einmündeten, und das Zentrum, von dem sie ausgingen (vgl. ebd., 71; W II, 298). Obwohl die Leidenschaften ihren Sitz im organischen Leben hätten, modifizierten sie die Akte des animalen Lebens (vgl. Bichat 1800, 72 ff.). Die Erziehung beeinflusse das animale Leben, könne jedoch nicht das physische Temperament und den moralischen Charakter ändern, denn beide gehörten zum organischen Leben (vgl. ebd., 175 ff.). Der Charakter sei die Physiognomie der Leidenschaften, das Temperament die Physiognomie der inneren organischen Funktionen. Beide blieben stets dieselben und könnten weder durch Übung noch durch Gewohnheit modifiziert werden. Die Erziehung könne den Charakter nur durch Stärkung der Urteilskraft mäßigen. Dadurch könnten die unwillkürlichen Triebimpulse des organischen Lebens beherrscht werden. Allein durch Erziehung könnten der Charakter und die Leidenschaften nicht verändert werden. Dies sei ebenso unmöglich wie die willkürliche Veränderung des Herzschlags (vgl. ebd., 176).

Schopenhauer zieht eine Parallele zwischen Bichats Dichotomie von organischem und animalem Leben und seiner eigenen Unterscheidung zwischen Willen und Intellekt (vgl. W II, 296 ff.). Bichats Konzept des organischen Lebens dient ihm als Bestätigung seiner These, dass der Wille das Primäre und Ursprüngliche sei, der Intellekt hingegen als reine Gehirnfunktion das Sekundäre und Abgeleitete. Auch sieht er seine These vom angeborenen und unveränderlichen moralischen Charakter durch Bichat bestätigt.

Die wesentliche Inspirationsquelle für Bichats Zwei-Leben-Doktrin dürfte das Homo-duplex-Modell von Georges Louis Leclerc Buffon (1707–1788) sein, das dieser 1753 im *Discours sur la nature des animaux* explizierte (vgl. Brunner 2015, 61 ff.). Ganz ähnlich wie später Bichat differenzierte Buffon zwischen »vie végétale« und »vie animale«. Das Gehirn sei das Organ des inneren materiellen Sinns (»sens intérieur matériel«), über den sowohl Menschen als auch Tiere verfügten. Zusätzlich habe der Mensch im Unterschied zum Tier eine spirituelle Seele. Der Seele, dem spirituellen Prinzip, stehe das materielle animale Prinzip antagonistisch gegenüber. Die Seele repräsentiere die Vernunft. Ihr sprach Buffon nur moralisch akzeptable Eigenschaften zu. Moralisch inakzeptable Motive und Triebimpulse, welche die triebhaft-tierischen Anteile des Menschen repräsentieren, ordnete Buffon der animalen Sphäre zu. Buffons Homo-duplex-Modell modifizierte Bichat in entscheidenden Punkten: Das Konzept einer spirituellen Seele hat bei ihm nur noch marginale Bedeutung. Der Seelenbegriff wird zwar nicht komplett aufgegeben, taucht aber nur noch rudimentär in den *Recherches* auf. Buffon ordnete noch ganz in der Tradition des cartesianischen Dualismus der spirituellen Seele Rationalität, Vernunft sowie Abstraktions- und Reflexionsvermögen zu. Das alles verlagert Bichat in das animale Leben. Emotionen und amoralische Triebimpulse, die Buffon der materiellen animalen Sphäre zuordnete, verortet Bichat im organischen Leben. Bei Buffon wurden interindividuelle moralische Charakterunterschiede noch traditionell der spirituellen Seele zugeschrieben. Bei Bichat werden sie zu einer bloßen Angelegenheit der somatischen Disposition und damit als nativistisch und konstant konzipiert. Der entseelte moralische Charakter wird nun umstandslos dem organischen Leben zugeordnet. Daher gilt Bichat als Vertreter einer monistischen Form des Vitalismus (vgl. Haigh 1984, 16). Entsprechend lobt Schopenhauer an Bichat, dass er »weder Seele, noch Leib, sondern bloß ein animales und ein organisches Leben kennt« (W II, 301).

Ab den 1820er Jahren setzte sich Schopenhauer mit den Experimenten des französischen Experimentalphysiologen Marie Jean Pierre Flourens (1794–1867) auseinander, dessen Publikationen von Anfang an eine implizite philosophische Intention verfolgen, denn sie zielen auf die Untermauerung eines neocartesianischen Dualismus sowie die Widerlegung des Materialismus und des Determinismus (vgl. Brunner 2016; Clarke/Jacyna 1987, 281). Ein hirnphysiologischer Naturalismus, wie er von den französischen Ideologen und insbesondere von Cabanis (auf vitalistischer Grundlage) vertreten wurde, war mit dem Wiedererstarken des Katholizismus im nachrevolutionären Frankreich während der Restauration weniger verträglich als der von Flourens propagierte Neocartesianismus. Der Reanimationsversuch des Dualismus im Paris des frühen 19. Jahrhunderts richtete sich insbesondere gegen die von Gall begründete und mit dem Odium des Materialismus behaftete Organologie. In seiner frühen Pariser Zeit bekannte sich Flourens noch offen zum Materialismus und Monismus (vgl. Clarke/Jacyna 1987, 278 f.). 1819 und 1820 bewertete er Galls Phrenologie noch als zukunftsträchtig und sprach sich für eine naturalistische und monistische Konzeption des Geistes aus (vgl. Brunner 2016, 21). Zwischen 1820 und seinen 1824 publizierten *Recherches expérimentales sur les propriétés et les fonctions du systeme nerveux dans les animaux vertébrés* vollzog sich ein grundlegender Wandel seiner philosophischen Überzeugungen, der zwar anfangs noch nicht explizit formuliert wurde, jedoch aus seinen Publikationen zu erschließen ist (vgl. Clarke/Jacyna 1987, 280). Ab 1822 wurde Georges Cuvier (1769–1832) Flourens' Mentor. Flourens übernahm Cuviers Sichtweise des Gehirns als materielles Instrument einer unteilbaren immateriellen Seele und hielt an dieser Doktrin lebenslang fest (vgl. ebd., 250). Die von Flourens durchgeführten und in erster Linie gegen Gall gerichteten Experimente verfolgten das Ziel, tierexperimentelle Daten zu generieren, deren Interpretation als empirische Bestätigung einer neocartesianischen Metaphysik fungieren sollten, wie sie im Paris des frühen 19. Jahrhunderts von Cuvier und anderen Wissenschaftlern vertreten wurde.

Dass Flourens' Experimente von Anfang an den Dualismus untermauern sollten, ist Schopenhauer in den 1820er Jahren offensichtlich entgangen, denn Flourens und Cuvier formulierten ihre dualistische Position in ihren Publikationen der 1820er Jahre noch nicht explizit. In seiner 1842 publizierten Schrift *Examen de la phrénologie* gab Flourens dann unumwunden zu, dass es seine Absicht war, eine aus seiner Sicht schlechte Philosophie (den Materialismus) zu bekämpfen und durch eine gute Philosophie (den Dualismus) zu ersetzen. Flourens lehnte den Materialismus ab und setzte sich für die immaterielle Seele und die Willensfreiheit ein, die er als das Vermögen definierte, sich unabhängig von Motiven zu entscheiden (vgl. Brunner 2016, 23). Insbesondere auf das von Flourens 1858 publizierte Buch *De la vie et de l'intelligence* reagierte Schopenhauer mit Protest und Polemik, die er in den »Senilia« formulierte und in kaum abgemilderter Form in die 3. Auflage der *Welt als Wille und Vorstellung* übernahm. Besonders übel nahm er Flourens, dass er Bichats spekulative Zwei-Leben-Doktrin als antiquiert und unhaltbar ablehnte. Ein weiterer Kritikpunkt an Flourens ist dessen dualistisch-neocartesianische Position. Er bezichtigte den berühmten und einflussreichen Physiologen der oberflächlichen Gedankenarmut und des exzessiven Experimentierens (vgl. W II, 303).

Flourens unterteilte das Nervensystem in sechs Komponenten (Großhirn, Kleinhirn, Vierhügelplatte, Medulla oblongata, Rückenmark, Nerven), denen er jeweils eine spezifische Funktion zuwies. Diese Gliederung übernahm Schopenhauer. Eine funktionelle Kompartimentierung des Großhirns lehnte Flourens ab. Er vertrat eine Äquipotenztheorie der Großhirnhemisphären. Die These einer Äquipotenz der Großhirnhemisphären wurde in radikaler Form nicht nur von Haller, sondern auch von Bichat vertreten, der aus der morphologischen Symmetrie der Großhirnhemisphären deren funktionelle Äquipotenz ableitete (vgl. Brunner 2016, 25). Flourens' holistische Äquipotenztheorie dominierte die Physiologie ab den 1820er Jahren bis in die 1870er Jahre hinein. Flourens nahm an, dass die Großhirnhemisphären als globale Einheit funktionieren. Im Großhirn lokalisierte er Verstand (*intelligence*), Gedächtnis (*mémoire*), Urteilsvermögen (*jugement*), Wahrnehmung von Sinneseindrücken (*perception*) und den Willen (*volonté*).

In den »Adversaria« bemühte sich Schopenhauer 1828/29, eine Brücke zu schlagen zwischen seinem 1818 erschienenen Hauptwerk und der französischen Experimentalphysiologie, die zu dieser Zeit *en vogue* war. Unter dem Einfluss von Flourens vermutete er, dass Intellekt und Wille in verschiedenen Teilen des Nervensystems zu lokalisieren seien. Unter Berufung auf die von Flourens durchgeführten Läsionsexperimente lokalisierte er den Willen im Kleinhirn (vgl. Brunner 2016, 28 ff.), denn dort vermutete er den »Uebergang von der bloßen Vorstellung zur Bewegung des Leibes, welches eben der eigentliche Akt der Willkühr, d. i. des sich bewußten Willens ist« (HN III, 557). In den »Cogitata« bezieht sich Schopenhauer ausführlich auf Experimente, die Flourens und Cuvier 1824 und 1828 publiziert hatten. Schopenhauer wiederholte dort seine bereits in den »Adversaria« formulierte Hypothese, dass im Kleinhirn die Transformation vom Motiv zum Willensakt stattfinde. In den »Cogitata« bezeichnete er das Kleinhirn noch als »Sitz« und als »Organ des Willens« (vgl. Brunner 2016, 34). Das Kleinhirn als Organ des Willens ist auch noch im »Cholerabuch« (1832) zu finden (vgl. HN IV (1), 94). Dort beruft er sich auf Gall, der den Geschlechtstrieb im Kleinhirn lokalisierte. Naturphilosophen betrachteten im 19. Jahrhundert das Kleinhirn als Sitz des Willens, der Irritabilität und von Instinkten. In den »Cogitata« nahm Schopenhauer auch an, der Wille sei in der Medulla oblongata zu verorten. Diese Struktur betrachtete er offensichtlich als eine Art Umschlags- oder Transformationspunkt zwischen intellektuellen Prozessen (Großhirn) und der Initiierung spontaner Körperbewegungen (vgl. Brunner 2016, 34 f.).

Diese frühe Hypothese einer Lokalisation des Willens im Kleinhirn und in der Medulla oblongata verwarf Schopenhauer später in einer nachträglichen Anmerkung zu seiner Konzeption in den »Adversaria« von 1828. Beeinflusst durch Bichats *Recherches* lehnte er eine Lokalisation des Willens in einzelnen Teilen des Nervensystems ab: »Unmittelbare Objektität des

Willens ist nicht das Nervensystem sondern der übrige Organismus« (HN III, 509). Das Kleinhirn wurde abgestuft vom Organ des Willens zum Leiter der Motive (vgl. Brunner 2016, 36 f.). Diese revidierte Theorie ist prägnant zusammengefasst in einem späteren Zusatz zu seiner Flourens-Rezeption der 1820er Jahre in den »Adversaria«. Dort bezeichnet Schopenhauer den Gesamtorganismus als »Objektität des Willens« (HN III, 509). In den »Pandectae« (1837) heißt es: »er selbst [der Wille] ist an keinen Ort gebunden, sondern der ganze Leib, das Blut selbst, ist seine Objektität« (HN IV (1), 232). Diese Theorie stellt eine Abkehr von seinen tentativen Lokalisationsversuchen des Willens in spezifischen Strukturen des Gehirns aus den 1820er Jahren dar und wurde 1855 in den »Senilia« ausformuliert (vgl. Brunner 2016, 37 f.). Dort legte sich Schopenhauer darauf fest, dass der Sitz des Willens der ganze Mensch sei. Der Wille sei im ganzen Leib gleichmäßig gegenwärtig. Dieser Text in den »Senilia« wurde verwendet im 20. Kapitel (»Objektivation des Willens im thierischen Organismus«) der 3. Auflage der *Welt als Wille und Vorstellung* von 1859. Damit kehrte Schopenhauer in seinem Spätwerk zu seiner bereits 1814 notierten These zurück, dass der ganze Körper die Sichtbarkeit des Willens und der Leib mit dem Willen identisch sei (vgl. HN I, 174, 180).

Literatur

Bichat, Xavier: *Recherches physiologiques sur la vie et la mort*. Paris 1800.
Brunner, Jürgen: Arthur Schopenhauer und Johann Christian Reil. In: Florian Steger (Hg.): *Johann Christian Reil. Universalmediziner, Stadtphysikus, Wegbereiter von Psychiatrie und Neurologie*. Gießen 2014, 189–214.
Brunner, Jürgen: Der Wille im Gehirn? Der Einfluß des Experimentalphysiologen Pierre Flourens auf Schopenhauers Handlungstheorie. In: *Schopenhauer-Jahrbuch* 97 (2016), 15–43.
Brunner, Jürgen: Schopenhauers topographisches Modell des Unbewußten aus wissenschaftshistorischer Perspektive. In: *Schopenhauer-Jahrbuch* 96 (2015), 41–70.
Cabanis, Pierre Jean Georges: *Rapports du physique et du moral de l'homme*. Paris ²1805.
Clarke, Edwin/Jacyna, L. S.: *Nineteenth-Century Origins of Neuroscientific Concepts*. Berkeley/Los Angeles/London 1987.
Haigh, Elizabeth: *Xavier Bichat and the Medical Theory of the Eighteenth Century*. London 1984.
Hufeland, Christoph Wilhelm: *Die Kunst das menschliche Leben zu verlängern*. Jena ²1798.
Malter, Rudolf: Schopenhauer und die Biologie: Metaphysik der Lebenskraft auf empirischer Grundlage. In: *Berichte zur Wissenschaftsgeschichte* 6 (1983), 41–58.
Reil, Johann Christian: Ueber die Eigenschaften des Ganglien-Systems und sein Verhältniß zum Cerebral-Systeme. In: *Archiv für die Physiologie* 7/2 (1807), 189–254.
Reil, Johann Christian: Veränderte Mischung und Form der thierischen Materie, als Krankheit oder nächste Ursache der Krankheitszufälle betrachtet. In: *Archiv für die Physiologie* 3/3 (1799), 424–461.
Schmidt, Alfred: Physiologie und Transzendentalphilosophie bei Schopenhauer. In: *Schopenhauer-Jahrbuch* 70 (1989), 43–53 (überarbeitete Version in: Ders.: *Tugend und Weltlauf. Vorträge und Aufsätze über die Philosophie Schopenhauers (1960–2003)*. Frankfurt a. M. 2004, 191–203).
Schmidt, Alfred: Von den philosophischen Ärzten des 18. Jahrhunderts zu Feuerbach, Schopenhauer und Nietzsche. In: Matthias Koßler/Michael Jeske (Hg.): *Philosophie des Leibes. Die Anfänge bei Schopenhauer und Feuerbach*. Würzburg 2012, 11–57.
Staum, Martin S.: *Cabanis. Enlightenment and Medical Philosophy in the French Revolution*. Princeton/New Jersey 1980.
Stollberg, Jochen/Böker, Wolfgang (Hg.): *»... die Kunst zu sehn«. Arthur Schopenhauers Mitschriften der Vorlesungen Johann Friedrich Blumenbachs (1809–1811)*. Göttingen 2013.

Jürgen Brunner

24 Romantik

Die Beziehungen zwischen Schopenhauers Philosophie und dem Dichten und Denken der Romantik sind reichhaltig und wurden von der Forschung schon früh erkannt. Auch wenn Schopenhauer sich zeit seines Lebens unmissverständlich – meist scharf polemisch – gegen die idealistisch-romantische Philosophie der Epoche wandte (Fichte, Hegel, Jacobi, Schelling), können bei allen offensichtlichen Unterschieden (vgl. hierzu u. a. Hübscher 1988, 31) auffallende Berührungspunkte und Übereinstimmungen zwischen seinem Denken und dem der Idealisten festgestellt werden. Besonders ertragreich ist der Vergleich mit der romantischen Literatur seiner Zeit, nicht nur der deutschen (beispielhaft seien hier genannt Brentano, Chamisso, Eichendorff, Herder, E. T. A. Hoffmann, Hölderlin, Kleist, Klingemann, Lenau, Mörike, Novalis, Jean Paul, Platen, Tieck, Wackenroder, Zacharias Werner), sondern auch mit der englischen (William Blake, Lord Byron, Samuel T. Coleridge, John Keats, Thomas Moore, Percy B. Shelley, Robert Southey, William Wordsworth und Edward Young), italienischen (Vittorio Alfieri, Ugo Foscolo, Giacomo Leopardi), russischen (Evgenij A. Baratynskij, Michail J. Lermontov, Fürst Wladimir Fjodorowitsch Odojewski, Alexander Puschkin, Fjodor Tjutschew, Dmitrij W. Wenewitinow) und französischen (Benjamin Constant, François-René de Chateaubriand, Victor Hugo, Alfred de Musset, Stendhal). Neben der Neigung der Romantiker zum Phantastischen und Unbewussten, ihrem Hang zur Mystik, dem Weltschmerz und dem keimenden – lange vor Nietzsche – von F. H. Jacobi eingeführten (»Sendschreiben an Fichte«, 1799) und von Jean Paul, Klingemann und Tieck geprägten Nihilismus bietet die romantische Ästhetik, wie sie vor allem bei Wackenroder und Tieck zum Ausdruck kam, eine Fülle fruchtbarer Vergleichsmöglichkeiten. Kurz: Auch dort, wo eine direkte Rezeption nicht nachweisbar ist, gehört die Romantik zu den bedeutsamsten Kontexten der Schopenhauerschen Philosophie.

Schopenhauer besaß ein ausgesprochenes Gespür für die pessimistische Seite der Romantik, welches u. a. aus einer Aufzeichnung aus dem handschriftlichen Nachlass hervorgeht, die auf die Verbindung zwischen Romantik und Christentum aufmerksam macht:

> »Der *Humanismus* trägt den *Optimismus* in sich und ist in sofern *falsch*, einseitig und oberflächlich. – Darum eben erhob sich vor 40 Jahren gegen seine Herrschaft in der deutschen Literatur [...] die sogenannte *Romantik*, indem sie auf den Geist des Christenthums hinwies, als welches *pessimistisch* ist« (HN IV (2), 12).

Schopenhauers Werk ist wesentlich mit dem romantischen Lebensgefühl durch mannigfaltige Zusammenhänge seiner deskriptiven Ethik zur mystischen Tradition und die Verflechtung seines Denkens mit der indischen (buddhistischen) Gedankenwelt verbunden (s. Kap. 11). Dem philosophischen System Schellings steht seine Willensmetaphysik näher, als die in seinem Werk allenthalben wiederkehrenden, gegen die idealistische Philosophie gerichteten Invektiven seinen Lesern glauben lassen (s. Kap. 22). Schließlich hatte Schelling noch vor dem Erscheinen des ersten Bandes der *Welt als Wille und Vorstellung* in seiner *Freiheitsschrift* aus dem Jahr 1809 behauptet, es gebe »in der letzten und höchsten Instanz gar kein anderes Sein als Wollen«, denn »Wollen« sei »Ursein« (Schelling 2012, 23), und damit eine Deutung des Seins vorgelegt, die Schopenhauers wohl fundamentalste Denkfigur, d. h. die des Wollens als des Wesens der Welt, vorgreift (zu Schelling und Schopenhauer vgl. Berg 2003; Hühn 1998; 2005; 2006; Hühn 2005 verweist darauf, dass Schopenhauers Lehre von der Verneinung des Willens zum Leben bei Schelling vorgeprägt sei; s. Kap. 22). Als Eigenwille »der Kreatur«, der noch nicht durch das Licht des Verstandes erleuchtet wurde, ist dieses Wollen »bloße Sucht und Begierde, d. h. blinder Wille« (Schelling 2012, 35). Mit anderen Worten: bis in die gleichlautende Begriffsbildung werden Grundgedanken, wenn nicht sogar *der* Grundgedanke, Schopenhauers in Schellings *Freiheitsschrift* vorweggenommen, wobei hinzuzufügen ist, dass die Einschätzung des Kräfteverhältnisses zwischen Wille und Verstand bei Schelling dem Schopenhauerschen Befund konträr gegenübersteht: Der ›böse‹ Eigenwille ist »als bloßes Werkzeug« (ebd.) dem ›guten‹ Universalwillen des Verstandes untergeordnet. Geist, Vernunft und Verstand walten bei Schelling über die dunklen Triebe, während diese bei Schopenhauer dem blinden Willen unterworfen sind.

Matthias Koßler (1995) hat gezeigt, wie eng Schopenhauers Charakterologie (die Idee des intelligiblen, empirischen und erworbenen Charakters) in ihrer von den Vorstellungen Kants deutlich abweichenden *ontologischen* Variante derjenigen Jakob Friedrich Fries' und Schellings verpflichtet ist.

Yasuo Kamata legt in seiner Schrift *Der junge Schopenhauer* (1988, 119 ff.) u. a. dar, dass Schopenhauers Idee vom Weg nach Innen, als dem zur Einsicht in das wahre Sein und Wesen der Dinge führende, in Schellings *Philosophische Briefe über Dogmatismus und Kriticismus* (1809) präfiguriert ist. Die offensichtliche Affinität zwischen Schelling und Schopenhauer, die u. a. im zentralen Stellenwert des Wollens beider Denksysteme begründet ist, lässt sich auch zwischen Schopenhauer und einem weiteren Vertreter der idealistischen Philosophie feststellen, bei Johann Gottlieb Fichte (s. Kap. 20). Die Übereinstimmungen liegen hier vor allem im Bereich der Ethik (intelligible Freiheit, empirische Determination), aber nicht nur darin: Auch Fichte unterscheidet in seiner Schrift *Die Bestimmung des Menschen* (1800) erkenntnistheoretisch zwischen einer realitätslosen Welt der Vorstellungen und einer Welt der Realität, die unseren Handlungen und demnach unserem Wollen entspringen (zu Fichte und Schopenhauer vgl. Hühn 2006, darin die einschlägigen Beiträge von Matthias Koßler, Günter Zöller, Wilhelm Metz und Violetta L. Waibel; produktive Vergleichsmöglichkeiten bietet auch die Bedeutung des Leibes bei Fichte und Schopenhauer, dazu grundlegend Schöndorf 1982).

Schopenhauer und die nihilistische Romantik oder »von der Nichtigkeit des Daseyns«

Ludwig Tiecks Briefroman *William Lovell* (1795/96) greift in seiner Thematik dem Schopenhauerschen Pessimismus, seiner Vernunft- und Fortschrittskritik und seinem Aufklärungsskeptizismus vor. Als die schwermütige, reizbare und unter einer krankhaften Phantasie leidende Hauptperson des Tieckschen Romans, der junge Engländer William Lovell, in Paris die Comtesse Louise Blainville kennenlernt, die auf ihn eine sinnlich verführerische Macht ausübt (Tieck 1828, 67 f., 80 f.), wird ihm klar, dass das Vertrauen der Aufklärung in die Hegemonie der Vernunft einer Korrektur bedarf, die mit der Behauptung Schopenhauers vom Primat des Willens im Selbstbewusstsein, d. h. der Dominanz sinnlicher Irrationalität, Sexualität und Leidenschaft über die Rationalität, weitgehend kongruiert (vgl. u. a. W II, 224–276). Die zu Beginn des Briefromans von Lovell romantisch als ewig währende seelische Verbundenheit verklärte Liebe weicht allmählich einer ernüchternden Erkenntnis ihres triebhaften Ursprungs. »Wollust«, so Lovell in einem desillusionierten Brief aus Rom an seinen Freund Eduard Burton, sei »das große Geheimniß unsers Wesens« und »nichts als Sinnlichkeit das erste bewegende Rad in unserer Maschine« (Tieck 1828, 212 f.).

Bei Schopenhauer immer wiederkehrende Metaphern für die sinnlose, durch »Hunger und Geschlechtstrieb« (P II, 303) getriebene menschliche Existenz sind die des Theaters und des Puppen- und Marionettenspiels (vgl. u. a. W I, 537; W II, 408 f., 442; P II, 447). Balder, einem Freund Lovells, erscheint die »ganze Welt« »als ein nichtswürdiges, fades Marionettenspiel«, deren Teilnehmer, die Menschen, in einer ›Vorstellungswelt‹ realitätsverleugnender Illusionen leben, die einen Blick hinter den Vorhang verhindern: »Wir adeln aus einem thörichten Stolze alle unsre Gefühle, wir bewundern die Seele und den erhabenen Geist unsrer Empfindungen und wollen durchaus nicht hinter den Vorhang sehn, wo uns ein flüchtiger Blick das verächtliche Spiel der Maschinen enträthseln würde« (Tieck 1828, 82 f.). Das »verächtliche Spiel der Maschinen« ist die sinnliche, dem ›erhabenen Geist‹ widerstrebende Wollust, die bei Schopenhauer im Willen verortet wird. Tiecks von Melancholie und Pessimismus geprägter Roman erschließt sich überdies gänzlich als Ouvertüre zu Schopenhauers enttarnender Dekonstruktion romantischer Liebesvorstellungen, die am schärfsten und systematischsten im Kapitel »Metaphysik der Geschlechtsliebe« des zweiten Bandes von *Die Welt als Wille und Vorstellung* formuliert wird (W II, 607–651). Auch Tiecks Märchen-Novelle *Der blonde Eckbert* (1797), seine Erzählung *Abdallah* (1796) und zahlreiche seiner Gedichte sind von Stimmungen und Daseinsdeutungen geprägt – Themen wie Melancholie, Schwermut und Wahnsinn dominieren –, die im Mittelpunkt des Schopenhauerschen Leidens- und Nichtigkeitsdenkens stehen.

Während Jean Paul (zu den würdigenden Hinweisen Schopenhauers auf Jean Paul vgl. die kurze Notiz von Hübscher 1964) in seiner *Vorschule der Ästhetik* und in der den Roman *Siebenkäs* abschließenden *Rede des toten Christus vom Weltgebäude herab, dass kein Gott sei* vor den nihilistischen Tendenzen der Romantik warnt, finden wir in Bonaventuras *Nachtwachen* aus dem Jahr 1804 eine ironische Umkehr typisch romantischer Ideale: des Unendlichkeitsideals und Strebens nach Verwirklichung vollkommener Existenz durch Verschmelzung des weltlichen Ichs mit der göttlichen Transzendenz zugunsten einer defätistischen Darstellung einer von Gott verlassenen sinnlosen Welt des Nichts. Kurz: Bonaventuras *Nachtwachen* präsentieren sich als ironischer und sinnentleerter Kommentar jeder frühromantischen und idealistischen Verklärung der Realität. Jean Paul meinte nach der Lektüre des Romans, den Philosophen F. W. J. Schelling als hinter dem Pseudonym sich verbergenden Autor erkannt zu haben. Gegenwärtig hat sich die

Philologie, dank der Entdeckungen Jost Schillemeits und Ruth Haags, auf den zur Zeit der Romantik nur wenig bekannten Schriftsteller Ernst August Friedrich Klingemann als Urheber des Textes geeinigt. Die in der Frühromantik verbreitete Auffassung der Nacht (man denke u. a. an Novalis' *Hymnen an die Nacht*) als idealen Zeitpunkt dichterischer Eingebungen und erhabener Einsichten in die Tiefe der eigenen Seele und der Welt wird in den *Nachtwachen* zugleich aufgegriffen und kontrafaktisch unterlaufen. Wie Tiecks Hauptperson William Lovell die Welt als eine Bühne fremdgesteuerter Puppen erlebt, sieht der Nachtwächter Kreuzgang den Menschen als einen Narren, der im großen Marionettenspiel des Welttheaters die Hauptrolle spielt. Im letzten von 16 Kapiteln erfährt er auf einem Friedhof, wer seine Eltern waren. Der des Vergänglichen und Todes stets gedenkende Kreuzgang bezeichnet den Friedhof als seinen »Lieblingsort« (Bonaventura 2010, 132), der mit einem »Vorstadttheater« zu vergleichen sei, »wo der Tod dirigiert, und tolle poetische Possen als Nachspiele hinter den prosaischen Dramen aufführt, die auf dem Hof- und Welttheater dargestellt werden« (ebd.). Lange vor der Frage des ›tollen Menschen‹ in Nietzsches *Die fröhliche Wissenschaft*, ob wir nicht, nachdem wir Gott getötet, »durch ein unendliches Nichts [irren]?« (Nietzsche 1988, 481), haben die poetischen Nihilisten und Pessimisten Gott durch den Teufel ersetzt und die leere Nichtigkeit und Vergänglichkeit aller Dinge heraufbeschworen.

Die auf das Zeitalter des Barock zurückweisende Vorstellung des *theatrum mundi* korrespondiert mit einer anderen, in der romantischen Dichtung wiederholt und in unterschiedlichen Bedeutungen auftretenden Daseinsmetapher: die des Traums. Herder hat – um nur ein Beispiel anzuführen – im Gedicht »Ein Traum ist unser Leben«, die von Schopenhauer, Tieck und Klingemann hervorgehobene Traum- und Scheinhaftigkeit der Vorstellungswelt poetisch formuliert. In Eichendorffs und Brentanos Dichtung gebären die Träume der Nacht nicht nur Ungeheuer, sondern der verschleierte, zwischen dem hellen Tagesbewusstsein und dem gedankenlosen Schlaf schillernde Zustand des Traums ist zugleich der produktive Moment dichterischer Schöpfung und Annäherung an die heiß ersehnte, harmonische Verschmelzung der mangelhaften Endlichkeit mit der vollkommenen (poetischen) Unendlichkeit.

Unter den deutschsprachigen Dichtergestalten der Romantik sind die Namen Brentano, Eichendorff, Heine, E. T. A. Hoffmann, Hölderlin, Kleist, Lenau, Novalis und Platen hervorzuheben. Die dezidiert nihilistische Tendenz bei Tieck, Jean Paul und Bonaventura, deren philosophischer Ursprung u. a. bei Jacobi und Fichte zu suchen ist, kehrt bei den oben genannten Dichtern in abgewandelter und modifizierter Form als Sehnsucht, Daseinsqual, Desillusionierung und Melancholie wieder. In den Ghaselen und Sonetten Platens berührt die Schwermut bisweilen den Nihilismus eines Tieck oder Bonaventura, so exemplarisch im Ghasel »Es liegt an eines Menschen Schmerz«, in dem das Wort »nichts« in 14 Langversen, die je in zwei Halbverse geteilt sind, insgesamt achtmal wiederkehrt und damit jegliche Positivität ins Negative umschlagen lässt. Die beiden letzten Halbverse »Denn Jeder sucht ein All zu sein, / und jeder ist im Grunde nichts« weisen das *Nihil* als das alles beherrschende und alles auflösende Prinzip einer nichtswürdigen, vergänglichen Existenz auf. Selbst die von Platen so einprägsam heraufbeschworene Krankheit und das allgegenwärtige Leid des Menschen gerät in diesem Ghasel in den Sog des Nichts (»Es liegt an eines Menschen Schmerz, / an eines Menschen Wunde nichts«). Das Sonett »Wem Leben Leiden ist und Leiden Leben« deutet – hier ohne das relativierende *Nihil* – das Leben als Synonym des Leidens, darin übereinstimmend mit dem Schopenhauerschen Diktum, »das Leben« stelle sich »als ein fortgesetzter Betrug« dar (W II, 657), und unser von unbefriedigten Bedürfnissen, Schmerz und Qual heilloser »Zustand« sei »etwas«, »das besser nicht wäre« (W II, 662). Im Sonett »Wer wußte je das Leben recht zu fassen« wird die Vergeblichkeit allen Strebens nach Glück in den beiden letzten Terzetten zum Ausdruck gebracht, während in einem weiteren Sonett eine die Welt verachtende Position formuliert wird, die der Schopenhauerschen entspricht: »Es sei gesegnet, wer die Welt verachtet.«

Die Gedichte Eichendorffs sind gleichfalls von Stimmungen der Sehnsucht und des Unglücks geprägt. So wird bereits in der ersten Strophe des Gedichts »Wehmut« das Trügerische des Glücks als Grundempfinden des lyrischen Ichs durch das konjunktivische »Als ob« der zweiten Zeile ausgewiesen (»Ich kann wohl manchmal singen, / Als ob ich fröhlich sei«). Von allen »Herzen«, die dem lyrischen Ich kontrapunktisch gegenüberstehen fühlt keines die nur vom Ich erfahrenen »Schmerzen« und das »tiefe Leid« beim Gesang der Nachtigallen aus »ihres Käfigs Gruft«. Im Gedicht »Das zerbrochene Ringlein« löst treulose Liebe eine weltverneinende Todessehnsucht aus (»Ich möcht am liebsten sterben, / Da wär's auf einmal still!«).

Heines *Buch der Lieder* umkreist neben zahlreichen weiteren Themen dasjenige der unglücklichen Liebe (zu Heines Pessimismus vgl. u. a. Stockhammer 1962). Die Vertonung von insgesamt 16 Gedichten aus dem »Lyrischen Intermezzo« (*Buch der Lieder*) durch Robert Schumann unter dem Titel *Dichterliebe* (Opus 48) suggeriert – bei aller Hoffnung und blitzartig aufleuchtender Heiterkeit und Souveränität – Liebesqual, Angst, Zweifel und Resignation und liefert damit einen musikalischen Beitrag zur melancholischen Romantik. Eine ähnliche Tendenz zu schwermütiger Resignation lässt sich in der Poesie Friedrich Rückerts erkennen, vor allem in den 428 Gedichten, die der Dichter in der Zeit zwischen 1833 und 1834 unter dem Eindruck des Todes seiner beiden Kinder Ernst und Luise verfasste. Eine kleine Auswahl dieser Gedichte wurde von Gustav Mahler als neoromantischer von Schmerz und Leid durchtränkter Liederzyklus unter dem gleichnamigen Titel der Gedichtsammlung Rückerts, *Kindertotenlieder*, 1904 abgeschlossen (zu Rückert und Schopenhauer vgl. Mühlmann 1976).

Der junge Novalis, dem später der Nihilismus eines Tieck, Bonaventura und Jean Paul fern lag, richtet mehrfach in seinem Tagebuch eine an Lebensüberdruss und Desillusionierung derjenigen Schopenhauers in nichts nachstehende Anklage an das Leben. Der Mensch werde, so Novalis in einer von Lothar Pikulik hervorgehobenen Aufzeichnung des 18-jährigen Dichters, seit seiner Geburt von »Schwachheiten« und »Mängel[n]« verfolgt; mehr noch: alle »unsre Wünsche bleiben«, notiert Novalis, »unerfüllt, unsre Pläne« scheitern und »unsre schönsten Hoffnungen, unsre blühendsten Aussichten verschwinden« (Pikulik 2005, 58). Schopenhauer stellt dementsprechend in seinen »Nachträgen zur Lehre von der Nichtigkeit des Daseyns« aus dem zweiten Band der *Parerga und Paralipomena* fest, das »organische Leben« sei »ein beständiges Bedürfen, stets wiederkehrender Mangel und endlose Noth« (P II, 303). Der niemals ruhende, stets maßlos strebende, blinde Wille, der – wenn erst durch die Vorstellungswelt des *principium individuationis* in Erscheinung getreten – unaufhaltsam zwischen Verlangen, kurzzeitiger Befriedigung und Langeweile pendelt, macht das Dasein zu einer heiklen Affäre, in der die Qualen und das Elend dergestalt dominieren, dass das Nichtsein dem Sein vorzuziehen wäre. In Novalis' *Die Lehrlinge zu Saïs* wird die Erlösungsbedürftigkeit der Menschen vor dem Hintergrund einer im Zeichen des Leidens stehenden Existenz dargestellt und eine Entsagungsvision entworfen, die an Gestalt und Gehalt Themen der Schopenhauerschen Ethik antizipieren:

> »[I]ndes könne jener große Zeitpunkt nicht ausbleiben, wo sich die sämtlichen Menschen durch einen großen gemeinschaftlichen Entschluß aus dieser peinlichen Lage, aus diesem furchtbaren Gefängnisse reißen und durch eine freiwillige Entsagung ihrer bisherigen Besitztümer auf ewig ihr Geschlecht aus diesem Jammer erlösen« (zit. nach Hübscher 1988, 30 f.).

Wendet man sich dem Dichten und Denken der Epoche außerhalb des deutschen Sprachraums zu, wird ersichtlich, dass die oben erörterte, mit zentralen Gedanken der Schopenhauerschen Philosophie korrespondierende ›dunkle‹ Seite der Romantik keineswegs nur ein deutsches, sondern ein paneuropäisches Phänomen darstellte. Zur Bestätigung seiner Lehre von der Nichtigkeit und dem Leiden des Lebens verweist Schopenhauer wiederholt auf den von ihm hochgeschätzten englischen *homme de lettres* Lord Byron, dessen lyrische Dramen *Kain*, *Don Juan*, *Manfred* und *Childe Harold* zu den dichterischen Höhepunkten der englischen Romantik gehören. Schopenhauer betrachtet den *Kain* als ein »unsterbliches Meisterwerk« (W II, 672) und stellt das Drama des englischen Romantikers als tragisches Gegenstück an die Seite des berühmten *Candide* Voltaires, in dem sarkastisch gegen die optimistische Philosophie eines Leibniz' polemisiert und dessen Credo von ›der besten aller möglichen Welten‹ ironisch unterlaufen wird. Byrons Gedicht »Count o'er the joys thine hours have seen« (»Ueberzähle die Freuden, welche deine Stunden gesehn haben«) dient Schopenhauer als Beispiel der von ihm vertretenen Haltung, das Nichtsein wäre dem Sein vorzuziehen, oder wie es am Ende der von Schopenhauer zitierten Strophe Byrons lautet: »und wisse, daß, was immer du gewesen seyn magst, es etwas Besseres ist, nicht zu seyn« (W II, 675). Auch das Schaffen der englischen Dichter William Blake (z. B. das Gedicht »O Rose, du krankst!«), Samuel T. Coleridge, John Keats, Thomas Moore, Percy B. Shelley (z. B. das Gedicht »Klage«), Robert Southey, Edward Young (vor allem *Klagen, oder Nachtgedanken über Leben, Tod und Unsterblichkeit*) und William Wordsworth gehören zum einschlägigen Kontext der düsteren Romantik in den die Philosophie Schopenhauers produktiv eingebettet ist.

Unter den fremdsprachigen Autoren ist der italienische Dichter, Essayist und klassische Philologe Giacomo Leopardi eigens hervorzuheben. Schopenhauer verweist mehrfach und oftmals mit nachdrücklicher Zustimmung auf den zeitgenössischen Italiener. Kein anderer habe nach Schopenhauer »den Jammer« und die Vergeblichkeit des Daseins »so gründlich und erschöpfend behandelt« (W II, 675) wie Leopardi.

Schopenhauer und die romantische Ästhetik oder »das Rad des Ixion steht still«

Wackenroders und Tiecks ästhetische Hauptschriften *Phantasien über die Kunst* (1799) und die *Herzensergießungen eines kunstliebenden Klosterbruders* (1797) weisen, besonders was die Einschätzung der Musik anbelangt, eine bemerkenswerte Korrespondenz mit Grundgedanken der Schopenhauerschen Metaphysik des Schönen auf. Nicht nur konvergiert die pessimistische Anthropologie und Leidensphilosophie des Denkers, wie bereits geschildert, weitgehend mit Topoi der schwarzen Romantik, auch seine Auffassung der Kunst als Resultat gesteigerter Erkenntnis und mögliche Quelle willenloser Kontemplation, d. h. als Ursprung vorübergehender Aufhebung der qualvollen Existenz, wird in bemerkenswerter Weise in den genannten Schriften vorweggenommen. Besondere Aufmerksamkeit verdienen die Aufsätze zur Musik Joseph Berglingers, dessen fiktives Leben in den *Herzensergießungen eines kunstliebenden Klosterbruders* beschrieben wird, und der als Verfasser einiger Abhandlungen über das Wesen der Kunst in den *Phantasien* erneut in Erscheinung tritt. Unter den Aufsätzen Berglingers sind die im 2. Kapitel formulierten Gedanken über »Die Wunder der Tonkunst«, die im 5. Kapitel präsentierten Thesen über »Das eigentümliche innere Wesen der Tonkunst und die Seelenlehre der heutigen Instrumentalmusik« und das 8. Kapitel über »Die Töne« von Belang. Die durch Musik hervorgerufene Kontemplation führt das in der Vorstellungswelt befangene Subjekt des Wollens über seine Grenzen hinaus und zeitigt einen leidensfreien Zustand jenseits von Schmerz und Daseinskampf. Berglinger entrinnt mit Hilfe der Musik »dem Kriege der Welt« (Wackenroder/Tieck 2005, 65), wird von seinem »Zweifel« und seinen »Leiden« befreit, und »auf einmal« von der »Angst« seines »Herzens [...] geheilt« (ebd.). Er befindet sich mit anderen Worten in einem kontemplativen Zustand, den Schopenhauer unter der Bezeichnung des »reine[n], willenlose[n] Subjekt[s] der Erkenntniß« (W I, 209) in seinen ästhetischen Erörterungen des ersten und zweiten Bandes der *Welt als Wille und Vorstellung* einprägsam geschildert hat. Wie Schopenhauer betrachten Wackenroder und Tieck die Musik als die höchste aller Kunstformen, indem diese im Gegensatz zur Dichtung die menschlichen Empfindungen unmittelbar und adäquat wiedergibt. Dank dieser Unmittelbarkeit vermag die Musik, wie keine andere Kunst, das geplagte Bewusstsein aus seinen Fesseln zu lösen, Zeit und Raum aufzuheben, die Vergänglichkeit, den Tod und das Leiden an der Welt durch die »Beständigkeit« der großen, »bis in die Ewigkeit« (Wackenroder/Tieck 2005, 77) hinausreichenden Kunst für Augenblicke außer Kraft zu setzen. Die Musik, so Schopenhauer, bringt »das tiefste Innere unsers Wesens zur Sprache« (W I, 302), und da das innere Wesen des Selbst – der Organismusidee der Romantik entsprechend – mit dem der Welt identisch ist, vermittelt sie einen direkten Zugang zum wahren Wesen aller Dinge.

Literatur

Arendt, Dieter: *Der poetische Nihilismus der Romantik*. Tübingen 1972.

Benz, Richard: Jean Paul und Schopenhauer. In: Ders.: *Genius im Wort*. Jena 1936, 49–57.

Benz, Richard: Schopenhauer und die Romantik. In: *Deutscher Almanach für das Jahr 1939*. Leipzig 1939, 113–131.

Berg, Robert Jan: *Objektiver Idealismus und Voluntarismus in der Metaphysik Schellings und Schopenhauers*. Würzburg 2003.

Bonaventura: *Nachtwachen*. Stuttgart [4]2010.

Byron, Lord: *Sämtliche Werke*. 3 Bde. In den Übertragungen von Otto Gildemeister, Alexander Neidhardt und Adolf Seubert. Düsseldorf/Zürich 1996.

Gebhardt, Carl: Schopenhauer und die Romantik. Eine Skizze. In: *Jahrbuch der Schopenhauer-Gesellschaft* 10 (1921), 46–54.

Hübscher, Arthur: Der Philosoph der Romantik. In: *Schopenhauer-Jahrbuch* 34 (1951/52), 1–17.

Hübscher, Arthur: Jean Paul und Schopenhauer. In: *Schopenhauer-Jahrbuch* 45 (1964), 159–160.

Hübscher, Arthur: *Denker gegen den Strom*. Bonn [4]1988.

Hühn, Lore: Die intelligible Tat. Zu einer Gemeinsamkeit Schellings und Schopenhauers. In: Christian Iber/Romano Pocai (Hg.): *Selbstbesinnung der philosophischen Moderne. Beiträge zur kritischen Hermeneutik ihrer Grundbegriffe*. Cuxhaven/Dartfort 1998, 55–94.

Hühn, Lore: Die Wiederkehr des Verdrängten. Überlegungen zur Rolle des Anfangs bei Schelling und Schopenhauer. In: *Schopenhauer-Jahrbuch* 86 (2005), 55–69.

Hühn, Lore (Hg.): *Die Ethik Arthur Schopenhauers im Ausgang vom deutschen Idealismus (Fichte/Schelling)*. Würzburg 2006.

Ingenkamp, Heinz Gerd: Der Ginster. Giacomo Leopardi über das würdige Leben und Sterben. In: *Schopenhauer-Jahrbuch* 73 (1992), 133–154.

Jacoby, Günther: Herder und Schopenhauer. In: *Jahrbuch der Schopenhauer-Gesellschaft* 7 (1918), 156–211.

Jean Paul: *Siebenkäs* (= Jean Paul Sämtliche Werke, Bd. 2). München/Wien [4]1987.

Jean Paul: *Vorschule der Ästhetik* (= *Jean Paul Sämtliche Werke*, Bd. 5). München/Wien ⁴1987.

Kamata, Yasuo: *Der junge Schopenhauer. Genese des Grundgedankens der Welt als Wille und Vorstellung*. München 1988.

Kormann, Friedrich: Zur Novalisfrage. In: *Schopenhauer-Jahrbuch* 38 (1957), 133–136.

Koßler, Matthias: Empirischer und intelligibler Charakter: Von Kant über Fries und Schelling zu Schopenhauer. In: *Schopenhauer-Jahrbuch* 76 (1995), 195–201.

Leopardi, Giacomo: *Theorie des schönen Wahns und Kritik der modernen Zeit*. München 1949.

Leopardi, Giacomo: *Das Gedankenbuch. Aufzeichnungen eines Skeptikers*. München 1985.

Mühlmann, Wilhelm E.: Schopenhauer und Rückert. In: *Schopenhauer-Jahrbuch* 57 (1976), 145–147.

Nietzsche, Friedrich: *Die fröhliche Wissenschaft* (= *Kritische Studienausgabe*, Bd. 3). Hg. von Giorgio Colli und Mazzino Montinari. Berlin/New York ²1988.

Novalis: *Schriften*. Hg. von Paul Kluckhohn und Richard Samuel. Stuttgart ³1977 ff.

Pikulik, Lothar: Schopenhauer und die Romantik. In: Günther Baum/Dieter Birnbacher (Hg.): *Schopenhauer und die Künste*. Göttingen 2005, 55–78.

Ponomarev, Alexey: *Der Nihilismus und seine Erfahrung in der Romantik*. Marburg 2010.

Safranski, Rüdiger: *Schopenhauer und Die wilden Jahre der Philosophie. Eine Biographie*. Frankfurt a. M. ⁵2008.

Schelling, Friedrich W. J.: *Über das Wesen der menschlichen Freiheit*. Hamburg ²2012.

Schöndorf, Harald: *Der Leib im Denken Schopenhauers und Fichtes*. München 1982.

Stockhammer, Morris: Heinrich Heine als Pessimist. In: *Schopenhauer-Jahrbuch* 43 (1962), 111–116.

Tieck, Ludwig: *William Lovell* (= *Ludwig Tieck's Schriften*, Bde. 6 und 7). Berlin 1828.

Wackenroder, Wilhelm Heinrich/Tieck, Ludwig: *Phantasien über die Kunst*. Stuttgart ³2005.

Wackenroder, Wilhelm Heinrich/Tieck, Ludwig: *Herzensergießungen eines kunstliebenden Klosterbruders*. Stuttgart ⁴2009.

Wiese, Benno von (Hg.): *Deutsche Dichter der Romantik*. Berlin 1971.

Søren R. Fauth

IV Wirkung

A Personen

25 Ludwig Feuerbach

Schopenhauer und Feuerbach (1804–1872) stehen am Ausgang der klassischen deutschen Philosophie und leiten mit ihren unterschiedlich akzentuierten Antworten auf die Frage nach dem leiblichen Subjekt des Erkennens zum nachhegelschen Bewusstsein über, das der Vernunft eine deutlich bescheidenere Rolle zubilligt. Während Schopenhauer *expressis verbis* an Idealismus und Metaphysik festhält, begründet Feuerbach einen anthropologischen Materialismus, der durch eine – darin Nietzsche vorwegnehmende – radikale Diesseitigkeit gekennzeichnet ist und ob seiner Scharnierfunktion im materialistischen Diskurs mit historischem Recht als Wegbereiter der materialistischen Geschichtsauffassung gilt, ohne dass sich seine Philosophie darin erschöpfte.

Während Schopenhauer sich Zeit seines intellektuellen Lebens als Antipode Hegels verstanden hat (s. Kap. 21), ist Feuerbach, Vollender und Überwinder des Linkshegelianismus, aus dessen Schule hervorgegangen. Ersterer wies die Grundannahme des spekulativen Idealismus zurück, wonach die Welt vernünftig sein soll, während die phänomenale Welt doch offensichtlich von einem alogischen Willen zum Leben durchherrscht sei, den es in allen seinen Objektivationen allein zu Dasein und Wohlsein dränge. Dieser sich selbst zerfleischende Wille sei schlechterdings sinnwidrig. Das durch dieses egoistische Streben evozierte Leid ruft nach Schopenhauer im wahrhaft besonnen Denker das Phänomen des Mitleids als ethischer Grundhaltung hervor. Da die menschliche Existenz somit wesentlich leidvoll ist, nimmt es nicht Wunder, dass die ethische Endabsicht seiner Philosophie auf die Negation des Willens zum Leben abzielt.

Anders Feuerbach. Als Kritiker des »noch im Theismus befangene[n] Idealismus« Kants, des »theistische[n] Idealismus« Fichtes und des »pantheistische[n] Idealismus« (Feuerbach 1996, 53) Hegels kommt es ihm beim Übergang vom übersinnlichen, Welt erschaffenden Ich zur sinnlich fundierten, anschaulichen Einheit von Ich und Du, der zeitlich in die frühen 1840er Jahre fällt, insbesondere auf das essentielle Sein des leibhaftigen Menschen an (vgl. GW 9, 292 f.). Ihn stellt er neben der Natur, die er, darin besteht im Wesentlichen die Antithese zur bisherigen Philosophie, als seiend voraussetzt, an den Anfang seines anthropologischen Materialismus. Seine historische Rolle erblickt der »Denker der Menschlichkeit«, als den Josef Winiger Feuerbach im gleichnamigen Titel seiner 2004 vorgelegten Biographie feierte, denn auch in der »Verwirklichung der Vermenschlichung Gottes«, d. h. in der »*Verwandlung* und Auflösung der Theologie in Anthropologie« (ebd., 265). Schopenhauers Sonderstellung im Übergang zum modernen Bewusstsein besteht im Wesentlichen darin, dass er als intimer Kenner der abendländischen Kultur, mit deutlich positiven Bezugnahmen etwa auf Platon, Hume und Kant, zu den Ersten zählt, die zentrale Motive der indischen Geisteswelt in die europäische Debatte der damaligen Zeit einführten. Demgegenüber nimmt sich Feuerbachs immanentes Aufsprengen des spekulativen Systems Hegels eher bescheiden aus. Beide aber verbinden Tradiertes mit radikal Neuem. Während Schopenhauer Individualität als Phänomen der Vorstellungswelt ausweist, das im Tode vergeht, und darüber das Bleibende im Werden und Vergehen, das sich in der Vielheit von Singulärem objektivierende Wesen der Welt, hervorhebt, weist Feuerbach in Orientierung an der Leiblichkeit des Menschen das leiblich-sinnlich fundierte, zum Teil unbewusst wirksame Ich-Du-Verhältnis als das Geheimnis der Individualität aus.

Wie sich eine direkte Wirkung des einen auf den anderen Denker nicht nachweisen lässt, so sind die wechselseitigen Wahrnehmungen des jeweils anderen Denkansatzes zumeist durch bedeutsame Dritte vermittelt; dazu gehören der Verleger der Schriften Feuerbachs, Andreas Wilhelm Bolin, sowie die Vertreter der ersten Schopenhauer-Schule Julius Frauenstädt und Friedrich Andreas Ludwig Dorguth (s. Kap. 27).

Philosophie des Leibes: Was Schopenhauer und Feuerbach bei aller Distanz verbindet

Zu einer Annäherung kommt es etwa hinsichtlich des Erkenntnisgegenstands bei der jeweiligen Begründung einer Philosophie des Leibes, denn in der nachhegelschen Philosophie sind es Schopenhauer und Feuerbach, denen sich neben der medizinisch-physiologischen, die spezifisch philosophische Bedeutung der Leiblichkeit des Menschen für die Erkenntnis von Welt und für sein existentielles In-der-Welt-Sein erschließt (vgl. Jeske/Koßler 2012).

Über den einheitlichen Grundzug, die Vernunft als Vermögen des existierenden Menschen, dem leibhaftigen Subjekt des Erkennens, auszuweisen, gilt es, darüber nicht die grundlegend verschiedenen Intentionen beider leibphilosophischer Ansätze aus dem Blick zu verlieren. Für Feuerbach ist das Leib-Sein des Menschen gleichbedeutend mit seinem In-der-Welt-Sein, das er *sub specie humanitatis* zum Ausgangspunkt künftiger philosophischer Reflexion bestimmt. Schopenhauers Willenshermeneutik zielt vergleichsweise tiefer. Im Ausgang von der intuitiven Erkenntnis des Leibes sucht sie zu jener Sphäre vorzustoßen, die der raum-zeitlichen Ordnung der Dinge vorausgeht, die, da nicht Vorstellung, wesentlich Wille ist. Wer wie Feuerbach an der sinnlich-leiblich erfahrbaren Welt als einer unhinterschreitbaren Größe festhält, dem bleibt, aus der Perspektive Schopenhauers gesehen, das Wesen der Welt vom ›Schleier der Maya‹ verhüllt.

Schopenhauer lehrt, an der »idealistischen Grundansicht« (W II, 3) seiner Philosophie festhaltend, dass sich uns mittels des sogenannten ›Analogieschlusses‹ das metaphysische Wesen der Welt einzig über genaue Wahrnehmungen unserer eigenen Leibesaktionen erschließt, die er mit den ihnen entsprechenden Willensaktionen identifiziert. Seine Metaphysik erhebt sich auf der Ordnung der physischen Phänomene derart, dass er erwiesene Resultate der modernen Naturforschung (insbesondere der Medizin und Physiologie) nicht nur für vereinbar mit seiner Willenslehre erachtet, sondern diese bisweilen durch jene sogar bestätigt sieht. Bei aller betonten Diesseitigkeit der von Feuerbach inaugurierten ›Philosophie der Zukunft‹ stößt jedoch auch dessen Sensualismus an Erkenntnisgrenzen, so dass auch er nicht umhinkommt, den Leib zugleich als »die vernünftige Schranke der Subjektivität« und als »oberstes principium metaphysicum« anzuerkennen (GW 9, 311). In dem Maße, wie »Schopenhauers Welterklärung auf der Analyse der dranghaft-somatischen Tiefendimension des Selbstbewusstseins« beruht, finden wir durch ihn eingelöst, »was sein Zeitgenosse Feuerbach lediglich programmatisch andeutet, wenn er dem Leib eine ›metaphysische Bedeutung‹ zuerkennt, die uns den ›Grund der Welt‹ offenbart« (Schmidt 2012, 49, Anm. 218; vgl. GW 9, 152).

Materialisierung des Subjekts und Vermitteltheit des Objekts

Gleichwohl berühren sich die Welterklärungen Schopenhauers und Feuerbachs noch in einem anderen, zentralen Punkt, dem »*Problem* einer [...] ›Materialisierung‹ von Subjektivität« (Schmidt 1973, 126). Indem Schopenhauer Kants transzendentales ›Ich denke‹ hirnphysiologisch unterbaut, gelangt er insbesondere in der zweiten Auflage seines Hauptwerks (1844) und in den *Parerga und Paralipomena* (1851) zu einer doppelten Betrachtungsweise des Intellekts: Physiologisch betrachtet ist der Intellekt eine Funktion des Gehirns, metaphysisch aber ist der Intellekt ein Produkt des sich in ihm als seiner höchsten Stufe objektivierenden Willens. Alles in der Welt als Vorstellung subjektiv anschaulich Gegebene lässt sich objektiv als Hirnphänomen deuten. Das Gehirn produziert die phänomenale Welt, der es zugleich selbst angehört. Nicht nur ist die Welt im Kopf, sondern dieser ist immer auch in der Welt (›Zellerscher Zirkel‹, s. Kap. 43). Vom Materialismus trennt ihn die Grundüberzeugung, dass sich »*eine objektive Welt ohne erkennendes Subjekt*« nur »*imaginiren*« lasse (W II, 6). Daher musste die »Frage nach der Realität der Außenwelt«, wie Schopenhauer glaubt verbindlich dargelegt zu haben, »nach Erforschung des ganzen Wesens des Satzes vom Grunde, der Relation zwischen Objekt und Subjekt und der eigentlichen Beschaffenheit der sinnlichen Anschauung, sich selbst aufheben, weil ihr eben gar keine Bedeutung mehr blieb« (W 1, 22). Stattdessen belehrt Schopenhauer uns darüber, »*daß der Intellekt und die Materie Korrelata* sind«, d. h., beide bilden das »Grundgerüst« der »Erscheinung«, gehören nicht »dem Dinge an sich« an (W II, 18), weshalb auch »der Ursprung der Welt in keinem von Beiden zu suchen ist« (W II, 19).

Feuerbachs Anthropologismus zeichnet sich hingegen dadurch aus, dass er »menschlichen Empfindungen [...] keine empirische, anthropologische Bedeutung im Sinne der alten transzendenten Philosophie« beimisst, sondern ihnen eine »ontologische, metaphysische Bedeutung« zubilligt: »In den [...] alltäglichen Empfindungen sind die tiefsten und höchsten Wahrheiten verborgen. So ist die Liebe der wahre ontologische Beweis vom Dasein eines Gegenstands außer unserm Kopfe« (GW 9, 318). Schopenhauer wird vom späten Feuerbach im Kontext seiner Reflexionen über die Subjekt-Objekt-Problematik als ein »von der ›Epidemie‹ des Materialismus angesteckter Idealist« bezeichnet, der trotz aller Welthaltigkeit seiner Kategorien letztlich »auf das Gebiet *innerhalb* der Haut beschränkt« bleibe, weshalb er nicht anzugeben wisse, was »*jenseits* dieser Haut, also *außer uns*, läge« (GW 11, 176). Für Feuerbach besteht hingegen kein Zweifel daran, dass die »objektive Welt«, die wir »innerhalb der Haut« haben, alleiniger Grund dafür sei, »daß wir eine ihr entsprechende außer unsre Haut hinaussetzen«; die Haut aber, gibt er zu bedenken, ist porös, d. h. durch sie atmen wir die Luft der Außenwelt (GW 11, 177). Hier kehrt ein frühes Motiv des Feuerbachschen Sensualismus wieder, wonach das Ich »keineswegs ›durch sich selbst‹ als solches, sondern durch sich als leibliches Wesen, also durch den Leib, der ›*Welt offen*‹« ist. »Durch den Leib ist Ich nicht Ich, sondern Objekt. Im Leib sein heißt in der Welt sein. Soviel Sinne – soviel Poren, soviel Blößen. Der Leib ist nichts als das *poröse* Ich« (GW 9, 151). Mit »dem Idealismus« stimmt Feuerbach insoweit überein, »als vom Subjekt, vom Ich« auszugehen ist, insofern, was unstrittig sei, das

> »Wesen der Welt, [...] *wie* sie mir Gegenstand [ist,] nur mein vergegenständlichtes Selbst ist; aber ich behaupte, daß das Ich, wovon der Idealist ausgeht, das Ich welches die Existenz der sinnlichen Dinge aufhebt, selbst keine Existenz hat, nur ein gedachtes, nicht das wirkliche Ich ist. Das wirkliche Ich ist nur das Ich, dem ein Du gegenübersteht, und das selbst einem andern Du, Objekt ist; aber für das idealistische Ich existiert, wie kein Objekt überhaupt, so auch kein Du« (GW 11, 171).

Wie Schopenhauer geht Feuerbach bei der Konzeption des Weltganzen »von der somatisch-triebhaften Existenz« des Menschen aus, gelangt aber über den Menschen zur Natur, während Schopenhauer über den Leib zum Willen als dem weitgehend intuitiv erkennbaren Ding an sich vordringt. Im Hinblick auf die erkenntnistheoretisch relevante Frage nach dem Verhältnis von Objekt und Subjekt ist Feuerbach der erste nichtidealistische Denker, der zu einer tragfähigen »Kritik an weltkonstitutiver, gar -erzeugender Subjektivität« vorstößt, indem er »den Gedanken der ›Abhängigkeit‹ des Seins der Welt von dem des Menschen nicht einfach durchstreicht, sondern neu formuliert« (Schmidt 1973, 126). Feuerbach überwindet die auf Descartes zurückreichende, letztlich abstrakt bleibende Gegenüberstellung von Vernunft und Sinnlichkeit, die »die unausweichliche Dialektik der erkenntnistheoretischen Begriffe« blockierte (ebd., 124). Feuerbachs Auseinandersetzung mit Descartes hinsichtlich der Frage nach dem Verhältnis von Empfindung und Denken rührt am »erkenntnistheoretischen Nerv des Streits zwischen Materialismus und Idealismus [...]; ›denn die Empfindung ist durchaus materialistisch, körperlich‹« (ebd., 125). Die hiermit angestoßene Debatte motiviert noch Adornos in der *Negativen Dialektik* (1966) vollzogenen »Übergang zum Materialismus« insofern, als »die Tatsachen des Bewusstseins keine – wie Schopenhauer versichert – letzte bleibende Unmittelbarkeit ausmachen, sondern in sich somatisch *und* gesellschaftlich vermittelt sind« (Schmidt 1973, 125). Dies wusste schon Marx, der diese Problematik im dritten seiner *Ökonomisch-philosophischen Manuskripte* (1844) treffend benannt mit der knappen Formulierung: »Die *Bildung* der 5 Sinne ist eine Arbeit der ganzen bisherigen Weltgeschichte« (Marx 1990, 541 f.).

Wie Schopenhauers »idealistische Grundansicht« lehrt auch ein »reflektierter Materialismus Objektivität als subjektiv vermittelte« (Schmidt 1973, 123), ohne sich jedoch an der idealistischen Trivialität zu beruhigen, wonach kein Objekt ohne Subjekt wie auch kein Subjekt ohne Objekt soll gedacht werden können. Vielmehr gilt es, »die Frage nach dem Genetischen, nach dem Hervorgang des Geistes aus der Natur und ihrer Geschichte zu unterscheiden von der Frage, wie sich Subjekt und Objekt im Erkenntnisprozeß zueinander verhalten« (ebd., 136). Beide Aspekte, der genetische, der die Relation von Sein und Denken problematisiert, und der kognitive, der das Verhältnis von Subjekt und Objekt thematisiert, müssen sich dialektisch aneinander abarbeiten.

Religiöser Atheismus

Schopenhauer wie Feuerbach sind immer wieder zu Atheisten gestempelt worden. Sehen wir aber näher zu, erweisen sich die religionskritischen Reflexionen beider Denker als zu komplex, als dass sie durch einen platten Atheismus hinreichend beschrieben wären. Unter Atheismus, wie er im 19. Jahrhundert einzig noch auftreten konnte, verstand Feuerbach den emanzipatorischen Akt, der auf Wiederherstellung der »Urreligion« abzielt, »aber nicht mehr« im Sinne »eines Gegenstands kindlicher Phantasie, sondern des reifern, männlichen Bewußtseins« (GW 10, 299).

Atheismus bedeutete für Feuerbach »nichts anderes als die Religion der Sinnlichkeit und Menschlichkeit« (GW 10, 299).

Auch im Falle Schopenhauers liegen die Dinge anders als sie dem Leser *prima vista* erscheinen mögen. Obwohl Schopenhauer nicht mit Kritik am Theismus spart, betrachtet er die Religionen doch im Für und Wider, nach ihrer kulturstiftenden Rolle als Volksmetaphysik einerseits und nach der durch sie verhüllten Wahrheit andererseits. Seine Philosophie weist sowohl eine »Affinität [...] zur empirischen Weltbetrachtung als auch zum Christentum« (Koßler 1999, 20) auf. Gerade die von Schopenhauer vertretene empirische Ethik verdankt ihre Leuchtkraft der metaphysischen Auslegung, nach der sich die »philosophisch-systematische Ethik« als »die Lehre von der Durchschauung des principium individuationis« erweist (ebd., 454).

Mit Feuerbach teilt Schopenhauer die Auffassung, wonach die Religion dem bedrängten menschlichen Herzen entspringt, das übernatürlichen Schutz im Gebet dort erbittet, wo unbeherrschbare Natur als überwältigende Kraft den Menschen in Angst und Schrecken versetzt. Auch über den bildhaften Charakter der Religionen sind sich beide Philosophen einig: »Wer der Religion das Bild nimmt«, schreibt Feuerbach im Vorwort zu seinem frühen Hauptwerk *Das Wesen des Christentums*, »der nimmt ihr die Sache, hat nur das caput mortuum in Händen. Das Bild ist *als Bild* Sache« (GW 5, 6). Wie für Feuerbach so verbirgt sich auch für Schopenhauer in der Religion Wahrheit »unter dem Schleier der Allegorie«, die es durch Begriffsarbeit aus dem »Gewande der Lüge« zu entkleiden gelte, um auf dem Wege rationaler Erkenntnis »den *mythischen* Bestand des Religiösen« (Schmidt 1986, 47) zu erschließen.

Egoismus oder Glückseligkeitstrieb

Feuerbachs erste Kenntnisnahme Schopenhauers dürfte sich Dorguths Schrift *Kritik des Idealismus und Materialien zur Grundlage des apodiktischen Realrationalismus* verdanken, die Feuerbach 1837 in den *Hallischen Jahrbüchern* rezensierte. Als Feuerbach (24 Jahre später) von Bolin im Juli 1861 ein Exemplar von Schopenhauers Schrift über *Die beiden Grundprobleme der Ethik* erhält, interessierte in, wie er am 16. desselben Monats in einem Brief an seinen Gönner und Editor schreibt, zunächst »das ›Fundament der Moral‹«. Einig wusste er sich mit Schopenhauer in der »gegen die bodenlose idealistische Moral« geltend gemachten Bestimmung des Mitleids »als ein – in seinem Sinn einziges – reales, positives Prinzip der Moral [...], wenn er die Moral als etwas wesentlich sich nur auf andere Beziehendes faßt und daher die Pflichten gegen sich selbst ausstreicht, wenn er den Unterschied zwischen Gut und Böse nur auf den Unterschied von Wohl und Wehe gründet, wenn er endlich die Unveränderlichkeit des Charakters des Menschen behauptet« (GW 20, 371 f.).

Gleichwohl bemängelt Feuerbach an Schopenhauers Fundierung der Mitleidsethik »auf ein metaphysisches Prinzip«, dass sie »darin einseitig, beschränkt« sei als sie einers[eits] noch im Kantianismus, anderers[eits] im Brahmanentum« befangen bleibe. Indem er vom wohlverstandenen »Egoismus«, von Schopenhauer durchweg negativ gefasst, absehe, verbanne er Feuerbach zufolge den »Eudämonismus aus der Moral«, die er danach nur mehr »im Widerspruch mit dem mensch[lichen] Egoismus«, der ethischen Dimension des sensualistischen Prinzips, fassen könne (ebd.). Unbeschadet dessen ist ihm, wie er dem zitierten Brief hinzufügt, »die nähere Bekanntschaft mit Sch[openhauer] eben wegen dieser großen Übereinstimmung als Entgegensetzung seiner und meiner, teils ausgesprochenen, teils noch im Kopf zurückbehaltenen Gedanken von hohem Wert und Interesse«. Einem weiteren Brief an Bolin vom 26. September 1861 ist zu entnehmen, dass Feuerbach sich mit dem Gedanken beschäftigte, die »›Probleme der Ethik‹ und die ›4fache Wurzel des Satzes v[om] zur[eichenden] Grunde‹« im Rahmen einer weiteren Schrift, »wenn auch nur kurz«, zu behandeln (GW 21, 386). Als Feuerbach dem Freund die zitierten Zeilen schrieb, arbeitete er, wann immer er die Zeit dazu fand, bereits seit mehreren Jahren an einer entsprechenden Abhandlung, die er 1886 unter dem Titel *Über Spiritualismus und Materialismus, besonders in Beziehung auf die Willensfreiheit* publizierte. Darin findet sich eine kritische Bemerkung zu Schopenhauer, die belegt, wie wenig sein Anthropologismus vereinbar ist mit den Grundannahmen der Schopenhauerschen Religionskritik und Willenslehre:

»Es ist nichts ungereimter, als dem Menschen ein besonderes, von seinem Glückseligkeitstrieb unabhängiges ›metaphysisches Bedürfnis‹ anzudichten und nun gar zum Grund und Wesen der Religion zu machen, da doch gerade die prima philosophia, die allen anderen Philosophien vorangehende Philosophie der Menschheit, die Religion, aufs schlagendste beweist, daß dieses metaphysische Bedürfnis nur im Dienste des Glückseligkeitstriebes sich befriedigt [...]. Selbst die Grundunterscheidung, die Unterscheidung zwischen Ursache und Wirkung, zwischen Gegenstand und Ich, stützt sich nicht nur, wie einseitige Verstandesmenschen behaupten, auf meinen Verstand, sondern wesentlich zugleich auf meinen Willen, folglich meinen Glückseligkeitstrieb, denn wo kein Glückseligkeitstrieb, ist auch kein Wille, höchstens nur ein Schopenhauerischer, d. h. ein Wille, der *nichts* will« (GW 11, 71).

Während Feuerbach Natur und Mensch an den Anfang seines Entwurfs einer Philosophie der Zukunft setzt, läuft Schopenhauers Entzifferung der Welt gemäß der ethischen Endabsicht seiner Philosophie auf die Negation des Leid schaffenden Willens zum Leben hinaus. Schopenhauer will, um den Grundgedanken seiner Lehre zuzuspitzen, den Menschen und mit ihm den Willen zum Leben überwinden. Feuerbach hingegen macht den wohlverstandenen Egoismus zur Basis seines ethischen Grundprinzips, das er im »Glückseligkeitstrieb« verankert.

Pantheismus

Im Vollzug des Übergangs von der Theologie zur Anthropologie kommt dem enttheologisierten Pantheismus, den Feuerbach im Rückgriff auf den durch ihn radikalisierten Naturbegriff Spinozas als ein heuristisches Prinzip handhabt, eine denkstrategische Funktion zu, die es ihm gestattet, einen Standpunkt außerhalb der tradierten Alternative zwischen Materialismus und Idealismus zu beziehen (vgl. Jeske 2012a). Schopenhauer, der den mechanischen Materialismus als absolute Physik verwirft, vermag auch dem Pantheismus nichts abzugewinnen. Wenn überhaupt, dann lässt er den Pantheismus nur als eine höfliche Form des Atheismus gelten. Hätte die Welt, wie sie seit alters her ist, dessen ist er sich sicher, ihren Ursprung in einem personalen supranaturalistischen Wesen, dann wäre dieses keinesfalls ein gütiger oder gesetzgebender Gott, wie ihn die monotheistischen Religionen lehren, sondern erwiese sich angesichts des allgegenwärtigen Leids als »ein böser, uns umtreibender Dämon« (Schmidt 1986, 35).

Schopenhauer liest Feuerbach

Mit der im Jahr 1841 erschienen Schrift *Das Wesen des Christentums* gelangte Feuerbach gleichsam über Nacht zu schriftstellerischem Ruhm und zählte zu den bedeutendsten Autoren des deutschen Vormärz. Viele der führenden progressiven Köpfe jener Tage (also keineswegs nur Kommunisten) waren Feuerbachianer. Einer aber war gewiss kein Anhänger des abtrünnigen Hegelschülers: Schopenhauer. In dem bis in unsere Zeit erhalten gebliebenen Handexemplar Schopenhauers finden sich nur die wenig schmeichelhaften Anmerkungen »Hier war er besoffen« (9) und etwas später: »noch immer besoffen« (9). Fraglos wird sich Schopenhauer an Feuerbachs dortigen Ausführungen gestört haben, wonach das Gegenstandsbewusstsein dem Selbstbewusstsein des Menschen entspreche. In einem Gespräch mit Carl Hebler am 28. August 1855 gesteht Schopenhauer Feuerbach »nur das Verdienst« zu, »den asketischen Charakter des Christenthums richtig erklärt« zu haben. Dieser aber sei nicht, wie Feuerbach ausgeführt, der »Fehler dieser Religion«, sondern »das Asketische sei gerade das Wahre an ihr« (Gespr, 208). Ein weiterer Gesprächspartner Schopenhauers, Robert von Hornstein, erinnert folgende aufschlussreiche Bemerkung:

> »Mit Feuerbach habe ich so viel gemein, wie Tell mit Parricida [...]. Feuerbachs Devise kann doch nur sein: Post mortem nulla voluptas, edite, bibite. Sein ›Wesen des Christentums‹ hat viele gute Stellen, nur ist sein Ausspruch falsch: Theologie ist Anthropologie, nein: Theologie ist Anthropomorphismus« (Gespr, 218).

Ein weiteres Mal offenbart Schopenhauer seinen Ekel vor allem philosophischen Materialismus, den er hier im Einklang mit den weitverbreiteten Vorurteilen als moralisch verwerflich verwirft (hier der gute Tell, dem er sich gleichstellt, während er Feuerbach identifiziert mit dem ›bösen‹ Verwandtenmörder: Parricida).

Ein weiterer Beleg für konsequentes Aneinandervorbei-Reden. Denn Feuerbachs wissenschaftlicher Ehrgeiz richtet sich weniger darauf, ein weiteres Mal den seit Xenophanes bekannten Aufweis zu erbringen, dass sich – mit Worten Schillerscher Poesie – der Mensch in seinen Göttern malt, sondern darauf, das Phänomen der institutionalisierten Religion aus dem psychologischen Wesen des Menschen zu erklären. Wie Schopenhauer vergottet auch Feuerbach die Natur nicht. Auch ihm leuchtet diese keinesfalls nur in den schönsten Farben entgegen, sondern erweist sich bisweilen gegenüber den physischen Bedürfnissen des Menschen als kalt, sinnwidrig und abweisend. Daher muss der Mensch wider die Unbilden der Natur, der, wie Schopenhauer sagt, »bloß unser *Daseyn*, nicht unser *Wohlseyn* am Herzen« (Schopenhauer 2010, 238) liegt, Zuflucht suchen bei transzendenten Wesenheiten. Soweit stimmen Schopenhauer und Feuerbach in dieser Frage überein. Aber Schopenhauer, darauf weist Schmidt hin, ist fest davon überzeugt, dass »durch eine zum Atheismus gesteigerte Religionskritik« (Schmidt 1986, 35) dem metaphysischen Bedürfnis, hervorgerufen durch »das Wissen um den Tod, und neben diesem« durch »die Betrachtung des Leidens und der Noth des Lebens« (W II, 176), letztlich nicht beizukommen ist. Kurz, Schopenhauers Kritik an Feuerbach entzündet sich an metaphysischen Fragen, die sowohl das Verständnis der Natur, deren inneres Wesen nach Schopenhauer »der Wille zum Leben in seiner Objektivation« (W II, 175) ist, als auch die Religionskritik betreffen. Anders als den bekennenden Metaphysiker Schopenhauer nötigt das harte Faktum des Todes Feuerbach dazu, das eine Leben, das wir haben, zu bejahen und es wertzuschätzen. Das Leben ist für Feuerbach nicht etwas, das wir als den Schleier der Maya ablegen und hinter uns lassen könnten, sondern es allein verbürgt ihm Wahrheit. »Der Tod«, dichtet bereits der junge Feuerbach, »ist nicht ein leerer Spaß«, vielmehr ende er »die Indentitas« (GW 1, 361). Feuerbach und Schopenhauer haben sich gleichermaßen unmissverständlich gegen Materialismen verwehrt, die sich zu einer Form des Wissens – Schopenhauer nennt sie die absolute Physik – aufspreizen, die es scheinbar gestattet, die Welt bündig aus der Materie zu erklären. Schopenhauer steht als Verfechter einer Metaphysik auf induktiver Basis ein für eine Philosophie, die ergründen will, *was die Welt in ihrem Innersten zusammenhält*, während für Feuerbach die Philosophie als Anthropologie mit ihrer Antithese, mit dem Menschen und der all-einen Natur als dem Grund aller sinnlich wahrnehmbaren und damit kognitiv erkennbaren Dinge anheben muss. Feuerbachs »emanzipatorische Sinnlichkeit« (Schmidt 1973) zielt durch den herbeigeführten Wandel des Bewusstseins letztlich auf das Erreichen des weltgeschichtlichen Wendepunkts ab: »Homo homini deus est« (GW 5, 444).

Im Leben aber geht es freilich, damals wie heute, nach dem anderen Hobbesschen Grundsatz zu: *Homo homini lupus est*. Darüber belehrt uns nicht zuletzt die abschließend zu erwähnende Nicht-Begegnung der beiden Denker in Frankfurt am Main im Revolutionsjahr 1848. Als es dort am 18. September in den Wirren des gewaltsamen Sturmes auf die Paulskirche in der Bornheimer Heide zur Ermordung des Generals von Auerswald und des Fürsten Lichnowsky, beide preußische Abgeordnete des Paulskirchenparlaments, kam (vgl. hierzu Fleiter 2010), weilte auch Feuerbach in der Stadt am Main. Ein Brief an seine Frau Bertha informiert darüber, dass er beinahe in den von preußischem und österreichischem Militär einerseits und Freiheitskämpfern andererseits entfachten Kugelhagel geraten wäre. Es wäre wahrlich ein trauriges Kapitel in der Chronologie der Erzähler der Philosophiegeschichte gewesen, wenn durch Schopenhauers »großen doppelten Opernkucker«, den der Misanthrop einem der Österreicher in die Hand gedrückt hatte, damit dieser besser auf die »souveräne Kanaille« (GBr, 234) schießen könne, ein österreichischer Soldat den Philanthropen Feuerbach aufs Korn genommen hätte (vgl. GW 19, 187; Jeske 2013a, 138). Wie auch immer: Die Frage, ob diese beiden mit einer Neubegründung von Philosophie befassten Denker einander wahrgenommen haben, lässt sich bejahen. Zu verneinen sind hingegen Fragen nach einer intensiven Auseinandersetzung mit den Philosophemen des jeweils anderen; zu ihr ist es nicht gekommen. So kann auch von einem direkten Einfluss des einen auf den jeweils anderen schlechterdings keine Rede sein. Dessen unbeschadet finden sich, wie gezeigt werden konnte, in Feuerbachs Spätschrift *Über Spiritualismus und Materialismus* und in den überlieferten Briefen und Gesprächen einige bemerkenswerte Äußerungen und Bezugnahmen, aus denen erhellt, warum der bekennende Metaphysiker Schopenhauer keinen Gefallen an der radikalen Diesseitigkeit finden konnte, die Feuerbachs anthropologischen Materialismus kennzeichnet, und umgekehrt. Zu Recht gelten Schopenhauer und Feuerbach als Begründer der Philosophie des Leibes, die fraglos einen Wendepunkt in der Geschichte der Philosophie markiert.

Literatur
Birnbacher, Dieter: *Schopenhauer*. Stuttgart 2009.
Fleiter, Michael: Augenzeuge der Revolution. In: Ders. (Hg.): *Die Wahrheit ist nackt am schönsten. Arthur Schopenhauers philosophische Provokation*. Frankfurt a. M. 2010, 57–66.
Feuerbach, Ludwig: *Gesammelte Werke*. Hg. von Werner Schuffenhauer. Berlin 1967 ff. [GW].
Feuerbach, Ludwig: *Entwürfe zu einer Neuen Philosophie*. Hg. und mit einer Einleitung vers. von Walter Jaeschke und Werner Schuffenhauer. Hamburg 1996.
Jeske, Michael: »Sensualistischer Pantheismus«. *Seine heuristische Bedeutung im Werk Ludwig Feuerbachs*. Diss. Frankfurt a. M. 2012a.
Jeske, Michael: Zur Aktualität von Feuerbachs existenziellem Leibbegriff im Kontext psychoanalytischer Fragestellungen. In: Ders./Koßler 2012, 213–240 [2012b].
Jeske, Michael: Spurensuche: Ludwig Feuerbachs Philoso-

phie der Menschlichkeit, zur 140. Wiederkehr seines Todestages. In: *Aufklärung und Kritik. Zeitschrift für freies Denken und humanistische Philosophie* 20/1 (2013a), 130–140.

Jeske, Michael: Feuerbach und Freud – Von der psychologischen Erklärung der Religion zur Psychologie des Unbewussten. In: *Aufklärung und Kritik. Zeitschrift für freies Denken und humanistische Philosophie* 20/3 (2013b), 144–159.

Jeske, Michael/Koßler, Matthias (Hg.): *Philosophie des Leibes. Die Anfänge bei Schopenhauer und Feuerbach*. Würzburg 2012.

Koßler, Matthias: *Empirische Ethik und christliche Moral. Zur Differenz einer areligiösen Grundlegung der Ethik am Beispiel der Gegenüberstellung Schopenhauers mit Augustinus, der Scholastik und Luther*. Würzburg 1999.

Marx, Karl: *Ökonomisch-philosophische Manuskripte (1844)* (= Marx/Engels Werke, Bd. 40). Berlin 1990.

Schmidt, Alfred: Diskussionsbeiträge. In: Johannes Henrich von Heiseler/Robert Steigerwald/Josef Schleifstein (Hg.): *Die »Frankfurter Schule« im Lichte des Marxismus. Zur Kritik der Philosophie und Soziologie von Horkheimer, Adorno, Marcuse, Habermas*. Frankfurt a. M. 1970.

Schmidt, Alfred: *Emanzipatorische Sinnlichkeit. Ludwigs Feuerbachs anthropologischer Materialismus*. München 1973.

Schmidt, Alfred: *Die Wahrheit im Gewande der Lüge. Schopenhauers Religionsphilosophie*. München 1986.

Schmidt, Alfred: Von den philosophischen Ärzten des 18. Jahrhunderts zu Feuerbach, Schopenhauer und Nietzsche. In: Jeske/Koßler 2012, 11–57.

Schopenhauer, Arthur: *Senilia. Gedanken im Alter*. Hg. von Franco Volpi. München 2010.

Michael Jeske

26 Søren Kierkegaard

Schopenhauer und Kierkegaard (1813–1855) sind zwei zentrale und wirkmächtige Denker der nachidealistischen Epoche. Schon auf den ersten Blick treffen sie sich in ihrer beißenden Polemik gegen den ›Deutschen Idealismus‹ und insbesondere gegen Hegel. Bei beiden verzerrt dabei die Polemik den ›Gegner‹ oftmals bis zur unkenntlichen Karikatur – und verdeckt zugleich, dass beide stärker an die Klassische deutsche Philosophie anschließen, als es zunächst scheinen mag. Gleichwohl ist beiden gerade aufgrund ihrer Abstoßungsbewegung vom Idealismus – in auffälliger Parallele – eine verspätete, aber dann desto breitere Wirkungsgeschichte zuteil geworden: Schopenhauer als Vorgänger der Lebensphilosophie und der Psychoanalyse; Kierkegaard als ›Vater‹ der Existenz- und der Dialogphilosophie. Schopenhauer und Kierkegaard geben eben darin dem Denken des späteren 19. und des 20. Jahrhunderts Impulse, dass sie gegen den – in der Perspektive der Kritik – allzu ›optimistischen‹ Vernunftabsolutismus idealistischen Typs das ›Andere der Vernunft‹ meinen einklagen zu müssen: Schopenhauer, indem er als Prinzip seines Systems den einen, an sich blinden und vorrationalen Willen auszuweisen sucht; Kierkegaard, indem er sein ganzes Denken auf den je singulären Existenzvollzug ausrichtet, der einer Repräsentation im Begriff wesentlich entzogen bleibe.

Bereits an diesem Punkt größter Nähe zeigt sich allerdings auch der wesentliche Unterschied beider Denker – nämlich in der je *eigenen* Art und Weise des Einspruchs gegen den Idealismus. Schon die zeitliche Distanz beider gibt dazu einen Hinweis. Schopenhauers erstes Auftreten ist mit den großen Systemen der Idealisten noch unmittelbar gleichzeitig. Kierkegaards Auseinandersetzung mit der Klassischen deutschen Philosophie hingegen ist vermittelt durch den epigonalen dänischen Hegelianismus und die späteste Gestalt des Idealismus, die von ihm selbst gehörte Berliner Antrittsvorlesung Schellings 1841/42; seine frühesten Schriften erscheinen etwa eine Dekade nach Hegels Tod. Diesem geschichtlichen Abstand korrespondiert die entscheidende sachliche Differenz. Schopenhauer folgt mit seiner monistischen Willensmetaphysik noch der Systemforderung Kants und erhebt den Anspruch, er allein – und nicht etwa Fichte, Schelling oder Hegel – habe in seinem ›einzigen Gedanken‹ (vgl. W I, VIII; s. Kap. 6.2) das wahre System vorgelegt und somit das kantische Projekt vollendet. Kierkegaard hingegen widerspricht dem Ansatz einer Philosophie als System überhaupt. Sein ›einziger Gedanke‹ – die konkret existierende Singularität – soll gerade kein systembegründender *Gedanke* mehr sein; vielmehr möchte Kierkegaards Denken allein *hindeuten* auf den je undelegierbaren existentiellen Vollzug des Einzelnen, der in keinem System mehr seinen Ort hat.

Trotz dieser fundamentalen Differenz ist das Verhältnis ›Schopenhauer – Kierkegaard‹ vielschichtig und lässt sich nicht auf die simple Opposition ›System versus Existenz‹ reduzieren. Vielmehr zeigt sich im Einzelnen eine Fülle gemeinsamer Themen und sachlicher Affinitäten. Gerade indem beide gegen den ›optimistischen Panlogismus‹ des Idealismus Einspruch erheben, stellen sie in verwandter, wenngleich je verschiedener Weise Phänomene der Negativität in den Mittelpunkt – so etwa Leiden und Langeweile oder Unfreiheit und (Erb-)Schuld. Sodann wird aber auch noch die ›Lösung‹, die sich bei Schopenhauer und Kierkegaard von den Analysen der Negativität her abzeichnet, in sachlich verwandten Figuren greifbar: Beide sind – obschon wiederum in differierender Akzentuierung – Denker ausgezeichneter Zeiterfahrungen des Plötzlichen, des Sprungs und der Konversion (vgl. Hühn 2011).

Dieses spannungsreiche Verhältnis von Nähe und Distanz ist im Folgenden in seinen Grundlinien zu skizzieren. Dabei geht die Darstellung von dem einzigen direkten Berührungspunkt aus, den späten Journalaufzeichnungen Kierkegaards zu Schopenhauer. Hier ist im Anschluss an Kierkegaards Kritik die sachliche Differenz beider Denker sichtbar zu machen. In einem zweiten Schritt werden kurz und exemplarisch einige der benannten Parallelen umrissen – die sich Kierkegaards Notizen keineswegs vollständig ablesen lassen.

Kierkegaards Journalnotizen zu Schopenhauer 1854

Kierkegaards nachweisbare Auseinandersetzung mit Schopenhauer beginnt erst knapp eineinhalb Jahre vor seinem Tod und wird in den späten Journalen des Jahres 1854 mit den Titeln NB29, NB30, NB32 und NB35 geführt (zur Interpretation vgl. Schwab 2006; 2011; zum Hintergrund Cappelørn 2011).

In den insgesamt 25 Aufzeichnungen, die explizit Schopenhauers Namen nennen, finden sich zunächst durchaus positive, ja in Teilen emphatische Kommentare. Immer wieder hält Kierkegaard Formulierungen Schopenhauers fest und versieht sie mit kurzen und zustimmenden Bemerkungen. Schon die erste Notiz zu Schopenhauer bezeichnet eine Passage über das Dozieren als »[v]ortrefflich« (NB29:62, JA, 336; vgl. zu den Referenzstellen bei Schopenhauer die Anmerkungen der zitierten Übersetzung). Ebenfalls »vortrefflich« nennt Kierkegaard eine Stelle bei Schopenhauer, nach der die Kaufleute »die einzigen redlichen M[en]schen in dieser Welt« seien, nämlich »redlich genug, offiziell einzugestehen – dass sie betrügen« (NB29:91, JA, 336).

Auch nach der ersten kritischen Auseinandersetzung mit Schopenhauer in NB29:95 notiert Kierkegaard weiterhin zustimmend ›Lesefrüchte‹. Wenig später bemerkt er, es sei den »theologischen Studenten, die hier in Dänemark in diesem unsinnigen (christlichen) Optimismus leben müssen«, zu »empfehlen, jeden Tag eine kleine Dosis von Ss Ethik einzunehmen, um sich davor zu schützen, mit diesem Gefasel infiziert zu werden« (NB29:114, JA, 342). Es ist offenbar vor allem Schopenhauers Stil, der Kierkegaard fasziniert. So notiert er etwa, der polemische Ausdruck »Windbeutel« sei ein »ausgezeichnetes Wort«, und Schopenhauer mache davon »einen vortrefflichen Gebrauch« (NB30:13, JA, 345 f.). Und natürlich erkennt Kierkegaard in Schopenhauer auch aufgrund seiner Polemik gegen die ›Professoren-Philosophie‹ einen Gesinnungsgenossen. Es habe ihn, so vermerkt Kierkegaard, »unsagbar vergnügt, Schopenhauer zu lesen. Es ist vollkommen wahr, was er sagt, und wiederum, was ich den Deutschen gönne, so grob wie nur ein Deutscher sein kann« (NB30:11, JA, 343). Schopenhauers »ganzes Dasein und dessen Geschichte« sei »eine tiefe Wunde [...], die der Professoren-Philosophie beigebracht wird« (NB32:35, JA, 348).

An diesem Punkt von Kierkegaard emphatisch begrüßter Gemeinsamkeit aber setzt in den ausführlicheren Notizen auch die Kritik an. Dabei ist die Stoßrichtung dieser Kritik durchaus bemerkenswert. Die umfänglichste Eintragung NB29:95 beginnt zwar damit, zwei »Einwände« gegen Schopenhauers Ethik zu skizzieren (JA, 337–339), richtet sich aber bald auf Schopenhauer als Person im Verhältnis zu seinem Werk (vgl. dazu Adorno 1997, 16; Sørensen 1969). Gerade Schopenhauers »Schicksal in Deutschland« und seine beginnende Rezeption sind es, die Kierkegaard »sehr interessier[en]« (NB29:95, JA, 339). Schopenhauer sei letztlich, so lautet das harte Urteil, »doch ein deutscher Denker, versessen auf Anerkennung«: »S. verhält sich unmittelbar zur Anerkennung, das hat er gewünscht, danach hat er gestrebt« (NB29:95, JA, 340). Schopenhauers Stolz über die Auszeichnung seiner Preisschrift in Trondheim (»Du guter Gott, in Trondheim«) wird dann ebenso zum Gegenstand des Spotts wie sein »ganz ernsthaft[es]« ›Lärmen‹ darüber, in Kopenhagen für seine zweite Preisschrift *nicht* gekrönt worden zu sein (ebd.). So kann auch Kierkegaard Schopenhauers Angriff auf die ›Professoren-Philosophie‹ letztlich nicht gelten lassen: »Aber was ist nun S.s Unterschied vom ›Professor‹? Zu guter Letzt doch nur der, dass S. Vermögen hat« (NB32:35, JA, 349).

Diese zunächst etwas irritierende Kritik ist aber keineswegs bloße Polemik *ad hominem*, sie verweist vielmehr auf die *sachliche* Dimension der Auseinandersetzung. Kierkegaard kritisiert an Schopenhauer erstens den theoretischen, betrachtenden Zugang zu Fragestellungen der Ethik – und zugleich zweitens die Stellung, die Schopenhauer als Existierender zu seinem Werk einnimmt. In zweifacher Hinsicht wird mithin eine Existenzferne der Ethik Schopenhauers kritisch konstatiert. Dieser gedoppelte Einwand zeigt sich insbesondere in der Aufzeichnung NB32:35. Dort schreibt Kierkegaard, Schopenhauer weise nicht »ohne große Selbstzufriedenheit [...] der Askese [einen] Platz im System« zu (NB32:35, JA, 348). Dies aber sei »ein indirektes Zeichen dafür«, dass die Zeit der Askese »vorbei ist«; in früheren Zeiten sei man »Asket dem Charakter nach« gewesen, nun aber »prahlt einer damit: der erste zu sein, der ihr [einen] Platz im System anweist« (ebd.). Hier formuliert Kierkegaard seinen zentralen Kritikpunkt: »Aber eben das, sich mit der Askese auf die Weise zu beschäftigen, zeigt ja, dass sie nicht in einem wahreren Sinne für ihn da ist« (ebd.). Nimmt man die polemische Einkleidung fort, so lässt sich die Kritik folgendermaßen reformulieren: Indem die Existenzform des Asketen zum Gegenstand theoretischer Erörterung gemacht und in ein System eingeordnet wird, ist sie gerade nicht als Vollzug der Existenz ›anempfohlen‹, sondern gleichsam ›neutral‹, in kontemplierender, d. h. distanzierter Betrachtung dargestellt. In eins mit der Kritik einer theoretisch konzipierten Ethik zeigt sich sogleich der zweite Einwand gegen eine Differenz zwischen dem Dargestellten und dem Darstellenden: Der Denker, der die Askese bloß theoretisch beschreibt, verhält sich *selbst* nicht anders als eben betrachtend zu ihr.

Diese zweifache Kritik wird auch in der Eintragung NB29:95 deutlich. Man erfahre nämlich nach der Lektüre von Schopenhauers Ethik, »dass er nicht selbst ein solcher Asket ist« (NB29:95, JA, 338). Schopenhauer sei also »nicht selbst die durch Askese erreichte Kontemplation, sondern eine Kontemplation, die sich kontemplierend zu jener Askese verhält« – es sei aber »immer misslich [...], eine Ethik vorzutragen, die nicht die Macht über den Lehrer ausübt, dass er es selbst ausdrückt« (ebd.). Dieselbe Kritik wird auch in der Notiz NB32:35 polemisch an der Figur des Sophisten illustriert. Dieser sei nicht zuerst dadurch gekennzeichnet, dass er sich für seine Unterweisung bezahlen lasse: »Nein, das Sophistische liegt in: dem Abstand zwischen dem, was man versteht und dem, was man ist, derjenige, der nicht in seinem Charakter seinem Verstehen entspricht, der ist Sophist. Aber dies ist der Fall bei Schopenhauer« (NB32:35, JA, 349). Ein Abstand zwischen dem, was man versteht, und dem, was man ist – auf diese Formel lässt sich der zweite und zentrale Aspekt der Kritik Kierkegaards an Schopenhauer bringen.

Die Kritik Kierkegaards misst nun offenkundig Schopenhauer nicht an dessen eigenem Maßstab. Dass es bei einem Philosophen wesentlich darauf ankomme, wie er sich zu dem von ihm theoretisch Gefassten existentiell verhalte, weist nämlich Schopenhauer am Ende seines Hauptwerks explizit zurück: Es sei »so wenig nöthig, daß der Heilige ein Philosoph, als daß der Philosoph ein Heiliger sei« – vielmehr sei es »eine seltsame Anforderung an einen Moralisten, daß er keine andere Tugend empfehlen soll, als die er selbst besitzt« (W I, 453). Weiter heißt es: »Das ganze Wesen der Welt abstrakt, allgemein und deutlich in Begriffen zu wiederholen, und es so als reflektirtes Abbild in bleibenden und stets bereit liegenden Begriffen der Vernunft niederzulegen: dieses und nichts anderes ist Philosophie« (ebd.).

In der Tat kann die Kritik Kierkegaards an Schopenhauer nur dann zureichend verstanden werden, wenn sie auf die gänzlich verschiedene Auffassung dessen bezogen wird, was Philosophie jeweils zu leisten hat. Der Schopenhauerschen Definition nämlich würde Kierkegaard keineswegs zustimmen – vielmehr ist eine ›abstrakte und allgemeine Wiederholung der Welt in Begriffen‹ gerade dasjenige Verständnis von Philosophie, dem er widerspricht. Kierkegaards gesamtes Denken zielt auf den *praktischen* Vollzug der Existenz, und gerade deshalb darf die Existenz nicht *theoretisch* betrachtet und dargestellt werden – hieße doch dies für Kierkegaard, den ›Gegenstand‹ wesentlich zu verfälschen. Daraus speist sich Kierkegaards entschieden antisystematischer Impuls, der in der Methode einer ›indirekten Existenzmitteilung‹ Gestalt gewinnt: In der pseudonymen Verschachtelung seiner Werke und in perspektivischen Brechungen umkreist Kierkegaard die Frage nach der Existenz, ohne sie jemals in Form eines einfachen und allgemeingültigen Resultats definitiv zu beantworten. Damit verbindet sich ein Appell existentieller Aneignung: Sofern dem Leser eine ›letzte Antwort‹ vorenthalten wird, ist er zugleich dazu aufgefordert, sie selbst im undelegierbaren Vollzug seiner je eigenen Existenz erst zu erwerben. Diese Konstellation bildet offenkundig den Hintergrund für Kierkegaards Kritik an der ›kontemplierenden‹ Ethik Schopenhauers – und bezeichnet zugleich die wesentliche Differenz der beiden denkerischen Ansätze.

Für den späten Kierkegaard aber verschärft sich die Existenzbezogenheit des Denkens noch einmal unter christlichen Vorzeichen: In seinen vertiefenden Reflexionen über die ›Nachfolge Christi‹ erhebt Kierkegaard ab etwa 1848 die Forderung, der Denker müsse für das von ihm Gelehrte auch existentiell *einstehen*. Dieser Anspruch ist im Begriff der Reduplikation konzentriert – der ›Verdopplung‹ des Gelehrten und Gedachten in der Existenz. Das Ausbleiben einer solchen existentiellen Reduplikation ist offenkundig der Kern von Kierkegaards später Kritik an Schopenhauer, die vor diesem Hintergrund als indirekte, eigene Positionsbestimmung lesbar wird (vgl. ausführlich Schwab 2011 sowie Holm 1962, 10; Viallaneix 1981, 61; Garff 2004, 807).

Dass aber Kierkegaard sich zu dieser Kritik überhaupt herausgefordert sieht, ist offenkundig darin begründet, dass ihm Schopenhauer in der systemschließenden *Existenz*gestalt des Asketen – bei aller Differenz beider Ansätze – doch näher kommt, als er selbst ausdrücklich vermerkt. In dieser Hinsicht konstatiert Franz Rosenzweig, mit implizitem Verweis auf Kierkegaard, eine Ambivalenz in Schopenhauers »systemerzeugte[m] Heiligen des Schlußteils«: Schopenhauer habe als erster die »Frage nach dem Wert der Welt […] für den Menschen« gestellt, aber zugleich »dieser Frage […] die Giftzähne ausgebrochen, indem sie schließlich doch ihre Lösung wieder in einem System der Welt fand«, – gleichwohl sei es »etwas in der Philosophie Unerhörtes, daß ein Menschentyp und nicht ein Begriff den Systembogen schloß, wirklich als Schlußstein schloß« (Rosenzweig 1988, 8 f.; vgl. Hühn 2006, 93 f.; Schwab 2006).

Sachliche Parallelen – Langeweile und Sprung

Zweifelsohne ist Kierkegaards Kritik an Schopenhauer also in einer gewissen Einseitigkeit befangen. Gemeinsamkeiten werden allenfalls am Rande und im Einzelnen erwähnt, zumeist aber unterschlagen, um die Kritik desto pointierter zu formulieren. In der Tat lassen sich aber, bei aller Differenz des philosophischen Grundanliegens, bemerkenswerte sachliche Parallelen zwischen beiden Denkern nachweisen, die zum Abschluss wenigstens exemplarisch anzudeuten sind (vgl. hierzu bes. die Beiträge in Cappelørn/Hühn/Fauth/Schwab 2011).

Einen ersten Hinweis auf eine weiterreichende Verwandtschaft gibt der zitierte Passus, in dem Kierkegaard Schopenhauer als ›Gegengift‹ gegen den ›unsinnigen Optimismus‹ des Jahrhunderts empfiehlt. Entsprechend konvergiert nämlich Schopenhauers pessimistische These, nach der das Leben wesentlich Leiden sei (vgl. W I, 366), mit dem Verfahren Kierkegaards, Grundstrukturen der Existenz im Ausgang von negativen Phänomenen wie etwa der Schwermut, der Angst und der Verzweiflung auszuweisen. Die Klage des jungen Menschen in der *Wiederholung* über die Sinnleere des Daseins (vgl. W, 70–74) trifft sich mit Schopenhauers These von der Welt als der schlechtesten aller möglichen, die, wäre sie nur ein wenig schlechter, gar nicht mehr bestehen könnte (vgl. W II, 669). Dabei ist es eine *Zeit*erfahrung, die in der Analyse der Sinnlosigkeit des Daseins eine wesentliche Gemeinsamkeit markiert: das negative Phänomen der Langeweile. Schon in *Über den Begriff der Ironie* hatte Kierkegaard die Langeweile – »diese inhaltslose Ewigkeit, diese genußlose Seligkeit, diese oberflächliche Tiefe, diese hungrige Übersättigung« – als Wesen der romantischen Ironie ausgewiesen und so den Typus einer an ihrer Zeitlichkeit scheiternden Existenz charakterisiert (BI, 291). Auch für Schopenhauer kommt der Langeweile eine zentrale Bedeutung zu. Da der Wille »ein beständiges Streben, ohne Ziel und Rast« ist, bestimmt Schopenhauer das Wesen des Menschen als »Bedürftigkeit, Mangel, also Schmerz« (W I, 367). Der Mensch muss beständig nach »Objekten des Wollens« streben; fehlt es aber an diesen, »befällt ihn furchtbare Leere und Langeweile« (W I, 367 f.). So sind für Schopenhauer »Schmerz und […] Langeweile« die beiden Pole, zwischen denen das Leben des Menschen, »gleich einem Pendel, hin und her[schwingt]« (W I, 368). Dabei lassen sich beinahe gleich lautende Formulierungen nachweisen: Schopenhauers Wendung, die Langeweile sei »nichts weniger, als ein gering zu achtendes Uebel« (W I, 369), nimmt Kierkegaards Bestimmung der Langeweile als »Wurzel alles Übels« in *Entweder/Oder* vorweg (EO1, 308).

Bemerkenswerterweise steht aber bei beiden Denkern nicht nur für die ›Negativität des Daseins‹, sondern auch für Aspekte des ›Gelingens‹ eine Zeiterfahrung ein – im Motiv des Augenblicks, des Plötzlichen und des Sprungs. Für Kierkegaard ist die Figur des Sprungs einerseits Chiffre der unverfügbaren Entscheidung des Einzelnen, die nie allein seine *eigene* Tat darstellt, andererseits Ausgangspunkt seiner Kritik an der Übergangskategorie der hegelschen Dialektik (vgl. bes. FZ, 42 f.; PB, 41, 55–62; BA, 29 f., 82–86; AUN1, 85–98). Schopenhauer betont in seiner Ästhetik, der »schmerzenlose Zustand« willensfreier Betrachtung stelle sich »plötzlich« und »mit einem Male« ein (W I, 231); und auch im vierten Buch der *Welt als Wille und Vorstellung* heißt es, die »Verneinung des Wollens« komme »plötzlich und wie von außen angeflogen« (W I, 478). Wenn Schopenhauer diesen Akt *per analogiam* mit dem Begriff der »*Wiedergeburt*« (ebd.) fasst und dabei in Anspielung auf Epheser 4, 22–24 schreibt, »in Folge solcher Gnadenwirkung« werde »das ganze Wesen des Menschen von Grund aus geändert und umgekehrt« (W I, 479), dann trifft sich dies abermals beinahe wörtlich mit der Formulierung des Sprungs und der Wiedergeburt in Kierkegaards *Philosophischen Brocken* (vgl. PB, 16 f.).

Freilich zeigt sich auch in diesen hier nur angedeuteten sachlichen Parallelen die grundlegende Differenz beider Ansätze, die als Hintergrund von Kierkegaards Kritik aufgewiesen worden ist. Während nämlich bei Kierkegaard die Analyse negativer Grundphänomene wie auch die Charakterisierung des Sprungs stets auf die Frage nach der konkreten Existenz bezogen ist, sind Schopenhauers Beschreibungen der Langeweile und des Augenblicks willensmetaphysisch fundiert und verweisen so auf die systematische Ausarbeitung seines ›einzigen Gedankens‹ (vgl. W I, VIII). Gleichwohl sollte deutlich geworden sein, dass die Parallelen weiter reichen, als Kierkegaards Kritik zunächst suggeriert. Eine eingehende Aufarbeitung des Verhältnisses beider Denker könnte insbesondere dazu beitragen, von Kierkegaard her die ›existenzphilosophischen‹ Implikationen bei Schopenhauer zu beleuchten (vgl. hierzu auch die Beiträge in Regehly/Schubbe 2016).

Literatur
Kierkegaard, Søren: *Gesammelte Werke*. Übers. und hg. von Emanuel Hirsch, Hayo Gerdes und Hans-Martin Junghans. 36 Abtlg. in 26 Bdn. und Registerbd. Düsseldorf/Köln 1950–1969 [GW].

AUN1 *Abschließende Unwissenschaftliche Nachschrift zu den Philosophischen Brocken* 1 [1846], GW 10.
BA *Der Begriff Angst* [1844], GW 7.
BI *Über den Begriff der Ironie mit ständiger Rücksicht auf Sokrates* [1841], GW 21.
EO1 *Entweder/Oder*, 1. Teil [1843], GW 1.
FZ *Furcht und Zittern* [1843], GW 3.
PB *Philosophische Brocken* [1844], GW 6.
W *Die Wiederholung* [1843], GW 4.

Kierkegaard, Søren: Kierkegaards Journalaufzeichnungen zu Schopenhauer 1854. Übers. von Philipp Schwab. In: Cappelørn/Hühn/Fauth/Schwab 2011, 329–390 [JA].

Adorno, Theodor W.: *Kierkegaard. Konstruktion des Ästhetischen* [1933]. In: Ders.: *Gesammelte Schriften*. Bd. 2. Frankfurt a. M. 1997.

Cappelørn, Niels Jørgen: Historical Introduction: When and Why Did Kierkegaard Begin Reading Schopenhauer? In: Ders./Hühn/Fauth/Schwab 2011, 19–32.

Cappelørn, Niels Jørgen/Hühn, Lore/Fauth, Søren/Schwab, Philipp (Hg.): *Schopenhauer – Kierkegaard. Von der Metaphysik des Willens zur Philosophie der Existenz*. Berlin/Boston 2011.

Garff, Joakim: *Kierkegaard. Biografie*. Übers. von Herbert Zeichner/Hermann Schmid. München 2004 [dän. 2000].

Holm, Søren: Schopenhauer und Kierkegaard. In: *Schopenhauer-Jahrbuch* 43 (1962), 5–14.

Hühn, Lore: Sinn und Sinnkritik: Kierkegaards Weg zu einer konkret-maieutischen Ethik. In: Brigitte Hilmer/Georg Lohmann/Tilo Wesche (Hg.): *Anfang und Grenzen des Sinns*. Weilerswist 2006, 93–105.

Hühn, Lore: Systematische Einleitung: Schopenhauer und Kierkegaard in der philosophiegeschichtlichen Konstellation des Nachidealismus. In: Cappelørn/Dies./Fauth/Schwab 2011, 1–17.

Regehly, Thomas/Schubbe, Daniel (Hg.): *Schopenhauer und die Deutung der Existenz. Perspektiven auf Phänomenologie, Existenzphilosophie und Hermeneutik*. Stuttgart 2016.

Rosenzweig, Franz: *Der Stern der Erlösung* [1921]. Frankfurt a. M. 1988.

Schwab, Philipp: Der Asket im System. Zu Kierkegaards Kritik an der Kontemplation als Fundament der Ethik Schopenhauers. In: Lore Hühn (Hg. in redakt. Zusammenarb. mit Philipp Schwab): *Die Ethik Arthur Schopenhauers im Ausgang vom Deutschen Idealismus (Fichte/Schelling)*. Würzburg 2006, 321–345.

Schwab, Philipp: Reduplikation. Zum methodischen Hintergrund von Kierkegaards später Auseinandersetzung mit Schopenhauer. In: Cappelørn/Hühn/Fauth/Ders. 2011, 81–102.

Sørensen, Villy: Schopenhauer og Kierkegaard. In: Ders.: *Schopenhauer*. Kopenhagen 1969, 101–106 (Nachdr.: Arthur Schopenhauer. In: Gert Posselt (Hg.): *Sørensen om Kierkegaard. Villy Sørensens udvalgte artikler om Søren Kierkegaard*. Kopenhagen 2007, 253–258).

Viallaneix, Nelly: A. S./S. A.: Schopenhauer et Kierkegaard. In: *Romantisme* 32 (1981), 47–64.

Philipp Schwab

27 Die ›Schopenhauer-Schule‹

Eine neue Richtung der Schopenhauer-Forschung, die ihren Ursprung in den Untersuchungen von Franco Volpi (vgl. 2000, XII) und in der 2005 veranstalteten internationalen Tagung »Schopenhauer und die ›Schopenhauer-Schule‹« hat, setzt sich das Ziel, nicht nur die Schopenhauer-Schule im engeren Sinne zu untersuchen (vgl. Fischer 1934, 103–113), sondern auch die Diskussionen über den in der Vergangenheit geläufigen Begriff einer Schopenhauer-Schule im weiteren Sinne wieder aufzunehmen (vgl. Fazio/Koßler/Lütkehaus 2007; Ciracì/Fazio/Koßler 2009; Centro 2009).

Schopenhauer nannte seine Anhänger, die nicht über ihn schrieben, »Jünger« oder »Apostel«; »wer für ihn die Feder ergriff, war [hingegen] ein Evangelist« (Gespr, 219). Apostel und Evangelisten sind Vertreter dessen, was man als die Schopenhauer-Schule im engeren Sinne bezeichnen kann und was Schopenhauer selbst als seine Schule betrachtete. Anlässlich des Todes Friedrich Dorguths z. B. schrieb Schopenhauer 1855 in einem Brief: »Die Schule hat einen schmerzlichen Verlust erlitten« (GBr, 359). Zur Abgrenzung des Begriffs ›Schule‹ kann wieder eine Aussage Schopenhauers angeführt werden. 1852 schrieb er nämlich, dass er »nur wenige Apostel« hatte, und von denen, die sich »bis jetzt zu [ihm] bekannten, nur 7« (GBr, 287). Zu ihnen gehörte der Magdeburger Justiz- und Oberlandgerichtsrat Friedrich Dorguth (1776–1854), der erste Anhänger Schopenhauers, der ihm zwischen 1843 und 1852 eine Reihe von Schriften widmete (vgl. Dorguth 1843; 1845; 1852), was ihm den Ehrentitel »Urevangelist« einbrachte.

Ab 1844 zählte noch ein anderer Jurist zu den Anhängern Schopenhauers, nämlich Johann August Becker (1803–1881). Sein Briefwechsel mit ihm (vgl. Deussen 1911–1942, Bd. 15), ist vom philosophischen Standpunkt aus sehr wichtig, weil die Fragen und Einwände, die Becker gegen Schopenhauer erhob, scharf und tiefsinnig sind (s. Kap. 10.4). Daher nannte ihn Schopenhauer seinen »gelehrtesten Apostel« (Gespr, 218) und forderte ihn erfolglos dazu auf, sein aktiver »Evangelist«, ja sogar »der eigentliche kanonische Evangelist« zu werden (GBr, 337).

Die Freundschaft mit Julius Frauenstädt (1813–1879) begann um 1846; anfangs betrachtete ihn Schopenhauer als seinen »*apostolus activus, militans, strenuus et acerrimus*« (GBr, 230), nach der Veröffentlichung der *Briefe über die Schopenhauer'sche Philosophie* (1854) ehrte er ihn mit der Bezeichnung »Erz-Evangelist« (GBr, 328).

Frauenstädt erzählte, wie er als Student auf Schopenhauers *Die Welt als Wille und Vorstellung* gestoßen war, indem er das Werk zufällig 1836 zwischen den Büchern der Königlichen Bibliothek der Universität Berlin fand (vgl. Lindner/Frauenstädt 1863, 134). In einer seiner Schriften aus dem Jahre 1840 wird Schopenhauer zum ersten Mal als einer der tiefsten Kenner und Kritiker Kants genannt (vgl. Frauenstädt 1840, 50–52); 1841 finden wir in einem Artikel einen zweiten Bezug auf den »genialen, tiefsinnigen Schopenhauer« (Frauenstädt 1841, 610). Im Juli 1846 stattete Frauenstädt Schopenhauer seinen ersten Besuch ab. Bereits im Oktober desselben Jahres war er wieder in Frankfurt, wo er bis Ende Februar 1847 blieb: »Diese Stunden [schrieb er] muß ich zu den schönsten und gehaltvollsten meines Lebens rechnen« (Gespr, 94). Seither war Frauenstädt ein überzeugter Anhänger Schopenhauers, ja noch mehr, der fleißigste und aktivste Vertreter seiner Schule: 1848 widmete er »dem großen Meister« das Buch *Über das wahre Verhältnis der Vernunft zur Offenbarung* (vgl. Frauenstädt 1848, VII), und 1849 veröffentlichte er eine Sammlung der wichtigsten Urteile seitens der Kritiker über Schopenhauer (vgl. Frauenstädt 1849); 1852 publizierte er auch eine Rezension zu den *Parerga* (vgl. Frauenstädt 1852); 1854 schrieb er dann seine *Briefe über die Schopenhauer'sche Philosophie* mit dem Ziel, die Lehre Schopenhauers auch dem großen Leserpublikum nahezubringen. Auch nach dem Tod des Meisters brachen seine Bemühungen, Schopenhauers Gedanken zu verbreiten, nicht ab: Ihm verdanken wir denn auch die erste Ausgabe des *Nachlasses* (Frauenstädt 1864), das erste *Schopenhauer-Lexikon* (Frauenstädt 1871) und die erste *Gesamtausgabe* (Frauenstädt 1873–1874). Zusätzlich zum bereits genannten, mit Lindner herausgegebenen Titel vom Jahre 1863 schrieb Frauenstädt noch zwei weitere Werke: die Anthologie *Arthur Schopenhauer. Lichtstrahlen aus seinen Werken* (1862) und den zweiten Band der Briefe über Schopenhauers Lehre *Neue Briefe über die Schopenhauer'sche Philosophie* (1876).

Der vierte Anhänger Schopenhauers, der ihn 1849 erstmals traf und der sein »Apostel Johannes« (GBr, 362) werden sollte, war Adam von Doß (1820–1873). Auch er war Jurist und hatte 1846 *Die Welt als Wille und Vorstellung* zufällig entdeckt. Drei Jahre später beschloss er, nach Frankfurt zu reisen, um Schopenhauer persönlich kennenzulernen. Ihn nannte Schopenhauer den »tiefsinnigen Apostel in München« (Gespr, 218) und als ihm von Doß 1852 einen achtseitigen Brief über seine Philosophie sandte – »das lange apostolische Sendschreiben«, wie ihn Schopenhauer nannte (GBr, 287) –, versuchte er erfolglos, ihn dazu zu bewegen, doch der Gruppe der Evangelisten beizutreten. Noch im Jahr darauf bezeichnete ihn Schopenhauer folgendermaßen: »mein alter Apostel, dem zum Evangelisten nichts als die Courage fehlt« (GBr, 318).

Der fünfte Schopenhauer-Schüler war der Berliner Ernst Otto Lindner (1820–1867), der den Titel »*Doctor infatigabilis* [bekam] nach Analogie der Scholastiker, welche sich *Dr. angelicus, Dr. subtilissimus, Dr. irrefragabilis, Dr. resolutissimus* u. s. w. nannten« (GBr, 316). Im Jahre 1851 waren ihm die *Parerga und Paralipomena* in die Hände gefallen und im Sommer 1852 machte er Schopenhauers persönliche Bekanntschaft. Eine kurze lesenswerte Beschreibung Lindners findet sich in einem Brief Schopenhauers vom Juni 1853:

> »Dr. Lindner ist ein sehr junger Mann, der sich als Privatdocent der Philosophie in Breslau habilitirt hatte, aber dem sein *jus legendi* sogleich wieder entzogen wurde, wegen seines Mangels an christlich religiöser Gesinnung: darauf ist er Mitredakteur der *Vossischen Zeitung* geworden. Nachdem er mich vor einem Jahr besucht hat, ist er nicht nur ein eifriger Apostel, sondern auch ein tätiger Evangelist meiner Lehre geworden, indem er sie bereits in mehreren Aufsätzen in seiner Zeitung celebrirt hat« (GBr, 314).

Als tätiger »Evangelist« veröffentlichte Lindner nicht nur zahlreiche Artikel (vgl. Lindner 1853b; 1854; 1855), sondern auch die deutsche Fassung von John Oxenfords Artikel *Iconoclasm in German Philosophy* und zwar mit dem Titel *Deutsche Philosophie im Auslande* (Lindner 1853a).

Der sechste Schüler ist höchstwahrscheinlich der Bankangestellte August Gabriel Kilzer (1798–1864), der im April 1852 eine sehr positive Rezension der *Parerga und Paralipomena* veröffentlichte (vgl. Kilzer 1852). Über ihn schrieb Schopenhauer Anfang September 1852 in einem Brief: »Der neue Apostel, ja (als Verfasser des kleinen Artikels in der Didaskalia) angehende Evangelist Kilzer ist wirklich ein überlegener Kopf, und jammerschade, dass er kein Gelehrter ist« (GBr, 294). Obwohl Kilzer sich weiterhin der Verbreitung von Schopenhauers Lehre auch über dessen Tod hinaus gewidmet hat (vgl. Kilzer 1854; 1860a; 1860b), kann man sagen, dass er lediglich ein »angehender Evangelist« geblieben ist.

Was hingegen den siebten Apostel betrifft, darüber können nur Vermutungen angestellt werden. Vielleicht handelt es sich um den Frankfurter Anwalt Martin Emden (1858 verstorben); aber wenn dem so wäre, so müsste man ihn als den ersten Schopenhauer-Schüler betrachten, da doch die Freundschaft mit dem Philosophen bis in die zweite Hälfte der dreißiger Jahre zurückgeht. Aus dem Wenigen, was bekannt ist, geht hervor, dass er die Entwicklung von Schopenhauers Philosophie mit großer Aufmerksamkeit verfolgte und dem Philosophen mit rechtlicher Beratung zur Seite stand.

Mit der Veröffentlichung der *Parerga und Paralipomena* begann eine neue Phase der Verbreitung von Schopenhauers Lehre, die plötzlich weithin geschätzt wurde. Nach 1852 stießen neue Anhänger zur Schule. Darunter waren Wilhelm Gwinner, David Asher und Carl Georg Bähr. Ein besonderer Fall war hingegen Julius Bahnsen (1830–1881), der Schopenhauer zwar persönlich kennengelernt hatte und mit ihm einen regen Briefkontakt pflegte, jedoch eher als Fortführer denn als »Apostel« oder gar »Evangelist« betrachtet werden muss; er gehörte also zur Schopenhauer-Schule im weiteren Sinne (s. Kap. 28).

Wilhelm von Gwinner (1825–1917) hatte 1845 begonnen an der Universität Tübingen Philosophie und Jura zu studieren und war zuerst ein Anhänger Schleiermachers und Baaders. 1847 hatte er die Gelegenheit, in einem Restaurant Schopenhauers Beweis der Gültigkeit des ›Identitäts- und Widerspruchsprinzips‹ zu hören: Es schien ihm, »als sprach' er mit seiner Geliebten von der Liebe« (Gespr, 380). Erst im April des Jahres 1854 bat er den Weisen von Frankfurt um eine Sprechstunde, »um ihn zu sehen und zu kennen« (GBr, 338). Ab 1857 wurde seine Beziehung zu Schopenhauer enger und nach Emdens Tod ernannte ihn Schopenhauer zu seinem Testamentsvollstrecker. Ihm verdanken wir die erste Biographie Schopenhauers (vgl. Gwinner 1862), die Frauenstädts und Lindners polemischen Protest (vgl. Lindner/Frauenstädt 1863) auslöste. Die Tatsache, dass ihn Schopenhauer jedoch zu seinem Testamentsvollstrecker gewählt hat, ist für die enge Beziehung zwischen den beiden derart bezeichnend, dass wir keiner anderen Beweise bedürfen, um Gwinner als Mitglied der Schopenhauer-Schule im engen Sinne zu betrachten. Von ihm könnte man sogar sagen, dass er Schopenhauers posthumer, ja apokrypher »Evangelist« gewesen ist.

Der Sprachlehrer David Asher aus Leipzig (1818–1890) besuchte 1854 Schopenhauer zum ersten Mal und veröffentlichte danach eine begeisterte Beschreibung jenes Treffens (vgl. Asher 1854). So trat er dem engeren Kreise seiner Schüler bei und leistete seinen Beitrag zur Verbreitung dessen Lehren, unter anderem mit einem offenen Brief, den er 1855 veröffentlichte (vgl. Asher 1855) und der ihm den Titel »neues Apöstelchen« (GBr, 382) einbrachte. 1856 ließ er einen Aufsatz über *Schopenhauer's Ansicht über Musik* drucken (vgl. Asher 1871), den Schopenhauer lobte (vgl. GBr, 405). Noch im selben Jahr nahm Asher die Feder in die Hand, um den Vorrang Schopenhauers gegenüber Schelling in Bezug auf den Begriff des Willens zu bekräftigen (vgl. Asher 1856). 1857 und 1858 veröffentlichte er zwei Artikel, in denen er die Konvergenz zwischen Schopenhauers Lehre und der Lehre des Judentums zu beweisen versuchte (vgl. Asher 1857; 1858). Aber nicht einmal das 1859 erschienene Büchlein, in dem Asher den Namen Schopenhauers mit demjenigen des großen Goethe in Verbindung setzte (vgl. Asher 1859), trug ihm seitens des Meisters den Ehrentitel »Evangelist« ein, den er doch eigentlich verdient hatte. In ihm sah Schopenhauer vielmehr den ersehnten Übersetzer seiner Werke ins Englische. So schrieb er 1859 an ihn: »I see in you the future rare and unparalleled translator of my works, it's for that you have come into the world. Believe me, it's so« (GBr, 439). Auch nach Schopenhauers Tod führte Asher seine literarische Tätigkeit fort, aber dessen Werke übersetzte er nie ins Englische.

Der in der zeitlichen Folge zuletzt zu Schopenhauer gestoßene »Apostel« Carl Georg Bähr (1833–1893) war auch Anwalt. Nachdem er sich in Leipzig für das Fach Jura immatrikuliert hatte, begann er das Bedürfnis nach einer philosophischen Ausbildung zu spüren und nahm deshalb an den Diskussionsrunden über die neuen philosophischen Systeme teil, die der Schellingianer Hermann Weiße in einem kleinen Kreis ausgesuchter Studenten organisierte. Auf Anfrage Bährs hatte im Wintersemester 1854/55 in der Leipziger Philosophischen Gesellschaft ein Streitgespräch über Schopenhauers System stattgefunden: Kurze Zeit darauf schrieb die Philosophische Fakultät der Universität eine Preisfrage über Schopenhauers Philosophie als Thema aus. Bähr, der Schopenhauer im April 1856 persönlich hatte kennenlernen können, reichte eine tiefgründige Arbeit mit dem Titel *Die Schopenhauer'sche Philosophie in ihren Grundzügen* ein, in der Schopenhauer als der wichtigste und originellste Nachfolger Kants dargestellt wurde. Auf Vorschlag Schopenhauers wurde Bährs Arbeit 1857 in Dresden veröffentlicht (vgl. Bähr 1857) und erhielt dessen begeisterte Glückwünsche: »Sie haben mehr Kantische Philosophie inne, als 6 Professoren zusammengenommen« (GBr, 408). Und trotzdem ehrte Schopenhauer Bähr nie mit dem Titel »Evangelist«, den er doch aufgrund des unbestreitbaren Werts seines Buchs verdient hätte.

Nach Schopenhauers Tod begann die Diskussion darüber, ob es neben einer Schopenhauer-Schule im engen Sinne auch eine Schopenhauer-Schule im weiteren Sinne gebe, also eine Gruppe von Denkern, die zwar keine direkten Anhänger des Frankfurter Philosophen gewesen waren, sich jedoch verschiedentlich durch seine Lehre inspirieren ließen und selbstständige, ja manchmal originelle Denkrichtungen entwickelten. Der Dichter und Dramaturg Hans Herrig stellte 1872 erstmals die Frage und platzte damit mitten in die rege Diskussion um den philosophischen Pessimismus, die seit der 1869 erfolgten Veröffentlichung der *Philosophie des Unbewussten* von Eduard von Hartmann (1842–1906) in Deutschland im Gange war. Mit seinem Artikel wollte Herrig sowohl die Einseitigkeit einer aus pessimistischer Sicht erfolgten Auslegung von Schopenhauers Lehre unterstreichen als auch die Fruchtbarkeit und Aktualität von dessen Überlegungen hervorheben, die auf sehr verschiedene Arten weiterentwickelt werden konnten. Dazu musste Herrig jedoch beweisen, dass Hartmann nicht der einzige war, der Schopenhauers Lehre weiterführte, und dass Schopenhauer eine regelrechte Schule gegründet hatte (vgl. Herrig 1894). Zu ihr gehörte z. B. Julius Bahnsen, der Autor der 1867 erschienenen *Beiträge zur Charakterologie*.

Vier Jahre nach der Veröffentlichung von Herrigs Schrift vom Jahr 1872 wurde die Diskussion um das Bestehen der Schopenhauer-Schule *lato sensu* vom Neukantianer Hans Vaihinger in dem 1876 erschienenen Band *Hartmann, Dühring und Lange* wieder aufgenommen. Während Vaihinger einerseits die Existenz einer Schopenhauer-Schule als geschlossener Einheit, deren Leiter Hartmann sein sollte, verneinte, erhob er andererseits den Anspruch, mit den übrigen Neukantianern das fruchtbarste Erbe von Schopenhauers Lehre zu repräsentieren.

Im darauffolgenden Jahr antwortete Hartmann auf Vaihingers Aussagen mit dem Buch *Neukantianismus, Schopenhauerismus und Hegelianismus*, in dem er neben der Hegel-Schule von der Existenz einer »Schule Schopenhauer's« (Hartmann 1877, III) ausging. Als der originellste Vertreter war dabei nicht so sehr Frauenstädt (dessen grundlegendes Verdienst es doch gewesen sei, zur Verbreitung der Lehre Schopenhauers beigetragen und sie dem Volk näher gebracht zu haben), sondern vielmehr Julius Bahnsen erwähnt: Dieser stelle nämlich »*das einzige Talent* der Schopenhauer'schen Schule« (ebd., 13) dar.

In den Streit um die Existenz einer Schopenhauer-Schule mischte sich 1881 Hartmanns Schülerin Olga Plümacher mit der Schrift *Zwei Individualisten der Schopenhauer'schen Schule* wieder in die Diskussion ein. In deren Titel sind einerseits Philipp Mainländer (1841–1876) (s. Kap. 28), der 1876 sein Werk *Philosophie der Erlösung* veröffentlicht hatte, und andrerseits Baron Paczolay Lazar Hellenbach gemeint.

Olga Plümacher wollte auf diese Weise die von Herrig und Vaihinger aufgeworfene Frage beantworten, ob es eine Schopenhauer-Schule gebe oder nicht:

> »Wir fassen den Begriff der Schule im weitesten Sinne und verstehen unter den Schopenhauerianern nicht sowohl solche, deren Geist beim Meister Ruhe und bleibende Rast gefunden, als vor allem diejenigen, die von ihm aus ihren Ausgang genommen; und es erscheinen uns die Schopenhauerianer um so interessanter, je mehr der Zweifel berechtigt scheint, ob man sie überhaupt noch als solche bezeichnen dürfe« (Plümacher 1881, 2).

Daher erachtete Plümacher sowohl Mainländer als auch Hellenbach für regelrechte Schopenhauerianer, und zwar gerade weil sie eine originelle und unabhängige Sicht von der Lehre des Meisters entwickelt hatten. Viel weniger interessant waren in ihren Augen dementsprechend Frauenstädt, den sie für einen einfachen Verbreiter hielt, und Paul Deussen mit seinem zwar Schopenhauers Lehre treuen, jedoch umso unkritischeren Werk *Elemente der Metaphysik* (vgl. Deussen 1877). Zu den Vertretern der Schopenhauer-Schule zählte die Autorin auch Friedrich Nietzsche (s. Kap. 30), der Schopenhauers Lehre in einer »skeptischen Richtung« (Plümacher 1881, 3) entwickelt habe, und Julius Bahnsen, der für sie ein »origineller Philosoph und philosophischer Sonderling« (ebd., 4) war.

Zwei Jahre später griff Eduard von Hartmann persönlich mit einem Artikel über *Die Schopenhauer'sche Schule* in die Debatte ein. Dort schrieb Hartmann:

> »Es ist begreiflich, daß die Schopenhauer'sche Philosophie [...] außer Stande war, eine Schule im engeren Sinne zu begründen, was ihr außerdem auch durch den Mangel einer persönlichen Lehrtätigkeit ihres Urhebers erschwert war. [...] Wohl aber kann man von einer Schopenhauer'schen Schule im weiteren Sinne reden, wenn man alle von Schopenhauer ausgegangenen Versuche einer Umbildung seiner Philosophie darunter befaßt« (Hartmann 1885, 39).

Wenn man heute von einer Schopenhauer-Schule im weiteren Sinne sprechen will, sollte man sie nicht als einen homogenen Block von Denkern darstellen. Man muss eher über Unterscheidungen als über Analogien verfahren; so zählen zur Schopenhauer-Schule im weiteren Sinne die Philosophen und Gelehrten, die durch Schopenhauer in unterschiedlicher Hinsicht inspiriert wurden: erstens die, welche eine neue, an der Lehre Schopenhauers orientierte Metaphysik aufbauten, zweites die, welche einige wesentliche Aspekte des Schopenhauerschen Denkens originell entwickelten, drittens die, welche in der Schopenhauer-Forschung arbeiteten, um die Lehre des Philosophen zu behaupten, zu verbreiten und zu verteidigen. Dieser Dreiteilung entspricht die Klassifizierung, die seit kurzem aufgeworfen wurde (vgl. Centro 2009) und die die »Metaphysiker«, die »Ketzer« und die »Gründungsväter« der Schopenhauer-Forschung und der Schopenhauer-Gesellschaft unterscheidet.

Zur ersten Gruppe, die man auch die Schule des Pessimismus nennen kann, gehören der Denker der Realdialektik, Julius Bahnsen (vgl. 1880–1882), der Philosoph des Unbewussten, Eduard von Hartmann (vgl. 1873), und der Theoretiker der Erlösung des Willens durch die Keuschheit, Philipp Mainländer (vgl. 1996).

In die zweite Gruppe kann man den großen ›Ketzer‹ der Schopenhauer-Schule Friedrich Nietzsche (1844–1900) einordnen, der Schopenhauer als »einen Lehrer und Zuchtmeister, dessen ich mich zu rühmen habe« bezeichnete (Nietzsche 1999, 341). Dabei darf man auch Folgendes nicht außer Acht lassen: den Philosophen, Arzt und Philanthropen Paul Rée (1849–1901), der den Schopenhauerschen Begriff des Mitleids in eine philanthropische Tätigkeit konsequent umsetzte (vgl. Fazio 2005); den Sozialphilosophen Georg Simmel (1858–1918), der Schopenhauer als Lebensphilosoph deutete (vgl. Simmel 1918; s. Kap. 32); den Direktor des Frankfurter Instituts für Sozialforschung Max Horkheimer (1895–1973), dessen Kritische Theorie von Schopenhauer und Marx entscheidend beeinflusst wurde (vgl. Horkheimer 1972, 162; s. Kap. 42) und der die ›linksgerichtete‹ Interpretation der Philosophie Schopenhauers begründete (vgl. Horkheimer 1961), die Alfred Schmidt (1931–2012) weitergeführt hat (vgl. Schmidt 1977; 1989; s. Kap. 42).

Aus der dritten Gruppe, der die Gründungsväter der Schopenhauer-Forschung und der Schopenhauer-Gesellschaft angehören, muss man den Philosophen und Indologen Paul Deussen (1845–1919) erwähnen, der die Lehre Schopenhauers mit der christlichen Ethik und der Philosophie Indiens zu versöhnen versuchte (vgl. Deussen 1877) und 1911 die Schopenhauer-Gesellschaft gründete, sowie die Präsidenten der Schopenhauer-Gesellschaft, die der Schopenhauer-Forschung besondere Impulse gegeben haben, wie Hans Zint (1882–1945), Arthur Hübscher (1897–1985) und Rudolf Malter (1937–1994) (vgl. Hansert 2011; Ciracì 2011).

Endlich muss man an eine Gruppe von Denkerinnen, die durch Schopenhauer inspiriert wurden, erinnern (vgl. Fazio 2011): nämlich die Frauen der Schopenhauer-Schule. Es handelt sich um die deutsch-englische Schriftstellerin Helen Zimmern, die Schopenhauer in England eingeführt hat (vgl. Zimmern 1876), die bereits genannte Olga Plümacher (1837–1900?), die die erste Historikerin der Schopenhauer-Schule war, die radikale Feministin Helene von Druskowitz (1856–1918), die 1887 eine Schrift über die Begriffe von Verantwortung und Zurechnung veröffentlichte, welche eine ausgesprochene Schopenhauersche Tendenz offenbart (vgl. Druskowitz 1887), und schließlich die Wiener Schriftstellerin, Kulturphilosophin, Malerin und Vertreterin der Frauenbewegung Rosa Mayreder (1858–1938) (vgl. Mayreder 1988, 171 f.).

Literatur

Asher, David: Ein Besuch bei Schopenhauer. In: *Unterhaltungen am häuslichen Herd* (1854), 27–30.
Asher, David: *Offenes Sendschreiben an den hochgelehrten Herrn Dr. Arthur Schopenhauer.* Leipzig 1855.
Asher, David: Nochmals Schelling und Schopenhauer. In: *Blätter für literarische Unterhaltung* (1856), 920–921.
Asher, David: Salomon Ibn-Gebirol in seinem Verhältniß zu Arthur Schopenhauer. In: *Blätter für literarische Unterhaltung* (1857), 955–957.
Asher, David: Lewes und Schopenhauer über den Charakter. In: *Blätter für literarische Unterhaltung* (1858), 591–592.
Asher, David: *Arthur Schopenhauer als Interpret des Goethe'schen Faust. Ein Erläuterungsversuch des ersten Theils dieser Tragödie.* Leipzig 1859.
Asher, David: Schopenhauer's Ansicht über Musik [1856]. In: Ders.: *Arthur Schopenhauer. Neues von ihm und über ihn.* Berlin 1871, 43–64.
Bähr, Carl Georg: *Die Schopenhauer'sche Philosophie in ihren Grundzügen dargestellt und kritisch beleuchtet.* Dresden 1857.
Bahnsen, Julius: *Beiträge zur Charakterologie. Mit besonderer Berücksichtigung pädagogischer Fragen.* 2 Bde. Leipzig 1867.
Bahnsen, Julius: *Der Widerspruch im Wissen und Wesen der Welt. Prinzip und Einzelbewährung der Realdialektik.* 2 Bde. Leipzig 1880–1882.
Centro interdipartimentale di ricerca su Arthur Schopenhauer e la sua scuola dell'Università del Salento: *La scuola di Schopenhauer. Testi e contesti.* Lecce 2009 [Centro].
Ciracì, Fabio: *Verso l'assoluto nulla. La Filosofia della redenzione di Philipp Mainländer.* Lecce 2006.
Ciracì, Fabio: *In lotta per Schopenhauer. La »Schopenhauer-Gesellschaft« fra ricerca filosofica e manipolazione ideologica. 1911–1948.* Lecce 2011.
Ciracì, Fabio/Fazio, Domenico M./Koßler, Matthias (Hg.): *Schopenhauer und die Schopenhauer-Schule.* Würzburg 2009.
Deussen, Paul: *Elemente der Metaphysik.* Aachen 1877.
Deussen, Paul (Hg.): *Arthur Schopenhauers Sämtliche Werke.* 16 Bde. Leipzig 1911–1942. Bd. XIV, XV, XVI.
Dorguth, Friedrich: *Die falsche Wurzel des Ideal-Realismus.* Magdeburg 1843.
Dorguth, Friedrich: *Schopenhauer in seiner Wahrheit.* Magdeburg 1845.
Dorguth, Friedrich: *Vermischte Bemerkungen über die Philosophie Schopenhauers. Ein Brief an den Meister.* Magdeburg 1852.
Druskowitz von, Helene: *Wie ist Verantwortung und Zurechnung ohne Annahme der Willensfreiheit möglich?* Heidelberg 1887.
Fazio, Domenico M.: *Paul Rée. Philosoph, Arzt, Philanthrop.* München 2005.
Fazio, Domenico M.: Einleitung. Die »Schopenhauer-Schule«. Zur Geschichte eines Begriffs. In: Ciracì/Ders./Koßler 2009, 15–41.
Fazio, Domenico M.: Richard Wagner und die Frauen der Schopenhauer-Schule. In: *Schopenhauer-Jahrbuch* 92 (2011), 203–222.
Fazio, Domenico M./Koßler, Matthias/Lutkehaus, Lüdger: *Arthur Schopenhauer e la sua scuola.* Lecce 2007.
Fischer, Kuno: Schopenhauers Leben, Werke und Lehre [1893]. In: *Geschichte der neueren Philosophie.* Bd. IX. Heidelberg 1934.
Frauenstädt, Julius: *Studien und Kritiken zur Theologie und Philosophie.* Berlin 1840.
Frauenstädt, Julius: Zur Kenntniss und Kritik der Krause'schen Philosophie. In: *Hallische Jahrbücher* (1841), 609–620.
Frauenstädt, Julius: *Über das wahre Verhältnis der Vernunft zur Offenbarung.* Darmstadt 1848.
Frauenstädt, Julius: Stimmen über Schopenhauer. In: *Blätter für literarische Unterhaltung* (1849), 1105–1107; 1109–1111; 1113–1116; 1117–1119; 1121–1122.
Frauenstädt, Julius: Rezension zu A. Schopenhauer, *Parerga und Paralipomena*. In: *Blätter für literarische Unterhaltung* (1852), 196–202.
Frauenstädt, Julius: *Briefe über die Schopenhauer'sche Philosophie.* Leipzig 1854.
Frauenstädt, Julius: *Arthur Schopenhauer. Lichtstrahlen aus seinen Werken.* Leipzig 1862.
Frauenstädt, Julius (Hg.): *Arthur Schopenhauer's handschriftlicher Nachlaß. Abhandlungen, Anmerkungen, Aphorismen und Fragmente.* Leipzig 1864.
Frauenstädt, Julius: *Schopenhauer-Lexikon.* 2 Bde. Leipzig 1871.
Frauenstädt, Julius (Hg.): *Arthur Schopenhauer's sämtliche Werke.* 6 Bde. Leipzig 1873–1874.
Frauenstädt, Julius: *Neue Briefe über die Schopenhauer'sche Philosophie.* Leipzig 1876.

Gwinner, Wilhelm: *Arthur Schopenhauer aus persönlichem Umgange dargestellt*. Leipzig 1862.
Hansert, Andreas: *Schopenhauer im 20. Jahrhundert*. Wien/Köln/Weimar 2011.
Hartmann, Eduard von: *Philosophie des Unbewussten* [1869]. Berlin 1873.
Hartmann, Eduard von: *Neukantianismus, Schopenhauerismus und Hegelianismus in ihrer Stellung zu den philosophischen Aufgaben der Gegenwart*. Berlin 1877.
Hartmann, Eduard von: Die Schopenhauer'sche Schule [1883]. In: Ders.: *Philosophische Fragen der Gegenwart*. Berlin 1885, 38–57.
Herrig, Hans: Zwei Schüler Schopenhauers [1872]. In: Ders.: *Gesammelte Aufsätze über Schopenhauer*. Hg. von Eduard Grisebach. Leipzig 1894, 73–83.
Horkheimer, Max: Die Aktualität Schopenhauers. In: *Schopenhauer-Jahrbuch* 42 (1961), 12–25.
Horkheimer, Max: Kritische Theorie gestern und heute [1970]. In: Ders.: *Gesellschaft im Übergang*. Hg. von Werner Brede. Frankfurt a. M. 1972.
Kilzer, Agust Gabriel: Arthur Schopenhauer. In: *Didaskalia* (14. April 1852).
Kilzer, Agust Gabriel: Rezension zu: Schopenhauer, Arthur: Ueber den Willen in der Natur. In: *Didaskalia* (24. Dezember 1854).
Kilzer, Agust Gabriel: Rezension zu: Schopenhauer, Arthur: Die Welt als Wille und Vorstellung. In: *Didaskalia* (22. April 1860a).
Kilzer, Agust Gabriel: Arthur Schopenhauer. Ein Wort zu seinem Gedächtnisse. In: *Didaskalia* (2. Oktober 1860b).
Lindner, Ernst Otto: Deutsche Philosophie im Auslande. In *Vossische Zeitung* (1853a), 1–31.
Lindner, Ernst Otto: Eine Lösung. In: *Vossische Zeitung* (23. April 1853b).
Lindner, Ernst Otto: Zu Schellings Tod. In: *Vossische Zeitung* (5. September 1854).
Lindner, Ernst Otto: Rezension zu: Asher, David: Offenes Sendschreiben an Schopenhauer. In: *Vossische Zeitung* (31. August, 3. September, 29. September, 15. Oktober 1855).
Lindner, Ernst Otto/Frauenstädt, Julius: *Arthur Schopenhauer. Von ihm. Ueber ihn*. Berlin 1863.
Mainländer, Philipp: *Philosophie der Erlösung* [1876]. In: Ders.: *Schriften*, Bd. I. Hg. von Winfried H. Müller-Seyfarth. 4 Bde. Hildesheim/Zürich/New York 1996.
Mayreder, Rosa: *Mein Pantheon*. Dornach 1988.
Nietzsche, Friedrich: *Schopenhauer als Erzieher* [1874]. In: *Kritische Studienausgabe*, Bd. I. Hg. von Giorgio Colli und Mazzino Montinari. München 1999, 335–427 [KSA].
Plümacher, Olga: *Zwei Individualisten der Schopenhauer'schen Schule*. Wien 1881.
Schmidt, Alfred: Schopenhauer und der Materialismus. In: *Schopenhauer-Jahrbuch* 58 (1977), 19–48.
Schmidt, Alfred: Physiologie und Transzendentalphilosophie bei Schopenhauer. In: *Schopenhauer-Jahrbuch* 70 (1989), 43–53.
Simmel, Georg: *Der Konflikt der modernen Kultur*. München/Leipzig 1918.
Vaihinger, Hans: *Hartmann, Düring und Lange. Geschichte der deutschen Philosophie im XIX Jahrhundert. Ein kritischer Essay*. Iserlohn 1876.
Volpi, Franco: Vorwort. In: Winfried H. Müller-Seyfarth: *Metaphysik der Entropie*. Berlin 2000, IX–XV.
Zimmern, Helen: *Arthur Schopenhauer: His Life and his Philosophy*. London 1876.

Domenico M. Fazio

28 Voluntarismus im Anschluss an Schopenhauer: Philipp Mainländer, Julius Bahnsen, Eduard von Hartmann

Philipp Mainländer

Philipp Mainländer (1841–1876) gilt als Hauptprotagonist der Schule Schopenhauers. Seine *Philosophie der Erlösung* modifiziert Schopenhauers Willensmetaphysik zu einer individualistischen Metaphysik der Entropie, die in eine transkulturelle Soteriologie ausläuft. Eine strukturelle Anlehnung an Schopenhauers Hauptwerk ist nicht nur wegen der Darstellung der *Philosophie der Erlösung* in zwei Bänden und der diesbezüglichen Kapitelaufteilung ersichtlich. Vor allem die Grundbegriffe der Mainländerschen Philosophie, seine Fragestellungen und philosophiegeschichtlichen Wurzeln orientieren sich an jenen Schopenhauers – und Kants. Die ausdrücklichen Verweise auf seine Vor-Denker (vgl. M[ainländer] I, 361 f.; M II, 242) und deren Einflüsse auf seinen philosophischen Pessimismus überdecken jedoch nicht die grundlegenden Modifikationen, die die Philosophie Schopenhauers (und Kants) durch Mainländer erfahren: explizit der Begriff des Willens und dessen metaphysische Relevanz, die Bedeutung der Ethik und ihre geschichtsphilosophische Implikation sowie die Umdeutung der Schopenhauerschen Willensverneinung zu einer individualistischen Eschatologie.

Mainländers Willensbegriff wirkt auf den ersten Blick identisch mit dem Schopenhauers. Es ist ebenso vom Willen zum Leben, vom Willen als Ding an sich, von Wille und Erkenntnis oder von der Objektivation des Willens die Rede. Außerdem ist jener die zentrale Stütze in der Philosophie Mainländers. Im Unterschied zu Schopenhauer kommt Mainländer jedoch nicht im Anschluss an metaphysische Fragestellungen zu seinem Willensbegriff, sondern er sieht ihn aus seiner transzendentalen Analyse hervorgehen. Danach ist der Mainländersche ›individuelle‹ Wille Ausdruck einer Entwicklung, die sich als bewegender Wille zum Leben erfährt, aber ihre Ursache im ›Willen zum Tode‹ hat. Im Gegensatz zu Schopenhauer leitet Mainländer den Willen zum Leben nicht aus der erscheinenden Natur oder Lebenswelt ab, sondern führt ihn als reale Individualität ein, die aufgrund des Gefühls über die Wirksamkeitssphäre der selbstbewussten Kraft erkennbar wird. Diese Kraft wirkt im Individuum und ermöglicht den Drang zum Dasein und das Verharren in ihm. Das Bewusstsein gibt dem Menschen die Fähigkeit, sein innerstes Wesen zu entdecken und zu bemerken, dass es sich in Gefühl und Selbstbewusstsein unterscheidet. Die Vorstellung gerinnt zum unbewussten ›Werk des Geistes‹ und wird erst bewusst, wenn die Beziehung zum Gefühl oder zum Selbstbewusstsein wahrgenommen wird. Mainländer fasst deshalb den Begriff des Willens als einen individuellen, weil er sich nur als fühlend und erkennend seiner selbst bewusst wird. Er bestimmt am Ende in seiner postkantischen und an Schopenhauer angelehnten Erkenntnistheorie apodiktisch: Das Ding an sich ist ein Individuelles, das Wahrnehmende ein Subjektives.

Dieser individuelle Wille, welcher durch eine sogenannte Kraftsphäre mit den unzähligen Individuationen interagiert und wirkt, ist nach Mainländer Produkt eines Übergangs von einer transzendenten Einheit zu einer immanenten Vielheit. Deren »Umwandelung des Wesens« (M I, 89) bestand in ihrem Untergang und ermöglichte, dass ein Diesseits der Vielheit existiert. Mainländers ›wissenschaftliche Begründung des Atheismus‹ verzichtet zwar nicht auf einen Gottes-Begriff, lässt diesen aber als Transzendenz eine Entscheidung fällen und »als erste und einzige That der einfachen Einheit« (M I, 321) die Entstehung der Welt mit dem Tod Gottes koinzidieren. Aus diesem Kontext der Thanatologie Gottes geht Mainländers Zentralthese hervor, die dann unter dem Namen des Mainländer-Lesers Friedrich Nietzsche mit der kupierten Variante ›Gott ist tot‹ in der Philosophiegeschichte reüssierte: »Gott ist gestorben und sein Tod war das Leben der Welt« (M I, 108). Im Unterschied zu Nietzsche, dessen Gott von den Menschen ›getötet‹ wurde, erledigt das bei Mainländer die Transzendenz selbst, da nichts weiter als diese vorweltliche Einheit existierte. Über das Motiv, so ist sich Mainländer bewusst, können wir nichts wissen. Deshalb fasst Mainländer die Dezision der Transzendenz auf, *als ob* sie eine motivierte Handlung – gewesen – sei. Der vorweltlichen All-Einheit wird die Erkenntnis unterstellt, dass sie nur über den Zerfall in die reale Welt der Vielheit »aus dem Übersein in das Nichtsein treten könne« (M I, 325). Jegliches universelle Sein ist demzufolge »*Mittel zum Zwecke* des Nichtseins«, und die Welt ist »das *einzig mögliche* Mittel zum Zweck« (ebd.). Danach vollziehen alle individuellen Willen durch ihre Existenz den vorweltlichen Impuls. Alles in der Welt ist Wille zum Tode, obzwar er »mehr oder weniger verhüllt, als Wille zum Leben auftritt« (M I, 334). Mit Schopenhauers Naturphilosophie wäre diese Metaphysik der Entropie nicht zu begründen. Allerdings lassen sich im 20. Jahrhundert die Chaos- und Entropie-Theorie sowie die Kosmologie des ›Urknalls‹ mit Mainländers Naturphilosophie grundieren.

Auch Mainländers Morallehre entwickelte sich hauptsächlich vor dem Hintergrund der Schopenhauerschen Problematisierung der Willensfreiheit (*liberum arbitrium indifferentiae*) und der gemeinsamen Ablehnung der Pflichtenlehre Kants. Seine Aussagen stützen sich hier allerdings »*nur auf Daten der Erfahrung*, auf die Natur allein« (M I, 529). In Auseinandersetzung mit Schopenhauers Mitleidspostulat entwirft Mainländer dann seine Eudämonologie. Deren Handlungen können, müssen aber nicht aus Mitleid geschehen. Indem wir den Leidenden leidlos machen, befreien wir uns vom empfundenen Mitleid. Es ist mithin eine gewöhnliche Handlung aus Egoismus, weil das Motiv das Befreien vom eigenen empfundenen Leid ist. Das Individuum »hilft sich im wahren Sinne des Wortes selbst, ob es gleich dem Anderen hilft; denn nur indem es dem Anderen hilft, kann es sich selbst helfen« (M I, 570). Obwohl ein ›barmherziger‹ oder »guter Wille« (M I, 573) durchaus moralischen Handlungen zugrunde liegen kann, ist er nach Mainländer nicht konstitutiv. Dessen Moralbegründung sieht also nicht vom Egoismus ab, sondern wird auf diesen zurückgeführt.

Mainländer schaltet das Mitleid nicht ganz aus der Ethik aus. Braucht er es doch als eine Art Sekundärtugend, deren Ausführung und Verbreitung im Sinne des höchsten Gebotes – das Streben zum Nichtsein – wirksam sein kann. Es ist weder Ursprung noch Zweck ethischen Handelns, sondern nur Mittel. Mainländer sieht demzufolge »die *Schopenhauer'sche* Ethik, wie die *Kantische*, trotz allen energischen Protesten, auf dem Egoismus aufgerichtet« und sein Fazit fällt entsprechend klar aus: »es giebt *nur* egoistische Handlungen« (M I, 572).

Nicht Mitleid, sondern Erkenntnis liegt Mainländers Ethik zugrunde. Sie ermöglicht dem Menschen die Einsicht, dass das Leben Leid und das Sein fortwährende Qual ist. Der Mainländer-Kenner Friedrich Nietzsche sah ebenfalls die außergewöhnliche Rolle, welche die Erkenntnis spielt. In einem *Nachlaß-Fragment* von Ende 1876 reflektiert er über den »Ersatz der Religion« und negiert die diesbezügliche Rolle der Kunst. Er ist sich mit Mainländer einig, dass die Kunst nur eine »Beihülfe der Erkenntniß« sein kann und dass ein »Ersatz der Religion nicht die Kunst, sondern die Erkenntniß« (KGW IV/2, 19 [99], 450) sei. Mit seinem Verständnis über die Rolle der Erkenntnis greift Mainländer außerdem »dem Buddhismusverständnis über ein gutes Jahrhundert voraus« (Gerhard 2002, 45). Er übernahm als erster abendländischer Philosoph buddhistisches Denken in seine Philosophie und verspleißte es mit christlichen Grundideen zu einer transkulturellen Soteriologie. Diese gipfelt in dem Resümee, dass »das Himmelreich nach dem Tode, *Nirwana* und das absolute Nichts Eines und dasselbe« (M I, 620) sei.

Dabei ist der Erkenntnisakt der Vernunft keinesfalls ein freier, sondern er entspringt ebenso der ersten Bewegung, der Mainländer als einziger Freiheit zubilligt. So ist selbst das »befreiende Princip« der Vernunft mit Notwendigkeit geworden und wirkt mit Notwendigkeit: »In der Welt ist kein Platz für die Freiheit« (M I, 106). Da diese Welt als ein Produkt einer transzendenten Einheit gilt, die den Weg zum Nichtsein als Zweck ihres Daseins innehat, sind demnach alle Handlungen für Mainländer moralisch oder ethisch begründet, die dem Willen die Erlösung im Nichtsein ermöglichen. Die sich daraus ergebenden geschichtsphilosophischen Implikationen als Vorstufe zur Erlösung (Entstehung des idealen Staates u. a. durch Aussöhnung von Kapital und Arbeit und der Lösung der sozialen Frage durch allgemeine Bildung und freie Schulen) stehen ebenso in einem krassen Gegensatz zu Schopenhauers Ansichten über den Staat, geben aber die Folie ab, vor deren Hintergrund sich das – philosophische – Konzept einer ›Schopenhauerschen Linken‹ (Ludger Lütkehaus) entwickelte. Lässt Schopenhauer eine *causa finalis* offen, steht sie für Mainländer unumstößlich fest. Das Streben nach Erlösung vom Sein gilt allerdings beiden Voluntaristen als unbestritten.

Basiert auf dem soteriologischen Element nach Mainländer überhaupt die Entstehung der Welt als Selbsterlösung der transzendenten Einheit, so ist für Schopenhauer Erlösung nur möglich über die Selbstverneinung des Willens zum Leben, als ›Aufhebung und Selbstverneinung‹. Demzufolge kann sich der Wille als Ding an sich nur als Akt der Freiheit selbst negieren – in der Erscheinung nur als Heilige und Asketen erkennbar. Diesem ›großen Mysterium der Ethik‹ stellt Mainländers Soteriologie ebenfalls eine Selbstverneinung eines Willens zum Leben gegenüber. Allerdings ist es der Wille einer Individuation, in der Transzendenz und Erscheinung identisch sind. Der soteriologische Akt jener Willen endet in der Selbstauslöschung des Individuums oder – als Summe aller Individuen – der Welt. Mainländer umgeht Schopenhauers Konstrukt, indem er die Individuation, die ja Erscheinung der vorweltlichen All-Einheit ist, als Negation und Erlösung immanent setzt, da sie – die Individuation – aufgrund des ersten Impulses der Transzendenz zur Welt wurde und Immanenz und

Transzendenz zusammenfallen. Braucht Schopenhauer als Akt der Selbstverneinung des monistischen Willens die ›Durchschauung des *principii individuationis*‹ von Asketen und Heiligen, können Mainländers Individualwillen eschatologisch agieren, indem sie – zum Beispiel via Suizid oder Virginität – Selbsterlösung unvermittelt erreichen. Der Wille zum Tode wird nur von den Willen zum Leben verhüllt. Der Erkennende agiert daher im Unterschied zum Lebenshungrigen unmittelbar: »Der Rohe will das Leben als ein vorzügliches *Mittel* zum Tode, der Weise will den Tod *direkt*« (M II, 251).

Julius Bahnsen

Julius Bahnsen (1830–1881) hatte unter den Protagonisten der Schule Schopenhauers, neben Frauenstädt, auch persönlichen Kontakt zu Schopenhauer. Seine Besuche beim Meister in Frankfurt am Main und sein Briefwechsel mit ihm spiegeln Bahnsens Schopenhauer-Verehrung, die sich bis zur Identifizierung ausweiten. In seiner Autobiographie lässt er sich von den »Freundlichstgesinnten« über den Status des Schülers, ›Jüngers‹ und ›Apostels‹ (s. Kap. 27) hinaus zum »Fortführer und Vollender« der Philosophie Schopenhauers apostrophieren (Bahnsen 1905, 49).

Dass sich Schopenhauers Willensmonismus in einen Willenspluralismus umformen lässt, der nicht dem Mainländerschen Individualwillen entspricht, zeigt sich in der pluralistischen Willensmetaphysik Bahnsens. Er artikuliert darin eine Vielheit von Willen, die in und außer sich zerrissen sind. Es handelt sich um »Wollewesen«, deren »[e]ns volens idemque nolens« nicht nur darin besteht, in zwei entgegengesetzte Richtungen auseinanderzustreben, »sondern der Inhalt selber« ist »ein in sich selbst widersprechender« (Bahnsen 1880, I, 174). Daher bestimmt Bahnsens *Realdialektik* als Willensmetaphysik die Zerspaltenheit der Willenspartikel nicht als eine dualistische Position (vergleichbar mit der cartesianischen Dualität von Geist und Materie), sondern er gibt ihr durchaus nur eine Substanz, aber die ist *in infinitum et in indefinitum* gespalten. Eine Erlösung ist nicht möglich.

Im Gegensatz zu dem von Bahnsen vor Schopenhauer stark rezipierten Philosophen Hegel, ist der Widerspruch analog zu Schopenhauers alogischem und völlig sinnlosem, monistischen Willen kein bloßes Durchgangsmittel für das Erkennen und Sein, sondern der Widerspruch entspricht dem unmittelbaren und unaufhebbaren Wesen der Welt selbst. Alle Versuche, eine Versöhnung der Weltgegensätze zu betreiben, haben den Charakter des Scheins.

Bahnsen erklärt die schon von Schopenhauer erkannte Unvernünftigkeit des universalen Willens aus seiner Zerrissenheit. Dieser Wille ist nicht logisch, er ist Wollen und ebenso Nicht-Wollen. Aus dieser Selbstentzweiung des Willens geht nach Bahnsen das Leid der Welt hervor. Deshalb wendet sich Bahnsen gegen eine aufrechnende Bilanz über den ›Wert des Daseins‹ (vs. Eugen Dühring) und ein aufgestelltes »Soll und Haben, um aus der Zusammenstellung des Lagerinventars der Glücksgüter und des Ausgabenkontos im Hauptbuch des Lebens [...] das resultierende Deficit an Lustgehalt nachzuweisen« (Bahnsen 1905, 166). Das pessimistische Fazit lässt sich für ihn sicherer aus den Prämissen der Individualpsychologie, als aus einer ›negativen Lust-Bilanz‹ (vs. Eduard von Hartmann) herleiten.

Bevor Bahnsen die *Realdialektik* veröffentlichte, reüssierte er mit seiner voluminösen zweibändigen *Charakterologie*. Seither gilt er als Begründer der wissenschaftlichen Charakterkunde. In ihr formulierte er anhand von Charakterdeskriptionen seine Erkenntnis, dass »wir alle nur zusammengehalten werden durch die Verschlingungen unserer Widersprüche, und wie das Sterben und der Tod – also das ganze Leben – eben nur darin besteht, daß das In- und Uebereinandergeschobene zerreißt und zerschleißt« (Bahnsen 1867, I, 13). Obwohl Bahnsen sich als Willensmetaphysiker versteht und die Grundlagen seiner Charakterographien aus dem Voluntarismus Schopenhauers herleitet, sind doch einige abweichende – und für den Selbstdenker Bahnsen typische – Zuordnungen im Blick auf das Wesen des Willens zu erkennen. Zum Beispiel nimmt das ›Gemüt‹ – ein Sonderling in der Willenslehre Schopenhauers – unter den charakterologischen Begriffen eine zentrale Stellung und ein einhundertseitiges zentrales Kapitel im ersten Band der *Beiträge zur Charakterologie* ein.

Dass er dem charakterologischen Erstling (er veröffentlichte noch einige kleinere Schriften zur Charakterlehre) »auf dem von Arthur Schopenhauer gelegten Fundamente Fuß fassen« lässt, begründet seinen Anspruch, in einer *Phänomenologie des Willens* den Willen »in *Individualitäten*« (ebd., 1) überhaupt zur Erscheinung zu bringen. Die weiterführende Charakterkunde (Ludwig Klages) basiert ebenso auf Bahnsens Realdialektik, wie die moderne Reformpädagogik mit Bahnsen einen Stammvater besitzt. Aufgrund seiner fast 20-jährigen Erfahrung als Oberlehrer in einem preußischen Realgymnasium festigt sich bei ihm die

Erkenntnis, dass es eine sinnvolle Pädagogik nur durch die individuelle Entwicklung und Förderung von Schülern geben kann.

Da Bahnsen den Menschen als »*intellectträchtige Henade*« auch in seinem Bestreben nach Erkenntnis widerspruchsvoll agieren sieht, also weder »potentiell Vernünftiges, oder latent Logisches« (Bahnsen 1880, I, 164) am Werke sieht, versucht er mit seiner *Kleinen Ästhetik* der Welt einen Spiegel vorzuhalten. Er ist sich bewusst, dass er mit der durchaus logisch strukturierten Sprache die unlogische Wirklichkeit und das Antilogische nicht erfassen und demzufolge seine Auseinandersetzung nie enden kann. In der Reflexion des Tragischen kommt für Bahnsen die wesentliche Selbstentzweiung des Weltwillens zur Erscheinung.

Das Kriterium des Tragischen sieht er in der totalen Unverträglichkeit des Gewollten mit sich selber: »Nur Eines von Beiden *thun* können, wo man Beides *will*, ist das unerbittliche Gesetz der Wirklichkeit, das allen tragischen Monologen ihren Inhalt giebt« (Bahnsen 1877, 14). Der sich selbst entzweiende Wille erkennt im Tragischen seine Grundeigenschaft, wird jedoch aufgrund der Tatsache, dass er in seinen beiden kontradiktorisch entgegengesetzten Hälften doch eines, nämlich Wille, ist, zusammengehalten. Dadurch wird das Zerfallen der Welt verhindert, und durch diese primäre, essentielle Einheit ergibt sich die Möglichkeit des Schönen, in dem sich der Wille über seine Selbstentzweiung belügt. Der Wille sättigt sich also am Schönen, das nichts ist als Schein, nämlich die vorgebliche Vereinigung des Widersprechenden und die damit verbundene Beseitigung des Weltzwiespalts. Das gelingt selbstredend nur durch Verdrängung der Wirklichkeit vermittels eines Rausches, welcher sich als »Körper- und Schwerelosigkeit vorspiegelnden Seelenhaschisch« versteht und sich das vormacht, nach dem er in anderen Bereichen seit »Ewigkeiten« (ebd., 6) vergeblich suchte.

In einem Dritten, dem Humor, sieht Bahnsen die Wahrheit in die Form des Scheins übergehen, wird der Willensgehalt in die Intellektssphäre gehoben und erreicht damit die Möglichkeit, vermittels der Gegenüberstellung des Geistes mit dem Gewollten über sich selbst hinaus zu gelangen. Neben dem Leid wird durch diese ästhetische Erkenntnisfunktion die andere Seite der Lebenswelt, das ungeheuerlich Groteske und Komische, vom reinen Humor erfasst. Der spezifische Inhalt des Humors besteht in dem unerbittlichen Taxieren von Lebenswerten an einem Maßstab, der sich selber als nichtig darstellt. Diese ›Selbstbesinnung im Tiefsten‹ und das ›zusichselberkommende Unvermögen wirklicher Verneinung‹ konzentriert sich dann konsequent auf die Möglichkeit der ideellen Selbstnegation und schreckt auch vor der eigenen Verneinung nicht zurück. Der Humor respektiert nicht einmal seine Souveränität, und sein freies Spiel unterliegt ebenso dem »Verachtungsdecret«, indem »dieser sich selber persiflirt dadurch, dass er das Wesen des Humoristischen selber zum Gegenstand humoristischer Ironie macht« (ebd., 126). Die neuere Forschung sieht aus diesem Grund Bahnsens Denken als Antizipation des *Absurden*, die dann im 20. Jahrhundert (Albert Camus) ihre Wirkung entfaltete (vgl. Alogas 2014).

Bahnsens pluralistischer Voluntarismus basiert auf seiner als 17-Jähriger formulierten Erkenntnis: »Der Mensch ist nur ein sich bewusstes Nichts« (Bahnsen 1905, XXXVII). Diese Aussage grundiert sein späteres Denken, dessen *philosophischer Pessimismus* vor allem durch einen durchgängigen *Nihilismus* geprägt ist. Rückblickend erkennt Bahnsen seinen philosophischen Werdegang in der »Wahrnehmung von der Negativität des Weltcharakters; an diesem quasi Hegel'schen Kern hatte sich erst späterhin die Schopenhauer'sche Willenslehre herumkrystallisirt, zur todten Abstraction jener das lebendige Beweismaterial liefernd« (Bahnsen 1880, I, 199).

Eduard von Hartmann

Eduard von Hartmann (1842–1906) verwies als einer der ersten auf eine existierende Schule Schopenhauers, ohne seine Zugehörigkeit zu bezeugen (s. Kap. 27). Die Verweise auf Schopenhauer sind in seinem philosophischen Erstling – welchen er als 24/25-jähriger Autodidakt verfasste und 1868 (mit der Jahreszahl 1869) veröffentlichte – mehr systematischer, begriffsgeschichtlicher Art, denn als explizite Schopenhauer-Exegese zu verstehen. Die *Philosophie des Unbewußten* wurde zu Hartmanns bekanntester Veröffentlichung, obwohl ihm einzelne Schriften seines vielbändigen Gesamtwerks mehr galten, als das Werk, das Hartmanns Ruhm begründete. Die folgenden Jahre wurden aus philosophischer Sicht das Jahrzehnt des ›Hartmannianismus‹ (so Friedrich Nietzsche), was die acht Auflagen bis 1878 erklärt. Selten musste ein Philosoph jedoch Ruhm und Vergessen erleben wie Hartmann. Als 1904 die bis auf drei Bände erweiterte elfte Auflage erschien, galt der einstige ›Modephilosoph‹ nach eigener Einschätzung nur noch als ›ausgegrabenes Fossil‹ (vgl. Hartmann 1989, Einl. I).

Die Erfolgsgeschichte der *Philosophie des Unbewußten* verdankt sich im Wesentlichen dem Versuch

Hartmanns, in jener Zeit der die philosophische Diskussion beherrschenden Schopenhauer-Rezeption, sein Werk als das des wahren und einzigen Vollenders der Philosophie Schopenhauers einzuführen. Seinen Anspruch, den Schopenhauerschen Begriff des Willens mit dem im 19. Jahrhundert geläufigen und nicht erst durch Sigmund Freud ›entdeckten‹, markanten Begriff des Unbewussten zu verbinden, begründet er mit der Synthese vom ›unbewussten Willen‹ mit der ›unbewussten Vorstellung‹. Vor dem Hintergrund der Lehren von Hegel, Schelling, Darwin und Schopenhauer entwirft Hartmann einen ›evolutionären Optimismus‹, der das Ende vom allgegenwärtigen Leid in der ›kollektiven Erlösung‹ der Menschheit sieht. Dem voraus gehen die drei Etappen der Desillusion, die mit den mensch(männ)lichen Entwicklungsstadien und den Geschichtsepochen korrespondieren: Kindheit (Antike) – Jüngling (Mittelalter) – Mann/Greis (Neuzeit). Auf die Erkenntnis, dass kein Glück in der Gegenwart, im Leben nach dem Tode oder in der Zukunft liegen kann, folgt der unweigerliche Entschluss der Gesamtheit der Individuen zur gleichzeitigen Selbsterlösung. Im Blick auf das Problem der Theodizee gilt Hartmann die Welt als die beste aller möglichen, ›aber sie ist schlimmer als keine‹.

Die Kritik der zeitgenössischen Rezipienten fiel entsprechend aus. Nietzsche und Bahnsen verhöhnten, nach anfänglicher Zustimmung, Hartmanns ›kollektiven Suizid‹. Mainländer widmete den 13. Essay im zweiten Band seiner *Philosophie der Erlösung* einer scharfen, polemischen Replik auf Hartmanns Entwurf.

Eine Gemeinsamkeit des Nachschopenhauerschen philosophischen Pessimismus, deren Analyse Hartmann mehrere Schriften widmete, bestand in der Ablehnung des Mitleids als Grundlage moralischen Handelns. Hartmann lässt in seinem ethischen Hauptwerk, der *Gefühlsmoral*, ebenso nur eudämonistische Motive gelten, die, im Gegensatz zum Mitleid, ausdrücklich in der *Mitfreude* ihr Hauptmotiv erblickt (vgl. Hartmann 2006).

Eine weitere Gemeinsamkeit besteht in der Modifikation von Schopenhauers monistischer Metaphysik des Willens. Der Nachschopenhauersche Voluntarismus differenzierte einen Begriff des individuellen Willens aus, der sich einerseits zu individuell-partikularen, nach Erlösung strebenden (Philipp Mainländer, Eduard von Hartmann), andererseits zu exponentiell-pluralistischen, ewig widerspruchsvoll agierenden Willenskonzepten (Julius Bahnsen, Friedrich Nietzsche) weiterentwickelte. Die Ablösung von Schopenhauer geschah bei diesen Protagonisten so leidenschaftlich, wie sie ihre unterschiedlichen und gegensätzlichen Positionen in der Auseinandersetzung um die Nachfolge Schopenhauers zuspitzten. Als radikalstes ›System‹ wurde von einem zeitgenössischen Schopenhauer-Multiplikator die Realdialektik Bahnsens ausgemacht. Er habe »das non plus ultra im Pessimismus geleistet« (Volkelt 1873, 271).

Literatur

Alogas, Konstantin: *Das Prinzip des Absurden. Eine historisch-systematische Untersuchung zur modernen Erkenntniskritik*. Würzburg 2014.

Bahnsen, Julius: *Beiträge zur Charakterologie. Mit besonderer Berücksichtigung pädagogischer Fragen*. 2 Bde. Leipzig 1867.

Bahnsen, Julius: *Zur Philosophie der Geschichte. Eine kritische Besprechung des Hegel-Hartmannschen Evolutionismus aus Schopenhauerschen Principien*. Berlin 1872.

Bahnsen, Julius: *Das Tragische als Weltgesetz und der Humor als ästhetische Gestalt des Metaphysischen. Monographien aus den Grenzgebieten der Realdialektik*. Hg. von Winfried H. Müller-Seyfarth. Berlin 1995 (Nachdr. von 1877).

Bahnsen, Julius: *Der Widerspruch im Wissen und Wesen der Welt. Princip und Einzelbewährung der Realdialektik*. 2 Bde. Hg. von Winfried H. Müller-Seyfarth. Hildesheim/Zürich/New York 2003 (Bd. I: Nachdr. von 1880; Bd. II: Nachdr. von 1882).

Bahnsen, Julius: Die Stunden bei Schopenhauer. In: Ders.: *Wie ich wurde, was ich ward*. Hg. von Rudolf Louis. München/Leipzig 1905, 45–49.

Gerhard, Michael: Der ›flammende Osten der Zukunft‹. Philipp Mainländer, der ›Buddhismus‹ und das späte 19. Jahrhundert. In: Winfried H. Müller-Seyfarth (Hg.): *Was Philipp Mainländer ausmacht. Offenbacher Mainländer-Symposium 2001*. Würzburg 2002, 39–47.

Hartmann, Eduard von: *Philosophie des Unbewußten. Versuch einer Weltanschauung*. Hg. und eingel. von Ludger Lütkehaus. Hildesheim/Zürich/New York 1989 (Nachdr. von 1869).

Hartmann, Eduard von: *Die Gefühlsmoral*. Mit einer Einleitung hg. von Jean-Claude Wolf. Hamburg 2006.

Hartmann, Eduard von: *Phänomenologie des sittlichen Bewußtseins. Eine Entwicklung seiner mannigfaltigen Gestalten in ihrem inneren Zusammenhang*. Mit einem Nachwort hg. von Jean-Claude Wolf. Göttingen ^{4}2009.

Heydorn, Heinz-Joachim: *Julius Bahnsen. Eine Untersuchung zur Vorgeschichte der modernen Existenz*. Göttingen/Frankfurt a. M. 1952.

Horstmann, Ulrich: Schopenhauers Satellitenschüssel. Der Meisterdenker und seine Rezeption. In: Fabio Ciraci/Domenico M. Fazio/Matthias Koßler (Hg.): *Schopenhauer und die Schopenhauer-Schule*. Würzburg 2009, 141–148.

Lerchner, Thorsten: *Der Begriff des »Charakters« in der Philosophie Arthur Schopenhauers und seines Schülers Philipp Mainländer*. Bonn 2010 (Diss. Bonn 2010; pdf-Dokument unter: http://hss.ulb.uni-bonn.de/2010/2264/2264.htm).

Lerchner, Thorsten: *Mainländer-Reflexionen. Quellen – Kontext – Wirkung* (= Internationale Mainländer-Studien, Bd. 3). Würzburg 2016.

Lütkehaus, Ludger (Hg.): *›Dieses wahre innere Afrika‹. Texte zur Entdeckung des Unbewußten vor Freud*. Mit einer Einleitung von Ludger Lütkehaus. Frankfurt a. M. 1989.

Mainländer, Philipp: *Schriften*. 4 Bde. Hg. von Winfried H. Müller-Seyfarth. Hildesheim/Zürich/New York 1996–1999 (Bd. I: *Die Philosophie der Erlösung. Erster Band* [Nachdr. von 1876]; Bd. II: *Die Philosophie der Erlösung. Zweiter Band. Zwölf philosophische Essays* [Nachdr. von 1886]; Bd. III: *Die Letzten Hohenstaufen. Ein dramatisches Gedicht in drei Theilen: Enzo-Manfred-Conradino* [Nachdr. von 1876]; Bd. IV: *Die Macht der Motive. Literarischer Nachlaß von 1857 bis 1875*. Vorw. von Ulrich Horstmann. Mit-Hg. Joachim Hoell [Erstdr. 1999]; textidentisch: *Mainländer im Kontext. Gesammelte Werke auf CD-ROM*. Mit Nachträgen zur Biographie, Herausgebereinleitungen, Gesamtbibliographie und Personenregister. ViewLit-Professional. Karsten Worm/InfoSoftWare Berlin 2011) [M].

Mainländer, Philipp: *Vom Verwesen der Welt und andere Restposten. Eine Werkauswahl*. Hg. und eingel. von Ulrich Horstmann. Waltrop/Leipzig 2004.

Müller-Seyfarth, Winfried H.: *Metaphysik der Entropie. Philipp Mainländers transzendentale Analyse und ihre ethisch-metaphysische Relevanz*. Mit einem Vorwort von Franco Volpi. Berlin 2000.

Müller-Seyfarth, Winfried H.: Julius Bahnsen. Realdialektik und Willenshenadologie im Blick auf die ›postmoderne‹ Moderne. In: Fabio Ciraci/Domenico F. Fazio/Matthias Koßler (Hg.): *Schopenhauer und die Schopenhauer-Schule*. Würzburg 2009, 231–246.

Nietzsche, Friedrich: *Werke. Kritische Gesamtausgabe*. Hg. von Giorgio Colli und Mazzino Montinari. Berlin/New York 1967 ff. [KGW].

Pauen, Michael: Eduard von Hartmann. In: Ders.: *Pessimismus. Geschichtsphilosophie, Metaphysik und Moderne von Nietzsche bis Spengler*. Berlin 1997, 122–131.

Rademacher, Guido: *Der Zerfall der Welt. Philipp Mainländer – kurz gelebt und lange vergessen. Vita und Werk eines Optimisten*. Mit einem Vorw. von Franco Volpi. London 2008.

Volkelt, Johannes: *Das Unbewußte und der Pessimismus*. Berlin 1873.

Wolf, Jean-Claude: *Eduard von Hartmann. Ein Philosoph der Gründerzeit*. Würzburg 2006.

Wolf, Jean-Claude: Eduard von Hartmann als Schopenhauerianer? In: Fabio Ciraci/Domenico F. Fazio/Matthias Koßler (Hg.): *Schopenhauer und die Schopenhauer-Schule*. Würzburg 2009, 189–214.

Winfried H. Müller-Seyfarth

29 Wilhelm Dilthey

Neben einem allgemeinen Interesse an der Wirkungsgeschichte der Philosophie Schopenhauers ist deren Einfluss auf Wilhelm Dilthey (1833–1911) in letzter Zeit durch die Betonung ›hermeneutischer‹ Grundströmungen im Werk Schopenhauers bedeutsam geworden (s. Kap. 40). Da Dilthey eine Art ›Scharnierfunktion‹ zwischen der klassischen Hermeneutik im 19. Jahrhundert und der Philosophischen Hermeneutik des 20. Jahrhunderts einnimmt, ließen sich hier nicht nur Aspekte der Wirkungsgeschichte thematisieren, sondern zudem Schopenhauers Verbindung zur Hermeneutik des 20. Jahrhunderts präzisieren sowie die hermeneutische Linie von Schleiermacher zu Dilthey um Einflüsse durch Schopenhauer ergänzen. Dieser Gesichtspunkt wäre auch insofern von Belang, als Schopenhauer bisher für die Geschichte der Hermeneutik weitgehend unbeachtet geblieben ist.

Obwohl Dilthey an vielen Punkten Bezüge zu Schopenhauer – sei es zustimmend, sei es ablehnend – hergestellt hat, ist die Verbindung der beiden kaum erforscht (zu den wenigen Ausnahmen gehören Müller 1985 und Fellmann 1991, 74–83). Bis jetzt lässt sich in biographischer Hinsicht weder rekonstruieren, wann Dilthey begonnen hat, Schopenhauer zu rezipieren, noch welche Rolle dieser für die Konzeption seines Werkes gespielt hat. Hier liegt ein Desiderat sowohl der Schopenhauer- als auch der Dilthey-Forschung.

Ungeachtet der ungeklärten biographischen und werkgeschichtlichen Einflüsse verbinden Schopenhauer und Dilthey in systematischer Hinsicht viele Aspekte. Da ist z. B. ihre ambivalente Anknüpfung an die Transzendentalphilosophie Kants: Beide sehen in Kants kritischer Philosophie einen wesentlichen Bezugspunkt ihres eigenen Denkens, betonen aber auch deren Unzulänglichkeit. So versucht Schopenhauer die Einseitigkeit der Überlegungen Kants durch eine am menschlichen Leib ansetzende immanent-hermeneutische Metaphysik zu überwinden, während Dilthey ergänzend eine ›Kritik der historischen Vernunft‹ zu entwerfen sucht. Für beide bildet das *Erleben* des Menschen den Bezugspunkt des Denkens und beide suchen einen auslegenden, verstehenden Zugang zu den Ausdrucksgehalten des Lebens.

Erschwert wird ein systematischer Vergleich allerdings dadurch, dass viele Überlegungen Diltheys fragmentarisch geblieben und im Laufe seiner denkerischen Entwicklung umbewertet worden sind. Dies könnte auch ein Grund dafür sein, dass sich durchaus unterschiedliche Einschätzungen der Bedeutsamkeit Schopenhauers in den Schriften Diltheys finden lassen (s. u.). Dilthey widmet Schopenhauer keine längere systematische Auseinandersetzung, ein einheitliches Schopenhauerbild ist in den eher fragmentarischen Stellungnahmen nicht zu erkennen. Unabhängig davon lässt sich aber zeigen, dass Dilthey eine detaillierte Kenntnis der Werke Schopenhauers besaß sowie einen umfassenden Überblick über die seiner Zeit gängigen Kommentare zu Schopenhauer. Zu nennen sind hier die Arbeiten von Rudolf Seydel, Gerhard Schwabe, Louis-Alexandre Foucher de Careil, Georg von Gizycki, Eduard Grisebach, Wilhelm Gwinner, Friedrich Haacke, Julius Frauenstädt, Kuno Fischer und Adolf Trendelenburg. Rudolf Haym scheint durch Anregung von Dilthey zu Schopenhauer gekommen zu sein (vgl. Haym 1902, 281).

An längeren Schriften mit Bezug zu Schopenhauer erscheinen 1862 (wohl eher aus finanziellen Gründen, vgl. Dilthey 2011, 287) in der *Berliner Allgemeine[n] Zeitung* zwei von Dilthey anonym veröffentlichte Buchbesprechungen, von denen die eine in Auseinandersetzung mit einem Buch Ernst Otto Lindners und mit Nachlassveröffentlichungen von Julius Frauenstädt Dilthey Gelegenheit gibt, scharfe Kritik an Schopenhauer zu üben, dem er im Wesentlichen vorwirft, dank seiner problematischen Methode »anstatt wirkliche Untersuchung überall den Scheinbeweis, der in der Übereinstimmung einzelner Phänomene und allgemeiner Theorien liegt, und der für jede, noch so absurde, wenn nur hinlänglich unbestimmte und allgemeine Theorie gewonnen werden kann, hinzustellen«, ein Werk geschaffen zu haben, in dem eine »merkwürdige beständige Verwandlung des Persönlichen, Subjektiven der psychologischen Erfahrung in metaphysische Ideen« (GS XVI, 361) vorherrscht. Zustimmung signalisiert Dilthey nur zu den

> »wenigen und sehr einfachen richtigen metaphysisch-psychologischen Gedanken, zu welchen wir vor allen die erneuerte und schärfer durchgeführte Unterscheidung der verschiedenen Formen des Satzes vom Grunde rechnen, dann die Hinweisung auf die Intellektualität der Sinneswahrnehmungen, […] endlich aber einige psychologisch-ethische Erkenntnisse über den Willen im Individuum und seine Schicksale, welche sich an Fichtes und Schellings Gedanken über denselben anschließen […]« (ebd., 356).

In der anderen Besprechung widmet er sich unter dem Titel »Schopenhauers Lehre und Leben« einem Buch von Wilhelm Gwinner. 1864 veröffentlicht Dilthey unter dem Pseudonym Wilhelm Hoffner schließlich noch eine längere und sehr gut informierte biographische Darstellung in *Westermanns Monatshefte[n]*. Hier betont Dilthey nun, dass insbesondere Schopenhauers Lebenserfahrung, sein Pessimismus und seine »Gedanken von Stärke und Schwäche der menschlichen Natur« (GS XV, 74) durchaus interessant seien für weitergehende Betrachtungen (vgl. ebd.), wenn auch mit der Einschränkung: »ohne daß man die Schlüsse zugleich untersucht, zu welchen sie Schopenhauer geführt haben« (ebd.). Methodologisch schätzt Dilthey Schopenhauers Philosophie an dieser Stelle nun so ein, dass sie »beansprucht, die Phänomene des menschlichen Lebens und seines Verlaufs ganz unbefangen und mit induktivem Geiste für sich aufzufassen und für sie erst, nachdem sie klar und deutlich *festgestellt* sind, die Begründung aufzustellen, welche sie dann freilich erst völlig verständlich und sozusagen durchsichtig mache« (ebd.; vgl. auch GS VIII, 197; kritisch zur Methode auch GS V, 355; GS VI, 35).

Auch in den frühen Vorlesungen Diltheys in Berlin und Basel zwischen 1864 und 1868 spielt Schopenhauer eher die Rolle eines kritischen Bezugspunkts. Zwischen 1875 und 1892 setzt sich Dilthey im Rahmen psychologischer Studien mit Schopenhauers Willensbegriff auseinander. In den »Breslauer Vorlesungen« lässt sich in dem Abschnitt »Psychologie« von 1878 dann nachlesen, dass – gemäß Diltheys kritischer Einstellung gegenüber Metaphysik – Schopenhauers Metaphysik zwar »haltlos« (GS XXI, 121) sei, aber seine Psychologie »wertvoll« (ebd.): »Wir wollen den Ausgangspunkt Schopenhauers teilen, [...] demgemäß der menschliche Wille etwas Primäres ist« (ebd., 122). Zahlreiche weitere Bezugnahmen liefern u. a. Schopenhauers Begriff der Vorstellung (vgl. GS XIX, 18 f.), seine Wahrnehmungslehre (vgl. GS V, 93) und das Kausalprinzip (vgl. GS XIX, 373). Dilthey lehnt zwar dessen A-Priorität ab (vgl. ebd.), erkennt aber Schopenhauers Beitrag für die ihm so wichtige »Intellektualität der Sinneswahrnehmung« (ebd., 335; vgl. auch GS XXIII, 329) an, wenn auch mit der Einschränkung, dass diese aber erst von Helmholtz ausgearbeitet worden sei.

Zudem begegnet dem Leser Diltheys die Einschätzung der Philosophie Schopenhauers als »metaphysische[r] Dichtung« (GS XIX, 328) und als »Lebensphilosophie« (GS VIII, 197). In seiner Typologie philosophischer Theorien ordnet Dilthey Schopenhauer unter den »Objektiven Idealismus« ein (vgl. Berg 2003, 19 ff.). Kritisch äußert sich Dilthey – in einer der wenigen ausführlicheren Auseinandersetzungen – auch hinsichtlich der Ethik Schopenhauers, genauer: zu dessen Mitleidskonzeption (vgl. Müller 1985, 221). So argumentiert Dilthey, dass das Mitleid kein »Urphänomen« (GS X, 69) sei, ja Schopenhauers »Lehre vom Mitleid [...] eine Animalisierung der Sittlichkeit ist« (ebd., 102).

Affirmativer nehmen sich die Textstellen in den späteren Schriften Diltheys aus, die sich auf methodologische Weichenstellungen Schopenhauers beziehen und damit ja gerade interessant sind für die in Frage stehende hermeneutische Linie. Ausgangspunkte scheinen hier Schopenhauers Immanenzgedanke und seine Inthronisierung der Erfahrung zu sein. Bekanntlich beansprucht Schopenhauer eine »Auslegung des in der Außenwelt und dem Selbstbewußtseyn Gegebenen« (W II, 744 (Lü)) zu geben. Wenn die äußere an die innere Erfahrung geknüpft wird, muss das »Ganze der Erfahrung [...] aus sich selbst gedeutet, ausgelegt werden können« (W II, 212 (Lü)). Wie sehr Dilthey der Anspruch, das Auslegen und Deuten ohne transzendente Zielsetzung als methodische Grundlage philosophischen Denkens in Anschlag zu bringen, überzeugt, zeigt eine Textstelle in dem Fragment »Die deutsche Philosophie in der Epoche Hegels«, wo es heißt: »Darin aber liegt nun inmitten dieser Entwicklung Schopenhauers einsame Stellung und seine überlegene Größe, daß er diese aus dem Erlebnis geschöpften Anschauungen ausschließlich verwertet hat, die Welt, wie sie gegeben ist, zu interpretieren, ohne durch eine Art von Mystik sie überschreiten zu wollen.« Und weiter: »[F]olgerichtiger als irgendein anderer Denker dieser Zeit hat er [Schopenhauer] die Interpretation der Welt aus ihr selbst durchzuführen unternommen. Das ist seine Größe. [...] Sein tiefes Auge blickt in das Antlitz der Welt, um ihr in die Seele zu dringen« (GS IV, 262; vgl. auch ebd., 211). Es ist daher nur konsequent, wenn Dilthey Schopenhauer neben anderen für diese Leistung an den Anfang seiner eigenen philosophischen Tradition setzt: »[...] das Leben soll aus ihm selber gedeutet werden – das ist der große Gedanke, der diese Lebensphilosophen mit der Welterfahrung und mit der Dichtung verknüpft. Von Schopenhauer ab hat dieser Gedanke sich immer feindlicher gegen die systematische Philosophie entwickelt; jetzt bildet er den Mittelpunkt der philosophischen Interessen der jungen Generation« (GS V, 370 f.). Dass Dilthey die Basis seines eigenen philosophischen Projekts in eben diesem Bereich ansiedelt, legen zahlreiche Selbstaussagen nahe, so heißt es beispielsweise: »[D]er herrschende Impuls in meinem philosophischen Denken [ist], das Leben aus ihm selber verstehen zu wollen« (ebd., 4; vgl. auch Kohl 2014, 86–97). Doch gilt es an dieser Stelle genauer zu fragen, was das für Dilthey bedeutet. Zumindest phasenweise versucht Dilthey die Differenz zwischen Natur- und Geisteswissenschaften über die Pole von Erklären und Verstehen, aber auch über unterschiedliche Gegenstandsbereiche zu beschreiben. Im Gegensatz zu den Naturwissenschaften richten die Geisteswissenschaften, die die »geschichtlich-gesellschaftliche Wirklichkeit zu ihrem Gegenstande haben« (GS I, 4), ihren Blick auf das Leben als das »von innen Bekannte« (GS VII, 261). Auch in diesem Punkt lässt sich die Parallele aufgreifen. Obgleich Schopenhauer Anknüpfungspunkte zu naturwissenschaftlichen Erkenntnissen gesucht hat – und diese auch als Auszeichnung seines Denkens verstanden wissen wollte –, hat er doch stets betont, dass die Philosophie eine eigene Methode gegenüber den Naturwissenschaften verfolge: Während die Naturwissenschaften Relationen anhand des Satzes vom Grund nachgehen, konzentriert sich die Philosophie auf das ›Was‹ der Welt. Ihre Zusammenhänge sollen aus ihr selbst – wie bereits erwähnt – gedeutet werden, wobei der Wille den Schlüssel zur Auslegung bietet. Auch bei Schopenhauer fällt somit eine ähnliche Unterscheidung wie die zwischen Erklären und Verstehen ins Auge: ein Denken nach Maßgabe des Satzes vom Grund und eine Auslegung des Weltzusammenhangs (vgl. Langbehn 2005, 26; Schubbe 2012).

Weitere Parallelen zwischen den philosophischen Konzepten Diltheys und Schopenhauers lassen sich anhand der Unterscheidung von innerer und äußerer Erfahrung gewinnen. Für Dilthey ermöglichen die innere und äußere Erfahrung zwei deutlich voneinander zu unterscheidende Wirklichkeitszugänge, denn dem »bloßen Vorstellen bleibt die Außenwelt immer nur Phänomen« (GS I, XIX). Doch da er mit der »ganze[n], volle[n], unverstümmelte[n] Erfahrung« (ebd., 123) zu Philosophieren sucht, kann für ihn das Erkenntnissubjekt, das zum Leben als solches durchzudringen vermag, nur der Mensch mit seinem »ganzen wollend fühlend vorstellenden Wesen« (ebd., XIX) sein. Im »willenerfüllte[n] Ich« ist »die ganze Welt erst da« (ebd., 190; vgl. Fellmann 1991, 81). Auch für Schopenhauer lässt sich der einseitige Zugang zur Welt über die Vorstellung nur überwinden, indem gegenüber dem vorstellenden Denken das eigene Erleben des Leibes miteinbezogen wird. Es geht beiden darum, das Leben »aus ihm selber« verstehen zu wollen (vgl. Müller 1985, 219 f.). In der Formulierung »Leben erfaßt hier Leben« (GS VII, 136) zeigt sich die Gemeinsamkeit zu Schopenhauer hinsichtlich der geforderten Immanenz dadurch, dass das Erkennen nicht hinter das Leben »zurückgehen« kann, denn »[w]ie das Objekt aussieht, wenn niemand es in sein Bewußtsein aufnimmt, kann man nicht wissen wollen« (GS I, 394). Allerdings unterscheiden sich Schopenhauer und Dilthey auch hier: Nicht nur lehnt Dilthey die von Schopenhauer vollzogene metaphysische Überhöhung des Willens ab (vgl. ebd., 390; Fellmann 1991, 81 f.), auch ein erkenntnistheoretischer Punkt trennt beide; während Schopenhauer in der unmittelbaren Erfahrung des Willens durch den Leib noch erkenntnisbedingt eine Trennung von Selbstbewusstsein und Wille sieht, mithin der Wille nicht vollständig erkannt werden kann, ist das Erlebnis für Dilthey etwas, in dem Erkennendes und Erkanntes bereits zu einer Einheit verschmelzen. Es zeigt sich aber eine Parallele in Bezug auf das »Innewerden«: In Diltheys Berliner Logik-Vorlesungen findet sich ähnlich wie bei Schopenhauer eine Unterscheidung zwischen dem Vorstellen von Objekten und dem Innewerden unserer selbst (vgl. GS XX, 170). Hier formuliert Dilthey auch: »Den Anfang aller ernsten Philosophie bildet die Einsicht: Was für mich da ist, ist es nur als Inhalt meines Bewußtseins« (ebd., 169). Jedoch ist hier Vorsicht geboten: Auch wenn diese Formulierung auf den ersten Blick an Schopenhauers Eingangssätze von *Die Welt als Wille und Vorstellung* erinnert, so ist diese von Dilthey doch eher in kritischer Absetzung zu Schopenhauer gemeint, insofern jener den Begriff »Vorstellung« durch den »der Totalität unsres Bewußtseins, unsres geistigen Wesens ersetze. Diese ist die Bedingung für das Dasein von Gegenständen für uns, nicht aber unser bloß vorstellendes Verhalten. Realität, Wirklichkeit bedeutet das für das Ganze unsres geistigen Lebens Gegebensein. Ich bezeichne das so Gegebene in Unterscheidung von der bloßen Wahrnehmung als Erfahrung« (ebd., 152 f.).

Für Dilthey sind es unsere eigenen »Lebensbezüge«, die uns die Bedeutung unseres Daseins aufschließen und uns erkennen lassen, welchen Platz wir in ihm einnehmen:

> »Die Natur ist uns fremd. Denn sie ist uns nur ein Außen, kein Inneres. Die Gesellschaft ist unsere Welt. Das Spiel der Wechselwirkungen in ihr erleben wir mit, in aller Kraft unseres ganzen Wesens, da wir in uns selber von innen, in lebendigster Unruhe, die Zustände und Kräfte gewahren, aus denen ihr System sich aufbaut« (GS I, 36 f.).

Die für die Lebensphilosophie und Hermeneutik wichtige Trennung von Innen und Außen, die sich hier zeigt (zu diesem Punkt vgl. Fellmann 1991, 80 f.), findet eine Parallele bei Schopenhauer, der ebenfalls zwischen einer äußeren und inneren Erfahrung unterscheidet, deren »Zusammenbringen« zur Auslegung der Welt führen soll. Im Zentrum steht dabei für Schopenhauer der eigene Leib, der sich mittelbar von außen und unmittelbar von innen erkennen lässt, wobei die komplexe innere Leiberkenntnis von Schopenhauer unter dem Begriff »Wille« gebündelt wird. Die doppelte Leiberkenntnis wird schließlich per Analogie auf die übrige Welt übertragen (s. Kap. 6.4). In den Vorlesungen zur »Systematik der Philosophie« (Berlin 1899–1903) nimmt Dilthey in einem Abschnitt, in dem er die »Verbindung der äußern mit der innern Wirklichkeit in dem Verstehen« (GS XX, 310) erläutert, fragmentarisch Bezug auf Schopenhauer:

> »Hierin liegt der unermeßliche Vorzug, welchen die Auffassung der innern Zustände und der gesamten geschichtlichen Welt besitzt – daher denn auch alle Metaphysik nie etwas anderes tat, als den erlebten Zusammenhang im Innern zu übertragen auf das Universum, bald einen logischen, bald einen Willens-Zusammenhang; hierfür ja Schopenhauers System am besten, er hat ganz unbefangen erklärt, daß wir nur durch das Analogon des Willens dasjenige verstehen, was in dem Universum...« (ebd., 311).

Im Anschluss hebt Dilthey auch die Analogie hervor, denn

> »wir glauben, in das Innere eines andern Menschen hineinzublicken, indem wir ein Wort, eine Gebärde verstehen. Dieser hier vorliegende Vorgang faßbar als ein Schluß der Analogie [...]; in letzter Instanz ist es diese von innen von uns erlebte, von außen wahrgenommene Verknüpfung eines innern Vorgangs mit einem äußern, worauf alle Schlüsse beruhen, die, einem Analogieschluß vergleichbar, als Verstehen, Interpretieren bezeichnet werden können« (ebd., 312 f.).

Obgleich die Tragweite der Analogiebildung und die durch sie verbundenen Gegenstandsbereiche bei Dilthey und Schopenhauer durchaus divergieren, bildet die Analogiebildung doch eine zentrale Parallele hinsichtlich der Verknüpfung von äußerer und innerer Erfahrung (zu den diesbezüglichen Differenzen vgl. Homann 1996, 19 f.).

Inhaltliche Divergenzen konterkarieren hingegen die aufgezeigten methodologischen Parallelen. In den bereits erwähnten Artikeln in der *Berliner Allgemeine[n] Zeitung* polemisiert Dilthey insbesondere gegen Schopenhauers pessimistische Weltsicht. Er sieht hier in Schopenhauer aufgrund dessen Defätismus einen »Sonderling von einem beinahe an Narrheit streifenden Egoismus und einem halbwahnsinnigen Mißtrauen gegen alle Welt« und fragt sich, ob man von ihm »überhaupt gerade Gedanken und eine wahre und gesunde Empfindung der Welt gegenüber erwarten dürfe« (GS XVI, 357). An dieser Stelle erkennt man deutlich die Kluft zwischen Diltheys Bewertung der Schopenhauerschen Metaphysik und dessen Weltanschauung. Denn diese Aussage beißt sich seltsam mit der oben zitierten Aussage, Schopenhauer sei in der Lage, »in das Antlitz der Welt [zu blicken], um ihr in die Seele zu dringen«. Dilthey ist hingegen hier der Ansicht, dass Schopenhauers Klagen nicht nur unglaubwürdig, sondern tatsächlich komisch wirken, denn nur der Verkaterte oder an Zahnschmerzen Leidende könnte hier ernstlich zustimmen, »jeder andere Leser wird sich durch solche Übertreibungen eher zum Gelächter als zur Bestimmung angeregt fühlen« (ebd., 395; dagegen heißt es 1894, dass »Schopenhauers pessimistische Lehre von dem Überwiegen des Schmerzes im organischen Leben durch die Tatsachen bestätigt« werde, GS V, 208).

Schlimmer noch wiegt für Dilthey aber der »Zwiespalt zwischen Lehre und Leben«, den er bei Schopenhauer zu beobachten meint. Dieser »häßliche[.] Fehler« (GS XVI, 397) zeige sich nicht nur in Schopenhauers Eskapismus, sondern vor allem in seiner Überzeugung, zur Aristokratie des Geistes zu gehören. Hätte Schopenhauer seinen Gedanken, dass jeder Mensch nur eine Objektivation des einen Willens zum Leben ist, ernst genommen, wäre es ihm nicht möglich gewesen, sich selbst als etwas Höherwertigeres als seine Mitmenschen anzusehen. Die Konsequenz dieses »unbegrenzte[n] Hochmut[s]« (ebd., 394) liege schließlich darin, dass Schopenhauer seine Erlösungslehre selbst nicht anwandte: »Seine Mission war es, die Lehre aufzustellen, und um diese Mission erfüllen zu können, bedurfte er des ungestörten Genusses eines beträchtlichen Vermögens und einer kräftigen und reichlichen Nahrung [...]« (ebd., 397).

Der eigentliche Grund für die Ablehnung des Pessimismus Schopenhauers liegt für Dilthey wohl aber in dessen mangelndem Geschichtsbewusstsein (vgl. ebd., 396; vgl. zur Geschichte auch GS XX, 98) und der Ablehnung eines Fortschritts der Menschheitsgeschichte. Gerade dies reizt Dilthey wieder zu einer polemischen Aussage:

»Anstatt die Welt zu genießen, sollen wir strenge Askese üben, anstatt unsere geistigen Kräfte dazu anzuwenden, die menschliche Lage durch neue Erfindungen und bessere Staatseinrichtungen zu verbessern, sollen wir mit kreuzweise gelegten Beinen, die Augen auf die Nasenspitze gerichtet, sitzen und sechstausendmal mit geschlossenen Lippen das heilige Wort ›Om‹ wiederholen, um dereinst zum Nirwana zu gelangen« (GS XVI, 396 f.).

An anderer Stelle heißt es: »Immer sind Wände da, die uns einschränken. Tumultuarische Bemühung, sie ganz loszuwerden, in Feuerbach, Schopenhauer und Nietzsche. Unmöglichkeit hiervon; denn man stößt hier eben an die Geschichtlichkeit des menschlichen Bewußtseins als eine Grundeigenschaft desselben« (GS VIII, 38). Dabei zeigt sich, dass die Geschichte für Dilthey einerseits einen anderen Stellenwert, aber auch eine andere Bedeutung hat. Es geht ihm nicht um die Katalogisierung der *res gestae* und damit um die nachträgliche Rekonstruktion einzelner historischer Ereignisse, sondern um ein historisches Bewusstsein. Durch die Geschichtlichkeit wird ein »innerer Strukturzusammenhang« der Welt erzeugt, in den sich der Mensch einzuordnen weiß, und so kann er erst sich selbst und seinem Leben eine *Bedeutung* zusprechen. Diesen Vorgang nennt Dilthey »historische Selbstbesinnung«. Verstehen wir die Welt, in der wir unseren individuellen Platz eingenommen haben, verstehen wir auch uns. Und diese Annahme führt schließlich zu Diltheys vielzitiertem Diktum: »Was der Mensch sei, sagt ihm nur seine Geschichte« (ebd., 224). Für Dilthey haben »[a]lle letzten Fragen nach dem Wert der Geschichte [...] schließlich ihre Lösung darin, daß der Mensch in ihr sich selbst erkennt. Nicht durch Introspektion erfassen wir die menschliche Natur« (GS VII, 250). Dilthey übersieht zwar nicht, dass es bei Schopenhauer auch Anklänge an eine positivere Einschätzung der Bedeutung von Geschichte gibt – er bezieht sich z. B. auf das Kapitel 38 des zweiten Bandes von *Die Welt als Wille und Vorstellung* –, aber er erkennt hierin nur die Anerkennung eines »relativen Wert[s] der Geschichte« (GS XVI, 366) – für Dilthey zu wenig.

Literatur

Berg, Robert Jan: *Objektiver Idealismus und Voluntarismus in der Metaphysik Schellings und Schopenhauers*. Würzburg 2003.

Dilthey, Wilhelm: *Gesammelte Schriften*. Göttingen 1914 ff. [GS].

Dilthey, Wilhelm: *Briefwechsel. Band I: 1852–1882*. Göttingen 2011.

Fellmann, Ferdinand: *Symbolischer Pragmatismus. Hermeneutik nach Dilthey*. Reinbek bei Hamburg 1991.

Haym, Rudolf: *Aus meinem Leben. Erinnerungen*. Berlin 1902.

Homann, Arne: Verstehen und Menschheit. Zu einem Motiv der Philosophie Diltheys. In: *Dilthey-Jahrbuch für Philosophie und Geschichte der Geisteswissenschaften* 10 (1996), 13–37.

Kohl, Sarah: *Die Komödie der Kultur. Die Philosophie Schopenhauers als Rezeptionsphänomen unter besonderer Berücksichtigung der literarischen Aufnahme durch Thomas Bernhard*. Hamburg 2014.

Langbehn, Claus: *Metaphysik der Erfahrung. Zur Grundlegung einer Philosophie der Rechtfertigung beim frühen Nietzsche*. Würzburg 2005.

Müller, Wolfgang Hermann: Über den Einfluß Schopenhauers auf die Ausbildung der Philosophie von Wilhelm Dilthey. In: *Schopenhauer-Jahrbuch* 66 (1985), 215–223.

Schubbe, Daniel: Formen der (Er-)Kenntnis. Ein morphologischer Blick auf Schopenhauer. In: Günter Gödde/Michael B. Buchholz (Hg.): *Der Besen, mit dem die Hexe fliegt. Wissenschaft und Therapeutik des Unbewussten*. Bd. 1: *Psychologie als Wissenschaft der Komplementarität*. Gießen 2012, 359–385.

Sarah Kohl / Daniel Schubbe
(Die Autoren danken Gudrun Kühne-Bertram für die kritische Durchsicht und hilfreiche Kommentierung einer ersten Fassung dieses Beitrags.)

30 Friedrich Nietzsche

Prolegomena

Die Philosophie Arthur Schopenhauers hatte fundamentale Bedeutung für die Theorien, die Friedrich Nietzsche (1844–1900) entwickelte. Sie sind in wesentlichen Aspekten maßgeblich von Schopenhauer geprägt. Und obwohl sich Nietzsche später entschieden von seinem philosophischen Lehrer abgrenzte, blieb Schopenhauer durch zahlreiche Zitate und vielfältige kritische Anspielungen in seinen Schriften präsent. Schon während seiner Leipziger Studienzeit wurde Nietzsche 1865 mit Schopenhauer vertraut. Am 8. Oktober 1868 erklärte er seinem Freund Erwin Rohde in einem Brief: »Mir behagt an Wagner, was mir an Schopenhauer behagt, die ethische Luft, der faustische Duft, Kreuz, Tod und Gruft etc.« (KSB 2, 322). Und am 11. März 1870 schrieb Nietzsche an Carl von Gersdorff: »Für mich knüpft sich alles Beste und Schönste an die Namen Schopenhauer und Wagner« (KSB 3, 105).

Trotz andersgearteter Zielsetzungen und Darstellungsstrategien ist bereits Nietzsches Erstlingswerk *Die Geburt der Tragödie*, das er 1872 publizierte, weitgehend durch philosophische Prämissen Schopenhauers bestimmt. Und die dritte der *Unzeitgemässen Betrachtungen*, die 1874 erschien, trägt nicht zufällig den Titel *Schopenhauer als Erzieher*: Hier erweist Nietzsche der Denkerpersönlichkeit Schopenhauers seine Reverenz. Allerdings folgte dem ersten Enthusiasmus für den pessimistischen Philosophen später eine allmähliche Distanzierung von seiner Lehre, die schließlich sogar in scharfer Polemik Ausdruck fand.

Schon in der *Geburt der Tragödie* hält Nietzsche dem Ethos der Resignation als der Quintessenz von Schopenhauers Willensmetaphysik seine Thesen zu einer universellen Rechtfertigung der Existenz durch die Kunst entgegen (vgl. KSA 1, 57). Im Hinblick auf die antike Tragödie gewinnt er durch die Polarität von apollinischem und dionysischem Kunstprinzip philosophische Präferenzen, mit denen der metaphysische Pessimismus Schopenhauers immer weniger kompatibel ist. Nietzsche propagiert eine dionysische Lebensbejahung, die eine Akzeptanz auch der Negativität des Daseins im fortwährenden Prozess des Werdens und Vergehens miteinschließt. Auch das vitalistische Konzept des ›Willens zur Macht‹ seit Nietzsches mittlerer Schaffensphase fungiert als Gegenentwurf zu Schopenhauers Reflexionen zur Verneinung des ›Willens zum Leben‹. Dabei übernimmt Nietzsche den Willensbegriff Schopenhauers als Bezeichnung für das Urprinzip alles Seienden, nicht jedoch dessen Status als metaphysische Entität. Deshalb ist es konsequent, dass er Schopenhauers »unbeweisbare Lehre von *Einem Willen*« (KSA 3, 454) durch die Annahme einer Pluralität von Willensimpulsen substituiert, die alle durch ein fundamentales Machtstreben bestimmt sind. Übereinstimmungen zwischen Schopenhauer und Nietzsche lassen sich allerdings im Hinblick auf eine monistische Grundposition und die Bedeutung von Leiblichkeit in ihren Reflexionen feststellen (vgl. Salaquarda 1989, 278, 281–282).

Im Zusammenhang mit der ›Umwertung der Werte‹, mithin der etablierten moralischen Normen, die Nietzsche in den 1880er Jahren intendiert und schließlich bis zu einem atheistischen Immoralismus forciert, ist seine Polemik gegen Schopenhauers Mitleidspostulat und Askese-Ethos sowie gegen die christliche Mitleidsmoral von zentraler Bedeutung (vgl. Goedert 1988). Er kritisiert sie als Ausdruck einer dekadenten Herdenmoral, die von lebensverneinenden Werten bestimmt sei. Seine Metaphysik- und Moralkritik verbindet Nietzsche mit einer Psychologie der Entlarvung, die hinter vermeintlich ›objektiven‹ Werten subjektive Interessen aufspürt und hinter angeblich altruistischen Handlungsmotiven egoistische Antriebe dekuvriert. Trotz Nietzsches entschiedener Abgrenzung von Schopenhauer wirkt in der Gegenüberstellung von Herren- und Herdenmoral die Opposition zwischen dem Genie und der bloßen »Fabrikwaare der Natur« (P I, 209, 189) weiter, die Schopenhauer voraussetzte. Auch im Hinblick auf die Dimension des Unbewussten und auf einige Aspekte des Atheismus lassen sich Affinitäten zu Schopenhauer feststellen.

Während Nietzsche in der Frühphase seines Schaffens Schopenhauers Abwertung der Geschichte gegenüber der Philosophie noch vorbehaltlos übernimmt (vgl. W II, 501–510; KSA 1, 410), bezeichnet er später in *Menschliches, Allzumenschliches* den »Mangel an historischem Sinn« als fundamentales Defizit, ja als den »Erbfehler aller Philosophen«, die seines Erachtens dazu neigen, ihre Erkenntnis irrtümlich zur »aeterna veritas« zu stilisieren (KSA 2, 24). Nietzsche propagiert stattdessen »das *historische Philosophiren* [...] und mit ihm die Tugend der Bescheidung« (KSA 2, 24, 25).

Vielfach lässt selbst Nietzsches Abkehr von den Theorien des einstigen Vorbilds noch das Ausmaß der früheren Prägung erkennen. Oft kommt sie in impliziter Kritik zum Ausdruck. So distanziert er sich in seiner Schrift *Zur Genealogie der Moral* von »der gefährlichen alten Begriffs-Fabelei«, die ein »reines, willenloses, schmerzloses, zeitloses Subjekt der Erkenntniss« voraussetzt (KSA 5, 365), und zitiert damit wörtlich aus der *Welt als Wille und Vorstellung*: Hier erklärt Schopenhauer, der Übergang zur objektiven »Erkenntniß der Idee« geschehe »plötzlich, indem die Erkenntniß sich vom Dienste des Willens losreißt«, so dass der »in dieser Anschauung Begriffene [...] *reines, willenloses, schmerzloses, zeitloses Subjekt der Erkenntniß*« werde (W I, 209–211). Dieser Auffassung hält Nietzsche dezidiert seine These entgegen: »Es giebt *nur* ein perspektivisches Sehen, *nur* ein perspektivisches ›Erkennen‹« (KSA 5, 365).

Auch zu Schopenhauers produktionsästhetischen Prämissen formuliert Nietzsche einen entschiedenen Gegenentwurf. Nach seiner »Psychologie des Künstlers« in der *Götzen-Dämmerung* verdankt sich die Kunst dem »Rausch« als »physiologische[r] Vorbedingung« und damit dem »Gefühl der Kraftsteigerung und Fülle. Aus diesem Gefühle giebt man an die Dinge ab, man *zwingt* sie von uns zu nehmen, man vergewaltigt sie [...]. Der Mensch dieses Zustandes verwandelt die Dinge, bis sie seine Macht wiederspiegeln, – bis sie Reflexe seiner Vollkommenheit sind. Dies Verwandeln-*müssen* in's Vollkommne ist – Kunst« (KSA 6, 116–117). Außer der Kunst charakterisiert Nietzsche in *Jenseits von Gut und Böse* auch »jede grosse Philosophie« als subjektives »Selbstbekenntnis ihres Urhebers« (KSA 5, 19). Das Konzept des Perspektivismus, das eine zentrale Kategorie seiner Erkenntnistheorie darstellt und für seine Experimentalphilosophie Bedeutung hat, unterscheidet sich – ebenso wie sein dionysischer Vitalismus – fundamental von den Prämissen Schopenhauers, der den Philosophen wie den Künstler durch eine Haltung willenloser Kontemplation, durch reine interesselose Objektivität ausgezeichnet sieht (vgl. W II, 422–424).

Der Einfluss von Schopenhauers Abhandlung »Ueber die Universitäts-Philosophie« auf Nietzsches Schrift *Schopenhauer als Erzieher* – und die spätere Revision

Von autobiographischen Erfahrungen ausgehend, die sein Selbstverständnis als Schüler Schopenhauers bestimmen (vgl. KSA 1, 341–350), charakterisiert Nietzsche sein damaliges Vorbild in der 1874 veröffentlichten Frühschrift *Schopenhauer als Erzieher* (vgl. KSA 1, 335–427) durch eine paradigmatische Authentizität und geistige Autonomie: In der Abkehr von zeitgenössischen Denkkonventionen sei es Schopenhauer gelungen, seine Individualität zu entwickeln und sich dadurch von seiner Epoche zu emanzipieren. Mit seiner eigenen Idealvorstellung ›unzeitgemäßen‹ Lebens bringt Nietzsche hier einen Heroismus des Leidens und ein philosophisches Ethos der Wahrhaftigkeit in Verbindung, das ebenfalls Schopenhauer verpflichtet ist. Zustimmend zitiert Nietzsche (vgl. KSA 1, 373) eine Sentenz aus den *Parerga und Paralipomena*, die wie eine Quintessenz von Schopenhauers pessimistischer Willensmetaphysik erscheint: »*Ein glückliches Leben* ist unmöglich: das höchste, was der Mensch erlangen kann, ist ein *heroischer Lebenslauf*« (P II, 342).

Die Überzeugung, gerade Schopenhauer führe »zur Höhe der tragischen Betrachtung« (KSA 1, 356), lässt Nietzsches anfängliche Affinität zur Ästhetik des Trauerspiels und zur Ethik der Resignation in der *Welt als Wille und Vorstellung* erkennen. Zugleich integriert er noch weitere Zentralthemen aus Schopenhauers Philosophie in die dritte seiner *Unzeitgemässen Betrachtungen*, etwa anthropomorphe Aussagen über den ›Willen der Natur‹ (vgl. KSA 1, 404–405), die Auffassung, die animalische Existenz sei von quälenden Begierden und fortwährendem Kampf bestimmt (vgl. KSA 1, 377–378), sowie das Postulat des Mitleids (vgl. KSA 1, 377) und der Verneinung des Eigenwillens aus einer »Sehnsucht nach Heiligung und Errettung« (KSA 1, 372). Analog zu Schopenhauer beschreibt Nietzsche die Menschen als die durch Bewusstsein »verfeinerten Raubthiere« (KSA 1, 378), aber auch als »Spiegel« der Natur zum Zweck ihrer »Selbsterkenntniss« (KSA 1, 378, 382). Indem Nietzsche später diese und andere Prämissen revidiert, wird er zu Schopenhauers Antipoden.

Besonders nachhaltig ist das kulturkritisch akzentuierte Verdikt über den Typus des Gelehrten durch Schopenhauer geprägt, das Nietzsche in seiner Schrift *Schopenhauer als Erzieher* formuliert. Von zentraler Bedeutung ist hier der Einfluss der Abhandlung »Ueber die Universitäts-Philosophie« (P I, 147–210), die Schopenhauer 1851 in seinen *Parerga und Paralipomena* publizierte (s. Kap. 9.3). Obwohl Nietzsche diese Abhandlung in *Schopenhauer als Erzieher* nur zweimal explizit erwähnt (vgl. KSA 1, 413, 418), lässt sich anhand zahlreicher Parallelstellen nachweisen, dass sie die entscheidende Quelle für die dritte der *Unzeitgemässen Betrachtungen* war (vgl. Neymeyr 2018) und als Stimulans für Nietzsches Kritik am zeitgenössischen Bildungssystem und Wissenschaftsbetrieb fungierte.

Schopenhauer und Nietzsche sehen die Universitätsphilosophie ihrer Epoche durch die Substanzlosigkeit staatlich besoldeter »Katheder-Philosophen« (P I, 149, 168, 203; KSA 1, 426) »in Mißkredit« geraten (P I, 194, 207; KSA 1, 418). Diese Problematik führen sie auf eine Instrumentalisierung der Philosophie durch fremde – religiöse oder staatliche – Instanzen zurück. Während Schopenhauer primär gegen die theologische Vereinnahmung der Philosophie als »Apologie der Landesreligion« (P I, 151) und gegen ihre Verbindung mit »spekulative[r] Theologie« polemisiert (P I, 196, 203), bleibt dieser religiöse Aspekt in der dritten der *Unzeitgemässen Betrachtungen* eher marginal (vgl. KSA 1, 415). Nietzsche wendet sich vor allem gegen die Depravation der Philosophie durch Staatsinteressen (vgl. KSA 1, 415, 422). Doch auch Schopenhauer kritisiert Philosophen, die eine »Apotheose des Staats« (P I, 156, 205) vollziehen und sich durch staatliche Einflüsse instrumentalisieren lassen (vgl. P I, 192).

Nietzsche entfaltet seine Vorstellung vom genuinen Philosophen und seine Idee einer Bildungsreform, die eine höhere Kultur ermöglichen soll, im Spannungsfeld von Polemik und Programmatik. Seine kritische Kulturdiagnose verbindet er mit einem positiven Zukunftskonzept und der Hoffnung auf einen ›unzeitgemäßen‹ Philosophen, der sich – wie bereits Schopenhauer erklärt – durch Originalität, Objektivität, Klarheit, Redlichkeit und Besonnenheit auszeichnen soll (vgl. P I, 181, 182, 204). Analog zu Schopenhauer kontrastiert Nietzsche die echten Philosophen als seltene Geistesheroen (vgl. P I, 189; KSA 1, 372–375) mit der bloßen »Fabrikwaare der Natur« (P I, 209, 189; KSA 1, 338) und übernimmt von seinem Lehrer sogar diese pejorative Metapher.

Nach Nietzsches Überzeugung schadet der zeitgenössische Wissenschaftsbetrieb einem humanen Bildungsideal, weil er die Persönlichkeit des Gelehrten verkümmern lässt. Übereinstimmend kritisieren Schopenhauer und Nietzsche den Typus des akademischen Gelehrten als verschroben (vgl. P I, 177, 179; KSA 1, 344), überangepasst, schmeichlerisch, devot (vgl. P I, 206; KSA 1, 395, 411, 414) und geltungssüchtig (vgl. P I, 162; KSA 1, 411). Ihm fehle die zur Wahrheitssuche notwendige Unabhängigkeit, weil er sich durch Geld, Titel, Ämter und Reputation korrumpieren lasse (vgl. P I, 164, 167, 190; KSA 1, 398). Durch die Anpassung an Interessen der Regierung, Zwecke der Religion oder Tendenzen des Zeitgeistes (vgl. P I, 159; KSA 1, 425) vernachlässige die Universitätsphilosophie ihre eigentliche Aufgabe, die kompromisslose »Wahrheitsforschung« (P I, 149, 167, 190–191; KSA 1, 411). Aus dieser Problematik ziehen Schopenhauer und Nietzsche radikale Konsequenzen: Übereinstimmend plädieren sie für die Abschaffung der staatlich besoldeten akademischen Philosophie (vgl. P I, 167, 192–193, 207–208; KSA 1, 421–425) als ›Brotgewerbe‹ (vgl. P I, 164, 196; KSA 1, 398, 413), weil ein Engagement für die eigentliche Aufgabe der Philosophie, das »Problem des Daseins« zu lösen (P I, 153, 169; KSA 1, 349, 365), nicht durch ökonomische Abhängigkeit beeinträchtigt werden dürfe.

Während sich Schopenhauers Kritik in der Abhandlung »Ueber die Universitäts-Philosophie« fast ausschließlich auf die philosophischen Katheder-Gelehrten bezieht, erweitert Nietzsche den gedanklichen Horizont in *Schopenhauer als Erzieher* beträchtlich: Er will mit seiner Zeitkritik dem »Ziel der Kultur« (KSA 1, 400) zuarbeiten, der »Erzeugung des Genius« (KSA 1, 358, 386) in Gestalt des Philosophen, Künstlers und Heiligen (vgl. KSA 1, 380, 382). Aber auch damit orientiert sich Nietzsche an Konzepten, die bereits Schopenhauer in seiner *Welt als Wille und Vorstellung* entfaltet.

Analogien und partielle Differenzen weisen die anthropologischen Prämissen der beiden Schriften auf: Während Schopenhauer gegenüber »Erziehung und Bildung« (P I, 209) die Bedeutung der »angeborenen Talente« für die Entstehung echter Philosophen betont (P I, 209), ist Nietzsches kulturkritisches Interesse von einem pädagogischen Eros inspiriert, der nach dem Vorbild der Antike auf eine Entfaltung des Individuums durch Erziehung und Bildung zielt (vgl. KSA 1, 341–345, 350), um dadurch letztlich den Fortschritt der Kultur zu fördern (vgl. KSA 1, 382–387; P I, 176). Aber auch hier sind Interferenzen zu erkennen: Analog zu Schopenhauers Überzeugung vom Primat der Naturanlage (vgl. P I, 209) erklärt Nietzsche, der »Grundstoff« des Individuums sei »etwas durchaus Unerziehbares und Unbildbares« (KSA 1, 341). Und wie Nietzsche betrachtet schon Schopenhauer die Lektüre »der selbsteigenen Werke wirklicher Philosophen« (P I, 208) als ein wichtiges Stimulans autonomer intellektueller Tätigkeit. Dieser Auffassung entsprechen Nietzsches eigene Erfahrungen mit Schopenhauers Schriften (vgl. KSA 1, 341, 346–350). Indem er die Orientierung an Vorbildern als den besten Weg zur Selbstfindung bezeichnet (vgl. KSA 1, 341), generalisiert er sein eigenes Schopenhauer-Erlebnis.

Die kritischen Kulturdiagnosen Nietzsches (vgl. KSA 1, 343–346, 366–368) entsprechen der Skepsis Schopenhauers gegenüber der eigenen Epoche (vgl. P I, 166, 177, 184–185). Nietzsche konstatiert einen Mangel an authentischen Vorbildfiguren, die in der zeitgenössischen Krisensituation Orientierung vermitteln könnten. Nach seiner Vorstellung soll Schopenhauer gerade in der vom Epigonensyndrom bestimmten Epoche als Korrektiv wirken: als ›unzeitgemäße‹ Alternative zu modernen Depravationen.

Schopenhauer exemplifiziert die Kritik an den besoldeten »Katheder-Philosophen« (P I, 149, 168, 203; KSA 1, 426) durch scharfe Attacken vor allem auf die »drei Sophisten« (P I, 195) Fichte, Schelling und Hegel (vgl. P I, 172–174, 179, 188), die er für die skandalöse Verdrängung Kants verantwortlich macht (vgl. P I, 191–194). Bis zu seinem späten Publikumserfolg litt Schopenhauer jahrzehntelang unter dem Mangel an öffentlicher Resonanz. Er selbst führte seine philosophische Existenz im Schatten der akademisch arrivierten nachkantischen Idealisten auf eine Verschwörung mediokrer Geister gegen die intellektuelle Elite zurück (vgl. P I, 175–176). Nietzsche betrachtet dieses Trauma Schopenhauers als eine für echte Philosophen symptomatische Leidenserfahrung, deren Bewältigung heroische Stärke erfordere (vgl. KSA 1, 373–375). Dass er sich – aufgrund analoger Erfahrungen – mit Schopenhauers Hoffnung auf eine umfassende Rezeption durch die Nachwelt identifiziert, erhellt auch noch aus *Ecce homo*: »Ich selber bin noch nicht an der Zeit, Einige werden posthum geboren« (KSA 6, 298).

Während Schopenhauer implizit für eine Kant-Renaissance plädiert, spricht sich Nietzsche für die Förderung »des philosophischen Genius« (KSA 1, 418, 407) nach dem unzeitgemäßen Vorbild Schopenhauers aus (vgl. KSA 1, 361–363), den er zum Antagonisten des Universitätsphilosophen Kant stilisiert (vgl. KSA 1, 351, 414). Nietzsches Ziel besteht darin, »die Wiedererzeugung Schopenhauers, das heisst des philosophischen Genius vorzubereiten« (KSA 1, 407). Übereinstimmend stellen Schopenhauer und Nietzsche fest, dass nur »sehr wenige Philosophen« zugleich »Professoren der Philosophie« waren (P I, 161; KSA 1, 413–419).

Mit kreativer Genialität kontrastieren Schopenhauer und Nietzsche die reine Bücher-Gelehrsamkeit steriler Köpfe (vgl. P I, 170; KSA 1, 399–400, 410, 416–417) und philosophischer Philister (vgl. P I, 158, 164; KSA 1, 401), die durch Obskurantismus ihre geistige Substanzlosigkeit zu kaschieren versuchen (vgl. P I, 172–173, 186; KSA 1, 419). Dem Imponiergehabe (vgl. P I, 162) bloßer »Spaaßphilosophen« (P I, 169, 183; KSA 1, 365) stellen sie die Ernsthaftigkeit der originellen »Selbstdenker« gegenüber (P I, 161, 163, 208; KSA 1, 346–347), die eine »zusammenhängende Grundansicht« von der Welt vermitteln (P I, 170; KSA 1, 356) und ihre Leser zu eigenständigem Denken animieren können (vgl. P I, 208; KSA 1, 338–339).

Insgesamt fällt Nietzsches Urteil über die kulturelle Décadence differenzierter aus als die Einschätzung Schopenhauers: Während dieser die »Hegelei« (P I, 157, 178, 205; KSA 1, 423) als primäre Ursache für die Misere der Philosophie ansieht (vgl. P I, 184), bringt Nietzsche die kulturelle Krisensituation seiner Epoche generell und die Problematik der Universitätsphilosophie speziell (vgl. KSA 1, 418) in den *Unzeitgemässen Betrachtungen* mit dem zeitgenössischen Epigonensyndrom in Verbindung (vgl. KSA 1, 169, 295, 307–308). Aber auch Schopenhauer stellt die Philosophie in einen übergreifenden Kulturzusammenhang: Da »die herrschende Philosophie einer Zeit« (P I, 184) die »Denkungsart« der gesamten Epoche begründe (P I, 166, 188), schade jede nachhaltige Depravation der Philosophie zugleich der »Bildung des Zeitalters« (P I, 184). Vom »Tribunal der Nachwelt« (P I, 155; KSA 1, 425) erhoffen sich Schopenhauer und Nietzsche eine Instanz, welche die Fehlurteile der Zeitgenossen zu revidieren (vgl. P I, 185, 188; KSA 1, 339, 360–364) und die Würde der Philosophie, ihr heroisches Potential und ihre für die Kultur produktive Gefährlichkeit wiederherzustellen vermag (vgl. P I, 154; KSA 1, 426–427).

Zwar avanciert Schopenhauer in der kulturpädagogischen Utopie der dritten *Unzeitgemässen Betrachtung* zur zentralen Vorbildfigur, mit der Nietzsche vor dem Hintergrund kritischer Gegenwartsdiagnosen konstruktive Zukunftsperspektiven verbindet (vgl. KSA 1, 404, 407). Aber schon am 19. Dezember 1876, kaum mehr als zwei Jahre nach der Publikation der Schrift, betont Nietzsche in einem Brief an Cosima Wagner seine wachsende Distanz zu »Schopenhauer's Lehre«: »Ich stehe fast in allen allgemeinen Sätzen nicht auf seiner Seite; schon als ich über Sch. schrieb, merkte ich, daß ich über alles Dogmatische daran hinweg sei; mir lag alles am *Menschen*« (KSB 5, 210). In einem Nachlass-Notat von 1878 wendet Nietzsche ausgerechnet seine Reflexionen über den »Schopenhauerischen Menschen« (KSA 1, 371) gegen seinen einstigen Lehrer: »Der *Schopenhauersche Mensch* trieb mich zur Skepsis gegen alles Verehrte Hochgehaltene, bisher Vertheidigte (auch gegen Griechen Schopenhauer Wagner)« (KSA 8, 500). Und in *Ecce homo* behauptet Nietzsche 1888 im Rückblick auf seine Frühschriften *Schopenhauer als Erzieher* und *Richard Wagner in Bayreuth* sogar, er habe auf dem Weg zu »welthistorischen Aufgaben« (KSA 6, 319) »unzeitgemässe Typen par excellence« beschrieben: »Schopenhauer und Wagner *oder*, mit einem Wort, Nietzsche ...« (KSA 6, 316–317).

Die forcierte Umdeutung dieser beiden Werke, mit der Nietzsche die Vorbilder zu überholten Etappen der eigenen Entwicklung depotenziert und zugleich seinem Selbstverständnis als »unzeitgemässe« Existenz Rechnung trägt, kulminiert in der Behauptung: »Die Schrift ›Wagner in Bayreuth‹ ist eine Vision meiner Zukunft; dagegen ist in ›Schopenhauer als Erzieher‹ meine innerste Geschichte, mein *Werden* eingeschrieben. Vor Allem mein *Gelöbniss!* ...« (KSA 6, 320). Nietzsches »unzeitgemässe« Selbststilisierung reicht dabei sogar bis zur nachträglichen Infragestellung des Werktitels: So behauptet er, in seiner Schrift komme »im Grunde nicht ›Schopenhauer als Erzieher‹, sondern sein *Gegensatz*, ›Nietzsche als Erzieher‹, zu Worte« (KSA 6, 320).

Die Ästhetik des Tragischen als Konfliktfeld seit der Geburt der Tragödie: Analogien und Differenzen zwischen Schopenhauer und Nietzsche

Wenn Nietzsche Schopenhauer in der dritten *Unzeitgemässen Betrachtung* als den Philosophen würdigt, der aus der »Entsagung hinauf zur Höhe der tragischen Betrachtung leitet« (KSA 1, 356), dann bringt er damit noch eine Affinität zu der Theorie des Trauerspiels zum Ausdruck, die Schopenhauer in wirkungsästhetischer Hinsicht mit einem Ethos der Verneinung des Willens zum Leben korreliert. Bereits in der *Geburt der Tragödie* finden sich Leitbegriffe und Zentralmotive aus der Philosophie Schopenhauers, die oft sogar in Nietzsches argumentativen Duktus hineinwirkt. Andere Wege als sein ›Erzieher‹ beschreitet er allerdings durch die kulturhistorische und geschichtsphilosophische Ausrichtung seines Erstlingswerks.

Schopenhauer schreibt dem Trauerspiel als literarischer Gattung in der *Welt als Wille und Vorstellung* einen Sonderstatus zu, weil es den »Widerstreit des Willens mit sich selbst« am Leiden des Menschen besonders intensiv entfalte (W I, 298). Wie sehr die Charakterisierung des Trauerspiels den Prämissen von Schopenhauers pessimistischer Willensmetaphysik entspricht, erhellt auch aus seiner These, »jedes *Menschenleben*« zeige, »im Ganzen überblickt, die Eigenschaften eines Trauerspiels« (P II, 341). Indem es »der schrecklichen Seite des Lebens« Ausdruck verleihe, also Schmerz, Bosheit und katastrophale Zufallskonstellationen vorführe (W I, 298), veranschauliche es den Zuschauern, dass das Leben »wesentlich ein vielgestaltetes Leiden und ein durchweg unsäliger Zustand ist«, dem »gänzliches Nichtseyn [...] entschieden vorzuziehn wäre« (W I, 381, 383). Nach Schopenhauers Überzeugung motiviert die Erfahrung des Tragischen deshalb zur Verneinung des Willens zum Leben und vermittelt auf diese Weise zwischen Ästhetik und Ethik.

Nietzsches spekulativer Entwurf in der *Geburt der Tragödie* hat eine andere Ausrichtung. Er versucht den Ursprung der griechischen Tragödie aus einer Synthese der beiden Kunstprinzipien des Apollinischen und Dionysischen herzuleiten, an deren »Duplicität« er »die Fortentwickelung der Kunst« gebunden sieht (KSA 1, 25). Dabei will Nietzsche zugleich eine kulturhistorische Entwicklung rekonstruieren: Nach seiner Auffassung hat ein mit unerschütterlichem Erkenntnisoptimismus verbundener Rationalismus die ursprüngliche instinktsichere Empfindung abgelöst und dadurch auch die tragische Weltbetrachtung der Antike paralysiert. In seiner eigenen Epoche erhofft sich Nietzsche eine Renaissance der griechischen Tragödie durch Richard Wagners Musikdrama. Obwohl sich die *Geburt der Tragödie* in der Gesamtintention gravierend von Schopenhauers Willensmetaphysik unterscheidet, sind zugleich vielfältige Affinitäten festzustellen: Wenn Nietzsche den ›Willen‹ hier »im Schopenhauerischen Sinne« definiert, nämlich »als Gegensatz der aesthetischen, rein beschaulichen willenlosen Stimmung« (KSA 1, 50), dann übernimmt er sowohl den Zentralbegriff Schopenhauers als auch den Grundansatz seiner Ästhetik.

Nicht nur die Definition des Willens als »das innere Wesen« (KSA 1, 111f.) und die Bestimmung der Individuation als »Urgrund alles Leidens« (KSA 1, 72) adaptiert Nietzsche von Schopenhauer, sondern auch die markante Metaphorik, wenn er das »Zerbrechen des principii individuationis« mit der Imagination verbindet, dass »der Schleier der Maja zerrissen« sei (KSA 1, 28f.). Schopenhauer bezeichnet mit der aus der indischen Philosophie entlehnten Metapher »Schleier der Maja« das Täuschende der Erscheinungssphäre, das er letztlich auf das *principium individuationis* zurückführt (vgl. W I, 299, 416, 441). Auf diesen Zusammenhang bezieht sich Nietzsche in der *Geburt der Tragödie* auch mit einem ausführlichen Zitat aus Schopenhauers Hauptwerk *Die Welt als Wille und Vorstellung* (vgl. W I, 416–417; KSA 1, 28). Allerdings transformiert er die Schleier-Metaphorik ins Ästhetische: Der »verführerische Schönheitsschleier der Kunst« (KSA 1, 115) soll den Urgrund des Leidens verhüllen, um Illusionen zu erzeugen, die »das Dasein überhaupt lebenswerth« erscheinen lassen (KSA 1, 155).

Sogar Schopenhauers metaphorische Vorstellung, das ästhetische Subjekt werde zum klaren »Weltauge« (W I, 219; W II, 424), findet einen Reflex in Nietzsches These, dass der Genius, »völlig losgelöst von der Gier des Willens, reines ungetrübtes Sonnenauge« sei (KSA 1, 51). Schopenhauers Utopie einer »gänzliche[n]

Meeresstille des Gemüths« (W I, 486), die antike Ataraxie-Vorstellungen mit dem indischen Nirwana-Ideal verschmilzt, paraphrasiert Nietzsche, indem er von der »stillen Meeresruhe der apollinischen Betrachtung« spricht, die er als ein »beglückte[s] Verharren in willenlosem Anschaun« beschreibt (KSA 1, 51, 140). Und wenn er in der *Geburt der Tragödie* »ohne Objectivität, ohne reines interesseloses Anschauen nie an die geringste wahrhaft künstlerische Erzeugung glauben« kann (KSA 1, 43) und die Vorstellung der Welt als Spiegel des Willens betrachtet (vgl. KSA 1, 36, 38), dann folgt er ebenfalls den Prämissen von Schopenhauers Ästhetik (vgl. W I, 196, 315, 339).

Später wird Nietzsche dem Postulat der ästhetischen Interesselosigkeit, mit dem Schopenhauer auf Kants *Kritik der Urtheilskraft* zurückgreift, die These entgegenhalten, *in aestheticis* sei eine »rücksichtslos interesirte *Zurechtmachung* der Dinge« am Werke, die der Selbstbehauptung des Menschen diene und jeden objektiven Erkenntnisanspruch prinzipiell ausschließe (KSA 12, 226). In der *Fröhlichen Wissenschaft* betont Nietzsche, dass philosophische Konzepte generell auf sehr unterschiedliche Weise durch individuelle Faktoren geprägt sein können: »Bei dem Einen sind es seine Mängel, welche philosophiren, bei dem Andern seine Reichthümer und Kräfte. Ersterer hat seine Philosophie *nöthig*, sei es als Halt, Beruhigung, Arznei, Erlösung, Erhebung, Selbstentfremdung; bei Letzterem ist sie nur ein schöner Luxus« (KSA 3, 347). In diesem Sinne erlaube eine Tendenz zu Friedensideologien oder negativ definierten Glücksidealen, zu religiöser Jenseitssehnsucht oder zu ästhetischen Gegenwelten jeweils psychologische Rückschlüsse auf subjektive Wünsche: »Die unbewusste Verkleidung physiologischer Bedürfnisse unter die Mäntel des Objektiven, Ideellen, Rein-Geistigen geht bis zum Erschrecken weit« (KSA 3, 348). Auch diese These Nietzsches enthält eine implizite Kritik an Schopenhauer.

In der *Geburt der Tragödie* korreliert er den Gegensatz zwischen der apollinischen »Kunst des Bildners« und »der unbildlichen Kunst der Musik als der des Dionysus« mit der Polarität von Traum und Rausch (KSA 1, 25 f.): »Jeder Künstler ist apollinischer Traumkünstler oder dionysischer Rauschkünstler« (KSA 1, 30). Aber je stärker sich eine vitalistische Grundtendenz in Nietzsches Denken durchsetzt, desto mehr gewinnt der Rausch an Bedeutung, bis er ihn in der *Götzen-Dämmerung* schließlich sogar zur physiologischen *conditio sine qua non* von Kunst generell erklärt (vgl. KSA 6, 116). Hier deutet Nietzsche die Kunstprinzipien des Apollinischen und des Dionysischen beide »als Arten des Rausches«: Den visionären Rausch der Maler, Plastiker und Epiker unterscheidet er nun vom Affekt-Rausch der Ausdruckskünstler, der Schauspieler, Tänzer und Musiker (vgl. KSA 6, 117–118).

Den Hintergrund auch für den ästhetischen Dualismus in der *Geburt der Tragödie* bildet die Willensmetaphysik Schopenhauers. Wie er differenziert Nietzsche zwischen dem Willen als dem Urgrund alles Seienden und der durch das *principium individuationis* bedingten Vielheit der Einzelwesen. Zwar lassen die »weisheitsvolle Ruhe« des Apollinischen (KSA 1, 28) und die Entgrenzung des Individuums im dionysischen Zustand Analogien zu Schopenhauers Konzept ästhetischer Erfahrung erkennen, aber zugleich fallen hier markante Differenzen auf: Einerseits lässt sich der dionysische Rausch nicht mit Schopenhauers Konzept willenloser Kontemplation in Einklang bringen, und andererseits ist das Moment des schönen Scheins, das Nietzsche in der Tragödienschrift als Charakteristikum des Apollinischen beschreibt und später zur Zentralkategorie des Ästhetischen generell erhebt, nicht problemlos kompatibel mit Schopenhauers Postulat einer objektiven Erkenntnis der Ideen, das durch die Philosophie Platons inspiriert ist (vgl. Neymeyr 1996, 213–263). Zudem entfernt sich Nietzsche bereits in der *Geburt der Tragödie* von Schopenhauers pessimistischer Ethik der Resignation, wenn er die These vertritt: »nur als *aesthetisches Phänomen* ist das Dasein und die Welt ewig *gerechtfertigt*« (KSA 1, 47).

Während Schopenhauer »ein Hinwenden zur Resignation, zur Verneinung des Willens zum Leben« als »letzte Absicht des *Trauerspiels*« bezeichnet (W II, 500), betrachtet Nietzsche den »metaphysische[n] Trost«, das Leben sei trotz allem »unzerstörbar mächtig und lustvoll«, als Wirkung jeder wahren Tragödie (KSA 1, 56). Dabei beschreibt er »die *Kunst*« als essentielles Therapeutikum: Als »rettende, heilkundige Zauberin« vermöge sie »Ekelgedanken über das Entsetzliche oder Absurde des Daseins« in erträgliche Vorstellungen »umzubiegen« (KSA 1, 57). Die therapeutische Funktion und den kreativen Charakter von Schein und Illusion betont Nietzsche erstmals in der *Geburt der Tragödie*. In seinen späteren Werken lässt sich diese Auffassung wiederholt belegen – auch nach seiner Abwendung von der Artisten-Metaphysik der *Geburt der Tragödie*.

In der *Fröhlichen Wissenschaft* propagiert Nietzsche den ästhetischen Schein als vitalisierendes Prinzip: Nur die »übermüthige, schwebende, tanzende« Kunst lasse uns als »Cultus des Unwahren« und der schönen Illusion trotz der sinnentleerten und grausamen Welt das Dasein lebenswert erscheinen (KSA 3, 464 f.). Und wenn Nietzsche später sogar ein »*Künstler-Vermögen* par excellence« postuliert, kraft dessen der Mensch »die *Realität durch die Lüge vergewaltigt*« (KSA 13, 193), dann ist die Opposition zur willenlosen Kontemplation und zur objektiven Ideenerkenntnis in Schopenhauers Ästhetik vollends evident. In der *Götzen-Dämmerung* versteht Nietzsche seine eigene Kunsttheorie ausdrücklich als Antidot gegen eine »Pessimisten-Optik« (KSA 6, 127), die auch die Tragödie dementsprechend funktionalisiere. Explizit grenzt er sich hier von Schopenhauers Auffassung ab, das Trauerspiel solle »zur Resignation stimmen« (KSA 6, 127). Nietzsche widerspricht seinem einstigen ›Erzieher‹ mit der These, der »tragische Künstler« verherrliche stattdessen einen »*siegreiche[n]* Zustand«: »der *heroische* Mensch preist mit der Tragödie sein Dasein« (KSA 6, 128). Demgemäß unterscheiden sich auch die wirkungsästhetischen Bestimmungen grundlegend: Während das Trauerspiel für Schopenhauer als »*Quietiv* alles Wollens« fungiert (W I, 275), weil es die Zuschauer zur Verneinung des Willens zum Leben animiert, betrachtet Nietzsche die Tragödie wie die Kunst generell als »das grosse Stimulans zum Leben« (KSA 6, 127), schreibt ihr also eine vitalisierende Wirkung zu.

Vor dem Hintergrund dieses Antagonismus inszeniert Nietzsche in der *Götzen-Dämmerung* sogar eine polemische Attacke: Er unterstellt Schopenhauer »die grösste psychologische Falschmünzerei«, weil er »zu Gunsten einer nihilistischen Gesammt-Abwerthung des Lebens« ausgerechnet »die Exuberanz-Formen des Lebens« wie Kunst, Heroismus, Genie, Schönheit, Erkenntnis, Wahrheitsstreben und Tragödie benutzt und als Folgen einer »Verneinungs-Bedürftigkeit des ›Willens‹ interpretirt« habe (KSA 6, 125). Nietzsches vehemente Abgrenzung von Schopenhauer hängt mit seinem dionysischen Vitalismus und Amor fati zusammen, durch die sich seine Vorstellung vom Tragischen fundamental veränderte: Er verbindet den »Begriff des *tragischen* Gefühls« mit der »Psychologie des Orgiasmus als eines überströmenden Lebens- und Kraftgefühls, innerhalb dessen selbst der Schmerz noch als Stimulans wirkt« (KSA 6, 160).

In seiner Spätschrift *Ecce homo* formuliert Nietzsche 1888 eine selbstkritische Retrospektive auf *Die Geburt der Tragödie*. Nun rühmt er nicht mehr Schopenhauers Weg »zur Höhe der tragischen Betrachtung« (KSA 1, 356), sondern beansprucht eine avantgardistische Position für sich, indem er »das Recht« reklamiert, sich »selber als den ersten *tragischen Philosophen* zu verstehn« (KSA 6, 312). Damit meint er jetzt »den äussersten Gegensatz und Antipoden eines pessimistischen Philosophen. Vor mir giebt es diese Umsetzung des Dionysischen in ein philosophisches Pathos nicht: es fehlt die *tragische Weisheit*« (KSA 6, 312). Diese Selbstdefinition Nietzsches lässt seine Umorientierung seit der *Geburt der Tragödie* und *Schopenhauer als Erzieher* deutlich erkennen. Deshalb hat er der *Geburt der Tragödie* in der Neuausgabe 1886 nachträglich den »Versuch einer Selbstkritik« vorangestellt, in dem er sich vorwirft, in seinem Erstlingswerk »mit Schopenhauerischen Formeln dionysische Ahnungen verdunkelt« und das »grandiose *griechische Problem*« durch Kontamination mit modernen Vorstellungen verdorben zu haben (KSA 1, 20). Unter Berufung auf Dionysos distanziert sich Nietzsche hier nachdrücklich von Schopenhauers These, »der tragische Geist« leite »zur Resignation hin« (W II, 495; KSA 1, 20).

Bei seinen Attacken auf Schopenhauer übersieht Nietzsche allerdings wichtige Differenzierungen und damit auch aufschlussreiche Affinitäten. Die von ihm betonte ästhetische Qualität von Schein, Fiktion und Täuschung ist nachweislich bereits in der *Welt als Wille und Vorstellung* angelegt. Obwohl Schopenhauer unter dem Einfluss der platonischen Ideenlehre vom Erkenntnispotential ästhetischer Kontemplation ausgeht, schreibt er seiner Ästhetik gewisse Ambivalenzen ein, da er zugleich auch ›Zauber‹, ›verschönerndes Licht‹, ›Selbsttäuschung‹ und ›Illusion‹ mit dem »reinen willenlosen Erkennen« verbunden sieht (W I, 234; W II, 428; vgl. Neymeyr 1996, 2011).

Hinzu kommen noch zwei weitere Argumente: Nietzsche fixiert Schopenhauers Theorie des Tragischen und darüber hinaus seine Ästhetik insgesamt vorschnell auf eine einheitliche negativistische Grundtendenz. Anders, als Nietzsche behauptet, enthält das Telos der Resignation für Schopenhauer aber durchaus positive Komponenten. Obwohl die Tragödie durch den »Widerstreit« der Willensbestrebungen von Individuen, den sie darstellt, exemplarisch die Negativität des Lebens präsentiert (W I, 298), kann sie laut Schopenhauer »ein hoher Genuß« für die Zuschauer sein (W II, 497). Das »Gefallen am *Trauerspiel*« bezeichnet er sogar als den »höchste[n] Grad« des Gefühls des Erhabenen (W II, 495). Indem Schopenhauer die spezifische Ambivalenz in der Einstellung des ästhetischen Subjekts zum Tragischen betont, die »Duplicität seines Bewußtseyns« (W I, 241), knüpft er an Kants Theorie des Erhabenen an. Während sich Kant in seiner *Kritik der Urtheilskraft* von 1790 (§§ 23–29) allerdings auf das Naturerhabene konzentriert (vgl. Bd. V, 244–278), reflektiert Schopenhauer das Erhabene in Natur und

Kunst und arbeitet die bei Kant noch fehlende Theorie der Tragödie als des Kunsterhabenen aus. Schopenhauer analogisiert »die Wirkung des Trauerspiels« mit der »des dynamisch Erhabenen«, weil es »uns über den Willen und sein Interesse« auf ähnliche Weise hinaushebt, so »daß wir am Anblick des ihm geradezu Widerstrebenden Gefallen finden« (W II, 495).

Als Instanz der Vermittlung zwischen Ästhetik und Ethik erhält die Tragödie bei Schopenhauer einen Sonderstatus. Denn der »tragische Geist« leitet »zur Resignation hin« (W II, 495), so dass sich die Zuschauer durch die tragische Katastrophe zur Abwendung des Willens vom Leben aufgefordert fühlen. Unter dem Einfluss antiker Ataraxie-Konzepte und indischer Nirwana-Vorstellungen avanciert die ›Resignation‹ bei Schopenhauer allerdings zum »summum bonum«, das mehr bedeutet als »alle erfüllten Wünsche und alles erlangte Glück« (W I, 428). Wahre Gelassenheit ermöglicht nach seiner Auffassung einen Zustand »unanfechtbarer Ruhe, Säligkeit und Erhabenheit« (W I, 464). So mündet die Selbstaufhebung des Willens in »wahres Heil, Erlösung vom Leben und Leiden« (W I, 470), tiefen Frieden, unerschütterliche Ruhe und Heiterkeit, ja »gänzliche Meeresstille des Gemüths« (W I, 486). Auch diese Umwertung der Resignation in eine positive Erfahrung übersieht Nietzsche bei seiner Polemik gegen Schopenhauer.

Schopenhauer und Nietzsche über Philosophie als Wissenschaft und Kunst

Wichtige Aspekte von Nietzsches Philosophie-Konzept sind bereits in Schopenhauers handschriftlichem Nachlass präfiguriert, dessen Druckfassung sich in Nietzsches Bibliothek befand (NPB 543). In seinen Manuskripten entwirft Schopenhauer einen Sonderstatus für die Philosophie und formuliert dazu unterschiedliche Thesen: Einerseits betont er die Einheit von Wissenschaft und Kunst in der Philosophie, andererseits sagt er der Philosophie sogar eine Zukunft voraus, in der sie den Weg der Wissenschaft verlassen und in die Sphäre der Künste übertreten werde (Schopenhauer 1864, 299–304, 317). Dabei differenziert Schopenhauer zwischen »zwei Perioden« der Philosophie: »die erste war die, wo sie, Wissenschaft seyn wollend, am Satz vom Grunde fortschritt und immer fehlte [...]. Die zweite Periode der Philosophie wird die seyn, wo sie, als Kunst auftretend, [...] die Platonische Idee« betrachtet und begrifflich festhält (ebd., 317). Auf der Basis dieser Erwartung prognostiziert Schopenhauer für seine eigene Philosophie: »sie wird eben *Philosophie als Kunst* seyn« (ebd., 301). Was er hier als ein Nacheinander im Sinne einer qualitativen Entwicklung beschreibt, charakterisiert er im Kontext allerdings auch als ein synthetisches Zugleich: Zwar sei die Philosophie durch die »Erkenntniß der *Ideen* [...] der *Kunst* beizuzählen«, aber durch ihre Begriffsarbeit erweise sie sich als »eine *Wissenschaft*: eigentlich ist sie ein Mittleres von Kunst und Wissenschaft«, das »beide vereinigt« (ebd., 303).

Diesem Konzept Schopenhauers folgt Nietzsche (vgl. Neymeyr 2016, 323–331), wenn er den systematischen Sonderstatus der Philosophie bereits 1872/73 in nachgelassenen Notaten mithilfe der Zweck-Mittel-Relation bestimmt: »Es ist eine Kunst in ihren Zwecken und in ihrer Produktion. Aber das Mittel, die Darstellung in Begriffen, hat sie mit der Wissenschaft gemein. Es ist eine Form der Dichtkunst« (KSA 7, 439). Wiederholt betont Nietzsche zukunftsweisende Interferenzen zwischen Philosophie und Literatur. So favorisiert er synthetische Denkstrategien und Gestaltungsprinzipien, wenn er erklärt, er könne »eine ganz neue Art des *Philosophen-Künstlers* imaginiren, der ein *Kunstwerk* hinein in die Lücke stellt, mit ästhetischem Werthe« (KSA 7, 431). Nietzsche sucht nach Auswegen aus der systematischen »Verlegenheit, ob die Philosophie eine Kunst oder eine Wissenschaft ist« (KSA 7, 439), und greift dabei zugleich auf die bereits von Schopenhauer reflektierte Problematik zurück. Aus dem Dilemma, dass die Philosophie »nicht unterzubringen« ist, zieht Nietzsche die Konsequenz: »deshalb müssen wir eine Species erfinden und charakterisiren« (KSA 7, 439), in der sich Erkennen und Dichten verbinden.

In Übereinstimmung mit Schopenhauers späten Manuskript-Entwürfen versucht Nietzsche den Hiat zwischen Philosophie und Kunst sogar durch die programmatische These zu überbrücken: Der Philosoph »erkennt, indem er dichtet, und dichtet, indem er erkennt« (KSA 7, 439). Mit diesem ganz auf Vermittlung ausgerichteten Konzept suggeriert Nietzsche, das genuine Potential philosophischer Reflexion könne sich erst durch Synthesen mit poetischer Kreativität voll entfalten. So grenzt er sich implizit auch von dem Vorurteil ab, ein seriöser philosophischer Erkenntnisanspruch sei mit dem experimentellen Gestus literarischer Fiktion inkompatibel.

Auch Nietzsches eigenes Selbstverständnis als Autor zielt darauf, den Typus des Künstlers und des Philosophen in Personalunion zu repräsentieren. In diesem Sinne bekennt er bereits 1870 in einem Brief: »Wissenschaft Kunst und Philosophie wachsen jetzt so sehr in mir zusammen, dass ich jedenfalls einmal

Centauren gebären werde« (KSB 3, 95). Im November 1882 kann er dann auf die von ihm zwischenzeitlich vollzogenen Entwicklungen zurückblicken: »ich war auf *Einmal* / Philolog, Schriftsteller Musiker Philosoph / Freidenker usw (vielleicht Dichter? usw)« (KSB 6, 282). Mit diesem Selbstkonzept korrespondiert im experimentellen Denkgestus Nietzsches nicht nur eine Offenheit für produktive Wechselwirkungen zwischen philosophischen und poetischen Entwürfen. Darüber hinaus macht er sogar den Wert einer Philosophie von ästhetischen Kriterien abhängig, wenn er erklärt: »Die Schönheit und die Großartigkeit einer Weltconstruktion (alias Philosophie) entscheidet jetzt über ihren Werth – d. h. sie wird als *Kunst* beurtheilt« (KSA 7, 434). Zudem postuliert Nietzsche für den Philosophen auch einen Sonderstatus in der kulturellen Sphäre, indem er ihm dort eine richtungsweisende Metaposition zuspricht: »Der Philosoph der Zukunft? er muß das Obertribunal einer künstlerischen Kultur werden« (KSA 7, 443).

In der *Götzen-Dämmerung* bringt Nietzsche seine Abkehr von der philosophischen Tradition mit einem dezidierten moralischen Verdikt zum Ausdruck: »Ich misstraue allen Systematikern und gehe ihnen aus dem Weg. Der Wille zum System ist ein Mangel an Rechtschaffenheit« (KSA 6, 63). Bereits Schopenhauer konnte sich mit den methodischen Implikationen eines philosophischen Systemanspruchs nicht mehr identifizieren. Schon in der Vorrede zur ersten Auflage seines Hauptwerks *Die Welt als Wille und Vorstellung I* stellt Schopenhauer einem »*System von Gedanken*«, das »allemal einen architektonischen Zusammenhang« haben muss, seine eigene Konzeption gegenüber: »*ein einziger Gedanke*«, und zwar »von verschiedenen Seiten betrachtet«, ist sein philosophisches Sujet, das aus mehreren Themenfeldern besteht; dabei soll »der Zusammenhang dieser Theile ein organischer« sein – mit einer Korrelation zwischen dem Ganzen und seinen Aspekten, so dass »jeder Theil eben so sehr das Ganze erhält, als er vom Ganzen gehalten wird« (W I, VII–VIII). Die Pluralität der Perspektiven, die Schopenhauer bereits in dieser Vorrede hervorhebt, führt Nietzsche später durch seinen Perspektivismus weiter, der sogar eine Vielzahl von Interpretationen der Wirklichkeit an die Stelle des traditionellen Wahrheitsanspruchs treten lässt und insofern über Schopenhauers Konzeption hinausweist. So statuiert Nietzsche in seiner Schrift *Zur Genealogie der Moral*: »Es giebt *nur* ein perspektivisches Sehen, *nur* ein perspektivisches ›Erkennen‹« (KSA 5, 365). Unter solchen Prämissen rückt dann auch die Kategorie der Potentialität auf spezifische Weise ins Zentrum philosophischen Denkens.

Radikaler als Schopenhauer, der unter Rückgriff auf den platonischen Idealismus prinzipiell am philosophischen Wahrheitsanspruch festhält, transzendiert Nietzsche die Tradition, und zwar durch einen experimentellen Gestus, der sowohl assoziative Denkräume und Möglichkeitshorizonte eröffnet als auch literarisierende Ausdrucksformen nahelegt. In diesem Sinne beschreibt Nietzsche das »philosophische Denken« metaphorisch als »Flügelschlag der Phantasie«, mithin als »ein Weiterspringen von Möglichkeit zu Möglichkeit« (KSA 7, 443). Dabei sind die spezifischen Reflexionsweisen des Philosophen, der nach Nietzsches Konzept »erkennt, indem er dichtet« (KSA 7, 439), mit entsprechenden Formen sprachlicher Gestaltung verbunden. Der »Dichter-Philosoph« Nietzsche (KSA 12, 240) nutzt die Sprache insofern mit neuartiger Kreativität, als er sie nicht auf eine propositionale Aussagefunktion reduziert, sondern ihr durch rhythmische Musikalität, Klangmagie und Bilderreichtum eine besondere poetische Suggestivkraft verleiht, die über distinkte Begrifflichkeit und logische Stringenz der Argumentation im Sinne traditioneller Philosophie hinausweist.

Schon in seiner nachgelassenen Frühschrift *Ueber Wahrheit und Lüge im aussermoralischen Sinne* von 1873 (vgl. dazu Hödl 1997) betrachtet Nietzsche die Sprache als ein Medium für die »verwegensten Kunststücke«, sofern der Intellekt des Menschen »seinem sonstigen Sklavendienste enthoben« (KSA 1, 888) und dadurch von jedem zweckorientierten Pragmatismus befreit ist. Indem Nietzsche vom »Sklavendienste« des Intellekts als eines ›Werkzeugs‹ spricht, übernimmt er Metaphern aus Schopenhauers Willensmetaphysik (vgl. W I, 231, 345, W II, 228, 238, 247, 260), aus der er hier (KSA 1, 888) auch die Charakterisierung von Willen und Intellekt durch die Korrelation zwischen »Herrn« und »Diener« adaptiert (vgl. W II, 233, 243). Entsprechendes gilt für die komplementäre Vorstellung vom »freigewordenen Intellekt« (KSA 1, 888), dessen selbstbestimmte Tätigkeit laut Schopenhauer für ästhetische Betrachtung und philosophische Reflexion gleichermaßen konstitutiv ist. Wiederholt betont er in der *Welt als Wille und Vorstellung* die Autonomie des vom Willensdienst befreiten Intellekts (vgl. dazu Neymeyr 1995; 1996) und die Anschaulichkeit kontemplativer Erkenntnis, die er Künstlern und Philosophen attestiert.

In entschiedener Abgrenzung von der »unwürdige[n] Definition der Philosophie, die aber sogar noch

Kant giebt, [...] daß sie eine Wissenschaft *aus bloßen Begriffen* wäre« (P II, 9), erklärt Schopenhauer: »Alle Begriffe, alles Gedachte, sind ja nur Abstraktionen«, mithin »bloß durch Wegdenken entstanden. Alle tiefe Erkenntniß, sogar die eigentliche Weisheit, wurzelt in der *anschaulichen* Auffassung der Dinge«, durch die »jedes ächte Kunstwerk, jeder unsterbliche Gedanke, den Lebensfunken erhielt. Alles Urdenken geschieht in Bildern« (W II, 432–433). Daher muss die Philosophie laut Schopenhauer ebenso »wie Kunst und Poesie, ihre Quelle in der anschaulichen Auffassung der Welt haben« (P II, 9), die er als Fundament für »alles wahre und ächte *Verständniß*« der Phänomene voraussetzt (PP II, 51). Diese Prämissen übernimmt Nietzsche, wenn er die Erkenntnis »des beschaulichen Philosophen und des Künstlers« in einem »unbewußte[n] Denken« sieht, das »sich ohne Begriffe vollziehn« muss, »also in *Anschauungen*«, mithin als »Bilderdenken« (KSA 7, 454). Bezeichnenderweise finden sich diese Konzepte in Nietzsches Nachlass-Notaten von 1872/73 in der Nähe des Kapitels »Weisheit und Wissenschaft. *Über die Philosophen*«, das er »Arthur Schopenhauer dem Unsterblichen geweiht« hat (KSA 7, 448).

Gleichnis und Metaphorik als Produkt und Stimulans experimentellen Denkens

Dem Anschaulichkeitspostulat Schopenhauers und seiner These vom »Urdenken«, das sich »in Bildern« vollziehe (W II, 433), folgt Nietzsche mit seiner Vorstellung vom »Bilderdenken« (KSA 7, 454), das ihm innovative Strategien sprachlicher Gestaltung eröffnet. Auf vielfältige Weise nutzt er das heuristische Erkenntnispotential der Metaphorik, um Gedankenwege jenseits der Konvention zu erkunden, Gewohntes zu verfremden, überraschende Verbindungen zu schaffen und unerwartete Perspektiven zu erproben. Durch eine suggestive Fülle von Konnotationen und Assoziationsmöglichkeiten sowie durch überraschende Pointierungen und subversiven Esprit können Metaphern etablierte Wahrnehmungsschablonen aufsprengen und neue Horizonte jenseits eingeschliffener Denkmuster eröffnen. Gerade die gedankliche Offenheit essayistischer und aphoristischer Reflexionen eignet sich besonders als Versuchsfeld für Nietzsches facettenreiche ›Experimental-Metaphorik‹ (vgl. Neymeyr 2016).

Sowohl für Schopenhauer als auch für Nietzsche bildet das Prinzip der Analogiebildung ein Stimulans für die Produktion erkenntnisfördernder Gleichnisse und Metaphern, die Synthesen zwischen literarischer und philosophischer Sprache ermöglichen. Mit Schopenhauers Tendenz zur Veranschaulichung philosophischer Gedankengänge durch prägnante Gleichnisse korrespondiert in Nietzsches Œuvre ein breites Spektrum von Metaphern unterschiedlicher Provenienz, die sich bisweilen sogar zu allegorischen Bildkomplexen erweitern und auf spezifische Weise dem Anschaulichkeitspostulat Schopenhauers Rechnung tragen.

Inwiefern die zu effizienter Realitätsbewältigung elementar notwendige Fähigkeit des menschlichen Intellekts, »bei allem Aehnlichen sofort [...] Gleichheit« zu vermuten (KSA 3, 471), im kreativen »Bilderdenken« (KSA 7, 454) neue Funktionen jenseits praktischer Handlungszusammenhänge erhält, zeigt *Die fröhliche Wissenschaft*. Hier reflektiert Nietzsche über die Genese der Logik »aus der Unlogik« (ebd.) und bringt zugleich das Spannungsfeld von Ähnlichkeit und Gleichheit ins Spiel, das für die Produktion von Begriffen und Metaphern konstitutive Bedeutung hat. Den Erfolg des Menschen im Evolutionsprozess erklärt er sich mit einer pragmatischen Urteilsfähigkeit, die Ähnliches hypothetisch wie Identisches behandelt und durch effiziente »Subsumption« von Erfahrungen das Überleben sichert. Maßgeblich sei dafür die ›unlogische‹ Tendenz, »das Aehnliche als gleich zu behandeln«, obwohl es »an sich nichts Gleiches« gebe (KSA 3, 471).

Schon in seiner Schrift *Ueber Wahrheit und Lüge im aussermoralischen Sinne* reflektiert Nietzsche über das Prinzip der Ähnlichkeit und seine Funktion für die Begriffsbildung, indem er konstatiert: »Jeder Begriff entsteht durch Gleichsetzen des Nicht-Gleichen« (KSA 1, 880). Ganz analog hatte zuvor bereits Schopenhauer in den *Parerga und Paralipomena II* konstatiert, dass »alle Begriffsbildung im Grunde auf Gleichnissen« beruht, »sofern sie aus dem Auffassen des Aehnlichen, und Fallenlassen des Unähnlichen in den Dingen erwächst« (P II, 584). Das Erkennen von Analogien als Basis der Begriffskonstitution stellt auch die Grundlage für die Bildung der Metapher dar, die Nietzsche in der *Geburt der Tragödie* als »stellvertretendes Bild« beschreibt, das den Begriff ersetzt (KSA 1, 60). In einem Nachlass-Notat bezeichnet er die Metapher als »Analogieschluß« (KSA 7, 483, 490): »Die Logik ist nur die Sklaverei in den Banden der Sprache«, die auch »ein unlogisches Element in sich« hat: »die Metapher« (KSA 7, 625). Nietzsche konstatiert: »*Metapher* heißt etwas als *gleich* behandeln, was man in einem Punkte als *ähnlich* erkannt hat« (KSA 7, 498). Insofern sieht er sowohl die Produktion von Begriffen als auch die Erfindung von Metaphern durch eine mentale Transferleistung bedingt: Wenn Analoges wie Identisches behandelt wird, entsteht eine jeweils spezifische ›Unschärferelation‹ im Verhältnis zur Realität. Dabei verdanken sich die durch die Bildung origineller Metaphern konstituierten Vernetzungen und Assoziationsspielräume in besonderem Maße einer schöpferischen Tätigkeit des Intellekts.

Die Konzepte Schopenhauers und Nietzsches lassen auch im Hinblick auf das kreative Potential der Bildlichkeit deutliche Affinitäten erkennen. So betont bereits Schopenhauer in den *Parerga und Paralipomena II*, dass Gleichnisse als wichtiges Erkenntnisstimulans fungieren können, »sofern sie ein unbekanntes Verhältniß auf ein bekanntes zurückführen« (P II, 584). Den bildhaften Darstellungsweisen von »Metapher, Gleichnis, Parabel und Allegorie« schreibt er ein Vermittlungspotential »von trefflicher Wirkung« zu, das er selbst wiederholt strategisch nutzt, um »abstrakte Gedanke[n]« zu veranschaulichen (W I, 283–284). Nach Schopenhauers Auffassung »zeugt das Aufstellen überraschender und dabei treffender Gleichnisse von einem tiefen Verstande« (P II, 584). Mit dieser Einschätzung beruft er sich auf die *Poetik* und *Rhetorik* von Aristoteles (vgl. ebd.), der die metaphorische Diktion als Signum eines genialen Intellekts und als Ausweis philosophischen Scharfsinns betrachtet, ihr höchste poetische Dignität zuschreibt und zugleich ihren Erkenntniswert betont.

Zwar teilt Nietzsche mit Schopenhauer die Präferenz für prägnante Bildlichkeit als Medium philosophischer Reflexion, aber in seiner Schrift *Ueber Wahrheit und Lüge im aussermoralischen Sinne* formuliert er auch radikale sprach- und erkenntniskritische Thesen, mit denen er sich weit von Schopenhauers Wahrheitsanspruch entfernt. So charakterisiert er »Wahrheit« als ein »bewegliches Heer von Metaphern, Metonymien, Anthropomorphismen«, die »poetisch und rhetorisch gesteigert, übertragen, geschmückt wurden«, bis sie aufgrund von Gewohnheit »verbindlich« erschienen; sein Fazit lautet: »die Wahrheiten sind Illusionen, von denen man vergessen hat, dass sie welche sind, Metaphern, die abgenutzt und sinnlich kraftlos geworden sind« (KSA 1, 880–881). Mit dieser provokativen These stellt Nietzsche die philosophische Tradition radikal in Frage und suspendiert mit dem Wahrheitsbegriff zugleich auch die Opposition von Wahrheit und Falschheit. Dem gedanklichen Duktus seiner Schrift *Ueber Wahrheit und Lüge im aussermoralischen Sinne* zufolge bleibt anstelle des Wahrheitsanspruchs am Ende nur noch die universalisierte Metaphorik (vgl. Neymeyr 2016, 350–353).

Literatur

Aus Arthur Schopenhauer's handschriftlichem Nachlaß. Hg. von Julius Frauenstädt. Leipzig 1864.

Birnbacher, Dieter/Sommer, Andreas Urs (Hg.): *Moralkritik bei Schopenhauer und Nietzsche*. Würzburg 2013.

Campioni, Giuliano/D'Iorio, Paolo/Fornari, Maria Cristina/Fronterotta, Francesco/Orsucci, Andrea (Hg.): *Nietzsches persönliche Bibliothek*. Unter Mitarb. von Renate Müller-Buck. Berlin/New York 2003 [NPB].

Decher, Friedhelm: *Wille zum Leben – Wille zur Macht. Eine Untersuchung zu Schopenhauer und Nietzsche*. Würzburg 1984.

Giametta, Sossio: *Schopenhauer e Nietzsche*. Padova 2008.

Goedert, Georges: Nietzsche und Schopenhauer. In: *Nietzsche-Studien* 7 (1978), 1–15.

Goedert, Georges: *Nietzsche der Überwinder Schopenhauers und des Mitleids*. Amsterdam/Würzburg 1988.

Hödl, Hans Gerald: *Nietzsches frühe Sprachkritik. Lektüren zu ›Ueber Wahrheit und Lüge im aussermoralischen Sinne (1873)‹*. Wien 1997.

Hödl, Hans Gerald: Interesseloses Wohlgefallen. Nietzsches Kritik an Kants Ästhetik als Kritik an Schopenhauers Soteriologie. In: Beatrix Himmelmann (Hg.): *Kant und Nietzsche im Widerstreit. Internationale Konferenz der Nietzsche-Gesellschaft in Zusammenarbeit mit der Kant-Gesellschaft: Naumburg an der Saale, 26.–29. August 2004*. Berlin/New York 2005, 186–195.

Hühn, Lore: Von Arthur Schopenhauer zu Friedrich Nietzsche. In: Barbara Neymeyr/Andreas Urs Sommer (Hg. im Auftrag der Heidelberger Akademie der Wissenschaften): *Nietzsche als Philosoph der Moderne*. Heidelberg 2012, 123–159.

Janaway, Christopher: *Willing and Nothingness. Schopenhauer as Nietzsche's Educator*. Oxford 1998.

Kant, Immanuel: *Kritik der Urtheilskraft*. In: *Kants Werke*, Bd. V. Akademie-Textausgabe. Berlin 1968.

Kopij, Marta/Kunicki, Wojciech (Hg.): *Nietzsche und Schopenhauer. Rezeptionsphänomene der Wendezeiten*. Leipzig 2006.

Koßler, Matthias: Ästhetik als Aufklärungskritik bei Schopenhauer und Nietzsche. In: Renate Reschke (Hg.): *Nietzsche: Radikalaufklärer oder radikaler Gegenaufklärer? Internationale Tagung der Nietzsche-Gesellschaft in Zusammenarbeit mit der Kant-Forschungsstelle Mainz und der Stiftung Weimarer Klassik und Kunstsammlungen vom 15.–17. Mai 2003 in Weimar*. Berlin 2004, 255–262.

Margreiter, Reinhard: Allverneinung und Allbejahung. Der Grund des Willens bei Schopenhauer und Nietzsche. In: *Schopenhauer-Jahrbuch* 65 (1984), 103–115.

Neymeyr, Barbara: Ästhetische Subjektivität als interesseloser Spiegel? Zu Heideggers und Nietzsches Auseinandersetzung mit Schopenhauer und Kant. In: *Philosophisches Jahrbuch* 102 (1995), 225–248.

Neymeyr, Barbara: *Ästhetische Autonomie als Abnormität. Kritische Analysen zu Schopenhauers Ästhetik im Horizont seiner Willensmetaphysik*. Berlin/New York 1996 (Reprint 2011).

Neymeyr, Barbara: Das Tragische – Quietiv oder Stimulans des Lebens? Nietzsche contra Schopenhauer. In: Lore

Hühn/Philipp Schwab (Hg.): *Die Philosophie des Tragischen: Schopenhauer – Schelling – Nietzsche*. Berlin/Boston 2011, 369–391.

Neymeyr, Barbara: Sprache als Medium für die »verwegensten Kunststücke«. Nietzsches Experimental-Metaphorik. In: Katharina Grätz/Sebastian Kaufmann (Hg.): *Nietzsche zwischen Philosophie und Literatur. Von der ›Fröhlichen Wissenschaft‹ zu ›Also sprach Zarathustra‹* (= Akademiekonferenzen, Bd. 25). Heidelberg 2016, 323–353.

Neymeyr, Barbara: Kommentar zu Nietzsches *Unzeitgemässen Betrachtungen I–IV* (= Historischer und kritischer Kommentar zu Friedrich Nietzsches Werken. Hg. von der Heidelberger Akademie der Wissenschaften, Bd. 1/2). Berlin/Boston 2018.

Nietzsche, Friedrich: *Sämtliche Werke*. Kritische Studienausgabe in 15 Bänden. Hg. von Giorgio Colli und Mazzino Montinari. München/Berlin/New York ³1999 [KSA; Nietzsches Hervorhebungen werden einheitlich durch Kursivierung wiedergegeben].

Nietzsche, Friedrich: *Sämtliche Briefe*. Kritische Studienausgabe in 8 Bänden. Hg. von Giorgio Colli und Mazzino Montinari. München/Berlin/New York ²2003 [KSB].

Nussbaum, Martha: Nietzsche, Schopenhauer and Dionysus. In: Christopher Janaway (Hg.): *The Cambridge Companion to Schopenhauer*. Cambridge 1999, 344–374.

Salaquarda, Jörg: Zur gegenseitigen Verdrängung von Schopenhauer und Nietzsche. In: *Schopenhauer-Jahrbuch* 65 (1984), 13–30.

Salaquarda, Jörg: Nietzsches Metaphysikkritik und ihre Vorbereitung durch Schopenhauer. In: Günter Abel/Ders.: (Hg.): *Krisis der Metaphysik*. Berlin/NewYork 1989, 258–282.

Schmidt, Jochen: Nietzsches *Geburt der Tragödie* aus dem Geist Schopenhauers und Wagners. In: Barbara Neymeyr/Andreas Urs Sommer (Hg. im Auftrag der Heidelberger Akademie der Wissenschaften): *Nietzsche als Philosoph der Moderne*. Heidelberg 2012, 161–174.

Schmidt, Jochen: Kommentar zu Nietzsches *Die Geburt der Tragödie* (= Historischer und kritischer Kommentar zu Friedrich Nietzsches Werken. Hg. von der Heidelberger Akademie der Wissenschaften, Bd. 1/1). Berlin/Boston 2012.

Schirmacher, Wolfgang (Hg.): *Schopenhauer, Nietzsche und die Kunst*. Wien 1991.

Simmel, Georg: *Schopenhauer und Nietzsche. Ein Vortragszyklus*. Leipzig 1907.

Taylor, Charles Senn: Nietzsche's Schopenhauerianism. In: *Nietzsche-Studien* 17 (1988), 45–73.

Barbara Neymeyr

31 Sigmund Freud

In der Zeit von 1870 bis 1920 gehörte Schopenhauer zu den meistgelesenen Philosophen in Deutschland. Bemerkenswert ist, dass der junge Freud bereits während seines Medizinstudiums erstmals mit Schopenhauers Denken in Berührung kam. Im »Leseverein der deutschen Studenten Wiens«, dem er von 1873 bis 1878 angehörte, gab es eine tonangebende Gruppierung um Viktor Adler, Otto Pernerstorfer und Freuds Jugendfreund Heinrich Braun, die sich für Schopenhauers Philosophie begeisterte und dazu öffentliche Diskussionen initiierte. Auf große Resonanz stieß sowohl Schopenhauers Metaphysik des ›unbewussten Willens‹, die den Optimismus und die Fortschrittsgläubigkeit seiner philosophischen Vorgänger unterminierte, als auch seine neue Sozialethik, die im schroffen Gegensatz zur individualistischen Doktrin des Liberalismus stand (vgl. Safranski 1987; Koßler 2005; Fleiter 2010; Schubbe 2010; Zimmer 2010). In seinen Jugendbriefen an Eduard Silberstein äußerte sich Freud mehrmals über den Leseverein, ohne direkt auf Schopenhauer zu sprechen zu kommen (vgl. Freud 1989). Die intensiven Diskussionen über Schopenhauer können jedoch nicht spurlos an ihm vorübergegangen sein (vgl. Gödde 1991a).

Schon Thomas Mann hat darauf hingewiesen, dass von Schopenhauer als »Vater aller modernen Seelenkunde [...], über den psychologischen Radikalismus Nietzsche's, eine gerade Linie zu Freud und denen, die seine Tiefenpsychologie ausbauten« (Mann 1978b, 232), führe. Wesentlich mehr ins Detail gehend hat Aloys Becker aufgezeigt, dass es sich bei den Übereinstimmungen zwischen Schopenhauer und Freud um »strukturell verankerte und in einem gefügehaften Zusammenhang stehende ›Haupt- und Grund-Gedanken‹« (Becker 1971, 114) handle. Zu diesen Übereinstimmungen, die Freud selbst nach und nach erkannt und explizit angesprochen hat, gehören u. a., dass das Unbewusste das »eigentlich reale Psychische« (Freud 1900, 617) ist, dass es seinen Brennpunkt in der Sexualität hat, dass es durch den Dualismus gegensätzlicher Kräfte aufgespalten und dass diese Aufspaltung durch den Mechanismus der Verdrängung verschärft wird (vgl. Gödde 1991b; 1998). Ist die geistige Nähe und Verwandtschaft Schopenhauers und Freuds mittels *struktureller* Vergleiche von Themenkomplexen, Texten und Textpassagen überzeugend nachgewiesen worden (vgl. Zentner 1995; Gödde 2009; Schmidt 2004), so hat Wucherer-Huldenfeld einschränkend die »Eigenständigkeit des Grundgedankens Freuds« (1994, 261 f.) in seiner Schopenhauer-Rezeption herausgestellt.

Bei aller Übereinstimmung ist allerdings nach wie vor unklar, *wie* Freud sich mit Schopenhauers Denken auseinander gesetzt hat. Hat er über dessen Denken nur aus Gesprächen, Diskussionen, Zeitungslektüre und ähnlichen Sekundärquellen erfahren, oder hat er Primärtexte von ihm mehr oder weniger gründlich studiert, und wenn ja, wann hat er sich der Lektüre welcher Schriften Schopenhauers gewidmet und was hat das für die Herausbildung der Psychoanalyse zu bedeuten? Freud selbst hat ein solches Studium wiederholt in Abrede gestellt: »Die weitgehenden Übereinstimmungen der Psychoanalyse mit der Philosophie Schopenhauers [...] lassen sich nicht auf meine Bekanntschaft mit seiner Lehre zurückführen. Ich habe Schopenhauer sehr spät im Leben gelesen« (Freud 1925, 86). Diese Behauptung impliziert, dass Schopenhauer keinen maßgeblichen Einfluss auf die Entstehung der Psychoanalyse gehabt habe, und gab Anlass zu einer noch immer anhaltenden Kontroverse über die Art und das Ausmaß der Schopenhauer-Rezeption Freuds (vgl. Becker 1971; Zentner 1995; Atzert 2005; Gödde 2012).

Wenn man zwei Briefen Freuds an Anna Freud und Lou Andreas-Salomé Glauben schenken darf, hat er erst 1919 mit einer Lektüre Schopenhauers begonnen (vgl. S. Freud/A. Freud 2006, 232; Freud/Andreas-Salomé 1980, 109). Das könnte bedeuten, dass das Jahr 1919 eine *Zäsur* in Freuds psychoanalytischer Schopenhauer-Rezeption war, so dass sich die Art und Qualität seiner Auseinandersetzung mit Schopenhauer nach dem Ersten Weltkrieg deutlich intensiviert und qualitativ verändert hat (vgl. Gödde 2013). Zur Klärung dieser Frage soll ein Vergleich zwischen Freuds Schopenhauer-Rezeption bis zum Ende des Ersten Weltkriegs und derjenigen im Spätwerk gezogen werden.

Freuds psychoanalytische Schopenhauer-Rezeption bis zum Ende des Ersten Weltkriegs

In Freuds 1900 veröffentlichter *Traumdeutung* finden sich erste konkrete Spuren einer Schopenhauer-Rezeption. Bei der Durcharbeitung der damaligen »wissenschaftlichen Literatur der Traumprobleme« (auf fast 100 Seiten) knüpfte er neben Traumwissenschaftlern des 19. Jahrhunderts auch an die philosophische Tradition an. Schopenhauer wird an drei Stellen erwähnt, die aus seiner Abhandlung »Versuch über das Geistersehn und was damit zusammenhängt« (1851) stammen.

Beim Topos »Traumreize und Traumquellen« geht Freud auf den Anteil organisch bedingter Empfindungen an der Traumentstehung ein und nimmt dabei erstmals Bezug auf Schopenhauer:

> »Das Weltbild entsteht in uns dadurch, daß unser Intellekt die ihn von außen treffenden Eindrücke in die Formen der Zeit, des Raums und der Kausalität umgießt. Die Reize aus dem Inneren des Organismus, vom sympathischen Nervensystem her, äußern bei Tag höchstens einen unbewußten Einfluß auf unsere Stimmung. Bei Nacht aber, wenn die übertäubende Wirkung der Tageseindrücke aufgehört hat, vermögen jene aus dem Innern heraufdringenden Eindrücke sich Aufmerksamkeit zu verschaffen – ähnlich wie wir bei Nacht die Quelle rieseln hören, die der Lärm des Tages uns vernehmbar machte. Wie anders aber soll der Intellekt auf diese Reize reagieren, als indem er seine ihm eigentümliche Funktion vollzieht? Er wird also die Reize zu raum- und zeiterfüllenden Gestalten, die sich am Leitfaden der Kausalität bewegen, umformen, und so entsteht der Traum« (Freud 1900, 39).

Man könnte nun annehmen, Freud habe unmittelbar aus der genannten Primärquelle Schopenhauers (vgl. P I, 249 ff.) geschöpft, mit der es durchaus Übereinstimmungen gibt. Einen anderen Eindruck gewinnt man jedoch, wenn man Johannes Volkelts Buch *Die Traumphantasie* zur Hand nimmt und im Kapitel »Schopenhauer's Theorie des Traums« nachliest (1875, 113). Vergleicht man die drei Texte, so sieht man, dass Freud viele Formulierungen von Volkelt wortwörtlich übernommen hat und sein Text im Wesentlichen eine verkürzte Fassung von dessen Text darstellt (vgl. Goldmann 2003, 149 ff.).

Eine zweite Bezugnahme auf Schopenhauer findet sich beim Topos »Die ethischen Gefühle im Traum«. In diesem Kontext nahm Schopenhauer an, dass »jeder Mensch [im Traum] in vollster Gemäßheit seines Charakters handelt und redet« (P I, 253). Bei Freud wird dieser Satz dahingehend abgewandelt, dass »jeder im Traum in vollster Gemäßheit seines Charakters redet und handelt« (Freud 1900, 69). Dagegen hat Volkelt auf diese zweite Textstelle bei Schopenhauer nicht Bezug genommen. Dies könnte dafür sprechen, dass Freud Schopenhauers Traumtheorie aus erster Hand gekannt hat.

Ähnlich steht es mit der dritten Textstelle bei Schopenhauer, nämlich dass »der Traum als ein kurzer Wahnsinn, der Wahn als ein langer Traum« (P I, 254) bezeichnet werden kann. Freud greift diese Stelle beim Topos »Traum und Geisteskrankheiten« mit folgenden Worten auf: »Schopenhauer nennt den Traum einen kurzen Wahnsinn und den Wahnsinn einen langen Traum« (Freud 1900, 94). Auch hier könnte Freud direkt den Originaltext von Schopenhauer zugrunde gelegt haben.

Im Zeitraum von 1909 bis 1919 gibt es in Freuds Schriften mehrere Bezugnahmen auf Schopenhauer, die in einem engen Kontext mit den Diskussionen in der 1902 gegründeten »Mittwoch-Gesellschaft« bzw. »Wiener Psychoanalytischen Vereinigung« (WPV) stehen. In den von Otto Rank geführten Protokollen dieser Diskussionen wird Schopenhauer in den Jahren 1907 bis 1912 insgesamt etwa 30 Mal erwähnt.

In unserem Zusammenhang soll es hauptsächlich um die Frage gehen, inwieweit Schopenhauer psychoanalytische Positionen vorweggenommen hat (vgl. Gödde 2009, 283 ff.). Als eine erste Vorwegnahme Schopenhauers wird die Konzeption der Verdrängung angesprochen. Otto Rank machte in der Sitzung vom 22. Dezember 1909 auf eine Textstelle bei Schopenhauer (W II, 458) aufmerksam, in der jener »die Entstehung des Wahnsinns in Zusammenhang bringt mit dem gewaltsamen ›Sich-aus-dem-Kopf-Schlagen‹ einer Sache« (Nunberg/Federn 1977, 338 m. Anm. 10). Ein ausdrückliches Anerkenntnis der Priorität Schopenhauers hinsichtlich der Verdrängung findet sich in Freuds Aufsatz »Zur Geschichte der psychoanalytischen Bewegung« (Freud 1914, 53).

Hinsichtlich der Bedeutung der Sexualität als Brennpunkt des unbewussten Geschehens führte Otto Juliusburger eine ganze Reihe von Textstellen an, in der Schopenhauer die wichtige Rolle unterstreicht, »welche das Geschlechtsverhältnis in der Menschenwelt spielt, als wo es eigentlich der unsichtbare Mittelpunkt alles Tuns und Treibens ist und trotz allen ihm überworfenen Schleiern überall hervorguckt« (Juliusburger 1911, 173; vgl. W II, 601). Jahre später ging Freud dann darauf ein, dass bereits Schopenhauer »in Worten von unvergesslichem Nachdruck die Menschen an die immer noch unterschätzte Bedeutung ihres Sexualstrebens gemahnt hat« (Freud 1917, 12).

Ein drittes großes Thema war die Nähe zwischen Freuds psychoanalytischer Konzeption des Unbewussten und Schopenhauers Philosophie des Willens. Hanns Sachs brachte in der Sitzung der WPV vom 8. November 1911 die von Freud postulierte »Zeitlosigkeit des Unbewussten« mit dem metaphysischen Zeitbegriff Schopenhauers in Verbindung (vgl. Nunberg/Federn 1977, 292), und am 13. Dezember 1911 ging er noch einen Schritt weiter, indem er den Zusammenhang zwischen den Sexualtrieben der Psychoanalyse und dem Schopenhauerschen Willen thematisierte (vgl. ebd., 333 f.).

Besondere Beachtung verdient ein am 8. Mai 1912 gehaltener Vortrag von Eduard Hitschmann in der einzigen ganz auf Schopenhauer bezogenen Sitzung der WPV, der ein Jahr später in der *Imago* erschien. Den Ausgangspunkt für einen Vergleich zwischen Schopenhauer und Freud bildet die Lehre vom Willen als Trieb im weitesten Sinne. Jenes »hinter dem Bewußtsein, der Erkenntnis und dem Wollen als Dunkles, Blindes und eigentlich nicht Erkennbares Waltende« (Hitschmann 1913, 128) entspreche dem, was die Psychoanalytiker als das Unbewusste bezeichnen.

Am 11. Dezember 1912 hielt Alfred von Winterstein in der WPV einen Vortrag über »Psychoanalytische Anmerkungen zur Geschichte der Psychoanalyse«, der ebenfalls 1913 in der *Imago* veröffentlicht wurde. In diesem Text weist er darauf hin, dass Schopenhauer das Todesproblem an den Eingang der Philosophie gestellt habe (vgl. Winterstein 1913, 232; W II, 526). Bemerkenswert ist, dass sich in Freuds Schrift *Totem und Tabu* aus demselben Jahre eine gleichlautende Formulierung findet: »Das Todesproblem steht nach Schopenhauer am Eingang jeder Philosophie« (Freud 1912–13, 108).

Freud hat Hitschmann und Winterstein ausdrücklich gewürdigt, da sie »mit der psychoanalytischen Beleuchtung von philosophischen Systemen und Persönlichkeiten [...] einen Anfang gemacht [hätten], dem Fortführung und Vertiefung zu wünschen bleibt« (Freud 1914, 78). Drei Jahre später gab er allerdings zu bedenken, dass die Psychoanalyse »die beiden dem Narzissmus so peinlichen Sätze von der psychischen Bedeutung der Sexualität und von der Unbewußtheit des Seelenlebens nicht abstrakt behauptet, sondern an einem Material erweist, welches jeden einzelnen persönlich angeht und seine Stellungnahme zu diesen Problemen erzwingt« (Freud 1917, 12).

Anhand der Sitzungsprotokolle, einiger Zeitschriftenartikel und Briefe lässt sich zeigen, wie Mitglieder der WPV – neben Hitschmann, Rank, Sachs und von Winterstein auch Adler, Ferenczi, Graf, Häutler, Oppenheim, Sadger, Tausk und Wittels – damit umgegangen sind, dass Schopenhauer psychoanalytische Themen wie Verdrängung, Sexualität, Triebe, Unbewusstes und Tod vorweggenommen hat. Freuds Schopenhauer-Kenntnisse stammen allem Anschein nach ›aus zweiter Hand‹. Seine ›Statements‹ zu Schopenhauer deuten nicht auf eine gründliche Textkenntnis hin, sondern sind sehr allgemein gehalten. Man spürt seinen Anspruch auf Wissenschaftlichkeit, seine Abwehr gegen Philosophie im Allgemeinen und seine Sorge, in die Nähe von Schopenhauers Willensmetaphysik gerückt zu werden. Es gibt jedenfalls keine Hinweise darauf, dass er sich bis 1919 eingehender mit den Schriften Schopenhauers auseinandergesetzt hat.

Explizite und implizite Bezugnahmen auf Schopenhauer in Freuds Werken nach dem Ersten Weltkrieg

Nach dem Ersten Weltkrieg konzentrierte sich Freud zunächst auf eine tiefgreifende Umarbeitung seiner Triebtheorie (in *Jenseits des Lustprinzips*, 1920) und seiner Konzeption des Unbewussten (in *Das Ich und das Es*, 1923), um sich dann verstärkt der Gesellschafts- und Kulturtheorie, insbesondere der Religionskritik (in *Die Zukunft einer Illusion*, 1927) und der Kulturkritik (in *Das Unbehagen in der Kultur*, 1930) zuzuwenden. Diese vier Schriften könnten von Schopenhauers Denken beeinflusst sein, obwohl es nur in *Jenseits des Lustprinzips* eine explizite Bezugnahme auf Schopenhauer gibt (vgl. 1920, 53), die in der *Neuen Folge der Vorlesungen zur Einführung in die Psychoanalyse* nochmals aufgegriffen wird (vgl. 1933, 114 f.).

Aufgrund klinischer Beobachtungen, vor allem an Unfall- und Kriegsneurotikern, erschien Freud der bisherige Interpretationsrahmen von Lust- und Realitätsprinzip nicht mehr ausreichend. Aus der zwanghaften Wiederholung unlustvoller, vor allem schmerzvoller und traumatischer Erfahrungen leitete er in seiner Schrift *Jenseits des Lustprinzips* die Annahme eines »Wiederholungszwangs« ab, in dem er dann den wichtigsten Grund für die Annahme eines »Todestriebs« sah. Bei seiner Todestrieb-Hypothese ließ er sich von Anregungen sowohl moderner Biologen wie Weismann, Hering u. a. als auch der Metaphysiker Empedokles und Schopenhauer inspirieren. Wie dem Lustprinzip der Anspruch der Lebenstriebe und dem Realitätsprinzip der Einfluss der Außenwelt, so wird den Todestrieben das Nirwanaprinzip zugeordnet: das Bestreben des psychischen Apparats, jede Erregungsqualität äußeren oder inneren Ursprungs auf völlige Entspannung zurückzuführen. Damit war Freud, wie er selbst konstatierte, »unversehens in den Hafen der Philosophie Schopenhauers eingelaufen [...], für den ja der Tod ›das eigentliche Resultat‹ und insofern der Zweck des Lebens ist, der Sexualtrieb aber die Verkörperung des Willens zum Leben« (Freud 1920, 53).

An dieser zentralen Stelle wird Schopenhauers Abhandlung »Transscendente Spekulation über die anscheinende Absichtlichkeit im Schicksal des Einzelnen« (1851) als Quelle angegeben. Darin taucht der Begriff des Todes allerdings erst ganz am Ende und nur ein einziges Mal auf. Schopenhauer erklärt in dieser Textpassage, dass »das Abwenden des Willens vom Leben als das letzte Ziel des zeitlichen Daseyns« zu betrachten sei und dass »dahin ein Jeder, auf die ihm ganz individuell angemessene Art, also auch oft auf weiten Umwegen, allmälig geleitet werde« (P I, 236). Was hat es zu bedeuten, dass schließlich vom Tode als dem »eigentlichen Resultat und insofern Zweck des Lebens« (ebd., 236) gesprochen wird? Bei einer Interpretation dieser Textstelle ist zu berücksichtigen, dass Schopenhauer den Zweck des Lebens nicht wie Freud (vgl. 1920, 40) in einem biologisch-triebhaften »Ziel« gesehen hat. In seinem Hauptwerk ist er vielmehr zu dem Schluss gelangt, dass es zur Erlösung des Menschen einer »Verneinung« des Willens bedürfe. Daher kommt dem Tode eine »ethische und pädagogische« (Zentner 1995, 127 f.) Bedeutung als letzte Möglichkeit zur Entsagung vom Willen und zur Läuterung zu. Für diese Annahme spricht, dass Schopenhauer am Ende seiner Abhandlung unterstreicht, welcher »hochernste, wichtige, feierliche und furchtbare Charakter« (P I, 236) der Todesstunde beizumessen sei.

Nach Marcel Zentners Auffassung

> »rangiert der Tod in Schopenhauers ›Skala der Lebenszwecke‹ ganz oben: offenbar, weil er sich für Schopenhauer mehr als andere Erscheinungen des Lebens dazu eignet, zur Verneinung des Wollens und damit zum höchsten moralischen Ziel ebenso wie zur Erlösung anzuhalten. Seine pädagogische und ethische Bedeutung darf aber nicht über den Umstand hinwegtäuschen, daß er nie Ziel oder Zweck des Lebens, sondern Mittel, Antrieb dazu ist« (Zentner 1995, 128).

Hier wird ein tiefgreifender Unterschied zwischen Schopenhauers Konzept der Willensverneinung und Freuds Hypothese vom Todestrieb sichtbar: Während Freud »eine Hauptquelle des Bösen und des Leides im Walten des Todestriebs erblickt, sieht Schopenhauer in der Verneinung des Willens zum Leben ganz im Gegenteil das höchste moralische Ziel« (ebd., 131).

Wenn nicht im Konzept des Todestriebes selbst, worin kann man dann eine »strukturelle Gemeinsamkeit« von Schopenhauers Abhandlung »Transcendente Spekulation über die anscheinende Absichtlichkeit im Schicksal des Einzelnen« und Freuds Schrift *Jenseits des Lustprinzips* sehen? Stephan Atzert erkennt eine solche Gemeinsamkeit »nicht nur in der wichtigen, das Leben durchwirkenden Stellung des Todes, sondern im Triebhaften, d.h. der Lenkung durch den Willen angesichts des Todes« (Atzert 2005, 190). Was bei Schopenhauer als ›unbewusste Schicksalswahl‹ erscheint, hat sein Pendant bei Freud in der unbewussten Determiniertheit der menschlichen Handlungen und Entscheidungen.

Dass der Bezugnahme auf Schopenhauers Schrift »Transscendente Spekulation über die anscheinende Absichtlichkeit im Schicksal des Einzelnen« nicht nur periphere Bedeutung zukommt, lässt sich daran erkennen, dass Freud sie in der *Neuen Folge der Vorlesungen zur Einführung in die Psychoanalyse* erneut aufgreift, als er den Dualismus von erotischen und Todestrieben behandelt:

> »Sie werden vielleicht achselzuckend sagen: Das ist nicht Naturwissenschaft, das ist Schopenhauersche Philosophie. Aber warum, meine Damen und Herren, sollte nicht ein kühner Denker erraten haben, was dann nüchterne und mühselige Detailforschung bestätigt? Und dann, alles ist schon einmal gesagt worden und vor Schopenhauer haben viele Ähnliches gesagt. Und weiter, was wir sagen, ist nicht einmal richtiger Schopenhauer. Wir behaupten nicht, der Tod sei das einzige Ziel des Lebens; wir übersehen nicht neben dem Tod das Leben. Wir anerkennen zwei Grundtriebe und lassen jedem sein eigenes Ziel« (Freud 1933, 115).

So lassen sich bei einem Vergleich der beiden Texte von Schopenhauer und Freud »ausgeprägte Gemeinsamkeiten im der Bedeutungsentwicklung zugrunde liegenden Sinngefüge« (Atzert 2005, 193) feststellen, auch wenn die grundlegende Differenz zwischen der vernunft- und erkenntnisgeleiteten Verneinung des Willens bei Schopenhauer und dem biologisch verankerten Wirken von Todestrieben bei Freud nicht zu leugnen ist.

Nach der Todestriebhypothese bedeutete die Einführung des Strukturmodells in *Das Ich und das Es* eine zweite große Revision der Metapsychologie in Freuds Spätwerk. An die Stelle des topographischen Modells mit den drei Systemen von Bewusstem, Vorbewusstem und Unbewusstem trat das Strukturmodell mit den drei Instanzen von Es, Ich und Über-Ich. Thomas Mann war einer der ersten, der in diesem Zusammenhang eine Brücke zu Schopenhauer geschlagen hat: »Freuds Beschreibung des ›Es‹ und ›Ich‹ – ist sie nicht aufs Haar die Beschreibung von Schopenhauers ›Wille‹ und ›Intellekt‹, – eine Übersetzung seiner Metaphysik ins Psychologische?« (Mann 1978a, 180).

Verfolgen wir diese Spur in Freuds Abhandlung *Das Ich und das Es*, um dann nach Übereinstimmungen mit Schopenhauers Text »Vom Primat des Willens im Selbstbewußtseyn« (W II, Kap. 19) zu suchen. Eine Beschreibung des Es erscheint Freud am ehesten vom Gegensatz zum Ich her möglich. Das Ich gleiche »im Verhältnis zum Es dem Reiter, der die überlegene Kraft des Pferdes zügeln soll, mit dem Unterschied, daß der Reiter dies mit eigenen Kräften versucht, das Ich mit geborgten.« Dieses Gleichnis trage ein Stück weiter. »Wie dem Reiter, will er sich nicht vom Pferd trennen, oft nichts anderes übrig bleibt, als es dahin zu führen, wohin es gehen will, so pflegt auch das Ich den Willen des Es in Handlung umzusetzen, als ob es der eigene wäre« (Freud 1923, 253). Auffällig ist an dieser Stelle, dass vom »Willen des Es« die Rede ist. Es liegt nahe, die Verwendung dieses Begriffs als Anspielung auf Schopenhauer und die konzeptuelle Nähe von Es und Wille zu verstehen. Wenn Freud am Ende des Textes davon spricht, das Es habe »keinen einheitlichen Willen« (ebd., 289) zustande gebracht, da Eros und Todestrieb in ihm kämpfen, so kann man auch darin eine implizite Bezugnahme auf Schopenhauer sehen, bei der die monistische Willensmetaphysik als Kontrastfolie für Freuds dualistische Triebkonzeption dient.

Zur weiteren Klärung seiner Vorstellungen vom Ich führt Freud aus, dass das Ich als Grenzwesen »zwischen der Welt und dem Es vermitteln, das Es der Welt gefügig machen und die Welt mittels seiner Muskelaktionen dem Es-Wunsch gerecht machen [will]. Es ist nicht nur der Helfer des Es, auch sein unterwürfiger Knecht, der um die Liebe seines Herrn wirbt« (ebd., 286 f.). Ganz analog wirkt der Wille bei Schopenhauer dadurch auf den Intellekt ein, dass »er ihm gewisse Vorstellungen verbietet, gewisse Gedankenreihen gar nicht aufkommen läßt«, bisweilen den Intellekt »zügelt« und ihn zwingt, sich auf andere Dinge zu richten. »Man nennt dies ›Herr über sich seyn‹: offenbar ist hier der Herr der Wille, der Diener der Intellekt; da jener in letzter Instanz stets das Regiment behält« (W II, 232 f.). Fasst man umgekehrt den Einfluss des Intellekts auf den Willen näher ins Auge, so sucht er »die Rolle des Trösters zu übernehmen, seinen Herrn, wie die Amme das Kind, mit Mährchen zu beschwichtigen und diese aufzustutzen, daß sie Schein gewinnen; [...] um nur den unruhigen und unbändigen Willen auf eine Weile zu beschwichtigen, zu beruhigen und einzuschläfern« (ebd., 242).

Bemerkenswert ist, dass Schopenhauer in seinem Text »Vom Primat des Willens im Selbstbewußtseyn« genau jene drei Metaphern für das Verhältnis zwischen Wille und Intellekt verwendet hat, mit denen Freud das Verhältnis zwischen Es und Ich veranschaulicht hat, nämlich: die Pferd-Reiter-, die Herr-Diener- und die Herr-Knecht-Metapher (vgl. W II, 233, 238; Freud 1923, 86; 1933, 84).

Auch ein Vergleich der Prädikate von Es und Ich mit denen des Willens und Intellekts zeigt, dass Freuds Strukturmodell der Psyche mit Schopenhauers Willensmetaphysik »nicht nur der Idee, sondern häufig auch dem Wort nach übereinstimmt« (Zentner 1995, 86). Für Schopenhauer ist der Wille das »Tiefere«, das »Innere«, die »Basis«, das »Primäre und Substantiale« sowie der »Kern unseres Wesens« und Freud spricht in ganz ähnlicher Weise vom Es als dem »Tieferen«, der »Innenwelt«, dem »Ursprünglichen« bzw. »Primärvorgang« sowie dem »Kern unseres Wesens« (ebd., 84–111). Zusammenfassend kann man sagen: »Es gibt hier keine Eigenschaft des Willens Schopenhauers, die sich nicht auch dem Es Freuds zuerkennen ließe; und keine Eigenschaft des Intellektes Schopenhauers, die man nicht in den Beschreibungen von Freuds Ich wieder erkennen könnte« (ebd., 109).

Für Schopenhauers Religionsphilosophie sind die beiden Abhandlungen »Über das metaphysische Bedürfniß des Menschen« (W II, Kap. 17) und »Ueber Religion« (P II, Kap. 15) mit dem Dialog zwischen Philalethes und Demopheles maßgeblich. Im Hinblick auf Freuds Auffassungen über Religion lassen sich die Kulturschriften *Die Zukunft einer Illusion* und *Das Unbehagen in der Kultur* zum Vergleich heranziehen.

Hinsichtlich der von ihm benutzten Quellen findet man bei Freud nur den lapidaren Hinweis, er habe in seiner Religionskritik »nichts gesagt, was nicht andere bessere Männer viel vollständiger, kraftvoller und eindrucksvoller vor mir gesagt haben« (Freud 1927, 358). Man wird dabei in erster Linie an Aufklärer des 18. Jahrhunderts wie Voltaire, Lessing und Diderot und Religionskritiker des 19. Jahrhunderts wie Feuerbach, Strauß und Nietzsche denken. Aber auch Schopenhauer verdanken wir wichtige Beiträge zur Psychologie und Hermeneutik der Religion (vgl. die Beiträge von Jörg Salaquarda in Broese/Koßler/Salaquarda 2007). Wie später Freud ist er insbesondere der emotionalen Bedürftigkeit der Gläubigen, ihren Wünschen, Ängsten, Begierden und Hoffnungen auf den Grund gegangen:

> »Die beständige Noth, welche das Herz (Willen) des Menschen bald schwer beängstigt, bald heftig bewegt und ihn fortwährend im Zustande des Fürchtens und Hoffens erhält, während die Dinge, *von* denen er hofft

und fürchtet, nicht in seiner Gewalt stehn, [...] – diese Noth, dies stete Fürchten und Hoffen, bringt ihn dahin, daß er die Hypostase persönlicher Wesen macht, von denen alles abhienge« (P I, 125).

Besondere Beachtung verdient die These von Philipp Rieff, dass Schopenhauers Dialog »Über Religion« eine maßgebliche Grundlage für Freuds eigenen Dialog mit einem Verteidiger der Religion in *Die Zukunft einer Illusion* bildete:

> »I should guess that Freud had read it, so closely does his own dialogue in *The Future of an Illusion* follow it. The friendly disputants created by Schopenhauer raise exactly the problem Freud raised. Both take for granted the absurdity of religious belief for rational men. The issue is only whether belief is necessary to control the unenlightened many (this is the position of ›Demopheles‹) or whether the value of religion, now declining anyway, has not been overestimated and is not actually a force constructing the Enlightenment goals: reason, progress, the true betterment of mankind (the position of ›Philalethes‹)« (Rieff 1979, 295; vgl. auch Gupta 1985, 174).

Freuds atheistische Position in *Die Zukunft einer Illusion* lässt sich tatsächlich in einer Reihe von Argumenten mit der des Religionskritikers Philalethes vergleichen, während die insgesamt elf Einwände seines pro-religiösen Gegenspielers weitgehend mit der des Religionsverteidigers Demopheles übereinstimmen. So zieht Demopheles mehrmals das Argument heran, dass man die breite Masse mit der Religion und ihren ethischen Implikationen »lenken und bändigen« müsse, um sie von Unrecht und Grausamkeiten abzuhalten (P II, 374). In ganz ähnlicher Weise befürchtet der Gegenspieler Freuds, dass sich die Menschen, wenn sie den Glauben an Gott aufgeben würden, »aller Verpflichtung zur Befolgung der Kulturvorschriften ledig fühlen. Jeder wird ungehemmt, angstfrei, seinen asozialen, egoistischen Trieben folgen, seine Macht zu bestätigen suchen [...]« (Freud 1927, 357).

Das Auseinanderdriften in zwei gegensätzliche Einstellungen zur Religion lässt sich darauf zurückführen, dass Religionen bei ihren Anhängern und Gegnern Ambivalenzen hervorrufen (vgl. Salaquarda 2007). Sie bieten Orientierung und Halt in einem Weltbild an, neigen aber auch zur Unterdrückung von Erkenntnissen; sie propagieren soziale Einstellungen wie Menschenliebe und Humanität, fördern aber auch Feindschaft und Intoleranz gegenüber den Nicht- oder Andersgläubigen; sie werden von den einen als »praktische Fiktion« (Hans Vaihinger) für unentbehrlich gehalten, während andere sie als »Infantilismus« unbedingt abschaffen wollen, um eine »Erziehung zur Realität« zu ermöglichen (Freud 1927, 351 und 373).

Schopenhauer lässt die Kontroverse zwischen Philalethes und Demopheles am Ende spielerisch, ja versöhnlich ausklingen. Die Religionen hätten eben »zwei Gesichter«, und die beiden Dialogpartner gestehen sich ein, sie hätten eben jeder auf seine Weise »ein anderes in's Auge gefasst« (P II, 381). Anders Freud, der auf seiner Überzeugung beharrt, dass der Mensch »nicht ewig Kind bleiben« könne. »Dadurch, daß er seine Erwartungen vom Jenseits abzieht und alle freigewordenen Kräfte auf das irdische Leben konzentriert, wird er wahrscheinlich erreichen können, daß das Leben für alle erträglich wird und die Kultur keinen mehr erdrückt« (Freud 1927, 373 f.).

In beiden Dialogen geht es um den Sinn und die Berechtigung der Desillusionierung, wobei sich zwischen »Illusionen des Es« (Vertrauen, Liebe, Glück, Harmonie), »Illusionen des Über-Ich« (Fortschritt, Brüderlichkeit, Vater-Ideal und Gesundheit) sowie der »Ich-Illusion der Vernunft« unterscheiden lässt. Die Annahme, dass Freuds religionspsychologische Sicht der *conditio humana* »mit dem allgemeinen Schema und der Struktur von Schopenhauers Philosophie« übereinstimmt (Gupta 1985, 175), hat viel für sich.

Wenn sich Freud in seiner Abhandlung *Das Unbehagen in der Kultur* mit der Begrenztheit menschlicher Glücksmöglichkeiten auseinandersetzt, glaubt man, in seinen Worten deutliche Anklänge an Schopenhauers Sicht des menschlichen Leidens zu vernehmen. Das Programm des Lustprinzips sei »überhaupt nicht durchführbar, alle Einrichtungen des Alls widerstreben ihm; man möchte sagen, die Absicht, daß der Mensch ›glücklich‹ sei, ist im Plan der ›Schöpfung‹ nicht enthalten« (Freud 1930, 434). In vergleichbarer Weise hat Schopenhauer vom Leidenscharakter des menschlichen Lebens gesprochen: »Keiner ist glücklich, sondern strebt sein Leben lang nach einem vermeintlichen Glücke, welches er selten erreicht und auch dann nur, um enttäuscht zu werden; in der Regel läuft Jeder zuletzt schiffbrüchig und entmastet in den Hafen ein« (P II, 303).

Für Freud sind die menschlichen Glücksmöglichkeiten schon durch die »Konstitution« beschränkt. Vorrangige Quellen des Unglücks seien der eigene Körper, die Außenwelt und die sozialen Beziehungen, unter deren Druck die Menschen ihren Glücksanspruch zu ermäßigen pflegen, so dass »die Aufgabe der Leidvermeidung die der Lustgewinnung in den Hintergrund drängt« (Freud 1930, 434f.). Auch Schopenhauer geht auf diese drei Quellen des Unglücks ein. Er betont, dass der Mensch »schon der ganzen Anlage nach, keiner wahren Glücksäligkeit fähig, sondern wesentlich ein vielgestaltetes Leiden ist« (W I, 359). Hinzu kämen ungünstige Einflüsse aus der Außenwelt wie Unfälle, Naturkatastrophen u. Ä. Besonderes Gewicht wird den sozialen Beziehungen beigemessen: »Dabei ist die Hauptquelle der ernstlichen Uebel, die den Menschen treffen, der Mensch selbst: *homo homini lupus*« (W II, 663; vgl. auch Freud 1930, 471).

Nach den Reflexionen über die Leidensquellen wendet sich Freud den Strategien zur Befreiung vom Leiden zu. Besondere Aufmerksamkeit widmet er den Möglichkeiten der Triebunterdrückung, -beherrschung und -sublimierung: Die erste Möglichkeit bestehe darin, dass man »die Triebe ertötet, wie die orientalische Lebensweisheit lehrt und die Yogapraxis ausführt« (Freud 1930, 437). Freud hätte hier auch auf Schopenhauers Plädoyer für eine konsequente Triebentsagung Bezug nehmen können. Der Entsagende höre auf, irgendetwas zu wollen, hüte sich, an irgendetwas sein Herz zu hängen. Auf diese Weise suche er die »größte Gleichgültigkeit gegen alle Dinge in sich zu befestigen« (W I, 455). Auch andere Äußerungen Freuds kommen Schopenhauers quietistischer Erlösungslehre nahe. »Gewollte Vereinsamung, Fernhaltung von den anderen« (Freud 1930, 435) diene dem Schutz gegen das Leid, das einem aus menschlichen Beziehungen erwachsen kann. Gegen die gefürchtete Außenwelt könne man sich nicht anders als durch »irgendeine Art der Abwendung« (ebd.) verteidigen, wenn man diese Aufgabe für sich allein lösen wolle. Der Eremit kehre der Welt den Rücken, er wolle nichts mit ihr zu schaffen haben (vgl. ebd., 439). Diese Äußerungen lassen eine elitäre Rückzugsstrategie erkennen, die für Schopenhauers betont individualistische Einstellung charakteristisch ist. Freud gibt diese Strategie der Leidvermeidung allerdings nur wieder, ohne sich damit zu identifizieren.

Schopenhauer ist bekannt dafür, dass er in seiner Willensmetaphysik und Erlösungslehre von der Negativität des Glücks ausgeht: »Alle Befriedigung oder was man gemeinhin Glück nennt, ist eigentlich und wesentlich immer nur negativ und durchaus nie positiv« (W I, 376). Die Negativitätsthese bedeutet, dass Glück und Lust nicht dauerhaft als Zustand, sondern nur augenblicks- oder zeitweise in der Überwindung von Unglück und Leiden realisiert werden können. Nur die Vermeidung von Unlust, nicht aber die direkte Befriedigung der eigenen Wünsche hat Aussicht auf Erfolg. Eine gewisse Ausnahme bilden für Schopenhauer ästhetische Kontemplation und künstlerisches Schaffen (vgl. W I, 295). Aber auch sie bringen nur eine »Erlösung auf Abruf« (Rudolf Malter) mit sich. Mit noch größerer Skepsis begegnet Freud der Kunst als Befreiungsstrategie, da bei ihr der Zusammenhang mit der Realität gelockert und die Befriedigung aus Illusionen gewonnen werde. Die »milde Narkose«, in die uns die Kunst versetze, vermöge »nicht mehr als eine flüchtige Entrückung aus den Nöten des Lebens herbeizuführen« (Freud 1930, 439).

Das Glück der Erlösung, auf das Schopenhauer große Hoffnungen setzt, wird nur in negativen Formulierungen wie »Willenlosigkeit«, »Ruhe« und »Entsagung« umschrieben (vgl. Morgenstern 2008, 117). Hier handelt es sich um einen Grundtyp der Erlösungslehre, bei dem die Erlösung durch Selbstaufhebung zustande kommt. Freud hält der von Schopenhauer betonten Triebabtötung entgegen, dass man damit »auch alle andere Tätigkeit aufgegeben (das Leben geopfert)« (Freud 1930, 437) habe. Ganz klar, dass er die Beherrschung des Trieblebens und dessen Sublimierung der radikalen Askese Schopenhauers vorzieht.

Trotz dieser Differenz stimmen Freuds Ausführungen zu den menschlichen Glücksmöglichkeiten mit Schopenhauers diesbezüglichen Gedankengängen in wichtigen Punkten überein. Dies wird noch deutlicher sichtbar, wenn man nicht bei Schopenhauers Erlösungslehre stehen bleibt, sondern sich seiner Glückslehre zuwendet, die schon in seinem Hauptwerk (W I, § 56–58) angelegt, aber dann in den *Parerga und Paralipomena* und insbesondere in den »Aphorismen zur Lebensweisheit« (1851) wesentlich breiter ausgearbeitet worden ist. Glücks- und Erlösungslehre lassen sich zwei verschiedenen Stufen zuordnen: die Erlösungslehre der Stufe der Willensverneinung, die von den meisten Menschen nicht erreicht wird, die Glückslehre hingegen der Stufe der alltäglichen Lebensbewältigung (vgl. Morgenstern 2008, 118; Zimmer 2010).

In den »Aphorismen« orientiert sich Schopenhauer stark am Glück der Persönlichkeit, das mit positiven Attributen wie geistige Freude, sinnliche Genüsse, Wohlgefallen und Heiterkeit versehen wird. Der späte Schopenhauer hat sich aus einem harten Pessimisten in einen eher gelassenen Realisten verwandelt, der »die Menschen nicht nur vor den Illusionen und Irrwegen des Glücksstrebens bewahren will, sondern zugleich auch auf Erfahrungen aufmerksam macht, die um ihrer selbst willen erstrebens- und lebenswert sind« (Morgenstern 2008, 134). Hier lässt sich wiederum eine Brücke zum späten Freud schlagen, der sich ebenfalls mit den positiven Glücksquellen auseinandersetzt. Besonders aussichtsreich sei es, »wenn man den Lustgewinn aus den Quellen psychischer und intellektueller Arbeit genügend zu erhöhen versteht«. Als Vorbild werden »die Freude des Künstlers am Schaffen« und die »des Forschers an der Lösung von Problemen und am Erkennen der Wahrheit« (Freud 1930, 438) hingestellt. Allerdings sei diese Methode nur den Gebildeten zugänglich.

Folgerungen

Aus dem Dargelegten kann man den Schluss ziehen, dass sich Freud nach dem Ersten Weltkrieg intensiver als früher mit dem Werk Schopenhauers auseinandergesetzt und einige von dessen Schriften ›gelesen‹ hat. Daher kann man von einer Zäsur in Freuds Schopenhauer-Rezeption sprechen. In Freuds Spätwerk finden sich Argumentationen und Stellungnahmen zum Todesproblem, zum Menschenbild, zur Religionspsychologie und zum Glück, die auf eine Auseinandersetzung mit Schopenhauers Denken hindeuten. Das soll aber keineswegs heißen, dass Freud die diesbezüglichen Auffassungen einfach »übernommen« (Gupta 1985, 165) habe. Adäquater erscheint es, von einer ›Verwendung‹ Schopenhauers durch Freud im Sinne einer mehr oder weniger bewussten und aktiven Aneignung zu sprechen.

Was bedeutet es für das Verständnis der Psychoanalyse, dass sich der späte Freud sowohl in seiner Metapsychologie als auch in seiner Kulturtheorie den Vorannahmen Schopenhauers angenähert hat? Mit der These vom Primat des Willens und dem Werkzeugcharakter der Vernunft hat Schopenhauer eine Art ›Gegenmetaphysik‹ angebahnt, die durch Nietzsche, Freud, Heidegger, Horkheimer und die Philosophische Anthropologie verschiedene Variationen erfahren hat (vgl. Schnädelbach 1983, 178). Zugleich hat er die Weichen für eine erfahrungsbasierte und ›induktive‹ Metaphysik gestellt, in deren Rahmen mit Hypothesen gearbeitet wird, die teilweise über den Bereich des Erfahrbaren hinausgehen, aber durch empirische Befunde so weit wie möglich bestätigt werden sollen. Darüber hinaus kann man bei Schopenhauer von einer »Metaphysik als einer Form *expressiver Beschreibung*« sprechen, die hochgradig subjektiv, individuell und existentiell ist und dem Einzelnen dazu dient, sich »über seine höchstpersönliche Existenz klar zu werden, sich mit einer individuellen Erfahrung der Welt auseinanderzusetzen und seiner ureigensten Betroffenheit von den Zielsetzungen der Welt (vor allem seiner unausweichlichen Endlichkeit) Ausdruck zu geben« (Birnbacher 2009, 15). Freud war Anti-Metaphysiker, der wie vor ihm Schopenhauer und Nietzsche Grundannahmen der traditionellen Geist- und Vernunftmetaphysik hinterfragt hat, und zugleich Metaphysiker, der Schopenhauers hypothetisch-induktiver und expressiv-existentieller Metaphysik nahesteht und doch auf der Basis umfangreicher klinischer Erfahrungen eine eigenständige und systematisierte Psychologie des Unbewussten entwickelt hat.

Literatur

Atzert, Stephan: Zwei Aufsätze über Leben und Tod: Sigmund Freuds *Jenseits des Lustprinzips* und Arthur Schopenhauers *Transscendente Spekulation über die anscheinende Absichtlichkeit im Schicksal des Einzelnen*. In: *Schopenhauer-Jahrbuch* 86 (2005), 179–194.

Becker, Aloys: Arthur Schopenhauer und Sigmund Freud. Historische und charakterologische Grundlagen ihrer Denkstrukturen. In: *Schopenhauer-Jahrbuch* 52 (1971), 114–156.

Birnbacher, Dieter: *Schopenhauer*. Stuttgart 2009.

Broese, Konstantin/Koßler, Matthias/Salaquarda, Barbara (Hg.): *Die Deutung der Welt. Jörg Salaquardas Schriften zu Arthur Schopenhauer*. Würzburg 2007.

Fleiter, Michael (Hg.): *Die Wahrheit ist nackt am schönsten. Arthur Schopenhauers philosophische Provokation* (= Katalog der Ausstellung zum 150. Todestag Schopenhauers am 24. September 2010). Frankfurt a. M. 2010.

Freud, Sigmund: *Gesammelte Werke in 18 Bänden*. Frankfurt a. M. 1999 [GW].

Freud, Sigmund: *Die Traumdeutung* [1900]. GW II/III.

Freud, Sigmund: *Totem und Tabu* [1912–13]. GW IX.

Freud, Sigmund: *Zur Geschichte der psychoanalytischen Bewegung* [1914]. GW X, 43–113.

Freud, Sigmund: *Eine Schwierigkeit der Psychoanalyse* [1917]. GW XII, 3–12.

Freud, Sigmund: *Jenseits des Lustprinzips* [1920]. GW XIII, 1–69.

Freud, Sigmund: *Das Ich und das Es* [1923]. GW XIII, 237–289.

Freud, Sigmund: *»Selbstdarstellung«* [1925]. GW XIV, 31–96.

Freud, Sigmund: *Die Zukunft einer Illusion* [1927]. GW XIV, 324–380.

Freud, Sigmund: *Das Unbehagen in der Kultur* [1930]. GW XIV, 419–506.

Freud, Sigmund: *Neue Folge der Vorlesungen zur Einführung in die Psychoanalyse* [1933]. GW XV.

Freud, Sigmund: *Jugendbriefe an Eduard Silberstein 1871–1881*. Hg. von Walter Boehlich. Frankfurt a. M. 1989.

Freud, Sigmund/Andreas-Salomé, Lou: *Briefwechsel*. Hg. von Ernst Pfeiffer. Frankfurt a. M. ²1980.

Freud, Sigmund/Freud, Anna: *Briefwechsel*. Hg. von Ingeborg Meyer-Palmedo. Frankfurt a. M. 2006.

Gödde, Günter: Freuds philosophische Diskussionskreise in

der Studentenzeit. In: *Jahrbuch der Psychoanalyse* 27 (1991a), 73–113.

Gödde, Günter: Schopenhauer als Vordenker der Freudschen Metapsychologie. In: *Psyche – Z Psychoanal* 45 (1991b), 994–1035.

Gödde, Günter: Freud, Schopenhauer und die Entdeckung der Verdrängung. In: *Psyche – Z Psychoanal* 52 (1998), 143–174.

Gödde, Günter: *Traditionslinien des »Unbewußten«. Schopenhauer, Nietzsche, Freud* [1999]. Gießen ²2009.

Gödde, Günter: Warum es so wichtig ist, dass Freud eine eigene Philosophie entwickelt hat. In: Ders./Michael B. Buchholz (Hg.): *Der Besen, mit dem die Hexe fliegt. Wissenschaft und Therapeutik des Unbewussten*. Bd. 2. Gießen 2012, 157–199.

Gödde, Günter: Das Ende des Ersten Weltkriegs als Zäsur in Freuds Schopenhauer-Rezeption. In: Ludger M. Hermanns/Albrecht Hirschmüller (Hg.): *Vom Sammeln, Bedenken und Deuten in Geschichte, Kunst und Psychoanalyse. Gerhard Fichtner zu Ehren* (= Jahrbuch der Psychoanalyse, Beiheft 25). Stuttgart-Bad Cannstatt 2013, 249–270.

Gödde, Günter: Freud et Schopenhauer. Une comparaison. In: Roger Perron/Sylvain Missonnier (Hg.): *Sigmund Freud*. Paris 2015, 114–121.

Gödde, Günter: Zur Verdrängungsgeschichte von Schopenhauer und Nietzsche. In: *Aufklärung und Kritik (Schwerpunkt Arthur Schopenhauer)* 23/2 (2016), 92–106.

Gödde, Günter: Schopenhauers Einfluss auf Freud. In: *Aufklärung und Kritik (Schwerpunkt Arthur Schopenhauer)* 23/2 (2016), 134–151.

Gödde, Günter/Buchholz, Michael B.: Das Denken des Körpers. Variationen von Schopenhauers und Nietzsches Leibphilosophie über die Psychoanalyse bis in die gegenwärtige Kognitionsforschung. In: Matthias Koßler/Michael Jeske (Hg.): *Philosophie des Leibes. Die Anfänge bei Schopenhauer und Feuerbach*. Würzburg 2012, 264–285.

Goldmann, Stefan: *Via regia zum Unbewußten. Freud und die Traumforschung im 19. Jahrhundert*. Gießen 2003.

Gupta, Rajender K.: Freud und Schopenhauer. In: Jörg Salaquarda (Hg.): *Schopenhauer*. Darmstadt 1985, 164–176.

Hitschmann, Eduard: Schopenhauer. Versuch einer Psychoanalyse des Philosophen. In: *Imago* 2 (1913), 101–174.

Juliusburger, Otto: Weiteres von Schopenhauer. In: *Zentralblatt für Psychoanalyse und Psychotherapie* I (1911), 173–174.

Koßler, Matthias: Wege zum Unbewussten in der Philosophie Arthur Schopenhauers. In: Michael B. Buchholz/Günter Gödde (Hg.): *Macht und Dynamik des Unbewussten. Auseinandersetzungen in Philosophie, Medizin und Psychoanalyse. Das Unbewusste*. Bd. I. Gießen 2005, 180–202.

Mann, Thomas: Freud und die Zukunft [1936]. In: Ders.: *Essays*. Bd. 3. Frankfurt a. M. 1978, 173–192.

Mann, Thomas: Schopenhauer [1938]. In: Ders.: *Essays*. Bd. 3. Frankfurt a. M. 1978, 193–234.

Morgenstern, Martin: Schopenhauers Lehre vom Glück. In: *Aufklärung und Kritik* Sonderheft 14 (2008): *Glück und Lebenskunst*. Hg. von Robert Zimmer, 116–135.

Nunberg, Hermann/Federn, Ernst (Hg.): *Protokolle II der Wiener Psychoanalytischen Vereinigung (1908–1910)*. Frankfurt a. M. 1977.

Nunberg, Hermann/Federn, Ernst (Hg.): *Protokolle III der Wiener Psychoanalytischen Vereinigung (1910–1911)*. Frankfurt a. M. 1979.

Rieff, Philipp: *Freud: The Mind of the Moralist* [1959]. Chicago ³1979.

Safranski, Rüdiger: *Schopenhauer und Die wilden Jahre der Philosophie. Eine Biographie*. München/Wien 1987.

Salaquarda, Jörg: Schopenhauer und die Religion [1988]. In: Broese/Koßler/Salaquarda 2007, 83–95.

Sandler, Joseph/Holder, Alex/Dare, Christopher/Dreher, Anna Ursula: *Freuds Modelle der Seele. Eine Einführung*. Gießen 2003.

Schmidt, Alfred: Von der Willensmetaphysik zur Metapsychologie: Schopenhauer und Freud. In: Ders.: *Tugend und Weltlauf. Vorträge und Aufsätze über die Philosophie Schopenhauers (1960–2003)*. Frankfurt a. M. 2004, 317–427.

Schnädelbach, Herbert: *Philosophie in Deutschland 1831–1933*. Frankfurt a. M. 1983.

Schubbe, Daniel: *Philosophie des Zwischen. Hermeneutik und Aporetik bei Schopenhauer*. Würzburg 2010.

Volkelt, Johannes: *Die Traumphantasie*. Stuttgart 1875.

Wegner, Peter: *Das Unbewußte in Schopenhauers Metaphysik und Freuds Psychoanalyse*. Diss. Frankfurt a. M. 1991.

Winterstein, Alfred von: Psychoanalytische Anmerkungen zur Geschichte der Psychoanalyse. In: *Imago* 2 (1913), 175–237.

Wucherer-Huldenfeld, Augustinus: Zur Eigenständigkeit des Grundgedankens Freuds in der Rezeption der Philosophie Schopenhauers [1990]. In: Ders.: *Ursprüngliche Erfahrung und personales Sein*. Wien/Köln/Weimar 1994, 241–265.

Zentner, Marcel: *Die Flucht ins Vergessen. Die Anfänge der Psychoanalyse Freuds bei Schopenhauer*. Darmstadt 1995.

Zimmer, Robert: *Arthur Schopenhauer. Ein philosophischer Weltbürger*. München 2010.

Günter Gödde

32 Georg Simmel

Schopenhauer gilt in der Forschung als »Vater der modernen Lebensphilosophie« (Fellmann 1996, 280). Dieses Urteil rührt zum einen daher, dass Schopenhauers Willensmetaphysik als direkter Vorläufer der lebensphilosophischen Vorstellung vom Leben als unaufhaltsam vorwärtsfließendem Strom, mithin als Vorgriff auf den von Henri Bergson geprägten Begriff des »élan vital« angesehen wird, aber auch angesichts der Forderung Schopenhauers, das »Ganze der Erfahrung [...] aus sich selbst« zu deuten (W II, 203). Aufgrund des hermeneutischen Aspekts der Willensmetaphysik zählt Georg Simmel (1858–1918) Schopenhauer zu den »großen philosophischen Schöpfern, zu den Entdeckern einer neuen Möglichkeit, das Dasein zu deuten« (GSG 10, 209). Die Schopenhauer-Rezeption Simmels hebt sich von derjenigen der anderen sogenannten Lebensphilosophen zunächst dadurch ab, dass Simmel der Auseinandersetzung mit Schopenhauer (und Nietzsche) eine eigene Monographie gewidmet hat. *Schopenhauer und Nietzsche. Ein Vortragszyklus* erscheint 1907, zu einer Zeit, in der sich Simmel noch vornehmlich mit soziologischen und kulturphilosophischen Fragestellungen auseinandersetzt und noch nicht in seine lebensphilosophische Werkphase eingetreten ist. Dennoch finden sich schon hier zahlreiche Aspekte, die seine lebensphilosophischen Hauptwerke *Lebensanschauung* (1918) und *Rembrandt* (1916) bestimmen werden. Daher ist *Schopenhauer und Nietzsche* nicht nur ein Buch *über* die beiden Willensmetaphysiker, sondern dokumentiert sehr genau die Einflussnahme, die das Werk Schopenhauers auf Simmel ausgeübt hat, und zeigt, dass sich Simmel in vielen Dingen durch die Kritik an Schopenhauer selbst philosophisch positioniert. Dabei kann diese Kritik rückwirkend für Schopenhauer fruchtbar gemacht werden, denn Simmel legt gleichzeitig Aspekte und Dimensionen des Denkens Schopenhauers frei, die dieser selbst zwar implizit ausgesprochen, innerhalb seines Systems aber nicht weiter berücksichtigt hatte.

Während andere Lebensphilosophen nur einzelne Aspekte von Schopenhauers Philosophie hervorgehoben und für sich selbst nutzbar gemacht haben, sieht Simmel Schopenhauers spezifische Leistung in der Beantwortung der Frage: »Was ist das Leben, was ist seine Bedeutung rein als Leben?« (GSG 16, 188; vgl. W II, 463). In Schopenhauers Antwort – »Wille« – spiegelt sich Simmels zentraler Anknüpfungspunkt. Simmels Verständnis des Lebens deckt sich zunächst mit der Auffassung Bergsons, dass jenes eine dynamische Einheit ist, die sich jederzeit im Fluss befindet. Durch die Betonung der dialektischen Beziehung von Leben und Form hebt sich Simmel jedoch von Bergson ab und formuliert den fundamentalen Widerspruch, mit dem seiner Meinung nach das Leben behaftet ist: Es kann »nur in Formen unterkommen [...] und doch in Formen nicht unterkommen« (GSG 16, 231). Das Leben strebt nach der Individuation, doch in dem Augenblick, in dem es in diese gebannt ist, greift es über sie hinaus, streckt sich »sozusagen nach dem Absoluten des Lebens hin und wird in dieser Richtung Mehr-Leben« (GSG 16, 229). Diese Bewegung zum »Mehr«, die Selbsttranszendenz, durch die sich nach Simmel das Leben auszeichnet, sieht er bereits in dem nicht zu befriedigenden Objektivationstrieb des Schopenhauerschen Willens, denn dessen Rastlosigkeit sei eben nicht »eine wesentliche *Eigenschaft* der Welt«, sondern »ihre Substanz selbst« (GSG 10, 267). Ebenso wie sich das Leben an seinen eigenen Formen wund schlägt und über diese hinausgreifen will, ruht auch der Wille nicht in seinen einzelnen Individuationen, sondern strebt stetig nach der Steigerung seines momentanen Selbst. Werden wir uns der Willensbewegung in uns bewusst, erklärt Simmel, »fühlen wir uns in jedem Augenblick als ein Mehr, als ein über unsere dargebotene Wirklichkeit Hinauslangendes« (GSG 10, 206).

Und innerhalb dieser gemeinsamen Auslegung des Lebendigen zeigt sich gleichzeitig der Punkt, an dem sich Simmel von Schopenhauer entscheidend abhebt. Schopenhauer habe nicht erkannt, dass schon in der bloßen Bewegung des »Mehr« eine Qualität liegt, und so den schöpferischen Grundgedanken übersehen, den er selbst ausgesprochen habe. Da für den Pessimismus Schopenhauers »alles ›mehr leben‹ das Schlimme schlechthin« (GSG 10, 183) sei, konnte Schopenhauer gar nicht alle Dimensionen seiner eigenen Willensmetaphysik erkennen. Stattdessen strahle das pessimistische Gepräge seines Werks eine »usurpatorische Energie« aus, da er »das Prinzip des Pessimismus um jeden Preis mit anderen Denkmotiven verschmilzt« (GSG 10, 301). Schopenhauer gehe dabei »völlig das Gefühl ab, das bei Nietzsche überall durchbricht: das Gefühl für die Feierlichkeit des Lebens« (GSG 10, 179). Trotzdem sieht Simmel Schopenhauer als den hochkarätigeren Denker an, der mit »den besseren Kräften die schlechtere Sache verteidigt« habe (GSG 10, 188; vgl. Solies 2009, 326 ff.).

Simmel ist in der Forschung schon früh für seine Interpretation des Schopenhauerschen Denkens und die Betonung von dessen lebensphilosophischen Elementen gerügt worden (vgl. Tromnau 1926, 19 ff.), dennoch ist der Pessimismus und dessen Kritik einer der zentralen Ausgangspunkte von Simmels Beschäftigung mit Schopenhauer. Die gesamte Denkrichtung des Pessimismus sei nach Simmel mit der Lebensphilosophie unvereinbar, denn »[w]o wirklich größere Kreise einem ernsthaften Pessimismus ergeben sind, [...] da ist eine Lähmung aller praktischen Kräfte und ein allmählicher Verfall des Lebens unvermeidlich« (GSG 5, 543). Besonders zu rügen sei laut Simmel die Ablehnung des Lebens aufgrund der simplen Aufrechnung von Glück und Leid. Er kritisiert in seinen Essays zur Geschichte und Bewertung des Pessimismus Schopenhauer und besonders Eduard von Hartmann für die Annahme einer eudämonistischen Gesamtsumme, durch die der Wert des Lebens bestimmt werden könne. Denn eine »sozialistische Glückstheorie« sei schlichtweg widersinnig, da die ungerechte Verteilung von Heil und Leid die Voraussetzung sei, dass so etwas wie Glück überhaupt empfunden werden könne. Glück sei kein absoluter, sondern ein relativer Wert und entstehe in vielen Fällen aufgrund des »Sich-abheben[s] des subjectiven Lebensgefühles von dem allgemeinen Menschenlose«, das im Falle der »durchgängigen Ausgeglichenheit der Lagen nicht mehr stattfinden kann« (GSG 5, 556). Darüber hinaus betont Simmel, indem er die Kosten-Nutzen-Rechnung des Glücks- und Leidertrages mit Aspekten der Geldwirtschaft vergleicht, die Absurdität des Gedankens, »die Gesammtheit oder der Durchschnitt der Freuden des Lebens sei mit seinen Schmerzen zu theuer bezahlt« worden, da dies »ebenso unmöglich« sei wie die Annahme, dass »alle Waren durchschnittlich mit dem dafür aufgewendeten Gelde zu theuer bezahlt seien« (GSG 5, 552; vgl. Solies 2009, 328). Den zentralen Einwand gegenüber Schopenhauers Verbindung von Glück und Leid mit der Dichotomie von Haben und Nicht-Haben äußert Simmel jedoch erneut in seiner Schopenhauer-Nietzsche-Monographie. Denn Schopenhauer unterschlage an dieser Stelle seine eigene Aussage, dass wir uns der Willensbewegung nicht als erkennende, sondern nur als fühlende Wesen bewusst werden können. Wird der Wert des Lebens nur mittels eines Lustquantums bestimmt, wird nicht berücksichtigt, dass Lust »nicht nur die *Wirkung* des Besitzes, sondern seine Innenseite, seine subjektive Wirklichkeit für uns ist« (GSG 10, 246). Die Aufrechnung von Heil und Leid berücksichtige nur die quantitative Seite des Glücks und lasse den Bereich aus, der für die gesamte Strömung der Lebensphilosophie ebenso zentral war wie schon für Schopenhauer selbst: das *Erleben* und damit die Innenseite der Vorstellungswelt.

Etwas Ähnliches kann man erkennen, wenn man Simmels Bewertung der Kunst mit Schopenhauers Ästhetik in ein Verhältnis setzt. In den beiden Bereichen des Lebens, die Simmel unterscheidet – »Mehr-Leben« und »Mehr-als-Leben« –, nimmt das Kunstwerk eine besondere Stellung ein. Zwar gehört es dem geistigen Ideenkosmos des Menschen an und ist damit »Mehr-als-Leben«, jedoch unterscheidet es sich von den anderen Teilen des kulturellen Gefüges. Es hat eine »inselhafte Stellung«, ist eine eigene Bedeutungseinheit, ein Sinnganzes, das nicht in Abhängigkeit zu anderen kulturellen Objektivationen geschaffen wurde. Durch seinen »Rahmen« entsteht das Wohlgefallen, das »Erlösende in der Hingabe an ein Kunstwerk«, denn das »Kunstwerk nimmt uns in einen Bezirk hinein, dessen Rahmen alle umgebende Weltwirklichkeit, und damit uns selbst, insoweit wir deren Teil sind, von sich ausschließt« (GSG 13, 13). Damit ist Simmel jedoch noch kein Vertreter der *l'art pour l'art*-Bewegung, sondern sieht im Kunstwerk eher eine »*l'art pour la vie*« (GSG 13, 15). Schließlich sei »das Genossenwerden dieses vom Leben Befreiten und Befreienden [...] doch ein Stück Leben selbst«, legt dieses offen und zeigt es in seiner »Ganzheit« (GSG 13, 13). Diese Eigenschaft hat das Kunstwerk auch innerhalb von Schopenhauers Ästhetik, denn indem das Werk keine individuierten Gegenstände, sondern deren (platonische) Idee abbildet, verfügt es ebenfalls über eine Inselstellung: Die noch nicht in das Kausalgefüge der Vorstellungen eingetretene Idee steht ebenso außerhalb des tätigen Lebens wie das Werk bei Simmel. Auch die platonische Idee hat in Schopenhauers Ästhetik einen »Rahmen«, und auch hier ist – Simmel betont dies selbst – »der aus allen Verflechtungen mit dem Begehren und dem bloß Praktischen heraus gewonnene Vorstellungsinhalt der Dinge und Geschicke zu einem eignen Dasein geronnen« (GSG 10, 272). So kann auch die Kunst bei Schopenhauer als »l'art pour la vie« verstanden werden, da der Kunstgenuss, von dem er innerhalb seiner Ästhetik ausgeht, ebenfalls von der Herausnahme aus dem Vorstellungsgefüge herrührt, die dem Rezipienten zeitweilig zuteilwird. Doch auch hier sieht Simmel wieder die »usurpatorische Energie« des Pessimismus, die seiner Meinung nach Schopenhauers gesamtes Werk durchziehe: »Wie der pessimistische Absolutismus ihm [Schopenhauer; S. K.] die Gefühlsbedeutung des Wollens gefälscht hatte, [...] so hat er ihm auch die spezifischen Bedeutungen der Kunst verborgen« (GSG 10, 286), die eben darin liegt, das Wesen des Lebens zu erfassen bzw. – und dies betont Schopenhauer schließlich selbst explizit – in der Beantwortung der Frage »Was ist das Leben?«. Darüber hinaus meint Simmel, dass Schopenhauers These, der einzige Wert der Kunst liege ausschließlich in dem seligen Zustand der zeitweiligen Willenlosigkeit, mit seinen pessimistischen Grundannahmen nicht vereinbar sei, denn »[w]ie kann die reine und tiefe Erkenntnis der Dinge, die das Wesen der Kunst ist, uns beglücken, wenn das Erkannte selbst nichts als Qual ist?« (GSG 10, 295).

Bei aller Kritik ist Simmel der Ansicht, dass Schopenhauer innerhalb seines metaphysischen Pessimismus etwas darlege, das er selbst Jahrzehnte später beschreiben und zum Gegenstand seiner Kulturphilosophie machen wird. Denn Schopenhauers Philosophie ist nach Simmel »der absolute, philosophische Ausdruck für [den] inneren Zustand des modernen Menschen« (GSG 10, 178). Schopenhauer habe der Tragik vorgegriffen, der sich der Mensch der Moderne hoffnungslos ausgesetzt sieht. Es ist die Unzahl der geistigen Objektivationen, denen sich das kulturelle Subjekt nicht entziehen kann, die es braucht, um die Bedeutung seines Lebens in den symbolischen Formen der Gesellschaft und Kultur zu verstehen. Doch ebenso wie das Leben unaufhaltsam weiterströmt, unendliche Formen ausbildet, aber in diesen nicht verharrt, bildet das Leben auch auf geistiger Ebene eine unbegrenzte Anzahl von Gebilden aus. Dadurch erscheint dem kulturellen Subjekt das Leben stets als etwas Vorläufiges, etwas das ebenso unabgeschlossen wie unabschließbar scheint. Das Leben zeigt sich innerhalb der Formen des »Mehr-als-Leben« niemals in seiner Totalität, sondern nur als Fragment, das im Gegensatz zu der Erwartung des kulturellen Subjekts, seinem Dasein eine Bedeutung zu geben, antwortlos bleibt und aufgrund der Fülle an Bedeutung, die es in sich trägt, die Bedeutung des einzelnen Kulturteilnehmers tilgt. Die »Tragödie der Kultur« entsteht nach Simmel nun dadurch, dass sich der Mensch trotz allem kultivieren und in den geistigen Formen des gesellschaftlichen Lebens unterkommen muss. Das, was ihm seine geistige Heimat aufschlüsseln sollte, lässt ihn erst heimatlos werden und verdammt ihn zu einer ewigen Suche nach dem, was er erst durch den Prozess der Kultur verloren hat.

Eine Ähnlichkeit seines Konzepts zu demjenigen Schopenhauers sieht Simmel zunächst darin, dass sich die geistige Welt und die Gesellschaft so erst durch das erkennende Subjekt konstituieren, wenn er in direktem Zugriff auf Schopenhauer sagt: »[D]ie Gesellschaft [ist] ›meine Vorstellung‹« (GSG 11, 44; vgl. Ruggieri 2008, 169–186). Schließlich aber sieht Simmel das zentrale Element, mit dem Schopenhauer dem Zustand des modernen Menschen vorgegriffen habe, in dessen Willensmetaphysik. Nur in den Formen, die der Wille in der Welt der Vorstellungen ausbildet, manifestiert sich der Sinngehalt des einzelnen Individuums. Weil der Wille aber in seinen einzelnen Erscheinungsformen nicht unterkommen kann, strebt er ständig nach einer Steigerung, weist stets über sich hinaus. »Der Wille ist die Substanz unseres subjektiven Lebens, wie und weil das Absolute des Seins überhaupt ein rastloses Drängen, ein stetes Übersichhinausgehen ist, das aber, gerade weil es der erschöpfende Grund aller Dinge ist, zu ewiger Unbefriedigtheit verurteilt ist«, sagt Simmel und zeigt auf, dass auch die Willensbewegung in sich keinen finalen Ausgang birgt, sich ewig in einem Leerlauf befindet (GSG 10, 178; vgl. Kohl 2014, 115 ff.). Damit drückte Schopenhauer innerhalb seiner Willensmetaphysik schon Anfang des 19. Jahrhunderts »die Lage der momentanen Kultur aus, wie sie von der Sehnsucht nach einem Endzweck des Lebens erfüllt ist, den sie als für immer entschwunden oder illusorisch empfindet« (GSG 10, 179). Doch auch an dieser Stelle teilt Simmel nicht den pessimistischen Grundton des Schopenhauerschen Denkens, sondern hebt hervor, dass die Dialektik von Form und Leben auch auf kulturell-geistiger Ebene jederzeit als ein fruchtbarer Konflikt zu werten ist, der trotz seiner inhärenten Tragik den Fortschritt des menschlichen Daseins ermöglicht. Denn auch hier zeigt sich »das Leben selbst [...] mit seinem Drängen und Überholen-Wollen, seinem Sich-Wandeln und Differenzieren, das die Dynamik zu der ganzen Bewegung hergibt« (GSG 16, 185).

Literatur
Fellmann, Ferdinand: Schopenhauer. In: Ders. (Hg.): *Geschichte der Philosophie im 19. Jahrhundert. Positivismus, Linkshegelianismus, Existenzphilosophie, Neukantianismus, Lebensphilosophie*. Reinbek bei Hamburg 1996, 273–291.
Kohl, Sarah: *Die Komödie der Kultur. Die Philosophie Schopenhauers als Rezeptionsphänomen unter besonderer Berücksichtigung der literarischen Aufnahme durch Thomas Bernhard*. Hamburg 2014.
Lenarda, Antonio: *Metafisice della forma. Schopenhauer, Nietzsche, Simmel*. Milano 2013.
Ruggieri, Davide: Georg Simmel and the Question of Pessimism. A Socio-philosophical Analysis between »Wertfrage« and »Lebensphilosophie«. In: *Simmel Studies* 16/2 (2006), 161–181.
Ruggieri, Davide: Die Gesellschaft ist ›meine Vorstellung‹.

Prolegomena to a Nominalist Interpretation of Simmel's Social Philosophy. In: *Simmel Studies* 18/1 (2008), 169–186.

Ruggieri, Davide: *Il conflitto della società moderna: la ricezione del pensiero di Arthur Schopenhauer nell'opera di Georg Simmel (1887–1918)*. Lecce 2010.

Simmel, Georg: *Gesamtausgabe*. Hg. von Otthein Rammstedt. Frankfurt a. M. 1989 ff. [GSG].

Solies, Dirk: Ist Simmel ein Schopenhauerianer? In: Fabio Ciracì/Domenico M. Fazio/Matthias Koßler (Hg.): *Schopenhauer und die Schopenhauer-Schule*. Würzburg 2009, 327–333.

Tromnau, Erich: *Georg Simmels Schopenhauerauffassung. Darstellung und Nachprüfung ihrer Eigenheiten*. Königsberg 1926.

Sarah Kohl

33 Henri Bergson

Der Vergleich zwischen dem Schopenhauerschen Begriff ›Wille‹ und dem Bergsonschen Begriff – oder Gleichnis – *élan vital* (Lebensschwung), den der französische Philosoph in seinem 1907 veröffentlichten Buch *L'évolution créatrice* (*Die schöpferische Entwicklung*) entfaltet, wurde sowohl in Frankreich als auch in Deutschland so oft unternommen, dass die Ähnlichkeiten beider Begriffe sogar als Argument im Rahmen einer Polemik während des Ersten Weltkriegs benutzt wurden, und zwar von Autoren, die aufzuweisen versuchten, dass Bergson lediglich ein Plagiator Schopenhauers sei (vgl. Antal 1914; Bönke 1916; Jacoby 1916; Klimke 1916; Knudsen 1919). An dieser Auseinandersetzung nahmen solche Hauptfiguren wie Georg Simmel (1914) und Max Scheler (1982, 205) teil, um Bergson zu verteidigen, und Wilhelm Wundt (1915), um ihn anzuschuldigen (zu dieser ganzen Streitfrage vgl. auch François 2005). Philosophisch ernstzunehmender waren die Seiten, die Albert Thibaudet einerseits, Vladimir Jankélévitch andererseits in ihren jeweiligen Bergson-Büchern Schopenhauer widmeten. Diese Seiten beziehen sich genau auf die Frage des Verhältnisses des Willens zum *élan vital* (vgl. Thibaudet 1924, Bd. 1, 186–187; Bd. 2, 214–215; Jankélévitch 1999, 135). Während der 1920er und 30er Jahre bildete sich eine (zum Teil richtige) weitverbreitete Interpretation, die unter dem häufig verwendeten Titel »Pragmatismus« die Lehren Schopenhauers und Bergsons (zu denen man auch die Lehre Nietzsches hinzufügte) beschrieb. Sie enthielt drei Hauptteile: eine Kritik der praktischen Täuschungen, eine Ontologie des Willens bzw. des Lebens und eine vitalistisch orientierte Ethik (vgl. vor allem Simmel 1922, 126–145; Scheler 1976, 223–224; in kritischer Hinsicht Rickert 1920, 178). In dem ausgezeichneten Buch Théodore Ruyssens, der einer der Ersten war, die Schopenhauer in Frankreich rezipierten, wird unverhohlen gefragt: »Was ist im Grunde der Bergsonsche ›élan vital‹, wenn nicht der Schopenhauersche ›Wille zum Leben‹?« (Ruyssen 1911, 373; Übers. A. F.). Und der große Psychoanalytiker Jung (s. Kap. 34) hält es für selbstverständlich, dass die Bergsonschen Begriffe »élan vital« oder sogar »Dauer« und der Schopenhauersche Begriff »Wille« sich im als »Lebenstrieb« verstandenen Unbewussten treffen (vgl. Jung 1991, 171). Abgesehen von jenen Schriftstellern haben viele »minores« vergleichende Studien über Schopenhauer und Bergson mit Blick auf die Verwandtschaft zwischen »Willen« und »élan vital« verfasst (vgl. Weber 1907, 668; Berthelot 1913, 83–111, 151; Stebbing 1914, 122–123; Joad 1923; Baillot 1928; Reynaud 1929, 125; Mayer 1949, 112–115; Joussain 1963, 78).

Doch handelt es sich beim Verhältnis Schopenhauers zu Bergson nicht um einen Einfluss. Bergson hat freilich versichert, er habe Schopenhauer »sehr genau« (Bergson 2002, 410; Übers. A. F.) gelesen; aber als er in seinem letzten Buch *Die beiden Quellen der Moral und der Religion* die Lehre des »élan vital« erneut darlegt, ist es der Schopenhauersche Begriff des »Willens«, von dem er seinen eigenen Begriff streng trennen möchte: »Dies waren die Vorstellungen, die wir in das Bild vom ›Lebensschwung‹ eingeschlossen haben. Vernachlässigt man sie, wie man es nur zu oft getan hat, so steht man begreiflicherweise vor einem leeren Begriff, wie dem des reinen ›Lebenswillens‹, und vor einer sterilen Metaphysik« (Bergson 1933, 112–113). Diese Zeilen sind zweifellos durch die Nachwirkungen des Ersten Weltkriegs und der oben erwähnten Polemik geprägt. Aber sie verbieten nichtsdestoweniger dem Historiker die Annahme, die Schopenhauersche Lehre des Willens könne als irgendein Vorbild für die Bergsonsche Lehre des »élan vitals« gedient haben.

Es existieren meines Erachtens zumindest fünf unbestreitbare und wichtige Ähnlichkeiten zwischen den Begriffen »Wille« und »élan vital«. Zuerst ist der Schopenhauersche Wille als Wille zum Leben bestimmt, ebenso wie das Gleichnis des »élan« das Leben bezeichnet (insofern das Leben nach Bergson wesentlich Wille ist). So drückt sich Schopenhauer in einem berühmten Satz aus: »[...] so ist es einerlei und nur ein Pleonasmus, wenn wir, statt schlechthin zu sagen ›der Wille‹, sagen ›Wille zum Leben‹« (W I, 380 (Lö)), während nach Bergson »alles Lebendige in der Richtung des Willensmäßigen liegt« (Bergson 1912, 228). Die vitale Bestimmung des Begriffs des Willens bei beiden Autoren und die tiefe Verwurzelung ihrer beiden Lehren in der Wirklichkeit des Lebens, hat den Anschluss dieser Denker an eine allgemeinere »Philosophie des Lebens« begründet und macht auf jeden Fall die enge Verwandtschaft zwischen ihnen aus. Ein großer Unterschied liegt jedoch darin, dass Bergsons Lehre des Lebens evolutionistisch ist, während Schopenhauer die tierischen und pflanzlichen Arten als Ideen, also ewigdauernd, betrachtet. Aber selbst diese Kluft wird schmaler, wenn man sich daran erinnert, dass der späte Schopenhauer, schon in *Ueber den Willen in der Natur* (N, 366–376 (Lö)) aber hauptsächlich in »Zur Philosophie und Wissenschaft der Natur« (P II, Kap. 6 (Lö)), anerkennt, dass die Spezies »eine aus der anderen hervorgegangen sind« (N, 376 (Lö); zur Frage eines »Evolutionismus« bei Schopenhauer vgl. Lovejoy 1911, der mit Bergson befreundet war).

Wie der Begriff ›Wille‹ intensional bei beiden Autoren eine ähnliche Bedeutung bekommt, und zwar eine ans Leben gebundene Bedeutung, so nimmt er extensional in beiden Fällen eine außergewöhnliche Erweiterung an: ein »reine[s] Wollen« sei, so Bergson, »Prinzip des Lebens [...], Prinzip auch aller Materialität« (Bergson 1912, 242), und nach Schopenhauer besteht »das innere Wesen der Welt« (W I, 238 (Lö)) in diesem Willen. Diese umfassende Gültigkeit des Begriffs ›Wille‹ ist sowohl bei Schopenhauer als auch bei Bergson von einer Umkehrung des Prioritätsverhältnisses zwischen Wille und Intellekt begleitet. Die zwei Darstellungsweisen liegen hier überraschend nah beieinander: »alle mir vorhergegangenen Philosophen«, schreibt Schopenhauer,

> »vom ersten bis zum letzten [setzen] das eigentliche Wesen oder den Kern des Menschen in das *erkennende* Bewußtsein und demnach [haben sie] das Ich oder bei vielen dessen transzendente Hypostase, genannt Seele, als zunächst und wesentlich *erkennend, ja denkend* und erst infolge hievon sekundärer und asbgeleiteter Weise als *wollend* aufgefaßt und dargestellt. Dieser uralte und ausnahmslose Grundirrtum, dieses enorme πρῶτον ψεῦδος und fundamentale ὕστερον πρότερον ist vor allen Dingen zu beseitigen« (W II, 257 (Lö)).

Und Bergson schreibt in einem der seltenen Texte, in dem der Name Schopenhauers auftaucht: »Die Annahme, dass der Wille den Vorrang vor dem Verstand hat, die Annahme, wie Schopenhauer sagen wird, des Primats des Willens, hätten als schockierend die Alten zurückgewiesen; sie ist doch eine beherrschende Annahme der modernen Philosophie« (Bergson 2016, 204).

Die dritte Ähnlichkeit könnte als erste erwähnt werden, so sehr kennzeichnet sie das Merkmal, an dem man einen Philosophen des Lebens im präzisen Sinn erkennen kann, nämlich die Unterscheidung zwischen zwei Lebenstendenzen oder -trieben, die Tendenz zur Selbsterhaltung bzw. Anpassung und die Tendenz zur Erweiterung bzw. zum Wachstum. Man erinnert sich natürlich an die gegen Spencer und Darwin gerichteten Aphorismen Nietzsches (*Jenseits von Gut und Böse*, § 13; *Die fröhliche Wissenschaft*, § 349; *Zur Genealogie der Moral*, II, § 12; ich denke auch an Jean-Marie Guyaus ›freigiebige Überfülle‹ und an Georges Batailles ›Aufwand‹), aber Bergson selbst behauptet, nachdem er die vollkommene Anpassung der rudimentärsten Lebensformen an ihre Umwelt festgestellt hat, dass die Fortsetzung des Lebensstroms nach diesen Stufen unbegreiflich wäre, wenn keine »ursprüngliche Schwungkraft« (Bergson 1912, 107), d. h. kein »innere[r] Drang [...], der das Leben über immer vielgliedrigere Formen zu immer höheren Bestimmungen emporträgt« (ebd.), hier am Werk wäre. Sicher ist die Frage bezüglich Schopenhauer ein wenig komplizierter, weil man bei diesem Denker keine romantische Begeisterung für die »verschwenderische Natur« finden kann. Aber, wie insbesondere Sandro Barbera (2004) zeigt, findet in der Schopenhauerschen Welt ein »Steigerungs«prozess statt, der mittels eines fortwährenden Konflikts der Arten gegeneinander die Natur von Stufe zu Stufe immer höher führt, bis zur Erscheinung des menschlichen Bewusstseins, das endlich fähig ist, den Willen zu verneinen (vgl. W I, § 27 (Lö)).

Am eindrücklichsten ist vielleicht die vierte Parallele, da sie beiden Autoren Anlass zu vielfachen Vergleichen und Metaphern gibt. Man sieht in beiden Fällen eine doppelte Widerlegung des Mechanismus und des Finalismus, oder genauer gesagt, einer Relativierung beider Theorien, da sie nur für die menschliche Tätigkeit gelten, aber keinesfalls das Verfahren der Natur, bzw. des Willens oder des *élan vital*, erklären können. Diese Widerlegung spricht sich namentlich in Form einer Kritik des teleologischen Erstaunens aus:

> »*Wir* freilich können etwas Regelmäßiges und Gesetzmäßiges [...] nur zustande bringen unter Leitung des Gesetzes und der Regel und ebenso etwas Zweckmäßiges nur unter Leitung des Zweckbegriffs: aber keineswegs sind wir berechtigt, diese unsere Beschränkung auf die Natur zu übertragen, als welche selbst ein prius alles Intellektes ist und deren Wirken von dem unserigen [...] sich der ganzen Art nach unterscheidet« (W II, 423 f. (Lö)).

Diese strenge Unterscheidung zwischen zwei Vorgehensweisen, der des Menschen und der der Natur, findet sich auch bei Bergson, wenn er als Beispiel die Entstehung des Auges nennt:

> »In anderem Sinne gehen beide, Finalismus und Mechanismus, zu weit; denn sie verlangen die ungeheuerlichste Herkulesarbeit von der Natur, wenn sie behaupten, bis zum einfachen Sehakt habe sie eine Unendlichkeit unendlich komplizierter Elemente übereinander getürmt; während doch die Natur nicht mehr Mühe hatte, ein Auge zu schaffen, als ich habe, meine Hand zu heben« (Bergson 1912, 97).

Daher wenden beide Autoren mehrere Gleichnisse neuplatonischen Ursprungs (Licht, Kristall, Laterne, Glas mit tausend Facetten) an, um die Unvergleichbarkeit des Einen – das Vorgehen der Natur – und des Vielfältigen – die Ursachen und Zwecke – fühlen zu lassen: »daher das abstrakte Wissen sich zu ihnen verhält wie ein musivisches Bild zu einem *van der Werft* oder *Denner*: wie, so fein auch die Musaik ist, die Grenzen der Steine doch stets bleiben und daher kein stetiger Übergang einer Tinte in die andere möglich ist« (W I, 102 (Lö)), schreibt Schopenhauer zum Beispiel; und Bergson:

> »Oder aber gesetzt unser Verstand sei so eingerichtet, daß er sich die Sichtbarwerdung der Gestalt auf der Leinwand nur als Folge einer Mosaikarbeit zu erklären vermöchte. Dann könnten wir einfach von einer Zusammenfügung kleiner Würfel reden und wären mitten in der mechanischen Hypothese. Weiter könnten wir hinzufügen, daß außer der materiellen Zusammenfügung ein Plan vonnöten gewesen sei, nach welchem der Mosaikkünstler arbeitet: in diesem Falle hätten wir uns als Teleologe ausgedrückt. Den realen Prozeß hätten wir aber weder im einen noch im anderen Fall ergriffen; denn keine zusammengefügten Würfel überhaupt hat es gegeben« (Bergson 1912, 96).

Die doppelte Kritik des Mechanismus und Finalismus wiederholt sich, bei Schopenhauer wie auch bei Bergson, in einer Kritik der vernünftigen Motivation: Die beiden Philosophen prangern eine Komödie der Überlegung an, der eine (Schopenhauer) aufgrund der unüberbrückbaren Trennung zwischen dem Wesentlichen an meinem Willen und den phänomenalen Anlässen, bei denen er sich zeigt (vgl. W I, 164–165 (Lö)), der zweite (Bergson) aufgrund der notwendigen Einseitigkeit irgendeines Motivs im Verhältnis zum temporalen Strom der Persönlichkeit (vgl. Bergson 1911, 119 f.).

Die fünfte Parallele ist wahrscheinlich die tiefgreifendste, da sie nicht nur die Bestimmung der Begriffe ›Wille‹ und *élan vital* betrifft, sondern auch die Probleme, die sie mit sich bringen. Das Problem, das mit der Schopenhauerschen Entscheidung, den Willen als Schmerz, also als Passivität, zu deuten, einhergeht, könnte mit der folgenden Frage zusammengefasst werden: Wie kann die Passivität eine Aktivität bedeuten, und umgekehrt, wie kann die höchste Aktivität gleichzeitig eine Passivität sein? Die hier treffende Schopenhauersche Position besteht darin, den dreifachen Sinn des »Leidens«, der auch dem lateinischen *pati* entspricht, vereinigt zu haben: als Leid (= *passio*, z. B. im Ausdruck *passio Christi*), als Leidenschaft (deswegen hat der Schopenhauersche Wille die traditionellen Bestimmungen der Affektivität erhalten, vgl. Henry 2003, 217–225) und als Gegenteil einer Handlung (im Sinne, dass man die *actio* einer *passio* entgegensetzt). Diese drei Bestimmungen finden sich auch bei Bergson wieder: Die Zeit bzw. Dauer empfängt sich aus sich selbst und ist in diesem Sinn passiv, sie wird letztendlich – d. h. in den *Beiden Quellen* – als »Emotion« bezeichnet, und diese Emotion wird, in ihrem höchsten Grad, als »Lust« – jedoch nicht als Schmerz (zu dieser Unterscheidung s. u.) – charakterisiert. Trotzdem schließt diese Passivität des Willens und des *élan vital* keine Aktivität aus, ganz im Gegenteil: Schopenhauer und Bergson gehören nämlich zu jenen Denkern, die am entschiedensten die These eines tätigen Wesens der Welt behauptet haben. So liest man bei Schopenhauer: »der *Wille* [...] als das Ding an sich ist nie träge, absolut unermüdlich, seine Tätigkeit ist seine Essenz, er hört nie auf zu wollen« (W II, 276 (Lö)); und nach Bergson ist die Dauer kein Milieu, sondern ein Akt, der eine Synthese leistet, und der in verschiedenen Graden einer »Spannung«, und zwar einer willensmäßigen, stattfinden kann: Um »wahrhaft freie Handlungen« (Bergson 1912, 205) auszuführen, um »das Reich unseres Willens [...] ins Unendliche« (ebd.) zu spannen, müssen wir »in gewaltsamer Zusammenballung unserer Persönlichkeit [...] unsere sich fortstehende Vergangenheit aufraffen, um sie kompakt und ungeteilt in eine Gegenwart hineinzustoßen, die sie eben in diesem Eindringen erschafft« (ebd., 205). Der Begriff »Spannung« selbst besitzt eine philosophische und psychologische Geschichte, die zur Lehre Schopenhauers als ihrem Ursprung zurückführt. Der Begriff wurde hauptsächlich von Pierre Janet (1903) betont, aber Janet selbst verweist auf Théodule Ribot (1885), der seinerseits Schopenhauer als Vorbereiter nennt. Eine Parallele zeigt sich gleichzeitig in Deutschland, wo Griesinger, der die Zeitschrift *Archiv für Psychiatrie* gegründet hatte, die ›Grübelsucht‹ bzw. den ›Fragetrieb‹ als eine Ent-spannung beschreibt. Aber in beiden Fällen, bei Schopenhauer wie bei Bergson, ist die ›Passivität‹ keinesfalls der Gegensatz einer ›Aktivität‹, sondern eher ihre Bedingung und gleichzeitig der Name eines ganz neuen Problems, nämlich des Problems des Willens selbst, welches der eine Philosoph mittels des Begriffs ›Schmerz‹, der andere mittels des Begriffs ›Emotion‹ stellt.

Der Schopenhauersche Wille und der Bergsonsche *élan vital* sind demzufolge insoweit verwandt, als sie beide ein vital bestimmtes, nicht nur bewahrendes, sondern auch produktives, sich jenseits aller Ursachen und Zwecke entwickelndes, gleichzeitig aktives und passives Streben darstellen. Um die besondere Natur dieses Strebens auszudrücken, benutzen Schopenhauer und Bergson eine letzte Analogie, und zwar die der nicht von vorn, sondern von hinten kommenden Bewegung (*vis a tergo*), d. h. des Drangs. Schopenhauer: »Die Menschen werden nur scheinbar von vorne gezogen, eigentlich aber von hinten geschoben: nicht das Leben lockt sie an, sondern die Not drängt sie vorwärts. Das Gesetz der Motivation ist wie alle Kausalität bloße Form der Erscheinung« (W II, 465 (Lö)). Und Bergson redet vom »inneren Drang, [...] der das Leben über immer vielgliedrigere Formen zu immer höheren Bestimmungen emporträgt« (Bergson 1912, 107).

Aber die zwei Begriffe des Willens und des *élan vital* sind, trotz ihrer Ähnlichkeiten, entgegengesetzten Wertungen unterworfen. Ich habe schon erwähnt, dass nach Schopenhauer der eigene Affekt des Willens ›Schmerz‹ heißt, während es nach Bergson die ›Lust‹ ist. Dieser Unterschied, den man auf einen bloßen Widerspruch ›Optimismus vs. Pessimismus‹ allzu schnell reduzieren könnte, besitzt in Wirklichkeit eine viel weniger oberflächliche Bedeutung: Er führt die beiden Denker zu einer völlig verschiedenen Bestimmung der philosophischen Erfahrung des Willens selbst (vgl. N, 476 (Lö); Bergson 1912, 205), die tatsächlich im einen Fall (Schopenhauer) im Schmerz und im anderen Fall (Bergson, der sich philosophisch hier mit seinem entfernten Vorgänger Maine de Biran trifft) in Anstrengung besteht.

Aber diese Verschiedenheit der jeweiligen Erlebnisweisen der Welt folgt aus einem tieferen Grund, der im Unterschied zwischen ewiger Wiederholung – und einer sich ewig wiederholenden Welt – einerseits und fortwährender Schöpfung – und einer sich fortwährend schöpfenden Welt – andererseits liegt. Wenn in der Tat die Bergsonsche Erfahrung des Willens »Lust« heißt, dann weil »überall, wo Freude ist, Schöpfung ist« (Bergson 1928, 22); und sogar »ist die Schöpfung um so reicher, je inniger die Freude ist« (ebd.). Die Lust gilt, anders gesagt, als emotionales Kriterium oder *index* einer echten Schöpfung. Umgekehrt findet der Weltlauf nach Schopenhauer unter der Leitung eines Wiederholungsprinzips statt, das die Geschichte nur »eadem, sed aliter« (W II, 570 (Lö)) zu einem ewigen Abrollen verurteilt. Das wichtigste Wort dieses berühmten Ausdrucks ist »aliter«: Indem die gleichen Ereignisse unter immer anderen Formen wiederkehren, fallen wir der Täuschung zum Opfer, dass das Geschehen der Welt eine andere Richtung annehmen könnte; aber das Ergebnis enttäuscht uns unvermeidlich. Nicht die Wiederholung selbst, sondern die immer ein wenig veränderte Wiederholung, erzeugt die Verzweiflung. Und deswegen hat Nietzsche aus seiner eigenen Lehre der ›ewigen Wiederkehr‹ dieses letzte Element der Differenz ausgeschlossen. Übrigens entwickelt sich die ›Schöpfung vs. Wiederholung‹-Antinomie durch eine zweite Antinomie hindurch, die zwischen Freiheit und Notwendigkeit besteht. Aber man kann diese letzte Antinomie, im Gegensatz zur ersten, ein wenig abmildern, indem man bemerkt, dass die Bestimmtheiten, die Schopenhauer der »intelligibilen Freiheit« zuschreibt, sich mit den Bestimmtheiten der Bergsonschen (intelligibilen und empirischen) Freiheit decken: die Freiheit bezieht sich nicht auf einzelne Handlungen, sondern auf ein ganzes Leben. Sie liegt also nicht im *operari*, sondern im *esse*; und sie ist kein Gesetzesbruch (sei es in Hinsicht auf die Vernunft, oder auf die Natur), sondern deckt sich mit dem jeweiligen »Charakter«.

Nun ergibt sich aus diesen beiden Auffassungen des Geschehens ein dritter fundamentaler Unterschied, der sich auf den jeweils der Zeit verliehenen Status bezieht. Die Realität der Zeit – im Gegensatz zu ihrer Phänomenalität – ist nämlich, so Bergson, die Bedingung der Schöpfung innerhalb der Welt. Und Bergson zieht den radikalen Schluss daraus, wenn er die Zeit selbst mit Wörtern bezeichnet, die er gewöhnlich dem *élan vital* oder dem Willen zuschreibt: »Wenn das Nacheinander, als vom bloßen Nebeneinander Unterschiedenes, keine reale Wirkungskraft besitzt, wenn die Zeit nicht eine Art von Kraft ist, warum rollt das Universum seine nacheinanderfolgenden Zustände mit einer Geschwindigkeit ab, die in den Augen meines Bewusstseins etwas wahrhaft Absolutes ist?« (Bergson 1912, 342). Nun kann man bei Schopenhauer eine exakt entgegengesetzte Behauptung lesen, und zwar: »[D]amit ein Mensch unter gleichen Umständen das eine Mal so, das andere Mal anders handeln« (W I, 402 (Lö)) könne, was Schopenhauer natürlich verneint, »so müßte die Zeit eine Bestimmung des Dinges an sich sein« (W I, 402 (Lö)). Aber gerade hier fängt eben die ganze Philosophie Bergsons erst an.

Man wird also zu einem vierten und letzten Unterschied geführt, der der wesentlichste ist: Während Schopenhauer die kantische Trennung zwischen den Erscheinungen und dem Ding an sich annimmt und sie erneuert, lehnt Bergson von Anfang an diese begriffliche Trennung ab. Der Bergsonsche *élan vital* ist eine Bestimmung der Realität, wenn nicht die Realität selbst, während der Schopenhauersche Wille das Ding an sich, oder sogar ein Analogon des Dinges an sich (vgl. W II, 254–255 (Lö)) ist. Die anfängliche Bergsonsche Ablehnung des Kritizismus lautete: »weil zwischen der ›Erscheinung‹ und dem ›Ding‹ nicht die Beziehung des Scheins zur Wirklichkeit, sondern einfach des Teils zum Ganzen besteht« (Bergson 1991, 229). Schopenhauer seinerseits hat sich immer als ein Schüler und Fortsetzer Kants dargestellt und verstanden.

Es ist also unbestreitbar, dass viele Ähnlichkeiten zwischen dem Schopenhauerschen Begriff ›Wille‹ und dem Bergsonschen Gleichnis *élan vital* existieren. Diese zwei Begriffe sind so eng miteinander verwandt, wie es in der Geschichte der Philosophie einander fremden Begriffen nur möglich sein kann. Aber es ist nicht weniger unbestreitbar, dass sich diese zwei Begriffe wesentlich voneinander unterscheiden, und wenn es so ist, dann weil sie zu höchst verschiedenen Untersuchungen gehören. Bergson erarbeitet seine Theorie des *élan vital* im Rahmen einer allgemeinen Untersuchung des gesamten Wesen des Lebens und in diesem Maß stimmt er mit Schopenhauer überein; aber im Laufe seiner Untersuchung wendet er solche Begriffe wie ›Zeit‹ oder ›Bewusstsein‹ in einer Weise an, die freilich zu seiner eigenen Beschäftigung gehören, aber nicht zur Schopenhauerschen. Zumindest verbindet sie Schopenhauer nicht mit dem Willen, sondern mit der Erscheinung.

Literatur

Antal, Illés: Bergson und Schopenhauer. In: *Jahrbuch der Schopenhauer-Gesellschaft* 3 (1914), 3–15.
Baillot, Alexandre: Bergson et Schopenhauer. In: *Mercure de France* 732/208 (15. Dezember 1928), 518–522.
Barbera, Sandro: *Schopenhauer, une philosophie du conflit*. Paris 2004.
Bergson, Henri: *Zeit und Freiheit. Eine Abhandlung über die unmittelbaren Bewußtseinstatsachen*. Jena 1911 (frz. 1889).
Bergson, Henri: *Die schöpferische Entwicklung*. Jena 1912 (frz. 1907).
Bergson, Henri: *Die seelische Energie. Aufsätze und Vorträge*. Jena 1928 (frz. 1919).
Bergson, Henri: *Die beiden Quellen der Moral und der Religion*. Jena 1933 (frz. 1932).
Bergson, Henri: *Materie und Gedächtnis*. Hamburg 1991 (frz. 1896).
Bergson, Henri: Brief an Arthur O. Lovejoy, 10. Mai 1911. In: André Robinet (Hg.): *Correspondances*. Paris 2002.
Bergson, Henri: *L'évolution du problème de la liberté. Cours au Collège de France, 1904–1905*. Hg. von Arnaud François. Paris 2016.
Berthelot, René: *Un romantisme utilitaire. Étude sur le mouvement pragmatiste*. Bd. 2: *Le pragmatisme chez Bergson*. Paris 1913.
Bönke, Hermann: Wörtliche Übereinstimmungen mit Schopenhauer bei Bergson. In: *Jahrbuch der Schopenhauer Gesellschaft* 5 (1916), 37–86.
François, Arnaud: Bergson plagiaire de Schopenhauer? Analyse d'une polémique. In: *Études germaniques* 60/3 (2005), 469–491.
Henry, Michel: *Généalogie de la psychanalyse. Le commencement perdu*. Paris ²2003.
Jacoby, Günther: Henri Bergson und Arthur Schopenhauer. In: *Internationale Monatsschrift für Wissenschaft, Kunst und Technik* 10 (1916), 454–479.
Janet, Pierre: *Les obsessions et la psychasthénie*. Bd. 1. Paris 1903.
Jankélévitch, Vladimir: *Henri Bergson*. Paris ²1999.
Joad, Cyril E. M.: The Problem of Free Will in the Light of Recent Developments in Philosophy. In: *Proceedings of the Aristotelian Society* 23 (1923), 126–133.
Joussain, André: Schopenhauer et Bergson. In: *Archives de philosophie* 26/1 (1963), 71–89.
Jung, Carl Gustav: Die Bedeutung der Psychologie für die Gegenwart (1933). In: Ders.: *Gesammelte Werke*. Bd. 10. Olten/Freiburg im Breisgau ⁴1991.
Klimke, Friedrich, S. J.: ›Plagiator Bergson‹ – eine Kulturfrage. In: *Stimmen der Zeit* 90 (1916), 422–424.
Knudsen, Peter: Ist Bergson ein Plagiator Schopenhauers? In: *Archiv für Geschichte der Philosophie* 25 (1919), 89–107.
Lovejoy, Arthur O.: Schopenhauer as an Evolutionist. In: *The Monist* 21/2 (1911), 195–222.
Mayer, Hans: Welt und Wirkung Henri Bergsons. In: Ders.: *Literatur der Übergangszeit. Essays*. Berlin 1949, 98–116.
Reynaud, Louis: *La crise de notre littérature. Des romantiques à Proust, Gide et Valéry*. Paris 1929.
Ribot, Théodule: *Les maladies de la volonté*. Paris 1885.
Rickert, Heinrich: *Die Philosophie des Lebens. Darstellung und Kritik der philosophischen Modeströmungen unserer Zeit*. Tübingen 1920.
Ruyssen, Théodore: *Schopenhauer*. Paris 1911.
Scheler, Max: Erkenntnis und Arbeit. Eine Studie über Werth und Grenzen des Pragmatischen Motivs in der Erkenntnis der Welt [1925]. In: Ders.: *Gesammelte Werke*. Bd. 8. Bern/München 1976.
Scheler, Max: *Der Genius des Krieges und der Deutsche Krieg* [1914]. In: Ders.: *Gesammelte Werke*. Bd. 4. Bern/München 1982.
Simmel, Georg: Bergson und der deutsche ›Zynismus‹. In: *Internationale Monatsschrift für Wissenschaft, Kunst und Technik* 9/9 (1914), 197–199.
Simmel, Georg: Henri Bergson [1914]. In: Ders.: *Zur Philosophie der Kunst. Philosophische und Kunstphilosophische Aufsätze von Georg Simmel*. Potsdam 1922, 126–145.
Stebbing, Lizzie Susan: *Pragmatism and French Voluntarism, with Especial Reference to the Notion of Truth in the Development of French Philosophy from Maine de Biran to Professor Bergson*. Cambridge 1914.

Thibaudet, Albert: *Le bergsonisme* [1923]. Paris ⁷1924.
Weber, Louis: L'évolution créatrice par Bergson. In: *Revue de métaphysique et de morale* 15/5 (1907), 620–670.
Wundt, Wilhelm: Plagiator Bergson, membre de l'Institut. Zur Antwort auf die Herabsetzung der deutschen Wissenschaft durch Edmond Perrier, président de l'Académie des Sciences durch Hermann Bönke. In: *Literarisches Zentralblatt für Deutschland* 66 (1915), 1131–1138.

Arnaud François

34 Carl Gustav Jung

Darf man Jungs semi-autobiographischen Aufzeichnungen *Erinnerungen, Träume, Gedanken* Glauben schenken, so fällt seine erste Auseinandersetzung mit dem Denken Schopenhauers in die Zeit der Jahre 1891 bis 1894. Damals wandte sich der Basler Gymnasiast der Philosophie zu, um einen Weg zu finden, seine konkrete zeitgemäße Persönlichkeit mit einem von ihm empfundenen ahnungsvollen und zeitlosen Persönlichkeitshintergrund zu vereinen. Zwar konnten die philosophischen Studien ihm nicht helfen, diese Spaltung zu überwinden, brachten ihn aber in Kontakt mit den Werken von Denkern wie Schopenhauer, den er als den großen Fund dieser Nachforschungen bezeichnete:

> »Er war der erste, der vom Leiden der Welt sprach, welches uns sichtbar und aufdringlich umgibt, von Verwirrung, Leidenschaft, Bösem, das alle anderen kaum zu beachten schienen und immer in Harmonie und Verständlichkeit auflösen wollten. Hier war endlich einer, der den Mut zur Einsicht hatte, daß es mit dem Weltengrund irgendwie nicht zum Besten stand. Er sprach weder von einer allgültigen und allweisen Providenz der Schöpfung, noch von einer Harmonie des Gewordenen, sondern sagte deutlich, daß dem leidensvollen Ablauf der Menschheitsgeschichte und der Grausamkeit der Natur ein Fehler zugrunde lag, nämlich die Blindheit des weltschaffenden Willens« (Jung 1997b, 74).

Schopenhauers Auffassung, nach der das Leiden eine Grundbestimmung der Welt sei, fand Jungs Zustimmung, nicht jedoch dessen Charakterisierung des Willens zum Leben als blind. Noch befangen in den christlichen Vorstellungen der protestantischen Erziehung des elterlichen Pfarrhaushalts konnte er nicht anders, als den Willen zum Leben als Schopenhauers Gottesverständnis zu deuten. Demgemäß bestritt er die Möglichkeit des Intellekts, Einfluss auf den Willen, d. h. auf einen allmächtigen Gott, nehmen zu können, wohingegen sich für Schopenhauer der Wille im Intellekt selbst zu erkennen vermag. Nur ein pantheistisches oder panentheistisches Verständnis hätte es Jung ermöglicht, den Gottesbegriff mit dem Willen zum Leben gleichzusetzen, wäre aber ebenso weit entfernt von Schopenhauers philosophischer Intention gewesen.

Die Zeitangabe dieser ersten Schopenhauer-Lektüre ist nicht vollkommen gesichert. Zwar verzeichnet Jungs Handbibliothek in Küsnacht die von Eduard Grisebach zwischen 1891 und 1895 herausgegebene Ausgabe der Werke Schopenhauers, Jung hat diese aber erst in den Jahren 1897 (Bde. I–IV) und 1898 (Bde. V–VI) erworben, wie die Inschriften »Ex Libris Caroli G. Jung. Basileae anno 1897« und »K. G. Jung. Anno 1898« belegen. Anhand des Verzeichnisses entliehener Bücher der Basler Bibliothek lässt sich nachweisen, dass sich Jung die *Parerga und Paralipomena* am 4. Mai 1897 ausgeliehen hat. Danach stand der Band offenbar auf der Wunschliste des Studenten. Seine Mutter kam diesem Wunsch kurz darauf nach und machte ihm die *Parerga* in der Ausgabe von Raphael von Koeber (Berlin: Verlag von Moritz Boas, 1891) zum Geschenk. Als Widmung findet sich der Eintrag: »d. d. d. [dedit, dedicavit und dat] mater carissima benevolentissima optime, filio«.

Die *Parerga* spielten in der Folge eine zentrale Rolle in fünf Vorträgen, die Jung in den Jahren 1896 bis 1899 vor der Basler Burschenschaft Zofingia hielt. In seiner Darstellung der »Grenzgebiete der exakten Wissenschaften« war es Jung vor allem darum bestellt, den wissenschaftlichen Positivismus, vertreten durch Forscher wie Emil du Bois-Reymond oder Ernst Brücke, in dessen Wiener Labor Sigmund Freud noch bis 1881 tätig gewesen war, anzugreifen. Interessanterweise greift er dabei die Debatte um die empirische Nachweisbarkeit unbewusster Schlüsse, die bereits Anfang der 1870er Jahre die Gemüter erregt hatte, wieder auf. Schopenhauer hatte in *Ueber die vierfache Wurzel des Satzes vom zureichenden Grunde* dem Verstand die alleinige Funktion zugeschrieben, durch einen unbewussten kausalen Schluss zu einer Empfindung, die als Wirkung aufgefasst wird, eine Ursache in Zeit und Raum zu konstruieren. In ähnlicher Weise, sich allerdings ganz auf die Ergebnisse seiner physiologischen Forschung berufend, beschrieb Hermann von Helmholtz den sinnlichen Wahrnehmungsakt in seinem *Handbuch der physiologischen Optik* (1867). Forscher wie Johann Nepomuk Czermak (1828–1873) und der Astrophysiker Karl Friedrich Zöllner (1834–1882) sahen daher in Helmholtz' Theorie eine empirische Ausformulierung der philosophischen Position Schopenhauers. Das behauptete Nahverhältnis zu Schopenhauer und Zöllners Entwurf einer a priori-Physik auf Grundlage von Webers Elektrodynamik, die der Energietheorie von Helmholtz entgegengesetzt war, veranlassten Helmholtz zu einem Angriff auf Zöllner in der Zeitschrift *Nature*:

> »Judging from what he [i. e. Zöllner; M. L.] aims at his ultimate object, it comes to the same thing as Schopenhauer's metaphysics. The stars are to love and hate one

another, feel pleasure and displeasure, and to try to move in a way corresponding to these feelings. Indeed, in blurred imitation of the Principle of Least Action, Schopenhauer's pessimism, which declares this world to be indeed the best of possible worlds, but worse than none at all, is formulated as an ostensibly generally applicable principle of the smallest amount of discomfort, and this is proclaimed as the highest law of the world, living as well as lifeless« (Helmholtz 1874, 150).

In Anlehnung an Nietzsches zweite *Unzeitgemäße Betrachtung* verteidigte Jung im Zofingia-Vortrag vom Mai 1897 »unseren noblen Zöllner«, der aufgrund seiner Nähe zu Schopenhauer ungerechtfertigten Angriffen ausgesetzt gewesen sei. Geradezu leitmotivisch findet sich in Jungs Text immer wieder das folgende Zitat aus Schopenhauers »Versuch über das Geistersehn und was damit zusammenhängt«:

»[...] endlich auch habe ich keinen Beruf, den Skeptizismus der Ignoranz zu bekämpfen, dessen superkluge Gebärden täglich mehr außer Kredit kommen und bald nur noch in England Kurs haben werden. Wer heutzutage die Tatsachen des animalischen Magnetismus und seines Hellsehens bezweifelt, ist nicht ungläubig, sondern unwissend zu nennen« (P I, 277 f. (Lö)).

Zöllner, so argumentiert Jung, verteidigte den spiritualistischen Standpunkt, dabei das Werk Schopenhauers weiterführend. Ihm zur Seite gestanden seien redliche Forscher wie Wilhelm Weber (1804–1891), Gustav Theodor Fechner (1801–1887), der Mathematiker Hermann Ulrici (1806–1884) sowie der einzige wahre Vertreter des Spiritismus in Deutschland Carl Du Prel (1839–1899). Zum gegnerischen Lager zählt Jung Wilhelm Wundt (1832–1920), Carl Ludwig (1816–1893) und Emil du Bois-Reymond (1818–1896). Kant, Schopenhauer und Zöllner als Verteidiger des Animalischen Magnetismus würden im zeitgenössischen Klima in Deutschland keine Beachtung mehr finden. Aber ein solcher Materialismus sei kurzlebig und Jung prophezeit das Heraufkommen eines neuen Zeitalters, in welchem die Menschen Denkmäler für Schopenhauer errichten würden, jenem Denker, der Materialismus mit Unmenschlichkeit durch die Konjunktion »und« verbunden hätte (vgl. Jung 1997a, § 136).

In der vierten Vorlesung vom Sommer 1898, die den Titel »Gedanken über Wesen und Wert spekulativer Forschung« trägt, kritisiert Jung Schopenhauer dafür, ein *noumenon*, das Ding an sich, hypostasiert zu haben. In seinen Lebenserinnerungen bezeichnet Jung dies sogar als die »Todsünde« Schopenhauers (Jung 1997b, 75). Als dessen Verdienste hingegen nennt Jung, als erster Kants Ding an sich für das philosophische Denken fruchtbar gemacht und den Willen zum Leben mit dem Leiden zusammengedacht zu haben. Das Leiden entstamme dabei Schopenhauers monistischem Verständnis der Welt gemäß der Blindheit des Willens. Demgegenüber vertritt Jung einen Dualismus, der das Leiden aus dem antagonistischen Charakter der Welt und dem unbefriedigten Streben nach Einheit erklärt (vgl. Jung 1997a, § 199; Ruffing 2005).

Noch 35 Jahre später, als Jung im Herbst 1933 seine Vorlesungen an der ETH mit einem Streifzug durch die Vorläufer der analytischen Psychologie aufnimmt, wird Schopenhauers Philosophie in ähnlicher Weise dargestellt. Die historische Einzigartigkeit Schopenhauers läge darin, so Jung, im Gegensatz zu seinen empirischen Vorläufern etwas über die Bewusstseinsvorgänge Hinausgehendes über die Seele ausgesagt zu haben:

»Er spricht zum ersten Mal aus, dass die Seele des Menschen Leiden bedeutet, nicht nur Ordnung und Zweckmässigkeit. Gegenüber aller rationalen Bewusstheit zeigt er einen klaffenden Riss auf, der durch die menschliche Seele hindurchgeht: zwischen dem Intellekt und einem blinden Daseins- und Schöpferwillen ohne Intelligenz. Er hätte diesen ›Willen‹ ebenso gut ›das Unbewusste‹ nennen können« (Jung, 10. November 1933).

Im Zuge seiner Auseinandersetzung mit Freud greift Jung das Thema der Willensmetaphysik Schopenhauers auf, um den Willen als einen Vorläufer des Begriffs der Libido darzustellen. Der Begriff sei weit genug, heißt es in *Wandlungen und Symbole der Libido*, »um alle die unerhört mannigfaltigen Manifestationen des Willens im Schopenhauerschen Sinne zu decken, und genügend inhaltsreich und prägnant, um die eigentliche Natur der von ihm begriffenen psychologischen Entität zu charakterisieren« (Jung 1991, 130). Ein derartig breit gefasstes Verständnis der Libido musste letztlich mit der (zu diesem Zeitpunkt) auf die sexuellen Triebkräfte reduzierten Auffassung Freuds kollidieren. Noch 1952 betont Jung, dass er die dynamische Sicht der Psyche Schopenhauer verdanke: »Der Schopenhauersche ›Wille‹ ist die Libido, die hinter allem wirkt« (Jung 1994a, 62).

Seine Krisenerfahrung in der Zeit nach dem Bruch mit Freud dokumentierte Jung in dem *Roten Buch* oder *Liber Novus*. In diesem Konglomerat aus Text und Bild stellte er jene Visionen der Jahre 1913 bis 1916 dar, die ihm das Material zu seiner künftigen psychologischen Theorie des kollektiven Unbewussten lieferten. In dem »Die göttlichen Narrheiten« betitelten Abschnitt stellt er die beiden Propheten der neuen Zeit, unschwer als Schopenhauer und Nietzsche zu erkennen, dar, und beklagt sich, dass es ihm nicht gelungen sei, Christus mit diesen Propheten zusammenzudenken (vgl. Jung 2009, 292). Ganz im Sinne von Nietzsches *Zarathustra*, wonach man es einem Lehrer schlecht vergelte, wenn man immer nur der Schüler bleibe (vgl. KSA 4, 101) – ein Zitat, das Jung auch in einem seiner letzten Briefe an Freud vom 3. März 1912 wiedergibt –, wendet er sich nicht nur gegen die Nachahmung Christi, sondern auch jener der modernen Philosophen und Psychologen.

Diese Abwendung von dem tradierten Verständnis philosophischer und psychologischer Begrifflichkeiten eröffnet Jung erst die Möglichkeit zu einer eigenständigen Entwicklung. So etwa, wenn er den Begriff des *principium individuationis*, der im System Schopenhauers eine so zentrale Rolle spielt, verwendet, um die Notwendigkeit der Vereinzelung gegenüber der All- bzw. Nichtheit des gnostischen Pleroma hervorzuheben: »Also sterben wir in dem Maße, als wir nicht unterscheiden. Darum geht das natürliche Streben der Kreatur auf Unterschiedenheit. Kampf gegen uranfängliche, gefährliche Gleichheit. Dies nennt man das *principium individuationis*« (Jung 2009, 345). Für Schopenhauer ist das *principium individuationis* Grundvoraussetzung einer Vorstellungswelt, die zugleich mit dem finalen Quietiv des Willens zum Leben, d. i. dessen eigener Verneinung, ihr Ende findet. Damit kommt es zur Erlösung von allem Leiden. Jung hingegen warnt vor dem Nichts (oder der Fülle) des Pleroma. Gerade die Differenzierung oder Individuation ist das Ziel seiner Psychologie, und das Leiden stellt für Jung einen notwendigen Bestandteil des Lebens dar:

> »In der Psychotherapie versucht man, das Leiden des Menschen zu mindern, aber irgendein Leiden ist ja immer da. Es wäre auch nichts Schönes vorhanden, wenn es sich nicht abheben würde vom Häßlichen oder vom Leiden. Der deutsche Philosoph Schopenhauer sagte einmal: ›Das Glück ist das Aufhören von Leiden.‹ Wir brauchen das Leiden, sonst wäre das Leben nicht mehr interessant« (Jung 1994b, 186).

Eine theoretisch reflexive Ausformulierung seiner krisenhaften Erfahrungen erfolgte in späteren Jahren in Werken wie *Psychologische Typen*, wo Jung sich abermals auf einen Aspekt der Philosophie Schopenhauers beruft, diesmal auf dessen Verständnis der platonischen Idee. Er zitiert dabei mehrere Passagen aus dem dritten Teil des ersten Bandes von *Die Welt als Wille und Vorstellung* und leitet diese mit der Bemerkung ein, das Wort »Idee« sei hier jeweils durch »urtümliches Bild« zu ersetzen, ein Begriff, den Jung bei Jakob Burckhardt entlehnt hat und der in den Schriften Jungs allmählich von jenem des Archetyps abgelöst wird (Jung 1995, 449, § 697). Schopenhauer unterscheidet an dieser Stelle zwischen dem abstrakten, diskursiven und sprachlich mitteilbaren Begriff, der durch seine Definition vollkommen erschöpft sei, und der Idee, die nur dem reinen Subjekt des Erkennens zugänglich ist:

> »[...] vom Individuo als solchem wird sie [sc. die Idee; M. L.] nie erkannt, sondern nur von dem, der sich über das Wollen und alle Individualität zum reinen Subjekt des Erkennens erhoben hat: also ist sie nur dem Genius und sodann dem, welcher durch meistens von den Werken des Genius veranlaßte Erhöhung seiner reinen Erkenntniskraft in einer genialen Stimmung ist, erreichbar: daher ist sie nicht schlechthin, sondern nur bedingt mitteilbar, indem die aufgefaßte und im Kunstwerk wiederholte Idee jeden nur nach Maßgabe seines eigenen intellektualen Wertes anspricht; [...] Die *Idee* ist die vermöge der Zeit- und Raumform unserer intuitiven Apprehension in die Vielheit zerfallene Einheit: [...] Der *Begriff* gleicht einem toten Behältnis, in welchem, was man hineingelegt hat, wirklich nebeneinanderliegt, aus welchem sich aber auch nicht mehr herausnehmen läßt (durch analytische Urteile), als man hineingelegt hat (durch synthetische Reflexion): die *Idee* hingegen entwickelt in dem, welcher sie gefaßt hat, Vorstellungen, die in Hinsicht auf den ihr gleichnamigen Begriff neu sind: sie gleicht einem lebendigen, sich entwickelnden, mit Zeugungskraft begabten Organismus, welcher hervorbringt, was nicht in ihm eingeschachtelt lag« (W I, 329 f. (Lö)).

Für Jung kann die Anwendung der Denkfunktion beim introvertierten Typus zu einer gedanklichen Formulierung des urtümlichen Bildes, d. h. zur Idee, führen. Über die Idee hinaus gelange man aber nur durch die Entwicklung der Gegenfunktion des Fühlens, denn das intellektuelle Begreifen der Idee fordere letztlich auch eine Wirkung jener auf das Leben. Dies könne aber nur durch die Vereinigung der undifferenzierten Funktion des Fühlens mit der Idee geschehen. Das urtümliche Bild taucht dabei als vermittelndes

Symbol auf, denn es »erfasst vermöge seiner konkreten Natur einerseits das in undifferenziertem konkretem Zustand befindliche Fühlen, ergreift aber auch vermöge seiner Bedeutung die Idee, deren Mutter es ja ist« (Jung 1995, 448, § 696). Die notwendige »geniale Stimmung«, von der bei Schopenhauer die Rede ist, sei demnach nichts anderes als ein bestimmter Gefühlszustand, in dem die Funktion des Denkens bis zur Idee und darüber hinaus in die Gegenfunktion gesteigert werden könne. Die Idee, insofern sie den formulierten Sinn eines Urbildes darstellt, in welchem dieser schon früher symbolisch abgebildet war, bezeichnet Jung als eine gegebene Möglichkeit von Gedankenverbindungen überhaupt, eine a priori existierende und bedingende psychologische Größe.

Zur Veranschaulichung seines Begriffes der Idee sucht Jung in *Psychologische Typen* nach philosophischen Vorläufern und findet die Trias Platon, Kant und Schopenhauer, wobei letzterem ein Zitat zur Seite gestellt wird: »Ich verstehe also unter *Idee* jede bestimmte und feste *Stufe der Objektivation des Willens*, sofern er Ding an sich und daher der Vielheit fremd ist, welche Stufen zu den einzelnen Dingen sich allerdings verhalten wie ihre ewigen Formen oder ihre Musterbilder« (W I, 195 (Lö)). Diese Ideen seien bei Schopenhauer anschaulich, insofern sie ganz dem entsprechen würden, was er, Jung, als urtümliche Bilder bezeichnet habe.

Zusammenfassend lässt sich also sagen, dass vor 1913 die Gleichung von Willen zum Leben und Libido, nach 1916 die von Idee und urtümlichem Bild bzw. Archetyp im Zentrum von Jungs Schopenhauerrezeption stand. Im Seminar zur Analytischen Psychologie von 1925 findet sich schließlich der Versuch Jungs, rückblickend diese beiden Aspekte zu vereinen. Er bezieht sich dabei auf Schopenhauers *Ueber den Willen in der Natur*, worin Jung ein neues Verständnis des Willens zum Leben zu erkennen glaubt, nicht mehr blind, sondern zielgerichtet und kreativ. Eine derartige Auffassung sei mit seiner eigenen Sichtweise der Libido identisch. Der Libido-Begriff, der ursprünglichen Konzeption Jungs gemäß, sei daher nicht ziel- und formlos gewesen, sondern von archetypischer Wesensart. Denn die Libido tauche niemals in formlosem Zustand aus dem Unbewussten auf, sondern immer in Bildern (vgl. Jung 2011, 4; Shamdasani 2003, 198).

Es gehört zu den Eigenheiten der Jungschen Philosophierezeption, philosophischen Begriffen eine psychologische Umwertung zu geben. In diesem Sinne wurde die Philosophie Schopenhauers von der analytischen Psychologie in der Nachfolge Jungs vor allem als Stichwortgeber zur psychologischen Amplifikation, kaum aber in ihrer Bedeutung als Vorläufer wahrgenommen. Eine eingehende Auseinandersetzung der theoretischen Gemeinsamkeiten steht daher noch aus.

Literatur

Baum, Günther: Animus und Anima bei C. G. Jung und ihre Entsprechung in Schopenhauers Philosophie. Eine Skizze. In: *Schopenhauer-Jahrbuch* 86 (2005), 213–216.

Brann, Henry Walter: C. G. Jung und Schopenhauer. In: *Schopenhauer-Jahrbuch* 46 (1965), 76–87.

Charet, F. X.: *Spiritualism and the Foundations of C. G. Jung's Psychology*. Albany 1993.

Helmholtz, Hermann von: On the Use and Abuse of the Deductive Method in Physical Science. In: *Nature* 11 (1874), 149–151.

Jarret, James L.: Schopenhauer and Jung. In: *Spring: An Annual of Archetypal Psychology and Jungian Thought* (1981), 193–204.

Jung, Carl Gustav: *Wandlungen und Symbole der Libido. Beiträge zur Entwicklungsgeschichte des Denkens* [1912]. München ²1991.

Jung, Carl Gustav: Kommentare zu einer Dissertation. Gespräch mit Xinema de Angulo [1952]. In: *Jung. Ein großer Psychologe im Gespräch*. Freiburg/Basel/Wien 1994a (engl. 1986), 61–75.

Jung, Carl Gustav: Gespräch mit einem Zen-Meister (Shin'ichi Hisamatsu) [1958]. In: *Jung. Ein großer Psychologe im Gespräch*. Freiburg/Basel/Wien 1994b (engl. 1986), 186–197.

Jung, Carl Gustav: *Psychologische Typen* [1921] (= *Gesammelte Werke*, Bd. VI). Hg. von Marianne Niehus-Jung/Lena Hurwitz-Eisner/Franz Riklin/Leonie Zander. Düsseldorf 1995.

Jung, Carl Gustav: *Die Zofingia-Vorträge 1896–1899*. Düsseldorf 1997a (engl. 1984).

Jung, Carl Gustav: *Erinnerungen, Träume, Gedanken*. Aufgezeichnet und hg. von Aniela Jaffé. Zürich/Düsseldorf ¹⁰1997b (engl. 1962).

Jung, Carl Gustav: *Das Rote Buch. Liber Novus*. Hg. von Sonu Shamdasani. Ostfildern 2009 (engl. 2009).

Jung, Carl Gustav: *Introduction to Jungian Psychology. Notes on the Seminar on Analytical Psychology Given in 1925*. Eingel., überarb. und hg. von Sonu Shamdasani, ursprgl. hg. von William McGuire. Princeton 2011.

Jung, Carl Gustav: *ETH Lectures 1933–1941*. Hg. von Ernst Falzeder und Martin Liebscher. Princeton (im Erscheinen).

Kropf, Andrea: *Philosophie und Parapsychologie. Zur Rezeptionsgeschichte parapsychologischer Phänomene am Beispiel Kants, Schopenhauers und C. G. Jungs*. Münster 2000.

Liebscher, Martin: C. G. Jung. Die gedanklichen Werkzeuge des Unbewussten. In: Michael B. Buchholz/Günter Gödde (Hg.): *Macht und Dynamik des Unbewussten*. Berlin 2005, 391–404.

Lupo, Luca: »A Mighty Hand«. Father, God and Chance. Jung reads Schopenhauer's *Transzendente Spekulation* über die anscheinende Absichtlichkeit im Schicksale des Einzelnen. In: *Schopenhauer-Jahrbuch* 94 (2013), 203–216.

Nietzsche, Friedrich: *Sämtliche Werke. Kritische Studienausgabe in 15 Bänden.* Hg. von Giorgio Colli und Mazzino Montinari. München/New York 1980 [KSA].

Ruffing, Margit: Die Duplizitätsstruktur des Bewußtseins bei Schopenhauer und C. G. Jung, oder: 1 + 1 = 1. In: *Schopenhauer-Jahrbuch* 86 (2005), 195–212.

Shamdasani, Sonu: *Jung and the Making of Modern Psychology. The Dream of a Science.* Cambridge 2003.

Martin Liebscher

B Philosophische Strömungen / Wissenschaften

35 Geometrie

In Mathematiklehrbüchern und mathematischen Spezialabhandlungen tauchen bis heute immer wieder Themen und Thesen der Schopenhauerschen Elementargeometrie auf. Da Schopenhauers Geometrie bzw. Philosophie der Geometrie in ihrer Figuren- und damit Anschauungsbezogenheit im 19. und frühen 20. Jahrhundert exemplarisch galt (vgl. Becker 1923, 5 f.), folgt die hier skizzenhaft dargestellte zweihundertjährige Rezeptionsgeschichte auch der von den mathematischen Paradigmen abhängenden Bewertung anschauungsbezogener Geometrien (s. auch Kap. 6.3). Wissenschaftshistoriker haben immer wieder betont, dass es in den Jahren zwischen 1880 und 1950 eine sogenannte »Krise der Anschauung« gab, die durch die Entdeckung der Weierstraßschen ›Monsterkurven‹ in der zweiten Hälfte des 19. Jahrhunderts ausgelöst wurde und dass der daraus resultierende Formalismus sich erst ab der Mitte des 20. Jahrhunderts langsam relativierte (vgl. Hahn 1933; Volkelt 1986).

Die Rezeption der Schopenhauerschen Geometrie folgt diesem ›Konjunkturzyklus‹: Während die Beurteilungen in den Jahren zwischen 1820 und 1880 durchaus positiv ausfallen, setzt vor allem ab den 1890er Jahren eine nahezu schlagartig negative und abschätzige Bewertung ein, die besonders durch Weierstraß-Schüler und -Anhänger vorangetrieben wird. Erst langsam um das Jahr 1950 wird dann die Tabuisierung der Schopenhauerschen Philosophie der Geometrie relativiert und dadurch der Weg für ein ab den 1990er Jahren erneutes, positives Interesse an Schopenhauers Philosophie der Geometrie geebnet.

Bis heute muss man aber feststellen, dass es keine aufeinander aufbauende Auseinandersetzung mit der Schopenhauerschen Geometrie in der Forschung gibt. Die folgende Überblicksskizze zur Rezeption der Schopenhauerschen Geometrie zeigt daher ein sehr heterogenes Bild: Einerseits legen die Rezipienten eine stark unterschiedliche Gewichtung auf die vielen Schopenhauerschen Thesen zur Geometrie, andererseits zeigen sich in der zweihundertjährigen Rezeptionsgeschichte immer wieder Thesen, die eine erstaunliche Ähnlichkeit untereinander vorweisen, obwohl sie offensichtlich unabhängig voneinander aufgestellt wurden.

Die positive Rezeption (ca. 1820–1880)

Die wohl erste ernstzunehmende Rezeption der Schopenhauerschen Ansichten zur Geometrie erschien 1822 von dem Mathematikpädagogen Adolph Diesterweg, der die Geometrie als »intensivers Bildungsmittel« ansah, da »sie die Anschauung und den Begriff mit einander verbindet« (1822, 2). Im Unterschied zu vielen Geometern in der Nachfolge Christian Wolffs sei Schopenhauer aktuell einer der wenigen, die eine logische Grundlage der Geometrie nicht teile (vgl. ebd., 8). Diesterweg selbst hat ein an Schopenhauer angelehntes Argument zu formulieren versucht, das eine Vermittlung zwischen den visuellen Geometern (Schopenhauer, Wagner, Schweins u. a.) auf der einen Seite und den logischen Geometern (Wolff, Maaß, Dilschneider u. a.) auf der anderen Seite herbeiführen soll, da mathematische Erkenntnisse sowohl auf Anschauung als auch auf Begriffen zugleich beruhen würden (vgl. ebd., 9).

20 Jahre nach Diesterwegs Abhandlung erfuhr Schopenhauers Geometrie ihre intensivste Epoche positiver Rezeption und Fortführung. Neben Karl Mager (vgl. Beckerath 1937) war es vor allem Karl Rudolf Kosack, der 1852 explizit eine ebene Geometrie nach Schopenhauerschen Grundätzen zur öffentlichen Prüfung vorlegte. Kosack erklärte, dass Euklids Geometrie kein natürliches, sondern ein stark künstliches Produkt sei, das aufgrund der Willkürlichkeit der Beweise und der Zusammenhangslosigkeit der einzelnen Sätze mit den Axiomen nur auf Überredung statt auf Überzeugung abziele (vgl. Kosack 1852, 3). Daher sei es erforderlich, alle geometrischen Sätze auf die Anschauung der produktiven Einbildungskraft zurückzuführen, so wie Schopenhauer es im Anschluss an Kant gelehrt habe (vgl. ebd., 5 ff.). Kosacks Programmschrift

ist kein reiner Schopenhauerianismus, sondern, wie der Autor betont, die Vollendung des kantischen Programms der Geometrie aus der Anschauung und damit der unwiderlegliche Sieg über den Logizismus.

Schopenhauer und sein sich erst in diesen Jahren gebildeter Schüler- bzw. Anhängerkreis reagierten fast ausschließlich emphatisch auf Kosacks Schrift. Schopenhauer nahm den Hinweis auf Kosacks Programm in § 15 der der dritten Auflage des Hauptwerks auf. Julius Frauenstädt schrieb, dass Kosacks Schüler die ersten seien, die wieder ohne Krücken Geometrie erlernen und den pythagoreischen Lehrsatz wohl wieder einst wie die alten Griechen erfassen könnten (vgl. Frauenstädt 1852, 836). Ähnlich positiv sprach sich auch der spätere Frankfurter und Darmstädter Mathematikprofessor Johann Christian Becker (1857) für Kosacks und Schopenhauers Ansatz aus. Nur Julius Bahnsen (1857) war nicht von Kosack überzeugt und argumentierte, dass seine Vermischung von Erkenntnis- und Seinsgrund ein Rückfall in die kantische Philosophie der Geometrie sei, die Schopenhauer eigentlich vollendet habe.

Die zwischen Bahnsen, Kosack, Kehl u. v. a. entstandene Debatte wurde Jahre später in Kapitel IV der *Abhandlungen aus dem Grenzgebiete der Mathematik und Philosophie* von Becker (1870) zusammengefasst. In diesem damals sehr einschlägigen Werk argumentierte Becker, dass Schopenhauers Geometrie zwar nicht immer sehr geschickt sei, Kosack dieses Programm aber erfolgreich umgesetzt und verbessert habe.

Viel Berücksichtigung fand Benno Erdmanns zwiespältiges Urteil über Schopenhauer in *Die Axiome der Geometrie*: Erdmann kritisierte, dass Schopenhauer eine »bizarre« und »gekünstelt einseitige Ausbildung der kantischen Theorie« genossen habe (1877, 29, 172). Er habe damals in einer anschauungsorientierten Tradition der Geometrie mit Carl Friedrich Gauß, Johann Friedrich Herbart etc. gestanden; doch auch sein später Ruhm habe nicht die Sucht verhindern können, alles logisch begründen zu wollen. Seine Einwände gegen das elfte wie gegen das achte Axiom der euklidischen Geometrie zeugten allerdings von »Scharfsinn« und seien bis heute aktuell (ebd., 65 f.).

Das Interesse an der Aktualität der Schopenhauerschen Geometrie wurde Mitte der 1880er Jahre in der *Zeitschrift für mathematischen und naturwissenschaftlichen Unterricht* durch den Leibnizforscher Carl Immanuel Gerhardt erneut angeregt, der den »wenig geschmackvollen Namen ›Mausefallenbeweise‹« verwendete (vgl. Buchbinder 1885, 67). Unter vielen Leserbriefen und Artikeln in den Folgeheften der Zeitschrift sticht besonders Carl Gusserows Kommentar hervor, dass Schopenhauer hinsichtlich des Satzes des Pythagoras eine »allgemein giltige Art des Beweises aus der Anschauung giebt, der Art, dass das Hypotenusenquadrat in Teile zerlegt wird, aus dem die Kathetenquadrate zusammengesetzt werden können« (Hoffmann 1885, 107).

Die Krise der Anschauung (1880–1950)

Erst der Aufsatz des Naumburger Realgymnasiallehrers Hermann Märtens kann als Ende der positiven Rezeptionsepoche der Schopenhauerschen Geometrie angesehen werden. Schopenhauers Beweis des pythagoreischen Lehrsatzes, so Märtens, sei zum einen unvollständig, da er sich nur auf den Spezialfall des gleichschenklig rechtwinkligen Dreiecks beschränke, und zum anderen sei der vollständige Beweis schon im 12. Jahrhundert von dem indischen Mathematiker Bhaskara II. erbracht worden (vgl. Märtens 1885, 183).

1891 legte Heinrich Leonhard, ein Schüler von Carl Weierstraß, eine Dissertation vor, die sich explizit, allerdings stark negativ mit Schopenhauer und dem euklidischen Beweisverfahren beschäftigte. Leonhard eröffnete seine Dissertation mit der These, dass von Schopenhauer ein Angriff auf die euklidische Elementargeometrie von »so schwer wiegender Bedeutung gemacht worden [sei], dass er, wenn seine Berechtigung zugestanden werden müsste, ein vernichtender zu nennen wäre« (Leonhard 1891, 1).

Schopenhauer habe den Satz vom Grund ungerechtfertigt differenziert, da es nur den logischen Erkenntnisgrund gebe (vgl. ebd., 45, 50). Beweise seien logisch-deduktiv und beruhen auf dem Satz vom Widerspruch, während Schopenhauer subjektive ›Gefühle‹ von Wahrheit suggeriere (vgl. ebd., 51 ff.). Alle anschaulichen Beweise seien »infolge häufiger Übung und wegen der in diesem Falle vorliegenden Einfachheit und Durchsichtigkeit [eine] fast unbewusst erfolgende Zurückführung des Satzes auf die (begriffliche) Definition« (ebd., 64). Die visuelle Methode setze somit immer schon die logisch-diskursive voraus; Schopenhauer und seine Anhänger versuchten dies allerdings durch »Unklarheit des Ausdrucks und Unvollständigkeit der Durchführung zu verdunkeln« (ebd., 65).

Leonhards Angriff auf Schopenhauers visuelle Beweisführung galt lange Zeit als überzeugend. Robert Schlüter akzeptierte 1900 in *Schopenhauers Philosophie in Briefen* Leonhards Argumente und zitierte darüber hinaus einen pessimistischen Brief des späten

Schopenhauer an Becker, in dem jener seine eigene und Beckers geometrischen Beweise als problematisch und keinesfalls allgemeingültig eingestuft hatte (vgl. Schlüter 1900, 133 ff.). 1904 wiederholte der Weierstraß-Anhänger Alfred Pringsheim (1904) in einem stark rezipierten Aufsatz die wesentlichen Argumente von Märtens und Leonhard, ohne beide aber namentlich zu nennen; er argumentierte anhand einschlägiger Textpassagen aus dem zweiten Band der Welt als Wille und Vorstellung, dass Schopenhauer ein Feind der Mathematik sei.

Pringsheims Aufsatz kann als Meilenstein in der Rezeptionsgeschichte der Schopenhauerschen Geometrie um 1900 angesehen werden. Er wurde in den folgenden Jahrzehnten im deutschen Sprachraum besonders durch Felix Klein bekannt und dann im englischsprachigen Raum stark rezipiert. In der ersten Hälfte des 20. Jahrhunderts finden sich positive Bezüge auf Schopenhauers Geometrie nur bei Oscar Janzen (1909), der vor allem eine veränderte Lehre in der chronologischen Durchsicht der Schopenhauerschen Schriften erkannte, und bei dem führenden Intuitionisten Luitzen E. J. Brouwer, der mit Schopenhauer die Anschauungsbezogenheit der Beweistheorie forderte und die universelle Gültigkeit logischer Prinzipien, insbesondere des *tertium non datur* in Frage stellte (vgl. Koetsier 2005). Eine intensive Erforschung des Einflusses Schopenhauers auf Brouwers Werk steht aber noch aus.

Die Wiederentdeckung der Schopenhauerschen Geometrie (1950 bis heute)

Etwa sechzig Jahre nach den vernichtenden Urteilen von Leonhard, Märtens, Pringsheim, Klein u. a. legte der Topologe Kurt Reidemeister einen Artikel über die *Anschauung als Erkenntnisquelle* vor – ein Thema über das es keinen gesicherten Forschungsstand in der Mathematik gebe, so dass Reidemeister u. a. auf Schopenhauer zurückgreift. Als Beispiel für Schopenhauers visuelle Methode nimmt er dessen figürliche Erklärung des Satz des Pythagoras, an der man »sehr rasch den Beweis ablesen kann: Die Figur ist eine vorzügliche ›Charakteristik‹ des Beweises, [...], d. h. ein Symbol, mit welchem sich die Struktur des Beweises genau abbildet« (Reidemeister 1946, 206). Sechs Jahre später, 1953, veröffentlichte François Rostand ebenfalls eine wohlwollende Interpretation der Schopenhauerschen Demonstrationsmethode, die er vor allem mit Locke, Hume und Euler in Verbindung bringt (vgl. Rostand 1953, 207 ff.). Dass Schopenhauer im kantisch-visuellen und nicht im leibnizsch-logischen Paradigma der Mathematik verhaftet blieb, sei darauf zurückzuführen, dass er in späteren Jahren die Entwicklung zur nicht-euklidischen Geometrie von Bernhard Riemann und Nikolai Iwanowitsch Lobatschewski in den Jahren 1854 und 1855 nicht mehr ausreichend würdigen konnte, da diese ja erst durch Hermann von Helmholtz popularisiert wurde (vgl. ebd., 216, 229) – eine These, die stark an Benno Erdmanns *Axiome der Geometrie* erinnert, ohne dass auf diese allerdings Bezug genommen wird.

Wie in der Logik setzt ein stärkeres Interesse an Anschauungsformen auch in der Geometrie-Rezeption erst um die 1990er Jahre ein (vgl. Legg 2013; Bernhard 2001, 11–17). Knut Radbruch, Professor für Mathematik und ihre Didaktik an der TU Kaiserslautern, betont zwar, dass den heutigen Lesern mehrfache Paradigmenwechsel in der Mathematik von Schopenhauer trennen würden, dennoch zeige sich bei der Interpretation, »daß gewisse Fragestellungen, Einsichten und Perspektiven Schopenhauers zur Mathematik von erstaunlicher Aktualität sind« (Radbruch 1988, 199). Radbruch sieht einen Optimismus bei Schopenhauer, der auf dem Glauben beruhe, man müsse alle elementargeometrischen Beweise auf eine einfache Anschauung zurückführen können, obwohl die newtonsche und leibnizsche Mathematik deutlich die »Grenzen der Anschauung« gezeigt hätten (ebd., 121). Seit dem Grundlagenstreit lebten Mathematiker aber in zwei Welten, da man einerseits glauben müsse, dass mathematische Sätze intuitionistisch seien und sich anschaulich machen ließen, andererseits man aber in Zweifelsfällen sofort auf einen Formalismus zurückweiche. Schopenhauers Anschauungsaffinität sei zwar gewiss zu radikal – ebenso wie die seines Zeitgenossen Gauß –, aber komme grundsätzlich noch dem heutigen Wunsch nach Korrelation und Isomorphie zwischen Anschauung und Logik in der Mathematik entgegen (vgl. ebd., 121). Wenn es aber eine Möglichkeit alogischer Beweise gebe, dann sei diese in der Mathematik gegeben (vgl. ebd., 125).

Jean-Yves Béziau hat vor allem in den 1990er Jahren mehrere Studien zur Logik und Geometrie bei Schopenhauer vorgelegt: Heinrich Scholz hatte 1931 dem Prinzip des zureichenden Grundes den logischen ›Todesstoß‹ geben wollen, da es seiner Meinung nach unformalisierbar und daher selbst unlogisch sei. Béziaus Lehrer, Newton Da Costa, hatte Scholz' These einer Unformalisierbarkeit des Satzes vom zureichenden Grund durch seinen modalquantifizierten Aussagenkalkül widerlegt (Béziau 1992). Béziau sieht darin eine

Tradition, die bis auf Schopenhauer zurückreiche. In der Geometrie und Philosophie der Geometrie, so Béziau (1993), habe Schopenhauer noch mehrere andere moderne Positionen vorweggenommen: Arpad Szabôs These einer rationalistischen Verwässerung Euklids, Wittgensteins Diagrammatik, die Anschauungsaffinität der Zermelo-Fraenkelschen-Mengenlehre u. a. Obwohl Schopenhauer natürlich Ähnlichkeit mit den Thesen Brouwers habe, müsse betont werden, dass Schopenhauer nur eine der vier Wurzeln des Satzes vom Grund als intuitionistisch bezeichne und einen Erkenntnisgrund in der Geometrie nicht vollständig ablehne (vgl. Béziau 1993, 85).

1996 beschäftigte sich der Bayreuther Professor für Mathematik und Mathematikdidaktik Peter Baptist mit der Frage, ob der Satz des Pythagoras tatsächlich eine *qualitas occulta* aufweise. Dabei argumentiert er, dass Schopenhauer wirklich einen entscheidenden Punkt getroffen habe, denn im »Unterschied beispielsweise zur Schnitteigenschaft der Mittelsenkrechten eines Dreiecks bleibt in diesem Fall [sc. beim Satz des Pythagoras] die Aussage zunächst unsichtbar, sie ist wirklich ›qualitas occulta‹« (Baptist 1996, 22). Zudem erklärt Baptist, dass Schopenhauer seine Kritik an der Willkürlichkeit der Hilfslinienkonstruktion mit Einstein teile und seine anschaulichen Beweise in einer Tradition mit Alexis-Claude Clairaut, Henry Perigal und Thabit ibn Qurra stehen (vgl. ebd.). Eine ähnliche Traditionslinie sieht auch Alfred Schreiber (2003), der darauf hinweist, dass man Schopenhauer in den Kontext der seit den 1970er Jahren aufgekommenen »Proofs-without-Words-Bewegung« stellen müsse, die gerade die Möglichkeiten anschaulicher Beweise betont.

2008 hat Jason M. Costanzo eine Darstellung der Schopenhauerschen Philosophie der Geometrie publiziert, die implizit auch auf die Rationalismusthese von Szabô anspielt, da seiner Meinung nach die griechische Geometrie erst mit Euklid eine Wende zur synthetischen Mathematik genommen habe. Costanzo (2008) vertritt zudem die Meinung, dass Schopenhauers Forderung nach einer analytischen Geometrie und seine Ablehnung der synthetischen Geometrie Euklids vom Sprachgebrauch auf Pappus zurückgehe.

Dale Jacquette hat 2012 einen Beitrag zu Schopenhauers Logik und Mathematik verfasst, der aber leider wesentliche Aspekte unberücksichtigt lässt. Erwähnenswert ist, dass Jacquette (2012, 52 f.) versucht, in seinem Geometrie-Kapitel vielmehr eine Verknüpfung zwischen der Ideenlehre des dritten Buchs der *Welt als Wille und Vorstellung* und den geometrischen Figuren des ersten Buches herzustellen; er gibt aber selbst zu verstehen, dass dieser Vergleich schief sei. 2014 hat Francesco Tortoriello in einem Aufsatz über Schopenhauers Geometriedidaktik seine langjährigen Lehrerfahrungen an einer höheren Schule in der Provinz Avellino festgehalten und jene versucht, mit Schopenhauers Philosophie zu verdeutlichen. Er stimme mit Schopenhauer überein, dass die didaktische Basis der Elementargeometrie die Anschauung sei, da die logische Abstraktion erst nach und nach erlernt werden könne (vgl. Tortoriello 2014, 86, 90 f.). Schopenhauer habe diese Ansicht seiner Zeit auch mit den pädagogischen Ansätzen Herbarts und Trendelenburgs geteilt, und in der Moderne werde diese noch in Piagets geometrischer Entwicklungstheorie und in Van Hieles Denkebenentheorie vertreten (vgl. ebd., 89 f.). Insofern bleibe Schopenhauer aus pädagogischer Sicht ein durchaus aktueller Denker (vgl. ebd., 86).

Literatur

Bahnsen, Julius: Arthur Schopenhauer's Urtheil über den Bildungswerth der Mathematik. In: *Schulzeitung für die Herzogtümer Schleswig-Holstein und Lauenburg* 21, 25, 26 (21 Feb., 21. und 28. Mar. 1857), 95–99, 113–116, 119–122.

Baptist, Peter: Der Satz des Pythagoras – eine qualitas occulta? In: *Der Mathematikunterricht* 42/3 (1996), 22–30.

Becker, J. C.: Ueber den Bildungswerth der Mathematik. In: *Schulzeitung für die Herzogtümer Schleswig-Holstein und Lauenburg* 12, 13 (19. und 26. Dezember 1857), 58–62.

Becker, J. C.: *Abhandlungen aus dem Grenzgebiete der Mathematik und Philosophie*. Zürich 1870.

Becker, Oskar: *Beiträge zur phänomenologischen Begründung der Geometrie und ihrer physikalischen Anwendung*. Freiburg i. Br. 1923.

Beckerath, Ulrich von: Eine Anerkennung der mathematischen Ansichten Schopenhauers aus dem Jahr 1847. In: *Jahrbuch der Schopenhauer-Gesellschaft* 24 (1937), 158–161.

Bernhard, Peter: *Euler-Diagramme. Zur Morphologie einer Repräsentationsform in der Logik*. Paderborn 2001.

Béziau, Jean-Yves: O princípio de razão suficiente e a lógica segundo Arthur Schopenhauer. In: F. R. R. Évora (Hg.): *Século XIX. O Nascimento da Ciência Contemporânea*. Campinas 1992, 35–39.

Béziau, Jean-Yves: La Critique Schopenhaurienne de l'Usage de la Logique en Mathématiques. In: *O Que Nos Faz Pensar* 7 (1993), 81–88.

Buchbinder, [Friedrich]: Verhandlung der Sektionen für mathematischen und naturwissenschaftlichen Unterricht auf der diesjährigen Versammlung deutscher Philologen und Schulmänner, vom 1.–4. Oktober 1884 in Dessau. In: *Zeitschrift für mathematischen und naturwissenschaftlichen Unterricht* 16/1 (1885), 66–76.

Costanzo, Jason M.: The Euclidean Mousetrap. Schopenhauer's Criticism of the Synthetic Method in Geometry. In: *Journal of Idealistic Studies* 38/3 (2008), 209–220.

Diesterweg, F. A. W.: *Leitfaden für den ersten Unterricht in der Formen-Größen- und räumlichen Verbindungslehre oder Vorübungen zur Geometrie für Schulen*. Elberfeld 1822.

Erdmann, Benno: *Die Axiome der Geometrie. Eine philosophische Untersuchung der Riemann-Helmholtz'schen Raumtheorie*. Leipzig 1877.

Frauenstädt, Julius: Eine beachtenswerthe Erscheinung in der Mathematik. In: *Blätter für literarische Unterhaltung* 35 (28. August 1852), 836.

Hahn, Hans: Die Krise der Anschauung. In: Ders.: *Krise und Neuaufbau in den exakten Wissenschaften. Fünf Wiener Vorträge*. Wien 1933, 41–64.

Hoffmann, Volkmar: Schopenhauer, der Philosoph, über die Euklidische Methode und die ›Mausefallenbeweise‹. In: *Zeitschrift für mathematischen und naturwissenschaftlichen Unterricht* 16/3 (1885), 105–107.

Jacquette, Dale: Schopenhauer's Philosophy of Logic and Mathematics. In: Bart Vandenabeele (Hg.): *A Companion to Schopenhauer*. Hoboken 2012, 41–59.

Janzen, Oscar: Schopenhauers Auffassung des Verhältnisses der mathematischen Begründung zur logischen. In: *Archiv für Geschichte der Philosophie* 22 (1909), 342–364.

Koetsier, Teun: Arthur Schopenhauer and L. E. J. Brouwer. A Comparison. In: Luc Bergmans/Teun Koetsier (Hg.): *Mathematics and the Divine. A Historical Study*. Amsterdam u. a. 2005, 571–595.

Kosack, C. R.: *Beiträge zu einer systematischen Entwickelung der Geometrie aus der Anschauung*. In: *Zu der öffentlichen Prüfung sämmtlicher Klassen des Gymnasiums zu Nordhausen [...]*. Nordhausen 1852, 1–31.

Legg, Catherine: What is a logical diagram? In: Sun-Joo Shin, Amirouche Moktefi (Hg.): *Visual Reasoning with Diagrams*. Basel 2013, 1–18.

Leonhard, Heinrich: *Beitrag zur Kritik der Schopenhauer'schen Erkenntnistheorie, insbesondere in ihrer Anwendung auf das Euklidsche Beweisverfahren*. Bonn 1891.

Märtens, [Hermann]: Schopenhauer über den ›Mausefallenbeweis‹. In: *Zeitschrift für mathematischen und naturwissenschaftlichen Unterricht* 16/4 (1885), 181–186.

Pringsheim, Alfred: Über den Wert und angeblichen Unwert der Mathematik. In: *Jahresberichte der deutschen Mathematiker-Vereinigung* 13 (1904), 357–382.

Radbruch, Knut: Anschauung und Beweis in der Mathematik. Skeptische Anmerkungen zum Optimisten Schopenhauer. In: *Schopenhauer-Jahrbuch* 69 (1988), 199–126.

Reidemeister, Kurt: Anschauung als Erkenntnisquelle. In: *Zeitschrift für philosophische Forschung* 1 (1946), 197–210.

Rostand, François: Schopenhauer et les démonstrations mathématiques. In: *Revue d'histoire des sciences et de leurs applications* 6/3 (1953), 202–230.

Schlüter, Robert: *Schopenhauers Philosophie in seinen Briefen*. Leipzig 1900.

Schreiber, Alfred: Vorsicht, Mausefalle! In: *Mitteilungen der DMV* 11/1 (2003), 58–59.

Tortoriello, Francesco Saverio: Schopenhauer e la didattica della matematica. In: *Archimede: Rivista per gli insegnanti e i cultori di matematiche pure e applicate* 2 (2014), 86–91.

Volkelt, Klaus Thomas: *Die Krise der Anschauung. Eine Studie zu formalen und heuristischen Verfahren in der Mathematik seit 1850*. Göttingen 1986.

Jens Lemanski

36 ›Evolutionstheorie‹

Charles Darwin gilt allgemein als der ›Erfinder‹ der Evolutionstheorie. Dennoch sehen viele Wissenschaftshistoriker bereits in der Antike Anfänge und einzelne Vorwegnahmen der heutigen Entwicklungsbiologie. Die Tatsache, dass der im Titel genannte Ausdruck ›Evolutionstheorie‹ in Anführungszeichen gesetzt wurde, ist somit kein Hinweis auf die Vorzeitigkeit Schopenhauers zu Darwin, sondern betrifft die kritische Frage, ob man Schopenhauer überhaupt in diese Geschichte der Evolutionstheorie mit aufnehmen sollte oder nicht.

Wie der folgende Überblick zeigt, gehen bei diesem Thema die Einschätzungen der Rezipienten weit auseinander. Während beispielsweise Johannes Vandenrath (1976) mehrere Gründe anführt, warum Schopenhauer kein Vorläufer der Evolutionstheorie sein kann, erklärt Karl Dietrich Adam (2011) Schopenhauer zu dem verkannten Wegbereiter Darwins. Die meisten Autoren, die sich mit dem Thema beschäftigt haben, tendieren zwar dazu, Schopenhauer tatsächlich als einen Vorläufer der Evolutionstheorie anzusehen, nehmen aber eine differenziertere Stellung zwischen den Radikalpositionen von Vandenrath und Adam ein. Dabei bleibt allerdings zu berücksichtigen, dass die Interpretation der Schopenhauerschen ›Evolutionstheorie‹ immer von der Textauswahl, von der Lesart dieser Texte und von dem jeweiligen naturwissenschaftlichen Paradigma abhängt, in dem sich die jeweiligen Rezipienten befinden.

Im Folgenden werden die Schopenhauerschen Primärtexte zur Evolutionstheorie kurz vorgestellt und anschließend die zentralen Forschungsthesen der seit den 1870er Jahren fortlaufenden Rezeptionsgeschichte in chronologischer Reihenfolge dargestellt. Dabei wird zwischen der Rezeption im späten 19. und frühen 20. Jahrhundert und den Interpretationen im späten 20. und frühen 21. Jahrhundert unterschieden. Der vorliegende Überblicksartikel beruht wesentlich auf der viel ausführlicheren Forschungskritik in Lemanski (2016). Ergänzend zu dieser Kritik des Forschungsstandes sei auch auf den Überblicksbericht zur frühen Rezeption bei Ferruccio Zambonini (1935, 61 ff.) hingewiesen.

Primärtexte Schopenhauers

In der Rezeptionsgeschichte wurden besonders die §§ 25–29 der dritten Auflage von *Die Welt als Wille und Vorstellung I* herangezogen, in denen Schopenhauer die Stufen der Objektivation des Willens und die Teleologie behandelt. Hier sehen viele Autoren auch eine Vorwegnahme darwinistischer Theorieelemente, die mit Stichwörtern wie ›struggle for existence‹, ›survival of the fittest‹ und auch ›Adaptionismus‹ umschrieben werden können. Aus der zweiten Auflage von *Ueber den Willen in der Natur* ist besonders das Kapitel »Vergleichende Anatomie« und die darin enthaltene Teleologie analysiert worden. An mehreren botanischen und zoologischen Beispielen Schopenhauers sehen Interpreten besonders Hinweise zur Deszendenz- und Anpassungslehre sowie eine Auseinandersetzung mit damals einschlägigen Naturforschern. In den Kapiteln 24, 26–28, 44 haben viele Interpreten Parallelen zu Evolutionstheoretikern gefunden und vor allem die Themen ›Materie‹, ›Teleologie‹, ›Instinkt‹, ›Wille zum Leben‹ sowie ›Geschlechtsliebe‹ untersucht. Besonders der letzte Aspekt bietet Anknüpfungspunkte des Vergleichs zu Darwins ›sexual selection‹ und zum modernen Mutationismus. Im zweiten Band der *Parerga und Paralipomena* wurde das Kapitel 6 verstärkt in der hier thematischen Forschung untersucht. Die in § 91 zu findende Anthropogenese, in der Schopenhauer den Ausdruck ›*generatio in utero heterogeneo*‹ (Zeugung in einem heterogenen Uterus) einführt, ist immer wieder lebhaft diskutiert worden. Schopenhauer erklärt dort, dass die ersten Menschen in Asien vom Pongo und in Afrika vom Schimpansen geboren worden seien. Kritiker einer Evolutionstheorie bei Schopenhauer haben sich hingegen vor allem auf eine Textstelle aus § 174 (Kap. XV) bezogen, in der Schopenhauer erklärt, dass die Menschheit nur 6000 Jahre alt sei.

Zu beachten ist, dass entweder Schopenhauer eigenständig die meisten seiner Texte in den späteren Auflagen verändert und ergänzt hat oder aber spätere Editoren und Herausgeber erhebliche Änderungen an den Werken vorgenommen haben. Die hier diskutierten Forschungsarbeiten beziehen sich fast ausschließlich auf die letzten oder sogar von fremder Hand veränderten Auflagen der Werke.

Die Rezeption im späten 19. und frühen 20. Jahrhundert

Im Jahr 1871 diskutiert David Asher erstmals die Forschungsfrage, ob Schopenhauer eine Verwandtschaft mit Evolutionstheoretikern aufweise. In diesem Artikel wird vor allem die These vertreten, dass Schopenhauer in Kapitel 44 der *Welt als Wille und Vorstellung II* die Theorie einer durch die individuelle Geschlechtsliebe hervorgerufen, aber den Arten wesentlichen Selektion aufstelle (vgl. Ascher 1871, 325 f.). Schopenhauer habe daher deduktiv mit seiner Theorie der »unbewußten Rücksichten in der Geschlechtsliebe« das vorweggenommen, was Darwin induktiv als ›unconscious selection‹ bestätigt habe (vgl. ebd., 330 f.). Vermittelt durch Asher hat sich Darwin selbst wenige Jahre später explizit auf Schopenhauer und dessen Idee einer ›sexual selection‹ berufen (vgl. Darwin 1874, 586). Ein Jahr nach Ashers Aufsatz findet man eine ähnliche These auch bei Hans Herrig (vgl. 1872, 63 f.).

1875 sah der Philosoph Ludwig Noiré Ähnlichkeiten zwischen Schopenhauer und der Evolutionstheorie: (1) in der Entwicklung der *scala naturae*, (2) im Kampf ums Dasein (*bellum omnium conta omnes*) sowie (3) in der Teleologie (vgl. Noiré 1875, 238–253). Schopenhauers Theorie sei aber insofern anderen Arbeiten zur Entwicklungsbiologie überlegen, als sie die mechanistischen und bewusstlosen Prozesse der Evolutionstheorie begrifflich darstellen würde (vgl. ebd., 345). Allerdings gäbe es auch »innere Widersprüche in der Lehre des großen Denkers« (ebd., 253), die sich in den Ausführungen zur Artenkonstanz, zu den Naturgesetzen, zur Charakter- und zur Deszendenzlehre zeigen. Diese gründen sich, so Noiré in Schopenhauers Befangenheit im kantischen Idealismus oder auch im Pessimismus (vgl. ebd., 253–272).

Eine Art Selbstmissverständnis Schopenhauers hat auch der Naturforscher Oskar Prochnow (1910) in dessen kantischen Idealismus und in der platonischen Ideenlehre gesehen. Schopenhauer sei aber vor allem Eklektiker und könne daher nicht auf die Aufnahme der zu seiner Zeit aufkommende Entwicklungslehre verzichtet haben (vgl. ebd., 16). Die Hauptthese des Aufsatzes lautet, dass Jean-Baptiste de Lamarcks »inneres Gefühl« oder »Begierde« eine Analogie zu Schopenhauers Willen bilden, da beides »von innen heraus« entstünde und eine aktive Anpassung bewirke (ebd., 6 f.). Prochnow argumentiert im Detail, dass der Lamarckismus aufgrund des von Schopenhauer vorweggenommenen Kampfs der Arten, des Haeckelschen und Dolloschen Gesetzes »eine gewaltige, leider bis heute bei den Biologen noch wenig bekannte Ausgestaltung« erfuhr (ebd., 46, 70).

Eine bis heute lesenswerte Studie hat der Begründer der Disziplin ›Ideengeschichte‹ Arthur O. Lovejoy (1911) vorgelegt, in der er die These vertritt, dass Schopenhauer seine Lehre im Laufe der Jahre radikal überarbeitet habe. Diese These ist später von Wilhelm Lubosch, Hansjochen Autrum, Christoph Schröder u. a. teilweise gestützt worden. Nach Lovejoy habe der frühe Schopenhauer eine Artenkonstanz aus der platonischen Ideenlehre abgeleitet, der späte Schopenhauer aber ab ca. 1850 evolutionistische Aspekte der Phylogenese und des Mutationismus vertreten (vgl. ebd., 199 f., 201, 210, 213, 219). Schopenhauer zeige in späteren Jahren zwar im Detail eine Nähe zu Darwin auf, stimme im Allgemeinen aber weder mit dem cartesianischen Mechanismus, dem lamarckistischen Adaptionismus, dem theologisch geprägten Präformismus noch mit Darwins Selbstregularität externalistischer Kräfte überein (vgl. ebd., 221).

Der Würzburger Anatom Wilhelm Lubosch pflichtete bezüglich dieses Urteils Lovejoy bei: Im Detail sehe man zwar Ähnlichkeiten mit Darwin, im Allgemeinen aber starke Unterschiede (vgl. Lubosch 1915, 106). Schopenhauer sei im Einklang mit der Naturwissenschaft seiner Zeit (vgl. ebd., 108, 122, 126), da er sowohl die Epigenetik als auch den Lamarckismus ablehne. Wie Lovejoy betont auch Lubosch die Bedeutsamkeit der genannten Textstelle aus Kapitel VI der *Paralipomena*, in der Schopenhauer von einer ›generatio in utero heterogeneo‹ spricht. Hier erkläre Schopenhauer »wie aus einer Schlange eine Eidechse, aus einem Habicht ein Adler, aus einem Affen ein Mensch« werden konnte (ebd., 123). Mit diesem Urteil steht Lubosch nicht allein da: Viele Interpreten um die Wende zum 20. Jahrhundert haben die Bedeutsamkeit dieser Textstelle ähnlich betont (vgl. dazu Schulz 1899, 280–285). Allein Hans Herrig bezeichnet diese Idee Schopenhauers als eine »kindliche Theorie« und »mythologische Vorstellung« (Herrig 1872, 52).

Die Rezeption im späten 20. und frühen 21. Jahrhundert

Ähnlich wie Prochnow (1910) sieht auch der Zoologe Hansjochen Autrum (1969, 89) in Schopenhauer einen Eklektiker, der die großen biologischen Werke seiner Zeit in seiner Metaphysik gespiegelt habe. Schopenhauer habe richtig erkannt, dass Lamarcks phylogenetisch verstandenes Urtier nicht hätte real sein können, da es ohne ausgebildete Organe nicht lebensfähig sei (vgl. ebd., 51). Die Ablehnung des Lamarckismus und die Erkenntnis der osteologischen Verwandtschaft zwischen Hühner- und Menschenschädel habe Schopenhauer zur Evolutionstheorie gebracht (vgl. ebd., 90, 92). Somit habe Schopenhauer bereits »vor Darwin [...] die Abstammung durch Umwandlung der Arten anerkannt« (ebd., 91). Die bei Schopenhauer zu findenden inneren Widersprüche und einige, aus heutiger Sicht als Irrlehren erscheinende Ideen Schopenhauers seien aber nur ein Produkt seines Eklektizismus und daher der Situation der Naturwissenschaften im 19. Jahrhundert geschuldet.

Eine ganz andere Meinung vertrat der Philosoph Vandenrath, der die Aussage Arthur Hübschers betonte, derzufolge Schopenhauer aufgrund seiner platonischen Ideenlehre kein Vorläufer einer Evolutionstheorie seien könne (vgl. Vandenrath 1976, 40). Die für die Evolutionstheorie entscheidende Deszendenzlehre sei erst ein Jahr vor dem Tod Schopenhauers zum Durchbruch gekommen, weshalb Schopenhauer, ähnlich wie Goethe, Lamarcks Urtier-Theorie favorisiert habe (vgl. ebd., 40 ff.). Da nach Schopenhauer die Hominisation zudem innerhalb der letzten sechstausend Jahre erfolgt sei, fehle in Schopenhauers Weltbild die Zeit, um langandauernde Prozesse der Mutation, Vererbung und Auslese in Betracht zu ziehen (vgl. ebd., 44, 46, 49). Nur aufgrund dieser knapp bemessenen Zeitspanne habe Schopenhauer später erklärt, der Mensch sei in Asien vom Orang-Utan und in Afrika vom Schimpansen geboren worden: Die Stelle zeige besonders deutlich, wie weit Schopenhauer davon entfernt war, sich den wirklichen Vorgang der Entwicklung der Arten vorzustellen (vgl. ebd., 49 f.).

In seiner Dissertationsschrift hat der Philosoph Christian Steppi einen Entwicklungsaspekt in Schopenhauers platonisch anmutendem Vier-Stufen-System betont. Das Stufensystem besteht aus dem (1) Mineralischen, (2) Vegetabilischen, (3) Animalischen und (4) Humanen. In dem biotischen Teil (2.–4.) bilden sich die Kräfte ›Reproduktion‹, ›Sensibilität‹ und ›Irritabilität‹ zunehmend differenziert aus (vgl. Steppi 1987, 348). Da Schopenhauer beschreibe, wie die Organe des Animalischen perfekt auf konkrete Zwecke ausgerichtet seien und wie die Übergänge im biotischen Teil sich abhängig voneinander entwickelt hätten, antizipiere er »ganz deutlich« und »in hervorragender Weise« die (neo)darwinistische Anpassungs- und Selektionslehre, das biogenetische Grundgesetz Haeckels und die darwinschen Ideen einer »Deszendenz des Menschen vom Affen« sowie den »späteren Mutationsbegriff Darwins« (ebd., 353 f., 371, 373). Zwar sei es richtig, dass Schopenhauers Antihistorismus einen Unterschied zu Darwin und seine Kritik an den französischen Deszendenzlehren Differenzen zu Lamarck und Étienne Geoffroy erkennen lasse; seine Bezugnahme auf die Katastrophentheorie Georges Cuviers (vgl. ebd., 361–366, 375) ermögliche es ihm aber zu behaupten, dass die vier Stufen nacheinander bei jeweils einer erdgeschichtlichen Katastrophe entstanden seien und sich so vor 6000 Jahren die Menschheit entwickelt habe (vgl. ebd., 367 ff.). Im Unterschied zu allen anderen Forschern und auch im Unterschied zu einigen seiner eigenen Thesen behauptet Steppi zuletzt, dass Schopenhauer sich gegen die neuesten Entwicklungen in den Naturwissenschaften seiner Zeit zunehmend mehr abgeschottet habe und eigentlich doch Präformist gewesen sei (vgl. ebd., 377).

Anders sah dies Christoph Schröder, der in seiner Dissertationsschrift die These Lovejoys wieder aufgriff, dass Schopenhauer in frühen Jahren aufgrund eines platonischen Selbstmissverständnisses nur einen latenten Evolutionismus vertrat, der erst in den späteren Werken deutlicher hervortrete (vgl. Schröder 1989, 4, 6). Evolutionistisch sei vor allem Schopenhauers Anliegen, eine »Zweckmäßigkeit ohne Zweckursache« in der Natur auszumachen (ebd., 50). Resümierend bestätigt Schröder die Eklektizismus-These seiner Vorgänger: Schopenhauer greife auf zahlreiche evolutionstheoretische Ansätze zurück, die damals in den verschiedenen Zweigen der Naturwissenschaft entwickelt worden seien (vgl. ebd., 64). Anhand der Untersuchung detaillierter Thesen aus Schopenhauers Werk bestätige sich, dass Schopenhauers Lehre vom »›Anpassen der Ideen‹« kein Platonismus, sondern ein klarer Evolutionismus sei (ebd., 105). Eine detaillierte Besprechung der Thesen Schröders findet sich in Lemanski (2015).

In seiner Dissertationsschrift hat Wolfgang Rhode versucht, mehrere schon zuvor dargestellte Thesen der Rezeptionsgeschichte neu zu stützen. Schopenhauer stimme auf der einen Seite mit dem Vitalismus Johann Friedrich Blumenbachs und der Katastrophentheorie Cuviers überein, lehne auf der anderen Seite aber Lamarcks Deszendenzlehre ab: Mit Blumenbach teile Schopenhauer seine Vorliebe für eine vitalistisch-okkulte Lebenskraft, der bei ihm Wille, bei Blumenbach hingegen Bildungstrieb laute (vgl. Rhode 1991, 63, 68). Gegen die Annahme der Theorie Lamarcks durch Schopenhauer spräche, dass ein »Alter des *homo sapiens* von 6000 Jahren« nicht ausreiche, um dessen gemächliche Evolution zu erklären (ebd., 65). Wie Steppi behauptet auch Rhode, dass Schopenhauer die Abstammung des Menschen mit Cuviers Kataklysmentheorie erkläre: »Die Erdgeschichte verlief in einem ständigen Wechsel von Naturkatastrophen und Entwicklung des Lebens bis zu immer höheren Objektivationsstufen des Willens« (ebd., 67).

Der Paläontologe Karl Dietrich Adam hat die These vertreten, dass die »veröffentlichten gehaltvollen und aussagekräftigen phylogenetischen Überlegungen« Schopenhauers bislang kaum Beachtung gefunden hätten (Adam 2011, 8), obwohl man durch Verweis auf das Kapitel 6 der *Paralipomena*, besonders § 91, eine Vorläuferschaft Schopenhauers zu Darwin untermauern zu könne (vgl. ebd., 14 f., 25 ff.). Bislang, so Adam, hätten aber nur vier Forscher diese Ähnlichkeit überhaupt zur Kenntnis genommen und zudem seien deren Forschungsergebnisse »fragwürdig« (ebd., 50 ff.). Unter Evolutionstheorie verstehe man, so Adam, »gemeinhin die von Charles Robert Darwin 1859 begründete darwinistische Deutung der biologischen Entwicklung«, von der Schopenhauer aber direkt die Schwäche erkannt habe (ebd., 55), dass jene u. a. auf einer unzureichenden empirischen Methode beruhe (vgl. ebd., 29 f.). Adam behauptet, dass Schopenhauer zwar Darwin kritisiere (vgl. ebd., 45), aber Schopenhauer schon zu der Zeit verkannt war, als Darwin seine Evolutionstheorie niederschrieb (vgl. ebd., 17, 29, 38 f., 42 f.). Die Schriften Schopenhauers blieben »selbst Charles Robert Darwin verborgen; denn der Name des Frankfurter Philosophen ist in den überaus umfangreichen Registern der gesammelten Werke […] nicht aufzuspüren« (ebd., 41). Allerdings findet man durchaus eine längere Besprechung von Schopenhauers Theoremen in Kapitel XX von Darwins Werk (1874), das in der deutschen Übersetzung denselben Titel wie Adams Buch trägt – *Die Abstammung des Menschen*. Zudem wurde diese Auseinandersetzung Darwins mit Schopenhauer bereits in mehreren Forschungsarbeiten vor Adam besprochen. Eine ausführlichere Besprechung des Buchs von Adam findet man in Atzert (2016).

Der österreichische Biologe und Wissenschaftstheoretiker Franz M. Wuketits hat sich in seinem 2016 veröffentlichten Aufsatz explizit an Lovejoy orientiert: In Anlehnung an die Eklektizismusthese erklärt Wuketits, dass sich die wissenschaftsgeschichtliche Transformation vom Statizismus zum Dynamismus erst im 18. Jahrhundert vollzogen habe, weshalb Schopenhauer in den frühen Jahren noch eine Artenkonstanz, ab den 1830er Jahren aber einen Artenwandel vertreten habe (vgl. Wuketits 2016, 111). Aufgrund späterer evolutionistischer Ideen wie etwa dem Artenwandel, dem Mutationismus, der Urzeugung im fremden Schoß, der Parallelentwicklungshypothese in Bezug auf neue Pflanzen- und Tierarten, dem Wettbewerb ums Dasein etc. könne Schopenhauer »ein Vertreter des Evolutionsdenkens und ein Vorreiter der Evolutionstheorie im engeren Sinn« genannt werden (ebd., 112). Schopenhauer sei aber als »›Evolutionist‹ […] weithin unbemerkt geblieben«, da seine Darstellung nicht nur Inkonsistenzen, sondern auch einige, der Zeit der Abfassung geschuldete Irrlehren aufweise (ebd., 117).

Literatur

Adam, Karl Dietrich: *Die Abstammung des Menschen. Schopenhauer als verkannter Wegbereiter Darwins*. Weinstadt 2011.
Asher, David: Schopenhauer and Darwinism. In: *Journal of Anthropology* 1/3 (1871), 312–332.
Atzert, Stephan: Rezension »Karl Dietrich Adam: Die Abstammung des Menschen. Schopenhauer als verkannter Wegbereiter Darwins«. In: *Schopenhauer-Jahrbuch* 96 (2016), 167–170.
Autrum, Hansjochen: Der Wille in der Natur und die Biologie heute. In: *Schopenhauer-Jahrbuch* 50 (1969), 89–101.
Darwin, Charles: *The Descent of Man, and Selection in Relation to Sex*. London ²1874.
Herrig, Hans: Schopenhauer und Darwin. In: Ders.: *Gesammelte Aufsätze über Schopenhauer*. Hg. von Eduard Grisebach. Leipzig o. J. [1892], 42–73 (= *Die Station* [Sonntagszeitung des Berliner Börsen-Courier] 10–12 (10./17./24.3.1872).
Lemanski, Jens: Rezension »Christoph Schröder: Evolutionstheorie und Willensmetaphysik. Der Entwicklungsgedanke in der Philosophie Schopenhauers«. In: *Schopenhauer-Jahrbuch* 96 (2015), 176–181.
Lemanski, Jens: Die ›Evolutionstheorien‹ Goethes und Schopenhauers. Eine kritische Aufarbeitung des wissenschaftsgeschichtlichen Forschungsstandes. In: Daniel Schubbe/Søren R. Fauth (Hg.): *Goethe und Schopenhauer. Biographische und philosophische Perspektiven*. Hamburg 2016, 247–299.
Lovejoy, Arthur O.: Schopenhauer as an Evolutionist. In: *The Monist* 21/2 (1911), 195–222.
Lubosch, Wilhelm: Über den Würzburger Anatomen Ignaz Döllinger, eingeleitet und abgeschlossen durch Erörterungen über Schopenhauers Evolutionismus. In: *Jahrbuch der Schopenhauer-Gesellschaft* IV (1915), 105–127.
Noiré, Ludwig: *Der monistische Gedanke. Eine Concordanz der Philosophie Schopenhauer's, Darwin's, R. Mayer's und L. Geiger's*. Leipzig 1875.
Prochnow, Oskar: *Die Theorien der aktiven Anpassung mit besonderer Berücksichtigung der Deszendenztheorie Schopenhauers*. Leipzig 1910.
Rhode, Wolfgang: *Schopenhauer heute. Seine Philosophie aus der Sicht naturwissenschaftlicher Forschung*. Rheinfelden 1991.
Schröder, Christoph: *Evolutionstheorie und Willensmetaphysik. Der Entwicklungsgedanke in der Philosophie Schopenhauers*. Diss. Tübingen 1989.
Schulz, Paul: Arthur Schopenhauer in seinen Beziehungen zu den Naturwissenschaften. In: *Deutsche Rundschau* 101 (1899), 263–288.
Steppi, Christian R.: *Der Mensch im Denken Arthur Schopen-*

hauers. Eine Anatomie der fundamentalen Aspekte philosophischer Anthropologie in des Denkers Konzeption als kritische und systematische Würdigung. Frankfurt a. M. 1987.

Vandenrath, Johannes: Schopenhauer und die heutige Evolutionslehre. In: *Schopenhauer-Jahrbuch* 57 (1976), 40–57.

Wuketits, Franz M.: Schopenhauer – ein skurriler Vorreiter der Evolutionstheorie. In: *Aufklärung und Kritik. Zeitschrift für freies Denken und humanistische Philosophie* 2 (2016), 109–121.

Zambonini, Ferruccio: Schopenhauer und die moderne Naturwissenschaft. In: *Jahrbuch der Schopenhauer-Gesellschaft* 22 (1935), 44–91.

Jens Lemanski

37 Phänomenologie

Sucht man nach möglichen Einflüssen des Schopenhauerschen Denkens auf die Phänomenologie, ist zunächst zu klären, wie weit der Begriff der Phänomenologie gefasst werden soll. Bekanntlich handelt es sich bei dieser um eine Bewegung, die weder ein System noch eine Schule bildet. Es gibt keine von allen Phänomenologen gleichermaßen anerkannte Menge von Grundannahmen und Methoden. Dem Vorschlag Herbert Spiegelbergs folgend, lässt sich die phänomenologische Bewegung in einem umfassenden Sinn anhand der zwei folgenden Kriterien eingrenzen: (1) Direkte Anschauung dient als Quelle und letztgültige Überprüfung (*final test*) aller Erkenntnis, (2) Einsicht in Wesensstrukturen gilt als genuine Möglichkeit und Notwendigkeit philosophischen Wissens (vgl. Spiegelberg 1994, 5 f.). Dieser weite Begriff wird durch engere ergänzt, deren Kern von der Husserlschen Phänomenologie *sensu stricto* gebildet wird. Entlang der Entwicklung bzw. Ausdifferenzierungen der Phänomenologie stößt man dann auf Denker, die zwar nicht im engeren Sinn als Phänomenologen zu betrachten sind, aber entscheidende Anstöße von der Phänomenologie erhielten oder ihr gaben, und dadurch teils zu ihrer Entfaltung beigetragen haben. Ferner bestehen große Überschneidungen von Phänomenologie und existentialistischem Denken (in Bezug auf Schopenhauer s. Kap. 39).

Die Primärliteratur ebenso wie Handbücher und Einführungen zur Phänomenologie (wie auch zum Existenzialismus) zeigen, dass hier eine Auseinandersetzung mit Schopenhauer – auf historiographischer oder thematischer Ebene, vergleichbar etwa den zahlreichen Arbeiten zum Verhältnis zu Kant oder Hegel – bisher nicht stattgefunden hat. Diese Forschungslücke beklagt bereits Wolfgang Weimer Anfang der 1980er Jahre (vgl. Weimer 1982, 151), und sie hat sich seitdem nicht annähernd geschlossen. Dagegen sind in der Literatur zu Schopenhauer zumindest Berührungspunkte zur Phänomenologie bemerkt und in Ansätzen erörtert worden (vgl. Schmicking 2012; Schubbe 2012). Der vorliegende Beitrag kann daher keine Darstellung einer Rezeption der Schopenhauerschen Philosophie seitens der Phänomenologie bieten, sondern nur eine erste Zusammenstellung verstreuter Erwähnungen in einzelnen Werken, ohne Anspruch auf Vollständigkeit.

Franz Brentano

Franz Brentano erwähnt Schopenhauer gelegentlich, etwa im Zusammenhang mit dem kantischen Erbe, dessen Fehler Schopenhauer nicht erkannt habe. So kritisiert er in seinem Hauptwerk *Psychologie vom empirischen Standpunkt* Schopenhauers Auffassung von Zeit als Anschauungsform (vgl. Brentano 1971, 263). Schopenhauer dient Brentano fast immer zur Illustration bestimmter Aussagen oder Positionen, etwa eines Pessimismus, der konsequenterweise als ein Atheismus auftreten müsse. Die kritische Haltung Brentanos gegenüber Kant und dem Idealismus, in den Schopenhauer zumindest unter erkenntnistheoretischer Perspektive von Brentano eingereiht wird, strahlte sicher aus auf die Schulen der Gestaltpsychologie und die Phänomenologie, für die Brentano von herausragender Bedeutung gewesen ist.

Edmund Husserl und die frühe Phänomenologie

Edmund Husserl kaufte 1880 Schopenhauers Werke in sechs Bänden. In Halle hielt er im WS 1892/93 ein Seminar »Philosophische Übung im Anschluß an Schopenhauers Welt als Wille und Vorstellung«, im SS 1897 ein Seminar »Philosophische Anfängerübungen im Anschluß an eine auszuwählende Schrift Schopenhauers« (vgl. Schuhmann 1977, 9, 34, 51). Die bisher erschienenen 42 Bände der Husserliana, die das gesamte zu Lebzeiten veröffentlichte Werk neben zahlreichen Vorlesungs- und Forschungsmanuskripten enthalten, weisen etwa ein Dutzend Erwähnungen Schopenhauers auf. Letzterer dient Husserl, ähnlich Brentano und vielen Zeitgenossen, meist zur pointierenden Illustration bestimmter Argumente oder Aussagen, bei Husserl durchaus auch affirmativ. So verweist letzterer im Zusammenhang der Unwiderleglichkeit des Solipsismus zustimmend auf Schopenhauer oder führt ihn als Beispiel für die zahlreichen Denker an, die versuchen, »abstrakte Verhältnisse anschaulich zu machen durch Gleichnisse, mögen sie auch oft sehr hinken« (Husserl 1983, 295). In dem Werk, das nicht nur den Ausgangspunkt, sondern bis heute einen Hauptbezugspunkt für die gesamte phänomenologische Bewegung gebildet hat, den *Logischen Untersuchungen* von 1900/01, äußert sich Husserl genau zweimal zu Schopenhauer. In den *Prolegomena zur reinen Logik* dient dessen Ethik als Beispiel dafür, dass Ethik, von einer Kunstlehre getrennt, als normative Wissenschaft betrieben werden kann (vgl. Husserl 1975, § 15, 59). In einer Beilage zur *VI. Logi-*

schen Untersuchung, »Elemente einer phänomenologischen Aufklärung der Erkenntnis«, legt Husserl die in seinem voranstehenden Text behandelten Äquivokationen des Terminus ›Erscheinung‹ dar. Eine Mehrdeutigkeit besteht darin, dass die ›reellen Bestandstücke‹ bzw. Empfindungsgehalte (z. B. die momentanen perspektivischen Farbmomente) nicht terminologisch unterschieden werden von den ›erscheinenden Eigenschaften‹ (z. B. der zylindrischen Gestalt einer Tasse) innerhalb des Erlebnisses, das selbst wiederum auch ›Erscheinung‹ genannt werden kann (im Beispiel: die momentane Wahrnehmung der Tasse). Husserl bemerkt dazu, dass ›unkritische Erkenntnistheorie‹ diese Unterscheidungen ignoriere, so auch Autoren, »die es ablehnen würden, mit *Schopenhauer* zu sagen ›*die Welt ist meine Vorstellung*‹« (Husserl 1984, 763 f.; Hervorh. i. O.). Hier klingt eine Kritik am Vorstellungsbegriff an, die zwar allgemeine Gültigkeit besitzt (Vorstellungsakt und Vorgestelltes sind verschieden und daher zu unterscheiden), aber der Position Schopenhauers nicht ganz gerecht wird (s. u.).

Auch unter Husserls Schülern bzw. Schülerinnen und im engeren Kreis der frühen Phänomenologie findet Schopenhauer keine nennenswerte Beachtung. Edith Steins Arbeit zur Empathie etwa erwähnt Schopenhauer nicht einmal im Kontext von ›Wille und Leib‹ (vgl. Stein 2010, 72 ff.). Auch Martin Heidegger, dessen Existentialphilosophie Schopenhauer wahrscheinlich mehr verdankt als Heidegger zu erkennen gibt (darauf hat wiederholt Julian Young hingewiesen), diskutiert Schopenhauer nicht systematisch, verweist nur am Rande auf ihn (s. Kap. 39). Große, fast enthusiastische Zustimmung erfährt Schopenhauer vielleicht nur bei einem Autor, allerdings in einem eng begrenzten Kontext: Alfred Schütz stellt, im Rahmen seiner Betrachtungen zu Mozart, Schopenhauers Philosophie der Musik als »unübertroffen im modernen westlichen Denken« (Schütz 1976, 180) heraus; eine nähere Auseinandersetzung mit Schopenhauer bietet aber auch Schütz nicht. Roman Ingardens Ontologie des musikalischen Werks nimmt Schopenhauers Musikphilosophie nicht zur Kenntnis. Alexander Pfänder, der Schopenhauer als wichtigen denkerischen Anstoß seiner eigenen Entwicklung betrachtete, behandelt ihn kaum je in seinen veröffentlichten Werken. In seiner *Phänomenologie des Wollens* (1963) ›suspendiert‹ Pfänder zugunsten einer detaillierten Deskription des menschlichen Wollens allgemeinere Annahmen, die unmittelbar an Schopenhauer denken lassen (so das Wollen im Tier- und Pflanzenreich und der anorganischen Natur). Pfänder kritisiert auf Grundlage seiner feinkörnigen phänomenologischen Untersuchung dann Schopenhauers Auffassung, die Motivation sei die Kausalität von innen gesehen (vgl. G, § 43). Die (phänomenale) Verursachung eines Wollens könne unmöglich »etwas außerhalb des Ich-Zentrums Liegendes« sein, denn das Wollen sei (phänomenal) notwendig frei; Motive werden zwar ›bestimmend‹ für das Wollen, aber nur mittels jener Stützung aus dem Ich-Zentrum (vgl. Pfänder 1963, 148 f.).

Max Scheler

Deutlich mehr Erwähnungen und Hinweise auf Schopenhauer finden sich im Werk Max Schelers (s. auch Kap. 41). Dessen *Wesen und Formen der Sympathie* (1973) bietet zumindest eine, wenn auch nur wenige Seiten umfassende, Diskussion der Schopenhauerschen Mitleidslehre. Scheler unterstreicht zunächst die positive Rolle Schopenhauers für das psychologische und ethische Verständnis des Mitleids: Schopenhauer habe, entgegen Kant, die Bedeutung von Emotionen für die Ethik erkannt und berücksichtigt. Anderen neuzeitlichen Lehren sei er darin überlegen, das Mitleiden nicht als ein nur mittelbares Vorstellen, sondern ein »›unmittelbares‹ Teilnehmen am fremden Leiden« aufzufassen, und dem Mitleiden einen intentionalen Sinn zuzuweisen, indem es nicht auf einen lediglich kausalen reaktiven Zustand reduziert werde (ebd., 62). Auch eine Einheit der durch das Mitleiden verbundenen Lebewesen habe Schopenhauer richtig gesehen, aber bereits seine Deutung (der zugrunde liegende blinde Wille an sich) führe auf eine »grundlose Annahme« (ebd.). Die Verdienste Schopenhauers würden, so Scheler, weit überwogen von den Irrtümern: Die eigentliche Bedeutung sehe Schopenhauer im Leiden als solchem, gegenüber dem Mitfühlen, und damit erliege er geradezu einer Art ›Befriedigung‹ am fremden Leid. Indem das Leiden den ›Heilsweg‹ bilde, erhalte das Mitleiden überhaupt erst seinen Wert. Dabei stehe das Leiden als solches im Mittelpunkt, nicht die Linderung, die Erleichterung, weshalb Scheler sogar meint, die logische Konsequenz daraus müsste das absichtliche Vermehren von Leid sein, um möglichst viel Gelegenheit zu dessen Erlebnis zu geben (vgl. ebd., 62 f., 64). Schopenhauers Lehre verrate einen »wenn auch verhüllten Zug grausamer *Lust* am Leiden anderer« (ebd., 63), ihr liege ein »krankhafter Trieb niedergehenden Lebens zugrunde« (ebd., 65). Ferner werde nicht klar, worin der eigentliche sittliche Wert liege, wenn man wie Schopenhauer die

Identität der individuellen Lebewesen annehme, da sich ›Mit-leiden‹ und das darin motivierte Handeln dann letztlich auf ein Wesen beziehe, das ich selbst bin. Mitleiden werde so zum ›Schein‹ wie die raumzeitlichen Individuen nach Schopenhauers Lehre auch nur Schein seien (vgl. ebd., 66).

Entgegen Schelers eigenem kritischen Urteil zeigt Marie-Christine Beisel, dass dessen Verständnis von Mitleid »ganz in der Tradition Schopenhauers steht« (Beisel 2016, 78). Denn konstitutiv für Schelers wie bereits Schopenhauers Mitleidsbegriff ist, dass das Leiden des Anderen als das eines Anderen erkannt werde, ohne sich mit dem Anderen zu identifizieren (vgl. E (Lü), 568). Ein solcher Mitleidsbegriff, ohne verschleiernde Einfühlung mit dem Anderen, kann als Grundlage der Ethik dienen, und ist darüber hinaus anschlussfähig an aktuelle wissenschaftliche Ansätze der Ethikbegründung, insbesondere die Spiegelneuronentheorien (vgl. Beisel 2016).

José Ortega y Gasset

José Ortega y Gasset gehört nur im weitesten Sinn in den Umkreis der Phänomenologie. In seinem Werk finden sich annähernd ein Dutzend Stellen, an denen er Meinungen Schopenhauers kurz erörtert oder einfach einen Punkt mit Schopenhauers Position ausdrückt. Diese Erwähnungen bilden keine eingehende Auseinandersetzung mit dem Schopenhauerschen Denken. Trotzdem ist die Weise, in der Ortega Schopenhauer behandelt, aufschlussreich und für weite Teile der Philosophie seiner Zeit charakteristisch: Man kannte Schopenhauers Schriften, aber diskutierte sie nicht angemessen. Ortega betrachtet Schopenhauer primär als Voluntaristen und Pessimisten, der noch vor Wagner die Bedeutung der Musik überhöht, ja zum Ersatz für Religion gemacht habe (vgl. Ortega I, 240; auch II, 259). So rechnet Ortega Schopenhauer zu jenen Künstlern und Philosophen, die vom 19. Jahrhundert in das 20. hinübergeleitet haben. Dazu verweist er auch auf Schopenhauers Auffassung, der Intellekt sei in einem vorintellektuellen Bereich verankert, der für die Vitalität und vorrangige Bedeutung eines tätigen Lebens sorgt (vgl. Ortega I, 75 f.; ferner V, 355). Eine sehr kurze argumentative Auseinandersetzung mit Grundannahmen Schopenhauers findet im Rahmen von Betrachtungen zur »Entdeckung der Subjektivität« statt. Hier kritisiert Ortega, dass Schopenhauers Begriff der Vorstellung zu einem Solipsismus führe und an einer prinzipiellen Äquivokation leide: »Die Welt ist meine Vorstellung – wie der grobe Schopenhauer grobschlächtig sagt. Strenggenommen und eigentlich existiert nur der Vorstellende, der Denkende, der Bewusste: ich selber – me ipsum« (Ortega V, 437). »Schopenhauer verwechselt auf die elementarste Art und Weise in dem einen Wort ›Vorstellung‹ die zwei Partnerbegriffe, deren Verhältnis gerade erörtert werden sollte: das Denken und das Gedachte« (ebd., 468; s. u.).

Merleau-Ponty und die französische Phänomenologie

Im Rahmen der französischen Phänomenologie und Existenzphilosophie ist Schopenhauer ebenfalls nicht angemessen rezipiert worden. Dabei sind es gerade französische Denker wie Gabriel Marcel, Jean-Paul Sartre und Maurice Merleau-Ponty, die den Leib in seiner zentralen Bedeutung – nach Schopenhauer – (wieder)entdecken, allerdings ohne sich mit dessen Leibphilosophie adäquat auseinanderzusetzen, so etwa Gabriel Marcel im Rahmen seiner Untersuchungen zur inkarnierten Existenz, der Schopenhauer eher dort erwähnt, wo sich Dritte mit ihm beschäftigen, z. B. in seiner Darstellung der Philosophie von Josiah Royce. Neben der Leibthematik legen eine Reihe weiterer gemeinsamer Gegenstände und Sichtweisen eine Auseinandersetzung mit Schopenhauer nahe, die aber weitgehend noch aussteht: die Thematisierung der menschlichen Existenz und des Involviert-Seins des Philosophen in dessen originäre Fragestellungen, die nüchterne Sicht auf die Natur des Menschen, die Skepsis gegenüber der Vernunft und das Bestreiten eines der Welt gegenüber transzendenten Sinnes.

Wichtige Gründe, die dazu geführt haben dürften, dass Schopenhauer in der französischen Philosophie bis weit in die zweite Hälfte des 20. Jahrhunderts hinein vernachlässigt oder ignoriert wurde, dürften wohl die Folgenden bilden: Neben Théodule Ribots älterer (EA 1874), mehrmals aufgelegter Darstellung der Philosophie Schopenhauers, die letztere als eine ›demi-métaphysique‹ charakterisierte, und die wohl indirekt bis in unsere Tage nachgewirkt hat (vgl. Lefranc 2002, 13, 97), ist es der bis in die Generation der Lehrer von Sartre und Merleau-Ponty hinein dominante Neukantianismus, aber dann v. a. die Rezeption der Philosophien Hegels, Husserls und Heideggers, die das Klima der ›Generation der drei H‹ bestimmten, zu der neben Sartre und Merleau-Ponty auch Simone de Beauvoir, Jacques Lacan und Raymond Aron gehörten. Schopenhauer gerät angesichts der Dominanz der ›drei H‹ nicht ins Blickfeld.

Wohl die meisten sachlichen Anknüpfungspunkte an Schopenhauer bietet unter den französischen Phänomenologen Maurice Merleau-Ponty, indem beide Autoren nicht nur ein ausgeprägtes Interesse an der Natur besitzen, sondern das Verständnis des Leibs das Zentrum ihres Denkens bildet, so dass jeder der beiden in der ihm gewidmeten Forschungsliteratur als *der* Philosoph des Leibs betrachtet wird (vgl. Schmicking 2012, 118–122). Die wenigen Bemerkungen zu Schopenhauer, die sich bei Merleau-Ponty (in posthum veröffentlichten Vorlesungsnotizen) finden, lassen nicht erkennen, in welchem Maße sich letzterer mit Schopenhauer tatsächlich auseinandergesetzt hat. Die vielleicht ergiebigste Notiz lautet:

> »Schopenhauer, philosophe en marge – mais enfin en consonance avec (la) recherche de ›l'homme souterrain‹ – anticipe: Freud projection-introjection, sado-masochisme, instinct de mort – anticipe l'inter-subjectivité sartrienne: (le) monde comme représentation (est) pour autrui – (le) monde comme volonté (est) pour soi conséquent, co-responsable, assumant tout, se sacrifiant pour que l'extérieur soit... Certes, (c'est) mythe de la volonté, mais recherche en deçà de la représentation, lien intérieur avec autrui. (Les) philosophes académiques allemands négligent Schopenhauer [...]« (Merleau-Ponty 1996, 164 f.).

Diese Aussagen zeigen zumindest, dass der späte Merleau-Ponty Schopenhauers Nähe zum existentiellen Denken (der Hinweis auf Dostojewskis ›unterirdischen Menschen‹) und v. a. Vorwegnahmen wichtiger theoretischer Grundgedanken von Freud und Sartre gesehen hat. Die Willenslehre betrachtet er zwar als ›Mythos‹, aber auch als Untersuchung ›diesseits der Vorstellung‹, die offensichtlich auf ein ›inneres Band mit dem Anderen‹ führe. Merleau-Ponty mag also Schopenhauer bereits als Wegbereiter oder sogar Vertreter des Existenzialismus betrachtet haben. Zumindest in seinen veröffentlichten Werken und solchen, die kurz vor Abschluss zur Veröffentlichung standen, scheint er aber die Nähe zu Schopenhauer nicht als ausreichend empfunden zu haben, um ihn explizit zu behandeln, wobei er bemerkt, dass bereits die akademischen deutschen Philosophen Schopenhauer vernachlässigt hatten. Dass eine Nähe nicht nur seiner Leibphänomenologie (vgl. Merleau-Ponty 1966), sondern auch seiner Spätphilosophie zu Schopenhauer bestehe, hat jüngst Rudolf Bernet erklärt: »Auch Merleau-Pontys Spekulationen zu einer die menschlichen Leiber und die weltlichen Dinge miteinander verwebenden ›chair du monde‹ haben [...] ihren Vorläufer in Schopenhauers Lehre von einer pansomatischen Welt« (Bernet 2000, 170).

Anknüpfungspunkte, aktuelle Fragestellungen, Desiderate

Hier ist nicht der Ort für eine systematisch-vergleichende Studie zu Schopenhauer und der Phänomenologie. Wenige Punkte seien aber abschließend wenigstens erwähnt.

Oben ist bereits darauf hingewiesen worden, dass der bloße Vorwurf der Äquivokation in Schopenhauers Vorstellungsbegriff dessen Position nicht gerecht zu werden vermag. Diesbezüglich scheint sich eher eine interessante Ähnlichkeit zwischen Schopenhauer und der Phänomenologie abzuzeichnen: die zentrale Voraussetzung der notwendigen Korrelation von Bewusstsein und intentionalem Gegenstand (Husserl) bzw. die Untrennbarkeit von Subjekt und Objekt bei Schopenhauer. Letzterer betrachtet seine Philosophie gerade dadurch als dem subjektiven Idealismus ebenso wie dem Materialismus überlegen, dass er ›weder vom Subjekt noch vom Objekt‹ ausgehe, sondern von der ›Vorstellung‹, die die Interdependenz von Subjekt und Objekt voraussetze und die damit verbundenen Einseitigkeiten vermeide (vgl. W I, § 7). Ähnlich legt die Phänomenologie, ungeachtet Husserls späterer Eigeninterpretationen, die einen engen Anschluss an den deutschen Idealismus suggerieren, das Verhältnis von Subjektivität und Objektivität als einer ›Korrelation‹ zugrunde. Deskriptive Analysen sollen zum systematischen Verständnis aller wesensmöglichen Arten dieser Korrelation führen, so der Akte und Gegenstände der Wahrnehmung, kategorialen Anschauung, Erinnerung, Phantasie usw. sowie der Entwicklung (›Genese‹) aller subjektiven Leistungen auf Basis ihrer Fundierungsbeziehungen, um daraus die Konstitution der objektiven Gegenstandstypen zu klären. Solche Konvergenzen und Unterschiede der Schopenhauerschen und Husserlschen Auffassungen hinsichtlich Korrelation von Subjekt und Objekt (bzw. Gegenstand) hat Daniel Schmicking (2016, 31–40) näher untersucht.

Die Dualität von Leib und Körper, die Zusammenhänge von Leib, Emotionen, Vorstellung bzw. Bewusstsein und Intentionalität bilden für die Phänomenologie zentrale inhaltlich-systematische Anknüpfungspunkte an Schopenhauers Denken und die Schopenhauer-Forschung (vgl. auch Schmicking 2012; Schubbe 2012). Historische Analysen und Rekonstruktionen könnten eine inhaltliche Auseinandersetzung wesentlich unterstützen und anregen. Rudolf Bernet hat in den letzten Jahren, im Zusammenhang mit Grundlagenreflexionen der Psychoanalyse bzw. des Unbewussten, wiederholt auf die lohnende Auseinandersetzung mit Schopenhauers Philosophie verwiesen und exemplarische Studien hierzu vorgelegt (Bernet 1996, 2000 und 2005). Schopenhauers Analyse der Leiberfahrung sei »aus phänomenologischer Sicht ebenso bemerkenswert wie aus metaphysischer« (Bernet 2005, 115). Lust und Unlust bestimme Schopenhauer, ähnlich Freud und bereits Leibniz, als Gefühle, die die Selbstverwirklichung bzw. die Be- oder Verhinderung des leiblichen Triebs begleiten. Schopenhauer liefere auch eine »präzise und wertvolle Antwort« auf die Frage nach dem Verhältnis von unmittelbar erlebtem Leib und objektivem, physiologischem Körper: die Dualität unserer Erfahrung des Leibs als einer verstandesmäßigen Vorstellung und eines unmittelbaren Willensphänomens. Bernet betrachtet Schopenhauers Analysen dieser Dualität als »Legitimation oder eine transzendentale Deduktion unserer Erfahrung der Identität des libidinösen Leibs mit dem objektiven Körper«, mittels derer man überhaupt erst das Projekt einer philosophischen Begründung der Freudschen psychoanalytischen Theorien umreißen könne (ebd. 2005, 117 f.). Schopenhauer sei daher nicht bloß als ein Vorläufer Freuds zu betrachten, dessen Einsichten Freud dann systematisch entfaltet und wissenschaftlicher Bearbeitung zugänglich gemacht habe, sondern hier bei Schopenhauer (wie auch bei Leibniz) zeichnen sich bereits Fragen und Lösungsmöglichkeiten ab, die dazu beitragen, Freudsche Grundannahmen zu klären und plausibel zu machen (vgl. ebd., 118; s. Kap. 31).

Ähnlich heben Ferdinand Fellmann (2016) und Alina Noveanu (2016) in ihren vergleichenden Betrachtungen die Vorreiterrolle Schopenhauers hervor, dessen Leibverständnis demjenigen Husserls vorarbeitet. Als eine weitere Gemeinsamkeit Schopenhauers und Husserls charakterisiert Damir Smiljanić die konsequente Verpflichtung des Denkens von den Sachen her, in Verbindung mit der Problematisierung des Selbstverständlichen. Dabei ist Schopenhauers individualistisches Selbstdenken »ein esoterisches Unterfangen« (Smiljanić 2016, 19, 29), während Husserl mit der phänomenologischen Einstellungsänderung auf eine kooperative Arbeitsphilosophie abzielt.

Auf einen letzten Punkt sei abschließend noch verwiesen: Seit etwa zwei Jahrzehnten haben sich um die Un-/Möglichkeit einer Naturalisierung der Phänomenologie wichtige Debatten entwickelt, in deren Mittelpunkt das Verhältnis des objektiv wissenschaftlich erforschten Gehirns und Körpers zum subjektiven, phänomenalen Bewusstsein bzw. Erleben und Leib steht. Gerade hier könnte ein Blick auf die Lehre Schopenhauers wertvolle Anregungen liefern. Die Spannungen zwischen der transzendentalen und materialistischen Dimension des Schopenhauerschen Denkens und die resultierende Ambivalenz müssen nicht als Schwächen und Widersprüche betrachtet werden, sondern eher als Lösungsversuch, mit scheinbar inkompatiblen Perspektiven umzugehen. Eine solche konstruktive Lesart hat etwa Volker Spierling vorgeschlagen (vgl. Spierling 1998; zu verschiedenen Lesarten dieser Problematik s. Kap. 6.2). Phänomenologen und Kognitionswissenschaftler könnten die Möglichkeiten einer vermittelnden Erklärung sondieren, angeregt vom kooperativen Verhältnis der Perspektiven im Schopenhauerschen Denken. Dies würde auch dem methodischen Pluralismus (›mutual enlightenment‹, ›triangulation‹) entsprechen, für den viele Autoren heute plädieren (vgl. hierzu näher Schmicking 2016).

Die Auseinandersetzung mit Schopenhauers Philosophie erscheint für die Phänomenologie also interessant und lohnend, ist aber ein Desiderat geblieben. Philosophische Ideen und Erklärungen können indirekt, ohne explizit rezipiert zu werden, Einfluss auf spätere Philosophien haben. In welchem Maße Schopenhauers Denken einen solchen mittelbaren Einfluss auf die Phänomenologie ausgeübt haben mag, ist zumindest nicht an den wenigen Stellungnahmen der Phänomenologen selbst abzulesen. Um hierüber Klarheit zu erhalten, wären historische, exegetische Studien notwendig, darüber hinaus scheint eine systematische Auseinandersetzung im Hinblick auf die zuletzt angesprochenen Themen lohnend. Die Positionen der Phänomenologie und Schopenhauers gegenseitig durch ihre Perspektiven zu betrachten, würde vielleicht auch dazu führen, neue, wichtige Aspekte an ihnen zu erfassen, die traditionelle Interpretationen, darunter auch Selbstinterpretationen, tendenziell verdecken.

Literatur
Beisel, Marie-Christine: Scheler, Schopenhauer und die Spiegelneurone. In: Regehly/Schubbe 2016, 66–79.
Bernet, Rudolf: The Unconscious Between Representation and Drive. Freud, Husserl, and Schopenhauer. In: John J. Drummond/James G. Hart (Hg.): *The Truthful and The Good. Essays in Honor of Robert Sokolowski*. Dordrecht/Boston/London 1996, 81–95.
Bernet, Rudolf: Der Mensch als Wille und Vorstellung. In: Jürgen Trinks (Hg.): *Bewußtsein und Unbewußtes*. Wien 2000, 164–178.

Bernet, Rudolf: Trieb, Lust und Unlust. Versuch einer philosophischen Grundlegung psychoanalytischer Begriffe. In: Ulrike Kadi/Gerhard Unterthurner (Hg.): *sinn macht unbewusstes unbewusstes macht sinn*. Würzburg 2005, 102–118.

Brentano, Franz: *Psychologie vom empirischen Standpunkt*. Bd. II: *Von der Klassifikation der psychischen Phänomene* [²1925]. Hg. von Oskar Kraus. Hamburg 1971.

Fellmann, Ferdinand: Vom Cogito zur Lebenswelt. Drehkreuz Schopenhauer. In: Regehly/Schubbe 2016, 9–18.

Husserl, Edmund: *Logische Untersuchungen. Erster Band. Prolegomena zur reinen Logik* [1900] (= Husserliana, Bd. XVIII). Hg. von Elmar Holenstein. Den Haag 1975.

Husserl, Edmund: *Studien zur Arithmetik und Geometrie. Texte aus dem Nachlass* [1886–1901] (= Husserliana, Bd. XXI). Hg. von Ingeborg Strohmeyer. Den Haag 1983.

Husserl, Edmund: *Logische Untersuchungen. Zweiter Band. II. Teil. Untersuchungen zur Phänomenologie und Theorie der Erkenntnis* [1901] (= Husserliana, Bd. XIX/2). Hg. von Ursula Panzer. Den Haag 1984.

Lefranc, Jean: *Comprendre Schopenhauer*. Paris 2002.

Lenk, Kurt: Schopenhauer und Scheler. In: *Schopenhauer-Jahrbuch* 37 (1956), 55–66.

Merleau-Ponty, Maurice: *Phänomenologie der Wahrnehmung*. Übers. von Rudolf Boehm. Berlin 1966 (frz. 1945).

Merleau-Ponty, Maurice: *Notes des cours au Collège de France, 1958–1959 et 1960–1961*. Hg. von Stéphanie Ménasé. Paris 1996.

Noveanu, Alina: »Das Wunder schlechthin«. Vom Leibverständnis Schopenhauers zur analogischen Apperzeption in Husserls »V. Cartesische Meditation« – ein Gedankensprung. In: Regehly/Schubbe 2016, 46–65.

Ortega y Gasset, José: *Gesammelte Werke*. 6 Bde. Übers. von Helma Flessa u. a. Augsburg (span. 1950 ff.).

Pfänder, Alexander: *Phänomenologie des Wollens. Eine psychologische Analyse* [1900]. *Motive und Motivation* [1911]. München ³1963.

Regehly, Thomas/Daniel Schubbe (Hg.): *Schopenhauer und die Deutung der Existenz. Perspektiven auf Phänomenologie, Existenzphilosophie und Hermeneutik*. Stuttgart 2016.

Scheler, Max: *Wesen und Formen der Sympathie* [1913]. *Die Deutsche Philosophie der Gegenwart* [1922] (= Gesammelte Werke, Bd. 7). Hg. von Manfred S. Frings. Bern/München 1973.

Schmicking, Daniel: Schopenhauer und Merleau-Ponty – eine erste Annäherung. In: Matthias Koßler/Michael Jeske (Hg.): *Philosophie des Leibes. Die Anfänge bei Schopenhauer und Feuerbach*. Würzburg 2012, 107–147.

Schmicking, Daniel: Die Korrelationslehren Schopenhauers und Husserls – und was Schopenhauers Umgang mit Aporien für die gegenwärtigen Naturalisierungsdebatten leisten kann. In: Regehly/Schubbe 2016, 31–45.

Schubbe, Daniel: Schopenhauers verdeckende Entdeckung des Leibes – Anknüpfungspunkte an phänomenologische Beschreibungen der Leib-Körper-Differenz. In: Matthias Koßler/Michael Jeske: *Philosophie des Leibes. Die Anfänge bei Schopenhauer und Feuerbach*. Würzburg 2012, 83–105.

Schuhmann, Karl: *Husserl-Chronik. Denk- und Lebensweg Edmund Husserls*. Den Haag 1977.

Schütz, Alfred: Mozart and the Philosphers. In: Ders.: *Collected Papers*. Bd. II: *Studies in Social Theory*. Hg. von Arvid Brodersen. Den Haag 1976, 179–200.

Smiljanić, Damir: Wege zur Sache des Denkens. Schopenhauers Konzept des Selbstdenkens und die Einstellungsänderung in der Phänomenologie. In: Regehly/Schubbe 2016, 19–30.

Spiegelberg, Herbert, with collaboration of Karl Schuhmann: *The Phenomenological Movement: A Historical Introduction*. Dordrecht/Boston/London ³1994.

Spierling, Volker: *Arthur Schopenhauer. Eine Einführung in Leben und Werk*. Leipzig 1998.

Stein, Edith: *Zum Problem der Einfühlung* [1917]. Eingeführt und bearb. von Maria A. Sondermann. Freiburg/Basel/Wien ²2010.

Weimer, Wolfgang: *Schopenhauer*. Darmstadt 1982.

Daniel Schmicking

38 Analytische Philosophie

Die Analytische Philosophie ist eine im 20. Jahrhundert entstandene Richtung, im Grunde zunächst: Methode der Philosophie, welche der inhaltlichen Diskussion philosophischer Fragen eine Reflexion über die Sprache, in der sie diskutiert werden, voranstellt. Gezielt wird dabei nicht nur auf eine präzisere Formulierung der Fragestellung, sondern auch – und gerade – auf die Eliminierung von Thesen und ganzen Theorien, die ihre Existenz einer unzulänglichen, manchmal trügerischen Verwendung von Sprache verdanken. Dabei bilden die sprachanalytischen Philosophen keine geschlossene, klar abgegrenzte Schule. Ihren Ursprung hat diese Methode im sogenannten Wiener Kreis, und manche ihrer Anhänger kann man nur daran identifizieren, dass sie sich mehr oder weniger häufig dieser Methode bei ihrer Argumentation bedienen.

Die Fragen, denen ich mich dazu widmen möchte, sind die folgenden:
1. Gibt es für diese Methode einen Ansatz bereits in Schopenhauers Philosophie?
2. Beziehen sich namhafte Autoren der Analytischen Philosophie auf Schopenhauers Denken?
3. Lassen sich von der Analytischen Philosophie her spezielle Einwände gegen Schopenhauers Philosophie vorbringen?

Zu (1): Man kann feststellen, dass Schopenhauer, wenn er sich mit einem von ihm abgelehnten philosophischen Standpunkt seiner Zeitgenossen auseinandersetzt, oft bei der Behauptung ansetzt, hier werde ein Wort bzw. Begriff sinnwidrig gebraucht. Solche Fälle sind:

- gegen die Tradition seit Platon und Aristoteles gerichtet: »Substanz, Grund, Ursache, das Gute, die Vollkommenheit, Nothwendigkeit, Möglichkeit und gar viele andere« (W II, 46 f.),
- gegen Fichte gerichtet: »Handeln« (HN II, 352 f.) sowie der substantivierte Gebrauch von »Ich« (»eine von Fichte eingeführte und seitdem habilitirte Erschleichung«, P II, 40),
- gegen Kant, Schelling und Hegel: »das Absolute« (vgl. G, 154; W I, 321, 573 f. u. a.), »das Übersinnliche« (W I, 321),
- an vielen Stellen: »Gott« (vgl. HN I, 75; HN II, 338 f.; HN III, 344; HN IV (2), 5, 12),
- weiterhin die ideologisch motivierte Distanzierung des Menschen von den Tieren mittels des sprachlichen Kniffs, ihren uns ähnlichen Verhaltensweisen andere, pejorative Bezeichnungen zuzuordnen (vgl. G, 98; E, 239 f.).

Als Mittel gegen solche Verwirrungen empfiehlt Schopenhauer, indem er sich auf Locke beruft, eine »Untersuchung des *Ursprungs der Begriffe*« (W II, 47). Hierunter ist für ihn gemäß seiner Begriffstheorie – empirisch oder transzendental – die Anschauung zu verstehen. Werden demgemäß Worte auf ihren Ursprung in der Anschauung zurückgeführt, dann erledigt sich jeder Gebrauch von ihnen, welcher den Bereich möglicher Anschauung verlässt. Es ist – um Rudolf Carnaps berühmtes Beispiel aufzugreifen – als ob man das Wort »babig« verwendete, nur dass dabei, weil es *offensichtlich* undefiniert ist, das Problem deutlicher auffällt. Eine methodische Kritik der Verwendung von Begriffen gegen die Verwendungsregeln (Definition, Bezug auf Anschauung oder auf Verifikationsverfahren) ist also in Schopenhauers Denken angelegt, und in dieser Hinsicht berührt sich seine Philosophie mit der späteren Analytischen.

In einer explizit analytischen Methode sind zwei Schriften Schopenhauers verfasst: *Ueber die vierfache Wurzel des Satzes vom zureichenden Grunde* (ursprünglich seine Dissertation, später von ihm überarbeitet) sowie die erste seiner beiden Preisschriften »Preisschrift über die Freiheit des Willens«. In beiden Fällen geht er von einer Analyse des jeweils leitenden Begriffs (der Satz vom zureichenden Grunde, die Freiheit des Willens) aus, präzisiert dadurch die Fragestellung und differenziert mögliche Antworten: im einen Fall vier Arten von Grund-Folge-Beziehungen (logisch, empirisch, transzendental und metalogisch), im anderen Fall drei Arten von Freiheit (physische Freiheit, Willensfreiheit und intellektuelle Freiheit). Eingeschränkt wird diese analytische Herangehensweise in beiden Fällen durch die im Grunde metaphysische (s. u.) Annahme, dass die verschiedenen Beziehungen und Phänomene nicht zufällig, sondern aus einem sachhaltigen Grund durch dieselben Worte (›Grund‹, ›Freiheit‹) bezeichnet werden, dass die Phänomene mithin eines gemeinsamen Wesens sind.

Dass beide Schriften gleichwohl in ihrer Methode relativ modern sind, wird auch daran deutlich, dass sie auch von solchen neueren Philosophen herangezogen werden, die mit Schopenhauers Metaphysik wenig im Sinn haben. Dies erweist die prinzipielle Fruchtbarkeit einer philosophischen Begriffsanalyse.

Weiterhin hat Jens Lemanski darauf aufmerksam gemacht, dass Schopenhauer – allerdings an einer selten gewürdigten Stelle seines Werkes, nämlich in seinen Vorlesungen – im Ansatz eine Begriffstheorie vorstellt, welche der seit Wittgenstein in der Analytischen Philosophie verbreiteten Gebrauchstheorie der Bedeutung (»Die Bedeutung eines Wortes ist sein Gebrauch in der Sprache.«, s. u.) und auch dem Kontextprinzip Freges (»Nur im Zusammenhang eines Satzes bedeuten die Wörter etwas.«) sehr nahe kommt (VN I, 234 ff. (De), insbes. 245 f.). Will man diesen Gedanken im Sinne einer Gebrauchstheorie deuten (vgl. Lemanski 2016, 185 ff.), dann fällt allerdings auf, dass (1) diese Stelle im Werk Schopenhauers isoliert steht, dass es ihm (2) eigentlich um eine Sphärentheorie der zeitinvarianten Begriffe geht (für welche die Wörter zeitlich gebundene Zeichen der verschiedenen Sprachen sind) und dass er (3) explizit nur vom Erlernen einer Fremdsprache redet und dabei das Problem einer Übersetzbarkeit berührt – dass er hingegen auch den Erwerb der Muttersprache meint, müsste man ihm unterstellen, was man am ehesten dann tun wird, wenn man die Gebrauchstheorie bereits im Sinn hat. Ferner müsste man reflektieren, dass Schopenhauer in seinem Hauptwerk (W I, 46 ff., 275 ff.) eine Konzeption des Verhältnisses von Wörtern zu Begriffen und von Begriffen zu Ideen entwickelt, wobei der Begriff eine durch Abstraktion entstandene (nicht anschauliche: W I, 47) »unitas post rem«, die Idee »als adäquater Repräsentant des Begriffs [...] unitas ante rem« ist (W I, 276 f., ohne Entsprechung in den Vorlesungen); einige dieser Begriffe sind empirisch, andere, die reinen Begriffe, hingegen a priori (vgl. W II, 200), nämlich Grundlage einer reinen Vernunftwissenschaft (vgl. W I, 60). Dies läuft darauf hinaus, dass es Schopenhauer – ganz im Gegensatz zu Wittgenstein – nicht eigentlich um eine Gebrauchstheorie der Wörter geht, dass er vielmehr selbst dort, wo er dieses Konzept einmal berührt, kein zentrales Anliegen damit verbindet, sondern letztlich im Sinn hat, platonische und kantische Gedanken zur Ontologie und Transzendentalphilosophie mit einer an Ideen orientierten ästhetischen Theorie zusammenzuknüpfen.

Fraglich ist allerdings, ob einer der bekannteren Philosophen der analytischen Richtung, etwa Wittgenstein, davon überhaupt Kenntnis genommen hat; eine eindeutige Spur findet sich dazu nicht, auch nicht in Wittgensteins Werk; Lemanski muss sich letztlich mit dem Hinweis begnügen, dass Wittgenstein Schopenhauers Überlegung »hätte lesen können« (Lemanski 2016, 184; vgl. Schroeder 2012, 378).

Zu (2): Explizite Bezugnahmen von Philosophen der sprachanalytischen Richtung sind extrem selten. Man darf davon ausgehen, dass ihnen insbesondere Schopenhauers Metaphysik fremd war, dass sie befremdet waren von seiner Rede über den Willen als Ding an sich, als überzeitlich, als ein einziger usw. Dafür vor allem war seine Philosophie berühmt, von da aus hat man sich ihr in der Regel genähert. Sieht man von seinem Atheismus ab, so kann man sogar sagen, dass alles, was Schopenhauers eigentliches Anliegen ausmachte, sich nicht mit der wissenschaftstheoretischen, metaphysikkritischen Intention der Analytischen Philosophie berührte. Ethik wie Ästhetik, selbstverständlich auch die Metaphysik standen ihr unter dem Sinnlosigkeitsverdacht. In diese Richtung weist etwa die Darstellung Schopenhauers bei Moritz Schlick, dem Begründer des Wiener Kreises, der ihn nicht unter die »wahrhaft grossen Philosophen« rechnet (Schlick 2013, 336) und seine Philosophie als »Kunst, nicht Wissenschaft« ansieht (ebd., 406 f.); dies mache »aesthet[ischen] Wert aus, nicht Wahrheitswert« (ebd., 367) und ergebe »keine großen neuen wissenschaft[lichen] Wahrheiten. Aber zahllose wahre [und] tiefe Einzelbeobacht[un]gen« (ebd., 445).

Allenfalls wurde Schopenhauer innerhalb der philosophischen Diskussion als Kronzeuge gegen Hegel zitiert (so von Karl R. Popper, soweit man ihn zu den Analytikern rechnen darf (bspw. 1970, Bd. II, 43–66), und Bertrand Russell). Eine, allerdings berühmte, Ausnahme bildet Ludwig Wittgenstein. Es lässt sich zeigen, dass er vor allem in seiner Jugend und seinem Frühwerk von dessen Werk stark beeindruckt war (vgl. Weiner 1992, 9 ff.; Glock 1999, 422 f.; Schroeder 2012, 367 ff.). Dies manifestiert sich einerseits in der Konzeption seines *Tractatus logico-philosophicus* (TLP), andererseits in bestimmten Fragen, die Leitthemen seines Werkes ausmachen, welche von Schopenhauer ausgehen (manchmal auf Randthemen von dessen Werk bezogen) und sich bis in das Spätwerk (*Philosophische Untersuchungen*, PU) durchhalten. Man muss dabei freilich feststellen, dass Wittgenstein dort, wo er sich auf Schopenhauer bezieht (vgl. z. B. PU, 611), meist dessen Namen nicht erwähnt; die Beziehung erfordert daher eine nähere Interpretation.

Wittgensteins Anliegen im TLP besteht darin, den Bereich des präzise d. h. wissenschaftlich Sagbaren (Sinnvollen) zu charakterisieren und vom Unsagbaren (Sinnlosen) abzugrenzen, zu welch letzterem Bereich für ihn Ethik und vor allem Religion gehören. Dabei ist er sich bewusst, dass gerade in diesen Bereich des Unsagbaren unsere eigentlichen Lebensanliegen fallen (vgl. TLP, 6.52). Dies entspricht Schopenhauers Tendenz, sein Hauptwerk daraufhin zu konzipieren, dass die Welt als Wille und Vorstellung dasjenige ist, innerhalb dessen wir wollend leben und erkennen, dass aber diese Welt etwas ist, von dem sich der einsichtig gewordene Wille abwendet, um sich etwas zuzuwenden, das dem auf die Welt des Wollens und Vorstellens beschränkten Erkenntnisvermögen als Nichts gilt (vgl. W I, 487). Nichts ist also darüber zu sagen – obgleich es alles andere als unbedeutend ist. »Wovon man nicht sprechen kann, darüber muß man schweigen« (TLP, 7). Genau dort aber liegen »unsere Lebensprobleme« (TLP, 6.52), und dort liegt für Schopenhauer »jener Friede, der höher ist als alle Vernunft« (W I, 486; vgl. Lange 1989, 9 ff.)

Als ein Belegfall für den anderen Aspekt, den der Inspiration Wittgensteins durch ein Randthema Schopenhauers, mag das Problem des Solipsismus dienen (vgl. Lange 1989, 89 ff.). Schopenhauer, der diesen Terminus nicht kennt, verwendet dafür im Rahmen der Darlegung seines transzendentalen Idealismus die Bezeichnung »theoretischer Egoismus«, und zwar an zwei Stellen seines Werkes (W I, 124; W II, 216). Das Problem ist folgendes: Wenn wir vom Phänomen des Bewusstseins ausgehen (als etwas zweifelsfrei Gegebenes), dann ist dieses Bewusstsein subjektiv und die Realität der Außenwelt zweifelhaft. Diese Möglichkeit erklärt Schopenhauer für unwiderleglich, aber in den Wahnsinn führend – hieße dies doch, dass nur ich selbst zweifelsfrei existiere (da ich nur mein eigenes Bewusstsein unmittelbar kenne), alles andere (die Mitmenschen, die Welt: über die möglicherweise täuschenden Wahrnehmungsakte meines Bewusstseins) entweder fragwürdig oder gar überhaupt nicht existent wäre. Dieser Gedanke einer völlig isolierten, gleichsam die Welt phantasierenden Existenz hat etwas Beunruhigendes. Er hat um 1900 Karriere gemacht (Otto Weininger u. a.) und anscheinend bei Wittgenstein erhebliche Ängste ausgelöst (vgl. Glock 1999, 443 ff.; Schroeder 2012, 368 ff.). Denkt man das Problem von der Funktionsweise der Sprache her, also im Rahmen der Analytischen Philosophie, dann verwendet Schopenhauer ein traditionelles Sprachmodell, indem er von der Subjektivität von Bewusstseinsakten ausgeht, welche sich mitteilbar machen durch Zuordnung von wahrnehmbaren Zeichen als Bedeutungsträger (Worte, Gesten etc.). Diesen vom kommunizierenden Subjekt geäußerten Zeichen muss der Rezipient, um die Bedeutungen zu verstehen, seinerseits Bewusstseinszustände zuordnen – von denen er aber unmöglich sagen kann, ob es die gleichen bzw. analoge Zustände sind wie beim Sprecher. Denn um dies beurteilen zu können, müsste er über einen unmittelbaren Zugang nicht nur zu den eigenen Bewusstseinszuständen verfügen, sondern auch zu denen des Sprechers, mit dem Zweck des Vergleichs

nämlich. Dies ist aber unter der Prämisse der Privatheit von Bewusstseinsinhalten unmöglich. Wittgenstein, der in seiner frühen Philosophie dieses Problem nicht hatte systematisch bewältigen können, verwendet in seinem Spätwerk zu dessen Lösung und bezogen auf das Beispiel der Aussage »Ich habe Schmerzen« sein Käfer-Gleichnis (vgl. PU, 293). Es ist, als ob wir alle etwas in einer Schachtel hätten, das wir »Käfer« nennen, ohne dass irgendjemand in die Schachtel (d. h. das Bewusstsein) des anderen schauen könnte. Woher sollen wir wissen, ob wir alle das Gleiche mit »Käfer« (bzw. »Schmerz«) meinen? Was hierdurch elementar gefährdet ist, ist das Verstehen anderer Menschen, sofern es Bedeutungen sind, die verstanden werden müssten, Bedeutungen aber durch eine Beziehung auf etwas Privates, von außen Unzugängliches (Bewusstseinsinhalte) festgelegt werden. Schopenhauer erkennt die Schwierigkeit, die seiner metaphysischen Deutung des Willens (der eben nicht nur auf den im Selbstbewusstsein zugänglichen eigenen Willen beschränkt sein soll) im Wege steht, und will sie durch den um 1900 viel diskutierten Analogieschluss lösen – eine logisch sehr fragwürdige, weil nur auf einem einzigen belegbaren Fall (ich selbst) beruhende Schlussfolgerung (vgl. W I, 118 ff.). Wittgensteins Lösung, der Metaphysik und speziell einer metaphysischen Deutung des Willens gegenüber ablehnend eingestellt (ein großer Unterschied zu Schopenhauer, vgl. Glock 1999, 449 ff.), ist vielmehr auf das Verstehensproblem bezogen und besteht in einer neuen Konzeption von Sprache und Bedeutung, die an der Verwendung von Sprache als Lebensform, d. h. als Interaktion von Menschen, orientiert ist; dabei kann der »Käfer« (der Bewusstseinsinhalt) »gekürzt werden; es hebt sich weg, was immer es ist« (PU, 293). Wir verstehen einander, wenn wir miteinander handeln und dabei Sprache gebrauchen; so lehren, lernen und korrigieren wir auch Sprachgebrauch, ohne auf Bewusstseinsinhalte anderer Bezug zu nehmen. Weil wir alle nur in dieser Weise Sprache, die Bedeutung von Sprechakten gelernt haben, muss deren Bedeutung auch hierauf beschränkt sein.

Diese Aneignung von Schopenhauers Gedanken durch eine intelligente, mitdenkende, kreative Lektüre ist sicherlich das Beste, was einem Autor, der sich nicht mit schülerhafter Zustimmung zufriedengibt, widerfahren kann. Sie ist Schopenhauer durch Wittgenstein zuteil geworden. Wie bereits gesagt, kann man allerdings fragen, ob nicht sogar Schopenhauer selbst auf den Gedanken gekommen ist, dass Wörter ihre Bedeutung aus ihrem Gebrauch im Zusammenhang mit ihrer Verwendung beim Sprechen, mithin in Sätzen, erhalten. Das darauf bezogene Zitat lautet:

> »Darum lernt man nicht den wahren Werth der Wörter einer fremden [sic!] Sprache durch das Lexikon, sondern erst *ex usu*, durch Lesen bei Alten Sprachen und durch sprechen, Aufenthalt im Lande, bei neuen Sprachen: nämlich erst aus dem verschiednen Zusammenhang in dem man das Wort findet abstrahirt man sich dessen wahre Bedeutung, findet den Begriff aus, den das Wort bezeichnet« (VN I, 246 (De)).

Dies zu rekonstruieren, ist hier nicht der Platz. Wenn man Schopenhauers Werk als ein Gesamtkonzept versteht (den berühmten »einzigen Gedanken« (W I, VII)), dann mag man wohl zu einem anderen Verständnis gelangen, als wenn man sich durch einzelne Textstellen angeregt fühlt; letzteres mag der Herangehensweise Wittgensteins mehr entsprechen, doch es ist – wie gesagt – sehr zweifelhaft, ob er diese betreffende Schopenhauer-Stelle gekannt hat, und noch zweifelhafter, dass er dadurch zu seinem eigenen Verständnis von Sprache angeregt worden sei.

Zu (3): Es wurde bereits festgestellt, dass Schopenhauers Willensmetaphysik und (Mitleids-)Ethik dem Ansatz der Analytischen Philosophie fremd ist. Deren Methodik führt vielmehr dazu, viele Themen der traditionellen Philosophie als sprachliche Regelverstöße zu eliminieren – was besonders deutlich in Wittgensteins Fall als Therapie aufgefasst wird: als Versuch nämlich, das Denken von falsch gestellten und deshalb unlösbaren Fragen zu befreien und so »der Fliege den Ausweg aus dem Fliegenglas [zu] zeigen« (PU, 309).

Wenn man Schopenhauers »einzigen Gedanken« (W I, VII), ausgehend von »die Welt ist die Selbsterkenntniß des Willens« (W I, 485; s. Kap. 6.2), folgendermaßen zerlegt:
1. Es gibt eine Selbsterkenntnis.
2. Inhalt dieser Selbsterkenntnis ist der Wille.
3. Dieser Wille ist zugleich das Wesen der Welt.
4. Der Grundzug des Willens ist Leiden.
5. Dieses Leiden kann in Stufen aufgehoben werden.
6. Da die Welt wesentlich Wille ist, bedeutet diese Aufhebung zugleich eine Aufhebung der Welt (vgl. Weimer 1995, 17),

dann wird deutlich, dass Schopenhauer in der Tat – und zwar fundamental für sein Werk – auf eine metaphysische Annahme zielt, deren Struktur empfindlich ist für eine jede Metaphysikkritik, wie sie mit der Analytischen Philosophie in der Regel verbunden ist. Diese setzt bei Wittgenstein (vgl. PU, 65 ff.) mit einer Analyse des Sprachspiels, d. h. der Sprache als »Teil [...] einer Tätigkeit, oder einer Lebensform« (PU, 23), am Beispiel des Begriffs »Spiel« ein. Was dabei herauskommt, ist eine Destruktion der platonischen Annahme, wo immer man *ein* Wort für verschiedene Gegenstände gebrauche, müsse diesen Gegenständen etwas Wesentliches (eine *Idee*) gemeinsam sein, da man sie andernfalls nicht mit diesem *einen* Wort bezeichnen würde. Diese Annahme begründet die Metaphysik (sie führt zu Platons Ideenlehre), und sie ist laut Wittgensteins Argumentation falsch. Es ist nicht allen diesen Gegenständen etwas gemeinsam, *weil* sie mit einer Bezeichnung benannt werden; so funktioniert Sprache nicht, da sie vielmehr Phänomene nach der Art von »Familienähnlichkeiten« sortiert (PU, 67), ein Begriff, den Wittgenstein möglicherweise von Schopenhauer übernommen hat (vgl. W I, 115), ohne dass der damit eine philosophische Theorie verbunden hätte (vgl. Schroeder 2012, 378): Das Phänomen 1 hat etwas mit Phänomen 2 gemeinsam, aber *etwas anderes* mit Phänomen 3, während Phänomen 3 vielleicht etwas mit Phänomen 2 gemeinsam hat, das Phänomen 1 gar nicht zukommt. Die Nase, die Ohren, die Augenfarbe, die Fußstellung usw. Wir gelangen so zu einem Set von Eigenschaften, aus dem jedes Phänomen der bezeichneten Klasse einige, aber nicht alle besitzen muss, um zu dieser Klasse zu gehören. Man kann sich das bei der Bestimmung des Wesens (platonisch: der Idee) ›des‹ Menschen verdeutlichen: Einige Menschen sind vernunftbegabt (andere nicht), einige haben einen aufrechten Gang (andere können gar nicht gehen), einige besitzen eine bestimmte Gestalt (während andere ›missgebildet‹ sind), viele können sprechen (andere können es noch nicht oder lernen es nie); von einem Menschen sprechen wir dann, wenn er *einige* dieser Eigenschaften besitzt.

Wenn man diese Einsicht auf Schopenhauers Willensbegriff anwendet (und natürlich auch auf seine gesamte Ideenlehre), wird deutlich, dass sein Begriff des Willens eine Identität suggeriert, sie gar auf nichtmenschliche Lebewesen und auf die anorganische Natur ausdehnt, wo von vornherein nur eine »Familienähnlichkeit« bestehen mag. Diese betrifft zudem den Sprachgebrauch und gibt keine Rechtfertigung zur Annahme einer metaphysischen Entität. Wir sprechen so, indem wir Sprache innerhalb unserer Lebensform benutzen, und wir sprechen so aufgrund gewisser Verwandtschaften in den Phänomenen, die wir jedenfalls als Verwandtschaften *deuten* (vgl. Glock 1999, 449 ff.; Schroeder 2012, 375 ff.).

Daneben gibt es weitere Diskussionen im Rahmen der Analytischen Philosophie, welche Schopenhauers Annahmen betreffen (Sind wir aufgrund unseres Sprachgebrauchs dazu gezwungen, ein Bewusstsein anzunehmen, eine Gewissheit in manchen Aussagen, eine Freiheit des Willens? usw.), die aber dem genannten zentralen Einwand untergeordnet sind: Eine Deutung der gesamten Welt als Wille im Ausgang von bestimmten, vereinfachten und vereinheitlichten Gegebenheiten meines Selbstbewusstseins ist schwerlich zu rechtfertigen.

Schopenhauer, so kann man zusammenfassen, ist im Lichte der Analytischen Philosophie stark dort, wo er – wie diese auch – den philosophischen Sprachgebrauch von der ursprünglichen Umgangssprache her kritisiert; er ist schwach, wo er sich selbst von dieser Sprache entfernt und zu einer Gesamtdeutung der Welt ansetzt, deren Sprachgebrauch selber zu einem künstlich-philosophischen mutiert ist, selbst wenn Schopenhauer bemüht ist, seinen Ausgangspunkt bei einem ganz alltäglichen Begriff zu nehmen: dem Willen eben. Damit dieser das tragen kann, was er tragen soll – eine Metaphysik –, muss Schopenhauer eine Grenze überschreiten, bei der ihm sprachanalytische Philosophen nicht folgen werden. Schopenhauer allerdings von diesem metaphysischen ›Ballast‹ zu befreien und in seinem Denken primär eine deskriptiv-empirisch-rationalistische Intention zu sehen (vgl. Lemanski 2016, 180 f.), würde sein Werk eines wesentlichen Anliegens berauben: »Quietiv des Willens« zu werden, »wahre Resignation« zu befördern und »Weg zur Erlösung« zu sein (W I, 469). Es ist auffallend und ohne die Intention auf eine Erlösung hin schwer zu erklären, wie Schopenhauers Hauptwerk auf ein einziges Wort hin konzipiert ist – das Ziel seiner Philosophie wie des Lebens: »Nichts« (W I, 487; zur Diskussion dieses Standpunkts s. Kap. 6.2).

Wie fern oder wie nah diesem Anliegen Wittgenstein persönlich steht (der frühe Wittgenstein zumindest richtet sein Werk in auffallend analoger Weise ebenfalls auf *ein* letztes Wort hin aus: »schweigen«; TLP 7), ist eine Frage für sich – einen metaphysischen Weg ist er dabei gewiss nicht gegangen. Da allerdings auch philosophische Modelle Beliebtheits-Zyklen unterliegen, ist über die Metaphysik das letzte Wort nicht gesprochen.

Literatur

Birnbacher, Dieter: *Schopenhauer*. Stuttgart 2009.

Carnap, Rudolf: Überwindung der Metaphysik durch logische Analyse der Sprache [1931]. In: Georg Jánoska/Frank Kauz (Hg.): *Metapyhsik*. Darmstadt 1977, 51–78 (Nachdr.).

Glock, Hans-Joachim: Schopenhauer and Wittgenstein. Language as Representation and Will. In: Christopher Janaway (Hg.): *The Cambridge Companion to Schopenhauer*. Cambridge 1999, 422–459.

Engel, S. Morris: Schopenhauer's Impact on Wittgenstein. In: Michael Fox (Hg.): *Schopenhauer – His Philosophical Achievement*. Brighton/Totowa 1980, 236–254.

Lange, Ernst Michael: *Wittgenstein und Schopenhauer*. Cuxhaven 1989.

Lemanski, Jens: Schopenhauers Gebrauchstheorie der Bedeutung und das Kontextprinzip. Eine Parallele zu Wittgensteins *Philosophischen Untersuchungen*. In: *Schopenhauer-Jahrbuch* 97 (2016), 171–195.

Popper, Karl R.: *Die offene Gesellschaft und ihre Feinde*. 2 Bde. Bern/München ²1970.

Schlick, Moritz: Arthur Schopenhauer (Vorlesung). In: Ders.: *Kritische Gesamtausgabe*. Abt. II, Bd. 5.1: *Nachgelassene Schriften*. Hg. von Mathias Iven. Dordrecht/Heidelberg/London/New York 2013, 363–449.

Schroeder, Severin: Schopenhauer's Influence on Wittgenstein. In: Bart Vandenabeele (Hg.): *A Companion to Schopenhauer*. Oxford 2012, 367–384.

Weimer, Wolfgang: Ist eine Deutung der Welt als Wille und Vorstellung heute noch möglich? Schopenhauer nach der Sprachanalytischen Philosophie. In: *Schopenhauer-Jahrbuch* 76 (1995), 11–51.

Weiner, David Avraham: *Genius and Talent. Schopenhauer's Influence on Wittgenstein's Early Philosophy*. London/Toronto 1992.

Wittgenstein, Ludwig: *Tractatus logico-philosophicus*; *Philosophische Untersuchungen*. In: Ders.: *Schriften 1*. Frankfurt a. M. ⁴1980.

Wolfgang Weimer

39 Existenzphilosophie

Die Aufgabe, das Verhältnis Schopenhauers zur Existenzphilosophie zu klären, ist detektivischer Art: Sie versucht etwas nachzuweisen, das von den Protagonisten eher geleugnet wird. Anders als bei ›Lebensphilosophen‹ wie Bergson (s. Kap. 33) oder Simmel (s. Kap. 32) finden sich bei Autoren wie Karl Jaspers, Martin Heidegger, Jean-Paul Sartre oder Albert Camus nur wenige ausdrückliche Bezugnahmen auf Schopenhauer – und wenn, dann eher in polemisch-kritischer Abgrenzung als zustimmend.

Auch wenn ein direkter Einfluss Schopenhauers auf die genannten Autoren kaum nachzuweisen ist, so lässt den wohlwollenden Interpreten dennoch der Eindruck nicht los, dass zu dem hier aufgeworfenen Themenbereich mehr zu sagen ist, als eingeräumt wird. Daher hat Arthur Hübscher vermutlich Recht, wenn er Schopenhauers Verhältnis zur Existenzphilosophie als eines der »merkwürdigsten und dunkelsten Kapitel in der Wirkungsgeschichte Schopenhauers« versteht (Hübscher 1962, 3; vgl. auch Schirmacher 1984, 28). Allgemein scheint sich abzuzeichnen, dass die genannten Existenzphilosophen Schopenhauer nicht gründlich genug gelesen haben oder lesen wollten, um die Verschiebungen im Selbstverständnis der Philosophie und ihrer Methoden, die sich bei Schopenhauer abzuzeichnen beginnen aber letztlich durch Kierkegaard, Nietzsche oder Dilthey fruchtbar werden, zur Kenntnis zu nehmen.

Im Folgenden soll für die Frage nach Schopenhauers Verhältnis zur Existenzphilosophie anhand von zwei Aspekten eine Orientierung angeboten werden: Zum einen werden allgemeine thematische Parallelen skizziert, zum anderen (mögliche) Bezüge einzelner Autoren zu Schopenhauer aufgezeigt. Aufgrund der gebotenen Kürze sollen dabei exemplarisch Jaspers, Heidegger, Sartre und Camus im Vordergrund stehen. Søren Kierkegaard, der in dieser Hinsicht auch zu thematisieren wäre, wird nicht behandelt, da ihm in diesem Handbuch ein eigenes Kapitel gewidmet ist (s. Kap. 26). Hinweise zu Gabriel Marcel und José Ortega y Gasset finden sich ebenfalls an anderer Stelle (s. Kap. 37).

Noch eine Bemerkung in methodischer Hinsicht: Sicherlich ist es überhaupt problematisch, die genannten Autoren einheitlich unter dem Titel ›Existenzphilosophie‹ abzuhandeln. Jaspers hat den Titel ›Existenzphilosophie‹ nur eingeschränkt für sein Werk gelten lassen wollen, Heidegger hat diesen sogar abgelehnt. Für Autoren wie Sartre und Camus hat sich schließlich mit dem Stichwort ›Existenzialismus‹ eine weitere Namenskategorie etabliert, auch wenn Camus diese für sich ablehnte und auch Sartre dieser nicht uneingeschränkt offen gegenüber stand. Wenn hier vereinheitlichend von Autoren ›der Existenzphilosophie‹ gesprochen wird, so sollen die Differenzen und Spannungen zwischen Existenzphilosophie, Existenzialismus, Existenzialphilosophie und Philosophie der Absurdität nicht geleugnet, aber hinsichtlich des ins Auge gefassten Überblicks zurückgestellt werden.

Thematische Parallelen

In der Schopenhauer-Forschung werden unterschiedliche Parallelen der Philosophie Schopenhauers zur Existenzphilosophie zur Diskussion gestellt. Diese lassen sich grob in drei Bereiche einteilen:

1) Ein erster Bereich ist dadurch gekennzeichnet, dass Parallelen in einzelnen Themen bis hin zur Terminologie (z. B. »Geworfenheit«, vgl. Hübscher 1962, 3; Schirmacher 1984, 28) gesehen werden: Thematische Parallelen sind dann beispielsweise die Betonung der Sorgestruktur des Daseins (vgl. Möbuß 2015, Bd. 1, 146 ff.), die Hervorhebung der Gegenwart (vgl. Hübscher 1962), die Konzentration auf den ›bloßen‹ Menschen, dessen Wesen nicht mehr in seiner Geistigkeit gesehen wird, der Ausgang vom konkreten Leben (vgl. Diemer 1962; mit Blick auf Franz Rosenzweig: Möbuß 2015, Bd. 1, 123–132), der Ablehnung des Selbstmords als Flucht (vgl. Diemer 1962) und der Rolle der Verantwortung und Moral (vgl. Möbuß 2015, Bd. 1, 160 ff.; Möbuß 2016, 101 ff.). Problematischer nimmt sich der Versuch aus, Parallelen über die Bedeutsamkeit der Individualität zu erarbeiten (vgl. Thyssen 1960/61; Barth 1962; Diemer 1962, 35 ff.). Dies liegt vor allem daran, dass Schopenhauer das Thema ›Individualität‹ in seiner Philosophie letztlich selbst als unergründet herausstellt: Auf der einen Seite verortet er diese über die Bestimmung von Raum und Zeit als *principium individuationis* ganz im Bereich der Welt als Vorstellung, auf der anderen Seite wird der individuelle Charakter des Menschen auch als eine jeweils einzelne Idee verstanden. Deutlich wird sein Selbstzweifel ob des von ihm vertretenen Verständnisses der Individualität u. a. an einer Stelle der *Parerga und Paralipomena*, wo es heißt, dass »die Individualität nicht allein auf dem principio individuationis beruht und daher nicht durch und durch bloße Erscheinung ist; [...]. Wie tief nun aber hier ihre Wurzeln gehn, ge-

hört zu den Fragen, deren Beantwortung ich nicht unternehme« (P II, 206 (Lü); vgl. u. a. Barth 1962; Schubbe 2010, 188, wo sich auch weitere Literaturangaben zu diesem Thema finden).

2) Der zweite Bereich betrifft die »Gestimmtheit« des Denkens. So wird eine weitere Parallele darin gesehen, dass das menschliche Dasein sowohl bei Schopenhauer als auch in der Existenzphilosophie negativ gesehen werde: »Menschsein heißt Geworfensein in die irrationale Faktizität des Daß, des Jetzt und Hier. Um es herum ist nur das weite dunkle Meer der Sinnlosigkeit, der Nichthaftigkeit und der Absurdität, die sich in der Lebens- und Todesangst bekundet, und die letztlich im Ausgeliefertsein an den Tod kulminiert« (Diemer 1962, 30; vgl. Salaquarda 2007a, 165 f.). Allerdings wäre diese Einschätzung allein genommen nicht ohne weiteres zustimmungsfähig. Die Rollen der Angst, Sorge oder auch der Grenzsituationen, die von den Existenzphilosophen angeführt werden, sind doch erheblich differenzierter zu bestimmen als dies eine einfache Parallelisierung mit Schopenhauers angeblichem Pessimismus leisten könnte (vgl. Thyssen 1960/61; Schirmacher 1984). Ähnliches gilt auch für die »erlösenden« Momente, deren Parallelen durch ein »metaphysisches Umgreifendes, die Kunst oder die menschliche Mitwelt« (Diemer 1962, 38) umrissen sind, denn letztlich sind das existentielle Engagement der Existenzphilosophie und Schopenhauers Verneinung des Willens zum Leben doch in getrennten Welten zu Hause (vgl. auch Müller-Lauter 1993, 120).

3) Ein dritter Bereich bezieht sich auf das Selbstverständnis des Philosophierens, das sich nach Susanne Möbuß bei Schopenhauer derart verschiebt, dass die konkrete kontingente Existenz als Aufgabe gesehen wird (vgl. Möbuß 2015, Bd. 1, 123–174; 2016). Schopenhauers Verständnis der Erfahrung und Einsicht sowie seine Konzeption des Begrifflichen ermöglichen eine Thematisierung der »existentiellen Situation« (Möbuß 2015, Bd. 1, 173).

Als Differenz zwischen Schopenhauer und der Existenzphilosophie wird hingegen seine Systemorientierung und die Ausrichtung auf eine allgemeingültige »Wahrheit« gesehen. Ein Systemdenken scheint sich mit dem Anspruch existentiellen Denkens ebenso wenig zu vertragen (vgl. Holm 1962, 6) wie Schopenhauers Blick auf »allgemeine, zeitlose Wahrheiten und Werte« (Hübscher 1962, 4).

Karl Jaspers

Jaspers' Auseinandersetzungen mit Schopenhauer sind spärlich. Bis auf eine Abhandlung zu dessen 100. Todestag 1960 finden sich keine längeren Texte, die allein Schopenhauer gewidmet sind. Auch in der Jaspers- oder Schopenhauer-Forschung finden sich nur wenige Bemühungen, sich mit dem Verhältnis der beiden Denker auseinanderzusetzen (zu den seltenen Fällen gehören Schirmacher 1984, 29 ff.; Salaquarda 2007; Schubbe 2009). Indessen ist Jörg Salaquarda sicherlich zuzustimmen, dass der, der sich »mit beiden Denkern beschäftigt, [...] nicht umhin [kann], sich zu wundern, daß Jaspers Schopenhauer so konsequent übergangen bzw. ihn so schroff zurückgewiesen hat« (Salaquarda 2007, 106).

Wer bei Jaspers nach Schopenhauer sucht, der findet vor allem polemische Äußerungen. So berichtet beispielsweise Rolf Hochhuth:

> »Jaspers lobte Schopenhauer zunächst mit einem Sarkasmus, daß man sich genierte, so an ihm zu hängen; schließlich sagte er: ›Er bleibt natürlich eine immer noch sozusagen amüsante Lektüre – aber wodurch wirkte er denn? Durch politische Verantwortungslosigkeit, durch seine Verachtung des Menschen, des Lebens, der Geschichte, des Staates, von dem er aber seine lebenslängliche Rente gegen Revolutionäre geschützt haben wollte – sein Bild der Welt verpflichtet zu gar nichts, jedes Tier stand ihm näher als jeder Mensch‹« (Hochhuth 1987, 223).

– Amüsante Lektüre? Man wird einen Philosophen mit systematischem Anspruch kaum stärker provozieren können. In seiner *Einführung in die Philosophie* warnt Jaspers sogar davor, sich von »fesselnder Lektüre hinreißen zu lassen, so etwa von Schopenhauer oder Nietzsche« (Jaspers 2005, 128). Anerkennung in philosophisch-systematischer Hinsicht finden nur wenige Punkte wie z. B. die Herausstellung der Subjekt-Objekt-Spaltung (vgl. ebd., 25). Dort, wo sich Jaspers Schopenhauer widmet, prasselt die Kritik meist nur so nieder. Für Jaspers verbirgt sich hinter der vermeintlichen »Klarheit« Schopenhauers nur eine »Verwirrung des Existentiellen«. Schopenhauer öffnete »die Schleusen für die Verführung durch beliebige Subjektivitäten und vermeintlich befreiende Fanatismen, durch den Kult des Unbewußten, durch die Psychologisierung der Welt. Er war beteiligt an der Erzeugung jener chaotischen Modernität, deren Überwindung die gigantische Aufgabe moderner Vernunft ist«

(Jaspers 1968, 295). Jaspers versteht Schopenhauers Philosophie letztlich als »Ausdeutung [...] der Emotion eines verstimmten Daseins« (Jaspers 1981, 999).

Lässt man sich von dieser Polemik und Kritik nicht blenden, braucht es keiner langen Suche, um thematische Parallelen zu finden. Einige lassen sich um die zentrale Fragestellung bündeln, was Philosophie ist (vgl. Schubbe 2009). Obgleich Schopenhauer und Jaspers Kants Kritik an einer dogmatischen Metaphysik zustimmen, bleibt metaphysisches Denken für sie ein zentraler Bestandteil philosophischen Denkens. Die Frage, die damit allerdings aufbricht, ist: Wie ist nach Kant metaphysisches Denken möglich? Sowohl Schopenhauer als auch Jaspers reagieren auf Kants Kritik mit einer Abschwächung des Anspruchs von Metaphysik: Für Schopenhauer wird Metaphysik zu einem empirischen Unternehmen, das nur noch beanspruchen könne, das Ding an sich in Relation zur Erscheinung bestimmen zu können (s. Kap. 6.4). Im Kern verbindet er mit seiner Metaphysik den Anspruch, eine Auslegung der Welt zu liefern (s. Kap. 40), nicht aber die Bestimmung einer wie auch immer verstandenen Transzendenz. Für Jaspers bleibt die Frage nach dem Sein als Transzendenz zentral, doch da das Sein niemals Gegenstand für uns werden kann, bringt Jaspers metaphysisches Denken als Lesen von Chiffren ins Spiel, das auf die verschiedenen Formen des Umgreifenden, letztlich auf das Sein selbst gerichtet ist. Jaspers' Abschwächung des Anspruchs metaphysischen Denkens zielt darauf, dieses als ein indirektes zu verstehen, das im Gegenständlichen das Ungegenständliche andeutet, letztlich aber dem eigenen existentiellen Vollzug überlassen werden muss. Der gemeinsame Versuch, metaphysisches Denken durch eine methodische Abschwächung vor der kantischen Kritik zu retten, darf allerdings nicht über gravierende Unterschiede hinwegtäuschen: Jaspers zeigt sich als der ›metaphysischere‹ Denker, der Schopenhauers Immanentismus und die Wende zum Leib letztlich als philosophisch unzureichend einstufen müsste: Zwar ist für Jaspers Weltorientierung auch ein Teil der Philosophie, letztlich müsse diese aber metaphysisch überstiegen werden. Die Philosophie habe sich nicht mit dem »bloßen« Leben, sondern mit dem »transzendent bezogenen Leben[.]« (Jaspers 1987, 103) auseinanderzusetzen. Allerdings führt Jaspers diese Diskussion um die Aufgabe der Metaphysik und ihre Methode nicht mit Schopenhauer.

Ein weiteres Thema, das für Jaspers in den Umkreis der Selbstbestimmung der Philosophie gehört, ist das Verhältnis von Vernünftigem und Nichtvernünftigem. Interessanterweise sieht Jaspers dieses uralte Problem vor allem durch Kierkegaard und Nietzsche verschärft zu Bewusstsein gebracht (vgl. Jaspers 1987). Schopenhauer bleibt wieder außen vor. Das ist in diesem Zusammenhang gleich doppelt misslich: Zum einen ist ja gerade das Verhältnis von Vernünftigem und Nichtvernünftigem bei Schopenhauer durch seine Bestimmung von Wille und Vernunft exponiert thematisiert und in den verschiedenen Bereichen philosophischen Denkens entfaltet worden, zum anderen dürfte gerade Schopenhauers Wirkung auf Nietzsche in diesen Punkten eine derart wichtige Rolle spielen, dass Jaspers' Hervorhebung Nietzsches eine Diskussion Schopenhauers zumindest nahelegt (vgl. auch Salaquarda 2007, 105 f.).

Weitere Parallelen hat Jörg Salaquarda mit Blick auf die Religionsphilosophien Schopenhauers und Jaspers' betont (vgl. ebd., 110–117): Er kommt dabei zu dem Ergebnis, dass beide zwar streng zwischen Wissenschaft, Philosophie und Religion unterschieden, es aber durchaus Gemeinsamkeiten zwischen Wissenschaft und Philosophie einerseits und Philosophie und Religion andererseits gebe. So seien bei Schopenhauer und Jaspers »Wissenschaft und Philosophie durch dieselbe (selbstkritische) Einstellung, Philosophie und Religion durch das gemeinsame Thema verbunden« (ebd., 113). Die potentielle Wahrheit religiöser Aussagen sei aber »von philosophisch kontrollierter Aneignung abhängig [zu] machen« (ebd., 113).

Martin Heidegger

Die entscheidenden Linien der vereinzelten Auseinandersetzung Heideggers mit Schopenhauer stehen im Zeichen seiner Destruktion abendländischer Metaphysik. In diesem Zusammenhang gilt Schopenhauer für Heidegger als ein wichtiges unter den vielen Beispielen für seine Diagnose, dass das »Sein des Seienden [...] für die neuzeitliche Metaphysik als Wille« (Heidegger 2002, 96) erscheine und dass das Denken als Vorstellen verstanden werde (vgl. ebd., 41 ff.). Gerade die Radikalität, mit der Heidegger diese beiden Aspekte bei Schopenhauer ausgedrückt sieht, macht diesen im Rahmen der Metaphysikkritik Heideggers zu einem entscheidenden Gegenpol (anders Steppi 1991, 104, der diese Stellen in *Was heißt denken?* als Parallelen zwischen Schopenhauer und Heidegger deutet, dabei aber den kritischen Impetus Heideggers übersieht). Aus dieser Perspektive erscheint es nur konsequent, wenn Heidegger Schopenhauer der Oberflächlichkeit bezichtigt (vgl. Hecker 1990) und einen Zusammenhang zwischen dessen Denken und seinem eigenen vehement bestreitet. Auf einen diesbezüglichen Versuch von Teodorico Moretti Costanzi soll er in einem Brief geantwortet haben: »Mit Schopenhauer hat mein Denken nicht das Geringste zu tun. Man braucht nur Schopenhauers Interpretation der beiden Denker, die er als seine Philosophen nennt – Plato und Kant – zu kennen, um den abgründigen Unterschied, der zwischen Schopenhauers Philosophie und meinem Denken besteht, zu sehen« (Costanzi 1951, 12; zum Kontext dieses Briefes vgl. u. a. Diemer 1962, 28; Hecker 1990, 87; Thyssen 1960/61).

Wie bei Jaspers so muss man sich auch bei Heidegger ob der starken Ablehnung Schopenhauers wundern (vgl. Zaborowski 2016, 195–197). Sicherlich werden – in Heideggers Terminologie – die Differenzen zwischen ihm und Schopenhauer zu einem »abgründigen Unterschied« führen, der zuletzt im allgemeinen Gestus und Sinn des Denkens liegen mag. Dennoch gibt es wie bei Jaspers auch hier verschiedene Punkte, an denen ein ›denkendes Gespräch‹ (Heidegger) hätte anknüpfen können. Als solche sind beispielsweise Parallelen in der Auffassung der Zeit, der Sprache, der Kunst, der Wahrheit, der ontologischen Differenz oder auch der Rolle des Menschen für die Philosophie hervorgebracht worden (vgl. Steppi 1991; Young 1996; 2005). Weitere Anknüpfungspunkte ergeben sich hinsichtlich der Frage nach der Möglichkeit, Schopenhauer und Heidegger über die hermeneutische Ausrichtung der Metaphysik des ersteren in ein Gespräch zu bringen (s. Kap. 40) und des von Wolfgang Schirmacher hervorgehobenen Themenkomplex der Gelassenheit zu sein (vgl. Schirmacher 1982; zur Gelassenheit bei Schopenhauer vgl. auch Möbuß 2015, Bd. 1, 167–174). So hebt Schirmacher hervor, dass sowohl Schopenhauer als auch Heidegger »ihre Weltauslegung in einer Gelassenheit gipfeln lassen, die weit mehr ist als eine bloße Haltung« (Schirmacher 1982, 55) und zwar »nachdem sie mit ungeheurer Radikalität das bis heute herrschende Weltverständnis kritisiert und verlassen haben« (ebd., 56). Doch mischen sich in diese Parallelen auch Differenzen: Eine dieser Differenzen sieht Schirmacher in Schopenhauers Verteidigung wissenschaftlicher Rationalität, die Heideggers »Mißtrauen gegen die Wissenschaften, die nur rechnen und nicht denken können« (ebd., 56) entgegenstehe. Allerdings erarbeitet Schirmacher diesen Unterschied um den Preis einer unangemessenen Entdifferenzierung, unter deren Deckmantel sich vielmehr eine noch weitreichendere Parallele verbirgt. Heideggers Thematisierung der Gelassenheit muss im Kontext seiner Unterscheidung zwischen zwei Formen des Denkens gesehen werden: Der Vortrag »Gelassenheit« von 1955 erörtert die Gelassenheit im Kontext der Unterscheidung zwischen einem rechnenden und einem besinnlichen Denken. 1956 charakterisiert Heidegger in dem Vortrag »Der Satz vom Grund« das rechnende Denken als ein Denken nach Maßgabe des Satzes vom Grund, das paradigmatisch im wissenschaftlichen Erkennen zu finden ist. Auch Schopenhauer erläutert das wissenschaftliche Erkennen als ein Denken nach Maßgabe des Satzes vom Grund und sucht zudem – wie Heidegger auch – nach Formen des Denkens, die der philosophischen Haltung angemessener sind (vgl. Schubbe 2012). Der Terminus »Besonnenheit« ist in diesem Kontext für Schopenhauer wichtig und markiert immerhin eine terminologische Nähe zu Heideggers »besinnlichem Denken«. Die Suche nach einer angemessenen philosophischen Denkhaltung jenseits eines Denkens nach Maßgabe des Satzes vom Grund verbindet Schopenhauers und Heideggers Denken in einem durchaus nicht unwichtigen Punkt (ausführlicher zu diesem Themenkomplex vgl. Schubbe 2009a). Gerade hier zeigt sich, dass Heideggers Interpretation Schopenhauers hinsichtlich eines Verständnisses des Denkens als Vorstellen nicht nur undifferenziert ist, sondern auch die Möglichkeit eines fruchtbaren Gesprächs hinsichtlich der Beziehung von Wissenschaft, Philosophie und Kunst unterläuft (vgl. Fauth 2013).

In jüngster Zeit hat Holger Zaborowski auf »motivische Parallelen« (Zaborowski 2016, 198) des Denkens bei Schopenhauer und Heidegger hingewiesen. Diese sieht er zum einen in der beiden gemeinsamen »Kritik der Universitätsphilosophie und [...] Betonung des ›Selbstdenkens‹« (ebd.). Mit dem Interesse Schopenhauers an indischem Denken und Heideggers an ostasiatischem Denken finde sich zudem eine Parallele in dem Versuch, den »westlichen philosophischen Diskurs auf ›alternative Stimmen‹ hin zu durchbrechen« (ebd., 207).

Jean-Paul Sartre

Richtet man den Blick auf Sartre, fällt das Bild nicht anders aus. Der Name Schopenhauer fällt nur sehr selten, und wenn, dann ohne systematischen Gewinn. In *Das Sein und das Nichts* wird Schopenhauer nur zweimal erwähnt: in Bezug auf den Solipsismus und seine Lehre vom Leib als unmittelbares Objekt. Beide Bezüge sind in kritischer Distanz verfasst: So zeige Schopenhauers Abwehr des Solipsismus ein »Eingeständnis der Ohnmacht« (Sartre 2012, 418) gegenüber dieser Position und sein Verständnis des Leibes als unmittelbares Objekt beseitige »die absolute Distanz zwischen den Bewußtseinen nicht« (ebd., 421).

Obgleich Sartre selbst Schopenhauer kaum in seine Gedanken einbindet, so ist auch für das Verhältnis von Sartre und Schopenhauer versucht worden, diese nachträglich in ein Gespräch zu bringen, wie es beispielsweise Arbeiten von Jörg Salaquarda, Wolfgang Müller-Lauter und Christian Sötemann zeigen. Im Mittelpunkt der Überlegungen Salaquardas und Müller-Lauters steht der Vergleich der jeweiligen Freiheits- und Charakter-Lehre. Obgleich es massive Unterschiede in diesen Punkten zwischen Schopenhauer und Sartre gibt (Schopenhauers Determinismus in der empirischen Welt und seine Annahme eines angeborenen und unveränderlichen Charakters markieren solche Gegensätze zu Sartre), weist Salaquarda auf drei der Freiheitsproblematik »zugrundeliegenden Erfahrungen« hin, deren »Ähnlichkeit [...] bestechend« sei (Salaquarda 2007a, 165). Diese sieht er darin, dass bei Sartre erstens der »Ort der Freiheit [...] nicht der Wille, sondern das Sein« sei, zweitens Freiheit »auch für Sartre zunächst eine negative Bestimmung« sei und drittens Freiheit als »Vollzug des Negierens [...] zugleich ein Bestimmen« sei (ebd., 164). Allerdings braucht es einiger interpretatorischer Kreativität, Schopenhauers und Sartres Ansichten in dieser Frage auf gemeinsame Punkte zu führen, die ihre Theorien nicht nur marginal streifen. Somit ist Müller-Lauters Bemerkung sicherlich zutreffend, dass die Denkwege der beiden »weit auseinander« führen (Müller-Lauter 1993, 115). Selbst wenn man beiden die Verteidigung einer »absoluten Freiheit« attestiert (ebd.; vgl. auch Möbuß 2015, Bd. 1, 158 ff.), so fällt es eben schwer, die vorgeburtliche, unbewusste Wahl des eigenen Charakters bei Schopenhauer mit dem permanenten Entwurf der eigenen Existenz bei Sartre in Verbindung zu bringen (vgl. dagegen Möbuß 2015, Bd. 1, 170 ff.). Allerdings zeigen Salaquarda und insbesondere die detaillierten Ausführungen Müller-Lauters, dass Sartres und Schopenhauers Überlegungen fruchtbar so gegeneinander gesetzt werden können, dass ihre Probleme und Unschärfen verdeutlicht werden.

Mehr Gemeinsamkeiten als in der Freiheitsfrage mag es anderswo geben: So verweist Müller-Lauter auf die Themen Intuition oder Tod (vgl. ebd., 120); »[o]der wer denkt nicht an Sartres ›Geschlossene Gesellschaft‹, wenn es heißt, die Welt sei anzusehen als ›eine Hölle, welche die des Dante dadurch übertrifft, daß einer der Teufel des anderen sein muß‹« (Diemer 1962, 28; vgl. auch Sötemann 2016, 118 f.). Aber wie bereits bemerkt, dürfte die Übereinstimmung in Negativität und Absurdität eher auf der Ebene der Weltbeschreibung liegen, weniger in den Konsequenzen, die Sartre und Schopenhauer daraus ziehen.

Noch kurz verwiesen sei auf einen weiteren Aspekt, den Sötemann in Betracht zieht. Er sieht u. a. eine Parallele in der Grundlosigkeit des Daseins. Auch wenn nach Sötemann beide Denker aus anderen Gründen zu ihrer Überzeugung gelangen, so gilt doch sowohl für Schopenhauer als auch für Sartre, dass sich die Existenz dessen, was ist, nicht rechtfertigen lässt: »Kein Weltgeist, kein Theismus kann uns vor der Sinnlosigkeit dieses grundlos Gegebenen erretten« (Sötemann 2016, 121).

Albert Camus

Anders als z. B. Nietzsche spielt Schopenhauer in den Werken Camus' wie bei Sartre nur eine sehr marginale Rolle. Systematische Analysen philosophischer Positionen oder Argumente findet man bei ihm infolge seiner Ablehnung systematischen Denkens nur selten. Möchte man nicht lediglich über den Hinweis auf die Atmosphäre und Beschreibung eines absurden und sinnentleerten Lebens in seinen Romanen und Theaterstücken Parallelen konstruieren, so bleiben dem Interpreten nur sehr wenige explizite Hinweise Camus' auf Schopenhauer, die zudem nicht weit tragen. Auch eine Forschung, die Camus und Schopenhauer ins Verhältnis setzt oder zumindest in eine Gespräch zu bringen versucht, existiert so gut wie nicht. Höchstens indirekt wird diese Thematik in den Diskussionen aufgenommen, die zu klären versuchen, ob und inwieweit Schopenhauer als ein Philosoph des Absurden verstanden werden kann (vgl. Rosset 1967 [s. auch Kap. 51]; Alogas 2014).

Dennoch ist gesichert, dass Camus durch seinen Lehrer Jean Grenier mit den Gedanken Schopenhauers vertraut gemacht wurde und diesen auch in noch jungen Jahren in seine eigenen Gedanken einbezog. So veröffentlichte Camus 1932 in der Zeitschrift *Sud* den kurzen Artikel »Sur la musique«, in dem Schopenhauer immerhin in einem Abschnitt behandelt wird (vgl. Camus 2006, 524–528). Parallelen zeichnen sich hier in der Hochschätzung der Musik und ihres »erlösenden« Charakters ab, aber letztlich steht Camus dem Musikverständnis Schopenhauers unter anderem doch auch in diesem Punkt kritisch gegenüber, wenn er die Musik mit dem Traum in Verbindung bringt und nicht mit einem Akt der Erkenntnis.

Obgleich Camus' Ausführungen in diesem Artikel eine gute Kenntnis der Philosophie Schopenhauers ausweisen, schließt er sich in *Der Mythos des Sisyphos* einer für seine Zielsetzung sehr bequemen Fehlinterpretation an: »Man zitiert oft, um sich darüber lustig zu machen, Schopenhauer, der an einer gutgedeckten Tafel den Selbstmord pries« (Camus 2002, 16). An dieser Stelle fällt zunächst das Missverständnis ins Auge. Schopenhauer ist gerade kein Befürworter des Selbstmordes. Im Gegenteil hält er diesen für den falschen Weg, um auf die leidvolle menschliche Existenz zu antworten. In der Ablehnung des Selbstmordes stehen Schopenhauer und Camus daher eher zusammen. Allerdings nimmt er Schopenhauers vermeintliche Haltung auch gleich erläuternd in Schutz: Für Camus ist diese offensichtlich durchaus verständlich, denn in »der Bindung des Menschen an sein Leben gibt es etwas, das stärker ist als alles Elend der Welt« (ebd.) – ein Gedanke, der mit Blick auf die Charakterisierung des Willens zum Leben Schopenhauer vertraut ist (vgl. W II, 279 f. (Lü)). Doch bei allem Missverstehen ist es für Camus an dieser Stelle weniger Schopenhauers Stellung zum Selbstmord, als vielmehr der Widerspruch zwischen Überzeugung und Handlung, der ihn herausfordert. Sicherlich ist dies der Punkt, der Schopenhauer von den »existenzialistischen« Denkern à la Camus wegführt: Der theoretische Einsatz wird nicht zu einem praktischen. Schopenhauer hat menschliches Fühlen und Leiden ungeschönt beschrieben, er hat mit den Stufen einer Verneinung des Willens zum Leben rigorose Konsequenzen und Wege aus dem Leiden offengelegt, aber: Für ihn sind es eben nur Beschreibungen; der Philosoph – so Schopenhauer – ist kein Heiliger; der Philosoph kümmert sich um die Erkenntnis der Welt, nicht um ihre Erlösung. Diese Diskrepanz zeigt sich auch auf der Werkebene: Momente, in denen das Absurde überwunden oder aufgehoben wäre, kennt der *Mythos des Sisyphos* nicht. Auch wenn Schopenhauer sicherlich Camus' Diagnose der Absurdität des Daseins hätte folgen können, so sicherlich nicht dabei, sich Sisyphos als einen glücklichen Menschen vorzustellen. Die radikale Bejahung, die Camus mit seiner Wendung des Mythos zum Ausdruck bringt, aber auch das damit verbundene Aufbegehren, die Revolte, kennt Schopenhauer wenn überhaupt nur eingeschränkt. Während seine Asketen durch die Abkehr von der Welt ihr Leiden überwinden, stemmt sich Sisyphos noch vergnügt gegen das Absurde.

Literatur

Alogas, Konstantin: *Das Prinzip des Absurden. Eine historisch-systematische Untersuchung zur modernen Erkenntniskritik.* Würzburg 2014.

Barth, Hans: Die Wendung zum Menschen in Schopenhauers Philosophie. In: *Schopenhauer-Jahrbuch* 43 (1962), 15–26.

Camus, Albert: *Der Mythos des Sisyphos.* Reinbek bei Hamburg 2002.

Camus, Albert: Sur la musique. In: Ders.: *Œuvres complètes I, 1931–1944.* [Paris] 2006, 522–540.

Costanzi, Teodorico Moretti: Circa un giudizio dello Heidegger sulla mia »Ascetica di Heidegger«. In: *Teoresi. Rivista di cultura filosofica* 6/1–2 (1951), 11–17.

Diemer, Alwin: Schopenhauer und die moderne Existenzphilosophie. In: *Schopenhauer-Jahrbuch* 43 (1962), 27–41.

Fauth, Søren R.: Dichtendes Denken und denkendes Dichten: Schopenhauer, Heidegger und Hugo von Hofmannsthal. Anmerkungen zum Verhältnis zwischen Wissenschaftskritik, Literatur und Philosophie. In: *Schopenhauer-Jahrbuch* 93 (2013), 425–437.

Hecker, Hellmuth: Heidegger und Schopenhauer. In: *Schopenhauer-Jahrbuch* 71 (1990), 85–96.

Heidegger, Martin: Der Satz vom Grund. Vortrag. In: Ders.: *Der Satz vom Grund* (= *Gesamtausgabe*, Bd. 10). Hg. von Petra Jaeger. Frankfurt a. M. 1997, 171–189.

Heidegger, Martin: Gelassenheit (30. Oktober 1955). In: Ders.: *Reden und andere Zeugnisse eines Lebensweges. 1910–1976* (= *Gesamtausgabe*, Bd. 16). Hg. von Hermann Heidegger. Frankfurt a. M. 2000, 517–529.

Heidegger, Martin: *Was heißt denken?* (= *Gesamtausgabe*, Bd. 8). Hg. von Paola-Ludovika Coriando. Tübingen 2002.

Hochhuth, Rolf: Lebensfreundlichkeit: Karl Jaspers. In: Ders.: *Täter und Denker. Profile und Probleme von Cäsar bis Jünger.* Stuttgart 1987, 217–223.

Holm, Søren: Schopenhauer und Kierkegaard. In: *Schopenhauer-Jahrbuch* 43 (1962), 5–14.

Hübscher, Arthur: Schopenhauer und die Existenzphilosophie. Zur Eröffnung der Wissenschaftlichen Tagung. In: *Schopenhauer-Jahrbuch* 43 (1962), 3–4.

Jaspers, Karl: Arthur Schopenhauer. Zu seinem 100. Todestag. In: Ders.: *Aneignung und Polemik. Gesammelte Reden und Aufsätze zur Geschichte der Philosophie.* Hg. von Hans Saner. München 1968, 287–295.

Jaspers, Karl: *Die großen Philosophen. Nachlaß 2. Fragmente – Anmerkungen – Inventar.* Hg. von Hans Saner. München 1981.

Jaspers, Karl: *Vernunft und Existenz.* München 1987.

Jaspers, Karl: *Einführung in die Philosophie.* München 2005.

Möbuß, Susanne: *Existenzphilosophie.* 2 Bde. Freiburg 2015.

Möbuß, Susanne: Arthur Schopenhauer als Existenzphilosoph. In: Regehly/Schubbe 2016, 94–109.

Müller-Lauter, Wolfgang: Absolute Freiheit und intelligibler Charakter bei Schopenhauer und Sartre. In: Heinz Gockel/Michael Neumann/Ruprecht Wimmer (Hg.): *Wagner – Nietzsche – Thomas Mann. Festschrift für Eckhard Heftrich.* Frankfurt a. M. 1993, 97–122.

Regehly, Thomas/Schubbe, Daniel (Hg.): *Schopenhauer und die Deutung der Existenz. Perspektiven auf Phänomenologie, Existenzphilosophie und Hermeneutik.* Stuttgart 2016.

Rosset, Clément: *Schopenhauer. Philosophe de l'absurde*. Paris 1967.

Salaquarda, Jörg: Zur Bedeutung der Religion bei Schopenhauer und Jaspers. In: Konstantin Broese/Matthias Koßler/Barbara Salaquarda (Hg.): *Die Deutung der Welt. Jörg Salaquardas Schriften zu Arthur Schopenhauer*. Würzburg 2007, 105–117.

Salaquarda, Jörg: Charakter und Freiheit. Über Problematik und ›Wahrheit‹ einer These Schopenhauers. In: Konstantin Broese/Matthias Koßler/Barbara Salaquarda (Hg.): *Die Deutung der Welt. Jörg Salaquardas Schriften zu Arthur Schopenhauer*. Würzburg 2007a, 161–169.

Sartre, Jean-Paul: *Das Sein und das Nichts. Versuch einer phänomenologischen Ontologie*. Reinbek bei Hamburg [17]2012.

Schirmacher, Wolfgang: Gelassenheit bei Schopenhauer und bei Heidegger. In: *Schopenhauer-Jahrbuch* 63 (1982), 54–66.

Schirmacher, Wolfgang: Menschheit in der Grenzsituation. Schopenhauer und die Existenzphilosophie. In: *Mensch, Natur, Gesellschaft. Zeitschrift zur internationalen wissenschaftlichen und kulturellen Verständigung* 3 (1984), 28–35.

Schubbe, Daniel: »...welches unser ganzes Wesen in Anspruch nimmt« – Zur Neubesinnung philosophischen Denkens bei Jaspers und Schopenhauer. In: Reinhard Schulz/Giandomenico Bonanni/Matthias Bormuth (Hg.): *»Wahrheit ist, was uns verbindet« – Karl Jaspers' Kunst zu Philosophieren*. Göttingen 2009, 248–272.

Schubbe, Daniel: Gelassenheit als Denkhaltung und Weltbezug. In: *Schopenhauer-Jahrbuch* 90 (2009a), 147–161.

Schubbe, Daniel: *Philosophie des Zwischen. Hermeneutik und Aporetik bei Schopenhauer*. Würzburg 2010.

Schubbe, Daniel: Formen der (Er-)Kenntnis: Ein morphologischer Blick auf Schopenhauer. In: Günter Gödde/Michael B. Buchholz (Hg.): *Der Besen, mit dem die Hexe fliegt. Wissenschaft und Therapeutik des Unbewussten*. Bd. 1: *Psychologie als Wissenschaft der Komplementarität*. Gießen 2012, 359–385.

Schubbe, Daniel: Existenzphilosophische Versuche an Schopenhauer. In: Regehly/Schubbe 2016, 81–93.

Sötemann, Christian H.: Schopenhauer und Sartre. Gegebenheit und Grundlosigkeit des Vorhandenseins. In: Regehly/Schubbe 2016, 110–122.

Steppi, Christian R.: Schopenhauer und Heidegger. Der Anthropo-ontologie und der Existential-ontologie. In: *Schopenhauer-Jahrbuch* 72 (1991), 90–110.

Thyssen, Johannes: Schopenhauer zwischen den Zeiten. In: *Kant-Studien* 52 (1960/61), 387–400.

Young, Julian: *Schopenhauer*. London/New York 2005.

Young, Julian: Schopenhauer, Heidegger, art, and the will. In: Dale Jacquette: *Schopenhauer, philosophy, and the arts*. Cambridge 1996, 162–180.

Zaborowski, Holger: Schopenhauer und der späte Heidegger. Unterwegs zu einem Gespräch. In: Regehly/Schubbe 2016, 193–211.

Daniel Schubbe

40 Hermeneutik

Das Wort ›Hermeneutik‹ oder ›hermeneutisch‹ wird von Schopenhauer in seinen Schriften nicht verwendet. Wie Peter Welsen anmerkt, scheint Schopenhauer – obgleich er z. B. bei Friedrich D. E. Schleiermacher, August Boeckh und Friedrich A. Wolf Vorlesungen besuchte – auch nicht mit deren Überlegungen zur Hermeneutik konfrontiert gewesen zu sein (vgl. Welsen 2016, 157 f.; Regehly 2013, 72 f.). Dennoch hat sich die Rede von einer ›Hermeneutik‹ in der Schopenhauer-Forschung weitgehend durchgesetzt, um Schopenhauers methodologische Weichenstellungen zu beschreiben (zu den folgenden Ausführungen vgl. auch Schubbe 2013). Schopenhauers Philosophie in Ansätzen als Hermeneutik zu verstehen, ist somit als ein interpretatorischer Schachzug aufzufassen, der einen Auslegungshorizont bei gleichzeitiger philosophiehistorischer Einordnung bietet, dabei aber seinen heuristischen Charakter nicht ganz verhehlen können wird, zumal – wie Thomas Regehly betont – Schopenhauers ›Hermeneutik‹ weit von dem entfernt ist, was sonst unter diesem Stichwort diskutiert wird (vgl. Regehly 2013, 89; Regehly 2016, 187 f.).

Allerdings herrscht in der Forschung keineswegs Einigkeit darüber, was genau als ›Hermeneutik‹ im Werk Schopenhauers zu gelten hat und wie diese konzipiert ist. Sehr unterschiedliche Aspekte und Auslegungen lassen sich in der Literatur ausmachen (vgl. auch Welsen 2016, 158; Regehly 2013, 74 ff.; Schubbe 2013, 409): So spricht z. B. Alfred Schmidt von einer »Welt-Hermeneutik« (Schmidt 1986, 121), Rüdiger Safranski von einer »Daseinshermeneutik« (Safranski 1990, 320), Wolfgang Riedel von einer »Hermeneutik der Faktizität« (Riedel 1996, 52) und Jens Lemanski von einer »positivistischen Hermeneutik« (Lemanski 2010, 115). Thomas Regehly hingegen charakterisiert Schopenhauer als »Anti-Hermeneutiker« (Regehly 1992, 79) bzw. als »Hermeneutiker ehrenhalber« (Regehly 2016, 183) und formuliert eine Kritik an der Auffassung Schopenhauers als ›Hermeneutiker‹ (vgl. ebd., 189).

Unabhängig von diesen vielfältigen Versuchen, die ihrerseits wieder von starken Vorannahmen und unterschiedlichen Verständnissen bestimmter Zusammenhänge im Werk Schopenhauers geprägt sind, lässt sich der offensichtlichste Zugang zu hermeneutischen Aspekten bei Schopenhauer sicherlich an methodologischen Weichenstellungen seiner Metaphysik gewinnen (vgl. auch Welsen 2016, der neben Ausführungen zur Methode der Metaphysik auch an konkreten Lehrstücken Schopenhauers die hermeneutischen Aspekte aufzeigt). Diesbezügliche methodologische Reflexionen finden sich über das gesamte Werk Schopenhauers verstreut. Eine Stelle, an der solche Überlegungen komprimiert vorgenommen werden, ist die »Epiphilosophie« im zweiten Band der Welt als Wille und Vorstellung. Dort beschreibt Schopenhauer u. a. seine Philosophie als den Versuch, die Welt in ihrem Zusammenhang zu »entziffern« (W II, 746), eine »Auslegung des in der Außenwelt und dem Selbstbewußtseyn Gegebenen« (W II, 744) zu bieten, um – so Schopenhauer im ersten Band – über die »eigentliche Bedeutung [der Welt; D. S.] einen Aufschluß zu erhalten« (W I, 145). Die gehäufte Verwendung von Termini wie »Entzifferung«, »Auslegung« oder »Bedeutung« (vgl. auch W II, 212 f.) sowie eine Ablehnung der Anwendung des Satzes vom zureichenden Grund als Methode der Philosophie (vgl. z. B. W I, 360 f.) provozieren dazu, in Schopenhauers Methodologie eine hermeneutische Wende gegenüber Kant zu sehen. Allerdings ist, wie Regehly in seiner Thematisierung der Stichworte »meaning«, »decipherment«, »understanding« und »foundation« zu verstehen gibt, darauf zu achten, dass hermeneutisch klingendes Vokabular allein noch keine Hermeneutik macht (vgl. Regehly 2013, 83 ff.; Regehly 2016, 183 ff.).

Es ist daher mit den bisherigen Hinweisen auch noch nicht viel darüber ausgesagt, wie diese hermeneutische Wende als Konzeption der philosophischen Methode bei Schopenhauer ausgestaltet ist. Verfolgt man diese Frage weiter, zeigt sich, dass bei Schopenhauer im Grunde mindestens zwei – durchaus divergierende – implizite Konzeptionen einer ›Hermeneutik‹ vorliegen. Dass diese beiden Linien nicht ohne weiteres in Einklang zu bringen sind, zeigt indessen, dass sich Schopenhauers Philosophie durchaus als Resultat eines methodologischen Bruchs oder einer methodologischen Wende lesen lässt, die sich auf dem Boden der Tradition bemüht, dem philosophischen Denken neue Perspektiven aufzuweisen (vgl. auch Wesche 2006, 134; Koßler 2009; Schubbe 2010a), allerdings ohne diese immer problemlos integrieren zu können.

Zwei ›hermeneutische Linien‹ im Werk Schopenhauers

Die erste dieser beiden Linien findet sich beispielsweise in Kapitel 17 des zweiten Bandes der Welt als Wille und Vorstellung. In Bezug auf das Selbstverständnis seiner Metaphysik spricht er dort davon, dass die »Erfahrung [...] einer Geheimschrift [gleicht], und die Philosophie der Entzifferung derselben« (W II, 212), dass das Verhältnis zwischen dem »Ding an sich« (im

Schopenhauerschen Sinn des Wortes) und der Erscheinung analog dem Verhältnis von »Gedanke zu den Worten« (W II, 214) aufzufassen ist. Die Kausalrelation zwischen Erscheinung und »Ding an sich« wird an diesen Stellen zu einer Bedeutungsrelation, so dass es nicht verwundert, dass sich auch bei Schopenhauer die Metaphern von den »Weltbegebenheiten« als »Buchstaben« (W I, 249) oder vom »Buche der Natur« (W I, 294) finden (eine kritische Betrachtung der Bedeutungsrelation findet sich bei Haucke 2007, 119). Schopenhauer scheint mit dieser Wende von einer Kausalrelation zu einer Bedeutungsrelation die Konsequenz aus der Kritik seines Lehrers Gottlob Ernst Schulze (s. Kap. 18) an Kants Anwendung der Kausalitätskategorie zu ziehen (vgl. Booms 2003, 68 ff., 161 f.; W I, 556). Für die Bestimmung des »Dinges an sich« impliziert in methodologischer Hinsicht die Ablehnung einer Kausalrelation die Ablehnung eines Denkens nach Maßgabe des Satzes vom zureichenden Grunde, an dessen Stelle der Auslegungsprozess einer Bedeutungsrelation tritt (vgl. Birnbacher 1988, 12; Schubbe 2010, 46, Anm. 98). Für diesen Auslegungsprozess formuliert Schopenhauer zwei Wahrheitskriterien (vgl. Hallich 2002, 182 f.; Schubbe 2013, 414 f.), die als Korrespondenz- und Kohärenzkriterium bezeichnet werden können. Die Auslegung stellt sich dadurch als treffend heraus, dass sie nicht nur mit dem Auszulegenden übereinstimmt, sondern auch die Erscheinungen in einen widerspruchslosen Zusammenhang zu bringen vermag (vgl. z. B. W II, 215). Der geforderte Schlüssel für das Verständnis des Menschen und der Welt ist für Schopenhauer schließlich der am eigenen Leib erfahrene Wille, der per Analogie auf die Welt übertragen wird (vgl. im Einzelnen dazu Schubbe 2010, 105–125; unter Einbeziehung hermeneutischer Aspekte Welsen 2016, 162–167). Dass die Welt per Analogie erschlossen werden muss, zeigt indessen, dass bei Schopenhauer die Welt als etwas dem Menschen Fremdes verstanden ist, wobei die metaphysische Besinnung über den Willen als »Ding an sich« dieses Fremde in einen grundlegenden Zusammenhang alles Seienden zurückholen soll.

Während für die erste Linie ein Entzifferungsprozess hinsichtlich einer Bedeutungsrelation von Erscheinung und »Ding an sich« ausschlaggebend ist, lässt sich noch eine zweite ausmachen, die vielmehr ein ›Explikationsgeschehen‹ eines immer schon vollzogenen Verständnisses des Menschen in seiner Umwelt betont: Schopenhauers Philosophie beansprucht für sich, eine begriffliche Beschreibung der Welt bzw. des Wesens der Welt zu geben (vgl. Lemanski 2013, 152 ff.). Allerdings bezieht diese Beschreibung wesentlich Erkenntnisformen mit ein, die sich immer schon intuitiv vollziehen (vgl. Schubbe 2012). Es ist gerade diese Beachtung und Einbeziehung intuitiv-verstehender Vollzüge, die Schopenhauer zu einer weiteren Erläuterung der Aufgabe der Philosophie bringt: »Intuitiv nämlich, oder in concreto, ist sich eigentlich jeder Mensch aller philosophischen Wahrheiten bewußt: sie aber in sein abstraktes Wissen, in die Reflexion zu bringen, ist das Geschäft des Philosophen, der weiter nichts soll, noch kann« (W I, 493). Die Unterscheidung von intuitiver und abstrakter Erkenntnis findet sich auf verschiedenen Ebenen bei Schopenhauer, wobei für alle vier Themenbereiche der *Welt als Wille und Vorstellung* – Erkenntnislehre, Metaphysik, Ästhetik und Ethik – die intuitive Erkenntnis – als Verstandeserkenntnis, Willenserfahrung, Kontemplation und Mitleid – grundlegend ist (vgl. Schubbe 2012). Allgemein bleibt bei Schopenhauer festzuhalten, dass die intuitive und abstrakte Erkenntnis grundsätzlich verschieden sind und sich nicht aufeinander reduzieren lassen. Während die abstrakte Erkenntnis zwar beständiger und mitteilbar ist, hat die der abstrakten Erkenntnis zugrundeliegende intuitive Erkenntnis ihre Vorzüge in ihrer Unmittelbarkeit und ihrem Inhaltsreichtum; diese ist dabei anders als eine bloße Wahrnehmung immer schon in eine spezifische Mensch-Welt-Beziehung eingebettet. Die abstrakte, begriffliche Erkenntnis verdankt sich bei Schopenhauer einem Abstraktionsprozess gegenüber der intuitiven Erkenntnis (zu Problemen verschiedener Konzepte dieses Übergangs und dem Verständnis der abstrakten Erkenntnis als begriffliche vgl. Schubbe 2010, 131, Anm. 352, 134, Anm. 365; Schubbe 2012, 377 ff.).

Für eine Philosophie, der es um das bewusste Innewerden intuitiver Erkenntnis und ihrer abstrakten Darlegung geht, hat dies auch methodologische Konsequenzen, die Schopenhauer in metaphorischer Weise zu beschreiben geneigt ist. Seine Methode sei der »Kniff«, »das lebhafteste Anschauen oder das tiefste Empfinden, wann die gute Stunde es herbeigeführt hat, plötzlich und im selben Moment mit der kältesten abstrakten Reflexion zu übergießen und es dadurch erstarrt aufzubewahren. Also ein hoher Grad von Besonnenheit« (HN IV (1), 59). Allerdings ist Schopenhauer – nicht zuletzt aufgrund der vielfältigen problematischen Weichenstellungen grundlegender Theoreme (vgl. u. a. Schubbe 2010, 112) – gezwungen, an wesentlichen Knotenpunkten seiner Philosophie über diese Einförmigkeit des Übergangs von intuitiv zu abstrakt hinauszugehen, so beispielsweise beim Analogieschluss oder der Universalisierung des Willensbegriffs. In Bezug auf die Frage, inwieweit es gelingen kann, die intuitive Erkenntnis in die abstrakte zu überführen, finden sich widersprüchliche Einschätzungen: Zum einen wäre es zwar »thörichte Hoffnung, wenn wir erwarten wollten, daß die Worte und der abstrakte Gedanken das würden und leisteten, was die lebendige Anschauung, die den Gedanken erzeugte, war und leistete«, aber obwohl »der Gedanke in Begriffen nur die Mumie« und Worte nur der »Deckel des Mumiensarges« sind, beschreibt Schopenhauer Begriffe auch als »Behältniß« (VN II, 126 f.), das »alle Resultate der Anschauung in sich aufzunehmen« und »unverändert und unvermindert wieder zurückzugeben« (W II, 75) vermag.

Warum diese Bezüge eine Rolle für ein ›hermeneutisches Verständnis‹ der Philosophie Schopenhauers spielen, erschließt sich, wenn man an die von Hans-Georg Gadamer im Anschluss an Martin Heidegger ausgearbeitete »Vor-struktur« des Verstehens und dessen Auslegung im Sinne des hermeneutischen und apophantischen »als« denkt. Dann zeigt sich nämlich, dass hier im Gegensatz zur ersten Linie der Philosoph nicht ein voraussetzungsloses Lesen im Buch der Natur betreibt, sondern die sprachliche Explikation einer unmittelbaren und innerhalb eines spezifischen Verständnisses immer schon vollzogenen Beziehung zum in der Welt Begegnenden. Die ›Hermeneutik‹ Schopenhauers ist in dieser Linie als eine Hermeneutik des ›Zur-Welt-Seins‹ zu verstehen; die Orte des Verstehens sind verschiedene Formen eines Zwischens vollzogener Beziehungen zur (Mit-)Welt (vgl. Schubbe 2013, 420; zu einer weiteren Ausführung der wichtigen Rolle von Beziehungen und Relationen im Werk Schopenhauers vgl. auch Schubbe 2010). Schopenhauers Betonung, seine Philosophie sei keine Wissenschaft aus Begriffen, sondern in Begriffe, findet hier ebenfalls ihren Ort (vgl. W I, 577). Schopenhauers Wortwahl, die ein solches Philosophieren als ›Beschreibung‹ des Wesens der Welt auffasst, verdeutlicht indessen, dass er den Auslegungscharakter der Transformation intuitiver Erkenntnis in abstrakte deutlich unterschätzt (in diesem Zusammenhang wäre auch eine Analyse der von Schopenhauer gebrauchten Spiegelmetapher von weiterem Interesse, vgl. dazu u. a. Bernardy 2012). Allerdings gelingt Schopenhauer gegenüber Gadamer eine methodologische Erweiterung dieser ›Hermeneutik‹. Auch dafür hat Schopenhauer ein interessantes Bild gefunden, das des »scheidenden Chemiker[s]«, der als »Entwirrer aller Erscheinungen des Lebens« (HN I, 76) auftritt. Zwar knüpft Schopenhauer dieses Bild hier an die Befreiung des besseren Bewusstseins (vgl. ebd.), aber dennoch erhält dieses Bild einen Schlüsselcharakter, wenn man an den Aufbau der Welt als Wille und Vorstellung denkt: In diesem Werk werden schließlich in vier Büchern verschiedene Bezugsformen zwischen verschiedenen intuitiven und abstrakten Erkenntnisformen analytisch ausdifferenziert, die im Alltag durchaus vermischt vorliegen dürften (vgl. Schubbe 2012).

Die Erkenntnislehre im Kontext der ›hermeneutischen Linien‹

Bislang wurde lediglich auf die methodologischen Weichenstellungen und Selbstverständnisse eingegangen, die Schopenhauer für seine Philosophie proklamiert. Wie stark sich diese unterscheiden, ist u. a. an deren Konsequenzen für ein Verständnis der »Erkenntnislehre« – als Bezeichnung für das erste Buch der Welt als Wille und Vorstellung – zu sehen. Dies soll hier kurz exemplarisch dargestellt werden (vgl. Schubbe 2013, 422 f.).

Die erste ›hermeneutische Linie‹ bezog sich hauptsächlich auf die Metaphysik. Das ist insofern nicht verwunderlich, als diese in der dargestellten Interpretation durch die Ergebnisse einer spezifisch verstandenen Erkenntnislehre überhaupt erst notwendig wird. Versteht man die Erkenntnislehre so, dass durch sie in einer transzendentalen Erörterung die Welt als »subjektive Vorstellung« entlarvt wird, die mit einem »Ding an sich« zu einem Dualismus verknüpft ist, so stellt sich natürlich die Frage, was denn dieses »Ding an sich« ist und im Zuge dessen, welcher Art die Verknüpfung ist. Die Metaphysik des zweiten Buches der Welt als Wille und Vorstellung lässt sich dann so lesen, dass Schopenhauer im Rahmen der genannten Bedingungen der ersten Linie auf diese Fragen Antworten formuliert.

Das Verhältnis der einzelnen Bücher der Welt als Wille und Vorstellung ist dagegen in der zweiten ›hermeneutischen Linie‹ komplexer: Dies zeigt sich schon daran, dass diese Linie sich nicht auf eine Methodologie der Metaphysik konzentriert, sondern eine Erkenntnismethode formuliert, die sich auf alle vier Bücher erstreckt. Die Erkenntnislehre begründet in dieser Linie nicht die Notwendigkeit einer Auslegung der Welt auf ein »Ding an sich« hin, sondern ist bereits Teil einer solchen. Dies zeigt sich schon am Titel des Werks, der von der Welt *als* Wille *und* Vorstellung spricht (vgl. Regehly 2013, 82; Regehly 2016, 182). Die Auslegung der Welt *als* Vorstellung steht auf der gleichen Ebene wie die *als* Wille. Grundlegend für die Auslegung der Welt als Vorstellung ist demnach die Fokussierung auf eine Erkenntnis nach Maßgabe des Satzes vom Grunde – paradigmatisch in den Wissenschaften zu finden – sowie die Reduktion des situativen Aufenthaltes des Menschen in der Welt auf die Korrelation von Subjekt und Objekt (vgl. zur ähnlichen Gegenüberstellung von ›Situation‹ und ›Konstellation‹ auch Schmitz 2005). Aus den Defiziten dieser Beschränkungen ergibt sich dann die Frage, »ob diese Welt nichts weiter, als Vorstellung sei« (W I, 150) – eine Frage, die Schopenhauers Metaphysik ganz anders einleitet als der Weg über den metaphysischen Dualismus, indem sie den Raum für weitere Erörterungen der Situierung des Menschen in der Welt eröffnet wie auch für die damit verbundenen Beziehungen und Erkenntnisformen. Damit weist Schopenhauers Hauptwerk eine morphologische Struktur auf, die darin besteht, dass verschiedene Formen von Mensch-(Mit-)Welt-Beziehungen und damit verbundene Erkenntnisformen thematisiert werden (vgl. Schubbe 2012).

Wirkungsgeschichte

Fragt man sich jenseits dieser systematischen Punkte, ob und wie Schopenhauers ›hermeneutischer Einschlag‹ gewirkt hat, so stellt sich Ernüchterung ein. Er gehört nicht zu den Klassikern der Geschichte der Hermeneutik. Dass hierbei allerdings noch Potential für weitere Forschungen besteht, zeigt sich an Wilhelm Diltheys Rezeption Schopenhauers: Dilthey hebt Schopenhauers interpretative Grundhaltung explizit hervor (s. Kap. 29). Insofern Dilthey bekanntlich eine wichtige Figur in der Geschichte der Hermeneutik spielt, sollte ein Einfluss Schopenhauers auf Dilthey diesbezüglich weitere philosophiehistorische Anstrengungen motivieren.

Literatur

Bernardy, Jörg: Schopenhauers Spiegelmetapher zwischen Duplizitätsstrukturen und Selbsterkenntnis. In: *Schopenhauer-Jahrbuch* 93 (2012), 383–397.
Birnbacher, Dieter: Induktion oder Expression? Zu Schopenhauers Metaphilosophie. In: *Schopenhauer-Jahrbuch* 69 (1988), 7–19.
Booms, Martin: *Aporie und Subjekt. Die erkenntnistheoretische Entfaltungslogik der Philosophie Schopenhauers.* Würzburg 2003.
Hallich, Oliver: Die Entzifferung der Welt. Schopenhauer und die mittelalterliche Allegorese. In: Dieter Birnbacher/Andreas Lorenz/Leon Miodoński (Hg.): *Schopenhauer im Kontext. Deutsch-polnisches Schopenhauer-Symposium 2000.* Würzburg 2002, 163–189.
Haucke, Kai: *Leben & Leiden. Zur Aktualität und Einheit der schopenhauerschen Philosophie.* Berlin 2007.
Koßler, Matthias: »Standpunktwechsel« – Zur Systematik und zur philosophiegeschichtlichen Stellung der Philosophie Schopenhauers. In: Fabio Ciracì/Domenico M. Fazio/Ders. (Hg.): *Schopenhauer und die Schopenhauer-Schule.* Würzburg 2009, 45–60.
Lemanski, Jens: Die Rationalität des Mystischen. Zur Entwicklung und Korrektur unseres Mystikverständnisses am Beispiel von Dionysius Areopagita, Gottfried Arnold und Arthur Schopenhauer. In: *Schopenhauer-Jahrbuch* 91 (2010), 93–120.
Lemanski, Jens: The Denial of the Will-to-Live in Schopenhauer's World and His Association between Buddhist and Christian Saints. In: Arati Barua/Michael Gerhard/Matthias Koßler (Hg.): *Understanding Schopenhauer through the Prism of Indian Culture. Philosophy, Religion and Sanskrit Literature.* Berlin/Boston 2013, 149–183.
Regehly, Thomas: Schopenhauer, der Weltbuchleser. In: *Schopenhauer-Jahrbuch* 73 (1992), 79–90.
Regehly, Thomas: »›The Ancient Rhapsodies of Truth‹ – Arthur Schopenhauer, Friedrich Max Müller and the Hermeneutics. In: Arati Barua/Michael Gerhard/Matthias Koßler (Hg.): *Understanding Schopenhauer through the Prism of Indian Culture. Philosophy, Religion and Sanskrit Literature.* Berlin/Boston 2013, 63–94.
Regehly, Thomas: »Niemand versteht zur rechten Zeit«. Schopenhauer, Goethe und die Hermeneutik. In: Ders./Schubbe 2016, 171–192.
Regehly, Thomas/Schubbe, Daniel (Hg.): *Schopenhauer und die Deutung der Existenz. Perspektiven auf Phänomenologie, Existenzphilosophie und Hermeneutik.* Stuttgart 2016.
Riedel, Wolfgang: »*Homo Natura*«. Literarische Anthropologie um 1900. Berlin 1996.
Safranski, Rüdiger: *Schopenhauer und Die wilden Jahre der Philosophie. Eine Biographie.* Reinbek bei Hamburg 1990.
Schmidt, Alfred: *Die Wahrheit im Gewande der Lüge. Schopenhauers Religionsphilosophie.* München 1986.
Schmitz, Hermann: *Situationen und Konstellationen. Wider die Ideologie totaler Vernetzung.* Freiburg i. Br./München 2005.
Schubbe, Daniel: *Philosophie des Zwischen. Hermeneutik und Aporetik bei Schopenhauer.* Würzburg 2010.
Schubbe, Daniel: Der doppelte Bruch mit der philosophischen Tradition – Schopenhauers Metaphysik. In: Michael Fleiter (Hg.): *Die Wahrheit ist nackt am Schönsten. Arthur Schopenhauers philosophische Provokation.* Frankfurt a. M. 2010a, 119–127.
Schubbe, Daniel: Formen der (Er-)Kenntnis: Ein morphologischer Blick auf Schopenhauer. In: Günter Gödde/Michael B. Buchholz (Hg.): *Der Besen, mit dem die Hexe fliegt. Wissenschaft und Therapeutik des Unbewussten.* Bd. 1: *Psychologie als Wissenschaft der Komplementarität.* Gießen 2012, 359–385.
Schubbe, Daniel: Schopenhauers Hermeneutik – Metaphysische Entzifferung oder Explikation »intuitiver« Erkenntnis? In: *Schopenhauer-Jahrbuch* 93 (2013), 409–424.
Spierling, Volker: Die Drehwende der Moderne. Schopen-

hauer zwischen Skeptizismus und Dogmatismus. In: Ders. (Hg.): *Materialien zu Schopenhauers »Die Welt als Wille und Vorstellung«*. Frankfurt a. M. 1984, 14–83.

Welsen, Peter: Schopenhauers Hermeneutik des Willens. In: Regehly/Schubbe 2016, 157–170.

Wesche, Tilo: Leiden als Thema der Philosophie? Korrekturen an Schopenhauer. In: Lore Hühn (Hg.): *Die Ethik Arthur Schopenhauers im Ausgang vom Deutschen Idealismus (Fichte/Schelling)*. Würzburg 2006, 133–145.

Daniel Schubbe

41 Philosophische Anthropologie

In Standard-Lehrwerken zur philosophischen Anthropologie (beispielhaft Arlt 2001) findet sich kaum ein eigenständiger Eintrag zu Schopenhauer. Sein Name taucht in der Regel nur am Rande auf, bezogen auf die herausragenden anthropologischen Systeme ab dem frühen 20. Jahrhundert. Er gilt nicht als maßgeblicher Vertreter dieser Disziplin, obwohl seine philosophischen Ideen zentral für sie sind. Er beantwortet grundlegende anthropologische Fragen: Was ist der Mensch?, Wer ist ein Mensch?, Was sind die grundlegenden Merkmale menschlicher Existenz? Wie ist das Verhältnis Mensch-Tier beschaffen?

Schopenhauers Wirkung auf die Anthropologie muss daher in den Spuren gesucht werden, die er (1) bei den wichtigen Anthropologen des 20. Jahrhunderts hinterlassen und (2) in den philosophiehistorischen Weichen, die seine Philosophie gestellt hat. Allerdings wird diese epochemachende Wirkung und ihre Bedeutung für die Anthropologie kaum gewürdigt (vgl. Koßler 2009, 49), obwohl Schopenhauer den Leib an die zentrale Stelle des Philosophierens rückt und sein Menschenbild nicht von der Vernunft, sondern von der Biologie her entwirft. Durch diese Wende zur Lebensphilosophie wurde der biologisch orientierten Anthropologie der Boden bereitet, auf dem die Systeme von Scheler, Gehlen und Plessner (vgl. ebd., 48 f.) gediehen sind.

Diese indirekten Wirkungen auf die Philosophiegeschichte sind indes zu komplex um hier ausführlich behandelt zu werden, so dass sich die Darstellung auf die direkte Wirkung seiner philosophischen Grundgedanken auf einzelne Anthropologen beschränkt. Dies sind hauptsächlich Arnold Gehlen, Max Scheler und Michael Landmann, denen im Folgenden ein jeweils eigener Abschnitt gewidmet wird.

Zur Orientierung soll ein Einteilungsraster von Christian Thies (2000; 2009) vorweggeschickt sein, der anthropologische Ansätze in optimistische und pessimistische einteilt, die wiederum naturalistisch oder kulturalistisch angelegt sein können. Schopenhauer klassifiziert er als naturalistischen Pessimisten (vgl. Thies 2000, 29–34). Die Debatte um anthropologischen Optimismus oder Pessimismus dreht sich um folgende Fragen: Haben wir es beim Menschen mit einem altruistischen oder mit einem egoistischen Lebewesen zu tun? Ist bei ihm mit Kooperation oder grundsätzlich mit Konflikten zu rechnen? Ist der Mensch von Natur oder Kultur aus gut oder böse? Ist er zum Besseren erziehbar oder nicht?

Arnold Gehlen

So überrascht es nicht, dass vor allem ein Denker die epochemachende Wirkung Schopenhauers erkannt hat, den Thies als kulturalistischen Pessimisten charakterisiert: Arnold Gehlen. Er hat deutlich gesehen, dass sich im Gewand der Willensmetaphysik eine Anthropologie von Rang verbirgt, weshalb er in seinem 1938 verfassten Aufsatz »Die Resultate Schopenhauers« (Gehlen 1965) diesem geradezu ein Denkmal setzt. Schopenhauer habe die anthropologische Wendung in der Philosophie vorbereitet und eine Philosophie des Leibes und der Handlung entwickelt, wie sie kaum moderner sein könne. Sie habe einen philosophiehistorischen Umschwung herbeigeführt, der demjenigen zum mentalistischen Paradigma durch Descartes vergleichbar sei (vgl. ebd., 314). Die epochemachenden Resultate bestünden in wenigen Grundwahrheiten, welche von Schopenhauer erstmals ausgesprochen wurden und die »durchweg auf *anthropologischem* Gebiet« lägen (ebd.).

Der Preis, den Schopenhauer für diese Hochschätzung zahlen muss, ist allerdings hoch, denn Gehlen bricht einzelne Theorieteile heraus – ein Vorgehen, das für die Rezeption der Schopenhauerschen Philosophie geradezu typisch ist. Um Schopenhauers philosophische Verdienste anzuerkennen, müsse »der ganze metaphysische Anspruch preisgegeben werden« (ebd.), worunter er die zentralen Thesen von der »Welt als Wille« und der »Welt als Vorstellung« versteht. Insbesondere Schopenhauers Gleichung »Naturkraft = Kraft = Wille« gehe weit über das Verifizierbare hinaus und zeige eine »tiefe Unkenntnis des Wesens der exakten Naturwissenschaften« (ebd., 313). Die Formel »die Welt als Vorstellung« sei so unbrauchbar wie die gesamte »reformiert-kantische Erkenntnislehre«, weil sie den unglücklichen Versuch unternehme, »den *Leib* in den erkenntnistheoretischen Subjektsbegriff hineinzudefinieren« (ebd., 316). Dennoch erkennt Gehlen vier Hauptresultate an, die – wenig überraschend – schon Grundkonzepte seiner eigenen Anthropologie enthalten.

1) In der Leibphilosophie mit ihrer starken Betonung der Handlung liegt nach Gehlen das erste wichtige Resultat Schopenhauers. »Jeder wahre Akt seines Willens ist sofort und unausbleiblich auch eine Bewegung seines Leibes [...]. Der Willensakt und die Aktion des Leibes sind [...] Eines und das Selbe, nur auf zwei gänzlich verschiedene Weisen gegeben: einmal ganz unmittelbar und einmal in der Anschauung für den Verstand«

(W I, 143 (ZA)). Der Brennpunkt des Systems und der Ort an dem die Welt als Wille mit der Welt als Vorstellung zusammenhänge sei die Handlung: »Der Willensakt und die Aktion des Leibes sind nicht zwei objektiv erkannte verschiedene Zustände, die das Band der Kausalität verknüpft, stehn nicht im Verhältniß der Ursache und Wirkung [...] Die Aktion des Leibes ist nichts anderes als der objektivierte, d. h. in die Anschauung getretene Akt des Willens« (ebd., 143).

Diese Einsicht macht nach Gehlen den Nerv des philosophischen Systems Schopenhauers aus. Selbst wenn man die metaphysischen Begründungen und Folgerungen nicht mitvollziehe, »bemerkt man doch die erstaunliche Neuigkeit: die konkrete Handlung als Ausgangspunkt und Schlüsselproblem der Philosophie zu setzen. Nicht Gott oder die Welt, die Erkenntnis oder die Idee liefern wie für fast alle Philosophie vorher die Ausgangsthematik, sondern der Mensch und näher der handelnde Mensch« (Gehlen 1965, 318).

Für Gehlen ist ›Handlung‹ eine Schlüsselkategorie seiner Anthropologie (vgl. Gehlen 2009, 32). Alles, was den Menschen auszeichnet, ist in eine Tätigkeit eingebunden: Wahrnehmung, Körperbewegungen, Bewusstsein und Denken. Das Verhältnis dieser Aspekte eines jeden Handlungsbezuges fasst Gehlen kybernetisch auf: Sie bilden einen selbstbezüglichen Kreisprozess, in dem Leistungen gekoppelt und Rückmeldung über Erfolg und Misserfolg eingespeist werden (vgl. Rehberg 2009, 5).

2) Als zweites wichtiges Resultat Schopenhauers gilt Gehlen die Vorwegnahme eines Grundgedankens, der seit Jakob von Uexküll geläufig und ebenfalls zentral für Gehlens Anthropologie ist: die Harmonie zwischen Organbau, Instinktausstattung und Umwelt eines Lebewesens (vgl. Gehlen 2009, 71). Auch Schopenhauer betont die Harmonie des Willens mit dem Charakter eines Lebewesens, d. h. zwischen dem Trieb- und Instinktsystem, der organischen Spezialisierung und den Lebensumständen jeder Tierart (vgl. N, 239 (ZA)): »Jedes besondere Streben des Willens stellt sich in einer besonderen Modifikation der Gestalt dar« (ebd., 244). Die verschiedenen Teile eines Organismus entsprechen seiner Lebensweise genau, weil »kein Organ das andere stört, vielmehr jedes das andere unterstützt, auch keines ungenutzt bleibt und kein untergeordnetes Organ zu einer anderen Lebensweise besser taugen würde« (ebd., 239).

Glücklicherweise hat Schopenhauer diese Idee nicht naiv auf den Menschen übertragen, so Gehlen, und sich dadurch anthropologische Probleme abgeschnitten. Beim Menschen nämlich sei jenes Harmoniegesetz abgebrochen, denn er »ist das instinktlose, das organbiologisch unspezialisiert und das unbeschränkt weltoffene Wesen, also das intelligente und handelnde, das bis in die Struktur seiner Antriebe hinein auf orientierte und tätige Bewältigung der Welt [...] angelegt ist« (Gehlen 1965, 322). Nicht nur bei Herder, auch bei Schopenhauer findet Gehlen somit seine anthropologische Grundannahme vorgebildet, der Mensch sei ein entspezialisiertes Mängelwesen (vgl. Gehlen 2009, 73–85), das sich aufgrund von Instinktreduktion und mangelhafter Organausstattung geistige und sprachliche Werkzeuge zur Wirklichkeitsbewältigung schaffen musste. So geht auch für Schopenhauer »mit dem Eintritt der Vernunft jene Sicherheit und Untrüglichkeit der Willensäußerung [...] fast ganz verloren: der Instinkt tritt völlig zurück, die Überlegung, welche jetzt Alles ersetzen soll [...] gebiert Schwanken und Unsicherheit: der Irrtum wird möglich« (W I, 203 (ZA)). Infolgedessen musste »das komplicirte, vielseitige, bildsame, höchst bedürftige und unzähligen Verletzungen ausgesetzte Wesen, der Mensch« (ebd., 203) Erkenntnisfähigkeiten ausbilden.

Wie der Wille Tiere mit Organen zur Offensive oder Defensive ausgerüstet hat, so auch mit Intellekt, als Mittel zur Erhaltung des Individuums und der Art. Im Menschen stehe der überlegene Verstand

> »im Verhältniß theils zu seinen Bedürfnissen, welche die der Thiere weit übersteigen [...], theils zu seinem gänzlichen Mangel an natürliche Waffen und natürlicher Bedeckung, und seiner verhältnißmäßig schwächern Muskelkraft, [...] imgleichen zu seiner Unfähigkeit zur Flucht [...], endlich auch zu seiner langsamen Fortpflanzung, langen Kindheit und langen Lebensdauer [...] Alle diese großen Forderungen mußten durch intellektuelle Kräfte gedeckt werden: daher sind diese hier so überwiegend« (N, 249 (ZA)).

3) Doch ungeachtet aller grundlegenden Gemeinsamkeiten zwischen Mensch und Tier ist bei Schopenhauer sowenig wie bei Gehlen die Anthropologie das letzte Kapitel der Zoologie. Er setzt bedeutsame Unterschiede zwischen Mensch und Tier, die mit dem dritten wichtigen Resultat zusammenhängen: der These von der Oberflächlichkeit des Intellekts (vgl. Gehlen 1965, 322). Das Tier wird durch anschauliche Motive in Bewegung gesetzt und ist vom jeweiligen Augenblick abhängig; der Mensch verfügt über nichtanschauliche abstrakte Motive und damit über Unabhängigkeit von der Gegenwart. Er erhält insbeson-

dere »durch die Sprache, wie Schopenhauer einmal sagt, die Übersicht (!) der Vergangenheit und der Zukunft, wie auch des Abwesenden« (Gehlen 2009, 50) und kann so »Unterschiede jeder Art, also auch die des Raumes und der Zeit, beliebig fallen lassen [...] während das Tier in jeder Hinsicht an die Gegenwart gebunden ist« (G, 117 (ZA)).

Auch bei Gehlen machen Begriffe die Wahrnehmung verfügbar, beliebig reproduzierbar und leichter handhabbar, was zu einer Entlastung gegenüber dem Umweltdruck führt. Sprachliche Werkzeuge erlauben dem Menschen nach Schopenhauer, Besonnenheit zu entwickeln und die »Fähigkeit sich zu besinnen, um zu sich zu kommen, ist eigentlich die Wurzel aller seiner theoretischen und praktischen Leistungen, durch welche der Mensch das Thier so sehr übertrifft« (G, 117 (ZA)). Diese Funktion beruht wesentlich auf der Sprache, durch welche die den weltoffenen Menschen überströmenden Wahrnehmungsreize nicht mehr gesamttätig, sondern nur noch sprachlich bewältigt werden müssen. Daher ist dies nach Gehlen eine bahnbrechende Einsicht Schopenhauers: »Erkenntnis als Medium der Motive, als Phase der Handlung, und Denken als sekundäre Erkenntnis« (Gehlen 1965, 324).

4) Als viertes bleibendes Resultat sieht Gehlen, dass Schopenhauer mit der zentralen Rolle der menschlichen Handlung den Geist-Körper-Dualismus überwindet. Er unterscheide in seiner Lehre streng das Erlebnis der Umsetzung eines Willensentschlusses in eine Bewegung von der Wahrnehmung derselben Bewegung von außen. Jeder Willensakt sei eine Leibbewegung, der Mensch »kann den Akt nicht wirklich wollen, ohne zugleich wahrzunehmen, daß er als Bewegung des Leibes erscheint« (W I, 143 (ZA)). Schopenhauer war es, »der in seiner These vom Bewußtsein als ›Medium der Motive‹ zuerst und ganz grundsätzlich die Verhaltensbezogenheit des Bewußtseins erkannt hat« (Gehlen 2009, 168). Erkenntnis könne vielerlei sein: Phase der Handlung, vorgängiges Motiv, nachträgliches Resultat, als Lebensform sogar Ersatz für Handlung: auf diese bezogen bleibe sie immer (vgl. ebd., 168).

Eine der großen Leistungen der Zentralkategorie der Handlung besteht für Gehlen darin, dass mit ihr der Körper-Geist-Dualismus überwunden werden kann. Handlungen gehen nie ohne Geist und zugleich körperliche Routinen vonstatten. Jede Handlung besteht in einem komplexen und einheitsstiftenden Wechselspiel von Planung, Beobachtungen, Selbstempfindungen, Vorstellungen und Korrekturen (vgl. Rehberg 2009, 5). Eine Handlung ist eine Gesamtbewegung, die als »Aktion vielgliedrig abläuft und vom Denken gesteuert und geführt wird. Dieser Vorgang ist mit dem Begriffspaar ›bewußte Seele-Körper‹ gar nicht beschreibbar« (Gehlen 1965, 325).

Max Scheler

Max Scheler erwähnt Schopenhauer an etlichen Stellen seines Werkes (s. auch Kap. 37), doch die explizite Auseinandersetzung fällt kurz aus. In *Wesen und Formen der Sympathie* (2009) diskutiert er Schopenhauers Mitleidsethik im Rahmen der Abhandlung metaphysischer Theorien. So betont er die positive Wirkung bestimmter Aspekte des Mitleids bei Schopenhauer für ein ethisches und psychologisches Verständnis dieses Phänomens. Insbesondere dass er gegenüber Kant emotionale Funktionen als ethisch bedeutsam einstufte und annahm, Mitleiden bestehe im unmittelbaren Teilnehmen und beruhe nicht auf »›Schlüssen‹ oder irgendwelchen künstlichen Arten des ›Hineinversetzens‹ in den anderen« (Scheler 2009, 62), würdigt Scheler. Auch dass er dem Mitleid einen ›intentionalen Sinn‹ zuerkennt, statt es bloß kausal als blinden Zustand der Seele anzusehen, und dass die Erscheinungen des Mitgefühls eine »Einheit des Lebens voraussetzen« (ebd., 62), wie es beim Durchschauen des trennenden *principium individuationis* erkannt wird, sei den Verdiensten zuzurechnen.

In dieser Wertschätzung spiegelt sich die zentrale Stellung von Emotionen in Schelers Philosophie wider: Fühlen ist eine ontologisch-apriorische Funktion mit wesens- und werterschließendem Charakter (vgl. Scheler 1966, 45–51). Schopenhauer verknüpft Gefühle als Willensphänomene (vgl. Birnbacher/Hallich 2012) ebenfalls aufs Engste mit dem zentralen Begriff seiner Philosophie, denn im Primat des Affektiven über das Kognitive und der Aufwertung des emotionalen Weltzuganges (vgl. ebd., 486; 495) liegt das Wegweisende seines Denkens.

Allerdings werden für Scheler diese Fortschritte gegenüber herkömmlichen Lehren weit überwogen durch die Nachteile des Mitleidsbegriffs. Der Kardinalirrtum besteht für ihn in Schopenhauers Konzentration auf das Leiden anstelle des Mitfühlens, wodurch eine »*Vermehrung* des Leidens als des ›Heilswegs‹« (Scheler 2009, 63) erzeugt würde, anstelle von Liebe, Teilnahme und hilfreicher Tat.

Weiterhin kritisiert Scheler die Wertschätzung des Mitleids als eudämonistisch gefärbt. Der Mitleidende fände Trost für das eigene Leiden, indem er die Allgemeinheit des Leidens erkenne und »sich und sein Leid in *ein* großes und universales Leidensschicksal der Welt« (ebd., 63) miteingeschlossen fühle. Hier verwechsle Schopenhauer das bloß erkennende und verstehende Nachfühlen mit dem echten Mitfühlen, dem ein fremdes Leid »mit gedoppelter Schwere auf das Herz« fällt (ebd., 63). Gar bis zur Lust am Leid anderer steigere sich Schopenhauers Mitleidslehre, ja folgerichtig müsse man nach ihr Leiden bereiten, damit »jenes fundamental wertvolle Erleben des Mitleidens immer neu geschaffen werde« (ebd., 64).

Schopenhauer unterliege einer Werttäuschung, die ihn zunehmend blind mache für positive Werte wie Freude und Glück. Auch sei die unmittelbare Identifizierung mit dem Anderen als Wesens- und Leidensgleichem, die nach Schopenhauer mithilfe des Durchschauens des *principium individuationis* gelingt, nur im Falle einer Gefühlsansteckung und Einfühlung möglich. Dieses Aufgehen des Ichs »in einen allgemeinen Leidensbrei schließt *echtes* Mitleid vollständig aus« (ebd., 66).

Richtig ist, dass Schopenhauer Mitleid zu grob fasst, um all den darunter subsumierten Phänomenen gerecht zu werden, wie auch Birnbacher einräumt: Emotionen werden mit »vielen anderen Phänomenen zusammen unter den *umbrella term* ›Wille‹« (Birnbacher/Hallich 2012, 488) gebracht. Scheler hingegen differenziert das Fremdverstehen phänomenologisch in vier aufeinander aufbauende Arten des Gefühls aus: die Einfühlung, die Nachfühlung, das Mitgefühl und die Menschenliebe (vgl. Scheler 2009, 19–48; Sander 2001, 82). Sie erlauben die emotionale Erfassung fremdseelischen Erlebens, wobei Nachfühlen und Mitfühlen bewusster, distanzierter und erkennender sind als das Einsfühlen (vgl. Sander 2001, 83). Allerdings interpretiert Scheler Schopenhauer zu undifferenziert und stellenweise falsch. Mitleid soll nicht Leiden vermehren, sondern zu uneigennütziger Hilfe motivieren, die dem Leiden abhilft. Auch übersieht Scheler, dass Mitleid bei Schopenhauer ein Dispositionsbegriff ist, im Sinne der Fähigkeit »der Rücksichtnahme auf die Leidensfähigkeit existierender und potentieller Lebewesen« (Birnbacher/Hallich 2012, 497) und somit zu Handlungsmaximen verallgemeinerbar.

Tobias Hölterhof weist Gemeinsamkeiten zwischen Scheler und Schopenhauer im Phänomen und Stellenwert des Leidens auf. In *Vom Sinn des Leides* (vgl. Scheler 1963, 36–73) analysiert Scheler die Signalfunktion des Leidens, das eine »Schädigung des Körpers oder eine Hemmung der Entwicklung« (Hölterhof 2013, 140) anzeigt. Dem Leid komme läuternde Funktion zu, die als »Wachstumsschmerz« angenommen werden müsse, während Schopenhauer ein ontologisch allgegenwärtiges Leiden annimmt, das weitgehend funktionslos ist (vgl. ebd., 123 f.). Auch die Einschätzung der Positivität differiert: Nach Schopenhauer führen Mangelzustände zu Leidenszuständen und nur diese zu positiven Ausschlägen im Empfinden. Für Scheler übersieht er damit zweierlei: »die ganze positive Lust an der Lebenstätigkeit selbst« (Scheler 1963, 47) und den Schmerz aus der »Steigerung der Lebenstätigkeit« (ebd.). Beide eint jedoch die Annahme des Leidens als Erkenntnisquelle, die den geistigen Blick auf das Wesentliche schärft (vgl. Hölterhof 2013, 127).

Michael Landmann

Landmann zählt zum Kreis der Kulturanthropologen (vgl. Arlt 2001, 57). In *Philosophische Anthropologie* (1982a) und *Fundamental-Anthropologie* (1984) unternimmt er den Versuch, Kulturphilosophie, philosophische Anthropologie und Ergebnisse der Lebenswissenschaften zu einer Gesamtperspektive zu verbinden (vgl. Bohr/Wunsch 2015, 8). Er kritisiert an Vorläufertheorien, dass sie einzelne ›Anthropina‹ überbetonten statt ihre Vielfalt zu berücksichtigen, und das »Schöpferische« des Menschen nicht hoch und umfassend genug einschätzten (vgl. Landmann 1984, 123–132). Kreativität sei keine ausschließlich ästhetische Kategorie, sondern dem Menschen auf allen Gebieten wesentlich; mit der Kreativität lebe er »aus einer anderen Gabe als das Tier« (Landmann 1982a, 151), weshalb Landmann Gehlens Befund des ergänzungsbedürftiges Mängelwesen ›Mensch‹ nicht teilt. Doch wie Gehlen würdigt er die epochalen Impulse, die Schopenhauer der Entthronung der Vernunft und der anthropologischen Höherbewertung außervernunftmäßiger Erkenntnis- und Seelenkräfte gab (vgl. Landmann 1982, 96–110).

In dem Aufsatz »Schopenhauer heute« (1957) setzt er sich mit den Konjunkturen der Rezeption seiner Werke und seiner philosophiegeschichtlichen Stellung auseinander. Dabei misst er den Moden der Wertschätzung Schopenhauers nicht allzuviel Bedeutung bei; der Rang eines Philosophen bemesse sich danach, »wieviel von seinen Einsichten zum bleibendem Besitz menschlicher Weltdeutung wird« (Landmann 1957, XXIV). Schopenhauers bleibende Leistung läge darin, dass er »die alte Vernunftanthropologie zerschlagen und unterhalb der Vernunft elementare menschliche Wirklichkeitsschichten aufgezeigt hat«

(ebd., XXVII). Durch die Depotenzierung des Intellekts könne Schopenhauer als einer der ersten Pragmatisten gelten (vgl. Landmann 1982a, 107). Dieser sehe im erkennenden Intellekt kein Mittel, das dem Ziele der reinen Wahrheitserkenntnis diene, sondern ein Orientierungsorgan, dessen der blinde Wille in Gestalt des Lebens für sein eigenes Lebenkönnen bedürfe (vgl. Landmann 1957, XXIX).

In »Sinnverlust und Eudämonismus« (1982) rekonstruiert Landmann Schopenhauers Philosophie als wichtige geistesgeschichtliche Etappe des Sinnverlustes. Er geht menschheitsgeschichtlich von einer ›urgegebenen Sinnumfangenheit‹ (Landmann 1982, 159) aus, welche in historischen Wellen angezweifelt wurde. Schopenhauers Postulat der Verneinung des Willens setze den »Verlust des Glaubens an einen Welt- und Lebenssinn voraus« (ebd., 154) und sei als spätgnostische Auffassung einzustufen. Landmann rechnet ihn zwar noch dem Umkreis der Romantik zu, doch teile er nicht deren Auffassung des Irrationalen als von »unbewußter Weisheit«, worin sich das »Vertrauen in den Sinn der Welt [...] noch im Irrationalismus« (ebd., 157) fortsetze. Schopenhauer denke das Irrationale als blind-alogisch, dranghaft, chaotisch und sinnlos und gebe dem pantheistischen Irrationalismus somit eine gnostische Wendung.

Schopenhauers damit verknüpfte Opposition gegen den Eudämonismus – Glück für das wichtigste Lebensziel zu halten, sei der Irrtum des Menschen schlechthin – hält Landmann indes für eine Selbsttäuschung, denn seiner Philosophie liege ein »elementares eudämonistisches Apriori« (ebd., 165) zugrunde. Sein Pessimismus sei aus logischen Gründen kein metaphysischer, denn wenn der Wille das Absolute sei, könne es keinen über ihm liegenden Standort geben, von dem aus er zu verwerfen wäre. Vielmehr spreche aus ihm der eudämonistische Pessimist, denn dass »der Wille uns in unabsehbare Leiden stürzt, das ist der Grund, weswegen Schopenhauer sich gegen ihn aufbäumt« (Landmann 1957, XIX).

Ausblick

Landmann formulierte schon als Desiderat der Forschung, den Anthropologen Schopenhauer für die Deutung des Menschen stärker in den Blick zu nehmen, denn als Metaphysiker ging er nicht von der Kosmologie, sondern von der Anthropologie aus. Daher sei das »höhere Stockwerk der Weltdeutung wieder abzutragen« (Landmann 1957, XXV) und die Metaphysik anthropologisch umzudeuten.

Das pessimistische Menschenbild Schopenhauers hat zu anthropologischen Annahmen geführt, die als gemeinsames Lebenselement in vielen philosophischen Debatten und Teildisziplinen bis heute fortwirken. Ein Desiderat der Forschung wäre, diese Unterströmung zu einem umfassenderen systematischen Entwurf einer pessimistischen Anthropologie zusammenzuführen. Viele Probleme des ›zivilisatorischen‹ Fortschritts, mit denen Menschen heute konfrontiert sind – Umweltzerstörung, Überbevölkerung, Kriege, Verteilungskämpfe, überbordende Mobilität, Verlärmung der Welt, Migrationsströme, religiöse, rassistische und sexistische Gewalt – bedürfen dringend einer pessimistisch-anthropologischen Erklärung. 1972 untersuchte Johannes Vandenrath diese Probleme im Lichte der skeptischen Prognosen Schopenhauers und schon zu diesem Zeitpunkt waren nahezu alle seine ›schwarzsehenden‹ Vorhersagen zur Menschheitsentwicklung eingetroffen.

Literatur

Arlt, Gerhard: *Philosophische Anthropologie*. Stuttgart 2001.

Birnbacher, Dieter/Hallich, Oliver: *Schopenhauer: Emotionen als Willensphänomene*. In: Hilge Landweer/Ursula Renz (Hg.): *Handbuch Klassische Emotionstheorien. Von Platon bis Wittgenstein*. Berlin/Boston 2012, 479–500.

Bohr, Jörn/Wunsch, Matthias (Hg.): *Kulturanthropologie als Philosophie des Schöpferischen. Michael Landmann im Kontext*. Nordhausen 2015.

Gehlen, Arnold: *Die Resultate Schopenhauers* [1938]. In: Ders.: *Theorie der Willensfreiheit und frühe philosophische Schriften*. Neuwied/Berlin 1965, 312–338.

Gehlen, Arnold: *Der Mensch. Seine Natur und seine Stellung in der Welt* [1940]. Wiebelsheim 2009.

Hölterhof, Tobias: *Anthropologie des Leidens*. Würzburg 2013.

Koßler, Matthias: *»Standpunktwechsel« – Zur Systematik und zur philosophiehistorischen Stellung der Philosophie Schopenhauers*. In: Fabio Ciraci/Domenico M. Fazio/Matthias Koßler (Hg.): *Schopenhauer und die Schopenhauer-Schule*. Würzburg 2009, 45–60.

Landmann, Michael: Schopenhauer heute. In: Arthur Schopenhauer: *Über die vierfache Wurzel des Satzes vom zureichenden Grunde*. Hg. von Michael Landmann und Elfriede Tielsch. Hamburg 1957, IX–XXXIV.

Landmann, Michael: Sinnverlust und Eudämonismus. In: Wolfgang Schirmacher (Hg.): *Zeit der Ernte. Studien zum Stand der Schopenhauerforschung. Festschrift für Arthur Hübscher zum 85. Geburtstag*. Stuttgart/Bad-Cannstatt 1982, 96–110.

Landmann, Michael: *Philosophische Anthropologie. Menschliche Selbstdarstellung in Geschichte und Gegenwart* [1955]. Berlin/New York [5]1982a.

Landmann, Michael: *Fundamental-Anthropologie* [1979]. Bonn [2]1984.

Rehberg, Siegbert: *Anthropologie der Plastizität und Ordnungstheorie. Einführung in die 14. Auflage von Arnold Gehlens ›Der Mensch‹. Wiebelsheim 2009, 1–10.

Sander, Angelika: *Max Scheler zur Einführung*. Hamburg 2001.

Scheler, Max: *Schriften zur Soziologie und Weltanschauungslehre* [1923/24] (= *Gesammelte Werke*, Bd. 6). Hg. von Maria Scheler. Bern ²1963.

Scheler, Max: *Der Formalismus in der Ethik und die materiale Wertethik: Neuer Versuch der Grundlegung eines ethischen Personalismus* [1913–16] (= *Gesammelte Werke*, Bd. 2). Hg. von Maria Scheler. Bern 1966.

Scheler, Max: *Wesen und Formen der Sympathie* [1913] und *Die deutsche Philosophie der Gegenwart* [1922]. Hg. von Manfred Frings. Bonn 2009.

Thies, Christian: *Gehlen zur Einführung*. Hamburg 2000.

Thies, Christian: *Einführung in die philosophische Anthropologie*. Darmstadt ²2009.

Vandenrath, Johannes: Schopenhauer und die heutige Lage der Menschheit. In: *Schopenhauer-Jahrbuch* 53 (1972), 124–141.

Gabriele Neuhäuser

42 Kritische Theorie

Die Schulhäupter der Kritischen Theorie haben sich in verschiedenen Etappen ihrer intellektuellen Entwicklung mehr oder minder intensiv auch an der Philosophie Schopenhauers abgearbeitet. Neuere Forschung begibt sich in zunehmendem Maße im Werk Theodor W. Adornos (1903–1969) auf Spurensuche (vgl. Peters 2014) und wird dort insbesondere in den Schriften zur Ästhetik fündig, die über die bedeutsame Kategorie des Naturschönen hinaus eine gewisse Nähe zu den Ansichten Schopenhauers aufweisen (vgl. Birnbacher 2002). Dennoch ist es in erster Linie den intensiven Auseinandersetzungen Max Horkheimers (1895–1973) und Alfred Schmidts (1931–2012) zu verdanken, dass heutige Interpreten nicht mehr verwundert darüber sind, den Namen Schopenhauers im Zusammenhang mit der Kritischen Theorie zu vernehmen.

Max Horkheimer

Horkheimers erste Begegnung mit Philosophie verdankt sich dem Werk Schopenhauers, auf das ihn Friedrich Pollock (1894–1970) aufmerksam machte, als die beiden 1913 – wie einst Schopenhauer – zu Kaufleuten bestimmt berufsvorbereitende Aufenthalte in Brüssel, Manchester und London verbrachten. Er wurde also mit der Gedankenwelt Schopenhauers bekannt, noch ehe er »das Abitur gemacht hatte« (HGS 7, 452). An die Lektüre der »Aphorismen zur Lebensweisheit« schloss sich recht bald das eingehende Studium des Hauptwerks *Die Welt als Wille und Vorstellung* an. Bereits 1918 wird Horkheimer als Mitglied der Schopenhauer-Gesellschaft aufgeführt (vgl. Hübscher 1974, 86) und 1966 wird ihm die Ehrenmitgliedschaft verliehen. Im Rückblick auf seinen intellektuellen Werdegang betont er 1972, dass Schopenhauer in seinem »Leben nicht nur eine wichtige Rolle gespielt« habe, sondern dass »die Kritische Theorie […] sehr viel von Schopenhauer« enthalte, der eben nicht gesagt habe, »daß wir das schlechthin Gute nicht bezeichnen können«, sondern »sagt: ›Letzten Endes ist das Wesen aller Dinge das Schlechte, nämlich der Wille zum Leben […]‹« (HGS 7, 452).

Als Horkheimer 1969 während eines in Venedig gehaltenen Vortrags eher beiläufig äußerte: »Die beiden Philosophen, welche die Anfänge der Kritischen Theorie entscheidend beeinflußt haben, waren Schopenhauer und Marx« (HGS 8, 336), hat er damit nicht nur Außenstehende des Instituts für Sozialforschung, sondern sicherlich auch einige seiner engeren Mitarbeiter überrascht. Seither stand die Frage im Raum, wie Horkheimer diese gegensätzlichen Denkansätze, philosophischer Pessimismus hier und emanzipatorischer Anspruch auf Realisation der Philosophie dort, vereint wissen wollte. Es kennzeichnet Horkheimers pessimistisch gefärbten Blick auf Geschichte, dass er sie mit Bezug auf Schopenhauer als Leidensgeschichte interpretiert. Weiteren Aufschluss über die Entstehung der Kritischen Theorie Horkheimerscher Provenienz gibt ein Abschnitt des Vorworts zur Neupublikation seiner Aufsätze aus der *Zeitschrift für Sozialforschung*:

> »Der metaphysische Pessimismus, implizites Moment jedes genuinen materialistischen Denkens, war seit je mir vertraut. Meine erste Bekanntschaft mit Philosophie verdankt sich dem Werk Schopenhauers; die Beziehung zur Lehre von Hegel und Marx, der Wille zum Verständnis wie zur Veränderung sozialer Realität haben, trotz dem politischen Gegensatz, meine Erfahrung seiner Philosophie nicht ausgelöscht. Die bessere, die richtige Gesellschaft ist ein Ziel, das mit der Vorstellung von Schuld sich verschränkt« (Horkheimer 1968, XII f.).

1971 heißt es in dem Aufsatz »Pessimismus heute«, der »Sinn des Lebens« erweise sich angesichts des unaufhaltsam voranschreitenden Niedergangs der Vernunft als »Halluzination«. Noch sei zwar die Welt und das Leben in ihr nicht vollends Objekt totaler Verwaltung, gleichwohl habe Schopenhauer die richtige »Konsequenz« aus der »Einsicht in die Schlechtigkeit des eigenen Lebens, das vom Leiden anderer Kreaturen sich nicht trennen läßt«, gezogen und zu Recht auf »die Einheit mit den Leidenden, mit Mensch und Tier« hingewiesen und die Angst vor der »Abkehr von der Eigenliebe, vom Drang zu individuellem Wohlergehen als letztem Ziel« mindern wollen (HGS 7, 227 f.). Gleichwohl behält der hoffnungsvolle Gedanke an die richtige Einrichtung der Welt bis zuletzt auch für Horkheimer seine Gültigkeit. Bereits Gunzelin Schmid Noerr hat darauf hingewiesen, dass die »geläufige Festlegung des späten Horkheimers auf ›Pessimismus‹ im Sinne eines Erlahmens der Kritischen Theorie falsch ist« (Schmid Noerr 1985, 467). Denn Horkheimer, führt Schmid Noerr aus, »sieht […] den zeitgemäßen und lehrreichen Pessimismus in Schopenhauers Philosophie vor allem dort, wo diese die szientistische Weltsicht, die Bedeutungslosigkeit des Subjekts, auf den Begriff bringt und dessen reale Depotenzierung durch die fortschreitende Automatisierung und deren Folgen spekulativ vorwegnimmt« (ebd.).

Horkheimer ist nach dem bisherigen Gang der Geschichte davon überzeugt, dass der »Kern des Lebens selbst« durch »Qual und Sterben« gekennzeichnet ist (HGS 1, 173). Zvi Rosen weist zu Recht darauf hin, dass Horkheimer die »Anschauung, daß das Leiden den Inhalt der Geschichte bildet«, bereits durch den »Einfluß des Judentums« geläufig war. Gleichwohl verdanke sich Horkheimers »philosophische Vorstellung bezüglich des Leidens als individuelle und zugleich metaphysische Kategorie [...] Schopenhauer« (Rosen 1995, 67). Interessant in diesem Zusammenhang ist ferner Horkheimers frühes Interesse, das neben dem aufkeimenden Drang zur unerbittlichen Analyse des Bestehenden auch »der Mentalität der Menschen« (ebd.) gilt. Der Grundzug des Schopenhauerschen Philosophierens, die Einsicht in die ewige, weil unabwendbare Wiederkehr von Leid und Tod, bildet für Horkheimer das antithetische Korrektiv zu Hegels Verständnis der Weltgeschichte als Einsicht in eine ›Seinsordnung‹, aus der ›die historischen Tatsachen allererst‹ hervorgehen sollen.

Der frühe Horkheimer stand zunächst der »transzendentalen Systematik« seines neukantianischen Lehrers Hans Cornelius (1863–1947) nahe, wandte sich dann aber recht unvermittelt etwa Mitte der 1920er Jahre von der akademischen Philosophie überhaupt ab. Alfred Schmidt hebt hervor, dass auch Schopenhauer

> »seinerzeit im Schülerkreis um den Frankfurter Privatdozenten zu den häufig erörterten Themen gehört haben [dürfte]. Dafür spricht, daß Heinz Maus (1911–1978), [...] sich in seiner Dissertation eingehend mit Schopenhauer befaßt hat. Horkheimer, der die Schrift *Kritik am Justemilieu. Eine sozialphilosophische Studie über Schopenhauer* in vollem Umfang erst nach dem Zweiten Weltkrieg zu Gesicht bekam, hat sich in einem Brief an Maus lobend über sie ausgesprochen: ›Ihre echt dialektische Ansicht von Schopenhauer, der Nachweis des Umschlags von metaphysischem Pessimismus in soziale Apologetik, hat mich besonders beeindruckt‹« (Schmidt 2004, 11).

Horkheimers – gegenüber der ersten Rezeptionsphase nun distanzierteres – Verhältnis zu Schopenhauer ist in dieser Phase seiner Aneignung durch einen ideologiekritischen Blick gekennzeichnet. Erst in seinen Arbeiten der 1950er und 1960er Jahre nähert sich Horkheimer wieder Schopenhauer an. Die nachstehende Auswahl einiger Titel zeugt von der abermals geänderten Blickrichtung (vgl. ebd., 12): »Schopenhauer und die Gesellschaft« (1955), »Die Aktualität Schopenhauers« (1961), »Religion und Philosophie« (1966) und »Schopenhauers Denken im Verhältnis zu Wissenschaft und Religion« (1971).

An Schopenhauers wegweisender Rolle für die Begründung einer kritischen Theorie der Gesellschaft sollte demnach kein Zweifel bestehen. Zu ergänzen bleibt: Schopenhauers Präsenz in Horkheimers Frühschriften und in seiner Spätphilosophie ist nicht von der Hand zu weisen, aber sie ist noch all jenen ein Ärgernis, die Horkheimer als Mitbegründer der Frankfurter Schule, als Neomarxisten und Soziologen etikettieren und die Aktualität dieses Teils der Schopenhauer-Rezeption vielleicht gerade deshalb verkennen, weil sie eine verfehlte Vorstellung von der Kritischen Theorie haben (vgl. Schirmacher 1983, 29; Jay 1981, 66 f.) oder von Schopenhauer.

Alfred Schmidt

An dem Vergessen anheimgegebene materialistische Einsprachen wider die in der Geschichte der Philosophie vorherrschenden Idealismen zu erinnern und insbesondere im Anschluss an den historischen Materialismus weiterzuführen, war bereits in den 1930er Jahren ein Ziel der Arbeiten des Instituts für Sozialforschung. Der Materialismus-Forscher, der seine Denkbewegungen wie kein anderer an dieses Projekt anzuknüpfen wusste, war Alfred Schmidt. Als der letzte originäre Repräsentant dieser, der traditionellen Theoriebildung entgegengesetzten Denkhaltung war er wie ihr *spiritus rector* bekennender Schopenhauerianer. Wie kein anderer hat Schmidt die wechselnden, erkenntnisleitenden Motive in Horkheimers Denken, insbesondere die vier Dekaden andauernde kritische Auseinandersetzung mit der Philosophie Schopenhauers nicht nur herausgearbeitet und dokumentiert, sondern, dabei eigene Wege beschreitend, *sub specie* des Materialismusproblems qualitativ weitergeführt.

Als Schmidt im Jahr 2003 seine *Vorträge und Aufsätze über die Philosophie Schopenhauers* für die Wieder- bzw. Erstveröffentlichung unter dem Titel *Tugend und Weltlauf* ordnete und zusammenstellte, wurde er sich »des wechselvollen Wegs seiner Beschäftigung mit Schopenhauer bewußt« (Schmidt 2004, 96). Schmidt war – auch um den Preis, als ›weißer Rabe‹ unter den Schopenhauer-Forschern zu gelten – bis zuletzt von der »Aktualität gerade auch der metaphysischen Erwägungen Schopenhauers überzeugt« (ebd., 85). Erwin Rogler sieht denn auch in dessen Weigerung, Schopenhauer als einen Klassiker abzutun, ein bestimmendes Moment seiner Schopenhauer-Rezeption und -Kritik, die sich zudem dadurch auszeichne, dass sie den Fokus richte »auf die späteren Publikationen Schopenhauers (N, W II, P I, P II) und die hier deutlich hervortretenden naturalistisch-materialistischen Elemente seiner Philosophie« (Rogler/Görlich 2007, 174). In der umfangreichen Vorrede zu *Tugend und Weltlauf* fasst Schmidt selbst die Schwerpunkte seiner Schopenhauer-Forschung in ihrer Entwicklung zusammen:

> »Handelte es sich für den Autor zunächst darum, das von Horkheimer früh in die Diskussion gebrachte Verhältnis Schopenhauers zu Marx näher zu untersuchen, so wandte sein Interesse sich bald der Frage nach Einheit und Differenz von Idealismus und Materialismus zu, wie sie sich darstellt in Schopenhauers Erkenntnis- und Willenslehre. Später war der Verfasser bemüht, das komplizierte Ineinander von Physik und Metaphysik bei Schopenhauer näher zu bestimmen, sein mythisch-allegorisches Verständnis von Religion sowie den sachlichen Hintergrund seiner gegen Hegel gerichteten Schimpfkanonaden. Beim Studium von Schopenhauers Kunstauffassung stieß er auf das bedeutende, in Adornos *Ästhetischer Theorie* wiederkehrende Motiv einer Rettung des Naturschönen« (Schmidt 2004, 98).

Während der letzten Jahre galt Schmidts Interesse »vor allem dem Verhältnis von Schopenhauer und Freud, das sich keineswegs darin erschöpft, daß bei diesem als Wissenschaft auftritt, was bei jenem Spekulation bleibt« (ebd.; s. Kap. 31). Das genuine Forschungsinteresse, den Begriff eines Kritischen Materialismus inhaltlich sukzessive zu konkretisieren, bleibt bestimmend auch für Schmidts Beitrag zur Schopenhauer-Freud-Frage. Philosophisch bedeutsam ist – in diesem Zusammenhang – der Übergang zur Metaphysik innerhalb der doppelten Betrachtungsweise des Leibes, der zunächst, diskursiver Logik folgend, innerhalb der phänomenalen Welt ein Objekt unter Objekten ist und damit dem Satz vom Grunde unterworfen bleibt, sodann aber die *via regia* zum sinnverstehenden Ausdeuten des Wesens der Welt eröffnet, der notwendig das hermeneutische Verständnis des Leibes vorgeordnet ist. Indem das reflektierte Leib-Sein zu der *intuitiven* Erkenntnis der »dranghaft-somatischen Tiefenstruktur des Selbstbewusstseins« (Schmidt 2012, 49) führt, erweitert sich bei Schopenhauer »die philosophische Entdeckung des Leibes zu der des *Unbewussten* im Freud'schen Sinn« (ebd.): der zum empirischen Charakter objektivierte Wille, der mittels des sogenannten ›Analogieschlusses‹ den »Schlüssel [...] zur Erkenntniß des innersten Wesens der der gesammten Natur« (W I, 130) bietet (s. Kap. 6.4).

Leider kann die Fülle der erkenntnisleitenden Motive der Schmidtschen Schopenhauer-Rezeption und -Kritik hier nicht *in extenso* dargestellt werden. Herauszugreifen und ausführlicher zur Sprache zu bringen sind folgende vier Motive: (1) Einbezug Schopenhauers in das Projekt einer Rekonstruktion der Geschichte des Materialismus, wie er in den 1970er Jahren erfolgte, (2) Schopenhauer als Prüfstein einer materialistischen Erkenntnislehre, (3) Willenslehre und Materialismus, (4) induktive Metaphysik, Physiologie, Kritischer Materialismus und Subjektivität (vgl. Koßler 2014).

1) Schopenhauers unbeabsichtigter Beitrag zur Geschichte des Materialismus: Wer immer sich die Rekonstruktion der Geschichte des philosophischen Materialismus zur Aufgabe macht, sieht sich unweigerlich mit der historiographischen Widrigkeit konfrontiert, dass materialistische Positionen in der Geschichte der Philosophie ›eher kaleidoskopisch‹ auftreten, keinesfalls aber eine in ihr durchgängig vertretene Alternative zum Idealismus darstellen. Damit ist der denkpraktische Vorzug einer »Konstruktion eines einheitlichen Problemzusammenhangs« unrettbar dahin, an seine Stelle hat ein detektivisch geschärftes Bewusstsein davon zu treten, dass es die jeweils »handfest-geschichtlich[.], historisch zu bewältigende[n] Aufgaben« aufzuspüren gilt, die stets im »Zentrum materialistischen Denkens« stehen (Schmidt 1977, 142). Dieses Problem hat Schmidt bis zuletzt umgetrieben. Seine diesbezügliche Unruhe führte ihn in den 1970er Jahren auch zur erneuten »Auseinandersetzung« mit »Schopenhauers System«, die durch das Bestreben gekennzeichnet ist, »trotz Schopenhauers« unzähligen Invektiven gegen den reduktiv-mechanistisch argumentierenden Vormarxschen Materialismus »eine lückenlos materialistische Grundierung seines Systems nachzuweisen« (Schmidt 2004, 85). Schmidts an Schopenhauer neu gewonnene Grundeinsicht besteht darin, dass sich die seit Platon und Demokrit zunächst auf zwei miteinander im Widerstreit befindliche Lager verteilte Kontroverse Materialismus oder Idealismus »häufig auch innerhalb ein und desselben Denkzusammenhangs« aufweisen lässt (ebd., 26). Diese Überlegungen führen Schmidt, der sich dabei auf die Vorarbeiten von Hans Naegelsbach (1927) und Ernst Bloch (1972) stützen kann, zu der unorthodoxen und – zunächst befremdlich wirkenden – These, dass die »Schopenhauersche Philosophie in die Geschichte sowohl des Materialismus als auch der idealistischen Erkenntnistheorie« (Schmidt 2004, 30) gehört.

2) Schopenhauer als Prüfstein einer materialistischen Erkenntnislehre: Ein angemessenes Urteil des von Schmidt gewählten Interpretationsschlüssels hat seine in den frühen 1970er Jahren wirksam werdende Intention zu berücksichtigen, den von ihm inaugurierten Kritischen Materialismus durch einen am Praxisbegriff orientierten materialistischen Kritizismus zu erweitern. Gerade wegen seiner entschiedenen Kritik des Materialismus bezog Schmidt Schopenhauer ein. Der »Reiz« der Schopenhauerschen Philosophie bestand für Schmidt insbesondere darin, dass sie sich der Sache nach »weder für noch gegen den Materialismus in Anspruch nehmen« lässt (ebd., 105). Gerade deshalb hat »materialistisches Denken« an Schopenhauer »sich zu bewähren« und darf in Fragen der Erkenntnistheorie nicht »hinter das bei ihm Erreichte [...] zurückfallen« (ebd.). Gleiches gelte von seinem anthropologischen und moralphilosophischen Problembewusstsein.

3) Willenslehre und Materialismus: Schmidt geht mit Bloch davon aus, dass gerade der »kryptomaterialistische Grundzug« (ebd., 32) in Schopenhauers Willenslehre nicht von der Hand zu weisen ist. Schmidt ist bestrebt aufzuweisen,

> »daß Schopenhauers Aufnahme des physiologischen Gesichtspunkts in seine Vorstellungslehre deren [...] transzendentale Grundlage [...] ersetzt: Erkenntnis erweist sich als Naturprozeß; zum anderen zeigt sich, daß Schopenhauer, indem er, über Kant hinausgehend, das Ding an sich als Wille, das heißt als erkennbare, transsubjektive Wirklichkeit bestimmt, ein vorkritisch-abbildrealistisches Erkenntnisinteresse verfolgt, das sich eigenartig verschränkt mit Einwänden seines physiologischen Idealismus« (ebd., 33 f.).

Schmidts Interpretation geht von der Doppeldeutigkeit des Willens aus, die

> »zwei einander schroff widersprechende Weltansichten impliziert, die Schopenhauer nicht zu vereinbaren vermag. Als Inbegriff des Verwerflichen, moralisch zu Verurteilenden ist er zugleich das dechiffrierte Ding an sich: der welt-immanente Schlüssel zum Verständnis der Welt. An die Stelle des Kantischen Dualismus von Erscheinung und Ding an sich tritt bei Schopenhauer eine Dialektik, worin das Wesen erscheint und die Erscheinung sich als wesentlich erweist. Damit verflüssigt sich die Differenz zwischen dem Willen selbst und der Materie, dem allgegenwärtigen, Realität verbürgenden Substrat seiner ›Sichtbarkeit‹. Materie und Wille rücken zusammen; mehr noch: sofern der Wille sich gegenständlich manifestiert [...], ist er mit der Materie identisch, die den ›Grundstein der Erfahrungswelt‹ bildet. Wille und Materie stimmen überein in den Kategorien der Einheit, Totalität, Substanz und Ewigkeit« (ebd., 29).

Diese Relativierung des »zunächst peinlich beachteten Abstand[s] von Physik und Metaphysik« führt nach Schmidt dazu, dass der Materialismus in den späteren Schriften Schopenhauers an »metaphysische[r] Bedeutung« gewinnt (ebd.). Dabei werde der leiblich erfahrene Wille »von Schopenhauer bald als psychoides, bald als stofflich-energetisches Agens beschrieben« (ebd., 29 f.).

4) Induktive Metaphysik, Physiologie, Kritischer Materialismus und Subjektivität: Im Horizont der Freudschen Psychoanalyse ist Schopenhauers psychiatrischer Exkurs, der zwar »nur ein schmales Segment seines Gesamtwerks bildet«, für Schmidt *sub specie* des Verhältnisses von Materialismus und Subjektivität »philosophisch von erheblichem Gewicht« (ebd., 78). Schopenhauers erkenntnistheoretischer Grundauffassung nach sind, wie bereits ausgeführt, »der Intellekt und die Materie Korrelata« (W II, 18), weshalb er dem traditionellen Materialismus vorwirft, »die Philosophie des bei seiner Rechnung sich selbst vergessenden Subjekts« (W II, 15) zu sein. Der Kritische Materialismus aber bereitet, worauf Bernard Görlich zu Recht hinweist, »einer entfalteten Philosophie der Subjektivität auf genuine Weise den Boden« (Rogler/Görlich 2007, 177).

Während Adorno und Horkheimer, worauf Martin Jay hinweist, »Freud'sche[.] Kategorien« an ihre einschlägigen »empirischen Untersuchungen anlegten« (Jay 2009, 144), geht Schmidts Freud-Interpretation eher der Brüchigkeit aller Kultur nach, die in Orientierung an den von Descartes aufgeworfenen, dem modernen Bewusstsein zugrundeliegenden Leib-Seele-Dualismus ihre Abkunft aus dem Schoße der Natur verleugnet. Im Anschluss an Schopenhauer, Marx und Freud erarbeitet Schmidt seinen Naturbegriff als ein Ganzes von Konstellationen, das allein seiner Idee eines Kritischen Materialismus angemessen ist. Fragen nach dem schwierigen Ineinander von innerer Natur und Kultur, dem unentwirrbaren Vermittlungszusammenhang von Naturalem und Menschlichem, wobei diesem der Vorrang vor jenem innerhalb dieser Vermittlung zukommt, führen Schmidt auf die Spur der »›naturalistischen‹ Aspekte in Freud«, der er intensiv folgt und durch korrespondierende Motive Schopenhauers zu erhellen sucht. Denn diese aufgenommene Spur führt »nicht etwa weg von der Idee der gesellschaftskritischen Dimension der Psychoanalyse, sondern verhilft ihr allererst zum Durchbruch« (Schmidt/Görlich 1995, 97). Im Bewusstsein der Schrecken, Greul und der schier unbegreiflichen Zahl der Opfer, die Holocaust und Zweiter Weltkrieg gefordert haben, stellt Schmidt im Einklang mit Horkheimer den Vorzug des Schopenhauerschen Antihistorismus heraus: »Das hartnäckige Zögern Schopenhauers, Geschichte den Status einer Wissenschaft zuzubilligen, ist Ausdruck seines strengen Nominalismus, das heißt der Weigerung, Kollektive wie Volk, Nation, gar Rasse zu fetischisieren« (Schmidt 2004, 436; vgl. hierzu auch Rosen 1995, 143).

Schopenhauers Bedeutung für den entwickelten Begriff eines reflektierten Materialismus hat Schmidt hoch veranschlagt: »Die paradoxale, in Schopenhauer enthaltene Einheit von Physik und Metaphysik, von Leben und Tod hat es seinen Nachfahren ermöglicht, das bisher im Sinn entschiedener Gegnerschaft interpretierte Verhältnis von Materialismus und Metaphysik neu zu überdenken« (Schmidt 2004, 88). Mit der »wachsenden Bedeutung psychoanalytischer Fragestellungen« verlagerte sich gegen Ende der 1970er Jahre Schmidts »Interesse an einer materialistischen Lesart Schopenhauers von der Erkenntnistheorie auf die Metaphysik [...]: vom physiologischen Idealismus auf den Triebnaturalismus« (ebd., 50).

Das Phänomen des Unbewussten und die Verdrängungslehre, die Rolle der Sexualität, die kulturstiftende Rolle des Eros und die metaphysische Bedeutung des Todes sind die philosophisch bedenkenswerten Themen, die Schmidt insbesondere im IV. Kapitel seiner Studie »Von der Willensmetaphysik zur Metapsychologie. Schopenhauer und Freud« (1999/2003) eingehender erörtert.

Den in diesem Zusammenhang bedeutendsten Aspekt der Schopenhauerschen Philosophie erblickt Schmidt in dem »Ansatz zu einer Psychologie des Unbewußten, wie er in der Lehre vom Primat des Willens im Selbstbewußtsein entfaltet wird« (Schmidt 2004, 60). Schmidt geht es primär um die Schwierigkeiten, die sich aus einer philosophischen Freud-Rezeption und einer psychoanalytischen Lesart Schopenhauers ergeben. Freuds These, wonach die »seelischen Vorgänge an sich unbewußt sind und nur durch eine unvollständige und unzuverlässige Wahrnehmung dem Ich zugänglich und ihm unterworfen« sind (FGW XII, 11), entspricht Schmidt zufolge »– mutatis mutandis – der Schopenhauerschen Lehre, daß sich der blinde, erkenntnislose Wille in den durch die subjektive Erkenntnisapparatur vorgeprägten Formen objektiviert« (Schmidt/Görlich 1995, 85). Es kennzeichnet Schmidts neue Lesart Schopenhauers, dass sie ihn durch eine »deutlich materialistische, die idealistische Erkenntnislehre sprengende Tendenz« mit Freud verbunden sieht (ebd., 85). Der »Stachel der Freudschen Theorie« im Fleische des naturvergessenen Bewusstseins (dem nach einem Wort Schopenhauers geflügelten »Engelskopf ohne Leib«, W I, 118) besteht in der auf rationalem Weg gewonnenen Einsicht, dass das »Naturreich in uns und außerhalb von uns [...] unserem rationalen Zugriff weithin entzogen« bleibt (Schmidt/Görlich 1995, 97).

Was Schopenhauer seinem geistigen Zögling und späteren Kritiker Nietzsche voraus hat, ist seine intensive, wissenschaftlich geführte Auseinandersetzung mit der Physiologie seiner Zeit. Dennoch macht ihn diese Bezugnahme keineswegs zu einem Materialisten: »Cabanis' Resultate«, führt Schmidt aus, »sind, für sich genommen, materialistisch; doch gewinnt seine die empirische Welt unbefragt akzeptierende Betrachtungsweise des Intellekts [...] philosophische Relevanz erst dadurch, daß sie Schopenhauer als Unterbau eines erkenntnistheoretischen Subjektivismus dient, der jene Welt herabsetzt zum bloßen Derivat« (Schmidt 2004, 54; s. auch Kap. 23) – soweit Schopenhauers idealistisches Selbstverständnis. Letztlich aber bleibt Schopenhauer, unbeschadet all seiner Vorbehalte, für Schmidt mit dem Materialismus verbunden durch »das Prinzip einer selbst-genügsamen, aus sich zu erklärenden Natur« (ebd., 55).

Das Interesse an der Physiologie teilt Schopenhauer (auch) mit Freud, der bekanntlich von der Neurophysiologie zur Psychoanalyse überging. Nach Alfred Lorenzer erweist sich die »Psychoanalyse als ›Naturwissenschaft‹ oder, methodisch genauer ausgewiesen, als Hermeneutik des Leibes« (Lorenzer 1988, 170). Lorenzers sozialisationstheoretische Auslegung des Freudschen Unbewussten sucht einerseits den Brückenschlag zwischen Psychoanalyse und Neurowissenschaft. Andererseits strebt ihre materialistisch rekonstruierte Konzeption von Subjektivität als differenzierte Praxisfiguration des komplexen »Zusammenhangs von Trieb, innerer Natur und Interaktionsform« innerhalb der Perspektive Kritischer Theorie ein Arbeitsbündnis mit Schmidts »geschichtsmaterialistischer Interpretation des Verhältnisses von Natur und Geschichte« an (Görlich 2012, 75).

Diesem Berührungspunkt nähert sich Schmidt durch seine behutsam-kritische Auseinandersetzung mit Schopenhauer und Freud an, deren Verhältnis »nicht auf eine bündige Formel« gebracht werden kann (Schmidt 2004, 424). Vielmehr sei es so, dass die »Werke beider Denker einander wechselseitig« erhellten (ebd.). Verbindendes Moment ist – durch historisch wechselnde Konstellationen von Natur und Geschichte hindurch – die vertikale Dimension des leiblich-sinnlich Unbewussten. Schmidt kann zeigen, dass Schopenhauer durch die »Kritik der Relikte des cartesianischen, von Kant nur teilweise beseitigten Rationalismus« zu einer »Einsicht ins Wesen des organischen Lebens« vorstößt, die ihn »zu einer den Denkansatz der Psychoanalyse vorwegnehmenden Neufassung des Leib-Seele-Problems« führt (ebd., 57). »Hinter Schopenhauers spekulativer Behauptung, der Wille sei dem Organismus, worin er sich manifestiert, vorgeordnet, verbirgt sich«, wie Schmidt ausführt, »die schwierige, bei Freud wiederkehrende Frage nach der Seinsart von Triebvorgängen *sub specie* ihrer biologischen Grundlagen« (ebd., 58). Da der Triebreiz aus dem Inneren des Leibes hervorgeht, changiere das »von den Sexualtrieben angestrebte Ziel« eigentümlich »zwischen Körperlichem und Psychischem« (ebd.). Freuds negative Auffassung des Lustprinzips als eines Regulators, der zur Abfuhr von Erregungspotenzialen dient, verleiht der von ihm inaugurierten Psychoanalyse eine »pessimistische Note, die sie mit Schopenhauers Metaphysik verbindet« (ebd., 348). Was Freud aber deutlicher noch mit dem weltflüchtenden Schopenhauer verbindet, ist »der Hinweis auf die erhebliche soziokulturelle Rolle der Sexualität« (ebd., 338).

Schmidt, der sich differenziert mit Freuds ambivalenter bis ablehnender Haltung gegenüber der Philosophie auseinandergesetzt hat (vgl. ebd., 327–354), verweist auf Freuds Bezugnahme in der Abhandlung über die »Widerstände gegen die Psychoanalyse«, an dieser für sein wissenschaftliches Selbstverständnis zentralen Stelle auf Schopenhauer, der bereits »in Worten von unvergeßlichem Nachdruck« auf die »unvergleichliche Bedeutung des Sexuallebens« hingewiesen hat (FGW XIV, 105). Wo Schmidt eine materialistische Lesart der Schopenhauerschen Philosophie anregt, geht »es ihm, unter wechselnden Gesichtspunkten, primär um den Materialismus der Sache selbst, das heißt um seine diagnostisch-kritische Rolle, nicht um Affirmation des Weltlaufs« (Schmidt 2004, 85). Für Schmidt erwies es sich, Schopenhauer derart gegen den Strich lesend, als aufschlussreich der »mehrschichtigen Problematik des Materialismus« in seinem Werk »genauer nachzugehen, die freilich verwoben ist in seine ›idealistische Grundansicht‹. Bei aller erkenntnistheoretischen und ethischen Distanz des Philosophen zum Materialismus bildet letzterer, triebnaturalistisch gefärbt, die Basis seiner Metaphysik, soweit sie den Anspruch erhebt, die Welt einheitlich zu erklären« (ebd., 80).

Literatur

Birnbacher, Dieter: Schopenhauer und Adorno – philosophischer Expressionismus und Ideologiekritik. In: Ders./Andreas Lorenz/Leon Miodonski (Hg.): *Schopenhauer im Kontext. Deutsch-polnisches-Symposium 2000*. Würzburg 2002, 223–239.

Bloch, Ernst: *Das Materialismusproblem, seine Geschichte und Substanz*. Frankfurt a. M. 1972.

Görlich, Bernard: Über die Widerständigkeit des Subjekts. Alfred Lorenzers Auslegung der Freud'schen Erkenntnis des Unbewussten. In: *Psychosozial* 128/II (2012), 63–80.

Freud, Sigmund: *Gesammelte Werke*. Bd. XIV. Hg. von Anna Freud. London 1955 [FGW].

Horkheimer, Max: *Kritische Theorie*. Bd. 1. Hg. von Alfred Schmidt. Frankfurt a. M. 1968.

Horkheimer, Max: *Gesammelte Schriften*. Hg. von Gunzelin Schmid Noerr und Alfred Schmidt. Frankfurt a. M. 1985 ff. [HGS].

Hübscher, Arthur: Zum Tode Max Horkheimers. In: *Schopenhauer-Jahrbuch* 55 (1974), 86–89.

Jay, Martin: *Dialektische Phantasie. Die Geschichte der Frankfurter Schule und des Instituts für Sozialforschung 1923–1950*. Frankfurt a. M. 1981.

Jay, Martin: Die Antisemitismusanalyse der Kritischen Theorie. In: Monika Boll/Raphael Gross (Hg.): *Die Frankfurter Schule und Frankfurt. Eine Rückkehr nach Deutschland*. Frankfurt a. M. 2009, 136–149.

Jeske, Michael: Pessimistischer Materialismus: Die Rolle Schopenhauers in Horkheimers Kritischer Theorie. In: *Aufklärung und Kritik (Schwerpunkt Arthur Schopenhauer)* 23/2 (2016), 149–160.

Koßler, Matthias: Alfred Schmidts materialistische Schopenhauer-Interpretation. In: *Schopenhauer-Jahrbuch* 95 (2014), 147–156.

Lorenzer, Alfred: Hermeneutik des Leibes. Über die Naturwissenschaftlichkeit der Psychoanalyse. In: *Merkur* 42 (1988), 838–852.

Naegelsbach, Hans: *Das Wesen der Vorstellung bei Schopenhauer*. Heidelberg 1927.

Peters, Mathijs: *Schopenhauer and Adorno on Bodily Suffering. A Comparative Analysis*. Basingstoke 2014.

Rogler, Erwin/Görlich, Bernard: Rezension »Alfred Schmidt. Tugend und Weltlauf. Vorträge und Aufsätze über die Philosophie Schopenhauers«. In: *Schopenhauer-Jahrbuch* 88 (2007), 174–179.

Rosen, Zvi: *Max Horkheimer*. München 1995.

Ruggerie, Davide: Schopenhauer's Legacy and Critical

Theory. Reflections on Max Horkheimer's Unpublished Archive Material. In: *Schopenhauer-Jahrbuch* 96 (2015), 93–108.

Schirmacher, Wolfgang: Schopenhauer bei neueren Philosophen. In: *Schopenhauer-Jahrbuch* 64 (1983), 28–38.

Schmid Noerr, Gunzelin: Nachwort des Herausgebers. In: Max Horkheimer: *Gesammelte Schriften*. Bd. 8. Frankfurt a. M. 1985, 457–471.

Schmidt, Alfred: Zum Begriff des Glücks in der materialistischen Philosophie. In: Ders.: *Drei Studien über Materialismus. Schopenhauer. Horkheimer. Glücksproblem*. München 1977, 135–195.

Schmidt, Alfred: *Tugend und Weltlauf. Vorträge und Aufsätze über die Philosophie Schopenhauers (1960–2003)*. Frankfurt a. M. 2004.

Schmidt, Alfred: Fortschritt, Skepsis und Hoffnung. Kategorien der Geschichtsphilosophie Max Horkheimers. In: Monika Boll/Raphael Gross (Hg.): *Die Frankfurter Schule und Frankfurt. Eine Rückkehr nach Deutschland*. Frankfurt a. M. 2009, 96–107.

Schmidt, Alfred: Von den philosophischen Ärzten des 18. Jahrhunderts zu Feuerbach, Schopenhauer und Nietzsche. In: Michael Jeske/Matthias Koßler (Hg.): *Philosophie des Leibes. Die Anfänge bei Schopenhauer und Feuerbach*. Würzburg 2012, 11–57.

Schmidt, Alfred/Görlich, Bernard: *Philosophie nach Freud. Das Vermächtnis eines geistigen Naturforschers*. Lüneburg 1995.

Michael Jeske

43 Neurophilosophie

Die Neurophilosophie ist eine, zumindest wenn man von der Einführung des Begriffs durch Churchland in den 1980er Jahren ausgeht, noch relativ junge Disziplin, die sich an der Schnittstelle von Neurowissenschaften und Philosophie befindet. Die Grundannahme, die den Ausgangspunkt und kleinsten gemeinsamen Nenner neurophilosophischer Überlegungen bildet, besteht aus zwei sich ergänzenden Teilen. Zunächst ist dies die Überzeugung, dass geistige Vorgänge und Bewusstseinsphänomene des Menschen auf neuronale Grundlagen bzw. Gehirnprozesse zurückführbar sind. Die Neurophilosophie basiert somit auf den Erkenntnissen der neurowissenschaftlichen Forschung und steht mit diesen in Einklang. Im Weiteren geht die Neurophilosophie aber über die Resultate der Neurowissenschaften hinaus, indem sie die Notwendigkeit voraussetzt, deren Ergebnisse aus philosophischer Sicht zu deuten und kritisch zu reflektieren (vgl. Birnbacher 2005).

Der mit der Philosophie Schopenhauers bestens vertraute Neurologe Hartwig Kuhlenbeck hat in seiner Würdigung Schopenhauers diesem bescheinigt, durch sein Verständnis von geistigen Vorgängen und Bewusstseinsphänomenen als ›Gehirnphänomen‹ den »[...] unzertrennliche[n] Zusammenhang zwischen Erkenntniskritik und Neurologie zum Ausdruck gebracht« zu haben (Kuhlenbeck 1961, 181). Dieses Urteil bestätigt, dass Schopenhauer die oben skizzierten Minimalkriterien der Neurophilosophie erfüllt hat.

Es war kein Zufall, dass Schopenhauer den Ergebnissen der Naturwissenschaften im Allgemeinen und der Hirnforschung seiner Zeit im Besonderen größte Aufmerksamkeit schenkte, vor dem Hintergrund seiner eigenen Philosophie reflektierte und mit dieser in Einklang zu bringen bemüht war. Sein ursprüngliches Interesse hatte der Medizin gegolten, er hatte sich 1809 in Göttingen zunächst als Student der Medizin eingeschrieben. Obwohl recht schnell eine Hinwendung zur Philosophie erfolgte, hörte er weiterhin ausgiebig medizinische Vorlesungen und befasste sich auch nach seiner Studienzeit mit den aktuellen Entwicklungen in den für ihn interessanten Bereichen der Medizin und der Naturwissenschaften, zu denen auch die Hirnforschung seiner Zeit gehörte. Aus diesen Quellen speiste sich sein Verständnis der ›Welt als Vorstellung‹ als Gehirnphänomen.

Obwohl Schopenhauers Ansatz offensichtlich mit der Grundannahme der Neurophilosophie übereinstimmt, spielt Schopenhauer in modernen neurophilosophischen Überlegungen nur eine untergeordnete Rolle, auf ihn und sein Denken wird bis auf Ausnahmen wie Kuhlenbeck (der als Neurophilosoph *avant la lettre* seine Ansichten zu Schopenhauer bereits in den 1960er Jahren formulierte) nicht explizit Bezug genommen. Schopenhauer hat jedoch nicht nur die Grundannahme der Neurophilosophie, sondern auch einige spezifische Probleme und Fragestellungen vorweggenommen, die in neurophilosophischen Diskussionen der Gegenwart eine wichtige Rolle spielen. Besonders stechen hierbei Schopenhauers Ausführungen zum Gehirnparadox und zur Freiheit des Willens hervor, die hier näher erläutert werden. Schopenhauers Lösungsansätze bleiben gegenüber den Antworten, die durch moderne neurophilosophische Theorien formuliert werden, zwar zurück, jedoch zeigt sich die Kontinuität der Diskussion deutlich in der eigentlichen Problemstellung. Aus diesem Grund kann Schopenhauer durchaus als Vorläufer dessen gelten, was man heute als Neurophilosophie bezeichnet.

Gehirnparadox

Das Gehirnparadox bei Schopenhauer hat seinen Ursprung in den ›zwei Betrachtungsweisen des Intellekts‹, die er innerhalb seiner Erkenntnislehre formuliert (vgl. Schmidt 2005). Das ist zunächst die subjektive Betrachtungsweise, die von innen ausgeht und die Welt als Manifestation des Bewusstseins darstellt. Diese ›idealistische Grundansicht‹ lehnt sich eng an die Transzendentalphilosophie Kants an und fasst die gesamte objektive Wirklichkeit als Produkt bzw. Konstrukt des Subjekts auf; d. h. die Welt ist Vorstellung, ihre Existenz ist abhängig vom erkennenden Subjekt und sie ist nie direkt erfahrbar, sondern basiert auf vom Subjekt verarbeiteten Sinneseindrücken.

Darüber hinaus wird jedoch deutlich, dass Schopenhauer mit seiner ›idealistischen Grundansicht‹ auch einige weitergehende Annahmen verbindet: so die Auffassung, dass durch diese Beschränkung des Erkennens jegliche Kenntnis von der Welt außerhalb der Vorstellung unmöglich wird sowie die Annahme der vollkommenen Verschiedenartigkeit der Welt als Vorstellung und der dieser zugrundliegenden Welt an sich; d. h. Merkmale wie Raum, Zeit und Kausalität, die die Beschaffenheit der Welt als Vorstellung ausmachen, müssen nach Schopenhauer der realen Welt an sich notwendig abgehen. Schopenhauers Idealismus ist somit als besonders rigoros zu bezeichnen, denn diese mit seinem Idealismus einhergehenden Annahmen sind keineswegs so selbstverständlich, wie

Schopenhauer glauben machen will. Es scheint beispielsweise durchaus denkbar, zumindest begrenzte Kenntnisse über die Welt an sich zu erlangen, wenn auch nicht auf dem direkten Wege der Beobachtung, so aber doch z. B. mittels logischer Schlussfolgerungen auf der Basis des Beobachteten. Auch scheint die Annahme der totalen Verschiedenartigkeit der Welt an sich und der Welt als Vorstellung kaum haltbar zu sein, vor allem wenn man gleichzeitig der Ansicht ist, dass man über die Welt an sich gar nichts wissen kann.

Nach Schopenhauer ist es jedoch notwendig, diese subjektive Betrachtungsweise durch die objektive Betrachtungsweise zu ergänzen und zu bestätigen, da diese »so sehr sie auch [...] einander entgegengesetzt sind, dennoch in Uebereinstimmung gebracht werden müssen« (W II, 318 (ZA)). Die objektive Betrachtungsweise tritt von außen an das Problem heran und versucht auf empirisch-naturwissenschaftliche Weise zu erklären, wodurch der Intellekt möglich gemacht wird, also welche physiologischen Prozesse im Gehirn ihn hervorbringen. Dies gleicht der Herangehensweise der modernen Neurowissenschaften. Schopenhauer wurde durch die Ergebnisse der physiologischen Untersuchungen des französischen Sensualismus in Person von Marie-Jean-Pierre Flourens, Pierre Jean Georges Cabanis und Marie François Xavier Bichat von der Notwendigkeit dieser die ›idealistische Grundansicht‹ ergänzenden Sichtweise der Organgebundenheit des Denkens inspiriert (s. Kap. 23). Aus dieser Perspektive konnte Schopenhauer auf die Frage »Was ist Vorstellung?« antworten: »Ein sehr complicirter physiologischer Vorgang im Gehirne eines Thiers, dessen Resultat das Bewußtseyn eines Bildes eben daselbst ist« (W II, 224 (ZA)).

Aus diesen beiden Perspektiven bzw. Betrachtungsweisen ergibt sich jedoch ein offenkundiger Widerspruch, der allgemein als Gehirnparadox, im Kontext der Philosophie Schopenhauers auch häufig nach dem Philosophiehistoriker Eduard Zeller, der diesen Einwand als einer der ersten Kritiker erhob, als ›Zellerscher Zirkel‹ bezeichnet wird (vgl. Zeller 1873, 885 f.): Das Gehirn erzeugt einerseits laut der objektiven Betrachtungsweise die Vorstellung, aber andererseits ist dieses Gehirn der subjektiven Betrachtungsweise nach lediglich Vorstellung und außerhalb dieser nicht existent. Das Gehirn wird also zugleich als subjekt*bedingt* und als subjekt*bedingend* aufgefasst, was offensichtlich widersprüchlich ist.

Auch Schopenhauer selbst hat in diesen Annahmen eine »Antinomie in unserem Erkenntnisvermögen« (W I, 61 (ZA)) erkannt. Diese hat er jedoch nicht als unlösbares Paradox aufgefasst, sondern sie ließ sich seiner Ansicht nach durch Berücksichtigung seiner Metaphysik des Willens relativieren und auflösen. Dieser Lösungsansatz hat jedoch die Mehrzahl der Kritiker nicht überzeugt, da sie die Übernahme der Willensmetaphysik Schopenhauers voraussetzt.

Interessant ist, dass die Widersprüchlichkeit des Gehirnparadoxes auch in modernen neurowissenschaftlichen bzw. neurophilosophischen Überlegungen anzutreffen ist, so z. B. bei Gerhard Roth, auch wenn diese Überlegungen auf eine ›idealistische Grundansicht‹ im Sinne Schopenhauers verzichten. Aber auch nach Roth ist das Gehirn der Ausgangspunkt bzw. Konstrukteur der Wirklichkeit, die wir bewusst wahrnehmen: »[...] alles, was wir überhaupt bewusst wahrnehmen können, ist ein Konstrukt unseres Gehirns und keine unmittelbare Widerspiegelung der Realität« (Roth 1997, 342). Diese Position wird jedoch nicht wie bei Schopenhauer transzendentalphilosophisch begründet, sondern aus den Resultaten der Hirnforschung geschlossen. Allerdings müssen dann konsequenterweise die empirischen Erkenntnisse, die diese neurowissenschaftlichen Forschungen und Schlussfolgerungen hinsichtlich der Funktionsweise des Gehirns überhaupt erst ermöglicht haben, ebenfalls Konstrukte sein. Dies wirft die Frage auf, welchen Wahrheitswert empirische Erkenntnisse über die Funktionsweise des Gehirns haben können, wenn diese nicht der Realität entsprechen.

Roth versucht die Widersprüchlichkeit des Gehirnparadoxes durch die Annahme einer subjektunabhängigen Realität zu vermeiden (zu den Ausführungen Roths in Bezug auf Schopenhauer vgl. Booms 2003, 235 ff.; Schubbe 2010, 102 ff.): Diese ist zwar, wie bei Schopenhauer, nicht direkt erkennbar, weil das Erkannte immer schon ein Konstrukt des Gehirns ist. Jedoch ist es nach Roth logisch zwingend, eine subjektunabhängige Realität anzunehmen, wenn man davon ausgeht, dass das Bewusstsein vom Gehirn erzeugt wird. Dadurch kann man reale Gehirne, die die Wirklichkeit erzeugen, von wirklichen Gehirnen, von denen man direkt Kenntnis hat, unterscheiden (vgl. Roth 1997, 325). Dieser Schluss wird dadurch möglich, dass Roth, anders als Schopenhauer, nicht von der Annahme der totalen Verschiedenartigkeit von Erscheinung und Realität ausgeht. Diesen Ansatz kann man als ›minimal-realistisch‹ bezeichnen, da er zwar von einer subjektunabhängigen Realität ausgeht, aber doch kritisch ist, d. h. auf allzu weitgehende Festsetzungen hinsichtlich der Beschaffenheit dieser Realität verzichtet. Die hauptsächliche Rechtfertigung dieses Ansatzes liegt in der Leistungsfähigkeit, die Erklärungen auf der Grundlage der Annahme eines subjektunabhängigen Gehirns haben.

Bei Kuhlenbeck findet sich eine auf den Überlegungen Hans Vaihingers gestützte und in der Konsequenz ganz ähnliche Lösung des Gehirnparadoxes, die die Annahme eines realen, also außerhalb der Vorstellung existierenden Gehirns als nützliche Fiktion begreift, die sich ebenfalls hauptsächlich durch ihre Erklärungskraft rechtfertigen lässt.

Solche Erklärungsmodelle sind eine Möglichkeit, Schopenhauers ›zwei Betrachtungsweisen des Intellekts‹ miteinander in Einklang zu bringen und der Widersprüchlichkeit des Gehirnparadoxes zu entgehen. Jedoch lässt sich Schopenhauers ›idealistische Grundansicht‹ in ihrer ursprünglich vertretenen, rigorosen Form vor allem mit der Position Roths nicht vereinbaren. Zumindest die Annahme der totalen Verschiedenartigkeit von Erscheinung und Welt an sich sowie der extreme Skeptizismus gegenüber jedweder Erkenntnis der Welt an sich sind nicht haltbar, wenn man gleichzeitig und logisch konsistent eine ›minimal-realistische‹ Position einnehmen möchte (vgl. Göhmann 2004, 228 f.).

Freiheit des Willens

Schopenhauer hat in seiner »Preisschrift über die Freiheit des Willens« die Ansicht vertreten, dass das Handeln des Menschen genauso wie alle anderen Ereignisse der physikalischen Welt von kausalen Bedingungen bestimmt wird, also durch Ursachen notwendig vorherbestimmt ist und keineswegs frei oder zufällig abläuft. Dabei hat Schopenhauer berücksichtigt, dass Menschen nicht wie ein Stein alleine durch physikalische Ursachen oder wie eine Pflanze zusätzlich durch biologische Reize in ihrem Handeln determiniert sind. Vielmehr erkannte er, dass auch Motive, die der Anschauung oder Erwägungen der Vernunft entspringen, auf das Handeln des Menschen wirken. Doch war er der Überzeugung, dass auch die Motive der Allgemeingültigkeit des Kausalgesetzes unterliegen, also keineswegs zufällig oder völlig frei von determinierenden Ursachen erscheinen. Auf diese Grundlage stellte Schopenhauer seine deterministische Sicht des menschlichen Handelns.

Zwar gab es zu Schopenhauers Zeiten keine Hirnforschung, die, wie im Falle des Gehirnparadoxes, seine Ansichten zum determinierten Charakter des menschlichen Handelns bestärkt hätte. Jedoch ist auch in diesem Fall die Annahme des Bewusstseins und aller geistigen Vorgänge als Gehirnphänomen leitend. Nur auf der Grundlage dieser Annahme konnte Schopenhauer dem Prozess der Abwägung von Motiven durch den Intellekt den gleichen determinierten Charakter zusprechen wie physikalischen Wirkungen.

Die Ergebnisse der modernen neurowissenschaftlichen Forschung bestätigen Schopenhauers auf transzendentalen Annahmen beruhendes und am Vorbild der Naturwissenschaften orientiertes deterministisches Weltbild auf empirischer Basis, jedoch ohne die Ansichten Schopenhauers inhaltlich zu erweitern. Hierbei ist vor allem der Libet-Versuch zu nennen, der gezeigt hat, dass dem bewussten Entschluss zu einer Handlung neuronale Prozesse im Gehirn bis zu einer halben Sekunde vorhergehen. Demnach ist die gefühlte Freiheit beim Willensentschluss eine Täuschung, das Gehirn hat zu diesem Zeitpunkt bereits ›entschieden‹, was getan werden wird.

Neurowissenschaftler wie Gerhard Roth oder Wolf Singer haben aus dem Libet-Versuch geschlussfolgert, dass dem Menschen die Freiheit des Willens abgesprochen werden muss; tatsächlich scheinen die Resultate der Hirnforschung keinen anderen Schluss zuzulassen, als die Welt und die in ihr ablaufenden Ereignisse (inklusive der Willensakte des Menschen) als kausal determiniert zu betrachten. Diese Schlussfolgerung gleicht der Haltung Schopenhauers; lediglich die empirisch-naturwissenschaftliche Beweislage zugunsten dieses Ansatzes hat sich im Zuge der modernen Hirnforschung verbessert.

Diese Schlussfolgerung führt jedoch zu problematischen Implikationen hinsichtlich der Verantwortung des Einzelnen für seine Taten, die innerhalb neurophilosophischer Diskussionen kontrovers besprochen werden. Denn wenn eine Handlung kausal vorherbestimmt ist, also unfrei ist und notwendig eintreten musste, besteht das Problem, ob der Handelnde dann noch für seine Taten verantwortlich sein kann.

Es ist jedoch möglich, diesen problematischen Schluss zu vermeiden. Denn der kausale Determinismus ist nach Ansicht vieler Philosophen durchaus mit Annahmen der Freiheit kompatibel, und damit auch der Annahme einer Verantwortung, wenn auch die hier gemeinte Freiheit von einer anderen Art ist, als die sehr weitgehende Annahme einer absolut freien und unverursachten Handlung. Die Lösung des Problems besteht also vor allem darin, den Begriff der Willensfreiheit neu zu verstehen und zu formulieren.

Dabei kann es sich z. B. um die Freiheit handeln, die Vernunft zu gebrauchen und Motive verschiedenster Art abzuwägen, eine Freiheit, die der Mensch dem

Tier voraus hat und die Schopenhauer als »relative Freiheit« (E, 74 (ZA)) bezeichnet. Für Schopenhauer selbst ist die Lösung jedoch weitergehender: Die wirkliche Freiheit, und damit auch Verantwortung, ist seiner Ansicht nach nicht auf der empirischen Ebene der einzelnen Tat anzutreffen, vielmehr ist diese Freiheit transzendental und steht in Beziehung zum Charakter des Einzelnen: »[...] an dem was wir thun, erkennen wir was wir sind« (E, 138 f. (ZA)).

Ein zeitgenössischer, neurophilosophisch ausgerichteter Ansatz zur Neuformulierung der Kriterien, die die Willensfreiheit kennzeichnen, findet sich z. B. in Henrik Walters Konzeption einer »natürlichen Autonomie«. Diese wird verstanden »als eine psychologische Kompetenz des Handelns mit relativer Unabhängigkeit von bestimmten äußeren und inneren Einflussfaktoren (personale Freiheit, Selbstbestimmung)« (Walter 2004, 169).

Eine solche Neudefinition der Willensfreiheit ist eine mögliche Antwort auf die Herausforderungen, die die durch moderne neurowissenschaftliche Methoden wie den Libet-Versuch bestätigten deterministischen Annahmen Schopenhauers bezüglich des menschlichen Handelns hervorgerufen haben.

Literatur

Birnbacher, Dieter: Schopenhauer und die moderne Neurophilosophie. In: *Schopenhauer-Jahrbuch* 86 (2005), 133–148.
Booms, Martin: *Aporie und Subjekt. Die erkenntnistheoretische Entfaltungslogik der Philosophie Schopenhauers.* Würzburg 2003.
Churchland, Patricia: *Neurophilosophy. Toward a Unified Science of the Mind/Brain.* Cambridge, Mass. 1986.
Göhmann, Dirk: Schopenhauers »Gehirnparadox«. In: *Schopenhauer-Jahrbuch* 85 (2004), 211–229.
Hampel, Andrea: Die Bedeutung der Philosophie Schopenhauers im Lichte der modernen Gehirnforschung. In: *Schopenhauer-Jahrbuch* 85 (2004), 231–251.
Kuhlenbeck, Hartwig: Schopenhauers Bedeutung für die Neurologie (Zum 100. Todestag des Philosophen). In: *Der Nervenarzt* 32/4 (1961), 177–182.
Kuhlenbeck, Hartwig: *The Human Brain and its Universe.* 3 Bde. Basel 1982.
Libet, Benjamin u. a.: Time of Conscious Intention to Act in Relation to Onset of Cerebral Activity (Readiness-potential). The Unconscious Initiation of a Freely Voluntary Act. In: *Brain* 106 (1983), 623–642.
Northoff, Georg: Was ist Neurophilosophie? Neurophilosophie zwischen Neurowissenschaften und Philosophie. In: Carmen Kaminsky/Oliver Hallich (Hg.): *Verantwortung für die Zukunft. Zum 60. Geburtstag von Dieter Birnbacher.* Berlin 2006, 251–267.
Rogler, Erwin: Das Gehirnparadox – ein Problem nicht nur bei Schopenhauer. In: *Schopenhauer-Jahrbuch* 88 (2007), 71–88.
Roth, Gerhard: *Das Gehirn und seine Wirklichkeit.* Frankfurt a. M. 1997.
Schmicking, Daniel: Zu Schopenhauers Theorie der Kognition bei Mensch und Tier – Betrachtungen im Lichte aktueller kognitionswissenschaftlicher Entwicklungen. In: *Schopenhauer-Jahrbuch* 86 (2005), 149–176.
Schmidt, Alfred: Physiologie und Transzendentalphilosophie bei Schopenhauer. In: *Schopenhauer-Jahrbuch* 70 (1989), 43–53.
Schmidt, Alfred: Paradoxie als Wahrheit im Denken Schopenhauers. In: Carolina Romahn/Gerold Schipper-Hönicke (Hg.): *Das Paradoxe: Literatur zwischen Logik und Rhetorik. Festschrift für Ralph-Rainer Wuthenow zum 70. Geburtstag.* Würzburg 1999, 19–25.
Schmidt, Alfred: Schopenhauers subjektive und objektive Betrachtungsweise des Intellekts. In: *Schopenhauer-Jahrbuch* 86 (2005), 105–132.
Schubbe, Daniel: Die Bedeutung Schopenhauers für das moderne Bild des Menschen oder Zwischen Willensmetaphysik und moderner Neurobiologie. In: *Schopenhauer-Jahrbuch* 85 (2004), 191–210.
Schubbe, Daniel: Verkannte Aktualität. Schopenhauer und die Neurowissenschaften – revisited. In: Farid Darwish/Hendrik Wahler (Hg.): *Menschenbilder. Praktische Folgen einer Haltung des Menschen zu sich selbst.* London 2009, 87–102.
Schubbe, Daniel: *Philosophie des Zwischen. Hermeneutik und Aporetik bei Schopenhauer.* Würzburg 2010.
Schulte, Günter: Gehirnfunktion und Willensfreiheit. Schopenhauers neurophilosophische Wende. Teil I: Die Frage nach der Realität der Außenwelt. In: *Schopenhauer-Jahrbuch* 88 (2007), 51–70; Teil II: Die Frage nach der Freiheit des Willens. In: *Schopenhauer-Jahrbuch* 89 (2008), 91–113.
Vaihinger, Hans: *Die Philosophie des Als Ob.* Leipzig [7/8]1922.
Vogeley, Kai: *Repräsentation und Identität: Zur Konvergenz von Hirnforschung und Gehirn-Geist-Philosophie.* Berlin 1995.
Volkelt, Johannes: *Arthur Schopenhauer – seine Persönlichkeit, seine Lehre, sein Glaube.* Stuttgart 1907.
Walter, Henrik: Willensfreiheit, Verantwortlichkeit und Neurowissenschaft. In: *Psychologische Rundschau* 55/4 (2004), 169–177.
Zeller, Eduard: *Geschichte der deutschen Philosophie seit Leibniz.* München 1873.

Dirk Göhmann

44 Tierethik

Die Grundlegung der Tierethik in der Mitleidsethik

Schopenhauers Tierethik kommt eine Pionierrolle zu, indem er in seiner Ethik menschliche Verpflichtungen gegenüber Tieren zum ersten Mal ausdrücklich und systematisch in eine umfassende Moraltheorie einbezieht. Mit seiner Berücksichtigung der Tiere stellte er sich gegen den *mainstream* der überwiegend anthropozentrisch orientierten Tradition der europäischen Ethik und wurde zum Wegbereiter der modernen Tierethik.

Dass nicht nur dem menschlichen Umgang mit seinesgleichen, sondern auch dem Umgang mit Tieren ethische Grenzen gesetzt sind, folgt für Schopenhauer aus zwei grundlegenden Annahmen seiner Philosophie: der *normativen* Annahme, dass wir verpflichtet sind, niemandem Leiden zuzufügen oder ihn seinem Leiden zu überlassen, sofern Abhilfe möglich und zumutbar ist, sowie der *deskriptiven* Annahme, dass sich leidensfähige Tiere in ihren moralisch relevanten Merkmalen vom Menschen nicht wesentlich unterscheiden.

Die erste Annahme ist die zentrale These von Schopenhauers Mitleidsethik, wobei »Mitleidsethik« nicht so verstanden werden darf, als *postuliere* Schopenhauer eine Mitleidsmoral. Das entspräche nicht Schopenhauers Vorstellung von Ethik als Klärung des »in jedem Menschen [...] wirklich vorhandenen Aufruf[s] zum Rechtthun und Wohlthun« (E, 185). Aufgabe der Ethik wie der Philosophie insgesamt ist es für Schopenhauer nicht, aufzuzeigen, was sein *soll*, sondern, was *ist*. Voraussetzung dafür ist, dass es so etwas wie ein Einverständnis darüber gibt, was als moralisch gilt, und dass es zumindest einen Kernbereich moralischer Handlungsprinzipien, Tugendbegriffe und Motivationen gibt, der von allen mehr oder weniger akzeptiert wird. Von dieser Voraussetzung geht Schopenhauer aus. So spricht er etwa davon, dass die Forderungen der Moral »jedem wohlbekannte« seien, oder dass »über die Prinzipien der Moral [...] sich alle Ethiker eigentlich einig« seien (E, 137).

Wenn die Moralphilosophie die vorgegebenen normativen Orientierungen beschreiben und systematisieren, aber nicht revidieren oder umstürzen soll, kann die Tierethik weder eine Sonderethik mit eigener normativer Grundlage noch Ausdruck einer bestimmten weltanschaulichen Vorentscheidung sein. Um einzusehen, dass für den menschlichen Umgang mit Tieren bestimmte moralische Grenzen gelten, bedarf es deshalb weder besonderer tierschützerischer Ideale noch einer wie immer gearteten tierfreundlichen Weltanschauung. Was notwendig ist, ist allein die konsequente Anwendung der allseits geteilten Grundnormen der Nichtschädigung und der Hilfeleistung auf leidensfähige Wesen außerhalb der menschlichen Gattung. Indem Schopenhauer in seiner Tierethik (aber darüber hinaus auch in seiner Sozialphilosophie, etwa seiner Theorie der Kriminalstrafe) nichts anderes tut als ein »Vollzugsdefizit« anzumahnen, hält er einerseits an diesem methodischen Selbstverständnis fest, verzichtet aber andererseits nicht auf eine – teilweise scharfe – Kritik an der faktisch gelebten Moral.

Die zweite Annahme ist für Schopenhauers Moralphilosophie ebenso zentral: dass das »Wesentliche und Hauptsächliche im Thiere und im Menschen das Selbe ist« (E, 240). »Wesentlich« ist, wie sprachkritische Philosophen wie John Locke und Ludwig Wittgenstein gesehen haben, allerdings einer der verfänglichsten Ausdrücke der Philosophie. Als »wesentlich« kann man das an einer Sache auszeichnen, was es von anderem unterscheidet, aber auch das, was es mit anderem gemeinsam hat. Nahezu die gesamte philosophische Tradition hat das »Wesentliche« des Menschen darin gesehen, was ihn vom Tier unterscheidet, seine Vernunftfähigkeit, seine Moralfähigkeit und seine weitgehende Triebentbundenheit (von Schopenhauer »relative Freiheit« (E, 35) genannt). Schopenhauer sieht das »Wesentliche« des Menschen in dem, was er mit den Tieren gemeinsam hat: im »Willen«. Zum »Willen« rechnet er die in der gemeinsamen Abstammung begründete biologische Triebhaftigkeit, die Grundaffekte und -motive und die elementare Bedürftigkeit und Abhängigkeit von einer günstigen Umwelt. Insbesondere stimmen Mensch und Tier darin überein, dass sie Schmerzen empfinden können und unter der Frustration naturgegebener Bedürfnisse leiden.

Leidensfähigkeit höherer Tiere

Die Leidensfähigkeit von Tieren ist vereinzelt immer wieder geleugnet worden, am radikalsten und nachhaltigsten von Descartes, dessen Gleichsetzung von Tieren mit Maschinen fatalste Auswirkungen hatte, indem sie zur Legitimation noch der schlimmsten Vivisektionspraxis diente. Woher wissen wir, dass Tiere – jedenfalls die höheren Tiere – leidensfähig sind? Schopenhauer zufolge zeigt das bereits die unmittelbare Erfahrung: »Alle Handlungen und Gebehrden der Thiere, welche Bewegungen des Willens ausdrücken, verstehn wir unmittelbar aus unserm eigenen Wesen; daher wir, so weit, auf mannigfaltige Weise mit ihnen sympathisiren« (W II, 228). Wir können vernünftigerweise nicht daran zweifeln, dass die Tiere uns in ihrem inneren Erleben verwandt sind. Darüber hinaus beruft sich Schopenhauer auf die tierische Anatomie und die Verhaltensbeobachtung in der Zoologie (vgl. E, 240), Sie ließen keine scharfe Grenze, sondern fließende Übergänge zwischen Mensch und Tier erkennen.

In der Tat wird diese Verwandtschaft inzwischen kaum noch geleugnet. Sie wird überdies durch die enge genetische Verwandtschaft zwischen Mensch und Wirbeltieren bestätigt.

Was die Schmerzempfindlichkeit betrifft, so wissen wir heute, dass die für die Schmerzempfindung zuständigen Gehirnzentren in annähernd gleicher Form bei allen Wirbeltieren nachgewiesen werden können. Aufgrund ihres intelligenten Verhaltens glaubt Schopenhauer einigen hochentwickelten Tieren, insbesondere Elefanten, sogar eine rudimentäre Fähigkeit zur Reflexion und zum Sprachverständnis zuschreiben zu können (vgl. W II, 66). Als Schopenhauer zum ersten Mal einem großen Menschenaffen begegnete, einem Orang-Utan anlässlich der Frankfurter Herbstmesse 1854, soll er das Tier, in dem er irrtümlich den wahrscheinlichen »Urvater unserer Gattung« sah, nahezu täglich besucht haben (Libell 2010, 121).

Leidensfähigkeit ist für Schopenhauer von entscheidenderer ethischer Bedeutung als Empfindungsfähigkeit. Hintergrund dafür ist, dass Schopenhauers Ethik – ähnlich wie der später entwickelte »negative Utilitarismus« (vgl. Smart 1958; Griffin 1979) – dem Gebot der Leidensminderung klaren Vorrang vor dem Gebot der Steigerung des Wohlbefindens gibt. Beide von Schopenhauer formulierten Grundsätze der Ethik, das Prinzip *neminem laede* (›Verletze niemanden‹) und das Prinzip *omnes quantum potes juva* (›Hilf allen, soweit Du kannst‹) zielen auf die Vermeidung, Linderung und Verhinderung von Leiden, nicht auf die Steigerung positiver Güter. Dementsprechend ist für Schopenhauer im Rahmen seiner Tierethik allein das den höheren Tieren zugeschriebene Merkmal der Leidensfähigkeit relevant. Kants scharfe Statusunterscheidung zwischen Mensch und Tier, die dem Menschen im Gegensatz zum Tier einen metaphysischen Wesenskern unterstellt, teilt Schopenhauer nicht. Kant meinte – ganz im Sinne der herkömmlichen christlichen Metaphysik –, dass ausschließlich der Mensch über einen nicht vollständig naturalistisch zu erklärenden Wesenskern (das »intelligible«, d. h. nicht empirisch aufweisbare Ich) verfügt, das ihm den Status einer Person verleiht und es anderen verbietet, ihn bloß als Mittel zu behandeln. Dieser Wesenskern manifestiere sich in der Vernunft, insbesondere in der praktischen Vernunft. Für Schopenhauer stellt diese Metaphysik die wahren Verhältnisse auf den Kopf. Sofern der Mensch über einen Wesenskern verfügt, ist dieser kein Alleinbesitz des Menschen, sondern allen Lebewesen gemeinsam. Zwar ist auch für ihn Vernunftfähigkeit ein Charakteristikum des Menschen. Sie lässt sich jedoch naheliegender durch natürliche Faktoren erklären, nämlich als Kompensation von Instinktverlust und als Ermöglichungsbedingung einer flexiblen Anpassung an wechselnde Umweltgegebenheiten. Außerdem könne die von Kant allein dem Menschen zugeschriebene »Würde« für die Frage, was Menschen und was Tieren zusteht, kein vernünftiges Kriterium sein. »Würde« legt nahe, dass die Rücksicht gegenüber einem Wesen davon abhängt, was es *wert* sei. Die moralische Einstellung richte sich aber nicht danach, ob das betreffende Wesen *Würde* besitzt oder wozu es *fähig* ist, sondern danach, wie sehr es *leidet*.

Es ist zu vermuten, dass Schopenhauers Kritik an Kants Abwertung der Tiere nicht nur deshalb von besonderer Schärfe ist, weil er ihm eine einseitig anthropozentrische Metaphysik vorwirft. Der Vorwurf scheint auf eine von Schopenhauer möglicherweise als beschämend empfundene Unzulänglichkeit seines ansonsten bewunderten philosophischen Lehrers zu zielen. Was Schopenhauer Kant übelnimmt, ist eine bestimmte Art von Unaufrichtigkeit.

Kant hatte versucht, Pflichten gegenüber Tieren als *indirekte* Pflichten in seine rein anthropozentrische Ethik einzubeziehen: Der Mensch solle sich in Mitleid gegen Tiere üben, um nicht gegen Menschen grausam zu werden. Wie jeder aufmerksame Leser von Kants Äußerungen zum Tierschutz spürt jedoch auch Schopenhauer, dass sich Kant dieser Begründung nur deshalb – und mit offensichtlichem Widerstreben – bedient, weil er einen offenen Widerspruch zwischen seinem humanen Empfinden und seiner Metaphysik vermeiden will. Während er dafür plädiert, langgedienten Arbeitspferden ihr Gnadenbrot im Alter nicht vorzuenthalten, bleibt er dennoch bei seiner Auffassung, dass Tieren lediglich der Status von Sachen zukomme, gegen die der Mensch keine direkten moralischen Pflichte habe. In seiner Tierethik opfert Kant in Schopenhauers Augen einem Dogma zuliebe ein Stück seiner Humanität.

Eine weitere Quelle von Schopenhauers Ausdehnung des Mitleids auf die Tiere ist zweifellos auch die

Bekanntschaft mit der asiatischen Philosophietradition. Von daher ergab sich für ihn eine naheliegende Erklärung des »Vollzugsdefizits« der westlichen Ethik: Die Quelle des Übels sei der Herrschaftsauftrag der biblischen Schöpfungsgeschichte, der vermittelt über das Judentum zum christlichen Dogma wurde und von da aus das gesamte westliche Denken infizierte. Der Mythos, nach dem Gott »sämmtliche Thiere, ganz wie Sachen und ohne alle Empfehlung zu guter Behandlung, wie sie doch meist selbst ein Hundeverkäufer, wenn er sich von seinem Zöglinge trennt, hinzufügt, dem Menschen übergiebt, damit er über sie herrsche, also mit ihnen thue was ihm beliebt« (P II, 393), habe den »Wahn« in die Welt gebracht, »daß unser Handeln gegen [die Tiere] ohne moralische Bedeutung sei, oder, wie es in der Sprache jener Moral heißt, daß es gegen Thiere keine Pflichten gebe« (E, 238).

Verschärft werde die Herabwürdigung der Tiere zu Sachen zusätzlich von der Wissenschaft seiner Zeit, insbesondere der Zoologie und Medizin, die sich der politisch korrekten Auffassung von der Wesensverschiedenheit zwischen Mensch und Tier anbiedere, obwohl sie es aufgrund ihrer »intim bekannten Identität des Wesentlichen in Mensch und Thier« (P II, 396) besser wissen müsste.

Dass sich die Reichweite der moralischen Verpflichtungen gegenüber Tieren nach Schopenhauer ausschließlich danach bemisst, ob und inwieweit Tiere leidensfähig sind, beantwortet freilich nicht die Frage, *welche* Tiere leidensfähig sind und *in welchem Maße*. Wo genau Schopenhauer die Grenze zwischen leidens*un*fähigen »niederen« und leidensfähigen »höheren« Tieren gezogen sehen wollte, lässt sich nicht eindeutig sagen. Diese Grenze ist bis heute nicht nur strittig (etwa in Bezug auf Fische, vgl. Eidgenössische Ethikkommission 2014), sondern auch fließend: Das deutsche Tierschutzgesetz fordert nach seiner letzten Novellierung nicht nur die Vermeidung von Leidenszufügung bei Wirbeltieren, sondern auch bei Kopffüßern wie Tintenfischen. Schopenhauer ging von einem kontinuierlichen Übergangsfeld aus. Jedenfalls war er der Auffassung, dass sich die niederen Tiere von den Pflanzen nur durch die Zugabe »einer dumpfen Vorstellung« unterschieden (W II, 230). Die »untersten Thiere« besäßen – wie immer dies im Einzelnen zu verstehen ist – »bloß eine Dämmerung« von Bewusstsein (W II, 156).

Die Frage nach dem Ausmaß der höheren Tieren zuzuschreibenden Leidensfähigkeit beantwortet Schopenhauer ähnlich wie wohl die meisten unbefangenen Beobachter, nämlich so, dass Tiere gegenüber dem Menschen insgesamt weniger leidensfähig sind und etwa Zug- und Lasttiere unter der ihnen aufgebürdeten Arbeit weniger leiden, als Menschen es tun würden. Deshalb sei es – nach dem Grundsatz der globalen Leidensminimierung – gerechtfertigt, den Tieren diese Arbeiten zuzumuten. Während Schopenhauer auf der Ebene der Theorie implizit von einem Prinzip der Rechtsgleichheit zwischen Mensch und Tier ausgeht, stellt er auf der Ebene der Praxis die Ungleichheit zwischen Mensch und Tier ein Stück weit wieder her, u. a. aufgrund der Annahme, dass »in der Natur die Fähigkeit zum Leiden gleichen Schritt hält mit der Intelligenz« (E, 245). Während Tiere nach Schopenhauer ebenso wie der Mensch über Verstand verfügen, also über die Fähigkeit zur Wahrnehmung und Deutung von Sinneserfahrungen, verfügen Tiere anders als der Mensch über keinerlei Vernunft, verstanden als die Fähigkeit zur Begriffsbildung und Verallgemeinerung sowie zur Antizipation zukünftiger Ereignisse aufgrund vergangener Erfahrung. Schopenhauer schließt sich insbesondere zwei Auffassungen an, die auch heute weit verbreitet sind: erstens der Auffassung, dass Tiere ohne Erinnerung und Voraussicht in einer ausdehnungslosen Gegenwart leben (vgl. W II, 64). Sie befinden sich insofern von Natur aus in einem Zustand, den Mystiker und Heilige erst noch anstreben: Sie scheinen, wie Schopenhauer bemerkt, »wirklich weise« (P II, 314). Zweitens der Auffassung, dass sich die Intensität des Leidens nach der Fähigkeit zu Erinnerung und Voraussicht bemisst.

Beide Annahmen können aus heutiger Sicht nur mit Einschränkungen aufrechterhalten werden. Nicht nur bei Primaten und Meeressäugern, auch bei vielen anderen Spezies (und nicht nur bei Säugetieren) sind Verhaltensweisen beobachtet worden, die auf eine beträchtlich weiter entwickelte Fähigkeit zur Erinnerung und Antizipation schließen lassen, als Schopenhauer annimmt. Und aus der Tatsache der begrenzten Intelligenz von Tieren folgt nicht zwingend, dass sie unter Schmerzen, Ängsten und Frustrationen weniger leiden. Wie u. a. Berichte aus der tierärztlichen Praxis nahelegen, spricht viel dafür, dass gerade die mangelnde Fähigkeit, das Zugemutete zu verstehen, es als harmloses oder notwendiges Übel zu erkennen und ein Ende des Leidens abzusehen, die Leidensintensität erhöht. Tiere scheinen Schmerzen in ähnlich hilfloser Weise ausgeliefert wie Kleinkinder. Sie reagieren, unabhängig davon, ob man ihnen einen Begriff von Leben und Tod zusprechen kann, mit Todesangst und Verzweiflung. Nicht zufällig muss bei Tieren (wie bei Kindern) oft auch dann Narkose angewendet werden, wenn sie bei einem erwachsenen Menschen überflüssig wäre.

Tiertötung und Tiernutzung

Schopenhauers Haltung zur *Tiertötung* ist nicht ganz eindeutig. Er lehnt einerseits die Tiertötung nicht durchweg ab, vor allem dann nicht, wenn das dem Tier durch die Tötung zugefügte Leiden durch Narkotika wie Chloroform gemindert wird und wenn andernfalls Menschen, etwa durch den Verzicht auf fleischliche Nahrung, insgesamt mehr leiden würden als die Tiere durch die Tötung (vgl. E, 245). Andererseits finden sich bei Schopenhauer aber auch Bemerkungen, aus denen eine ausgesprochen positive Bewertung des Vegetarismus spricht. Er meint, dass dem Menschen »die vegetabilische Nahrung die natürliche« ist (P II, 169) und erwähnt u. a. die englischen »vegetarians« (P II, 399). Schopenhauer geht sogar so weit, von der »widernatürlichen Fleischnahrung« des Menschen zu sprechen, die dazu beitrage, ihn zu einem »Monstrum« zu machen (P II, 617). Allerdings wird das Bekenntnis zum Vegetarismus von Schopenhauer dadurch geschwächt, dass er gewagte Hilfshypothesen bemüht, um den menschlichen Fleischverzehr zu rechtfertigen, etwa die Behauptung, in den kälteren Zonen könne »man ohne Fleischspeise gar nicht bestehn« (E, 245; vgl. P II, 169).

Anders als in radikalen Tierethiken der Gegenwart wie der von Tom Regan (1983) lehnt Schopenhauer auf dem Hintergrund seiner Prinzipien auch die menschliche *Nutzung* von Tieren zu anderweitigen Zwecken nicht rundum ab. Entscheidend ist allerdings, dass die den Tieren verursachten Leiden durch die den Menschen ersparten Leiden mehr als aufgewogen werden. Bei Misshandlungen von Tieren, wie sie zu seiner Zeit gang und gäbe waren, sieht er die Grenze des moralisch Erträglichen eindeutig überschritten. Besonders am Herzen liegen ihm die geplagten Zugpferde: »Die größte Wohlthat der Eisenbahnen ist, daß sie Millionen Zug-Pferden ihr jammervolles Daseyn ersparen« (P II, 399). Noch schärfer greift er allerdings die Wissenschaftler an, die sich zu schmerzhaften Tierversuchen berechtigt halten, auch wenn diese offensichtlich nutzlos sind oder die für Menschen und Tiere nur einen geringfügigen Nutzen versprechen. Insbesondere geißelt er die zunehmende Bedenkenlosigkeit der Tierversuche an den deutschen Universitäten. Zusätzlich zu einer moralischen Verurteilung fordert er gegen besonders brutale Vivisektionisten auch eine strafrechtliche Sanktionierung.

Auf der anderen Seite liegt ihm aber ein generelles Verdict über Tierversuche fern, da er von der grundsätzlichen Nützlichkeit von Tierversuchen überzeugt ist, selbst solcher, die ohne Narkose durchgeführt werden müssen, da sie neurologische Fragen beantworten sollen und die Narkose »das hier zu Beobachtende« geradewegs aufheben würde. Im Übrigen setzt er darauf, dass »die Thiere jetzt wohl meistens *chloroformirt* werden, wodurch diesen, während der Operation die Quaal erspart wird und nach derselben ein schneller Tod sie erlösen kann« (P II, 400).

Wirkung

Schopenhauers Philosophie, die zwischen 1850 und 1918 eine Welle der Popularität erlebte, hat in dieser Zeit u. a. auf die Tierschutzbewegung gewirkt – nicht als Auslöser, aber doch als Verstärker. Zum Zeitpunkt der Veröffentlichung der »Preisschrift über die Grundlage der Moral« (1840) lag die Gründung der ersten deutschen Tierschutzvereine bereits einige Jahre zurück. Schopenhauer gehörte zu den Gründungsmitgliedern des 1841 gegründeten Frankfurter Tierschutzvereins, und publikumswirksam sind seine Ideen insbesondere durch Ignaz Perner, den Vorsitzenden des 1837 gegründeten Münchner Tierschutzvereins, verbreitet worden (vgl. Libell 2010, 143 ff.).

Rückblickend hat insbesondere Albert Schweitzer, selbst einer der Pioniere der Tierethik, Schopenhauer als Vordenker gewürdigt. Während die Idee des Tierschutzes in vielen außereuropäischen Kulturen zu den akzeptierten Selbstverständlichkeiten gehöre, habe Schopenhauer als erster europäischer Denker die »Idee der Verbundenheit des Menschen mit der Kreatur wirklich in die Weltanschauung« aufgenommen (Schweitzer 2001, 217).

Schopenhauers Einfluss war nicht auf den deutschsprachigen Bereich beschränkt. Der englische Tierrechtler Henry S. Salt zitierte die Kernthesen von Schopenhauers Tierethik in seiner Kampfschrift *Animals' rights considered in relation to social progress* von 1892 an herausgehobener Stelle. Einige der wenigen Monographien, die sich bereits zu Beginn des 20. Jahrhunderts Schopenhauers Tierethik widmeten, stammt von Magnus Schwantje, dem Herausgeber von Salts Schrift in deutscher Übersetzung. Dagegen hat sich die akademische Ethik, die sich nie so recht mit Schopenhauer anfreunden konnte, auch da, wo sie ähnliche Positionen einnahm, nur sporadisch auf Schopenhauer bezogen. In der zeitgenössischen Tierethik haben mit Jean-Claude Wolf in der Schweiz und Ursula Wolf in Deutschland zwei der prominentesten deutschsprachigen Tierethiker die Ansätze der Schopenhauerschen Tierethik erneut aufgenommen und je auf ihre Weise weiterentwickelt, bei Ursula Wolf im Sinne eines Prinzips des generalisierten Mitleids, das sich über die Menschen hinaus auch auf die leidensfähigen Tiere erstreckt (vgl. U. Wolf 1990), bei Jean-Claude Wolf in Richtung eines umfassenden Schutzprinzips, das – über Schopenhauer hinausgehend – einen weitgehenden Verzicht auf die Tötung von Tieren zu menschlichen Zwecken und einen ethischen Vegetarismus beinhaltet (vgl. J.-C. Wolf 1998).

Literatur

Birnbacher, Dieter: Schopenhauer als Tierethiker. In: Tina-Louisa Eissa/Stefan Lorenz Sorgner (Hg.): *Geschichte der Bioethik. Eine Einführung*. Paderborn 2011, 197–212.

Brosow, Frank: Die beiden Grundprobleme der Schopenhauerschen Tierethik. In: *Schopenhauer-Jahrbuch* 89 (2008), 197–220.

Eidgenössische Ethikkommission für die Biotechnologie im Ausserhumanbereich: *Ethischer Umgang mit Fischen*. Bern 2014.

Griffin, James: Is unhappiness morally more important than happiness? In: *Philosophical Quarterly* 29 (1979), 47–55.

Haucke, Kai: Der moralische Status von Tieren oder Lässt sich mit Schopenhauer heute eine Tierethik fundieren? In: *Schopenhauer-Jahrbuch* 89 (2008), 221–244.

Libell, Monica: *Morality beyond humanity. Schopenhauer, Grysanowski and Schweitzer on Animal Ethics*. Saarbrücken 2010.

Regan, Tom: *The Case for Animal Rights*. London 1983.

Salt, Henry S.: *Die Rechte der Tiere*. Berlin 1907 (engl. 1892).

Schwantje, Magnus: *Schopenhauers Ansicht von der Tierseele und vom Tierschutz*. Berlin 1919.

Schweitzer, Albert: *Kultur und Ethik in den Weltreligionen*. Hg. von Ulrich Körtner und Johann Zürcher. München 2001.

Smart, R. Ninian: Negative utilitarianism. In: *Mind* 67 (1958), 542–543.

Wolf, Jean-Claude: Willensmetaphysik und Tierethik. In: *Schopenhauer-Jahrbuch* 79 (1998), 85–100.

Wolf, Ursula: *Das Tier in der Moral*. Frankfurt a. M. 1990.

Dieter Birnbacher

C Kunst

45 Literatur

›Arthur Schopenhauer und die Literatur‹ stellt ein Thema dar, das für einen Übersichtsartikel ein beinahe zu weites Feld ist. Der im Dezember 1818 erschienene erste Band der *Welt als Wille und Vorstellung* fand in der damaligen Intelligenzija keinen Widerhall (s. Kap. 3), was sich teilweise aus jener Dominanz erklären lässt, die Schopenhauers Antipoden, Georg W. F. Hegel, Friedrich W. J. Schelling und Johann G. Fichte, auf das Denken ihrer Zeit ausübten. In Hegels dialektisch fundierter Geschichtsphilosophie fand man einen optimistischen Fortschrittsgedanken, nach welchem sich die Geschichte mit Notwendigkeit auf eine immer höhere Stufe der Entwicklung hin bewegt. Wer mit Hegel dachte, fragte nicht vergeblich nach Zweck und Sinn der Geschichte, weil sie gemäß den Prämissen des Hegelschen Denkens im Geschichtsprozess angelegt waren und sich mit dialektischer Notwendigkeit immer deutlicher enthüllen würden. Dem optimistischen Geist Hegels stand Schopenhauers Willensmetaphysik machtlos gegenüber, bis der Erfolg mit dem Erscheinen seines letzten Werkes *Parerga und Paralipomena* 1851 schlagartig einsetzte. In der Besprechung dieses Werkes am 1. April 1852 in der *Westminster Review* ging der Engländer John Oxenford auch auf Schopenhauers Hauptwerk *Die Welt als Wille und Vorstellung* ein. Oxenfords Rezension erschien in deutscher Übersetzung in der *Vossischen Zeitung* und verbreitete den Ruhm Schopenhauers, so dass seine Philosophie innerhalb kurzer Zeit in Europa Beachtung und Verbreitung fand.

Das Erstaunliche ist nun, dass sich die Wirkung der Schopenhauerschen Philosophie nach ihrem Durchbruch im Jahre 1853 zwar gewandelt hat, aber nicht schwächer wurde. Das Interesse der Fachphilosophen geriet in verhältnismäßig kurzer Zeit in den Hintergrund, dagegen entdeckten Schriftsteller, bildende Künstler und Komponisten die Schopenhauersche Philosophie in erstaunlichem Ausmaß (s. Kap. 46; 47). Die literarische Rezeption Schopenhauers beschränkte sich nicht allein auf das 19. Jahrhundert, sondern erreichte im 20. Jahrhundert ein ungeahntes Ausmaß, so dass die Gedankenwelt des Philosophen in den Werken zahlreicher bedeutender Autoren und Künstler bis in die Gegenwart deutliche Spuren hinterlassen hat.

Hinterfragt man die Ursache der andauernden Aktualität Schopenhauers bis in die gegenwärtige Zeit innerhalb der Weltliteratur, dann ergibt sich eine kaum überschaubare Komplexität möglicher Antworten. Spätestens seit Mitte des 19. Jahrhunderts treten die literarischen Normen und Konventionen idealistischer Herkunft dergestalt zurück, dass die Wahrnehmung und das Erlebnis der faktischen Welt unverklärter Gegebenheiten überwiegend zu jenem ›Material‹ werden, das literarisch gestaltet und gedeutet wird. Nach Aufklärung und Klassik geraten das Erziehungs- und Bildungsideal und der damit einhergehende Glaube an eine erbauliche Funktion literarischer Texte zugunsten einer realistischen und ungeschminkten Schilderung der Daseinsfaktizität ins Wanken. Die Kunst soll nicht länger einem höheren Zweck dienen, sondern erhält ihren Wert und ihre Berechtigung durch sich selbst (*l'art pour l'art*) und ihr Streben nach wahrheitsgetreuer Darstellung der *conditio humana*, was eine phantastische und grundsätzlich gegennaturalistische Kunst (z. B. die des Expressionismus, des Absurdismus und der Postmoderne) nicht ausschließt. Die moderne Kunst sieht sich, wenn wir uns auf das 20. Jahrhundert beschränken, vor das Paradoxon gestellt, dass das aufgeklärteste Jahrhundert zugleich eines der blutigsten und barbarischsten gewesen ist. Der von Schopenhauers Philosophie maßgeblich geprägte Thomas Mann hat die in der abendländischen Literatur vorherrschende geschichtspessimistische Erfahrung exemplarisch zum Ausdruck gebracht:

> »Der Wahn eines humanistischen Fortschrittsglaubens, über gewisse Dinge sei die Menschheit hinaus,

ist als Wahn erkannt. Sie ist über gar nichts hinaus. Vor unseren Augen hat der Instinkt, das Unterste und Primitivste, haben Grausamkeit, blinde Machtlust, dumpfer Aberglaube, die Gebundenheit an einem vorreligiösen mythologischen Seelenzustand ihre Blutfeste gefeiert und fahren fort, orgiastisch, ohne die geringste Selbstkritik, in vollendeter Dummheit, sich auszuleben« (Mann 1974, XIII, 361).

Diese Erfahrung lässt sich durchaus unter Einbeziehung gedanklicher Strukturen der Philosophie Schopenhauers künstlerisch verarbeiten und deuten. Damit wäre *eine* unter möglichen Antworten auf die Frage nach der anhaltenden Aktualität Schopenhauers mit der illusionslosen Wahrnehmung der Geschichte und der Situation des Menschen gegeben, aus der sich eine ›Realität‹ ergibt, deren Grundstrukturen zumindest tendenziös mit Schopenhauers der empirischen Anschauung entlehnter Willensmetaphysik korrespondieren.

Frankreich und Italien

In Frankreich war Schopenhauers Philosophie Ende des 19. Jahrhunderts unter Intellektuellen und Künstlern bereits derart verbreitet, dass es in diesen Kreisen zur Tagesordnung gehörte, sich mit dem Denker auseinanderzusetzen (zur Schopenhauer-Rezeption in der französischen und italienischen Literatur s. auch Kap. 51; 49). Guy de Maupassant stellt in einem am 10. Februar 1886 im *Le Figaro* erschienenen Aufsatz »Unsere Optimisten« fest, das »Genie« des »bewundernswürdigen und allmächtigen deutschen Philosophen« lenke und beherrsche »heutzutage das Denken fast der gesamten Jugend der Welt« (Maupassant 2000, 112). Die Popularität Schopenhauers in Frankreich erklärt sich auch dadurch, dass Ludovic Halévy, ein damals angesehener Schriftsteller und Mitglied der Académie Française, sowie Ferdinand Brunetière sich veranlasst sahen, Pamphlete gegen den Pessimismus zu veröffentlichen. Beide waren der Auffassung, dass Schopenhauers Willensmetaphysik die Welt unangemessen darstelle, und argumentierten dafür, dass man das Thema des Pessimismus beenden und stattdessen eine heitere Weltsicht befürworten solle. Dies veranlasste Guy de Maupassant, seinen Aufsatz »Unsere Optimisten« zu veröffentlichen, in welchem er als Bewunderer Schopenhauers den Spieß umdreht und ein »Gesetz zur Verhinderung des derzeit herrschenden Pessimismus« (ebd., 113) formuliert, das entweder das Elend verbietet oder zu einem *positivum* macht.

Auch in Maupassants dichterischem Werk findet sich allenthalben die Spur Schopenhauers. Seine Figuren sind in aller Regel willensgesteuerte Akteure, die in ihrer Triebhaftigkeit einem blinden Egoismus frönen, für erlittenes Unrecht blutige Vergeltung üben und nur in Ausnahmefällen Mitleid empfinden. Sie sind nicht selten in sozialen Verhältnissen situiert, die durch Armut, Brutalität, Trunksucht und Gewalt gekennzeichnet sind, ein Elend, das in einigen Erzählungen durch die unmenschliche Grausamkeit des deutsch-französischen Krieges 1870/71 verstärkt wird. Die Weltsicht Maupassants wird durch die Darstellung einer Existenz zum Ausdruck gebracht, in welcher das Böse nur in verschiedenen Variationen dominiert. Die Bosheit bei Maupassant definiert sich aber keineswegs aus den sozialen Verhältnissen allein, sondern entspringt der menschlichen Natur, deren blinder Wille vielfältig die handelnden Figuren zu Marionetten degradiert (zum Marionettenmotiv s. Kap. 24). Maupassants Menschenbild ist von der Anthropologie Schopenhauers geprägt; die Übereinstimmungen sind eklatant. Weil sich in seinen Erzählungen und Romanen die Geschehnisse mit eiserner Notwendigkeit vollziehen und die boshaften Charaktere häufig Opfer ihrer eigenen Handlungen werden, wird implizit hinter den Erscheinungen der Ereignisse auf ein metaphysisches Prinzip hingewiesen, das wie der ›Wille zum Leben‹ bei Schopenhauer das *theatrum mundi* zugleich inszeniert und determiniert. Mit dieser Metaphysik korrespondiert insofern die Erzählweise, als sie die Welt des Bösen nicht zum Gegenstand einer kritischen Bewertung werden lässt, sondern sie vielmehr zu jenem irreparablen Weltelend transformiert, das nicht an sich eliminiert, sondern nur durch das ausnahmsweise auftretende Mitleid gezähmt werden kann.

In Julien Greens Romanen sind die Figuren einem sexuellen Begehren preisgegeben, das sie dergestalt zu Marionetten ihrer Triebhaftigkeit degradiert, dass sie ihre eigenen, im christlichen Glauben begründeten moralischen Barrieren und die gesellschaftlichen Normen durchbrechen. Sie werden von dem weder von den Grundsätzen des Glaubens noch von der Vernunft Einhalt zu gebietenden blinden ›Willen‹ wie Guéret in *Leviathan* ins Verbrecherische und in die Zerstörung ihrer eigenen Existenz und der ihrer Mitmenschen *getrieben*. Die Figuren Greens sind zwar in einer Welt der Ursünde im christlichen Sinne situiert, lassen sich aber dessen ungeachtet von der Willensmetaphysik Schopenhauers her verstehen und interpretieren, weil Green als Verehrer Schopenhauers (vgl. Dhers-Duharcourt 2011) nicht nur mit dessen Gleichsetzung des Willens mit der Ursünde und der Verneinung des Willens mit der Gnade in *Die Welt als Wille und Vorstellung* (vgl. W I, § 70) vertraut war, sondern auch die Entsprechungen zwischen den konkreten Erscheinungsweisen der Ursünde und des Willens in Schopenhauers Darlegungen wahrgenommen hat. In Greens Roman *Jeder Mensch in seiner Nacht* steigert sich für Wilfred, den Protagonisten des Romans, der Widerspruch zwischen den moralischen Forderungen des Glaubens und dem Fluch seines triebhaften Begehrens zu einer unlösbaren Aporie, die ihn in die tiefste Verzweiflung stürzt. Als er am Ende des Romans von einem Mann, der ihn begehrt, erschossen wird, ereignen sich in der völligen Hoffnungslosigkeit jene Umwandlung und jene Verneinung des Willens, aus denen sich nach Schopenhauer die »wirkliche Güte und Reinheit der Gesinnung« (W II, 465) ergeben. Diese Gesinnung führt nach Schopenhauer für die Betroffenen zur Vergebung ihrer Feinde, »und wären es solche, durch die sie unschuldig litten« (ebd.). Sie wollen auch keine Rache (vgl. ebd.) und »sterben gern, ruhig, sälig« (ebd.). Auch Wilfred, der schuldlos getötet wird, vergibt seinem Mörder, will keine Rache, und unmittelbar nach seinem Tod wird er von einem Beistehenden folgendermaßen beschrieben: »Aber nie zuvor habe ich auf dem Antlitz eines Menschenwesens einen Ausdruck des Glücks gesehen, der vergleichbar mit dem Wilfreds Züge verklärenden gewesen wäre. Auf ihn angewandt, verlor das Wort ›Tod‹ jeden Sinn. Er lebte, er lebte!« (Green 1995, 374).

Greens Romane enthüllen gleichzeitig Übereinstimmungen und Differenzen zur Philosophie Schopenhauers, die sich im Hinblick auf eine christliche Literatur des 19. und 20. Jahrhunderts generalisieren lassen. In einer Literatur, in der die Welt als eine der Ursünde verfallene Welt dargestellt wird, wie z. B. bei Dostojewski, kommt es in der Figurendarstellung zu einer bis zur Identität führenden Übereinstimmung mit dem Begriff des Willens und dessen Manifestationsweisen bei Schopenhauer, weil der christliche Sündenbegriff in der Vorstellung des von der blinden Gier nach Erfüllung seines Eigeninteresses und Eigenbedürfnisses getriebenen Menschen mit dem Schopenhauerschen Begriff des Willens konvergiert. Hinsichtlich der Verneinung des Willens und der Gnadenwirkung im Sinne der christlichen Lehre gibt es dagegen sowohl Übereinstimmungen als auch Differenzen. Das Gemeinsame besteht in der Wandlung eines vom Willen beherrschten Menschen in einen auf alles Irdische verzichtenden und alles vergebenden Menschen, der in seinem Mitmenschen nicht mehr das fremde Ich, sondern das Ich noch einmal erkennt. Die nicht überbrückbaren Unterschiede ergeben sich dagegen aus der christlichen Vorstellung eines ewigen Lebens und einer transzendenten jenseitigen Welt. Diese Vorstellung betrachtet Schopenhauer als »Einkleidung und Hülle, oder Beiwerk« für »das Volk« (W I, 480) und bewertet sie als den »platten Optimismus« (ebd.) des Christentums, während sie für christliche Dichter wie Dostojewski und Green Wahrheit und Wirklichkeit darstellt.

Die Reihe französischsprachiger Autoren, die in ihren Dichtungen und Poetologien vom Denken Schopenhauers ertragreich beeinflusst wurden, weist prominente Namen wie Henri-Frédéric Amiel (vgl. Schäppi 1965), Albert Camus, Louis-Ferdinand Céline, Gustave Flaubert, Anatole France (vgl. Baillot 1929), André Gide, Joris-Karl Huysmans, Marcel Proust (vgl. Negroni 1980), Romain Rolland (vgl. Cheval 1974), Émile Zola auf und reicht bis in die gegenwärtige Zeit hinein. Die düstere Erzählwelt des zeitgenössischen Schriftstellers Michel Houellebecq (geb. 1958) ist, was durch Interviewaussagen des Autors bestätigt wurde, von der Gedankenwelt Schopenhauers durchtränkt.

Wendet man den Blick nach Italien, dann stößt man auf Autoren wie Italo Svevo, Cesare Pavese und Giuseppe Tomasi di Lampedusa (*Der Leopard*), die in ihrem Schreiben maßgeblich von Schopenhauers Gedankenwelt geprägt wurden. Der Argentinier Jorge Luis Borges erlernte die deutsche Sprache eigens, um Schopenhauer im Original lesen zu können.

Russland

Der Einfluss Schopenhauers in Russland ereignete sich mit überraschender Geschwindigkeit und deutlicher als in anderen europäischen Ländern, ja selbst als in Deutschland. Der westlich orientierte Iwan Turgenjew hielt sich in den 1850er Jahren in Deutschland auf, wo er mit der Philosophie Schopenhauers bekannt wurde, sie mit Begeisterung las und in Russland auf ihre Bedeutung nachdrücklich hinwies. Zeitgenossen Turgenjews erkannten bereits früh Philosopheme Schopenhauers in seinem literarischen Schaffen. Seine Romane und Erzählungen sind durch einen grundsätzlichen Pessimismus gekennzeichnet, der generell dem Schopenhauers entspricht. Turgenjew stellt ein paradigmatisches Beispiel einer umfangreichen Schopenhauer-Rezeption der zweiten Hälfte des 19. Jahrhunderts dar, die dadurch charakterisiert ist, dass man

Schopenhauer zustimmend gelesen und in seiner Philosophie die eigene Weltsicht bestätigt gefunden hat, welche die literarischen Werke beeinflusst hat.

Zu den Bewunderern Schopenhauers in der russischen Literatur zählt Lew Tolstoi. Er schreibt am 30. August 1869 in einem Brief an den befreundeten Dichterkollegen und Übersetzer des ersten Bandes der *Welt als Wille und Vorstellung* ins Russische, Afanasij Fet, über den Eindruck, den die Lektüre Schopenhauers auf ihn hinterlassen hat:

> »Wissen Sie, was der diesjährige Sommer für mich war? Ein ununterbrochenes Entzücken angesichts Schopenhauers und eine Reihe von Genüssen, wie ich sie noch nie erlebt habe. Ich weiß nicht, ob ich jemals meine Meinung ändern werde, aber im Augenblick erscheint mir Schopenhauer als der genialste aller Menschen« (Tolstoi 1909, 92).

Diese leidenschaftliche Emphase führte nicht nur zu einem Versuch, Schopenhauer ins Russische zu übersetzen, sondern hat auch von der Forschung bereits weitgehend nachgewiesene Spuren in den Romanen *Krieg und Frieden*, *Anna Karenina*, *Auferstehung* sowie in den Erzählungen *Herr und Knecht*, *Die Kreutzersonate*, *Der Tod des Iwan Iljitsch* und *Drei Tode* hinterlassen.

In *Krieg und Frieden* finden wir eine ausgesprochene Skepsis gegenüber der Geschichtswissenschaft, der Tolstoi – in ähnlicher Weise wie in der deutschsprachigen Literatur Wilhelm Raabe (*Das Odfeld*, *Höxter und Corvey* und *Stopfkuchen*) und später Günter Grass (*Tagebuch einer Schnecke* und *Die Blechtrommel*) – jede Wahrheit abspricht. Dies entspricht Schopenhauers Kritik der Geschichtsschreibung, die den Anspruch erhebt, historische Ereignisse objektiv erklären zu können, bezieht sich aber auch auf den grundsätzlichen Wahrheitsskeptizismus Tolstois, wie er u. a. in der 1857 entstandenen autobiographischen Erzählung *Luzern* zum Ausdruck kommt.

Mindestens zwei Grundgedanken Schopenhauers lassen sich in Tolstois Werk konturieren. Tolstoi stimmt mit Schopenhauer darin überein, dass der Intellekt als Produkt des Willens diesem prinzipiell unterworfen ist, so dass seine Aufgabe lediglich darin besteht, das blinde Streben des Willens zu fördern und nur das als zweckmäßig zu erklären, was dem Egoismus des Individuums dienlich ist. Die Vernunft muss sich als Magd des blinden ziellosen Wollens auf das »instinktive [...] Verlangen nach dem Guten in der menschlichen Natur« (Tolstoi 2001, 468) vernichtend auswirken, weil das ›Gute‹ als *caritas* Nächstenliebe im Menschen voraussetzt, deren Grundsatz des Handelns nicht wie für den egoistischen, im *principium individuationis* der Vorstellungswelt befangenen Menschen das eigene Wohlergehen, sondern das anderer Menschen und Geschöpfe ist. Tolstoi ist von der Mitleidsethik Schopenhauers maßgeblich inspiriert, selbst wenn die Nächstenliebe, insbesondere in seinem späten Schaffen, primär durch seine christlich-esoterische Eschatologie motiviert ist.

In *Anna Karenina* wirkt sich der Einfluss Schopenhauers bis in die Konzeption der Figuren und deren Handlungen aus. Anna und ihr Liebhaber Wronski stehen im Roman Lewin kontrastierend gegenüber. Aus der Perspektive Schopenhauers verkörpern Anna und Wronski das Prinzip des Willens zum Leben – Thomas Mann nennt Wronski »einen schönen starken Hengst« und Anna »eine edle Stute« (Mann 1974, IX, 94) – während Lewin nach langer, mühsamer Wahrheitssuche einen Weg im Prinzip des Mitleids und der Nächstenliebe findet. Anna und Wronski sind als unbedingt Liebende zu betrachten, die sich über soziale und gesellschaftliche Konventionen hinwegsetzen. Sie nehmen die Ausgrenzung aus der adligen Gesellschaft, der sie angehören, in Kauf, um ihre Leidenschaften ausleben zu können. Das ›Herz‹ wird in *Anna Karenina* wiederholt als primär treibende Kraft hinter den Handlungen der Personen erkennbar und legt damit einen Bezug zu Schopenhauers Lehre »Vom Primat des Willens im Selbstbewußtsein« aus dem zweiten Band der *Welt als Wille und Vorstellung* nahe:

> »Mit vollem Recht ist das *Herz*, dieses *primum mobile* des thierischen Lebens, zum Symbol, ja zum Synonym des *Willens*, als des Urkerns unserer Erscheinung, gewählt worden und bezeichnet diesen, im Gegensatz des *Intellekts*, der mit dem *Kopf* geradezu identisch ist. Alles was, im weitesten Sinne, Sache des *Willens* ist, wie Wunsch, Leidenschaft, Freude, Schmerz, Güte, Bosheit [...] wird dem *Herzen* beigelegt« (W II, 267 f.).

In diesem Sinne verkörpert vor allem Anna eine vom blinden Willen getriebene Person. Derart mächtig von ihren Trieben und ihrer Leidenschaft für Wronski gesteuert, wird sie zum Objekt und Opfer dieser Leidenschaft. Der Wille erscheint als eine Schicksalsmacht, von der sich Anna nicht befreien kann. Am Ende wird sie ein Opfer ihrer Eifersucht und begeht Selbstmord, indem sie sich vor einen Zug wirft. Aber auch ihr Suizid ist nicht das Ergebnis einer rationalen Entscheidung, sondern vollzieht sich unter dem Gebot der Leidenschaft und des Willens.

Tolstois Einschätzung eines Menschen wie Anna, die gänzlich unter dem Einfluss ihrer Leidenschaften handelt, die aus Ehe und Familie ausbricht und den geliebten Sohn ihrem kalten und abstoßenden Ehemann Karenin überlässt, ist durch die tragische Notwendigkeit geprägt, mit der sich Annas Schicksal unter der Dominanz des Irrationalen vollzieht. Weder Anna noch Wronski werden vom Erzähler moralisch verurteilt. Sie erwecken vielmehr Mitleid, indem sie sich durch ihre Leidenschaft selbst zerstören. Deshalb ist Anna keineswegs als eine Idealgestalt aufzufassen. Diese zeichnet sich vielmehr in Lewin ab, der auf Pierre Besuchow in *Krieg und Frieden* zurückweist und dem Fürst Nechljudow in *Auferstehung* vorgreift. In diesen drei Gestalten spiegelt sich eine bedeutsame Entwicklung des moralischen Denkens Tolstois wider, nämlich seine zunehmende Abwendung von der durch Egoismus beherrschten Willenswelt des russischen Hochadels zu einer Haltung des Mitleids und der Nächstenliebe, die den asketischen Verzicht auf die Privilegien der gehobenen Gesellschaftsschichten einfordert, eine Wandlung, die einerseits von der Mitleidsethik Schopenhauers geprägt ist, andererseits aber auch an der Vorstellung Tolstois eines christlichen und eines von ihm durch seine esoterische Lehre entwickelten Begriffs der Nächstenliebe orientiert ist.

In *Krieg und Frieden* ist Pierre Besuchow, in *Anna Karenina* dagegen Lewin Wahrheitssucher. Die Vernunfterkenntnis führt sie aber immer wieder in einen unüberschaubaren Irrgarten, stellt sie vor Rätsel und Widersprüche, die sie in ihrer Suche nach Wahrheit unbefriedigt lassen. In *Anna Karenina* manifestiert sich der Einfluss der Mitleidsethik Schopenhauers am deutlichsten, für Lewin erschließt sich im zwölften Kapitel des achten Teils die Nächstenliebe als die endgültige Wahrheit, auf der er sein Leben aufbauen kann. In der Zusammenfassung seiner zweijährigen Denkbemühungen räumt Lewin ein, seine Reflexionen über den Sinn des Lebens seien durch die Leiden und den Tod seines Bruders angestoßen worden: »Zum ersten Mal hatte er damals klar begriffen, dass jeder Mensch und so auch er nichts anderes vor sich hatte als Leiden, Tod und ewiges Vergessen« (Tolstoi 2009, 1196). Die Durchschauung des Leidcharakters der Welt durch Lewin entspricht Schopenhauers Auffassung, dass sich der egoistische Willensmensch nur zum mitleidigen Menschen wandeln könne, wenn sich ihm durch Leiden das rationale Denken in eine *intuitive* Erkenntnis verwandelt hat, die ihm die Einsicht jener metaphysischen Wahrheit ermöglicht, nach welcher die Scheidung zwischen Ich und Du aufgehoben wird. Lewin grenzt wie Schopenhauer seine Einsicht in den Leidzustand aller vom rationalen Denken ab, indem er fragt:

> »Bin ich denn durch den Verstand dahin gelangt, dass man seinen Nächsten lieben soll und nicht erwürgen darf? [...] Nicht der Verstand. Der Verstand entdeckte den Kampf ums Dasein und das Gesetz, das verlangt, alle zu erwürgen, die der Befriedigung meiner Wünsche entgegenstehen. Das wäre die Folgerung des Verstandes. Den Nächsten zu lieben konnte der Verstand jedoch nicht entdecken, denn das ist nicht vernünftig« (ebd., 1197).

Die Vernunft steht nach diesen Überlegungen wie bei Schopenhauer im Dienste des Willens. Der in der Vorstellungswelt des verstand- und vernunftgeleiteten Bewusstseins befangene Mensch ist dem Egoismus und dem *bellum omnium contra omnes* preisgegeben, und in dieser Welt als Vorstellung *und* Wille kann unter den Bedingungen des egoistischen Standpunktes nur das als zweckvoll – und damit ›vernünftig‹ – bezeichnet werden, was das eigene Wohl steigert, auch wenn dies auf Kosten anderer geschieht. In einer Welt, in welcher der blinde Egoismus ungebrochen herrscht, ist, wie Lewin feststellt, die Nächstenliebe unvernünftig. Demgemäß spricht er auch vom »Hochmut des Geistes«, von der »Dummheit des Geistes« und der »Spitzbüberei des Geistes« (ebd., 1197), weil dieser außerstande ist, zur selbstlosen Nächstenliebe hinzuführen. Auch die das selbstsüchtige Individuationsprinzip durchbrechende Liebe zum Nächsten, als Bedingung der Schopenhauerschen Soteriologie und der darin enthaltenen Lehre von der Verneinung des Willens zum Leben, ist schließlich eine aus dem Herzen kommende Erkenntnis – eine durch Intuition und sinnliche Erfahrung herbeigeführte momentane oder anhaltende Überwindung der Leidensexistenz, in der die begrenzte Perspektive der Vorstellungswelt suspendiert ist. Die Antwort, die Lewin in seiner Suche nach Wahrheit und sinnvoller Existenz erhält, ist dem Leben selbst, nicht den Begriffen, entnommen: »Die Antwort gab mir das Leben, in meinem Wissen, was gut ist und was schlecht. Und dieses Wissen habe ich nicht erworben, es ist mir wie allen anderen gegeben, *gegeben* deshalb, weil ich es nirgendwoher nehmen konnte« (ebd., 1197). Ethisches Handeln, Nächstenliebe und Mitleid sind nicht durch die Aneignung einer normativen Begriffsethik zu erreichen, sondern können dem gequälten, willensbejahenden Individuum nur durch die Erfahrung des faktischen Lebens und die Begegnung mit dem leidenden

Mitmenschen von außen als »Gnadenwirkung« (W I, 480) gegeben werden.

Weitere russische Autoren, die in diesem Zusammenhang erwähnt werden müssen, und deren vielfältige Beziehung zur Erkenntnistheorie, Willensmetaphysik, Ästhetik und Ethik Schopenhauers bereits von der Forschung aufgezeigt und behandelt wurde, sind vor allem Leonid Andrejew (*Das rote Lachen*, *Das Leben des Menschen. Ein Spiel in fünf Bildern* und *Erzählung von den sieben Gehenkten*), Sergej A. Andrejewskij (*Das Buch vom Tode*), Andrej Belyj, Iwan Bunin (*Der Herr aus San Francisco* und *Brüder*), Anton Tschechow (*Onkel Wanja*, *Iwanow*, *Wanka*, *Eine langweilige Geschichte*), Nikolai Leskow (*Ein Wintertag*), Wsewolod Garschin (*Vier Tage*), Iwan Gontscharow (*Oblomow*) und Fjodor Sologub.

Dagegen stieß seine Philosophie – vor allem wegen ihrer Ideologiekritik, ihrem Geschichtspessimismus und ihrer rückhaltlosen Abrechnung mit Utopien jeder nur denkbaren Art – während der sozialistischen Zeit nach Beginn der Russischen Revolution auf heftigen Widerstand. Dafür stellt die Auseinandersetzung Gorkis mit Schopenhauer um 1900 ein repräsentatives Beispiel dar. Es wurde als politischer Verrat betrachtet, sich mit seiner Philosophie zu beschäftigen. Nach der Perestroika setzte die Schopenhauerrezeption im russischsprachigen Raum wieder ein (zu Schopenhauer und Russland vgl. u. a. Baer 1980; Brang 1977; Mclaughlin 1984; Thiergen 2004).

England und Amerika

Die literarische Rezeption der Philosophie Schopenhauers setzte sich in England erst in den 1880er Jahren durch und zwar mit einer deutlich schwächeren Breitenwirkung als in der zeitgenössischen russisch- und deutschsprachigen Literatur (zur Rezeption Schopenhauers in der britischen und amerikanischen Literatur s. auch Kap. 50; 48). Hartmanns *Philosophie des Unbewussten* erschien schon 1883 in englischer Übersetzung, und im gleichen Jahr wurde mit der Übertragung der *Welt als Wille und Vorstellung* begonnen, die 1886 abgeschlossen wurde. Drei Jahre später folgten die *Parerga und Paralipomena*. Vor allem die späten Romane Thomas Hardys (*Der Bürgermeister von Casterbridge*, *Tess von den d'Urbervilles*, *Im Dunkeln*) sind von Schopenhauers Denken beeinflusst, aber auch dystopische Texte des 20. Jahrhunderts wie z. B. Aldous Huxleys *Schöne neue Welt* (1932), William Goldings makabre Robinsonade aus dem Jahr 1954, *Herr der Fliegen*, sowie zahlreiche um die Wende zum 20. Jahrhundert entstandene Werke des britischen Schriftstellers H. G. Wells bieten einen Fond möglicher Schopenhauereinflüsse. Hinzu kommen Autoren wie Ambrose Bierce, Joseph Conrad, William Faulkner, D. H. Lawrence (*Lady Chatterley's Liebhaber*, *Söhne und Liebhaber*, *Liebende Frauen*); H. P. Lovecraft, Herman Melville, Edgar Allan Poe, George Bernhard Shaw, James Joyce, Thomas Wolfe und Samuel Beckett.

Thomas Hardy wurde wegen seines Pessimismus von Kritikern hart angegriffen, so dass er sich nach der Fertigstellung seines großen Romans *Im Dunkeln. Jude the Obscure* entschied, keine weiteren Romane zu schreiben. Er wandte sich der Lyrik zu und blieb dieser Gattung bis zu seinem Tode treu – mit einer Ausnahme, seinem 1903 veröffentlichten, mehr als 500 Seiten umfassenden Drama *The Dynasts*. In diesem komplexen Lesedrama bringt Hardy eine den Fortschrittsgedanken ablehnende und gegen die dialektische Geschichtsphilosophie Hegels gerichtete Kritik zum Ausdruck, die durch die zyklische Geschichtsauffassung Schopenhauers unverkennbar beeinflusst ist (zu Hardy und Schopenhauer vgl. auch Korten 1919; Bailey 1956).

Im Roman *Im Dunkeln. Jude the Obscure* zeichnet sich die Lebensgeschichte des männlichen Protagonisten, Jude Fawley, durch Erwartungen, Wünsche, Hoffnungen und Illusionen als ein ununterbrochenes, vergebliches Streben nach Erfüllung aus. Als Subjekt des Wollens ist Jude dem ›ewig schmachtenden Tantalus‹ bei Schopenhauer vergleichbar – aus seinem Trachten nach sozialem Aufstieg und Einlösung seiner Lebensträume ergeben sich im Roman schließlich nichts als Enttäuschungen und Niederlagen. Vor den Augen des Lesers lässt Hardy eine Welt entstehen, die beinahe ausschließlich durch »Sorgen, Mißgeschick und Not« (Hardy 1988, 397) gekennzeichnet ist; Sorgen, denen angesichts der dem Leser wiederholt vor Augen geführten Vergeblichkeit des Strebens des Protagonisten nur durch Abkehr und Verneinung dieser Welt beizukommen ist. Durch das allgegenwärtige Leid und die ununterbrochene Konfrontation Fawleys mit dem im egoistischen Individuationsprinzip verhafteten Willen anderer Menschen wird schließlich die Erkenntnis hervorgetrieben, dass das Nichtsein dem Sein vorzuziehen sei. Die Bejahung des Willens zum Leben schlägt, als Jude im Sterben liegt, in die erlösende Verneinung um.

George Eliot hat *Die Welt als Wille und Vorstellung* während der Entstehungszeit des *Daniel Deronda* von 1874 bis 1876 gelesen, aber ihre Schopenhauer-Kenntnisse gehen wahrscheinlich auf das Jahr 1852 zurück.

Sie war damals Mitherausgeberin der *Westminster Review*, in welcher die oben erwähnte ausführliche Einführung in die Gedankenwelt Schopenhauers durch John Oxenford erschienen ist. In ihren weltanschaulichen Betrachtungen und Reflexionen in Briefen und Notizbüchern finden sich außerdem Vorstellungen und Gedanken, die eine beachtliche Affinität zur Philosophie Schopenhauers erkennen lassen. Vor diesem Hintergrund hat E. A. McCobb *Daniel Deronda* 1985 einer ausführlichen Analyse unterzogen und festgestellt, dass es relevanter sei, den Roman im Zusammenhang mit der Philosophie Schopenhauers zu betrachten als ihn von Max Stirner, Nietzsche und den Existenzialisten des 20. Jahrhunderts her verstehen zu wollen. Die gedanklichen Übereinstimmungen zwischen *Daniel Deronda* und Schopenhauer zeigen sich in der Gegenüberstellung der weiblichen und männlichen Hauptfigur: Gwendolen, die in ihrer Eigensucht und ihrer Sorge um die verarmte, aber standesbewusste aristokratische Familie handelt, ist Vertreterin der bedingungslosen Bejahung des Willens zum Leben. Unter dem Einfluss ihrer schmerzhaften Lebenserfahrungen und des weltoffenen, moralisch vorbildlichen Deronda, der seine Mitmenschen nie aus dem Blick verliert, vollzieht sich die Wandlung Gwendolens zu einer Person, die durch Mitleid ihrem Nächsten helfend entgegenkommt.

Am deutlichsten treten die Folgen der Auseinandersetzung Joseph Conrads mit der Philosophie Schopenhauers im Roman *Lord Jim* hervor, der, ähnlich wie in Wilhelm Raabes Erzählung *Zum wilden Mann* (vgl. Fauth 2007, 150 ff.), der Charakterologie Schopenhauers – ohne dass dies auf Kosten der spezifischen literarischen Originalität der genannten Texte geschieht – narrative Gestalt verleiht. Ein weiteres Beispiel für die produktive Schopenhauer-Rezeption Joseph Conrads stellt der Roman *Mit den Augen des Westens* dar. Am Ende dieses Romans vollzieht sich eine grundlegende Wandlung des Protagonisten Rasumow, die mit der Mitleidsethik und Heilslehre Schopenhauers eng verbunden ist. Unter dem Einfluss der Liebe (*caritas*) durchschaut Rasumow plötzlich die zerstörerische und teuflische Kraft seines bislang vom Prinzip der erbarmungslosen Vergeltung geleiteten Lebens, erkennt die Wahrheit in einem an Dostojewski erinnernden unbedingten Gebot der Nächstenliebe und wird, da dieses Gebot dem revolutionären Programm seiner Mitverschworenen widerspricht, von diesen aus Rache für seinen ideologischen Verrat zum Krüppel geschlagen.

Ulrich Pothast hat in seiner Studie *Die eigentlich metaphysische Tätigkeit. Über Schopenhauers Ästhetik und ihre Anwendung durch Samuel Beckett* (1982) vorgeführt, dass Beckett in seinem Essay *Proust* aus dem Jahr 1930 eine Kunstphilosophie entwirft, die eng mit der Ästhetik Schopenhauers korreliert. Das in den Theaterstücken und Romanen Becketts absurd anmutende Außerkraftsetzen der Kausalität entspringe, so Pothast, dem Wunsch, die wegen der räumlich, zeitlich und kausal gegliederten Vorstellungen des Subjekts verschleierte Willensrealität zum Vorschein zu bringen. Die beispielsweise in *Warten auf Godot* und *Endspiel* vorgeführte Isolation der Figuren und ihr damit verbundener Relations- und Weltverlust könne heuristisch fruchtbar vor dem Hintergrund des Postulats der Schopenhauerschen Ästhetik verstanden werden, die Kunst biete als Resultat einer privilegierten Erkenntnisform eine dem einengenden *principium individuationis* enthobene Darstellung platonischer Ideen. Im Gegensatz zur ›normalen‹ Erkenntnis, die sich innerhalb der Schranken der Welt als Vorstellung vollzieht, sei die Kunstwelt Becketts – ähnlich wie diejenige Wilhelm Raabes, Günter Grass' und Alfred Döblins – bestrebt, die adäquate Objektivität der Willensfaktizität jenseits von Zeit, Raum und Kausalität hervorzubringen. Nebst dieser Affinität zur Ästhetik Schopenhauers und ihren poetologischen Folgen in den Texten Becketts erkennt jeder, der sich seine Stücke und Prosa zu Gemüte führt, eine frappierende thematische Nähe zu den Befunden der Schopenhauerschen Existenzdeutung. Becketts Figuren verkörpern das nichtige, nie endende Streben eines blinden Dranges und werden in ihrer existentiellen Not und Angst zwischen Langeweile und unerfülltem Verlangen stets hin- und hergeworfen.

Skandinavien

Wer sich mit der Schopenhauer-Rezeption in der dänischen Literatur vor und um 1900 beschäftigt, steht einem noch weitgehend zu erobernden Forschungsgebiet gegenüber. Die bislang ausführlichsten Vorarbeiten zur Aufarbeitung der literarischen Schopenhauer-Rezeption in Dänemark hat Børge Kristiansen mit seiner Henrik Pontoppidan-Monographie geleistet (Kristiansen 2006). Er hat in seiner Analyse nicht nur den Einfluss Schopenhauers auf den großen Roman *Hans im Glück* von Pontoppidan nachgewiesen, in dem sich die Struktur der Entwicklungsgeschichte des Helden durch eine kritische Auseinandersetzung mit der lebensbejahenden Philosophie Nietzsches aus der weltentsagenden Perspektive Schopenhauers profiliert, sondern ist auch den Wegen nachgegangen, welche die Schopenhauer-Rezeption Pontoppidans ermöglicht haben.

Für die Aufnahme der Philosophie Schopenhauers in Dänemark, aber auch in Schweden hat Eduard von Hartmanns *Philosophie des Unbewussten* eine vermittelnde Rolle gespielt. Georg Brandes hat Hartmanns Philosophie gekannt, und 1877 hält der schwedische Schriftsteller und Professor Viktor A. Rydberg eine Reihe einführender Vorlesungen über Leibniz' Theodizee und den Schopenhauer-Hartmannschen Pessimismus (vgl. Rydberg 1900/1901, Bd. II). In der neunten Vorlesung, in welcher Rydberg die Philosophie Hartmanns behandelt, weist er darauf hin, dass Eduard von Hartmann, »der jüngste und gleichzeitig bekannteste und am meisten gelesene unter allen Philosophen Deutschlands« (ebd., 155) sei. In der siebten Vorlesung gibt Rydberg eine ausführliche und kenntnisreiche Einführung in die Philosophie Schopenhauers. Da Rydbergs Vorträge und Vorlesungen auch in der damals bekannten dänischen Zeitschrift *Ude og Hjemme* erschienen sind, hat dies dazu beigetragen, Schopenhauers Philosophie in Dänemark publik zu machen (vgl. Kristiansen 2006).

Eine nachhaltige Wirkung hat ein allerdings erst 1884 erschienener Essay Georg Brandes' über Schopenhauer (Brandes 1900 ff.) gezeigt. Brandes' Versuch über Schopenhauer ist oberflächlich und erfüllt allenfalls als eine erste konturierende Orientierung ihren Zweck. Erwähnenswert ist die eingangs formulierte Schlussfolgerung, dass Schopenhauers Leben und Werk bislang weitgehend unbeachtet blieb, ja, dass seine Philosophie in Dänemark sogar einer besonders harten Kritik zum Opfer gefallen sei. »Nichtsdestoweniger«, schreibt Brandes, »ist Arthur Schopenhauer einer der tiefsten Geister, die gelebt haben, einer der Wenigen, die ihrem eigenen Zeitalter meilenweit voraus sind« (ebd., 298). Darüber hinaus berührt Brandes den Aspekt des ›Willens‹, des Leidens und der Verneinung des Willens zum Leben (für eine ausführlichere Darstellung vgl. Kristiansen 2006; 2007; Nord 2012).

Wenige Jahre nach dem Erscheinen von Brandes' Essay erschien in einer dänischen Zeitschrift eine weitaus kompetentere Darstellung der Schopenhauerschen Philosophie. Es handelt sich um eine 25-seitige Einführung in die Grundgedanken Schopenhauers von einem gewissen S. Hansen, die im Februar 1888 in der von namhaften dänischen Dichtern und Intellektuellen abonnierten Zeitschrift *Ny Jord* (Neue Erde) erschien, und die dem philosophischen Gehalt des Schopenhauerschen Systems weitgehend Genüge leistet. Der Aufsatz wurde anlässlich des einhundertsten Geburtstages Arthur Schopenhauers verfasst und kann als die erste wissenschaftlich haltbare Einführung in die Philosophie Schopenhauers in Dänemark betrachtet werden (vgl. Kristiansen 2006).

Neben Henrik Pontoppidan orientierten sich die Dichter-Freunde Johannes Jørgensen, Sophus Claussen und Viggo Stuckenberg – alle drei zählten um die Jahrhundertwende zu den führenden Autoren Dänemarks – an den literarischen und philosophischen Ereignissen in Frankreich, England und vor allem Deutschland. In der von Johannes Jørgensen ins Leben gerufenen symbolistischen Zeitschrift *Taarnet* (Der Turm), die in den Jahren 1893 und 1894 erschien, findet man neben Verweisen auf die französischen Dichter Paul Verlaine, Charles Baudelaire, Stéphane Mallarmé, Gustave Flaubert, den amerikanischen Novellisten Edgar Allan Poe, die Philosophen Herbert Spencer, John Locke und John Stuart Mill etliche Hinweise auf deutsche Maler, Denker und Dichter wie z. B. Arnold Böcklin, den Mystiker Meister Eckhart, Ludwig Feuerbach, Goethe, Heine, Kant und nicht zuletzt Friedrich Nietzsche und Schopenhauer. Johannes Jørgensen übersetzte für die Zeitschrift *Taarnet* den § 70 aus dem ersten Band von Schopenhauers Hauptwerk *Die Welt als Wille und Vorstellung*. Mit seinem 1893 erschienenen Roman *Livets Træ* (Der Baum des Lebens) wollte Jørgensen, so wörtlich in seinen autobiographischen Schriften *Mit Livs Legende* (Die Legende meines Lebens), »einen philosophischen Roman über den ›Willen und seine Umkehr‹ (im schopenhauerschen Sinne)« (vgl. Nord 2012, 282) konzipieren.

Gustav Wied, der satirische, pessimistische und von Schopenhauer beeinflusste dänische Realist, dessen Werke unmittelbar vor und nach der Jahrhundertwende erschienen, publizierte z. B. in den Jahrgängen 1888 und 1889 drei Gedichte in *Ny Jord*, genau zu dem Zeitpunkt also, als der Schopenhauer-Aufsatz S. Hansens veröffentlicht wurde. Die Wahrscheinlichkeit, dass neben Johannes V. Jensen (*Einar Elkær*) und Gustav Wied Autoren wie Henrik Pontoppidan, Herman Bang (*Hoffnungslose Geschlechter*) und der von Schopenhauers Philosophie geradezu obsessiv in Bann geschlagene Karl Gjellerup die informative Einführung Hansens in Schopenhauers Philosophie gelesen haben, ist sehr hoch. Nach banalpsychologisierenden Überlegungen zur Person Schopenhauers folgen überzeugende Erörterungen der Schopenhauerschen Erkenntnistheorie (die transzendentale Vorstellungslehre), der Willensmetaphysik (hierunter eine Darstellung der Selbstzerfleischung des Willens) und eine präzise Erläuterung des Verhältnisses von Wille und Intellekt. Ferner gibt Hansen eine korrekte Darstellung der ästhetischen Kontemplation, in der ausnahmsweise die Befreiung des Intellekts vom Sklavendienst des Willens ermöglicht wird, und in der das seinen Trieben ausgelieferte Leidenssubjekt des Wollens, allerdings nur vorübergehend zum reinen, willenlosen und leidensfreien Subjekt des Erkennens gelangt. Schließlich findet man bei Hansen eine Beschreibung der Schopenhauerschen Soteriologie, der Verneinung des Willens zum Leben, jenes Freiheitsaktes, durch den die ephemere kontemplative Transformation der Erkenntnisweise in der reinen Anschauung der Kunst zu einer dauerhaften Einsicht in den Urgrund des Seins, des eigenen Ichs, wird, und so eine endgültige Mortifikation des Leidensursprungs, des Willens, zeitigt (vgl. Kristiansen 2006; 2007). Der oben erwähnte Karl Gjellerup, dessen Romane und Erzählungen sowohl in deutscher als auch in dänischer Sprache verfasst wurden, und der 1917 gemeinsam mit Henrik Pontoppidan den Nobelpreis für Literatur erhielt, nimmt in der Geschichte der skandinavischen Schopenhauer-Rezeption eine Sonderstellung ein. In seinen Romanen und Erzählungen dominiert die Gedankenwelt Schopenhauers dermaßen, dass bisweilen die *literarische* Qualität der Texte darunter leidet (zu Gjellerup und Schopenhauer vgl. Grossmann 1936).

Die Dänen waren mit anderen Worten um die Jahrhundertwende 1900 dank der Vermittlung Rydbergs, Brandes', Hansens und Jørgensens mit der Philosophie Schopenhauers ausreichend versorgt. Die Wirkung Schopenhauers reicht aber bis in die gegenwärtige dänischsprachige Literatur. Anerkannte und in Skandinavien preisgekrönte zeitgenössische Romanautoren wie z. B. Harald Voetmann (geb. 1978) – vor allem die Prosatexte *Vågen* (2010) und *Kødet letter* (2012) – und Preben Major Sørensen (geb. 1937) sind in ihrem Schreiben maßgeblich von Schopenhauers Gedankenwelt geprägt.

Der dänische Philosoph Søren Kierkegaard, dessen Hauptwerke in den 1840er Jahren entstanden, kam erst in seinen letzten Lebensjahren (1854/55) zur Lektüre der zu diesem Zeitpunkt erschienenen Schriften Schopenhauers, daher es, bei erstaunlichen Ähnlichkeiten, nicht zu einer produktiven Rezeption Kierkegaards kam. Kierkegaards Journalaufzeichnungen zu Schopenhauer im Jahr 1854 zeugen aber von einer emphatischen Auseinandersetzung (vgl. Cappelørn u. a. 2012; s. Kap. 26).

Die Rezeption Schopenhauers in Schweden und Norwegen setzte wie in Dänemark kurz vor 1900 ein und währt bis heute (u. a. bei den norwegischen Autoren Karl Ove Knausgaard und Jon Fosse). Eigens hervorzuheben sind – auch in Deutschland um die Zeit des *Fin de Siècle* beachtete – Autoren wie die Norweger Bjørnstjerne Bjørnson, Arne Garborg (*Müde Seelen*), Knut Hamsun, Sigbjørn Obstfelder sowie die Schweden August Strindberg und Hjalmar Söderberg. In Söderbergs Roman *Doktor Glas* (1905) wird Schopenhauer namentlich genannt, während es als unbestrittene Tatsache gilt, dass Strindbergs Dramen *Ein Traumspiel*, das wenige Jahre nach der schwedischen Uraufführung 1907 in Berlin gespielt wurde (d. h. im März 1916 im Theater in der Königgrätzer Straße) und *Nach Damaskus* (schwedische Uraufführung in Stockholm 1900; deutsche Erstaufführung 1916 an den Münchner Kammerspielen) inhaltlich und poetologisch von Schopenhauers Ästhetik und Ethik beeinflusst wurden (Aufhebung von Zeit, Raum und Kausalität, Vorstellungswelt als Blendwerk der Maja, um nur einige Schopenhauer-Anklänge zu benennen; zu Strindberg und Schopenhauer vgl. u. a. Taub 1956).

Deutschsprachiger Raum

Eine erste, keineswegs erschöpfende, Aufzählung deutschsprachiger Autoren, die sich in ihrer Weltsicht von Schopenhauers Philosophie bestätigt fühlten oder in anderer Weise unter dem Einfluss seines Denkens standen bzw. noch stehen (poetologisch, ästhetisch und ethisch) soll hier versucht werden, um den schier unüberschaubaren Umfang der Schopenhauer-Rezeption in der Literatur seit der zweiten Hälfte des 19. Jahrhunderts zu illustrieren: Ernst Barlach, Gottfried Benn, Thomas Bernhard, Wilhelm Busch, Adelbert von Chamisso, Alfred Döblin, Marie von Ebner-Eschenbach, Theodor Fontane, Salomo Friedlaender/Mynona, Stefan George, Günter Grass, Franz Grillparzer, Gerhart Hauptmann, Friedrich Hebbel, Hermann Hesse, Ernst Jünger, Franz Kafka, Daniel Kehlmann, Walter Kempowski, Karl Krauss, Alfred Kubin, Theodor Lessing, Thomas Mann, Christian Morgenstern, Eduard Mörike, Robert Musil, Wilhelm Raabe, R. M. Rilke, Ferdinand von Saar, Gustav Sack, Arno Schmidt, Reinhold Schneider, Arthur Schnitzler, Kurt Tucholsky, Hermann Ungar, Karl Heinrich Waggerl, Frank Wedekind und viele andere. Unten soll exemplarisch eine Auswahl genannter Dichter und Prosaisten behandelt werden.

Thomas Manns Schopenhauer-Rezeption ist umfassend. Sie lässt sich nicht nur im essayistischen Werk nachweisen, sondern hat ebenfalls seine Weltsicht,

Denkart und sein dichterisches Werk in entscheidender Weise geformt. Die erste Bekanntschaft mit der Gedankenwelt Schopenhauers ist dem jungen Thomas Mann durch Nietzsches *Geburt der Tragödie* vermittelt worden, deren gedankliche Grundstrukturen Nietzsche weitgehend aus Schopenhauers Willensmetaphysik übernommen hat. Als Thomas Mann *Die Welt als Wille und Vorstellung* liest – vermutlich 1897/98 – wird die Lektüre für ihn zu einem Initialerlebnis, das grundlegender und bleibender Art war. In den *Betrachtungen eines Unpolitischen* heißt es über die erste Begegnung: »So liest man nur einmal. Das kommt nicht wieder« (Mann 1974, XII, 72). Es sei »ein seelisches Erlebnis ersten Ranges und unvergesslicher Art« (ebd., XI, 111), bezeugt Thomas Mann 1930 in seinem *Lebensabriß*. In Bezug auf die erste Schopenhauerlektüre spricht Mann immer wieder von »Erschütterung« (ebd., XI, 379), »Erfülltheit« und »Hingerissenheit« (ebd., XI, 111); im *Wagner*-Essay ist die Rede von einer »selig-unverhofften Bekräftigung und Erläuterung des eigenen Seins« (ebd., IX, 397). Diese Worte enthüllen, dass die Schopenhauersche Gedankenwelt für Thomas Mann weit mehr bedeutete als eine intellektuelle Bereicherung; die Begegnung mit dem Verfasser der *Welt als Wille und Vorstellung* hat in die Tiefe gewirkt und ist zu einem bleibenden, von wiederholten Schopenhauer-Lektüren angeregten Erlebnis geworden, das eine nachhaltige, kaum zu überschätzende Wirkung auf sein literarisches Schaffen ausübte.

»Diese Metaphysik«, notiert Mann 1936 im Essay *Freud und die Zukunft*, dabei Schopenhauers Lehre vom Primat des Willens im Selbstbewusstsein kongenial repetierend, »lehrte in dunkler Revolution gegen den Glauben von Jahrtausenden den Primat des Triebes vor Geist und Vernunft, sie erkannte den Willen als Kern und Wesensgrund der Welt, des Menschen so gut wie aller übrigen Schöpfung, und den Intellekt als sekundär und akzidentell, als des Willens Diener und schwache Leuchte« (ebd., IX, 483). Wie bei Wilhelm Raabe, Thomas Hardy, D. H. Lawrence, August Strindberg und zahlreichen anderen der in diesem Beitrag behandelten und erwähnten Dichter wurde die »große Erlaubnis zum Pessimismus« (ebd., IX, 320, 761) Manns durch die den Vorrang der blinden Triebe über die Vernunft stets betonende Anthropologie Schopenhauers bestätigt. Erst vor diesem Hintergrund wird verständlich, dass Thomas Mann »das durchgehende, mein Gesamtwerk gewissermaßen zusammenhaltende Grund-Motiv« (ebd., XIII, 135) als die »Idee der *Heimsuchung*, des Einbruchs trunken zerstörender und vernichtender Mächte in ein gefaßtes und mit allen seinen Hoffnungen auf Würde und ein bedingtes Glück der Fassung verschworenes Leben« und schließlich als »die Niederlage der Zivilisation, der heulende Triumph der unterdrückten Triebwelt« (ebd., XIII, 136) bestimmen und definieren kann. Im Grundmotiv, das sich in der Figurendarstellung des dichterischen Werkes, in der Geschichts-, Kultur- und Zivilisationsauffassung Thomas Manns manifestiert, spiegelt sich allenthalben die Auffassung Schopenhauers von der Herrschaft eines Willens wider, der den Intellekt lediglich als sein Werkzeug ins Leben gerufen hat:

> »Die Wahrheit jedoch, bitter wie sie sei, verlangt das Eingeständnis, daß alles Geistig-Gedankliche nur schlecht, nur mühsam und kaum je auf die Dauer aufkommt gegen das Ewig-Natürliche. Wie wenig die Ehrenannahmen der Sitte, die gesellschaftlichen Übereinkünfte auszurichten vermögen gegen das tiefe, dunkle und schweigende Gewissen des Fleisches; wie schwerlich sich dieses vom Geiste und vom Gedanken betrügen läßt, das mußten wir schon in Frühzeiten der Geschichte, anläßlich von Rahels Verwirrung erfahren« (ebd., V, 1087).

Die Übermacht der irrationalen Natur über Geist, Vernunft und Moral tritt in der Figurendarstellung dadurch hervor, dass Friedemann (aus der Erzählung *Der kleine Herr Friedemann*), Gustav von Aschenbach (*Der Tod in Venedig*), Joachim Ziemßen (*Der Zauberberg*), Mut-em-enet (*Joseph und seine Brüder*) zwar sämtliche, ihnen zur Verfügung stehende rationale Mittel einsetzen, um ihre apollinische Zivilisation aufrechtzuerhalten, aber dafür ihre natürlichen Neigungen in einem solchen Ausmaß unterdrücken und ausgrenzen müssen, dass der Durchbruch der verbotenen natürlichen Lebensdimensionen mit dialektischer Notwendigkeit heraufbeschworen wird. Diese brechen in die Zivilisation ein und führen letztlich zum »heulenden Triumph der unterdrückten Triebwelt« (ebd., XIII, 136).

Neben Thomas Manns Rezeption der Schopenhauerschen Anthropologie spielen auch Schopenhauers Mitleidsethik und Heilslehre eine gewisse Rolle in seiner Gedankenwelt. Er stand zwar jahrelang der ›Verneinung des Willens zum Leben‹ kritisch gegenüber, betrachtete sie als akzidentelles Beiwerk der eigentlichen Willensmetaphysik, kommt aber allmählich vor dem Hintergrund der Verbrechen des Nazi-Regimes zur Erkenntnis, dass die Maßnahmen der Vernunft erst dann zu einer besseren Welt werden beitragen können, wenn sich der Mensch vorher durch Erlebtes und Erlittenes von dem egoistischen in den mitleidigen Menschen gewandelt hat (ebd., XIII, 711 f.). Auch die transzendentale Auffassung der Zeit, die Thomas Mann in *Der Zauberberg*, aber auch in anderen Werken durch eine bis ins kleinste Detail ausgerichtete Leitmotivstruktur zum Vorschein bringt, welche durch Wiederholung die sich unaufhaltsam verändernde Vorstellungswelt dank einer metaphysischen Tiefenschau zum Stillstand führt, geht auf Manns lebenslängliche Auseinandersetzung mit der Philosophie Schopenhauers zurück, wie der Brief vom 12. Oktober 1932 an Käte Hamburger zeigt: »Auch ich verstand mich früher nur (durch Schopenhauer) auf die ›Idealität‹ von Zeit und Raum und kam auf ihre physikalischen Beziehungen, ohne Novalis, geschweige Einstein, ordentlich gelesen zu haben.«

Zu den prominentesten Beispielen deutschsprachiger Autoren des 19. und 20. Jahrhunderts, deren Poesie und Prosa mit Gewinn im Horizont Schopenhauers interpretiert werden können, soll in der Folge das Werk Wilhelm Raabes näher betrachtet werden. Die oben erörterte pessimistische Anthropologie Thomas Manns, d. h. die Schopenhauer verwandte Vorstellung vom Primat des Willens (*natura sensibilis*) über den Intellekt (*natura intelligibilis*) wird in den späten Texten (annähernd seit 1870–1902) antizipiert. Wilhelm Raabe hat als Verfasser historischer Romane in die Literaturgeschichte Eingang gefunden. Richtig ist, dass zahlreiche Erzählungen und Romane Raabes auf faktische historische Ereignisse zurückgreifen, darunter häufig Ereignisse aus dem Siebenjährigen (*Die Innerste*, *Hastenbeck*) und dem Dreißigjährigen Krieg; dabei gilt, stets zu beachten, dass die vordergründige Handlung und ihre jeweilige Einbettung in einen bestimmten historischen Zusammenhang von einem Wirrwarr zeitlich und räumlich auseinanderliegender Ereignisse – durch narrative Exkurse, Intertextualität und die Vermengung mythischer und historischer Zeit – durchbrochen wird. Anstatt einer linearen, kausal fortschreitenden Handlung entsteht eine narrative Welt, die durch Konfusion gekennzeichnet ist (vgl. z. B. *Höxter und Corvey* und *Das Odfeld*). Sowohl der Leser als auch die Figuren der Texte verlieren die Orientierung. Hinter dieser Schreibstrategie, die eine modern, wenn nicht gar postmodern anmutende Textoberfläche zum Vorschein bringt, verbirgt sich die Bemühung, das vordergründige Geschehen auf eine zeit- und raumenthobene, metaphysische Wahrheit über die Grundbefindlichkeiten menschlichen Seins hin zu entschleiern. Diese für Raabe typische zeit-, raum- und individuationsüberbrückende Erzählweise greift dem vor, was später bei Günter Grass (z. B. *Die Blechtrommel*) und Alfred Döblin (*Wallenstein*) wiederkehrt. Nicht nur bei Raabe, sondern auch bei Grass und Döblin entspringt sie einer impliziten Poetologie, die in Schopenhauers Ästhetik tief verwurzelt ist. Hinter den vergänglichen Erscheinungsformen der erzählten ›Vorstellungswelt‹ sollen die bleibenden Wahrheiten der Welt als Wille offenbart werden.

Seit den ersten anhand von Briefen und Tagebucheintragungen im November 1868 (vgl. Fauth 2007, 21 ff.) nachweisbaren intensiven Auseinandersetzungen Raabes mit der Philosophie Schopenhauers werden die expliziten und impliziten Verweise auf Schopenhauers Philosophie zahlreicher. Die Verweise treten meist in verkappter Form oder als unmarkierte Zitate und Anspielungen auf, daher erfordert ihre Entschlüsselung eine nahezu detektivische Vorgehensweise des Lesers. Wie u. a. auch bei Thomas Mann und Günter Grass enthält die Prosa Wilhelm Raabes eine unmissverständliche Absage an jegliche Idee des Fortschritts. Dargestellt wird die Geschichte als Schauplatz einer immer wiederkehrenden »Schlächterei ohne Ende« (Raabe 1960 ff., Bd. 17, 175) oder wie es in einer Notizbuchaufzeichnung Raabes vom 8. März 1875 heißt: »Was ist solch ein unbedeutendes Gemetzel wie bei Cannä, Leipzig oder Sedan gegen [die] fort und fort um den Erdball tosende Schlacht des Daseins?« (ebd., Erg.bd. 5, 335). Geschichtliche Ereignisse wiederholen lediglich unter neuem Vorzeichen bereits Stattgefundenes. Das Stattgefundene, jetzt und in Zukunft Stattfindende ist durch Leid, Qual, Elend, Schmerz, Gewalt, kriegerische Bestialität und Egoismus gekennzeichnet. Die historischen Romane Wilhelm Raabes korrespondieren bei genauer Lektüre mit der im 38. Kapitel des zweiten Bandes der *Welt als Wille und Vorstellung* formulierten Kritik der Geschichtswissenschaft als einer an der ›Oberfläche‹ der Welt weilenden Wissenschaft, die anstatt das Allgemeine zu betrachten, stets das Einzelne und Epochenspezifische vor Augen hat. Die menschliche Geschichte entpuppt sich bei Raabe als eine sich für immer im Kreis bewegende Repetition miserabler Zustände, denen der Mensch nur ausnahmsweise und vorübergehend, darin der Mitleidsethik und Ästhetik Schopenhauers entsprechend, durch ästhetische Kontemplation (als reines Subjekt des Erkennens) oder Mitleid und Nächstenliebe zu entrinnen vermag.

Arno Schmidt, einer der eigenartigsten deutschsprachigen Schriftsteller des 20. Jahrhunderts, verweist in seinem umfangreichen Werk mehrfach explizit auf Wilhelm Raabe und Schopenhauer. In der frühen Erzählung *Leviathan* (1946 entstanden) mit dem auf Gottfried Wilhelm Leibniz weisenden signifikanten Untertitel *oder Die beste der Welten* wird eine ähnlich fortschrittsskeptische Deutung der Geschichte vorgelegt wie in den Erzählungen Wilhelm Raabes. Leibniz' optimistische Behauptung von einer besten aller möglichen Welten schlägt bei Arno Schmidt kontrafaktisch in ihr Gegenteil um. Wie bereits Voltaires *Candide ou L'optimisme* (dt. *Candid oder Die beste der Welten*) aus dem Jahr 1759, eine – von Schopenhauer hoch geschätzte – bissige Satire auf Leibniz' Monadologie, legt Arno Schmidt, von Schopenhauer und Raabe flankiert, eine Kriegserzählung vor, welche ›die beste der Welten‹ in die ›schlechteste‹ transformiert. Dieser zyklischen, der Perfektibilitätsvorstellung und Vernunftgläubigkeit der Aufklärung widerstreitenden Vorstellung einer sich ewig wiederholenden Historie des Krieges wird nicht nur in Arno Schmidts *Leviathan* und *Seelandschaft mit Pocahontas*, sondern auch in *Schwarze Spiegel* Ausdruck verliehen. In der dystopischen Erzählung *Schwarze Spiegel* wird der aufklärungsskeptischen Position mehrfach durch die Stimme des Ich-Erzählers Ausdruck verliehen: »Vor der Sperre – wo ein Leichenberg haufte, drehte ich um, und ging den Korso wieder zurück: dazu also hatte der Mensch die Vernunft erhalten« (Schmidt 1987, 224). Die *Dialektik der Aufklärung* Adornos und Horkheimers wird hier prägnant von der Schmidtschen Erzählfigur in Prosa verwandelt. Nicht nur wird die Vernunft durch Unvernunft entmachtet, sondern die Vernunft entmachtet sich selbst, indem sie dialektisch in ihr eigenes Gegenteil umschlägt. Unmittelbar danach erreicht die Misanthropie des Ich-Erzählers einen neuen Höhepunkt: »(Und wenn ich erst weg bin, wird der letzte Schandfleck verschwunden sein: das Experiment Mensch, das stinkige, hat aufgehört!)« (ebd.). Oder wie es programmatisch in *Seelandschaft mit Pocahontas*, die poetologische Überlagerungsstrategie der Allgegenwart und Gleichzeitigkeit auf den Punkt gebracht, lautet: »Hellsehen, Wahrträumen, second sight, und die falsche Auslegung dieser unbezweifelbaren Fänomene: der Grundirrtum liegt immer darin, daß die Zeit nur als Zahlengerade gesehen wird, auf der nichts als ein Nacheinander statthaben kann. ›In Wahrheit‹ wäre sie durch eine Fläche zu veranschaulichen, auf der Alles ›gleichzeitig‹ vorhanden ist; denn auch die Zukunft ist längst ›da‹ (die Vergangenheit ›noch‹)« (ebd., 394). Die adäquate Metapher der faktischen Zeit ist die des Kreises, der Wiederholung, der ›Fläche‹. Auf dieser Fläche wird Vergangenes und Künftiges in ein stehendes Jetzt einer allgegenwärtigen Gleichzeitigkeit verwandelt, wie u. a. auch bei Raabe, Mann, Döblin und Tolstoi.

Wirft man einen Blick auf das von Jürgen Born (1990) rekonstruierte Verzeichnis der Privatbibliothek Kafkas, dann wird ersichtlich, dass der Leser Kafka neben einem bedeutenden Interesse für Schriftsteller und Dramatiker wie Dostojewski, Tolstoi, Shakespeare, Flaubert, Hamsun und Strindberg auch eine Vorliebe für biographische Schriften (Briefe, Biographien und Autobiographien) und eine beachtliche Sammlung von Darstellungen zur Religion und Philosophie besaß. Unter den Schriften zur Religion ragen Studien zum Judentum, zur jüdischen Mystik und zum Zionismus hervor, während die philosophischen Schriften eine deutliche Neigung zu Søren Kierkegaard und Schopenhauer bekunden. Abgesehen vom 1., 7. und 12. Band besaß Kafka die von Rudolf Steiner besorgte 12-bändige Ausgabe der sämtlichen Werke Arthur Schopenhauers. Berühmte Erzählungen und Romane Kafkas wie z. B. *Das Urteil*, *In der Strafkolonie* und *Der Prozess* kreisen um die Grundannahme einer dem Leben innewohnenden Schuld (vgl. Fauth 2009), welcher der Mensch nicht durch Ausübung irdischer Gerechtigkeit entfliehen kann. Wenn sich die Schuld auch im je konkreten Handeln offenbare, so Schopenhauer, liege ihre Wurzel in unserer *Essentia* (vgl. W II, 693). Eine das menschliche Sein als solches bestimmende Schuld ist nur, wenn überhaupt, durch radikale Verneinung der Welt und des Ego zu eliminieren. Die irdische Gerechtigkeit in Form eines demokratischen Rechtsstaates ist bei Kafka durch den Gedanken einer ewigen Gerechtigkeit ersetzt, welche die Welt in ein Weltgericht verwandelt (s. Kap. 6.6).

Literatur

Adamy, Bernhard: Nicht nur ›Enkel der Aufklärung‹. Schopenhauer-Anklänge bei Erich Kästner. In: *Schopenhauer-Jahrbuch* 68 (1987), 122–146.

Atzert, Stephan: *Schopenhauer und Thomas Bernhard. Zur literarischen Verwendung von Philosophie*. Freiburg i. Br. 1999.

Baer, Joachim T.: Anregungen Schopenhauers in einigen Werken von Tolstoj. In: *Die Welt der Slaven* XXIII (1978), 229–247.

Baer, Joachim T.: Schopenhauer und Afanasij Fet. In: *Schopenhauer-Jahrbuch* 61 (1980), 90–103.

Baer, Joachim T.: *Arthur Schopenhauer und die russische Literatur des späten 19. und frühen 20. Jahrhunderts*. München 1980.

Baer, Joachim T.: Schopenhauer und Fedor Sologub. In: *Schopenhauer-Jahrbuch* 69 (1988), 511–522.

Bailey, J. O.: *Thomas Hardy and the Cosmic Mind. A New Reading of the Dynasts*. Chapel Hill 1956.

Baillot, Alexandre: Anatole France et Schopenhauer. In: *Jahrbuch der Schopenhauer-Gesellschaft* 16 (1929), 67–78.

Baumgärtel, Fritz: Schopenhauer und Tucholsky. Eine Einführung. In: *Schopenhauer-Jahrbuch* 78 (1997), 115–134.

Born, Jürgen: *Kafkas Bibliothek. Ein beschreibendes Verzeichnis*. Frankfurt a. M. 1990.

Brandes, Georg: Arthur Schopenhauer. In: Ders.: *Samlede Skrifter*. Bd. 7. København 1900, 297–303.

Brang, Peter: *I. S. Turgenev. Sein Leben und sein Werk*. Wiesbaden 1977.

Cappelørn, Niels Jørgen/Hühn, Lore/Fauth, Søren R./Schwab, Philipp (Hg.): *Schopenhauer – Kierkegaard. Von der Metaphysik des Willens zur Philosophie der Existenz*. Berlin/Boston 2012.

Cheval, René: Zum Thema Romain Rolland und Schopenhauer. In: *Schopenhauer-Jahrbuch* 55 (1974), 53–54.

Dhers-Duharcourt, Charlotte: L'influence de Schopenhauer dans les romans de Julien Green. In: Carole Auroy/Alain Schaffner (Hg.): *Julien Green et les autres: rencontres, parentés, influences*. Dijon 2011.

Fauth, Søren R.: Arthur Schopenhauer und der dänische Realismus vor und um 1900. In: *Schriften der Theodor-Storm-Gesellschaft* 55 (2006), 79–86.

Fauth, Søren R.: *Der metaphysische Realist. Zur Schopenhauer-Rezeption in Wilhelm Raabes Spätwerk*. Göttingen 2007.

Fauth, Søren R.: Die Schuld ist immer zweifellos. Schopenhauersche Soteriologie und Gnosis in Kafkas Erzählung *In der Strafkolonie*. In: *Deutsche Vierteljahrsschrift für Literaturwissenschaft und Geistesgeschichte* 83/2 (2009), 262–286.

Fauth, Søren R.: »Es ist ein dikker Satz; aber S könnte=sein: daß unsere gesamte ›Außenwelt‹, projektiv=unterfüttert wäre mit Unserm innerstn=Innern«. Arno Schmidt und Wilhelm Raabe. In: *Zettelkasten. Jahrbuch der Gesellschaft der Arno-Schmidt-Leser 2011* 28 (2013), 59–77.

Frizen, Werner: Drei Danziger. Arthur Schopenhauer – Max Halbe – Günter Grass. In: *Schopenhauer-Jahrbuch* 68 (1987), 147–168.

Furreg, Erich: Schopenhauer und Schweden. In: *Jahrbuch der Schopenhauer-Gesellschaft* 26 (1939), 338–358.

Furreg, Erich: Schopenhauer und Schweden. In: *Jahrbuch der Schopenhauer-Gesellschaft* 28 (1941), 258–278.

Gräfrath, Bernd: Futurologie und Pessimismus. Stanislaw Lem als Schopenhaueraner. In: *Schopenhauer-Jahrbuch* 84 (2003), 169–182.

Green, Julien: *Jeder Mensch in seiner Nacht*. München 1995.

Grossmann, Constantin: Karl Gjellerup. Ein Gedenkblatt. In: *Jahrbuch der Schopenhauer-Gesellschaft* 23 (1936), 249–268.

Gupta, R. K.: ›Billy Bud‹ and Schopenhauer. In: *Schopenhauer-Jahrbuch* 73 (1992), 91–108.

Gupta, R. K.: Melville and Schopenhauer. In: *Schopenhauer-Jahrbuch* 79 (1998), 149–168.

Hardy, Thomas: *Im Dunkeln. Jude the Obscure*. Nördlingen 1988.

Heftrich, Urs: *Otokar Březina. Zur Rezeption Schopenhauers und Nietzsches im tschechischen Symbolismus*. Heidelberg 1993.

Horn, Kurt: Schopenhauer und England. In: *Jahrbuch der Schopenhauer-Gesellschaft* 31 (1944), 111–126.

Houellebecq, Michel: *In Schopenhauers Gegenwart*. Köln 2017.

Huber, Martin: *Thomas Bernhards philosophisches Lachprogramm. Zur Schopenhauer-Aufnahme im Werk Thomas Bernhards*. Wien 1992.

Ingenkamp, Heinz Gerd: Von Schopenhauer her gelesen: Rilkes 8. Duineser Elegie. In: *Schopenhauer-Jahrbuch* 66 (1985), 247–252.

Jurdzinski, Gerald: *Leiden an der »Natur«. Thomas Bernhards metaphysische Weltdeutung im Spiegel der Philosophie Schopenhauers*. Frankfurt a. M. 1984.

Kasack, Wolfgang: Schopenhauer und Russland heute. In: *Schopenhauer-Jahrbuch* 81 (2000), 147–164.

Klamp, Gerhard: Zur Zeit- und Wirkungsgeschichte Schopenhauers. In: *Schopenhauer-Jahrbuch* 40 (1959), 1–23.

Kohl, Sarah: Kleist, Klo, Klima. Die karnevaleske Verkehrung von Schopenhauers Kunstmetaphysik in *Alte Meister*. In: *Thomas Bernhard Jahrbuch* 6 (2011), 177–195.

Kohl, Sarah: *Die Komödie der Kultur. Die Philosophie Schopenhauers als Rezeptionsphänomen unter besonderer Berücksichtigung der literarischen Aufnahme durch Thomas Bernhard*. Hamburg 2014.

Korten, Hertha: *Thomas Hardys Napoleondichtung »The Dynasts«. Ihre Abhängigkeit von Schopenhauer. Ihr Einfluß auf Gerhart Hauptmann*. Bonn 1919.

Kristiansen, Børge: *Thomas Manns Zauberberg und Schopenhauers Metaphysik*. Bonn 1986.

Kristiansen, Børge: ›At blive sig selv‹ og ›At være sig selv‹. En undersøgelse af identitetsfilosofien i Henrik Pontoppidans roman *Lykke-Per* i lyset af Luthers teologi, Schopenhauers og Nietzsches filosofi. Et bidrag til identitetsfilosofi. Kopenhagen 2006.

Kristiansen, Børge: Zur Schopenhauer-Rezeption in Henrik Pontoppidans Roman *Hans im Glück*. In: *Schopenhauer-Jahrbuch* 88 (2007), 117–146.

Kubin, Alfred: *Die andere Seite*. München 2009.

Kuhn, Dieter: Der Philosoph und der Dichter. Zur Schopenhauer-Rezeption bei Arno Schmidt. In: *Schopenhauer-Jahrbuch* 62 (1981), 170–189.

Lettenbauer, Wilhelm: *Tolstoj*. München/Zürich 1984.

Mann Thomas: *Gesammelte Werke in dreizehn Bänden*. Frankfurt a. M. 1974.

Märtens, Jürgen: Schopenhauer und Becketts Essay ›Proust‹. In: *Schopenhauer-Jahrbuch* 52 (1971), 157–162.

Maupassant, Guy de: *Die Liebe zu dritt. Über das Leben und die Kunst*. München ²2000.

Mclaughlin, Sigrid: *Schopenhauer in Rußland*. Wiesbaden 1984.

Negroni, Bruno: Schopenhauer und Proust. In: *Schopenhauer-Jahrbuch* 61 (1980), 104–126.

Nord, Johan Chr.: ›En Poet og en Religionsstifter, med hvem jeg er enig i næsten alle Ting.‹ Indledende betragtninger over Johannes Jørgensens Schopenhauer-reception med særligt fokus på *Livets Træ*. In: *Edda* 4 (2012), 277–291.

Pankow, Edgar: Letzte und erste Worte. Schopenhauer und Beckett. In: *Schopenhauer-Jahrbuch* 66 (1985), 225–240.

Pothast, Ulrich: *Die eigentlich metaphysische Tätigkeit. Über

Schopenhauers Ästhetik und ihre Anwendung durch Samuel Beckett. Frankfurt a. M. 1982.

Raabe, Wilhelm: *Sämtliche Werke.* Hg. von Karl Hoppe [nach dessen Tod von Jost Schillemeit]. 20 Bde. und 5 Ergänzungsbde. Freiburg i. Br./Braunschweig 1951 ff., Göttingen 1960 ff.

Ries, Wiebrecht: Schopenhauer im Spiegel der europäischen Literatur des 19. und 20. Jahrhunderts. In: *Schopenhauer-Jahrbuch* 76 (1995), 173–194.

Rydberg, Viktor: *Leibniz' Teodicé och den Schopenhauer-Hartmannska Pessimismen* (= Ders.: *Filosofiska föreläsningar*, Bd. II). Stockholm 1900.

Schäppi, Max: Henri-Frédéric Amiel und Schopenhauer. In: *Schopenhauer-Jahrbuch* 46 (1965), 88–94.

Scheffler, Markus: *Kunsthaß im Grunde. Über Melancholie bei Arthur Schopenhauer und deren Verwendung bei Thomas Bernhard.* Heidelberg 2008.

Schmidt, Arno: *Leviathan* und *Schwarze Spiegel.* In: *Arno Schmidt Werke.* Bargfelder Ausgabe. Bd. I/1. Zürich 1987.

Semjatova, Bärbel: *Sologubs Schopenhauerrezeption und ihre Bedeutung für die Motivgestaltung in seinen Erzählungen.* München 1997.

Setschkareff, Vsevolod: *N. S. Leskov. Sein Leben und sein Werk.* Wiesbaden 1959.

Siegel, Holger: Bemerkungen zum Einfluß Schopenhauers auf Lev Tolstois Roman Anna Karenina. In: *Schopenhauer-Jahrbuch* 85 (2004), 167–178.

Sorg, Bernhard: Überlebenskunst. Zur Schopenhauer-Rezeption bei Thomas Bernhard und Arno Schmidt. In: *Schopenhauer-Jahrbuch* 74 (1993), 137–150.

Stahl, August: ›Ein paar Seiten Schopenhauer‹ – Überlegungen zu Rilkes Schopenhauer-Lektüre und deren Folgen (1. Teil). In: *Schopenhauer-Jahrbuch* 69 (1988), 569–582.

Stahl, August: ›Ein paar Seiten Schopenhauer‹ – Überlegungen zu Rilkes Schopenhauer-Lektüre und deren Folgen (2. Teil). In: *Schopenhauer-Jahrbuch* 70 (1989), 174–188.

Stančić, Mirjana: *Die Rezeption Schopenhauers in der kroatischen Literatur und Philosophie.* Wiesbaden 1994.

Taub, Hans: Schopenhauer und Strindberg. In: *Schopenhauer-Jahrbuch* 37 (1956), 42–54.

Thiergen, Peter: Schopenhauer in Russland. Grundzüge der Rezeption und Forschungsaufgaben. In: *Schopenhauer-Jahrbuch* 85 (2004), 131–166.

Tolstoi, Leo N.: *Leo N. Tolstois Biographie und Memoiren.* Hg. von Paul Birukoff. 2 Bde. Wien/Leipzig 1909.

Tolstoi, Leo N.: *Frühe Erzählungen 1853–1872.* Düsseldorf/Zürich 2001.

Tolstoi, Leo N.: *Anna Karenina.* München 2009.

Weber, Mathias: Schopenhauer und Cechov. Cechovs Erzählung Adriana neu gelesen. In: *Schopenhauer-Jahrbuch* 82 (2001), 175–190.

Weber, Mathias: Von Toulon bis Ceylon – Schopenhauers und Cechovs Reiseaufzeichnungen. In: *Schopenhauer-Jahrbuch* 85 (2004), 179–190.

Weinhardt, Reinhold: Schopenhauer in Wilhelm Raabes Werken. In: *Jahrbuch der Schopenhauer-Gesellschaft* 25 (1938), 306–328.

Wellbery, David E.: *Schopenhauers Bedeutung für die moderne Literatur.* München 1998.

Søren R. Fauth / Børge Kristiansen

46 Bildende Kunst

»Alles Urdenken geschieht in Bildern« (W II, 87 (ZA)). Bereits dieses Zitat, das Schopenhauers Hauptwerk *Die Welt als Wille und Vorstellung* entstammt, verdeutlicht die Macht der Bilder, die Vormachtstellung der Anschauung gegenüber dem reflexiven Denken, die Schopenhauer »als Kern jeder ächten und wirklichen Erkenntniß« versteht (W II, 87 (ZA)). Das Kunstwerk galt seit jeher für viele Kunstschaffende nicht nur als Ausdruck außerordentlicher Kreativität, sondern als ein Spiegel künstlerischer Reflexion über die Welt, ein Zeugnis einer ebensolchen »wirklichen Erkenntniß« im Sinne Schopenhauers, die mit der künstlerischen Fähigkeit, der Welt rein anschauend entgegenzutreten, verbunden ist. Diese künstlerische Fertigkeit erhält durch Schopenhauer einen Fürsprecher, in dessen Philosophie die Kunst einen integrativen Bestandteil darstellt und einer Vielzahl bildender Künstler unterschiedlicher Stilrichtungen Anknüpfungspunkte für ihr Kunstschaffen bot sowie die Kompatibilität der Schopenhauerschen Philosophie mit unterschiedlichen künstlerischen Denkweisen bezeugt.

Daher stellt sich erstens die Frage, wie diese Verbindung zu bestimmen ist und zweitens, wie sie dem künstlerischen Schaffensakt zu Gute kommt und inwiefern sie sich genau im künstlerischen Medium widerzuspiegeln vermag. Hierbei gilt es zu beachten, dass es sich im Allgemeinen bei der Bildenden Kunst um einen Bereich von Weltaneignung und -auseinandersetzung handelt, die der Vorgehensweise der Philosophie diametral entgegengesetzt ist. Während letztere ihre Resultate begrifflich diskursiv darlegt, versteht sich die produktive Verfahrensweise Bildender Kunst wie oben dargelegt zuallererst über die Anschauung. Daher erscheint es angemessener, den wechselseitigen Bezug Schopenhauers zur bildenden Kunst nicht als ›Einfluss‹ zu fassen, sondern mit den Termini ›Auseinandersetzung‹ oder ›Aneignung‹. Zudem gilt es vorab zu berücksichtigen, dass bei dieser Fragestellung zwischen zwei Zugangsweisen unterschieden werden muss: Während sich einerseits eine direkte und fundierte Auseinandersetzung mit der Philosophie Schopenhauers von künstlerischer Warte aus anhand von Quellenmaterial wie Briefkorrespondenzen, Künstlerschriften und Tagebucheinträgen belegen lässt – so beispielsweise bei namhaften Künstlern wie Max Beckmann, dem italienischen Maler und Schriftsteller Giorgio de Chirico sowie dem deutschen Grafikkünstler Max Klinger –, kann des Weiteren über einen indirekten Vergleich beider Disziplinen eine Artverwandtschaft aufgesucht werden, die eine wechselseitige Bedingung geistiger Inhalte und konstitutiver Eigenschaften zwischen Bildender Kunst und Philosophie aufzuzeigen vermag. So zeigt – als aktuelles Beispiel – Hans Zitko mit seinem Aufsatz »Die irdische Hölle. Über Bruce Nauman und Arthur Schopenhauer« (2005) Verbindungslinien zwischen dem Konzeptkünstler Bruce Nauman und Schopenhauer auf und wendet so die Philosophie Schopenhauers nicht nur auf den aktuellen Kunstdiskurs an, sondern verdeutlicht einmal mehr die Aktualität seines Denkens. Methodisch ist dennoch stets Vorsicht geboten, das Verhältnis zwischen Künstler und Philosophen nicht als das von »Ursache und Wirkung« zu fassen (vgl. Wyss 2005, 95), sondern den künstlerischen Schaffensprozess als eigenen Akt der Kreativität zu begreifen, der – wenn überhaupt – eine Bestätigung oder Ergänzung durch die Philosophie erhält. Weder sollte die Philosophie Schopenhauers als ›Anleitung‹ für die künstlerische Schaffensweise ausgelegt werden, noch die künstlerische Schaffensweise als eine Paraphrasierung einer stattgefundenen Schopenhauer-Lektüre.

Der Umgang bildender Künstler mit der Philosophie Schopenhauers und der damit verbundene konkrete Gewinn für ihr Kunstschaffen ist somit kritisch zu reflektieren und geht mit der Frage einher, ob es sich um eine eigenständige Schopenhauer-Rezeption anhand einer Lektüre erster oder zweiter Hand handelt oder ob ein Bezug zur Philosophie Schopenhauers über weltanschauliche Aspekte der jeweiligen Kunstdekade und dem hiermit verbundenen Künstlerverständnis gegeben ist.

Bisherige Forschungsliteratur zum Thema

Das Interesse an dieser Fragestellung spiegelt sich besonders in dem von Günther Baum und Dieter Birnbacher 2005 herausgegebenen Sammelband *Schopenhauer und die Künste* wider, der eine Vielzahl anregender Aufsätze vereint, die unter Berücksichtigung unterschiedlicher Aspekte die künstlerische Auseinandersetzung mit dem deutschen Philosophen belegen. Auch der im Jahr 2010 im Rahmen des IV. Essay-Wettbewerbs der Schopenhauer-Gesellschaft zum Thema »Schopenhauer und die Künste« preisgekrönte Beitrag von Martina Kurbel mit dem Titel »Direkte und indirekte Einflüsse Schopenhauers auf Giorgio de Chiricos *pittura metafisica*« ist nicht nur ein hervorzuhebendes Exempel für das Interesse an diesem Themengebiet, sondern leistet einen wesentlichen Beitrag zu einer Relativierung der bis heute omnipräsenten Vormachtstellung Friedrich Nietzsches zugunsten einer verstärkten Fokussierung auf den Nietzsche-Lehrer Schopenhauer. Auch in einigen in den 1990er Jahren herausgegebenen Sammelbänden wurde der Bezug zwischen Bildender Kunst und der Philosophie Schopenhauers thematisiert: Hier sind u. a. die 1991 und 1996 erschienenen Sammelbände *Schopenhauer, Nietzsche und die Kunst* sowie *Schopenhauer, Philosophy, and the Arts* zu nennen. Die 1996 erschienene Monographie des Schweizer Kunsthistorikers Beat Wyss mit dem Titel *Der Wille zur Kunst. Zur ästhetischen Mentalität der Moderne* verdient in diesem Zusammenhang insofern Beachtung, als der Autor nicht nur u. a. die Stellung Schopenhauers im Hinblick auf die Bildende Kunst analysiert, sondern dies v. a. unter besonderer Berücksichtigung des modernen Kunstdiskurses mit Blick auf die klassische Moderne tut. Obgleich auch einige Aufsätze zu diesem Themengebiet existieren, die mitunter sicherlich auch fruchtbare Gedanken beinhalten, kann hinsichtlich einer Analyse der Beziehung der Philosophie Schopenhauers zur Bildenden Kunst mehr von einem Desiderat als einem eigenen Forschungsfeld gesprochen werden.

Einleitende Gedanken zum Schopenhauerschen Kunstbezug

Die Kunst nimmt in der Philosophie Schopenhauers eine zentrale Stellung ein und findet eingehende Erläuterungen im 3. Buch von *Die Welt als Wille und Vorstellung* (s. Kap. 6.5). Im Kontext der Schopenhauerschen Willensmetaphysik bieten Kunst und Askese optionale Lösungswege, sich von der Herrschaft des Willens zu befreien, mit dem Unterschied, dass es sich bei der Kunst um eine zeitweilige Loslösung handelt, während die Askese einen dauerhaften Modus der Befreiung aus dem Willenskreislauf darzustellen vermag.

Trotz eines so bedeutenden Status, den Schopenhauer der Kunst zukommen lässt, hat seine Ästhetik mit Blick auf den Kunstdiskurs immer wieder mit so manchem Vorurteil zu kämpfen. Gerade mit Blick auf moderne Kunsttheorien wie sie sich an der Wende vom 19. zum 20. Jahrhundert herausbilden, scheinen sich innerhalb der Ästhetik Schopenhauers einige Barrieren aufzutun: Der metaphysische Rahmen der Philosophie Schopenhauers und die mit ihm propagierte Stellung der Kunst als adäquater Ausdruck der platonischen Ideen divergieren auf den ersten Blick augenscheinlich mit dem Autonomiegedanken abstrakter Kunst, der mit der Formel *l'art pour l'art* einen Selbstzweck der Kunst postuliert, die somit keinem außer sich gesetzten Ziel, sei er auch metaphysischer Art, verpflichtet ist. Um in einen modernen, gar aktuellen Kunstdiskurs gestellt zu werden, mag die Schopenhauersche Nomenklatur häufig nicht zeitgemäß wirken, ja mit ihrem Bezug zur Ideenlehre Platons und einer einseitigen Interpretation dieser als einem Verhältnis von Bild zu Abbild für eine Verbindung mit Theorien einer modernen Kunstauffassung mehr hinderlich als förderlich erscheinen (vgl. Baum 2005, 80).

Ungeachtet dessen gibt es innerhalb der Philosophie Schopenhauers Elemente, die für Künstler übergreifende Relevanz besitzen und geschätzt werden. Hier ist vor allem der besondere Erkenntnisgewinn hervorzuheben, den die Kunst nach Schopenhauer bietet, das »Wesentliche der Welt, den wahren Gehalt ihrer Erscheinungen« (W I, 239 (ZA)) auszudrücken. Richtet sich die gewöhnliche Wahrnehmung der Welt nach dem Satz vom Grund, der nach Schopenhauer den Modus gewöhnlicher Erkenntnis darstellt und dem Willen unterworfen ist, »reißt [die Kunst; M. K.] das Objekt ihrer Kontemplation heraus aus dem Strohme des Weltlaufs und hat es isoliert vor sich« (W I, 239 (ZA)). Kunst ermöglicht es nach Schopenhauer, sich rein anschauend zu verhalten, »die ganze Macht seines Geistes der Anschauung« (W I, 232 (ZA)) hinzugeben, um nicht mehr »das einzelne Ding als solches« (W I, 232 (ZA)), sondern die zugrundeliegende Idee erkennen zu können (vgl. W I, 232 (ZA)). Diesen Vorzug der Anschauung gegenüber dem reflexiven Denken, den wahren Gehalt der Welt wahrzunehmen, spricht Schopenhauer in besonderem Maße dem künstlerischem Genie zu (vgl. W I, 240, 251 (ZA)). Über die exponierte Stellung, die hierbei der Intuition zukommt, wird der Künstler dazu befähigt, die Dinge rein und losgelöst vom weltlichen Zusammenhang wahrzunehmen. Seine Genialität im Verein mit der Phantasie als seinem »wesentliche[n] Bestandtheil« (W I, 241 (ZA)) befähigt den Künstler dazu, an den Naturerscheinungen ihren wahren Kern als ihre Idee anzuschauen und diese auf adäquate Weise im Medium des Bildes wiederzugeben (vgl. W I, 241 (ZA)).

Im Hinblick auf gestalterische Maßnahmen erhält das Kunstschöne gegenüber dem Naturschönen bei Schopenhauer insofern einen Vorrang, als der Kunst und dem Künstler die Fähigkeit einer vollkommeneren Darstellungsweise des Wesens der Dinge im Vergleich mit der Natur zugesprochen werden (vgl. HN III, 209 f.; W I, 282 f. (ZA)). Auch wenn Schopenhauer hierbei auf eine künstlerische Naturbetrachtung rekurriert, aus der der Künstler seine Anregung schöpft, gewinnt seine besondere Befähigung zu dieser Anschauungsart, vor allem mit Blick auf Kunstströmungen zu Beginn des 20. Jahrhunderts, an Bedeutung: Das Erschließen von Bildinhalten richtet sich verstärkt nicht mehr an einer nachahmenden Wiedergabe des Geschauten im Medium des Bildes aus, sondern findet aus einer eigenen, kontemplierenden Schau des wahren Wesens der Welt statt, um daraufhin im jeweiligen Kunstwerk dargestellt zu werden. Hier findet sich die Vormachtstellung der Intuition bestätigt und die mit ihr einhergehende künstlerische Fähigkeit zur »reinen Weltwahrnehmung und geniale[n] Weltvollendung« (Fleiter 2010, 10), die bereits auf eine Entwicklung gegenstandsloser Malerei vorausweist, innerhalb derer »der Künstler ein ästhetisches Gebilde, das losgelöst ist von subjektiver Wahrnehmung« (ebd.) erschafft. Man denke hier beispielsweise an Gemälde des russischen Avantgardekünstlers Kasimir Malewitsch, der als Begründer des Suprematismus mit seinem »Schwarzen Quadrat auf weißem Grund« ein bahnbrechendes Exempel für Formen der künstlerischen Neugestaltung geschaffen hat, oder an Werke Piet Mondrians und Theo von Doesburgs rund um die DeStijl-Bewegung, die mit ihren geometrischen Werken keinerlei Bezug mehr zu subjektiven Wahrnehmungsweisen bieten.

Direkte Künstlerrezeptionen der Philosophie Schopenhauers

Doch nicht nur Schopenhauers Ausführungen zum Künstlerindividuum sind für die bildende Kunst von Bedeutung. Blickt man auf die aktive künstlerische Auseinandersetzung mit der Philosophie Schopenhauers, so zeigt sich ein reges Interesse an einer Vielzahl unterschiedlicher Aspekte. Eine allgemeine Auseinandersetzung und Rezeption der Schopenhauerschen Schriften innerhalb der Künstlerkreise setzt insbesondere nach seinem Tod im Jahr 1860 ein. Dabei geht das Interesse über Deutschland hinaus und lässt sich am Ende des 19. Jahrhunderts besonders in Frankreich verzeichnen, wo Schopenhauer wie nahezu in ganz Europa verstärkt auch im künstlerischen Milieu zu einer Art Modephilosophen avanciert. Eine französische Übersetzung von *Die Welt als Wille und Vorstellung* im Jahr 1886 (s. Kap. 51) macht eine aktive Auseinandersetzung mit seinen Schriften bei Künstlern und Schriftstellern in Frankreich möglich, wie z. B. im Falle von Joris-Karl Huysmans und Émile Zola (vgl. Cheetham 1991, 16). Daneben findet eine Beschäftigung mit der Philosophie Schopenhauers in unterschiedlichen Künstlerkreisen statt, wie beispielsweise bei den Nabis. So schreibt Maurice Denis, Mitbegründer dieser Künstlervereinigung: »Nous faisions un singulier mélange de Plotin, d'Edgar Poe, de Baudelaire et de Schopenhauer« (Rookmaaker 1972, 165). Zudem gründet sich der Status Schopenhauers als »moderne[r] Denker schlechthin« (Nakov 2005, 167) in einem in Frankreich zu dieser Zeit aufkommenden allgemeinen Interesse an dem philosophischen Idealismus; neben den Schriften Schopenhauers werden ebenfalls die Schriften Kants und Hegels in Künstlerkreisen diskutiert (vgl. Hofmann 1987, 231) wie auch diejenigen Plotins. Auch wenn dabei Schopenhauers *Die Welt als Wille und Vorstellung* bei Weitem der Rang des »most influential text« dieser Zeit zukommen mag (Cheetham 1991, 15), gilt es doch zu beachten, dass es sich von künstlerischer Warte aus sicherlich nicht immer um ein intensives Studium der Schopenhauerschen Philosophie gehandelt haben mag. Den Künstlern ging es wohl eher um ein Herausgreifen einzelner relevanter Aspekte, die für den jeweiligen weltanschaulichen Kontext fruchtbar gemacht werden konnten. Bei Paul Cézanne – mit Henri Rousseau, Vincent van Gogh und Paul Gauguin einer der sogenannten vier Väter der Moderne (vgl. Hofmann 1987, 190–242) – ist beispielsweise eine eigenständige Schopenhauer-Lektüre nicht eindeutig belegt, doch macht der Kontakt Cézannes zu Émile Zola, der in *La joie de vivre* (1884) Schopenhauersches Gedankenmaterial einfließen lässt, zumindest einen Bezug zweiter Hand zur Philosophie Schopenhauers wahrscheinlich (vgl. Marhold 1985, 202; 1987, 109). In zwei gewinnbringenden Aufsätzen zu diesem Thema erarbeitet Hartmut Marhold (1985; 1987) die erstaunlich nahen Parallelen im Denken von Schopenhauer und Cézanne beispielsweise hinsichtlich der besonderen künstlerischen Weltwahrnehmung und Erkenntnis verbunden mit der Fähigkeit, sich im jeweiligen Objekt der Betrachtung zu verlieren (vgl. Marhold 1985, 203 f.).

Für das Bildungsbürgertum des *Fin de Siècle* bildet der pessimistische Grundtenor der Schopenhauerschen Gesamtphilosophie einen zentralen Anbindungspunkt, der im Gegensatz zur damals aktuellen wissenschaftstheoretischen Position des Positivismus das Bewusstsein für die gesellschaftliche Endzeitstimmung der Dekadénce fördert, die in der Zeit vor Ausbruch des Ersten Weltkrieges in ganz Europa spürbar gewesen ist. Für diese Generation avanciert Schopenhauer mit seiner Gleichsetzung von Leben und Leiden sowie der Metapher des Lebens als »Rad des Ixion« (WI, 253 (ZA)) als Sinnbild des stets fordernden und quasi nie zu befriedigenden Willens, zu einer Art Gewährsmann und Sprachrohr. Schopenhauers Bezeichnung des Lebens als »mißliche Sache« (Gespr, 22) trifft den Nerv dieser Zeit und bietet so Ausdruck und Identifikationsmöglichkeit für eine Gesellschaft, die nicht nur unter dem Verlust gesellschaftlicher Werte, sondern auch unter der im Zuge der Aufklärung und Verwissenschaftlichung abhandengekommenen Religiosität leidet. Der mystische Zug der Philosophie Schopenhauers, die Fähigkeit der Kunst, für Augenblicke die omnipräsente Wirkkraft des Willens auszuschalten sowie das Interesse und der Bezug Schopenhauers zu fernöstlichen Philosophien und deren Erlösungsgedanken, sind weitere Gründe seiner Popularität zu dieser Zeit.

Auch auf symbolistische und surrealistische Strömungen der bildenden Kunst zeigt die Lehre Schopenhauers eine gewisse Wirkkraft. Vor allem in ihrer Auseinandersetzung mit Themen wie dem Traum und Unbewussten, dem Ineinanderfließen von Geträumten sowie real Erlebtem als Ausdruck einer Unbeständigkeit der gewöhnlichen Wahrnehmung, lassen sich in symbolistischen Kunstwerken Bezüge zu Schopenhauers Philosophie herstellen. Der Symbolismus, der sich am Ende des 19. Jahrhunderts länderübergreifend über Europa ausbreitet, verfolgt insofern eine Abgrenzung zu vorangegangen Kunstströmungen wie dem Realismus, Naturalismus sowie Impressionismus, als symbolistische Künstler ein verstärktes Interesse an einer die Erscheinungswelt übersteigenden Einsichtnahme in die Welt zeigen, das sich häufig in einer verstärkten Auseinandersetzung mit unterbewussten Trauminhalten zeigt und sich ebenfalls mit Gebieten wie Tod und Sexualität befasst. Es handelt sich um eine imaginative Kunst, die die vermeintliche Inhaltslosigkeit bestehender Kunstströmungen kritisiert und tiefere Inhalte in ihren Gemälden sichtbar zu machen sucht, die während einer inneren Schau durch das geistige Auge des Künstlers erfasst wurden (vgl. Hofstätter 1965, 80). In ihrem Schaffensprozess geben sich symbolistische Maler im Schopenhauerschen Sinn der Kraft ihrer Anschauung hin, um den wahren Gehalt der hinter der Erscheinungswelt stehenden Dinge sichtbar werden zu lassen. Auch Schopenhauers Ausführungen zum Traum und seine Rolle für das menschliche Bewusstsein, die der Philosoph in der kleineren Schrift »Versuch über das Geistersehn« vornimmt (s. Kap. 9.5), zeigen sich mit der Intention symbolistischer Kunstwerke kompatibel. So gibt es innerhalb der Forschungsliteratur Vertreter, die die Ausführungen Schopenhauers zum Traum als eine spezifische Einsichtnahme in die Welt interpretieren, bei der eine verstärkte objektive Betrachtungsart der Dinge vorherrsche und die sich in einem Auftreten von »Vorgänge[n] meistens gegen unsere Erwartung« (P I, 253 (ZA); vgl. Baum 2005, 88) zeige. Die Wirkkraft des Traums auf symbolistische Künstler drückt sich beispielsweise in Titeln wie »Dans le rêve«, einem Blatt der zehnteiligen Lithographiefolge von Odilon Redon, aus oder verdeutlicht sich ebenfalls in Max Klingers Grafikzyklus »Paraphrase über den Fund eines Handschuhs«. Klinger, der in vielen seiner Werke Impulse durch Schopenhauer geltend macht und von den *Parerga und Paralipomena* für einen langen Zeitraum als seinem »täglichen literarischen Futter« (Singer 1924, 205) spricht, lässt in diesem – einer von einem rationalen Kausalitätszusammenhang gelösten Erzählfolge von acht Radierungen, einen Handschuh ein surreales Eigenleben entwickeln.

Das Ineinanderfließen von Traum und Realität, wie bereits angedeutet ein Sujet vieler symbolistischer Gemälde, spielt auch für nachfolgende Künstlergenerationen eine wichtige Rolle, so beispielsweise für den italienischen Maler und Begründer der *pittura metafisica* (1911–1919) Giorgio de Chirico. De Chirico gilt mit seiner spezifischen, irrationalen Bildsprache als Wegbereiter des Surrealismus, der als Kenner der Schriften Schopenhauers ein Exempel für dessen Wirken auf diese Stilrichtung darstellt. Während seines Studiums in München in den Jahren 1906 bis 1909 kommt de Chirico mit den Schriften des Philosophen in Berührung und besitzt mindestens Kenntnisse der *Parerga und Paralipomena* sowie der *Aphorismen zur Lebensweisheit* (vgl. Schmied 1983, passim). Für de Chiricos metaphysische Gemälde spielt v. a. der aus der Schopenhauerschen Willensmetaphysik resultierende ›Nicht-Sinn‹ eine Rolle, dem der Künstler durch eine irrationale Bildsprache auf spezifische Weise Ausdruck verleiht. In der Interpretation der *pittura metafisica* als eine Art Offenbarung erscheinen die im Bildinhalt wiedergegebenen Dinge in einem neuen Sinnzusammenhang, die durch die in ihnen dargestellte Diskontinuität, der Missachtung kausaler Zusammenhänge »recht anschaulich genau die Relativität der Schopenhauerschen Vorstellungswelt […] vor dem Hintergrund eines omnipräsenten grundlosen Willens« (Kurbel 2010, 174) darstellen.

Auch die in diesen Zeitraum fallenden, aber doch ganz andersartigen *objets trouvés* des französischen Künstlers Marcel Duchamp – alltägliche Gegenstände wie beispielsweise ein Flaschentrockner (1914) oder ein Fahrrad-Rad (1913), die plötzlich in einem neuen

Sinnzusammenhang gestellt, in den Status eines Kunstwerks erhoben werden – lassen sich vor diesem Hintergrund nennen. Duchamps Readymades sind als plötzlich deklarierte Kunstobjekte nicht nur auf befremdliche Weise aus ihrem alltäglichen Kontext und Sinnzusammenhang gerissen, sondern lassen sich darüber hinaus mit zwei Aspekten der philosophischen Lehre Schopenhauers in Verbindung bringen: Im Hinblick auf den Betrachterstandpunkt repräsentieren diese Gegenstände die Losgelöstheit des Kunstrezipienten vom Satz vom Grund, der den Wahrnehmungszusammenhang zwischen Betrachter und vermeintlicher Realität reguliert. Hierdurch wird nicht nur eine Negation einer allgemein verbindlichen Wirklichkeit deutlich (vgl. Hofmann 1987, 295), sondern auch die Modifizierung des innerhalb der Tradition der Ästhetik zentralen Begriffs des Schönen, wie sie sich bei Schopenhauer vollzieht, wird in diesem Zusammenhang erkennbar. Nach Schopenhauer kann all dasjenige schön genannt werden, das die ästhetische Kontemplation erleichtert und dazu beiträgt, in allem Ideen sichtbar werden zu lassen. Diese Variabilität, die dem Schönheitsbegriff in der Ästhetik Schopenhauers zukommt, verdeutlicht den antiklassischen Duktus, der diesem Begriff in der Ästhetik Schopenhauers zu eigen wird (vgl. Pothast 1982, 81, 83 ff.). So erhalten ebenfalls neuere Darstellungsmodi der modernen Kunstgeschichte wie in diesem Falle der Dadaismus mit Blick auf Schopenhauer ihre Legitimation, indem Alltagsgegenstände in den Fokus einer veränderten Betrachtungsweise rücken.

Zukunftsweisende Elemente der Schopenhauerschen Ästhetik lassen sich ebenfalls zur abstrakten Malerei und ihrem Autonomiegedanken in Bezug setzen. Zentraler Anbindungspunkt ist hierbei das Musikverständnis Schopenhauers (s. Kap. 6.5; 47). In ihrer Fähigkeit, »alle Regungen unsers innersten Wesens« (W I, 331 (ZA)) wiederzugeben, aber diese allgemein und musterhaft aufzufassen, wie der Schmerz, die Trauer oder die Freude an sich, zeigt sich ihr formaler Charakter, da diese Regungen auf den Willen selbst rekurrieren und sich nicht auf dessen individualisierte Form beziehen. So sind die in der Musik zum Ausdruck kommenden Gefühle keine individualisierten, sondern allgemeine Formen, die »etwas den Gefühlen ganz Unähnliches [darstellen; M. K.], den Willen« (Zöller 2003, 109) und dessen Sichtbarwerden in Form der Musik, wiedergeben. Indem Schopenhauer den formenhaften Charakter der Gefühle betont, der in der Musik zum Ausdruck kommt, wird der Bezug zur ungegenständlichen Bildsprache abstrakter Malerei augenscheinlich, die zwar ebenfalls eine Objektqualität an sich besitzt, in der aber das in ihr Ausgedrückte jeglicher Objektwiedergabe entzogen ist (vgl. Rihm 2005, 89).

Der Austausch von Künstlervereinigungen dieser Zeit mit zeitgenössischen Komponisten wie im Umkreis des Blauen Reiters zwischen Wassily Kandinsky und dem Komponisten Arnold Schönberg bezeugt das gegenseitige Interesse beider Kunstrichtungen, für die Schopenhauer mit seiner besonderen Musikdefinition als Ahnherr gelten kann. So hebt auch Schönberg in seinem 1912 verfassten Aufsatz »Das Verhältnis zum Text« lobend die Schopenhauersche Definition der Musik in ihrer besonderen Befähigung zur Weltoffenbarung hervor. Mit seinem Lob gegenüber der Musik als einer Kunst, die ohne eine Vermittlung der Metaphern auskommt, ebnete Schopenhauer so »stillschweigend der abstrakten Kunst den Weg« (Nakov 2005, 184).

Fazit

Die Kompatibilität der Philosophie Schopenhauers mit der Bildenden Kunst zeugt von einer ganz eigenen Qualität, die ihre Bestätigung einerseits in einer vielfältigen Rezeption der Schriften Schopenhauers von Malern auf unterschiedlichen Ebenen erhält und sich andererseits in der außerordentlichen Würdigung künstlerischen Schaffens innerhalb der Ästhetik Schopenhauers äußert. Der Künstler wird bei Schopenhauer zu einem genialen Menschen, der als »klares Weltauge« (W I, 240 (ZA)) dazu fähig ist, die Welt als ihr »helle[r] Spiegel« (W I, 240 (ZA)) rein wahrzunehmen. Diese Fähigkeit, sich rein anschauend zu verhalten, die notwendig eine tiefere Einsichtnahme in die Welt zur Folge hat, ist ein Aspekt, der bis heute – ungeachtet dessen, ob sie sich mit Schopenhauer auseinandersetzen oder nicht – für bildende Künstler und ihr Schaffen höchste Gültigkeit besitzt.

Darüber hinaus belegt das vielgestaltige Interesse, das Künstler unterschiedlicher Stilrichtungen an der Philosophie Schopenhauers zeigten, dass der Philosoph mit seiner willensmetaphysischen Interpretation der Welt in Verbindung mit seinem spezifischen Kunstverständnis vermag, das Kunstwerk zu einem adäquaten Schlüssel auf die Frage *Was ist Leben?* zu erheben (vgl. W II, 479 (ZA)) und hierdurch die Intention vieler Kunstschaffender fundiert. Dass diese Verbindung zwischen der Philosophie Schopenhauers und der Bildenden Kunst stets eine fruchtbare gewesen ist, mag darüber hinaus in der besonderen Befähigung Schopenhauers liegen, tiefgreifende philosophische Inhalte in künstlerisch-literarischer Qualität vermitteln zu können.

Literatur

Baum, Günther/Birnbacher, Dieter (Hg.): *Schopenhauer und die Künste*. Göttingen 2005.

Baum, Günther: Imagination, Ich und Wille. Zur Rezeption Arthur Schopenhauers in der bildenden Kunst des 19. und 20. Jahrhunderts. In: Ders./Birnbacher 2005, 79–117.

Cheetham, Mark A.: *The Rhetoric of Purity. Essentialist Theory and the Advent of Abstract Painting*. Cambridge 1991.

Doss-Davezac, Sheria: Schopenhauer According to the Symbolists: The Philosophical Roots of Late Nineteenth-century French Aesthetic Theory. In: Dale Jacquette (Hg.): *Schopenhauer, philosophy, and the arts*. Cambridge 1996, 249–302.

Fleiter, Michael: Vorwort. In: Ders. (Hg.): *Die Wahrheit ist nackt am Schönsten. Arthur Schopenhauers philosophische Provokation*. Frankfurt a. M. 2010.

Hoffstätter, Hans: *Symbolismus und die Kunst der Jahrhundertwende. Voraussetzungen, Erscheinungsformen und Bedeutungen*. Köln 1965.

Hofmann, Werner: *Grundlagen der modernen Kunst. Eine Einführung in ihre symbolischen Formen* [1966]. Stuttgart ³1987.

Kurbel, Martina: Direkte und indirekte Einflüsse Schopenhauers auf Giorgio de Chiricos *pittura metafisica*. In: *Schopenhauer-Jahrbuch* 91 (2010), 165–183.

Marhold, Hartmut: Schopenhauer und Cézanne. In: *Schopenhauer-Jahrbuch* 66 (1985), 201–213.

Marhold, Hartmut: Schopenhauer und Cézanne. Zweiter Teil. In: *Schopenhauer-Jahrbuch* 68 (1987), 109–121.

Nakov, Andrei: Malewitsch mit Blick auf Schopenhauer: Das Überschreiten der expressionistischen und symbolistischen »Verkleidung« der »Welt der Dinge«. In: Günther Baum/Dieter Birnbacher (Hg.): *Schopenhauer und die Künste*. Göttingen 2005, 163–200.

Pothast, Ulrich: *Die eigentlich metaphysische Tätigkeit. Über Schopenhauers Ästhetik und ihre Anwendung durch Samuel Beckett*. Frankfurt a. M. 1982.

Rihm, Wolfgang: Notiz über »Abstraktion« in der Musik. In: Friedrich Meschede (Hg.): *Etwas von etwas. Abstrakte Kunst*. Köln 2005, 89–90.

Rookmaaker, Henderik Roelof: *Gauguin and the 19th Century Art Theory*. Amsterdam 1972.

Schmied, Wieland: Die metaphysische Kunst des Giorgio de Chirico vor dem Hintergrund der deutschen Philosophie: Schopenhauer, Nietzsche, Weininger. In: William Rubin/Ders. (Hg.): *Giorgio De Chirico – der Metaphysiker*. Kat. Ausst. München/Paris 1983. München 1982, 89–107.

Singer, Hans Wolfgang: *Briefe von Max Klinger aus den Jahren 1874 bis 1919*. Leipzig 1924.

Wyss, Beat: Schopenhauer, die Kunst und das Unbewusste. In: *Schopenhauer-Jahrbuch* 86 (2005), 93–102.

Zitko, Hans: Die irdische Hölle. Über Bruce Nauman und Arthur Schopenhauer. In: Günther Baum/Dieter Birnbacher (Hg.): *Schopenhauer und die Künste*. Göttingen 2005, 201–219.

Zöller, Günter: Schopenhauer. In: Stefan Lorenz/Oliver Fürbeth (Hg.): *Musik in der deutschen Philosophie. Eine Einführung*. Stuttgart/Weimar 2003, 99–114.

Martina Koniczek

47 Musik

Schopenhauer, die Musik und die Musiker

In der zweiten Hälfte des 19. Jahrhunderts war Schopenhauer der einflussreichste Denker weltweit, dessen Wirkung sich von der Literatur über die bildende Kunst zur Kunstmusik erstreckte und von Europa über Nordamerika bis Lateinamerika reichte. Die weitere kulturelle Bedeutung erwuchs der Philosophie Schopenhauers erst Jahrzehnte nach ihrer ursprünglichen Konzeption und frühen Ausführung durch ihren noch recht jungen Autor. Dass ein zu Beginn des 19. Jahrhunderts im Schatten des deutschen Idealismus entstandenes Denken so tief und nachhaltig das Weltbild und die Weltanschauung einer viel späteren und ganz anders gearteten Zeit zu prägen vermochte, ist auf die unzeitgemäße Radikalität von Schopenhauers originellem Nachdenken über Selbst und Welt zurückzuführen und auch der überragenden literarischen Qualität seiner veröffentlichten Werke geschuldet.

Mit der Doppellehre vom Primat des ziellos strebenden Willens gegenüber der planenden Vernunft und dem Abzielen auf die Stilllegung des Willens durch die kulturellen Bestrebungen von Ethik, Kunst und Religion hatte Schopenhauer eine Deutung von Selbst und Welt geliefert, die dem modernen Kult von Vernunft und Wissenschaft seine Schranken bedeutete. Den nach Selbstvergewisserung strebenden Menschen der Moderne verwies er stattdessen an die Sphären von geistiger Kultur und charakterlicher Bildung. Im späteren 19. und frühen 20. Jahrhundert hat Schopenhauer denn auch weniger durch seinen sprichwörtlichen Pessimismus gewirkt als durch eine ethische Einstellung, die der schlechtesten aller möglichen Welten durch die ästhetische und religiöse Kultivierung eines besseren Selbst zu begegnen strebte.

Der spezielle Einfluss, den Schopenhauers Lebenslehre von Welt- und Selbstüberwindung auf das kontinentaleuropäische Musikdenken in der zweiten Hälfte des 19. Jahrhunderts ausgeübt hat, ist zudem bedingt durch die außerordentliche Stellung, die der Musik in Schopenhauers Auffassung von der Macht und Entmachtung des Willens zukommt. Während nämlich die übrigen Künste die Entrücktheit und Enthobenheit ihrer Produzenten und Rezipienten vom Diktat des Willens der Fixierung auf zeit- und raumenthobene Archetypen (»Ideen«) verdanken, soll – so Schopenhauer – in der Musik der Wille selbst in seiner Funktion als kosmisches Prinzip zur Darstellung gelangen und die Musik dadurch zum tönenden Gegenstück der Welt im Ganzen machen (vgl. W I, 301–316; W II, 511–523). Die von Schopenhauer vertretene exklusive Nähe und profunde Affinität der Musik zum Weltwillen rückte die Musik in denselben Rang wie die Philosophie für die Erfassung, Darstellung und Einschätzung der Welt und beglaubigte den Komponisten des späteren 19. und frühen 20. Jahrhunderts die besondere Befähigung und Berufung ihrer Kunst zur quasi-philosophischen Auseinandersetzung mit dem Sein und Wesen der Welt.

Der beträchtliche Einfluss Schopenhauers auf Musiker, insbesondere Komponisten, des späteren 19. und frühen 20. Jahrhunderts gilt allerdings nicht den antiquierten musiktheoretischen Auffassungen und musikalischen Präferenzen Schopenhauers, der die Generalbasslehre als letzten Schluss kompositorischer Weisheit zitiert (vgl. W I, 304–306; W II, 516 f.) und für den Gioachino Rossini (1792–1868) und Vincenzo Bellini (1801–1835) die musikalischen Hausgötter bildeten (vgl. W I, 309; W II, 498). Erst die zweite Auflage von *Die Welt als Wille und Vorstellung* verweist, allerdings in ganz genereller Form, auf Beethoven (vgl. W II, 514). Auch die bemüht wirkende Analogie, die Schopenhauer zwischen den vier Reichen der Natur (Mineralreich, Pflanzenreich, Tierreich, Mensch) und den Stimmlagen der vierstimmigen musikalischen Satztechnik (Bass, Tenor, Alt, Sopran) herstellt (vgl. W II, 511; W I, 305 f.) blieb durchweg außer Acht.

Die generelle Allgegenwart von Schopenhauers Gedankengut in Kultur und Kunst der zweiten Hälfte des 19. Jahrhunderts im Allgemeinen und in der Musikkultur der Epoche im Besonderen erschwert aber auch den Nachweis spezifischer Einflüsse Schopenhauers auf einzelne Komponisten und Werke. Selbst in Fällen, in denen sich in den erhaltenen Dokumenten (Briefwechsel, Berichte von Gesprächen und Schriften) kein expliziter Verweis auf Schopenhauer findet, ist davon auszugehen, dass ein geistig reger und kulturell gebildeter Zeitgenosse während seiner Studien oder im Laufe seines späteren Lebens Schopenhauer gelesen oder zumindest etwas von ihm und über ihn gehört hatte. Freilich bleibt mit dieser Vermutung von Vertrautheit unausgemacht, ob und wieweit Schopenhauer jeweils für das eigene Denken und die eigene künstlerische Arbeit anregend oder sogar prägend war. Zu den Komponisten, die nachweislich Schopenhauer gelesen haben, wenn auch nicht immer ein spezifischer Einfluss dieser Lektüre auf ihr Schaffen auszumachen ist, gehören Franz Liszt, Nikolai Rimski-Korsakow, Sergei Prokofjew und Richard Strauss (vgl. Young 2005, 150; Goehr 1996, 210–215; Adamy 1980; Schmid 2003, 77–80).

Anders liegt der Fall bei den Komponisten, die sich nicht nur nachweislich mit Schopenhauer beschäftigt, sondern sich auch – mehr oder weniger detailliert – mündlich oder schriftlich zu ihm und seinem Denken geäußert haben. In solchen Fällen ist dann nicht nur eine intellektuelle Abhängigkeit von Schopenhauer nachweisbar. Es bietet sich auch die Gelegenheit, das Eigentümliche der jeweiligen Aneignung von Schopenhauers Denken zu erkunden und die manifesten Auswirkungen auf die jeweilige künstlerische Produktion in den Blick zu nehmen. Fünf solcher Komponisten, die Schopenhauer selektiv oder kreativ rezipiert haben (Richard Wagner, Johannes Brahms, Gustav Mahler, Arnold Schönberg und Hans Pfitzner), sollen im Folgenden kurz vorgestellt werden.

Richard Wagner

Unter den Musikern, die von Schopenhauer wichtige Impulse empfingen, ragt nach Art und Ausmaß des erfahrenen Einflusses der Dichter, Schriftsteller und Komponist Richard Wagner (1813–1883) hervor. Wagner lernte Schopenhauers Hauptwerk *Die Welt als Wille und Vorstellung* durch Vermittlung des Dichters Georg Herwegh 1854 kennen, studierte das Werk auch im Verlauf der folgenden Jahrzehnte mehrmals gründlich und kam bis zu seinem Lebensende immer wieder in Gesprächen und Schriften auf Schopenhauer zurück.

Man hat die Bedeutung Schopenhauers für Wagner oft mit einer angeblichen Konversion des Komponisten vom politisch ambitionierten Linkshegelianer zum musikdramatischen Gestalter von Resignation und Weltabschied in Verbindung gebracht. Doch bei Wagner hat Schopenhauers Philosophie der Willens- und Weltverneinung nicht einfach die frühere Prägung durch die Leibes- und Liebesphilosophie von Ludwig Feuerbach (1804–1872) abgelöst. Schon vor der Begegnung mit dem Werk Schopenhauers hatte Wagners politisches und künstlerisches Sinnen und Trachten resignative Züge angenommen, die dem Scheitern seiner künstlerisch-politischen Ambitionen geschuldet waren. Umgekehrt hat Wagner aber auch nach der Bekanntschaft mit Schopenhauers Denken an der junghegelianischen Verehrung und Feier von Liebe und Leib festgehalten und die asketische und pessimistische Orientierung Schopenhauers mit der sensuellen und sozialen Ausrichtung Feuerbachs zu verbinden versucht (vgl. Zöller 2003, 111 f.; 2008, 358–361).

Die fortgesetzte Prägung von Wagners Denken durch Feuerbach hat seiner Aufnahme von Schopenhauers Werk die Züge von gezielter Auswahl und freier Anverwandlung verliehen. Statt sich von Schopenhauer blind bekehren zu lassen, hat Wagner von ihm Gedanken und Einschätzungen übernommen und dem eigenen Denken in der Nachfolge Feuerbachs im Hinblick auf die persönliche Erfahrung von einstweiligem ästhetisch-politischen Scheitern und von ausbleibendem künstlerischen Erfolg anverwandelt.

Zu den auffälligsten Umbildungen Schopenhauers durch Wagner zählt die enge Anbindung des genialen Künstlers, insbesondere des musikalischen Genies, an den Weltwillen. Schopenhauer hatte der Kunst insgesamt, unter Einschluss der Musik, die Befähigung zugesprochen, im Medium distanzierter Kontemplation den Willen insgesamt wie in seinen individuellen Ausprägungen aufzuheben und durch die leidensentrückte, heitere Schau der Welt abzulösen (vgl. Zöller 2008, 362 f.). Dagegen besteht Wagner auf der Differenz zwischen dem individuellen Willen, der durch die Erfahrung der Kunst zur Aufhebung gelangt, und dem Weltwillen, der auch und gerade in der Produktion und Rezeption von Kunst erhalten bleiben und zur Darstellung gelangen soll. Für Wagner gewährt die Kunst nicht – wie für Schopenhauer – tröstende Erlösung von Welt und Wille, sondern die affektiv aufgeladene Identifikation des ästhetischen Individuums mit dem Weltwillen (vgl. ebd. 365).

Die von Wagner gegen Schopenhauers Ethik des Mitleids und der Nächstenliebe geltend gemachte Selbsterlösung des Menschen durch die sinnliche Liebe schlägt sich auch in Wagners Musikdramen nieder. So entspricht ihr die erotische Aufhebung von Individualität durch die innige Vereinigung der beiden Protagonisten in *Tristan und Isolde* sowie von Siegfried und Brünnhilde in *Der Ring des Nibelungen*. Auch die von Wagner abweichend von Schopenhauer vertretene ultimative Affirmation des Weltwillens durch die Kunst hat ihr musikdramatisches Pendant im freiwillig gewählten oder unfreiwillig zugestoßenen persönlichen Untergang. Die Hauptbeispiele sind hier Wotans Abdankung von der Weltherrschaft, Brünnhildes Selbstverbrennung und Siegfrieds Verschwörungstod in *Der Ring des Nibelungen*.

Neben den Beispielen für Wagners von Schopenhauer abweichende Auffassungen über Wesen und Wirkung der erlösenden Liebe und die Grenzen der Willensverneinung gibt es aber in Wagners Bühnenwerken auch Gestalten, die als direkte Darstellung von Grundzügen der Philosophie Schopenhauers angesehen werden können. Zu nennen wären hier die Figur des Hans Sachs aus *Die Meistersinger von Nürnberg*, in der sich Schopenhauers Überzeugung vom illusionären Charakter der Welt in Raum und Zeit unter der Leitvorstellung des Wahns, der die Welt regiert wiederfindet (»Wahn! Wahn! Überall Wahn!«). Des Weiteren wäre zu denken an die Schopenhauer verpflichtete Verknüpfung von Mitleid und Wesenserkenntnis in der Lebensentwicklung der Titelgestalt des *Parsifal* (»durch Mitleid wissend«).

Johannes Brahms

Auch Wagners großer Antipode Brahms (1833–1897), obwohl weniger eloquent und verbos als jener, doch überaus gebildet und belesen, kennt Schopenhauers Schriften – das Hauptwerk wie die *Parerga und Paralipomena*. Das Exemplar von *Die Welt als Wille und Vorstellung* aus der umfangreichen Privatbibliothek von Brahms weist überdies zahlreiche Randbemerkungen seines Besitzers auf (vgl. Beller-McKenna 1994b, 190 f.). Doch hat sich Brahms nur gelegentlich und gesprächsweise zu Schopenhauer geäußert (vgl. ebd., 191 f.). Auch war er zu keinem Zeitpunkt erklärter Anhänger Schopenhauers. Eher ist eine Affinität in Mentalität und Temperament festzustellen zwischen Schopenhauer und Brahms, die beide dem norddeutsch-protestantischen Milieu entstammen, sich früh von kirchlich organisierter Religion entfernen, aber an der primär geistigen, das bloß Materielle übersteigenden Dimension menschlicher Existenz festhalten.

Schopenhauer und Brahms verbindet darüber hinaus der resignative Grundzug ihrer Weltsicht, dem der eine in Begriffssprache, der andere in Tonsprache Ausdruck verleiht. Auch darin ähneln sich die beiden, dass sie Melancholie, Weltschmerz und Entsagung nicht mit romantischem Überschwang zum Ausdruck bringen, sondern mit einem geradezu klassischen Formsinn zu bändigen und zu gestalten verstehen. Könnte man so Brahms' gesamtes kompositorisches Schaffen in die geistig-gestische Nähe zu Schopenhauer rücken, so gibt es ein spätes Werk von Brahms, das sich in besonders eindrücklicher Weise wie komponierter Schopenhauer ausnimmt, auch wenn wesentliche Unterschiede bestehen bleiben zwischen Schopenhauers philosophischer Distanz zum religiösen Glauben und Brahms' anzunehmendem Festhalten daran (vgl. Beller-McKenna 1994a, 1994b; Church 2011).

Es sind dies die *Vier Ernsten Gesänge*, op. 121 aus dem Jahr 1896, komponiert auf von Brahms ausgewählte Texte aus dem Alten Testament (Prediger Salomo, Jesus Sirach) und dem Neuen Testament (Paulus, 1. Korintherbrief). Mit seinem Fokus auf der Vergänglichkeit und Vergeblichkeit allen Lebens, der Verklärung des Todes und der Seligpreisung der Toten nimmt der Zyklus genau jene dunkle Weltsicht auf, die auch Schopenhauer dem religiösen Denken, wie er es in Ost und West gleichermaßen ausgedrückt fand, entnommen hatte. Auch die versöhnliche Wendung im letzten Lied des Zyklus mit seinem Lobpreis der Liebe, die eher noch als Glaube und Hoffnung zur Erlösung führen soll, stimmt überein mit Schopenhauers Ethik der Nächstenliebe, die ihrerseits, wenn auch auf eher unspezifische Weise, religiös geprägt bleibt. Misanthrop oder Pessimist ist Schopenhauer ja nur im Hinblick auf die bestehende Welt, von der aus und der gegenüber die ganz andere, angedachte Wirklichkeit von Erlösung und Befreiung als Nichts erscheinen muss.

Gustav Mahler

Auch der musikalische Außenseiter Mahler (1860–1911), dessen hauptsächlich symphonisches Werk sich weder dem Wagnerschen noch dem Brahmsschen Lager in den musikästhetischen Debatten und Kontroversen des späten 19. Jahrhunderts zuordnen lässt, komponiert unter dem prägenden Einfluss der Philosophie Schopenhauers. Wie Wagner und Brahms vor ihm stimmt Mahler überein mit der von Schopenhauer eingeforderten Ausrichtung menschlicher Existenz im Allgemeinen und künstlerischer Existenz im Besonderen auf eine das Materielle und Individuelle übersteigende eigentliche und umfassende Wirklichkeit.

Mahler folgt Schopenhauer auch in der Auszeichnung der Musik vor den anderen Künsten und in ihrer Einschätzung als begriffsloser Universalsprache (vgl. Freeze 2010, 18–21). Des Weiteren finden sich in Mahlers Werk fortgeführt die bei Schopenhauer vorfindliche Ausweitung der philosophischen und künstlerischen Welt- und Selbsterkenntnis über die engen Grenzen der Vernunft hinaus und der Fokus auf die ursprünglich unvernünftige Natur und die Eingebundenheit des Menschen in sie. In ihrem expansiven Ausgriff auf Natur und Außenwelt übersteigen die Musikwerke Mahlers die frühere romantische Restriktion auf das Innenleben und die seelischen Bewegungen, um die Dimension von kosmischen Erkundungen anzunehmen.

Mahlers monumentale Symphonien teilen so mit dem Denken Schopenhauers die Ausrichtung und den Ausgriff auf die Welt im Großen und Ganzen. Die Welt soll in ihrer schier überwältigenden Vielfalt zur Darstellung gelangen. Die spezifische Welthaltigkeit von Mahler Symphonien manifestiert sich aber nicht nur in deren immenser zeitlicher Erstreckung und in den massiven orchestralen und chorischen Kräften, die zum Einsatz kommen. Der häufige Einbezug musikalischer Versatzstücke aus der Gebrauchs- und Unterhaltungsmusik in die komplexe Kunstmusik seiner Symphonien lässt die Musik Mahlers darüber hinaus teilhaben an der Alltäglichkeit der Welt, die dann durch den Einbruch einer tieferen – oder höheren – Dimension von Wirklichkeit gezielt überboten und überschritten wird.

Ein besonders sinnfälliges Beispiel für die Welt als Klang und Laut bei Mahler ist dessen 3. Symphonie (1892–1896) in zwei Abteilungen und sechs Sätzen für groß besetztes Orchester, Altsolo, Knaben- und Frauenchor sowie ein isoliert platziertes Fernorchester mit Posthorn und kleinen Trommeln (vgl. Mohr 2011, 215 f.). Die Symphonie hat eine Aufführungsdauer von ca. 95 Minuten und ist damit Mahlers längstes Werk und eines der längsten symphonischen Werke überhaupt. Das ursprüngliche Programm der Symphonie, das Mahler nicht als Schlüssel für deren spezifische Inhalte, sondern als Anzeige ihres musikalischen Gehalts verstanden wissen wollte (vgl. Freeze 2010, 30 f.), spezifiziert die Bereiche der natürlichen und übernatürlichen Welt, denen die einzelnen Sätze des Werkes korrespondieren: »Pan erwacht. Der Sommer marschiert ein«, »Was mir die Blumen auf der Wiese erzählen«, »Was mir die Tiere im Walde erzählen«, »Was mir der Mensch erzählt«, »Was mir die Engel erzählen« und »Was mir die Liebe erzählt«.

Ein geplanter siebter Satz »Was mir das Kind erzählt« wurde von Mahler schließlich der 4. Symphonie als Schlusssatz unter dem Titel »Das himmlische Leben« zugeordnet. Mit der finalen Ausrichtung auf die Liebe in Gestalt eines rein instrumentellen Adagio-Satzes steht Mahlers 3. Symphonie in gedanklicher Nähe zu Wagner wie Brahms, die – ebenfalls im Ausgang von Schopenhauer, wenn auch auf je verschiedene Weise – die Selbst- und Welterlösung durch die Liebe komponiert hatten.

Arnold Schönberg

Bei Schönberg (1874–1951) lassen sich Art und Ausmaß seiner intensiven Auseinandersetzung mit Schopenhauer durch die Anstreichungen, Randbemerkungen und eingelegten Zettel von eigener Hand in seiner erhaltenen Gesamtausgabe von Schopenhauers Werken genau verfolgen (vgl. Zöller 2003, 112 f.). Zu den nachweislich von Schönberg geschätzten Einsichten Schopenhauers zählen die besondere Erkenntnisbefähigung des genialen Menschen, speziell des Komponisten, und die besondere Mitteilungsfähigkeit der Musik als begriffsloser Universalsprache, vor allem aber das Vermögen der Musik, Aufschlüsse über Selbst und Welt zu geben, die alle vernünftige Einsicht übersteigen (vgl. Schönberg 1976, 3).

Doch hat sich Schönberg auch kritisch mit Schopenhauers Ansichten zum Verhältnis von Philosophie und Religion, insbesondere dem Judentum, auseinandergesetzt. So reagiert Schönberg auf Schopenhauers abwertende Bemerkungen über die jüdische Religion in den *Parerga und Paralipomena* (vgl. P II, Kap. 15, § 179) auf eingelegten gefalteten Blättern handschriftlich mit der Unterscheidung zwischen eigentlicher Erkenntnis und vorurteilsverhaftetem Denken. Auch setzt er Schopenhauers antijüdische Vorurteile in Parallele zu dessen ästhetischen Vorurteilen gegen einzelne Musikformen und -gattungen (vgl. Zöller 2003, 113).

Hans Pfitzner

Der antijüdische Affekt eint dagegen Schopenhauer und Pfitzner (1869–1949), bei dem die Schopenhauer-Verehrung bereits sozusagen in zweiter Generation erfolgt, vermittelt durch das Werk und das Wirken Wagners. Doch befindet sich Pfitzner nicht mehr, wie Wagner zuvor, an der Spitze des musikalischen Fortschritts, sondern in der ästhetischen Defensive gegenüber dem Aufkommen der modernen Musik zu Beginn des 20. Jahrhunderts, dem er in polemischer Form mit politisch wie ästhetisch konservativen Positionen entgegenzutreten versucht. Über den Zeitunterschied eines ganzen Jahrhunderts hinweg stimmen Schopenhauer und Pfitzner überein in der skeptischen Haltung gegenüber den materiellen, intellektuellen und ästhetischen Errungenschaften der Moderne. Doch tritt bei Pfitzner zur rückwärtsgewandten Grundhaltung in politischen wie künstlerischen Dingen ein profundes Gefühl von Verlust, das seiner unzeitgemäßen Musik eine melancholische Intensität verleiht (vgl. McClatchie 1998).

Seinem künstlerischen wie weltanschaulichen Hauptwerk, der Oper *Palestrina* (1912–1915), hat Pfitzner ein Motto aus den *Parerga und Paralipomena* über den Gegensatz zwischen der unruhig-bewegten Willenswelt und der selig-ruhigen geistigen Welt vorangestellt. In der Oper, die die Bezeichnung »Musikalische Legende« im Titel trägt, trifft die weltabgewandte durchgeistigte Vokalpolyphonik des Renaissance-Komponisten Giovanni Pierluigi da Palestrina auf die von Ränke und Intrige beherrschte Welt des

Trienter Konzils, das die Gegenreformation einläuten soll. Der von ihm verlangten exemplarischen Komposition einer Messe im polyphonen Stil, aber mit der kirchenpolitisch erforderlichen Textverständlichkeit kann Palestrina schließlich nur dank überirdischer Inspiration nach dem Vorbild von Schopenhauers Genielehre nachkommen. Doch lassen sich in Pfitzners Dramatisierung des künstlerischen Schaffensprozesses zusätzlich Spuren von Wagners Um- und Fortbildung von Schopenhauers Auffassung finden (vgl. Kienzle 2005, 249 f.), wenn auch die direkt auf Schopenhauer zurückgehende Verbindung von künstlerischer Genialität mit Kontemplation und Weltentrücktheit bei Pfitzner überwiegen dürfte.

Inzwischen ist nicht nur Schopenhauers Philosophie, sondern auch ihre Wirkung auf Musik und Musiker ein historisches Phänomen. Bei denkenden Komponisten haben zwei seiner informellen Schüler, Nietzsche und Wittgenstein, Schopenhauer als Vordenker kulturellen und geistigen Lebens in der Spät- und Nachmoderne hier und da abzulösen vermocht, ohne dass die beiden Nachfolger oder andere Figuren aber je Schopenhauers ebenso breite wie tiefe, anregende wie herausfordernde Wirkung erreichen konnten.

Literatur

Adamy, Bernhard: Schopenhauer bei Richard Strauss. In: *Schopenhauer-Jahrbuch* 61 (1980), 195–197.

Beller-McKenna, Daniel: Brahms on Schopenhauer. The Vier Ernste Gesänge, op. 121 and Late Nineteenth-Century Pessimism. In: *Brahms Studies* 1 (1994a), 170–188.

Beller-McKenna, Daniel: *Brahms, the Bible, and Post-Romanticism. Cultural Issues in Johannes Brahms's Later Settings of Biblical Texts, 1877–1896*. Diss. Harvard University 1994b.

Church, Lucy: *Brahms's Late Spirituality. Hope in the Vier Ernste Gesänge, op. 121*. Master's Thesis. Florida State University 2011.

Freeze, Timothy David: *Gustav Mahler's Third Symphony. Program, Reception, and Evocations of the Popular*. Diss. The University of Michigan 2010.

Goehr, Lydia: Schopenhauer and the Musicians. An Inquiry Into the Sounds of Silence and the Limits of Philosophizing About Music. In: Dale Jacquette (Hg.): *Schopenhauer, Philosophy, and the Arts*. Cambridge 1996, 200–228.

Gregor-Dellin, Martin: Schopenhauer und die Musiker nach ihm. In: *Schopenhauer-Jahrbuch* 64 (1983), 51–60.

Ingenkamp, Heinz Gerd: Traum oder Idee – Wagner oder Rossini? Zu Schopenhauers Metaphysik des Komponierens. In: *Studi Italo-Tedeschi. Deutsch-Italienische Studien* 11 (1989), 23–48.

Kienzle, Ulrike: *...daß wissend würde die Welt. Religion und Philosophie in Richard Wagners Musikdramen* (= Wagner in der Diskussion, Bd. 1). Würzburg 2005.

McClatchie, Stephen: Hans Pfitzner's Palestrina and the Impotence of Early Lateness. In: *Voices of Opera. Performance, Production, Interpretation. University of Toronto Quarterly* 67 (1998), 812–827.

Mohr, Georg: Schopenhauer und Mahler. In: Matthias Koßler (Hg.): *Musik als Wille und Welt. Schopenhauers Philosophie der Musik*. Würzburg 2011, 203–220.

Schönberg, Arnold: Stil und Gedanke – Aufsätze zur Musik. In: Ders.: *Gesammelte Schriften*. Bd. 1. Hg. von Ivan Vojteck. Frankfurt a. M. 1976.

Schmid, Mark-Daniel: *The Richard Strauss Companion*. Westport, Ct. 2003.

Young, Julian: *Schopenhauer*. Oxford 2005.

Zöller, Günter: Arthur Schopenhauer. In: Stefan Lorenz Sorgner (Hg.): *Musik in der deutschen Philosophie. Eine Einführung*. Stuttgart/Weimar 2003, 99–114.

Zöller, Günter: Schopenhauer. In: Stefan Lorenz Sorgner/H. James Birx/Nikolaus Knoepffler (Hg.): *Wagner und Nietzsche. Kultur – Werk – Wirkung. Ein Handbuch*. Reinbek bei Hamburg 2008, 355–372.

Günter Zöller

D Rezeption in einzelnen Ländern

48 USA

Die amerikanische Rezeption Arthur Schopenhauers erfolgt durch verschiedenste Gruppen von Interessenten unter einer Vielzahl von unterschiedlichen Aspekten in drei – einander teilweise überlappenden – Phasen. Während in der ersten, 1864 einsetzenden Phase der gleichermaßen an hinduistischer Weisheitslehre wie am deutschen Idealismus interessierte Kreis der Transzendentalisten Schopenhauer für Amerika allererst entdeckt, sind es in der zweiten, von 1870 bis 1910 dauernden Phase vor allem die Kleriker und Philosophieprofessoren, die den deutschen Philosophen als maßgeblichen Repräsentanten des – in Folge der modernen Glaubens- und Sinnkrise um sich greifenden – Pessimismus diskutieren. Grundlegend für die dritte, von der letzten Dekade des 19. Jahrhunderts bis zum Ausbruch des Ersten Weltkriegs währenden Phase ist die im Zuge der Asienbegeisterung des *Fin de Siècle* von Vertretern der Antimoderne entwickelte Buddhismusdeutung, die von einem resignativen Verständnis des Begriffs des Nirwana ausgeht, denn im Lichte dieser Deutung wird Schopenhauer zum pessimistischen Modephilosophen und hält als »German Buddha« schließlich auch Einzug in das populäre Schrifttum. Diese Gegenströmung zu dem in der amerikanischen Kultur fest verankerten Fortschrittsdenken überlagert sich mit dem zunehmenden Einfluss der sich damals gerade formierenden, durch Nietzsche und Bergson inspirierten Lebensphilosophie. Für die Orientierung amerikanischer Intellektueller an deutscher Philosophie bedeutet der Eintritt der USA in den Ersten Weltkrieg eine massive Zäsur. Doch hatte die amerikanische Rezeption Schopenhauers bereits um die Jahrhundertwende ihren Zenit erreicht, was nicht heißt, dass sich einzelne Autoren nicht auch noch im 20. Jahrhundert immer wieder mit seinem Werk auseinandersetzen (zur Schopenhauer-Rezeption in der amerikanischen Literatur s. auch Kap. 45).

Frühe Rezeption

In den USA setzt die Rezeption Schopenhauers weit vor der Publikation der ersten englischen Übersetzung seines Hauptwerks *The World as Will and Idea* (1883) ein. Eine Schlüsselrolle kommt dabei dem Unitarier Frederic Henry Hedge (1805–1890) zu, der sein Interesse an deutscher Kultur und seine umfassenden Kenntnisse deutscher Literatur und Philosophie einem vierjährigen Schulbesuch an den besten deutschen Gymnasien der Zeit, Ilfeld und Schulpforta, verdankte und schon früh zum bedeutendsten amerikanischen Vermittler deutscher Metaphysik avancierte. Der im Kreis der amerikanischen Transzendentalisten mit dem Beinamen »Germanicus« bedachte Hedge (vgl. Pochmann 1957, 144), der sich bereits 1833 um die amerikanische Kant-Rezeption verdient gemacht hatte (Howe 1881, 276), veröffentlichte 1864 in der renommierten Zeitschrift *Christian Examiner* eine ausführliche, auf der ersten Auflage von Gwinners Biographie (1862) basierende Darstellung Schopenhauers. In den Augen des Geistlichen Hedge erscheint die Metaphysik Schopenhauers mit ihrer Behauptung des Primats des Willens gegenüber dem Intellekt als eine von Grund auf atheistische Doktrin, die er denn auch für Schopenhauers Hang zu Bitterkeit und Zynismus verantwortlich macht. Höchsten Respekt zollt Hedge hingegen nicht nur der unbedingten Wahrheitsliebe, intellektuellen Redlichkeit und geistigen Unabhängigkeit des deutschen Philosophen, sondern vor allem seiner mit den Prinzipien christlicher Nächstenliebe in Einklang stehenden Mitleidsethik. Hedges ambivalenter Blick auf Schopenhauer ist eine für die amerikanische Rezeption durchaus typische Lesart, die die Morallehre isoliert betrachtet und deren systematischen Zusammenhang mit der Metaphysik außer Acht lässt (vgl. Buschendorf 2008, 45).

Ein ebenfalls sehr früh einsetzender Rezeptionsstrang betont Schopenhauers Nähe zu Hinduismus und Buddhismus. Ralph Waldo Emerson (1803–1882), Vordenker des amerikanischen Transzendentalismus und Kenner der indischen Mythologie und Philosophie, schätzte neben Hedges Schopenhauer-Beitrag ganz besonders einen im Mai 1864 unter dem Titel »Buddhism in Europe« anonym erschienenen Artikel, der die Ähnlichkeit zwischen dem Kern der Schopenhauerschen Metaphysik und der indischen Weisheitslehre betont (vgl. Buschendorf 2008, 46; zu Emerson und Schopenhauer vgl. Hurth 2001; 2007; Stievermann 2007, 570; Buschendorf 2008, 45–55; 2009, 174–175). Ebenfalls aus dem Kreis der Transzendentalisten stammt ein erstaunlich frühes Zeugnis des Interesses an Schopenhauers Hauptwerk: Ein Exemplar der Erstausgabe von *Die Welt als Wille und Vorstellung* (1819) findet sich – neben zahlreichen anderen Werken aus dem Umkreis des deutschen Idealismus – im Bestandskatalog der am 5. November 1846 versteigerten Bibliothek George Ripleys (Cameron 1958, 808–817; zu Ripley und Schopenhauer vgl. Buschendorf 2008, 60–62).

Das Interesse an Schopenhauer teilten die Transzendentalisten Neuenglands mit der 1866 gegründeten St. Louis Philosophical Society, deren Schriftführer William T. Harris – ein Hegelianer – die vornehmlich dem deutschen Idealismus gewidmete Zeitschrift *The Journal of Speculative Philosophy* (1867–1888) herausgab. Darin erschienen zwischen 1867 und 1874 in englischer Übersetzung mehrere ausgewählte Kapitel aus *Parerga und Paralipomena* und unter dem Titel »Schopenhauer's Doctrine of the Will« eine längere Passage aus der Schrift *Ueber den Willen in der Natur* (Schopenhauer 1867a; 1867b; 1871a; 1871b; 1874; vgl. wenig später die amerikanische Übersetzung der Schrift *Ueber den Willen in der Natur*, 1877) sowie zwischen 1874 und 1879 eine Reihe von Artikeln über den deutschen Philosophen (Harms 1875; Morse 1877; Stirling 1879).

Die gründliche Überarbeitung seines Schopenhauer-Artikels, die Hedge 1884, also genau zwanzig Jahre nach dessen erstem Erscheinen, publizierte, ist signifikant für die mittlerweile erfolgte Akzentverschiebung in der Rezeption des deutschen Philosophen: Schopenhauer gilt nunmehr als Hauptvertreter des den amerikanischen Fortschrittsglauben in Frage stellenden Pessimismus und hat als solcher auch die Aufmerksamkeit einer breiteren Öffentlichkeit erlangt (vgl. z. B. Lacroix 1876; Gryzanovski 1873; Osgood 1878).

Die philosophische Auseinandersetzung mit Schopenhauers Pessimismus

Charakteristisch für die amerikanische Rezeption der 1870er und 1880er Jahre ist die Auffassung, dass dem Problem des Pessimismus nicht mit einem oberflächlichen, die Realität menschlichen Leidens leugnenden Optimismus, sondern nur in ernsthafter Auseinandersetzung beizukommen sei, die freilich mit dem ausdrücklichen Ziel der Überwindung des Pessimismus geführt wird (vgl. Buschendorf 2008, 63–73). Dieser Überzeugung sind auch die bedeutendsten amerikanischen Philosophen der Jahrhundertwende William James, Josiah Royce und George Santayana, die mit dem Pessimismus im Allgemeinen und mit Schopenhauers Metaphysik im Besonderen nicht nur in ihren Schriften ringen, sondern den deutschen Philosophen während des sogenannten »Goldenen Zeitalters der Philosophie« an der Harvard Universität fest im Curriculum verankern (vgl. Buschendorf 2008, 75–173). Wie ihr Frühwerk zeigt, standen die Lyriker T. S. Eliot, Robert Frost und Wallace Stevens als Harvard-Studenten im Bann der von James und Royce propagierten, auf der Grundlage der genuin amerikanischen Philosophie des Pragmatismus zu vollziehenden Überwindung des Pessimismus (vgl. Buschendorf 2000).

Die populäre Rezeption Schopenhauers um die Jahrhundertwende

In seiner »Erinnerung in Romanform« *The Last Puritan* fängt Santayana die resignativ-pessimistische Stimmung einer neuenglischen Elite des *Fin de Siècle* ein, die sich u. a. durch lebhafte Schwärmerei für Japan, den Buddhismus und insbesondere das als Devise zur Weltabkehr verstandene Konzept des Nirwana auszeichnet (vgl. Lears 1981) und die bei vielen Intellektuellen mit einem ausgeprägten Interesse an Schopenhauer einhergeht (vgl. Buschendorf 2008, 175–213). Vertreter des literarischen Pessimismus, wie etwa Giacomo Leopardi oder Charles Marie René Leconte de Lisle, haben Konjunktur, und von dieser modischen Neigung zur Schwarzseherei zeugen etwa auch die 1885 und 1886 publizierten populären Abhandlungen des Erfolgsautors Edgar Saltus, die eine Skizze der Tradition des literarischen Pessimismus geben und mit essayistischen Ausführungen über den sogenannten wissenschaftlichen Pessimismus etwa eines Schopenhauer oder Eduard von Hartmann verbinden.

Ein typischer Vertreter nicht nur dieser Buddhismus- und Japanbegeisterung, sondern auch des damaligen Versuchs eines Brückenschlags zwischen Orient und Okzident ist der Journalist und Schriftsteller Lafcadio Hearn (1850–1904), der nach seiner Übersiedelung nach Nippon (1890) mehrere populäre Bücher über die japanische Kultur verfasste. Aus seinen Schriften spricht die Hoffnung auf eine vom Orient ausgehende und auf den Westen übergreifende spirituelle Erneuerung, die sich in seinem Streben nach einer monistisch fundierten Synthese zwischen westlichem und fernöstlichem Denken und insbesondere nach einem entsprechenden Ausgleich zwischen Evolutionstheorie und Religion widerspiegelt, wobei er zum einen Schopenhauer als verhinderten Evolutionstheoretiker deutet und ihn damit in die Nähe Herbert Spencers rückt, zum anderen aber die evolutionstheoretische Vererbungslehre mit dem buddhistischen Konzept des Karma zu amalgamieren sucht (vgl. Hearn 1904; 1922; Buschendorf 2008, 197–202).

Im Gegensatz zu Hearn vertritt der Historiker, Essayist und Romanautor Henry Adams, inspiriert durch die *au fond* verfallstheoretisch ausgerichtete Studie *The Law of Civilization and Decay* (1895) seines Bruders Brooks Adams, eine dezidiert zivilisationskritische und kulturpessimistische Position. Mit großem Interesse verfolgt Henry Adams die sich damals gerade vollziehende wechselseitige Annäherung von Physik und Metaphysik, nimmt eine auf der Homologie zwischen Lord Kelvins Zweitem Thermodynamischen Gesetz und Schopenhauers Willensmetaphysik basierende Identität von Energie und Wille an und versucht daraus historische Gesetzmäßigkeiten abzuleiten (vgl. Adams 1910). Der Hypertrophie von Rationalität in der Moderne und dem daraus resultierenden Energie- und Kreativitätsschwund, die Adams in seiner Autobiographie *The Education of Henry Adams* (1907) analysiert, sucht er mit Schopenhauers These von der Intuition als Königsweg zur Erkenntnis zu begegnen. Die in *Mont Saint Michel and Chartres* (1904) unternommene kulturgeschichtliche Reise in das mittelalterliche Frankreich soll nicht nur an die schöpferische Energie einer längst vergangenen kulturellen Hochblüte erinnern, sondern stellt auch den Versuch dar, in einer eng an Schopenhauers Stufenfolge der Manifestationsformen des Willens angelehnten ästhetischen Kontemplation die in den neuzeitlichen Rationalisierungsprozessen verloren gegangene Fähigkeit zur Intuition zu restituieren (vgl. Buschendorf 2008, 257–292). Henry Adams' kulturpolitische Bedeutung liegt in seiner fundamentalen Kritik am modernen, im zeitgenössischen Amerika besonders stark ausgeprägten Fortschrittsglauben, die er mit dem früh verstorbenen Dichter und Schopenhaueraner George Cabot Lodge (1873–1909) teilt. In seiner Lodge-Biographie betont Adams das Aufbegehren dieser Generation gegen den Materialismus und die Poesiefeindlichkeit der Gesellschaft und die damit einhergehende geistige Dürftigkeit der gesamten Epoche, die seiner Diagnose zufolge im Gegenzug zu einer an fernöstlichem Denken und an Schopenhauer orientierten Resignation führt (vgl. Adams 1911, 7–8; Buschendorf 2008, 215–255).

Schopenhauer in der amerikanischen Literatur

Unter den Erzählern und Epikern des 19. Jahrhunderts, bei denen der Einfluss von Schopenhauers Willensmetaphysik, Erkenntnistheorie und Ethik deutlich zu erkennen ist, sind vor allem Kate Chopin (vgl. LeFew 1989; Kearns 1991; Camfield 1995) und Herman Melville zu nennen (zur Forschung vgl. Buschendorf 2008, 15–18). Im Falle Melvilles lässt sich eine Schopenhauer-Lektüre zwar erst für sein letztes Lebensjahr (1891) nachweisen. Doch hat die Forschung für eine enge Geistesverwandtschaft zwischen Melville und Schopenhauer argumentiert (vgl. u. a. Gupta 1998; Spranzel 1998) oder versucht, Melvilles Kenntnis von Schopenhauers Metaphysik mit der naheliegenden Hypothese seiner Lektüre des bahnbrechenden, 1853 publizierten Überblicksartikels von John Oxenford zu plausibilisieren und diese Vermutung für die Interpretation von *Bartleby, the Scrivener* (vgl. Stempel/Stillians 1972) und »Benito Cereno« (vgl. Buschendorf 2008, 19–37) fruchtbar zu machen. Ein freilich nur marginales Interesse an Schopenhauer findet sich bei Henry James (vgl. Firebaugh 1958), Mark Twain (vgl. Fisher 1922; Buschendorf 2008, 8–9, Anm. 14) und Harold Frederic (vgl. Buschendorf 2008, 8, Anm. 14). Hingegen befolgte Theodore Dreiser offensichtlich den Rat seines Mentors John Maxwell, Schopenhauer als Antidot gegen die Gefahren modischer Sentimentalität und spätromantischen Realitätsverlusts einzusetzen (vgl. Dreiser 1922, 75; Morozkina 1997), wobei Dreiser allerdings bereits zu der Generation amerikanischer Autoren gehört, die sich auch intensiv mit Friedrich Nietzsche auseinandersetzten (vgl. Hussmann 1983, 70).

Die Länge der folgenden Liste von Werken prominenter amerikanischer Schriftsteller des 20. Jahrhunderts, die mehr oder minder ausführlich, direkt oder indirekt auf Schopenhauer Bezug nehmen, mag angesichts des – den Vereinigten Staaten von Amerika bis heute attestierten – optimistischen Nationalhabitus überraschen: F. Scott Fitzgerald (vgl. Pair 1984; Bruccoli 1981, 77); Ernest Hemingway: *The Sun Also Rises* (vgl. Schmigalle 2005); William Faulkner: *The Wild Palms* (vgl. McHaney 1975), *If I Forget Thee, Jerusalem* (vgl. McHugh 1999), »The Sabbath of Ixion Wheel« (vgl. Bidney 1987); Eugene O'Neill: *Strange Interlude* (vgl. Alexander 1953; Brashear 1964), *Mourning Becomes Electra* (vgl. Alvarez 1988/89); Saul Bellow:

Mr. Sammler's Planet (vgl. Klein 1975; Trachtenberg 1984); Howard Nemerov: »Two Views of a Philosopher« (vgl. Buschendorf 2008, 297); Cormac McCarthy: *Blood Meridian* (vgl. Eddins 2003), *The Road* (vgl. Gallivan 2008); Paul Auster: *Moon Palace* (vgl. Süßenguth 2013, 77–90); Jonathan Franzen: *The Corrections*; Philip Roth: *The Dying Animal* (vgl. Buschendorf 2008, 12). Die Liste dokumentiert jedoch die Lebendigkeit der im nationalen Diskurs für gewöhnlich vernachlässigten Unter- oder Gegenströmung pessimistisch-skeptischer Stimmen aus dem Kreis von Intellektuellen und Künstlern (vgl. Dienstag 2006, 45, Anm. 37), die sich im 19. und 20. Jahrhundert immer wieder – und eben sehr häufig in ausdrücklicher Auseinandersetzung mit Schopenhauer – zur Geltung bringt.

Literatur

Adams, Brooks: *The Law of Civilization and Decay. An Essay on History*. London/New York 1895.
Adams, Henry: *Mont Saint Michel and Chartres*. Washington 1904.
Adams, Henry: *The Education of Henry Adams*. Washington 1907.
Adams, Henry: *A Letter to American Teachers of History*. Washington 1910.
Adams, Henry: *The Life of George Cabot Lodge*. Boston/New York 1911.
Alexander, Doris M.: *Strange Interlude* and Schopenhauer. In: *American Literature* 25 (1953), 213–228.
Alvarez, Carmen G.: O'Neill and Tragedy – a Longing to Die. In: *Estudos Anglo-Americanos* 12–13 (1988/89), 24–29.
Anonym: Buddhism in Europe. Schopenhauer. In: *New York Commercial Advertiser*, 13. Mai 1864.
Bidney, Martin: Faulkner's Kinship with Schopenhauer: The Sabbath of the Ixion Wheel. In: *Neophilologus* 71/3 (1987), 447–459.
Brashear, William: O'Neill's Schopenhauer Interlude. In: *Criticism* 6 (1964), 256–265.
Bruccoli, Matthew J.: *Some Sort of Epic Grandeur. The Life of F. Scott Fitzgerald*. New York 1981.
Buschendorf, Christa: Turn-of-the-Century Self-Doubt. From Pessimism to the Will to Believe. In: Roland Hagenbüchle/Josef Raab (Hg.): *Negotiations of America's National Identity*. Bd. II. Tübingen 2000, 158–183.
Buschendorf, Christa: *»The Highpriest of Pessimism«. Zur Rezeption Schopenhauers in den USA*. Heidelberg 2008.
Buschendorf, Christa: The Challenge of German Pessimism. The Reception of Schopenhauer in Transcendentalism and Pragmatism. In: *Nineteenth-Century Prose* 36/2 (2009), 166–184.
Cameron, Kenneth Walter: *The Transcendentalists and Minerva. Cultural Backgrounds of the American Renaissance with Fresh Discoveries in the Intellectual Climate of Emerson, Alcott and Thoreau*. Bd. III. Hartford 1958.
Camfield, Gregg: Kate Chopin-hauer: Or, Can Metyphysics Be Feminized? In: *Southern Literary Journal* 27/2 (1995), 3–22.
Dienstag, Joshua Foa: *Pessimism. Philosophy, Ethic, Spirit*. Princeton 2006.
Dreiser, Theodore: *A Book About Myself*. New York 1922.
Eddins, Dwight:»Everything a Hunter and Everything Hunted«. Schopenhauer and Cormac McCarthy's *Blood Meridian*. In: *Critique* 45/1 (2003), 25–33.
Firebaugh, Joseph: A Schopenhauerian Novel: James's *The Princess Casamassima*. In: *Nineteenth-Century Fiction* 13 (1958), 177–197.
Fisher, Henry W.: *Abroad With Mark Twain and Eugene Field. Tales They Told to a Fellow Correspondent*. New York 1922.
Gallivan, Euan: Compassionate McCarthy? *The Road* and Schopenhauerian Ethics. In: *Cormac McCarthy Journal* 6 (2008), 98–106.
Gryzanovski, Ernst: Arthur Schopenhauer and his Pessimistic Philosophy. In: *North American Review* 117 (1873), 37–80.
Gupta, R. K.: Melville and Schopenhauer. In: *Schopenhauer-Jahrbuch* 79 (1998), 149–167.
Gwinner, Wilhelm: *Arthur Schopenhauer aus persönlichem Umgange dargestellt*. Leipzig 1962.
Harms, Friedrich: Arthur Schopenhauer's Philosophy. Translated by Mrs. Ella Morgan. In: *Journal of Speculative Philosophy* 9 (1875), 113–138.
Hearn, Lafcadio: *Japan. An Attempt at Interpretation*. New York 1904.
Hearn, Lafcadio: Nirvana. A Study in Synthetic Buddhism. In: *Gleaning in Buddha-Fields. Studies in Hand and Soul in the Far East* (1897). *The Writings of Lafcadio Hearn*. Bd. VIII. Boston/New York 1922, 162–203.
Hedge, Frederic Henry: Arthur Schopenhauer. In: *Christian Examiner* 76 (1864), 46–80.
Hedge, Frederic Henry: Arthur Schopenhauer. In: Ders.: *Atheism in Philosophy and Other Essays*. Boston 1884, 51–122.
Howe, Julia Ward: The Results of the Kantian Philosophy. In: *Journal of Speculative Philosophy* 15 (1881), 274–292.
Hurth, Elisabeth:»The Highpriest of Pessimism«. Emerson and Schopenhauer. In: *Emerson Society Quarterly* 47/3 (2001), 215–240.
Hurth, Elisabeth: *Between Faith and Unbelief. American Transcendentalists and the Challenge of Atheism*. Leiden 2007.
Hussmann, Lawrence E.: *Dreiser and His Fiction. A Twentieth-Century Quest*. Philadelphia 1983.
James, William: *The Will to Believe, and Other Essays in Popular Philosophy*. New York 1897.
Kearns, Katherine: The Nullification of Edna Pontellier. In: *American Literature* 63/1 (1991), 62–88.
Klein, Marcus: A Discipline of Nobility. Saul Bellow's Fiction. In: Earl Rovit (Hg.): *Saul Bellow. A Collection of Critical Essays*. Englewood Cliffs, N. J. 1975.
Lacroix, J. P.: Schopenhauer and his Pessimism. In: *Methodist Quarterly Review* 58 (1876), 487–510.
Lears, T. J. Jackson: *No Place of Grace. Antimodernism and the Transformation of American Culture 1880–1920*. New York 1981.

LeFew, Penelope A.: Edna Pontellier's Art and Will: The Aesthetics of Schopenhauer in Kate Chopin's *The Awakening*. In: Grady Ballenger/Karen Cole/Katherine Kearns/Tom Samet (Hg.): *Perspectives on Kate Chopin*. Natchitoches, LA 1989, 75–84.

McHaney, Thomas: *William Faulkner's The Wild Palms. A Study*. Jackson, Miss. 1975.

McHugh, Patrick: The Birth of Tragedy from the Spirit of the Blues. Philosophy and History in *If I Forget Thee, Jerusalem*. In: *The Faulkner Journal* 14/2 (1999), 57–73.

Morozkina, Eugenia: Dreiser and Schopenhauer. The Concept of ›Desire‹. In: *Dreiser Studies* 28/2 (1997), 22–33.

Morse, William R.: Schopenhauer and von Hartmann. In: *Journal of Speculative Philosophy* 2 (1877), 152–160.

Osgood, Samuel: Pessimism in the Nineteenth Century. In: *North American Review* 127 (1878), 456–475.

Oxenford, John: Iconoclasm in German Philosophy. In: *Westminster Review and Foreign Quarterly Review* N. S. III (1853), 388–407.

Pair, Joyce Morrow: Borrowed Time: The Philosophy and Fiction of F. Scott Fitzgerald. In: *Dissertation Abstract International* 44/7 (1984), P.2145 A.

Pochmann, Henry A.: *German Culture in America. Philosophical and Literary Influences. 1600–1900*. Madison, Wisc. 1957.

Saltus, Edgar: *The Philosophy of Disenchantment*. New York 1885.

Saltus, Edgar: *The Anatomy of Negation*. New York 1886.

Schmigalle, Günther: »How People Go to Hell«: Pessimism, Tragedy, and Affinity to Schopenhauer in *The Sun Also Rises*. In: *The Hemingway Review* 25/1 (2005), 7–21.

Schopenhauer, Arthur: *The World as Will and Idea*. Translated by R. B. Haldane and J. Kemp. London 1883.

Spranzel, Karin: *Der Grundgedanke Schopenhauers bei Melville. Entwicklung und Dynamik der ontologisch-metaphysischen und epistemologischen Thematik*. Heidelberg 1998.

Stempel, Daniel/Stillians, Bruce M.: Bartleby the Scrivener. A Parable of Pessimism. In: *Nineteenth-Century Fiction* 27 (1972), 268–282.

Stievermann, Jan: *Der Sündenfall der Nachahmung. Zum Problem der Mittelbarkeit im Werk Ralph Waldo Emersons*. Paderborn u. a. 2007.

Stirling, James Hutchinson: Schopenhauer in Relation to Kant. In: *Journal of Speculative Philosophy* 13 (1879), 1–50.

Süßenguth, Martina: *A Poet of the Eye. The Role of Art in Paul Auster's Works*. Marburg 2013.

Trachtenberg, Stanley: Saul Bellow and the Veil of Maya. In: *Studies in the Literary Imagination* 17 (1984), 39–57.

Amerikanische Übersetzungen der Werke Schopenhauers

A Dialogue on Immortality. Übers. von Charles L. Bernays. In: *Journal of Speculative Philosophy* 5 (1867a), 61–62.

Schopenhauer's Doctrine of the Will. Übers. von Charles L. Bernays. In: *Journal of Speculative Philosophy* 1 (1867b), 232–236.

Thoughts on Philosophy and Its Method. Übers. von Charles Joséfé (Kap. I der *Parerga and Paralipomena*). In: *Journal of Speculative Philosophy* 5 (1871a), 193–208.

Thoughts on Logic and Dialectic. Übers. von Charles Joséfé (Kap. II der *Parerga and Paralipomena*). In: *Journal of Speculative Philosophy* 5 (1871b), 307–318.

Thoughts on the Intellect. In General and in Every Relation. Übers. von Charles Joséfé (Kap. III der *Parerga and Paralipomena*). In: *Journal of Speculative Philosophy* 8 (1874), 243–254, 316–325.

The Will in Nature, an Account of the Corroborations Received by the Author's Philosophy from the Empirical Sciences. New York 1877.

The World as Will and Presentation. Übers. von Richard E. Aquila und David Carus. New York 2008/2011.

Christa Buschendorf

49 Italien

Auftreten und Verbreitung der Philosophie Schopenhauers in Italien

Als Francesco De Sanctis im Winter 1858 für die *Rivista Contemporanea* den Aufsatz »Schopenhauer e Leopardi – Dialogo tra A. e D.« (De Sanctis 1858) schrieb, dachte er wohl nicht daran, dass das imaginäre Gespräch zwischen den zwei Denkern der erste bedeutende Beitrag zur Rezeption Schopenhauers in Italien werden würde (zur Schopenhauer-Rezeption in der italienischen Literatur s. Kap. 45). Das Gespräch enthielt eine Reihe schlagfertiger Fragen und Antworten zwischen einem nach 1848 enttäuschten Liberalen und Neubekehrten der Schopenhauerschen Philosophie (»Herr A.« steht für Schopenhauer selbst) und einem Anhänger der pessimistischen Weltanschauung Leopardis (»Herr D.« statt De Sanctis). Da De Sanctis nicht gerne die pompöse und mythologisch-metaphysische Musik Wagners hörte, schätzte er auch nicht Schopenhauers Philosophie. Auf Empfehlung seiner Schülerin Mathilde von Wesendonck, der Geliebten Wagners, und trotz seiner Antipathie für Wagner, las er drei Monate lang die Werke Schopenhauers und erdachte einen Vergleich zwischen den zwei großen Pessimisten, in dem er Partei für Leopardi ergriff. Daher wird in dem imaginären Gespräch die Philosophie Schopenhauers als Zukunftsphilosophie bezeichnet (wie die Zukunftsmusik Wagners) und das metaphysische Fundament Schopenhauers mit Ironie ad absurdum geführt, um alle Widersprüche seines Systems deutlich werden zu lassen.

Die Ironie des Gesprächs von De Sanctis wurde von Schopenhauer nicht erfasst, so dass er tatsächlich glaubte, *in succum et sanguinem* von De Sanctis verstanden zu werden und dass endlich Tür und Tor für seine Bekanntheit in Italien geöffnet worden seien. Dieses groteske Missverständnis bezeugen auch die Briefwechsel zwischen Schopenhauer und seinen ›Aposteln‹ und ›Evangelisten‹ (vgl. z. B. GBr, Nr. 453, 454, 457, 458, 462, 464).

Doch sollte von dem Beitrag De Sanctis' keine Wirkung in Italien ausgehen. Die wichtigen Schüler De Sanctis, wie Benedetto Croce, widmeten sich Hegel, dem ›großen Feind‹ Schopenhauers, um zu Beginn des 19. Jahrhunderts einen italienischen Neuidealismus zu begründen.

Nach dem Tode Schopenhauers bekämpften sich in den 1870er und 80er Jahren in Italien zwei philosophische Strömungen: der (katholische, theosophische, esoterische) Spiritualismus und der aufkommende Positivismus. In dieser kulturellen Atmosphäre spielte die *Philosophie des Unbewussten* (1869) Eduard von Hartmanns eine besondere Rolle. Das Werk hatte auch in Italien einen weiteren Publikumserfolg, so dass es einen großen Einfluss auf die erste italienische Schopenhauer-Rezeption hatte. Die Wirkungen der Hartmannschen Sicht auf die Philosophie Schopenhauers waren in Italien vielseitig und oft widersprüchlich: Einerseits wird die Schopenhauersche Philosophie als eine pessimistische und fatalistische Weltanschauung aufgenommen, auch wenn Schopenhauer für seine Philosophie das Wort ›Pessimismus‹ niemals in den veröffentlichten Werken benutzte; gleichzeitig wurde das philosophische System Schopenhauers als eine Entwicklung der kantischen Philosophie ausgelegt: Nach Hartmanns Meinung war nämlich *Kant als Vater des Pessimismus* (Hartmann 1880) anzusehen, also Schopenhauer als Schüler Kants ein Fortsetzer dessen Lehre. In diesem Sinn wird das Denken Schopenhauers im Licht der sogenannten Bewegung des »Zurück zu Kant« interpretiert, wie es bereits 1865 bei Otto Liebmann in *Kant und die Epigonen* geschehen war.

Um die Jahrhundertwende interpretierte die florentinische Kant-Schule von Francesco Fiorentino und Felice Tocco die Philosophie Schopenhauers als eine direkte und spezifische Entwicklung des Kantianismus. In seinen *Lezioni di Filosofia* (Philosophische Vorlesungen) bezog Tocco Schopenhauer über die philosophischen Strömungen des Fatalismus in die offizielle Weltgeschichte der Philosophie mit ein, indem der Italiener die Lehre von der Illusion der Willensfreiheit erörterte (vgl. Tocco 1869, 421–429). Fiorentino ließ sich von dem Artikel Hartmanns über die »Schopenhauer-Schule« (Hartmann 1883) anregen: Er stellte Schopenhauer in zwei Schulhandbüchern (vgl. Fiorentino 1887) als Kantianer und als Begründer einer pantheistischen Philosophie vor. Als erster in Italien wiederholte Fiorentino die Meinung Hartmanns, dass die Philosophie Schopenhauers eine Schule begründen solle.

Anfang des 19. Jahrhunderts war eine bei Friedrich Nietzsche beliebte Anhängerin Schopenhauers und Wagners aktiv: die Idealistin Malwida von Meysenbug. Dank ihr erlangten die Namen Schopenhauers und Nietzsches in Italien eine hohe Bekanntheit: Ihr literarisch-philosophischer Salon wurde von verschiedenen Intellektuellen besucht, die begannen, sich für die Philosophie Schopenhauers zu interessieren. Ähnlich wie die französischen Aufklärer wird Schopenhauer als Moralist gesehen. Wie aus einem Anekdoten-Brevier wurden aus seinem Werk Aphorismen über moralische Sitten, Geschlechtsliebe, Frauen und Ehe zitiert. In diesem Sinne wurde Schopenhauer eine Modeerscheinung für mondäne Kolloquien (vgl. Barzellotti 1881/1918).

Als tiefgründiger Denker gewann Schopenhauer hingegen die Gunst der Intellektuellen der florentinischen Schule. Manche unter ihnen, wie Giacomo Barzellotti und Ettore Zoccoli, gaben die ersten Veröffentlichungen über Schopenhauer in Zeitschriften, Feuilletons und Heften heraus. 1905 gab Giuseppe Melli, Kantianer und Schüler von Felice Tocco, die erste italienische Monographie über das Leben und das Werk des Philosophen in Druck: *La filosofia di Schopenhauer*, ein Werk, in dem die Philosophie Schopenhauers in einer antidogmatischen Perspektive interpretiert wird. Nach Melli ist der Wille an sich nämlich nicht das Wesen der Welt, sondern nur ihr Urphänomen, wo die menschliche Erkenntnis aufhört. Außerdem schreibt Melli dem vom jungen Schopenhauer entwickelten Begriff des »besseren Bewußtseyns« eine besondere Rolle zu, weil er die Überwindung der empirischen Welt und des individuellen Egoismus der Menschen ermögliche. Auf diese Weise kann Melli ein Solidaritätsprinzip der *species* begründen, das nicht auf dem metaphysischen Mitleid beruht. Das Werk von Melli endet mit der Darstellung der praktisch-idealistischen Momente der Schopenhauerschen Philosophie, in Zuge derer der irdische Pessimismus gegenüber der Befähigung des Menschen zu moralischem Verhalten abgeschwächt wird.

In den frühen Jahrzehnten des 20. Jahrhunderts wurde der Neuidealismus von Benedetto Croce und Giovanni Gentile die beherrschende philosophische Bewegung in Italien – im Gegensatz zu den Positivisten und Kantianern. In dieser Atmosphäre gerät der Schopenhauerianismus zu einer spärlichen Minderheit, die als eine sozusagen häretische Bewegung unter der neuidealistischen Zensur und ihrer Feindseligkeit leiden sollte. Der Schopenhauerianismus gehörte nämlich zu keiner bestimmten philosophischen Strömung oder akademischen Schule wie der Hegelianismus, Kantianismus und Positivismus, sondern zu einer begrenzten Elite und zu einer kulturellen Stimmung: einer pessimistischen Auffassung des metaphysischen und anthropologischen *Status* des Menschen, die mit dem dominierenden optimistischen Neuidealismus in Konflikt stand.

Neben der kantischen Bewegung setzte zu der Zeit eine weitere Auslegung Schopenhauers ein, die sich in Italien als die maßgebliche Interpretation Schopenhauers bis in die Nachkriegsjahre erweisen sollte. Der Autor von *Die Welt als Wille und Vorstellung* galt als der neue westliche Buddha, Vater eines neuartigen modernen Spiritualismus. So beispielsweise in der romantischen Interpretation des Schopenhauerschen Denkens im Musiksalon in Rom, der von Alessandro Costa geführt war. Costa war ein Komponist und Musiklehrer, berühmt für seine Kenntnisse der Werke Sebastian Bachs (er war der Begründer der italienischen Bach-Gesellschaft in Rom) und ein erklärter Schopenhauerianer. Mit verschiedenen dilettantischen Veröffentlichungen und Essays machte er die Philosophie Schopenhauers und die Lehre Buddhas öffentlich bekannt. Zudem war er Mitglied der Schopenhauer-Gesellschaft und Freund des Vorsitzenden Hans Zint.

Die Interpretation Schopenhauers als westlicher Buddha setzte sich mit den Studien und den Übersetzungen von Giuseppe De Lorenzo fort und bahnte den Weg zur Begründung der Indologie in Italien, die auch von Carlo Formichi, einem Freund Paul Deussens, verfolgt wurde (s. Kap. 52).

Um den Musiksalon in Rom kreisten viele intellektuelle Persönlichkeiten der Zeit: Henriette Hertz, die Begründerin der römischen Bibliotheka Hertziana und eine Freundin von Deussen (die sogenannte »Diotima«), der Schopenhauerianer Giuseppe Cuboni, Mitglied der Schopenhauer-Gesellschaft unter Deussens Vorsitz und bekannter Phytopathologe und Botaniker, der Materialist und Physiologe Jacob Moleschott, der Arzt Piero Blaserna, ein Schüler Hermann von Helmholtz', und der junge und berühmte Dichter Gabriele D'Annunzio. Dessen Werk *Trionfo della morte* trägt die Züge einer romanhaften Transfiguration der Stimmung dieses musikalischen Salons und zeichnet eine erfolgreiche Tendenz nach, Schopenhauer im Schatten seines wichtigsten Schülers Nietzsche zu interpretieren, und zwar als Begründer einer ästhetizistisch-tragischen und vitalistischen Weltanschauung (vgl. D'Annunzio 1896/2007).

Eine besondere Rolle spielten auch die italienischen Übersetzungen der Werke Schopenhauers. Die ersten partiellen Übersetzungen enthielten viele Grammatik- und Deutungsfehler und waren häufig von Dilettanten und einfachen Anhängern Schopenhauers ausgeführt worden, z. B. von dem Musikologen Oscar Chilesotti, der versuchte, die Schopenhauersche Philosophie aus der Perspektive des Positivismus darzustellen. Schopenhauers Werke wurden oft über das Französische ins Italienische übersetzt und waren daher bereits von der französischen Kultur beeinflusst. Diese Interpretation geschah in den Werken Giovanni Papinis und des Kreises um die literarischen und philosophischen Kulturzeitschriften *Leonardo* und *Lacerba*. Papini war motiviert von der Idee, die Philosophie zu liquidieren (vgl. Papini 1906). Aber er nahm eine ästhetizistische und aristokratische Pose ein – eine Auslegung der Philosophie Schopenhauers, die in den später sogenannten *maladies de la volonté* von Théodule Ribot (vgl. Ribot 1922) stattfinden wird.

Eine religiöse Auslegung der Philosophie Schopenhauers ist von Eva Kühn vorgeschlagen worden. In Vilno geboren, entstammte sie einer evangelisch-litauischen Familie, die ihre Wurzeln in Deutschland hatte. Ihr Talent ermöglichte ihr ein Stipendium für den Besuch der Universität Zürich. Später erhielt sie ein weiteres Stipendium, um in Rom zu studieren. Dort verkehrte die junge Denkerin in dem theosophischen Gesellschaftskreis von Mme. Blavatsky, wo ihr auch Giovanni Amendola begegnete. Amendola war Intellektueller und wurde später ein überzeugter Antifaschist. Er wurde bald darauf ihr Ehemann. Die beiden hatten Umgang mit dem *Coenobium*, einer Zeitschrift für Religionsstudien, an deren ersten fünf Jahrgängen der Orientalist und Schopenhaueraner Karl Eugen Neumann mitarbeitete. In dieser Zeit schrieb Eva Kühn einen Essay, der von einem ›transzendentalen Optimismus der Ideenwelt‹ handelt, und zwar von einer optimistischen Deutung der Ideenwelt (vgl. Kühn 1907). Außerdem tat sich Eva Kühn durch die ersten zuverlässigen Übersetzungen der Werke Schopenhauers hervor.

Unter dem Faschismus: Metaphysische Auslegungen

Unter dem beginnenden Faschismus verstärkte sich der vom Regime unterstützte Neuidealismus: Der Aktualismus von Giovanni Gentile und der Historismus von Benedetto Croce beherrschten die philosophische Bühne. Croce hemmte die Verbreitung des Schopenhauerianismus, indem er die Werke Schopenhauers verriss (vgl. Croce 1932, 318) und ihre Übersetzungen verhinderte: Zum Beispiel verweigerte er Giovanni Amendola die Erlaubnis, eine Übersetzung von *Die Welt als Wille und Vorstellung* vorzunehmen (auch Eva Kühn konnte die Übersetzung des zweiten Buches der *Parerga und Paralipomena* unter Mitarbeit von M. Montinari für Adelphi erst 1963 veröffentlichen) und hinderte Carlo Michelstaedter daran, eine Übersetzung Schopenhauers in der damals von Croce geleiteten Reihe *Biblioteca Filosofica* von Laterza zu publizieren (vgl. Michelstaedter 1983, 262–263).

Trotz dieser Hindernisse fand der Schopenhauerianismus standhafte Verteidiger und tiefgründige Denker: Piero Martinetti und den bereits genannten Carlo Michelstaedter. Im Alter von zwanzig Jahren interessierte sich Martinetti für das indische System *Sankhya* als erste vernünftige und religiöse Erläuterung des Weltalls (vgl. Martinetti 1896); dieses Interesse an der indischen Kultur kreuzte sich bei ihm mit der Philosophie Schopenhauers und mit seinem kantischen Idealismus, der von dem historischen Idealismus Benedetto Croces und von dem Aktualismus Giovanni Gentiles sehr verschieden war. Nach seiner Ausbildung in Deutschland trat Martinetti der kantischen Bewegung bei und formulierte einen »kritischen Idealismus«. Im Einklang mit dem ethischen Kantianismus des 19. Jahrhunderts schätzte er das individuelle Bewusstsein als Voraussetzung für die Emanzipation des Individuums ein. Martinettis Schopenhauerianismus äußerte sich besonders in seinem historischen Pessimismus, einem gewissen Schopenhauerschen *nihil sub sole novi*. Das ist die Kehrseite seines Antihistorismus, der sich aber in einen transzendentalen Optimismus auflöst (vgl. Martinetti 1902). Wie Schopenhauer negierte Martinetti jeglichen historischen Fortschritt; anders als Schopenhauer war er aber der Meinung, dass der individuelle Wille erzogen werden kann (vgl. Martinetti 1942). Die Erziehung des Willens ist möglich dank einer transzendentalen Freiheit (Kant), die aber in der Welt mit der Unvernünftigkeit des Willens kämpfen muss (Schopenhauer). In diesem Sinn wird der kantische Unterschied zwischen dem intelligiblen und dem empirischen Charakter bei Martinetti ein Prozess, und zwar ein ansteigender Weg *ex gradu* vom empirischen Charakter zum Schopenhauerschen besseren Bewusstsein. Diese Annahme Martinettis schafft die Voraussetzung für einen fortschreitenden Aufstiegsprozess zu einer höheren Einheit, einen Erlösungsprozess. Schließlich teilte Martinetti die Schopenhauerschen Ansichten über den Wert der intellektualen Anschauung: Daher ist für ihn der Philosoph ein ›Künstler der Vernunft‹, der durch sie (bei Schopenhauer durch die ästhetische Kontemplation) das Weltwesen begreifen kann. Als Zeichen seiner Verehrung Schopenhauers übersetzte und sammelte Martinetti dessen religiöse Schriften (Schopenhauer 1908). Als Zeichen des Beginns einer Schopenhauer-Renaissance in Italien (vgl. Martinetti 1940) veröffentlichte Martinetti 1941 eine Schopenhauer-Anthologie (Martinetti 1941), mit der der Erfolg des Schopenhauerianismus in Italien begann.

Martinettis *Introduzione alla Metafisica* setzte einen Punkt hinter die erste Phase der Schopenhauer-Rezeption und machten den Anfang einer metaphysischen Auslegung des Schopenhauerschen Denkens. Zu den Metaphysikern gehört auch der Einzeldenker Carlo Michelstaedter. Er studierte in Florenz und versuchte über seine klassische Ausbildung (er konnte fließend Griechisch und Lateinisch schreiben und sprechen), seine dichterische und künstlerische Begabung mit seiner philosophischen Neigung zur Spekulation zu vereinigen. In seinem Hauptwerk *La persuasione e la rettorica* (Überzeugung und Rhetorik) radikalisierte Michelstaedter den Nihilismus Schopenhauers: Die Verbergung des Seins, die Michelstaedter als »Rhetorik« benennt, behindert den Existenzvollbesitz des Menschen, und zwar die »Überzeugung« von seiner Unvollständigkeit und seinem Entbehren, das wesentliche Nichts des Lebens, das von dem Willen bezeugt wird. Daher, wenn der Mensch sein Wesen erreicht, wird dann die »Voluntas« zu »Noluntas«, also das Leben zum Tode. Nach Michelstaedter verhüllt die Rhetorik den wesentlichen Mangel der Existenz und verhindert den Weltschmerz. Aber in welcher Art und Weise kann dies die Rhetorik realisieren? Mit der Logik und den Wissenschaften, bzw. mit dem Hegelschen Historismus. Die Rhetorik kann nämlich keinen Sinn und keine Erklärung der Existenz geben. Das Leben ist im Wesentlichen sinnlos und zwecklos. Der metaphysische Status des Menschen beruht auf einem existentiellen »deficit«, der jenseits der historischen Phänomene liegt: »Leben ist Wille zum Leben, Wille ist Mangel, Mangel ist Leid, jedes Leben ist Leid«. Das bedeutet, »das Seiende kann nicht dasein« (Michelstaedter 1982, 705 f.), also die *Voluntas* kann *Noluntas* werden, das Leben kann zum Tode werden. Wie Philipp Mainländer (1841–1876) brachte Michelstaedter seine Philosophie zur Anwendung – bis zu seinem tragischen Ende: Mit dreiundzwanzig nahm er sich das Leben. Aber die Philosophie Michelstaedters bietet auch eine andere Lösung als den Suizid; und zwar eine Lösung, die nicht unbedingt ein nihilistisches Ergebnis hat: Sie besteht darin, vollständig in der Gegenwart zu leben und die Last des Daseins mit dem Bewusstsein seines wesentlichen Mangels zu ertragen. Dieser ›amor fati‹, welcher sich auf Nietzsche zu beziehen scheint, wird jedoch nicht als Wille zur Macht bestimmt; er deutet hingegen – wie von Schopenhauer gezeigt – auf den tragischen Weg zur Hinnahme der Existenz im Sinne eines heroischen Lebens.

Von den 1930er Jahren bis zu den Nachkriegsjahren war die italienische Philosophie durch einen kulturellen Eklektizismus gekennzeichnet. Von Anfang an war der italienische Schopenhauerianismus eine von Einzelgängern der Philosophie gebildete Erscheinung, in der sich oft verschiedene kulturelle ausländische Einflüsse in einer individuellen philosophischen Einstellung bündelten. Häufig bestand die bunte Welt der Schopenhauerianer aus Feinden des hegelianischen Neuidealismus und aus erklärten Antifaschisten: Giuseppe Melli (der seinen Lehrstuhl in Florenz niederlegte und sich ins Privatleben zurückzog), Giovanni Amendola (der wegen Misshandlungen im Exil starb), Piero Martinetti (der wegen seiner kompromisslosen Opposition gegen das Regime zuerst den Lehrstuhl in Turin verlor und später in politischer Isolation starb) u. v. a.

Aber der Schopenhauerianismus als irrationelle Strömung erstreckte sich bis in Anfänge mit Hegel: Dies ist der Fall bei Giuseppe Rensi, dessen philosophische Ausbildung mit Hegel begann und der durch Schopenhauers Pessimismus zur Formulierung eines eigenen Skeptizismus geführt wurde. Nach Rensis Meinung kann der Hegelianismus nicht auf die schwerwiegenden Existenz- und Sinnfragen antworten, weil der Hegelsche Optimismus über die Unvernünftigkeit der Realität (besonders nach der Tragödie des Ersten Weltkriegs) nicht Rechenschaft geben kann. Die Überwindung des Panlogismus Hegels führte bei Rensi zur »Pan-Alogia« der Welt, d. i. ein Alogismus im Gegensatz zum Panlogismus Hegels. Das Endresultat seiner philosophischen Erörterungen ist ein radikaler Skeptizismus, der sich auf das unlogische Weltwesen stützt. Rensis philosophische Einstellung erweckte die Gegnerschaft Croces und Gentiles, was Rensi eine komplizierte akademische Karriere bis zu einem erzwungenen Ausschluss aus dem politischen und akademischen Leben bescherte.

Von den Nachkriegsjahren bis heute: Eine kurze Zusammenfassung

Nach dem Existenzialismus-Streit in der philosophischen Zeitschrift *Primato* (1943) und weiter in den 1950er Jahren wurde Schopenhauer zunehmend im Licht der Philosophie Heideggers ausgelegt, weil die Existenzphilosophie verschiedene Themen (besonders Fragen nach dem Sinn des Lebens und des Todes) aus Schopenhauers Gedanken geschöpft hatte. Gleichzeitig hatte die mystisch-religiöse Auslegung Schopenhauers große Resonanz und verschiedene Vertreter in Italien gefunden: von Umberto Padovani, einem Schüler Martinettis, über Giuseppe Faggin, einen berühmten Übersetzer der Werke Plotins, den Thomisten Pietro Mignosi und den Kenner des Christentums,

Teodorico Moretti-Costanzi bis zu dem noch lebenden Giuseppe Riconda, Experte abendländischer Kultur und Befürworter Schopenhauers.

Auch die Nietzsche-Renaissance trug bedeutend zur Schopenhauer-Rezeption bei: In den 1960er und 1970er Jahren beeinflusste sie das Studium Schopenhauers, indem sie die Aufmerksamkeit wieder auf Schopenhauer als Quelle Nietzsches lenkte. Die Forschung wurde mit Essays und Übersetzungen der zwei großen Nietzsche-Forscher Giorgio Colli und Mazzino Montinari vertieft. Besonders Colli hatte die Philosophie Schopenhauers als eine »Philosophie des Ausdrucks« (»Filosofia dell'espressione«) zu einer Versöhnung mit der Ästhetik Nietzsches geführt. In Giorgio Collis Fußstapfen trat Sossio Giametta, der das Verständnis der Philosophie Schopenhauers in der wissenschaftlichen Welt durch verschiedene Beiträge und sorgfältige Übersetzungen eines Großteils seiner Werke förderte. Auf die Nietzsche-Forschung antwortend verbreitete der Germanist und überzeugte Schopenhauerianer Anacleto Verrecchia mit verschiedenen Veröffentlichungen die Philosophie des Frankfurter Philosophen. Besonders hervorzuheben sind die *Colloqui* (1995), eine Auswahl der Gespräche Schopenhauers mit seinen Schülern und Anhängern.

Ende der 1970er Jahre erblühte die Schopenhauer-Forschung: Es erschien die Gesamtdarstellung Schopenhauers, seiner Philosophie und seines Lebens von Icilio Vecchiotti (1970; 1979), Professor an der Universität in Urbino für orientalische Religion und Kultur und langjähriges Mitglied des Wissenschaftlichen Beirats der Schopenhauer-Gesellschaft. Auf dem gleichen Gebiet wie die wichtigen Beiträge des Germanisten Sandro Barbera und die neuen Übersetzungen der Werke Schopenhauers durch den Philosophiehistoriker Amedeo Vigorelli beginnt die Arbeit Vecchiottis mit einer tiefgründigen philologischen Untersuchung der Quellen der Werke Schopenhauers und seiner genetisch-historischen Denkentwicklung. Dank der Vertiefung und Verbreitung der Gedanken Schopenhauers durch Franco Volpi, Schüler von Giuseppe Faggin am Gymnasium und tiefsinniger Erklärer und Interpret Heideggers, erreichte die Philosophie Schopenhauers ein noch größeres Publikum: Mitte der 1990er Jahre erwachte ein breites Interesse an Schopenhauer durch die von Volpi bei Adelphi herausgegebene Reihe unter dem Titel *Die Kunst zu...* . Aber Volpi vertiefte auch die wissenschaftliche Untersuchung des handschriftlichen Nachlasses Schopenhauers, indem er sich mit dem von Giovanni Gurissatti übersetzten Manuskripten Schopenhauers intensiv auseinandersetzte.

Einen weiteren Schwerpunkt der Schopenhauer-Forschung setzt Giuseppe Invernizzi durch seine Studien über den deutschen Pessimismus (besonders Eduard von Hartmann, Julius Bahnsen, Philipp Mainländer) und die Übersetzung der Schopenhauer-Biographie Arthur Hübschers.

Im 21. Jahrhundert entstand zudem eine Forschungstradition, die sich mit den Beziehungen Schopenhauers zur Naturwissenschaft seiner Zeit beschäftigt. Bedeutend auf diesem Gebiet sind die Recherchen von Fabio Grigenti (2000) und Marco Segala (2008).

Ein weiterer Zweig der neueren Schopenhauer-Forschung ist heute am Centro interdipartimentale di ricerca su Arthur Schopenhauer e la sua scuola der Università del Salento und der italienischen Sektion der Schopenhauer-Gesellschaft in Lecce beheimatet, die sich besonders mit der sogenannten Schopenhauer-Schule (s. Kap. 27) und mit der philosophischen Ausbildung des jungen Schopenhauer beschäftigen. Die wissenschaftlichen Ergebnisse werden in der Reihe *Schopenhaueriana* veröffentlicht.

Literatur

Amendola, Giovanni: *La Volontà è Bene. Etica e religione*. Roma 1911.

Barbera, Sandro: *Il mondo come volontà e rappresentazione. Introduzione alla lettura* (Kommentar). Carocci 1998.

Barzellotti, Giacomo: Il pessimismo dello Schopenhauer. In: *Rassegna settimanale* 1 (1878), 114–117 (wieder abgedruckt in: Ders.: *Santi, solitari, filosofi*. Bologna ²1886, 389–406).

Barzellotti, Giacomo: La nuova scuola del Kant e la filosofia scientifica contemporanea in Germania. In: *Nuova Antologia* XIX (1880), 591–630 (wieder abgedruckt in: Ders.: *L'opera storica della filosofia*. Palermo 1917).

Barzellotti, Giacomo: Di Federigo Guglielmo Nietzsche [1881]. In: Ders.: *L'opera storica della filosofia*. Milano u. a. ³1918, 171–173.

Costa, Alessandro: La religiosità nella filosofia di A. Schopenhauer. In: *Coenobium* 5 (1907), 26–49.

Costa, Alessandro: *Il Buddha e la sua dottrina*. Torino 1921.

Costa, Alessandro: *Il pensiero religioso di Arturo Schopenhauer. Esposizione critica*. Modena 1935.

Costa, Alessandro: *Il pensiero religioso di Schopenhauer*. Roma 1936.

Costa, Alessandro: *La mèta della vita in Dante, Goethe, Schopenhauer, Wagner e Leopardi*. Milano 1938.

Covotti, Aurelio: *La vita e il pensiero di Arturo Schopenhauer*. Torino 1910.

Covotti, Aurelio: *La metafisica del bello e dei costumi di Arturo Schopenhauer*. Napoli 1934.

Croce, Benedetto: *Storia d'Europa nel secolo Decimonono* [1932]. Hg. von G. Galasso. Milano 1999.

D'Annunzio, Gabriele: *Trionfo della morte* [1896]. Hg. von M. G. Calducci. Milano 2007 (bes. Kap. IV, 39–42).

De Sanctis, Francesco: Schopenhauer e Leopardi – Dialogo

tra A. e D. In: *Rivista Contemporanea* XV (1858), Abt. II, 369–408.

Faggin, Giuseppe: *Schopenhauer: Il mistico senza Dio*. Firenze 1951.

Faggin, Giuseppe: *Il significato dell'Esistenza di Arthur Schopenhauer*. Padova 1968.

Fiorentino, Francesco: *Manuale di storia della filosofia. Ad uso dei licei* (Schulhandbuch der Geschichte der Philosophie), 3 Bde. Napoli 1877–1881 (für Schopenhauer-Zitate vgl.: Bd. I, 174 ff.; Bd. II, 152 ff.; Bd. III, 319 ff.; 1887 wird die zweite Auflage des *Manuale* [Bd. II] mit dem Kapitel »La scuola di Schopenhauer« [Die Schopenhauer-Schule] veröffentlicht).

Fiorentino, Francesco: *Compendio di storia della filosofia* (Kompendium der Geschichte der Philosophie). Hg. von A. Carlini. Firenze 1921–1925 (vgl. Kap. XXIV »Schopenhauer«, 232–243).

Grigenti, Fabio: *Natura e rappresentazione: genesi e struttura della natura in Arthur Schopenhauer*. Napoli 2000.

Hartmann, Eduard von: Kant als Vater des Pessimismus. In: Ders.: *Zur Geschichte und Begründung des Pessimismus*. Berlin 1880.

Hartmann, Eduard von: Die Schopenhauersche Schule. In: *Gegenwart* 23 (1883) (abgedruckt in: Ders.: *Philosophische Fragen der Gegenwart*. 1885, 38–57; wieder abgedruckt unter dem Titel »L'ecole de Schopenhauer« in: *Revue Philosophique de la France et de l'Etranger*, geleitet von Th. Ribot, Bd. XVI [1967], 121–134).

Hübscher, Arthur: *Arthur Schopenhauer: un filosofo contro corrente*. Übers. von Giuseppe Invernizzi. Mursia 1990.

Invernizzi, Giuseppe: *Il pessimismo tedesco dell'Ottocento. Schopenhauer, Hartmann, Bahnsen e Mainländer e i loro avversari*. Firenze 1994.

Invernizzi, Giuseppe: *Invito al pensiero di Arthur Schopenhauer*. Milano 2011.

Kühn, Eva: L'ottimismo di A. Schopenhauer. In: *Coenobium* 6 (1907), 84–92.

Martinetti, Piero: *Il sistema Sankhya. Studio sulla filosofia indiana*. Torino 1896.

Martinetti, Piero: *Introduzione alla metafisica*. Bd. I: *Teoria della conoscenza*. Torino 1902 (vollständige Ausgabe Torino ²1904).

Martinetti, Piero: La rinascita di Schopenhauer. In: *Rivista di Filosofia* April–Juni (1940), 76–91.

Martinetti, Piero: *Schopenhauer. Antologia filosofica*. Milano 1941 (das Buch enthält auch eine Biographie Schopenhauers, vgl. 1–67, und Hinweise zu Schopenhauerschen Werken und Bibliographie, vgl. 68–72).

Martinetti, Piero: L'educazione della volontà, wird in zwei Teilen in *Rivista di Filosofia* veröffentlicht: 1. Teil: »La volontà« in: *Rivista di Filosofia* III/2–3 (1942), 77–95; 2. Teil: »Educazione della volontà« in: *Rivista di Filosofia* IV/1–2 (1943), 9–54.

Melli, Giuseppe: *La filosofia di Schopenhauer*. Firenze 1905.

Michelstaedter, Carlo: *La persuasione e la rettorica* [1905]. Hg. von S. Campailla. Milano 1982.

Michelstaedter, Carlo: *Epistolario*. Hg. von S. Campailla. Milano 1983.

Mignosi, Pietro: *Schopenhauer*. Brescia 1934.

Moretti-Costanzi, Teodorico: *Noluntas*. Roma 1940.

Moretti-Costanzi, Teodorico: *Schopenhauer*. Roma 1942.

Padovani, Umberto: L'ambiente e le fonti del pensiero di Schopenhauer. In: *Rivista di Filosofia* 23 (1931), 345–385.

Papini, Giovanni: *Il crepuscolo dei filosofi: Kant, Hegel, Schopenhauer, Comte, Spencer, Nietzsche*. Milano 1906.

Piana, Giovanni: *Interpretazione del »Mondo come volontà e rappresentazione« di Schopenhauer*. o. O. 2013.

Rensi, Giuseppe: *Interiora rerum*. Milano 1924 (neue Ausgabe: *La filosofia dell'assurdo*. Milano 1937).

Rensi, Giuseppe: Modernità di Schopenhauer. In: *Minerva. Rivista delle riviste* 4 (1941).

Ribot, Théodule: *Les maladies de la volonté*. Paris 1922.

Riconda, Giuseppe: *Schopenhauer interprete dell'Occidente*. Milano 1969.

Riconda, Giuseppe: La ›Noluntas‹ e la riscoperta della mistica nella filosofia di Schopenhauer. In: *Schopenhauer-Jahrbuch* 53 (1972), 80–87.

Segala, Marco: *Schopenhauer, la filosofia, le scienze*. Pisa 2008.

Tocco, Felice: *Lezioni di Filosofia. Ad uso dei Licei*. Bologna 1869 (bes. Kap. LXI »Fatalismo determinismo, dottrina di Schopenhauer«, 421–429).

Vecchiotti, Icilio: *Introduzione a Schopenhauer*. Bari 1970.

Vecchiotti, Icilio: *Arthur Schopenhauer. Storia di una filosofia e della sua fortuna*. Firenze 1979.

Vigorelli, Amedeo: *Il riso e il pianto: introduzione a Schopenhauer*. Milano 1998.

Zoccoli, Ettore: *Di due opere minori di Arturo Schopenhauer* (Ethik). Modena 1898.

Zoccoli, Ettore: *L'estetica di A. Schopenhauer: propedeutica all'estetica wagneriana*. Milano 1901.

Reihe Schopenhaueriana

Hg. von Domenico M. Fazio, Matthias Koßler und Ludger Lütkehaus. Lecce 2006 ff. Bislang sind erschienen (chronologisch):

Ciracì, Fabio/Fazio, Domenico M./Pedrocchi, Francesca (Hg.): *Arthur Schopenhauer e la sua scuola*. Lecce 2006.

Fazio, Domenico M. (Hg.): *La scuola di Schopenhauer. Testi e contesti*. Lecce 2009.

Ruggieri, Davide: *Il conflitto della società moderna. La ricezione del pensiero di Arthur Schopenhauer nell'opera di Georg Simmel (1887–1918)*. Lecce 2010.

Rée, Paul: *Osservazioni psicologiche*. Hg. von Domenico M. Fazio. Lecce 2010.

Centro interdipartimentale di ricerca su Arthur Schopenhauer e la sua scuola dell'Università del Salento (Hg.): *La passione della conoscenza. Studi in onore di Sossio Giametta*. Lecce 2010.

Ciracì, Fabio: *In lotta per Schopenhauer. La ›Schopenhauer-Gesellschaft‹ fra ricerca filosofica e manipolazione ideologica (1911–1948)*. Lecce 2011.

Ciracì, Fabio/Fazio, Domenico M. (Hg.): *Schopenhauer in Italia. Atti del I Convegno Nazionale della Sezione Italiana della Schopenhauer-Gesellschaft, San Pietro Vernotico – Lecce 20 e 21 giugno 2013*. Lecce 2013.

Vitale, Maria: *Dalla Volontà di vivere all'Inconscio. Eduard von Hartmann e la trasformazione della filosofia di Schopenhauer*. Lecce 2014.

Apollonio, Simona/Novembre, Alessandro (Hg.): *Schopenhauer. Pensiero e fortuna*. Atti del II Convegno Nazionale della Sezione Italiana della Schopenhauer-Gesellschaft, Corigliano d'Otranto –19, 20 e 21 giugno 2014. Lecce 2015.

Apollonio, Simona/Carparelli, Mario/Giordano, Francesco (Hg.): *Per mari inesplorati. Studi in onore di Domenico M. Fazio*, intr. di Fabio Ciracì. Lecce 2017.

Ciracì, Fabio: *La filosofia italiana di fronte a Schopenhauer. La prima ricezione (1858–1914)*. Lecce 2017.

Italienische Übersetzungen der Werke Schopenhauers

Aforismi sulla saggezza della vita. Übers. von Oscar Chilesotti. Milano 1885 (erweiterte Auflage mit Vorwort ²1892).

Colloqui (Gespräche). Hg. von Anacleto Verrecchia. Milano 1995.

I due problemi fondamentali dell'etica. Hg. von Sossio Giametta. Milano 2008.

Il fondamento della morale. Übers. von Ervino Pocar, Einleitung von Cesare Vasoli. Bari-Roma 1970.

Il mondo come volontà e rappresentazione, Bd. 1, Buch IV (§§ 53–71) und die entsprechenden Ergänzungen aus Bd. 2 (Kap. 40–50). Übers. von Oscar Chilesotti. Milano 1888 (mit einer kritischen Erörterung der englischen Biographie *Arthur Schopenhauer* von Helen Zimmern neu aufgelegt 1915; die Übersetzung wurde auch bei Casa Editrice Sociale und als Anhang von Friedrich Nietzsche: *Schopenhauer come educatore* [Schopenhauer als Erzieher]. Milano 1926, veröffentlicht).

Il mondo come volontà e rappresentazione. Hg. von Ada Vigliani, Einleitung von Gianni Vattimo. Milano 1989.

Il mondo come volontà e rappresentazione, 2 Bde. Hg. von Giorgio Brianese. Torino 2013.

Il mondo come volontà e rappresentazione. Hg. von Sossio Giametta. Milano 2006.

Introduzione alla filosofia e scritti vari. Übers. von Eva Amendola-Kühn, Einleitung von Francesco Cafaro. Torino 1960.

La famiglia Schopenhauer. Carteggio tra Adele, Arthur, Heinrich Floris e Johanna Schopenhauer. Hg. von Ludger Lütkehaus, übers. von Ingrid Harbeck. Palermo 1991.

La libertà del volere umano. Übers. von Ervino Pocar, Einleitung von Cesare Vasoli. Bari-Roma 1994.

La quadruplice radice del principio di ragion sufficiente. Übers. von Eva Amendola-Kühn. Lanciano 1912.

La Volontà nella Natura. Hg. von Icilio Vecchiotti. Bari-Roma 1989.

Metafisica della natura. Hg. von Ignazio Volpicelli. Bari-Roma 1993.

Metafisica dei costumi. Lezioni filosofiche 1820. Übers. von Maria Giovanna Franch. Milano 2008.

Morale e religione: dai Parerga und Paralipomena, e dai Neue Paralipomena [nach der Ausgabe von Grisebach]. Übers. von Piero Martinetti. Torino 1908, ²1921.

Orazione in lode della filosofia. Testo latino a fronte. Hg. von Giuseppe Invernizzi. Genova 2015.

Parerga e paralipomena. Bd. I, hg. und durchgesehen von Giorgio Colli; Bd. II, hg. von Mario Carpitella; übers. von Mazzino Montinari (Bd. II, Kap. 1–15) und Eva Amendola-Kühn (Bd. II, Kap. 16–31). Torino 1963.

Scritti postumi. Ital. Ausgabe geleitet von Franco Volpi, hg. von Giovanni Gurisatti. 1996 ff.

Fabio Ciracì

50 Großbritannien

Man könnte behaupten, dass die erste wirklich unparteiische Rezeption Schopenhauers in Großbritannien zu finden ist. In Deutschland sah sich die Berufselite der Philosophie schließlich erst zum Antworten auf Schopenhauer provoziert, als die *Parerga und Paralipomena* ein allgemeines und weit verbreitetes Interesse gewannen, welches Schopenhauer durch keine seiner vorigen Publikationen erfahren hatte. Doch die Einschätzungen dieser Akademiker gefielen Schopenhauer nicht. Er hielt sie für verworren und ignorant, und er klagte sogar hinter vorgehaltener Hand Fichtes gekränkten Sohn Immanuel Hermann an, geradezu Lügen zu verbreiten. Die einzigen deutschen Rezensionen, denen Schopenhauer zustimmte, stammten neben der von Jean Paul (1825) aus der Feder von Angehörigen seines eigenen Freundes- und Bewundererkreises: Friedrich Andreas Ludwig Dorguth, August Gabriel Kilzer und Julius Frauenstädt (vgl. Cartwright 2010, 524–526). Indessen kamen über den Ärmelkanal bald Neuigkeiten von einer Einschätzung, die (meistenteils) höchst vorteilhaft war (zur Schopenhauer-Rezeption in der englischen Literatur s. auch Kap. 45).

Der Artikel »Iconoclasm in German Philosophy«, geschrieben von John Oxenford, erschien in der *Westminster Review* im April 1853. Er argumentiert, dass Schopenhauer, der entfremdete Bilderstürmer der Deutschen Philosophie, englischen Geschmäckern überaus gefallen werde. Der komplexen und scheinbar leeren Abstraktionen besser bekannter deutscher Philosophen überdrüssig – Hegel im Hinterkopf – werde der Engländer finden, dass »Schopenhauer gives you a comprehensible system, clearly worded; and you may know, beyond the possibility of a doubt, what you are accepting and what you are rejecting« (Oxenford 1853, 393). Als Schopenhauer dazu kam, Oxenfords Rezension zu lesen, war er erfreut, dass sein Prosa-Stil so scharf von der Weitschweifigkeit unterschieden worden war, die er an seinen Zeitgenossen erbittert verabscheute. In der Tat war die Affinität zwischen Schopenhauer und den Briten in dieser Hinsicht nahezu unvermeidlich. Als Englandfreund war Schopenhauers deutscher Sprachgebrauch bewusst modelliert nach der gemeinhin verständigen Ausdrucksweise britischer Philosophen wie etwa Berkeley und Hume.

Oxenfords Kommentare sind indes nicht auf Stilfragen beschränkt. Er fährt fort, eine grobe Chronologie der Veröffentlichungen Schopenhauers zu geben sowie eine einfühlsame Konturierung seines Denkens im Allgemeinen. Er übersetzt sogar gewandt Passagen aus Schopenhauers Werk, weil keine anderen englischen Übersetzungen erhältlich waren. Trotz seines Lobes schreckt Oxenford jedoch vor Schopenhauers radikaleren Schlussfolgerungen zurück, erneut sich bemühend, aus der Perspektive eines Nationalcharakters zu sprechen. Denn ihre stilistischen Exzesse hin oder her – die Neigung der Zeitgenossen Schopenhauers zu liberalen politischen Ideen würde auf viktorianische Briten eine größere Anziehungskraft ausüben als Schopenhauers Fortschrittspessimismus. So schreibt Oxenford: »Their rallying cry, however strange the language in which it may be couched, is still ›progress!‹ and therefore they are still the pedantic sympathisers with the spirit of modern civilisation.« Er widersetzt sich deshalb dem, was er Schopenhauers »ultra-pessimism« nennt, bestürzt, dass die »genial« und »ingenious« Art der Lehre Schopenhauers so uneins sein könne mit ihrem »disheartening« und sogar »repulsive« Abschlussurteil (ebd., 394). Oxenfords Artikel endet mit der Hoffnung auf einen neuen deutschen Philosophen ›gleicher Kraft, Verständigkeit, Genialität und Belesenheit‹, der auf einer Seite rangieren würde ›die stärker in Harmonie mit unseren eigenen Gefühlen und Überzeugungen ist‹ (vgl. ebd., 407). Er endet daher mit dem impliziten Bedauern, dass Schopenhauer, bei all seinem Talent, dieser Philosoph nicht sei.

In der Zeit zwischen Oxenfords Rezension und dem Erscheinen vollständiger englischer Übersetzungen bestand der einzig andere Zugang, den der britische Leser zu Schopenhauers Worten hatte, in Helen Zimmerns Biographie *Arthur Schopenhauer. His Life and His Philosophy* von 1876. Obgleich, so ihr Eingeständnis, das biographische Material dieser Arbeit zumeist aus Wilhelm Gwinners Denkschrift aufgelesen worden war (vgl. Zimmern 1876, vi), sollten ihre ziemlich langen Übersetzungen bedeutsamer Passagen sowie persönlicher Briefe eine wichtige Ressource darstellen. Als endlich vollständige englische Übersetzungen veröffentlicht wurden, verteilte sich der Großteil der Arbeit auf drei Strecken. Zunächst kam 1883 R. B. Haldanes und John Kemps Übersetzung von *Die Welt als Wille und Vorstellung*, wiedergegeben als *The World as Will and Idea* heraus. Bis 1957, dem Jahr vor dem Erscheinen von E. F. J. Paynes bald maßgebender Übersetzung *The World as Will and Representation*, war die erste Ausgabe von Haldanes und Kemps Version in ihren zehnten Nachdruck gegangen, und so wurde eine zweite Auflage zur Veröffentlichung freigegeben. Inzwischen erschienen von 1889 an eine Fülle von Schopenhauers Aufsätzen, übersetzt von Thomas Bailey Saunders. Diese Aufsätze waren hauptsächlich aus *Parerga und Paralipomena* zusammengetragen, beginnend mit »Religion: Ein Dialog«, und sie sollten wiederum nicht verdrängt werden, bis nach Paynes vollständiger Übersetzung des Werkes 1974. Schließlich, im selben Jahr, in dem Saunders seine Übersetzungskampagne beginnen sollte, wurden *Ueber die vierfache Wurzel des Satzes vom zureichenden Grunde* (*On the Fourfold Root of the Principle of Sufficient Reason*) und *Ueber den Willen in der Natur* (*On the Will in Nature*) als Einzelbände herausgegeben, übersetzt von Jessie Taylor, die unter dem Namen ihres Mannes, Karl Hillebrand, publizierte. Taylor sollte die erste sein, die Schopenhauers ›Vorstellung‹ als ›representation‹ übersetzte (vgl. Cartwright 2010, 431), und viele Auflagen ihrer Übersetzung folgten, bis zu Paynes Übersetzung von *Ueber die vierfache Wurzel des Satzes vom zureichenden Grunde* (*The Fourfold Root*), auch im Jahre 1974 veröffentlicht.

Haldanes und Kemps Übersetzung machte Schopenhauer einem seiner bemerkenswertesten und bedeutsamsten Bewunderer in Großbritannien erst richtig bekannt: Dem Romanschriftsteller Thomas Hardy. Im Gegensatz zu Oxenford konnte Hardy Schopenhauers ›Ultrapessimismus‹ mehr als gut verdauen: Er schwelgte geradezu darin! Seine Notizbücher von 1883 bis 1912 zeugen von einer genauen Lektüre Schopenhauers, und infolgedessen sind einige Schopenhauersche Themen in seinen Romanen identifizierbar. Zum Beispiel ist in *Jude the Obscure* der sexuelle Appetit repräsentiert als eine unheilvolle und irreführende Kraft: Er führt Jude zunächst fort von seinem fleißigen, selbstauferlegten Studium und in die Arme der hurerischen Arabella. Und nach dem unvermeidlichen Zusammenbruch jener Beziehung ist derselbe Trieb dann verantwortlich für Judes hoffnungslose Idealisierung Sues. So wie es Hardy in seinen Notizbüchern aufzeichnet: »Schopenhauer. – No man loves the woman – only in his dream« (zit. nach Kelly 1988, 239). Welche Liebe auch immer Jude und Sue teilten, als sie fort ist, und beider Leben umtriebig verlaufen sind, verfluchen sie ihre Existenz und sehnen sich nach dem Tod.

Schopenhauers Einfluss auf Hardy ist weithin beachtet worden (vgl. Brennecke 1924, 9; Kelly 1988; Diffey 1996; Magee 1997, 406–408; Young 2005, 236; Bishop 2012, 341–342), aber er wurde auch weithin bestritten. Der Haupteinwand ist, dass Hardy augenscheinlich Schopenhauerianer im Geiste war, noch bevor er Schopenhauer gelesen haben konnte. Die Elemente »pessimism, dislike of Christianity, interest in art, desire for stasis and peace [...] Hellenism, a sort of spiritualism, kindness to animals« (C. H. Salter, zit. nach Diffey 1996, 238) sind allesamt präsent in seiner Prosa vor 1883 und in seiner Persönlichkeit. In der Tat, wie in seinen Briefen demonstriert, waren Hardy und seine Freunde bemüht, die Assoziierung mit Schopenhauer zu schwächen, welche im Kommentar zu Hardy in den Fokus zu rücken begann. Am 25. Juli 1909 antwortet Hardy auf Nachrichten seines Freundes Edmund Gosse, dass der Kritiker F. A. Hedgcock gerade eine solche Assoziierung verbreitet habe. Nachdem er von seiner Enttäuschung geschrieben hat, dass Literaturkritik so biographisch geworden sei, sagt Hardy: »I may observe incidentally that I hope my philosophy – if my few thoughts deserve such a big name – is much more modern than Schopenhauer« (Hardy 1984, 37; vgl. auch Hardy 1982, 351). Gosse nimmt es nun auf sich, Hedgcock Hardys Missbilligung auszurichten und verbürgt sich für die Präexistenz von Hardys Pessimismus, zumindest seit er den Mann 1870 zuerst getroffen hatte.

Tatsächlich, wenn Hardy glaubte, dass »es an der Zeit sein wird, wenn wir eintausend heilbare Übel losgeworden sind, zu bestimmen, ob das Übel, das unheilbar ist, das Gute überwiegt«, wie er William Archer im Jahre 1901 nahelegte (zit. nach Kelly 1988, 245; Übers. D. B.), dann entfernt sich sein Pessimismus zumindest in dieser Hinsicht wirklich von Schopenhauers. Man wird sich erinnern, dass für Schopenhauer gilt: »Im Grunde aber ist es ganz überflüssig, zu streiten, ob des Guten oder des Uebeln mehr auf der Welt sei: denn schon das bloße Daseyn des Uebels entscheidet die Sache« (W II, 669 (Lü)).

Schopenhauer sollte auch auf D. H. Lawrence einen prägenden Einfluss ausüben. Eigentlich half er, Lawrence aufzuwecken für etwas, das bald ein andauerndes Thema – vielleicht *das* Thema in seiner literarischen Produktion werden sollte. Für einen jungen Mann, der hinsichtlich der Sexualität gegen rückständige viktorianische Verstocktheit und Anständigkeit kämpfte, war Schopenhauer, der Autor der »Metaphysics of Love«, wie es dann übersetzt wurde, erfrischend freimütig und offen. Schopenhauer hatte weder Angst davor, den Sexualtrieb ins Zentrum des Lebens zu stellen, noch schreckte er vor dem Charakter dieses Triebes zurück, der unwiderstehlich, ursprünglich, schmerzvoll ist und überdies nicht als Abweichung von unserer wahren Natur zu verstehen ist, sondern eher als ihr stärkster Ausdruck. Er zeigte auch gern die vielen romantischen Ideale auf, die »übersinnlichen Seifenblasen« (W II, 535 (Lü)), die das sexuelle Verlangen begleiten, sowie die amüsierend verschleierte und verlegene Weise, in welcher über Sexualität gesprochen wird: »das öffentliche Geheimniß [...], welches nie und nirgends deutlich erwähnt werden darf, aber immer und überall sich, als die Hauptsache, von selbst versteht [...]« (W II, 663 (Lü)). Und trotz all der Aufruhr, bemerkt Schopenhauer, verschwören sich Liebende die ganze Zeit über, um dieselbe schmerzvolle Geschichte zu wiederholen:

> »Dazwischen aber, mitten in dem Getümmel, sehen wir die Blicke zweier Liebenden sich sehnsüchtig begegnen: – jedoch warum so heimlich, furchtsam und verstohlen? – Weil diese Liebenden die Verräther sind, welche heimlich danach trachten, die ganze Noth und Plackerei zu perpetuiren, die sonst ein baldiges Ende erreichen würde [...]« (W II, 652 (Lü)).

Obgleich bewegt von dieser Beobachtung, zog Lawrence den Schluss, dass Schopenhauer solch eine unwiderstehliche Romanze wohl nie persönlich erlebt habe. In seine Randnotizen schrieb er: »This charitable and righteous man never stole a secret look – he would spare the poor individual, dear soul« (zit. nach Brunsdale 1978, 126).

Die Version des Schopenhauerschen Aufsatzes, die Lawrence erhalten hatte, war nicht einmal frei von der verächtlichen Dünkelhaftigkeit, von der befreit zu sein, er begehrte. Während er an der Universität war, im Jahr 1908, hatte Lawrence eine Kopie von »The Metaphysics of Love« von seiner ersten Freundin Jessie Chambers geliehen und fuhr darin mit Anmerkungen fort. Die Übersetzerin, Mrs. Rudolf Dircks, hatte ausgewählte Aufsätze Schopenhauers seit 1897 übersetzt, aber diese Wiedergabe enthielt viele Fehlübersetzungen, die nur absichtlich sein konnten. Zunächst übersetzt sie den ursprünglichen deutschen Titel des Aufsatzes »Metaphysik der Geschlechtsliebe« ungenau, indem sie das Wort ›Geschlecht‹ auslässt. Die Scheu vor diesem Wort und seinen Konnotationen spiegelt sich durchgehend im Dircksschen Text. Zum Beispiel, wo Schopenhauer behauptet, dass eines Mannes Liebe abnimmt und die Liebe einer Frau zunimmt, nachdem sie »befriedigt« worden ist, übersetzt Dircks prüde ›erwidert‹ (»returned«, Brunsdale 1978, 123). Man kann sich nur fragen, was Lawrence aus einer unverfälschten Schopenhauerschen Darstellung sexueller Liebe gemacht hätte.

Um die Zeit von Lawrences Entdeckung wirkte Schopenhauer auch auf die theoretischen Grundlagen einer neuen Bewegung in der britischen Dichtung. Es ist eine Verbindung zur britischen Literatur, von der weit weniger berichtet ist als von Schopenhauers Verbindung sowohl zu Hardy als auch zu Lawrence. Der Dichter und Kritiker T. E. Hulme, Vorläufer und Architekt der modernistischen Bewegung, die als Imagismus bekannt wurde, schrieb in seinem Essay »Bergson's Theory of Art«, dass »[i]n essence, of course, [Bergson's] theory is exactly the same as Schopenhauer's« (Hulme 1994, 194). Die Absicht des Aufsatzes von Hulme oder wenigstens die Funktion, die er letzten Endes ausübte, war, mittels Bergsons Philosophie die theoretische Darstellung ästhetischer Erfahrung zu geben, die genau im Zentrum imagistischer Dichtung liegt. Hulme übertrieb nicht, als er die wesentlichen Ähnlichkeiten zu Schopenhauers Darstellung einräumte: Sie sind treffend, vielleicht sogar treffender als Hulme bewusst war. Man nehme diese Passage aus Hulmes Essay zum Beispiel:

> »From time to time in a fit of absentmindedness nature raises up minds which are more detached from life [...] which at once reveals itself by a virginal manner of seeing, hearing or thinking [...] One applies himself to form, not as it is practically useful in relation to him, but as it is in itself, as it reveals the inner life of things« (ebd., 195 f.).

Man beachte, dass nicht nur die Transformation des Subjektes unglaublich an Schopenhauer erinnert, sondern auch die entsprechende Transformation des Objektes in einer ähnlichen Weise beschrieben wird. Was Hulme davon abhält, seine Darstellung gänzlich schopenhauerianisch zu nennen, ist, dass er Bergsons Theorie für metaphysisch ausgefeilter hält.

> »[B]oth want to convey over the same feeling about art. But Schopenhauer demands such a cumbrous machinery in order to get that feeling out [...] In Bergson it is an actual contact with reality in a man who is emancipated from the ways of perception engendered by action, but the action is written with a small ›a‹, not a large one« (ebd., 194; s. Kap. 33).

Hulme endet daher mit einer Vorstellung des »image«, die zahllose Ähnlichkeiten zu Schopenhauers ›Idee‹ aufweist, aber metaphysisch weniger problematisch sein soll. Die Lesart Schopenhauers, welche die ›Ideen‹ als übermäßig metaphysisch betrachtet, hatte Hulme von Bergson selbst, der an einem Punkt in Hulmes Leben wie eine Art Mentor ihm gegenüber handelte, sowie vom französischen Psychologen Théodule Ribot, der versucht hatte, Schopenhauers Denken zu rekonstruieren, indem er nur naturalisierte psychologische Behauptungen in seiner Schrift *La philosophie de Schopenhauer* (1874; vgl. Rae 1989, 76–81; Jones 2001, 28; s. auch Kap. 51) verwendete. Indessen gibt es nun jene, die argumentieren, dass die ›Ideen‹ weder im noumenalen Bereich liegen noch eine ontologische Kategorie zwischen Wille und Vorstellung bilden. Eher sind sie erworben und bestehen als Resultat einer besonderen Art aufmerksamer Einstellung gegenüber der Vorstellung (vgl. Young 1987). Man vergleiche folgende Stelle, auf welche Kommentatoren dieser Überzeugung oft die Aufmerksamkeit lenken, mit einem anschließenden Zitat Hulmes.

> »Denn sie [die Kunst; D. W.] reißt das Objekt ihrer Kontemplation heraus aus dem Strome des Weltlaufs und hat es isolirt vor sich: und dieses Einzelne, was in jenem Strom ein verschwindend kleiner Theil war, wird ihr ein Repräsentant des Ganzen, ein Aequivalent des in Raum und Zeit unendlich Vielen« (W I, 252 (Lü)).
> »It is as if the surface of our mind was a sea in a continual state of motion, that there were so many waves upon it [...] that one was unable to perceive them. The artist by making a fixed model of one of these transient waves enables you to isolate it out and to perceive it in yourself« (Hulme 1994, 195).

Hulme schuldete Schopenhauer vielleicht sogar mehr Dank als er zu glauben veranlasst war.

So interessiert an Schopenhauer wie sich die britische Literaturtradition erwies, waren nur wenige Philosophen (zum Einfluss auf die britische Literatur vgl. Bishop 2012, 342; Magee 1997, 403–417). Bertrand Russell klagte Schopenhauer an, unaufrichtig zu sein, aufgrund des offensichtlichen Kontrastes zwischen seinem behaglichen Lebensstil einerseits und seiner philosophischen Empfehlung der Askese andererseits. Er behauptete, dass Schopenhauers System letztlich charakterisiert sei durch ›Inkonsistenz‹ und eine gewisse ›Seichtheit‹ (»inconsistency and a certain shallowness«, Russell 1945, 787). Eine bedeutende Philosophin indes, die Schopenhauer ernst nahm, war Iris Murdoch.

Als produktive Romanschriftstellerin könnte Murdoch einfach zu Schopenhauers Legion von Bewunderern in der britischen Literatur gezählt werden; nichtsdestoweniger ist ihre Interpretation Schopenhauers so subtil und so akkurat wie die eines jeden guten Gelehrten. Sie verwendet ihre Interpretation auch einfallsreich für die Ziele, die sie als Philosophin selbst hat. Sie lobt Schopenhauer dafür, eine der zentralen Forderungen ihrer *Metaphysics as Guide to Morals* (1992) anzukündigen, welche darin besteht, dass Fragen der Moral keine ethischen Antworten erfordern, sondern metaphysische. Schopenhauer zitierend sagt sie: »The ultimate foundation of morality in human nature itself ›cannot again [after Schopenhauer's explanation] be a problem of *ethics*, but rather, like everything that exists *as such*, of *metaphysics*‹« (im Orig. E, 565 (Lü): »[kann] nicht selbst wieder ein Problem der *Ethik* seyn [...], wohl aber, wie alles Bestehende *als solches*, der *Metaphysik*«; Murdoch 1992, 64; Einfügung und Hervorh. durch Murdoch). Ein moralisches Gefühl wie etwa Mitleid, argumentiert Murdoch, ist ein ›grundlegender Aspekt menschlicher Natur‹ und als solcher ist die geeignete Fragestellung dazu nicht, ob wir es zur Schau stellen sollten – vermutlich haben wir, wenn es passiert, keine Wahl –, sondern was, metaphysisch gesprochen, es möglich macht und unter gewissen Umständen notwendig. Dass Schopenhauer dachte, der mitleidende Aspekt der menschlichen Natur bliebe »das große Mysterium der Ethik«, war nicht enttäuschend für Murdoch. Eigentlich war sie glücklich, übereinzustimmen. Im »Vorgang« mitleidenden Verhaltens, so argumentiert Schopenhauer, »sehen [wir] [...] die Scheidewand, welche nach dem Lichte der Natur (wie alte Theologen die Vernunft nennen), Wesen von Wesen durchaus trennt, aufgehoben und das Nicht-Ich gewissermaaßen zum Ich geworden« (E, 565 (Lü)). Aufgelöst ist das Mysterium der Ethik immer nur für jene mit solch seltener intuitiver Einsicht, und so wird moralische Erfahrung nie direkt von außen verstanden. Dem frühen Wittgenstein folgend, der in dieser Hinsicht Schopenhauer ebenfalls Dank schuldet (vgl. *Tractatus* 6.42–6.423), zieht Murdoch den Schluss, dass Mystizismus der moralischen Erfahrung innewohnt, besonders jener religiöser Art (vgl. Murdoch 1992, 70).

Dass Moralität eher ein metaphysischer Umstand menschlicher Wesen ist, denn eine bestimmte Wahl, und dass sie in einem Bewusstseinswandel besteht, der äußerlich mystisch ist, hinterließ unzweifelhaft einen bleibenden Eindruck in Murdochs Denken. Dies heißt jedoch nicht, dass sie Schopenhauer gegenüber unkritisch war. Unzufrieden war Murdoch zum Beispiel damit, dass die ewige und zeitlose Form der Kenntnis, mit welcher die Idee uns in der ästhetischen Erfahrung ausstatten soll, wenig Raum zu geben scheint für bestimmte literarische Künste, die oft eher dem belebten Kontingent folgen werden als der unbewegten Ikone (vgl. ebd., 58–60). Murdoch beobachtet auch eine interessante Spannung bei Schopenhauer in einer Weise, die stark an Oxenfords Einschätzung eingangs erinnert. Sie ist hineingezogen in den Konflikt des Mannes, der so bestärkt und bezirzt von einer Welt scheint, die er trotzdem als monströs und verachtenswert anprangert. Nichts könnte im größerem Kontrast zu Schopenhauers grimmiger Botschaft stehen als sein Stil, den Murdoch brillant zusammenfasst als ›unersättlichen, alles verschlingenden, trüben, gut aufgelegten, oft lässigen Redefluss‹ (»insatiable omnivorous muddled cheerful often casual volubility«, ebd., 80; Übers. D. B.). ›Trotz seiner Metaphysik und seines Mystizismus‹, kommentiert sie, ›kann Schopenhauer im Allgemeinen als ein heiterer Empiriker erscheinen‹ (vgl. ebd., 77; Übers D. B.). Aber Murdoch behandelt den Konflikt zwischen dem Stil und dem Inhalt von Schopenhauers Werk weder als Beweis seiner Unaufrichtigkeit, noch verwirft sie dessen Inhalt zugunsten seines Stils, da sie, anders als Oxenford, sich nicht als Fürsprecherin einer Nation sieht, die konträre Prinzipien unterstützt. Völlig zu Recht darf es bei ihr ein Teil von Schopenhauers Anziehungskraft sein, aufgrund derer er als ein »kindly teacher or fellow seeker« erscheint (ebd., 80).

Britische Gelehrte, wie britische Philosophen, waren für eine lange Zeit relativ zurückhaltend in Bezug auf Schopenhauer – zumindest im Vergleich zum andauernden Interesse an anderen führenden deutschen Philosophen. Für den Großteil des 20. Jahrhunderts hatten an Schopenhauer interessierte Studenten und Gelehrte drei britische Monographien, aus denen sie auswählen konnten: Frederik Coplestons *Arthur Schopenhauer: Philosopher of Pessimism* (1947), Patrick Gardiners *Schopenhauer* (1963) und D. W. Hamlyns *Schopenhauer* (1980). Indessen kreierte in den 1980ern und frühen 1990ern erneuertes Interesse an Schopenhauer unter Gelehrten in den Vereinigten Staaten einen Boom englischsprachiger Forschung zu Schopenhauer. Das britische Gegenstück dieses Interesses beginnt mit der Arbeit Christopher Janaways. Nachdem er *Self and World in Schopenhauer's Philosophy* (1989) veröffentlicht hatte, brachte Janaway eine Anzahl anderer wichtiger Monographien und Sammelbände zu Schopenhauers Philosophie heraus. Der neuste Sammelband *Better Consciousness* (2009), gemeinsam mit Alex Neill herausgegeben, stellt Vorträge zusammen, die auf einer internationalen Konferenz zu Schopenhauers Philosophie des Wertes an der Universität von Southampton 2007 gehalten wurden. Die Philosophie der Werte ist eine bedeutende Richtung, in welche sich die neuste Forschung zu Schopenhauer in Großbritannien bewegt hat. Diese beziehen den Wert ästhetischer Erfahrung gemäß Schopenhauer ein, seine Einschätzungen sexueller Liebe und des Mitleids, die Natur seines philosophischen Pessimismus und sogar seine politische Philosophie, die wohl der am wenigsten wirkungsreiche Aspekt seines Denkens gewesen ist. Während dies geschrieben wird, ist ein gemeinschaftliches – mit Janaway als Hauptherausgeber – Übersetzungsprojekt mit einer Anzahl bereits veröffentlichter Titel nahezu abgeschlossen.

Literatur

Bishop, Paul: Schopenhauer's Impact on European Literature. In: Bart Vandenabeele (Hg.): *A Companion to Schopenhauer*. Oxford 2012, 333–348.

Brennecke, Ernest: *Thomas Hardy's Universe: A Study of a Poet's Mind*. London 1924.

Brunsdale, Mitzi M.: The Effect of Mrs. Rudolf Dircks' Translation of Schopenhauer's ›The Metaphysics of Love‹ on D. H. Lawrence's Early Fiction. In: *Rocky Mountain Review of Language and Literature* 32/2 (1978), 120–129.

Cartwright, David: *Schopenhauer: A Biography*. Cambridge 2010.

Copleston, Frederick S. J.: *Arthur Schopenhauer: Philosopher of Pessimism*. London 1947.

Diffey, T. J.: Metaphysics and Aesthetics: a case study of Schopenhauer and Thomas Hardy. In: Dale Jacquette (Hg.): *Schopenhauer, Philosophy, and the Arts*. Cambridge 1996, 249–277.

Gardiner, Patrick: *Schopenhauer*. London 1963.

Hamlyn, D. W.: *Schopenhauer*. London 1980.

Hardy, Thomas: *The Collected Letters of Thomas Hardy*. Bd. III: *1902–1908*. Hg. von Richard Little Purdy und Michael Millgate. Oxford 1982.

Hardy, Thomas: *The Collected Letters of Thomas Hardy*. Bd. IV: *1909–1913*. Hg. von Richard Little Purdy und Michael Millgate. Oxford 1984.

Hulme, T. E.: *The Collected Writings of T. E. Hulme*. Hg. von Karen Csengeri. Oxford 1994.

Janaway, Christopher: *Self and World in Schopenhauer's Philosophy*. Oxford 1989.

Janaway, Christopher/Neill, Alex (Hg.): *Better Consciousness: Schopenhauer's Philosophy of Value*. Oxford 2009.

Jones, Peter (Hg.): *Imagist Poetry*. London 2001.

Kelly, Mary Ann: Schopenhauer's Influence on Hardy's ›Jude the Obscure‹. In: Eric von der Luft (Hg.): *Schopenhauer: New Essays in Honor of his 200th Birthday*. New York 1988, 232–248.

Magee, Bryan: *The Philosophy of Schopenhauer*. Oxford 1997.

Murdoch, Iris: *Metaphysics as a Guide to Morals*. London 1992.

Oxenford, John: Iconoclasm in German Philosophy. In: *The Westminster Review* 59/116 (1853), 388–407.

Rae, Patricia M.: T. E. Hulme's French Sources: A Reconsideration. In: *Comparative Literature* 41/1 (1989), 69–99.

Russell, Bertrand: *A History of Western Philosophy*. London 1945.

Young, Julian: *The Standpoint of Eternity: Schopenhauer on Art*. In: *Kant-Studien* 78 (1987), 73–105.
Young, Julian: *Schopenhauer*. London 2005.
Zimmern, Helen: *Arthur Schopenhauer: His Life and His Philosophy*. London 1876.

Britische Übersetzungen der Werke Schopenhauers

Essays and Aphorisms. Übers. von R. J. Holingdale. Hardmondsworth 1970.
Manuscript Remains. 4 Bde. Übers. von E. F. J. Payne. Oxford 1988.
On the Basis of Morality. Hg. von David Cartwright, übers. von E. F. J. Payne. Oxford 1995.
On the Fourfold Root of the Principle of Sufficient Reason and On the Will in Nature. Übers. von Mme Karl Hillebrand. London 1891.
On the Fourfold Root of the Principle of Sufficient Reason, On Vision and Colours, and On the Will in Nature. Hg. und übers. von David E. Cartwright, Edward E. Erdmann und Christopher Janaway. Cambridge 2012.
On the Will in Nature. Hg. von David Cartwright, übers. von E. F. J. Payne. New York 1992.
On Vision and Colours. Hg. von David Cartwright, übers. von E. F. J. Payne. New York 1994.
Parerga and Paralipomena. 2 Bde. Übers. von E. F. J. Payne. Oxford 1974.
Parerga and Paralipomena. Bd. 1. Hg. und übers. von Sabine Roeher und Christopher Janaway. Cambridge 2014.
Parerga and Paralipomena. Bd. 2. Hg. und übers. von Adrian del Caro und Christopher Janaway. Cambridge 2015.
Prize Essay on the Freedom of the Will. Hg. von Günter Zöller, übers. von E. F. J. Payne. Cambridge 1999.
Schopenhauer's Early Fourfold Root: Translation and Commentary. Übers. von F. C. White. Aldershot 1997.
The Two Fundamental Problems of Ethics. Hg. und übers. von Christopher Janaway. Cambridge 2009.
The Two Fundamental Problems of Ethics. Übers. von David E. Cartwrigh und Edward E. Erdmann. Oxford 2010.
The World as Will and Idea. 3 Bde. Übers. von R. B. Haldane und J. Kemp. London 1883 ff.
The World as Will and Idea. Abridged in one volume. Hg. von Jill Berman, übers. von David Berman. London 1995.
The World as Will and Representation. 2 Bde. Übers. von E. F. J. Payne. New York 1958.
The World as Will and Representation. Bd. 1. Hg. und übers. von Judith Norman, Alistair Welch und Christopher Janaway. Cambridge 2010.

David Woods
(aus dem Englischen übersetzt von Daniel Burlage)

51 Frankreich

Schopenhauer findet sich heutzutage (2017) in Frankreich in der paradoxen Situation, in den verschiedensten Kreisen von Lesern zwar einer der bekanntesten Philosophen, vielleicht sogar der Philosoph schlechthin zu sein, obgleich ihm sehr wenige Fachstudien gewidmet sind und keine Gesamtausgabe seiner Werke vorliegt; seine Korrespondenz wurde erst 1996 übersetzt und eine Veröffentlichung seines Nachlasses ist nicht in Sicht. Man muss, wie so häufig, diese Tatsache nicht über zufällige und neue, sondern über tiefe, alte und beständige, wenn auch veränderliche, Gründe zu verstehen suchen. Diese Gründe hängen nicht nur an der gegenseitigen Feindschaft, die zwischen Schopenhauer und der Universitätsphilosophie (s. Kap. 9.3) überhaupt besteht (obwohl diese ihre Wichtigkeit besitzt), sondern auch an den Verhältnissen, die sich zwischen der akademischen Rezeption einerseits und literarischen, künstlerischen, wissenschaftlichen, sogar politischen Rezeptionen andererseits, besonders im Frankreich des 19. und 20. Jahrhunderts, entwickelten. Wohl auch muss dieses Phänomen wieder in die breitere Geschichte der französischen Rezeption der deutschen Philosophie, mit ihrer politischbegründeten Abwechslung von ›Germanophilie‹ und ›Germanophobie‹ – und um welche Germanophilie, um welche Germanophobie geht es jeweils? –, und letztendlich (wie es nur bei großen Philosophien der Fall ist) in die allgemeine französische Geistesgeschichte der beiden letzten Jahrhunderte, mit ihren Besonderheiten, aber auch mit ihren Vorurteilen, gestellt werden. Somit braucht es nicht zu überraschen, wenn sich in der Rezeptionsgeschichte eines solchen a-politischen oder sogar anti-politischen Philosophen die Hauptlinien und die Hauptbrüche der historisch und geistesgeschichtlich bestimmten deutsch-französischen Geschichte wiederfinden.

Die wirkliche Schopenhauer-Rezeption in Frankreich begann gegen 1870, obwohl es ein (gewöhnlicher) Fehler wäre, zu glauben, dass es überhaupt keine französische Lektüre seiner Werke davor gegeben hätte. Die allerersten Erwähnungen Schopenhauers in einer in Frankreich veröffentlichten Abhandlung finden sich wahrscheinlich in der von Victor Cousin selbst übersetzten *Geschichte der Philosophie* Tennemanns, die 23 Jahre vor der berühmten *Westminster Review*-Rezension in Paris in zwei Bänden erschien (Tennemann 1829, Bd. 2, 244, 348; in beiden Fällen wird Schopenhauer – sehr kurz – als ein kritischer Fortsetzer der Philosophie Kants beschrieben). Aber die erste Schopenhauer von einem französischen Schriftsteller gewidmete Arbeit war eine Rezension der Frauenstädtschen *Briefe über die Schopenhauer'sche Philosophie*, die erst 1854 in der wichtigen Zeitschrift *L'Athenaeum français* vom Legitimisten Raymond Bordeaux geschrieben wurde. Nach dieser sehr kritischen Arbeit war Schopenhauer, dieser »ganz unbekannte[.] Philosoph«, freilich kein Kantianer, aber nur, weil er ein unversöhnlicher Feind der Vernunft sei. 1856 wurden vom vorigen Republikaner, zu dieser Zeit Konservativen, Alexandre Weill, der mit Nerval befreundet war, ein in »Philosophie der Magie« umbenannter Abschnitt der *Parerga und Paralipomena* und die »Preisschrift über die Grundlage der Moral« übersetzt. Und als letzten Schritt dieser Vorgeschichte der Schopenhauer-Rezeption in Frankreich muss man auf die im Januar 1859 in der *Revue germanique* veröffentlichte Übersetzung eines anderen Abschnitts der *Parerga*, und zwar »Über Schriftsteller und Stil«, hinweisen, deren anonymer Autor wahrscheinlich Auguste Maillard ist, der zukünftige Übersetzer der »Metaphysik der Geschlechtsliebe« und der »Metaphysik des Todes«.

Wenn jedoch die erste Phase der echten französischen Schopenhauer-Rezeption erst um 1870 beginnt, dann muss man die Gründe dafür untersuchen. Geht es um eine Nachwirkung der Niederlage Frankreichs gegen Preußen, in dem Sinne, dass der große Philosoph des siegreichen Landes zur Quelle der Inspiration geworden wäre? Aber das Denken Fichtes, Schellings und Hegels hatte die französische Philosophie seit langem, durch die sehr aktive Vermittlung von Victor Cousin, tief durchdrungen. Die Frage lautet also: Warum, d. h. aus welchen zu dieser Zeit und für dieses Land spezifischen Gründen, wendet sich ein schon von der deutschen Philosophie beeinflusstes Frankreich Schopenhauer und keinem anderen Philosophen zu? Es bleibt unbestreitbar, dass die Niederlage eine Rolle gespielt hat, indem sie zu der Stimmung eines sehr ›Schopenhauerschen‹ Misstrauens gegenüber den Mächten der Geschichte und sogar zu einem sogenannten ›Pessimismus‹ bei den Intellektuellen Frankreichs beitrug; aber es ist notwendig, hier zwischen der Motivation der Philosophen einerseits und der der Schriftsteller und Künstler andererseits zu unterscheiden (zur Schopenhauer-Rezeption in der französischen Literatur s. auch Kap. 45).

Zunächst stellt sich zu dieser Zeit die Frage der Übersetzungen. Im Gegensatz zu weit verbreiteten Meinungen wurde die erste Übersetzung von *Die Welt als Wille und Vorstellung* nicht 1888, sondern 1886 von Jean-Alexandre Cantacuzène angefertigt (sie erschien allerdings bei dem deutschen Verlag Brockhaus). Zwei Jahre später erschien die berühmte, fast bis heute benutzte Burdeau-Übersetzung, die in der Tat nicht von diesem allein, sondern von einer unter seiner Leitung arbeitenden Gruppe (Dubuc, Blerzy und Alekan, die drei junge ›Normalianer‹ – d. h. ehemalige Schüler der École normale supérieure in Paris, wie Sartre, Merleau-Ponty, Foucault, usw. – waren) durchgeführt wurde. Es lohnt sich, ein Wort über Auguste Burdeau selbst zu verlieren, der sowohl politisch als auch akademisch aktiv war: Dieser Republikaner war zweimal Minister, einmal Präsident der *chambre des députés*, aber vor allem ein einflussreicher Philosophie-Lehrer, zu dessen Schülern u. a. die drei (nationalistischen) Schriftsteller Paul Claudel, Léon Daudet und Maurice Barrès (der Burdeau als »Bouteiller« im Roman *Les déracinés* vorstellte) gehörten. Die Politiker, die nach Frankfurt reisten, um Schopenhauer zu besuchen, waren alle – abgesehen von dem älteren Alexandre Weill – Republikaner: Frédéric Morin (1857), Louis-Alexandre Foucher de Careil, der Herausgeber von Leibniz (1859), und Paul-Armand Challemel-Lacour (1859).

Schon im Jahr 1874 hatte Théodule Ribot, der Philosoph und Psychologe – Begründer der experimentellen Psychologie in Frankreich – eine einführende, aber doch umfassende, strenge und noch heute treffende Studie vorgelegt, die den nüchternen, aber eindeutigen Titel *La philosophie de Schopenhauer* trägt. Schopenhauer wird hauptsächlich als Psychologe dargestellt, der den Begriff »Kraft« in die moderne Philosophie eingeführt habe – als einen Begriff, der ein *tertium quid* zwischen dem Physischen und dem Psychischen bilden könne (im ersten Band der von ihm gegründeten Zeitschrift *Revue philosophique de la France et de l'étranger* veröffentlichte Ribot einen von Eduard von Hartmann geschriebenen Beitrag, der die Deutung Schopenhauers durch seinen Schüler Frauenstädt in den Blick nahm, vgl. Hartmann 1876). Diese Interpretation war besonders folgenreich, da sie eine ganze Generation dazu führte, Schopenhauer als einen Ansprechpartner auf dem Gebiet der wissenschaftlichen Psychologie – und manchmal nur als solchen – zu betrachten.

Das bemerkenswerteste Beispiel bietet der »eklektische«, d. h. von Cousin beeinflusste Philosoph Paul Janet, der 1880 einen Vergleich zwischen Schopenhauer und zwei von Schopenhauer stark beachteten französischen Wissenschaftlern, Cabanis und Bichat (s. Kap. 23), in der *Revue des deux mondes* veröffentlicht hat (indem er diese hermeneutische Entscheidung traf, bestritt Paul Janet die Deutung seines Lehrers, die darauf hinauslief, aus Schopenhauer einen Pantheisten zu machen; eine Deutung, die ein Hindernis für eine laizistische Rezeption des Philosophen war). Aber selbst der Neffe von Paul Janet, Pierre Janet, der ein Schüler Ribots war und der, wie dieser, den Lehrstuhl für experimentelle Psychologie am Collège de France inne hatte, erkannte im ersten Band seines einflussreichen Buchs *Les obsessions et la psychasthénie* (1903) an, dass sich die Urquelle seines eigenen zentralen Begriffs der »psychologischen Spannung« bei Schopenhauer finden würde (vgl. Janet 1903, 488).

Aber vom Psychologen im Sinne der experimentellen Psychologie bis zum Psychologen als Menschenkenner und Moralist, ist es nur ein kleiner Schritt, und die damaligen französischen Leser Schopenhauers zögern nicht, ihn zu machen. Zum Beispiel schreibt Henri Bergson in seiner mitten in der Kriegsperiode veröffentlichten Broschüre *La philosophie française*, dass »Schopenhauer (der übrigens von der französischen Philosophie des 18. Jahrhunderts ganz durchdrungen war) vielleicht der einzige deutsche Metaphysiker sei, der auch ein Psychologe war« (Bergson 2011, 476; Übers. A. F.). Zu dieser allgemeinen Tendenz der französischen Deutung trug in einem nicht zu vernachlässigenden Maß die Verbreitung der *Parerga und Paralipomena* in Europa bei, so in der Form von acht einzelnen von Auguste Dietrich übersetzten Abhandlungen (1905–1912), die somit zu den schon von Cantacuzène übersetzten »Aphorismen zur Lebensweisheit« hinzukamen (1880).

Ein spezifisch französisches und für die französische Rezeption repräsentatives Phänomen muss hier jedoch erwähnt werden, nämlich die von Jean Bourdeau veröffentlichte Sammlung verschiedener Aussagen Schopenhauers unter dem Titel *Pensées et fragments* (1880). Es ist kaum vorstellbar, welchen Grad der Verbreitung dieses kleine Buch, dank dessen Schopenhauer den Status einer eigentlichen Berühmtheit in Frankreich erreichte, in dieser Zeit in den verschiedensten Kreisen erreichte. Jean Bourdeau, diese mondäne Figur, die die Tochter des christlichen Philosophen und Mitglieds der Académie française Elme-Marie Caro geheiratet hatte, war selbst ein sozialer und politischer Denker, der mehrere Bücher über die Frage des Sozialismus schrieb und großen Einfluss auf die naturalistischen und symbolistischen Strömungen hatte. Aus dieser Zeit stammt das – nur zum Teil richtige – Bild eines ›pessimistischen‹ Schopenhauers und die sogar noch pittoreskere Vorstellung eines ›frauenfeindlichen‹ Schopenhauers, die zum Beispiel die literarische Entwicklung Jules Laforgues, der den Philosophen zweimal in Frankfurt besuchte, bestimmte.

Der stärkste Einfluss auf Schriftsteller und Künstler lässt sich genau zwischen 1880 und dem Ersten Weltkrieg ausmachen. Einer der Hauptwege der Einführung Schopenhauers in Frankreich war wahrscheinlich die Musik Wagners, die Baudelaire sehr früh (1861) verteidigt hatte. Mindestens vier literarische Werke beziehen sich ausdrücklich auf Schopenhauer, und zwar *Une belle journée* von Henry Céard (1881) – eines der Mitglieder des von Émile Zola geleiteten Kreises der *soirées de Médan*, an dem auch Guy de Maupassant (der 1883 die makabre und witzige Novelle *Auprès d'un mort* Schopenhauer widmete), Joris-Karl Huysmans, Paul Alexis und Léon Hennique teilnahmen –, *À vau l'eau* von Huysmans (1882), dessen letzter Satz eine Anerkennung der Richtigkeit der pessimistischen Ansichten Schopenhauers enthält, hauptsächlich *À rebours*, nochmals von Huysmans, und *La joie de vivre* von Zola, die beide 1884 erschienen. Während Huysmans die dekadente doppelte Ablehnung der Natur und der Geschichte darstellt, betont Zola (der sehr aufmerksam Ribot und Bourdeau gelesen hatte) in seinem ironisch betitelten Roman die zwei Schopenhauerschen Thesen der Unvermeidbarkeit des Leidens einerseits und der Allgemeinheit des Mitleids andererseits. Der Erfolg Schopenhauers bei den französischen Schriftstellern (unter die man auch Remy de Gourmont und Paul Bourget zählen könnte) hängt nicht nur mit dem Inhalt seiner Lehre, sondern auch mit in Schopenhauers Augen tatsächlich wichtigen stilistischen Gründen zusammen. Schopenhauer schrieb gut, eine seltene Eigenschaft für einen Philosophen, und die französischen Schriftsteller waren sich dessen bewusst. Aber ein guter Stilist zu sein, ist in Frankreich für einen Philosoph ein zweischneidiger Vorzug (man denke z. B. an Sartre): Die französischen Philosophen sind eher einen technischen und schwierigen Stil (daher die weniger problematische Rezeption von Kant, Hegel oder Heidegger) als einen klaren und bilderreichen gewohnt.

Dennoch begann, freilich nicht gleichzeitig, sondern einige Jahren nach der literarischen Rezeption, eine eigentlich akademisch-philosophische Rezeption Schopenhauers in Frankreich. Die Philosophie Schopenhauers wurde in der Tat zu Beginn des 20. Jahrhunderts zum Thema mehrerer ernster und wichtiger Studien (z. B. das Buch von Bossert (1904), das noch heute nützliche Werk von Ruyssen (1911), das von Fauconnet (1913), später das von Méditch (1923) und das schon rückblickende von Baillot (1927), zu denen man hinzufügen muss: Lévêque (1874), Ducros (1883), Brunetière (1886) sowie die von François Pillon (1877) und Charles Renouvier (1880; 1882a; 1882b; 1893) in deren eigenen Zeitschriften *La critique philosophique* und *L'année philosophique* veröffentlichten Artikel). Diese – übrigens auf den Ergebnissen der vorigen, psychologisch-orientierten Generation beruhenden – Studien sind durch die auch bei dem damals wichtigsten französischen Philosoph Bergson, mit dem Schopenhauer oft verglichen wird (s. Kap. 33), zu findende allgemeine Idee bestimmt, Schopenhauer sei ein Denker des Willens bzw. des Lebens als kosmologischer Kraft, eine Lehre, die mit einer pragmatistischen Auffassung des Intellekts und einer pessimistischen Moral des Mitleids verbunden sei (vgl. Bergson 2007, 361 f.).

Es ist schwer, das Ende dieser ersten Phase genau zu datieren, aber man kann jedenfalls behaupten, dass sich das Interesse des französischen Publikums für Schopenhauer allmählich nach dem Ersten Weltkrieg verringert. Es ist übrigens ein allgemeines Phänomen, das alle deutschen Philosophen betrifft und dessen politische Gründe ziemlich leicht zu bestimmen sind. Die Nachwirkungen der ungeheuren Arbeit, die seit 1880 die ersten Entdecker der Werke Schopenhauers vollzogen haben, lassen sich immerhin wahrnehmen, nicht nur in den schon erwähnten philosophischen Abhandlungen, sondern auch und vor allem bei solchen wichtigen Schriftstellern wie Marcel Proust, der aufmerksam Paul Janet und Ribot gelesen hatte und dessen Begriff des ›tiefen Ichs‹ von der Schopenhauerschen Lehre des ›individuellen intelligiblen Charakters‹ weitgehend abhängt.

Nach dem Zweiten Weltkrieg ist die deutsche Philosophie in Frankreich erneut in Mode, aber diese Rückkehr bezieht sich auf Denker des Bewusstseins und/oder der Geschichte (Hegel, Husserl, Heidegger) – man denke an die sogenannte ›existentialistische‹ Bewegung, an die manchmal zitierte Frankfurter Schule und auch an den Einfluss der schwer mit Schopenhauer zu versöhnenden marxistischen Philosophie –, nicht auf Philosophen, die als Denker des Lebens und der Natur betrachtet werden.

Man kann aber in der Schopenhauer-Rezeption in Frankreich ein »leichtes Erwachen seit der 1960 Dekade« (Droit 1989, 14) ausmachen, das hauptsächlich im akademischen Raum beheimatet ist, aber dessen Ausmaß nicht sehr groß ist. Diese Periode ist von drei Hauptinterpreten geprägt: Clément Rosset, Alexis Philonenko und Michel Henry. Es ist bemerkenswert, das zwei dieser drei Autoren gleichzeitig ein eigenes philosophisches Werk ausgebaut haben. Außerdem wird Schopenhauer von diesen Interpreten oft als Alternative zu den damals dominierenden philosophischen Strömungen, hauptsächlich zum Strukturalismus und zum Marxismus, angesehen.

Der gemeinsame Ausgangspunkt dieser drei Exegeten besteht darin, dass sie genau zu bestimmen versuchen, was Schopenhauer am Anfang von *Die Welt als Wille und Vorstellung* unter seinem ›einzigen Gedanken‹ (s. Kap. 6.2) verstehe. Nach Clément Rosset ist es das »Absurde« (2001), nach Philonenko die Tragödie (1980), nach Michel Henry die Affektivität (2003, Kap. 5).

Im Gegensatz zu den gewöhnlichen, ›pessimistischen‹ Interpretationen Schopenhauers, zielt Rosset darauf, einen neuen Begriff der Sinnlosigkeit aus den Werken des Philosophen zu ziehen, welcher in der Lage wäre, mit dem existentialistischen, z. B. Camusschen Begriff der Sinnlosigkeit zu konkurrieren. Nach Rosset ist die Schopenhauersche Welt nicht wegen ihrer Zwecklosigkeit absurd, sondern wegen ihrer Überfülle von Zwecken. Eine weltumspannende Anwesenheit von Zwecken lasse die Vermutung aufkommen, dass die Welt als Ganze ein Ziel habe, aber das Ziel aller Zwecke gebe es nicht. Diese Philosophie der Sinnlosigkeit, die ihren tiefsten Ursprung in einer Intuition der Wiederholung finden dürfte, ist, so Rosset, durch eine Untersuchung nach den Ursachen unseres Sinnbedürfnisses begleitet, die als ›Genealogie‹, im Sinne der 1968 in Frankreich bedeutsamen Nietzscheschen, Marxschen und Freudschen Fragestellung, hervortrete. Rosset legt auch großen Wert auf die Philosophie der Kunst Schopenhauers, insbesondere auf die Philosophie der Musik, in der er die Schopenhauersche Annahme eines noch ursprünglicheren Prinzips als den Willen wahrnehmen zu können glaubt.

Alexis Philonenko, einer der tiefsinnigsten und fruchtbarsten französischen Philosophiehistoriker in der zweiten Hälfte des 20. Jahrhunderts, schreibt sich in eine klassischere Überlieferung ein, indem er das Thema der Tragödie, also des Leidens, bei Schopenhauer unterstreicht: Das Schopenhauersche ›Tragische‹ bezeichne, im Gegensatz zum Hegelschen, einen grundsätzlich unlösbaren Konflikt, der sich nur auf andere Stufen einer ›Spirale‹ (deren Struktur das Hauptwerk Schopenhauers, so Philonenko, widerspiegelt) transponieren könne – bis zur endgültigen Verneinung des Willens.

Michel Henry, der auf das Heideggersche bzw. Bergsonsche Projekt einer philosophischen Geschichte der Philosophie niemals verzichtet hat, versteht die Philosophie Schopenhauers nach einer langen, unmittelbar nach Descartes einsetzenden Phase des »verlorenen Lebens« (damit spielt Henry auf die Proustschen Ausdrücke an) als ein Moment des »wiedergefundenen Lebens«. Diese Aussage bedeutet nicht nur, im Sinne Michel Henrys, dass Schopenhauer das Leben als Prinzip aller Wirklichkeit betrachtet habe, sondern hauptsächlich, dass er das Leben (erneut) als »Selbstaffektion« verstanden habe, wenn er den Leib, im Rahmen einer allgemeineren Theorie der Affektivität, als »identisch mit dem Willen« bezeichnet. D. h., der Wille bzw. das Leben sei nicht »was vorgestellt wird« und »was Vorstellung besitzt«, sondern die als vom erscheinenden Willen ganz und gar untrennbar gedachte »Vorgestelltheit« selbst. Es gelang dem über seine eigene Entdeckung, so Henry, hinausgegangenen Philosophen nicht, diese absolute Untrennbarkeit kontinuierlich aufrechtzuerhalten, weshalb er sich in zahlreichen Texten derart geäußert habe, als ob man den Willen, sozusagen, wahrnehmen könne, oder als ob der Wille die Wirklichkeit sehen oder nicht sehen könne. Es handelt sich freilich um eine stark »teleologische« Interpretation; aber mit ihr gewinnt Henry die Mittel, Schopenhauer als einen Wegbereiter der Freudschen Theorie der »Verdrängung« in überzeugenden Analysen darzustellen (vgl. Henry 2003, Kap. 6: »La vie et ses propriétés: le refoulement«).

Allmählich kam es nach dem Zweiten Weltkrieg wieder zu einer Wirkung der Philosophie Schopenhauers auf die französische Literatur: Camus und Beckett ließen sich von der Schopenhauerschen Anschauung einer absurden Welt anregen und in den 90er Jahren erkannte der erfolgreiche Schriftsteller Michel Houellebecq einen starken Einfluss Schopenhauers auf seine pessimistischen und pansexualistischen Betrachtungen an (vgl. Houellebecq 2005).

Aus all diesen historischen und theoretischen Zusammenhängen ergibt sich die am Anfang dieses Beitrags beschriebene heutige Situation, die sich nun genauer verstehen und charakterisieren lässt: In der französischen akademischen Welt hauptsächlich als Nachfolger Kants oder Vorgänger Nietzsches bzw. Freuds angesehen, wird Schopenhauer allzu selten als eigenständiger Denker studiert, d. h. mit den notwendigen wissenschaftlichen Methoden, die der Originalität seiner Lehre Rechnung tragen könnten. Diese Originalität ist bei einem breiteren Publikum anerkannt, wird aber im Zuge ihrer Berühmtheit allzu oft auf einige Schlagwörter wie den sogenannten ›Pessimismus‹, die Feindseligkeit gegen Hegel, gegen die Universität usw. reduziert. Somit kann die gegenwärtige Tendenz der französischen Schopenhauer-Studien als ein Versuch angesehen werden, eben diese Hindernisse aus dem Weg zu räumen. Zum einen erschien 2009 eine neue Übersetzung von *Die Wille als Wille und Vorstellung*, die zum ersten Mal versucht, den heutigen philologischen Anforderungen zu entsprechen: Sie macht eine Unterscheidung zwischen den drei Auflagen des Textes, liefert Endnoten, Personen- und Sachregister und vergleicht die verschiedenen deutschen kritischen Ausgaben. Gleichzeitig wurde eine Neuübersetzung, oder genauer: eine Neuauflage einer Neuübersetzung von *Die beiden Grundprobleme der Ethik* nach denselben Maßstäben veröffentlicht.

Was die *Parerga und Paralipomena* betrifft, so ist die Situation ein wenig anders. Als Zeichen der ›populären‹ Rezeption Schopenhauers in Frankreich wurden vor kurzem (wie es bislang der Fall gewesen ist) kürzere Abschnitte unter werbewirksamen Titeln wie *Essai sur les femmes, Insultes* usw. verbreitet. Zwar erschien 2005 eine vollständige Ausgabe des Buches in einem Band, aber sie beschränkt sich meistens darauf, die alte Dietrich-Übersetzung wiederzugeben.

Zum anderen zielen die seit 2000 in Frankreich Schopenhauer gewidmeten Studien und Tagungen auf dreierlei ab: erstens, seine Lehre streng von denen Nietzsches (vgl. François 2008), Kants (vgl. Stanek 2010) und Freuds (vgl. Banvoy/Bouriau/Andrieu 2011) abzugrenzen, zweitens neue Themen zu beleuchten (vgl. Bonnet/Salem 2005; Félix 2008; Kapani 2011; Bouriau 2013; Batini 2016) und drittens, ein Netzwerk für die französische Schopenhauer-Forschung zu konstituieren und eng mit den internationalen Schopenhauer-Netzwerken zu verbinden (vgl. auch die 2004 übersetzten Texte Sandro Barberas). Die ersten Ergebnisse dieser neuen Annäherung an die Werke Schopenhauers in Frankreich sowie auch die einer Auseinandersetzung mit den vorigen Interpretationen, namentlich Michel Henrys, wurden in einem von Christian Sommer herausgegebenen Sonderband der *Études philosophiques* unter dem Titel *Schopenhauer. Nouvelles lectures* veröffentlicht (vgl. Sommer 2012).

Literatur

Baillot, Alexandre: *Influence de la philosophie de Schopenhauer en France (1860–1900)*. Paris 1927.
Banvoy, Jean-Charles/Bouriau, Christophe/Andrieu, Bernard (Hg.): *Schopenhauer et l'inconscient*. Nancy 2011.
Barbera, Sandro: *Schopenhauer. Une philosophie du conflit*. Paris 2004.
Batini, Ugo: *Schopenhauer. Une philosophie de la désillusion*. Paris 2016.
Bergson, Henri: *L'évolution créatrice* [1907]. Paris 2007.
Bergson, Henri: La philosophie française. In: Ders.: *Écrits philosophiques*. Hg. von Frédéric Worms. Paris 2011, 452–478.
Bonnet, Christian/Salem, Jean (Hg.): *La raison dévoilée. Études schopenhaueriennes*. Paris 2005.
Bordeaux, Raymond: Rezension der *Briefe über die Schopenhauer'sche Philosophie* von Frauenstädt. In: *L'Athenaeum français* 3/22 (3. Juni 1854), 505.
Bossert, Adolphe: *Schopenhauer. L'homme et le philosophe*. Paris 1904.
Bouriau, Christophe: *Schopenhauer*. Paris 2013.
Brunetière, Ferdinand: La philosophie de Schopenhauer. In: *Revue des deux mondes* 3/77 (1. Oktober 1886), 694–706.
Colin, René-Pierre: *Schopenhauer en France*. Lyon 1985.
Droit, Roger-Pol: Avant-propos. La fin d'une éclipse? In: Ders. (Hg.): *Présences de Schopenhauer*. Paris 1989, 7–23.
Ducros, Louis: *Schopenhauer, les origines de sa métaphysique, ou Les transformations de la chose en soi, de Kant à Schopenhauer*. Paris 1883.
Fauconnet, André: *L'esthétique de Schopenhauer*. Paris 1913.
Félix, François: *Schopenhauer ou les passions du sujet*. Paris 2008.
Franck, Didier: *Nietzsche et l'ombre de Dieu*. Paris 1998, Kap. 1 und 2.
François, Arnaud: *Bergson, Schopenhauer, Nietzsche*. Paris 2008.
Hartmann, Eduard von: Schopenhauer et son disciple Frauenstaedt. In: *Revue philosophique de la France et de l'étranger* 1/6 (1876), 529–561.
Henry, Anne: Proust lecteur de Schopenhauer: le nihilisme dépassé. In: Roger-Pol Droit (Hg.): *Présences de Schopenhauer*. Paris 1989, 163–178.
Henry, Anne: *Schopenhauer et la création littéraire en Europe*. Paris 1989.
Henry, Michel: *Généalogie de la psychanalyse* [1985]. Paris ²2003.
Henry, Michel: Schopenhauer: une philosophie première (1988) und La question du refoulement chez Schopenhauer (1991). In: *Phénoménologie de la vie*. Bd. 2: *De la subjectivité*. Paris 2003a, 109–146.
Houellebecq, Michel: Tout ce que la science permet sera réalisé. In: *Le Monde* (20.8.2005), http://www.lemonde.fr/culture/article/2005/08/20/michel-houellebecq-tout-ce-que-la-science-permet-sera-realise_681484_3246.html (31.5.2017).
Janet, Paul: Schopenhauer et la physiologie française. Cabanis et Bichat. In: *Revue des deux mondes* 3/39 (1880), 35–59.
Janet, Paul: *Les obsessions et la psychasthénie*. Bd. 1. Paris 1903.
Kapani, Lakshmi: *Schopenhauer et la pensée indienne*. Paris 2011.
Lefranc, Jean (Hg.): *Les cahiers de l'Herne: Schopenhauer*. Paris 1997.
Lévêque, Charles: L'esthétique de Schopenhauer. In: *Journal des savants* (1. Dezember 1874), 782–796.
Méditch, Philippe: *La théorie de l'intelligence chez Schopenhauer*. Paris 1923.
Pernin, Marie-José: *Schopenhauer. Le déchiffrement de l'énigme du monde*. Paris 1992.

Philonenko, Alexis: *Schopenhauer. Une philosophie de la tragédie*. Paris 1980.
Pillon, François: La doctrine de Schopenhauer sur le libre arbitre. In: *La critique philosophique* 39 (25. Oktober 1877).
Renouvier, Charles: Kant et Schopenhauer. In: *La critique philosophique* (1880).
Renouvier, Charles: La logique du système de Schopenhauer. In: *La critique philosophique* 34 (23. September 1882a).
Renouvier, Charles: La métaphysique de Schopenhauer: idéalisme, matérialisme, monisme. In: *La critique philosophique* 38 (21. Oktober 1882b).
Renouvier, Charles: Schopenhauer et la métaphysique du pessimisme. In: *L'année philosophique* 2 (1893).
Ribot, Théodule: *La philosophie de Schopenhauer*. Paris 1874.
Rosset, Clément: *Schopenhauer, philosophe de l'absurde* [1967], *Schopenhauer* [1968], *L'esthétique de Schopenhauer* [1969]. In: Ders.: *Écrits sur Schopenhauer*. Paris ²2001.
Ruyssen, Théodore: *Schopenhauer*. Paris 1911.
Salem, Jean: Maupassant et Schopenhauer. In: Bonnet/Ders. 2005, 175–192.
Sans, Édouard: *Schopenhauer*. Paris 1993.
Sommer, Christian: *Schopenhauer. Nouvelles lectures*. Paris 2012 (= *Les Études philosophiques* 10/3 [2012]).
Stanek, Vincent: *La métaphysique de Schopenhauer*. Paris 2010.
Tennemann, Wilhelm Gottlieb: *Manuel de l'histoire de la philosophie*. Paris 1829.

Französische Übersetzungen der Werke Schopenhauers
Aphorismes sur la sagesse dans la vie. Übers. von Jean-Alexandre Cantacuzène. Paris 1880.
Base fondamentale de la morale. Übers. von Alexandre Weill. In: *Revue française* 104 (10 décembre 1857).
Correspondance complète. Übers. von Christian Jaedicke. Paris 1996.
Les deux problèmes fondamentaux de l'éthique. Übers. von Christian Sommer. Paris 2009.
Parerga et Paralipomena:
von Auguste Dietrich übersetzte Abschnitte: *Écrivains et style* (1905), *Éthique, droit et politique* (1909), *Essai sur les apparitions et opuscules divers* (1912), *Fragments sur l'histoire de la philosophie. Fragments sur l'histoire de la littérature sanscrite. Quelques considérations archéologiques. Quelques considérations mythologiques* (1912), *Métaphysique et esthétique* (1909), *Philosophie et philosophes* (1907), *Sur la religion* (1906), *Philosophie et science de la nature. Sur la philosophie et sa méthode. Logique et dialectique. Sur la théorie des couleurs. De la physionomie* (1911). Paris.
Gesamtübersetzung von Jean-Pierre Jackson. Paris 2005.
Le monde comme volonté et comme représentation. Übers. von Jean-Alexandre Cantacuzène. Leipzig 1886; von Auguste Burdeau u. a. Paris 1888; von Christian Sommer/Vincent Stanek/Marianne Dautrey. Paris 2009.
Philosophie de la magie. Übers. von Alexandre Weill. In: *Revue française* 69 (20. Dezember 1856).
Du style et des écrivains. Übers. von Anonym (Auguste Maillard?). In: *Revue germanique* (Januar 1859).
Métaphysique de l'amour. Übers. von Auguste Maillard: In: *Revue germanique* (31. Januar 1861).
Métaphysique de la mort. Übers. von Auguste Maillard. In: *Revue germanique* (April und Juni 1861).
De la quadruple racine du principe de raison suffisante (1813–1847). Übers. von François-Xavier Chenet (in Zusammenarbeit mit Michel Piclin). Paris 1991.

Arnaud François

52 Indien

Seit der ersten Hälfte des 19. Jahrhunderts, mit der Einführung des Englischen als Sprache des höheren Bildungswesens (1835) und der Errichtung englischsprachiger Universitäten (1845) in Indien, besitzt die abendländische Philosophie einen festen Platz im indischen Geistesleben. Zunächst wird, aufgrund der kolonialen Erziehungspolitik, europäische Philosophie als Unterrichtsfach studiert, als Denkweise übernommen und weitergeführt. Aus dem Englischen heraus und in beständiger Orientierung an einer ursprünglich europäischen Begriffswelt und Anschauungsweise werden diese Entwicklungen auch in den modernen indischen Sprachen adaptiert. Mit dem Ende des 19. Jahrhunderts spielen, parallel zu den Entwicklungen an den britischen Universitäten, die britischen Hegelianer eine wichtige und bis weit in das 20. Jahrhundert reichende Rolle. In diesem Zusammenhang wird auch schon Arthur Schopenhauer früh und oft als Indienenthusiast rezipiert.

Konstitutiv für das moderne indische Denken ist die sogenannte *Comparative Philosophy*. Der Ausdruck selbst geht auf Brajendranath Seal (1864–1938) zurück, der diesen in *A Comparative Study of Christianity and Vaishnavism* (Calcutta 1899) erstmalig verwendet und methodologisch einführt. Seal eignet sich die eigene hinduistische Tradition als Philosophie neu an und stellt diese in mannigfache Verhältnisse des Vergleiches, der Identifikation, der Parallelisierung oder auch des Kontrastes und der Aufhebung zur abendländischen Philosophie. Komparation ist Seal ein Medium kultureller und nationaler Selbstdarstellung und Selbstbehauptung.

Zentral für die Inhalte der frühen Komparation des modernen indischen Philosophierens (*Upaniṣad*, abendländische Philosophie respektive Philosopheme, *tertium comparationis*) steht der Indologe Friedrich Max Müller (1823–1900). Obwohl er in Indien philosophisch im Unbestimmten verbleibt, wirkt er auf das Selbstverständnis, die Phraseologie und die Methodologie des modernen indischen Denkens bis heute immens ein und preist den Enthusiasmus Schopenhauers für die *Upaniṣaden*. Der Philosoph und Indologe Paul Deussen (1845–1919) setzt hier methodologische Akzente. Seine Art und Weise der Aufarbeitung und Darstellung der indischen Philosophien und Philosopheme hinterlässt im indischen Denken gerade in der *Comparative Philosophy* Entsprechungen (*brahman/ātman*, *Upaniṣad*, *Vedānta*, *Śaṅkara*), und er konfrontiert erstmals indische Denker auf seinen Vortragsreisen von 1892 bis 1893 in Indien mit Schopenhauer. Am 25. Februar 1893 hält Deussen einen Vortrag vor der Bombay Branch der Royal Asiatic Society mit dem Titel »On the Philosophy of the Vedânta In its Relations to the Occidental Metaphysics« und betont darin: »Darum ist der Vedânta in seiner unverfälschten Form die Stütze der reinen Moralität und der größte Trost in den Leiden des Lebens und des Sterbens, – Inder, bleibt dabei!« (Deussen 1904, 251). Dieser Vortrag enthält eine kurze Darlegung der Ethik des *tat tvam asi* (wörtl. ›Das bist Du‹) wie sie Deussen, von Schopenhauer her kommend, versteht.

Über das Englische wird der hinduistische Mönch und Teilnehmer am ›Parlament der Religionen‹ auf der Weltausstellung in Chicago (September 1893) Swami Vivekananda (bürgerl. Narendranath Datta, 1863–1902) mit Schopenhauer bekannt. In seinen neunbändigen *Complete Works of Swami Vivekananda* rekurriert er in zahlreichen Vorträgen und Artikeln auf Schopenhauer. Während seiner Europareise 1896/97 erreicht Vivekananda ein Einladungsschreiben Deussens, welcher ihn nach Kiel bittet. Die Gespräche sind intensiv und Vivekananda verleiht seiner Wertschätzung Deussens und Schopenhauers in einem Aufsatz in der Zeitschrift *Brahmavadin* (Madras 1895) Ausdruck. Hierin ruft er allen Indern eine Dankesschuld gegenüber den großen Europäern ins Gedächtnis, welche Indien besser verstünden und liebten als diese selbst und führt neben Müller und Deussen prominent Schopenhauer an. In Briefen (1896) nennt er Deussen einen »kämpferischen Advaitisten« (Brief an Mr. E. T. Sturdy in Vivekananda 1976, VIII, 388) und den »größten lebenden deutschen Philosophen« (Brief an Miss Mary Hale in ebd., 391 f.). Vivekananda entwickelt in der Begegnung mit Deussen (1896) ein scheinbar genuin hinduistisches Philosophem, welches es ihm gestattet, moralisches Handeln nicht mehr rein an seinem Wert für die eigene, spirituelle Vervollkommnung zu messen, sondern als selbständige Qualität herauszustellen, wenn er wie Schopenhauer *brahman/ātman*, Wille (*brahman*) und Individualität (*ātman*), in ein *tertium comparationis*, ›tat tvam asi‹ überführt. So hält er in Wimbledon (9. September 1896) einen Vortrag über den Vedânta als Kulturfaktor mit starken Anleihen an Deussens Bombayer Ausführungen. Vivekananda greift diese Schopenhauer/Deussensche Ethikinterpretation des *tat tvam asi* auf und verbreitet sie anfänglich in Indien als originäre Ethik des Hinduismus, und dies so nachhaltig, dass zum einen die hinduistischen Ethiktraditionen der *Bhagavadgītā* und des *Viṣṇupurāṇa* zurückgestellt werden und zum anderen einige indische und auch abendländische Philosophen dieser Darstellung bis heute folgen.

In Interviews und Vorträgen (1897) stellt Vivekananda Schopenhauer als den großen deutschen Weisen heraus, welcher als erster den Wert der *Upaniṣaden* anerkannt habe. Versucht Schopenhauer eine Bedeutung für das hinduistische *brahman* zu finden, welche seinem Konzept vom Willen nahekommt, und findet er diese in Müllers Feststellung, dass *brahman* ursprünglich »force, will, wish and the propulsive power of creation« (Müller 1869, 67) bedeutet, so setzt Vivekananda in seinen frühen Vorträgen (»Yājñavalkya and Maitreyī« u. a., 1893) Schopenhauers Willenskonzeption mit einem *brahman/ātman/tat tvam asi*-Konzept des Versiegens einer differenzierten Vielheit gleich. Steht dies alles noch unter dem Eindruck von Deussens *philosophia-perennis*-Idealismus und *Vedānta*-Auslegung, so legt Vivekananda in seinen späteren Publikationen und Vorträgen (*A Study oft the Sankhya Philosophy*, *The Absolute and Manifestation*, 1896) dagegen dezidiert dar, dass ein großer Unterschied zwischen Schopenhauers und der indischen Metaphysik besteht, weil kein Hindu den Willen als Ding an sich betrachtet, sondern ihn als eine aus differenten Faktoren entstandene und damit abgeleitete Erscheinung ansieht. Des weiteren führt er nun aus, dass Schopenhauers Interpretation des *Vedānta* falsch ist, wenn er den Willen als das Absolute annimmt, da auch der Wille der phänomenalen Welt zugerechnet werden muss. Das wahre Absolute, *brahman*, befindet sich jenseits von Raum, Zeit und Kausalität.

Einen weiteren Niederschlag findet die Schopenhauer/Deussensche Gedankenwelt in dem Werk *Atītaprakr̥tiśāstra* des vormaligen Richters am Höchsten Gerichtshof des Staates Travancore, Dewan Bahadur Athukal Govinda Pillai (*1849). Das *Atītaprakr̥tiśāstra* ist eine in Sanskritversen verfasste Übersetzung von Deussens *Die Elemente der Metaphysik* (Leipzig 1877). Pillai erschafft, um die philosophische Begrifflichkeit in das Sanskrit übertragen zu können, eine neue, artifizielle Sanskritterminologie. So gibt er beispielsweise ›metaphysisch‹ mit ›atītaprakr̥ti‹ (wörtl. ›über die Natur hinausgehend‹), ›Kritik der reinen Vernunft‹ mit ›śuddhabuddhi-vivikti‹ (wörtl. ›Scheidung der reinen Erkenntnis‹), ›Ding an sich‹ mit ›vastusvarūpaka‹ (wörtl. ›metaphorisch Reales‹) und ›Willenslehre‹ mit ›icchāvāda‹ (wörtl. ›Verlangenslehre‹) wieder, als deren ›Aufsteller‹ (›sthāpaka‹) der ›Wahrheitskundige‹ (›tattvajña‹) ›Śoppanhār‹ (›Schopenhauer‹) genannt wird.

Solcherart philosophisch und philologisch intensive Auseinandersetzung mit Schopenhauer ist in der Folge selten aufzufinden. Eine Konstante in der indischen Schopenhauer-Rezeption bleibt fortan der Verweis auf dessen Diktum über die *Upaniṣaden* (»Es ist die belohnendeste und erhebendeste Lektüre, die [...] auf der Welt möglich ist: sie ist der Trost meines Lebens gewesen und wird der meines Sterbens seyn«, P II, § 184) sowie Deussens vedāntische Popularisierung desselben (»größte[r] Trost in den Leiden des Lebens und des Sterbens«, Deussen 1904, 251). Viele indische Philosophen wie Surendranath Dasgupta (1887–1952), die Schopenhauer in der englischen Übersetzung von Richard Burdon Haldane und John Kemp rezipierten, belassen es hierbei und eignen sich Schopenhauers philosophisches Denken selber nicht an. Diese indische Erwähntradition eines trostfindenden *Upaniṣad*-Enthusiasten namens Schopenhauer ist lang und reicht bis in die aktuelle Gegenwart und so seien hier nur wenige prominente Namen in chronologischer Reihenfolge und Datierung genannt: Surendranath Dasgupta im Jahre 1922; Maisuru Hiriyana im Jahre 1932; Swami Abhedananda, Haridas Bhattacharyya, N. G. Damle im Jahre 1936; Sisir Maitra im Jahre 1953; Krishnachandra Bhattacharya (1875–1949), A. C. Mukerji (*1890), K. L. Joshi im Jahre 1966; D. P. Chattopadhaya im Jahre 1967; Saticchandra Chatterjee, D. M. Datt im Jahre 1968; Mohammad Iqbal im Jahre 1973; Syed Vahiduddin (*1909), Nikunja Vihari Banerjee (*1897), T. M. P. Mahadevan im Jahre 1974; Kalidas Bhattacharya im Jahre 1975; Dhirendramohan Datta, Satish Chandra Chatterjee (*1893) im Jahre 1984; Sauravpran Goswami im Jahre 1998.

Eine Ausnahme bildet Sarvepalli Radhakrishnan (1888–1975). Er pflichtet in seinem Werk *Indian Philosophy* Schopenhauers Verurteilung des gedankenlosen Optimismus bei und charakterisiert den Standpunkt indischer Philosophen zum Pessimismus ganz in dessen Sinne, wenn er anmerkt, sie seien Pessimisten, insofern sie die Welt als ein Übel oder eine Täuschung betrachten, andererseits jedoch Optimisten, da sie einen Weg aus der Welt zum Zustand der Wahrheit und des Guten für möglich erachteten. Radhakrishnan versteht die Philosophie Schopenhauers als eine überarbeitete Fassung eines frühen Buddhismus. So vergleicht er dessen Wille mit dem buddhistischen *karman* (Handlung), um so den Ursprung von Welt als solcher zu postulieren. Das buddhistische Konzept des *pratītyasamutpāda* (Kausalconditionalis) sieht er in Schopenhauers Willensverneinung umgesetzt, wenn er bemerkt: »Der Wille zu leben ist der Grund unserer Existenz. Seine Verneinung ist unsere Erlösung. Die größte Schuld des Menschen besteht darin, daß er geboren wurde, wie Schopenhauer aus Calderón zitiert« (Radhakrishnan 1927, II, 411).

In seiner *History of Philosophy, Eastern and Western* (London 1952/53) bedient sich Radhakrishnan methodologisch unter Zuhilfenahme der Philosophie Schopenhauers der Komparation und in *The Concept of Man: A Study in Comparative Philosophy* (London 1966) des weiteren systematisch mit Verweis auf dessen Philosophieren. In dieser Tradition stehend und diese zugleich fortführend befassen sich in der Folge Poolla Tirupati Raju (1904–1992) in *Introduction to Comparative Philosophy* (Lincoln 1962) und Nallepalli Shankaranarayana Sundara Raman (*1928) in *Is Comparative Philosophy Possible?* (Delhi 1975) gleichfalls mit dem Gegenstand der Komparation methodologisch und systematisch, nun jedoch ohne explizit auf Schopenhauer Bezug zu nehmen.

Setzt Pillai schon 1911 Schopenhauersches Denken quasi literarisch um (im Versmaß des Sanskrits), so nähert sich Radhakrishnan in *The Philosophy of Rabindranath Tagore* (London 1918) der Poesie eines Tagore philosophisch mit Schopenhauer. Ebenso publiziert der bengalische Dichter Mohitolal Majumdar (1888–1952) in *Swapan Pasari* (*pushpo jibon*) 1921 das Gedicht »Pāntha« (Der Wanderer), welches Schopenhauer als Philosophen und *saṃnyāsin* vorstellt, einen der Welt und dem Besitz entsagenden Wahrheitssucher. Schopenhauer und die schöngeistige indische (Gesangs-)Literatur werden somit, neben der Komparation, ein weiterer konstanter Bestandteil der Rezeptionsgeschichte. Aktuelle Vertreter sind namentlich u. a. R. K. Gupta (*1930) mit *Moby-Dick and Schopenhauer* (New Brunswick 2004) und Sitansu Ray mit *Schopenhauer and Tagore on the Key to Dreamland* (Berlin/Boston 2013).

Den Grundpfeiler der indischen Schopenhauer-Rezeption bildet so die *Comparative Philosophy*. Prominente Philosopheme Schopenhauers wie das Konzept des Willens werden hier mit ebensolchen Philosophemen im Buddhismus (*karman*, *pratītyasamutpāda* u. a.) und dem philosophischen (*brahman*, *ātman*, *tat tvam asi*, *vedānta*, *śaivāgama*, Śaṅkara u. a.) sowie dem musikalisch-literarischen Hinduismus (Tagore, Kabīr u. a.) identifiziert. Beredtes Zeugnis geben hier verschiedene indische und singhalesische Autoren in den Schopenhauer-Jahrbüchern seit 1928 ab.

1927 findet zur zwölften Generalversammlung der Schopenhauer-Gesellschaft e. V. der internationale Kongress »Europa und Indien« in Dresden statt. Der geladene indische Philosoph Prabhu Datta Shastri (*1885) aus Lahore bleibt infolge politischer Unruhen im Heimatland fern, spricht aber in einem Grußschreiben den Wunsch aus, dass einst die Schopenhauer-Gesellschaft auch in Indien tagen möge. Auf dem 15. »World-Vegetarian-Congress« in den Jahren 1957/58 in Bombay, Delhi, Patna, Calcutta und Madras vereinnahmt die International Vegetarian Union (IVU) Schopenhauer als Vegetarier und Tierethiker, aber erst nach Gründung der Indischen Sektion der Schopenhauer-Gesellschaft e. V. (2003) unter dem Vorsitz der Philosophin Arati Barua finden erstmals 2005 in Delhi Tagungen unter dem Titel »Schopenhauer and Indian Philosophy. A Dialogue between India and Germany« und 2010 »Understanding Schopenhauer through the Prism of Indian Culture. Philosophy, Religion and Sanskrit Literature« statt. Die inhaltliche Auseinandersetzung mit Schopenhauer bleibt auch hier der genannten Komparation verpflichtet. Indische Philosophen, welche mit Schopenhauer in ihrer Philosophietradition diesen weiter denken, wie beispielsweise Bhattacharya mit Hegel, sind, entsprechend dem Stand Herbst 2017, nicht auszumachen.

Literatur

Barua, Arati: *The Philosophy of Arthur Schopenhauer*. New Delhi 1992.
Barua, Arati (Hg.): *Schopenhauer and Indian Philosophy. A Dialogue between India and Germany*. New Delhi 2008.
Barua, Arati (Hg.): *West Meets East. Schopenhauer and India*. New Delhi 2011.
Barua, Arati (Hg.): *Schopenhauer on Self, World and Morality. Vedantic and Non-Vedantic Perspectives*. Puchong 2017.
Barua, Arati/Gerhard, Michael/Koßler, Matthias (Hg.): *Understanding Schopenhauer through the Prism of Indian Culture. Philosophy, Religion and Sanskrit Literature*. Berlin/Boston 2013.
Deussen, Paul: On the Philosophy of the Vedânta in its Relations to the Occidental Metaphysics. In: Ders.: *Erinnerungen an Indien*. Kiel/Leipzig 1904, 239–251.
Dhammasami, Naw Kham La: *Another Way of Looking at Things: A Comparative Study of Schopenhauer and Buddha*. Nedimala 2011.
Kishan, B. V.: *Schopenhauer's Conception of Salvation*. Waltair 1978.
Koßler, Matthias (Hg.): *Schopenhauer und die Philosophien Asiens*. Wiesbaden 2008.
Müller, Max: Der Veda und Zendavesta [1853]. In: Ders.: *Essays*. Leipzig 1869. Bd. 1, 60–93.
Pillai, Dewan Bahadur A. Govinda: *Atītaprakr̥tiśāstra*. Trivandrum 1911.
Radhakrishnan, Sarvepalli: *Indian Philosophy*. London 1927.
Sharma, Gopinath N.: *Arthur Schopenhauer, Philosopher of Disillusion*. Bangalore 1998.
Vivekananda, Swami: *The Complete Works of the Swami Vivekananda*. IX Vols. Calcutta [13]1976.

Michael Gerhard

V Hilfsmittel

53 Werkausgaben (Auswahl)

Werk- und Gesamtausgaben

Sämmtliche Werke. Hg. von Julius Frauenstädt. Leipzig 1873/74 (zweite Auflage 1877; alle späteren Auflagen mit dem Titel »Zweite Auflage. Neue Ausgabe« sind Abdrucke der zweiten Auflage) [Fr].

Sämtliche Werke. Hg. von Paul Deussen. München 1911–1942 (die Ausgabe blieb beim Nachlass unvollendet) [De].

Sämtliche Werke. Hg. von Arthur Hübscher. Mannheim ⁴1988 (1. Auflage: 1937–1941; 2. Auflage 1946–1950; 3. Auflage 1972) [Hü].

Werke in zehn Bänden (Zürcher Ausgabe). Zürich 1977 (Text nach der dritten Auflage der Edition Hübschers) [ZA].

Sämtliche Werke. Hg. von Wolfgang Frhr. von Löhneysen. Stuttgart/Frankfurt a. M. 1960–1965 (Erstauflage bei Cotta/Insel; danach mehrere Auflagen bei Suhrkamp und der Wissenschaftlichen Buchgesellschaft) [Lö].

Werke in fünf Bänden. Hg. von Ludger Lütkehaus. Zürich 1988 (Text nach den Ausgaben letzter Hand. Zahlreiche Neuauflagen in den Folgejahren) [Lü].

Sämmtliche Werke in sechs Bänden. Hg. von Eduard Grisebach. Leipzig o. J. (erste Auflage 1891; zweite Auflage 1892–1896; dritte Auflage 1921–1924, bearbeitet von E. Bergmann) [Gr].

Sämmtliche Werke. Hg. von Eduard Grisebach, Max Brahn und Hans Henning. Leipzig o. J. (1905–1910 als »Großherzog Wilhelm Ernst-Ausgabe« beim Insel-Verlag erschienen; Text nach der Edition Grisebachs) [Ins].

Sämtliche Werke. Hg. von Otto Weiß. Leipzig 1919 (es erschienen nur die ersten zwei Bände mit Schopenhauers Hauptwerk) [We].

Sämmtliche Werke. Berlin o. J. (1891 vom Verlag Bibliographische Anstalt mit dem Zusatz »Genaue Textausgabe mit den letzten Zusätzen« in 6 Bänden veröffentlicht; diverse Abdrucke bei anderen Verlagen mit dem gleichen Zusatz, Text nach der Edition Frauenstädts) [Bib].

Sämtliche Werke. Eingeleitet von Max Frischeisen-Köhler. Berlin o. J. (ebenfalls mit dem Zusatz »Genaue Textausgabe mit den letzten Zusätzen« 1913 und ²1921 beim Verlag A. Weichert in 8 Bänden erschienen, Text nach der Edition Grisebachs) [Kö].

Sämtliche Werke in zwölf Bänden. Mit Einleitung von Rudolf Steiner. Stuttgart o. J. (1894–1896 bei Cotta erschienen, Text nach der Edition Frauenstädts) [St].

Sämtliche Werke. Hg. von Maximilian Breitkopf. O. O. 1999 (Text nach der Edition Frauenstädts) [Br].

The Cambridge Edition of the Works of Schopenhauer. Hg. von Christopher Janaway. Cambridge 2009 ff.

Schopenhauer im Kontext: Werke, Vorlesungen, Nachlaß und Briefwechsel auf CD-ROM. Berlin 2008.

Nachlass (soweit nicht in den Werk- und Gesamtausgaben enthalten)

Aus Arthur Schopenhauers Handschriftlichem Nachlaß. Abhandlungen, Anmerkungen, Aphorismen und Fragmente. Hg. von Julius Frauenstädt. Leipzig 1864.

Handschriftlicher Nachlaß. Aus den auf der Königlichen Bibliothek in Berlin verwahrten Manuskriptbüchern hg. von Eduard Grisebach. Leipzig o. J.

Der handschriftliche Nachlaß in fünf Bänden. Hg. von Arthur Hübscher. Frankfurt a. M. 1966–1975 (unveränderter Neudr. München 1985).

Gespräche. Hg. von Arthur Hübscher. Stuttgart ²1971.

Gesammelte Briefe. Hg. von Arthur Hübscher. Bonn ²1987.

Die Reisetagebücher. Hg. von Ludger Lütkehaus. Zürich 1988.

Manuscript Remains in Four Volumes. Hg. von Arthur Hübscher, übers. von E. F. J. Payne. Oxford 1988–1990.

Philosophische Vorlesungen. Hg. von Volker Spierling. München 1984–1986, ²1987–1990.

Scritti postumi. Hg. von Franco Volpi. Bd. I hg. von Arthur Hübscher und Sandro Barbera. Mailand 1996; Bd. III hg. von Giovanni Gurisatti. Mailand 2004.

Senilia. Gedanken im Alter. Hg. von Franco Volpi und Ernst Ziegler. Darmstadt ²2011.

... die Kunst zu sehn«: Arthur Schopenhauers Mitschriften der Vorlesungen Johann Friedrich Blumenbachs (1809–1811). Mit einer Einführung von Marco Segala hg. von Jochen Stollberg und Wolfgang Böker. Göttingen 2013.

Spicilegia. Philosophische Notizen aus dem Nachlass. Hg. von Ernst Ziegler unter Mitarbeit von Anke Brumloop und Manfred Wagner. München 2015.

Pandectae. Philosophische Notizen aus dem Nachlass. Hg. von Ernst Ziegler unter Mitarbeit von Anke Brumloop und Manfred Wagner. München 2016.

Cogitata. Philosophische Notizen aus dem Nachlass. Hg. von Ernst Ziegler unter Mitarbeit von Anke Brumloop, Clemens Müller und Manfred Wagner. Würzburg 2017.

Cholerabuch. Philosophische Notizen aus dem Nachlass. Hg. von Ernst Ziegler. Würzburg 2017.

Vorlesung über Die gesamte Philosophie oder die Lehre vom Wesen der Welt und dem menschlichen Geiste. Hg. von Daniel Schubbe unter Mitarbeit von Judith Werntgen-Schmidt und Daniel Elon. 4 Bde. Hamburg 2017 ff.

54 Auswahlbibliographie

Einführungen und Gesamtdarstellungen

Atwell, John: *Schopenhauer on the Character of the World. The Metaphysics of Will*. Berkeley/Los Angeles/London 1995.
Barbera, Sandro: *Une philosophie du conflit: Etude sur Schopenhauer*. Paris 2004.
Birnbacher, Dieter: *Schopenhauer*. Stuttgart 2009.
Fauth, Søren R.: *Schopenhauers filosofi. En introduktion*. Kopenhagen 2010.
Félix, François: *Schopenhauer ou les passions du sujet*. Lausanne 2007.
Fleischer, Margot: *Schopenhauer*. Freiburg i. Br. 2001.
Grün, Klaus-Jürgen: *Arthur Schopenhauer*. München 2000.
Gurisatti, Giovanni: *Caratterologia, metafisica e saggezza. Lettura fisiognomica di Schopenhauer*. Padua 2002.
Hallich, Oliver/Koßler, Matthias (Hg.): *Arthur Schopenhauer: Die Welt als Wille und Vorstellung* (= Klassiker Auslegen, Bd. 42). Berlin 2014.
Hamlyn, David W.: *Schopenhauer. The Arguments of the Philosophers*. London 1980.
Hübscher, Arthur: *Denker gegen den Strom. Schopenhauer gestern – heute – morgen*. Bonn ³1982.
Invernizzi, Giuseppe: *Invito al pensiero di Schopenhauer*. Mailand 1995.
Jacquette, Dale: *The Philosophy of Schopenhauer*. Chesham 2005.
Janaway, Christopher (Hg.): *The Cambridge Companion to Schopenhauer*. Cambridge 1999.
Janaway, Christopher: *Schopenhauer: A Very Short Introduction*. Oxford ²2002.
Koßler, Matthias: *Substantielles Wissen und subjektives Handeln, dargestellt in einem Vergleich von Hegel und Schopenhauer*. Frankfurt a. M. 1990.
Magee, Brian: *The Philosophy of Schopenhauer*. Oxford/New York 1983.
Malter, Rudolf: *Arthur Schopenhauer. Transzendentalphilosophie und Metaphysik des Willens*. Stuttgart-Bad Cannstatt 1991.
Malter, Rudolf: *Der eine Gedanke. Hinführung zur Philosophie Arthur Schopenhauers*. Darmstadt ²2010.
Möbuß, Susanne: *Schopenhauer für Anfänger: Die Welt als Wille und Vorstellung*. München ²1998.
Pernin, Marie-José: *Schopenhauer. Le déchiffrement de l'énigme du monde*. Paris 1992.
Schubbe, Daniel: *Philosophie des Zwischen. Hermeneutik und Aporetik bei Schopenhauer*. Würzburg 2010.
Shapshay, Sandra: *The Palgrave Schopenhauer Handbook*. Cham 2018 (im Erscheinen).
Spierling, Volker: *Arthur Schopenhauer. Eine Einführung in Leben und Werk*. Frankfurt a. M. 1998.
Spierling, Volker: *Arthur Schopenhauer zur Einführung*. Hamburg 2002.
Vandenabeele, Bart: *A Companion to Schopenhauer*. Malden, Mass./Oxford 2012.
Weimer, Wolfgang: *Schopenhauer*. Darmstadt 1982.
Weiner, Thomas: *Die Philosophie Arthur Schopenhauers und ihre Rezeption*. Hildesheim 2000.
Wicks, Robert: *Schopenhauer*. New York 2008.
Young, Julian: *Schopenhauer*. London 2005.

Biographien

Abendroth, Walter: *Arthur Schopenhauer mit Selbstzeugnissen und Bilddokumenten*. Reinbek bei Hamburg 1967.
Appel, Sabine: *Arthur Schopenhauer: Leben und Philosophie*. Düsseldorf 2007.
Cartwright, David E.: *Schopenhauer – A Biography*. Cambridge 2010.
Hübscher, Arthur: *Arthur Schopenhauer. Ein Lebensbild*. In: Arthur Schopenhauer: *Sämtliche Werke*. Hg. von Arthur Hübscher. Bd. I. Mannheim ⁴1988, 29–142.
Safranski, Rüdiger: *Schopenhauer und Die wilden Jahre der Philosophie. Eine Biographie*. Darmstadt 2010 [1987].
Zimmer, Robert: *Arthur Schopenhauer. Ein philosophischer Weltbürger*. München 2012 [2010].

Periodika

Schopenhauer-Jahrbuch. 1912 begründet von Paul Deussen, zunächst (bis 1944) unter dem Namen *Jahrbuch der Schopenhauer-Gesellschaft*. Seit 2006 hg. von Matthias Koßler und Dieter Birnbacher; seit 1992 Verlag Königshausen & Neumann. Würzburg.
Beiträge zur Philosophie Schopenhauers. 1996–2003 hg. von Dieter Birnbacher und Heinz Gerd Ingenkamp; seit 2004 hg. von Dieter Birnbacher und Matthias Koßler. Würzburg 1996 ff.
Schopenhaueriana. Collana del Centro interdipartimentale di ricerca su Arthur Schopenhauer e la sua scuola dell'Università del Salento. Hg. Domenico M. Fazio/Matthias Koßler/Ludger Lütkehaus. Lecce 2006 ff.
Schopenhaueriana. Revista de estudios sobre Schopenhauer en español (https://sociedadschopenhauer.com/acerca-de).
Schopenhauer-Studien. Jahrbuch der Internationalen Schopenhauer-Vereinigung. Hg. von Wolfgang Schirmacher. Wien 1988–1995.
Schopenhauer-Studien. Jahrbuch der japanischen Schopenhauer-Gesellschaft. Hg. von der Japan Schopenhauer Association. Tokyo 1993 ff.
Revistas Voluntas. Estudios sobre Schopenhauer, http://www.revistavoluntas.org/index.html.

Bibliographien, Lexika und Register

Frauenstädt, Julius: *Schopenhauer-Lexikon. Ein philosophisches Wörterbuch*. Leipzig 1871.
Hertslet, William Lewis: *Schopenhauer-Register. Ein Hülfsbuch zur schnellen Auffindung aller Stellen, betreffend Gegenstände, Personen und Begriffe sowie der Citate, Vergleiche und Unterscheidungen, welche in Arthur Schopenhauer's Werken, ferner in seinem Nachlasse und in seinen Briefen enthalten sind*. Leipzig 1890.
Hübscher, Arthur: *Schopenhauer-Bibliographie* (Berichtszeitraum 1813–1980). Stuttgart-Bad Cannstatt 1981.
Ruffing, Margit: Schopenhauer-Bibliographie (wird jährlich im *Schopenhauer-Jahrbuch* aktualisiert).
Spierling, Volker: *Schopenhauer-ABC*. Leipzig 2002.
Wagner, Gustav Friedrich: *Encyklopädisches Register zu Schopenhauer's Werken nebst einem Anhange, der den Abdruck der Dissertation von 1813, Druckfehlerverzeichnisse u. a. M. enthält*. Karlsruhe 1909 (neu hg. von Arthur Hübscher. Stuttgart-Bad Cannstatt ³1982).

55 Institutionen der Schopenhauer-Forschung

Schopenhauer-Forschungsstelle an der Johannes Gutenberg-Universität Mainz

Die Schopenhauer-Forschungsstelle wurde im Juli 2001 gegründet und aufgrund einer Kooperationsvereinbarung zwischen der Universität und der Schopenhauer-Gesellschaft als wissenschaftliche Einrichtung an der Johannes Gutenberg-Universität Mainz institutionalisiert. Ihr Begründer und derzeitiger Leiter ist Prof. Dr. Matthias Koßler. Die Forschungsstelle betreut eine in den 1980er Jahren von Rudolf Malter begonnene Sammlung unselbständiger Literatur zu Schopenhauer. Weitere Aufgabenfelder sind ein Auskunftsdienst, die Betreuung von Stipendiaten und Doktoranden aus dem In- und Ausland sowie die fortlaufend geführte Bibliographie. Herausgabe und Redaktion des *Schopenhauer-Jahrbuchs* sind ebenfalls an der Forschungsstelle angesiedelt. Neben der Schopenhauer-Gesellschaft und der Universität Mainz trägt die Dr. Walter und Dr. Gertrud Pförtner-Stiftung maßgeblich zur Finanzierung der Forschungsstelle bei. Homepage: http://www.schopenhauer.philosophie.uni-mainz.de

Schopenhauer-Gesellschaften

Die Schopenhauer-Gesellschaft wurde 1911 von Paul Deussen in Kiel gegründet. Ihr Zweck besteht darin, das »Studium und Verständnis der Philosophie Schopenhauers anzuregen und zu fördern« (§ 2 der Satzung). Im Auftrag der Schopenhauer-Gesellschaft wird seit 1912 das wichtigste Publikationsorgan der Schopenhauer-Forschung, das *Schopenhauer-Jahrbuch*, herausgegeben. Dank der Tätigkeit Deussens und seiner ersten Nachfolger Leo Wurzmann, Hans Zint und Arthur Hübscher konnte sich die Gesellschaft schnell zum internationalen Forum der Schopenhauer-Forschung entwickeln. Dazu trug auch das gemeinsam mit der Stadtbibliothek Frankfurt aufgebaute Schopenhauer-Archiv bei. Neben Ortsvereinigungen in Frankfurt a. M., Berlin und Hagen hat die Schopenhauer-Gesellschaft Sektionen in Brasilien, Dänemark, Indien, Italien und den USA. Drei Stiftungen sind eng mit der Schopenhauer-Gesellschaft verbunden und auch von ihren Mitgliedern gegründet worden: die Schopenhauer-Stiftung in memoriam Christian Hübscher (Frankfurt a. M.), die Dr. Walter und Dr. Gertrud Pförtner-Stiftung (Hannover) und die Schopenhauer-Stiftung Dr. Manfred Wagner (Bad Hersfeld). Homepage: http://www.schopenhauer.de. Zudem existieren noch die japanische Schopenhauer-Gesellschaft »Japan Schopenhauer Association« und die spanische »Sociedad de Estudios en Español sobre Schopenhauer« mit jeweils eigenen Publikationsorganen (s. Kap. 54).

Schopenhauer-Archiv der Universitätsbibliothek Frankfurt a. M.

Das Schopenhauer-Archiv wurde am 21. September 1921 gegründet. Erster hauptamtlicher Archivleiter war Carl Gebhardt. Das Schopenhauer-Archiv vereint die Sammlungen der Schopenhauer-Gesellschaft und der ehemaligen Stadtbibliothek Frankfurt, die auf dem Vermächtnis Schopenhauers aufbauen und durch Schenkungen und Erwerbungen stetig erweitert werden. Es befindet sich heute zusammen mit dem Archiv der Schopenhauer-Gesellschaft in den Räumen der Universitätsbibliothek Johann Christian Senckenberg in Frankfurt. Zu den Beständen des Schopenhauer-Archivs zählen Briefe von und an Arthur Schopenhauer, Manuskripte, sein Testament, seine Privatbibliothek, Tagebücher, Reiseberichte, Bilder und persönliche Gebrauchsgegenstände. Zudem finden sich Dokumente von Heinrich Floris Schopenhauer, Johanna Schopenhauer und Adele Schopenhauer. Ergänzt wird dieser Bestand durch Kopien der Schopenhauer-Manuskriptsammlung der Staatsbibliothek Stiftung Preußischer Kulturbesitz Berlin und eine Porträtsammlung (Ölbilder, Graphiken, Fotos, Plastiken). Homepage: http://www.ub.uni-frankfurt.de/archive/schopenhauer.html

Centro interdipartimentale di ricerca su Arthur Schopenhauer e la sua scuola dell'Università del Salento, Italien

Das Centro ist eine italienische Schopenhauer-Forschungsstelle, die in Lecce an der Università del Salento beheimatet ist. Sie wurde am 30. Juni 2006 gegründet und am 19. Oktober 2006 eröffnet. Leiter ist Prof. Dr. Domenico M. Fazio. Die Idee zur Gründung dieser Forschungsstelle geht auf die Tagung »Schopenhauer und die Schopenhauer-Schule« zurück, die vom 22.–24. September 2005 in Lecce stattfand. Der Schwerpunkt des Centro, das auch die Reihe *Schopenhaueriana*, in der bislang 8 Bände erschienen sind (s. Kap. 49), veröffentlicht, liegt in der Erforschung der Geschichte der Schopenhauer-Schule (s. Kap. 27). Homepage: https://www.studiumanistici.unisalento.it/centro_schopenhauer

56 Seitenkonkordanzen für die Werkausgaben

Hinweise zur Nutzung

Die Vielzahl der in der Vergangenheit und der Gegenwart verbreiteten Gesamtausgaben der Werke Schopenhauers (s. Kap. 53) hat zu dem beklagenswerten Zustand geführt, dass die Sekundärliteratur nur dann ohne große Mühe überprüft und verwertet werden kann, wenn zumindest alle häufig zitierten Ausgaben verfügbar sind. Die Auseinandersetzung mit der älteren Literatur ist von diesem Missstand in besonderem Ausmaß betroffen.

Die folgenden Seitenkonkordanzen bieten für ebendiesen Missstand eine Abhilfe an, indem sie einen Seitenvergleich *aller deutschsprachigen Gesamtausgaben* geben, so dass nun in der Regel eine Gesamtausgabe ausreicht, um mit der gesamten Schopenhauer-Literatur arbeiten zu können. Auch wichtige, wenn nicht sogar unverzichtbare Hilfsmittel wie das Schopenhauer-Register von Gustav Friedrich Wagner können nun wieder fast ohne Einschränkungen herangezogen werden.

Im Anschluss an diese Seitenkonkordanzen werden zusätzlich die Ausgaben der Vorlesungen und Reisetagebücher Schopenhauers verglichen.

Um eine komplikationsfreie Nutzung der Seitenkonkordanzen zu gewährleisten, müssen jedoch noch einige Hinweise vorangestellt werden:

Aufgrund der teilweise stark voneinander abweichenden Editionsprinzipien unterscheiden sich die Texte der Ausgaben, vor allem bei den Parerga-Bänden, mitunter deutlich. Es kann daher hin und wieder vorkommen, dass eine gesuchte Stelle in einer Ausgabe nicht vorhanden ist. Dies gilt besonders für die Lütkehaus-Ausgabe. Darüber hinaus führt auch die unterschiedliche Gestaltung des Satzes vereinzelt zu kleinen Unregelmäßigkeiten.

In den Vergleichstabellen verweisen die Zahlen hinter den Siglen (s. Kap. 53) auf den Band der entsprechenden Ausgabe (z. B. Fr 1 für Band 1 der Frauenstädt-Ausgabe). Unterstrichene und fett markierte **Zahlen** in den Tabellen kündigen einen Wechsel des Bandes an.

Da die erste Gesamtausgabe erst 1873 erschien, mussten für die ältere Schopenhauer-Literatur noch die von Schopenhauer selbst veröffentlichten Auflagen und die von Frauenstädt herausgegebenen Einzelveröffentlichungen berücksichtigt werden. Hierzu ist jedoch Folgendes zu bemerken: Die von Schopenhauer selbst herausgegebenen Auflagen werden in den Seitenkonkordanzen von einer Ausnahme abgesehen vollständig verglichen. Lediglich die erste Auflage der Farbenlehre konnte ausgelassen werden. Sie wurde ausschließlich in der Deussen-Ausgabe, und zwar mit Seitenzahlen der Ausgabe von 1816, noch einmal abgedruckt. Die Frauenstädtschen Einzelveröffentlichungen sind im Großen und Ganzen seitengleich mit seiner Gesamtausgabe, so dass nur die Parerga-Bände von 1862 wegen geringfügiger Abweichungen aufgenommen wurden. Genaue bibliographische Angaben zu den Einzelausgaben sind den jeweiligen Seitenkonkordanzen mit Siglen vorangestellt.

Die Stellennachweise werden in der Sekundärliteratur oftmals nur mit der Angabe der Band- und Seitenzahl geführt (z. B. V, 100). Ist die Anordnung der zitierten Ausgabe unbekannt, bleibt auch unklar, welche Seitenkonkordanz aufzuschlagen ist. Mit der nachstehenden Übersicht kann die jeweils relevante Tabelle direkt gefunden werden.

Inhaltsverzeichnisse für die verglichenen Ausgaben

Ausgabe: Fr
Bd. 1:
Ueber die vierfache Wurzel ... (1847)	V–VII, 1–160
Ueber das Sehn und die Farben	III–VII, 1–93
Theoria colorum physiologica	1–58

Bd. 2:
Die Welt als Wille und Vorstellung I	VII–XXXII, 3–487
Anhang: »Kritik der Kantischen Philosophie«	491–633

Bd. 3:
Die Welt als Wille und Vorstellung II	3–743

Bd. 4:
Ueber den Willen in der Natur	IX–XXIX, 1–147
Die beiden Grundprobleme der Ethik:	
»Vorreden«	V–XLII
»Preisschrift über die Freiheit des Willens«	3–102
»Preisschrift über die Grundlage der Moral«	105–275

Bd. 5:
Parerga und Paralipomena I	V–VI, 3–530
(»Aphorismen zur Lebensweisheit«	331–530)

Bd. 6:
Parerga und Paralipomena II	3–696

Ausgabe: Hü
Bd. 1:
Ueber die vierfache Wurzel ... (1847)	V–VII, 1–160
Ueber das Sehn und die Farben	III–VI, 1–93
Theoria colorum physiologica	1–58

Bd. 2:
Die Welt als Wille und Vorstellung I	VII–XXXII, 3–487
Anhang: »Kritik der Kantischen Philosophie«	491–633

Bd. 3:
Die Welt als Wille und Vorstellung II	3–743

Bd. 4:
Ueber den Willen in der Natur	IX–XXIX, 1–147
Die beiden Grundprobleme der Ethik:	
»Vorreden«	V–XLII
»Preisschrift über die Freiheit des Willens«	3–102
»Preisschrift über die Grundlage der Moral«	105–275

Bd. 5:
Parerga und Paralipomena I	VII, 3–530
(»Aphorismen zur Lebensweisheit«	333–530)

Bd. 6:
Parerga und Paralipomena II	3–698

Bd. 7:
Ueber die vierfache Wurzel ... (1813)	3–94

Ausgabe: De
Bd. 1:
Die Welt als Wille und Vorstellung I	XIX–XXXXIV, 3–487
Anhang: »Kritik der Kantischen Philosophie«	491–634

Bd. 2:
Die Welt als Wille und Vorstellung II	3–740

Bd. 3:
Ueber die vierfache Wurzel ... (1813)	3–99
Ueber die vierfache Wurzel ... (1847)	103–268
Ueber den Willen in der Natur	271–427

Die beiden Grundprobleme der Ethik:
»Vorreden«	433–470
»Preisschrift über die Freiheit des Willens«	473–572
»Preisschrift über die Grundlage der Moral«	575–745

Bd. 4:
Parerga und Paralipomena I	3–550
(»Aphorismen zur Lebensweisheit«	347–550)

Bd. 5:
Parerga und Paralipomena II	7–724

Bd. 6:
Theoria colorum physiologica	59–112
Ueber das Sehn und die Farben	117–210

Ausgabe: ZA
Bd. 1:
Die Welt als Wille und Vorstellung I	7–335

Bd. 2:
Die Welt als Wille und Vorstellung I	343–508
Anhang: »Kritik der Kantischen Philosophie«	511–651

Bd. 3:
Die Welt als Wille und Vorstellung II	9–421

Bd. 4:
Die Welt als Wille und Vorstellung II	431–757

Bd. 5:
Ueber die vierfache Wurzel ... (1847)	9–177
Ueber den Willen in der Natur	183–342

Bd. 6:
Die beiden Grundprobleme der Ethik:	
»Vorreden«	7–39
»Preisschrift über die Freiheit des Willens«	43–142
»Preisschrift über die Grundlage der Moral«	145–315

Bd. 7:
Parerga und Paralipomena I	7–335

Bd. 8:
Parerga und Paralipomena I	343–540
(»Aphorismen zur Lebensweisheit«	343–540)

Bd. 9:
Parerga und Paralipomena II	9–351

Bd. 10:
Parerga und Paralipomena II	359–717

Ausgabe: Lü
Bd. 1:
Die Welt als Wille und Vorstellung I	7–528
Anhang: »Kritik der Kantischen Philosophie«	531–676

Bd. 2:
Die Welt als Wille und Vorstellung II	11–751

Bd. 3:
Ueber die vierfache Wurzel ... (1847)	9–167
Ueber den Willen in der Natur	171–321
Die beiden Grundprobleme der Ethik:	
»Vorreden«	327–358
»Preisschrift über die Freiheit des Willens«	361–458
»Preisschrift über die Grundlage der Moral«	461–631
Ueber das Sehn und die Farben	635–728

Bd. 4:
Parerga und Paralipomena I	5–483
(»Aphorismen zur Lebensweisheit«	313–483)

Bd. 5:
Parerga und Paralipomena II	9–567

Ausgabe: Lö
Bd. 1:
Die Welt als Wille und Vorstellung I ... 7–558
Anhang: »Kritik der Kantischen Philosophie« ... 561–715
Bd. 2:
Die Welt als Wille und Vorstellung II ... 11–829
Bd. 3:
Ueber die vierfache Wurzel ... (1847) ... 7–189
Ueber das Sehn und die Farben ... 193–297
Ueber den Willen in der Natur ... 301–479
Die beiden Grundprobleme der Ethik:
»Vorreden« ... 483–517
»Preisschrift über die Freiheit des Willens« ... 521–627
»Preisschrift über die Grundlage der Moral« ... 631–813
Bd. 4:
Parerga und Paralipomena I ... 7–592
(»Aphorismen zur Lebensweisheit« ... 375–592)
Bd. 5:
Parerga und Paralipomena II ... 9–773

Ausgabe: Gr
Bd. 1:
Die Welt als Wille und Vorstellung I ... 9–527
Anhang: »Kritik der Kantischen Philosophie« ... 531–677
Bd. 2:
Die Welt als Wille und Vorstellung II ... 9–762
Bd. 3:
Ueber die vierfache Wurzel ... (1847) ... 9–177
Ueber den Willen in der Natur ... 181–343
Die beiden Grundprobleme der Ethik:
»Vorreden« ... 349–380
»Preisschrift über die Freiheit des Willens« ... 383–481
»Preisschrift über die Grundlage der Moral« ... 485–655
Bd. 4:
Parerga und Paralipomena I ... 11–554
(»Aphorismen zur Lebensweisheit« ... 353–554)
Bd. 5:
Parerga und Paralipomena II ... 9–696
Bd. 6:
Ueber das Sehn und die Farben ... 9–109
Theoria colorum physiologica ... 113–171

Ausgabe: Ins
Bd. 1:
Die Welt als Wille und Vorstellung I ... 9–538
Anhang: »Kritik der Kantischen Philosophie« ... 541–689
Bd. 2:
Die Welt als Wille und Vorstellung II ... 701–1462
Bd. 3:
Ueber die vierfache Wurzel ... (1847) ... 11–180
Ueber den Willen in der Natur ... 183–349
Die beiden Grundprobleme der Ethik:
»Vorreden« ... 355–387
»Preisschrift über die Freiheit des Willens« ... 391–492
»Preisschrift über die Grundlage der Moral« ... 495–671
Ueber das Sehn und die Farben ... 675–779
Bd. 4:
Parerga und Paralipomena I ... 11–580
(»Aphorismen zur Lebensweisheit« ... 373–580)
Bd. 5:
Parerga und Paralipomena II ... 13–716

Ausgabe: Bib
Bd. 1:
Ueber die vierfache Wurzel ... (1847) ... I–III, 1–132
Ueber das Sehn und die Farben ... 135–215
Theoria colorum physiologica ... 219–265
Bd. 2:
Die Welt als Wille und Vorstellung I ... I–XXI, 3–409
Anhang: »Kritik der Kantischen Philosophie« ... 413–531
Bd. 3:
Die Welt als Wille und Vorstellung II ... 3–635
Bd. 4:
Parerga und Paralipomena I ... V–VI, 3–451
(»Aphorismen zur Lebensweisheit« ... 285–451)
Bd. 5:
Parerga und Paralipomena II ... 3–569
Bd. 6:
Ueber den Willen in der Natur ... I–XVIII, 1–117
Die beiden Grundprobleme der Ethik:
»Vorreden« ... 123–154
»Preisschrift über die Freiheit des Willens« ... 155–237
»Preisschrift über die Grundlage der Moral« ... 237–377

Ausgabe: St
Bd. 1:
Ueber die vierfache Wurzel ... (1847) ... 37–191
Bd. 2:
Die Welt als Wille und Vorstellung I ... 7–216
Bd. 3:
Die Welt als Wille und Vorstellung I ... 7–285
Bd. 4:
Die Welt als Wille und Vorstellung I
Anhang: »Kritik der Kantischen Philosophie« ... 5–142
Die Welt als Wille und Vorstellung II ... 147–346
Bd. 5:
Die Welt als Wille und Vorstellung II ... 7–307
Bd. 6:
Die Welt als Wille und Vorstellung II ... 7–214
Ueber den Willen in der Natur ... 217–367
Bd. 7:
Die beiden Grundprobleme der Ethik:
»Vorreden« ... 7–36
»Preisschrift über die Freiheit des Willens« ... 39–132
»Preisschrift über die Grundlage der Moral« ... 135–297
Bd. 8:
Parerga und Paralipomena I ... 7–228
Bd. 9:
Parerga und Paralipomena I ... 7–279
(»Aphorismen zur Lebensweisheit« ... 93–279)
Bd. 10:
Parerga und Paralipomena II ... 7–308
Bd. 11:
Parerga und Paralipomena II ... 7–335
Bd. 12:
Ueber das Sehn und die Farben ... 7–100
Theoria colorum physiologica ... 103–155

Ausgabe: Kö
Bd. 1:
Ueber die vierfache Wurzel ... (1847) ... 5–150
Ueber das Sehn und die Farben ... 153–238
Theoria colorum physiologica ... 241–288

Bd. 2:
Die Welt als Wille und Vorstellung I   5–460
Bd. 3/4:
Die Welt als Wille und Vorstellung II   9–668
Anhang: »Kritik der Kantischen Philosophie«   671–798
Bd. 5:
Ueber den Willen in der Natur   7–145
Die beiden Grundprobleme der Ethik:
»Vorreden«   149–176
»Preisschrift über die Freiheit des Willens«   177–262
»Preisschrift über die Grundlage der Moral«   263–413
Bd. 6:
Parerga und Paralipomena I   5–477
(»Aphorismen zur Lebensweisheit«   305–477)
Bd. 7/8:
Parerga und Paralipomena II   9–602

Ausgabe: We
Bd. 1:
Die Welt als Wille und Vorstellung I   3–548
Anhang: »Kritik der Kantischen Philosophie«   549–706
Bd. 2:
Die Welt als Wille und Vorstellung II   7–802

Ausgabe: Br
Bd. 1:
Ueber die vierfache Wurzel ... (1847)   151–285
Ueber das Sehn und die Farben   291–371
Theoria colorum physiologica   375–416
Bd. 2:
Die Welt als Wille und Vorstellung I   9–413
Anhang: »Kritik der Kantischen Philosophie«   417–528
Bd. 3:
Die Welt als Wille und Vorstellung II   11–592
Bd. 4:
Ueber den Willen in der Natur   11–140
Die beiden Grundprobleme der Ethik:
»Vorreden«   143–167
»Preisschrift über die Freiheit des Willens«   171–247
»Preisschrift über die Grundlage der Moral«   251–382
Bd. 5:
Parerga und Paralipomena I   6–431
(»Aphorismen zur Lebensweisheit«   275–431)
Bd. 6:
Parerga und Paralipomena II   9–576

Seitenkonkordanzen

1. Die Welt als Wille und Vorstellung

Die Welt als Wille und Vorstellung. Leipzig 1819 [= 1819].
Die Welt als Wille und Vorstellung. Leipzig ²1844 (»Zweite, durchgängig verbesserte und sehr vermehrte Auflage« mit einem zweiten Band, »welcher die Ergänzungen zu den vier Büchern des ersten Bandes enthält«) [= 1844].
Die Welt als Wille und Vorstellung. Leipzig ³1859 [= 1859].

1.1 *Die Welt als Wille und Vorstellung I*

1819	1844	1859	Fr 2	Hü 2	De 1	ZA 1/2	Lü 1	Lö 1	Gr 1	Ins 1	Bib 2	St 2–4	Kö 2, 3/4	We 1	Br 2
V	VII	VII	VII	VII	XIX	7	7	7	9	9	I	7	5	3	9
XIII	XII	XIII	XIII	XIII	XXV	11	12	12	14	14	VI	12	9	7	12
/	XV	XVI	XVI	XVI	XXVIII	14	14	14	16	16	VIII	14	11	9	15
/	XXIII	XXIV	XXIV	XXIV	XXXVI	20	21	21	23	23	XV	20	17	16	20
/	/	XXXI	XXXI	XXXI	XXXXIII	26	27	27	29	29	XXI	26	22	22	25
/	/	XXXII	XXXII	XXXII	XXXXIV	26	27	27	29	29	XXI	26	22	22	25
1	1	1	1	1	1	27	29	29	31	31	1	27	23	23	27
3	3	3	3	3	3	29	31	31	33	33	3	29	25	23	29
5	5	5	5	5	5	31	33	33	35	35	5	31	27	25	31
8	6	7	7	7	7	33	35	35	37	37	6	33	28	27	32
10	8	9	9	9	9	35	37	37	39	39	8	35	30	29	34
18	15	15	15	15	15	41	43	44	45	45	13	41	36	36	38
27	21	22	22	22	22	47	50	51	52	52	19	47	42	44	44
37	29	30	30	30	30	55	58	59	60	60	25	55	49	52	50
51	39	41	41	41	41	66	70	72	72	73	35	66	59	65	59
57	44	46	46	46	46	71	76	77	77	78	39	71	64	71	63
74	57	59	59	59	59	86	89	91	90	91	50	85	77	85	75
76	58	61	61	61	61	87	92	95	92	93	51	86	78	86	76
78	60	63	63	63	63	89	94	97	94	95	53	88	80	89	78
87	67	69	69	69	69	96	101	104	101	102	58	94	86	96	83
92	70	73	73	73	73	99	105	108	104	106	62	98	89	100	86

1819	1844	1859	Fr 2	Hü 2	De 1	ZA 1/2	Lü 1	Lö 1	Gr 1	Ins 1	Bib 2	St 2–4	Kö 2, 3/4	We 1	Br 2
102	78	82	82	82	82	108	115	118	114	115	69	107	97	110	93
125	95	99	99	99	99	125	132	137	131	133	83	123	113	129	107
137	105	111	111	111	111	135	143	149	143	145	93	133	123	140	115
139	107	113	113	113	113	137	145	151	145	147	95	135	125	140	117
146	112	118	118	118	118	142	150	156	150	152	99	140	129	146	121
152	116	123	123	123	123	146	155	161	155	157	103	144	134	151	124
156	120	126	126	126	126	150	159	165	158	161	106	148	137	155	127
160	124	130	130	130	130	154	162	169	162	165	109	151	140	159	130
162	125	131	131	131	131	155	164	171	163	166	110	153	141	160	131
165	127	134	134	134	134	157	166	173	166	168	112	155	143	163	133
175	135	142	142	142	142	165	174	182	174	177	119	163	151	172	140
185	144	151	151	151	151	175	184	193	184	187	127	172	159	182	147
189	147	154	154	154	154	178	187	196	187	190	129	175	162	186	149
203	157	165	165	165	165	188	198	208	198	202	138	186	172	198	158
222	173	182	182	182	182	204	215	226	215	219	152	202	186	216	171
235	184	193	193	193	193	215	226	237	226	231	161	212	196	228	179
240	188	196	196	196	196	218	230	241	229	234	164	216	199	232	182
241	189	197	197	197	197	219	231	243	231	235	165	3, 5	201	233	183
243	191	199	199	199	199	221	233	245	233	237	167	7	203	233	185
244	192	200	200	200	200	222	234	246	234	238	168	8	204	234	186
251	197	205	205	205	205	227	239	252	239	243	172	13	208	240	190
253	199	207	207	207	207	229	241	254	241	245	174	15	210	242	191
256	201	209	209	209	209	231	243	256	243	247	176	17	212	245	193
260	204	213	213	213	213	235	247	261	247	251	179	20	215	249	196
265	208	217	217	217	217	238	251	264	251	255	182	24	218	252	199
267	210	219	219	219	219	240	253	266	253	257	183/4	25/6	220	255	200/1
280	219	229	229	229	229	250	263	277	263	267	192	35	229	266	208
281	221	230	230	230	230	251	265	279	264	269	193	36	230	267	209
283	222	231	231	231	231	252	266	280	265	270	194	37/8	231	268	210
289	227	236	236	236	236	257	271	285	270	275	198	42	236	274	214
299	235	244	244	244	244	265	279	294	279	284	205	50	243	283	220
301	236	246	246	246	246	267	281	296	280	285	206	52	244	285	222

56 Seitenkonkordanzen für die Werkausgaben

1819	1844	1859	Fr 2	Hü 2	De 1	ZA 1/2	Lü 1	Lö 1	Gr 1	Ins 1	Bib 2	St 2–4	Kö 2, 3/4	We 1	Br 2
306	240	250	250	250	250	271	285	301	285	290	210	56	248	289	225
307	241	251	251	251	251	272	286	302	286	290	210	57	249	290	226
315	247	257	257	257	257	278	292	308	292	297	215	62	254	297	230
318	249	260	260	260	260	280	295	311	294	299	218	65	256	300	232
327	256	267	267	267	267	287	302	319	302	307	223	72	263	308	238
331	260	270	270	270	270	290	305	322	305	310	226	75	266	311	241
332	261	271	271	271	271	291	307	323	306	311	227	76	267	312	241
338	265	275	275	275	275	295	311	328	310	316	231	80	270	317	245
338	265	276	276	276	276	296	312	329	311	316	231	81	271	318	245/6
342	269	279	279	279	279	299	315	332	314	320	234	84	274	321	248
350	275	286	286	286	286	306	322	340	321	327	240	90	280	329	254
367	289	301	301	301	301	321	338	356	337	343	253	105	294	346	266
384	302	316	316	316	317	335	353	372	352	359	265	120	307	362	277
385	303	317	317	317	317	2,341	355	373	353	361	267	121	309	363	279
387	305	319	319	319	319	343	357	375	355	363	269	123	311	363	281
392	309	323	323	323	323	347	361	379	359	367	272	127	314	368	284
410	322	337	337	337	337	361	376	395	374	382	284	140	327	383	295
424	334	349	349	349	349	372	387	407	385	394	294	152	337	396	304
438	343	358	358	358	358	381	397	417	394/5	404	301/2	160	345/6	406	311
443	347	363	363	363	363	385	401	422	399	409	305	165	349	411	315
448	350	366	366	366	366	389	405	426	403	413	308	168	353	415	318
459	360	376	376	376	376	399	415	438	413	423	317	178	362	426	326
465	365	381	381	381	381	404	421	443	418	428	321	183	366	432	330
469	368	385	385	385	385	408	424	447	422	432	324	187	369	436	333
471	369	386	386	386	386	409	425	448	423	433	325	188	370	437	333/4
477	374	391	391	391	391	414	430	454	428	438	329	192	375	442	337
480	376	393	393	393	393	416	433	457	431	441	331	195	377	445	339
490/1	385	402	402	402	402	425	442	466	440	450	338	203	385	454/5	346
505	395	414	414	414	414	436	454	479	452	462	348	215	395	468	355
513	403	422	422	422	419	444	462	487	459	470	355	222	402	476	362
517	405	424	424	424	424	447	465	490	462	473	357	225	405	479	364
528	414	433	433	433	433	455	473	499	471	482	364	233	412/3	488/9	370/1

1819	1844	1859	Fr 2	Hü 2	De 1	ZA 1/2	Lü 1	Lö 1	Gr 1	Ins 1	Bib 2	St 2–4	Kö 2, 3/4	We 1	Br 2
530	415	434	434	434	434	456	474	501	472	483	365	234	413	490	371
540	423	443	443	443	443	465	483	510	481	492	372	242	421	499	378
544	427	446	446	446	446	468	487	514	485	496	375	246	424	503	381
554	435	456	456	456	456	477	497	524	495	506	383	255	433	514	389
565	444	465	465	465	465	486	505	534	504	515	391	264	440/1	524	396
572	449	471	471	471	471	492	512	541	510	521	396	269	446	530	400
577	454	476	476	476	476	497	517	546	515	527	400	274	450	536	404
584	460	483	483	483	483	504	524	554	523	534	406	281	457	544	410
590	464	487	487	487	487	508	528	558	527	538	409	285	460	548	413
593	467	491	491	491	491	511	531	561	531	541	413	4, 5	3/4, 671	549	417
596	470	494	494	494	494	514	534	564	533	544	416	8	674	552/3	419
602	476	501	501	501	501	521	541	572	541	551	421	14	680	560	425
604	478	504	504	504	504	523	544	574/5	544	554	423/4	17	682	563	427
/	479	505	505	505	505	524	545	576	545	555	424	18	683	564	428
608	484	510	510	510	510	530	550	581/2	551	560/1	429	23	688	570	432
612	488	514	514	514	514	533	554	585/6	554	564	432	27	691	574	435
618	492	518	518	518	518	537	558	590	558	568/9	436	31	695	579	438
629	509	536	536	536	536	554	576	609	576	587	450	48	710/1	598	452
642	519	546	546	546	546	564	587	620	587	598	459	58	719/20	609	459
654	530	559	559	559	559	577	600	634	601	611/2	470	71	731	624	470
/	537	566	566	566	566	584	607	641	608	619	476	77	738	632	475
669	549	579	579	579	579	597	621	655/6	621	632/3	487	90	749	646	485/6
673	552	583	583	583	583	601	625	660	625	636/7	490	94	753	650/1	489
685	563	595	595	595	595	612	636	672	637	648/9	499	105	763/4	663/4	498
693	570	602	602	602	602	619	644	680	644	656	505	112	770	671/2	504
696	573	605	605	605	605	622	647	683	647	659	508	115	772	674/5	506
697	576	610	610	610	610	627	651	689	652	664	512	120	777	680	510
716	592	626	626	626	626	643	667	707	669	681	525	135	791	697/8	522
723	596	630/1	630	630	630	648	672	712	674	685/6	529	140	795	702/3	525/6
725	599	634	633	633	634	651	676	715	677	689	531	142	798	706	528

1.2 Die Welt als Wille und Vorstellung II

1844	1859	Fr 3	Hü 3	De 2	ZA 3/4	Lü 2	Lö 2	Gr 2	Ins 2	Bib 3	St 4–6	Kö 3/4	We 2	Br 3
3	3	3	3	3	9	11	11	9	701	3	147	9	7	11
15	15	15	15	15	21	23	24	22	714	13	159	20	20	20/1
22	22	22	22	22	28	30	31	28	720	19	165	26	27	26
29	30	30	30	30	35	38	39	36	728	26	173	33	36	32
34	36	37	37	36	42	44	46	43	735	31	179	39	43	37
48	52	52	52	52	57	60	64	59	751	44	194	53	60	49
57	62	62	62	62	72	70	81	68	760	52	205	63	70	60
61	67	67	67	67	77	74	86	73	765	56	209	67	75	63
70	76	76	76	76	85	84	95	82	774	63	218	75	85	70
79	86	86	86	86	95	94	106	92	784/5	72	228	84	96	78
91	99	99	99	99	109	107	121	106	798	82	240	96	110	88
101	112	112	112	112	122	120	134	119	812	93	253	108	125	99
106	117	117	117	117	127	126	141	125	817	98	258	113	131	103
117	129	129	129	129	139	138	154	137	829	108	269	123	144	113
119	131	131	131	131	140	139	155	138	830	110	271	125	145	114
129	142	142	142	142	152	151	168	150	842	120	282	135	158	123
132	145	145	145	145	154	154	171	153	845	122	284	137	161	125
135	150	150	150	150	159	158	176	158	850	126	289	142	166	129
148	163	163	163	163	172	172	190	171	864	137	302	153	180	139
158	175	175	175	175	186	184	206	184	876	147	314	164	194	149
172/3	190	190	190	190	201	200	222/3	200	892	160	328/9	178	211	160/1
183	202	202	202	202	213	211/2	236	211	904/5	170	340	188	224	170
190	209	209	209	209	219	218	243	218	912	176	346	194	231	175
193	213	213	213	213	223	221	247	221	915	179	5, 7	197	232	179
203	224	224	224	224	234	232	259	232	926	188	17	207	244	187
214	236	236	236	236	245	244	272	244	939	198	29	217	257	197
226	250	250	250	250	260	259	287/8	259	953/4	210	43	230	273	208
236	263	263	263	263	272	272	302	272	967	221	55	242	287	218
248	277	277	277	277	286	286	316	286	981	233	68	254	302	228
260	292	292	292	292	301	301	333/4	302	997	246	83	268	319	240
267	304	304	304	304	315	313	348	314	1009	256	94	278	332	249

1844	1859	Fr 3	Hü 3	De 2	ZA 3/4	Lü 2	Lö 2	Gr 2	Ins 2	Bib 3	St 4–6	Kö 3/4	We 2	Br 3
270	307	307	307	307	318	316	352	317	1012	259	97	281	335	252
282	319	319	319	319	330	328	365	329	1025	269	109	292	348/9	261
294	331	331	331	331	342	341	378	342	1038	280	121	303	362	271
306	346	346	346	346	356	356	394	357	1053	292	135	316	378	282
318	362	361	361	362	372	372	411	373	1069	305	150	330	395	294
328	373	372	372	373	382	383	423	384	1080	314	161	340	407	302
342	390	390	390	390	400	400	443	402	1098	329	178	355	427	316
350	398	398	398	398	408	408	451	410	1107	336	185	362	435	322
360	410	411	411	410	421	420	466	423	1120	347	198	374	448	332
363	413	415	415	413	4,431	423	469	427	1123	351	203	377	449	335
367	417	419	419	417	435	427	473	431	1127	354	207	380	453	338
376	428	429	429	428	445	437	484	442	1137	364	217	390	465	346
386	439	441	441	439	457	449	497	453	1150	374	228	400	477/8	355
398	454	456	456	454	472	464	514	468	1165	386	242	413	494	366
403	459	460	460	459	476	469	519	473	1170	390	247	417	499	370
405	461	463	463	461	479	471	521	475	1172	393	249	419	501	372
410	466	468	468	466	484	476	527	481	1177	397	254	424	507	376
418	476	478	478	476	493	486	537	491	1187	406	263	432	517	384
424	482	484	484	482	499	492	544	497	1194	411	269	438	524	388
438	499	501	501	499	516	510	563	515	1212	426	286	453	543	402
446	509	511	511	509	526	520	573	524	1222	434	295	462	554	409
/	521	523	523	521	538	532	586	537	1235	445	307	473	567	419
461	525	527	527	525	541	535	589	541	1239	449	6,7	477	568	423
463	527	528	528	527	542	536	590	542	1240	450	8	478	569	424
475	539	541	541	539	554	549	604	555	1253	461	20	489	583	433/4
482	548	550	550	548	564	558	614	564	1262/3	469	28/9	497	593	441
499	566	568	568	566	581	576	634	583	1282	484	46/7	513	613	455
511	582	584	584	582	597	592	651	599	1298	498	61	527	630	467
519	590	591	591	590	604	600	660	607	1306	505	69	534	638	473
531	605	607	607	605	621	616	678	623	1323	518	84	548	656	486
543	618	620	620	618	634	629	693	637	1336	530	97	560	670	496
554	630	632	632	630	646	641	706	649	1349	540	108	570	683	505

56 Seitenkonkordanzen für die Werkausgaben

1844	1859	Fr 3	Hü 3	De 2	ZA 3/4	Lü 2	Lö 2	Gr 2	Ins 2	Bib 3	St 4–6	Kö 3/4	We 2	Br 3
/	641	643	643	641	657	652	718	660	1360	549	119	580	695	514
565	649	651	651	649	665	660	727	668	1368	556	127	587	703	520
570	654	657	657	654	670	665	733	674	1374	561	132	592	709	524
576	661/2	664	664	661/2	677	672	741	681	1381	567	138/9	598	717	530
585	674	676	676	674	690	684	754	693	1393	577	150	608	730	540
600	690	692	692	690	706	700	772	709	1410	591	166	623	748	552
606	697	699	699	697	712	707	779	716	1417	597	172	629	755	558
617	710	712	712	710	726	720	795	730	1430	608	185	640/1	769	568
628	726	729	729	726	743	737	813	747	1447	621	201	655	787	581
634	733	736	736	733	750	744	821	754	1455	629	208	661	795	587
640	740	743	743	740	757	751	829	762	1462	635	214	668	802	592

2. Kleine Schriften

2.1 Ueber die vierfache Wurzel des Satzes vom zureichenden Grunde (1847)
Ueber die vierfache Wurzel des Satzes vom zureichenden Grunde. Frankfurt a. M. ²1847 [= 1847].

1847	Fr 1	Hü 1	De 3	ZA 5	Lü 3	Lö 3	Gr 3	Ins 3	Bib 1	St 1	Kö 1	Br 1
III	V	V	103	9	9	7	9	11			5	151
1	1	1	109	13	15	11	15	17	1	37	9	159
2	2	2	110	14	16	12	16	18	2	40	10	160
3	3	3	111	15	17	13	17	18	2	41	10	160
4	4	4	112	16	18	14	18	19	3	42	11	161
4	4	4	112	17	18	15	18	20	4	43	12	162
6	6	6	114	18	19	16	19	21	4	43	12	163
9	9	9	117	22	22	20	22	24	7	44	15	165
12	12	12	120	25	25	23	25	27	9	47	18	167
16	17	17	125	31	29	31	31	32	14	49	22	172
17	18	18	126	32	30	31	31	33	14	55	23	172
18	19	19	127	34	31	33	33	35	16	55	24	173
19	20	20	128	35	32	34	34	36	16	57	25	174
20	21	21	129	36	33	35	35	37	17	58	26	175
22	23	23	131	37	35	37	36	38	18	59	27	176
24	25	25	133	39	37	39	38	39	20	60	29	178
26	27	27	135	41	38	41	39	41	21	61	30	179
27	28	28	136	43	40	42	41	42	22	63	31	181
28	29	29	137	44	40	42	41	43	23	64	32	181
29	30	30	138	46	42	44	43	45	24	65	34	183
33	34	34	142	49	45	48	47	48	27	66	36	185
50	51	51	159	66	63	67	64	67	41	69	52	199
67/8	70	70	178	84	81	88	86	88	58	86	70	214
78	84	84	192	100	92	106	100	102	69	106	83	225
79	85	85	193	101	93	107	101	103	70	118	84	225
87	93	93	201	109	102	116	110	112	77	119	91	232
88	93	93	201	110	102	117	110	113	77	127	92	232
91	97	97	205	113	106	120	113	115	80	127	94	235
										130		

1847	Fr 1	Hü 1	De 3	ZA 5	Lü 3	Lö 3	Gr 3	Ins 3	Bib 1	St 1	Kö 1	Br 1
94	100	100	208	116	109	124	117	119	83	133	97	238
96	102	102	210	118	111	125	118	121	84	135	99	239
99	105	105	213	121	114	129	121	124	86	138	101	241
100	106	106	214	122	115	129	122	125	87	139	102	242
101	107	107	215	123	116	131	124	126	88	140	103	243
102	108	108	216	124	117	131	124	126	89	140	104	243
102	108	108	216	124	117	132	125	127	89	141	104	244
104	110	110	218	126	119	134	127	129	91	143	106	245
115	121	121	229	138	131	147	138/9	141	100	154	116	254
123	130	130	238	147	139	157	147	150	107	162	124	261
124	131	131	239	148	139	158	148	151	108	163	124	261
125	132	132	240	149	141	159	149	152	109	164	125	262
126	133	133	241	150	142	160	150	153	110	165	126	263
126	133	133	241	150	142	160	151	154	110	165	127	263
133	140	140	248	157	149	168	158	160	115	172	133	269
133	140	140	248	157	149	168	158	160	115	172	133	269
136	143	143	251	160	151	171	160	162	117	174	135	271
137	144	144	252	161	152	172	161	163	118	175	136	272
138	145	145	253	162	154	174	163	165	120	177	138	273
139	146	146	254	163	155	175	164	166	120	178	138	274
142	150	150	258	166	158	178	167	169	123	181	141	277
143	151	151	259	168	159	179	168	170	124	182	142	278
144	152	152	260	169	160	180	169	171	125	183	143	278
145	153	153	261	170	161	181	170	172	126	184	144	279
146	155	155	263	172	162	183	172	174	127	185	145	281
148	157	157	265	174	164	185	174	176	129	187	147	282
149	157	157	265	175	165	186	175	177	129	188	148	283
151	160	160	268	177	167	189	177	180	132	191	150	285

2.2 Ueber die vierfache Wurzel des Satzes vom zureichenden Grunde (1813)

Ueber die vierfache Wurzel des Satzes vom zureichenden Grunde. Rudolstadt 1813 [= 1813].

1813	Hü 7	De 3
1	3	3
2	4	4
4	5	5
7	6	6
7	7	7
9	8	8
11	9	9
11	9	9
13	11	11
14	11	11
16	12	12
17	13	13
19	14	14
21	16	16
23	17	17
23	18	18
25	18	18
28	21	21
29	21	21
31	23	23

1813	Hü 7	De 3
35	25	26
38	27	27
41	29	29
45	31	31
67	44	45
69	45	46
75	49	51
78	51	53
79	51	53
80	52	54
80	52	55
81	53	55
83	54	56
87	57	59
88	57	59
91	59	62
92	60	63
93	60	63
95	61	64
95	62	65

1813	Hü 7	De 3
105	68	71
105	68	71
112	72	75
113	73	76
114	74	77
116	74	78
125	80	83
126	81	84
129	82	86
133	85	89
133	85	89
135	86	90
136	87	91
137	88	92
138	88	93
140	89	94
141	90	94
142	90	95
144	92	96
148	94	99

2.3 Ueber das Sehn und die Farben
Ueber das Sehn und die Farben. Leipzig ²1854 [= 1854].

1854	Fr 1	Hü 1	De 6	ZA/	Lü 3	Lö 3	Gr 6	Ins 3	Bib 1	St 12	Kö 1	Br 1
III	III	III	117	/	635	193	9	675	135	7	153	291
VI	VII	VI	120	/	638	196	12	678	138	10	155	293
1	1	1	125	/	641	197	15	681	139	11	157	299
7	7	7	131	/	647	204	21	687	144	17	163	304
21	21	21	145	/	661	219	35	702	155	30	175	315
24	24	24	148	/	664	222	38	704	158	33	177	317
24	24	24	148	/	664	222	38	705	158	33	178	317
25	25	25	149	/	666	224	39	706	159	34	179	318
35	35	35	159	/	676	234	50	717	167	44	188	326
36	37	37	160	/	677	236	51	718	168	45	189	327
38	38	38	162	/	679	238	53	720	170	47	190	329
41	41	41	165	/	682	241	56	723	172	50	193	331
42	42	42	166	/	683	242	57	724	173	51	194	332
50	51	51	174	/	692	252	66	734	180	60	202	339
60	62	62	184	/	702	263	77	745	189	69	211	347
62	63	63	186	/	703	264	78	746	191	71	212	348
64	66	66	188	/	706	268	82	750	193	74	215	350
77	80	80	201	/	719	283	95	764	204	87	227	361
86	93	93	210	/	728	297	109	779	215	100	238	371

2.4 Theoria colorum physiologica
Commentatio undecima exponens Theoriam Colorum Physiologicam eandemque primariam. Leipzig 1830 [= 1830].

Die Angaben in Klammern für die Ausgaben Hü und De verweisen auf die deutsche Übersetzung.

1830	Fr 1	Hü 1 (7)	De 6 (6)	ZA /	Lü /	Lö /	Gr 6	Ins /	Bib 1	St 12	Kö 1	Br 1
3	1	1 (184)	59 (506)	/	/	/	113	/	219	103	241	375
7	6	6 (186)	63 (510)	/	/	/	117	/	222	107	244	378
15	14	14 (190)	70 (516)	/	/	/	125	/	229	114	251	384
20	18	18 (192)	74 (519)	/	/	/	129	/	232	118	254	387
26	25	25 (196)	81 (524)	/	/	/	137	/	238	125	261	392
29	28	28 (198)	84 (526)	/	/	/	141	/	241	128	263	394
32	31	31 (199)	86 (528)	/	/	/	143	/	243	130	265	396
38	37	37 (203)	93 (533)	/	/	/	150	/	248	136	271	401
49	47	47 (208)	103 (541)	/	/	/	161	/	256	146	279	408
51	50	50 (209)	105 (543)	/	/	/	163	/	258	148	281	410
56	55	55 (212)	110 (546)	/	/	/	168	/	262	152	285	414
58	58	58 (213)	112 (547)	/	/	/	171	/	265	155	288	416

2.5 Ueber den Willen in der Natur

Ueber den Willen in der Natur. Frankfurt a. M. 1836 [= 1836].
Ueber den Willen in der Natur. Frankfurt a. M. ²1854 [= 1854].

1836	1854	Fr 4	Hü 4	De 3	ZA 5	Lü 3	Lö 3	Gr 3	Ins 3	Bib 6	St 6	Kö 5	Br 4
/	III	IX	IX	271	183	171	301	181	183	I	217	7	11
/	XII	XIX	XIX	280	191	178	309/10	189	191	IX	225	14	18
/	XXI	XXIX	XXIX	289	200	186	319	198	200	XVIII	232	21	24
1	1	1	1	293	201	189	320	201	203	1	235	23	27
11	9	9	9	301	209	197	328	209	211	7	243	31	33
27	21	21	21	313	221	209	341	221	224	18	255	42	42
40	33	34	34	325	233	221	355	233	236	28	266	53	52
52	43	45	45	335	244	231	367	244	248	37	276	62	61
63	55	59	59	347	256	244	381	257	261	48	288	73	72
70	63	69	69	355	265	252	391	267	271	56	297	82	79
81	74	80	80	366	276	263	403	277	282	64	307	91	88
97	88	95	95	380	290	277	419	292	297	76	320	103	99
99	91	99	99	383	294	280	423	295	300	79	323	105	102
110	102	112	112	394	307	291	438	308	314	89	335	117	112
126	117	128	128	409	325	305	459	324	330	102	350	130	125
135	128	140	140	420	336	315	472	336	342	112	361	140	135
139	133	145	145	425	341	320	478	341	347	116	365	144	139
141	135	147	147	427	342	321	479	343	349	117	367	145	140

2.6 »Preisschrift über die Freiheit des Willens«

Die beiden Grundprobleme der Ethik. Frankfurt a. M. 1841 (darin als erster Teil: »Ueber die Freiheit des menschlichen Willens«) [= 1841].
Die beiden Grundprobleme der Ethik. Leipzig ²1860 [= 1860].

1841	1860	Fr 4	Hü 4	De 3	ZA 6	Lü 3	Lö 3	Gr 3	Ins 3	Bib 6	St 7	Kö 5	Br 4
V	VII	V	V	433	7	327	483	349	355	123	7	149	143
XVII	XVIII	XVI	XVI	444	16	336	493	358	364	132	16	157	150
XXIV	XXV	XXIII	XXIII	451	22	342	499/500	364	371	138	21	162	155
XXXII	XXXII	XXX	XXX	458	28/9	348	506	370	377	144	27	167	159
/	XLI	XXXIX	XXXIX	467	36	355	514	377	384	151	33	174	165
/	XLIV	XLII	XLII	470	39	358	517	380	387	154	36	176	167
3	3	3	3	473	43	361	521	383	391	155	39	177	171
14	14	14	14	484	53	372	532	393	401	164	48	186	179
27	26	26	26	496	65	384	544	405	413	174	60	196	188
40	38	38	38	508	77	396	557	417	426	184	71/2	207	197
51	50	50	50	520	89	408	570	429	439	194	83	218	206
64	63	63	63	533	102	421	583	442	452	204	95	228	217
73	74	74	74	544	115	432	598	453	464	213/4	106	238	225
88	90	90	90	560	131	446	615	469	579	226	120	251	238
97	98	98	98	568	139	454	624	477	488	234	128	259	245
/	102	102	102	572	142	458	627	481	492	237	132	262	247

2.7 »Preisschrift über die Grundlage der Moral«

Die beiden Grundprobleme der Ethik. Frankfurt a. M. 1841 (darin als zweiter Teil: »Ueber das Fundament der Moral«) [=1841].
Die beiden Grundprobleme der Ethik. Leipzig ²1860 [=1860].

1841	1860	Fr 4	Hü 4	De 3	ZA 6	Lü 3	Lö 3	Gr 3	Ins 3	Bib 6	St 7	Kö 5	Br 4
103	105	105	105	575	145	461	631	485	495	237	135	263	251
105	107	107	107	577	147	463	632	487	497	238	137	265	253
110	111	111	111	581	151	467	637	491	501	242	141	269	256
116	117	117	117	587	157	473	642	497	506	247	146	273	261
119	120	120	120	590	160	476	645	500	509	249	149	276	263
126	126	126	126	596	166	482	652	506	516	254	155	282	268
129	129	129	129	599	168	485	655	509	519	257	157	284	270
142	141	141	141	611	180	497	668	521	531	267	169	295	279
154	151	151	151	621	191	508	679	532	543	276	180	305	287
156	154	154	154	624	195	511	683	535	546	278	183	308	290
163	160	160	160	630	201	517	689	541	552	283	188	313	294
172	169	169	169	639	210	526	698	550	561	291	197	321	301
178	174	174	174	644	214	531	704	556	567	295	202	325	305
/	178	178	178	648	218	535	708	560	571	298	205	329	308
182	179	179	179	649	220	536	710	561	572	300	207	330	309
188	185	185	185	655	225	541	715	566	577	303	211	334	313
189	186	186	186	656	226	542	716	567	578	304	212	335	314
199	196	196	196	666	235	552	727	577	588	312	221	344	321
206	203	203	203	673	242	559	734	584	596	318	228	350	327
208	205	205	205	675	244	561	737	586	598	320	230	352	328
216	212	212	212	682	252	569	744	593	606	326	237	359	334
230	226	226	226	696	266	583	759	607	620	338	251	371	345
235	231	231	231	701	270	588	764	612	625	342	255	375	348
253	249	249	249	719	290	606	786	631	645	357	273	391	363
263	260	260	260	730	301	617	797	641	656	365	283	400	371
266	264	264	264	734	305	621	802	645	660	368	287	404	374
278	275	275	275	745	315	631	813	655	671	377	297	413	382

3. Parerga und Paralipomena

Parerga und Paralipomena. Berlin 1851 [= 1851].
Parerga und Paralipomena. Hg. von Julius Frauenstädt. Berlin ²1862 [= Fr 1862].

3.1 Parerga und Paralipomena I

1851	Fr 1862	Fr 5	Hü 5	De 4	ZA 7/8	Lü 4	Lö 4	Gr 4	Ins 4	Bib 4	St 8/9	Kö 6	Br 5
III	III	V	VII	3	7	5	7	11	11	V	7	5	6
3	3	3	3	9	11	11	11	15	15	3	9	9	13
15	17	17	17	23	25	23	27	29	30	15	22	21	24
31	35	35	35	41	43	39	45	47	49	30	37	37	39
45	51	51	51	57	59	54	63	63	66	44	52	51	51
58	65	65	65	72	74	67	79/80	78	81	56	66	64/5	62/3
63	70	69	69	77	78	72	85	83	86	60	71	69	65/6
74	85	84	84	92	93	83	101	98	102	72	85	82	77
91	104	103	102	111	111	101	120/1	116/7	121/2	88	103	98	92
101	115	114	113	122	122	111	133	128/9	134	97	114	109	101
112	127	126	125	134	133	122	146	141	147/8	107/8	125/6	120	111
121	141	140	138	148	147	131	162	155	162	119	138	132	122
131	151	151	149	159	157	141	173	165	173	127	145	141	131
134	154	154	152	162	160	144	177	168	176	130	148	144	133/4
147	169	169	166	177	175	157	193	183	191	142	162	156/7	145
156	179	179	176	187	185	167	204	193	203	151	172	165/6	152/3
165	187	187	185	196	193	175	214	202	212/3	158	180	173	159
178	202	201/2	199	210	207	189	229/30	217	228	170	194	186	170
191	215	215	213	225	221	203	245	231	243	183	205	199	181
200	226	226	224	237	232	212	258	242	254/5	192/3	215/6	208	189/90
212	238	238	237	250	245	224	272	255	269	203	228	220	199
215	241	241	241	253	249	227	275	259	273	207	9, 7	223	203
229	255	255	255	268	263	241	289	274	288	219	21	235/6	214
238	265	265	265	277/8	272	250	301	283/4	299	228	30	244	221/2
247	277	277	277	290	284	260	314	296	312	238	42	255	231
263	294	294	294	307	300	276	333	313	330/1	252	58/9	270/1	244

56 Seitenkonkordanzen für die Werkausgaben

1851	Fr 1862	Fr 5	Hü 5	De 4	ZA 7/8	Lü 4	Lö 4	Gr 4	Ins 4	Bib 4	St 8/9	Kö 6	Br 5
279	310/1	310/1	311	324	317	293	351	330	349	266/7	74/75	285	257
289	321	321	321	335	327	303	363	341	360	275	85	295	265
296	328	329	329	344	335	310	372	349	369	282	92	302	271
299	331	331	333	347	8,343	313	375	353	373	285	93	305	275
301	333	333	335	349	345	315	377	355	374	286	94	306	277
308	341	341	343	357	353	322	385	363	382/3	293	102	313	284
315/6	349	349	351	366	362	330	395	372	392	301	110	321	290/1
328	365	365	367	382	378	343	412	388	408	314	125	334	303
335	373	373	375	390	386	350	420	396	415/6	320	132	341	309
351	390	390	392	408	403	366	439/40	414	434	335	148/9	356	322
358	399	399	401	416	411	373	449	422	442	341/2	156	363	329
367	410	410	411	426	421	382	460	432	453	350	165/6	372	338
376	420	420	421	436	431	391	471	442	464	358/9	175	381	346
386	430	430	431	447	441	402	482	453	474/5	367	184/5	389	354
394	439	439	440	457	451	411	493	463	484	375	194	398	361
406	454	454	455	471	465	422	509/10	477	500	387/8	207/8	411	373
412	461	461	462	479	473	428	518	485	507	393	214	417	378
421	472	472	473	491	484	438	531	496	519/20	403	225	427	387
422	473	473	475	492	485	439	532	498	521/2	404/5	226/7	428/9	388/9
429	483	483	484	502	495	446	542	507	532	412	236	437	396
435	491	491	492	511	503	452	551	516	540/1	419	243/4	444	402
449	508	508	508	527	519	467	568	532	557	432/3	258/9	458	415
456	517	517	517	536	528	474	578	541	567	440	267	466	422
463	527	527	527	547	537	481	589	551	577	448/9	276/7	475	429
465	530	530	530	550	540	483	592	554	580	451	279	477	431

3.2 Parerga und Paralipomena II

1851	Fr 1862	Fr 6	Hü 6	De 5	ZA 9/10	Lü 5	Lö 5	Gr 5	Ins 5	Bib 5	St 10/11	Kö 7/8	Br 6
3	3	3	3	7	9	9	9	9	13	3	7	9	9
11	12	12	12	16	18	18	19	18	22	11	16	17	16
20	22	22	22	26	28	27	29	28	32	18	25	25	25
32	35	35	35	39	41	39	43	41	45	29	36	36	35
41	46	46	47	51	52	48	56	52	56	38	47	46	43
47	54	54	54	59	60	55	63/4	62	67	44/5	54	53	50
60	71	70	70	75	77	69	82	79	84/5	58	70	67	63/4
65	79	79	78	83	85	75	90/1	87	93/4	66	77	74	71
74	89	89	88	92	95	83	101	97	104	74	87	83	79
77	97	96	96	97	102	87	109	102	108	79	93	89	85
84	105	104	105	106	111	95	119	111	116	86	100	96	92
87	109	108	109	110	115	98	123	115	120	89	103	99	95
95	122/3	121/2	122	123	128	106	137	128	135	100	116	111	106
101	138	137	137	138	143	113	154	142	150	112	129	123	119
106	143/4	143	142	144	148	118	160	148	156	116	134	128	123
118	159	158/9	158	160	163	131	177	163	172	129	149	142	136
132	178	177	176	179	181	145	197	182	192	144	166/7	158/9	150/1
143	190	190	189	194	194	157	211	195	205	154	178	169	162
154	201	201	200	205	205	168	223	201	211	163	183	179	171
168	215	215	214	220	219	182	238	205	215	175	186	182	182
176	224	224	223	229	228	190	248	214	225	183	195	190	189
184	234	234	233	240	239	198	259/60	224	235	191	205	199	197
191	242	242	241/2	248	247	205	269	233	244	198	213	206	204
203	256	256	256	263	261	218	284	247	259	209	226	219	215
212	266	266	266	273	271	227	295	257	270	217	236	228	223
219	275	275	275	283	280	235	306	266	280	225	245	236	230
228	284	284	284	292	290	244	316	276	289	232	253	244	238
241	303	303	301	308	307	258	334	294	307	246	269	259	253
247	312	312	309	317	316	264	343	303	315	253	276	266	260
257	328	328	325	332	332	275	361	320	332	267	291	280	273
260	334	334	331	338	339	278	368	326	338	271	297	285	278
268	344	344	342	349	351	286	381	337	350	280	308	296	286

56 Seitenkonkordanzen für die Werkausgaben

1851	Fr 1862	Fr 6	Hü 6	De 5	ZA 9/10	Lü 5	Lö 5	Gr 5	Ins 5	Bib 5	St 10/11	Kö 7/8	Br 6
269	347	347	343	350	10, 359	287	382	338	350	281	11, 7	296	288
276	354	354	350	358	367	294	390	346	358	288	14	303	294
287/8	367	367	364	372	380	306	405	359	372	298	26/7	314	304
296	376	376	373	380	388	314	415	367/8	381	305	35	322	311
304	387	387	383	391	398	322	426	378	393	314	45	331	320
309	394	394	390	399	406	328	434/5	386	400	320	52	338	326
313	405	405	402	411	417	332	447	397	412	329	62	347/8	334/5
327	425	425	420	430	435	346	467	416	432	344	79	364	350
333	435	435	429	440	444	352	477	426	441	351	87	372	357
336	439	439	434	445	449	355	482	431	445	354	91	375	361
343	447	447	442	453	457	362	490	439	453	360	98	382	367
352	456	456	451	463	466	371	500	449	463	368	107	390	375
363	469	469	464	475	479	384	514	461	477	379	119	401/2	385
376	486	486	482	494	497	398	533	479	495	393	135	417	400
386	497/8	497/8	494	505	509	409	546	491	507	403/4	147	427/8	410
401	513	513	509	521	524	424	563	506	523	416	161	440	422
411	526	526	521	534	537	435	577	519	535	426	172	451	433
420	536	536	532	545	548	445	589	530	546	435	182	460	442
432	552	552	550	564	566	458	608/9	548	565	449	200	477	455/6
440	564	564	564	578	579	466	624	563	580	459	212	489	465
443	569	569	571	586	586	469	632	567/8	585	463	217	493	468/9
453	587	587	588	603	603	480	651	585	603	477	232	507	483
460	599	599	599	614	614	487	663	596	615	486	242	517	493
469	616	616	615	631	631	496	681	613	632	501	258	531	507
476	625	625	624	641	640	505	691	622	642	509	267	540	515
485	634	634	634	650	651	515	701/2	632	652	516/7	276	548	523
495	649	649	650	660	667	527	719	648	668	529	291	562	536
502	663	663	664	676	682	536	736	662	682	541	303	574	548
503	670	670	671	690	689	543	744	669	689	546	310	579	554
517	678	678	679	697	697	551	753	678	697	553	317	587	561
520	683	683	684	706	702	554	758	683	702	557	321	590	565
526	690	690	692	711	710	561	766	690	709	563	328	597	571
531	696	696	698	718	717	567	773	696	716	569	335	602	576
				724									

4. Vorlesungen

Philosophische Vorlesungen. Hg. von Volker Spierling. München 1984–1986 (Zweite Auflage: 1987–1990) [Sp].

Hinweis zur Nutzung: Aufgrund der unterschiedlichen Gestaltung des Drucks kann es hin und wieder geringfügige Abweichungen geben. Besonders problematisch ist in dieser Hinsicht der erste Band der Vorlesungen (»Theorie des gesammten Vorstellens«). Große ›Sprünge‹ (u. a. durch Leer- und Titelseiten bei der Deussen-Ausgabe) sind hier **fett** markiert; ab Zeile 87 I 69 konnte der Vergleich auch hier wie üblich durchgeführt werden.

4.1 »Theorie des gesammten Vorstellens, Denkens und Erkennens«

4.2 »Metaphysik der Natur«

4.3 »Metaphysik des Schönen«

4.4 »Metaphysik der Sitten«

4.1		4.2		4.3		4.4	
Sp 1	De 9	Sp 2	De 10	Sp 3	De 10	Sp 4	De 10
37	7	55	15	37	175	57	367
47	18	61	20	41	178	60	370
53	24	70	28	42	180	66	377
54–60	/	78	37/8	51	188	74	385
62	29	83	42/3	54	191	77	387
64	31	88	48	59	196	90	400
64	**35**	96	55	64	201	102	412
65	36	99	57	67	203	108	419
65	**39**	104	62	86	223	110	420
67	40	107	65	90	227	121	431/2
67	**43**	116	74	102	238	135	444
70	46	122	83	116	253	144	454
71	46	129	89	123	259	156	466
82	57	137	97/8	144	279	164	475
83	58	145	105	148	283	172	483
87	**69**	152	113	155	290	179	488
95	79	158	119	165	300	194	503
105	89	163	124	169	304	207	517
115	99	169	130	181	316	213	523
126	113	175	136	200	334	220	530
134	120	181	142	214	349	227	537
141	127	187	147	228	364	248	559
150	136	191	150/1			256	567
156	142	200	160			266	577
160	145/6	208	167			271	582
165	150/1	212	171			273	584
170	156						
175	161						
185	171						
195	180/1						

4.1		4.2		4.3		4.4	
Sp 1	De 9	Sp 2	De 10	Sp 3	De 10	Sp 4	De 10
205	190						
215	200						
221	205						
229	213						
240	223/4						
246	230						
251	234						
259	242						
269	252						
276	260						
286	269						
296	279						
301	284						
311	293/4						
321	303						
331	315						
341	325						
349	333						
359	343						
369	351/2						
374	356						
381	363						
385	366						
390	372						
397	379						
401	382/3						
410	391/2						
418	399						
427	409						
437	417						
442	421						
450	429/30						
460	439/40						
470	450						
479	459						
489	469						
498	478						
508	488/9						
518	498						
527	507						
535	515						
545	524/5						
555	534						
560	540						
568	548						
572	551						

5. Reisetagebücher

5.1 Journal einer Reise (1800)

Die Reisetagebücher. Hg. von Ludger Lütkehaus. Zürich 1988 [Lü].

»Journal einer Reise aus dem Jahre 1800«, in: Wilhelm Gwinner: *Arthur Schopenhauer aus persönlichem Umgang dargestellt.* Hg. von Charlotte von Gwinner. Leipzig 1922, 209–260 [Gw].

Lü	Gw
9	211/2
19	225/6
29	239/40
39	253/4
43	259/60

5.2 Reisetagebücher 1803–1804

Reisetagebücher aus den Jahren 1803–1804. Hg. von Charlotte von Gwinner. Leipzig 1923 [Gw].

Lü	Gw
47	19/20
57	33/4
67	47/8
77	61/2
87	74/5
97	89
107	102/3
117	116/7
127	130/1
137	144/5
147	158/9
157	172/3
167	186/7
177	200/1
187	213/4
197	227/8
207	241
217	255/6
227	269/70
237	282/3
247	296/7
257	310
259	312

Stefan Kirschke

VI Anhang

Zitierweise

Die Werke Arthur Schopenhauers werden nach folgenden Ausgaben zitiert:

Arthur Schopenhauer. *Sämtliche Werke*. Hg. von Arthur Hübscher. 7 Bde. Mannheim: F. A. Brockhaus ⁴1988.
G *Ueber die vierfache Wurzel des Satzes vom zureichenden Grunde*, zweite Auflage 1847 (Bd. I: Schriften zur Erkenntnislehre)
F *Ueber das Sehn und die Farben* (Bd. I: Schriften zur Erkenntnislehre)
W I *Die Welt als Wille und Vorstellung* I (Bd. II)
W II *Die Welt als Wille und Vorstellung* II (Bd. III)
N *Ueber den Willen in der Natur* (Bd. IV [I])
E *Die beiden Grundprobleme der Ethik*: »Ueber die Freiheit des menschlichen Willens«, »Ueber das Fundament der Moral« (Bd. IV [II])
P I *Parerga und Paralipomena* I (Bd. V)
P II *Parerga und Paralipomena* II (Bd. VI)
Diss *Ueber die vierfache Wurzel des Satzes vom zureichenden Grunde*, Dissertation 1813 (Bd. VII)

Werden diese Werke nach anderen Ausgaben zitiert, so ist nach der Seitenangabe eine entsprechende Kennzeichnung angegeben: (Lö) für die Ausgabe von Wolfgang Frhr. von Löhneysen, (Lü) für die Ausgabe von Ludger Lütkehaus, (ZA) für die »Zürcher Ausgabe« oder (De) für die Ausgabe von Paul Deussen, s. auch Kap. 53 und 56.

Die erste Auflage von *Die Welt als Wille und Vorstellung* wird zitiert nach:
W 1 Arthur Schopenhauer: *Die Welt als Wille und Vorstellung. Faksimiledruck der ersten Auflage 1818 (1819)*. Hg. von Rudolf Malter. Frankfurt a. M.: Insel-Verlag 1987.

Arthur Schopenhauer: *Der Handschriftliche Nachlaß*. Hg. von Arthur Hübscher. 5 Bde. in 6. Frankfurt a. M.: Verlag W. Kramer 1966–1975. Taschenausgabe (band- und seitengleich) München: dtv 1985.
HN I Die frühen Manuskripte 1804–1818 (Bd. I)
HN II Kritische Auseinandersetzungen 1809–1818 (Bd. II)
HN III Berliner Manuskripte 1818–1830 (Bd. III)
HN IV (1) Die Manuskripte der Jahre 1830–1852 (Bd. IV.1)
HN IV (2) Letzte Manuskripte/Graciáns Handorakel (Bd. IV.2)
HN V Arthur Schopenhauers Randschriften zu Büchern (Bd. V)

Arthur Schopenhauer: *Philosophische Vorlesungen*. Hg. von Volker Spierling. 4 Bde. München: Piper 1984–1986.
VN I Theorie des gesammten Vorstellens, Denkens und Erkennens, 1. Theil (Bd. I)
VN II Metaphysik der Natur. Vorlesung über die gesammte Philosophie, 2. Theil (Bd. II)
VN III Metaphysik des Schönen. Vorlesung über die gesammte Philosophie, 3. Theil (Bd. III)
VN IV Metaphysik der Sitten. Vorlesung über die gesammte Philosophie, 4. Theil (Bd. IV)

Werden Schopenhauers Vorlesungen nach der Ausgabe von Paul Deussen (Bd. IX und X) zitiert, so steht nach der Seitenangabe die Kennzeichnung (De).

GBr Arthur Schopenhauer: *Gesammelte Briefe*. Hg. von Arthur Hübscher. Bonn: Bouvier ²1987.
BrW Arthur Schopenhauer: Briefwechsel 1799–1860. In: *Schopenhauer im Kontext III. Werke, Vorlesungen, Nachlass und Briefwechsel auf CD-ROM* (= *Literatur im Kontext auf CD-ROM*, Bd. 31). Berlin: Worm 2008.
Gespr Arthur Schopenhauer: *Gespräche*. Hg. von Arthur Hübscher. Stuttgart-Bad Cannstatt: Frommann-Holzboog ²1971.

Autorinnen und Autoren

Matteo Vincenzo d'Alfonso, Professor für Geschichte der Philosophie am Dipartimento di Studi Umanistici der Università degli studi di Ferrara, Italien (II.4 *Ueber die vierfache Wurzel des Satzes vom zureichenden Grunde*; II.9.7 Der zweite Band der *Parerga und Paralipomena*).

Konstantin Alogas, Dr., freier Lektor (II.9.2 »Fragmente zur Geschichte der Philosophie«).

Urs App, Professor em. für Buddhismus an der Hanazono Universität in Kyoto, Senior Research Fellow an der École Française d'Extrême-Orient, Paris (III.11 Asiatische Philosophien und Religionen).

Stephan Atzert, Dr., Senior Lecturer in German an der University of Queensland, Australien (II.9.4 »Transscendente Spekulation über die anscheinende Absichtlichkeit im Schicksale des Einzelnen«).

Damir Barbarić, Professor am Institut za filozofiju an der Universität Zagreb (II.9.5 »Versuch über das Geistersehn und was damit zusammenhängt«).

Dieter Birnbacher, Professor i. R. für Philosophie an der Heinrich-Heine-Universität Düsseldorf (II.6.3 Erkenntnis- und Wissenschaftstheorie; II.8 *Die beiden Grundprobleme der Ethik*; IV. B.44 Tierethik).

Olaf Breidbach †, war Professor am Institut für Geschichte der Medizin, Naturwissenschaft und Technik der Friedrich-Schiller-Universität Jena (II.5 *Ueber das Sehn und die Farben*).

Jürgen Brunner, Dr., Facharzt für Psychiatrie und Psychotherapie in eigener Praxis in München (III.23 Medizin: Naturphilosophie und Experimentalphysiologie).

Christa Buschendorf, Professorin i. R. für Amerikanistik am Institut für England- und Amerikastudien der Goethe-Universität Frankfurt am Main (IV. D.48 USA).

Elena Cantarino, Dr., Dozentin am Departamento de Filosofía der Universitat de València (II.10.5 Die Übersetzung von Graciáns *Handorakel*).

Fabio Ciracì, Professor für Geschichte der italienischen Philosophie (*Storia della filosofia italiana*) am Dipartimento di Studi Umanistici der Università del Salento, Lecce (IV. D.49 Italien).

Friedhelm Decher, Professor am Philosophischen Seminar der Universität Siegen (II.6.4 Metaphysik).

Søren R. Fauth, Professor am Institut for Kommunikation og Kultur der Universität Århus (III.24 Romantik; IV. C.45 Literatur, zus. mit Børge Kristiansen).

Domenico M. Fazio, Professor am Dipartimento di Studi Umanistici der Università del Salento, Lecce (II.10.4 Briefe, zus. mit Matthias Koßler; IV. A.27 Die ›Schopenhauer-Schule‹).

Arnaud François, Dr., Professor an der Universität Poitiers (IV. A.33 Henri Bergson; IV. D.51 Frankreich).

Michael Gerhard, M. A., Wissenschaftlicher Mitarbeiter am Philosophischen Seminar der Johannes Gutenberg-Universität Mainz (IV. D.52 Indien).

Günter Gödde, Dr., Psychotherapeut in eigener Praxis, Dozent, Supervisor, Lehrtherapeut und Ausbildungsleiter in der Psychotherapeutenausbildung an der Berliner Akademie für Psychotherapie und an der Psychologischen Hochschule Berlin (IV. A.31 Sigmund Freud).

Dirk Göhmann, Dr., lebt in Zürich und ist in der Softwarebranche tätig (IV. B.43 Neurophilosophie).

Oliver Hallich, Professor am Institut für Philosophie der Universität Duisburg-Essen (II.6.6 Ethik).

Heinz Gerd Ingenkamp, Professor i. R. am Institut für Klassische und Romanische Philologie der Universität Bonn (II.9.6 »Aphorismen zur Lebensweisheit«; III.12 Platon).

Michael Jeske, Dr., Lehrbeauftragter am Institut für Philosophie der Goethe-Universität in Frankfurt am Main (IV. A.25 Ludwig Feuerbach; IV. B.42 Kritische Theorie).

Yasuo Kamata, Professor em. an der Kwansei Gakuin University, Nishinomiya, Japan (II.10.1 Der handschriftliche Nachlass und der junge Schopenhauer).

Stefan Kirschke, Studentische Hilfskraft am Lehrstuhl für Systematische Theologie der Ernst-Moritz-Arndt-Universität Greifswald (V.56 Seitenkonkordanzen für die Werkausgaben).

Sarah Kohl, Dr., freie Lektorin (IV. A.29 Wilhelm Dilthey, zus. mit Daniel Schubbe; IV. A.32 Georg Simmel).

Martina Koniczek, M. A., wissenschaftliche Dokumentarin/Information Specialist beim ZDF (IV. C.46 Bildende Kunst).

Matthias Koßler, Professor am Philosophischen Seminar der Johannes Gutenberg-Universität Mainz (II.6.1 Zur Entwicklung des Hauptwerks, zus. mit Maurizio Morini; II.9.3 »Ueber die Universitäts-Philosophie«; II.10.4 Briefe, zus. mit Domenico M. Fazio; III.13 Philosophie des Mittelalters; III.17 Immanuel Kant, zus. mit Margit Ruffing; III.21 Georg Wilhelm Friedrich Hegel).

Børge Kristiansen, Professor em. für Literatur der Københavns Universitet (IV. C.45 Literatur, zus. mit Søren R. Fauth).

Jens Lemanski, Dr., Wissenschaftlicher Mitarbeiter am Institut für Philosophie der FernUniversität in Hagen (II.6.2 Konzeptionelle Probleme und Interpretationsansätze der *Welt als Wille und Vorstellung*, zus. mit Daniel Schubbe; II.10.2 Logik und »Eristische Dialektik«; III.14 Christentum und Mystik; IV. B.35 Geometrie; IV. B.36 Evolutionstheorie).

Martin Liebscher, Dr., Principal Research Associate am Department of German des University College London (IV. A.34 Carl Gustav Jung).

Martin Morgenstern, Dr., philosophischer Autor (II.7 *Ueber den Willen in der Natur*).

Maurizio Morini, Dr., Gymnasiallehrer, Macerata (II.6.1 Zur Entwicklung des Hauptwerks, zus. mit Matthias Koßler).

Winfried H. Müller-Seyfarth, Dr., Autor und Herausgeber (IV. A.28 Voluntarismus im Anschluss an Schopenhauer: Philipp Mainländer, Julius Bahnsen, Eduard von Hartmann).

Gabriele Neuhäuser, PD Dr., Wissenschaftliche Mitarbeiterin am Institut für Philosophie der Universität Koblenz-Landau, Campus Landau (IV. B.41 Anthropologie).

Barbara Neymeyr, Professorin für Neuere Deutsche Literatur an der Alpen-Adria-Universität Klagenfurt (IV. A.30 Friedrich Nietzsche).

Alessandro Novembre, Dr., Università del Salento, Lecce (III.20 Johann Gottlieb Fichte).

Valentin Pluder, Dr., Wissenschaftlicher Mitarbeiter am Philosophischen Seminar der Universität Siegen (II.9.1 »Skitze einer Geschichte der Lehre vom Idealen und Realen«; III.18 Jakob Friedrich Fries, Gottlob Ernst Schulze, Friedrich Heinrich Jacobi).

Thomas Regehly, Dr., Archivar der Schopenhauer-Gesellschaft e. V., Dozent an der Jüdischen Volkshochschule in Frankfurt am Main (II.10.3 Die Berliner Vorlesungen: Schopenhauer als Dozent).

Theda Rehbock, Professorin für Ethik an der Evangelischen Hochschule RWL in Bochum, apl. Professorin am Institut für Philosophie der TU Dresden (III.19 Johann Wolfgang von Goethe).

Margit Ruffing, Dr., Akademische Oberrätin am Philosophischen Seminar der Universität Mainz (II.6.7 »Kritik der Kantischen Philosophie«; III.17 Immanuel Kant, zus. mit Matthias Koßler).

Brigitte Scheer, Professorin pens. am Institut für Philosophie der Goethe-Universität Frankfurt am Main (II.6.5 Ästhetik).

Daniel Schmicking, Dr., Wissenschaftlicher Mitarbeiter am Studium generale der Johannes Gutenberg-Universität Mainz (IV. B.37 Phänomenologie).

Daniel Schubbe, Dr., Wissenschaftlicher Mitarbeiter an der Fakultät für Kultur- und Sozialwissenschaften der FernUniversität in Hagen (II.6.2 Konzeptionelle Probleme und Interpretationsansätze der *Welt als Wille und Vorstellung*, zus. mit Jens Lemanski; IV. A.29 Wilhelm Dilthey, zus. mit Sarah Kohl; IV. B.39 Existenzphilosophie; IV. B.40 Hermeneutik).

Ortrun Schulz, Dr., Philosophische Beraterin (III.16 Baruch de Spinoza).

Philipp Schwab, Juniorprofessor für Klassische deutsche Philosophie und ihre Rezeption am Philosophischen Seminar der Universität Freiburg (IV. A.26 Søren Kierkegaard).

Sebastian Schwenzfeuer, PD Dr., Privatdozent am Philosophischen Seminar der Albert-Ludwigs-Universität Freiburg (III.22 Friedrich Wilhelm Joseph Schelling).

Wolfgang Weimer, Dr., pensionierter Gymnasiallehrer für Philosophie und Geschichte (IV. B.38 Analytische Philosophie).

David Woods, Dr., Teaching Fellow am Department of Philosophy der University of Warwick (IV. D.50 Großbritannien).

Robert Zimmer, Dr., freier Autor und Publizist (I.1 Die Familie Schopenhauer; I.2 ›Europäische Erziehung‹ und das Leiden an der Welt; I.3 Akademische Karriere und das Verhältnis zur akademischen Philosophie; III.15 Moralistik).

Günter Zöller, Professor für Philosophie an der Fakultät für Philosophie, Wissenschaftstheorie und Religionswissenschaft der Ludwig-Maximilians-Universität München (IV. C.47 Musik).

Personenregister

A

Abaelard, Petrus 196
Adam, Karl Dietrich 334, 337
Adams, Brooks 411
Adams, Henry 411
Addison, Joseph 208
Adler, Alfred 307
Adler, Viktor 305
Adorno, Theodor W. 136–137, 266, 368, 370, 395
Ailly, Petrus 196
Albertus Magnus 196–197
Alexander von Hales 196
Alexis, Paul 429
Alfieri, Vittorio 256
Amalrich von Bena 196
Amelot de la Houssaie 181
Amendola, Giovanni 416–417
Amiel, Henri-Frédéric 386
Anaxagoras 125
Andreas-Salomé, Lou 305
Andrejew, Leonid 389
Andrejewskij, Sergej A. 389
Angelus Silesius 204
Anquetil-Duperron, Abraham Hyacinthe 145, 186–187
Anscombe, Gertrude Elizabeth Margaret 114
Anselm von Canterbury 196
Antiochos von Askalon 195
App, Urs 186
Apuleios 146
Archer, William 422
Aristoteles 76, 106, 125, 137, 165, 167–168, 175–176, 192, 195, 198, 207, 212, 222, 303, 345
Arkesilaos 195
Aron, Raymond 341
Aschenberg, Heidi 182
Asher, David 180, 277–278, 334–335
Atwell, John 43–44
Atzert, Stephan 308
Auerswald, Hans von (General) 269
Augustinus 200
Auster, Paul 412
Austin, John 82
Autrum, Hansjochen 335

B

Baader, Franz von 277
Bach, Sebastian 415
Bacon, Francis 45
Bacon, Roger 196
Bahnsen, Julius 180, 239, 277–279, 284–286, 330, 418
Bähr, Carl Georg 180, 238, 277–278
Bang, Herman 391
Baptist, Peter 332
Baratynskij, Evgenij A. 256
Barbera, Sandro 319, 418
Barlach, Ernst 392
Barrès, Maurice 428
Barthez, Paul-Joseph 249
Barua, Arati 435
Barzellotti, Giacomo 415
Bataille, Georges 319
Baudelaire, Charles 391, 400, 429
Baum, Günther 224, 398
Baumgarten, Alexander Gottlieb 24
Beauvoir, Simone de 341
Becker, Aloys 305
Becker, Johann August 47–48, 180, 276, 329–331
Beckett, Samuel 389–390, 430
Beckmann, Max 398
Beethoven, Ludwig van 146, 404
Beierwaltes, Werner 195
Bellini, Vincenzo 404
Bellow, Saul 411
Belyj, Andrej 389
Bender, Hans 105
Benn, Gottfried 392
Berg, Robert Jan 47
Berglinger, Joseph 260
Bergson, Henri 105, 314, **318–322**, 350, **409**, 423, 428–430
Berkeley, George 60, 120, 122–123, 126, 215, 219, 229, 421
Bernet, Rudolf 342–343
Bernhard, Peter 165
Bernhard, Thomas 389, 392
Béziau, Jean-Yves 331–332
Bhaskara II. 330
Bhattacharya, Krishnachandra 434–435

Bichat, Marie François Xavier 250–254, 376, 428
Bierce, Ambrose 389
Birnbacher, Dieter 364, 398
Bjørnson, Bjørnstjerne 392
Blake, William 256, 259
Blaserna, Piero 415
Blavatsky, Helena 191, 416
Blésimaire, Grégoire de 4
Bloch, Ernst 238–240, 370–371
Blumenbach, Johann Friedrich 13–15, 33, 157, 248, 336
Böcklin, Arnold 391
Bode, Johann Elert 14
Boeckh, August 14–15, 173, 357
Böhme, Jakob 72, 103, 242
Bois-Reymond, Emil du 227, 324–325
Bolin, Andreas Wilhelm 264, 267
Bolzano, Bernard 162
Bonaventura 196, 258–259
Booms, Martin 45–46, 49
Bordeaux, Raymond 427
Bordeu, Théophile de 249, 251
Borges, Jorge Luis 386
Borinski, Karl 182
Born, Jürgen 395
Bourdeau, Jean 428–429
Bourget, Paul 429
Bouterwek, Friedrich Ludewig 210, 222
Brahms, Johannes 405–**407**
Brandes, Georg 391–392
Brandis, Joachim Dietrich 104
Braun, Heinrich 305
Brentano, Clemens 256, 258
Brentano, Franz **339**
Brockhaus, Friedrich Arnold 41, 98
Brouwer, Luitzen E. J. 331–332
Brücke, Ernst 324
Brunetière, Ferdinand 385
Bruno, Giordano 42, 174, 197, 210
Buddha 9–11, 186–187, 189–191, 415
Buffon, Georges Louis Leclerc 253
Bunin, Iwan 389
Burckhardt, Georg 192
Burckhardt, Jakob 326
Burdeau, Auguste 428
Buridan, Johannes 196

Burke, Edmund 75
Burnouf, Eugène 190
Busch, Wilhelm 392
Byron, George Gordon Lord 256, 259

C

Cabanis, Pierre Jean Georges 100, 104, 249–250, 252–253, 372, 376, 428
Calderon de la Barca, Pedro 11
Camus, Albert 285, 350, **354–355**, 386, 430
Cantacuzène, Jean-Alexandre 427–428
Cardanus, Hieronymus 136
Carnap, Rudolf 345
Caro, Elme-Marie 428
Carus, Carl Gustav 33
Castiglione, Baldassare 207, 209
Céard, Henry 429
Céline, Louis-Ferdinand 386
Cervantes, Miguel de 146
Cézanne, Paul 400
Challemel-Lacour, Paul-Armand 428
Chambers, Jessie 423
Chamfort, Nicolas 207–209
Chamisso, Adelbert von 256, 392
Chateaubriand, François-René de 256
Chichi, Graciela 167–168
Chilesotti, Oscar 415
Chirico, Giorgio de 398, 401
Chopin, Kate 411
Churchland, Patricia 375
Cicero, Marcus Tullius 192–193
Clairaut, Alexis-Claude 332
Claudel, Paul 428
Claudius, Johannes 10
Claudius, Matthias 10, 153, 202–203
Claussen, Sophus 391
Cohen, Hermann 97
Coleridge, Samuel T. 256, 259
Colli, Giorgio 418
Comte, Auguste 116
Condillac 125
Conrad, Joseph 389–390
Constant, Benjamin 256
Copleston, Frederik 425
Cornelius, Hans 369
Costa, Alessandro 415
Costanzi, Teodorico Moretti 353
Costanzo, Jason M. 332
Courbeville, Joseph François de 181
Cousin, Victor 427–428
Creutzer, Friedrich 16
Croce, Benedetto 414–417
Crusius, Christian August 24, 31
Cuboni, Giuseppe 415
Cuvier, Georges Frédéric Dagobert Baron von 101, 254, 336
Czermak, Johann Nepomuk 324

D

Da Costa, Newton 331
Damm, Oskar Friedrich 171
D'Annunzio, Gabriele 415
Dante Alighieri 146
Dara, Shikoh 187
Darwin, Charles 286, 319, 334–337
Dasgupta, Surendranath 434
Daudet, Léon 428
David von Dinant 196
De Cian, Nicoletta 48
Demokrit 370
Denis, Maurice 400
De Sanctis, Francesco 414
Descartes, René 23, 44, 120–121, 123–124, 126, 176, 210–212, 229, 266, 371, 373, 379
Deshauterayes, Michel-Ange André 189–190
Deussen, Paul 21, 47, 150, 171–172, 202, 276, 279, 415, 433–434
Diderot, Denis 309
Diesterweg, Adolph 329
Dietrich, Auguste 428, 431
Dilthey, Wilhelm **288–292**, 350, 360
Diogenes von Sinope 137
Dircks, Mrs. Rudolf 423
Döblin, Alfred 390, 392, 394–395
Doesburg, Theo von 400
Donatus, Aelius 24
Dönhoff, Marion Gräfin 118
Dorguth, Friedrich Andreas Ludwig 180, 264, 267, 276, 421
Doß, Adam von 180, 191, 276
Dostojewski, Fjodor 342, 386, 390, 395
Dreiser, Theodore 411
Driesch, Hans 105
Drobisch, Moritz Wilhelm 162, 164
Druskowitz, Helene von 280
Duchamp, Marcel 401–402
Dühring, Eugen 284
Duns Scotus, Johannes 196, 198
Duperron, Anquetil 11

E

Ebner-Eschenbach, Marie von 392
Eichendorff, Joseph von 256, 258
Eichstätt, Heinrich Abraham Karl 15
Eliot, George 389
Eliot, T.S. 410
Emden, Martin 277
Emerson, Ralph Waldo 409–410
Empedokles 73, 125, 307
Epikur 137
Erdmann, Benno 330–331
Ermann, Paul 14
Euklid 28, 175, 329, 332
Euler, Leonhard 161–165, 331

F

Faggin, Giuseppe 417–418
Faulkner, William 389, 411
Fechner, Gustav Theodor 57, 325
Ferenczi, Sándor 307
Fet, Afanasij 387
Feuerbach, Bertha 269
Feuerbach, Ludwig 131, 238, **264–269**, 309, **391**, **405**
Fichte, Immanuel Hermann 421
Fichte, Johann Gottlieb 13–14, 17, 20–22, 30, 44, 92, 114, 120, 123–124, 129, 131, 134, 152–155, 157, 210, 221–223, 231–236, 242–246, 256–258, **264**, **271**, **296**, 345, **384**, 421, 427
Ficino, Marsiglio 72
Fiorentino, Francesco 414
Fischer, Ernst Gottfried 14
Fischer, Kuno 161, 288
Fitzgerald, F. Scott 411
Flaubert, Gustave 386, 391, 395
Fleiter, Michael 179
Flourens, Marie Jean Pierre 253–255, 376
Fo (chin. Buddha) 186, 189
Fontane, Theodor 392
Formichi, Carlo 415
Fortlage, Karl 16–17, 180
Foscolo, Ugo 256
Fosse, Jon 392
Foucault, Michel 428
Foucher de Careil, Louis-Alexandre 288, 428
France, Anatole 386
Franzen, Jonathan 412
Frauenstädt, Julius 18, 21, 40, 150, 166, 171–172, 180, 242, 264, 276, 278–279, 288, 330, 421, 427–428
Frederic, Harold 411
Freud, Anna 305
Freud, Sigmund 105, 111, 132, 134, 136, 286, **305–312**, **324–326**, 342–343, **370–373**, **430–431**
Friedlaender, Salomo 97, 392
Friedrich II. 3
Friedrich Wilhelm IV. 131
Fries, Jakob Friedrich 16, 20, **221–222**, 256
Frost, Robert 410
Fürst Lichnowsky, Felix 269

G

Gadamer, Hans-Georg 359
Gaiser, Konrad 192
Galenos von Pergamon 161
Galilei, Galileo 56, 229
Gall, Franz Joseph 251, 253–254
Garborg, Arne 392
Gardiner, Patrick 425
Garschin, Wsewolod 389

Gauguin, Paul 400
Gauß, Carl Friedrich 330
Gebhardt, Carl 179–180
Gehlen, Arnold 362–365
Gentile, Giovanni 415–417
Geoffroy Saint-Hilaire, Etienne 101, 336
George, Stefan 389, 392
Gerhardt, Carl Immanuel 330
Gersdorff, Carl von 293
Giametta, Sossio 418
Gide, André 386
Gilbert, Ludwig Wilhelm 157
Gizycki, Georg von 288
Gjellerup, Karl 391–392
Gluck, Christoph Willibald von 146
Goethe, Johann Wolfgang von 4–5, 7, 11, 16, 20, 33–36, 39, 68, 137, 139–140, 143, 146, 180, 210, 226–230, 278, 336, 391
Gogh, Vincent van 400
Golding, William 389
Gontscharow, Iwan 389
Gorki, Maxim 389
Görlich, Bernard 370–371
Gosse, Edmund 422
Gourmont, Remy de 429
Gracián, Baltasar 11, 137, **181**–182, 207–209
Graf, Max 307
Grass, Günter 387, 390, 392, 394
Green, Julien 385–386
Grégoires de Blésimaire, Anthime 9
Grenier, Jean 354
Griesinger, Wilhelm 320
Grigenti, Fabio 418
Grillparzer, Franz 392
Grisebach, Eduard 137, 150, 171, 288, 324
Gupta, R.K. 435
Gurissatti, Giovanni 418
Gusserow, Carl 330
Guyau, Jean-Marie 319
Guyon du Chesnoy, Jeanne Marie 11
Gwinner, Wilhelm von 137, 277, 288, 409, 421

H

Haacke, Friedrich 288
Haeckel, Ernst 336
Haffmans, Gerd 166
Haldane, R.B. 421–422
Halévy, Ludovic 385
Haller, Albrecht von 251, 254
Hallich, Oliver 364
Hamburger, Käte 394
Hamlyn, D.W. 425
Hamsun, Knut 392, 395
Hansen, S. 391–392
Hardy, Thomas 389, 393, 422–423

Harris, William T. 410
Hartmann, Eduard von 46, 57, 105, 136, 239, 278–279, 284–286, **389**, 391, 410, 414, 418, 428
Haucke, Kai 49
Hauptmann, Gerhart 392
Häutler, Adolf 307
Haydn, Joseph 146
Haym, Rudolf 224, 288
Hearn, Lafcadio 410–411
Hebbel, Friedrich 392
Hebler, Carl 268
Hedgcock, F. A. 422
Hedge, Frederic Henry 409–410
Heeren, Arnold Hermann Ludwig 14, 186
Hegel, Georg Wilhelm Friedrich 13–17, 22, 30, 92, 98, 113, 120, 123–124, 129–131, 134, 157, 170, 196, 221–222, 229, 238–240, 242, 256, **264**, **271**, **274**, 284, 286, 289, 296, 339, 341, 345–346, 368–370, 384, 389, 400, 414, 417, 421, 427, 429–430
Heger, Klaus 182
Heidegger, Martin 312, 340–341, 350, **352**–353, 359–360, 417–418, 429–430
Heine, Heinrich 258–259, 391
Hellenbach, Baron Paczolay Lazar 279
Helmholtz, Hermann von 35, 227, 229, 324–325, 331, 415
Helvetius, Claude Adrien 208
Hemingway, Ernest 411
Hempel, Adolf Friedrich 14
Hennigfeld, Jochem 44
Hennique, Léon 429
Henry, Michel 429–431
Heraklit 175
Herbart, Johann Friedrich 330, 332
Herder, Johann Gottfried 256, 258, 363
Hering, Ewald 35
Herrig, Hans 278–279, 335
Herschel, Sir John 102
Hertz, Henriette 415
Herwegh, Georg 191, 405
Hesiod 136–137
Hesse, Hermann 392
Hidalgo-Serna, Emilio 182
Hillebrand, Joseph 16
Hillebrand, Karl 422
Hitschmann, Eduard 307
Hobbes, Thomas 86, 210
Hochhuth, Rolf 351
Hoffmann, E.T.A. 256, 258
Hoffmeister, Gerhart 182
Höffner, Wilhelm 289
Hölderlin, Friedrich 256, 258
Hölterhof, Tobias 365
Hook, Robert 142–143

Horkel, Johann 14
Horkheimer, Max 239, 279, 312, 368–**372**, 395
Hornstein, Robert von 268
Houellebecq, Michel 386, 430
Hübscher, Angelika 179
Hübscher, Arthur 21, 45, 49, 150–151, 153, 166, 171–172, 179–180, 186, 231, 238, 242, 280, 336, 350, 418
Hufeland, Christoph Wilhelm 248
Hugo, Victor 256
Hulme, T.E. 423–424
Humboldt, Wilhelm von 130
Hume, David 11, 22, 31, 51, 54, 56, 69, 75, 80–81, 93, 100, 108, 114–115, 120, 123, 264, 331, 421
Husserl, Edmund 229, 339–342, 429
Hutcheson, Francis 75, 115
Huxley, Aldous 389
Huysmans, Joris-Karl 386, 400, 429

I

Iamblichos von Chalkis 126
Ingarden, Roman 340
Ingenkamp, Heinz Gerd 138
Invernizzi, Giuseppe 418
Iqbal, Mohammad 434

J

Jacobi, Friedrich Heinrich 20, 22, 44, 152, 154, 222–**225**, **256**, **258**
Jacquette, Dale 332
Jahan, Shah 187
James, Henry 411
James, William 410
Janaway, Christopher 425
Janet, Paul 428–429
Janet, Pierre 320, 428
Jankélévitch, Vladimir 318
Janzen, Oscar 331
Jaspers, Karl 350–353
Jay, Martin 369, 371
Jean Paul 256–259, 421
Jensen, Johannes V. 391
Johannes Philoponos 195
Johannes von Salisbury 196
Jonas, Hans 118
Jørgensen, Johannes 391–392
Joyce, James 389
Juliusburger, Otto 306
Jung, Carl Gustav 105, 136, 318, **324**–327
Jünger, Ernst 392
Justinian 195

K

Kafka, Franz 392, 395
Kamata, Yasuo 256
Kandinsky, Wassily 402
Kant, Immanuel 13–14, 17, 20, 22–27,

29–30, 41–42, 49, 51–57, 60, 62, 64, 71–72, 75–76, 80–81, 88, 92–97, 99–100, 102, 104, 106–107, 109, 111–116, 119–120, 123–128, 134, 136, 143–144, 149, 152–158, 160–162, 164, 167, 173, 175, 177, 186, 189, 192, 194, 210–211, 215–224, 228–232, 235–236, 239, 242–247, 256, 264–265, 271, 276, 278, 282–283, 288, 296, 298–300, 302, 322, 325, 327, 329, 339–340, 345, 352–353, 356–358, 371, 373, 375–376, 380, 391, 400, 409, 414, 416, 427, 429–431
Karneades 195
Keats, John 256, 259
Kehlmann, Daniel 392
Kemp, John 421–422
Kempowski, Walter 392
Kepler, Johannes 56
Kewe, Adolf 160, 165
Kielmeyer, Carl Friedrich 157, 249
Kierkegaard, Søren 131, **271–274**, 350, 352, 392, 395
Kiesewetter, Johann Gottfried 24
Kilzer, August Gabriel 277, 421
Klages, Ludwig 284
Klamp, Gerhard 46
Klaproth, Julius 186, 189
Klaproth, Martin Heinrich 14
Klein, Felix 331
Kleist, Heinrich von 256, 258
Klingemann, Ernst August Friedrich 256, 258
Klinger, Max 398, 401
Knausgaard, Karl Ove 392
Knebel, Karl Ludwig Knebel 226
Koeber, Raphael von 324
Kopernikus, Nikolaus 56
Köppen, Friedrich 190
Körös, Csoma de 190
Kosack, Karl Rudolf 329–330
Koßler, Matthias 44, 48–49, 221–222, 239, 256, 362
Kotzebue, August von 213
Krause, Karl Christian Friedrich 162, 187
Krauss, Karl 392
Krauss, Werner 182
Kristiansen, Børge 390
Krüll, Felix 242
Kubin, Alfred 392
Kuhlenbeck, Hartwig 375, 377
Kühn, Eva 416
Külpe, Oswald 57
Kurbel, Martina 398, 401

L

La Bruyère, Jean de 207–208
Lacan, Jacques 341
Laforgue, Jules 429

Lamarck, Jean-Baptiste de 101, 335–336
Lambert, Johann Heinrich 24
Lampedusa, Giuseppe Tomasi di 386
Landmann, Michael 362
La Rochefoucauld, François de 207–208
Laun, Rudolf 24
Lawrence, D.H. 389, 393, 422–423
Leconte de Lisle, Charles Marie René 410
Lehmann, Georg 3
Lehmann, Susanna Concordia 3
Leibniz, Gottfried Wilhelm 23, 31, 120–122, 126, 154, 229, 343, 391, 395, 428
Lemanski, Jens 45–46, 48–49, 164–165, 334, 336, 345–346, 349, 357–358
Lenau, Nikolaus 256, 258
Lenz, Johann G. 34
Leonhard, Heinrich 330–331
Leopardi, Giacomo 11, 137, 256, 259–260, 410, 414
Lermontov, Michail J. 256
Leskow, Nikolai 389
Lessing, Gotthold Ephraim 136, 309
Lessing, Theodor 392
Lewald, Ernst Anton 15
Libet, Benjamin 377
Lichtenberg, Georg Christoph 208
Lichtenstein, Martin Hinrich 14–15, 157
Liebmann, Otto 414
Lindner, Ernst Otto 171, 180, 276–277, 288
Liszt, Franz 404
Lobatschewski, Nikolai Iwanowitsch 331
Locke, John 93, 120, 123, 161, 219, 229, 331, 379, 391
Lodge, George Cabot 411
Lohenstein, Daniel Casper von 181
Lombardus, Petrus 196
Lorenzer, Alfred 372
Lotze, Hermann 57
Lovecraft, H.P. 389
Lovejoy, Arthur O. 335–337
Lubosch, Wilhelm 335
Ludwig, Carl 325
Lukács, Georg 238
Lullus, Raimundus 196
Luther, Martin 200, 203
Lütkehaus, Ludger 283

M

Machiavelli, Niccolò 207
Mager, Karl 329
Mahal, Mumtaz 187
Mahler, Gustav 259, 405–407
Maillard, Auguste 427

Maimon, Salomon 22, 24
Mainländer, Philipp 279, **282–284**, 286, 417–418
Majer, Friedrich 11, 186
Majumdar, Mohitolal 435
Malebranche, Nicolas 120–122, 126, 210, 215
Malewitsch, Kasimir 400
Mallarmé, Stéphane 391
Malter, Rudolf 40, 43–44, 47–49, 192, 280, 311
Mann, Thomas 305, 308, 384, 387, 392–395
Marcel, Gabriel 341, 350
Marcus Aurelius 137
Marhold, Hartmut 400
Märtens, Hermann 330–331
Martinetti, Piero 416–417
Martinus von Biberach 196
Marx, Karl 131, 238, 266, 279, 368, 370–371, 430
Maupassant, Guy de 385, 429
Maus, Heinz 369
Maxwell, John 411
Mayer, Johann Tobias 14
Mayreder, Rosa 280
McCarthy, Cormac 412
McCobb, E.A. 390
Meister Eckhart (Eckhart von Hochheim) 11, 187, 196, 204, 391
Melli, Giuseppe 415, 417
Melville, Herman 389, 411
Merkel, Reinhard 118
Merleau-Ponty, Maurice 341–342, 428
Mertens-Schaaffhausen, Sybille 6–7
Mesmer, Franz/Friedrich Anton 102–103, 136, 252
Meysenburg, Malwida von 414
Michelstaedter, Carlo 416–417
Mignosi, Pietro 417
Mill, John Stuart 57, 165, 391
Mockrauer, Franz 171–174
Mohammed, Prophet 187
Moleschott, Jacob 415
Mondrian, Piet 400
Montaigne, Michel de 137, 207
Montinari, Mazzino 416, 418
Moore, G.E. 82
Moore, Thomas 256, 259
Morel-Fatio, Alfred 182
Moretti-Costanzi, Teodorico 418
Morgenstern, Christian 392
Mörike, Eduard 256, 392
Morin, Frédéric 428
Morrison, Robert 189
Mozart, Wolfgang Amadeus 146, 340
Muhl, Abraham Ludwig 5, 15
Müller, Friedrich Max 433
Müller, Johannes 35–36, 227
Müller-Lauter, Wolfgang 354

Müller von Gerstenbergk, Georg Friedrich Konrad Ludwig 5
Murdoch, Iris 424–425
Musil, Robert 392
Musset, Alfred de 256

N

Naegelsbach, Hans 370
Napoleon Bonaparte 15
Nauman, Bruce 398
Neill, Alex 425
Nemerov, Howard 412
Nerval, Gérard de 427
Nestle, Wilhelm 195
Neumann, Karl Eugen 416
Neumeister, Sebastian 181–182
Newton, Isaac 33–35, 38, 52, 56, 142–143, 226–230
Nietzsche, Friedrich 66, 84, 97, 105, 118, 136–137, 140, 177, 180–181, 238, 256, 258, 279, 282–283, 285–286, 293–**302**, 305, **309**, 312, **314**–**315**, **318**–319, 326, 350–352, 354, 372, 390–391, 393, 399, 408–409, 411, 414–415, 418, 430–431
Noack, Ludwig 17
Noiré, Ludwig 335
Novalis 256, 258–259

O

Obstfelder, Sigbjørn 392
Odojewski, Fürst Wladimir Fjodorowitsch 256
Oken, Lorenz 157
O'Neill, Eugene 411
Oppenheim, David Ernst 307
Ortega y Gasset, José **341**, 350
Osann, Gottfried 170, 173
Ostwald, Wilhelm 229
Oxenford, John 277, 384, 390, 411, 421–422, 425

P

Padovani, Umberto 417
Palenzuela, José Luis Losada 182
Palestrina, Giovanni Pierluigi da 407–408
Papini, Giovanni 415–416
Papousado, Denis 222
Pappus von Alexandria 332
Paracelsus, d.i. Philippus Aureolus Theophrastus Bombastus von Hohenheim 103
Pavese, Cesare 386
Payne, E.F.J. 421–422
Perigal, Henry 332
Perner, Ignaz 382
Pernerstorfer, Otto 305
Petrarca 146
Pfänder, Alexander 340

Pfitzner, Hans 405, **407–408**
Pflanze, Otto 138
Pheidias 193
Philonenko, Alexis 429–430
Piaget, Jean 332
Piantelli, Mario 187
Picasso, Pablo 73
Pikulik, Lothar 259
Pillai, Dewan Bahadur Athukal Govinda 434–435
Platen, August 256, 258
Platner, Ernst 24
Platon 14, 23, 70, 74, 125, 135, 151–152, 156–157, 173, 175–176, 186, 189, 192–**195**, **198**, **202**–**203**, 210, 216, 218, 222, 264, 298–299, 327, 345, 348, 370, 399
Plessner, Helmuth 362
Plotin 42, 72, 126, 195, 242, 400, 417
Plümacher, Olga 279–280
Poe, Edgar Allan 389, 391, 400
Pogwisch, Ottilie von 4
Pollock, Friedrich 368
Pontoppidan, Henrik 390–392
Popper, Karl R. 56–57, 118, 238, 346
Pothast, Ulrich 390
Prel, Carl du 325
Pringsheim, Alfred 331
Prochnow, Oskar 335
Proklos 195
Prokofjew, Sergei 404
Protagoras 192
Proust, Marcel 386, 390, 429–430
Purkinje, Jan E. 33, 227
Puschkin, Alexander 256
Pythagoras 125

Q

Quine, Willard Van Orman 164

R

Raabe, Wilhelm 387, 390, 392–395
Radbruch, Knut 331
Radhakrishnan, Sarvepalli 434–435
Raimund von Sabunde 196
Raju, Poolla Tirupati 435
Raman, Nallepalli Shankaranarayana Sundara 435
Ramos, Flamarion Caldeira 239
Rank, Otto 306–307
Ray, Sitansu 435
Redon, Odilon 401
Rée, Paul 279
Regan, Tom 382
Regehly, Thomas 357
Reidemeister, Kurt 331
Reil, Johann Christian 249, 251–252
Reimarus, Hermann Samuel 24
Reinhold, Karl Leonhard 22, 25, 152–154, 157, 221–222

Rensi, Giuseppe 417
Rescher, Nicholas 166
Rhode, Wolfgang 336
Ribot, Théodule 320, 341, 416, 424, 428–429
Rickert, Heinrich 318
Riconda, Giuseppe 418
Riedel, Wolfgang 357
Rieff, Philipp 310
Riemann, Bernhard 331
Rilke, Rainer Maria 392
Rimski-Korsakow, Nikolai 404
Ripley, George 410
Rogler, Erwin 369
Rohde, Erwin 293
Rolland, Romain 386
Rosas, Anton 104
Rosen, Zvi 369
Rosenkranz, Karl 17, 215–216
Rosenzweig, Franz 273, 350
Rosset, Clément 429–430
Rossini, Gioacchino Antonio 146, 404
Roth, Gerhard 376–377
Roth, Philip 412
Rousseau, Henri 400
Rousseau, Jean-Jacques 11
Royce, Josiah 239, 341, 410
Rückert, Ernst 259
Rückert, Friedrich 259
Rückert, Luise 259
Runge, Johann Heinrich Christian 10, 13, 153, 202–203
Russell, Bertrand 59, 346, 424
Rydberg, Viktor A. 391–392
Ryle, Gilbert 81

S

Saar, Ferdinand von 392
Sachs, Hanns 306–307
Sack, Gustav 392
Sadger, Isidor 307
Safranski, Rüdiger 357
Salaquarda, Jörg 351–352, 354
Salt, Henry S. 382
Saltus, Edgar 410
Sander, Angelika 365
Sankara 187
Santayana, George 410
Sartre, Jean-Paul 341–342, 350, **353**–**354**, 428–429
Saunders, Thomas Bailey 421–422
Savigny, Karl von 16
Schakia-Muni Schige-Muni (Sakyamuni Buddha) 189
Scheler, Max 105, 118, 318, **340**, 362, 364
Schelling, Friedrich Wilhelm Joseph 13–14, 17, 20, 22, 30, 42, 98, 120, 123–124, 134, 152–154, 157–158, 210, 221–223, 231–236, 238,

240, 242–247, 249, 256–257, 271, 278, 286, **296**, 345, 384, **427**
Schige-Muni (Sakyamuni Buddha) 189
Schiller, Friedrich 228, 268
Schirmacher, Wolfgang 353
Schlegel, Friedrich 134
Schleiermacher, Friedrich 14, 20, 193–194, 202, 210, 277, 288, 357
Schlick, Moritz 118
Schlüter, Robert 330–331
Schmelder, Siegmund 98
Schmid Noerr, Gunzelin 368
Schmidt, Alfred 48, 239, 269, 279, 357, 368–373
Schmidt, Arno 392, 394–395
Schmidt, Isaak Jakob 190–191
Schneider, Reinhold 392
Schnitzler, Arthur 392
Scholz, Heinrich 331
Schönberg, Arnold 402, 405, **407**
Schopenhauer, Andreas 2
Schopenhauer, Anna Renata 2
Schopenhauer, Heinrich Floris 2–5, 8–10, 130, 203
Schopenhauer, Johann 2
Schopenhauer, Johann Friedrich 2
Schopenhauer, Johanna 2–6, 8, 10, 13, 15, 180, 226
Schopenhauer, Louise Adelaide Lavinia 3–7, 16
Schopenhauer, Simon 2
Schrader, Heinrich Adolf 14
Schreiber, Alfred 332
Schröder, Christoph 335–336
Schröder, Wilhelm 223, 225
Schubbe, Daniel 44, 46, 48–50
Schubert, Friedrich Wilhelm 215–216
Schubert, Gotthilf Heinrich von 157
Schubert, Wilhelm 17
Schulze, Gottlob Ernst 13–14, 20, 22, 24, 27, 30, 152–154, 157, 174–175, 210, 216–217, 221–223, 231, **358**
Schumann, Robert 259
Schütz, Alfred 340
Schwabe, Gerhard 288
Schwantje, Magnus 382
Schweitzer, Albert 382
Scott, Walter 146
Scotus Eriugena, Johannes 126, 196
Seal, Brajendranath 433
Segala, Marco 48, 418
Seneca, Lucius Annaeus d.J. 137
Sextus Empiricus 165
Seydel, Rudolf 17, 288
Shaftesbury, Anthony Ashley Cooper, Earl of 208
Shakespeare, William 146, 395
Shastri, Prabhu Datta 435
Shaw, George Bernhard 389

Shelley, Percy B. 256, 259
Shenstone, William 208
Silberstein, Eduard 305
Simmel, Georg 97, 118, 279, **314–316**, 318, 350
Singer, Peter 118
Singer, Wolf 377
Smith, Adam 115
Söderberg, Hjalmar 392
Soermanns, Anna Renata 2
Sokrates 125, 192, 195
Sologub, Fjodor 389
Sommer, Christian 431
Sophokles 193
Sorabji, Richard 195
Sørensen, Preben Major 392
Sötemann, Christian 354
Southey, Robert 256, 259
Spaun, Franz von 213
Spence Hardy, Robert 191
Spencer, Herbert 319, 391, 411
Spiegelberg, Herbert 339
Spierling, Volker 44, 49–50, 172–173, 343
Spinoza, Baruch de 23, 31, 44, 46, 111, 120–122, 124, 126, 174, 210–213, 222–223, 242–**243**, 268
Stein, Edith 340
Steiner, Rudolf 238–239, 395
Stendhal 256
Steppi, Christian R. 336, 353
Sterne, Laurence 8–9, 11
Stevens, Wallace 410
Stirner, Max 390
Strauß, David Friedrich 309
Strauss, Richard 404
Strindberg, August 392–393, 395
Strohmeyer, Friedrich 14
Struck, Gerhard 166, 168
Stuckenberg, Viggo 391
Suárez, Francisco 196–198
Sulla 195
Svevo, Italo 386
Swift, Jonathan 8
Szabó, Arpad 332

T
Tauler, Johannes 196
Tausk, Victor 307
Taylor, Jessie 422
Taylor, Richard 118
Tennemann, Wilhelm Gottlieb 196, 215
Tenorth, Heinz-Elmar 178
Theophrast 207–208
Thibaudet, Albert 318
Thibaut, Bernhard Friedrich 33
Thies, Christian 362
Thomas a Kempis 137

Thomas von Aquin 76, 196–197, 199
Thomasius, Christian 148, 181
Tieck, Ludwig 10, 153, 256–260
Tiersch, Friedrich Wilhelm 16
Tjutschew, Fjodor 256
Tocco, Felice 414–415
Tolstoi, Lew 387–388, 395
Trendelenburg, Adolf 288, 332
Trosiener, Anna 3
Trosiener, Christian Heinrich 2–3
Trosiener, Elisabeth 3
Trosiener, Elisabeth Charlotte 3
Trosiener, Johanna 2–3
Trosiener, Julia Dorothea 3
Tschechow, Anton 389
Tucholsky, Kurt 392
Tugendhat, Ernst 89
Turgenjew, Iwan 386
Twain, Mark 411

U
Uexküll, Jakob von 363
Ulrici, Herman 325
Ungar, Hermann 392

V
Vaihinger, Hans 278–279, 310, 377
Vandenrath, Johannes 334, 336, 366
Van Hiele, Pierre 332
Vauvenargues, Marquis de 208
Vecchiotti, Icilio 418
Verlaine, Paul 391
Verrecchia, Anacleto 418
Vigorelli, Amedeo 418
Virchow, Rudolf 35
Vivekananda, Swami 433–434
Voetmann, Harald 392
Volkelt, Johannes 112, 239–240
Volpi, Franco 137, 166, 276, 418
Voltaire 8, 11, 259, 309, 395
Vossler, Karl 182

W
Wackenroder, Wilhelm Heinrich 10, 153, 256, 260
Waggerl, Heinrich 392
Wagner, Cosima 296
Wagner, Richard 191, 238, 293, 296–297, 341, 405–408, 414, 429
Walter, Henrik 378
Weber, Wilhelm 325
Wedekind, Frank 392
Weierstraß, Karl 329–331
Weill, Alexandre 427–428
Weimer, Wolfgang 44, 239, 339
Weininger, Otto 347
Weiß, Christian Samuel 14
Weiß, Otto 40
Weiße, Hermann 278
Wells, H.G. 389

Welsen, Peter 357
Wenewitinow, Dmitrij W. 256
Werner, Zacharias 256
Wesendonck, Mathilde von 414
Whitehead, Alfred North 57, 195
Wied, Gustav 391
Wilhelm von Ockham 196
Wilhelm, Karl Werner 47
Winiger, Josef 264
Winslow, Jacques Bénigne 251
Winterstein, Alfred von 307
Wittels, Fritz 307
Wittgenstein, Ludwig 164, 229, 332, 346–348, 379, 408, 424

Wolf, Friedrich August 14, 177, 357
Wolf, Jean-Claude 382–383
Wolf, Ursula 89, 383
Wolfe, Thomas 389
Wolff, Christian 23, 31, 46, 154, 175, 329
Wordsworth, William 256, 259
Wuketits, Franz M. 337
Wundt, Wilhelm 318, 325
Wyss, Beat 398–399

X
Xenophanes 268

Y
Young, Edward 256, 259
Young, Julian 340
Young, Thomas 35

Z
Zambonini, Ferruccio 334
Zeller, Eduard 376
Zimmern, Helen 280, 421
Zint, Hans 46, 280, 415
Zitko, Hans 398
Zoccoli, Ettore 415
Zola, Émile 386, 400, 429
Zöllner, Karl Friedrich 324–325

GPSR Compliance

The European Union's (EU) General Product Safety Regulation (GPSR) is a set of rules that requires consumer products to be safe and our obligations to ensure this.

If you have any concerns about our products, you can contact us on ProductSafety@springernature.com

In case Publisher is established outside the EU, the EU authorized representative is:

Springer Nature Customer Service Center GmbH
Europaplatz 3
69115 Heidelberg, Germany

Batch number: 09583797

Printed by Printforce, the Netherlands